ㅗ [o]	ㅛ [jo]	ㅜ [u]	ㅠ [ju]	ㅡ [ɯ]	ㅣ [i]
고 コ	교 キョ	구			
노 ノ	뇨 ニョ	누			
도 ト	됴 ティョ	두			디 ティ
로 ロ	료 リョ	루 ル	류 リュ	르 ル	리 リ
모 モ	묘 ミョ	무 ム	뮤 ミュ	므 ム	미 ミ
보 ポ	뵤 ピョ	부 プ	뷰 ピュ	브 プ	비 ピ
소 ソ	쇼 ショ	수 ス	슈 シュ	스 ス	시 シ
오 ォ	요 ヨ	우 ゥ	유 ユ	으 ゥ	이 ィ
조 チョ	죠 チョ	주 チュ	쥬 チュ	즈 チュ	지 チ
초 チョ	쵸 チョ	추 チュ	츄 チュ	츠 チュ	치 チ
코 コ	쿄 キョ	쿠 ク	큐 キュ	크 ク	키 キ
토 ト	툐 ティョ	투 トゥ	튜 ティュ	트 トゥ	티 ティ
포 ポ	표 ピョ	푸 プ	퓨 ピュ	프 プ	피 ピ
호 ホ	효 ヒョ	후 フ	휴 ヒュ	흐 フ	히 ヒ

●合成母音

ㅐ [ɛ] エ	ㅒ [jɛ] イェ	ㅔ [e] エ	ㅖ [je] イェ	ㅘ [wa] ワ	ㅙ [wɛ] ウェ
ㅚ [we] ウェ	ㅝ [wɔ] ウォ	ㅞ [we] ウェ	ㅟ [wi] ウィ	ㅢ [ɯi] ウイ	

● 日本語50音／ハングル対応表

あ行	あ 아	い 이	う 우	え 에	お 오
か行※	か 가/카	き 기/키	く 구/쿠	け 게/케	こ 고/코
さ行	さ 사	し 시	す 스	せ 세	そ 소
た行※	た 다/타	ち 지/치	つ 쓰	て 데/테	と 도/토
な行	な 나	に 니	ぬ 누	ね 네	の 노
は行	は 하	ひ 히	ふ 후	へ 헤	ほ 호
ま行	ま 마	み 미	む 무	め 메	も 모
や行	や 야		ゆ 유		よ 요
ら行	ら 라	り 리	る 루	れ 레	ろ 로
わ行	わ 와				を 오
ん／っ	ん ㄴ				っ ㅅ
が行	が 가	ぎ 기	ぐ 구	げ 게	ご 고
ざ行	ざ 자	じ 지	ず 즈	ぜ 제	ぞ 조
だ行	だ 다	ぢ 지	づ 즈	で 데	ど 도

ば行	ば 바	び 비	ぶ 부	べ 베	ぼ 보
ぱ行	ぱ 파	ぴ 피	ぷ 푸	ぺ 페	ぽ 포
きゃ行※	きゃ 갸/캬		きゅ 규/큐		きょ 교/쿄
しゃ行	しゃ 샤		しゅ 슈		しょ 쇼
ちゃ行※	ちゃ 자/차		ちゅ 주/추		ちょ 조/초
にゃ行	にゃ 냐		にゅ 뉴		にょ 뇨
ひゃ行	ひゃ 햐		ひゅ 휴		ひょ 효
みゃ行	みゃ 먀		みゅ 뮤		みょ 묘
りゃ行	りゃ 랴		りゅ 류		りょ 료
ぎゃ行	ぎゃ 갸		ぎゅ 규		ぎょ 교
じゃ行	じゃ 자		じゅ 주		じょ 조
びゃ行	びゃ 뱌		びゅ 뷰		びょ 뵤
ぴゃ行	ぴゃ 퍄		ぴゅ 퓨		ぴょ 표

※表中で「가/카」のように併記されているものは、左側が語頭、右側が語中で濁らない音を表す場合に使う。

❖ 表記ルール ❖

❶ 語中で濁音にならない音は、激音を使って書き、濁音は平音で書く。　中川→나카가와　あかね→아카네

❷ 「ん」を表す場合はパッチムの「ㄴ」を使う。　仙台→센다이

❸ 促音の「っ」はパッチムの「ㅅ」を使う。　札幌→삿포로

❹ 長母音は表記しない。　大阪→오사카

❺ 韓国語で「つ」の音を表す場合には「쓰」を使う。　松本→마쓰모토

※表は日本語の50音をハングルに対応させたものであるため、ひらがなはハングルの読みガナとは異なる。

ポケット版

実用
日韓・韓日
辞典

東洋大学ライフデザイン学部准教授
木内 明

明治大学兼任講師
金 孝珍

成美堂出版

まえがき

　韓国ドラマや映画が主軸だった韓流ブームは、音楽（K-POP）にまで広がり、街角で韓国語を耳にする機会も増え、韓国語はとても身近な言語の一つになりました。それに伴い韓国文化だけではなく言葉にも興味を持ち韓国語を学習したいと思う人も増えつつあります。
　韓国語は日本語と語順や文法など似ている要素が多く、日本人にとってはもっとも学習しやすい言語と言われています。しかし韓国語を始めるビギナーの方は複雑な音変化という最大の難所で大変苦労しています。本辞典は韓国語の初心者が気軽に使え、自然に話せるように次のような工夫をして作りました。

韓国語初心者のために本辞典が工夫した点

1. すべての韓国語には読みガナを表記しています。見出し語はもちろん例文まで読みガナを表記しているので、難しい発音変化も自然に学習できるようになります。
2. 例文はすぐに使えるように活用した形で掲載しています。ほとんどがていねいな表現になっていますが、シチュエーションに合わせて尊敬表現やぞんざいな表現もあります。
3. 必須単語に加え、新語・外来語も掲載、また旅行で使える単語も多数取り入れています。日常の言語生活の中で十分活用できるように語彙を熟慮して選びました。
4. 漢字語がある単語には漢字語も併記しています。漢字語も併せて単語を覚えていくと、より効率的に語彙を増やせます。
5. 変則用言の活用形を含め簡単な文法の説明、韓国文化に関わる説明を付け加えています。

　本辞典の収録語数は、日韓1万1000語、韓日1万語を数え、日常生活関連用語をより多く収録しています。また既存の辞典では辞書形の例文がほとんどでしたが、本辞典はすぐ使えるように活用した形で例文を載せており、この例文を覚えることは会話の実践力にも繋がります。本辞典を手にした読者のみなさんが自信を持って韓国語を話し、会話力を身につけ、楽しみながら韓国語を学ぶことができれば幸いです。

　　　　　　　　　　　　　　　　　　　　　　　　　　　　　　金孝珍

本書の使い方

日韓編

1. 見出し語
(1) 50音順に配列して見出し語については太ゴシックで表記し, [ ] の中に対応する漢字表記を, 外来語の場合は欧文表記を示した。

例)**あい** [愛] 사랑 サラン;애정 エージョン
アーケード [arcade] 아케이드 アケイドゥ

(2) 訳語の表記や, 訳語の分かち書き(単語ごとに空きを入れて書くこと:1015ページ参照)については大韓民国の正書法の表記に準拠した。

2. 訳語
(1) 見出し語に対応する訳語とその発音を簡略ではあるがカタカナで表記した。訳語が複数ある場合には;で続けて記述した。
(2) 見出し語が名詞で, その語が用言となる場合には, ❖を付けてその形を示した。

例)**あいさつ** [挨拶] 인사 インサ ❖~する 인사하다 インサハダ
いじょう [異常] 이상 イーサン ❖~だ 이상하다 イーサンハダ

(3) 見出し語に複数の意味がある場合は, 丸数字とカッコ書きで意味を区別し, 対応する訳語を示した。

例)**あう** [合う] ①(合致する) 맞다 マッタ ②(似合う) 어울리다 オウルリダ

3. 例文
例文用例について既存の辞書では原形(辞書形)のみを掲げているが, 本書ではできるだけそのまま使えるように, 例文は「~です, ます」形を基本とし, 訳文もそれに対応する丁寧さや尊敬の意を表す文とした。

4. 文法的説明
訳語の文法的な説明や補足説明については《 》で示した。

5. 関連語

見出し語に関連する語句などについては，項目の最後に関マークとともに示した。

6. 発音のカタカナ表記

パッチムの表記については小さな「ク」「ム」「ル」「プ」で表記した。長音で発音される語については正書法に基づき音引きの「ー」を入れて表記したが，実際の韓国語会話においては長音で発音されることは少なくなってきている。

濃音で表記される文字については，促音の「ッ」を発音せずに次の音を発音すると濃音を発音しやすいため「ッ」を共に表記し，発音記号には [ʼ] を伴って表記している。

韓国語では [k] [t] [p] で発音するㅎパッチム以外のパッチムの後に平音の「ㄱ，ㄷ，ㅂ，ㅅ，ㅈ」が続いた場合，その音は濃音として発音するが，それをすべて読みガナに適用すると，読みにくくなるため割愛して表記した。そのため，発音記号と読みガナとは必ずしも一致していない。読みガナは原文を見て発音することが望ましい（付録の発音の変化参照）。

例) ちかい［近い］①(距離や時間が) 가깝다 カッカプタ

また，漢字語の合成語などで特殊に濃音化して発音されるものについては，注意を喚起する意味で促音の「ッ」を加え，濃音で発音することを示したものがある。

例) 小児科 소아과 ソーアックワ

韓国語では「ㅎ」と平音の「ㄱ，ㄷ，ㅂ，ㅈ」が隣り合った場合は，その平音は激音化してそれぞれ「ㄱ→ㅋ」「ㄷ→ㅌ」「ㅂ→ㅍ」「ㅈ→ㅊ」の音で発音し，「ㄷ」音で発音されるパッチムの「ㅅ」も「ㅌ」で発音するが，激音化については読みガナ表記では示していない。発音の際には原文表記に注意してほしい。さらに，パッチムの「ㅅ」や「ㅎ」を伴って激音化する場合には，一部の単語では発音しやすいように「ッ」を入れて表記した。

例) よい 좋다 チョーッタ
　　できない 못하다 モーッタダ

韓国語では平音の「ㄱ，ㄷ，ㅂ，ㅈ」が語頭に来た場合は，そのまま [k] [t]

[p] [tʃ] で発音し, 母音に挟まれたり, 前にパッチムの「ㄴ, ㄹ, ㅁ, ㅇ」がある場合には有声音化して, それぞれ [g] [d] [b] [dʒ] と濁って発音するため, 読みガナでもそのように表記した。ただし「ㅈ」が有声音化した場合のみ「ヂ」ではなく「ジ」で表記した。

文や単語が分かち書きされている場合は, 語頭は原則として清音とした。だが, 一部の単語や用言が連用形や連体形の形となり, 次の語と一息に発音されることが多い場合には, 読みガナも濁音で表記している。

例)着てみてください 입어 봐요 イボ ブワヨ
　　長ズボン 긴 바지 キーン バジ

韓日編

1．見出し語
見出し語の配列については大韓民国の正書法に準拠した。

初声：ㄱㄲㄴㄷㄸㄹㅁㅂㅃㅅㅆㅇㅈㅉㅊㅋㅌㅍㅎ
中声：ㅏㅐㅑㅒㅓㅔㅕㅖㅗㅘㅙㅚㅛㅜㅝㅞㅟㅠㅡㅢㅣ
終声(パッチム)：ㄱㄲㄳㄴㄵㄶㄷㄹㄺㄻㄼㄽㄾㄿㅀㅁㅂㅄㅅㅆㅇㅈㅊㅋㅌㅍㅎ

2．見出し語
見出し語については太ゴシックで提示し, 発音記号とカタカナの読みを付けた。

3．発音記号について
発音記号については国際発音記号を用い, 激音の場合は [ʰ] を, 濃音を示す場合には [ʔ] を付けて示した。パッチムについては辞書によっては上付きで表記しているものもあるが, 本書では通常の子音表記とした。

4．発音のカタカナ表記
本書では訳語や例文について読みガナを付しているが, これはあくまでも便宜的なものであり, 激音化や濃音化などの詳細な発音変化については提示していないため, 原文を見て発音することが望ましい(付録の発音の変化参照)。

パッチムの表記については小さな [ク] [ム] [ル] [プ] で表記した。
濃音で表記されている文字については促音の「ッ」とともに表記した。
長音で発音される語については正書法に基づき音引きの「ー」を入れて

表記したが，実際の韓国語会話においては長音で発音されることが少なくなってきている。

5．品詞分類

品詞分類は別表（8ページ参照）のようにし，変則用言については〘 〙でその種類と変化の形を示した。

例）**가깝다** [kaˀkapˀta カッカプタ] 形 〘ㅂ変：가까워 / 가까운 カッカウォ / カッカウン〙

6．訳語

（1）見出し語に対応する訳語とその発音を簡略ではあるがカタカナで表記した。訳語が複数ある場合には；で続けて記述した。
（2）見出し語に複数の意味がある場合は，丸数字とカッコ書きで意味を区別し，対応する訳語を示し，例文がある場合は例文を提示した。
（3）見出し語が名詞などで，その語が用言となる場合には，品詞分類と用言となった場合の語を示し，発音をカタカナで付けた。

7．例文

例文用例について既存の辞書では原形（辞書形）のみを掲げているが，本書ではできるだけそのまま使えるように，例文は「ヘヨ体やハムニダ体」形を基本とし，訳文もそれに対応する丁寧さや尊敬の意を表す文とした。

8．関連語

見出し語に関連する語句などについては，項目の最後に 関 マークとともに示し，関連する名詞語句のほか，よく用いられる表現などを原形で示した。

9．対義語と類義語

見出し語について覚えておきたい対義語や類義語がある場合には 対 類 マークとともに原形（辞書形）で示した。

10．用言について

見出し語に하다が付いて用言になる場合に 하自 하自他 하形 などのマークで示した（8ページ参照）。これらの用言もほかの하다用言と同じように「하変則用言」として活用するが，〘하変〙のマークは割愛した。また，見出し語に되다が付いて自動詞になるものは 自 マークで示した。

[ ]	発音記号およびカタカナ発音	〔ㄹ語幹〕	ㄹ語幹用言
〔 〕	変則および変化時の語幹の形	〔하変〕	하変則用言
《 》	文型・文法説明および補足説明	〔으変〕	으変則用言
←	語源	〔ㄷ変〕	ㄷ変則用言
名	名詞	〔ㅅ変〕	ㅅ変則用言
依名	依存名詞	〔ㅂ変〕	ㅂ変則用言
代	代名詞	〔ㅎ変〕	ㅎ変則用言
数	数詞	〔르変〕	르変則用言
自	自動詞	〔러変〕	러変則用言
他	他動詞	〔우変〕	우変則用言
自他	自動詞・他動詞	〔어変〕	어変則用言
指	指定詞		
存	存在詞		
形	形容詞		
副	副詞		
冠	冠形詞		
感	感嘆詞		
助	助詞		
補動	補助動詞		
補形	補助形容詞		
受動	受動動詞		
使役	使役動詞		
接頭	接頭辞		
接尾	接尾辞		
語尾	語尾		

하自	見出し語に하다が付くと自動詞
하他	見出し語に하다が付くと他動詞
하自他	見出し語に하다が付くと自動詞・他動詞
하形	見出し語に하다が付くと形容詞
되受動	見出し語に되다が付くと受動動詞

例	例文
対	対義語
類	類義語
関	関連語

●主要参考文献

『国立国語院 標準国語大辞典』斗山東亜
『Prime 日韓・韓日辞典』斗山東亜
『YBM AllinAll 日韓・韓日辞典』YBM
『朝鮮語辞典』小学館
『コスモス朝和辞典』白水社
『日韓辞典』小学館
『Naver 日韓・韓日辞典』Naver

● STAFF

編　　集	株式会社ゴーシュ（五島洪、今井亜美） Studio GICO（中山義幸）
企画・編集	成美堂出版編集部（宮原正美）
編集協力	コリアラボ（市吉則浩、李京訓）／稲毛恵／ 大塚毅彦／金恩珠／崔普硯／土田理奈／山本華子
校正協力	有限会社 P.WORD（金 栄）
本文デザイン・DTP	株式会社秀文社
地図協力	小学館クリエイティブ

※「朝鮮半島地図」は 2013 年 6 月現在の情報をもとに作成しています。

◆もくじ◆

本書の使い方 ……………………………… 4

日韓辞典 ……………………………… 11

韓日辞典 ……………………………… 537

付録
文字と発音、発音の変化および数詞 ····· 996
覚えておきたい一言フレーズ ············· 1006
入れ替えフレーズ会話集 ··················· 1008
韓国語の基礎知識 ····························· 1015

日韓辞典

あ

ああ [嗚呼] 아 ア；아이고 アイゴ

アーケード [arcade] 아케이드 アケイドゥ

アーティスト [artist] 아티스트 アティストゥ；예술가 イェースルガ

アート [art] 아트 アトゥ

あい [愛] 사랑 サラン；애정 エージョン 例母の愛 어머니의 사랑 ❖~する ①사랑하다 サランハダ 例子供を愛していない親がどこにいるでしょうか。자식을 사랑하지 않는 부모가 어디 있겠어요. チャシグル サランハジ アンヌン プモガ オディ イッケッソヨ ②(好む) 좋아하다 チョーアハダ

あいいろ [藍色] 쪽빛 ッチョクピッ

あいかわらず [相変らず] 변함없이 ピョナモプシ；여전히 ヨジョニ 例相変わらず元気です。여전히 잘 있습니다. ヨジョニ チャル イッスムニダ

あいきどう [合気道] 합기도 ハプキド

あいきょう [愛嬌] 애교 エーギョ；아양 アヤン 例愛嬌があります。애교가 있어요. エーギョガ イッソヨ

あいことば [合言葉] 암호 アーモ；구호 クーホ

あいさつ [挨拶] 인사 インサ；인사말 インサマール 例あいさつを交わしました。인사를 나눴어요. インサルル ナヌォッソヨ ❖~する 인사하다 インサハダ 例笑顔であいさつしました。웃는 얼굴로 인사했어요. ウンヌン オルグルロ インサヘッソヨ

アイシャドー [eye shadow] 아이새도 アイシェド

あいしょう [相性] 궁합 クンハプ 例2人は相性がいいです。두 사람은 궁합이 좋아요. トゥー サーラムン クンハビ チョーアヨ

あいしょう [愛称] 애칭 エーチン

あいじょう [愛情] 애정 エージョン

あいじん [愛人] 정부 チョンブ；세컨드 セコンドゥ

あいず [合図] 신호 シーノ ❖~する 신호하다 シーノハダ

アイスクリーム [ice cream] 아이스크림 アイスクリーム

アイスコーヒー [iced coffee] 아이스커피 アイスコピ；냉커피 ネンコピ

あいそ [愛想] 붙임성 プチムソン；정나미 チョンナミ 例愛想がいいです。붙임성이 있어요. プチムソンイ イッソヨ / 愛想が尽きました。정나미가 떨어졌어요. チョンナミガ ットロジョッソヨ

あいだ [間] ①(空間的・時間的) 사이 サイ；동안 トンアン 例京都と大阪の間 교토와 오사카 사이 キョトワ オサカ サイ / 3日の間、待ちました。삼일 동안 기다렸어요. サミル トンアン キダリョッソヨ ②(間柄) 사이 サイ；관계 クワンゲ 例親子の間 부모 자식 사이 プモ チャシク サイ

あいちゃく [愛着] 애착 エーチャク 例古い物ですが、愛着があります。오래된 것이지만 애착이 있어요. オレドゥェン ゴシジマン エー

チャギ イッソヨ

あいつ [彼奴] 그놈 クノム; 저놈 チョノム

あいついで [相次いで] 잇달아 イッタラア

あいつぐ [相次ぐ] 잇따르다 イッタルダ 例 苦情が相次ぎました。 불평이 잇따랐어요. プルピョンイ イッタラッソヨ

あいづち [相槌] 맞장구 マッチャング 例 相槌を打ちます。 맞장구를 쳐요. マッチャングルル チョヨ

あいて [相手] 상대 サンデ; 상대방 サンデバン 関 遊び相手 놀이 상대 ノリ サンデ / 結婚相手 결혼 상대 キョロン サンデ

アイデア [idea] 아이디어 アイディオ

あいとう [哀悼] 애도 エド 例 삼가 애도의 뜻을 표합니다. サムガ エドエッ トゥスル ピョハムニダ ❖~する 애도하다 エドハダ

アイドル [idol] 아이돌 アイドル; 우상 ウサン

あいにく [生憎] 공교롭게도 コンギョロプケド 例 공교롭게도 집에 없었어요. コンギョロプケド チベ オプソッソヨ

あいぶ [愛撫] 애무 エーム ❖~する 애무하다 エームハダ

あいま [合間] 틈 トゥム; 사이 サイ; 짬 ッチャム

あいまい [曖昧] 애매 エーメ ❖~だ 애매하다 エーメハダ 例 애매한 태도 エーメハン テード

あいよう [愛用] 애용 エーヨン ❖~する 애용하다 エーヨンハダ 例 만년필을 애용하고 있어요. マーンニョンピルル エーヨンハゴ イッソヨ

あいらしい [愛らしい] 귀엽다 クィーヨプタ; 사랑스럽다 サランスロプタ

アイロン [iron] 다리미 タリミ 関 アイロンをかける 다리미질 하다 タリミジル ハダ

あう [合う] ①(合致する) 맞다 マッタ; 일치하다 イルチハダ 例 구두가 발에 맞아요. クドゥガ パレ マジャヨ ②(似合う) 어울리다 オウルリダ; 알맞다 アールマッタ 例 이 양복에 어울리는 구두를 골라 주세요. イ ヤンボゲ オウルリヌン クドゥルル コルラ ジュセヨ

あう [会う・逢う] 만나다 マンナダ 例 친구를 만나요. チングルル マンナヨ

あう [遭う] 당하다 タンハダ; 겪다 キョクタ 例 교통사고를 당했어요. キョトンサゴルル タンヘッソヨ

アウト [out] 아웃 アウッ

あえぐ [喘ぐ] ①헐떡이다 ホルットギダ ②(借金などに) 허덕이다 ホドギダ

あえて [敢えて] 감히 カーミ; 굳이 クジ 例 감히 말씀드리겠습니다. カーミ マールッスムドゥリゲッスムニダ

あえる [和える] 무치다 ムチダ 例 시금치를 무쳐 먹었습니다

あお

が, おいしかったです。시금치를 무쳐 먹었는데 맛있었어요. シグムチルル ムチョ モゴンヌンデ マシッソッソヨ

あお [青] 파랑 パラン;파란색 パランセク;청색 チョンセク 例青色がよく似合いますね。파란색이 참 잘 어울리네요. パランセギ チャム チャル オウリネヨ 関青信号 파란불 パーランブル

あおい [青い] ①(空や緑が) 푸르다 プルダ;파랗다 パーラッタ 例青い空 파란 하늘 パーラン ハヌル ②(顔が) 창백하다 チャンベカダ 例青い顔 창백한 얼굴 チャンベカン オルグル

あおぐ [仰ぐ] ①(見上げる) 우러러보다 ウロロボダ;쳐다보다 チョーダボダ ②(尊敬する) 공경하다 コンギョンハダ ③(指導を) 청하다 チョンハダ

あおぐ [扇ぐ] 부채질하다 プチェジラダ;부치다 プチダ

あおる [煽る] ①(風を送る) 부채질하다 プチェジラダ;부치다 プチダ ②(そそのかす) 부추기다 プチュギダ;선동하다 ソンドンハダ

あか [赤] 빨강 ッパールガン;빨간색 ッパールガンセク;적색 チョクセク 関赤信号 빨간불 ッパールガンブル

あか [垢] 때 ッテ 関垢すり 때밀이 ッテミリ/垢を落とす 때를 밀다 ッテルル ミルダ

あかい [赤い] 빨갛다 ッパールガッタ;붉다 プクタ 例赤いセーター 빨간 스웨터 ッパールガン スウェト

あかし [証] ①(証拠) 증거 チュンゴ ②(証明) 증표 チュンピョ

あかじ [赤字] 적자 チョクチャ

あかす [明かす] ①(秘密などを) 밝히다 パルキダ;털어놓다 トロノッタ 例友達に秘密を明かしました。친구한테 비밀을 털어놨어요. チングハンテ ピーミルル トロノワッソヨ ②(夜を) 새우다 セウダ 例今夜は語り明かしましょう。오늘은 밤을 새워 이야기합시다. オヌルン パムル セウォ イヤギハプシダ

あかつき [暁] ①(明け方) 새벽 セビョク ②(成功時) 완성하는 날 ワンソンハヌン ナル 関完成の暁には 완성하는 날에는 ワンソンハヌン ナレヌン

あかとんぼ [赤蜻蛉] 고추잠자리 コチュジャムジャリ

あがめる [崇める] ①(敬う) 우러르다 ウロルダ ②(崇拝する) 숭상하다 スンサンハダ

あかり [明かり] ①(光) 빛 ピッ 例月明かり 달빛 タルピッ ②(火灯) 불빛 プルピッ;등불 トゥンプル 例明かりを点けてください。불을 켜 주세요. プルル キョ ジュセヨ

あがる [上がる] ①(上に) 오르다 オルダ ②(階段を) 올라가다 オルラガダ 例階段を上がります。계단을 올라가요. ケダヌル オルラガヨ ③(地位や状態などが) 오르다 オルダ 例昨年より実績が上がりました。작년보다 실적이 올랐어요. チャンニョンボダ シルチョギ オルラッソヨ ④(緊張する) 긴장하다 キンジャンハダ 例発表会であが

ってしまいました。발표회에서 긴장해 버렸어요. パルピョフェエソ キンジャンヘ ボリョッソヨ ⑤(終わる・仕上がる) 끝나다 ックンナダ;마치다 マチダ;그치다 クチダ 例 仕事が上りました。일이 끝났어요. イーリ ックンナッソヨ / 雨が上がりました。비가 그쳤어요. ピガ クチョッソヨ

あかるい [明るい] ①(光や雰囲気が) 밝다 パクタ 例 明るい色の服はありませんか。밝은 색깔 옷은 없어요? パルグン セクッカル オスン オープソヨ ②(性格が) 명랑하다 ミョンナンハダ 例 彼は明るい性格です。그 사람은 명랑한 성격이에요. ク サーラムン ミョンナンハン ソーンッキョギエヨ ③(未来・前途が) 밝다パクタ 例 明るい未来 밝은 미래 パルグン ミーレ

あかんぼう [赤ん坊] 아기 アギ; 갓난아기 カンナナギ

あき [秋] 가을 カウル

あき [空き] ①(場所や席) 빈곳 ピーン ゴッ;빈 자리 ピーン ジャリ ②(時間) 例 空き時間 빈 시간 ピーン シガン ③(余裕・暇) 틈 トゥム;짬 ッチャム

あき [飽き] 싫증 シルチュン 例 もう飽きました。이제 싫증이 났어요. イジェ シルチュンイ ナッソヨ

あきす [空き巣] 빈집 털이 ピーン ジプ トリ

あきない [商い] 장사 チャンサ

あきらか [明らか] ❖~だ 명백하다 ミョンベカダ;분명하다 プンミョンハダ;뻔하다 ッポーナダ 例 明らかな事実 명백한 사실 ミョンベカン サーシル

あきらめる [諦める] 단념하다 ターンニョマダ;체념하다 チェニョマダ;포기하다 ポーギハダ 例 大学進学を諦めました。대학 진학을 단념했어요. テーハク チーナガル ターンニョメッソヨ

あきる [飽きる] 싫증나다 シルチュンナダ;물리다 ムルリダ;질리다 チルリダ

あきれる [呆れる] 어이가 없다 オイガ オープタ;기가 막히다 キガ マキダ 例 あきれて物が言えません。기가 막혀서 할 말을 잃었어요. キガ マキョソ ハル マールル イロッソヨ

あく [灰汁] ①(苦味) 쓴맛 ッスンマッ 例 わらびのあくを抜きます。고사리의 쓴맛을 우려내요. コサリエ ッスンマスル ウリョネヨ ②(料理時の) 거품 コプム 例 あくを取ります。거품을 떠내요. コプムルットネヨ ③(性格など) 例 あくの強い人 지나칠 만큼 개성이 강한 사람 チナチル マンクム ケーソンイ カンハン サーラム

あく [開く] ① 열리다 ヨルリダ 例 ドアが開きました。문이 열렸어요. ムニ ヨルリョッソヨ ②(目が) 뜨이다 ットゥイダ

あく [空く] ①(空間が) 비다 ピーダ ②(生じる) 나다 ナダ 例 時間が空きました。시간이 났어요. シガニ ナッソヨ

あく [悪] 악 アク 関 悪循環 악순환 アクスヌァン / 悪条件 악조건 アクチョッコン / 悪役 악역 アギョク

あくい [悪意] 악의 アギ 例 悪意は

ありません。悪意はありません。アギヌン オープソヨ

あくうん [悪運] 악운 アグン

あくじ [悪事] 나쁜 짓 ナップン ジーッ; 악행 アケン

あくしつ [悪質] 악질 アクチル ❖~だ 악질적이다 アクチルチョギダ; 나쁘다 ナップダ

あくしゅ [握手] 악수 アクス 例握手を交わしました。악수를 나눴어요. アクスルル ナヌオッソヨ ❖~する 악수하다 アクスハダ

あくしゅう [悪臭] 악취 アクチュィ; 나쁜 냄새 ナップン ネームセ

アクション [action] 액션 エクション 関アクションスター 액션 스타 エクション スタ; 활극 배우 フワルグク ペウ / アクションドラマ 액션 드라마 エクション トウラマ

あくせい [悪性] 악성 アクッソン

アクセサリー [accessory] 액세서리 エクセソリ

アクセス [access] 교통수단 キョトンスダン

あくせんくとう [悪戦苦闘] 악전고투 アクチョンゴトウ ❖~する 악전고투하다 アクチョンゴトウハダ

アクセント [accent] 악센트 アクセントウ

あくたい [悪態] 욕 ヨク; 욕설 ヨクソル; 험담 ホームダム 例悪態をつきました。욕설을 했어요. ヨクソルル ヘッソヨ/悪態をつかれました。욕을 먹었어요. ヨグル モゴッソヨ

あくにん [悪人] 악인 アギン; 나쁜 사람 ナップン サーラム

あくび [欠伸] 하품 ハプム 例あくびを我慢できません。하품을 참을 수 없어요. ハプムル チャムル ス オープソヨ

あくま [悪魔] 악마 アンマ

あくむ [悪夢] 악몽 アンモン 例昨日, 悪夢を見ました。어제 악몽을 꿨어요. オジェ アンモンウル ックォッソヨ

あくめい [悪名] 악명 アンミョン

あくよう [悪用] 악용 アギョン ❖~する 악용하다 アギョンハダ 例地位を悪用してはいけませんよ。지위를 악용해서는 안 되지요. チウィルル アギョンヘソヌン アン ドウェジヨ

あぐら [胡坐] 책상다리 チェクサンダリ; 양반다리 ヤーンバンダリ 例あぐらをかいて座りました。책상다리를 하고 앉았어요. チェクサンダリルル ハゴ アンジャッソヨ

あけがた [明け方] 새벽녘 セビョンニョク; 새벽 セビョク

あげく [揚げ句・挙げ句] 끝 ックッ ❖…した~《《動詞の過去連体形+끝에》の形で》例迷った挙げ句, もう一度電話をかけました。망설인 끝에 다시 한번 전화를 걸었어요. マンソリン ックテ タシ ハンボン チョーヌワルル コロッソヨ

あげはちょう [揚羽蝶] 호랑나비 ホーランナビ

あけぼの [曙] 새벽 セビョク

あげもの [揚げ物] 튀김 トウィギム

あける [明ける] ① (夜が) 새다 セダ; 밝다 パクタ 例夜が明けました。날이 샜어요. ナリ セッソヨ ② (年が) 시작되다 シージャクトウェダ; 바뀌다 パックィダ; 밝다 パクタ 例年が明けました。새해가 시작됐

어요. セヘガ シージャクトゥウェッソヨ / 明けましておめでとうございます。새해 복 많이 받으십시오. セヘ ポン マーニ パドゥシプシオ / 새해 복 많이 받으세요. セヘ ポン マーニ パドゥセヨ ③(終わる) 끝나다 ックンナダ 例やっと梅雨が明けました。겨우 장마가 끝났어요. キョウ チャンマガ ックンナッソヨ

あける [開ける] ①(開く) 열다 ヨールダ 例ドアを開けてもいいですか。문 열어도 돼요? ムン ヨロド ドゥェヨ ②(目を) 뜨다 ットゥダ 例目を開けてみてください。눈 떠 보세요. ヌン ット ボセヨ ③(広げる) 펴다 ピョダ;넓히다 ノルピダ

あける [空ける] ①(空にする) 비우다 ピウダ ②(場所や空間を) 비우다 ピウダ 例友達のために席を空けておいてください。친구를 위해 자리를 비워 두세요. チングルル ウィヘ チャリルル ピウォ ドゥセヨ ③(時間を) 내다 ネーダ

あげる [上げる] ①(下から上に上昇させる) 올리다 オルリダ ②(温度を) 높이다 ノピダ 例部屋の温度を上げてください。방 온도를 높여 주세요. パン オンドルル ノピョ ジュセヨ ③(声を) 지르다 チルダ 例大声を上げる必要はありません。큰소리 지를 필요는 없어요. クンソリ チルル ピリョヌン オープソヨ ④(与える・やる) 주다 チュダ;드리다 トゥリダ 例ただであげます。공짜로 드릴게요. コンッチャロ トゥリルケヨ ⑤(…してあげる《動詞の語幹＋-아/어 주다》の形で) 例料理を作ってあげたいです。요

리를 만들어 주고 싶어요. ヨリルル マンドゥロ ジュゴ シポヨ

あげる [挙げる・上げる] ①(頭や手・手に持ったものを) 들다 トゥルダ 例顔を上げることができません。얼굴을 들 수가 없어요. オルグルル トゥル スガ オープソヨ / 祝杯を上げよう。축배를 들자. チュクペルル トゥルジャ ②(例を) 들다 トゥルダ 例例を挙げてみてください。예를 들어 보세요. イェールル トゥロ ボセヨ ③(結婚式を) 올리다 オルリダ

あげる [揚げる] 튀기다 トゥィギダ 例天ぷらを揚げました。튀김을 튀겼어요. トゥィギムル トゥィギョッソヨ

あご [顎] 턱 トク

あさ [朝] 아침 アチム 関毎朝 아침마다 アチムマダ / 朝から晩まで 아침부터 밤까지 アチムブト パムッカジ

あさい [浅い] ①(深さが) 얕다 ヤッタ 例この川は水深が浅いです。이 강은 수심이 얕아요. イ カンウン スシミ ヤタヨ ②(程度が低い・量が少ない) 적다 チョークタ;부족하다 プジョカダ 例浅い知識で何ができようか。얕은 지식으로 뭘 할 수 있겠어? ヤトゥン チシグロ ムォール ハル ス イッケッソ

あさがお [朝顔] 나팔꽃 ナパルッコッ

あさって [明後日] 모레 モーレ

あさはか [浅はか] ❖〜だ 천박하다 チョンバカダ;얕다 ヤッタ;경박하다 キョンバカダ 例浅はかな考えしかできない人でした。얕은

생각밖에 할 수 없는 사람이었어요. ヤトゥン センガクパッケ ハル ス オームヌン サーラミオッソヨ

あさひ [朝日] 아침 해 アチム ヘ

あさましい [浅ましい] ①(情けない・嘆かわしい) 비참하다 ピチャマダ; 한심스럽다 ハンシムスロプタ; 한심하다 ハンシマダ 例私が考えても浅ましいと思います。 제가 생각해도 한심하네요. チェガ センガケド ハンシマネヨ ②(卑劣だ) 비열하다 ピーヨラダ

あざむく [欺く] 속이다 ソギダ; 기만하다 キマナダ 例自分を欺かないでください。 자신을 속이지 말아요. チャシヌル ソギジ マーラヨ

あざやか [鮮やか] ❖〜だ ①(色などが) 산뜻하다 サンットゥタダ; 선명하다 ソンミョンハダ 例鮮やかに思い浮かぶ光景 선명하게 떠오르는 광경 ソンミョンハゲ ットオルヌン クワンギョン ②(技などが) 훌륭하다 フルリュンハダ; 뛰어나다 ットゥィオナダ 例鮮やかな仕事ぶりを見せています。 훌륭한 일솜씨를 보이고 있어요. フルリュンハン イルソムッシルル ポイゴ イッソヨ

あさゆう [朝夕] 아침 저녁 アチム チョニョク

あざらし [海豹] 바다표범 パダピョボム

あさり [浅蜊] 바지락 パジラク

あざわらう [嘲笑う] 비웃다 ピーウッタ; 조소하다 チョソハダ 例だからといって私をあざ笑うことはできない。 그렇다고 해서 날 비웃을 수는 없어. クロッタゴ ヘソ ナル ピウスル スヌン オープソ

あし [足・脚] ①(足) 발 パル ②(脚) 다리 タリ 関足マッサージ 발 마사지 パル マサジ

あじ [味] ①맛 マッ 例キムチの味はどうですか。 김치 맛이 어때요? キムチ マシ オッテヨ ②(体験して得た趣) 재미 チェミ; 멋 モッ; 운치 ウンチ 例自然の味わいの感じられる所に旅行に行きたいです。 자연의 운치를 느낄 수 있는 곳으로 여행을 가고 싶어요. チャヨネ ウンチルル ヌッキル ス インヌン ゴスロ ヨヘヌル カゴ シポヨ

あじ [鰺] 전갱이 チョンゲンイ

アジア [asia] 아시아 アシア

あしあと [足跡] ①발자국 パルチャグク ②(行方) 행방 ヘンバン

あしくび [足首] 발목 パルモク

あじけない [味気ない] 재미없다 チェミオプタ; 시시하다 シシハダ; 따분하다 ッタブナダ

あじさい [紫陽花] 수국 スグク; 자양화 チャヤンフワ

アシスタント [assistant] 어시스턴트 オシストントゥ

あした [明日] 내일 ネイル 例明日、韓国に行きます。 내일 한국에 가요. ネイル ハーングゲ カヨ

あじわう [味わう] 맛보다 マッポダ 例郷土料理を味わいたいです。 향토 음식을 맛보고 싶어요. ヒャントウームシグル マッポゴ シポヨ

あずかる [預かる] ①(物を) 맡다 マッタ; 보관하다 ポーグヮナダ 例フロントで貴重品をお預かりします。 귀중품은 프론트에 맡겨 주십시

オ. クィジュンプムン プロントゥエ マッキョ ジュシプシオ ②(管理や運営を) 맡다 マッタ 例会計を預かっています。회계를 맡고 있습니다. フェーゲルル マッコ イッスムニダ

あずき [小豆] 팥 パッ

あずける [預ける] ①(物を) 맡기다 マッキダ 例フロントに荷物を預けます。프런트에 짐을 맡겨요. プロントゥエ チムル マッキョヨ ②(処理などを委任する) 위임하다 ウィイマダ

あせ [汗] 땀 ッタム 例汗をかきました。땀이 났어요. ッタミ ナッソヨ / 땀을 흘렸어요. ッタムル フルリョッソヨ

あせる [焦る] 조바심 나다 チョバシム ナダ;안달하다 アンダラダ;초조해지다 チョジョヘジダ 例時間がなくて焦りました。시간이 없어서 초조해졌어요. シガニ オプソソ チョジョヘジョッソヨ

あせる [褪せる] 바래다 パレダ;퇴색하다 トゥェーセカダ 例色褪せた服 퇴색한 옷 トゥェーセカン オッ

あそこ [彼処] 저기 チョギ;저쪽 チョッチョク;저곳 チョゴッ

あそび [遊び] 놀이 ノリ

あそぶ [遊ぶ] 놀다 ノールダ 例サッカーをして遊びました。축구를 하고 놀았어요. チュックルル ハゴ ノラッソヨ

あたい [価・値] ①값 カプ ②(価格) 가격 カギョク;대금 テーグム ③(価値) 가치 カチ

あたえる [与える] ①주다 チュダ 例毎日犬にえさを与えています。매일 개에게 먹이를 주고 있어요. メーイル ケーゲ モギルル チュゴ イッソヨ ②(付与する・あてがう) 과하다 クワハダ;부여하다 プヨハダ;내주다 ネジュダ;주다 チュダ 例仕事を与えてくれて感謝しています。일을 줘서 감사해요. イールル チュオソ カームサヘヨ ③(影響・被害などを) 끼치다 ッキチダ 例私に最も影響を与えた人です。저한테 가장 영향을 끼친 사람이에요. チョハンテ カジャン ヨンヒャンウル ッキチン サーラミエヨ

あたたかい [暖かい・温かい] ①(温度などが) 따뜻하다 ッタットゥタダ;따스하다 ッタスハダ 例暖かいぬくもりを感じました。따뜻한 온기를 느꼈어요. ッタットゥタン オンギルル ヌッキョッソヨ ②(気持ちや心情が) 정겹다 チョンギョプタ;다정하다 タジョンハダ;정답다 チョンダプタ 例温かい歌が聞こえてきました。정겨운 노래가 들려 왔어요. チョンギョウン ノレガ トゥルリョ ワッソヨ / 温かい言葉が聞きたいです。다정한 말을 듣고 싶어요. タジョンハン マールル トゥッコ シポヨ

あたためる [暖める・温める] 데우다 テウダ 例味噌汁を温めてください。된장국을 데워 주세요. トゥェーンジャンクグル テウォ ジュセヨ

あだな [綽名] 별명 ピョルミョン

あたま [頭] ①머리 モリ 例頭がぼうっとしてきました。머리가 멍해졌어요. モリガ モンヘジョッソヨ

あたらしい

②(頭脳) 두뇌 トウヌェ 例 切れる頭を持っています。예리한 두뇌를 가지고 있어요. イェーリハン ドウヌェルル カジゴ イッソヨ ③(髪の毛) 머리 モリ 例 頭を丸坊主にしました。머리를 빡빡 깎았어요. モリルル ッパクッパク ッカッカッソヨ

あたらしい [新しい] 새롭다 セロプタ;새 セ 例 新しいドラマ 새로운 드라마 セロウン ドゥラマ/新しい靴 새 신발 セ シンバル ❖新しく 새롭게 セロプケ;새로 セロ

あたり [辺り] ①(近所・付近) 근처 クーンチョ;부근 プーグン ②(時や事柄) 쯤 ッチュム;정도 チョンド

あたりまえ [当たり前] ❖~だ ①(当然だ) 당연하다 タンヨナダ ②(ふさわしい・適当だ) 마땅하다 マッタンハダ

あたる [当たる] ①(ぶつかる) 맞다 マッタ;부딪히다 プディチダ 例 天気予報がまったく当たりません。일기예보가 전혀 안 맞아요. イルギイェボガ チョニョ アン マジャヨ/不注意で前の車に当たりました。부주의로 앞차에 부딪혔어요. プジュイロ アプチャエ プディチョッソヨ ②(的中する) 적중하다 チョクチュンハダ 例 その予言が当たりました。그 예언이 적중했어요. ク イェーオニ チョクチュンヘッソヨ ③(命中する) 명중하다 ミョーンジュンハダ;들어맞다 トゥロマッタ 例 的に弾が当たりました。과녁에 탄환이 명중했어요. クヮーニョゲ ターヌワニ ミョンジュンヘッ

ソヨ ④(該当する) 해당되다 ヘダンドゥェダ 例 この日本語に当たる韓国語 이 일본말에 해당되는 한국말 イ イルボンマーレ ヘダンドゥェヌン ハーングンマル ⑤(火や日光に) 쬐다 ッチュェーダ 例 彼は座って火に当たっています。그는 앉아 불을 쬐고 있어요. クヌン アンジャ プルル ッチュェーゴ イッソヨ ⑥(風に) 쐬다 ッスェーダ 例 夜風に当たって風邪を引きました。밤바람을 쐐서 감기에 걸렸어요. パムパラムル ッスェーソ カームギエ コルリョッソヨ

あちこち [彼方此方] 여기저기 ヨギジョギ;이곳저곳 イゴッチョゴッ 例 あちこち行ったり来たりしました。여기저기 왔다 갔다 했어요. ヨギジョギ ワッタ ガッタ ヘッソヨ

あちら [彼方] 저기 チョギ;저쪽 チョッチョク 関 あちらこちら 여기저기 ヨギジョギ

あつい [厚い] 두껍다 トゥッコプタ 例 厚い本 두꺼운 책 トゥッコウン チェク

あつい [暑い] 덥다 トープタ 例 暑い天気 더운 날씨 トウン ナルッシ/今日は大変暑いです。오늘은 매우 더워요. オヌルン メウ トウォヨ

あつい [熱い] 뜨겁다 ットゥゴプタ 例 熱いから気を付けてください。뜨거우니까 조심하세요. ットゥゴウニッカ チョーシマセヨ

あつい [篤い・厚い] 두텁다 トゥトプタ;후하다 フーハダ 例 信仰心の篤い人です。신앙심이 두터운 사람이에요. シーナンシミ トゥトウ

ン サーラミエヨ／篤いもてなしに感動しました。後かった対接に感動했어요. フーハン テージョベ カームドンヘッソヨ

あっか [悪化] 악화 アクヮ ❖〜する 악화되다 アクヮドゥェダ；나빠지다 ナッパジダ 例 状況は悪化する一方です。상황은 악화될 뿐이에요. サンフヮウヌン アクヮドゥェルップニエヨ

あつかい [扱い] ①（取り扱い）취급 チュィーグプ 例 取り扱い注意 취급 주의 チュィーグプ チュィ ②（待遇）대우 テウ；대접 テージョプ 例 少しは人間扱いしてほしいです。조금은 사람 대접을 해 줬으면 좋겠어요. チョグムン サーラム テージョブル ヘ ジュオッスミョン チョーッケッソヨ

あつかう [扱う] ① 다루다 タルダ；취급하다 チュィーグパダ 例 この陶磁器を大事に扱ってください。이 도자기 조심해서 다뤄 주세요. イ トジャギ チョーシメソ タルォ ジュセヨ ／ その件は業務課で扱っています。그 건은 업무과에서 취급하고 있습니다. ク ッコヌン オムムックヮエソ チュィーグパゴ イッスムニダ ②（処理する）처리하다 チョーリハダ ③（担当する）담당하다 タムダンハダ 例 IT関係業務を扱っています。IT 관련 업무를 담당하고 있어요. アイティ クヮルリョン オムムルル タムダンハゴ イッソヨ ④（処遇する）대접하다 テージョパダ；대우하다 テーウハダ 例 客として扱ってください。손님으로 대해 주세요. ソンニム

ロ テージョペ ジュセヨ

あつかましい [厚かましい] 뻔뻔하다 ッポンッポナダ；뻔뻔스럽다 ッポンッポンスロプタ

あつぎ [厚着] ❖〜する 옷을 두껍게 껴입다 オスル トゥッコプケ ッキョイプタ 例 寒いので厚着をしました。추워서 옷을 두껍게 껴입었어요. チュウオソ オスル トゥッコプケ ッキョイボッソヨ

アックジョンドン [狎鷗亭洞] 압구정동 アプクジョンドン《ソウル市江南区にある商業地区》

あつくるしい [暑苦しい] 무덥다 ムドプタ 例 とても暑苦しい日が続いています。몹시 무더운 날이 계속되고 있어요. モープシ ムドウン ナリ ケソクトゥェゴ イッソヨ

あっけ [呆気] ❖〜ない 어이없다 オイオプタ；싱겁다 シンゴプタ 例 呆気ない死に方 어이없는 죽음 オイオムヌン チュグム／呆気ない幕切れ 싱거운 결말 シンゴウン キョルマル ❖〜なく 어이없이 オイオプシ ❖〜にとられる 어리둥절해지다 オリドゥンジョレジダ；어안이 벙벙하다 オアニ ポンボンハダ

あつさ [暑さ] 더위 トウィ
あつさ [厚さ] 두께 トゥッケ
あっさり ❖〜している 담백하다 タムベカダ 例 あっさりした料理 담백한 요리 タムベカン ニョリ ❖〜と 간단히 カンダニ；깨끗이 ッケックシ；쉽게 シュィープケ 例 あっさりと 단념하는 편이 좋아요. ッケックシ ターンニョマヌン ピョニ チョーアヨ／あっさりと片付けまし

あっしゅく

た。간단히 해치웠어요. カンダニ ヘーチウォッソヨ

あっしゅく [圧縮] 압축 アプチュク ❖〜する 압축하다 アプチュカダ 例 データを圧縮して送ります。데이터를 압축해서 보냅니다. テイトルル アプチュケソ ポネムニダ ❖〜される 압축되다 アプチュクトウェダ 例 圧縮されたファイル 압축된 파일 アプチュクトウェン パイル

あっせん [斡旋] 알선 アルソン;주선 チュソン ❖〜する 알선하다 アルソナダ;주선하다 チュソナダ 例 就職を斡旋する所です。취직을 알선하는 곳이에요. チューイジグル アルソナヌン ゴシエヨ

あっとう [圧倒] 압도 アプト ❖〜する 압도하다 アプトハダ 例 彼女の歌は聴衆を圧倒しました。그녀의 노래는 청중을 압도했어요. クニョエ ノレヌン チョンジュンウル アプトヘッソヨ ❖〜される 압도되다 アプトドウェダ 例 美しい夜景に圧倒されました。아름다운 야경에 압도됐어요. アルムダウン ヤーギョンエ アプトドウェッソヨ

あっぱく [圧迫] 압박 アプパク ❖〜する 압박하다 アプパカダ 関 圧迫感 압박감 アプパクカム

あつまり [集まり] 모임 モイム;집회 チプェ 例 今日は集まりがあります。오늘은 모임이 있어요. オヌルン モイミ イッソヨ

あつまる [集まる] ①(人や物が)모이다 モイダ 例 人々が会場に集まりました。사람들이 회장에 모였어요. サーラムドゥリ フェージャンエ モヨッソヨ ②(関心などが) 쏠리다 ッソルリダ;집중하다 チプチュンハダ 例 人々の関心が集まっています。사람들의 관심이 쏠리고 있어요. サーラムドゥレ クヮンシミ ッソルリゴ イッソヨ

あつめる [集める] 모으다 モウダ;수집하다 スジパダ 例 お金を集めて旅行に行きます。돈을 모아서 여행을 가요. トーヌル モアソ ヨヘンウル カヨ / 趣味で切手を集めています。취미로 우표를 수집해요. チューイーミロ ウピョルル スジペヨ

あつらえる [誂える] 맞추다 マッチュダ 例 結婚式のドレスを誂えました。결혼식 드레스를 맞췄어요. キョロンシク トゥレスルル マッチュオッソヨ

あつりょく [圧力] 압력 アムニョク

あて [宛] 앞 アプ 例 会社宛てに書類を送りました。회사 앞으로 서류를 보냈어요. フェーサ アプロ ソリュルル ポネッソヨ

あてはまる [当てはまる] 들어맞다 トゥロマッタ;맞다 マッタ 例 この条件に当てはまるものがあるでしょうか。이 조건에 들어맞는 게 있을까요? イ チョッコネ トゥロマンヌン ゲ イッスルッカヨ

あてる [当てる] ①(ぶつける) 부딪치다 プディッチダ 例 壁に脚を当てて、あざができました。벽에 다리를 부딪쳐 멍이 들었어요. ピョゲ タリルル プディッチョ モンイ トゥロッソヨ ②(触れるようにする) 대다 テーダ 例 熱があるかと額に手を当ててみました。열이 있는지 이마에 손을 대 봤어요. ヨリ

インヌンジ イマエ ソヌル テーブワッソヨ ③(正解や的に)**맞히다** マチダ 例本物か偽物か当ててみてください。진짜인지 가짜인지 맞혀 보세요. チンッチャインジ カーッチャインジ マチョ ボセヨ / 矢を的に当てるゲーム 화살을 과녁에 맞히는 게임 フヮサルル クヮーニョゲ マチヌン ゲイム

あと [後] ①(後ろ) 뒤 トゥィー;뒤쪽 トゥィーッチョク ②(後ほど・後で) 뒤 トゥィー;나중 ナージュン ③(残り) 나머지 ナモジ 関 後始末 뒷정리 トゥィーッチョンニ

あと [跡] 자국 チャグク;흔적 フンジョク 例タオルで拭いた跡が残っていました。타월로 닦은 자국이 남아 있었어요. タウォルロ タックン チャグギ ナマ イッソッソヨ

あとあじ [後味] 뒷맛 トゥィンマッ

あとかたづけ [後片付け] ①(後処理) 뒷정리 トゥィーッチョンニ 例後片付けをしてください。뒷정리를 해 주세요. トゥィーッチョンニルル ヘ ジュセヨ ②(食器の) 설거지 ソルゴジ

あとくされ [後腐れ] 뒤탈 トゥィータル

あどけない 천진난만하다 チョンジンナンマナダ

あとさき [後先] 앞뒤 アプトゥィ

あとしまつ [後始末] 뒷정리 トゥィーッチョンニ;뒤처리 トゥィーチョリ

あとつぎ [跡継ぎ・後継ぎ] ①(相続者) 상속자 サンソクチャ ②(後継者) 후계자 フーゲジャ

アドバイス [advice] 어드바이스 オ

ドゥバイス;조언 チョオン

あとばらい [後払い] 후불 フーブル ❖~する 후불하다 フーブラダ

アドリブ [ad lib] 애드리브 エドゥリブ

あな [穴] 구멍 クモン 例靴下に穴が空きました。양말에 구멍이 났어요. ヤンマレ クモンイ ナッソヨ

アナウンサー [announcer] 아나운서 アナウンソ

あなた [貴方] ①(対等な相手) 당신 タンシン;너 ノ ②(夫婦間で) 당신 タンシン;여보 ヨボ ③(ケンカの相手) 당신 タンシン

あなどる [侮る] ①(見くびる) 얕보다 ヤッポダ ②(見下す) 깔보다 ッカルボダ

あに [兄] ①(年下の男性から見て) 형 ヒョン《敬称》형님 ヒョンニム ②(年下の女性から見て) 오빠 オッパ

アニメーション [animation] 애니메이션 エニメイション

あね [姉] ①(年下の男性から見て) 누나 ヌーナ《敬称》누님 ヌーニム ②(年下の女性から見て) 언니 オンニ

あの ①저 チョ ②(あそこ) 저기 チョギ ③《回想して, あの時などと言う場合》유크

アパート [← apartment house] 아파트 アパートゥ

あばく [暴く] 폭로하다 ポンノハダ;들추다 トゥルチュダ 例彼の正体を暴きたいです。그의 정체를 폭로하고 싶어요. クエ チョーンチェルル ポンノハゴ シポヨ / 人の弱点ばかり暴く人は嫌いです。사람

약점만 들추는 사람은 싫어요. サーラム ヤクッチョムマン トゥルチュヌン サーラムン シロヨ

あばらぼね [肋骨] 늑골 ヌクコル; 갈비뼈 カルビッピョ

あばれる [暴れる] 날뛰다 ナルットゥイダ

あひる [家鴨] 집오리 チボリ

あびる [浴びる] ①(かぶる) 들쓰다 トゥルッスダ; 뒤집어쓰다 トゥイジボッスダ ②(入浴する) 목욕하다 モギョカダ; 샤워를 하다 シャウォルル ハダ

アフターケア [aftercare] 애프터케어 エプトケオ

アフターサービス [after service] 애프터서비스 エプトソビス

あぶない [危ない] 위험하다 ウィホマダ; 위태롭다 ウィテロプタ 例 動くと命が危ないです。움직이면 목숨이 위태로워요. ウムジギミョン モクスミ ウィテロウォヨ / 熱くて危ないです。뜨거워서 위험해요. ットゥゴウォソ ウィホメヨ

あぶら [油] 기름 キルム 関 あぶら取り紙 기름종이 キルムジョンイ / ごま油 참기름 チャムギルム / 食用油 식용유 シギョンニュ

あぶら [脂] 지방 チバン

あぶらあげ [油揚げ] 유부 ユブ

あぶらえ [油絵] 유화 ユファ

アフリカ [Africa] 아프리카 アプリカ

あぶる [炙る] 약간 굽다 ヤクカン クプタ; 조금 굽다 チョグム クプタ 例 少し炙ってください。조금 구워 주세요. チョグム クウォ ジュセヨ

あふれる [溢れる] 넘치다 ノムチダ; 쏟아지다 ッソダジダ 例 見所あふれるドラマです。볼 거리가 넘치는 드라마예요. ポル コリガ ノムチヌン ドゥラマエヨ / 涙が溢れて, そこにいられませんでした。눈물이 쏟아져서 거기에 있을 수 없었어요. ヌンムリ ッソダジョソ コギエ イッスル ス オープソッソヨ

あまい [甘い] ①(味・香) 달다 タルダ; 달콤하다 タルコマダ 例 甘い物が好きです。단걸 좋아해요. タンゴル チョーアヘヨ ②(態度) 무르다 ムルダ; 엄하지 않다 オマジアンタ; 만만하다 マンマナダ 例 子供に甘い母 자식에게 엄하지 않은 어머니 チャシゲゲ オマジ アヌン オモニ ③(考え方) 낙관하다 ナククワナダ 例 考えが甘くないですか。너무 낙관하는 거 아닌가요? ノム ナククワナヌン ゴ アニンガヨ ④(切れ味が) 무디다 ムディダ

あまえる [甘える] 응석 부리다 ウーンソク プリダ; 어리광 부리다 オリグワン プリダ

あまがさ [雨傘] 우산 ウーサン

あまずっぱい [甘酸っぱい] 새콤달콤하다 セコムダルコマダ

あまだい [甘鯛] 옥돔 オクトム

アマチュア [amateur] 아마추어 アマチュオ

あまのがわ [天の川] 은하수 ウナス

あまみ [甘味] 단맛 タンマッ

あまみず [雨水] 빗물 ピンムル

あまやかす [甘やかす] 응석을 받아 주다 ウーンソグル パダ ジュダ 例 子供を甘やかすと後で大変で

あやまり

す。아이 응석을 받아 주면 나중에 큰일이에요. アイ ウーンソグル パダ ジュミョン ナージュンエ クニリエヨ

あまり [余り] ①(余り) 나머지 ナモジ ②❖~に 너무 ノム 例 あまりにかわいすぎて目が離せません。너무 귀여워서 눈을 뗄 수가 없어요. ノム クィーヨウォソ ヌヌルッテル スガ オープソヨ ③❖~…ない《後ろに否定の意味を伴って》별로 ピョルロ 例 あまりおいしくないですね。별로 맛이 없네요. ピョルロ マシ オームネヨ

あまる [余る] ①(残る) 남다 ナームタ 例 料理が余っています。음식이 남아 있어요. ウームシギ ナマイッソヨ ②(身に)넘치다 ノームチダ 例 身に余る光栄 분에 넘치는 영광 プネ ノムチヌン ヨングワン ③(手に負えない) 벅차다 ポクチャダ 例 これは私の手に余る仕事です。이건 저한테 벅찬 일이에요. イゴン チョハンテ ポクチャン ニーリエヨ

あみ [網] 그물 クムル; 망 マン

あみ [醬蝦] 젓새우 チョッセウ

あみど [網戸] 방충망 パンチュンマン

あむ [編む] ①(紐・綱・縄を)엮다 ヨクタ ②(毛糸で)뜨다 ットゥダ 例 毛糸で編んだ服が欲しいです。털실로 뜬 옷을 갖고 싶어요. トルシルロ ットゥン オスル カッコ シポヨ

あめ [雨] 비 ピ 例 外は雨が降っています。밖에는 비가 내려요. パッケヌン ピガ ネリョヨ / 雨が止みま

した。비가 그쳤어요. ピガ クチョッソヨ

あめ [飴] 엿 ヨッ

アメシスト [amethyst] 애미시스트 エミシストゥ; 자수정 チャスジョン

アメリカ [America] 미국 ミグク; 아메리카 アメリカ

あやしい [怪しい] ①이상하다 イーサンハダ; 수상하다 スサンハダ 例 何か怪しい所ですね。왠지 이상한 곳이네요. ウェンジ イーサンハン ゴシネヨ ②(疑わしい) 의심스럽다 ウイシムスロプタ 例 あの人の話はどうも疑わしいです。그 사람 이야기는 아무래도 의심스러워요. ク サーラム イヤギヌン アームレド ウイシムスロウォヨ

あやす 달래다 タルレダ 例 赤ちゃんをあやすのが上手な人です。아기를 달래는 게 능숙한 사람이에요. アギルル タルレヌン ゲ ヌンスカン サーラミエヨ

あやつる [操る] ①조작하다 チョジャカダ ②(使いこなす) 구사하다 クサハダ

あやまち [過ち] 잘못 チャルモッ 例 過ちを認めました。잘못을 인정했어요. チャルモスル インジョンヘッソヨ

あやまり [誤り] 잘못 チャルモッ; 틀림 トゥルリム; 오류 オーリュ 例 誤りは正さなければいけません。잘못은 바로잡아야 해요. チャルモスン パロジャバヤ ヘヨ / 記憶に誤りがなければ 기억에 틀림이 없다면 キオゲ トゥルリミ オープタミョン / 文法上の誤りがあります。문법상의 오류가 있어요. ムンポプ

サンエ オーリュガ イッソヨ

あやまる [誤る] 잘못하다 チャルモッタダ；실수하다 シルスハダ 例 操作を誤って故障してしまいました。조작을 잘못해서 고장이 나 버렸어요. チョジャグル チャルモッテソ コージャンイ ナ ボリョッソヨ

あやまる [謝る] 사과하다 サーグヮハダ 例 私の方から謝りました。내가 먼저 사과했어요. ネガ モンジョ サーグヮヘッソヨ

あゆ [鮎] 은어 ウノ

あらい [荒い] ①(波などが) 거칠다 コチルダ ②(態度が) 난폭하다 ナーンポカダ

あらい [粗い] ①(おおざっぱだ) 엉성하다 オンソンハダ 例 仕事の進め方がとても粗くていらいらします。일 처리가 너무 엉성해서 짜증 나요. イール チョリガ ノム オンソンヘソ ッチャジュン ナヨ ②(粒や目が) 거칠다 コチルダ；굵다 ククタ ③(ざらついている) 꺼칠꺼칠하다 ッコチルッコチラダ 例 表面が粗いです。표면이 꺼칠꺼칠해요. ピョミョニ ッコチルッコチレヨ ④(網の目が) 성기다 ソンギダ

あらう [洗う] ①씻다 ッシッタ 例 手を洗ってから召し上がってください。손을 씻고 드세요. ソヌル ッシッコ トゥセヨ ②(髪を) 감다 カームタ

あらかじめ [予め] 미리 ミリ 例 あらかじめ準備しなさい。미리 준비하세요. ミリ チュンビハセヨ

あらし [嵐] 폭풍우 ポクプンウ

あらす [荒らす] 망치다 マンチダ；휩쓸다 フィプッスルダ

あらすじ [粗筋] 줄거리 チュルゴリ 例 ドラマのあらすじ 드라마의 줄거리 トゥラマエ チュルゴリ

あらそう [争う] ①(ケンカをする) 싸우다 ッサウダ 例 争わないでください。싸우지 마세요. ッサウジ マーセヨ ②(言い争う・一刻を争う) 다투다 タトゥダ 例 今日は友達と言い争いました。오늘은 친구와 다퉜어요. オヌルン チングワ タトゥォッソヨ ③(競争する) 겨루다 キョルダ；경쟁하다 キョーンジェンハダ 例 韓国選手と優勝を争いました。한국 선수와 우승을 겨루었어요. ハーングク ソーンスワ ウスンウル キョルオッソヨ

あらたに [新たに] 새로 セロ

あらたまる [改まる] ①(変わる) 바뀌다 パックィダ；변경되다 ピョーンギョンドゥェダ ②(改善される) 개선되다 ケーソンドゥェダ

あらためる [改める] 고치다 コチダ；변경하다 ピョーンギョンハダ 例 今回の計画を改めます。이번 계획을 변경하겠어요. イボン ケーフェグル ピョーンギョンハゲッソヨ

あらゆる 모든 モードゥン

あられ [霰] 싸라기눈 ッサラギヌン

あらわす [現す・表す] ①나타내다 ナタネダ；드러내다 トゥロネダ ②(表現する) 표현하다 ピョヒョナダ

あらわす [著す] 저술하다 チョスラダ；펴내다 ピョネダ

あらわれる [現れる・表れる] 나타나다 ナタナダ；출현하다 チュリョ

ナダ 例恋人が夢に現れました。애인이 꿈에 나타났어요. エーイニックメ ナタナッソヨ

あり [蟻] 개미 ケーミ

ありえない [有り得ない] 있을 수 없다 イッスル ス オプタ 例そういうことはあり得ないことです。그런 일은 있을 수 없는 일이에요. クロン ニールン イッスル ス オムヌン ニーリエヨ

ありがたい [有り難い] 고맙다 コーマプタ;감사하다 カームサハダ 例ありがとうございます。고맙습니다. コーマプスムニダ;감사합니다. カームサハムニダ

ありさま [有り様] 모양 モヤン;상태 サンテ;꼴 ッコル 例家に帰ってみると、この有り様だ。집에 돌아와 보니 이 모양이다. チベ トラワ ボニ イ モヤンイダ/今の有り様では卒業もできません。지금 상태로는 졸업도 못해요. チグム サンテロヌン チョロプト モーッテヨ/あんな有り様じゃ、誰も見向きもしませんよ。저런 꼴이면 아무도 안 쳐다봐요. チョロン ッコリミョン アームド アン チョダブワヨ

ありふれる [有り触れる] ①(よくある) 흔하다 フナダ ②(平凡だ) 평범하다 ピョンボマダ

ある [或る] 어느 オヌ;어떤 オットン 例ある日 어느 날 オヌ ナル/ある人 어떤 사람 オットン サーラム

ある [在る・有る] 있다 イッタ;존재하다 チョンジェハダ 例時間はありますか。시간이 있어요? シガニ イッソヨ

あるいは [或いは] ①(または) 또는 ットヌン;혹은 ホグン 例現金あるいはカードを入れてください。현금 또는 카드를 넣으세요. ヒョーングム ットヌン カードゥルル ノウセヨ ②(もしかすると) 어쩌면 オッチョミョン;혹시 ホクシ 例あるいはそうかもしれません。어쩌면 그럴지도 모르겠어요. オッチョミョン クロルチド モルゲッソヨ

あるく [歩く] 걷다 コータ 例ここから歩いて10分かかります。여기서 걸어서 10(십)분 걸려요. ヨギソ コロソ シプブン コルリョヨ

あるじ [主・主人] 주인 チュイン

アルゼンチン [argentine] 아르헨티나 アルヘンティナ

アルバイト [arbeit] 아르바이트 アルバイトゥ

アルバム [album] 앨범 エルボム

アルファベット [alphabet] 알파벳 アルパベッ

アルプス [alps] 알프스 アルプス

あれ(驚き) 아이고 アイゴ;어 オ;어머나 オモナ《어머나は女性が用いる》

あれ ①저것 チョゴッ ②《回想して, あのことと言う場合》그것 クゴッ

あれこれ 이것저것 イゴッチョゴッ

あれほど 그토록 クトロク

あれる [荒れる] ①(天候や雰囲気などが) 거칠어지다 コチロジダ;사나워지다 サナウォジダ 例夜の海は波が荒れてくるので気を付けてください。밤 바다는 파도가 거칠어지니까 조심하세요. パム パダヌン パドガ コチロジニッカ チョーシマセヨ ②(荒廃する) 황

폐해지다 フワンペヘジダ 例 心の中が少しずつ荒れてきました。마음 속이 조금씩 황폐해졌어요. マウム ソーギ チョグムッシク フワンペヘジョッソヨ ③(肌が) 거칠어지다 コチロジダ;까칠까칠해지다 ッカチルッカチレジダ 例 手が荒れているので見せたくありません。손이 까칠까칠해져서 보여 주고 싶지 않아요. ソニ ッカチルッカチレジョソ ポヨ ジュゴ シプチ アナヨ

アレルギー [allergie] 알레르기 アルレルギ

アロマセラピー [aromatherapy] 아로마 테라피 アロマ テラピ

あわ [泡] 거품 コプム

あわ [粟] 조 チョ

あわい [淡い] ①(色・味・香りなどが) 연하다 ヨーナダ 例 淡い色 연한 색깔 ヨナン セクッカル ②(かすかだ) 희미하다 ヒミハダ 例 淡い期待 희미한 기대 ヒミハン キデ

あわせる [合わせる] ①합치다 ハプチダ 例 力を合わせて今回のプロジェクトを成功させましょう。힘을 합쳐 이번 프로젝트를 성공시킵시다. ヒムル ハプチョ イボン プロジェクトゥルル ソンゴンシキプシダ ②(一致させる) 맞추다 マッチュダ 例 グループ別に意見を合わせてください。그룹별로 의견을 맞춰 주세요. クルプピョルロ ウイギョヌル マッチュオ ジュセヨ

あわただしい [慌ただしい] 정신 없이 바쁘다 チョンシノプシ パップダ 例 慌ただしい一日 정신없이 바쁜 하루 チョンシノプシ パップン ハル

あわてる [慌てる] 당황하다 タンファンハダ;허둥거리다 ホドゥンゴリダ 例 慌てて家を出ました。허둥거리며 집을 나갔어요. ホドゥンゴリミョ チブル ナガッソヨ

あわび [鮑] 전복 チョンボク 関 あわび粥 전복죽 チョンボクチュク

あわれ [哀れ] 슬픔 スルプム;비애 ピエ ❖~だ 불쌍하다 プルッサンハダ 例 貧しく哀れな人 가난하고 불쌍한 사람 カナナゴ プルッサンハン サーラム

あわれむ [哀れむ] 불쌍하게 여기다 プルッサンハゲ ヨギダ

あんい [安易] 안이 アニ ❖~だ 안이하다 アニハダ 例 安易な考え 안이한 생각 アニハン センガク

あんがい [案外] 의외로 ウイーウェロ;뜻밖에 ットゥッパッケ 例 案外いい人です。의외로 좋은 사람이에요. ウイーウェロ チョーウン サーラミエヨ

あんき [暗記] 암기 アームギ ❖~する 암기하다 アームギハダ 例 新しく出てきた단어를 암기해 주세요. セロ ナオン タノルル アームギヘ ジュセヨ

あんこう [鮟鱇] 아귀 アグィ

あんごう [暗号] 암호 アーモ

あんさつ [暗殺] 암살 アームサル ❖~する 암살하다 アームサラダ ❖~される 암살되다 アームサルドゥェダ

あんざん [安産] 순산 スンサン ❖~する 순산하다 スンサナダ

あんざん [暗算] 암산 アームサン;

속셈 ソークセム ❖~する 암산하다 アームサナダ 例暗算してすぐ答えました。암산해서 바로 답했어요. アームサネソ パロ タペッソヨ

アンサンブル [ensemble] 앙상블 アンサンブル

あんじ [暗示] 암시 アームシ ❖~する 암시하다 アームシハダ 関自己暗示 자기 암시 チャギ アームシ

あんしょうばんごう [暗証番号] 비밀번호 ピーミルボノ

あんしん [安心] 안심 アンシム 例 あなたがいて安心です。당신이 있어서 안심이에요. タンシニ イッソソ アンシミエヨ ❖~する 안심하다 アンシマダ 例私たちは無事ですからご安心ください。저희들은 무사하니까 안심하세요. チョヒドゥルン ムサハニッカ アンシマセヨ

あんず [杏] 살구 サルグ

あんぜん [安全] 안전 アンジョン ❖~だ 안전하다 アンジョナダ 例ここは安全な場所です。여기는 안전한 장소예요. ヨギヌン アンジョナン チャンソエヨ 関交通安全 교통안전 キョトンアンジョン

アンチエイジング [anti aging] 안티 에이징 アンティ エイジン

あんてい [安定] 안정 アンジョン ❖(…が)~する 안정되다 アンジョンドウェダ

あんな 저런 チョロン

あんない [案内] 안내 アーンネ ❖~する 안내하다 アーンネハダ 例ここを案内してくださいますか。여기를 안내해 주시겠어요? ヨギルル アーンネヘ ジュシゲッソヨ

あんのじょう [案の定] 아니나 다를까 アニナ タルルッカ

アンバランス [unbalance] 언밸런스 オンベルロンス;불균형 プルギュニョン

あんパン [餡パン] 팥빵 パッパン

あんぴ [安否] 안부 アンブ 例ご両親に(安否を)よろしくお伝えください。부모님께 안부 전해 주세요. プモニムッケ アンブ チョネ ジュセヨ

アンプ [amplifier] 앰프 エムプ 関ステレオアンプ 스테레오 앰프 ステレオ エムプ

あんま [按摩] 안마 アンマ ❖~する 안마하다 アンマハダ

あんまり ①너무 ノム ❖~だ 너무하다 ノムハダ ②⇒あまり [余り]

あんみん [安眠] 안면 アンミョン

あんもく [暗黙] 암묵 アームムク

あんらく [安楽] 안락 アルラク ❖~だ 안락하다 アルラカダ ❖~に 안락하게 アルラカゲ 関安楽椅子 안락의자 アルラギジャ / 安楽死 안락사 アルラクサ

い

い [意] ①(意味) 뜻 ットゥッ ②(考え) 생각 センガク;의사 ウイーサ;의지 ウイージ

い [胃] 위 ウィ 例胃腸 위장 ウィジャン

いい [良い] 좋다 チョーッタ 例これは本当にいい商品です。이것은 정말 좋은 상품이에요. イゴスン チョーンマル チョウン サンプミエヨ

いいあらそう [言い争う] 말다툼하다 マールダトゥマダ;언쟁하다

いいあらわす

オンジェンハダ;다투다 タトゥダ

いいあらわす [言い表す] 말로 표현하다 マールロ ピョヒョナダ 例 一言で言い表すのは難しいです。한마디 말로 표현하는 건 어려워요. ハンマディ マールロ ピョヒョナヌン ゴン オリョウォヨ

いいえ 아니 アニ;아니요 アニヨ;아뇨 アニョ 関 いいえ(違います) 아닙니다 アニムニダ;아니에요. アニエヨ

いいかえす [言い返す] 말대답하다 マールデダプダ

いいかえる [言い換える] 바꾸어 말하다 パックオ マーラダ

いいかげん [好い加減] ❖～だ ①(適度だ) 적당하다 チョクタンハダ;알맞다 アールマッタ ❖～に 적당히 チョクタンイ ②(おざなりだ) 엉성하다 オンソンハダ;무책임하다 ムチェギマダ ❖～に 대충대충 テチュンデチュン

いいかた [言い方] 말투 マールトゥ;말씨 マールッシ

いいきかせる [言い聞かせる] 타이르다 タイルダ;설득하다 ソルトゥカダ 例 あの子はいくら言い聞かせても無駄です。그 아이는 아무리 타일러도 소용없어요. ク アイヌン アームリ タイルロド ソヨンオプソヨ

いいきみ [好い気味] ❖～だ 고소하다 コソハダ

いいきる [言い切る] 잘라 말하다 チャラ マーラダ;단언하다 タノナダ 例 後悔しないと言い切れますか。후회하지 않는다고 단언할 수 있어요? フーフェハジ アンヌンダゴ タノナルス イッソヨ

いいくるめる [言い包める] 구슬리다 クスルリダ

いいつたえ [言い伝え] ①(伝言) 전언 チョノン ②(伝説) 전설 チョンソル;구전 クジョン

いいなずけ [許嫁] 약혼자 ヤコンジャ

いいね [言い値] 부르는 값 プルヌン ガプ

いいのがれ [言い逃れ] 발뺌 パルッペム;핑계 ピンゲ

いいのがれる [言い逃れる] 발뺌하다 パルッペマダ 例 いつまで言い逃れるつもりですか。언제까지 발뺌할 생각이에요? オーンジェッカジ パルッペマル センガギエヨ

いいはる [言い張る] 우기다 ウギダ;주장하다 チュジャンハダ

いいふらす [言い触らす] 퍼뜨리다 ポットゥリダ

いいぶん [言い分] 주장하고 싶은 말 チュジャンハゴ シプン マール;할 말 ハル マール

いいよどむ [言い淀む] 머뭇거리다 モムッコリダ

いいわけ [言い訳] 변명 ピョーンミョン;해명 ヘーミョン;핑계 ピンゲ 例 もう言い訳は聞きたくありません。이제 변명은 듣고 싶지 않아요. イジェ ピョーンミョンウン トゥッコ シプチ アナヨ

いいん [医院] 의원 ウイウォン 関 小児科医院 소아과 의원 ソアックヮ ウイウォン

いいん [委員] 위원 ウィウォン

いいんかい [委員会] 위원회 ウィウォヌェ

いう [言う] 말하다 マーラダ 例 もう一度言ってください。다시 한번 말해 주세요. タシ ハンボン マーレ ジュセヨ

いえ [家] ①집 チプ;주택 チュテク 例 去年、家を買いました。작년에 집을 샀어요. チャンニョネ チブル サッソヨ ②(家庭) 가정 カジョン ③(家系) 가계 カゲ

いえで [家出] 가출 カチュル ❖~する 가출하다 カチュラダ

いえる [癒える] 아물다 アムルダ;치유되다 チユウェダ;낫다 ナッタ 例 傷がやっと癒えました。상처가 겨우 아물었어요. サンチョガ キョウ アムロッソヨ / 病気が癒えるまで私がそばにいます。병이 나을 때까지 제가 옆에 있을게요. ピョーンイ ナウル ッテッカジ チェガ ヨペ イッスルケヨ

いか [医科] 의과 ウイックワ 関 医科大学 의과대학 ウイックワデハク

いか [烏賊] 오징어 オジンオ

いか [以下] 이하 イーハ

いがい [以外] 이외 イーウェ

いがい [意外] 의외 ウイーウェ 뜻밖 ットゥッパク ❖~な 의외의 ウイーウェエ;뜻밖의 ットゥッパッケ ❖~に 의외로 ウイーウェロ;뜻밖에 ットゥッパッケ 例 大きさに比べて意外に軽いです。크기에 비해 의외로 가벼워요. クギエ ピヘ ウイーウェロ カビョウォヨ

いかがわしい 의심스럽다 ウイシムスロプタ;수상하다 スサンハダ

いかく [威嚇] 위협 ウィヒョプ ❖~する 위협하다 ウィヒョパダ

いがく [医学] 의학 ウイハク

いかす [生かす] 살리다 サルリダ;되살리다 トゥェサルリダ

いかす [活かす] 활용하다 フワルリョンハダ 例 休み時間を活かして何かしましょう。쉬는 시간을 활용해서 뭔가를 합시다. シュィヌン シガヌル フワルリョンヘソ ムォンガルル ハプシダ

いかに [如何に] ①어떻게 オットッケ ②(いくら) 아무리 アームリ 例 いかに必要でも手に入れられません。아무리 필요해도 손에 넣을 수 없어요. アームリ ピリョヘド ソネ ノウル ス オープソヨ

いがみあう [啀み合う] 으르렁거리다 ウルロンゴリダ

いかめしい [厳しい] ①위엄이 있다 ウィオミ イッタ;엄숙하다 オムスカダ ②(厳重だ) 삼엄하다 サモマダ

いかり [怒り] 노여움 ノーヨウム;분노 プンノ

いかり [錨] 닻 タッ

いかる [怒る] 화를 내다 フワールル ネダ 例 なぜ来なかったのかと、すごく怒っていました。왜 안 왔느냐고 굉장히 화를 냈어요. ウェーア ヌワンヌニャゴ クェンジャンイ フワールル ネッソヨ

いかん [遺憾] 유감 ユガム 例 今回の事故はまことに遺憾なことだと思います。이번 사고는 정말로 유감이라고 생각해요. イボン サーゴヌン チョーンマルロ ユガミラゴ センガケヨ ❖~だ 유감스럽다 ユガムスロプタ

いがん [胃癌] 위암 ウィアム

いき [息] ①숨 スーム 例 息をして

いません。숨을 안 쉬어요. スームル アン シュイヨヨ / 息を呑むような美しい光景でした。숨이 막힐 듯한 아름다운 광경이었어요. スーミ マキル ドゥタン アルムダウン クワンギョンイオッソヨ / とうとう息を引き取りました。마침내 숨을 거두었어요. マチムネ スームル コドゥオッソヨ ②(仕事の)呼吸 ホフプ 例2人が息を合わせることは本当に難しいことです。두 사람이 호흡을 맞추는 건 정말로 어려운 일이에요. トゥー サーラミ ホフブル マッチュヌン ゴン チョーンマルロ オリョウン ニーリエヨ

いき [粋] ❖~な 세련된 セーリョンドゥェン; 멋진 モッチン 例この会社にあんな粋な男性がいるなんて。이 회사에 저런 멋진 남자가 있다니. イ フェーサエ チョロン モッチン ナムジャガ イッタニ

いぎ [異議] 이의 イーイ

いぎ [意義] ①의의 ウイーイ; 뜻 ットゥッ; 의미 ウイーミ ②(価値)값어치 カボチ; 가치 カチ

いきいき [生き生き] ❖~している ①(新鮮だ) 생생하다 センセンハダ; 싱싱하다 シンシンハダ ②(活気ある) 활기 차다 フワルギ チャダ; 생기가 있다 センギガ イッタ 例生き生きとした姿がうらやましいばかりです。활기찬 모습이 부러울 따름입니다. フワルギ チャン モスビ プロウル ッタルミムニダ / 今日は生き生きしていますね。오늘은 생기가 있네요. オヌルン センギガ インネヨ

いきおい [勢い] ①기세 キセ; 기운 キウン; 활기 フワルギ ②(権力) 세력 セーリョク; 위세 ウィセ

いきがい [生き甲斐] 사는 보람 サヌン ボラム 例生き甲斐のある暮らしをしたいです。사는 보람이 있는 생활을 하고 싶어요. サヌン ボラミ インヌン センフヮルル ハゴ シポヨ

いきかえる [生き返る] 되살아나다 トゥェサラナダ; 소생하다 ソセンハダ

いきさつ [経緯] 경위 キョンウィ; 경과 キョングヮ

いきづかい [息遣い] 숨결 スームッキョル; 호흡 ホフプ

いきづまる [息詰まる] 숨이 막히다 スーミ マキダ

いきとうごう [意気投合] 의기 투합 ウイーギ トゥハプ ❖~する 의기 투합하다 ウイーギ トゥハパダ 例友達と意気投合してバンドを結成することにしました。친구들과 의기 투합해 밴드를 만들기로 했어요. チングドゥルグヮ ウイーギ トゥハペ ペンドゥルル マンドゥルギロ ヘッソヨ

いきどおり [憤り] 분노 プーノ; 노여움 ノーヨウム

いきどおる [憤る] 분개하다 プンゲハダ; 화내다 フワーネダ

いきなり 갑자기 カプチャギ; 느닷없이 ヌダドプシ

いきぬき [息抜き] 기분 전환 キブン チョヌワン

いきのこる [生き残る] 살아남다 サラナムタ

いきのびる [生き延びる] 살아남다 サラナムタ

いぎょう [偉業] 위업 ウィオプ
いぎょう [遺業] 유업 ユオプ
いきようよう [意気揚揚] 의기양양 ウイギヤンヤン ❖~としている 의기양양하다 ウイギヤンヤンハダ
イギリス [Inglez] 영국 ヨングク
いきる [生きる] ①살다 サールダ 例食べないと生きていけません。먹지 않으면 살 수가 없어요. モクチアヌミョン サール スガ オープソヨ ②(生活する) 생활하다 センファラダ;살아가다 サラガダ 例生きるためにはお金が必要です。살아가기 위해서는 돈이 필요해요. サラガギ ウィヘソヌン トーニ ピリョヘヨ
いきわかれる [生き別れる] 생이별하다 センイビョラダ
いく [行く] ①가다 カダ 例ソウルから慶州まで行きます。서울에서 경주까지 가요. ソウレソ キョンジュッカジ カヨ/タクシーで行きましょう。택시로 갑시다. テクシロ カプシダ ②(…していく《用言の語幹＋-아/어 가다》の形で) 例仕事は上手くいっていますか。일은 잘돼 가요? イールン チャルドウェ ガヨ
いくじ [意気地] 패기 ペーギ;의지 ウイージ
いくじ [育児] 육아 ユガ 園育児休暇 육아 휴직 ユガ ヒュジク
いくせい [育成] 육성 ユクソン ❖~する 육성하다 ユクソンハダ
いくつ [幾つ] ①(個数) 몇 개 ミョッケ 例いくつ必要ですか。몇 개 필요해요? ミョッ ケ ピリョヘヨ ②(何歳) 몇 살 ミョッ サル 例年はいくつですか。나이가 몇 살이세요? ナイガ ミョッ サリセヨ
いくど [幾度] 몇 번 ミョッ ポン;여러 번 ヨロ ボン 例幾度か行ったことがあります。몇 번 간 적이 있어요. ミョッ ポン カン ジョギ イッソヨ ❖~も 몇 번이나 ミョッ ポニナ
いくら [幾ら] ①(程度・数量) 얼마 オルマ;어느 정도 オヌ ジョンド 例値段がいくらなのか書いてありません。값이 얼마인지 써 있지 않아요. カプシ オルマインジ ッソ イッチ アナヨ ②(譲歩) 아무리 アームリ 例お金がいくら掛かってもかまいません。아무리 돈이 들어도 괜찮아요. アームリ トーニ トゥロド クェンチャナヨ
いけ [池] 못 モッ;연못 ヨンモッ
いけばな [生け花] 꽃꽂이 ッコッコジ
いけん [意見] ①의견 ウイーギョン;생각 センガク ②(忠告) 충고 チュンゴ
いげん [威厳] 위엄 ウィオム
いご [以後] 이후 イーフ
いご [囲碁] 바둑 パドゥク 例あそこで囲碁を打っている人は誰ですか。저기에서 바둑을 두는 사람이 누구예요? チョギエソ パドゥグル トゥヌン サーラミ ヌグエヨ
いこい [憩い] 휴식 ヒュシク;휴게 ヒュゲ
いこう [意向] 의향 ウイヒャン;뜻 ットゥッ
いこく [異国] 이국 イーグク
いごこちがいい [居心地がいい]

いさぎよい

있기 편하다 イッキ ピョナダ;마음이 편하다 マウミ ピョナダ;지내기 편하다 チネギ ピョナダ 例居心地がいいホテルを探しています。지내기 편한 호텔을 찾고 있어요. チネギ ピョナン ホテルル チャッコ イッソヨ

いさぎよい [潔い] 깨끗하다 ッケックタダ

いざこざ 말썽 マールッソン;사소한 다툼 サソハン タトゥム

いさましい [勇ましい] 용감하다 ヨーンガマダ;씩씩하다 ッシクックッシカダ

いさめる [諫める] 간하다 カナダ;간언하다 カノナダ;충고하다 チュンゴハダ

いさん [遺産] 유산 ユサン 関 世界文化遺産 세계 문화 유산 セーゲ ムヌァ ユサン

いし [石] 돌 トール;돌멩이 トールメンイ

いし [医師] 의사 ウイサ

いし [意志] 의지 ウイージ 例意志の強い人です。의지가 강한 사람이에요. ウイージガ カンハン サーラミエヨ

いし [意思] 의사 ウイーサ;생각 センガク 例意思疎通がうまくいかないのを感じます。의사소통이 잘 되지 않는 걸 느껴요. ウイーサソトンイ チャルドウェジ アンヌン ゴル ヌッキョヨ

いじ [維持] 유지 ユジ ❖~する 유지하다 ユジハダ 例一定の水準を維持しなければいけません。일정한 수준을 유지해야 돼요. イルチョンハン スジュヌル ユジヘヤ ドウェヨ

いじ [意地] 고집 コジプ;오기 オーギ 例彼はいつも意地を張っています。그는 늘 고집을 부려요. クヌン ヌル コジブル プリョヨ / 彼の意地には勝てません。그 사람 오기에는 이길 수 없어요. ク サーラム オーギエヌン イギル ス オプソヨ

いしき [意識] 의식 ウイーシク

いしずえ [礎] 초석 チョソク;기초 キチョ 例日韓友好の礎を築くにはどうすればいいですか。일한 우호의 초석을 쌓기 위해서는 어떻게 하면 되나요? イラン ウホエ チョソグル ッサッキ ウィヘソヌン オットッケ ハミョン トウェナヨ

いじめる [苛める] 괴롭히다 クェロピダ;못살게 굴다 モーッサルゲ クールダ;구박하다 クバカダ;학대하다 ハクテハダ

いしゃ [医者] 의사 ウイサ 関 外科医 외과의 ウェークヮウイ / 歯科医 치과의 チックヮウイ / 内科医 내과의 ネークヮウイ

いしやきいも [石焼き芋] 군고구마 クーンゴグマ

いしゃりょう [慰謝料] 위자료 ウィジャリョ

いじゅう [移住] 이주 イジュ ❖~する 이주하다 イジュハダ

いしゅく [萎縮] 위축 ウィチュク ❖~する 위축되다 ウィチュクトウェダ

いしょ [遺書] 유서 ユソ

いしょう [衣装] 의상 ウイサン;복장 ポクチャン

いじょう [以上] 이상 イーサン

いじょう [委譲] 위양 ウィヤン ❖ ~する 위양하다 ウィヤンハダ

いじょう [異状] 이상 イーサン 例 体に異状のある場合にはお知らせください。몸에 이상이 있는 경우에는 알려 주세요. モメ イーサンイ インヌン キョンウエヌン アルリョジュセヨ

いじょう [異常] 이상 イーサン ❖ ~だ 이상하다 イーサンハダ 例 今年の冬は異常なくらい暖かいです。올해 겨울은 이상할 정도로 따뜻해요. オレ キョウルン イーサンハル ジョンドロ ッタットゥテヨ ❖ ~に 이상하게 イーサンハゲ 例 今日は異常に眠いです。오늘은 이상하게 졸려요. オヌルン イーサンハゲ チョルリョヨ

いしょく [異色] 이색 イーセク 例 異色の演出家 이색적인 연출가 イーセクチョギン ヨンチュルガ

いしょく [移植] 이식 イシク ❖ ~する 이식하다 イシカダ

いしょくじゅう [衣食住] 의식주 ウイシクチュ

いしょくどうげん [医食同源] 의식동원 ウイシクトンウォン ; 먹는 것이 곧 약이 된다. モンヌン ゴシ コッ ヤギ トゥェンダ

いじらしい 애처롭다 エチョロプタ ; 안쓰럽다 アンッスロプタ

いじる [弄る] 만지작거리다 マンジジャクコリダ ; 만지다 マンジダ

いじわる [意地悪] ① 심술궂은 짓 シムスルクジュン ジーッ ② (人) 심술쟁이 シムスルジェンイ

いじん [偉人] 위인 ウィイン

いしんでんしん [以心伝心] 이심전심 イシムジョンシム

いす [椅子] ① 의자 ウイジャ 例 このいす, 座ってもいいですか。이 의자 앉아도 돼요? イ ウイジャ アンジャド ドウェヨ ② (地位) 자리 チャリ ; 지위 チウィ

いずみ [泉] 샘 セーム ; 샘물 セームムル

イスラエル [Israel] 이스라엘 イスラエル

イスラム [Islām] 이슬람 イスルラム

いずれ [何れ] ① (どれ) 어느 것 オヌ ゴッ ; 어느 쪽 オヌ ッチョク 例 いずれを選んでもかまいません。어느 쪽을 골라도 괜찮아요. オヌ ッチョグル コルラド クェンチャナヨ ② (どうせ・ともかく) 어쨌든 オッチェットゥン ; 어차피 オチャピ 例 いずれにせよ, 終わってみないとわかりません。어쨌든 끝나 보지 않으면 몰라요. オッチェットゥン ックンナ ボジ アヌミョン モールラヨ / いずれこれはしなければならないことです。어차피 이건 해야 할 일이에요. オチャピ イゴン ヘヤ ハル リーリエヨ ③ (そのうち) 머지않아 モジアナ ; 일간 イルガン 例 いずれ全部あなたのものになるのではないですか。머지않아 모두 당신 게 되는 거잖아요. モジアナ モドゥ タンシン ゲ トゥェヌン ゴジャナヨ / いずれ明らかになるでしょう。일간 밝혀지겠지요. イルガン パルキョジゲッチョ

いせい [威勢] 위세 ウィセ

いせい [異性] 이성 イーソン

いせき [遺跡] 유적 ユジョク 関 文化遺跡 문화 유적 ムヌワ ユジョク

いぜん [以前] 이전 イージョン

いぜんとして [依然として] 여전히 ヨジョニ

いそがしい [忙しい] 바쁘다 パップダ 例 忙しくて寝る時間もありません。바빠서 잠 잘 시간도 없어요. パッパソ チャム ジャル シガンド オープソヨ / 忙しい日々を送っています。바쁜 나날을 보내고 있어요. パップン ナナルル ポネゴ イッソヨ

いそぐ [急ぐ] 서두르다 ソドゥルダ 例 急がなければ出発の時間に間に合いません。서두르지 않으면 출발 시간에 늦겠어요. ソドゥルジ アヌミョン チュルバル シガネ ヌッケッソヨ / 急いでください。서둘러 주세요. ソドゥルロ ジュセヨ

いぞく [遺族] 유족 ユジョク

いそん [依存] 의존 ウィジョン ❖~する 의존하다 ウィジョナダ

いた [板] 판자 パンジャ;널빤지 ノルッパンジ

いたい [遺体] 유체 ユチェ;유해 ユヘ

いたい [痛い] 아프다 アプダ 例 風邪を引いて頭が痛いです。감기에 걸려서 머리가 아파요. カームギエ コルリョソ モリガ アパヨ

いだい [医大] 의대 ウイデ

いだい [偉大] ❖~だ 위대하다 ウィデハダ

いたいたしい [痛々しい] 애처롭다 エチョロプタ

いだく [抱く] ①(子供などを) 안다 アンタ ②(心に) 품다 プムタ

いたずら [悪戯] 장난 チャンナン;장난질 チャンナンジル ❖~する 장난을 치다 チャンナヌル チダ 関 いたずらっ子 장난꾸러기 チャンナンックロギ

いたずら [徒] ❖~に 무익하게 ムイカゲ;헛되이 ホットウェイ;공연히 コンヨニ

いただく [頂く・戴く] ①(頭に) 이다 イダ ②(もらう) 받다 パッタ ③(食べる) 먹다 モクタ;마시다 マシダ;들다 トゥルダ 例 いただきます。잘 먹겠습니다. チャル モクケッスムニダ / もう十分いただきました。벌써 많이 먹었습니다. ポルッソ マーニ モゴッスムニダ

いたみ [痛み] 아픔 アプム;고통 コトン

いたみ [傷み] 손상 ソンサン;파손 パソン

いたむ [傷む] ①깨지다 ッケージダ;파손되다 パーソンドゥェダ ②(食べ物が) 상하다 サンハダ

いたむ [悼む] 애도하다 エドハダ

いためる [炒める] 볶다 ポクタ 例 野菜を炒めてから肉を入れてください。야채를 볶고 나서 고기를 넣으세요. ヤーチェルル ポクコ ナソ コギルル ノウセヨ

いためる [痛める] ①(肉体的に) 다치다 タチダ;상하다 サンハダ 例 足首を痛めて歩けません。발목을 다쳐서 걸을 수 없어요. パルモグル タチョソ コルル ス オープソヨ ②(精神的に心などを) 상심하다 サンシマダ 例 大きな被害のため心を痛めています。큰 피해 때문에 상심하고 있어요. クン ピーヘ ッテムネ サンシマゴ イッソヨ

いたる [至る] 이르다 イルダ;다다

르다 タダルダ;도달하다 トーダラダ 例とうとう頂上に至りました。 드디어 정상에 이르렀어요. トゥディオ チョンサンエ イルロッソヨ

いたわる [労る] 위로하다 ウィロハダ

いち [一]《漢数詞》일 イル《固有数詞》하나 ハナ (助数詞を伴う場合は한の形) 関一月 일월 イルォル/一時 한 시 ハン シ

いち [位置] 위치 ウィチ

いちいち [一々] (些細なことまで) 하나하나 ハナハナ;일일이 イリリ

いちおう [一応] 일단 イルタン

いちがいに [一概に] 통틀어 トントゥロ;일률적으로 イルリュルチョグロ;한 마디로 ハン マディロ

いちご [苺] 딸기 ッタルーギ

いちじ [一次] 일차 イルチャ 関一次試験 일차 시험 イルチャ シホム

いちじ [一時] 일시 イルシ;한때 ハンッテ

いちじるしい [著しい] 현저하다 ヒョーンジョハダ;두드러지다 トゥドゥロジダ

いちず [一途] ❖~だ 한결같다 ハンギョルガッタ ❖~に 외곬으로 ウェゴルスロ

いちだいじ [一大事] 큰일 クニル;중대사 チューンデサ

いちだん [一段] 일단 イルタン;한 단계 ハン ダンゲ ❖~と 한층 ハンチュン;훨씬 フォルッシン 例一段と精神的に成長しました。한층 더 정신적으로 성장했어요. ハンチュント チョンシンジョグロ ソンジャンヘッソヨ

いちど [一度] 한 번 ハン ボン;한 차례 ハン チャリェ 例宮廷料理は一度も食べたことがありません。 궁중 음식은 한 번도 먹은 적이 없어요. クンジュン ウームシグン ハン ボンド モグン ジョギ オープソヨ

いちにち [一日] 하루 ハル

いちねん [一年] 일 년 イル リョン

いちば [市場] 시장 シージャン 関東大門市場 동대문 시장 トンデムン シージャン/南大門市場 남대문 시장 ナムデムン シージャン

いちばん [一番] ①(番号・順位) 일등 イルトゥン;첫 번째 チョッ ポンッチェ ②(最も) 제일 チェーイル;가장 カジャン 例釜山まで一番早く到着する列車はいつ出ますか。 부산까지 가장 빨리 도착하는 열차는 몇 시에 출발해요? プサンッカジ カジャン ッパルリ トーチャカヌン ヨルチャヌン ミョッ シエ チュルバレヨ

いちぶ [一部] ①(一部分) 일부 イルブ ②(部数) 한 부 ハン ブ

いちまい [一枚] 한 장 ハンジャン

いちもくりょうぜん [一目瞭然] ❖~だ 일목요연하다 イルモギョヨナダ

いちょう [胃腸] 위장 ウィジャン

いちょう [銀杏] 은행나무 ウネンナム

いちりゅう [一流] 일류 イルリュ 関一流大学 일류 대학 イルリュ テーハク

いつ [何時] 언제 オーンジェ;어느 때 オヌ ッテ 例いつソウルに来ますか。 언제 서울에 오세요? オーンジェ ソウレ オセヨ/いつでも結

いっか

構です。언제든지 괜찮습니다. オーンジェドゥンジ クェンチャンスムニダ

いっか [一家] 일가 イルガ

いつか [何時か] 언젠가 オーンジェンガ 例 いつかアメリカに行きたいです。언젠가 미국에 가고 싶어요. オーンジェンガ ミグゲ カゴ シポヨ

いつか [五日]《漢字語》5(오)일 オーイル《固有語》닷새 タッセ

いっかい [一回] 한 번 ハン ボン;일회 イルェ

いっかい [一階] 1(일)층 イルチュン

いっきに [一気に] 단숨에 タンスメ;한 번에 ハン ボネ

いつくしむ [慈しむ] 귀여워하다 クィヨウォハダ;사랑하다 サランハダ;애지중지하다 エージジュンジハダ

いっけん [一見] 일견 イルギョン ❖～する 일견하다 イルギョナダ;언뜻 보다 オンットゥッ ポダ 関 百聞は一見に如かず 백문이 불여일견 ペンムニ プリョイルギョン

いっこう [一行] 일행 イレン

いっさい [一切] 일체 イルチェ

いつざい [逸材] 일재 イルチェ;뛰어난 인재 ットゥィオナン インジェ

いっさんかたんそ [一酸化炭素] 일산화탄소 イルサヌヮタンソ

いっしゅ [一種] 일종 イルチョン

いっしゅうかん [一週間] 일주일 イルチュイル

いっしゅん [一瞬] 한 순간 ハン スンガン ❖～にして 순식간에 スンシクカネ 例 一瞬にして姿を消しました。순식간에 사라졌어요. スンシクカネ サラジョッソヨ

いっしょ [一緒] ❖～だ 같다 カッタ;마찬가지다 マチャンガジダ ❖～に 같이 カチ;함께 ハムッケ 例 一緒に行ってくれませんか。함께가 주지 않을래요? ハムッケ カ ジュジ アヌルレヨ

いっしょう [一生] 일생 イルセン;한평생 ハンピョンセン

いっしょうけんめい [一生懸命] ❖～だ 열심이다 ヨルシミダ ❖～に 열심히 ヨルシミ 例 一生懸命に働いてお金を稼ぎました。열심히 일해서 돈을 벌었어요. ヨルシミ イーレソ トーヌル ポロッソヨ

いっせいに [一斉に] 일제히 イルチェヒ

いっそう [一層] 한층 ハンチュン;더욱 トウク

いったい [一体] ①일체 イルチェ ②(疑問を表す) 도대체 トデチェ 例 いったいどうなってるんですか。도대체 어떻게 된 거예요? トデチェ オットッケ ドゥェン ゴエヨ

いったん [一旦] 일단 イルタン 例 一旦食事をしてから考えましょう。일단 식사하고 생각하죠. イルタン シクサハゴ センガカジョ

いっち [一致] 일치 イルチ ❖～する 일치하다 イルチハダ

いつつ [五つ] ①다섯 タソッ ②(5歳) 다섯 살 タソッ サル ③(5個) 다섯 개 タソッ ケ

いってい [一定] 일정 イルチョン ❖～だ 일정하다 イルチョンハダ

いってん [一点] 일점 イルッチョム;한 점 ハン ッチョム

いっとう [一等] 일등 イルトゥン

いつのまに [いつの間に] 어느 사이에 オヌ サイエ

いつのまにか [いつの間にか] 어느 사이에 オヌ サイエ;어느새 オヌセ;어느 사이엔지 オヌ サイエンジ 例 いつの間にか雪が止みました。어느새 눈이 그쳤어요. オヌセ ヌーニ クチョッソヨ

いっぱい ①(溢れる) 가득하다 カドゥカダ;가득 차다 カドゥク チャダ;가득 カドゥク 例 洗濯機に洗濯物がいっぱいでした。세탁기에 빨랫감이 가득 차 있었어요. セータクキエ ッパルレッカミ カドゥク チャ イッソッソヨ ②(多い) 많이 マーニ 例 いっぱいください。많이 주세요. マーニ チュセヨ ③(限られた範囲のすべて) 까지 ッカジ 例 チケットは今月いっぱい有効です。티켓은 이번 달 말까지 유효해요. ティケスン イボン タル マルッカジ ユーヒョヘヨ ④《名詞に付いて》껏 ッコッ 例 力いっぱい引っ張りました。힘껏 잡아당겼어요. ヒムッコッ チャバダンギョッソヨ

いっぱい [一杯] 한 잔 ハン ジャン;한 그릇 ハン グルッ 例 ビール1杯ください 맥주 한 잔 주세요. メクチュ ハン ジャン チュセヨ

いっぱく [一泊] 일박 イルバク 例 一泊二日 일박 이 일 イルバ ギ イル

いっぱん [一般] 일반 イルバン ❖ 一般的に 일반적으로 イルバンジョグロ 関 一般常識 일반 상식 イルバン サンシク/一般料金 일반 요금 イルバン ニョーグム

いっぴき [一匹] 한 마리 ハン マリ 例 一匹の猫 한 마리의 고양이 ハン マリエ コヤンイ

いっぷく [一服] (1回分の薬) 한 봉지 ハン ボンジ ❖～する ①(休息) 좀 쉬다 チョム シュィーダ ②(タバコを吸う) 한 대 피우다 ハン デ ピウダ 例 食後に一服しました。식후에 한 대 피웠어요. シクエ ハン デ ピウォッソヨ

いっぺん [一遍] 한 번 ハン ボン

いっぽう [一方] ①일방 イルバン;한 방향 ハン バンヒャン ②(片方) 한쪽 ハンッチョク 例 どちらか一方 어느 한쪽 オヌ ハンッチョク ③(…するばかりだ《動詞の語幹＋-기만 하다》の形で) 例 泣く一方では何のことだかわからないじゃないですか。울기만 하고 있으면 무슨 일인지 모르잖아요. ウルギマン ハゴ イッスミョン ムスン ニーリンジ モルジャナヨ ④(…する一方《動詞の連体形＋한편》の形で) 例 会社で働く一方, 受験準備も徹底しています。회사에서 일하는 한편, 수험 준비도 철저히 하고 있어요. フェーサエソ イーラヌン ハンピョン スホム チューンビド チョルチョイ ハゴ イッソヨ

いっぽうつうこう [一方通行] 일방통행 イルバントンヘン

いっぽうてき [一方的] 일방적 イルバンジョク

いつまで [何時迄] 언제까지 オーンジェッカジ

いつまでも 언제까지나 オーンジェッカジナ;영원히 ヨーンウォニ

いつも [何時も] ① 언제나 オーンジェナ; 항상 ハンサン; 늘 ヌル ② (普段・普通は) 평소 ピョンソ; 여느 때 ヨヌ ッテ 例 いつも今頃何をしていますか。평소에 지금쯤 뭘 하고 있어요? ピョンソエ チグムッチュム ムォール ハゴ イッソヨ / いつもと違っていらいらしました。여느 때와 다르게 안절부절못하고 있었어요. ヨヌ ッテワ タルゲ アンジョルブジョルモッタゴ イッソッソヨ ❖~のように いつなかのように オーンジェナチョロム

いつわり [偽り] 거짓 コージッ

いつわる [偽る] 거짓을 말하다 コージスル マーラダ; 속이다 ソギダ

イテウォン [梨泰院] 이태원 イテウォン《ソウル市龍山区にある地区》

いてん [移転] 이전 イジョン ❖~する 이전하다 イジョナダ

いでん [遺伝] 유전 ユジョン ❖~する 유전되다 ユジョンドゥェダ

いと [糸] ① 실 シール ②(クモの) 거미줄 コミジュル

いと [意図] 의도 ウイード 例 先生の言う意図がわかりません。무슨 말씀을 하시는지 선생님의 의도를 모르겠어요. ムスン マルッスムル ハシヌンジ ソンセンニメ ウイードルル モルゲッソヨ ❖~する 의도하다 ウイードハダ

いど [井戸] 우물 ウムル

いど [緯度] 위도 ウィド

いどう [異動] 이동 イードン 関 人事異動 인사이동 インサイドン

いどう [移動] 이동 イドン ❖~する 이동하다 イドンハダ 例 ホテルの食堂に移動してください。호텔 식당으로 이동해 주세요. ホテル シクタンウロ イドンヘ ジュセヨ

いとおしい [愛おしい] 귀엽다 クィーヨプタ; 사랑스럽다 サランスロプタ

いとぐち [糸口] 실마리 シールマリ; 단서 タンソ

いとこ [従兄弟・従姉妹] 사촌 サーチョン

いとなむ [営む] 영위하다 ヨンウィハダ; 경영하다 キョンヨンハダ 例 有名な俳優が営むカフェです。유명한 배우가 경영하는 카페예요. ユーミョンハン ペウガ キョンヨンハヌン カペエヨ

いどむ [挑む] 도전하다 トジョナダ

いない [以内] 이내 イーネ

いなか [田舎] ① 시골 シゴル ② (故郷) 고향 コヒャン

いなさく [稲作] 벼농사 ピョノンサ

いなずま [稲妻] 번개 ポンゲ

いなりずし [稲荷鮨] 유부 초밥 ユブ チョバプ

いにん [委任] 위임 ウィイム ❖~する 위임하다 ウィイマダ

いぬ [犬] ①(動物) 개 ケー ②(スパイ) 개 ケー; 앞잡이 アプチャビ

いぬじに [犬死に] 개죽음 ケジュグム

いね [稲] 벼 ピョ

いねむり [居眠り] 앉아서 졺 アンジャソ チョム; 말뚝잠 マルットゥクチャム ❖~する 졸다 チョールダ

いのしし [猪] 멧돼지 メットゥェジ

いのち [命] ①(生命) 목숨 モクスム; 생명 センミョン ②(寿命) 수명

スミョン
いのる [祈る] 빌다 ピールダ; 기도하다 キドハダ; 기원하다 キウォナダ 例 皆さまの健康とお幸せを祈ります。여러분의 건강과 행복을 기원합니다. ヨロブネ コーンガングヮ ヘーンボグル キウォナムニダ
いばら [茨] ① 가시나무 カシナム ② (比喩的に苦労) 고난 コナン; 고통 コトン 例 いばらの道 고난의 길 コナネ ギル
いばる [威張る] 뽐내다 ッポムネダ
いはん [違反] 위반 ウィバン ❖ ~する 위반하다 ウィバナダ
いびき [鼾] 코고는 소리 コゴヌン ソリ 関 いびきをかく 코를 골다 コルル コルダ
いひん [遺品] 유품 ユプム; 유물 ユムル
いふく [衣服] 의복 ウイボク; 옷 オッ
いへん [異変] 이변 イービョン
いほう [違法] 위법 ウィボプ 関 違法行為 위법행위 ウィボペンウィ / 違法駐車 위법 주차 ウィボプ チューチャ
いま [今] ① 지금 チグム; 현재 ヒョンジェ 例 今, 何時ですか。지금 몇 시예요? チグム ミョッ シエヨ ② (すぐ) 곧 コッ 바로 パロ 例 今行きますから待ってください。곧 가니까 기다려 주세요. コッ カニッカ キダリョ ジュセヨ ③ (さっき) 지금 막 チグム マク; 방금 パングム 例 映画は今始まったばかりです。영화는 지금 막 시작했어요. ヨンフヮヌン チグム マク シージャケッソヨ / 今家に着いたところです。방금 집에 도착했어요. パングム チベ トーチャケッソヨ ④ (さらに) 더 ト 例 今一度考え直してください。한번 더 재고해 주세요. ハンボント チェゴヘ ジュセヨ
いま [居間] 거실 コシル
いまいましい [忌々しい] 괘씸하다 クェッシマダ; 분하다 プーナダ; 저주스럽다 チョージュスロプタ; 짜증스럽다 ッチャジュンスロプタ
いまごろ [今頃] ① 지금쯤 チグムッチュム; 이맘때 イマムッテ 例 おととしの今頃, 私はソウルにいました。재작년 이맘때 저는 서울에 있었어요. チェージャンニョン イマムッテ チョヌン ソウレ イッソッソヨ / 彼は今頃, 何をしているだろうか。그는 지금쯤 뭘 하고 있을까? クヌン チグムッチュム ムオール ハゴ イッスルッカ ② (今更) 이제 와서 イジェ ワソ 例 今頃わかっても何も変わりません。이제 와서 깨달아도 아무 것도 변하지 않아요. イジェ ワソ ッケダラド アームゴット ピョナジ アナヨ
いまさら [今更] 새삼스럽게 セサムスロプケ 例 今更, 説明する必要を感じません。새삼스럽게 설명할 필요를 못 느껴요. セサムスロプケ ソルミョンハル ピリョルル モーン ヌッキョヨ
いましがた [今し方] 방금 パングム
いましめる [戒める] 훈계하다 フーンゲハダ; 주의를 주다 チューイルル チュダ
いまだ [未だ] 아직 アジク
いまだに [未だに] 아직껏 アジクッ

コッ;아직도 アジクト 例 いまだに 連絡がありません。아직껏 연락이 없어요. アジクッコッ ヨルラギ オープソヨ / 息子がいまだに結婚していません。아들이 아직도 결혼을 안 했어요. アドゥリ アジクト キョロヌル ア ネッソヨ

いまに [今に] ①(近いうちに) 이제 イジェ;곧 コッ;머지않아 モジアナ ②(いつか) 언젠가 オーンジェンガ

いまにも [今にも] 당장이라도 タンジャンイラド;지금이라도 チグミラド

いままで [今迄] 지금까지 チグムッカジ;여태껏 ヨテッコッ 例 今までいったい何をしていたのですか。지금까지 도대체 뭘 한 거예요? チグムッカジ トデチェ ムォール ハン ゴエヨ

いまわしい [忌まわしい] 불길하다 プルギラダ;꺼림칙하다 ッコリムチカダ

いみ [意味] 의미 ウイーミ;뜻 ットゥッ

いみん [移民] 이민 イミン

イメージ [image] 이미지 イミジ

いも [芋] ①(ジャガイモ) 감자 カムジャ ②(サツマイモ) 고구마 コーグマ ③(サトイモ) 토란 トラン

いもうと [妹] 여동생 ヨドンセン

いや(打ち消し) 아니 アニ;아냐 アニャ

いや [嫌] ❖~だ 싫다 シルタ 例 雨が降るから出掛けるのは嫌です。비가 오니까 나가기 싫어요. ピガ オニッカ ナガギ シロヨ

いやがらせ [嫌がらせ] 짓궂은 짓 チックジュン ジッ

いやがる [嫌がる] 싫어하다 シロハダ;꺼리다 ッコーリダ 例 彼はいつも人が嫌がる仕事をやっています。그는 언제나 사람들이 꺼려하는 일을 해요. クヌン オーンジェナ サーラムドゥリ ッコーリョハヌン ニールル ヘヨ

いやけがさす [嫌気が差す] 싫증이 나다 シルチュンイ ナダ

いやしい [卑しい] ①(身分や地位が) 낮다 ナッタ;천하다 チョーナダ ②(卑劣だ) 비열하다 ピーヨラダ;저속하다 チョソカダ ③(粗末だ) 초라하다 チョラハダ ④(欲深い) 탐욕스럽다 タミョクスロプタ;츱츱하다 チュプチュパダ

いやす [癒す] 치료하다 チリョハダ;낫게 하다 ナッケ ハダ 例 時間はすべての病気を癒します。시간은 모든 병을 치료해요. シガヌン モードゥン ピョーンウル チリョヘヨ

いやらしい [嫌らしい] ①(不快だ) 불쾌감이 들다 プルクェガミ トゥルダ ②(淫らだ) 추잡하다 チュジャパダ;야하다 ヤーハダ

いよいよ ①(ますます) 더욱더 トウクト;점점 チョームジョム ②(とうとう) 마침내 マッチムネ;드디어 トゥディオ

いよく [意欲] 의욕 ウイーヨク

いよくてき [意欲的] 의욕적 ウイーヨクチョク

いらい [依頼] 의뢰 ウイルェ ❖~する 의뢰하다 ウイルェハダ;부탁하다 プータカダ 例 航空チケットは旅行社に依頼するのが楽で

す。비행기 표는 여행사에 의뢰하는 게 편해요. ピヘンギ ピョヌン ヨヘンサエ ウイルェハヌン ゲ ピョネヨ

-**いらい** [-以来] ①이래 イーレ;이후 イーフ ②(…して以来《動詞の過去連体形+지》の形で) 例 韓国に来て(以来)どのくらいになりますか。한국에 온 지 얼마나 됐어요? ハーングゲ オン ジ オルマナ トゥェッソヨ

いらいら [苛々] 안달 アンダル;조바심 チョバシム ❖〜する 초조해하다 チョジョヘハダ;안달하다 アンダラダ

イラスト [← illustration] 일러스트 イルロストゥ

イラストレーション [illustration] 일러스트레이션 イルロストゥレイション

イラストレーター [illustrator] 일러스트레이터 イルロストゥレイト

いらっしゃる ①(いる) 계시다 ケーシダ 例 先生は部屋にいらっしゃいます。선생님은 방에 계세요. ソンセンニムン パンエ ケーセヨ / 立派なお仕事をしていらっしゃいますね。훌륭한 일을 하고 계시네요. フルリュンハン ニールル ハゴ ケーシネヨ ②(行く) 가시다 カシダ 例 どちらへいらっしゃるんですか。어느 쪽으로 가세요? オヌッチョグロ カセヨ ③(来る) 오시다 オシダ 例 間もなくこちらへ、いらっしゃると思います。곧 이쪽으로 오실 거예요. コッ イッチョグロ オシル コエヨ

いりぐち [入口] 입구 イプク

いりょう [衣料] 의료 ウイリョ;옷 オッ

いりょう [医療] 의료 ウイリョ

いりょく [威力] 위력 ウィリョク

いる [居る] ①(存在する) 있다 イッタ;존재하다 チョンジェハダ 例 韓国には知り合いが1人もいません。한국에는 아는 사람이 한 명도 없어요. ハーングゲヌン アーヌン サーラミ ハン ミョンド オープソヨ / うちは犬が1匹います。저희 집은 개가 한 마리 있어요. チョヒ チブン ケーガ ハン マリ イッソヨ ②(住む) 있다 イッタ;살다 サールダ 例 弟はソウルにいます。남동생은 서울에 있어요. ナムドンセンウン ソウレ イッソヨ ③(持っている) 있다 イッタ 例 旅券は持っていますか。여권이 있어요? ヨックォニ イッソヨ ④(進行・継続:…している《動詞の語幹+-고 있다》の形で) 例 今、本を読んでいます。지금 책을 읽고 있어요. チグム チェグル イルコ イッソヨ ⑤(状態・動作の完了の継続:…している《動詞の語幹+-아/어 있다》の形で) 例 電気が消えています。전기가 꺼져 있어요. チョンギガ ッコジョ イッソヨ ⑥(現在の習慣《動詞の語幹+-고 있다》の形で) 例 毎日、ドラマを見ています。매일 드라마를 보고 있어요. メーイル トゥラマルル ポゴ イッソヨ

いる [要る] ①(必要だ) 필요하다 ピリョハダ 例 そこに行くには何も要りません。거기에 가는 데는 아무 것도 필요 없어요. コギエ カヌン デヌン アーム ゴット ピリョ オ

いる

ープソヨ ②(お金が) 들다 トゥルダ 例留学するにはお金がどのぐらい要りますか。유학하는 데는 돈이 어느 정도 드나요? ユハカヌン デヌン トーニ オヌ ジョンド トゥナヨ

いる [炒る] 지지다 チジダ;볶다 ポクタ

いる [射る] 쏘다 ッソダ

いるい [衣類] 의류 ウイリュ;의복 ウイボク;옷 オッ

いるか [海豚] 돌고래 トールゴレ

いれい [異例] 이례 イーリェ

いれかえる [入れ替える・入れ換える] 갈아 넣다 カラ ノッタ;바꿔 넣다 パックォ ノッタ

イレギュラー [irregular] 이레귤러 イレギュルロ

いれずみ [入れ墨・刺青] 문신 ムンシン

いれば [入れ歯] 틀니 トゥルリ;의치 ウイチ

いれる [入れる] ①(中に) 넣다 ノッタ 例カバンにパスポートは入れましたか。가방에 여권은 넣었어요? カバンエ ヨックォヌン ノオッソヨ ②(学校や病院などに) 넣다 ノッタ;보내다 ポネダ 例特殊学校に入れなければなりません。특수 학교에 넣지 않으면 안 돼요. トゥクス ハクキョエ ノッチ アヌミョン アン ドゥェヨ ③(仲間に入れる) 끼워 주다 ッキウォ ジュダ 例私も今回の旅行のメンバーに入れてくれませんか。저도 이번 여행 멤버에 끼워 주지 않을래요? チョド イボン ニョヘン メムボエ ッキウォ ジュジ アヌルレヨ

いろ [色] ①색 セク;색깔 セクッカル 例明るい色 밝은 색 パルグン セク ②(顔色) 얼굴색 オルグルセク;안색 アンセク ③(表情) 표정 ピョジョン;빛 ピッ

いろいろ [色々] 여러 가지 ヨロ ガジ;이것저것 イゴッチョゴッ

いろう [慰労] 위로 ウィロ ❖~する 위로하다 ウィロハダ

いろっぽい [色っぽい] 요염하다 ヨヨマダ;성적 매력이 있다 ソンチョク メリョギ イッタ

いろどる [彩る] ①(彩色する) 채색하다 チェセカダ;물들이다 ムルドゥリダ ②(装飾する) 꾸미다 ックミダ;장식하다 チャンシカダ

いろん [異論] 이론 イーロン

いわ [岩] 바위 パウィ

いわい [祝い] 축하 チュカ

いわう [祝う] 축하하다 チュカハダ;축복하다 チュクポカダ

いわし [鰯] 정어리 チョンオリ

いわば [言わば] 말하자면 マーラジャミョン

いわゆる [所謂] 소위 ソーウィ

いんが [因果] 인과 イングヮ

いんかん [印鑑] 인감 インガム

いんき [陰気] ❖~だ 음울하다 ウムラダ;음침하다 ウムチマダ

インク [ink] 잉크 インク

いんけん [陰険] ❖~だ 음험하다 ウモマダ

インコ [鸚哥] 잉꼬 インッコ

いんさつ [印刷] 인쇄 インスェ ❖~する 인쇄하다 インスェハダ

インサドン [仁寺洞] 인사동 インサドン《ソウル市鍾路区にある地区》

いんしゅ [飲酒] 음주 ウームジュ 関 飲酒運転 음주 운전 ウームジュ ウーンジョン

いんしょう [印象] 인상 インサン 関 第一印象 첫인상 チョディンサン

いんしょく [飲食] 음식 ウームシク ❖～する 마시고 먹다 マシゴ モクタ

いんしょくてん [飲食店] 음식점 ウームシクチョム ; 식당 シクタン

インスタント [instant] 인스턴트 インストントゥ ; 즉석 チュクソク 関 インスタントコーヒー 인스턴트 커피 インストントゥ コピ

インスピレーション [inspiration] 인스피레이션 インスピレイション ; 영감 ヨンガム

いんせい [陰性] 음성 ウムソン
いんぜい [印税] 인세 インセ
いんせき [姻戚] 인척 インチョク
いんせき [隕石] 운석 ウンソク
いんそつ [引率] 인솔 インソル ❖～する 인솔하다 インソラダ

インターナショナル [international] 인터내셔널 イントネショノル

インターネット [internet] 인터넷 イントネッ

いんたい [引退] 은퇴 ウントゥェ ❖～する 은퇴하다 ウントゥェハダ

インタビュー [interview] 인터뷰 イントビュ ❖～する 인터뷰하다 イントビュハダ

いんちょう [院長] 원장 ウォンジャン

インテリア [interior] ① 인테리어 インテリオ ; 실내 장식 シルレ チャ

ンシク ②(用品) 실내 장식 용품 シルレ チャンシク ヨンプム

インド [印度] 인도 インド ; 인디아 インディア

イントネーション [intonation] 인토네이션 イントネイション ; 억양 オギャン

いんねん [因縁] ① 인연 イニョン ②(運命・宿命) 운명 ウーンミョン ; 숙명 スンミョン ③(言いがかり) 트집 トゥジプ ; 시비 シービ

インフォメーション [information] 인포메이션 インポメイション

インフラ [← infrastructure] 인프라 インプラ

インフルエンザ [influenza] 독감 トクカム ; 인플루엔자 インプルルエンジャ

インフレーション [inflation] 인플레이션 インプレイション

いんぺい [隠蔽] 은폐 ウンペ ❖～する 은폐하다 ウンペハダ

いんぼう [陰謀] 음모 ウムモ

いんよう [引用] 인용 イーニョン ❖～する 인용하다 イーニョンハダ

いんよう [陰陽] 음양 ウミャン 関 陰陽思想 음양 사상 ウミャン サーサン

いんりょう [飲料] 음료 ウームニョ 関 飲料水(ジュースなどの飲み物も含む) 음료수 ウームニョス

いんりょく [引力] 인력 イルリョク
いんれき [陰暦] 음력 ウムニョク

う

ウイスキー [whisky] 위스키 ウィスキ

ウイルス [virus] 바이러스 バイロス

ウインタースポーツ [winter sports] 윈터 스포츠 ウィント スポチュ

ウインドー [window] 윈도 ウィンド 関 ウインドーショッピング 윈도쇼핑 ウィンドショピン；아이쇼핑 アイショピン

ウインドサーフィン [windsurfing] 윈드서핑 ウィンドゥソピン

ウーマン [woman] 우먼 ウモン

ウール [wool] 울 ウル

ウーロンちゃ [烏龍茶] 우롱차 ウロンチャ

うえ [上] ①위 ウィ ②(最上部) 위쪽 ウィッチョク；꼭대기 ッコクテギ ③(…した上で《動詞の過去連体形＋뒤 / 다음》の形で) 例 日程についてはみんなと相談をした上で連絡します。일정에 대해서는 모두와 상의를 한 다음에 연락드릴게요. イルチョンエ テーヘソヌン モドゥワ サンイルル ハン ダウメ ヨルラクトゥリルケヨ

ウエーター [waiter] 웨이터 ウェイト

ウエートレス [waitress] 웨이트리스 ウェイトゥリス

うえきばち [植木鉢] 화분 フワブン

ウエスト [waist] 웨이스트 ウェイストゥ；허리둘레 ホリドゥルレ

ウエディング [wedding] 웨딩 ウェディン

ウエディングドレス [wedding dress] 웨딩드레스 ウェディンドゥレス

うえる [飢える・餓える] 주리다 チュリダ；굶주리다 クームジュリダ

うえる [植える] 심다 シームタ 例 꽃을 심는 것이 제 취미예요. ッコチュル シームヌン ゴシ チェ チューイーミエヨ

うおうさおう [右往左往] 우왕좌왕 ウワンジュワワン ❖~する 우왕좌왕하다 ウワンジュワワンハダ

ウォーキング [walking] 워킹 ウォーキン

ウォン [won] 원 ウォン

うかい [迂回] 우회 ウフェ ❖~する 우회하다 ウフェハダ

うがい [嗽] 가글 カグル《俗語》；입 헹구기 イプ ヘングギ 例 목이 아파서 약으로 가글을 했어요. モギ アパソ ヤグロ カグルル ヘッソヨ

うかがう [伺う] ①(聞く) 듣다 トゥッタ 例 동생한테 말씀 많이 들었습니다. トンセンハンテ マールッスム マーニ トゥロッスムニダ ②(尋ねる) 여쭙다 ヨッチュプタ；묻다 ムッタ 例 실례지만, 말씀 좀 여쭙겠습니다. 택시 타는 곳이 어디예요? シルリェハムニダマン マールッスム チョム ヨッチュプケッスムニダ テクシ タヌン ゴシ オディエヨ ③(訪問する) 찾아뵙다 チャジャブェプタ 例 오늘 오후 3 시에 찾아뵙겠습니다. オヌル オーフ セ

ーシエ チャジャブェプケッスムニダ

うかがう [窺う] ①엿보다 ヨッポダ;살피다 サルピダ ②(狙う) 노리다 ノリダ

うかす [浮かす] 띄우다 ッティウダ

うかつ [迂闊] ❖~だ 경솔하다 キョンソラダ

うかぶ [浮かぶ] ①뜨다 ットゥダ 例あそこに浮かんでいる舟をちょっと見てください。저기 떠 있는 배 좀 보세요. チョギッ ット インヌン ペ チョム ポセヨ ②(現れる) 떠오르다 ットオルダ;나타나다 ナタナダ;어리다 オリダ 例合格の知らせを聞いてやっと顔に笑みが浮かびました。합격 소식을 듣고서야 비로소 얼굴에 미소가 떠올랐어요. ハプキョク ソシグル トゥッコソヤ ピロソ オルグレ ミソガ ットオルラッソヨ / 映画のこのシーンで目に涙が浮かびました。영화 이 장면에서 눈에 눈물이 어렸어요. ヨンファイ チャンミョネソ ヌネ ヌンムリ オリョッソヨ ③(意識に出る) 떠오르다 ットオルダ 例喜ぶ姿がまぶたに浮かぶようです。기뻐하는 모습이 눈앞에 떠오르는 것 같아요. キッポハヌン モスビ ヌナペ ットオルヌン ゴッ カタヨ

うかる [受かる] 붙다 プッタ;합격하다 ハプキョカダ 例あの難しい試験に1回で受かったんですか。그 어려운 시험에 단번에 붙었단 말이에요? ク オリョウン シホメ タンボネ プトッタン マリエヨ

うきあがる [浮き上がる] 떠오르다 ットオルダ

うきうき [浮き浮き] ❖~する 신나다 シンナダ;들뜨다 トゥルットゥダ ❖~と 신나게 シンナゲ;신이 나서 シニ ナソ

うきぶくろ [浮袋] 튜브 ティューブ

うく [浮く] 뜨다 ットゥダ 例湖に船が浮かんでいます。호수에 배가 떠 있어요. ホスエ ペガ ット イッソヨ

うぐいす [鶯] 휘파람새 フィパラムセ

うけいれる [受け入れる・受け容れる] ①받아들이다 パダドゥリダ ②(聞き入れる) 들어주다 トゥロジュダ;승낙하다 スンナカダ

うけおう [請け負う] 떠맡다 ットマッタ

うけつぐ [受け継ぐ] 계승하다 ケースンハダ;이어받다 イオバッタ

うけつけ [受け付け] ①접수 チョプス ②(部署) 접수처 チョプスチョ

うけつける [受け付ける] ①접수하다 チョプスハダ 例今月末から願書を受け付けるそうです。이번 달 말부터 원서를 접수한대요. イボン タル マルブト ウォーンソルル チョプスハンデヨ ②(意見や要望などを受け入れる) 받아들이다 パダドゥリダ;들어주다 トゥロジュダ

うけとる [受け取る] ①받다 パッタ 例1週間前に送ったという手紙をまだ受け取っていません。일주일 전에 보냈다는 편지를 아직 못 받았어요. イルチュイル ジョネ ポネッタヌン ピョーンジルル アジン モッ パダッソヨ ②(解釈する)

うける

납득하다 ナプトゥカダ ; 해석하다 ヘーソカダ ; 이해하다 イーヘハダ

うける [受ける] ①(得る) 받다 パッタ 例 贈り物なのにどうしてお金を受け取れますか。선물인데 어떻게 돈을 받아요? ソーンムリンデ オットッケ トーヌル パダヨ ②(試験や教育などを) 받다 パッタ ; 보다 ポダ ; 치르다 チルダ 例 誰でも中学校までは義務教育を受けられます。누구나 중학교까지는 의무 교육을 받을 수 있어요. ヌグナ チュンハクキョッカジヌン ウイームキョーユグル パドゥル ス イッソヨ ③(診察や手術などを) 받다 パッタ 例 手術を受けてようやく意識が戻りました。수술을 받고 나서야 의식이 돌아왔어요. ススルル パッコナソヤ ウイーシギ トラワッソヨ ④(被る) 입다 イプタ ; 받다 パッタ 例 この度の豪雨で農作物が多くの被害を受けました。이번 호우로 농작물이 많은 피해를 입었어요. イボン ホウロ ノンジャンムリ マーヌン ピーヘルル イボッソヨ

うごかす [動かす] ① 움직이다 ウムジギダ 例 机と本棚を動かして部屋の掃除をしました。책상과 책꽂이를 움직여서 방 청소를 했어요. チェクサングヮ チェクッコジルル ウムジギョソ パン チョンソルル ヘッソヨ ②(位置を移動する) 옮기다 オムギダ ③(機械などを) 움직이다 ウムジギダ ; 돌리다 トルリダ

うごき [動き] 움직임 ウムジギム

うごく [動く] ① 움직이다 ウムジギダ ②(移動する) 이동하다 イドンハダ ③(状況などが変化する) 변하다 ピョーナダ ; 변동하다 ピョーンドンハダ ④(活動する・行動する) 활동하다 フヮルトンハダ ; 행동하다 ヘンドンハダ ; 움직이다 ウムジギダ

うさぎ [兎] 토끼 トッキ

うし [牛] 소 ソ

うしなう [失う] ① 잃다 イルタ ②(死別する) 여의다 ヨイダ ; 잃다 イルタ ; 사별하다 サビョラダ ③(資格などを) 상실하다 サンシラダ

うしろ [後ろ] 뒤 トゥィー ; 뒤쪽 トゥィーッチョク

うしろめたい [後ろめたい] 뒤가 켕기다 トゥィーガ ケンギダ ; 떳떳하지 못하다 ットットタジ モータッタダ

うすい [薄い] ①(厚みがない) 얇다 ヤルタ 例 薄い紙 얇은 종이 ヤルブン ジョンイ ②(色が) 연하다 ヨーナダ 例 薄い色 연한 색 ヨーナン セク ③(味が) 담백하다 タームベカダ ; 싱겁다 シンゴプタ 例 健康のために最近は薄く味付けして食べます。건강을 위해 요즘은 싱겁게 간을 해서 먹어요. コーンガンウル ウィヘ ヨジュムン シンゴプケ カヌル ヘソ モゴヨ ④(程度が少ない) 적다 チョークタ ; 희박하다 ヒバカダ ; 박하다 パカダ 例 手術が成功する見込みは薄いです。수술이 성공할 가능성은 희박해요. ススリ ソンゴンハル カーヌンソンウン ヒバケヨ

うすぎ [薄着] ❖~する 옷을 얇게 입다 オスル ヤルケ イプタ

うずく [疼く] 쑤시다 ッスシダ ; 욱신거리다 ウクシンゴリダ

うずくまる [蹲る] 웅크리다 ウンクリダ

うすぐらい [薄暗い] 어둑하다 オドゥカダ;어스레하다 オスレハダ;침침하다 チムチマダ

うずめる [埋める] ①묻다 ムッタ ②(いっぱいにする) 메우다 メウダ

うせつ [右折] 우회전 ウーフェジョン ❖~する 우회전하다 ウーフェジョナダ

うそ [嘘] 거짓말 コージンマル 例 しきりに嘘をつくと癖になりますよ。자꾸 거짓말하면 버릇돼요. チャック コージンマラミョン ポルットゥェヨ / そんな真っ赤な嘘にはだまされません。그런 새빨간 거짓말에는 안 속아요. クロン セッパールガン コージンマレヌン アン ソガヨ

うた [歌] 노래 ノレ 例 カラオケで歌を歌いながらストレスを解消します。노래방에서 노래를 부르면서 스트레스를 풀어요. ノレバンエソ ノレルル プルミョンソ ストゥレスルル プロヨ

うたう [歌う] 노래하다 ノレハダ;부르다 プルダ 例 姉はいつも歌いながら料理をします。언니는 늘 노래를 부르면서 요리를 해요. オンニヌン ヌル ノレルル プルミョンソ ヨリルル ヘヨ

うたがい [疑い] ①(疑心) 의심 ウイシム ②(疑問) 의문 ウイムン ③(嫌疑) 혐의 ヒョミ

うたがう [疑う] 의심하다 ウイシマダ

うたがわしい [疑わしい] 의심스럽다 ウイシムスロプタ

うたげ [宴] 연회 ヨーヌェ;주연 チュヨン;잔치 チャンチ

うち [内] ①(内部) 안 アン;속 ソーク 例 このことは、私の胸の内に秘めておきます。이 일은 내 마음속에 담아 둘게요. イ イールン ネ マウムソゲ タマ ドゥルケヨ ②(時間の範囲内) 동안 トンアン;사이 サイ;때 ッテ 例 ぐずぐずしているうちに日が暮れますよ。어물어물하는 동안에 해가 다 지겠어요. オムロムラヌン ドンアネ ヘガ ター チゲッソヨ / 若いうちに体を鍛えてこそ年を取って苦労しません。젊었을 때 몸을 단련해야 나이 들어서 고생 안 해요. チョルモッスル ッテ モムル タルリョネヤ ナイ トゥロソ コセン ア ネヨ ③(例示の範囲内) 가운데 カウンデ;중 チュン 例 3人のうち誰が先にやりますか。세 사람 가운데 누가 먼저 해요? セー サーラム カウンデ ヌガ モンジョ ヘヨ

うちあげ [打ち上げ] ①(ロケットなどの) 발사 パルサ ②(パーティー) 뒤풀이 トゥイープリ 例 打ち上げで3次会まで行きました。뒤풀이로 3 차까지 갔어요. トゥイープリロ サムチャッカジ カッソヨ

うちあける [打ち明ける] 털어놓다 トロノッタ

うちあわせ [打ち合わせ] 협의 ヒョビ;의논 ウイノン;사전 미팅 サジョン ミーティン

うちがわ [内側] 안쪽 アンッチョク

うちき [内気] ❖~だ 내성적이다 ネーソンジョギダ 例 内気な人 내

うちけす [打ち消す] 부정하다 プージョンハダ

うちこむ [打ち込む] ①(釘などを) 박다 パクタ ②(仕事などに) 몰두하다 モルトゥハダ;전념하다 チョンニョマダ

うちゅう [宇宙] 우주 ウージュ 関 宇宙開発 우주 개발 ウージュ ケバル/宇宙工学 우주 공학 ウージュ コンハク

うちわ [内輪] 집안끼리 チバンッキリ;우리끼리 ウリッキリ

うちわ [団扇] 부채 プチェ

うちわけ [内訳] 내역 ネヨク;명세 ミョンセ

うつ [打つ] ①치다 チダ 例 間違って金槌で手を打ってしまいました。 잘못해서 망치로 손을 쳐 버렸어요. チャルモッテソ マンチロ ソヌルチョ ボリョッソヨ ②(注射などを) 놓다 ノッタ 例 どこに注射を打ちましょうか。 어디에 주사를 놓을까요? オディエ チュサルル ノウルッカヨ ③(釘を) 박다 パクタ 例 壁に釘を打ってはいけません。 벽에 못을 박으면 안 돼요. ピョゲ モスル パグミョン アン ドゥェヨ ④(感動する) 감동시키다 カームドンシキダ;감동을 주다 カームドンウル チュダ 例 みんなの胸を打つ良いドラマでした。 모든 사람에게 감동을 주는 좋은 드라마였어요. モードゥン サーラメゲ カームドンウル チュンヌン チョーウン ドゥラマヨッソヨ

うつ [撃つ] 쏘다 ッソダ

うっかり 깜빡 ッカムッパク;멍청히 モンチョンイ;무심코 ムシムコ 例 とても忙しくて友達との約束をうっかり忘れました。 너무 바빠서 친구와의 약속을 깜빡 잊었어요. ノム パッパソ チングワエ ヤクソグルッカムッパク イジョッソヨ/酒に酔ってうっかり秘密をしゃべってしまいました。 술에 취해 무심코 비밀을 말해 버렸어요. スレ チュィーヘ ムシムコ ピーミルル マーレ ボリョッソヨ

うつくしい [美しい] ①(視覚や感覚的な美しさ・芸術や自然の美しさ・女性の美しさ) 아름답다 アルムダプタ 例 美しい女性 아름다운 여성 アルムダウン ヨソン/美しい時代 아름다운 시절 アルムダウン シジョル ②(繊細でこまやかな美しさ) 곱다 コープタ 例 美しい心 고운 마음씨 コウン マウムッシ ③(視覚や感覚的な美しさ・女性の美しさ・かわいらしさ) 예쁘다 イェーップダ 例 美しい顔 예쁜 얼굴 イェーップン オルグル

うつす [写す] ①(書き写す) 베끼다 ペッキダ 例 昨日のノートをちょっと写してもいいですか。 어제 노트 좀 베껴도 될까요? オジェ ノートゥ チョム ペッキョド ドゥェルッカヨ ②(複写する) 복사하다 ポクサハダ 例 必要な部分だけ複写したいです。 필요한 부분만 복사하고 싶어요. ピリョハン ブブンマン ポクサハゴ シポヨ ③(写真を) 찍다 ッチクタ;촬영하다 チュワリョンハダ 例 せっかく来たんだから記念写真を写さなきゃね。 모처럼 왔

うなぎ

는데 기념사진을 찍어야지요. モチョロム ワンヌンデ キニョムサジヌル ッチゴヤジヨ

うつす [映す] 비추다 ピチュダ 例 顔を鏡に映して見て歳月を実感しました。얼굴을 거울에 비춰 보면서 세월을 실감했어요. オルグルル コウレ ピチュオ ボミョンソ セーウォルル シルガメッソヨ

うつす [移す] ①옮기다 オムギダ ②(移動する) 이동하다 イドンハダ

うったえる [訴える] ①(告訴する) 소송하다 ソソンハダ;고소하다 コーソハダ 例 그런 것만으로, 訴えることまでするのですか。그런 일을 가지고 소송할 생각까지 한 거예요? クロン ニールル カジゴ ソソンハル センガクッカジ ハン ゴエヨ ②(不満や不平などを告げる) 호소하다 ホソハダ 例 とても痛くて母に苦痛を訴えました。너무 아파 엄마한테 고통을 호소했어요. ノム アパ オムマハンテ コトンウル ホソヘッソヨ

うってつけ [打って付け] 안성맞춤 アンソンマッチュム

うっとうしい [鬱陶しい] ①(天気) 찌푸리다 ッチプリダ;답답하다 タプタパダ ②(わずらわしい) 거추장스럽다 コチュジャンスロプタ

うっとり 황홀히 フワンホリ;멍하니 モーンハニ

うつぶせる [俯せる] 엎드리다 オプトゥリダ

うつむく [俯く] 머리 / 고개를 숙이다 モリ / コゲルル スギダ

うつる [写る] (写真に) 찍히다 ッチキダ

うつる [映る] 비치다 ピチダ 例 画面に映った夜景はとても美しかったです。화면에 비친 야경이 아주 아름다웠어요. フワーミョネ ピチン ヤーギョンイ アジュ アルムダウォッソヨ

うつる [移る] ①옮다 オームタ;옮기다 オムギダ ②(伝染する) 옮다 オームタ;전염되다 チョニョムドゥェダ

うつわ [器] 그릇 クルッ;용기 ヨンギ

うで [腕] 팔 パル

うでぐみ [腕組み] 팔짱 パルッチャン 関 腕組みをする 팔짱을 끼다 パルッチャンウル ッキダ

うでどけい [腕時計] 손목시계 ソンモクシゲ

うでまえ [腕前] 솜씨 ソムッシ

うでまくら [腕枕] 팔베개 パルベゲ

うでわ [腕輪] 팔찌 パルッチ

うてん [雨天] 우천 ウチョン

うとい [疎い] 잘 모르다 チャル モルダ;어둡다 オドゥプタ

うとましい [疎ましい] 역겹다 ヨクキョプタ;싫다 シルタ

うどん [饂飩] 우동 ウドン

うながす [促す] 재촉하다 チェチョカダ;독촉하다 トクチョカダ;촉구하다 チョックハダ 例 もう一度連絡して回答を促してみてください。다시 연락해서 회답을 재촉해 보세요. タシ ヨルラケソ フェダブル チェチョケ ボセヨ

うなぎ [鰻] 뱀장어 ペームジャンオ

うなじ [項] 목덜미 モクトルミ

うなずく [頷く] 수긍하다 スグンハダ;고개를 끄덕이다 コゲルル ッククトギダ

うなる [唸る] ①끙끙거리다 ックンクンゴリダ;신음하다 シヌマダ ②(獣が) 으르렁거리다 ウルロンゴリダ ③(機械が) 윙윙거리다 ウィンウィンゴリダ

うに [海胆] 성게 ソンゲ

うぬぼれる [自惚れる] 자만하다 チャマナダ

うねる 구불구불하다 クブルグブラダ

うは [右派] 우파 ウーパ;보수파 ポースパ

うば [乳母] 유모 ユモ

うばう [奪う] ①빼앗다 ッペアッタ 例人の財布を奪って逃げていた犯人が捕まりました。남의 지갑을 빼앗아 달아나던 범인이 잡혔어요. ナメ チガブル ッペアサ タラナドン ポーミニ チャピョッソヨ ②(心を引きつける) 사로잡다 サロジャプタ;끌다 ックールダ 例彼女は人々の目を奪う美しい女性です。그녀는 사람들의 눈을 끄는 아름다운 여자예요. クニョヌン サーラムドゥレ ヌヌル ックヌン アルムダウン ヨジャエヨ

うま [馬] 말 マル

うまい [旨い・上手い] ①맛있다 マシッタ 例うまい韓国料理が食べたいです。맛있는 한국 요리가 먹고 싶어요. マシンヌン ハーングン ニョリガ モクコ シポヨ ②(上手だ) 잘하다 チャラダ;솜씨가 좋다 ソムッシガ チョータ 例その友達は英語も日本語も上手いです。그 친구는 영어도 일본어도 잘해요. ク チングヌン ヨンオド イルボノド チャレヨ

うまく [旨く・上手く] ①(上手に) 잘 チャル 例私の代わりに叱られないように上手く言ってください。저 대신 혼나지 않게 잘 말해 주세요. チョ テーシン ホンナジ アンケ チャル マーレ ジュセヨ ②(順調に) 잘 チャル;좋게 チョーッケ

うまる [埋まる] 묻히다 ムチダ;파묻히다 パムチダ

うまれ [生まれ] ①(出生) 생 セン;태생 テセン;출생 チュルセン ②(家柄) 태생 テセン;출신 チュルシン

うまれつき [生まれつき] 선천적으로 ソンチョンジョグロ ❖~の 타고난 タゴナン

うまれる [生まれる] ①태어나다 テオナダ;탄생하다 タンセンハダ ②(生じる) 생기다 センギダ;발생하다 パルセンハダ

うみ [海] 바다 パダ

うみ [膿] 농 ノン;고름 コルム

うみべ [海辺] 해변 ヘービョン;바닷가 パダッカ

うむ [有無] 유무 ユム

うむ [産む] 낳다 ナッタ

うむ [膿む] 곪다 コームタ

うめ [梅] ①(花) 매화 メフヮ ②(樹木) 매화나무 メフヮナム ③(果実) 매실 メシル

うめたてる [埋め立てる] 메우다 メウダ;매립하다 メリパダ

うめる [埋める] ①묻다 ムッタ ②(補塡する) 채우다 チェウダ;보충

하다 ポチュンハダ
うやまう [敬う] 존경하다 チョンギョンハダ ; 공경하다 コンギョンハダ
うようよ 우글우글 ウグルグル
うよきょくせつ [紆余曲折] 우여곡절 ウヨゴクチョル
うよく [右翼] 우익 ウーイク
うら [裏] ①뒤 トゥィー ; 뒷면 トゥィーンミョン ; 뒤쪽 トゥィーッチョク ②(内面) 내면 ネーミョン ; 내막 ネーマク
うらおもて [裏表] 안팎 アンパク ; 안과 겉 アングァ コッ
うらがえす [裏返す] 뒤집다 トゥィジプタ
うらがわ [裏側] 이면 イーミョン ; 뒤쪽 トゥィーッチョク ; 안쪽 アンッチョク
うらぎる [裏切る] ①배신하다 ペーシナダ ; 배반하다 ペーバナダ 例 恋人を裏切ったというのは誤解です。애인을 배신했다는 것은 오해예요. エーイヌル ペーシネッタヌン ゴスン オーヘエヨ ②(期待などを) 어긋나다 オグンナダ ; 저버리다 チョボリダ
うらぐち [裏口] 뒷문 トゥィーンムン 関 裏口入学 부정 입학 プジョン イパク
うらじ [裏地] 안감 アンッカム
うらづける [裏付ける] ①뒷받침하다 トゥィーッパッチマダ ②(立証する) 입증하다 イプチュンハダ
うらどおり [裏通り] 뒷길 トゥィーッキル ; 뒷골목 トゥィーッコルモク
うらない [占い] 점 チョム 関 占い師 점쟁이 チョムジェンイ
うらなう [占う] 점치다 チョムチダ 例 今年の運勢を占ってみたいです。올해 운수를 점쳐 보고 싶은데요. オレ ウーンスルル チョムチョ ボゴ シプンデヨ
うらみ [恨み] 원망 ウォーンマン ; 원한 ウォーナン
うらむ [恨む] 원망하다 ウォーンマンハダ 例 彼の冷たい態度を恨みながら背を向けました(別れました)。그의 차가운 태도를 원망하면서 뒤돌아섰어요. クエ チャガウン テードルル ウォーンマンハミョンソ トゥィードラソッソヨ
うらめしい [恨めしい] 원망스럽다 ウォーンマンスロプタ ; 한스럽다 ハーンスロプタ
うらやましい [羨ましい] 부럽다 プロプタ 例 友達の成功がとても羨ましかったです。친구의 성공이 너무 부러웠어요. チングエ ソンゴンイ ノム プロウォッソヨ
うらやむ [羨む] 부러워하다 プロウォハダ 例 友達の昇進を羨む必要はありません。친구의 승진을 부러워할 필요는 없어요. チングエ スンジヌル プロウォハル ピリョヨヌン オープソヨ
うり [瓜] 참외 チャムェ
うりあげ [売り上げ] 매상 メーサン ; 매상금 メーサングム
うりかい [売り買い] 매매 メメ
うりきれ [売り切れ] 매진 メージン
うりきれる [売り切れる] 매진되다 メージンドゥェダ ; 팔리다 パルリダ 例 その歌手のコンサートチケットは30분で全部売り切れたそうで

うりだす

す。ユ カスエ コンソトゥ ピョヌン サムシプン マネ ター パルリョッテヨ

うりだす [売り出す] 발매하다 パルメハダ

うりて [売り手] 매주 メージュ

うりば [売り場] 파는 곳 パヌン ゴッ;매장 メージャン 関 切符売り場 매표소 メーピョソ

うる [売る] ①팔다 パルダ 例これはどこで売っていますか。이것 어디서 팔아요? イゴッ オディソ パラヨ ②(世間に広める) 떨치다 ットールチダ;날리다 ナルリダ 例文学界ではかなり名を売っている人です。문학계에서는 꽤 이름을 날리는 사람이에요. ムナッケエソヌン ッケ イルムル ナルリヌン サーラミエヨ ③(裏切る) 배신하다 ペシナダ;팔다 パルダ

うるうどし [閏年] 윤년 ユンニョン

うるおう [潤う] ①축축해지다 チュクチュケジダ ②(利益を受ける) 넉넉해지다 ノンノケジダ

うるおす [潤す] ①(湿らせる) 축이다 チュギダ ②(豊かにする) 윤택하게 하다 ユンテカゲ ハダ

うるさい [煩い] ①(音が) 시끄럽다 シックロプタ 例夜ごと隣の部屋の音がうるさくて眠れません。밤마다 옆 방 소리가 시끄러워 잘 수가 없어요. パムマダ ヨプ パン ソリガ シックロウォ チャル スガ オープソヨ ②(煩わしい) 귀찮다 クィチャンタ;번거롭다 ポンゴロプタ;성가시다 ソンガシダ 例留学にこんなにうるさい手続きが必要だとは知りませんでした。유학에 이렇게 번거로운 절차가 필요한지 몰랐어요. ユハゲ イロッケ ポンゴロウン ジョルチャガ ピリョハンジ モールラッソヨ ③(細かいことにこだわる) 까다롭다 ッカダロプタ 例彼は料理人だけに味と材料にとてもうるさいです。그는 요리사이니만큼 맛과 재료에 아주 까다로워요. クヌン ヨリサイニマンクム マックワ チェリョエ アジュ ッカダロウォヨ

うるわしい [麗しい] 아름답다 アルムダプタ;예쁘다 イェーップタ

うれい [憂い] ①(悲しみ) 수심 スシム;슬픔 スルプム ②(憂慮) 우려 ウリョ;근심 クンシム

うれしい [嬉しい] ①기쁘다 キップダ 例苦労はしましたが、大学に受かったからとてもうれしいです。고생은 했지만 대학에 붙었으니까 너무 기뻐요. コセンウン ヘッチマン テーハゲ プトッスニッカ ノム キッポヨ ②(出会えて) 반갑다 パンガプタ 例再び会うことができて本当にうれしいです。また会える があって本当にうれしいです。또 만날 수 있어서 정말 반가워요. ット マンナル ス イッソソ チョーンマル パンガウォヨ

うれる [売れる] ①팔리다 パルリダ 例飛ぶように売れるのには理由があります。날개 돋친 듯이 팔리는 데는 이유가 있어요. ナルゲ トッチン ドゥシ パルリヌン デヌン イーユガ イッソヨ ②(知られる) 널리 알려지다 ノルリ アルリョジダ;인기가 있다 インッキガ イッタ

うれる [熟れる] 익다 イクタ; 여물다 ヨムルダ 例 名の売れている作家の作品はやはりどこか違うものです。인기 있는 작가의 작품은 어디가 달라도 달라요. インッキ インヌン チャクカエ チャクプムン オディガ タルラド タルラヨ

うろうろ ❖ ~する 서성거리다 ソソンゴリダ

うろこ [鱗] 비늘 ピヌル

うろたえる [狼狽える] 당황하다 タンファンハダ

うわき [浮気] ①(不貞) 바람기 パラムキ ❖ ~する 바람을 피우다 パラムル ピウダ 例 浮気をしていたという事実にとても驚きました。바람을 피우고 있었다는 사실에 너무 놀랐어요. パラムル ピウゴ イッソッタヌン サーシレ ノム ノルラッソヨ ②(移り気) 변덕스러운 성격 ピョーンドクスロウン ソーンッキョク 例 彼は浮気な性格のせいでいつも損をします。그는 변덕스러운 성격 때문에 늘 손해를 봐요. クヌン ピョーンドクスロウン ソーンッキョク ッテムネ ヌル ソーネルル プワヨ

うわぎ [上着] ①(上衣) 상의 サーンイ; 웃옷 ウドッキ ②(外套) 겉옷 コドッ; 재킷 チェキッ

うわごと [うわ言] 헛소리 ホッソリ

うわさ [噂] ①(世間で言われている話) 소문 ソームン 例 何でそんな根拠のない噂がたったのでしょうか。왜 그런 근거 없는 소문이 났을까요? ウェー クロン クンゴ オームヌン ソームニ ナッスルッカヨ ②(その場にいない他人についての話) 남의 이야기 ナメ イヤギ 例 人の噂をする必要はないじゃないですか。남의 이야기를 할 필요는 없잖아요. ナメ イヤギルル ハル ピリョヌン オープチャナヨ

うわべ [上辺] 겉 コッ; 표면 ピョミョン; 외면 ウェーミョン; 겉보기 コッポキ

うわまわる [上回る] 웃돌다 ウットルダ; 상회하다 サンフェハダ

うわやく [上役] 상사 サンサ; 윗사람 ウィッサラム

うん [運] ①운 ウーン; 운수 ウーンス 例 運がいいのか実力があるのかよくわかりません。운이 좋은 건지 실력이 좋은 건지 잘 모르겠어요. ウーニ チョーウン ゴンジ シルリョギ チョーウン ゴンジ チャル モルゲッソヨ ②(縁起) 재수 チェス ③(運勢) 팔자 パルチャ

うんえい [運営] 운영 ウーニョン ❖ ~する 운영하다 ウーニョンハダ

うんきゅう [運休] 운휴 ウーニュ ❖ ~する 운휴하다 ウーニュハダ

うんこう [運行] 운행 ウーネン ❖ ~する 운행하다 ウーネンハダ

うんこう [運航] 운항 ウーナン ❖ ~する 운항하다 ウーナンハダ

うんざり ❖ ~する 진절머리가 나다 チンジョルモリガ ナダ; 지긋지긋하다 チグッチグッタダ

うんせい [運勢] 운수 ウーンス; 팔자 パルチャ 例 今年は運勢がいいというので, 事業でも始めてみましょうか。올해는 운수가 좋다는데 사업이라도 시작해 볼까요? オレ

うんそう

ヌン ウーンスガ チョーッタヌンデ サーオビラド シージャケ ボルッカヨ

うんそう [運送] 운송 ウーンソン ❖~する 운송하다 ウーンソンハダ

うんちん [運賃] 운임 ウーニム 関 航空運賃 항공 운임 ハーンゴン ウーニム / 鉄道運賃 철도 운임 チョルト ウーニム

うんてん [運転] 운전 ウーンジョン ❖~する 운전하다 ウーンジョナダ 例 車を運転できますか。차를 운전할 줄 아세요? チャルル ウーンジョナル チュル アーセヨ 関 安全運転 안전 운전 アンジョン ウーンジョン

うんてんしゅ [運転手] 운전 기사 ウーンジョン キサ

うんどう [運動] 운동 ウーンドン ❖~する 운동하다 ウーンドンハダ

うんどうかい [運動会] 운동회 ウーンドンフェ

うんどうじょう [運動場] 운동장 ウーンドンジャン

うんぱん [運搬] 운반 ウーンバン ❖~する 운반하다 ウーンバナダ

うんめい [運命] 운명 ウーンミョン

うんゆ [運輸] 운수 ウーンス

うんよう [運用] 운용 ウーニョン ❖~する 운용하다 ウーニョンハダ

え

え [柄] 자루 チャル;손잡이 ソンジャビ

え [絵] 그림 クーリム;회화 フェーフワ

エアコン [← air conditioner] 에어컨 エオコン

エアメール [airmail] 에어메일 エオメイル;항공편 ハーンゴンピョン

エアロビクス [aerobics] 에어로빅스 エオロビクス

えい [鱝] ①가오리 カオリ ②(ガンギエイ) 홍어 ホンオ

えいえん [永遠] 영원 ヨーンウォン ❖~だ 영원하다 ヨーンウォナダ 例 愛は変わらぬ永遠なる真理です。사랑은 변치 않는 영원한 진리예요. サランウン ピョンチ アンヌン ヨーンウォナン チルリエヨ ❖~に 영원히 ヨーンウォニ

えいが [映画] 영화 ヨンフワ 関 映画監督 영화감독 ヨンフワガムドク / 映画祭 영화제 ヨンフワジェ

えいが [栄華] 영화 ヨンフワ

えいきゅう [永久] 영구 ヨーング ❖~に 영구히 ヨーングヒ

えいきょう [影響] 영향 ヨーンヒャン

えいぎょう [営業] 영업 ヨンオプ ❖~する 영업하다 ヨンオパダ;장사하다 チャンサハダ 関 営業時間 영업 시간 ヨンオプ シガン

えいご [英語] 영어 ヨンオ

えいこく [英国] 영국 ヨングク

えいさい [英才] 영재 ヨンジェ

えいじゅうけん [永住権] 영주권 ヨーンジュックォン

エイズ [AIDS : acquired immunodeficiency syndrome] 에이즈 エイジュ;후천성 면역 부전 증후군 フチョンソン ミョニョク プジョン チ

ュンフグン
えいせい [衛生] 위생 ウィセン 関 環境衛生 환경 위생 フワンギョンウィセン / 公衆衛生 공중위생 コンジュンウィセン
えいせい [衛星] 위성 ウィソン 関 衛星中継 위성 중계 ウィソン チュンゲ / 気象衛星 기상 위성 キサンウィソン / 通信衛星 통신 위성 トンシン ウィソン
えいぞう [映像] 영상 ヨンサン
えいだん [英断] 영단 ヨンダン
えいてん [栄転] 영전 ヨンジョン ❖~する 영전하다 ヨンジョナダ
えいびん [鋭敏] 예민 イェーミン ❖~だ 예민하다 イェーミナダ
えいぶん [英文] 영문 ヨンムン
えいぶんがく [英文学] 영문학 ヨンムナク
えいみん [永眠] 영면 ヨーンミョン ❖~する 영면하다 ヨーンミョナダ
えいゆう [英雄] 영웅 ヨンウン
えいよ [栄誉] 영예 ヨンイェ; 명예 ミョンイェ
えいよう [栄養] 영양 ヨンヤン 関 栄養失調 영양 실조 ヨンヤン シルチョ / 栄養分 영양분 ヨンヤンブン
えいり [営利] 영리 ヨンニ
えいり [鋭利] 예리 イェリ ❖~だ 예리하다 イェリハダ
ええ 네 ネ; 예 イェー
エージェンシー [agency] 에이전시 エイジョンシ
エージェント [agent] 에이전트 エイジョントゥ
エース [ace] 에이스 エイス
えがお [笑顔] 웃는 얼굴 ウンヌン オルグル

えがく [描く・画く] 그리다 クーリダ; 묘사하다 ミョサハダ 例 画用紙にきれいな花を描きました。도화지에 예쁜 꽃을 그렸어요. トファジエ イェーップン ッコチュル クーリョッソヨ / 美しい情景を文章で描くのはなかなか難しいです。아름다운 정경을 글로 묘사하는 것은 꽤 어려워요. アルムダウン ジョンギョンウル クルロ ミョーサハヌン ゴスン ックェ オリョウォヨ
えき [駅] 역 ヨク 関 駅員 역무원 ヨンムウォン / 駅舎 역사 ヨクサ / 駅長 역장 ヨクチャン
えき [液] 액 エク; 액체 エクチェ
えきか [液化] 액화 エクワ
えきしゃ [易者] 역자 ヨクチャ; 점쟁이 チョムジェンイ
えきしょう [液晶] 액정 エクチョン
エキストラ [extra] 엑스트라 エクストゥラ; 단역 배우 タニョク ペウ
エキスパート [expert] ① 엑스퍼트 エクスポトゥ ②(専門家) 전문가 チョンムンガ
えきたい [液体] 액체 エクチェ
えくぼ [笑窪] 보조개 ポジョゲ
エゴ [ego] 에고 エゴ
エコノミー [economy] 이코노미 イコノミ
えごま [荏胡麻] 들깨 トゥルッケ
えさ [餌] ①(釣り用の) 미끼 ミッキ ②(鶏や鳥の) 모이 モイ ③(犬などの動物の) 먹이 モギ; 사료 サリョ
エジプト [Egypt] 이집트 イジプトゥ

えしゃく

えしゃく [会釈] 가벼운 인사 カビョウン インサ 例 隣人同士会釈を交わしました。이웃 사람끼리 인사를 나누었어요. イウッ サーラムッキリ インサル ナヌオッソヨ ❖ ~する 인사하다 インサハダ

エスエフ [SF : science fiction] 에스에프 エスエプ；과학소설 クヮハクソーソル

エスカレーター [escalator] 에스컬레이터 エスコルレイト

エスカレート [escalate] 에스컬레이트 エスコルレイトゥ

エステティック [esthétique] 피부미용 ピブ ミーヨン

エスプレッソ [espresso] 에스프레소 エスプレソ

えせ [似而] 사이비 サーイビ 関 えせ医者 사이비 의사 サーイビ ウイサ

えだ [枝] 가지 カジ 関 木の枝 나뭇가지 ナムッカジ

エチオピア [Ethiopia] 에티오피아 エティオピア

エチケット [étiquette] 에티켓 エティケッ

エッセー [essay] ①에세이 エセイ ②(随筆) 수필 スピル ③(随想) 수상 スサン

エッセンス [essence] 에센스 エセンス

エッチ [H] ❖~だ 야하다 ヤーハダ

えと [干支] 간지 カンジ；띠 ッティ 例 干支は何ですか(何どし生まれですか)。무슨 띠세요? ムスン ッティセヨ

エネルギー [Energie] 에너지 エノジ

えのぐ [絵の具] 그림 물감 クーリム ムルカム

えはがき [絵葉書] 그림엽서 クーリムニョプソ 例 ソウルから友達に絵はがきを送りました。서울에서 친구에게 그림엽서를 보냈어요. ソウレソ チングエゲ クーリムニョプソルル ポネッソヨ

えび [蝦・海老] 새우 セウ

エピソード [episode] 에피소드 エピソドゥ

エピローグ [epilogue] 에필로그 エピルログ

エフエムほうそう [FM 放送] 에프엠 방송 エプエム パーンソン

エプロン [apron] 에이프런 エイプロン；앞치마 アプチマ

えほん [絵本] 그림책 クーリムチェク

えみ [笑み] 미소 ミソ

エメラルド [emerald] 에메랄드 エメラルドゥ

えら [鰓] 아가미 アガミ

えらい [偉い] ①훌륭하다 フルリュンハダ；위대하다 ウィデハダ 例 将来偉い政治家になるために頑張っています。장차 훌륭한 정치가가 되기 위해 노력하고 있어요. チャンチャ フルリュンハン チョンチガガ トゥェギ ウィヘ ノリョカゴ イッソヨ ②(奇特だ) 기특하다 キトゥカダ；장하다 チャーンハダ 例 かわいそうな隣人を助けているなんて本当に偉いです。불우 이웃을 돕다니 정말 기특해요. プル イウスル トープタニ チョーンマル キトゥケヨ ❖ えらく 심하게 シーマ

えんきょく

ゲ；大変 テーダニ；すごく オムチョン；すごく オムチョンナゲ 例 不親切な店員の態度にえらく腹が立ちました。불친절한 점원의 태도에 엄청 화가 났어요. プルチンジョラン チョムオネ テードエ オムチョン フワーガ ナッソヨ／えらく辛いキムチでした。엄청나게 매운 김치였어요. オムチョンナゲ メウン キムチヨッソヨ

えらぶ [選ぶ] 고르다 コルダ；뽑다 ッポプタ；선택하다 ソーンテカダ；택하다 テカダ 例 友人のプレゼントを一緒に選んでください。친구 선물을 같이 골라 주세요. チングソーンムルル カチ コルラ ジュセヨ／新しい審査委員を5人選びました。새로운 심사위원을 5(다섯)명 뽑았어요. セロウン シムサウィウォヌル タソンミョン ッポバッソヨ／引っ越しは吉日(損のない日)を選ばなければいけません。이사는 손없는 날을 택해야 해요. イサヌン ソノムヌン ナルル テケヤ ヘヨ

えり [襟・衿] 옷깃 オッキッ
エリート [élite] 엘리트 エルリトゥ
えりすぐる [選りすぐる] 엄선하다 オムソナダ
える [得る] 얻다 オーッタ
エレガント [elegant] 엘리건트 エルリゴントゥ ❖～だ 엘리건트하다 エルリゴントゥハダ；우아하다 ウアハダ
エレキギター [electric guitar] 일렉트릭 기타 イルレクトゥリク キター；전기 기타 チョーンギ キター
エレベーター [elevator] 엘리베이터 エルリベイト

えん [円] 원 ウォン；동그라미 トングラミ
えん [縁] 연 ヨン；인연 イニョン
えんか [演歌] 연가 ヨンガ；트롯트 トゥロットゥ
えんかい [宴会] 연회 ヨーヌェ；잔치 チャンチ 例 姉妹都市から来られた方々のために宴会を開きました。자매 도시에서 오신 분들을 위해 연회를 베풀었어요. チャメ トシエソ オシン ブンドゥルル ウィヘ ヨーヌェルル ペプロッソヨ
えんかく [遠隔] 원격 ウォンキョク
えんがん [沿岸] 연안 ヨナン
えんき [延期] 연기 ヨンギ ❖～する 연기하다 ヨンギハダ 例 友達が最もたくさん集まれる日に延期しました。친구들이 가장 많이 모일 수 있는 날로 연기했어요. チングドゥリ カジャン マーニ モイル ス インヌン ナルロ ヨンギヘッソヨ ❖～される 연기되다 ヨンギドゥェダ 例 雨のために野外コンサートが延期されました。비로 인해 야외 콘서트가 연기됐어요. ピロ イネ ヤーウェ コンソトゥガ ヨンギドゥェッソヨ
えんぎ [演技] 연기 ヨーンギ ❖～する 연기하다 ヨーンギハダ 関 演技派 연기파 ヨーンギパ／演技力 연기력 ヨーンギリョク
えんぎ [縁起] ①(由来) 유래 ユレ ②(吉凶の兆し) 조짐 チョジム；재수 チェス
えんきょく [婉曲] 완곡 ワンゴク ❖～な 완곡한 ワンゴカン 例 婉曲な表現 완곡한 표현 ワンゴカン

えんきょり

ピョヒョン

えんきょり [遠距離] 원거리 ウォンゴリ;장거리 チャンゴリ 関 遠距離通勤 원거리 통근 ウォンゴリ トングン / 遠距離通話 원거리 통화 ウォンゴリ トンファ

えんげい [園芸] 원예 ウォニェ

えんげい [演芸] 연예 ヨーニェ

えんげき [演劇] 연극 ヨーングク 関 演劇俳優 연극 배우 ヨーングク ペウ

えんこ [縁故] 연고 관계 ヨンゴ クワンゲ;연줄 ヨンジュル

えんご [援護] 원호 ウォーノ ❖~する 원호하다 ウォーノハダ

えんじ [園児] 원아 ウォナ

エンジニア [engineer] 엔지니어 エンジニオ;기사 キサ;기술자 キスルチャ

えんしゅう [円周] 원주 ウォンジュ

えんしゅう [演習] 연습 ヨーンスプ

えんしゅうりつ [円周率] 원주율 ウォンジュユル

えんじゅく [円熟] 원숙 ウォンスク ❖~する 원숙하다 ウォンスカダ 例 円熟した演技 원숙한 연기 ウォンスカン ヨーンギ

えんじょ [援助] 원조 ウォーンジョ 例 世界各国に援助を要請しています。세계 각국에 원조를 요청하고 있어요. セーゲ カククゲ ウォーンジョルル ヨチョンハゴ イッソヨ ❖~する 원조하다 ウォーンジョハダ

えんしょう [炎症] 염증 ヨムッチュン

エンジン [engine] 엔진 エンジン;원동기 ウォンドンギ;발동기 パルトンギ

えんせい [遠征] 원정 ウォンジョン ❖~する 원정하다 ウォンジョンハダ

えんぜつ [演説] 연설 ヨーンソル ❖~する 연설하다 ヨーンソラダ

えんそう [演奏] 연주 ヨーンジュ ❖~する 연주하다 ヨーンジュハダ 例 ピアノを演奏する姿が本当に格好良かったです。피아노를 연주하는 모습이 정말 멋졌어요. ピアノルル ヨーンジュハヌン モスビ チョーンマル モッチョッソヨ

えんそく [遠足] 소풍 ソプン 例 来週友達と行くことにした遠足が楽しみですね。다음 주에 친구들과 가기로 한 소풍이 기다려지네요. タウム チュエ チングドゥルグヮ カギロ ハン ソプンイ キダリョジネヨ

エンターテイナー [entertainer] 엔터테이너 エントテイノ

エンターテイメント [entertainment] 엔터테인먼트 エントテインモントゥ

えんたい [延滞] 연체 ヨンチェ 関 延滞料 연체료 ヨンチェリョ ❖~する 연체하다 ヨンチェハダ

えんだか [円高] 엔고 エンゴ

えんだん [縁談] 혼담 ホンダム

えんちゃく [延着] 연착 ヨンチャク ❖~する 연착하다 ヨンチャカダ 例 事故で列車が1時間も延着したせいで遅れました。사고로 열차가 1(한) 시간이나 연착하는 바람에 늦었어요. サーゴロ ヨルチャ

おいつく

ガ ハンシガニナ ヨンチャカヌン バラメ ヌジョッソヨ
えんちょう [延長] 연장 ヨンジャン ❖~する 연장하다 ヨンジャンハダ 例ビザの期限を延長する方法はありませんか。비자 기한을 연장하는 방법이 없나요? ピジャ キハヌル ヨンジャンハヌン バンボビ オームナヨ
えんちょう [園長] 원장 ウォンジャン
えんとつ [煙突] 굴뚝 クールットゥク
えんぴつ [鉛筆] 연필 ヨンピル
えんまん [円満] ❖~だ 원만하다 ウォンマナダ ❖~に 원만히 ウォンマニ
えんめい [延命] 연명 ヨンミョン ❖~する 연명하다 ヨンミョンハダ
えんよう [遠洋] 원양 ウォーニャン 関遠洋航海 원양 항해 ウォーニャン ハーンヘ / 遠洋漁業 원양 어업 ウォーニャン オオプ / 遠洋漁船 원양 어선 ウォーニャン オソン
えんりょ [遠慮] ①(気兼ね) 사양 サヤン ❖~する 사양하다 サヤンハダ 例遠慮しすぎるのも失礼になるものです。너무 사양하는 것도 실례가 되는 법이에요. ノム サヤンハヌン ゴット シルリェガ トウェヌン ボビエヨ ②(差し控えること) ❖~する 삼가다 サムガダ 例映画館での飲食はご遠慮ください。영화관에서는 음식물을 삼가 주십시오. ヨンフヮグヮネソヌン ウームシンムルル サムガ ジュシプシオ ③(忌憚) 거리낌 コリッキム；기탄 キタン 例彼は幼馴染みだからか全

く遠慮がありません。그 사람은 소꿉친구라 그런지 전혀 거리낌이 없어요. ク サーラムン ソックプチングラ クロンジ チョニョ コリッキミ オープソヨ
えんりょぶかい [遠慮深い] 신중하다 シーンジュンハダ；겸손하다 キョムソナダ
えんろ [遠路] 원로 ウォールロ；먼 길 モン ギル

お

お [尾] 꼬리 ッコリ
おあいそ ①(お世辞) 겉치레 コッチレ ②(勘定) 계산 ケーサン ❖~する 계산하다 ケーサナダ
おい [甥] 조카 チョカ
おいかける [追い掛ける] ① 뒤쫓아가다 トウィッチョチャガダ ②(追跡する) 추적하다 チュジョカダ
おいこす [追い越す] 앞지르다 アプチルダ；추월하다 チュウォラダ
おいこむ [追い込む] 몰아넣다 モラノッタ
おいしい [美味しい] 맛있다 マシッタ 例こんなにおいしいお菓子は初めてです。이렇게 맛있는 과자는 처음이에요. イロッケ マシンヌン クヮジャヌン チョウミエヨ / おいしくいただきました。맛있게 잘 먹었어요. マシッケ チャル モゴッソヨ
おいだす [追い出す] 쫓아내다 ッチョチャネダ；몰아내다 モラネダ
おいつく [追い付く] 따라잡다 ッタラジャプタ；따라붙다 ッタラブッタ

おいつめる [追い詰める] 몰아넣다 モラノッタ;몰아붙이다 モラブチダ

おいぬく [追い抜く] 앞지르다 アプチルダ

おいはらう [追い払う] 쫓아 버리다 ッチョチャ ボリダ;내쫓다 ネーチョッタ

オイル [oil] 오일 オイル;기름 キルム 関 サラダオイル 샐러드 오일 セルロドゥ オイル

おいる [老いる] ①늙다 ヌクタ 例 年老いた父母 늙은 부모 ヌルグンブモ ②(年をとる) 나이를 먹다 ナイルル モクタ

おう [王] 왕 ワン;임금 イームグム 関 王冠 왕관 ワングワン / 王国 왕국 ワングク / 王座 왕좌 ワンジュワ / 王子 왕자 ワンジャ / 王室 왕실 ワンシル / 王者 왕자 ワンジャ / 王女 공주 コンジュ;왕녀 ワンニョ / 王妃 왕비 ワンビ

おう [追う] ①(追い掛ける) 쫓다 ッチョッタ ②(従う) 따르다 ッタルダ ③(追求・追究する) 추구하다 チュグハダ

おう [負う] ①(背負う) 짊어지다 チルモジダ;지다 チダ;업다 オプタ 例 重い荷物を背負って歩きました。무거운 짐을 등에 지고 걸었어요. ムゴウン チムル トゥンエ チゴ コロッソヨ ②(責任を) 지다 チダ 例 自分で始めたことは責任を負わないといけません。자기가 벌인 일은 책임을 져야지요. チャギガ ポリン ニールン チェギムル ジョヤジョ ③(傷などを) 입다 イプタ

おうえん [応援] 응원 ウーンウォン ❖ ~する 응원하다 ウーンウォナダ

おうぎ [扇] 부채 プチェ

おうきゅうしょち [応急処置] 응급 처치 ウーングプ チョーチ

おうきゅうてあて [応急手当て] 응급 치료 ウーングプ チリョ

おうこう [横行] 횡행 フェンヘン ❖ ~する 횡행하다 フェンヘンハダ;활개 치다 フルゲ チダ

おうごん [黄金] 황금 フワングム

おうしゅう [応酬] 응수 ウンス

おうしゅう [押収] 압수 アプス ❖ ~する 압수하다 アプスハダ

おうしゅう [欧州] 구주 クジュ;유럽 ユロプ

おうじる [応じる] ①(答える) 응하다 ウーンハダ;대답하다 テーダパダ 例 質問に誠意を持って応じてくれました。질문에 성의껏 대답해 주었어요. チルムネ ソンイッコッ テーダペ ジュオッソヨ/どんなに腹が立っても喧嘩に応じてはいけません。아무리 화가 나도 싸움에 응하면 안 돼요. アームリ フワーガ ナドッサウメ ウーンハミョン アン ドゥェヨ ②(受け入れる) 받아들이다 パダドゥリダ;호응하다 ホウンハダ ③(従う) 따르다 ッタルダ 例 たくさんの人の要望に全て応じることはできません。많은 사람들의 요망을 다 따를 수는 없지요. マーヌン サーラムドゥルィ ヨマンウル ター ッタルル スヌン オープチョ ④(適する) 맞다 マッタ;어울리다 オウルリダ;알맞다 アールマッタ;적합하다 チョカパダ

おうしん [往診] 왕진 ワーンジン ❖~する 왕진하다 ワーンジナダ

おうせつ [応接] 응접 ウーンジョプ 関 応接室 응접실 ウーンジョプシル

おうだ [殴打] 구타 クタ ❖~する 구타하다 クタハダ ❖~される 구타당하다 クタダンハダ

おうたい [応対] 응대 ウーンデ; 응접 ウーンジョプ; 접대 チョプテ ❖~する 응접하다 ウーンジョパダ

おうだん [横断] 횡단 フェンダン; 가로지름 カロジルム ❖~する 가로지르다 カロジルダ; 횡단하다 フェンダナダ 例 信号を無視して横断したら危険です。 신호를 무시하고 횡단하면 위험해요. シーノルル ムシハゴ フェンダナミョン ウィホメヨ 関 横断歩道 횡단보도 フェンダンボド / 横断幕 현수막 ヒョンスマク

おうちょう [王朝] 왕조 ワンジョ

おうと [嘔吐] 구토 クト ❖~する 구토하다 クトハダ; 오바이트하다 オーバイートゥハダ

おうとう [応答] 응답 ウーンダプ ❖~する 응답하다 ウーンダパダ

おうふく [往復] 왕복 ワーンボク ❖~する 왕복하다 ワーンボカダ 例 往復するだけでも5時間はかかります。 왕복만 해도 5(다섯)시간은 걸려요. ワーンボンマン ヘドタソッ シガヌン コルリョヨ 関 往復切符 왕복 승차권 ワーンボクスンチャックォン; 왕복 티켓 ワーンボク ティケッ

おうべい [欧米] 구미 クーミ

おうむ [鸚鵡] 앵무새 エンムセ

おうよう [応用] 응용 ウーンヨン ❖~する 응용하다 ウーンヨンハダ

おうらい [往来] 왕래 ワーンネ

おうりょう [横領] 횡령 フェンニョン ❖~する 횡령하다 フェンニョンハダ

おえる [終える] 끝마치다 ックンマチダ; 끝내다 ックンネダ; 마치다 マチダ 例 この仕事を終えたら皆で一杯しに行きましょう。 이 일을 끝마치면 다 같이 한잔하러 갑시다. イ イールル ックンマチミョン ター ガチ ハンジャナロ カプシダ / 宿題を終えてから遊んだ方がいいです。 숙제를 끝내고 노는 게 좋아요. スクチェルル ックンネゴ ノーヌン ゲ チョーアヨ

おおあめ [大雨] 큰비 クンビ; 호우 ホウ; 폭우 ポグ

おおい [多い] 많다 マーンタ 例 今日はやることが多くて忙しいです。 오늘은 할 일이 많아서 바빠요. オヌルン ハル リーリ マーナソ パッパヨ 関 多かれ少なかれ 많든 적든 マーントゥン ジョクトゥン

おおう [覆う・被う] ①덮다 トプタ 例 白い雪で覆われた山が本当に美しいですね。 하얀 눈으로 덮인 산이 정말 아름답네요. ハヤン ヌーヌロ トピン サニ チョーンマル アルムダムネヨ ②(遮る) 가리다 カリダ 例 口を手で覆って笑う姿がかわいいです。 입을 손으로 가리고 웃는 모습이 귀여워요. イブル ソヌロ カリゴ ウンヌン モスビ クィヨウォヨ

おおかた [大方] ①(ほとんど) 대

おおがた

체로 テーチェロ ②(おそらく) 아마 アマ

おおがた [大型] 대형 テーヒョン

オーガニック [organic] 유기 재배 ユギ ジェーベ

おおかみ [狼] 늑대 ヌクテ

おおきい [大きい] 크다 クダ 例もう少し大きいものはありませんか。좀 더 큰 것은 없어요? チョム ド クン ゴスン オープソヨ

おおきさ [大きさ] 크기 クギ

オークション [auction] 경매 キョーンメ

オーケストラ [orchestra] 오케스트라 オケストゥラ ; 관현악 クワニョナク

おおごえ [大声] 큰 목소리 クン モクソリ

おおごと [大事] 큰일 クニル 例 パスポートをなくして大事になりました。여권을 잃어버려서 큰일이 났어요. ヨックォヌル イロボリョソ クニリ ナッソヨ

おおざっぱ [大雑把] ❖〜だ ①(物事が) 엉성하다 オンソンハダ ❖〜に 대충 テチュン ; 어림잡아 オリムジャバ ②(性格が) 데면데면하다 テミョンデミョナダ 例 大雑把な性格 데면데면한 성격 テミョンデミョナン ソーンッキョク

おおさわぎ [大騒ぎ] 대소동 テーソドン ; 큰 소동 クン ソドン

オーストラリア [Australia] 오스트레일리아 オストゥレイルリア ; 호주 ホジュ

オーストリア [Austria] 오스트리아 オストゥリア

おおぜい [大勢] 여러 사람 ヨロ サーラム ; 많은 사람 マーヌン サーラム

おおそうじ [大掃除] 대청소 テーチョンソ

オーダー [order] 오더 オード

おおて [大手] 대기업 テーギオプ

オーディション [audition] 오디션 オディション

おおどおり [大通り] 큰길 クンギル

オートバイ [← auto+bicycle] 오토바이 オトバイ

オートマチック [automatic] 오토매틱 オトメティク

オーナー [owner] 오너 オノ

オーバー [over] ①(オーバーコート) 오버 オーボ ②(こえること) 오버 オーボ ❖〜する 오버하다 オーボハダ ; 초과하다 チョグワハダ 例 手荷物が規定の23キロをオーバーしています。수하물이 규정 23(이십삼) 킬로를 초과했어요. スハムリ キュジョン イシプサム キルロルル チョグワヘッソヨ ③(誇張) ❖〜な 과장된 クワジャンドゥェン 例 オーバーな広告を信じないでください。과장된 광고를 믿지 마세요. クワジャンドゥェン クワーンゴルル ミッチ マーセヨ

おおはば [大幅] 대폭 テーポク ❖〜な 대폭적인 テーポクチョギン ❖〜に 대폭으로 テーポグロ

オービー [OB] 오비 オビ

オープニング [opening] 오프닝 オプニン

オーブン [oven] 오븐 オブン

オープン [open] 오픈 オプン ❖〜する ①(開業する) 개업하다 ケオ

パダ ②(開店する) 개점하다 ケジョマダ

おおまか [大まか] (大雑把) 대충 テチュン;대략적 テーリャクチョク ❖~だ 대략적이다 テーリャクチョギダ

おおみそか [大晦日] 섣달 그믐날 ソーッタル クムムナル

おおむね [概ね] ①(あらまし) 대강 テーガン 例 今回の事業の概ねを説明いたします。이번 사업의 대강을 설명해 드리겠습니다. イボン サーオベ テーガヌル ソルミョンヘ ドゥリゲッスムニダ ②(だいたい) 대체로 テーチェロ 例 仕事の進行状況は概ね良好です。일의 진행 상황은 대체로 양호한 편이에요. イーレ チーネン サンファンウン テーチェロ ヤンホハン ピョニエヨ

おおもの [大物] 대물 テームル;큰 것 クン ゴッ;거물 コームル

おおや [大家] 셋집 주인 セッチプチュイン

おおやけ [公] ❖~の 공적인 コンチョギン

おおゆき [大雪] 대설 テーソル;폭설 ポクソル

おおよそ [大凡] 대강 テーガン;대체로 テーチェロ;대충 テチュン

おおらか [大らか] ❖~だ 대범하다 テボマダ;느긋하다 ヌグタダ 例 彼はおおらかな性格です。그는 대범한 성격이에요. クヌン テボマン ソーンッキョギエヨ / おおらかな心で待ってみてください。느긋한 마음으로 기다려 보세요. ヌグタン マウムロ キダリョ ボセヨ

オール [all] 올 オル

オールドミス [old miss] 《蔑称》 올드 미스 オルドゥ ミス;노처녀 ノーチョニョ

オールナイト [allnight] 올나이트 オルライトゥ

オーロラ [aurora] 오로라 オロラ

おか [丘・岡] 언덕 オンドク;구릉 クルン

おかあさん [お母さん] 어머니 オモニ《敬称》어머님 オモニム

おかえし [お返し] 답례 タムニェ

おかげ [お陰・お蔭] ①(力添え) 덕택 トクテク;덕분 トクプン 例 今回の受賞は全て皆さまのおかげです。이번 수상은 모두 여러분들의 덕택입니다. イボン スサンウン モドゥ ヨロブンドゥレ トクテギムニダ ②(原因) 탓 タッ;때문 ッテムン 例 君のおかげで失敗した。너 때문에 다 망쳤어. ノッテムネ ター マンチョッソ

おかしい [可笑しい] ①(滑稽だ) 우습다 ウースプタ;우스꽝스럽다 ウスックヮンスロプタ;재미있다 チェミイッタ 例 困った顔がおかしくて,思わず吹き出してしまいました。난처하는 표정이 우스꽝스러워서 그만 웃고 말았어요. ナンチョヘハヌン ピョジョンイ ウスックヮンスロウォソ クマン ウッコ マラッソヨ ②(変だ・変わっている) 이상하다 イーサンハダ;수상하다 スサンハダ 例 食欲もなくて体の具合もおかしいです。식욕도 없고 몸도 좀 이상해요. シギョクト オープコ モムド チョム イーサンヘヨ

おかす [犯す] ①(罪などを) 저지

65

르다 チョジルダ ; 범하다 ポーマダ 例過ちを犯したのに謝りません。잘못을 저지르고도 사과하지 않아요. チャルモスル チョジルゴド サーグワハジ アナヨ ②(違反する) 어기다 オギダ 例法を犯したら罰を受けるべきです。법을 어겼으면 벌을 받아야지요. ポブル オギョッスミョン ポルル パダヤジヨ ③(強姦する) 강간하다 カンガナダ

おかす [侵す] ①(侵犯する) 침범하다 チムボマダ 例国境を侵さないという条約を結びました。국경을 침범하지 않겠다는 조약을 맺었습니다. ククキョンウル チームボマジ アンケッタヌン チョヤグル メジョッスムニダ ②(侵害する) 침해하다 チーメハダ 例表現の自由を侵さないでください。표현의 자유를 침해하지 마세요. ピョヒョネ チャユルル チーメハジ マーセヨ

おかす [冒す] 무릅쓰다 ムルプッスダ 例危険を冒さなければ成功できません。위험을 무릅쓰지 않으면 성공할 수 없어요. ウィホムル ムルプッスジ アヌミョン ソンゴンハル ス オープソヨ

おかず 반찬 パンチャン

おかみさん 안주인 アンッチュイン ; 마누라 マーヌラ

おがむ [拝む] 배례하다 ペーリェハダ ; 절하다 チョラダ

おから [雪花菜] 비지 ピジ

おがわ [小川] 시내 シーネ

おき [沖] 앞바다 アプパダ

おきあがる [起き上がる] 일어나다 イロナダ

おきて [掟] ①(規定) 규정 キュジョン ②(慣例) 관례 クワルリェ

おきどけい [置き時計] 탁상 시계 タクサン シゲ

おぎなう [補う] 보충하다 ポーチュンハダ

おきにいり [お気に入り] 마음에 듦 マウメ トゥム 例お気に入りの服 마음에 드는 옷 マウメ トゥヌン オッ

おきる [起きる] ①(起床する) 일어나다 イロナダ ;기상하다 キサンハダ 例毎朝同じ時間に起きます。매일 아침에 같은 시간에 일어나요. メーイル アチメ カトゥン シガネ イロナヨ ②(立ち上がる) 일어서다 イロソダ ③(眠らないでいる) 자지 않고 있다 チャジ アンコ イッタ;늦게 자다 ヌッケ チャダ 例仕事がたまっていて夜通し起きて仕事をしていました。일이 밀려서 밤새 자지 않고 일했어요. イーリ ミルリョソ パムセ チャジ アンコ イーレッソヨ ④(発生する) 일다 イールダ ; 일어나다 イロナダ ; 생기다 センギダ ; 발생하다 パルセンハダ 例両国間で紛争が起きました。양국간에 분쟁이 일어났어요. ヤングクカネ プンジェンイ イロナッソヨ/昨日盗難事件が起こりました。어제 도난 사건이 발생했어요. オジェ トナン サーッコニ パルセンヘッソヨ

おく [奥] 속 ソーク ; 깊숙한 안쪽 キプスカン アンッチョク

おく [億] 억 オク

おく [置く] ①두다 トゥダ ; 놓다 ノッタ 例荷物はどこに置けばいいでしょうか。짐은 어디에 놓으면 될

까요? チムン オディエ ノウミョン ドゥェルッカヨ /(ホテルで) 部屋にキーを置いてドアを閉めてしまいました。방에 키를 두고 문을 닫아 버렸어요. パンエ キルル トゥゴ ムヌル タダ ボリョッソヨ ② (…しておく《動詞の語幹＋-아/어 두다；놓다》の形で) 例 良い思い出として胸の中にしまっておきます。좋은 추억으로 가슴 속에 간직해 둘게요. チョーウン チュオグロ カスム ソーゲ カンジケ ドゥルケヨ

おくがい [屋外] 옥외 オグェ

おくする [臆する] 겁내다 コムネダ；머뭇머뭇하다 モムンモムタダ

おくそく [臆測] 억측 オクチュク ❖〜する 억측하다 オクチュカダ

おくづけ [奥付] 판권장 パンックォンッチャン

おくのて [奥の手] 최후 수단 チュェーフ スダン

おくびょう [臆病] ❖〜だ 겁이 많다 コビ マーンタ

おくゆかしい [奥ゆかしい] 깊이와 품위가 있다 キピワ プームィガ イッタ；그윽하고 고상하다 クウカゴ コサンハダ

おくゆき [奥行き] ① 안쪽까지의 길이 アンッチョクッカジエ キリ ② (知識や経験の深み) 깊이 キピ

おくりもの [贈り物] 선물 ソーンムル 例 友達にどんな贈り物をすれば喜ばれるでしょうか。친구한테 무슨 선물을 하면 기뻐할까요? チングハンテ ムスン ソーンムルル ハミョン キッポハルッカヨ

おくる [送る] ① (品物を) 부치다 プチダ；보내다 ポネダ 例 日本に小包を送ろうと郵便局に行きました。일본에 소포를 부치려고 우체국에 갔어요. イルボネ ソーポルル プチリョゴ ウチェグゲ カッソヨ ② (旅立つ人を見送る) 배웅하다 ペウンハダ 例 韓国に行く友達を空港まで見送ってきました。한국에 가는 친구를 공항까지 배웅하고 왔어요. ハーングゲ カヌン チングルル コンハンッカジ ペウンハゴ ワッソヨ ③ (家などのある場所まで送る) 바래다주다 パレダジュダ 例 酔った友達を家まで送りました。술에 취한 친구를 집까지 바래다줬어요. スレ チュィーハン チングルル チプッカジ パレダジュォッソヨ ④ (派遣する) 파견하다 パギョナダ 例 災害ボランティアを被災地に送りました。재해 봉사단을 피해지로 파견했어요. チェヘ ポンサダヌル ピーヘジロ パギョネッソヨ ⑤ (目上の人をお連れする) 모셔다 드리다 モーショダ ドゥリダ 例 遅いのでお宅までお送りしてきなさい。늦었으니 댁까지 모셔다 드리고 오세요. ヌジョッスニ テックッカジ モーショダ ドゥリゴ オセヨ ⑥ (日々を過ごす) 보내다 ポネダ；지내다 チーネダ 例 おかげさまで，ソウルで充実した日々を送ることができました。덕분에 서울에서 알찬 나날을 보냈어요. トクプネ ソウレソ アルチャン ナナルル ポネッソヨ

おくる [贈る] ① (贈り物をする) 선물하다 ソーンムラダ 例 彼女にお花を贈りたいのですが喜ぶでしょうか。여자 친구한테 꽃을 선물

おくれる

하고 싶은데 좋아할까요? ヨジャ チングハンテ ッコチュル ソーンムラゴ シプンデ チョーアハルッカヨ ②(賞や称号を授与する) 수여하다 スヨハダ

おくれる [遅れる・後れる] ①(遅れる) 늦다 ヌッタ 例 急がないと列車(の時間)に遅れますよ. 서두르지 않으면 기차 시간에 늦겠어요. ソドゥルジ アヌミョン キチャ シガネ ヌッケッソヨ ②(遅刻する) 지각하다 チガカダ ③(後れを取る) 뒤지다 トゥィジダ; 뒤떨어지다 トゥィーットロジダ 例 流行に遅れるのは, がまんできません。유행에 뒤지는 것은 못 참아요. ユヘンエ トゥィジヌン ゴスン モーッ チャマヨ

おこげ [お焦げ] 누룽지 ヌルンジ

おこす [起こす] ①(起こす) 일으키다 イルキダ ②(目を覚まさせる) 깨우다 ッケウダ 例 明日は普段より早く起こしてください。내일은 평소보다 일찍 깨워 주세요. ネイルン ピョンソボダ イルッチク ッケウォ ジュセヨ

おこす [興す] ①일으키다 イルキダ ②(始める) 시작하다 シージャカダ 例 新しい会社を興しました。새 회사를 시작했어요. セ フェーサルル シージャケッソヨ

おこす [熾す] 피우다 ピウダ

おこたる [怠る] 게을리하다 ケウルリハダ; 소홀히 하다 ソホリ ハダ

おこない [行い] 행위 ヘンウィ; 행동 ヘンドン

おこなう [行う] ①(する) 하다 ハダ 例 最初に何を行いますか。먼저 뭘 해요? モンジョ ムオール ヘヨ ②(行動する) 행동하다 ヘンドンハダ ③(実施する) 실시하다 シルシハダ ④(実行する) 실행하다 シレンハダ ⑤(挙行する) 거행하다 コーヘンハダ

おこなわれる [行われる] 실행되다 シレンドゥェダ; 실시되다 シルシドゥェダ; 거행되다 コーヘンドゥェダ

おこり [起こり] ①(起源) 기원 キウォン ②(発端) 발단 パルタン ③(原因) 원인 ウォニン

おこる [怒る] 화내다 フヮーネダ; 노하다 ノハダ; 성내다 ソーンネダ 例 怒らないで話を聞いてください。화내지 말고 이야기를 들어 주세요. フヮーネジ マールゴ イヤギルル トゥロ ジュセヨ /(私が) どんな話をしても絶対に怒らないでください。무슨 이야기를 해도 절대로 성내지 마세요. ムスン ニヤギルル ヘド チョルテロ ソーンネジ マーセヨ

おこる [起こる] ①일어나다 イロナダ 例 日本で大きな地震が起こりました。일본에서 큰 지진이 일어났어요. イルボネソ クン ジジニ イロナッソヨ ②(発生する) 발생하다 パルセンハダ 例 台風で停電が起こりました。태풍으로 정전이 발생했어요. テプンウロ チョンジョニ パルセンヘッソヨ ③(始まる) 시작되다 シージャクトゥェダ

おこる [興る] 일어나다 イロナダ; 번성하다 ポンソンハダ; 흥하다 フンハダ

おごる [奢る] 한턱내다 ハントンネ

ダ 例合格したから奢ってください。합격했는데 한턱내셔야지요. ハプキョケンヌンデ ハントンネショヤジヨ

おさえる [押さえる] ①(押す) 누르다 ヌルダ 例風が吹くので紙を押さえながら字を書きました。바람이 불어서 종이를 누르면서 글씨를 썼어요. パラミ プルソ チョンイルル ヌールミョンソ クルッシルル ッソッソヨ ②(塞ぐ) 막다 マクタ 例とてもうるさいので耳を押さえました。너무 시끄러워서 귀를 막았어요. ノム シックロウォソ クィルル マガッソヨ ③(遮る) 가리다 カリダ ④(とらえる) 잡다 チャプタ;확보하다 フゥパダ

おさえる [抑える] ①누르다 ヌルダ;억누르다 オンヌルダ 例悔しくて怒りを抑えることができません。억울해서 노여움을 억누르지 못해요. オグルレソ ノーヨウムル オンヌルジ モッテヨ ②(我慢する) 참다 チャームタ 例笑いを抑えきれず、吹き出してしまいました。웃음을 참다가 터뜨리고 말았어요. ウスムル チャームッタガ トットゥリゴ マラッソヨ

おさない [幼い] 어리다 オリダ

おさななじみ [幼馴染み] 소꿉친구 ソックプチング

おさまる [治まる] ①(安定する) 안정되다 アンジョンドウェダ ②(鎮まる) 가라앉다 カラアンタ 例薬を飲んでやっと咳が治まりました。약을 먹고서야 겨우 기침이 가라앉았어요. ヤグル モクコソヤ キョウ キチミ カラアンジャッソヨ

おさまる [収まる・納まる] ①(容器などに入る) 들어가다 トゥロガダ ②(収拾する・鎮静化する) 수습되다 ススプトゥェダ;진정되다 チンジョンドウェダ;안정되다 アンジョンドウェダ

おさめる [治める] ①(騒乱や感情などを) 진정시키다 チンジョンシキダ;가라앉히다 カラアンチダ ②(統治する) 다스리다 タスリダ

おさめる [収める・納める] ①넣다 ノッタ ②(納付する) 납부하다 ナプブハダ ③(納品する) 납품하다 ナププマダ ④(結果を) 얻다 オッタ;거두다 コドゥダ

おさめる [修める] 수양하다 スヤンハダ

おじ [伯父・叔父] ①(父の兄) 큰아버지 クナボジ ②(父の弟) 작은아버지 チャグナボジ;삼촌 サムチョン《結婚していない弟》③(母の兄弟) 외삼촌 ウェーサムチョン

おしい [惜しい] ①아깝다 アッカプタ 例お金が惜しいので外食を控えています。돈이 아까워서 외식을 자주 못해요. トーニ アッカウォソ ウェーシグル チャジュ モッテヨ ❖惜しくも 아깝게도 アッカプケド ②(名残惜しい) 애석하다 エソカダ;섭섭하다 ソプソパダ

おじいさん [お祖父さん] ⇒祖父

おじいさん [お爺さん] 할아버지 ハラボジ

おしいれ [押し入れ] 벽장 ピョクチャン;반침 パンチム

おしえ [教え] ①가르침 カルチム ②(教義) 교의 キョーイ

おしえご [教え子] 제자 チェージ

おしえる

お **おしえる** [教える] ①가르치다 カルチダ 例 週末は日本語を教えています。주말에는 일본어를 가르치고 있어요. チュマレヌン イルボノルル カルチゴ イッソヨ ②(知らせる) 알려 주다 アルリョ ジュダ；알리다 アルリダ 例 駅に到着したら教えてください。역에 도착하면 알려 주세요. ヨゲ トーチャカミョン アルリョ ジュセヨ ③(諭す) 타이르다 タイルダ

おじぎ [お辞儀] 절 チョル ❖~する 절하다 チョラダ

おじけづく [怖じ気付く] 겁먹다 コムモクタ；두려워하다 トゥリョウォハダ

おしげもなく [惜し気もなく] 아까워하는 기색도 없이 アッカウォハヌン キセクト オープシ

おしこむ [押し込む] 억지로 밀어 넣다 オクチロ ミロ ノーッタ；처넣다 チョノッタ

おじさん [小父さん] 아저씨 アジョッシ

おしたおす [押し倒す] 밀어 넘어뜨리다 ミロ ノモットゥリダ；쓰러뜨리다 ッスロットゥリダ

おしつける [押し付ける] ①(密着させる) 밀어붙이다 ミロブチダ ②(無理にさせる) 떠맡기다 ットマッキダ

おしどり [鴛鴦] 원앙 ウォナン 関 おしどり夫婦 잉꼬 부부 インッコ ブブ

おしはかる [推し量る] 추측하다 チュチュカダ；헤아리다 ヘーアリダ；짐작하다 チムジャカダ

おしべ [雄蕊] 수술 ススル；수꽃술 スッコッスル

おしぼり [お絞り] 물수건 ムルスゴン

おしみない [惜しみない] 아낌없는 アッキモムヌン ❖惜しみなく 아낌없이 アッキモプシ

おしむ [惜しむ] ①(与えることを渋る・大切にする) 아끼다 アッキダ ②(残念に思う) 아쉬워하다 アシュィウォハダ；아까워하다 アッカウォハダ

おしめ [襁褓] 기저귀 キジョグィ

おしゃべり [お喋り] ①수다 スダ ②(雑談) 잡담 チャプタム 例 講義中はおしゃべりをしないでください。강의 중에는 잡담을 하지 마세요. カーンイ ジュンエヌン チャプタムル ハジ マーセヨ ❖~する 수다를 떨다 スーダルル ットルダ；잡담하다 チャプタマダ ❖~だ 수다스럽다 スーダスロプタ

おしゃれ [お洒落] 멋 부림 モップリム；치장 チジャン ❖~する 멋을 부리다 モスル プリダ 例 蝶ネクタイでちょっとおしゃれをしました。보타이로 멋을 좀 부렸어요. ポタイロ モスル チョム プリョッソヨ ❖~だ 멋지다 モッチダ 例 おしゃれな服が買いたいです。멋진 옷을 사고 싶어요. モッチン オスル サゴ シポヨ

おじょうさん [お嬢さん] ①(他人の娘) 따님 ッタニム ②(未婚の若い女性) 아가씨 アガッシ

おしょく [汚職] 오직 オジク；독직 トクチク

おしよせる [押し寄せる] ①몰려

おそれ

오다 モルリョオダ;밀려오다 ミルリョオダ ②(殺到する) 쇄도하다 スェドハダ;밀어닥치다 ミロダクチダ

おしろい[白粉] 분 プン

おす[雄・牡] 수컷 スコッ 関雄犬 수캐 スケ/雄鶏 수탉 スタク

おす[押す] ①(力を加え移動させる) 밀다 ミールダ 例ドアを押して開けてください。문을 밀어서 열어 주세요. ムヌル ミロソ ヨロ ジュセヨ ②(力を加える) 누르다 ヌールダ 例呼び鈴のボタンを押してください。초인종 버튼을 누르세요. チョインジョン ポトゥヌル ヌールセヨ ③(判子を)찍다 ッチクタ 例申請書には署名をして判子を押してください。신청서에는 서명하고 도장을 찍으세요. シンチョンソエヌン ソーミョンハゴ トジャンウル ッチグセヨ ④(確認・念を)다짐하다 タジマダ ⑤(無理をする) 무릅쓰다 ムルプッスダ 例その選手は負傷を押して試合に出ました。그 선수는 부상을 무릅쓰고 시합에 출전했어요. ク ソーンスヌン プーサンウル ムルプッスゴ シハベ チュルチョネッソヨ

おす[推す] ① 밀다 ミールダ ② (推薦する) 추천하다 チュチョナダ

おせじ[御世辞] ① 겉치레 말 コッチレ マール;빈말 ピーンマル 例心にもないお世辞を言わないでください。마음에도 없는 겉치레 말은 하지 마세요. マウメド オームヌン コッチレ マールン ハジ マーセヨ/お世辞でもいいから、褒めてくれてもいいじゃないですか。빈말이라도 좋으니까 칭찬해 주면 안 되나요? ピーンマリラド チョーウニッカ チンチャネ ジュミョン アン ドウェナヨ ②(おべっか) 아첨 アチョム

おせっかい[お節介] 참견 チャムギョン 例余計なおせっかいはやめて自分のことをしっかりやってください。쓸데없는 참견 말고 자기 일이나 잘하세요. ッスルテオムヌン チャムギョン マールゴ チャギ イーリナ チャラセヨ ❖~する 참견하다 チャムギョナダ

おせん[汚染] 오염 オーヨム

おそい[遅い] ①(動作が) 느리다 ヌリダ;더디다 トディダ 例子供の発育が遅くて心配です。아이의 발육이 느려서 고민이에요. アイエ パリュギ ヌリョソ コミニエヨ/仕事が遅すぎてもどかしいです。일이 너무 더뎌서 답답해 죽겠어요. イーリ ノム トディョソ タプタペ チュクケッソヨ ②(時間・時期が) 늦다 ヌッタ 例今更謝ったってもう遅いです。이제 와서 사과해 봤자 이미 늦었어요. イジェ ワソ サーグヮヘ ブヮッチャ イミ ヌジョッソヨ

おそう[襲う] 습격하다 スプキョカダ;덮치다 トプチダ;들이닥치다 トゥリダクチダ

おそかれはやかれ[遅かれ早かれ] 언젠가는 オンジェンガヌン;머지않아 モジアナ;조만간 チョーマンガン

おそらく[恐らく] 아마 アマ;어쩌면 オッチョミョン

おそれ[恐れ] ①(恐怖) 두려움 トゥリョウム;무서움 ムソウム ②(心

おそれおおい [恐れ多い] 황송하다 フワンソンハダ;송구스럽다 ソーングスロプタ

おそれる [恐れる] ①(恐がる) 무서워하다 ムソウォハダ;겁내다 コムネダ;두려워하다 トゥリョウォハダ 例 敵を恐れたら戦えません。적을 무서워하면 싸울 수 없지요. チョグル ムソウォハミョン ッサウル ス オープチヨ / 失敗を恐れたら何もできません。실패를 두려워하면 아무것도 못해요. シルペルル トゥリョウォハミョン アームゴット モーッテヨ ②(心配する) 우려하다 ウリョハダ;걱정하다 コクチョンハダ;불안해하다 プラネハダ 例 弟が失敗しないかととても恐れました。남동생이 실수하지 않을까 많이 걱정했어요. ナムドンセンイ シルスハジ アヌルッカ マーニ コクチョンヘッソヨ

おそろしい [恐ろしい] ①(怖い) 무섭다 ムソプタ;두렵다 トゥリョプタ;겁나다 コムナダ 例 恐ろしい話を聞くとトイレにも行けません。무서운 이야기를 들으면 화장실에도 못 가요. ムソウン ニヤギルル トゥルミョン フワジャンシレド モーッ カヨ ②(程度が甚だしい) 지독하다 チドカダ;심하다 シーマダ;엄청나다 オムチョンナダ

おそわる [教わる] 배우다 ペウダ 例 留学生に韓国語を教わっています。유학생한테서 한국말을 배우고 있어요. ユハクセンハンテソ ハーングンマルル ペウゴ イッソヨ

おたがい [お互い] 서로 ソロ;상호 サンホ 関 お互い様 피차일반 ピーチャイルバン

おたく [お宅] 댁 テク

おだてる [煽てる] 치켜세우다 チキョセウダ;부추기다 プーチュギダ

おたまじゃくし [お玉杓子] 올챙이 オルチェンイ

おだやか [穏やか] ❖~だ 온화하다 オヌワハダ;평온하다 ピョンオナダ;차분하다 チャブナダ 例 優しくて穏やかな性格の人でした。상냥하고 온화한 성격의 사람이었어요. サンニャンハゴ オヌワハン ソーンッキョゲ サーラミオッソヨ ❖~に 차분하게 チャブナゲ;평온하게 ピョンオナゲ

おちいる [陥る] 빠지다 ッパージダ

おちこむ [落ち込む] ①(穴などに) 빠지다 ッパージダ ②(下落する) 떨어지다 ットロジダ ③(元気がない) 맥이 빠지다 メギッパージダ

おちつき [落ち着き] ①(平静さ) 침착성 チムチャクソン ②(安定感) 안정감 アンジョンガム

おちつく [落ち着く] ①(情勢や天気など安定する) 안정되다 アンジョンドウェダ ②(気分や容態などが) 진정되다 チンジョンドウェダ;가라앉다 カラアンタ;침착하다 チムチャカダ ③(定着する) 자리잡다 チャリジャプタ;정착하다 チョンチャカダ

おちど [落ち度] 잘못 チャルモッ;실수 シルス;과실 クワーシル

おちば [落ち葉] 낙엽 ナギョプ

おちぶれる [落ちぶれる] ①(零落する) 영락하다 ヨンナカダ ②(没落する) 몰락하다 モルラカダ

おちゃ [お茶] 차 チャ

おちる [落ちる] ①(落下する) 떨어지다 ットロジダ 例 道に落ちている財布を拾いました。길에 떨어져 있는 지갑을 주웠어요. キレットロジョ インヌン チガブル チュウォッソヨ ②(日没) 지다 チダ 例 陽が落ちる前に帰ってきてください。해가 지기 전에 돌아오세요. ヘガ チギ ジョネ トラオセヨ ③(株価などが下落する) 하락하다 ハーラカダ ④(穴などにはまる) 빠지다 ッパージダ

おっしゃる [仰る] 말씀하다 マールッスマダ

おって [追って] 추후에 チュフエ; 뒤에 トゥィーエ; 나중에 ナージュンエ

おっと [夫] 남편 ナムピョン

おつり [お釣り] 거스름돈 コスルムトン

おてあげ [御手上げ] 속수무책 ソクスムチェク ❖~だ 손들다 ソンドゥルダ; 끝장이 나다 ックッチャンイナダ

おてん [汚点] 오점 オーッチョム

おでん 오뎅 オデン

おと [音] 소리 ソリ

おとうさん [お父さん] 아버지 アボジ《敬称》아버님 アボニム

おとうと [弟] 남동생 ナムドンセン; 아우 アウ

おどかす [脅かす] 위협하다 ウィヒョパダ; 협박하다 ヒョッパカダ; 으르다 ウルダ; 겁을 주다 コブル チュダ

おとこ [男] ①사나이 サナイ; 남자 ナムジャ ②(男性) 남성 ナムソン

おとこのこ [男の子] 사내아이 サネアイ; 남자애 ナムジャエ

おとこらしい [男らしい] 남자답다 ナムジャダプタ; 사내답다 サネダプタ 例 きっぱり諦めるのも男らしい姿です。미련없이 포기하는 것도 남자다운 모습이에요. ミーリョノプシ ポーギハヌン ゴット ナムジャダウン モスビエヨ

おとしいれる [陥れる・落とし入れる] 빠지게 하다 ッパージゲ ハダ

おとしだま [御年玉] 세뱃돈 セーベットン

おとしもの [落とし物] 분실물 プンシルムル; 유실물 ユシルムル

おとす [落とす] ①(落下させる) 떨어뜨리다 ットロットウリダ 例 携帯電話を線路に落としました。핸드폰을 선로에 떨어뜨렸어요. ヘンドゥポヌル ソルロエ ットロットウリョッソヨ ②(紛失する) 잃다 イルタ; 잃어버리다 イロボリダ 例 財布をどこかで落としました。지갑을 어딘가에서 잃어버렸어요. チガブル オディンガエソ イロボリョッソヨ ③(除去する) 제거하다 チェゴハダ 例 服に染み込んだシミを落とす洗剤です。옷에 배인 얼룩을 제거하는 세제에요. オセ ペイン オルルグル チェゴハヌン セジェエヨ ④(抜く) 빼다 ッペーダ 例 成績が悪いので進級者名簿から落としました。성적이 나빠서 진급자

おどす [脅す] 협박하다 ヒョプパカダ；으르다 ウルダ；위협하다 ウィヒョパダ

おとずれる [訪れる] ①(訪問する) 방문하다 パンムナダ 例 久しぶりに同級生と母校を訪れました。오랜만에 동창들과 모교를 방문했어요. オレンマネ トンチャンドゥルグヮ モーギョルル パンムネッソヨ ②(訪ねる) 찾다 チャッタ ③(訪ねていく) 찾아가다 チャジャガダ 例 大学時代の恩師を訪れました。대학 시절 은사님을 찾아갔어요. テーハク シジョル ウンサニムル チャジャガッソヨ ④(訪ねてくる) 찾아오다 チャジャオダ 例 いつの間に肌寒い秋が訪れました。어느덧 쌀쌀한 가을이 찾아왔어요. オヌドッ ッサルッサラン カウリ チャジャワッソヨ

おととい [一昨日] 그저께 クジョッケ

おととし [一昨年] 재작년 チェージャンニョン

おとな [大人] 어른 オールン；성인 ソンイン ❖〜だ 어른스럽다 オールンスロプタ

おとなげない [大人げない] 어른답지 못하다 オールンダプチ モッタダ；분별없다 プンビョロプタ；철없다 チョロプタ

おとなしい [大人しい] ①(性格が) 얌전하다 ヤムジョナダ；온순하다 オンスナダ ②(地味だ) 수수하다 ススハダ ③(従順だ) 순하다 スーナダ

おとめ [乙女] 처녀 チョーニョ

おどり [踊り] ①춤 チュム ②(舞踊) 무용 ムーヨン 例 踊りでストレスを解消します。춤으로 스트레스를 풀어요. チュムロ ストゥレスルル プロヨ

おとる [劣る] 뒤떨어지다 トゥィットロジダ；뒤지다 トゥィージダ

おどる [踊る] 추다 チュダ；춤추다 チュムチュダ 例 ワルツを踊る姿がとても格好良かったです。왈츠를 추는 모습이 너무 멋졌어요. ワルチュルル チュヌン モスビ ノム モッチョッソヨ

おどる [躍る] ①(跳ねる) 뛰어오르다 ットゥィオオルダ；튀어오르다 トゥィオオルダ ②(胸や心が) 설레다 ソルレダ；뛰다 ットゥィダ；두근거리다 トゥグンゴリダ 例 胸躍る私の気持ちを誰がわかってくれるのでしょうか。설레는 내 마음을 누가 알아줄까요? ソルレヌン ネ マウムル ヌガ アラジュルッカヨ

おとろえる [衰える] ①(衰弱する) 쇠약해지다 スェヤケジダ ②(衰退する) 쇠퇴하다 スェトウェハダ

おどろかす [驚かす] 놀라게 하다 ノールラゲ ハダ；놀래다 ノールレ

ダ 例急に驚かせてすみません。갑자기 놀라게 해서 미안해요. カプチャギ ノールラゲ ヘソ ミアネヨ

おどろく [驚く] ①놀라다 ノールラダ 例旅行の写真があまりにきれいに写っていて驚きました。여행 사진이 너무 예쁘게 나와서 놀랐어요. ヨヘンサジニ ノム イェップゲ ナワソ ノールラッソヨ ② (驚愕する) 경악하다 キョンアカダ

おどろくべき [驚くべき] ❖〜だ 놀랍다 ノールラプタ 例これはまさに驚くべき事実ではないでしょうか。이거 정말 놀라운 사실이 아니겠어요? イゴ チョーンマル ノールラウン サーシリ アニゲッソヨ

おなじ [同じ] ❖〜だ 같다 カッタ;마찬가지다 マチャンガジダ 例私たちは同じ大学に通っています。우리는 같은 대학에 다녀요. ウリヌン カトゥン テーハゲ タニョヨ / この商品とその商品の価格は同じです。이 상품과 그 상품의 가격은 같아요. イ サンプムグヮ ク サンプメ カギョグン カタヨ

おなら 방귀 パーングィ 関おならをする 방귀를 뀌다 パーングィルルッキダ

おに [鬼] ①귀신 クィーシン;도깨비 トッケビ ②(悪魔) 악마 アンマ 例鬼のような人 악마 같은 사람 アンマ ガトゥン サーラム

おにぎり [御握り] 주먹밥 チュモクパプ;삼각김밥 サムガクキームバプ

おねしょ 야뇨증 ヤニョッチュン ❖〜する 자면서 오줌을 싸다 チャミョンソ オジュムル ッサダ

おの [斧] 도끼 トーッキ

おのおの [各] 각자 カクチャ;각각 カクカク

おのずから [自ずから] 저절로 チョジョルロ;자연히 チャヨニ

おば [伯母・叔母] ①(父方の) 고모 コモ ②(母方) 이모 イモ《敬称》おばさん(父方) 고모님 コモニム;(母方) 이모님 イモニム

おばあさん [お祖母さん] ⇒祖母

おばあさん [お婆さん] 할머니 ハルモニ

おばけ [お化け] 도깨비 トッケビ

おばさん [小母さん] 아주머니 アジュモニ 아줌마 アジュムマ《敬称》 아주머님 アジュモニム

おはよう [お早う] 안녕 アンニョン;잘 잤어? チャル ジャッソ 例おはようございます。안녕하십니까? アンニョンハシムニッカ;안녕하세요? アンニョンハセヨ / (「よく眠れましたか」という意味で用いられて) おはようございます。안녕히 주무셨습니까? アンニョンイ チュムショッスムニッカ;안녕히 주무셨어요? アンニョンイ チュムショッソヨ / (会社などで) 좋은 아침. チョーウン アチム

おび [帯] 띠 ッティ;허리띠 ホリッティ

おびえる [脅える・怯える] 벌벌 떨다 ポルボル ットルダ;겁내다 コムネダ 例祖父の厳しい叱責には父もおびえました。할아버지의 불호령이 떨어지면 아버지도 벌벌 떨었어요. ハラボジエ プロリョンイ ットロジミョン アボジド ポルボル ットロッソヨ

おひとよし [御人好し] 너무 선량하고 어수룩함 ノム ソルリャンハゴ オスルカム 例 おひとよし過ぎて利用されてばかりです。사람이 너무 선량하고 어수룩해서 이용만 당해요. サーラミ ノム ソルリャンハゴ オスルケソ イーヨンマン タンヘヨ

おびる [帯びる] ①(含む) 띠다 ッティダ;머금다 モグムタ ②(任務・責務を負う) 맡다 マッタ ③(帯びる) 띠다 ッティダ;지니다 チニダ

オフ [off] 오프 オプ

オフィシャル [official] 오피셜 オピショル;공식 コンシク

オフィス [office] 오피스 オピス

オプション [option] 옵션 オプション

おべっか 아첨 アチョム

オペラ [opera] 오페라 オペラ;가극 カグク

おぼえる [覚える] ①(記憶する) 기억하다 キオカダ;외우다 ウェウダ 例 韓国に旅行した時のことはよく覚えています。한국에 여행을 갔을 때 일은 잘 기억하고 있어요. ハーングゲ ヨヘンウル カッスルッテ イールン チャル キオカゴ イッソヨ ②(感じる) 느끼다 ヌッキダ 例 年のせいか最近はすぐに疲れを覚えます。나이 탓인지 요즘은 쉽게 피로를 느껴요. ナイ タシンジ ヨジュムン シュィプケ ピロルル ヌッキョヨ ③(体得する・慣れる) 터득하다 トードゥカダ;익히다 イキダ 例 要領を覚えたので,とても簡単です。요령을 터득하고 나니까 너무 쉬워요. ヨリョンウル トードゥカゴ ナニッカ ノム シュィウォヨ

おぼれる [溺れる] ①(水に) 물에 빠지다 ムレ ッパージダ;익사하다 イクサハダ ②(のめり込む) 빠지다 ッパージダ

おまいり [お参り] 참배 チャムベ ❖~する 참배하다 チャムベハダ

おまえ [お前] ①(対等な関係や目下に対して) 너 ノ ②(ある程度の年齢の者が目下の者に敬意を持って) 자네 チャネ ③(夫婦間もしくはケンカの相手に) 당신 タンシン

おまけ [お負け] 덤 トーム;경품 キョンプム ❖~する 깎아 주다 ッカッカ ジュダ

おまもり [お守り] 부적 プージョク

おみやげ [お土産] 선물 ソーンムル

おむつ [お襁褓] 기저귀 キジョグィ

オムニバス [omnibus] 옴니버스 オムニボス

おめでとう 축하하다 チュカハダ 例 新年あけましておめでとうございます。새해 복 많이 받으십시오. セヘ ポン マーニ パドゥシプシオ / 誕生日おめでとう。생일을 축하해. センイルル チュカヘ / ご結婚おめでとうございます。결혼 축하합니다. キョロン チュカハムニダ

おめにかかる [お目に掛かる] 뵙다 プェプタ 例 お目に掛かれて光栄です。만나 뵙게 돼서 영광입니다. マンナ プェプケ ドゥェソ ヨングヮンイムニダ

おもい [思い] ①(考え) 생각 センガク 例 ふと旅行に行きたいとい

う思いになりました。文得 旅行を行きたいという考えが入りましたよ. ムンドゥク ヨヘンウル カゴ シプタヌン センガギ トゥロッソヨ ②(気分・気持ち・感じ) 기분 キブン;느낌 ヌッキム;마음 マウム 例子供を愛する思いは皆同じでしょう。자식을 사랑하는 마음은 모두 마찬가지일 거예요. チャシグル サランハヌン マウムン モドゥ マチャンガジイル コエヨ ③(期待・予想) 기대 キデ;예상 イェーサン ④(願い・望み) 소원 ソーウォン;뜻 ットゥッ ⑤(愛情・恋情) 연정 ヨンジョン;연모 ヨンモ

おもい [重い] ①(重量が) 무겁다 ムゴプタ 例重い荷物は宅配で送ったらどうですか。무거운 짐은 택배로 보내는 게 어떨까요? ムゴウン チムン テクペロ ポネヌン ゲ オットルッカヨ ②(重要・重大) 중요하다 チューンヨハダ;중대하다 チューンデハダ 例彼の責任はたいへん重いです。그의 책임은 매우 중대해요. クエ チェギムン メウ チューンデヘヨ ③(気分が) 무겁다 ムゴプタ;언짢다 オンッチャンタ;우울하다 ウウラダ 例試験のことを考えるだけで気が重いです。시험 생각만 하면 기분이 우울해요. シホム センガンマン ハミョン キブニ ウウレヨ / がっかりさせることを考えると気が重いです。실망시킬 생각을 하니 마음이 무거워요. シルマンシキル センガグル ハニ マウミ ムゴウォヨ ④(程度) 무겁다 ムゴプタ;심하다 シーマダ 例子供にはあまりにも重い罰です。아이에게는 너무 무거운 벌이에요. アイエゲヌン ノム ムゴウン ポリエヨ / 重い病気ではないから心配しないでください。심한 병은 아니니까 걱정하지 마세요. シーマン ピョーンウン アニニッカ コクチョンハジ マーセヨ ⑤(地位が) 높다 ノプタ;중요하다 チューンヨハダ 例重い職責を担ってきました。중요한 직책을 맡아 왔어요. チューンヨハン チクチェグル マタ ワッソヨ

おもいあがる [思い上がる] 우쭐해 하다 ウッチュレ ハダ;잘난 체하다 チャルラン チェハダ

おもいうかべる [思い浮かべる] 회상하다 フェサンハダ;상상하다 サーンサンハダ;떠올리다 ットオルリダ

おもいきる [思い切る] ①(あきらめる) 단념하다 タンニョマダ;체념하다 チェニョマダ ②(決心する) 결심하다 キョルシマダ;각오하다 カゴハダ 関思いきった 대단한 テーダナン / 思いきって 과감히 クワーガミ / 思いっきり 마음껏 マウムッコッ

おもいこむ [思い込む] ①(固く信じる) 굳게 믿다 クッケ ミッタ;믿어 버리다 ミド ボリダ ②(決心する) 깊이 마음먹다 キピ マウムモクタ;굳게 결심하다 クッケ キョルシマダ

おもいだす [思い出す] 생각나다 センガンナダ;기억나다 キオンナダ;회상하다 フェサンハダ 例ふと昔の友達を思い出して電話をかけました。문득 옛 친구가 생각

나서 전화를 걸었어요. ムンドゥク イェーッ チングガ センガンナソ チョーヌワルル コロッソヨ

おもいちがい [思い違い] ①(誤解) 오해 オーヘ ②(錯覚) 착각 チャックカク

おもいつく [思い付く] 생각이 떠오르다 センガギ ットオルダ;문득 생각나다 ムンドゥク センガンナダ

おもいで [思い出] 추억 チュオク;회상 フェサン 例 이 노래를 들으니 어릴 적 추억이 떠올라요. イ ノレルル トゥルミョン オリル チョク チュオギ ットオルラヨ

おもいどおりに [思い通りに] 생각대로 センガクテロ;생각한 대로 センガカン デロ 例 모든 일이 생각대로 잘 될 거예요. モドゥン ニーリ センガクテロ チャル トゥェル コエヨ

おもいのほか [思いの外] 뜻밖에 ットゥッパッケ;의외로 ウイーウェロ;예상외로 イェーサンウェーロ

おもいやり [思い遣り] 동정심 トンジョンシム;배려심 ペーリョシム

おもう [思う] ①(考える) 생각하다 センガカダ 例 어떻게 생각하세요? オットッケ センガカセヨ ②(信じる) 믿다 ミッタ 例 이 선택이 옳다고 믿습니다. イ ソーンテギ オルタゴ ミッスムニダ ③(感じる) 느끼다 ヌッキダ;느껴지다 ヌッキョジダ 例 감기 기운이 있는지 좀 춥게 느껴져요. カームギ キウニ インヌンジ チョム チュプケ ヌッキョジョヨ ④(予想する・推測する) 예상하다 イェーサンハダ;추측하다 チュチュカダ 例 상대 팀이 이길 거라고는 예상도 못했어요. サンデ ティミ イギルコラゴヌン イェーサンド モッテッソヨ ⑤(願う・望む) 생각하다 センガカダ;바라다 パラダ;원하다 ウォナダ ⑥(…したい《動詞の語幹+－고 싶다》の形で) 例 저의 선택이 틀리지 않았다고 생각하고 싶어요. チョエ ソーンテギ トゥルリジ アナッタゴ センガカゴ シポヨ

おもうぞんぶん [思う存分] 마음껏 マウムッコッ;실컷 シルコッ

おもおもしい [重々しい] 위엄 있다 ウィオ ミッタ;무게 있다 ムゲ イッタ;엄숙하다 オムスカダ

おもかげ [面影] 모습 モスプ

おもくるしい [重苦しい] ①(息苦しい) 답답하다 タプタパダ ②(雰囲気が) 무겁다 ムゴプタ

おもさ [重さ] ①(重量) 무게 ムゲ;중량 チューンニャン ②(重大さ) 중대함 チューンデハム;중요함 チューンヨハム;중요성 チューンヨッソン

おもしろい [面白い] ①(興味深い) 재미있다 チェミイッタ;흥미롭다 フーンミロプタ 例 이 드라마 재미있어요? イ トゥラマ チェミイッソヨ ②(滑稽だ) 우습다 ウースプタ 例 彼

は面白い冗談をよく言うので人気があります。그는 우스운 농담을 잘해서 인기가 있어요. クヌン ウスウン ノーンダムル チャル ヘソ インッキガ イッソヨ ③(楽しい・愉快だ) 즐겁다 チュルゴプタ;유쾌하다 ユクェハダ 例昨日の打ち上げ(飲み会)は本当に面白かったです。어제 뒤풀이는 정말 즐거웠어요. オジェ トゥィープリヌン チョーンマル チュルゴウォッソヨ

おもちゃ [玩具] 장난감 チャンナンッカム

おもて [表] ①(表面) 앞면 アムミョン;겉 コッ;표면 ピョミョン ②(戸外) 바깥쪽 パッカッチョク;집 앞 チ バプ;문밖 ムンバク ③(上辺) 겉 コッ

おもてどおり [表通り] 큰 길 クンギル;큰 거리 クン ゴリ

おもに [主に] 주로 チュロ

おもはゆい [面映ゆい] 낯간지럽다 ナッカンジロプタ;부끄럽다 ブックロプタ;겸연쩍다 キョミョンッチョクタ

おもむき [趣] 멋 モッ;풍취 プンチュィ;분위기 プヌィギ

おもむく [赴く] 가다 カダ;향하다 ヒャンハダ

おもわく [思惑] 생각 センガク;의도 ウイード

おもわず [思わず] 무의식중에 ムイシクチュンエ;엉겁결에 オンゴプキョレ;무심코 ムシムコ;그만 クマン 例思わず友達の秘密をしゃべってしまいました。엉겁결에 친구의 비밀을 말해 버렸어요. オンゴプキョレ チングエ ピーミルル マーレボリョッソヨ / 子供の表情を見て思わず笑ってしまいました。아이의 표정을 보고 그만 웃고 말았어요. アイエ ピョジョンウル ポゴ クマン ウッコ マラッソヨ

おもんずる [重んずる] 소중히 하다 ソージュンイ ハダ;중히 여기다 チュンイ ヨギダ;존중하다 チョンジュンハダ

おや [親] 부모 プモ;어버이 オボイ《敬称》부모님 プモニム

おやがいしゃ [親会社] 모회사 モフェーサ

おやこ [親子] 부모와 자식 プモワ チャシク 関父子 부자 プジャ/母子 모자 モージャ

おやすみ [お休み] ①(寝る) ❖~になる 주무시다 チュムシダ 例先生は部屋でお休みになっていらっしゃいます。선생님은 방에서 주무시고 계세요. ソンセンニムン パンエソ チュムシゴ ケセヨ / お休みなさい。안녕히 주무십시오. アンニョンイ チュムシプシオ ②(年下や同年配の親しい人へのあいさつ) 잘 자라 チャル ジャラ ③(休業・欠勤) 휴업 ヒュオプ;노는 날 ノーヌン ナル;결근 キョルグン ④(休暇) 휴가 ヒュガ

おやつ [お八つ] 오후의 간식 オーフエ カーンシク

おやゆび [親指] 엄지 オムジ;엄지 손가락 オムジソンッカラク

およぐ [泳ぐ] 헤엄치다 ヘオムチダ;수영을 하다 スヨンウル ハダ 例健康のために毎日 1000 メートルずつ泳ぎます。건강을 위해서 매일 1000(천) 미터씩 수영을 해요.

コーンガヌル ウィヘソ メーイル チョンミートッシク スヨンウル ヘヨ

およそ [凡そ] 대개 テーゲ; 대강 テーガン

および [及び] 및 ミッ

およぼす [及ぼす] 미치게 하다 ミチゲ ハダ; 끼치다 ッキチダ

オランダ [Olanda] 네덜란드 ネドルランドゥ

おり [折] ①(時節) 계절 ケージョル; 시절 シジョル 囫 寒さの折, 風邪に気を付けてください。추운 계절에 감기 조심하세요. チュウン ケジョレ カムギ チョーシマセヨ ②(時) 때 ッテ; 시기 シギ; 기회 キフェ 囫 今度お会いする折 다음에 만나 뵐 때 タウメ マンナ ブェル ッテ / 折を見て一度お伺いしようかと思います。기회를 봐서 한번 찾아뵐까 해요. キフェルル ブワソ ハンボン チャジャブェルッカ ヘヨ

おり [檻] 우리 ウリ

オリーブゆ [olive 油] 올리브유 オルリブユ

オリエンテーション [orientation] 오리엔테이션 オリエンテイション

おりかえす [折り返す] ①(折る) 접어 꺾다 チョボ ッコクタ; 접어 젖히다 チョボ ジョチダ; 두 겹으로 접다 トゥー ギョブロ チョプタ ②(帰って来る・行く) 되돌아오다 トゥェドラオダ; 되돌아가다 トゥェドラガダ

おりがみ [折り紙] ①종이접기 チョンイジョプキ ②(鑑定書) 감정서 カムジョンソ ③(定評) 정평 チョーンピョン

オリジナル [original] 오리지널 オリジノル

おりたたむ [折り畳む] 접어 개다 チョボ ゲダ 囫 電車の中では新聞を折り畳んで読みます。전철 안에서는 신문을 접어 개서 읽어요. チョンチョル アネソヌン シンムヌル チョボ ゲソ イルゴヨ

おりめ [折り目] 접친 금 チョプチングム; 접은 자리 チョブン ジャリ

おりもの [織物] 직물 チンムル 関 織物工業 직물 공업 チンムル コンオプ / 織物商 직물상 チンムルサン

おりる [降りる・下りる] ①(高所から降りる) 내리다 ネリダ ②(降りてくる) 내려오다 ネリョオダ 囫 山から下りる途中で雨に遭いました。산에서 내려오는 도중에 비를 맞았어요. サネソ ネリョオヌン トジュンエ ピルル マジャッソヨ ③(降りていく) 내려가다 ネリョガダ ④(乗り物などから) 내리다 ネリダ 囫 次の駅で降りてください。다음 역에서 내리세요. タウム ニョゲソ ネリセヨ ⑤(辞める) 물러나다 ムルロナダ; 그만두다 クマンドゥダ 囫 部下のミスで部長職から降りました。부하 직원의 실수로 부장직에서 물러났습니다. プハ チゴネ シルスロ プジャンジゲソ ムルロナッスムニダ ⑥(許可などが) 나오다 ナオダ; 내리다 ネリダ 囫 やっと留学ビザが下りました。겨우 유학 비자가 나왔어요. キョウ ユハク ピジャガ ナワッソヨ

オリンピック [Olympic] 올림픽 オ

オリンピックこうえん [Olympic 公園] 올림픽 공원 オルリムピク コンウォン《ソウル市松坡区にある公園》

おる [折る] ①(折って重ねる) 접다 チョプタ 例 折り紙で鶴を折れますか。색종이로 종이학을 접을 수 있어요? セクチョンイロ チョンイハグル チョブル ス イッソヨ ②(腰や膝を) 굽히다 クピダ;구부리다 クブリダ 例 腰を折って深々とあいさつをしました。허리를 굽혀 정중히 인사를 올렸습니다. ホリルル クピョ チョージュンイ インサルル オルリョッスムニダ ③(曲げて壊す) 꺾다 ッコクタ;부러뜨리다 プロットゥリダ 例 木の枝を折ってはだめです。나뭇가지를 꺾으면 안 돼요. ナムッカジルル ッコックミョン アン ドゥェヨ

オルガン [organ] 오르간 オルガン;풍금 プングム

おれい [お礼] 감사 カームサ;사례 サーリェ;사례 인사 サーリェ インサ 例 ご出席いただき,お礼を申し上げます。참석해 주신 데 대하여 감사의 말씀을 드립니다. チャムソケ ジュシン デ テハヨ カームサエ マールッスムル トゥリムニダ

おれる [折れる] ①부러지다 プロジダ;꺾어지다 ッコッコジダ 例 試験中に鉛筆の芯が折れて慌てました。시험 중에 연필심이 부러져서 당황했어요. シホム ジュンエ ヨンピルシミ プロジョソ タンフワンヘッソヨ ②(譲歩する・妥協する) 양보하다 ヤーンボハダ;타협하다

おろか [愚か] 미련함 ミリョナム;어리석음 オリソグム ❖ ~だ 미련하다 ミリョナダ;어리석다 オリソクタ 例 二度とこんな愚かなことはしません。다시는 이런 어리석은 짓을 안 하겠어요. タシヌン イロン オリソグン ジスル ア ナゲッソヨ

おろしうり [卸売り] 도매 トメ

おろす [卸す] 도매하다 トメハダ

おろす [降ろす・下ろす] ①(上から下へ移動させる) 내리다 ネリダ 例 とうとう人気ミュージカルが幕を降ろします。드디어 인기 뮤지컬이 막을 내려요. インッキ ミュージコリ マグル ネリョヨ ②(乗り物などから) 내리다 ネリダ 例 地下鉄の駅の前で降ろしてください。지하철역 앞에서 내려 주세요. チハチョルヨ ガペソ ネリョ ジュセヨ ③(貯金を) 찾다 チャッタ;인출하다 インチュラダ 例 銀行にお金を下ろしに行きます。은행에 돈을 찾으러 가요. ウネンエ トーヌル チャジュロ カヨ ④(辞任させる) 물러나게 하다 ムルロナゲ ハダ

おわり [終わり] 끝 ックッ;마지막 マジマク;종말 チョンマル

おわる [終わる] 끝나다 ックンナダ;마치다 マチダ;종료되다 チョンニョドゥェダ 例 仕事が終わり次第ご連絡いたします。일이 끝나는 대로 연락드리겠습니다. イーリ クンナヌン デロ ヨルラクトゥリゲッスムニダ / これで私のあいさつを終わります。이것으로 제 인사말을 마치겠습니다. イゴスロ チェ インサマルル マチゲッスムニダ

おん

おん [恩] 은혜 ウネ

おんがく [音楽] 음악 ウマク

おんきょう [音響] 음향 ウミャン

おんけん [穏健] ❖~だ 온건하다 オンゴナダ

おんこう [温厚] ❖~だ 온후하다 オヌハダ

おんしつ [音質] 음질 ウムジル

おんしつ [温室] 온실 オンシル

おんせん [温泉] 온천 オンチョン

おんたい [温帯] 온대 オンデ 関 温帯気候 온대기후 オンデギフ

おんだい [音大] 음대 ウムデ;음악대학 ウマクテハク

おんど [温度] 온도 オンド 関 温度計 온도계 オンドゲ / 温度調節 온도 조절 オンド チョジョル

おんどり [雄鶏] 수탉 スタク

オンドル [温突] 온돌 オンドル 《朝鮮半島で普及している床暖房》 関 オンドル部屋 온돌방 オンドルパン

おんな [女] ①여자 ヨジャ ②(女性) 여성 ヨソン

おんなのこ [女の子] 여자아이 ヨジャアイ;계집아이 ケーチバイ;젊은 여자 チョルムン ニョジャ

おんぱ [音波] 음파 ウムパ

おんぷ [音符] 음부 ウムブ;음표 ウムピョ

おんみょうどう [陰陽道] 음양도 ウミャンド

オンライン [on line] 온라인 オンナイン

おんわ [温和] 온화 オヌヮ ❖~だ 온화하다 オヌヮハダ;온순하다 オンスナダ

か

か [蚊] 모기 モーギ 関 蚊取り線香 모기향 モーギヒャン

か [課] 과 クヮ

が [蛾] 나방 ナバン

-が ①(主語を表す)《パッチムのない体言などに付く》가 カ;《パッチムのある体言などに付く》이 イ 例 私がやります。제가 하겠어요. チェガ ハゲッソヨ / 先生がいらっしゃいました。선생님이 오셨어요. ソンセンニミ オショッソヨ ②(対象を表す)《パッチムのない体言などに付く》를 ルル;《パッチムのある体言などに付く》을 ウル 例 韓国の歌が好きです。한국 노래를 좋아해요. ハーングン ノレルル チョーアヘヨ / 小説が読みたいです。소설을 읽고 싶어요. ソーソルル イルコ シポヨ

カーディガン [cardigan] 카디건 カディゴン

カーテン [curtain] 커튼 コートゥン 例 日差しが強すぎてカーテンを閉めました。햇빛이 너무 강해서 커튼을 쳤어요. ヘッピチ ノム カンヘソ コートゥヌル チョッソヨ / 部屋が暗くてカーテンを開けました。방이 어두워서 커튼을 걷었어요. パンイ オドゥウォソ コートゥヌル コドッソヨ

カード [card] 카드 カードゥ 関 キャッシュカード 캐시 카드 ケシ カードゥ;현금 인출 카드 ヒョーングム インチュル カードゥ

カーナビゲーション [car navigation] 카 내비게이션 カー ネビゲイ

ション
カーニバル [carnival] 카니발 カニバル;사육제 サユクチェ
カーネーション [carnation] 카네이션 カネイション
カーブ [curve] 커브 コブ
カーペット [carpet] 카펫 カーペッ;융단 ユンダン
ガール [girl] 걸 コール
かい [会] 회 フェ ①(集まり) 모임 モイム ②(団体・組織) 회 フェ
かい [回] 번 ポン;회 フェ;횟수 フェッス
かい [貝] 조개 チョゲ
かい [階] 층 チュン 関階上 위층 ウィチュン/地下階 지하층 チハチュン/2階 이 층 イ チュン
かい [甲斐] 값어치 カボチ;보람 ポラム 関生き甲斐 사는 보람 サーヌン ボラム/年甲斐 나잇값 ナイッカプ
がい [害] 해 ヘ ❖~する ①(損なう) 해치다 ヘチダ;상하게 하다 サンハゲ ハダ 例激しいストレスは健康を害することもあります。심한 스트레스는 건강을 해칠 수도 있어요. シマン ストゥレスヌン コーンガンウル ヘチル スド イッソヨ ②(妨害する) 방해하다 パンヘハダ
かいいん [会員] 회원 フェーウォン 関会員証 회원증 フェーウォンッチュン
かいおうせい [海王星] 해왕성 ヘーワンソン
かいが [絵画] 회화 フェーフヮ;그림 クーリム
がいか [外貨] 외화 ウェーフヮ
かいかい [開会] 개회 ケフェ ❖~する 개회하다 ケフェハダ 関開会式 개회식 ケフェシク
かいがい [海外] 해외 ヘーウェ 関海外旅行 해외여행 ヘーウェヨヘン
かいかく [改革] 개혁 ケーヒョク ❖~する 개혁하다 ケーヒョカダ
かいかん [会館] 회관 フェーグヮン
かいかん [快感] 쾌감 クェガム
かいかん [開館] 개관 ケグヮン ❖~する 개관하다 ケグヮナダ
かいがん [海岸] 해안 ヘアン
かいぎ [会議] 회의 フェーイ
かいきゅう [階級] 계급 ケグプ
かいきょう [海峡] 해협 ヘーヒョプ
かいぎょう [改行] ❖~する 행을 바꾸다 ヘンウル パックダ
かいぎょう [開業] 개업 ケオプ ❖~する 개업하다 ケオパダ
かいきん [解禁] 해금 ヘーグム ❖~する 해금하다 ヘーグマダ ❖~される 해금되다 ヘーグムドゥェダ
がいきん [外勤] 외근 ウェーグン ❖~する 외근하다 ウェーグナダ
かいぐい [買い食い] 군것질 クーンゴッチル
かいぐん [海軍] 해군 ヘーグン
かいけい [会計] 회계 フェーゲ
かいけつ [解決] 해결 ヘーギョル ❖~する 해결하다 ヘーギョラダ ❖~される 해결되다 ヘーギョルドゥェダ 関解決策 해결책 ヘーギョルチェク
かいけん [会見] 회견 フェーギョン ❖~する 회견하다 フェーギョナダ 関記者会見 기자회견 キジャ

がいけん

フェーギョン
- **がいけん** [外見] 외견 ウェーギョン;외관 ウェーグワン;겉모습 コンモスプ
- **かいこ** [蚕] 누에 ヌエ
- **かいこ** [回顧] 회고 フェゴ;회상 フェサン ❖~する 회고하다 フェゴハダ
- **かいこ** [解雇] 해고 ヘーゴ ❖~する 해고하다 ヘーゴハダ ❖~される 해고되다 ヘーゴドゥェダ
- **かいご** [介護] 간호 カノ;수발 スバル;병구완 ピョーングワン ❖~する 수발하다 スバラダ;간호하다 カノハダ
- **がいこう** [外交] ①(外国との交流) 외교 ウェーギョ ②(社外での営業) 외무 ウェーム;외근 ウェーグン 関 外交官 외교관 ウェーギョグワン
- **がいこく** [外国] 외국 ウェーグク 関 外国語 외국어 ウェーグゴ/外国人 외국인 ウェーグギン/外国사람 ウェーグク サーラム
- **かいさい** [開催] 개최 ケチュェ ❖~する 개최하다 ケチュェハダ 例 韓国で冬季オリンピックを開催することになりました。한국에서 동계 올림픽을 개최하게 됐어요. ハーングゲソ トンゲ オルリンピグル ケチュェハゲ ドゥェッソヨ
- **かいさつぐち** [改札口] 개찰구 ケーチャルグ
- **かいさん** [海産] 해산 ヘーサン 関 海産物 해산물 ヘーサンムル
- **かいさん** [解散] 해산 ヘーサン ❖~する 해산하다 ヘーサナダ;해체하다 ヘーチェハダ
- **かいし** [開始] 개시 ケシ;시작 シージャク ❖~する 개시하다 ケシハダ;시작하다 シージャカダ 例 午前10時から予約販売を開始します。오전 10(열)시부터 예매를 개시합니다. オージョン ヨルシブト イェーメルル ケシハムニダ ❖~される 개시되다 ケシドゥェダ;시작되다 シージャクトゥェダ
- **かいしめ** [買い占め] 매점 メジョム;사재기 サジェギ
- **かいしゃ** [会社] 회사 フェーサ 関 会社員 회사원 フェーサウォン
- **がいしゃ** [外車] 외차 ウェーチャ;외제차 ウェージェチャ
- **かいしゃく** [解釈] 해석 ヘーソク ❖~する 해석하다 ヘーソカダ ❖~される 해석되다 ヘーソクトゥェダ
- **かいしゅう** [回収] 회수 フェス ❖~する 회수하다 フェスハダ
- **がいしゅつ** [外出] 외출 ウェーチュル;나들이 ナドゥリ ❖~する 외출하다 ウェーチュラダ
- **かいじょ** [介助] 도움 トウム ❖~する 돕다 トープタ;시중들다 シジュンドゥルダ
- **かいじょ** [解除] 해제 ヘージェ ❖~する 해제하다 ヘージェハダ ❖~される 해제되다 ヘージェドゥェダ
- **かいしょう** [解消] 해소 ヘーソ ❖~する ①해소하다 ヘーソハダ ②(取り消す) 취소하다 チュィーソハダ
- **かいじょう** [会場] 회장 フェージャン
- **かいじょう** [海上] 해상 ヘーサン

がいしょう［外傷］외상 ウェーサン

かいしょく［会食］회식 フェーシク《韓国では会社などの飲み会の意味でも用いる》❖〜する 회식하다 フェーシカダ

がいしょく［外食］외식 ウェーシク 例 久しぶりに皆で外食でもしましょうか。오랜만에 다 같이 외식이나 할까요? オレンマネ ター ガチ ウェーシギナ ハルッカヨ ❖〜する 외식하다 ウェーシカダ

かいすい［海水］해수 ヘース；바닷물 パダンムル

かいすう［回数］횟수 フェッス

かいせい［改正］개정 ケージョン ❖〜する 개정하다 ケージョンハダ ❖〜される 개정되다 ケージョンドゥェダ 例 選挙法が改正されました。선거법이 개정됐어요。ソンゴッポビ ケージョンドゥェッソヨ

かいせつ［開設］개설 ケソル ❖〜する 개설하다 ケソラダ 例 銀行で口座を開設するには何が必要ですか。은행에서 계좌를 개설하려면 뭐가 필요해요? ウネンエソ ケジュワルル ケソラリョミョン ムォーガ ピリョヘヨ ❖〜される 개설되다 ケソルドゥェダ

かいせつ［解説］해설 ヘーソル ❖〜する 해설하다 ヘーソラダ 関 解説者 해설자 ヘーソルチャ

かいせん［回線］회선 フェソン 関 通信回線 통신 회선 トンシン フェソン／電話回線 전화 회선 チョーヌヮ フェソン

かいぜん［改善］개선 ケーソン ❖〜する 개선하다 ケーソナダ ❖〜される 개선되다 ケーソンドゥェダ 関 体質改善 체질 개선 チェジル ゲーソン

がいせん［外線］외선 ウェーソン

かいそう［回想］회상 フェサン ❖〜する 회상하다 フェサンハダ

かいそう［海草］해초 ヘーチョ

かいそう［階層］계층 ケチュン

かいぞう［改造］개조 ケージョ ❖〜する 개조하다 ケージョハダ

かいぞう［解像］해상 ヘーサン 関 解像度 해상도 ヘーサンド

かいそく［快速］쾌속 クェソク 関 快速船 쾌속선 クェソクソン／快速電車 쾌속 열차 クェソク ニョルチャ

かいぞく［海賊］해적 ヘージョク 関 海賊船 해적선 ヘージョクソン／海賊版 해적판 ヘージョクパン

かいたい［解体］해체 ヘーチェ；분해 プネ ❖〜する 해체하다 ヘーチェハダ 関 解体作業 해체 작업 ヘーチェ ジャゴプ

かいたく［開拓］개척 ケチョク ❖〜する 개척하다 ケチョカダ 関 開拓事業 개척 사업 ケチョク サーオプ

かいだん［会談］회담 フェーダム ❖〜する 회담하다 フェーダマダ 関 首脳会談 정상회담 チョンサン フェーダム

かいだん［階段］계단 ケダン 例 この階段を上ると改札口に出ます。이 계단을 올라가면 개찰구가 나와요。イ ケダヌル オルラガミョン ケーチャルグガ ナワヨ／急いで階段を下りて滑りました。서둘러 계

かいちく

단을 내려가다가 미끄러졌어요. ソドゥルロ ケダヌル ネリョガダガ ミックロジョッソヨ 関 非常階段 비상계단 ピサンゲダン

かいちく [改築] 개축 ケーチュク ❖ ~する 개축하다 ケーチュカダ ❖ ~される 개축되다 ケーチュクトゥェダ 関 改築工事 개축 공사 ケーチュク コンサ

がいちゅう [害虫] 해충 ヘーチュン

かいちょう [会長] 회장 フェージャン

かいつう [開通] 개통 ケトン ❖ ~する 개통하다 ケトンハダ ❖ ~される 개통되다 ケトンドゥェダ

かいてい [改定] 개정 ケージョン ❖ ~する 개정하다 ケージョンハダ 例 来月から販売価格を改定します。다음 달부터 판매 가격을 개정하겠습니다. タウム タルブト パンメ カギョグル ケージョンハゲッスムニダ ❖ ~される 개정되다 ケージョンドゥェダ

かいてい [改訂] 개정 ケージョン ❖ ~する 개정하다 ケージョンハダ ❖ ~される 개정되다 ケージョンドゥェダ

かいてい [海底] 해저 ヘージョ; 바다 밑 パダ ミッ

かいてき [快適] 쾌적 クェジョク ❖ ~だ 쾌적하다 クェジョカダ

かいてん [回転] 회전 フェジョン ❖ ~する 회전하다 フェジョナダ 関 回転ドア 회전문 フェジョンムン / 回転木馬 회전목마 フェジョンモンマ

かいてん [開店] 개점 ケジョム ❖ ~する 개점하다 ケジョマダ

かいとう [回答] 회답 フェダプ 例 どんなに待っても回答が来ません。아무리 기다려도 회답이 오지 않아요. アームリ キダリョド フェダビ オジ アナヨ ❖ ~する 회답하다 フェダパダ

かいとう [解凍] 해동 ヘードン ❖ ~する 해동하다 ヘードンハダ 関 急速解凍 급속 해동 クプソク ヘードン / 自然解凍 자연 해동 チャヨン ヘードン

かいとう [解答] 해답 ヘーダプ ❖ ~する 해답하다 ヘーダパダ 関 解答例 해답 례 ヘーダム ニェ / 模範解答 모범 해답 モボム ヘーダプ

がいとう [街灯] 가로등 カロドゥン

がいとう [街頭] 가두 カドゥ; 길거리 キルコリ

がいとう [該当] 해당 ヘダン ❖ ~する 해당하다 ヘダンハダ; 해당되다 ヘダンドゥェダ 関 該当事項 해당 사항 ヘダン サーハン

かいどく [解読] 해독 ヘードク ❖ ~する 해독하다 ヘードカダ ❖ ~される 해독되다 ヘードクトゥェダ

ガイドブック [guidebook] 가이드북 カイドゥブク

かいにゅう [介入] 개입 ケイプ ❖ ~する 개입하다 ケーイパダ ❖ ~される 개입되다 ケーイプトゥェダ

がいねん [概念] 개념 ケーニョム 関 一般概念 일반 개념 イルバン ゲーニョム

かいはつ [開発] 개발 ケバル ❖ ~する 개발하다 ケバラダ 例 画期

的な新製品を開発しました。획기적인 신제품을 개발했어요. フェクキジョギン シンジェプムル ケバレッソヨ ❖～される 개발되다 ケバルドゥェダ

かいばつ [海抜] ①해발 ヘーバル ②(標高) 표고 ピョゴ

かいひ [会費] 회비 フェービ

かいひ [回避] 회피 フェピ ❖～する 회피하다 フェピハダ

がいぶ [外部] 외부 ウェーブ

かいふく [回復] 회복 フェボク ❖(…を)～する 회복하다 フェボカダ ❖(…が)～する 회복되다 フェボクトゥェダ 例健康が回復し次第, ごあいさつに伺います。건강이 회복되는 대로 찾아뵙고 인사 올리겠습니다. コーンガンイ フェボクトゥェヌン デロ チャジャブェプコ インサ オルリゲッスムニダ

かいほう [介抱] ①병구완 ピョーングワン ②(看護) 간호 カノ ❖～する 간호하다 カノハダ

かいほう [会報] 회보 フェーボ

かいほう [開放] 개방 ケバン ❖～する 개방하다 ケバンハダ ❖～される 개방되다 ケバンドゥェダ

かいほう [解放] 해방 ヘーバン ❖～する 해방하다 ヘーバンハダ ❖～される 해방되다 ヘーバンドゥェダ

かいぼう [解剖] 해부 ヘーブ ❖～する 해부하다 ヘーブハダ

かいまく [開幕] 개막 ケマク ❖(…を)～する 개막하다 ケマカダ ❖(…が)～する 개막되다 ケマクトゥェダ 例待ちに待ったフェスティバルがとうとう開幕しました。기다리고 기다리던 축제가 드디어 개막됐습니다. キダリゴ キダリドン チュクチェガ トゥディオ ケマクトゥェッスムニダ 関開幕式 개막식 ケマクシク

かいもの [買い物] 쇼핑 ショピン；장보기 チャンボギ ❖～する 쇼핑하다 ショピンハダ；장을 보다 チャンウル ポダ 例一緒に買い物に出掛けましょう。같이 장을 보러 나갑시다. カチ チャンウル ポロ ナガプシダ

かいやく [解約] 해약 ヘーヤク ❖～する 해약하다 ヘーヤカダ

かいよう [海洋] 해양 ヘーヤン

がいよう [概要] 개요 ケヨ

がいらいご [外来語] 외래어 ウェーレオ

かいりょう [改良] 개량 ケーリャン ❖～する 개량하다 ケーリャンハダ ❖～される 개량되다 ケーリャンドゥェダ

がいろじゅ [街路樹] 가로수 カロス

かいわ [会話] 회화 フェーフワ 例毎日韓国の友達と会話を交わしながら韓国語を学んでいます(身に付けています)。매일 한국 친구와 회화를 나누면서 한국어를 익히고 있어요. メーイル ハーングク チングワ フェーフワルル ナヌミョンソ ハーングゴルル イキゴ イッソヨ ❖～する 회화하다 フェーフワハダ 例ネイティブと会話しようとすると緊張します。원어민하고 회화하려면 긴장이 돼요. ウォノミナゴ フェーフワハリョミョン キンジャンイ トゥェヨ 関会話力 회화력

フェーフワリョク/日常会話 일상회화 イルサン フェーフワ

かう［買う］①(購入する) 사다 サダ; 구입하다 クイパダ 例クレジットカードでプレゼントを買いました.신용카드로 선물을 샀어요. シーニョンカードゥロ ソーヌムルル サッソヨ ②(認める・評価する) 인정하다 インジョンハダ; 평가하다 ピョーンカハダ

かう［飼う］기르다 キルダ; 키우다 キウダ; 사육하다 サユカダ 例家では子犬を1匹飼っています.집에서는 강아지를 한 마리 길러요. チベソヌン カンアジルル ハン マリ キルロヨ

カウンセラー［counselor］카운슬러 カウンスルロ

カウンセリング［counseling］카운슬링 カウンスルリン

カウンター［counter］카운터 カウントゥ

かえす［返す］①(戻す) 돌려주다 トルリョジュダ; 되돌리다 トゥェドルリダ ②(元の状態にする) 되돌리다 トゥェドルリダ; 되돌려 놓다 トゥェドルリョ ノッタ 例読み終わった本は元の場所に返してください.다 본 책은 제자리로 되돌려 놓으세요. ター ポン チェグン チェジャリロ トゥェドルリョ ノウセヨ ③(恩やお金を) 갚다 カプタ ④(向きを変える) 뒤집다 トゥィジプタ; 돌리다 トルリダ

かえす［帰す］돌려보내다 トルリョボネダ 例台風注意報が出たので学生たちを家に帰しました.태풍주의보가 내려져서 학생들을 집으로 돌려보냈어요. テプンジュイボガ ネリョジョソ ハクセンドゥルル チブロ トルリョボネッソヨ

かえって［却って］오히려 オヒリョ; 도리어 トリオ

かえで［楓］단풍나무 タンプンナム

かえりみる［省みる］①돌이켜보다 トリキョボダ ②(反省する) 반성하다 パーンソンハダ

かえりみる［顧みる］①(気遣う) 돌보다 トールボダ ②(回想する) 회상하다 フェサンハダ ③(回顧する) 회고하다 フェゴハダ

かえる［蛙］개구리 ケグリ

かえる［返る］돌아가다 トラガダ 例初心に返ってもう一度挑戦します.초심으로 돌아가서 다시 한번 도전하겠습니다. チョシムロ トラガソ タシ ハンボン トジョナゲッスムニダ

かえる［帰る］①(帰って来る) 돌아오다 トラオダ 例長い旅を終えて家に帰りました.긴 여행을 끝내고 집으로 돌아왔어요. キーン ニョヘンウル ックンネゴ チブロ トラワッソヨ ②(帰って行く) 돌아가다 トラガダ 例卒業後には故郷に帰ることにしました.졸업 후에는 고향으로 돌아가기로 했어요. チョロプ フーエヌン コヒャンウロ トラガギロ ヘッソヨ

かえる［代える・換える・替える］①(交換する) 바꾸다 パックダ; 교환하다 キョフナダ 例韓国のお金に替えてください.한국 돈으로 바꿔 주세요. ハーングク トーヌロ パックォ ジュセヨ ②(代替する)

대신하다 テーシナダ 例書面であいさつに代えることをご了承ください. 서면으로 인사를 대신하는 것을 양해해 주십시오. ソミョヌロ インサル テーシナヌン ゴスル ヤンヘ ジュシプシオ

かえる [変える] ①바꾸다 パックダ;변경하다 ピョーンギョンハダ 例メールアドレスを変えました. 메일 주소를 바꿨습니다. メイル チュソルル パックォッスムニダ ②(位置などを移す) 옮기다 オムギダ

かお [顔] 얼굴 オルグル;낯 ナッ 例恥ずかしくて顔を上げることができません. 부끄러워서 얼굴을 들 수가 없어요. プックロウォソ オルグルル トゥル スガ オープソヨ/顔をよく洗うことこそ良い肌を維持する秘訣です. 얼굴을 잘 씻는 것이야말로 좋은 피부를 유지하는 비결이에요. オルグルル チャル ッシンヌン ゴシヤマルロ チョーウン ピブルル ユージハヌン ピーギョリエヨ 関合わせる顔がない 대할 낯이 없다 テーハル ナチ オープタ/顔が立つ 체면이 서다 チェミョニ ソダ/顔が潰れる 체면이 깎이다 チェミョニ ッカッキダ/顔に泥を塗る 얼굴에 먹칠을 하다 オルグレ モクチルル ハダ/顔が広い 발이 넓다 パリ ノルタ《얼굴이 넓다 とは言わない》例彼はとても顔が広いです. 그는 아주 발이 넓어요. クヌン アジュ パリ ノルボヨ

かおいろ [顔色] 안색 アンセク;얼굴빛 オルグルピッ 関顔色を窺う 눈치를 보다 ヌンチルル ポダ

かおり [香り・薫り] 향기 ヒャンギ

がか [画家] 화가 フヮーガ

かがい [課外] 과외 クヮウェ 関課外授業 과외 수업 クヮウェ スオプ《韓国では家庭教師などによる個人指導も含まれる》

かかえる [抱える] 안다 アーンタ;껴안다 ッキョアンタ;끼다 ッキダ 例子供を抱えて駅まで歩きました. 아이를 안고 역까지 걸었어요. アイルル アーンコ ヨクッカジ コロッソヨ/本を脇に抱えて歩きました. 책을 옆구리에 끼고 걸었어요. チェグル ヨプクリエ ッキゴ コロッソヨ

かかく [価格] 가격 カギョク;값 カプ 関販売価格 판매 가격 パンメ カギョク

かがく [化学] 화학 フヮーハク 関化学反応 화학 반응 フヮーハク パーヌン/化学薬品 화학 약품 フヮーハン ニャクプム

かがく [科学] 과학 クヮハク

かかげる [掲げる] ①(高く) 달다 タルダ;내걸다 ネーゴルダ ②(主張する) 내세우다 ネーセウダ

かかし [案山子] 허수아비 ホスアビ

かかと [踵] 발꿈치 パルックムチ;발뒤꿈치 パルトゥィックムチ

かがみ [鏡] 거울 コウル 関手鏡 손거울 ソンゴウル

かがむ [屈む] 웅크리다 ウンクリダ

かがめる [屈める] 굽히다 クピタ 例腰を屈めて丁寧にあいさつしました. 허리를 굽혀 정중히 인사했어요. ホリルル クピョ チョーンジュンイ インサヘッソヨ

かがやく

かがやく [輝く] 빛나다 ピンナダ; 반짝이다 パンッチャギダ 例最優秀賞の栄光に輝く名曲です。최우수상의 영광에 빛나는 명곡이에요. チューウスサンエ ヨングワンエ ピンナヌン ミョンゴギエヨ

かかり [係り] 담당 タムダン; 담당 직원 タムダン チグォン

かかる [掛かる] ①(ぶら下がる) 걸리다 コルリダ; 매달리다 メーダルリダ 例壁に掛かっている額縁は家族写真です。벽에 걸려 있는 액자는 가족사진이에요. ピョゲ コルリョ インヌン エクチャヌン カジョクサジニエヨ ②(時間が)걸리다 コルリダ 例時間がたいへんかかりました。시간이 많이 걸렸어요. シガニ マーニ コルリョッソヨ ③(お金や費用が)들다 トゥルダ 例1年間の語学研修に多くのお金が掛かりました。1(일)년간의 어학연수에 많은 돈이 들었어요. イルリョンガネ オーハンニョンスエ マーヌン ドーニ トゥロッソヨ ④(気になる)마음에 걸리다 マウメ コルリダ 例故郷にいる老いた両親が気に掛かります。고향에 계시는 나이 드신 부모님이 마음에 걸려요. コヒャンエ ケーシヌン ナイドゥシン プモニミ マウメ コルリョヨ ⑤(声や電話が)걸려 오다 コルリョ オダ 例朝から問い合わせの電話がひっきりなしにかかってきています。아침부터 문의 전화가 빗발치듯 걸려 오고 있어요. アチムブト ムーニ ジョーヌワガ ピッパルチドゥッ コルリョ オゴ イッソヨ ⑥(鍵が)잠기다 チャムギダ 例あの部屋には鍵が掛かっています。저 방은 잠겨 있어요. チョ バンウン チャムギョ イッソヨ ⑦(引っ掛かる・捕まる) 걸려 들다 コルリョ ドゥルダ; 빠지다 ッパージダ ⑧(迷惑・疑いが) 폐가 되다 ペーガ トゥェダ; 혐의를 받다 ヒョムイルル パッタ ⑨(作動する) 걸리다 コルリダ; 시동되다 シードンドゥェダ; 작동하다 チャクトンハダ

かかる [罹る] 걸리다 コルリダ 例最近, 유행하고 있는 インフルエンザに 罹りました。요즘 유행하는 독감에 걸렸어요. ヨジュム ユヘンハヌン トクカメ コルリョッソヨ

かかわらず [拘らず] …에 관계없이 エ クワンゲオプシ; …에 불구하고 エ プルグハゴ 例悪い天気にもかかわらず大勢の人が集まりました。궂은 날씨에도 불구하고 많은 사람이 모였어요. クジュン ナルッシエド プルグハゴ マーヌン サーラミ モヨッソヨ

かかわる [係わる・関わる] ①(関係する) 관계되다 クワンゲドゥェダ ②(こだわる) 구애하다 クエハダ

かき [柿] ①(果実) 감 カーム ②(樹木) 감나무 カームナム 圏甘柿 단감 タンガム / 渋柿 떫은 감 ットルブン ガーム / 干し柿 곶감 コッカム

かき [牡蠣] 굴 クル 圏牡蠣フライ 굴 프라이 クル プライ / 生牡蠣 생굴 セングル

かぎ [鍵] 열쇠 ヨールスェ

かきごおり [かき氷] ①(氷水) 빙수 ピンス ②(氷あずき) 팥빙수 パ

かきとめ [書留] 등기 우편 トゥンギ ウピョン
かきとり [書き取り] 받아쓰기 パダッスギ
かきね [垣根] 울타리 ウルタリ
かきのこす [書き残す] 써서 남기다 ッソソ ナムギダ
かきまぜる [搔き混ぜる] 뒤섞다 トゥィソッタ
かきまわす [搔き回す] 젓다 チョータ; 휘젓다 フィジョッタ
かきゅう [下級] 하급 ハーグプ
かぎょう [家業] 가업 カオプ
かぎょう [稼業] ①(生業) 생업 センオプ ②(職業) 직업 チゴプ
かぎり [限り] ①(限界) 한계 ハーンゲ; 한 ハーン ②(…する限り《動詞の語幹＋한》の形で) ③(終わり) 끝 ックッ
かぎりない [限り無い] 끝없다 ックドプタ; 무한하다 ムハナダ ❖限りなく 끝없이 ックドプシ 例議論は朝から限りなく続きました. 논쟁은 아침부터 끝없이 계속됐어요. ノンジェンウン アチムブト ックドプシ ケーソクトゥェッソヨ
かぎる [限る] 한하다 ハーナダ
かく [各] 각 カク 園各位 각위 カギィ
かく [格] 격 キョク
かく [核] 핵 ヘク 園核家族 핵가족 ヘクカジョク / 核実験 핵실험 ヘクシロム / 核心 핵심 ヘクシム / 核爆弾 핵폭탄 ヘクポクタン / 核兵器 핵무기 ヘンムギ / 原子核 원자핵 ウォンジャヘク
かく [欠く] ①(壊す) 부수다 プスダ; 깨다 ッケダ; 깨뜨리다 ッケットゥリダ; 상하다 サンハダ ②(必要なものがない) 빠지다 ッパージダ; 결여되다 キョリョドウェダ
かく [書く] 쓰다 ッスダ 例好きな歌手にファンレターを書きたいです. 좋아하는 가수에게 팬레터를 쓰고 싶어요. チョーアハヌン カスエゲ ペンレトルル ッスゴ シポヨ
かく [搔く] ①굵다 ククタ ②(ひっかく) 할퀴다 ハルクィダ
かぐ [家具] 가구 カグ 園家具店 가구점 カグジョム
かぐ [嗅ぐ] 맡다 マッタ
がくい [学位] 학위 ハグィ 園学位論文 학위 논문 ハグィ ノンムン
がくぎょう [学業] 학업 ハゴプ
がくげい [学芸] 학예 ハギェ
かくご [覚悟] 각오 カゴ ❖～する 각오하다 カゴハダ
かくざとう [角砂糖] 각설탕 カクソルタン
かくじ [各自] 각자 カクチャ; 저마다 チョマダ
かくじつ [確実] 확실 フワクシル ❖～だ 확실하다 フワクシラダ
がくしゃ [学者] 학자 ハクチャ
がくしゅう [学習] 학습 ハクスプ
がくじゅつ [学術] 학술 ハクスル
かくしん [革新] 혁신 ヒョクシン
かくしん [確信] 확신 フワクシン ❖～する 확신하다 フワクシナダ
かくす [隠す] ①(物を) 감추다 カムチュダ 例箪笥の奥にお金を隠しました. 장롱 깊숙한 곳에 돈을 감췄어요. チャンノン キプスカン ゴセ トーヌル カムチュオッソヨ ②(物や事実を) 숨기다 スムギダ 例

がくせい

心配を掛けたくなくて事実を隠しました。걱정을 끼치기 싫어서 사실을 숨겼어요. コクチョンウル ッキチギ シロソ サーシルル スムギョッソヨ

がくせい [学生] 학생 ハクセン 関 学生時代 학창 시절 ハクチャン シジョル / 学生服 교복 キョーボク

かくだい [拡大] 확대 フワクテ ❖~する 확대하다 フワクテハダ ❖~される 확대되다 フワクテドウェダ

かくち [各地] 각지 カクチ

かくちょう [拡張] 확장 フワクチャン ❖~する 확장하다 フワクチャンハダ ❖~される 확장되다 フワクチャンドウェダ

かくてい [確定] 확정 フワクチョン ❖~する 확정하다 フワクチョンハダ ❖~される 확정되다 フワクチョンドウェダ

カクテキ 깍두기 ッカクトゥギ《角切り大根のキムチ》

カクテル [cocktail] 칵테일 カクテイル

かくど [角度] 각도 カクト

かくとく [獲得] 획득 フェクトゥク ❖~する 획득하다 フェクトゥカダ

かくにん [確認] 확인 フワギン ❖~する 확인하다 フワギナダ 関 再確認 재확인 チェフワギン

がくねん [学年] 학년 ハンニョン

がくばつ [学閥] 학벌 ハクポル

がくひ [学費] 학비 ハクピ

がくふ [楽譜] 악보 アクポ

がくぶち [額縁] 액자 エクチャ

かくべつ [格別] ❖~だ 각별하다 カクピョラダ ❖~に 각별히 カクピョリ;유난히 ユーナニ

かくほ [確保] 확보 フワクポ ❖~する 확보하다 フワクポハダ ❖~される 확보되다 フワクポドウェダ

かくめい [革命] 혁명 ヒョンミョン 関 革命軍 혁명군 ヒョンミョングン / 産業革命 산업혁명 サーノプヒョンミョン

がくもん [学問] 학문 ハンムン

がくや [楽屋] 분장실 プンジャンシル;대기실 テーギシル

かくりつ [確立] 확립 フワンニプ ❖~する 확립하다 フワンニパダ ❖~される 확립되다 フワンニプトウェダ

かくりつ [確率] 확률 フワンニュル

かくりょう [閣僚] 각료 カンニョ

がくりょく [学力] 학력 ハンニョク

がくれき [学歴] 학력 ハンニョク 関 学歴偏重 학력 편중 ハンニョク ピョンジュン

かくれる [隠れる] 숨다 スームタ 例 隠れても無駄です。숨어 봤자 소용없어요. スモ ブワッチャ ソヨンオプソヨ

かけ [賭け] 내기 ネーギ ❖~する 내기하다 ネーギハダ

かげ [陰] ①(日陰) 그늘 クヌル;응달 ウンダル 例 疲れたから木の陰でちょっと休んで行きましょう。피곤한데 나무 그늘에서 좀 쉬고 가지요. ピゴナンデ ナム クヌレソ チョム シューィーゴ カジヨ ②(物の後ろ) 뒤 トゥィー ③(表面に現れないところ) 뒤 トゥィー;배후 ペーフ

かげ [影] 그림자 クーリムジャ

がけ [崖] 낭떠러지 ナンットロジ;

벼랑 ピョラン;절벽 チョルビョク
かけい [家系] 가계 カゲ;가통 カトン 関家系図 족보 チョクポ
かけい [家計] 가계 カゲ;살림살이 サルリムサリ 関家計簿 가계부 カゲブ
かげき [歌劇] 오페라 オペラ;가극 カグク
かげき [過激] 과격 クヮーギョク ❖~だ 과격하다 クヮーギョカダ
かげぐち [陰口] 험담 ホームダム
かけごえ [掛け声] 성원 ソンウォン;응원 ウーンウォン
かけごと [賭け事] 내기 ネーギ
かけざん [掛け算] 곱셈 コプセム
かけつ [可決] 가결 カーギョル ❖~する 가결하다 カーギョラダ ❖~される 가결되다 カーギョルドゥェダ
かけひき [駆け引き] ①(商売の) 흥정 フンジョン ②(交渉) 교섭 キョソプ;밀고 당기기 ミールゴ タンギギ
かけぶとん [掛け布団] 이불 イブル
かけら [欠片] 조각 チョガク;파편 パーピョン
かける [欠ける] ①(壊れる) 일부분이 깨지다 イルブブニ ッケジダ;흠지다 フームジダ ②(不足) 부족하다 プジョカダ;모자라다 モージャラダ;없다 オプタ
かける [掛ける] ①(高い所に) 걸다 コールダ;치다 チダ;걸치다 コールチダ 例帽子とコートはあの壁に掛けてください。 모자하고 코트는 저 벽에 거세요. モジャハゴ コトゥヌン チョ ピョゲ コーセヨ ②(載せる) 올려놓다 オルリョノッタ 例鍋を火にかけて温めてください。 냄비를 불에 올려놓고 데우세요. ネムビルル プレ オルリョノッコ テウセヨ ③(電話や声を) 걸다 コールダ;건네다 コーンネダ 例家に帰って後から電話, かけますね。 집에 가서 이따가 전화 걸게요. チベ カソ イッタガ チョーヌヮ コールケヨ ④(身に付ける) 쓰다 ッスダ;끼다 ッキダ;걸치다 コールチダ 例小さい頃から眼鏡を掛けています。 어려서부터 안경을 쓰고 있어요. オリョソブト アーンギョンウル ッスゴ イッソヨ / ショールでも掛けたら暖かいと思いますが。 숄이라도 걸치면 따뜻할 텐데요. ショーリラド コールチミョン ッタットゥタル テンデヨ ⑤(鍵を) 잠그다 チャムグダ 例部屋の鍵をしっかり掛けましたか。 방 열쇠 잘 잠갔어요? パン ヨールスェ チャル チャムガッソヨ ⑥(ボタンを) 채우다 チェウダ;잠그다 チャムグダ 例シャツのボタンをちゃんと掛けなさい。 셔츠 단추를 단정히 채우세요. ショーチュ タンチュルル タンジョンイ チェウセヨ ⑦(迷惑などを) 끼치다 ッキチダ 例人に迷惑を掛けてはいけませんよ。 남에게 폐를 끼치면 안 되지요. ナメゲ ペールル ッキチミョン アン ドゥェジョ / いつも心配をお掛けして申し訳ありません。 늘 걱정을 끼쳐 드려 죄송합니다. ヌル コクチョンウル ッキチョ ドゥリョ チュェーソンハムニダ ⑧(お金や手間を) 들이다 トゥリダ 例 5000 万円を掛けて家を改

かける

築しました。5000(오천) 만 엔을 들여서 집을 개축했어요. オーチョンマー ネヌル トゥリョソ チブル ケーチュケッソヨ ⑨(気に)心配する コクチョンハダ;보살피다 ポサルピダ 例両親はいつも子供のことを気に掛けています。부모님은 늘 자식을 걱정하세요. プモニムン ヌル チャシグル コクチョンハセヨ ⑩(被せる) 씌우다 ッシウダ;덮다 トプタ ⑪(浴びせる・振りかける) 끼얹다 ッキオンタ;뿌리다 ップリダ;치다 チダ ⑫(かけ算をする) 곱하다 コパダ;곱셈하다 コプセマダ

かける [駆ける・駈ける] 달리다 タルリダ

かける [賭ける] 걸다 コールダ;내기하다 ネーギハダ

かげる [陰る・蔭る・翳る] 그늘지다 クヌルジダ

かげん [加減] ①가감 カガム ❖~する 조절하다 チョジョラダ ②(体の具合) 건강 상태 コーンガンサンテ

かこ [過去] 과거 クヮーゴ;옛날 イェーンナル;지난날 チナンナル 関 過去形 과거형 クヮーゴヒョン

かご [籠] 바구니 パグニ;장바구니 チャンバグニ

かこう [下降] 하강 ハーガン;하락 ハーラク;떨어짐 ットロジム ❖~する 하강하다 ハーガンハダ;내려가다 ネリョガダ

かこう [加工] 가공 カゴン ❖~する 가공하다 カゴンハダ

かこう [河口] 하구 ハグ;강어귀 カンオグィ

かこう [囲う] 에워싸다 エウォッサダ;둘러싸다 トゥルロッサダ

かこく [苛酷] 가혹 カーホク ❖~だ 가혹하다 カーホカダ

かさ [傘] ①(雨傘) 우산 ウーサン 例傘を差している人がいるので雨が降っているようです。우산을 쓴 사람이 있는 걸 보니까 비가 오나 봐요. ウーサヌル ッスン サーラミ インヌン ゴル ポニッカ ピガ オナ ブヮヨ / 傘をたたんでカバンの中に入れました。우산을 접어서 가방에 넣었어요. ウーサヌル チョボソ カバンエ ノオッソヨ ②(日傘) 양산 ヤンサン 関 傘立て 우산 꽂이 ウーサン ッコジ

かさい [火災] 화재 フヮージェ

かさく [佳作] 가작 カージャク

かささぎ [鵲] 까치 ッカーチチ

かさなる [重なる] ①(積み重なる) 겹겹이 쌓이다 キョプキョビ ッサイダ ②(重複する) 겹치다 キョプチダ;거듭되다 コドゥプトゥェダ 例あいにく,予定が重なって行けません。공교롭게도 예정이 겹쳐서 못 갑니다. コンギョロプケド イェージョンイ キョプチョソ モーッ カムニダ

かさねる [重ねる] ①(上に載せる) 겹치다 キョプチダ;포개다 ポゲダ ②(繰り返す) 거듭하다 トゥェプリハダ;반복하다 パーンボカダ 例練習を繰り返して上手くなりました。연습을 거듭해서 잘하게 됐어요. ヨーンスブル コドゥペソ チャラゲ ドゥェッソヨ

かさばる [嵩張る] 부피가 커지다

プピガ コジダ
かざり [飾り] 장식 チャンシク;장식품 チャンシクプム
かざる [飾る] ①(華やかにする) 치장하다 チジャンハダ;꾸미다 ックミダ;장식하다 チャンシカダ 例 女子大生らしく部屋を飾ってみました。여대생답게 방을 꾸며 봤어요. ヨデセンダプケ パンウル ックミョ ブワッソヨ ②(上辺を取り繕う) 꾸미다 ックミダ ③(陳列する) 진열하다 チーニョラダ
かざん [火山] 화산 フヮーサン
かし [菓子] 과자 クヮジャ 関菓子パン 과자 빵 クヮジャ ッパン/洋菓子 양과자 ヤングヮジャ
かし [歌詞] 가사 カサ
かじ [火事] 화재 フヮージェ;불 プル 例家が火事になりました。집에 불이 났어요. チベ プリ ナッソヨ
かじ [家事] 집안일 チバンニル
かしきり [貸し切り] 대절 テージョル
かしきる [貸し切る] 대절하다 テージョラダ
かしげる [傾げる] 기울이다 キウリダ;갸웃하다 キャウタダ
かしこい [賢い] 현명하다 ヒョンミョンハダ;슬기롭다 スルギロプタ;영리하다 ヨーンニハダ
かしこまる [畏まる] 황공해하다 フヮンゴンヘハダ
かしだす [貸し出す] 대출하다 テーチュラダ
かしつ [過失] 과실 クヮーシル
かじつ [果実] 과실 クヮーシル;열매 ヨルメ
かしつき [加湿器] 가습기 カスプキ
かじつしゅ [果実酒] 과실주 クヮーシルチュ
カジノ [casino] 카지노 カジノ
かしま [貸間] 셋방 セーッパン
かしや [貸家] 셋집 セーッチプ
かじや [鍛冶屋] 대장간 テジャンカン
かしゃく [呵責] 가책 カーチェク 例良心の呵責を感じます。양심의 가책을 느껴요. ヤンシメ カーチェグル ヌッキョヨ
かしゅ [歌手] 가수 カス
かじゅ [果樹] 과수 クヮース 関果樹園 과수원 クヮースウォン
カジュアル [casual] 캐주얼 ケジュオル
かしょ [箇所・個所] ①개소 ケソ;곳 コッ;군데 クンデ;부분 ブブン 例 訂正すべき箇所がいくつかあります。정정해야 할 곳이 몇 군데 있어요. チョンジョンヘヤ ハル コシ ミョッ クンデ イッソヨ/間違った箇所をもう一度見てください。틀린 부분을 다시 봐 주세요. トゥルリン ププヌル タシ ブヮ ジュセヨ ②《助数詞》군데 クンデ;개소 ケソ 例観光地を数ヵ所回りました。관광지를 몇 군데 돌았어요. クヮングヮンジルル ミョッ クンデ トラッソヨ
がしょう [画商] 화상 フヮーサン
かじる [齧る・嚙る] 갉다 カクタ;갉아 먹다 カルガ モクタ
かす [貸す] ①빌려 주다 ピルリョ ジュダ 例この本、1週間くらい貸してください。이 책 일주일 정도 빌려 주세요. イ チェク イルチュイル

ジョンド ピルリョ ジュセヨ ②(お金を) 꾸어 주다 ックオ ジュダ 例 お金を少し貸してもらえますか。돈 좀 꿔 줄 수 있어요? トーン チョム ックオ ジュル ス イッソヨ ③(助ける) 도와주다 トワジュダ；협력하다 チョーリョカダ

かず [数] 수 スー 例 在庫の数を数えて発注しました。재고 수를 세어서 발주했어요. チェーゴ スールル セオソ パルチュヘッソヨ 関 数ある… 수많은… スーマヌン / 数ある中で 여럿 중에서 ヨロッ チュンエソ；수많은 것 중에서 スーマヌン ゴッ チュンエソ

ガス [gas] 가스 カス

かすか [微か] ❖~だ 희미하다 ヒミハダ；어렴풋하다 オリョムプタダ

カスタード [custard] 커스터드 コストドゥ

カステラ [←pão de Castella] 카스텔라 カステルラ

かずのこ [数の子] 청어알 チョンオアル

かすみ [霞] 안개 アーンゲ

かすむ [霞む] ①(霧がかかる) 안개가 끼다 アーンゲガ ッキダ ②(はっきり見えない) 흐릿하게 보이다 フリタゲ ポイダ

かぜ [風] 바람 パラム 例 風が吹いているせいか肌寒いですね。바람이 불어서 그런지 쌀쌀하네요. パラミ プロソ クロンジ ッサルッサラネヨ

かぜ [風邪] 감기 カームギ 例 風邪を引きました。감기가 들었어요. カームギガ トゥロッソヨ；감기에 걸렸어요. カームギエ コルリョッソヨ

関 風邪薬 감기약 カームギヤク

かせい [火星] 화성 フワーソン

かせい [家政] 가정 カジョン

かぜい [課税] 과세 クヮセ

かせき [化石] 화석 フワーソク

かせぐ [稼ぐ] ①(お金を) 벌다 ポールダ ②(時間を) 끌다 ックールダ

かせん [化繊] 화학 섬유 フーワハク ソミュ；화섬 フワーソム

かせん [河川] 하천 ハチョン

がぞう [画像] 화상 フワーサン

かぞえる [数える] 세다 セーダ；헤아리다 ヘアリダ 例 まずは人数を数えてください。우선 인원수를 세어 주세요. ウソン イヌォンスルル セオ ジュセヨ

かぞく [家族] 가족 カジョク

ガソリン [gasoline] 가솔린 カソルリン；휘발유 フィバルリュ

かた [方] 분 プン 関 男の方 남자분 ナムジャブン / 女の方 여자분 ヨジャブン / この方 이분 イブン

かた [型] ①(型枠) 본 ポン；틀 トゥル；거푸집 コプジプ；골 コル ②(武道などの基本動作) 형 ヒョン；폼 ポム ③(慣例・形式) 형식 ヒョンシク ④(様式・タイプ) 타입 タイプ ⑤(形状) 모양 モヤン

かた [肩] 어깨 オッケ 例 肩が凝っていてつらいです。어깨가 결려서 몸이 힘들어요. オッケガ キョルリョ モミ ヒムドゥロヨ

かたい [固い・硬い・堅い] ①(物・態度が) 딱딱하다 ッタクッタカダ；굳다 クッタ；단단하다 タンダナダ；튼튼하다 トゥントゥナダ 例 パンが固くて食べられません。빵

이 딱딱해서 못 먹겠어요. ッパンイ ッタクタケソ モーン モクケッソヨ ❖かたく 굳게 クッケ ②(肉が) 질기다 チルギダ ③(ご飯が) 되다 トゥェダ ④(意志が) 굳다 クッタ 例 固い信念で堪えています。굳은 신념으로 버티고 있습니다. クドゥン シーンニョムロ ポティゴ イッスムニダ ⑤(強固だ) 견고하다 キョンゴハダ ⑥(堅実だ) 견실하다 キョンシラダ;건실하다 コーンシラダ ⑦(確実だ) 확실하다 フワクシラダ;틀림없다 トゥルリモプタ ⑧(表情や表現が) 딱딱하다 ッタクタカダ ⑨(考え方が) 완고하다 ワンゴハダ;융통성이 없다 ユントンソンイ オープタ ⑩(厳しく) ❖固く 엄하게 オマゲ

かだい [課題] 과제 クワジェ

かたおもい [片思い] 짝사랑 ッチャクサラン

かたがき [肩書き] 직함 チカム

がたがた ①(恐くて震える) 부들부들 プドゥルプドゥル;덜덜 トルドル;와들와들 ワドゥルワドゥル ②(がたつく) 덜커덩덜커덩 トルコドンドルコドン;덜컹덜컹 トルコンドルコン

かたき [敵・仇] 원수 ウォーンス;적수 チョクス

かたくるしい [堅苦しい] 딱딱하다 ッタクタカダ

かたごし [肩越し] 어깨너머 オッケノモ

かたすみ [片隅] 한쪽 구석 ハンッチョク クソク;한구석 ハングソク

かたち [形] ①(外形) 모양 モヤン;형상 ヒョンサン;형체 ヒョンチェ;형태 ヒョンテ ②(形式) 형식 ヒョンシク

かたづく [片付く] ①(整頓・整理される) 정돈되다 チョーンドンドゥェダ;정리되다 チョーンニドゥェダ ②(解決する) 해결되다 ヘーギョルドゥェダ;결말나다 キョルマルラダ;끝나다 ックンナダ

かたづける [片付ける] ①(整頓する) 정돈하다 チョーンドナダ 例 机の上を片付けたらどうでしょうか。책상 위 좀 정돈하면 안 될까요? チェクサン ウィ チョム チョーンドナミョン アン ドゥェルッカヨ ②(整理する) 정리하다 チョーンニハダ ③(掃除する) 치우다 チウダ 例 ゴミを片付けてください。쓰레기를 치워 주세요. ッスレギルル チウォ ジュセヨ ④(処理する) 처리하다 チョーリハダ ⑤(終える) 끝내다 ックンネダ;결말짓다 キョルマルジッタ 例 宿題を片付けてから遊びに行きなさい。숙제를 먼저 끝내고 놀러 나가라. スクチェルル モンジョ ックンネゴ ノルロ ナガラ

かたつむり [蝸牛] 달팽이 タルペンイ

かたほう [片方] 한쪽 ハンッチョク;한편 ハンピョン

かたまり [固まり・塊] 덩어리 トンオリ

かたまる [固まる] ①(固くなる) 굳다 クッタ;굳어지다 クドジダ;단단해지다 タンダネジダ;딱딱해지다 ッタクタケジダ 例 雨降って地固まると言うじゃないですか。비 온 뒤에 땅이 굳어진다고 하잖아

かたみち

요. ピオン ドウィーエッタンイクドジンダゴ ハジャナヨ ②(しっかりする) 確固해지다 フワクコヘジダ ③(群をなす) 한데 모이다 ハンデ モイダ;뭉치다 ムンチダ

かたみち [片道] 편도 ピョンド 関 片道切符 편도 차표 ピョンド チャピョ

かたむく [傾く] ①(傾斜する) 기울다 キウルダ;비스듬해지다 ピスドウメジダ 例 会社の経営が傾いて苦しいです。회사 경영이 기울어서 힘들어요. フェーサ キョンヨンイ キウロソ ヒムドウロヨ ②(考えや思想が) 기울다 キウルダ;쏠리다 ッソルリダ

かたむける [傾ける] ①(物を) 기울이다 キウリダ;기울게 하다 キウルゲ ハダ ②(注ぐ) 쏟다 ッソッタ

かためる [固める] ①(固くする) 굳히다 クチダ ②(踏み固める) 다지다 タジダ ③(しっかりしたものにする) 굳히다 クチダ;확고히 하다 フワクコヒ ハダ 例 事業に挑戦してみようという決意を固めた。사업에 도전해 보려는 결의를 굳혔어요. サーオベ トジョネ ボリョヌン キョリルル クチョッソヨ / 文法は基礎を固めるのが大事です。문법은 기초를 확고히 하는 게 중요해요. ムンポブン キチョルル フワクコヒ ハヌン ゲ チューンヨヘヨ ④(1カ所に集める) 한데 모으다 ハンデ モウダ;집중시키다 チプチュンシキダ

かたよる [偏る・片寄る] ①(傾く) 기울다 キウルダ;쏠리다 ッソルリダ;치우치다 チウチダ ②(不公平だ) 불공평하다 プルゴンピョンハダ

かたる [語る] 말하다 マーラダ;이야기하다 イヤギハダ

カタログ [catalogue] 카탈로그 カタルログ

かたわら [傍ら] ①(側・横) 곁 キョッ;옆 ヨプ ②(…しながら《現在連体形+한편, 動詞の語幹+-면서》の形で) 例 会社に勤めるかたわら夜間大学にも通っています。회사에 다니면서 야간대학도 다녀요. フェーサエ タニミョンソ ヤガンデハクト タニョヨ

かだん [花壇] 화단 フワダン

かち [価値] 가치 カチ;값어치 カボチ

かちかち ①(動く音) 딱딱 ッタクッタク;찰칵찰칵 チャルカクチャルカク;똑딱똑딱 ットクッタクットクッタク;째깍째깍 チェッカクチェッカク 例 カチカチという時計の音 째깍째깍하는 시계 소리 チェッカクチェッカカヌン シゲ ソリ ②(固い様子) 딱딱한 ッタクッタカン;꽁꽁 ッコンッコン 例 道がかちかちに凍っています。길이 꽁꽁 얼었어요. キリ ッコンッコン オロッソヨ

かちく [家畜] 가축 カチュク

かちょう [課長] 과장 クワジャン《呼び掛けの際などには, 敬称の님を付けて과장님として用いる》

かつ [勝つ・克つ] ①(勝負に) 이기다 イギダ;승리하다 スンニハダ 例 サッカーの試合でまた勝ちました。축구 시합에서 또 이겼어요. チュック シハベソット イギョッソヨ ②(困難などを克服する) 극복

하다 ククポカダ;이겨내다 イギョ
ネダ 例試練に克つ自信はあり
ますか。시련을 이겨낼 자신이 있어
요? シーリョヌル イギョネル チャ
シニ イッソヨ
かつお [鰹] 가다랑어 カダランオ
がっか [学科] 학과 ハククヮ
がっか [学課] 학과 ハクヮ
がっかい [学会] 학회 ハクェ
がっかり 실망 シルマン 例今日が
記念日だってこと忘れるなんてが
っかりだ。오늘이 기념일인 것을 잊
다니 실망이야. オヌリ キニョミリ
ン ゴスル イッタニ シルマンイヤ
❖~する 낙심하다 ナクシマダ;낙
담하다 ナクタマダ;실망하다 シル
マンハダ
かっき [活気] 활기 ファルギ
がっき [学期] 학기 ハクキ
がっき [楽器] 악기 アクキ 関管楽
器 관악기 クヮナクキ / 弦楽器 현
악기 ヒョナクキ
かっきてき [画期的] 획기적 フェ
クキチョク ❖~だ 획기적이다 フェ
クキジョギダ ❖~な 획기적인 フ
ェクキジョギン
がっきゅう [学級] 학급 ハクプ;
반 パン
かつぐ [担ぐ] 메다 メーダ;지다 チ
ダ;짊어지다 チルモジダ
かっこ [括弧] 괄호 クヮロ;묶음표
ムックムピョ
かっこいい 멋있다 モシッタ;멋지
다 モッチダ;근사하다 クーンサハ
ダ 例背広がとてもかっこいいで
す。양복이 너무 멋있어요. ヤンボ
ギ ノム モシッソヨ / そんなにか
っこいいプロポーズはないでしょ
う。그렇게 멋진 프러포즈는 없을
거예요. クロッケ モッチン プロポ
ジュヌン オープスル コエヨ / 一番
かっこいい靴を選びました。가장
근사한 구두를 골랐어요. カジャン
クーンサハン クドゥルル コルラッ
ソヨ
かっこう [格好] ①(外観) 모양
モヤン;모습 モスプ;꼴 ッコル ②
(体裁) 모양 モヤン;꼴 ッコル;볼
품 ポルプム;폼 ポム 例やたらに格
好つけて歩いていて転びました。
괜히 폼 잡고 걷다가 넘어졌어요. ク
ェーニ ポム チャプコ コーッタガ
ノモジョッソヨ ③(適当な) ❖~
の 알맞은 アールマジュン;적당한
チョクタンハン
がっこう [学校] 학교 ハクキョ 関
小学校 초등학교 チョドゥンハクキ
ョ / 中学校 중학교 チュンハクキョ
/ 高等学校 고등학교 コドゥンハク
キョ
かっこく [各国] 각국 カクク
かっさい [喝采] 갈채 カルチェ 例
公演が終わると拍手喝采が鳴り
止みませんでした(溢れました)。
공연이 끝나자 박수갈채가 쏟아졌
어요. コンヨニ ックンナジャ パク
スガルチェガ ッソダジョッソヨ ❖
~する 갈채하다 カルチェハダ
かつじ [活字] 활자 ファルチャ
がっしょう [合唱] 합창 ハプチャ
ン ❖~する 합창하다 ハプチャン
ハダ 関合唱団 합창단 ハプチャン
ダン
がっしょう [合掌] 합장 ハプチャ
ン
かって [勝手] ①(わがまま) ❖~

だ シモクタ;제멋대로다 チェモッテロダ ❖~に 제멋대로 チェモッテロ;마음대로 マウムデロ 例自分勝手に行動してはいけません。제멋대로 행동하면 안 돼요. チェモッテロ ヘンドンハミョン アン ドゥェヨ / どうせ勝手にするんでしょう。어차피 마음대로 할 거잖아요. オチャピ マウムデロ ハル コジャナヨ ②(事情) 형편 ヒョンピョン;상황 サンファン;사정 サージョン ③(台所) 부엌 プオク

かつて 일찍이 イルッチギ;전에 チョネ;이전에 イージョネ;예전에 イェージョネ

カット [cut] 컷 コッ ❖~する 커트하다 コトゥハダ

かっとう [葛藤] 갈등 カルトゥン ❖~する 갈등하다 カルトゥンハダ

かつどう [活動] 활동 ファルトン ❖~する 활동하다 ファルトンハダ ❖~的 활동적 ファルトンジョク ❖~的な 활동적인 ファルトンジョギン

かっぱつ [活発] 활발 ファルバル ❖~だ 활발하다 ファルバラダ

カップラーメン 컵라면 コムナミョン

カップル [couple] 커플 コプル

かつやく [活躍] 활약 ファリャク ❖~する 활약하다 ファリャカダ 関大活躍 대활약 テーファリャク

かつよう [活用] 활용 ファリョン ❖~する 활용하다 ファリョンハダ

かつら [鬘] 가발 カーバル

かてい [仮定] 가정 カージョン ❖~する 가정하다 カージョンハダ

かてい [家庭] 가정 カジョン

かてい [過程] 과정 クヮージョン

かてい [課程] 과정 クヮジョン

かど [角] ①(とがった部分) 귀퉁이 クィトゥンイ;모서리 モソリ 例机の角に頭をぶつけました。책상 모서리에 머리를 부딪쳤어요. チェクサン モソリエ モリルル プディッチョッソヨ ②(道路の) 모퉁이 モトゥンイ 例次の角を左に曲がってください。다음 모퉁이를 왼쪽으로 돌아 주세요. タウム モトゥンイルル ウェーンッチョグロ トラ ジュセヨ ③(隅) 구석 クソク ④(性格など) 모 モ 例性格に角のある人 성격에 모가 난 사람 ソーンッキョゲ モガ ナン サーラム

かどう [華道] 꽃꽂이 ッコッコジ

かどう [稼働] 가동 カドン ❖~する 가동하다 カドンハダ

カトリック [Katholiek] ①가톨릭 カトルリク ②(天主教) 천주교 チョンジュギョ

かなあみ [金網] 철망 チョルマン;쇠 그물 スェ グムル

かない [家内] ①가내 カネ;집안 チバン ②(妻) 집사람 チプサラム;아내 アネ;안사람 アンサラム

かなう [適う] 맞다 マッタ;들어맞다 トゥロマッタ

かなう [叶う] 이루어지다 イルオジダ;성취되다 ソンチュィドゥェダ;뜻대로 되다 ットゥッテロ トゥェダ 例流れ星が落ちる時に願い事をしたら叶うそうです。별똥별이 떨어질 때 소원을 빌면 이루어진데요. ピョルットンビョリ ットロジルッテ ソーウォヌル ピルミョン イルオジンデヨ / 「叶わない恋」という

歌があります。'이룰 수 없는 사랑'이라는 노래가 있어요. イルル ス オームヌン サランイラヌン ノレガ イッソヨ
かなえる [適える] ①들어맞추다 トゥロマッチュダ;일치시키다 イルチシキダ ②(条件を満たす) 채우다 チェウダ;충족시키다 チュンジョクシキダ
かなえる [叶える] 들어주다 トゥロジュダ;이루어 주다 イルオ ジュダ 例 どんな願いでも叶えてくれる神様がいたらいいですね。무슨 소원이든지 이루어 주는 신이 있었으면 좋겠어요. ムスン ソーウォニドゥンジ イルオ ジュヌン シニ イッススミョン チョーッケッソヨ
かなしい [悲しい・哀しい] 슬프다 スルプダ 例 とても悲しい話を聞きました。너무 슬픈 이야기를 들었어요. ノム スルプン イヤギルル トゥロッソヨ
かなしむ [悲しむ・哀しむ] 슬퍼하다 スルポハダ 例 親が悲しむ姿を보고 눈물이 났어요. プモニミ スルポハシヌン モスブル ポニ ヌンムリ ナッソヨ
カナダ [Canada] 캐나다 ケナダ
かなづち [金槌・金鎚] 쇠망치 スェマンチ
かならず [必ず] ①반드시 パンドゥシ;꼭 ッコク 例 約束は必ず実行(実践)に移さなければいけません。약속은 반드시 실천에 옮겨야 해요. ヤクソグン パンドゥシ シルチョネ オムギョヤ ヘヨ / 꿈을 꼭 이루고야 말겠어요. ックムル ッコク イルゴヤ マルゲッソヨ ②(間違いなく) 틀림없이 トゥルリモブシ 例 2人は必ず幸せになるでしょう。둘은 틀림없이 행복해질 거예요. トゥールン トゥルリモブシ ヘーンボケジル コエヨ
かなり 꽤 ックェ;제법 チェボプ;상당히 サンダンイ
かに [蟹] 게 ケ
かにゅう [加入] 가입 カイプ ❖~する 가입하다 カイパダ
かね [金] ①(金属) 금속 クムソク ②(お金) 돈 トーン
かね [鐘] 종 チョン
かねもうけ [金儲け] 돈벌이 トーンポリ
かねもち [金持ち] 부자 プージャ
かねる [兼ねる] 겸하다 キョマダ
かのう [可能] 가능 カーヌン ❖~だ 가능하다 カーヌンハダ 例 実現可能な計画を立てなさい。실현 가능한 계획을 세우세요. シリョン カーヌンハン ケーフェグル セウセヨ / 可能な限り早く連絡をください。가능한 한 빨리 연락 주세요. カーヌンハン ハーン ッパルリ ヨルラク チュセヨ
かのじょ [彼女] ①그녀 クニョ ②(恋人) 여자 친구 ヨジャ チング
かば [河馬] 하마 ハマ
カバー [cover] 커버 コボ
かばう [庇う] 감싸다 カームッサダ
かばん [鞄] 가방 カバン 例(空港で) 이 카방은 맡기지 않고 들고 갈게요. イ カバンウン マッキジ アンコ トゥルゴ カルケヨ

かはんしん [下半身] 하반신 ハーバンシン; 하체 ハーチェ

かび [黴] 곰팡이 コームパンイ

がびょう [画鋲] 압정 アプチョン

かびん [花瓶] 화병 フヮビョン; 꽃병 ッコッピョン

かびん [過敏] 과민 クヮーミン ❖ ~だ 과민하다 クヮーミナダ

かぶ [株] ①(切り株) 그루터기 クルトギ ②(植物の根元) 포기 ポギ ③(株式) 주식 チュシク; 주권 チュックォン ④《助数詞》포기 ポギ 例 キムチ1株 김치 한 포기 キムチ ハン ポギ

かぶ [蕪] 순무 スンム; 무청 ムチョン

カフェ [café] 카페 カペ

カフェイン [Kaffein] 카페인 カペイン

カフェオレ [café au lait] 카페오레 カペオレ

かぶか [株価] 주가 チュッカ

かぶけん [株券] 주권 チュックォン; 주식 チュシク

かぶしき [株式] 주식 チュシク; 주권 チュックォン 関 株式会社 주식회사 チュシクェサ

かぶせる [被せる] ①(覆う) 덮다 トプタ; 씌우다 ッシウダ; 입히다 イピダ 例 使用時は蓋を必ず被せないといけません。 사용시에는 뚜껑을 꼭 덮어야 해요. サーヨンシエヌン ットゥッコンウル ッコク トポヤヘヨ ②(浴びせる) 끼얹다 ッキオンタ ③(罪などを) 덮어씌우다 トポッシウダ; 뒤집어씌우다 トゥィジボッシウダ 例 彼に全ての罪を被せて逃げました。 그에게 모든 잘못을 뒤집어씌우고 도망갔어요. クエゲ モードゥン チャルモスル トゥィジボッシウゴ トマンガッソヨ

カプセル [Kapsel] 캡슐 ケプシュール

カプチーノ [cappuccino] 카푸치노 カプチノ

かぶと [兜・冑・甲] 투구 トゥグ

かぶとむし [兜虫・甲虫] 투구벌레 トゥグボルレ; 장수풍뎅이 チャンスプンデンイ; 딱정벌레 ッタクチョンボルレ

かぶぬし [株主] 주주 チュジュ

かぶる [被る] ①(帽子などを) 쓰다 ッスダ; 덮어쓰다 トポッスダ 例 日差しが強いので帽子を被ってください。 햇볕이 강하니까 모자를 쓰세요. ヘッピョチ カンハニッカ モジャルル ッスセヨ ②(罪などを) 뒤집어쓰다 トゥィジボッスダ; 짊어지다 チルモジダ ③(水などを) 뒤집어쓰다 トゥィジボッスダ

かぶれる [気触れる] ①(漆などに) 오르다 オルダ; 타다 タダ; 염증이 나다 ヨムッチュンイ ナダ ②(夢中になる) 물들다 ムルドゥルダ; 빠지다 ッパージダ; 감화되다 カームワドェダ; 심취하다 シムチュィハダ

かふん [花粉] 화분 フヮブン; 꽃가루 ッコッカル 関 花粉症 꽃가루 알레르기 ッコッカル アルレルギ

かべ [壁] 벽 ピョク 関 壁紙 벽지 ピョクチ / 壁に耳あり障子に目あり 낮말은 새가 듣고 밤말은 쥐가 듣는다. ナンマルン セガ トゥッコ パムマルン チュィガ トゥンヌンダ

かへい [貨幣] 화폐 フヮーペ;돈 トーン

かぼそい [か細い] 연약하다 ヨニャカダ

カボチャ [南瓜] 호박 ホーバク

かま [釜] 솥 ソッ;가마솥 カマソッ 関 圧力釜 압력솥 アムニョクソッ/電気釜 전기 밥솥 チョーンギ パプソッ

かま [鎌] 낫 ナッ

かまう [構う] ①(気に掛ける) 상관하다 サングヮナダ ②(構わない・大丈夫だ) 괜찮다 クェンチャンタ 例 構いませんか。괜찮습니까? クェンチャンスムニッカ;괜찮아요? クェンチャナヨ/構いません(大丈夫です)。괜찮습니다. クェンチャンスムニダ;괜찮아요. クェンチャナヨ

かまえる [構える] ①(家や店などを) 차리다 チャリダ;마련하다 マリョナダ ②(準備する) 준비하다 チューンビハダ;대비하다 テービハダ ③(態度をとる) 태도를 취하다 テードルル チュィーハダ

かまきり 사마귀 サーマグィ

かまど 아궁이 アグンイ

かまびすしい [喧しい] 시끄럽다 シックロプタ;소란스럽다 ソランスロプタ;떠들썩하다 ットドゥルッソカダ

かまぼこ [蒲鉾] 어묵 オムヶ;생선묵 センソンムク

がまん [我慢] 참을성 チャムルソン;인내심 インネシム ❖~する 참다 チャームッタ;견디다 キョンディダ 例 我慢するのにも限界があります。참는 데도 한계가 있어요. チャムヌン デド ハーンゲガ イッソヨ

がまんづよい [我慢強い] 참을성이 많다 チャムルソンイ マーンタ;인내심이 강하다 インネシミ カンハダ 例 彼は我慢強い性格です。그는 참을성이 많은 성격이에요. クヌン チャムルソンイ マーヌン ソーンッキョギエヨ

カマンベールチーズ [camembert cheese] 까망베르 치즈 ッカマンベル チジュ

かみ [神] 신 シン;하느님 ハヌニム 例 神を信じますか。신을 믿으세요? シヌル ミドゥセヨ

かみ [紙] 종이 チョンイ 例 紙1枚 종이 한 장 チョンイ ハン ジャン

かみ [髪] 머리털 モリトル;머리칼 モリカル;머리 モリ 関 白髪 흰머리 ヒンモリ

かみ [加味] 가미 カミ ❖~する 가미하다 カミハダ

かみころす [噛み殺す] ①물어 죽이다 ムロ ジュギダ ②(あくびなどを我慢する) 입을 다물고 꾹 참다 イブル タムルゴ ッククヶ チャムタ

かみしめる [噛み締める] 악물다 アンムルダ;깨물다 ッケムルダ

かみそり [剃刀] 면도칼 ミョーンドカル 関 安全かみそり 안전 면도기 アンジョン ミョーンドギ/電気かみそり 전기 면도기 チョーンギ ミョーンドギ

かみつ [過密] 과밀 クヮーミル ❖~だ 과밀하다 クヮーミラダ

かみつく [噛み付く] ①달려들어 물다 タルリョドゥロ ムルダ ②(刃向かう) 대들다 テードゥルダ

かみなり[雷] 천둥 チョンドゥン
かみぶくろ[紙袋] 종이 봉지 チョンイ ポンジ ; 종이 가방 チョンイ カバン
かむ[噛む] ①물다 ムルダ ; 깨물다 ッケムルダ ; 악물다 アンムルダ ② (砕く) 씹다 ッシプタ 例噛めば噛むほど味がでます。씹으면 씹을수록 맛이 나요. ッシブミョン ッシブルスロク マシ ナヨ
かむ[擤む] 풀다 プルダ 関鼻をかむ 코를 풀다 コルル プルダ
ガム[gum] 껌 ッコム
がむしゃら ❖~に 앞뒤 생각 없이 アプトゥィ センガク オープシ ; 무턱대고 ムトクテゴ
ガムテープ[gum tape] 크라프트 테이프 クラプトゥ テイプ
かめ[瓶・甕] 단지 タンジ ; 항아리 ハンアリ ; 독 トク
かめ[亀] 거북 コブク
かめい[仮名] 가명 カーミョン
かめい[加盟] 가맹 カメン ❖~する 가맹하다 カメンハダ 関加盟店 가맹점 カメンジョム
カメラ[camera] 카메라 カメラ ; 사진기 サジンギ 関カメラマン カメラマン カメラメン / 一眼レフカメラ SLR 카메라 エスエラル カメラ / デジタルカメラ 디지털 카메라 ティジトル カメラ / デイカ ティカ / ビデオカメラ 비디오 카메라 ピディオ カメラ
かめん[仮面] 가면 カーミョン ; 탈 タール
かも[鴨] 오리 オーリ
かもく[科目] 과목 クヮモク
かもく[課目] 과목 クヮモク
かもく[寡黙] ❖~だ 과묵하다 クヮムカダ
かもす[醸す] ①(酒を) 빚다 ピッタ ; 양조하다 ヤンジョハダ ; 담그다 タムグダ ②(物議を) 빚어내다 ピジョネダ ; 자아내다 チャアネダ
かもつ[貨物] 화물 フヮームル 関貨物車 화물차 フヮームルチャ
かもめ[鷗] 갈매기 カルメギ
がやがや 와글와글 ワグルワグル ; 왁자지껄 ワクチャジッコル ; 시끌시끌 シックルシックル 例子供たちががやがや騒いでいます。아이들이 와글와글 떠들고 있어요. アイドゥリ ワグルワグル ットゥルゴ イッソヨ
かやく[火薬] 화약 フヮーヤク
かゆ[粥] 죽 チュク 関小豆粥 팥죽 パッチュク / 鮑粥 전복죽 チョンボクチュク
かゆい[痒い] 가렵다 カリョプタ
かゆみ[痒み] 가려움 カリョウム
かよう[歌謡] 가요 カヨ 関歌謡曲 가요곡 カヨゴク
かよう[通う] ①(往来する) 다니다 タニダ 例この会社に通い始めてもう 10 年になります。이 회사에 다니기 시작한 지 벌써 10(십)년이 됐어요. イ フェーサエ タニギ シージャカン ジ ポルッソ シムニョニ トゥェッソヨ ②(通じる) 통하다 トンハダ ; 상통하다 サントンハダ 例心の通い合う友達がいます。마음이 통하는 친구가 있어요. マウミ トンハヌン チングガ イッソヨ
がようし[画用紙] 도화지 トフヮジ
かようび[火曜日] 화요일 フヮヨイ

ル
から [空]《名詞の前に付いて》❖～の 빈 ピーン 例空手(てぶら) 빈손 ピーンソン／空元気 허세 ホセ ❖～だ 비다 ピーダ ❖～にする 비우다 ピウダ

から [殻] 껍데기 ッコプテギ；껍질 ッコプチル 例卵の殻 계란 껍질 ケラン ッコプチル

-から ①(場所の起点) 에서 エソ 例駅から歩いて5分です。역에서 걸어서 5(오)분이에요. ヨゲソ コロソ オーブニエヨ ②(時間の起点) 부터 プト 例コンサートは夕方7時から始まります。콘서트는 저녁 7(일곱)시부터 시작해요. コンソトゥヌン チョニョク イルゴプシブト シージャケヨ ③(人) 에게서 エゲソ；한테서 ハンテソ 例友人から携帯メールが来ました。친구에게서 문자가 왔어요. チングエゲソ ムンッチャガ ワッソヨ ④(動作などの起点) 에서 エソ；부터 プト 例ドラマを初めから終わりまで見ました。드라마를 처음부터 끝까지 봤어요. トゥラマルル チョウムブト ックッカジ プワッソヨ ⑤(経由する場所を表す) (으)로 (ウ)ロ 例窓から風が入ってきます。창문으로 바람이 들어와요. チャンムヌロ パラミ トゥロワヨ ⑥(原因・理由) (으)로 (ウ)ロ；에서 エソ；-아서／어서 アソ／オソ；-(으)니까 (ウ)ニッカ；때문에 ッテムネ 例経営不振から店を閉じました。경영 부진으로 가게 문을 닫았어요. キョンヨン プジヌロ カゲ ムヌル タダッソヨ ⑦(原料) (으)로 (ウ)ロ 例この食パンは米から作ったものです。이 식빵은 쌀로 만든 것이에요. イ シクッパンウン ッサルロ マンドゥン ゴシエヨ ⑧(範囲・数量・順序の起点) 부터 プト；에서 エソ；이상 イーサン 例1号車から5号車までは指定席です。1(일)호차에서 5(오)호차까지는 지정석입니다. イロチャエソ オーホチャッカジヌン チジョンソギムニダ

がら [柄] ①(模様) 무늬 ムニ；문양 ムニャン ②(体格) 몸집 モムッチプ ③(品格) 품격 プームッキョク；품위 プムィ ④(立場・身分) 분수 プーンス；주제 チュジェ；격 キョク 関花柄 꽃무늬 ッコンムニ

カラー [color] 컬러 コルロ；색깔 セクッカル；색채 セクチェ

からあげ [唐揚げ] 튀김 トゥィギム

からい [辛い] ①(味が) 맵다 メプタ；얼얼하다 オロラダ；얼큰하다 オルクナダ 例辛いキムチ 매운 김치 メウン キムチ ②(塩辛い) 짜다 ッチャダ ③(厳しい) 짜다 ッチャダ ④(点数などが) 박하다 パカダ

カラオケルーム 노래방 ノレバン

からかう ①놀리다 ノルリダ ②(嘲弄する) 조롱하다 チョロンハダ ③(揶揄する) 야유하다 ヤーユハダ

からし [芥子] 겨자 キョジャ

からす [烏] 까마귀 ッカマグィ

ガラス [glass] 글라스 クルラス；유리 ユリ 関ガラス瓶 유리병 ユリビョン／ガラス窓 유리창 ユリチャン

からだ [体・身体・躯] 몸 モム；신체 シンチェ

からまつ [唐松・落葉松] 낙엽송

からまる

ナギョプソン

からまる [絡まる] 휘감기다 フィガムギダ;얽히다 オルキダ

からまわり [空回り] 공전 コンジョン ❖~する 공전하다 コンジョナダ;헛돌다 ホットルダ

からむ [絡む] 휘감기다 フィガムギダ;얽히다 オルキダ

カラメル [caramel] 캐러멜 ケロメル

かり [仮] ①(臨時) 임시 イムシ ②(一時) 일시 イルシ 関仮免許 임시 면허 イムシ ミョーノ

かり [狩り] 사냥 サニャン

かり [借り] ①(借金) 빚 ピッ ②(負債) 부채 プーチェ

かりいれ [刈り入れ] 수확 スフヮク;추수 チュス

かりいれ [借り入れ] 차입 チャイプ

カリウム [kalium] 칼륨 カルリュム

カリキュラム [curriculum] 커리큘럼 コリキュルロム

カリスマ [charisma] 카리스마 カリスマ

かりに [仮に] ①(たとえば) 가령 カーリョン;만일 マーニル;만약 マーニャク 例 仮に飛行機を利用するとしたら費用はいくら掛かりますか。가령 비행기를 이용한다면 비용이 얼마나 들어요? カーリョン ピヘンギルル イーヨンハンダミョン ピヨンイ オルマナ トゥロヨ ②(臨時に) 임시로 イムシロ

カリフラワー [cauliflower] 콜리플라워 コルリプルラウォ;꽃양배추 ッコンニャンベチュ

かりゅう [下流] 하류 ハーリュ

かりる [借りる] ①(物を) 빌리다 ピルリダ 例 本を借りて図書館に行ってきました。책을 빌리러 도서관에 다녀왔어요. チェグル ピルリロ トソグヮネ タニョワッソヨ ②(お金を) 꾸다 ックダ 例 友達にお金を借りました。친구한테 돈을 꿨어요. チングハンテ トーヌル ックォッソヨ

かるい [軽い] ①(重さが) 가볍다 カビョプタ 例 軽いカバン 가벼운 가방 カビョウン カバン ②(動きなどが) 가볍다 カビョプタ;경쾌하다 キョンクェハダ ③(軽率だ) 가볍다 カビョプタ;경솔하다 キョンソラダ 例 口の軽い友達だから大事な話はしないでください。입이 가벼운 친구니까 중요한 얘기는 하지 마세요. イビ カビョウン チングニッカ チューンヨハン イェーギヌン ハジ マーセヨ ④(容易に) ❖ 軽く 쉽게 シュィープケ;손쉽게 ソンシュィプケ;간단히 カンダニ 例 軽く(手軽に) 作れる料理をお教えてください。손쉽게 만들 수 있는 요리를 가르쳐 주세요. ソンシュィプケ マンドゥル ス インヌン ヨリルル カルチョ ジュセヨ

カルシウム [calcium] 칼슘 カルシュム

カルチャー [culture] 컬처 コルチョ

カルビ 갈비 カルビ

かれ [彼] ①ユ ク;그 사람 クサーラム;그 남자 ク ナムジャ ②(恋人) 남자 친구 ナムジャ チング

かれい [鰈] 가자미 カジャミ

カレー [curry] 카레 カレ 関カレーライス 카레라이스 カレライス

106

ガレージ [garage] ①개라지 ケラジ ②(車庫) 차고 チャゴ
かれき [枯れ木] 고목 コモク; 마른나무 マルン ナム
がれき [瓦礫] 와륵 ワルク
かれくさ [枯れ草] 마른풀 マルンプル; 건초 コンチョ
かれる [枯れる] 시들다 シドゥルダ; 마르다 マルダ 例 暑すぎて花が枯れてしまいました。날씨가 너무 더워서 꽃이 시들고 말았어요. ナルッシガ ノム トウオソ ッコチ シドゥルゴ マラッソヨ
かれる [涸れる] ①마르다 マルダ ②(枯渇する) 고갈되다 コガルドゥェダ
かれる [嗄れる] 목이 잠기다 モギ チャムギダ; 목이 쉬다 モギ シュィダ 例 風邪のために声が嗄れて長く話せません。감기 때문에 목이 쉬어서 길게 말을 못해요. カームギッテムネ モギ シュィオソ キールゲ マールル モーッテヨ
カレンダー [calendar] 캘린더 ケルリンド; 달력 タルリョク
かろう [過労] 과로 クワーロ
がろう [画廊] 화랑 フワーラン
かろうじて [辛うじて] 겨우 キョウ; 간신히 カンシニ; 가까스로 カッカスロ; 아슬아슬하게 アスラスラゲ 例 海に落ちてかろうじて助かりました。바다에 빠졌다가 겨우 살았어요. パダエ ッパジョッタガ キョウ サラッソヨ
カロスキル 가로수길 カロスッキル 《ソウル市江南区新沙洞にある街路樹通り》
カロリー [calorie] 칼로리 カルロリ 関 カロリー消費量 칼로리 소비량 カルロリ ソビリャン / カロリー摂取量 칼로리 섭취량 カルロリ ソプチュィリャン
かわ [川・河] ①강 カン ②(小川) 시내 シーネ ③(河川) 하천 ハチョン
かわ [皮] ①(動物の皮革) 가죽 カジュク ②(植物の皮) 껍질 ッコプチル ③(豆のさや) 깍지 ッカクチ
かわ [革] 가죽 カジュク; 피혁 ピヒョク
がわ [側] 편 ピョン; 쪽 ッチョク; 측 チュク 関 向こう側 건너편 コーンノピョン; 맞은편 マジュンピョン / 右側 오른쪽 オルンッチョク / 左側 왼쪽 ウェーンッチョク
かわいい [可愛い] ①(小さく愛らしい) 귀엽다 クィーヨプタ 《抽象的な対象には用いない》例 かわいい顔 귀여운 얼굴 クィヨウン オルグル ②(愛しい) 사랑스럽다 サランスロプタ 《抽象的な様子や行動に対しても用いる》例 かわいい我が息子 사랑스러운 내 아들 サランスロウン ネ アドゥル ③(女性的で美しい) 예쁘다 イェーップタ 《抽象的な対象には用いない》例 かわいい声 예쁜 목소리 イェーップン モクソリ
かわいがる [可愛がる] 귀여워하다 クィーヨウォハダ; 애지중지하다 エージジューンジハダ 例 父は妹のことをとてもかわいがっています。아버지는 여동생을 아주 귀여워해요. アボジヌン ヨドンセンウル アジュ クィーヨウォヘヨ
かわいそう [可哀相・可哀想] ❖

かわかす

〜だ 가엾다 カーヨプタ；가엽다 カーヨプタ；불쌍하다 プルッサンハダ 例 とてもかわいそうで涙が出ました。너무 가여워서 눈물이 났어요. ノム カーヨウォソ ヌンムリ ナッソヨ

かわかす [乾かす] 말리다 マルリダ

かわく [乾く] ①마르다 マルダ ②(乾燥する) 건조하다 コンジョハダ

かわく [渇く] 목이 마르다 モギ マルダ；갈증이 나다 カルチュンイ ナダ

かわす [交わす] ①나누다 ナヌダ；주고받다 チュゴバッタ ②(交換する) 교환하다 キョフヮナダ 例 お互いに名刺を交わし、あいさつをしました。서로 명함을 주고받으며 인사를 나눴어요. ソロ ミョンハムル チュゴバドゥミョ インサルル ナヌォッソヨ

かわせ [為替] 환 フヮン 関 為替レート 환율 フヮーンニュル / 外国為替 외국환 ウェーグクヮン / 외환 ウェーフヮン / 郵便為替 우표 환 ウピョ フヮン

かわべ [川辺] 강변 カンビョン；강가 カンッカ

かわら [瓦] 기와 キワ

かわり [代わり・替わり] 대리 テーリ；대신 テーシン 例 父の代わりに親戚の結婚式に行ってきました。아버지 대신에 친척 결혼식에 갔다 왔어요. アボジ テーシネ チンチョク キョロンシゲ カッタ ワッソヨ

かわる [代わる・換わる・替わる・変わる] 대신하다 テーシナダ；대리하다 テーリハダ；바뀌다 パックィダ；교체되다 キョチェドウェダ；변하다 ピョーナダ 例 電話番号が変わりました。전화번호가 바뀌었어요. チョーヌヮボノガ パックィオッソヨ

かん [缶] 캔 ケン；깡통 ッカントン

かん [巻] ①권 クォン 例 上巻 상권 サーングォン / 下巻 하권 ハーグォン ②《助数詞》第1巻 제1(일)권 チェイルグォン

かん [勘] ①(第六感) 육감 ユクカム ②(直感) 직감 チクカム

かん [間] 간 カン；사이 サイ

がん [癌] 암 アーム 関 がん細胞 암세포 アームセポ / 胃がん 위암 ウィアム / 乳がん 유방암 ユバンアム / 肺がん 폐암 ペーアム

かんえん [肝炎] 간염 カーニョム

かんおけ [棺桶] 관 クヮン

がんか [眼科] 안과 アンックヮ

かんがえ [考え] 생각 センガク

かんがえかた [考え方] 사고방식 サゴバンシク

かんがえる [考える] ①생각하다 センガカダ 例 よく考えてみてください。잘 생각해 보세요. チャル センガケ ボセヨ ②(推し量る) 헤아리다 ヘーアリダ

かんかく [間隔] 간격 カーンギョク

かんかく [感覚] 감각 カームガク

かんがっき [管楽器] 관악기 クヮナキ

カンガルー [kangaroo] 캥거루 ケンゴル

かんき [寒気] 한기 ハンギ；추위 チュウィ

かんき [喚起] 환기 フヮーンギ ❖

108

~する 換気시키다 フワーンギシキダ

かんき [換気] 환기 フワーンギ ❖~する 환기하다 フワーンギハダ

かんき [歓喜] 환희 フワニ ❖~する 환희하다 フワニハダ

かんきゃく [観客] 관객 クワンゲク 関観客席 관객석 クワンゲクソク

かんきょう [環境] 환경 フワンギョン 関環境汚染 환경오염 フワンギョンオヨム / 環境問題 환경문제 フワンギョンムンジェ / 家庭環境 가정환경 カジョンフワンギョン / 生活環境 생활환경 センフワルフワンギョン

かんきり [缶切り] 깡통 따개 ッカントンッタゲ

かんきん [換金] 환금 フワーングム ❖~する 환금하다 フワーングマダ

かんけい [関係] 관계 クワンゲ 例 関係ありません。관계 없어요. クワンゲ オープソヨ / 関係あります。관계 있어요. クワンゲ イッソヨ ❖~する 관계하다 クワンゲハダ; 관계되다 クワンゲドウェダ 例 事業に関係する人たちだけ集まって会議を行います。사업에 관계하는 사람들끼리 모여서 회의를 해요. サーオベ クワンゲハヌン サーラムドゥルッキリ モヨソ フェーイルル ヘヨ ❖~なく 관계없이 クワンゲオプシ 例 年齢, 性別に関係なく応募可能です。나이 성별에 관계없이 응모할 수 있어요. ナイ ソンビョレ クワンゲオプシ ウーンモハル ス イッソヨ

かんげい [歓迎] 환영 フワニョン ❖~する 환영하다 フワニョンハダ 関歓迎会 환영회 フワニョンフェ

かんげき [感激] 감격 カームギョク ❖~する 감격하다 カームギョカダ

かんけつ [完結] 완결 ワンギョル ❖(…を)~する 완결하다 ワンギョラダ ❖(…が)~する 완결되다 ワンギョルドウェダ

かんけつ [簡潔] 간결 カーンギョル ❖~だ 간결하다 カーンギョラダ

かんご [看護] 간호 カノ ❖~する 간호하다 カノハダ 関看護師 간호사 カノサ

がんこ [頑固] ❖~だ 완고하다 ワンゴハダ; 고집이 세다 コジビ セーダ

かんこう [刊行] 간행 カネン ❖~する 간행하다 カネンハダ ❖~される 간행되다 カネンドウェダ

かんこう [観光] 관광 クワングワン ❖~する 관광하다 クワングワンハダ 関観光客 관광객 クワングワンゲク / 観光バス 관광버스 クワングワンボス / 観光旅行 관광 여행 クワングワン ニョヘン

かんこく [勧告] 권고 クォーンゴ ❖~する 권고하다 クォーンゴハダ

かんこく [韓国] 한국 ハーングク 関韓国人 한국 사람 ハーングク サーラム / 한국인 ハーングギン

かんこくご [韓国語] 한국말 ハーングンマル; 한국어 ハーングゴ 例 韓国語は少ししか話せません。한국말은 조금밖에 못해요. ハーングンマルン チョグムバッケ モーッテヨ

かんさ [監査] 감사 カムサ ❖～する 감사하다 カムサハダ 関 会計監査 회계 감사 フェーゲ ガムサ / 監査報告 감사 보고 カムサ ボーゴ

かんさつ [観察] 관찰 クヮンチャル ❖～する 관찰하다 クヮンチャラダ

かんさん [換算] 환산 フヮーンサン ❖～する 환산하다 フヮーンサナダ

かんさん [閑散] 한산 ハンサン ❖～としている 한산하다 ハンサナダ

かんし [監視] 감시 カムシ ❖～する 감시하다 カムシハダ

かんじ [感じ] ①(感覚) 감각 カームガク; 감촉 カームチョク ②(印象) 인상 インサン; 느낌 ヌッキム ③(雰囲気) 분위기 プヌィギ; 기분 キブン ④(感想) 감상 カームサン

かんじ [幹事] 간사 カンサ

かんじ [漢字] 한자 ハーンッチャ

かんじ [監事] 감사 カムサ

かんしゃ [感謝] 감사 カームサ ❖～する 감사하다 カームサハダ 例 両親にはいつも感謝しています。 부모님께는 늘 감사하고 있어요. プモニムッケヌン ヌル カームサハゴ イッソヨ

かんしゃく [癇癪] 짜증 ッチャジュン

かんしゅ [看守] 간수 カンス

かんしゅう [慣習] 관습 クヮンスプ

かんしゅう [監修] 감수 カムス ❖～する 감수하다 カムスハダ

かんしゅう [観衆] 관중 クヮンジュン

かんじゅせい [感受性] 감수성 カームスッソン

がんしょ [願書] 원서 ウォーンソ

かんしょう [干渉] 간섭 カンソプ; 참견 チャムギョン ❖～する 간섭하다 カンソパダ; 참견하다 チャムギョナダ 例 他人のことにあまり干渉しないでください。 남의 일에 너무 간섭하지 마세요. ナメ イーレ ノム カンソパジ マーセヨ

かんしょう [感傷] 감상 カームサン

かんしょう [鑑賞] 감상 カムサン ❖～する 감상하다 カムサンハダ 例 情熱的な演奏を鑑賞して感動しました。 열정적인 연주를 감상하면서 감동했어요. ヨルチョンジョギン ヨーンジュルル カムサンハミョンソ カームドンヘッソヨ

かんじょう [勘定] 셈 セーム; 계산 ケーサン ❖～する ①(数える) 세다 セーダ; 계산하다 ケーサナダ ②(支払う) 계산하다 ケーサナダ; 지불하다 チブラダ

かんじょう [感情] 감정 カームジョン

かんじょう [環状] 환상 フヮンサン

かんしょく [感触] 감촉 カームチョク

かんじる [感じる] 느끼다 ヌッキダ

かんしん [感心] ❖～する ①(感服する) 감복하다 カームボカダ ②(感嘆する) 감탄하다 カームタナダ 例 彼の細かい配慮に感心するしかありませんでした。 그의 세심한 배려에 감탄할 수밖에 없었어요.

クエ セシマン ペーリョエ カームタナル スバッケ オーブソッソヨ ③ (呆れる) 기가 막히다 キガ マキダ ❖~다 기특하다 キトウカダ

かんしん [関心] 관심 クヮンシム 例 韓国の音楽に関心があります。 한국 음악에 관심이 있어요. ハーングク ウマゲ クヮンシミ イッソヨ

かんじん [肝心] ❖~だ 중요하다 チューンヨハダ; 긴요하다 キニョハダ

かんすい [完遂] 완수 ワンス ❖~する 완수하다 ワンスハダ

かんすう [関数] 함수 ハームス

かんする [関する] 관하다 クヮナダ ❖…に関する …에 관한 エ クヮナン 例 環境問題に関する国際会議が開かれました。 환경문제에 관한 국제회의가 열렸어요. フヮンギョンムンジェエ クヮナン ククチェフェイガ ヨルリョッソヨ ❖…に関して …에 관해서 エ クヮネソ ❖…に関しては …에 관해서는 エ クヮネソヌン

かんせい [完成] 완성 ワンソン ❖(…を)~する 완성하다 ワンソンハダ ❖(…が)~する/~される 완성되다 ワンソンドウェダ 関 完成品 완성품 ワンソンプム / 未完成 미완성 ミワンソン

かんぜい [関税] 관세 クヮンセ

かんせつ [間接] 간접 カーンジョプ ❖~的 간접적 カーンジョプチョク ❖~的な 간접적인 カーンジョプチョギン

かんせつ [関節] 관절 クヮンジョル; 뼈마디 ッピョマディ

かんせん [幹線] 간선 カンソン 関 幹線道路 간선 도로 カンソン トーロ

かんせん [感染] 감염 カーミョム ❖~する 감염되다 カーミョムドウェダ 例 パソコンがウイルスに感染したようです。 컴퓨터가 바이러스에 감염된 것 같아요. コムピュートガ パイロスエ カーミョムドウェン ゴッ カタヨ

かんせん [観戦] 관전 クヮンジョン ❖~する 관전하다 クヮンジョナダ

かんぜん [完全] 완전 ワンジョン ❖~だ 완전하다 ワンジョナダ 例 今回の会談では完全な合意に至りませんでした。 이번 회담에서는 완전한 합의에 도달하지 못했어요. イボン フェーダメソヌン ワンジョナン ハビエ トダラジ モーッテッソヨ ❖~に 완전히 ワンジョニ

かんぜん [勧善] 권선 クォーンソン

かんそう [乾燥] 건조 コンジョ ❖(…を)~する 건조하다 コンジョハダ ❖(…が)~する 건조되다 コンジョドウェダ

かんそう [間奏] 간주 カーンジュ

かんそう [感想] 감상 カームサン; 소감 ソーガム 関 感想文 감상문 カームサンムン

かんぞう [肝臓] 간 カーン; 간장 カーンジャン

かんそく [観測] 관측 クヮンチュク ❖~する 관측하다 クヮンチュカダ 関 気象観測 기상 관측 キサン クヮンチュク / 天体観測 천체 관측 チョンチェ クヮンチュク

かんだい [寛大] ❖~だ 관대하다

かんたん

クヮンデハダ;너그럽다 ノグロプタ

かんたん [感嘆] 감탄 カームタン ❖~する 감탄하다 カームタナダ

かんたん [簡単] 간단 カンダン ❖~だ 간단하다 カンダナダ 例 そんなに簡単な問題ではなさそうです。그렇게 간단한 문제는 아닌 것 같아요. クロッケ カンダナン ムンジェヌン アニン ゴッ カタヨ ❖~に 간단히 カンダニ

かんちがい [勘違い] 착각 チャクカク;오해 オーヘ ❖~する 착각하다 チャカカダ;오해하다 オーヘハダ

かんづめ [缶詰め] 통조림 トンジョリム

かんでんち [乾電池] 건전지 コンジョンジ

かんとう [敢闘] 감투 カムトゥ ❖~する 감투하다 カムトゥハダ

かんどう [感動] 감동 カームドン ❖~する 감동하다 カームドンハダ 例 主人公の最後のセリフに心から感動しました。주인공의 마지막 대사에 진심으로 감동했어요. チュインゴンエ マジマク テサエ チンシムロ カームドンヘッソヨ

かんとく [監督] 감독 カムドク ❖~する 감독하다 カムドカダ

カンナム [江南] 강남 カンナム《漢江の以南地域》

カンニング [cunning] 커닝 コニン ❖~する 커닝하다 コニンハダ

かんねん [観念] ①(考え) 관념 クヮンニョム ②(諦め) 체념 チェニョム ❖~する 체념하다 チェニョマダ

かんぱ [看破] 간파 カンパ ❖~する 간파하다 カンパハダ

かんぱ [寒波] 한파 ハンパ

かんぱい [完敗] 완패 ワンペ ❖~する 완패하다 ワンペハダ

かんぱい [乾杯] 건배 コンベ ❖~する 건배하다 コンベハダ 例 皆の喜びと幸せのために乾杯しましょう。모두의 기쁨과 행복을 위하여 건배합시다. モドゥエ キップムグヮヘーンボグル ウィハヨ コンベハプシダ

かんばつ [旱魃] 가뭄 カムム

がんばる [頑張る] 견디며 버티다 キョンディミョ ポティダ;끝까지 노력하다 ックッカジ ノリョカダ 例 夢を叶えるために頑張ってきました。꿈을 이루기 위해 견디며 버텼어요. ックムル イルギ ウィヘ キョンディミョ ポティョッソヨ/多少時間がかかっても最後まで頑張ろうと思います。다소 시간이 걸리더라도 끝까지 노력하려고 합니다. タソ シガニ コルリドラド ックッカジ ノリョカリョゴ ハムニダ

かんばん [看板] 간판 カンパン

がんばん [岩盤] 암반 アムバン 関 岩盤浴 암반욕 アムバンニョク

かんび [甘美] 감미 カムミ ❖~だ 감미롭다 カムミロプタ

かんび [完備] 완비 ワンビ ❖~する 완비하다 ワンビハダ ❖~される 완비되다 ワンビドゥェダ

かんびょう [看病] 병시중 ピョーンシジュン;병구완 ピョーングヮン;간병 カンビョン ❖~する 병시중을 들다 ピョーンシジュンウル トゥルダ;병구완을 들다 ピョーングヮヌル トゥルダ

かんぶ [幹部] 간부 カンブ 関幹部社員 간부 사원 カンブ サウォン

かんぶ [患部] 환부 フワーンブ

かんぷく [感服] 감복 カームボク; 탄복 ターンボク ❖~する 감복하다 カームボカダ; 탄복하다 ターンボカダ

かんぶつ [乾物] 건어물 コノムル

かんぶん [漢文] 한문 ハーンムン

かんぺき [完璧] 완벽 ワンビョク ❖~だ 완벽하다 ワンビョカダ ❖~に 완벽하게 ワンビョカゲ

がんぺき [岸壁] 안벽 アンビョク

がんぺき [岩壁] 암벽 アムビョク 関ロッククライミング 암벽등반 アムビョクトゥンバン

かんべつ [鑑別] 감별 カムビョル ❖~する 감별하다 カムビョラダ

かんべん [簡便] 간편 カンピョン ❖~だ 간편하다 カンピョナダ

かんぽう [韓方・漢方] 한방 ハーンバン 関漢方薬 한방약 ハーンバンニャク; 한약 ハーニャク

がんぼう [願望] 원망 ウォーンマン; 소원 ソーウォン

かんめい [感銘] 감명 カームミョン

がんめん [顔面] 안면 アンミョン

かんゆう [勧誘] 권유 クォーニュ ❖~する 권유하다 クォーニュハダ

かんよ [関与] 관여 クワニョ ❖~する 관여하다 クワニョハダ

かんよう [寛容] 관용 クワニョン; 너그러움 ノグロウム ❖~だ 관용하다 クワニョンハダ; 너그럽다 ノグロプタ

かんよう [慣用] 관용 クワニョン 関慣用句 관용구 クワニョンック

がんらい [元来] 원래 ウォルレ

かんり [管理] 관리 クワルリ ❖~する 관리하다 クワルリハダ

かんりゅう [韓流] 한류 ハールリュ 関韓流ドラマ 한류 드라마 ハールリュ トゥラマ

かんれき [還暦] 환갑 フワーンガプ; 회갑 フェガプ

かんれん [関連] 관련 クワルリョン ❖~する 관련하다 クワルリョナダ; 관련되다 クワルリョンドゥェダ

き

き [木・樹] ①(나무) 나무 ナム ②(樹木) 수목 スモク

き [気] ①(気運) 기운 キウン 例大地の気 대지의 기운 テージエ キウン ②(気力) 기력 キリョク ③(味・香り) 김 キーム 例気の抜けたビール 김빠진 맥주 キームッパジン メクチュ ④(心) 마음 マウム; 기분 キブン ⑤(性格・気質い) 성미 ソーンミ; 성질 ソーンジル; 기질 キジル; 마음씨 マウムッシ 例彼は気が優しく明るいです。 그 사람은 마음씨도 좋고 성격도 밝아요. ク サーラムン マウムッシド チョーッコ ソンッキョクト パルガヨ / あんなに気の短い人は初めて見ました。 그렇게 성질이 급한 사람은 처음 봤어요. クロッケ ソーンジリ クパン サーラムン チョウム ポワッソヨ / 気のいいおじさんです。 마음씨가 좋은 아저씨예요. マウムッシガ チョーウン アジョッシエヨ 関気掛かりだ 마음에 걸리다 マウメ コルリダ / 気が気でない 안절부절못하다 アンジョルブジョ

ルモーッタダ / 気に入る 마음에 들다 マウメ トゥルダ / 気にする 신경을 쓰다 シンギョヌル ッスダ / 気になる 걱정이 되다 コクチョンイ トゥェダ ; 心に掛かる 마음에 걸리다 マウメ コルリダ ; 神経が使われる シンギョンイ ッスイダ

きあい [気合い] 기합 キハプ ; 기세 キセ

きあつ [気圧] 기압 キアプ 関 高気圧 고기압 コギアプ / 低気圧 저기압 チョギアプ

きいろ [黄色] 황색 フヮンセク ; 노란색 ノランセク

きいろい [黄色い] 노랗다 ノーラッタ 例 黄色い服 노란 옷 ノーラン オッ

キーワード [key word] 키 워드 キー ウォドゥ

ぎいん [議員] 의원 ウイウォン 関 国会議員 국회의원 ククフェイウォン / 市会議員 시회의원 シフェイウォン

きえる [消える] ①(見えなくなる・感じられなくなる) 사라지다 サラジダ ; 없어지다 オープソジダ 例 もらったメールや送ったメールなどがみんな消えてしまいました。 받은 메일이랑 보낸 메일 등이 다 사라졌어요. パドゥン メイリラン ポネン メイル ドゥンイ ター サラジョッソヨ / 脱臭剤を入れておいたら冷蔵庫の臭気が消えました。 탈취제를 넣어 두었더니 냉장고 냄새가 없어졌어요. タルチュイジェルル ノオ ドゥオットニ ネーンジャンゴ ネームセガ オープソジョッソヨ ②(火や光りが) 꺼지다 ッコジダ 例 急に電気が消えてびっくりしました。 갑자기 불이 꺼져서 깜작 놀랐어요. カプチャギ プリ ッコジョソ ッカムチャン ノルラッソヨ ③(感覚や感情などが) 없어지다 オープソジダ ; 가시다 カシダ ; 풀리다 プルリダ 例 あずき氷を食べたら暑さがすっかり消えました。 팥빙수를 먹었더니 더위가 싹 가셨어요. パッピンスルル モゴッドニ トゥィガ ッサク カショッソヨ

きおく [記憶] 기억 キオク ❖~する 기억하다 キオカダ 関 記憶力 기억력 キオンニョク

きおくれ [気後れ] 주눅 チューヌク ❖~する 주눅들다 チューヌクトゥルダ ; 기가 죽다 キガ チュクタ

きおん [気温] 기온 キオン

きか [気化] 기화 キフヮ ❖~する 기화하다 キフヮハダ

きか [帰化] 귀화 クィーフヮ ❖~する 귀화하다 クィーフヮハダ

きかい [機会] 기회 キフェ

きかい [機械] 기계 キゲ

ぎかい [議会] 의회 ウイフェ

きがえる [着替える] 갈아입다 カライプタ 例 背広に着替えて外出しました。 양복으로 갈아입고 외출했어요. ヤンボグロ カライプコ ウェーチュレッソヨ

きかく [企画] 기획 キフェク

きかく [規格] 규격 キュギョク 関 規格品 규격품 キュギョクプム

きかせる [聞かせる] ①(話や音楽を) 들려주다 トゥルリョジュダ ②(教える・説明する) 가르치다 カルチダ ; 설명하다 ソルミョンハダ

きがね [気兼ね] ❖~する 신경을 쓰다 シンギョヌルッスダ

きがる [気軽] ❖~だ 마음이 편하다 マウミ ピョナダ ❖~に 선뜻 ソンットゥッ;선선히 ソンソニ

きかん [気管] 기관 キグァン

きかん [季刊] 계간 ケーガン

きかん [期間] 기간 キガン

きき [危機] 위기 ウィギ

ききとる [聞き取る・聴き取る] ①(言葉や音声を) 알아듣다 アラドゥッタ 例 雑音が多くて聞き取りにくいです。잡음이 많아서 알아듣기 힘들어요. チャブミ マーナソ アラドゥッキ ヒムドゥロヨ ②(事情など) 청취하다 チョンチュィハダ

ききめ [利き目・効き目] 효과 ヒョーグヮ;효능 ヒョーヌン

ききょう [帰郷] 귀향 クィーヒャン

ききょう [桔梗] 도라지 トラジ

きぎょう [企業] 기업 キオプ 関 企業家 기업가 キオプカ/中小企業 중소 기업 チュンソ ギオプ

ききわける [聞き分ける] ①(区別する) 분간하다 プンガナダ ②(納得する) 알아듣다 アラドゥッタ;분별하다 プンビョラダ;납득하다 ナプトゥカダ

ききんぞく [貴金属] 귀금속 クィーグムソク

きく [菊] 국화 ククヮ

きく [効く・利く] ①(効き目がある) 효력이 있다 ヒョーリョギ イッタ;듣다 トゥッタ 例 頭痛によく効く薬はありますか。두통에 잘 듣는 약 있어요? トゥトンエ チャル トゥンヌン ヤク イッソヨ ②(可能だ) 통하다 トンハダ

きく [聞く] ①(話や音声を) 듣다 トゥッタ 例 毎日楽しみにして聞いているラジオ番組があります。매일 즐겨 듣는 라디오 프로가 있어요. メーイル チュルギョ ドゥンヌン ラディオ プロガ イッソヨ ②(受け入れる) 받아들이다 パダドゥリダ;들어주다 トゥロジュダ 例 私たちの要求を聞いてくださってありがとうございます。저희들의 요구를 받아들여 주셔서 대단히 감사합니다. チョヒドゥレ ヨグルル パダドゥリョ ジュショソ テーダニ カームサハムニダ ③(尋ねる) 묻다 ムーッタ;질문하다 チルムナダ 例 すみませんが、道をちょっとお聞きします。미안하지만 길 좀 묻겠습니다. ミアナジマン キル チョム ムーッケッスムニダ

きぐ [器具] 기구 キグ

きけん [危険] 위험 ウィホム ❖~だ 위험하다 ウィホマダ 例 そのまま放置しておくと危険です。그냥 방치해 두면 위험해요. クニャン パンチヘ ドゥミョン ウィホメヨ

きげん [期限] 기한 キハン 関 期限付き 기한부 キハンブ/支払期限 지불 기한 チブル キハン

きげん [機嫌] 기분 キブン;심기 シムギ;비위 ピーウィ 関 機嫌を取る 비위를 맞추다 ピーウィルル マッチュダ

きこう [気候] 기후 キフ 関 大陸性気候 대륙성 기후 テーリュクッソン キフ

きこう [機構] 기구 キグ

きごう [記号] 기호 キホ

きこえる [聞こえる] ①(音声が)聞こえる トゥルリダ 例 どこかから美しい歌声が聞こえてきました。어디선가 아름다운 노랫소리가 들려왔어요. オディソンガ アルムダウン ノレッソリガ トゥルリョ ワッソヨ ②(ある意味に受け取られる)聞こえる トゥルリダ;受け入れられる パダドゥリョジダ 例 言い訳のように聞こえるかもしれませんが、私の本心です。변명처럼 들릴지도 모르겠지만 제 진심이에요. ピョーンミョンチョロム トゥルリルチド モルゲッチマン チェ チンシミエヨ ③(有名だ)世に知られる セサンエ アールリョジダ;名高い イルムナダ

きこく [帰国] 帰国 クィーグク ❖~する 帰国する クィーグカダ 例 いつ帰国しますか。언제 귀국해요? オーンジェ クィーグケヨ

ぎこちない 어색하다 オーセカダ;부드럽지 못하다 プドゥロプチ モーッタダ;딱딱하다 ッタクッタカダ

きさく [気さく] ❖~だ 소탈하다 ソタラダ;싹싹하다 ッサクッサカダ;서글서글하다 ソグルソグラダ;허물없다 ホムロプタ

きざし [兆し] 조짐 チョジム;전조 チョンジョ;징조 チンジョ

きざむ [刻む] ①(切る)썰다 ッソールダ 例 生姜を細かく刻んで入れれば生臭さが消えます。생강을 잘게 썰어 넣으면 비린내가 가셔요. センガンウル チャルケ ッソーロ ノウミョン ピリンネガ カショヨ ②(彫る)새기다 セギダ;조각하다 チョガカダ ③(銘じる)마음속 깊이 새기다 マウムソク キピ セギダ;명심하다 ミョンシマダ

きし [岸] 물가 ムルカ

きじ [雉] 꿩 ックォン

きじ [記事] 기사 キサ 関 新聞記事 신문 기사 シンムン キサ

きじ [生地・素地] ①(本質) 본성 ポンソン;본바탕 ポンバタン ②(布地)옷감 オッカム

ぎし [技師] 기사 キサ

ぎしき [儀式] 의식 ウイシク 例 節句ごとに茶礼の儀式を行います。명절 때마다 차례 의식을 행해요. ミョンジョル ッテマダ チャリェ ウイシグル ヘンヘヨ

きしつ [気質] 기질 キジル;성미 ソーンミ;성향 ソーンヒャン

きじつ [期日] 기일 キイル

ぎじどう [議事堂] 의사당 ウイサダン

きしゃ [汽車] 기차 キチャ

きしゃ [記者] 기자 キジャ

きしゃ [貴社] 귀사 クィーサ

きしゅくしゃ [寄宿舎] 기숙사 キスクサ

きじゅつ [記述] 기술 キスル ❖~する 기술하다 キスラダ

ぎじゅつ [技術] 기술 キスル 関 技術援助 기술 원조 キスル ウォンジョ / 技術革新 기술 혁신 キスル ヒョクシン / 技術協力 기술 협력 キスル ヒョムニョク / 生産技術 생산 기술 センサン キスル

きじゅん [基準] 기준 キジュン 関 基準賃金 기준 임금 キジュン ニームグム / 環境基準 환경 기준 ファンギョン キジュン

きしょう [気性] 타고난 성질 タゴ

ナン ソーンジル;기질 キジル
きしょう [気象] 기상 キサン 関 気象観測 기상 관측 キサン クヮンチュク
キス [kiss] 키스 キス;입맞춤 イムマッチュム;뽀뽀 ッポッポ ❖~する 키스하다 キスハダ;뽀뽀하다 ッポッポハダ
きず [傷・疵] ①(負傷) 상처 サンチョ;다친 데 タチン デ 例 傷がまだ痛いです。상처가 아직 아파요. サンチョガ アジク アパヨ ②(物の傷) 흠집 フームチブ;금 간 데 クム ガン デ 例 大切にしている家具に傷ができて悲しいです。아끼는 가구에 흠집이 나서 속상해요. アッキヌン カグエ フームッチビ ナソ ソクサンヘヨ
きすう [奇数] 기수 キス;홀수 ホルス
きずく [築く] 쌓다 ッサッタ;쌓아 올리다 ッサア オルリダ;구축하다 クチュカダ;축조하다 チュクチョハダ;이루다 イルダ 例 堤防を築く工事をしています。제방을 쌓는 공사를 하고 있어요. チェバンウル ッサンヌン コンサルル ハゴ イッソヨ / 結婚して幸せな家庭を築いて暮らしています。결혼해서 행복한 가정을 이루고 잘 살아요. キョロネソ ヘーンボカン カジョンウル イルゴ チャル サラヨ
きずつく [傷つく] ①(負傷する) 다치다 タチダ;부상하다 プーサンハダ;상처를 입다 サンチョルル イプタ ②(心や名誉が) 상처를 입다 サンチョルル イプタ;손상되다 ソンサンドゥェダ ③(品物が) 흠지다 フームジダ;금이 가다 クミ カダ;깨지다 ッケージダ
きずつける [傷つける] ①(負傷する) 상처를 입히다 サンチョルル イピダ;다치게 하다 タチゲ ハダ ②(心や名誉を) 상하게 하다 サンハゲ ハダ;훼손하다 フェーソナダ ③(品物を) 흠내다 フームネダ;파손하다 パーソナダ
きずな [絆] 유대 ユデ
きせい [既成] 기성 キソン
きせい [帰省] 귀성 クィーソン;귀향 クィーヒャン ❖~する 귀성하다 クィーソンハダ
きせい [規制] 규제 キュジェ ❖~する 규제하다 キュジェハダ ❖~される 규제되다 キュジェドゥェダ
ぎせい [犠牲] 희생 ヒセン ❖~にする 희생하다 ヒセンハダ ❖~になる 희생되다 ヒセンドゥェダ 例 多くの市民が戦争の犠牲になりました。많은 시민들이 전쟁의 희생이 됐어요. マーヌン シーミンドゥリ チョーンジェンエ ヒセンイ トゥェッソヨ
きせき [奇跡] 기적 キジョク
きせつ [季節] 계절 ケージョル;철 チョル 関 季節の変わり目 환절기 フワンジョルギ / 季節風 계절풍 ケージョルプン
きぜつ [気絶] 기절 キジョル ❖~する 기절하다 キジョラダ
きせる [着せる] ①(衣服を) 입히다 イピダ 例 子供が風呂から上がったらパジャマを着せてください。아이가 목욕이 끝나면 잠옷을 입혀 주세요. アイガ モギョギ ックンナミョン チャモスル イピョ ジュセ

ヨ ②(罪などを) 뒤집어씌우다 トゥィジボッシウダ; 전가하다 チョーンガハダ 例 友達に濡れ衣を着せて逃げたそうです。친구에게 누명을 뒤집어씌우고 도망갔대요. チングエゲ ヌーミョンウル トゥィジボッシウゴ トマンガッテヨ

ぎぜん [偽善] 위선 ウィソン

きそ [基礎] 기초 キチョ ❖~的 기초적 キチョジョク ❖~的な 기초적인 キチョジョギン 関 基礎工事 기초 공사 キチョ ゴンサ / 基礎力 기초력 キチョリョク

きそう [競う] 다투다 タトゥダ; 겨루다 キョルダ; 경쟁하다 キョーンジェンハダ

きぞう [寄贈] 기증 キジュン; 증정 チュンジョン ❖~する 기증하다 キジュンハダ

ぎぞう [偽造] 위조 ❖~する 위조하다 ウィジョハダ 関 偽造紙幣 위조지폐 ウィジョジペ / 偽造品 위조품 ウィジョプム

きそく [規則] 규칙 キュチク 例 規則이 엄격해요. 규칙이 엄해요. キュチギ オメコ; 규칙 바른 생활 규칙적인 생활 キュチクチョギン センフゥル 関 規則違反 규칙 위반 キュチク ウィバン / 交通規則 교통 규칙 キョトン ギュチク / 就業規則 취업 규칙 チュィーオプ キュチク

きぞく [貴族] 귀족 クィージョク

きた [北] 북 プク; 북쪽 プッチョク 関 北風 북풍 プクプン / 北側 북쪽 プッチョク / 北国 북국 プククク / 북쪽 지방 プッチョク チバン / 北半球 북반구 プクパング

ギター [guitar] 기타 キター 例 ギターを弾きながら歌う姿がとても素敵でした。기타를 치면서 노래하는 모습이 너무 멋졌어요. キタールル チミョンソ ノレハヌン モスビノム モッチョッソヨ 関 ギター演奏 기타 연주 キター ヨンジュ / アコースティックギター 통기타 トンギター / エレキギター 전기 기타 チョーンギ キター

きたい [期待] 기대 キデ 例 ご期待に応えられるように最善を尽くします。기대에 부응할 수 있도록 최선을 다하겠습니다. キデエ プーウンハル ス イットロク チュェーソヌル ターハゲッスムニダ ❖~する 기대하다 キデハダ 例 あまり期待しないでください。너무 기대하지 마세요. ノム キデハジ マーセヨ

きたい [気体] 기체 キチェ

きたえる [鍛える] 단련하다 タルリョナダ; 훈련하다 フールリョナダ

きたく [帰宅] 귀가 クィーガ; 귀택 クィーテク ❖~する 귀가하다 クィーガハダ

きだて [気立て] 타고난 마음씨 タゴナン マウムッシ; 심지 シムジ

きたない [汚い] ①(不潔だ) 더럽다 トーロプタ; 불결하다 プルギョラダ; 지저분하다 チジョブナダ 例 食べる前に汚い手を洗いなさい。먹기 전에 더러운 손을 씻어라. モクキ ジョネ トーロウン ソヌル ッシソラ ②(下品だ) 상스럽다 サンスロプタ; 천하다 チョーナダ; 추잡하다 チュジャパダ 例 汚い言葉は口にしないでください。상스러운 말은 입에 담지 마세요. サンスロウン

マールン イベ タムチ マーセヨ ③(卑劣だ) 비겁하다 ピーゴプタ;비열하다 ピーヨラダ 例 汚い手で成功しても長続きしません。비열한 방법으로 성공해도 오래 못 가요. ピーヨラン パンボブロ ソンゴンヘド オレ モーッ カヨ ④(けちだ) 인색하다 インセカダ;다랍다 タラプタ

きち[吉] 길 キル
きち[基地] 기지 キジ
きちょう[基調] 기조 キジョ
きちょう[貴重] 귀중 クィージュン ❖~だ 귀중하다 クィージュンハダ 例 貴重な品 귀중한 물건 クィージュンハン ムルゴン 関 貴重品 귀중품 クィージュンプム
ぎちょう[議長] 의장 ウィジャン
きちょうめん[几帳面] ❖~だ 꼼꼼하다 ッコムッコマダ ❖~に 꼬박꼬박 ッコバクッコバク

きちんと ①(整っている) 깔끔히 ッカルックミ;말쑥히 マルッスキ;말끔히 マルックミ 例 落ち葉とゴミをきちんと片づけました。낙엽과 쓰레기를 말끔히 치웠어요. ナギョプクヮ ッスレギルル マルックミ チウォッソヨ ②(規則正しい) 규칙적인 キュチクチョギン 例 きちんとした生活 규칙적인 생활 キュチクチョギン センフヮル ③(正確だ) 정확히 チョーンフヮキ;또바기 ットバギ;어김없이 オギムオプシ 例 約束の時間をきちんと守ってください。약속 시간을 정확히 지키세요. ヤクソク シガヌル チョーンフヮキ チキセヨ / 家賃はきちんと決まった日に入金しています。집세는 어김없이 제날에 입금시키고 있어요. チプッセヌン オギムオプシ チェナレ イプクムシキゴ イッソヨ ④(服などがぴったりだ) 딱 ッタク 例 きちんと体に合う服を買いました。몸에 딱 맞는 옷을 샀어요. モメ ッタン マンヌン オスル サッソヨ ❖~している 말쑥하다 マルッスカダ;당정하다 タンジョンハダ 例 きちんとした身なりで面接を受けに行きました。당정한 옷차림으로 면접을 받으러 갔어요. タンジョンハン オッチャリムロ ミョーンジョブル パドゥロ カッソヨ

きつい ①(甚だしい) 심하다 シーマダ;고되다 コドウェダ 例 暑さがきつくて勉強をしても集中できません。더위가 심해서 공부를 해도 집중이 안 돼요. トウィガ シーメソ コンブルル ヘド チプチュンイ アン ドウェヨ ②(厳しい) 엄하다 オマダ;준엄하다 チュノマダ 例 最近は주차違反の取り締まりがとてもきついです。요즘은 주차 위반 단속이 아주 엄해요. ヨジュムン チューチャ ウィバン タンソギ アジュ オメヨ ③(余裕がない) 꼭 끼다 ッコク ッキダ;빽빽하다 ッペクッペカダ 例 靴がきつくて痛いです。구두가 꼭 껴서 아파요. クドゥガ ッコク ッキョソ アパヨ ④(つらい) 힘들다 ヒムドゥルダ;고되다 コドウェダ 例 きつい仕事 힘든 일 ヒムドゥン ニール ⑤(性格が) 드세다 トゥセダ;억세다 オクセダ
きつえん[喫煙] 흡연 フビョン ❖~する 흡연하다 フビョナダ 関 喫煙室 흡연실 フビョンシル

きづかう [気遣う] 염려하다 ヨームニョハダ; 걱정하다 コクチョンハダ

きっかけ [切っ掛け] 계기 ケーギ; 실마리 シールマリ

きづく [気付く] 눈치채다 ヌンチチェダ; 알아차리다 アラチャリダ; 생각나다 センガンナダ; 깨닫다 ッケダッタ 例 忠告されるまでは自分の欠点に気づきませんでした。충고를 듣기 전까지 자신의 결점을 깨닫지 못했어요. チュンゴルル トゥッキ ジョンッカジ チャシネ キョルチョムル ッケダッチ モーッテッソヨ

きっさてん [喫茶店] 커피점 コーピジョム; 다방 タバン; 찻집 チャッチプ; 커피숍 コーピショプ

ぎっしり 가득 カドゥク; 꽉 ックワク; 빽빽이 ッペクッペギ 例 箱にリンゴがぎっしり詰まっています。상자에 사과가 가득 차 있어요. サンジャエ サグワガ カドゥク チャ イッソヨ / 今週末は予定がぎっしり埋まっています。이번 주말은 예정이 꽉 차 있어요. イボン チュマルン イェージョンイ ックワク チャ イッソヨ

きっちり 꽉 ックワク

キッチン [kitchen] 키친 キチン; 주방 チュバン 関 キッチンタオル 키친타월 キチンタウォル

きつつき [啄木鳥] 딱따구리 ッタクッタグリ

きって [切手] 우표 ウピョ

きっと ①(必ず) 꼭 ッコク; 반드시 パンドゥシ 例 きっと来てください。꼭 와 주세요. ッコク ワ ジュセヨ ②(間違いなく) 틀림없이 トゥルリモプシ 例 明日までにはきっと来るでしょう。내일까지는 틀림없이 올 거예요. ネイルッカジヌン トゥルリモプシ オル コエヨ

きつね [狐] 여우 ヨウ

きっぱりと 단호하게 タノハゲ

きっぷ [切符] 표 ピョ 関 切符売場 매표소 メーピョソ

きてい [規定] 규정 キュジョン ❖ ~の 규정된 キュジョンドウェン ❖ ~する 규정하다 キュジョンハダ

きてん [機転] 재치 チェチ; 임기응변 イムギウンビョン

きどう [軌道] 궤도 クェード

きとく [危篤] ①위독 ウィドク ②(重態) 중태 チューンテ

きとく [奇特] ❖~な 기특한 キトゥカン 例 奇特な人 기특한 사람 キトゥカン サーラム

きどる [気取る] 젠체하다 チェンチェハダ; 점잔을 빼다 チョームジャヌル ッペーダ; 품을 잡다 ポムル チャプタ; 거드름을 피우다 コドゥルムル ピウダ

きない [機内] 기내 キネ

きなこ [黄な粉] 콩가루 コンッカル; 콩고물 コンッコムル

きにゅう [記入] 기입 キイプ ❖~する 기입하다 キイパダ

きぬ [絹] 비단 ピダン; 견직물 キョンジンムル

きねん [記念] 기념 キニョム 関 記念写真 기념사진 キニョムサジン / 記念日 기념일 キニョミル

きのう [昨日] 어제 オジェ

きのう [機能] 기능 キヌン

ぎのう [技能] 기능 キヌン
きのこ [茸] 버섯 ポソッ
きのどく [気の毒] ❖~だ 딱하다 ッタカダ; 불쌍하다 プルッサンハダ; 가엾다 カーヨプタ
きば [牙] 엄니 オムーニ
きはく [気迫] 기백 キベク
きばつ [奇抜] ❖~だ 기발하다 キバラダ 例 奇抜な発想 기발한 발상 キバラン パルサン
きばらし [気晴らし] 기분 전환 キブン チョヌワン
きはん [規範] 규범 キュボム; 모범 モボム
きばん [基盤] 기반 キバン
きびしい [厳しい] ①(厳重で容赦や妥協がない) 엄하다 オマダ; 엄격하다 オムッキョカダ; 엄격하고 가차없다 オムッキョカゴ カーチャオプタ 例 契約には厳しい条件があります。계약에는 엄격한 조건이 있어요. ケーヤゲヌン オムッキョカン チョッコニ イッソヨ ②(甚だしい) 혹독하다 ホクトカダ; 힘겹다 ヒムギョプタ ❖厳しく 엄하게 オマゲ; 엄격히 オムッキョキ
きひん [気品] 기품 キプム
きひん [貴賓] 귀빈 クィービン
きびん [機敏] ❖~だ 기민하다 キミナダ
きふ [寄付] 기부 キブ ❖~する 기부하다 キブハダ
きふく [起伏] 기복 キボク
きぶん [気分] 기분 キブン 例 今日は何だか気分がいいです。오늘은 왠지 기분이 좋아요. オヌルン ウェンジ キブニ チョアヨ
きぼ [規模] 규모 キュモ

きぼう [希望] 희망 ヒマン ❖~する 희망하다 ヒマンハダ
きほん [基本] 기본 キボン
きまぐれ [気紛れ] 변덕 ピョーンドク ❖~だ 변덕스럽다 ピョーンドクスロプタ
きまじめ [生真面目] ❖~だ 고지식하다 コジシカダ
きまずい [気まずい] 어색하다 オーセカダ; 거북하다 コーブカダ; 서먹서먹하다 ソモクソモカダ
きまつ [期末] 기말 キマル 関 期末テスト 기말고사 キマルゴサ
きまり [決まり] 규칙 キュチク; 관례 クワルリェ
きまりもんく [決まり文句] 상투어 サントウオ
きまる [決まる] ① 정해지다 チョーンヘジダ; 결정되다 キョルチョンドウェダ 例 予定が決まり次第ご連絡いたします。예정이 정해지는 대로 연락드릴게요. イェージョンイ チョーンヘジヌン デロ ヨルラクトゥリルケヨ / ファンミーティグの日にちと場所が決まりました。팬미팅 날짜와 장소가 결정됐어요. ペンミティン ナルッチャワ チャンソガ キョルチョンドウェッソヨ ②(一定だ) 일정하다 イルチョンハダ 例 決まった収入が保障される仕事を探しています。일정한 수입이 보장되는 일을 찾고 있어요. イルチョンハン スイビ ポージャンドウェヌン ニールル チャッコ イッソヨ
きみ [君] ①(同年齢もしくは年下の相手に対して) 너 ノ ②(中年以上の話し手が年下の相手に敬意を持って話す場合) 자네 チャ

ネ ③(文語的) ユク
きみ [黄身] 노른자위 ノルンジャウィ;《縮約形》노른자 ノルンジャ
きみ [気味] 기미 キミ;경향 キョンヒャン;기 キ;기색 キセク;기운 キウン 例 風邪気味なのか寒気がします。감기 기운이 있는지 몸이 으슬으슬 추워요. カームギ キウニインヌンジ モミ ウスルスル チュウォヨ ❖いい気味だ 고소하다 コソハダ
きみつ [機密] 기밀 キミル 関 機密文書 기밀 문서 キミル ムンソ
きみどり [黄緑] 황녹색 フワンノクセク
きみょう [奇妙] ❖~だ 기묘하다 キミョハダ;야릇하다 ヤルタダ;이상하다 イーサンハダ 例 奇妙な出来事 기묘한 일 キミョハン ニル
きみわるい [気味悪い] 징그럽다 チングロプタ
ぎむ [義務] 의무 ウイーム 例 国防の義務を果たしています。국방의 의무를 다하고 있습니다. ククパンエ ウイームルル ターハゴ イッスムニダ
きむずかしい [気難しい] 까다롭다 ッカダロプタ;깐깐하다 ッカンッカナダ;꾀까롭다 ックェッカダロプタ
キムチ 김치 キムチ
きめい [記名] 기명 キミョン ❖~する 기명하다 キミョンハダ
きめる [決める] 정하다 チョーンハダ;결정하다 キョルチョンハダ 例 旅行の日程を決めなければいけません。여행 일정을 정해야 돼요. ヨヘン イルチョンウル チョンヘヤ ドウェヨ
きも [肝] ①(肝臓) 간 カーン;간장 カーンジャン ②(内臓) 내장 ネージャン
きもち [気持ち] 기분 キブン;마음 マウム;감정 カームジョン;심정 シムジョン;의사 ウイーサ 例 晴れているし、本当に気持ちのいい朝です。날씨도 맑고 정말 기분 좋은 아침이에요. ナルッシド マルコ チョーンマル キブン チョーウン アチミエヨ / 泣きたい気持ちを誰がわかってくれるでしょうか。울고 싶은 심정을 누가 알겠어요? ウルゴ シプン シムジョンウル ヌガ アルゲッソヨ
きもの [着物] 옷 オッ;의복 ウイボク
ぎもん [疑問] 의문 ウイムン
きゃく [客] 손님 ソンニム
きやく [規約] 규약 キュヤク
ぎゃく [逆] 반대 パーンデ ❖~に 거꾸로 コックロ;반대로 パーンデロ
ギャグ [gag] 개그 ケグ
きゃくしゃ [客車] 객차 ケクチャ
ぎゃくしゅう [逆襲] 역습 ヨクスプ ❖~する 역습하다 ヨクスパダ
きゃくしょく [脚色] 각색 カクセク ❖~する 각색하다 カクセカダ 例 漫画を脚色して作った映画です。만화를 각색해서 만든 영화예요. マーヌヮルル カクセケソ マンドゥン ヨンフヮエヨ
ぎゃくたい [虐待] 학대 ハクテ ❖~する 학대하다 ハクテハダ
ぎゃくてん [逆転] 역전 ヨクチョン ❖~する 역전하다 ヨクチョナ

ダ
きゃくほん [脚本] 각본 カクポン; 대본 テボン
きゃしゃ [華奢] ❖〜だ 가냘프다 カニャルプダ; 약하다 ヤカダ
キャスター [caster] 캐스터 ケスト
キャスト [cast] 캐스트 ケストゥ; 배역 ペヨク
きゃっかん [客観] 객관 ケックワン ❖〜的 객관적 ケックワンジョク ❖〜的な 객관적인 ケックワンジョギン
キャッシュ [cache] 캐시 ケシ; 현금 ヒョーングム 園キャッシュカード 현금 카드 ヒョーングム カードゥ / キャッシュディスペンサー 현금 인출기 ヒョーングム インチュルギ
キャッチ [catch] 캐치 ケチ ❖〜する 포착하다 ポーチャカダ
キャッチャー [catcher] 캐처 ケチョ; 포수 ポス
キャディー [caddie] 캐디 ケディ
キャビア [caviar] 캐비아 ケビア
キャプテン [captain] 캡틴 ケプティン; 주장 チュジャン
キャベツ [cabbage] 캐비지 ケビジ; 양배추 ヤンベチュ
キャミソール [camisole] 캐미솔 ケミソル
キャラクター [character] 캐릭터 ケリクト
ギャラリー [gallery] 갤러리 ケルロリ
キャンセル [cancel] 캔슬 ケンスル; 해약 ヘーヤク; 취소 チュイーソ ❖〜する 취소하다 チュイーソハダ 例急用ができて仕方なく旅行の予約をキャンセルしました。급한 일이 생겨서 어쩔 수 없이 여행 예약을 취소했어요. クパン ニーリ センギョソ オッチョル ス オープシ ヨヘン イェーヤグル チュイーソヘッソヨ
キャンバス [canvas] 캠버스 ケムボス
キャンパス [campus] 캠퍼스 ケムポス
キャンプ [camp] 캠프 ケムプ ❖〜する 캠핑하다 ケムピンハダ
キャンペーン [campaign] 캠페인 ケムペイン
きゅう [九]《漢数詞》구 ク《固有数詞》아홉 アホプ ⇒く[九]
きゅう [灸] 뜸 ットゥム; 뜸질 ットゥムジル
きゅう [急] ①(突然) ❖〜だ 급하다 クパダ; 갑작스럽다 カプチャクスロプタ; 돌연하다 トリョナダ ❖〜に 갑자기 カプチャギ; 급히 クピ; 돌연히 トリョニ 例急に電話のベルが鳴ってびっくりしました。갑자기 전화 벨이 울려서 깜짝 놀랐어요. カプチャギ チョーヌワ ベリ ウルリョソ ッカムッチャン ノルラッソヨ / 急にバスが止まりました。갑자기 버스가 멈춰 섰어요. カプチャギ ポスガ モムチュオ ソッソヨ ②(緊急) ❖〜だ 급하다 クパダ 例急な用事ができました。급한 일이 생겼어요. クパン ニーリ センギョッソヨ ③(速度が) ❖〜だ 빠르다 ッパルダ; 급하다 クパダ 例急なストーリー展開がとても斬新でした。빠른 스토리 전개가 아주 참신했어요. ッパルン ストリ チョーンゲガ アジュ チャームシネッソヨ

きゅうえん

④(傾斜が) ❖~だ 가파르다 カパルダ 例 毎日急な坂道を上ったり下ったりしています。매일 가파른 언덕길을 오르내리고 있어요. メイル カパルン オンドクキルル オルネリゴ イッソヨ

きゅうえん [救援] 구원 クーウォン ❖~する 구원하다 クーウォナダ 関 救援活動 구원 활동 クーウォン フワルトン / 救援物資 구원 물자 クーウォン ムルチャ

きゅうか [休暇] 휴가 ヒュガ

きゅうがく [休学] 휴학 ヒュハク ❖~する 휴학하다 ヒュハカダ

きゅうきゅうしゃ [救急車] 구급차 クーグプチャ;앰뷸런스 エムビュルロンス

きゅうぎょう [休業] 휴업 ヒュオプ ❖~する 휴업하다 ヒュオパダ 関 開店休業 개점휴업 ケジョムヒュオプ / 本日休業 금일 휴업 クミル ヒュオプ

きゅうくつ [窮屈] ❖~だ ①(衣服などが) 갑갑하다 カプカパダ;답답하다 タプタパダ ②(狭い) 비좁다 ピジョプタ ③(気まずい) 거북하다 コーブカダ

きゅうけい [休憩] 휴게 ヒュゲ;휴식 ヒュシク ❖~する 쉬다 シュィーダ 例 少し休憩して行きましょうか。조금 쉬었다가 갈까요? チョグム シュィオッタガ カルッカヨ

きゅうげき [急激] ❖~だ 급격하다 クプキョカダ 例 急激な温度の変化 급격한 온도의 변화 クプキョカン オンドエ ピョーヌワ

きゅうこう [急行] 급행 クペン ❖~する 급행하다 クペンハダ 関 急行列車 급행열차 クペンニョルチャ

きゅうさい [救済] 구제 クージェ ❖~する 구제하다 クージェハダ

きゅうし [休止] 휴지 ヒュジ;중지 チュンジ ❖~する 휴지하다 ヒュジハダ;중지하다 チュンジハダ

きゅうし [急死] 급사 クプサ ❖~する 급사하다 クプサハダ

きゅうしき [旧式] 구식 クーシク

きゅうじつ [休日] 휴일 ヒュイル;노는 날 ノーヌン ナル

きゅうしゅう [吸収] 흡수 フプス ❖~する 흡수하다 フプスハダ

きゅうじゅう [九十]《漢数詞》구십 クシプ《固有数詞》아흔 アフン

きゅうしょ [急所] 급소 クプソ

きゅうじょ [救助] 구조 クージョ ❖~する 구조하다 クージョハダ

きゅうじょう [球場] 구장 クジャン;야구장 ヤーグジャン

きゅうしょく [休職] 휴직 ヒュジク ❖~する 휴직하다 ヒュジカダ

きゅうしょく [求職] 구직 クジク

きゅうしょく [給食] 급식 クプシク 関 学校給食 학교 급식 ハクキョ クプシク

ぎゅうじる [牛耳る] 좌지우지하다 チュワジウジハダ;주름잡다 チュルムジャプタ

きゅうしん [休診] 휴진 ヒュジン ❖~する 휴진하다 ヒュジナダ 関 本日休診 금일 휴진 クミル ヒュジン / 休診日 휴진일 ヒュジニル

きゅうじん [求人] 구인 クイン

きゅうすい [給水] 급수 クプス ❖~する 급수하다 クプスハダ 関 給

水制限 급수 제한 クプス ジェーハン;時間 給水 シガン クプス / 給水ポンプ 급수 펌프 クプス ポムプ

きゅうせい [急性] 급성 クプッソン 関 急性アルコール中毒 급성 알코올 중독 クプッソン アルコオル ジュンドク

きゅうせん [休戦] 휴전 ヒュジョン ❖~する 휴전하다 ヒュジョナダ 関 休戦協定 휴전 협정 ヒュジョン ヒョプチョン / 休戦中 휴전 중 ヒュジョン ジュン

きゅうぞう [急増] 급증 クプチュン ❖~する 급증하다 クプチュンハダ

きゅうそく [休息] 휴식 ヒュシク 例 能率的に働くためには休息も取らなければなりません。능률적으로 일하려면 휴식도 취해야 해요. ヌンニュルチョグロ イーラリョミョン ヒュシクト チュィーヘヤ ヘヨ ❖~する 휴식하다 ヒュシカダ

きゅうそく [急速] 급속 クプソク ❖~な 급속한 クプソカン ❖~に 급속히 クプソキ

きゅうち [窮地] 궁지 クンジ

ぎゅうにく [牛肉] 쇠고기 スェーゴギ

ぎゅうにゅう [牛乳] 우유 ウユ

キューバ [Cuba] 쿠바 クバ

きゅうめい [救命] 구명 クーミョン 関 救命具 구명 장치 クーミョン チャンチ / 救命胴衣 구명동의 クーミョンドンイ / 救命ボート 구명보트 クーミョンボトゥ

きゅうゆ [給油] 급유 クビュ;주유 チューユ ❖~する 급유하다 クビュハダ;주유하다 チューユハダ

きゅうよう [休養] 휴양 ヒュヤン ❖~する 휴양하다 ヒュヤンハダ

きゅうよう [急用] 급한 일 クパンニール;급용 クビョン

きゅうり [胡瓜] 오이 オイ

きゅうりょう [給料] ①급료 クムニョ ②(賃金) 임금 イームグム ③(給与) 급여 クビョ ④월급 ウォルグプ

きゅうれき [旧暦] 음력 ウムニョク;구력 クリョク

きよい [清い] 맑다 マクタ;깨끗하다 ッケックタダ;정갈하다 チョンガラダ 例 川の水がとても清くてきれいです。강물이 너무 맑고 깨끗해요. カンムリ ノム マルコ ッケックテヨ ❖清く(潔く) 깨끗이 ッケックシ

きょう [今日] 오늘 オヌル

きよう [器用] ①(手先などが) ❖~だ 손재주가 있다 ソンッチェジュガ イッタ;솜씨가 좋다 ソムッシガ チョーッタ;능숙하다 ヌンスカダ 例 彼はとても手先の器用な人です。그는 아주 손재주가 있는 사람이에요. クヌン ソンッチェジュガ インヌン サーラミエヨ ②(要領が良い) 요령이 있다 ヨリョンイ イッタ;약삭빠르다 ヤクサクッパルダ ❖~に 능숙하게 ヌンスカゲ;약삭빠르게 ヤクサクッパルゲ;요령이 있게 ヨリョンイ イッケ

ぎょう [行] 행 ヘン;줄 チュル

きょうい [胸囲] 흉위 ヒュンウィ;가슴둘레 カスムドゥルレ

きょうい [脅威] 위협 ウィヒョプ

きょうい [驚異] 경이 キョンイ ❖

きょういく

- **〜的** 경이적 キョンイジョク ❖ **〜的な** 경이적인 キョンイジョギン
- **きょういく**［教育］교육 キョーユク 例 アメリカで教育を受けました 미국에서 교육을 받았습니다. ミグゲソ キョーユグル パダッスムニダ ❖ **〜する** 교육하다 キョーユカダ 関 英才教育 영재 교육 ヨンジェ キョーユク／学校教育 학교 교육 ハクキョ キョーユク／義務教育 의무 교육 ウイム キョーユク／語学教育 어학 교육 オーハク キョーユク／情操教育 정서 교육 チョンソ キョーユク
- **きょういん**［教員］교원 キョーウォン
- **きょうか**［強化］강화 カンフワ ❖ **〜する** 강화하다 カンフワハダ
- **きょうかい**［協会］협회 ヒョプェ
- **きょうかい**［教会］교회 キョーフェ 例 毎週日曜日には必ず教会に行きます。매주 일요일에는 꼭 교회에 가요. メージュ イリョイレヌンッコク キョーフェエ カヨ
- **きょうかい**［境界］경계 キョンゲ 関 境界線 경계선 キョンゲソン
- **きょうがく**［共学］공학 コーンハク 関 男女共学 남녀 공학 ナムニョ コーンハク
- **きょうがく**［驚愕］경악 キョンアク ❖ **〜する** 경악하다 キョンアカダ
- **きょうかしょ**［教科書］교과서 キョーグワソ
- **きょうかん**［共感］공감 コーンガム 例 今更ながら、昔の母の言葉に共感を覚えます。이제서야 옛날의 어머님의 말씀에 공감을 느낍니다. イジェソヤ イェーンナレ オモニメ マールッスメ コーンガムル ヌッキムニダ ❖ **〜する** 공감하다 コーンガマダ
- **きょうぎ**［協議］협의 ヒョビ ❖ **〜する** 협의하다 ヒョビハダ 例 午後から対策を協議します。오후부터 대책을 협의하겠습니다. オーフブト テーチェグル ヒョビハゲッスムニダ
- **きょうぎ**［競技］경기 キョーンギ 関 競技種目 경기 종목 キョーンギ チョンモク／水泳競技 수영 경기 スヨン キョーンギ／陸上競技 육상 경기 ユクサン キョーンギ
- **ぎょうぎ**［行儀］예의범절 イェイボムジョル；예절 イェジョル 例 本当に行儀の良い子です。참 예절이 바른 아이에요. チャム イェジョリ パルン アイエヨ ❖ **〜が悪い** 버릇이 없다 ポルシ オープタ 例 うちの子供は行儀が悪くて心配です。우리 아이가 버릇이 없어서 걱정이에요. ウリ アイガ ポルシ オープソ コクチョンイエヨ
- **きょうきゅう**［供給］공급 コーングプ ❖ **〜する** 공급하다 コーングパダ
- **きょうぐう**［境遇］경우 キョンウ；처지 チョージ；환경 フワンギョン
- **きょうくん**［教訓］교훈 キョーフン
- **きょうこ**［強固］❖ **〜だ** 강고하다 カンゴハダ；공고하다 コンゴハダ
- **きょうこう**［恐慌］공황 コンフワン 関 金融恐慌 금융 공황 クミュン コンフワン／世界恐慌 세계 공황 セーゲ コンフワン

きょうこう［強行］強行 カンヘン ❖～する 強行する カンヘンハダ

きょうこう［強硬］❖～だ 強硬だ カンギョンハダ

きょうざい［教材］教材 キョージェ 関視聴覚教材 시청각 교재 シチョンガク キョージェ

きょうさんしゅぎ［共産主義］공산주의 コーンサンジュイ

きょうし［教師］教師 キョーサ；선생 ソンセン 関家庭教師 가정 교사 カジョン キョーサ

ぎょうじ［行事］행사 ヘンサ 関学校行事 학교 행사 ハクキョ ヘンサ／公式行事 공식 행사 コンシク ヘンサ／年中行事 연중행사 ヨンジュンヘンサ

きょうしつ［教室］교실 キョーシル

ぎょうしゃ［業者］업자 オプチャ 関同業者 동업자 トンオプチャ

きょうじゅ［教授］교수 キョース 関大学教授 대학교수 テーハクキョース／准教授 부교수 プーギョス／助教授 조교수 チョーギョス 《韓国での地位は教授・准教授・助教授の順》

きょうしゅう［郷愁］향수 ヒャンス

きょうしゅく［恐縮］❖～する 황송하다 フワンソンハダ；송구하다 ソーングハダ；죄송하다 チュェーソンハダ 例 いつも応援していただき恐縮です。늘 응원해 주셔서 황송할 따름입니다. ヌル ウーンウォネ ジュショソ フワンソンハルッタルミムニダ

きょうしょく［教職］교직 キョージク 関教職員 교직원 キョージグォン

きょうじん［強靭］❖～だ 강인하다 カンイナダ

きょうせい［強制］강제 カーンジェ ❖～する 강제하다 カーンジェハダ；강요하다 カーンヨハダ ❖～的に 강제적으로 カーンジェジョグロ 関強制執行 강제 집행 カーンジェ ジペン／強制送還 강제 송환 カーンジェ ソンフワン／強制連行 강제 연행 カーンジェ ヨネン

ぎょうせい［行政］행정 ヘンジョン

ぎょうせき［業績］업적 オプチョク

きょうそう［競争］경쟁 キョーンジェン ❖～する 경쟁하다 キョーンジェンハダ

きょうそうきょく［協奏曲］협주곡 ヒョプチュゴク

きょうそん［共存］공존 コーンジョン ❖～する 공존하다 コーンジョナダ

きょうだい［兄弟］형제 ヒョンジェ

きょうだい［鏡台］경대 キョンデ

きょうちょう［強調］강조 カンジョ ❖～する 강조하다 カンジョハダ

きょうつう［共通］공통 コーントン ❖～する 공통하다 コーントンハダ；공통되다 コーントンドゥェダ 例 成功する人には共通する習慣があります。성공하는 사람들에게는 공통된 습관이 있어요. ソンゴンハヌン サーラムドゥレゲヌン コ

きょうてい

ーントンドウェン スプクワニ イッソヨ
- **きょうてい** [協定] 협정 ヒョプチョン 関 労使協定 노사 협정 ノサ ヒョプチョン
- **きょうてき** [強敵] 강적 カンジョク
- **きょうとう** [教頭] 교두 キョードゥ;교감 キョーガム
- **きょうどう** [共同] 공동 コーンドン ❖～で 공동으로 コーンドンウロ 例 友達と共同で会社を経営しています。친구와 공동으로 회사를 경영해요. チングワ コーンドンウロ フェーサルル キョンヨンヘヨ
- **きょうどう** [協同] 협동 ヒョプトン ❖～する 협동하다 ヒョプトンハダ
- **きょうはく** [脅迫] 협박 ヒョプパク ❖～する 협박하다 ヒョプパカダ
- **きょうふ** [恐怖] 공포 コーンポ 例 ニュースを聞いて皆、衝撃と恐怖に包まれました。뉴스를 듣고 다들 충격과 공포에 휩싸였어요. ニュスルル トゥッコ タードゥル チュンギョックワ コーンポエ フィプッサヨッソヨ 関 恐怖心 공포심 コーンポシム
- **きょうふう** [強風] 강풍 カンプン;센 바람 セン バラム;대풍 テプン 関 強風注意報 강풍주의보 カンプンジュイボ
- **きょうみ** [興味] 흥미 フーンミ;관심 クワンシム 例 いつから韓国語に興味を持つようになりましたか。언제부터 한국말에 흥미를 가지게 됐어요? オーンジェブト ハーングンマレ フーンミルル カジゲ ドゥェッソヨ
- **ぎょうむ** [業務] 업무 オムム 関 業務日誌 업무 일지 オムム イルチ
- **きょうゆう** [共有] 공유 コーンユ ❖～する 공유하다 コーンユハダ
- **きょうよう** [強要] 강요 カーンヨ ❖～する 강요하다 カーンヨハダ
- **きょうよう** [教養] 교양 キョーヤン
- **きょうりゅう** [恐竜] 공룡 コーンニョン
- **きょうりょく** [協力] 협력 ヒョムニョク ❖～する 협력하다 ヒョムニョカダ
- **きょうりょく** [強力] 강력 カンニョク ❖～だ 강력하다 カンニョカダ ❖～に 강력히 カンニョキ
- **きょうれつ** [強烈] ❖～だ 강렬하다 カンニョラダ
- **きょうわこく** [共和国] 공화국 コンフワグク
- **ギョーザ** [餃子] 만두 マンドゥ
- **きょか** [許可] 허가 ホガ 例 ここは許可を得ないと入れません。이곳은 허가를 받아야 들어갈 수 있어요. イゴスン ホガルル パダヤ トゥロガル ス イッソヨ ❖～する 허가하다 ホガハダ;허락하다 ホラカダ
- **ぎょぎょう** [漁業] 어업 オオプ 関 沿岸漁業 연안 어업 ヨナン オオプ / 遠洋漁業 원양 어업 ウォニャン オオプ / 近海漁業 근해 어업 クネ オオプ
- **きょく** [曲] 곡 コク
- **きょくせん** [曲線] 곡선 コクソン
- **きょしょう** [巨匠] 거장 コージャン
- **きょぜつ** [拒絶] 거절 コージョル

❖~する 拒絶する コージョラダ
❖~される 拒絶される コージョルダンハダ

ぎょそん [漁村] 어촌 オチョン

きょねん [去年] 작년 チャンニョン;지난해 チナネ

きょひ [拒否] 거부 コーブ ❖~する 거부하다 コーブハダ 例検査を拒否することはできません。검사를 거부할 수는 없어요. コームサルル コーブハル スヌン オープソヨ

きよめる [清める・浄める] 깨끗이 하다 ッケックシ ハダ;맑게 하다 マルケ ハダ

きょり [距離] 거리 コリ 例駅まで相当な距離を歩かなければいけません。역까지 상당한 거리를 걸어야 해요. ヨクッカジ サンダンハン ゴリルル コロヤ ヘヨ 関距離感 거리감 コリガム

ぎょるい [魚類] 어류 オリュ

きょろきょろ 두리번두리번 トゥリボンドゥリボン;흘금흘금 フルグムルグム

きらい [嫌い] ①(好きではない) ❖~だ 싫다 シルタ 例私はあの人が、好きでも嫌いでもありません。나는 그 사람이 좋지도 싫지도 않아요. ナヌン ク サーラミ チョーッチド シルチド アナヨ ②(傾向がある) 경향 キョンヒャン;성향 ソーンヒャン 例彼は独断的なきらいがあります。그는 독단적인 경향이 있어요. クヌン トクタンジョギン キョンヒャンイ イッソヨ

きらう [嫌う] 싫어하다 シロハダ 例なぜ彼のことを嫌いますか。왜 그 사람을 싫어하세요? ウェー クサーラムル シロハセヨ

きらきら 반짝반짝 パンッチャクパンッチャク ❖~する 반짝반짝하다 パンッチャクパンッチャカダ

ぎらぎら 번쩍번쩍 ポンッチョクポンッチョク ❖~する 번쩍번쩍하다 ポンッチョクポンッチョカダ

きらく [気楽] ❖~だ 편하다 ピョナダ;홀가분하다 ホルガブナダ 例世の中に気楽な仕事など1つもありません。세상에 편한 일이라곤 하나도 없어요. セーサンエ ピョナン ニーリラゴン ハナド オープソヨ ❖~に 편히 ピョニ;홀가분하게 ホルガブナゲ 例気楽に休んでください。편히 쉬세요. ピョニ シュィーセヨ

きらびやか [煌びやか] ❖~だ 화려하다 フヮリョハダ ❖~に 화려하게 フヮリョハゲ

きらめく [煌めく] 반짝이다 パンッチャギダ;빛나다 ピンナダ

きり [桐] 오동나무 オドンナム

きり [霧] 안개 アーンゲ

ぎり [義理] 의리 ウイーリ;바른 도리 パルン ドーリ 例義理をわきまえられない友達は信頼できません。의리를 모르는 친구는 신뢰할 수 없어요. ウイーリルル モルヌン チングヌン シーッルェハル ス オープソヨ 例体面上 체면상 チェミョンサン 例義理で出席はしますが、すぐに出なければなりません。체면상 참석은 하겠지만 바로 나가야 합니다. チェミョンサン チャムソグン ハゲッチマン パロ ナガヤハムニダ

きりあげる [切り上げる] ①(仕事などを) 일단락짓다 イルタルラクチータッタ; 끝내다 ックンネダ ②(数を) 잘라 올리다 チャルラ オルリダ

きりかえる [切り替える・切り換える] 바꾸다 パックダ; 전환하다 チョーヌヮナダ

ぎりぎり ❖~だ 빠듯하다 ッパドゥシダ 例物価が上がって文化生活どころか生活費もぎりぎりです。물가가 올라서 문화생활은커녕 생활비도 빠듯해요. ムルカガ オルラソ ムヌヮセンフヮルンコニョン センフヮルビド ッパドゥテヨ ❖~に빠듯이 ッパドゥシ

きりさめ [霧雨] 이슬비 イスルビ

ギリシア [Graecia] 그리스 クリス 関ギリシア神話 그리스 신화 クリス シヌヮ

きりすてる [切り捨てる] 잘라 버리다 チャルラ ボリダ

キリスト [Christo] 그리스도 クリスド; 예수 イェース

きりつ [規律] 규율 キュユル

きりつ [起立] 기립 キリプ ❖~する 기립하다 キリパダ

きりとる [切り取る] 잘라 내다 チャルラ ネダ

きりぬく [切り抜く] 오려 내다 オリョ ネダ 例仕事に関係する新聞記事はすべて切り抜きます。일에 관계되는 신문 기사는 모두 오려 내요. イーレ クヮンゲドゥェヌン シンムン キサヌン モドゥ オリョ ネヨ

きりぬける [切り抜ける] 벗어나다 ポソナダ

きりはなす [切り離す] 떼다 ッテーダ

きりふだ [切り札] ①(トランプ) 으뜸패 ウットゥムペ ②(奥の手) 마지막 수단 マジマク スダン

きりょく [気力] 기력 キリョク

きりん [麒麟] 기린 キリン

きる [切る] ①(物を切断する) 자르다 チャルダ 例調理する前に材料を全部切っておきます。조리하기 전에 재료를 미리 모두 잘라 둡니다. チョリハギ ジョネ チェリョルル ミリ モドゥ チャルラ ドゥムニダ ②(傷つける) 베다 ペーダ 例包丁で指を切らないように気を付けてください。부엌칼에 손가락을 베지 않게 조심하세요. プオクカレ ソンッカラグル ページ アンケ チョーシマセヨ ③(薄く切る) 썰다 ッソールダ 例胡瓜を薄く切って顔に付けると美白効果があります。오이를 얇게 썰어서 얼굴에 붙이면 미백 효과가 있어요. オイルル ヤルケ ッソーロソ オルグレ プチミョン ミベク ヒョーグヮガ イッソヨ ④(関係を絶つ) 끊다 ックンタ 例その友達とは関係を切ることにしました。그 친구와는 인연을 끊기로 했어요. ク チングワヌン イニョヌル ックンキロ ヘッソヨ ⑤(電話を) 끊다 ックンタ 例電話を切らずにお待ちください。전화를 끊지 말고 기다려 주십시오. チョヌヮルル ックンチ マールゴ キダリョ ジュシプシオ ⑥(スイッチなどを) 끄다 ックダ 例寝たいからちょっと明かりを切ってもらえますか。자고 싶으니까 불 좀 꺼 줄래요? チ

ャゴ シプニッカ プル チョム ッコジュルレヨ ⑦(水分を取る) 없애다 オープセダ;빼다 ッペーダ

きる [着る] ①(衣服を) 입다 イプタ 例 寒くなったのでセーターを出して着ました。날씨가 추워져서 스웨터를 꺼내 입었어요. ナルッシガ チュウォジョソ スウェトルル ッコネ イボッソヨ ②(罪などを) 뒤집어쓰다 トゥィジボッスダ

きれい [奇麗・綺麗] ❖~だ ①(美しい) 아름답다 アルムダプタ;곱다 コープタ;예쁘다 イェップダ 例 お見合いに行く時に着るきれいな洋服を買いました。선보러 갈 때 입을 예쁜 옷을 샀어요. ソンボロ カル ッテ イブル イェップン オスル サッソヨ / 声優だから声がとてもきれいです。성우라서 그런지 목소리가 참 고와요. ソンウラソ クロンジ モクソリガ チャム コワヨ / どんな花よりもきれいな人です。그 어떤 꽃보다도 아름다운 사람이에요. ク オットン ッコッポダド アルムダウン サーラミエヨ / きれいな人を新婦として迎えることになって嬉しいでしょう。예쁜 사람을 신부로 맞이하게 되어 기쁘겠어요. イェーップン サーラムル シンブロ マジハゲ ドゥエオ キップゲッソヨ ❖~に 아름답게 アルムダプケ;예쁘게 イェーップゲ ②(清潔だ) 깨끗하다 ッケックタダ 例 台所がきれいだと料理も上手に作れるような気がします。부엌이 깨끗하면 요리도 잘할 수 있을 것 같아요. プオキ ッケックタミョン ヨリド チャラル ス イッスル コッ カタヨ ❖~に 깨끗이 ッケックシ ③(澄んでいる) 맑다 マクタ 例 空気のきれいな所に住みたいです。공기 맑은 곳에 살고 싶어요. コンギ マルグン ゴセ サルゴ シポヨ ❖~に 맑게 マルケ ④(すっかり) ❖~に 말끔히 マルックミ;깨끗이 ッケックシ 例 日常の疲労をきれいに解消したいです。일상의 피로를 말끔히 풀고 싶어요. イルサンエ ピロルル マルックミ プルゴ シポヨ / 過去はきれいに忘れて再出発してください。과거는 깨끗이 잊고 재출발하세요. クヮーゴヌン ッケックシ イッコ チェーチュルバラセヨ

きれる [切れる] ①(傷つく) 베이다 ペイダ 例 紙で指先が切れて痛みます。종이에 손끝이 베였는데 아파요. チョンイエ ソンックチ ペヨンヌンデ アパヨ ②(電話などが途切れる) 끊어지다 ックノジダ 例 話している最中に電話が突然切れました。한참 이야기하고 있는데 전화가 갑자기 끊어졌어요. ハンチャム イヤギハゴ インヌンデ チョーヌヮガ カプチャギ ックノジョッソヨ / 会社を辞めた日から会社の仲間との関係が切れました。회사를 그만둔 날부터 회사 동료와의 관계가 끊어졌어요. フェーサルル クマンドゥン ナルブト フェーサ トンニョワエ クヮングェガ ックノジョッソヨ ③(尽きてなくなる) 다 떨어지다 ター ットロジダ 例 醤油が切れたけど買ってきてくれる。간장이 다 떨어졌는데 좀 사 올래? カンジャンイ ター ットロジョンヌンデ チ

ヨム サ オルレ ④(期限が) 지나다 チナダ;끝나다 ックンナダ 例この商品は賞味期限が切れています。이 상품은 유통 기한이 지났어요. イ サンプムン ユトン キハニ チナッソヨ

キロ [kilo] 킬로 キルロ 関キロカロリー 킬로칼로리 キルロカルロリ/キログラム 킬로그램 キルログレム/キロヘルツ 킬로헤르츠 キルロヘルチュ/キロメートル 킬로미터 キルロミト/キロリットル 킬로리터 キルロリト/キロワット 킬로와트 キルロワトゥ

きろく [記録] 기록 キロク ❖~する 기록하다 キロカダ 関世界記録 세계 기록 セーゲ キロク/記録写真 기록 사진 キロク サジン/記録映画 기록 영화 キロン ニョンファ

ぎろん [議論] ①(論議) 논의 ノニ ②(討論) 토론 トーロン;논쟁 ノンジェン ❖~する 논의하다 ノニハダ;토론하다 トーロナダ

ぎわく [疑惑] 의혹 ウイホク

きわだつ [際立つ] ①두드러지다 トゥドゥロジダ ②(目につく) 눈에 띄다 ヌネ ッティーダ

きわどい [際どい] 아슬아슬하다 アスラスラダ;위태롭다 ウィテロプタ

きわまりない [極まりない] 짝이 없다 ッチャギ オープタ;그지없다 クジオプタ

きわまる [極まる・窮まる] 극도에 이르다 ククトエ イルダ

きわめて [極めて] 극히 クキ;매우 メウ;더없이 トオプシ;지극히 チ

きわめる [極める・窮める] 다하다 タハダ

きわめる [極める・究める] ①(極限に達する) 극한에 이르다 クカネ イルダ ②(究明する) 구명하다 クミョンハダ;깊이 연구하다 キピヨーングハダ

きん [金] 금 クム 関金色 금빛 クムピッ;금색 クムセク/金貨 금화 クムァ/金メダル 금메달 クムメダル/金メッキ 금도금 クムドグム

きん [菌] 세균 セーギュン

ぎん [銀] 은 ウン 関銀色 은빛 ウンピッ;은색 ウンセク/銀貨 은화 ウヌァ/銀細工 은세공 ウンセゴン/銀製品 은제품 ウンジェプム/銀メダル 은메달 ウンメダル

きんいつ [均一] 균일 キュニル

きんえん [禁煙] 금연 クーミョン ❖~する 금연하다 クーミョナダ

ぎんが [銀河] ①은하 ウナ ②(天の川) 은하수 ウナス

きんがく [金額] 금액 クメク

きんがしんねん [謹賀新年] 근하신년 クーナシンニョン

きんがん [近眼] 근시 クーンシ

きんきゅう [緊急] 긴급 キングプ ❖~だ 긴급하다 キングパダ ❖~に 긴급히 キングピ

きんぎょ [金魚] 금붕어 クムブンオ

きんきょう [近況] 근황 クーヌャン

きんきょり [近距離] 근거리 クーンゴリ

きんく [禁句] 금구 クームック

キングサイズ [kingsize] 킹사이즈

キンサイジュ
きんこ [金庫] 금고 クムゴ
きんこう [近郊] 근교 クーンギョ; 교외 キョウェ
ぎんこう [銀行] 은행 ウネン
きんし [禁止] 금지 クームジ ❖〜する 금지하다 クームジハダ 関 外出禁止 외출 금지 ウェーチュル クームジ / 立ち入り禁止 출입 금지 チュリプ クームジ / 通行禁止区域 통행금지 구역 トンヘングムジ クヨク
きんし [近視] 근시 クーンシ
きんしゅ [禁酒] 금주 クームジュ
きんじょ [近所] 근처 クーンチョ; 이웃 イウッ
きんじる [禁じる] 금하다 クーマダ; 금지하다 クームジハダ
きんせい [金星] 금성 クムソン
きんぞく [金属] 금속 クムソク 関 貴金属 귀금속 クィーグムソク / 軽金属 경금속 キョングムソク / 重金属 중금속 チューングムソク / 非金属 비금속 ピグムソク
きんだい [近代] 근대 クーンデ
きんちょう [緊張] 긴장 キンジャン ❖〜する 긴장하다 キンジャンハダ
きんとう [均等] 균등 キュンドゥン ❖〜だ 균등하다 キュンドゥンハダ
ぎんなん [銀杏] ①(果実) 은행 ウネン ②(樹木) 은행나무 ウネンナム
きんにく [筋肉] 근육 クニュク
きんべん [勤勉] ❖〜だ 근면하다 クーンミョナダ 例 勤勉な学生のための奨学金制度もあります。근면한 학생을 위한 장학금 제도도 있어요. クーンミョナン ハクセンウル ウィハン チャーンハックム チェードド イッソヨ ❖〜に勤勉하게 クーンミョナゲ

きんむ [勤務] 근무 クーヌム 例 勤務時間はどのようになっていますか。근무 시간은 어떻게 되나요? クーヌム シガヌン オットッケ ドゥェナヨ ❖〜する 근무하다 クーヌムハダ 関 勤務先 근무처 クーヌムチョ / 勤務態度 근무 태도 クーヌムテード

きんメダル [金メダル] 금메달 クムメダル
ぎんメダル [銀メダル] 은메달 ウンメダル
きんゆう [金融] 금융 クミュン 関 金融機関 금융 기관 クミュン キグワン
きんようび [金曜日] 금요일 クミョイル

く

く [九] 구 ク 関 九月 구월 クウォル / 九時 아홉 시 アホプ シ
く [区] 구 ク
く [句] 구 ク 関 慣用句 관용구 クワニョンック
く [苦] 고민 コミン; 고생 コセン
ぐ [具] (スープやみそ汁の) 건더기 コンドギ
ぐあい [具合] ①(健康状態) 건강 상태 コーンガン サンテ; 몸상태 モムサンテ; 컨디션 コンディション ②(機械などの調子・状態) 상태 サンテ ③(都合) 형편 ヒョンピョン

くい [杭] 말뚝 マルットゥク
くいあらためる [悔い改める] 회개하다 フェゲハダ ; 뉘우쳐 고치다 ヌィウチョ ゴチダ
クイーン [queen] 퀸 クィーン
くいき [区域] 구역 クヨク 関 立入禁止区域 출입 금지 구역 チュリプ クームジ クヨク
くいしばる [食い縛る] 악물다 アンムルダ
クイズ [quiz] 퀴즈 クィジュ
くいちがい [食い違い] 차이 チャイ ; 불일치 プリルチ
くいちがう [食い違う] 어긋나다 オグンナダ ; 엇갈리다 オッカルリダ 例 結果が予想と大いに食い違っていました。 결과가 예상과 크게 어긋났어요. キョルグヮガ イェーサングヮ クゲ オグンナッソヨ / 人と意見が食い違っても怒る必要はありません。 남과 의견이 엇갈려도 화낼 건 없어요. ナムグヮ ウイーギョニ オッカルリョド フワネル コン オープソヨ
くいる [悔いる] 뉘우치다 ヌィウチダ ; 후회하다 フーフェハダ
くう [食う] ①(食べる) 먹다 モクタ ②(暮らす) 생활하다 センフワラダ ; 살아가다 サラガダ 例 独立して(脱サラをして) 食っていくのは、やはり大変です。 독립해서 살아가는 것은 역시 힘들어요. トンニペソ サラガヌン ゴスン ヨクシ ヒムドゥロヨ ③(時間・費用を消費する) 잡아먹다 チャバモクタ ; 소비하다 ソビハダ ; 소모하다 ソモハダ 例 動画は容量をかなり먹는 것으로 보내지 못 해요. 동영상은 용량을 너무 많이 잡아먹어서 못 보내요. トンヨンサンウン ヨンニャンウル ノム マーニ チャバモゴソ モーッポネヨ
くうかん [空間] 공간 コンガン
くうき [空気] ①(気体) 공기 コンギ ; 대기 テーギ ②(雰囲気) 분위기 プヌィギ ; 기분 キブン
くうぐん [空軍] 공군 コングン
くうこう [空港] 공항 コンハン 関 国際空港 국제공항 ククチェゴンハン
くうしゃ [空車] 빈 차 ピーン チャ ; 공차 コンチャ
ぐうすう [偶数] 짝수 ッチャクス ; 우수 ウス
くうせき [空席] 빈자리 ピーンジャリ ; 빈 좌석 ピーン ジュワーソク
ぐうぜん [偶然] 우연 ウヨン ❖ ~だ 우연하다 ウヨナダ ❖ ~に 우연히 ウヨニ ; 뜻밖에 ットゥッパッケ 例 偶然思いついて検索をしてみました。 우연히 생각나서 검색을 해봤어요. ウヨニ センガンナソ コムセグル ヘ ブワッソヨ / 旅行先で偶然出会った友達と一緒に回ることにしました。 여행지에서 뜻밖에 만난 친구와 같이 다니기로 했어요. ヨヘンジエソ ットゥッパッケ マンナン チングワ カチ タニギロ ヘッソヨ
くうそう [空想] 공상 コンサン ❖ ~する 공상하다 コンサンハダ
ぐうぞう [偶像] 우상 ウーサン
くうちゅう [空中] 공중 コンジュン
くうはく [空白] 공백 コンベク
くうふく [空腹] 배고픔 ペゴプム ;

시장 シジャン ❖~だ 배고프다 페고프다; 시장하다 シジャンハダ 例空腹なのに何もなくてコンビニに行ってきました。배고픈데 아무것도 없어서 편의점에 다녀왔어요. ペゴプンデ アームゴット オープソソ ピョニジョメ タニョワッソヨ

クーラー [cooler] 쿨러 クルロ; 냉방 ネーンバン; 에어컨 エオコン

ぐうわ [寓話] 우화 ウーフワ 関 イソップ寓話 이솝 우화 イソプ ウーフワ

き [茎] 줄기 チュルギ; 대 テ

くぎ [釘] 못 モッ 例借家なので壁に釘を打ってはいけません。세든 집이라서 벽에 못을 박으면 안 돼요. セドゥン ジビラソ ピョゲ モスル パグミョン アン ドウェヨ

くきょう [苦境] 곤경 コンギョン; 고경 コギョン; 역경 ヨクキョン

くぎる [区切る] ①(分ける) 구분하다 クブンダ ②(文章を区切る) 끊다 ックンタ 例内容が難しいので一節ごとに区切って読んでください。내용이 어려우니까 한 절마다 끊어서 읽어 주세요. ネーヨンイ オリョウニッカ ハン ジョルマダ ックノ イルゴ ジュセヨ

くくる [括る] ①(縛る) 묶다 ムクタ ②(首を) 매다 メダ ③(話などを締めくくる) 끝맺다 ックンメッタ; 결말짓다 キョルマルジッタ

くぐる [潜る] ①(門などを通る) 빠져 나가다 ッパジョ ナガダ ②(苦境などを通り抜ける) 뚫고 나가다 トゥルコ ナガダ ③(潜水) 잠수하다 チャムスハダ

くさ [草] 풀 プル

くさい [臭い] ①(悪臭がする) 구리다 クリダ; 냄새가 나다 ネームセガ ナダ ②(怪しい) 의심스럽다 ウイシムスロプタ; 수상쩍다 スサンッチョクタ

くさとり [草取り] 김매기 キムメギ

くさばな [草花] 화초 フワチョ

くさり [鎖] 쇠사슬 スェサスル; 체인 チェイン

くさる [腐る] ①(腐敗する) 썩다 ッソクタ; 부패하다 プペハダ ②(傷む) 상하다 サンハダ 例夏は魚が腐りやすいから冷凍保存してください。여름에는 생선이 상하기 쉬우니까 냉동 보관하세요. ヨルメヌン センソニ サンハギ シュィウニッカ ネーンドン ポーグワナセヨ ③(堕落する) 썩다 ッソクタ; 타락하다 タラカダ ④(落胆する) 기가 죽다 キガ チュクタ; 낙심하다 ナクシマダ; 침울해지다 チムレジダ; 의욕을 잃다 ウイーヨグル イルタ; 싫증이 나다 シルチュンイ ナダ

くし [串] 꼬챙이 ッコチェンイ; 꼬치 ッコチ 関 串焼き 꼬치구이 ッコチグイ

くし [櫛] 빗 ピッ 例櫛で髪をきちんと梳かして出掛けました。빗으로 머리를 곱게 빗고 나갔어요. ピスロ モリルル コープケ ピッコ ナガッソヨ

くし [駆使] 구사 クサ ❖~する 구사하다 クサハダ

くじ [籤] 제비 チェビ 関 くじ引き 제비뽑기 チェビッポプキ / 宝くじ 복권 ポクックォン

くじく [挫く] ①(ねんざ) 삐다 ッピーダ ②(勢いを) 꺾다 ッコクタ

くじゃく [孔雀] 공작 コンジャク; 공작새 コンジャクセ

くしゃくしゃ 쭈글쭈글 ッチュグルッチュグル; 꾸깃꾸깃 ックギックギッ ❖~だ 쭈글쭈글하다 ッチュグルッチュグラダ; 꾸깃꾸깃하다 ックギックギタダ ❖~になる 구겨지다 クギョジダ

くしゃみ 재채기 チェチェギ

くしょう [苦笑] 고소 コソ; 쓴웃음 ッスヌスム ❖~する 쓴웃음을 짓다 ッスヌスムル チータ

くじょう [苦情] 불평 プルピョン; 불만 プルマン; 푸념 プニョム; 고충 コチュン

クジョルパン [九節板] 구절판 クジョルパン《宮中料理の1つ》

くじら [鯨] 고래 コレ

くしん [苦心] 고심 コシム

くず [屑] 부스러기 プスロギ; 쓰레기 ッスレギ

くずいれ [屑入れ] 쓰레기통 ッスレギトン

ぐずぐず [愚図愚図] ①(鈍い) ❖~する 꾸물꾸물하다 ックムルックムラダ; 꾸물대다 ックムルデダ; 우물쭈물하다 ウムルッチュムラダ 例 寒くて布団の中でぐずぐずしていたら遅刻してしまいました。추워서 이불 속에서 꾸물꾸물하다가 지각하고 말았어요. チュウォソ イブル ソゲソ ックムルックムラダガ チガカゴ マラッソヨ ❖~と 꾸물꾸물 ックムルックムル; 우물쭈물 ウムルッチュムル; 투덜투덜 トゥドゥルトゥドゥル 例 ぐずぐずと文句ばかり言って仕事もいい加減です。투덜투덜 불평만 하고 일도 제대로 안 해요. トゥドゥルトゥドゥル プルピョンマン ハゴ イールド チェデロ アネヨ ②(風邪を引いて鼻が) ❖~する 킁킁거리다 クンクンゴリダ

くすぐったい ①(こそばゆい) 간지럽다 カンジロプタ ②(照れ臭い) 쑥스럽다 ッスクスロプタ; 낯간지럽다 ナッカンジロプタ

くすぐる 간지럽히다 カンジロピダ; 간질이다 カンジリダ

くずす [崩す] ①(崩す) 무너뜨리다 ムノットゥリダ; 허물어뜨리다 ホムロットゥリダ; 흐트러뜨리다 トゥロロットゥリダ ②(姿勢などを楽にする) 편히 하다 ピョニ ハダ 例 脚をくずして楽にしてください。다리 펴고 편히 하세요. タリ ピョゴ ピョニ ハセヨ ③(小銭にする) 바꾸다 パックダ 例 小銭にくずしてください。잔돈으로 바꿔 주세요. チャンドヌロ パックォ ジュセヨ ④(列などを乱す) 흩뜨리다 フットゥリダ

くすぶる [燻る] ①(煙が出る) 연기만 내다 ヨンギマン ネダ ②(家に閉じこもる) 틀어박히다 トゥロバキダ

くすり [薬] 약 ヤク; 약물 ヤンムル

くすりゆび [薬指] 약손가락 ヤクソンッカラク; 약지 ヤクチ

くずれる [崩れる] ①(崩れる) 붕괴하다 プングェハダ; 무너지다 ムノジダ; 허물어지다 ホムロジダ 例 古い建物なので崩れる危険があります。오래된 건물이라 무너질 위험이 있습니다. オレドゥェン ゴンムリラ ムノジル ウィホミ イッスムニダ ②(天候が) 나빠지다 ナッ

パジダ;궂어지다 クジョジダ 例急に天気が崩れました。갑자기 날씨가 궂어졌어요. カプチャギ ナルッシガ クジョジッソヨ ③《姿勢などが》흐트러지다 フトゥロジダ

くせ [癖] ①《癖》버릇 ポルッ ②《習慣》습관 スプクヮン

くそ [糞] 똥 ットン;대변 テービョン 関目くそ 눈곱 ヌンッコプ/鼻くそ 코딱지 コッタクチ

くだ [管] 관 クヮン

ぐたいてき [具体的] 구체적 クチェジョク ❖~な 구체적인 クチェジョギン 例もう少し具体的な例を挙げて説明してください。좀 더 구체적인 예를 들어서 설명해 주세요. チョム ド クチェジョギン イェールル トゥロソ ソルミョンヘ ジュセヨ ❖~に 구체적으로 クチェジョグロ

くだく [砕く] ①《物を》부수다 プスダ;깨뜨리다 ッケットゥリダ ②《心を》마음을 쓰다 マウムル ッスダ;애쓰다 エーッスダ 例周りの人にもう少し心を砕きましょう。주변 사람들에게 좀 더 마음을 씁시다. チュビョン サーラムドゥレゲ チョム ド マウムル ッスプシダ

くだける [砕ける] 부서지다 プソジダ;깨지다 ッケジダ

ください ①《物をもらう》주세요 チュセヨ;주십시오 チュシプシオ 例これ、ください。이것 주세요. イゴッ チュセヨ ②《依頼》…してください《動詞の語幹＋-아/어 주다》の形で) 例地下鉄の駅まで行く道を教えてください。지하철역까지 가는 길을 가르쳐 주세요. チハチョルリョクッカジ カヌン ギルル カルチョ ジュセヨ ③《相手の行動に対する尊敬《動詞の語幹＋-(으)십시오/-(으)세요》の形で) 例こちらにおいでください。이쪽으로 오세요. イッチョグロ オセヨ

くだす [下す] ①《命令などを》내리다 ネリダ ②《下痢する》설사하다 ソルサハダ

くたびれる [草臥れる] 지치다 チチダ;피로하다 ピロハダ

くだもの [果物] 과일 クヮーイル

くだらない [下らない] 시시하다 シシハダ;하찮다 ハチャンタ;쓸모없다 ッスルモオプタ

くだり [下り] 하행 ハーヘン

くだりざか [下り坂] 내리막길 ネリマクキル

くだる [下る] ①《低い方へ》내려가다 ネリョガダ ②《判決などが》내리다 ネリダ ③《下痢する》설사하다 ソルサハダ

くち [口] 입 イプ

ぐち [愚痴] 푸념 プニョム

くちぐせ [口癖] 입버릇 イプポルッ

くちげんか [口喧嘩] 말다툼 マールダトゥム ❖~する 말다툼하다 マールダトゥマダ

くちごたえ [口答え] 말대꾸 マールデック ❖~する 말대꾸하다 マールデックハダ

くちコミ [口コミ] 입소문 イプソムン

くちぞえ [口添え] 주선 チュソン ❖~する 주선하다 チュソナダ

くちだし [口出し] 말참견 マールチ

くちづけ

ャムギョン ❖~する 말참견하다 マールチャムギョナダ

くちづけ [口付け] 입맞춤 イムマッチュム;키스 キス ❖~する 입맞춤하다 イムマッチュマダ;키스하다 キスハダ

くちどめ [口止め] 입막음 イムマグム;함구령 ハムグリョン

くちなおし [口直し] 입가심 イプカシム

くちなし [梔子] 치자나무 チージャナム

くちばし [嘴] 부리 プリ;주둥이 チュドゥンイ

くちびる [唇] 입술 イプスル

くちぶえ [口笛] 휘파람 フィパラム

くちべた [口下手] ❖~だ 말주변이 없다 マールチュビョニ オプタ

くちべに [口紅] 입술연지 イプスルリョンジ;루주 ルージュ;립스틱 リプスティク 関 リップグロス 립글로스 リプクルロス

くちょう [口調] 말투 マールトゥ

くつ [靴] ①(革靴) 구두 クドゥ ②(履物) 신발 シンバル;신 シン 例 靴は必ず履いてみて買った方がいいです。신발은 꼭 신어 보고 사는 게 좋아요. シンバルン ッコク シノ ボゴ サヌン ゲ チョーアヨ ③(スニーカー類) 운동화 ウーンドンフワ 関 靴墨 구두약 クドゥヤク/靴ブラシ 구둣솔 クドゥッソル/革靴 가죽 구두 カジュク クドゥ/長靴 장화 チャンフワ

くつう [苦痛] 고통 コトン;아픔 アプム;괴로움 クェロウム

くつがえす [覆す] 뒤엎다 トゥィオプタ;전복시키다 チョンボクシキダ

クッキングホイル [cooking foil] 쿠킹 호일 クキン ホイル

くつした [靴下] 양말 ヤンマル

クッション [cushion] 쿠션 クション

ぐっすり 푹 プク 例 夜が明けたことも知らず昼までぐっすり寝ました。날이 밝은 줄도 모르고 낮까지 푹 잤어요. ナリ パルグン ジュルド モルゴ ナッカジ プク チャッソヨ

クッパ 국밥 ククパプ

くつみがき [靴磨き] 구두닦이 クドゥダッキ

くつろぐ [寛ぐ] 편히 쉬다 ピョニシゥィーダ;휴식하다 ヒュシカダ

くどく [口説く] ①(説得する) 설득하다 ソルトゥカダ ②(異性を)꼬시다 ッコシダ

くに [国] 나라 ナラ;국가 ククカ

くばる [配る] 나누어 주다 ナヌオジュダ;배부하다 ペーブハダ 関 気を配る 주의하다 チューイハダ/心を配る 마음을 쓰다 マウムルッスダ;배려하다 ペーリョハダ/目を配る 두루 살피다 トゥル サルピダ;살펴보다 サルピョボダ

くび [首] ①(首) 목 モク ②(首筋) 고개 コゲ ③(頭部) 머리 モリ ④(解雇) 모가지 モガジ;해고 ヘーゴ 関 首飾り 목걸이 モクコリ/首筋 목덜미 モクトルミ

くふう [工夫] ①(考えをめぐらすこと) 궁리 クンニ;연구 ヨーング;생각 センガク ②(手段) 수단 スダン ❖~する 궁리하다 クンニハダ

くべつ [区別] 구별 クビョル ❖~する 구별하다 クビョラダ

くぼむ [凹む・窪む] 움푹 패다 ウムプク ペダ

くま [熊] 곰 コーム

くみ [組] ①(ひとまとまりになっているもの) 쌍 ッサン；벌 ポル；세트 セトゥ ②(学校などのクラス) 반 パン；학급 ハクグプ

くみあい [組合] 조합 チョハプ 関 共済組合 공제조합 コンジェジョハプ／労働組合 노동조합 ノドンジョハプ

くみあわせ [組み合わせ] ①(配合) 배합 ペーハプ ②(調和) 조화 チョフワ ③(競技の対戦) 대전 テージョン

くみあわせる [組み合わせる] ①짜 맞추다 ッチャ マッチュダ ②(対戦させる) 대전시키다 テージョンシキダ

くみたて [組み立て] 조립 チョリプ

くみたてる [組み立てる] 조립하다 チョリパダ

くむ [組む] ①(手足を) 엇걸다 オッコルダ；끼다 ッキダ；꼬다 ッコーダ 例 韓国では女同士で腕を組んで歩くのは普通です。한국에서는 여자끼리 팔짱을 끼고 다니는 것은 보통이에요. ハーングゲソヌン ヨジャッキリ パルッチャンウル ッキゴ タニヌン ゴスン ポートンイエヨ ②(チームを組む) 짝이 되다 ッチャギ トウェダ；협동하다 ヒョプトンハダ ③(組み立てる) 엮다 ヨクタ；짜다 ッチャダ ④(編成する) 조직하다 チョジカダ；구성하다 クソンハダ；편성하다 ピョンソンハダ；짜다 ッチャダ

くむ [汲む] ①(水を) 긷다 キーッタ；푸다 プダ ②(相手の気持ちを) 헤아리다 ヘーアリダ；짐작하다 チムジャカダ；추찰하다 チュチャラダ

くも [雲] 구름 クルム

くも [蜘蛛] 거미 コミ

くもり [曇り] ①(天気) 흐림 フリム ②(ガラスなどの) 흐림 フリム ③(心などの) 우울함 ウウラム

くもる [曇る] ①(空模様) 흐리다 フリダ 例 空が曇ってきたのですぐにでも雨が降りそうですね。하늘이 흐린 게 금방이라도 비가 올 것 같네요. ハヌリ フリン ゲ クムバンイラド ピガ オル コッ カンネヨ ②(ガラスやレンズが) 흐려지다 フリョジダ ③(表情が) 어두워지다 オドウォジダ；우울해지다 ウウレジダ

くやしい [悔しい・口惜しい] 분하다 プーナダ；억울하다 オグラダ 例 緊張しすぎて実力が発揮できなかったのでとても悔しいです。너무 긴장해서 실력 발휘를 못한 게 너무 분해요. ノム キンジャンヘソ シルリョク パルィルル モーッタン ゲ ノム プーネヨ

くやむ [悔やむ] 뉘우치다 ヌィウチダ；후회하다 フーフェハダ

くよう [供養] 공양 コーンヤン ❖ ～する 공양하다 コーンヤンハダ

くら [倉・蔵] 곳간 コッカン；창고 チャンゴ

くらい [位] ①(地位) 지위 チウィ ②(数字の) 자리 チャリ 例 百の位 백의 자리 ペゲ チャリ

くらい [暗い] ①(明暗) 어둡다 オドゥプタ；캄캄하다 カムカマダ；침

침하다 チムチマダ 例夜道は暗いから気を付けてお帰りください。夜道が暗いので気を付けてお帰りください。パムッキリ オドゥウニッカ チョーシメソ カセヨ ②(表情が)어둡다 オドゥプタ;우울하다 ウウラダ ③(色がくすんでいる)어둡다 オドゥプタ;칙칙하다 チクチカダ ④(展望がない)어둡다 オドゥプタ;캄캄하다 カムカマダ ⑤(事情に疎い)어둡다 オドゥプタ;캄캄하다 カムカマダ

-くらい ①(およそ)쯤 ッチュム;정도 チョンド;가량 カーリャン 例今日の昼の気温は昨日より5度くらい高いそうです。오늘의 낮 기온은 어제보다 5(오)도쯤 높겠습니다. オヌレ ナッ キオヌン オジェボダ オードッチュム ノプケッスムニダ/20人くらいの大学生が集まって熱い討論を繰り広げました。20(이십)명 가량의 대학생들이 모여 열띤 토론을 벌였어요. イシムミョン ガーリャンエ テーハクセンドゥリ モヨ ヨルッティン トーロヌル ポリョッソヨ ②(比較の基準)처럼 チョロム;만큼 マンクム 例あの子くらい韓国語が上手だったらいいのに。저 애만큼 한국어를 잘할 수 있으면 얼마나 좋을까? チョ エマンクム ハーングゴルル チャラル ス イッスミョン オルマナ チョーウルッカ ③(少なくとも)쯤 ッチュム;정도 チョンド 例ラーメンくらいなら小学生でも作れます。라면 정도는 초등학생이라도 끓일 수 있어요. ラミョン ジョンドヌン チョドゥンハクセンイラド ックリル ス イッソヨ

グラウンド [ground] 그라운드 クラウンドゥ;운동장 ウーンドンジャン

クラクション [klaxon] 클랙슨 クルレクスン;경적 キョーンジョク

くらくら 어질어질 オジロジル ❖〜する 어질어질하다 オジロジラダ

ぐらぐら 흔들흔들 フンドゥルフンドゥル ❖〜する 흔들흔들하다 フンドゥルフンドゥラダ

くらげ [水母・海月] 해파리 ヘーパリ

くらし [暮らし] ①(生活)살림 サルリム;생활 センファル 例ゆとりのある暮らしではないが、幸せに暮らしています。넉넉하지 않은 살림이지만 행복하게 살아요. ノンノカジ アヌン サルリミジマン ヘーンボカゲ サラヨ ②(生計)생계 センゲ 例アルバイトだけで暮らしを立てている人もいます。아르바이트만으로 생계를 꾸려 나가는 사람도 있어요. アルバイトゥマヌロ センゲルル ックリョ ナガヌン サーラムド イッソヨ

クラシック [classic] 클래식 クルレシク

くらしむき [暮らし向き] 살림 サルリム;형편 ヒョンピョン;생활 センファル;살림살이 サルリムサリ

クラス [class] 클래스 クルレス ①(等級)급 クプ;계급 ケグプ;등급 トゥーングプ ②(学級)학급 ハクプ;반 パン

くらす [暮らす] ①(生活する)살다 サールダ;살아가다 サラガダ;지내다 チーネダ 例田舎で気まま

に暮らしたいです。시골에서 속 편히 살고 싶어요. シゴレソ ソーク ピョニ サールゴ シポヨ ②(時を過ごす) 보내다 ポネダ 例学生時代をソウルで暮らしました。학창 시절을 서울에서 보냈어요. ハクチャン シジョルル ソウレソ ポネッソヨ

グラス [glass | glasses] 글라스 クルラス ①(コップ) 유리컵 ユリコプ; 유리잔 ユリジャン ②(メガネ) 안경 アーンギョン 関サングラス 선글라스 ソングルラス

クラッチ [clutch] 클러치 クルロチ

クラブ [club] ①클럽 クルロプ ②(学校などの) 동아리 トンアリ 関クラブ活動 동아리 활동 トンアリ フワルトン

グラフ [graph] 그래프 クレプ 関円グラフ 원그래프 ウォングレプ／棒グラフ 막대그래프 マクテグレプ

グラフィック [graphic] 그래픽 クレピク

くらべる [比べる] ①(比較する) 비교하다 ピーギョハダ; 비하다 ピーハダ 例今年は例年に比べて暖かいようです。올해는 예년에 비해서 따뜻한 것 같아요. オレヘヌン イェーニョネ ピーヘソ ッタトゥッタン ゴッ カタヨ ②(優劣を競う) 겨루다 キョルダ; 경쟁하다 キョンジェンハダ

くらます [晦ます] 감추다 カムチュダ; 숨기다 スムギダ

くらむ [眩む] ①(めまいがする) 아찔해지다 アッチレジダ; 현기증이 나다 ヒョーンギッチュンイ ナダ ②(心を奪われる) 눈이 어두워지다 ヌニ オドゥウォジダ 例お金に目が眩んでつい不正を見て見ぬふりをしました。돈에 눈이 어두워져서 그만 부정을 모르는 척했어요. トーネ ヌニ オドゥウォジョソ クマン プジョンウル モルヌン チョケッソヨ

グラム [gram] 그램 クレム

くらやみ [暗闇] 어두움 オドゥウム; 어두운 곳 オドゥン ゴッ

クラリネット [clarinet] 클라리넷 クルラリネッ

グランプリ [grand prix] 그랑프리 クランプリ

くり [栗] ①(果実) 밤 パーム ②(樹木) 밤나무 パームナム

くりあげる [繰り上げる] ①(順位・順番などを) 위로 올리다 ウィロ オルリダ; 끌어올리다 ックロオルリダ ②(予定・予定日を) 앞당기다 アプタンギダ 例日程を1日繰り上げて帰ることになりました。일정을 하루 앞당겨서 돌아가게 됐어요. イルチョンウル ハル アプタンギョソ トラガゲ ドゥェッソヨ

クリーニング [cleaning] 세탁 セータク 例洋服をクリーニングに預けました。옷을 세탁소에 맡겼어요. オスル セータクソエ マッキョッソヨ 関クリーニング店 세탁소 セータクソ／ドライクリーニング 드라이 클리닝 トゥライ クルリニン

クリーム [cream] 크림 クリーム 関アイスクリーム 아이스크림 アイスクリーム／クレンジングクリーム 클렌징크림 クルレンジンクリーム／コールドクリーム 콜드크림 コルドゥクリーム／シェービングクリーム

くりかえす

면도용 크림 ミョーンドヨン クリーム / 洗顔クリーム 세안용 크림 セアンニョン クリーム / ハンドクリーム 핸드크림 ヘンドゥクリーム

くりかえす [繰り返す] 되풀이하다 トゥェプリハダ；반복하다 パーンボカダ 例 何回も同じ過ちを繰り返してよいものでしょうか。몇 번이나 같은 잘못을 되풀이해서 되겠어요? ミョッ ポニナ カトゥン チャルモスル トゥェプリヘソ トゥェゲッソヨ

クリスタル [crystal] 크리스털 クリストル

クリスチャン [Christian] 크리스천 クリスチョン；그리스도 신자 クリスド シーンジャ；기독교인 キドクキョイン

クリスマス [Christmas | Xmas] 크리스마스 クリスマス；성탄절 ソーンタンジョル

クリック [click] 클릭 クルリク ❖～する 클릭하다 クルリカダ

クリップ [clip] 클립 クルリプ

クリニック [clinic] 클리닉 クルリニク

グリンピース [green peas] 그린 피스 クリン ピス

くる [来る] ①(来る) 오다 オダ；다가오다 タガオダ；찾아오다 チャジャオダ 例 あそこ, バスが来てますね。저기, 버스가 오네요. チョギ ポスガ オネヨ ②(…してくる《動詞の語幹＋ - 아 / 어 오다》の形で) 例 1つの会社に30年以上勤めてきました。한 회사에서 30(삼십) 년 이상 근무해 왔어요. ハン フェーサエソ サムシムニョン イーサン クーンムヘ ワッソヨ

くるう [狂う] ①(人や動物が) 미치다 ミチダ；돌다 トールダ；발광하다 パルグヮンハダ 例 お腹が空き過ぎて狂ったように食べました。너무 배가 고파서 미친 듯이 먹었어요. ノム ペガ コパソ ミチン ドゥシ モゴッソヨ ②(夢中になる) 미치다 ミチダ；빠지다 ッパージダ 例 最近, 歴史ドラマに狂っています。요즘 사극에 푹 빠져 있어요. ヨジュム サグゲ プッ ッパージョ イッソヨ ③(予定・計画などが) 어긋나다 オグンナダ；빗나가다 ピンナガダ；틀리다 トゥルリダ 例 計画が狂ったせいで納期が遅れました。계획이 어긋나는 바람에 납기가 늦어졌어요. ケーフェギ オグンナヌン パラメ ナプキガ ヌジョジョッソヨ ④(物が) 이상해지다 イーサンヘジダ；맞지 않다 マッチ アンタ

グループ [group] 그룹 クルプ

くるくる 뱅글뱅글 ペングルベングル；뱅뱅 ペンベン；빙글빙글 ピングルビングル；빙빙 ピンビン

ぐるぐる 빙글빙글 ピングルビングル；빙빙 ピンビン；핑핑 ピンピン

くるしい [苦しい] ①(肉体・精神的に) 힘들다 ヒムドゥルダ；고통스럽다 コトンスロプタ；괴롭다 クェロプタ；답답하다 タプタパダ 例 この苦しい気持ちを誰がわかるでしょうか。이 괴로운 심정을 누가 알까요? イ クェロウン シムジョンウル ヌガ アールッカヨ ②(困難だ) 난처하다 ナンチョハダ；난감하다 ナンガマダ 例 間に挟まれてどう

にもできない苦しい立場に置かれました。中間に挟まれて(ママ)あちらにもこちらにもできない難しい立場に置かれました。チュンガネ ッキヨソ イロジド チョロジド モーッタヌン ナンチョハン イプチャンエ ノヨッソヨ ③(手に余る) 힘겹다 ヒムギョプタ;고되다 コドウェダ 例私にはあまりにも苦しい仕事です。제겐 너무 힘겨운 일이에요. チェゲン ノム ヒムギョウン ニーリエヨ ④(困窮する) 어렵다 オリョプタ;궁색하다 クンセカダ;가난하다 カナナダ 例生活が苦しいわけではないが、節約が身に付いています。생활이 어려운 것은 아니지만 절약이 몸에 배어 있어요. センファリ オリョウン ゴスン アニジマン チョリャギ モメ ペオ イッソヨ

くるしむ [苦しむ] ①(肉体的・精神的に) 괴로워하다 クェロウォハダ;시달리다 シダルリダ 例あらゆる合併症に苦しみながらもついに病気を克服しました。갖은 합병증에 시달리면서도 마침내 병을 극복했어요. カジュン ハプピョンッチュンエ シダルリミョンソド マチムネ ビョンウル ククポケッソヨ ②(経済的に) 시달리다 シダルリダ;고생하다 コセンハダ 例薄給と激務に苦しんでいます。박봉과 격무에 시달리고 있어요. パクポングヮ キョンムエ シダルリゴ イッソヨ ③(悩む) 고민하다 コミナダ;고심하다 コシマダ 例長い間、苦しんで完成させた作品です。오랜 시간 고심해서 완성시킨 작품이에요. オ

レン シガヌル コシメソ ワンソンシキン チャクプミエヨ ④(理解や判断に困る) 어렵다 オリョプタ;애먹다 エーモクタ;애쓰다 エーッスダ 例女性の心理は本当に理解に苦しみます。여자의 심리는 정말 이해하기 어렵기 짐니다. ヨジャエ シムニヌン チョーンマル イーヘハギ オリョウォヨ

くるしめる [苦しめる] ①(肉体的・精神的に) 괴롭히다 クェロピダ;시달리게 하다 シダルリゲ ハダ ②(心配させる) 걱정시키다 コクチョンシキダ ③(悩ませる) 고민시키다 コミンシキダ

くるま [車] ①(自動車) 차 チャ;자동차 チャドンチャ ②(車輪) 바퀴 パクィ;차바퀴 チャバクィ

くるみ [胡桃] ①(果実) 호두 ホドゥ ②(樹木) 호두나무 ホドゥナム

グレー [gray] 그레이 クレイ;잿빛 チェッピッ;회색 フェセク

グレープ [grape] 그레이프 クレイプ;포도 ポド

クレーム [claim] 클레임 クルレイム

クレーン [crane] 크레인 クレイン;기중기 キジュンギ

クレジットカード [credit card] 신용 카드 シーニョン カードゥ;크레디트 카드 クレディトゥ カードゥ 例このクレジットカードで支払えますか。이 신용 카드로 지불할 수 있어요? イ シーニョン カードゥロ チブラル ス イッソヨ

くれる ①(物を与える) 주다 チュダ 例母は毎週一度電話をくれます。어머니는 매주 한 번씩 전화를 주세요. オモニヌン メージュ ハン ボ

ンッシク チョーヌワルル チュセヨ ②(…してくれる《動詞の語幹＋-아/어 주다》の形で) 例 警官が道を上手に教えてくれて迷わずに来れた。경찰이 길을 잘 가르쳐 줘서 헤매지 않고 왔어요. キョーンチャリ キルル チャル カルチョジュオソ ヘメジ アンコ ワッソヨ

くれる [暮れる] ①(日没) 해가 지다 ヘガ チダ; 저물다 チョムルダ ②(年が) 저물다 チョムルダ

くろ [黒] 검정 コムジョン; 검정색 コムジョンセク; 검은색 コムンセク

くろい [黒い] 검다 コームタ; 까맣다 ッカーマッタ 例 黒い髪 검은 머리 コームン モリ

くろう [苦労] 고생 コセン; 수고 スーゴ; 노고 ノゴ 例 彼は苦労の多い一生を送りました。 그 사람은 고생이 많은 일생을 보냈어요. クサーラムン コセンイ マーヌン イルセンウル ポネッソヨ ❖〜する 고생하다 コセンハダ

くろうと [玄人] 전문가 チョンムンガ; 프로 プロ

クローバー [clover] 클로버 クルローボ

グローバリズム [globalism] 글로벌리즘 クルロボルリジュム

グローバル [global] 글로벌 クルロボル

グローブ [globe] 글로브 クルロブ

クロール [crawl stroke] 크롤 クロル 関 自由形 자유형 チャユヒョン

くろじ [黒字] 흑자 フクチャ

くろまく [黒幕] 흑막 フンマク; 배후 인물 ペーフ インムル

くわ [桑] 뽕나무 ッポンナム

くわ [鍬] 괭이 クェンイ

くわえる [加える] ①(足す) 더하다 トハダ; 가하다 カハダ; 보태다 ポテダ 例 1に2を加えたらいくつですか。일에 이를 더하면 몇이죠? イレ イールル トハミョン ミョチジョ ②(与える) 주다 チュダ; 끼치다 ッキチダ; 입히다 イピダ; 가하다 カハダ 例 友人に危害を加えたら断固として対処します。친구에게 위해를 가하면 단호히 대처할 것입니다. チングエゲ ウィヘルル カハミョン タノヒ テーチョハル コシムニダ ③(加入する) 넣다 ノータ; 가입시키다 カイプシキダ 例 私も仲間に加えてください。저도 한 팀에 넣어 주세요. チョド ハン ティメ ノオ ジュセヨ

くわえる [銜える・啣える] 입에 물다 イベ ムルダ

くわしい [詳しい] ①(詳細) 상세하다 サンセハダ; 자세하다 チャセハダ 例 詳しい事情は後でお話しします。자세한 사정은 나중에 말씀드릴께요. チャセハン サージョンウン ナージュンエ マールッスムドゥリルケヨ ❖ 詳しく 자세히 チャセヒ; 상세히 サンセヒ ②(精通している) 정통하다 チョントンハダ; 잘 알고 있다 チャル アルゴ イッタ; 밝다 パクタ 例 その教授は心理学に詳しい方です。그 교수님은 심리학에 정통하신 분이세요. ク キョースニムン シムニハゲ チョントンハン ブニセヨ

くわだてる [企てる] 꾀하다 ックェハダ; 기도하다 キドハダ

くわわる [加わる] ①(数量などが

増える) 늘다 ヌルダ;늘어나다 ヌロナダ;많아지다 マナジダ;불어나다 プロナダ;가해지다 カヘジダ;추가되다 チュガドゥェダ 例急に人数が加わり参加者が50名にもなりました。갑자기 인원수가 늘어나서 참가자가 50(오십)명이나 됐어요. カプチャギ イヌォンスガ ヌロナソ チャムガジャガ オーシムミョンイナ トウェッソヨ ②(仲間に入る) 참여하다 チャミョハダ;가입하다 カイパダ;끼다 ッキダ 例お祭りに子供まで加わりさらににぎやかでした。축제에 아이들까지 끼어서 더욱 떠들썩했어요. チュクチェエ アイドゥルッカジ ッキオソ トウクットウルッソケッソヨ

くん [君] 군 クン

ぐん [郡] 군 クン

ぐんかん [軍艦] 군함 クナム

くんくん 킁킁 クンクン

ぐんぐん 부쩍부쩍 プッチョクプッチョク;쭉쭉 ッチュクッチュク

くんこう [勲功] 훈공 フンゴン

ぐんこくしゅぎ [軍国主義] 군국주의 クングクチュイ

くんし [君子] 군자 クンジャ

ぐんじ [軍事] 군사 クンサ 関軍事演習 군사 연습 クンサ ヨーンスプ / 軍事基地 군사 기지 クンサ キジ

ぐんじゅ [軍需] 군수 クンス 関軍需産業 군수 산업 クンス サーノプ / 軍需物資 군수 물자 クンス ムルチャ

ぐんしゅう [群衆] 군중 クンジュン

くんしょう [勲章] 훈장 フンジャン

ぐんじん [軍人] 군인 クニン

くんせい [燻製] 훈제 フンジェ

ぐんたい [軍隊] 군대 クンデ

ぐんて [軍手] 면장갑 ミョンジャンガプ;목장갑 モクチャンガプ

ぐんび [軍備] 군비 クンビ 関軍備拡大 군비 확대 クンビ フワクテ / 軍備縮小 군비 축소 クンビ チュクソ

ぐんぷく [軍服] 군복 クンボク

くんれん [訓練] 훈련 フールリョン

け

け [毛] 털 トル

けい [刑] 형 ヒョン;형벌 ヒョンボル

けい [系] 계열 ケーヨル;계통 ケートン

げい [芸] ①(技芸) 기예 キイェ ②(芸能) 예능 イェーヌン ③(特技) 재주 チェジュ ④(演芸) 연예 ヨーニェ

けいい [敬意] 경의 キョーンイ 例先生の労苦に敬意を表します。선생님의 노고에 경의를 표합니다. ソンセンニメ ノゴエ キョーンイルル ピョハムニダ

けいえい [経営] 경영 キョンヨン ❖~する 경영하다 キョンヨンハダ 関経営不振 경영 부진 キョンヨン プジン / 多角経営 다각 경영 タガク キョンヨン

けいえん [敬遠] 경원 キョーンウォン ❖~する 경원하다 キョーンウォナダ

けいおんがく [軽音楽] 경음악 キ

けいか

ョンウマク

けいか [経過] 경과 キョングヮ ❖~する 경과하다 キョングヮハダ

けいかい [軽快] ❖~だ 경쾌하다 キョンクェハダ ❖~に 경쾌히 キョンクェヒ

けいかい [警戒] 경계 キョーンゲ ❖~する 경계하다 キョーンゲハダ 関 警戒警報 경계경보 キョーンゲギョーンボ / 警戒心 경계심 キョーンゲシム

けいかく [計画] 계획 ケーフェク 例 旅行の計画を立てました。여행 계획을 세웠어요. ヨヘン ケーフェグル セウォッソヨ ❖~する 계획하다 ケーフェカダ

けいかん [警官] 경관 キョーングヮン;경찰관 キョーンチャルグヮン

けいき [景気] 경기 キョンギ 関 好景気 호경기 ホーギョンギ / 不景気 불경기 プルギョンギ

けいけん [経験] 경험 キョンホム ❖~する 경험하다 キョンホマダ 例 今まで経験したことのない体験をしました。이제껏 경험해 보지 못한 체험을 했어요. イジェッコッ キョンホメ ボジ モータン チェホムル ヘッソヨ

けいけん [敬虔] ❖~だ 경건하다 キョーンゴナダ

けいげん [軽減] 경감 キョンガム ❖~する 경감하다 キョンガマダ

けいこ [稽古] 연습 ヨンスプ;레슨 レスン ❖~する 연습하다 ヨンスパダ

けいご [敬語] 경어 キョーンオ;존댓말 チョンデンマル;높임말 ノピムマル;존대어 チョンデオ 例 敬語は相手によって使い方が異なります。경어는 상대방에 따라 쓰임이 달라요. キョーンオヌン サンデバンエッタラ ッスイミ タルラヨ

けいこう [傾向] 경향 キョンヒャン

けいこうぎょう [軽工業] 경공업 キョンゴンオプ

けいこうとう [蛍光灯] 형광등 ヒョングヮンドゥン

けいこく [渓谷] 계곡 ケゴク

けいこく [警告] 경고 キョーンゴ ❖~する 경고하다 キョーンゴハダ

けいさい [掲載] 게재 ケージェ ❖~する 게재하다 ケージェハダ ❖~される 게재되다 ケージェドゥェダ

けいざい [経済] 경제 キョンジェ 関 経済援助 경제 원조 キョンジェ ウォーンジョ / 経済界 경제계 キョンジェゲ / 経済活動 경제 활동 キョンジェ フヮルトン / 経済危機 경제 위기 キョンジェ ウィギ / 経済的 경제적 キョンジェジョク / 経済動向 경제 동향 キョンジェ トンヒャン

けいさつ [警察] 경찰 キョーンチャル 関 警察官 경찰관 キョーンチャルグヮン / 警察署 경찰서 キョーンチャルソ

けいさん [計算] 계산 ケーサン;셈 セーム 例 計算が合っているかどうか確認をお願いします。계산이 맞는지 확인 좀 부탁드립니다. ケーサニ マンヌンジ フヮギン チョム プータクトゥリムニダ ❖~する 계산하다 ケーサナダ;세다 セーダ

けいし [軽視] 경시 キョンシ ❖~

146

する 경시하다 キョンシハダ
けいじ [刑事] 형사 ヒョンサ
けいじ [掲示] 게시 ケーシ ❖~する 게시하다 ケーシハダ
けいしき [形式] 형식 ヒョンシク
げいじゅつ [芸術] 예술 イェースル
けいしょう [敬称] 경칭 キョーンチン
けいしょう [継承] 계승 ケースン ❖~する 계승하다 ケースンハダ; 이어받다 イオバッタ 関継承者 계승자 ケースンジャ
けいしょく [軽食] 간단한 식사 カンダナン シクサ
けいせい [形成] 형성 ヒョンソン ❖~する 형성하다 ヒョンソンハダ
けいぞく [継続] 계속 ケーソク ❖(…を)~する 계속하다 ケーソカダ ❖(…が)~する 계속되다 ケーソクトゥェダ 例審議は来期も継続されます。심의는 다음 기에도 계속됩니다. シーミヌン タウム キエド ケーソクトゥェムニダ
けいそつ [軽率] ❖~だ 경솔하다 キョンソラダ ❖~に 경솔히 キョンソリ; 경솔하게 キョンソラゲ 例軽率に行動したことについて深く反省しています。경솔하게 행동한 것에 대해 깊이 반성하고 있어요. キョンソラゲ ヘンドンハン ゴセ テーヘ キピ パーンソンハゴ イッソヨ
けいたい [形態] 형태 ヒョンテ
けいたい [携帯] 휴대 ヒュデ ❖~する 휴대하다 ヒュデハダ; 가지고 다니다 カジゴ タニダ; 지니다 チニダ 例携帯するのに便利なノートパソコンが新しく出ました。휴대하기에 편리한 노트북이 새로 나왔어요. ヒュデハギエ ピョルリハン ノートゥブギ セロ ナワッソヨ 関携帯電話 휴대 전화 ヒュデチョーヌヮ; 휴대폰 ヒュデポン / 携帯品 휴대품 ヒュデプム / 携帯用 휴대용 ヒュデヨン
けいと [毛糸] 털실 トルシル
けいとう [系統] 계통 ケートン 関命令系統 명령 계통 ミョーンニョン ケートン
げいのう [芸能] ①(芸能) 예능 イェーヌン ②(演芸) 연예 ヨーニェ 関芸能人 연예인 ヨーニェイン / 芸能界 연예계 ヨーニェゲ
けいば [競馬] 경마 キョーンマ 関競馬場 경마장 キョーンマジャン
けいはく [軽薄] ❖~だ 경박하다 キョンバカダ
けいばつ [刑罰] 형벌 ヒョンボル
けいひ [経費] 경비 キョンビ 例経費がそんなに多く掛かるとは思いませんでした。경비가 그렇게 많이 들 줄 몰랐어요. キョンビガ クロッケ マーニ トゥル チュル モールラッソヨ 関経費削減 경비 삭감 キョンビ サクカム / 必要経費 필요 경비 ピリョ キョンビ
けいび [警備] 경비 キョーンビ ❖~する 경비하다 キョーンビハダ 関警備員 경비원 キョーンビウォン / 警備隊 경비대 キョーンビデ
けいひん [景品] 경품 キョーンプム
けいふくきゅう [景福宮] 경복궁 キョーンボククン《朝鮮王朝の王宮の1つ》

けいべつ

けいべつ [軽蔑] ❖~する 경멸하다 キョンミョラダ;업신여기다 オプシンニョギダ 例彼は開いた口が塞がらないといった軽蔑する目で見ました。 그 사람은 어이없다는 듯 경멸하는 눈빛으로 바라봤어요. ク サーラムン オイオプタヌン ドゥッ キョンミョラヌン ヌンピチュロ パラブワッソヨ ❖~される 경멸당하다 キョンミョルダンハダ

けいほう [警報] 경보 キョーンボ 関大雨洪水警報 호우 홍수 경보 ホウ ホンス キョーンボ/大雪警報 대설 경보 テーソル キョーンボ

けいむしょ [刑務所] 교도소 キョドソ

けいもう [啓蒙] 계몽 ケーモン ❖~する 계몽하다 ケーモンハダ 関啓蒙思想 계몽사상 ケーモンササン

けいやく [契約] 계약 ケーヤク 例両社は先月末、提携契約を結びました。 양사는 지난달 말 제휴 계약을 맺었습니다. ヤンサヌン チナンダル マル チェヒュ ケーヤグル メジョッスムニダ/契約を破ったら違約金を払わなければいけません。계약을 깨면 위약금을 물어야 해요. ケーヤグル ッケミョン ウィヤックムル ムロヤ ヘヨ ❖~する 계약하다 ケヤカダ 関契約違反 계약 위반 ケーヤク ウィバン/売買契約 매매 계약 メメ ケーヤク

けいゆ [経由] 경유 キョンユ ❖~する 경유하다 キョンユハダ 例仁川を経由してヨーロッパに行こうと思います。 인천을 경유해서 유럽으로 가려고 해요. インチョヌル キョンユヘソ ユロブロ カリョゴ ヘヨ

けいゆ [軽油] 경유 キョンユ

けいようし [形容詞] 형용사 ヒョンヨンサ

けいり [経理] 경리 キョンニ 関経理課 경리과 キョンニックヮ

けいりゃく [計略] 계략 ケーリャク;책략 チェンニャク ❖~する 계략하다 ケーリャカダ

けいりょう [計量] 계량 ケーリャン ❖~する 계량하다 ケーリャンハダ

けいれい [敬礼] 경례 キョーンニェ ❖~する 경례하다 キョーンニェハダ

けいれき [経歴] 경력 キョンニョク

けいれつ [系列] 계열 ケーヨル

けいれん [痙攣] 경련 キョンニョン

けいろ [経路] 경로 キョンノ

けいろう [敬老] 경로 キョーンノ 関敬老精神 경로 정신 キョーンノ チョンシン/敬老の日 경로의 날 キョーンノエ ナル

ケーキ [cake] 케이크 ケイク;양과자 ヤングヮジャ

ケース [case] 케이스 ケイス

ケーブル [cable] 케이블 ケイブル

ゲーム [game] 게임 ケイム

けおりもの [毛織り物] 모직물 モジンムル

けが [怪我] 상처 サンチョ;부상 プーサン ❖~する 다치다 タチダ;부상을 입다 プーサンウル イプタ

げか [外科] 외과 ウェーックヮ 関外科医 외과의 ウェーックヮイ

けがす [汚す] 더럽히다 トーロピダ;모독하다 モドカダ

けがらわしい [汚らわしい] 더럽다 トーロプタ

けがれ [汚れ・穢れ] 더러움 トーロウム;불결 プルギョル

けがれる [汚れる・穢れる] 더러워지다 トーロウォジダ;더럽혀지다 トーロピョジダ

けがわ [毛皮] 모피 モピ;털가죽 トルガジュク 関 毛皮のコート 모피코트 モピ コトゥ

げき [劇] 극 クク;연극 ヨーングク ❖~的な 극적인 ククチョギン 関 劇映画 극영화 クギョンフワ／劇作家 극작가 ククチャクカ／時代劇 사극 サグク

げきじょう [劇場] 극장 ククチャン《韓国では映画館の意味としても用いる》

げきだん [劇団] 극단 ククタン

げきつう [激痛] 격통 キョクトン

げきど [激怒] 격노 キョンノ ❖~する 격노하다 キョンノハダ

げきむ [激務] 격무 キョンム;극무 クンム

げきれい [激励] 격려 キョンニョ ❖~する 격려하다 キョンニョハダ 例 大学修学能力試験(修能:大学入試)を控えた学生たちを激励しました。수능을 앞둔 학생들을 격려해 주었어요. スヌンウル アプトゥン ハクセンドゥルル キョンニョヘ ジュオッソヨ

けさ [今朝] 오늘 아침 オヌル アチム

げざい [下剤] 설사약 ソルサヤク

げし [夏至] 하지 ハージ

けしき [景色] 경치 キョンチ;풍경 プンギョン 例 景色のすばらしい有名な所を知っていますか。경치 좋기로 유명한 곳을 아세요? キョンチ チョーッキロ ユーミョンハン ゴスル アセヨ

けしゴム [消しゴム] 지우개 チウゲ

けじめ 구별 クビョル;구분 クブン;분간 プンガン

げしゃ [下車] 하차 ハーチャ ❖~する 하차하다 ハーチャハダ 関 途中下車 도중 하차 トジュン ハーチャ

げしゅく [下宿] 하숙 ハースク 例 語学研修期間の間, 下宿をしたいのですが。어학연수 기간 동안에 하숙을 하고 싶은데요. オーハンニョンス キガン トンアンネ ハースグル ハゴ シプンデヨ ❖~する 하숙하다 ハースカダ 関 下宿屋 하숙집 ハースクチプ

げじゅん [下旬] 하순 ハースン

けしょう [化粧] 화장 フワジャン ❖~する 화장하다 フワジャンハダ 関 化粧台 화장대 フワジャンデ／化粧品 화장품 フワジャンプム／厚化粧 짙은 화장 チトゥン フワジャン／薄化粧 얕은 화장 ヤルブン フワジャン;연한 화장 ヨナン フワジャン

けす [消す] ①(火を) 끄다 ックダ 例 (誕生日に) 歌を歌った後ロウソクの火を消しました。노래를 부른 다음에 촛불을 껐어요. ノレルル プルン ダウメ チョップルル ッコッソヨ ②(電気や明かりを) 끄다 ックダ 例 眠たかったら電気を消してゆっくりお休みになってください。졸리면 불 끄고 편하게 주무세

요. チョルリミョン プルックゴ ピョナゲ チュムセヨ ③(文字などを) 지우다 チウダ 例 間違って書いた所は消しゴムできれいに消してください。 잘못 쓴 부분은 지우개로 깨끗이 지워 주세요. チャルモッスン ププブヌン チウゲロ ッケックシ チウォ ジュセヨ ④(除去する) 없애다 オープセダ; 제거하다 チェゴハダ 例 体と心の毒素を共に消してこそ健康になるそうです。몸과 마음의 독을 함께 없애야 건강해진대요. モムグヮ マウメ トグル ハムッケ オープセヤ コーンガン ヘジンデヨ ⑤(姿を) 감추다 カムチュダ 例 犯人が姿を消しました。범인이 모습을 감추었어요. ポーミニ モスブル カムチュオッソヨ ⑥(殺す) 죽이다 チュギダ; 없애다 オープセダ 例 邪魔者はみんな消してしまえ。방해자는 다 없애 버려. パンヘジャヌン ター オープセ ボリョ

げすい [下水] 하수 ハース 関 下水道 하수도 ハースド

けずる [削る] ①(刃物で) 깎다 ッカクタ ②(削減・削除する) 삭감하다 サクカマダ; 삭제하다 サクチェハダ

げそくばこ [下足箱] 신발장 シンバルチャン

けた [桁] ①(橋の) 도리 トリ ②(数字の位) 자리 チャリ; 자릿수 チャリッス 関 橋げた 다리의 도리 タリエ トリ

けだかい [気高い] 고상하다 コサンハダ; 품격이 높다 プンキョギノプタ; 고귀하다 コグィハダ

けだもの [獣] 짐승 チムスン

けち 구두쇠 クドゥスェ ❖~だ 인색하다 インセカダ

けちくさい [けち臭い] 인색하다 インセカダ; 다랍다 タラプタ; 척살맞다 チクサルマッタ

ケチャップ [ketchup] 케첩 ケチョプ

けつあつ [血圧] 혈압 ヒョラプ 例 毎朝きちんと血圧を測っています。매일 아침 규칙적으로 혈압을 재고 있어요. メーイル アチム キュチクチョグロ ヒョラブル チェーゴ イッソヨ 関 高血圧 고혈압 コヒョラプ/低血圧 저혈압 チョヒョラプ

けつい [決意] 결의 キョリ; 결심 キョルシム 例 計画を実行するという決意を固めました。계획을 실행하겠다는 결의를 굳혔어요. ケーフェグル シレンハゲッタヌン キョリルル クチョッソヨ ❖~する 결의하다 キョリハダ

けついん [欠員] 결원 キョルォン

けつえき [血液] 혈액 ヒョレク; 피 ピ

けつえん [血縁] 혈연 ヒョリョン; 혈족 ヒョルチョク

けっか [結果] 결과 キョルグヮ

けっかく [結核] 결핵 キョレク 関 結核予防 결핵 예방 キョレン ニェーバン

けっかん [欠陥] 결함 キョラム 関 欠陥商品 결함 상품 キョラム サンプム

けっかん [血管] 혈관 ヒョルグヮン; 핏줄 ピッチュル

げっかん [月刊] 월간 ウォルガン 関 月刊誌 월간지 ウォルガンジ

けっき [血気] 혈기 ヒョルギ
けつぎ [決議] 결의 キョリ ❖~する 결의하다 キョリハダ 例労働組合がストライキを決議したそうです。노동조합이 파업을 결의했대요. ノドンジョハビ パオブル キョリヘッテヨ ❖~される 결의되다 キョリドウェダ 関決議事項 결의 사항 キョリ サーハン/決議文 결의문 キョリムン
げっきゅう [月給] 월급 ウォルグプ
けっきょく [結局] 결국 キョルグク 例結局どうなりましたか。결국 어떻게 됐나요? キョルグク オットッケ ドウェンナヨ
けっきん [欠勤] 결근 キョルグン ❖~する 결근하다 キョルグナダ 例体の具合が悪くて欠勤しました。아파서 결근했어요. アパソ キョルグネッソヨ
げっけい [月経] 월경 ウォルギョン
げっけいじゅ [月桂樹] 월계수 ウォルゲス
けっこう [欠航] 결항 キョラン ❖~する 결항하다 キョランハダ ❖~される 결항되다 キョランドウェダ 例台風により航空便が欠航となりました。태풍으로 인해서 항공편이 결항됐어요. テプンウロ イーネソ ハンゴンピョニ キョランドウェッソヨ
けっこう [結構] ❖~だ ①(よい) 좋다 チョータ;괜찮다 クェンチャンタ ②(すばらしい) 훌륭하다 フルリュンハダ 例こんなに結構な贈り物を本当にもらってもいいでしょうか。이렇게 훌륭한 선물을 정말로 받아도 될까요? イロッケ フルリュンハン ソーンムルル チョーンマルロ パダド ドウェルッカヨ ③(十分だ) 괜찮다 クェンチャンタ;충분하다 チュンブナダ 例もう結構です。이제 괜찮습니다. イジェ クェンチャンスムニダ ④(許可) 좋다 チョータ;괜찮다 クェンチャンタ 例明日は遅くても結構です。내일은 늦어도 괜찮아요. ネイルン ヌジョド クェンチャナヨ
けつごう [結合] 결합 キョラプ ❖~する 결합하다 キョラパダ
げっこう [月光] 달빛 タルピッ
けっこん [結婚] 결혼 キョロン ❖~する 결혼하다 キョロナダ 例初恋の人と結婚することにしたそうです。첫사랑하고 결혼하기로 했대요. チョッサランハゴ キョロナギロ ヘッテヨ 関結婚記念日 결혼기념일 キョロンキニョミル/結婚式 결혼식 キョロンシク/結婚披露宴 결혼 피로연 キョロン ピロヨン/見合い結婚 중매결혼 チュンメギョロン/恋愛結婚 연애결혼 ヨーネギョロン
けっさい [決済] 결제 キョルチェ ❖~する 결제하다 キョルチェハダ
けっさく [傑作] 걸작 コルチャク
けっさん [決算] 결산 キョルサン ❖~する 결산하다 キョルサナダ 関決算書 결산서 キョルサンソ/決算報告 결산보고 キョルサンボゴ/総決算 총결산 チョンギョルサン
けっして [決して] ①결코 キョルコ;결단코 キョルタンコ ②(絶対に) 절대로 チョルテロ

げっしゃ [月謝] 월사금 ウォルサグム

げっしゅう [月収] 월수입 ウォルスイプ;월수 ウォルス

けっしょう [決勝] 결승 キョルスン 例 大会の決勝で大差で勝ちました。대회 결승에서 큰 차이로 이겼어요. テーフェ キョルスンエソ クン チャイロ イギョッソヨ 関 決勝戦 결승전 キョルスンジョン / 準決勝 준결승 チューンギョルスン

けっしょく [欠食] 결식 キョルシク ❖~する 결식하다 キョルシカダ;끼니를 거르다 ッキニルル コルダ

けっしん [決心] 결심 キョルシム 例 決心がついたら直接お話しいたします。결심이 서면 직접 말씀드릴게요. キョルシミ ソミョン チクチョプ マールッスムドゥリルケヨ ❖~する 결심하다 キョルシマダ

けっせい [結成] 결성 キョルソン ❖~する 결성하다 キョルソンハダ

けっせき [欠席] 결석 キョルソク ❖~する 결석하다 キョルソカダ 例 体の具合が悪くて欠席します。몸이 아파서 결석할게요. モミ アパソ キョルソカルケヨ

けっせん [決戦] 결전 キョルチョン ❖~する 결전하다 キョルチョナダ

けつだん [決断] 결단 キョルタン ❖~する 결단하다 キョルタナダ 関 決断力 결단력 キョルタンニョク

けってい [決定] 결정 キョルチョン ❖~する 결정하다 キョルチョンハダ 例 来週までに決定しなければいけません。다음 주까지 결정해야 돼요. タウム チュッカジ キョルチョンヘヤ ドゥエヨ 関 決定権 결정권 キョルチョンックォン / 決定事項 결정 사항 チョルチョン サーハン

けってん [欠点] 결점 キョルッチョム;단점 タンチョム;흠 フーム

けっとう [血統] 혈통 ヒョルトン;핏줄 ピッチュル

けっとう [血糖] 혈당 ヒョルタン 関 血糖値 혈당치 ヒョルタンチ / 高血糖 고혈당 コヒョルタン / 低血糖 저혈당 チョヒョルタン

けっとう [決闘] 결투 キョルトゥ ❖~する 결투하다 キョルトゥハダ

けっぱく [潔白] 결백 キョルベク ❖~だ 결백하다 キョルベカダ

げっぷ 트림 トゥリム

けっぺき [潔癖] 결벽 キョルビョク ❖~だ 결벽하다 キョルビョカダ 関 潔癖症 결벽증 キョルビョクッチュン

けつまつ [結末] 결말 キョルマル

げつまつ [月末] 월말 ウォルマル

げつようび [月曜日] 월요일 ウォリョイル

けつろん [結論] 결론 キョルロン

けなげ [健気] ❖~だ 기특하다 キトゥカダ;다기지다 タギジダ;갸륵하다 キャールカダ

けなす [貶す] 헐뜯다 ホールットゥッタ;비방하다 ピバンハダ

げねつざい [解熱剤] 해열제 ヘーヨルチェ

けねん [懸念] 걱정 コクチョン;염려 ヨームニョ;근심 クンシム ❖~する 걱정하다 コクチョンハダ;근심하다 クンシマダ ❖~される 걱정되다 コクチョンドゥェダ;염려되

けんえき

다 ヨームニョドウェダ 例このままでは将来が本当に懸念されます。이대로는 장래가 정말 걱정돼요. イデロヌン チャンネガ チョーンマル コクチョンドウェヨ

けはい [気配] ①(人などの) 기척 キチョク ②(雰囲気) 기미 キミ ③(季節などの) 기운 キウン 例春の気配が感じられる休日でした。봄 기운이 느껴지는 휴일이었어요. ポム キウニ ヌッキョジヌン ヒュイリオッソヨ

けびょう [仮病] 꾀병 ックェビョン

げひん [下品] ❖~だ 천하다 チョーナダ; 품위가 없다 プムィガ オーブタ; 상스럽다 サンスロプタ

けむり [煙] 연기 ヨンギ 関土煙 흙먼지 フンモンジ / 水煙 물보라 ムルボラ / 湯けむり 더운 김 トウン ギーム

けもの [獣] 짐승 チムスン

けやき [欅] 느티나무 ヌティナム

げらく [下落] 하락 ハーラク ❖~する 하락하다 ハーラカダ

げり [下痢] 설사 ソルサ ❖~する 설사하다 ソルサハダ; 배탈이 나다 ペタリ ナダ 関下痢止め 지사제 チサジェ

ける [蹴る] ①(ボールなど物を) 차다 チャダ ②(拒絶する) 거절하다 コージョラダ ③(一蹴する) 일축하다 イルチュカダ

げれつ [下劣] ❖~だ 야비하다 ヤビハダ

けれども ①(逆接) -지만 チマン 例おいしいけれども,少し高い店です。맛은 좋지만 좀 비싼 집이에요. マスン チョーッチマン チョム ピッサン チビエヨ ②(婉曲) -는데 / 은데 ヌンデ / ウンデ; 던데 トンデ 例午後から雨が降りそうですけれども, それでもお出掛けになりますか。오후부터 비가 올 것 같은데 그래도 가실래요? オーフブト ピガ オル コッ カトウンデ クレド カシルレヨ ③(願望) -는데 / 은데 ヌンデ / ウンデ; -만 マン 例ちょっと伺いたいことがあるんですけども。좀 여쭤 보고 싶은 게 있습니다만. チョム ヨッチュオ ボゴ シプン ゲ イッスムニダマン ④《接続詞》그러나 クロナ; 그렇지만 クロッチマン; 하지만 ハジマン 例謝ってもらいました。けれども信頼できないですね。사과를 받았어요. 하지만 믿음이 안 가네요. サーグワルル パダッソヨ ハジマン ミドウミ アン ガネヨ

けわしい [険しい] ①(山などの傾斜が) 가파르다 カパルダ; 험하다 ホマダ ②(態度や表情が) 험상궂다 ホムサングッタ; 험악하다 ホーマカダ ③(予断を許さない) 위태롭다 ウィテロプタ; 위급하다 ウィグパダ; 험난하다 ホムナナダ

けん [件] 건 コン

けん [券] 권 クォン; 표 ピョ 関観覧券 관람권 クワルラムックォン / 入場券 입장권 イプチャンックォン

けん [軒] 채 チェ

けんあく [険悪] ❖~だ 험악하다 ホーマカダ

けんい [権威] 권위 クォヌィ 関権威者 권위자 クォヌィジャ

げんいん [原因] 원인 ウォニン

けんえき [検疫] 검역 コーミョク

げんえき ❖~する 검역하다 コーミョカダ 関検疫官 검역관 コーミョククワン / 検疫所 검역소 コーミョクソ

げんえき [現役] 현역 ヒョーニョク 関現役選手 현역 선수 ヒョーニョク ソーンス / 現役兵 현역병 ヒョーニョクピョン

けんえつ [検閲] 검열 コーミョル ❖~する 검열하다 コーミョラダ 関検閲官 검열관 コーミョルグワン

けんお [嫌悪] 혐오 ヒョモ ❖~する 혐오하다 ヒョモハダ 関嫌悪感 혐오감 ヒョモガム / 自己嫌悪 자기혐오 チャギヒョモ

けんか [喧嘩] ①싸움 ッサウム ②(言い争い) 다툼 タトゥム ❖~する 싸우다 ッサウダ; 다투다 タトゥダ 例友達とは喧嘩しないで仲良くしないとね。친구하고 싸우지 말고 사이좋게 지내야지요. チングハゴ ッサウジ マールゴ サイジョッケ チーネヤジヨ

げんか [原価] 원가 ウォンッカ

けんかい [見解] 견해 キョーネ

けんかい [限界] 한계 ハーンゲ

けんがく [見学] 견학 キョーナク 例工場に見学に行くために予約をしました。공장에 견학을 가기 위해 예약을 했어요. コンジャンエ キョーナグル カギ ウィヘ イェーヤグル ヘッソヨ ❖~する 견학하다 キョーナカダ

げんかく [厳格] ❖~だ 엄격하다 オムッキョカダ ❖~に 엄격히 オムッキョキ 例父が厳格なので早めに帰宅しなければいけません。아버지가 엄격하셔서 빨리 집에 들어가야 해요. アボジガ オムッキョカショソ ッパルリ チベ トゥロガヤヘヨ

げんがっき [弦楽器] 현악기 ヒョナッキ

げんかん [玄関] 현관 ヒョングワン

けんぎ [嫌疑] 혐의 ヒョミ

げんき [元気] ①기운 キウン 例体に良くて元気が出る料理は何かないでしょうか。몸에 좋고 기운이 나는 음식은 뭐 없을까요? モメ チョーッコ キウニ ナヌン ウームシグン ムォー オープスルッカヨ ②(力) 힘 ヒム ③(健康) 건강 コーンガン ❖~だ 건강하다 コーンガンハダ; 기운차다 キウンチャダ

けんきゅう [研究] 연구 ヨーング ❖~する 연구하다 ヨーングハダ 関研究会 연구회 ヨーングフェ / 研究室 연구실 ヨーングシル

けんきょ [検挙] 검거 コームゴ ❖~する 검거하다 コームゴハダ ❖~される 검거되다 コームゴドゥェダ

けんきょ [謙虚] ❖~だ 겸허하다 キョモハダ; 겸손하다 キョムソナダ 例謙虚な態度 겸허한 태도 キョモハン テード ❖~に 겸허하게 キョモハゲ 例国民の選択を謙虚に受け入れます。국민의 선택을 겸허하게 받아들이겠습니다. クンミネ ソーンテグル キョモハゲ パダドゥリゲッスムニダ

けんきん [献金] 헌금 ホーングム ❖~する 헌금하다 ホーングマダ 関政治献金 정치 헌금 チョンチ ホーングム

げんきん [現金] 현금 ヒョーングム

げんきん [厳禁] 엄금 オムグム ❖~する 엄금하다 オムグマダ 関 火気厳禁 화기 엄금 フワーギ オムグム

げんけい [原型] 원형 ウォニョン

けんけつ [献血] 헌혈 ホーニョル ❖~する 헌혈하다 ホーニョラダ

けんげん [権限] 권한 クォナン

げんご [言語] 언어 オノ

けんこう [健康] 건강 コーンガン ❖~だ 건강하다 コーンガンハダ 例 細い体より健康な体の方が美しいです。날씬한 몸보다 건강한 몸이 더 아름다워요. ナルッシナン モムボダ コーンガンハン モミ ト アルムダウォヨ 関 健康診断 건강 진단 コーンガン チンダン

げんこう [原稿] 원고 ウォンゴ 関 原稿用紙 원고지 ウォンゴジ

けんさ [検査] 검사 コームサ ❖~する 검사하다 コームサハダ

けんざい [健在] 건재 コーンジェ ❖~だ 건재하다 コンジェハダ

げんざい [現在] 현재 ヒョンジェ;지금 チグム 例 現在上映中の映画は何がありますか。현재 상영 중인 영화는 뭐가 있어요? ヒョンジェ サーンヨン ジュンイン ヨンフヮヌン ムォーガ イッソヨ

けんさく [検索] 검색 コームセク ❖~する 검색하다 コームセカダ

げんさく [原作] 원작 ウォンジャク

けんさつ [検察] 검찰 コームチャル

けんじ [検事] 검사 コームサ

げんし [原子] 원자 ウォンジャ 関 原子爆弾 원자 폭탄 ウォンジャ ポクタン / 原子力発電所 원자력 발전소 ウォンジャリョク パルチョンソ / 原子炉 원자로 ウォンジャロ

げんし [原始] 원시 ウォンシ ❖~的 원시적 ウォンシジョク ❖~的な 원시적인 ウォンシジョギン

けんじつ [堅実] 견실 キョンシル ❖~だ 견실하다 キョンシラダ ❖~に 착실하게 チャクシラゲ 例 小さな会社ですが、堅実に成長しています。작은 회사지만 착실하게 성장하고 있어요. チャーグン フェーサジマン チャクシラゲ ソンジャンハゴ イッソヨ

げんじつ [現実] 현실 ヒョーンシル ❖~的 현실적 ヒョーンシルチョク ❖~的な 현실적인 ヒョーンシルチョギン

げんしゅ [厳守] 엄수 オムス ❖~する 엄수하다 オムスハダ

けんしゅう [研修] 연수 ヨンス ❖~する 연수하다 ヨンスハダ 関 研修会 연수회 ヨンスフェ / 研修生 연수생 ヨンスセン / 語学研修 어학연수 オーハンニョンス

けんしょう [懸賞] 현상 ヒョーンサン 関 懸賞金 현상금 ヒョーンサングム

げんしょう [現象] 현상 ヒョーンサン

げんしょう [減少] 감소 カームソ ❖~する 감소하다 カームソハダ 例 不景気により収入も減少しました。불경기로 수입도 감소했어요. プルギョンギロ スイプト カームソヘッソヨ

けんしん [検診] 검진 コームジン ❖~する 검진하다 コームジナダ

けんしん

関総合健診 종합 검진 チョンハプ コームジン / 定期検診 정기 검진 チョーンギ コームジン

けんしん [献身] 헌신 ホーンシン ❖~する 헌신하다 ホーンシナダ

けんせい [牽制] 견제 キョンジェ ❖~する 견제하다 キョンジェハダ

げんせい [厳正] 엄정 オムジョン ❖~だ 엄정하다 オムジョンハダ ❖~に 엄정히 オムジョンイ

げんぜい [減税] 감세 カームセ ~する 감세하다 カームセハダ

けんせつ [建設] 건설 コーンソル ❖~する 건설하다 コーンソラダ 例新しいビルを建設しています。 새로운 빌딩을 건설하고 있어요. セロウン ピルディンウル コーンソラゴ イッソヨ 関建設会社 건설 회사 コーンソル フェーサ / 建設計画 건설 계획 コーンソル ケーフェク / 建設工事 건설 공사 コーンソル コンサ

けんぜん [健全] ❖~だ 건전하다 コーンジョナダ

げんそく [原則] 원칙 ウォンチク

けんそん [謙遜] ❖~する 겸손하다 キョムソナダ

けんたい [倦怠] 권태 クォンテ 関倦怠感 권태감 クォンテガム / 倦怠期 권태기 クォンテギ

げんだい [現代] 현대 ヒョーンデ

げんち [現地] 현지 ヒョーンジ 関現地時間 현지 시간 ヒョーンジ シガン / 現地調査 현지 조사 ヒョーンジ チョサ

けんちく [建築] 건축 コーンチュク ❖~する 건축하다 コーンチュカダ 関建築家 건축가 コーンチュカ / 建築学 건축학 コーンチュカク / 木造建築 목조 건축 モクチョ コーンチュク

けんちょ [顕著] 현저 ヒョーンジョ ❖~だ 현저하다 ヒョーンジョハダ 例教育の発展に顕著な功績を残しました。교육 발전에 현저한 공적을 남겼어요. キョーユク パルチョネ ヒョーンジョハン コンジョグル ナムギョッソヨ

けんてい [検定] 검정 コームジョン ❖~する 검정하다 コームジョンハダ 関検定試験 검정 시험 コームジョン シホム

げんてい [限定] 한정 ハーンジョン ❖~する 한정하다 ハーンジョンハダ 例範囲を限定して試験問題を出しています。범위를 한정해서 시험 문제를 내고 있어요. ポームィルル ハーンジョンヘソ シホム ムーンジェルル ネーゴ イッソヨ ❖~される 한정되다 ハーンジョンドゥェダ 例ここは限定された時間内で回るには広すぎます。이곳은 한정된 시간 내에 돌아보기에는 너무 넓어요. イゴスン ハーンジョンドゥェン シガン ネエ トラボギエヌン ノム ノルボヨ

げんてん [原典] 원전 ウォンジョン

げんてん [原点] 원점 ウォンッチョム

げんてん [減点] 감점 カームッチョム ❖~する 감점하다 カームッチョマダ

げんど [限度] 한도 ハーンド

けんとう [見当] ①(推測) 어림 オリム ; 짐작 チムジャク ; 예상 イェー

サン 関 どうも見当がつきません. 도대체 짐작이 가지 않아요. トデチェ チムジャギ カジ アナヨ ②(おおよそ) 가량 カーリャン; 정도 チョンド

けんとう [健闘] 건투 コーントゥ ❖~する 건투하다 コーントゥハダ 例 健闘を祈ります. 건투하시기를 빕니다. コーントゥハシギルル ピムニダ

けんとう [検討] 검토 コームト ❖~する 검토하다 コームトハダ 例 もう一度資料を検討してください. 다시 한번 자료를 검토해 주세요. タシ ハンボン チャリョルル コームトヘ ジュセヨ

げんどうりょく [原動力] 원동력 ウォンドンニョク

けんにん [兼任] 겸임 キョミム ❖~する 겸임하다 キョミマダ

げんば [現場] 현장 ヒョーンジャン

けんびきょう [顕微鏡] 현미경 ヒョーンミギョン 関 顕微鏡検査 현미경 검사 ヒョーンミギョン コームサ / 電子顕微鏡 전자 현미경 チョーンジャ ヒョーンミギョン

けんぶつ [見物] 구경 クーギョン ❖~する 구경하다 クーギョンハダ 例 あちこち見物しながらゆっくり歩きましょう. 여기저기 구경하면서 천천히 걸어요. ヨギジョギ クーギョンハミョンソ チョーンチョニ コロヨ

けんぶん [見聞] 견문 キョンムン

げんぶん [原文] 원문 ウォンムン

けんぽう [憲法] 헌법 ホーンポプ

げんぽん [原本] 원본 ウォンボン

げんまい [玄米] 현미 ヒョンミ 関 玄米食 현미식 ヒョンミシク / 玄米茶 현미차 ヒョンミチャ / 玄米パン 현미빵 ヒョンミッパン

げんみつ [厳密] 엄밀 オムミル ❖~だ 엄밀하다 オムミラダ 例 代表は厳密な基準で選ばなければなりません. 대표는 엄밀한 기준으로 뽑아야 해요. テーピョヌン オムミラン キジュヌロ ッポバヤ ヘヨ ❖~に 엄밀히 オムミリ 例 厳密に言うとそれは違法です. 엄밀히 말하면 그것은 불법이에요. オムミリ マラミョン クゴスン プルボビエヨ

けんめい [賢明] 현명 ヒョンミョン ❖~だ 현명하다 ヒョンミョンハダ 例 世の中には賢明な人も, 愚かな人もいるものです. 세상에는 현명한 사람도 어리석은 사람도 있는 법이에요. セーサンエヌン ヒョンミョンハン サーラムド オリソグン サーラムド インヌン ボビエヨ / そのようにするのが賢明です. 그렇게 하는 게 현명해요. クロッケ ハヌン ゲ ヒョンミョンヘヨ

けんめい [懸命] ❖~に 힘껏 ヒムッコッ; 열심히 ヨルシミ; 필사적으로 ピルサジョグロ 例 国民のために懸命に努力する政治家になります. 국민을 위해 힘껏 노력하는 정치가가 되겠습니다. クンミヌル ウィヘ ヒムッコッ ノリョカヌン チョンチガガ トゥェゲッスムニダ

げんめい [厳命] 엄명 オムミョン ❖~する 엄명하다 オムミョンハダ

けんやく [倹約] 검약 コーミャク; 절약 チョリャク ❖~する 절약하다 チョリャカダ 例 小遣いを倹約して毎月少しずつ貯金しています.

용돈을 절약해서 매달 조금씩 저축해요. ヨーンットヌル チョリャケソ メーダル チョグムッシク チョーチュケヨ 関倹約家 검약가 コーミャクカ

げんゆ [原油] 원유 ウォニュ

けんり [権利] 권리 クォルリ 例正当한 권리 정당한 권리 チョーンダンハン クォルリ

げんり [原理] 원리 ウォルリ

げんりょう [原料] 원료 ウォルリョ

けんりょく [権力] 권력 クォルリョク 関権力闘争 권력 투쟁 クォルリョク トゥジェン/公権力 공권력 コンックォンニョク/国家権力 국가권력 ククカ ックォルリョク

げんろん [言論] 언론 オルロン 関言論統制 언론 통제 オルロン トーンジェ/言論機関 언론 기관 オルロン キグヮン

こ

こ [子] ①(子供) 아이 アイ;애 エ ②(子息) 자식 チャシク ③(男の子) 남자애 ナムジャエ;사내아이 サネアイ ④(女の子) 여자애 ヨジャエ;계집아이 ケーチバイ;계집애 ケーチベ ⑤(動物) 새끼 セッキ

こ [個・箇] 개 ケ 例ミカン10個 귤 10(열) 개 キュル ヨルケ

ご [五] 《漢数詞》오 オー 《固有数詞》다섯 タソッ 関五月 오월 オーウォル/五時 다섯 시 タソッ シ

ご [後] 뒤 トゥィー;후 フー

ご [碁] 바둑 パドゥク 例碁を打てますか。바둑을 둘 줄 아세요? パドゥグル トゥル チュル アーセヨ

こい [恋] 사랑 サラン;연애 ヨーネ ❖~する 사랑하다 サランハダ

こい [鯉] 잉어 イーンオ

こい [故意] 고의 コーイ ❖~に 고의로 コーイロ

こい [濃い] ①(色が) 짙다 チッタ 例濃い栗色 짙은 밤색 チトゥン パームセク ②(味や濃度が) 진하다 チナダ 例味がとても濃いです。맛이 너무 진해요. マシ ノム チネヨ ③(可能性・疑い) 짙다 チッタ

ごい [語彙] 어휘 オーフィ

こいしい [恋しい] 그립다 クリプタ 例故郷が恋しくて眠れない夜もあります。고향이 그리워서 잠 못 드는 밤도 있어요. コヒャンイ クリウォソ チャム モーッ トゥヌン パムド イッソヨ

こいぬ [小犬・子犬・仔犬] 강아지 カンアジ

こいびと [恋人] 연인 ヨーニン;애인 エーイン

こう [請う・乞う] 청하다 チョンハダ;바라다 パラダ;원하다 ウォーナダ

こうあつ [高圧] 고압 コアプ

こうあん [考案] 고안 コアン ❖~する 고안하다 コアナダ

こうい [好意] 호의 ホーイ;호감 ホーガム 関好意的 호의적 ホーイジョク

こうい [行為] 행위 ヘンウィ

こうい [厚意] 후의 フーイ

ごうい [合意] 합의 ハビ 例互いに一歩ずつ譲り合って合意に至りました。서로 한발씩 물러서서 합의가 이루어졌어요. ソロ ハンバルッシン ムルロソソ ハビガ イルオジ

ヨッソヨ ❖~する 合意하다 ハビハダ
こういき [広域] 광역 クヮンヨク
こういしつ [更衣室] 탈의실 タリシル
こういしょう [後遺症] 후유증 フーユッチュン
こうう [降雨] 강우 カンウ 関降雨量 강우량 カンウリャン
こううん [幸運] 행운 ヘーンウン
こうえい [光栄] 영광 ヨングヮン；광영 クヮンヨン 例このような身に余る賞をいただき, 大変光栄です。이런 과분한 상을 주셔서 무척 영광입니다. イロン クヮブナン サンウル チュショソ ムチョク ヨングヮンイムニダ
こうえき [公益] 공익 コンイク 関公益団体 공익 단체 コンイク タンチェ
こうえん [公園] 공원 コンウォン 関国立公園 국립 공원 クンニプ コンウォン / 児童公園 어린이 공원 オリニ コンウォン
こうえん [公演] 공연 コンヨン ❖~する 공연하다 コンヨナダ
こうえん [後援] 후원 フーウォン ❖~する 후원하다 フーウォナダ 関後援会 후원회 フーウォヌェ
こうえん [講演] 강연 カーンヨン 例意欲にあふれる若者を招待した講演会が開かれました。의욕이 넘치는 젊은이들을 초청한 강연회가 열렸어요. ウイーヨギ ノムチヌン チョルムニドゥルル チョチョンハン カーンヨヌェガ ヨルリョッソヨ ❖~する 강연하다 カーンヨナダ

こうがい

こうか [効果] 효과 ヒョーグヮ 例この薬は効果がありません。이 약은 효과가 없어요. イ ヤグン ヒョーグヮガ オープソヨ ❖~的 효과적 ヒョーグヮジョク ❖~的な 효과적인 ヒョーグヮジョギン
こうか [高価] ❖~だ 비싸다 ピッサダ
こうか [硬貨] 경화 キョンフヮ；동전 トンジョン
ごうか [豪華] ❖~だ 호화롭다 ホフヮロプタ 例豪華な邸宅の内部が公開されました。호화로운 저택 내부가 공개됐어요. ホフヮロウン チョテン ネーブガ コンゲドェッソヨ
こうかい [公開] 공개 コンゲ ❖~する 공개하다 コンゲハダ ❖~される 공개되다 コンゲドゥェダ 関一般公開 일반 공개 イルバン コンゲ
こうかい [後悔] 후회 フーフェ；뉘우침 ヌィウチム 例後悔のない選択をしてほしいです。후회 없는 선택을 하시기 바랍니다. フーフェ オームヌン ソーンテグル ハシギ パラムニダ ❖~する 후회하다 フーフェハダ；뉘우치다 ヌィウチダ 例今さら後悔しても無駄です。이제 와서 뉘우쳐도 소용없어요. イジェ ワソ ヌィウチョド ソーヨンオプソヨ
こうかい [航海] 항해 ハーンヘ ❖~する 항해하다 ハーンヘハダ 関遠洋航海 원양 항해 ウォニャン ハーンヘ
こうがい [公害] 공해 コンヘ 関公害問題 공해 문제 コンヘ ムーンジェ

こうがい
ェ/騒音公害 소음 공해 ソウム コンヘ
こうがい [郊外] 교외 キョウェ
こうがく [工学] 공학 コンハク 関機械工学 기계 공학 キゲ コンハク/電子工学 전자 공학 チョーンジャ コンハク/人間工学 인간 공학 インガン コンハク
こうがく [光学] 광학 クヮンハク
こうがく [高額] 고액 コエク
ごうかく [合格] 합격 ハプキョク ❖~する 합격하다 ハプキョカダ;붙다 プッタ 例大学の入学試験に合格しました。대학교 입학시험에 합격했어요. テーハクキョ イパクシホメ ハプキョケッソヨ
こうかん [交換] 교환 キョフヮン ❖~する 교환하다 キョフヮナダ;바꾸다 パックダ 例インターネットの掲示板を利用して情報を分かち合い, 意見を交換します。인터넷 게시판을 이용해서 정보를 나누고 의견을 교환합니다. イントネッ ケーシパヌル イーヨンヘソ チョンボルル ナヌゴ ウイーギョヌル キョフヮナムニダ 関交換条件 교환 조건 キョフヮン ジョコン
こうかん [好感] 호감 ホーガム 例彼の第一印象に好感を抱きました。그의 첫인상에 호감을 느꼈어요. クエ チョディンサンエ ホーガムル ヌッキョッソヨ
こうかん [高官] 고관 コグヮン
ごうかん [強姦] 강간 カーンガン ❖~する 강간하다 カーンガナダ 関強姦罪 강간죄 カーンガンジュェ
こうがんざい [抗癌剤] 항암제 ハーンアムジェ
こうき [好奇] 호기 ホーギ 関好奇心 호기심 ホーギシム
こうき [好機] 호기 ホーギ;좋은 기회 チョーウン ギフェ
こうぎ [抗議] 항의 ハーンイ ❖~する 항의하다 ハーンイハダ 例観衆も審判の誤審に強く抗議しました。관중들도 심판의 오심에 강력히 항의했어요. クヮンジュンドゥルド シームパネ オーシメ カンニョキ ハーンイヘッソヨ 関抗議文 항의문 ハーンイムン
こうぎ [講義] 강의 カーンイ ❖~する 강의하다 カーンイハダ
ごうぎ [合議] 합의 ハビ ❖~する 합의하다 ハビハダ
こうきあつ [高気圧] 고기압 コギアプ
こうきゅう [高級] 고급 コグプ ❖~だ 고급스럽다 コグプスロプタ 関高級品 고급품 コグププム
こうきょう [公共] 공공 コンゴン 関公共施設 공공시설 コンゴンシソル
こうきょう [好況] 호황 ホーフヮン
こうぎょう [工業] 공업 コンオプ 関工業製品 공업 제품 コンオプ チェープム/工業団地 공업 단지 コンオプ タンジ/工業地帯 공업 지대 コンオプチデ/化学工業 화학 공업 フヮーハク コンオプ/金属工業 금속 공업 クムソク コンオプ/繊維工業 섬유 공업 ソミュ コンオプ
こうぎょう [興行] 흥행 フンヘン ❖~する 흥행하다 フンヘンハダ

こうし

関慈善興行 자선 흥행 チャソン フンヘン
こうきょうがく[交響楽] 교향악 キョヒャンアク
こうくう[航空] 항공 ハーンゴン **関**航空機 항공기 ハーンゴンギ / 航空路 항공로 ハーンゴンノ / 民間航空 민간 항공 ミンガン ハーンゴン
こうくうびん[航空便] 항공편 ハーンゴンピョン **例**買った品物は日本まで航空便で送っていただけますか。산 물건은 일본까지 항공편으로 보내 주실래요? サン ムルゴヌン イルボンッカジ ハーンゴンピョヌロ ポネ ジュシルレヨ
こうけい[光景] 광경 クヮンギョン
こうけい[後継] 후계 フーゲ **関**後継者 후계자 フーゲジャ
こうげい[工芸] 공예 コンイェ **関**工芸品 공예품 コンイェプム
ごうけい[合計] 합계 ハプケ ❖～する 합계하다 ハプケハダ
こうけいき[好景気] 호경기 ホーギョンギ ; 호황 ホーフヮン
こうげき[攻撃] 공격 コーンギョク ❖～する 공격하다 コーンギョカダ
こうけつあつ[高血圧] 고혈압 コヒョラプ
こうけん[貢献] 공헌 コーンホン ❖～する 공헌하다 コーンホナダ
こうげん[高原] 고원 コウォン **関**高原植物 고원 식물 コウォン シンムル
こうご[口語] 구어 クーオ **関**口語体 구어체 クーオチェ / 口語文 구어문 クーオムン
こうご[交互] ❖～に 번갈아 ポンガラ
こうこう[孝行] 효행 ヒョーヘン ; 효도 ヒョード ❖～する 효도하다 ヒョードハダ
こうこう[高校] 고등학교 コドゥンハクキョ ; 고교 コギョ
こうこがく[考古学] 고고학 コーゴハク
こうこく[公告] 공고 コンゴ ❖～する 공고하다 コンゴハダ
こうこく[広告] 광고 クヮーンゴ
ごうこん[合コン] 미팅 ミーティン
こうざ[口座] 계좌 ケージュワ **関**口座番号 계좌 번호 ケージュワ ボノ
こうざ[講座] 강좌 カーンジュワ **関**公開講座 공개강좌 コンゲガーンジュワ / ラジオ講座 라디오 강좌 ラディオ カーンジュワ
こうさい[交際] 교제 キョジェ ❖～する 교제하다 キョジェハダ ; 사귀다 サグィダ
こうさく[工作] 공작 コンジャク ❖～する 공작하다 コンジャカダ **関**工作員 공작원 コンジャグォン / 裏工作 이면공작 イーミョンゴンジャク / 政治工作 정치 공작 チョンチ コンジャク
こうさつ[考察] 고찰 コチャル ❖～する 고찰하다 コチャラダ
こうさてん[交差点] 교차점 キョチャッチョム ; 교차로 キョチャロ
こうさん[降参] 항복 ハンボク ❖～する 항복하다 ハンボカダ
こうし[講師] 강사 カーンサ **関**専任講師 전임 강사 チョニム カーン

こうじ

サ/非常勤講師 시간 강사 シガン カーンサ

こうじ [工事] 공사 コンサ ❖~する 공사하다 コンサハダ 関工事現場 공사 현장 コンサ ヒョーンジャン/道路工事 도로 공사 トーロ コンサ

こうしき [公式] 공식 コンシク 関公式記録 공식 기록 コンシク キロク/公式見解 공식 견해 コンシク キョーネ/公式発表 공식 발표 コンシク パルピョ

こうじつ [口実] 구실 クーシル;핑계 ピンゲ 例病気を口実に学校を休みました。병을 핑계 삼아 학교를 쉬었어요. ピョーンウル ピンゲ サマ ハクキョルル シュイオッソヨ

こうしゃ [後者] 후자 フージャ

こうしゃ [校舎] 교사 キョーサ

こうしゅう [口臭] 구취 クチュィ;입내 イムネ;입 냄새 イム ネームセ

こうしゅう [公衆] 공중 コンジュン 関公衆電話 공중전화 コンジュンジョヌワ

こうしゅう [講習] 강습 カーンスプ 関講習会 강습회 カーンスプェ/夏期講習 하기 강습 ハーギ カーンスプ

こうじゅつ [口述] 구술 クースル ❖~する 구술하다 クースラダ 関口述筆記 구술 필기 クースル ピルギ

こうしょ [高所] 고소 コソ;높은 곳 ノプン ゴッ 関高所恐怖症 고소공포증 コソゴンポッチュン

こうしょう [公証] 공증 コンジュン

こうしょう [交渉] 교섭 キョソプ;협상 ヒョプサン;섭외 ソブェ 例会社の労使交渉が難航しています。회사의 노사 교섭이 어려움을 겪고 있습니다. フェーサエ ノサ キョソビ オリョウムル キョクコ イッスムニダ ❖~する 교섭하다 キョソパダ;협상하다 ヒョプサンハダ;섭외하다 ソブェハダ

こうしょう [高尚] ❖~だ 고상하다 コサンハダ

こうじょう [工場] 공장 コンジャン 関工場長 공장장 コンジャンジャン

こうじょう [向上] 향상 ヒャーンサン 例商品の継続的な品質向上を図っています。상품의 계속적인 품질 향상을 도모하고 있습니다. サンプメ ケーソクチョギン プムジル ヒャーンサンウル トモハゴ イッスムニダ ❖~する 향상하다 ヒャーンサンハダ

ごうじょう [強情] 고집 コジプ 例それは強情を張って上手くいく問題ですか。그게 고집을 부린다고 될 일인가요? クゲ コジブル プリンダゴ トゥェル イーリンガヨ ❖~だ 고집스럽다 コジプスロプタ;고집이 세다 コジビ セーダ 例あんなに強情な子は初めて見ました。그렇게 고집이 센 아이는 처음 봤어요. クロッケ コジビ セーン アイヌン チョウム プワッソヨ

こうしん [行進] 행진 ヘンジン ❖~する 행진하다 ヘンジナダ 関行進曲 행진곡 ヘンジンゴク

こうしん [更新] ①(記録の) 경신 キョンシン 例世界記録更新を目

標に走りました。세계 기록 경신을 목표로 뛰었습니다. セーゲ キロク キョンシヌル モクピョロ ットゥイオッスムニダ ❖~する 경신하다 キョンシナダ ②(免許などの) 갱신 ケーンシン 例国際免許証も更新が可能ですか。국제 면허증도 갱신이 가능한가요? ククチェ ミョーノッチュンド ケーンシニ カーヌン ハンガヨ ❖~する 갱신하다 ケーンシナダ

こうすい [香水] 향수 ヒャンス
こうずい [洪水] 홍수 ホンス
こうせい [公正] 공정 コンジョン ❖~だ 공정하다 コンジョンハダ
こうせい [更生] 갱생 ケーンセン ❖~する 갱생하다 ケーンセンハダ
こうせい [厚生] 후생 フーセン
こうせい [校正] 교정 キョージョン ❖~する 교정하다 キョージョンハダ;교정보다 キョージョンボダ
こうせい [構成] 구성 クソン ❖~する 구성하다 クソンハダ ❖~される 구성되다 クソンドゥェダ
ごうせい [合成] 합성 ハプソン ❖~する 합성하다 ハプソンハダ ❖~される 합성되다 ハプソンドゥェダ 関合成写真 합성사진 ハプソン サジン / 合成繊維 합성섬유 ハプソンソミュ / 合成洗剤 합성세제 ハプソンセジェ
ごうせい [豪勢] ❖~だ 호사스럽다 ホサスロプタ;호롭다 ホサロプタ
こうせいざい [抗生剤] 항생제 ハーンセンジェ
こうせき [功績] 공적 コンジョク

こうせつ [降雪] 강설 カンソル 関降雪量 강설량 カンソルリャン
こうせん [光線] 광선 クヮンソン 関可視光線 가시 광선 カシ クヮンソン / 太陽光線 태양 광선 テヤン クヮンソン
こうぜん [公然] ❖~の 공공연한 コンゴンヨナン ❖~と 공공연히 コンゴンヨニ
こうそ [控訴] 항소 ハーンソ;공소 コンソ ❖~する 항소하다 ハーンソハダ;공소하다 コンソハダ
こうそ [酵素] 효소 ヒョーソ 関消化酵素 소화 효소 ソファ ヒョーソ
こうそう [高層] 고층 コチュン 関高層ビル 고층 빌딩 コチュン ピルディン
こうそう [構想] 구상 クサン
こうぞう [構造] 구조 クジョ 関社会構造 사회 구조 サフェ クジョ / 耐震構造 내진 구조 ネジン クジョ
こうそく [高速] 고속 コソク 関高速鉄道 고속 철도 コソク チョルト / 高速道路 고속 도로 コソク トロ / 高速バス 고속버스 コソクポス
こうたい [交替・交代] 교체 キョチェ;교대 キョデ ❖~する 교대하다 キョデハダ 関政権交代 정권 교체 チョンックォン キョチェ
こうたい [後退] 후퇴 フートゥェ ❖~する 후퇴하다 フートゥェハダ
こうちゃ [紅茶] 홍차 ホンチャ
こうつう [交通] 교통 キョトン 関交通安全 교통안전 キョトンアンジョン / 交通機関 대중교통 テー

ジュンギョトン / 交通整理 교통정리 キョトンジョーンニ / 公共交通機関 대중교통 テージュンギョトン

こうてい [肯定] 긍정 クーンジョン ❖ ~する 긍정하다 クーンジョンハダ

こうてい [校庭] 교정 キョージョン

こうてき [公的] 공적 コンチョク ❖ ~な 공적인 コンチョギン

こうど [高度] 고도 コド

こうとう [高等] 고등 コドゥン 関 高等学校 고등학교 コドゥンハクキョ / 高等裁判所 고등 법원 コドゥン ポボン

こうどう [行動] 행동 ヘンドン ❖ ~する 행동하다 ヘンドンハダ

こうどう [講堂] 강당 カーンダン

ごうとう [強盗] ①(人) 강도 カーンド ②(行為) 강도질 カーンドジル ❖ ~する 강도질을 하다 カーンドジルル ハダ 例 彼は強盗をはたらいた容疑で捕まりました。그는 강도질을 한 혐의로 붙잡혔어요. クヌン カーンドジルル ハン ヒョミロ プッチャピョッソヨ

ごうどう [合同] 합동 ハプトン ❖ ~する 합동하다 ハプトンハダ 関 合同公演 합동 공연 ハプトン コンヨン

こうどく [購読] 구독 クドク ❖ ~する 구독하다 クドカダ 例 雑誌を定期購読することにしました。잡지를 정기 구독하기로 했어요. チャプチルル チョーンギ クドカギロ ヘッソヨ

こうはい [後輩] 후배 フーベ

こうばい [購買] 구매 クメ ❖ ~する 구매하다 クメハダ 関 購買者 구매자 クメジャ

こうばしい [香ばしい・芳ばしい] 향기롭다 ヒャンギロプタ; 구수하다 クスハダ; 고소하다 コソハダ 例 食卓は胡麻油のこうばしい匂いでいっぱいですね。식탁이 참기름의 고소한 냄새로 가득하네요. シクタギ チャムギルメ コソハン ネームセロ カドゥカネヨ

こうはん [後半] 후반 フーバン 関 後半戦 후반전 フーバンジョン

こうばん [交番] 파출소 パチュルソ

こうひょう [好評] 호평 ホーピョン 例 卓越したサービスで顧客に好評を博しています。탁월한 서비스로 고객들에게 호평을 받고 있어요. タグォラン ソービスロ コゲクトゥレゲ ホーピョンウル パッコ イッソヨ

こうふ [交付] 교부 キョブ ❖ ~する 교부하다 キョブハダ

こうふく [幸福] 행복 ヘーンボク 例 皆様のご家庭の平和と幸福を祈ります。여러분 가정의 평화와 행복을 빕니다. ヨロブン カジョンエ ピョンフワワ ヘーンボグル ピームニダ ❖ ~だ 행복하다 ヘーンボカダ ❖ ~に 행복하게 ヘーンボカゲ 例 結婚して幸福に暮らしています。결혼해서 행복하게 잘 살고 있어요. キョロネソ ヘーンボカゲ チャル サールゴ イッソヨ

こうふく [降伏] 항복 ハンボク ❖ ~する 항복하다 ハンボカダ

こうふん [興奮] 흥분 フンブン ❖ ~する 흥분하다 フンブナダ 例 サ

ッカーの試合を見ていて興奮し大声が出ました。축구 경기를 보다가 흥분해서 큰소리가 나왔어요. チュック キョンギルル ポダガ フンブネソ クンソリガ ナワッソヨ 関興奮状態 흥분 상태 フンブン サンテ

こうへい [公平] 공평 コンピョン ❖~だ 공평하다 コンピョンハダ ❖~に 공평하게 コンピョンハゲ

こうほ [候補] 후보 フーボ 関候補者 후보자 フーボジャ

こうほう [広報] 홍보 ホンボ ❖~する 홍보하다 ホンボハダ 関広報活動 홍보 활동 ホンボ フワルトン

こうぼう [工房] 공방 コンバン

ごうほう [合法] 합법 ハプポプ ❖~だ 합법적이다 ハプポプチョギダ ❖~的な 합법적인 ハプポプチョギン 関合法性 합법성 ハプポプッソン

ごうまん [傲慢] 거만 コーマン ❖~だ 거만하다 コーマナダ

こうむ [公務] 공무 コンム 関公務員 공무원 コンムウォン

こうむる [被る] 입다 イプタ; 받다 パッタ

こうもく [項目] 항목 ハーンモク

こうもり [蝙蝠] 박쥐 パークチュイ

こうもん [肛門] 항문 ハンムン

こうよう [公用] 공용 コンヨン 関公用語 공용어 コンヨンオ

こうよう [効用] 효용 ヒョーヨン

こうよう [紅葉] 단풍 タンプン ❖~する 단풍이 들다 タンプンイトゥルダ

こうらく [行楽] 행락 ヘンナク

こうり [小売] 소매 ソーメ 関小売商 소매상 ソーメサン

ごうり [合理] 합리 ハムニ 関合理化 합리화 ハムニフワ

こうりつ [効率] 효율 ヒョーユル ❖~的 효율적 ヒョーユルチョク ❖~的な 효율적인 ヒョーユルチョギン ❖~に 효율적으로 ヒョーユルチョグロ

ごうりてき [合理的] 합리적 ハムニジョク ❖~な 합리적인 ハムニジョギン ❖~に 합리적으로 ハムニジョグロ

こうりゅう [交流] 교류 キョリュ 関文化交流 문화 교류 ムヌワ キョリュ

こうりょ [考慮] 고려 コリョ ❖~する 고려하다 コリョハダ 例相手の立場を十分考慮して意見を言いなさい。상대편 입장을 충분히 고려해서 의견을 말하세요. サンデピョン イプチャンウル チュンブニ コリョヘソ ウイーギョヌル マーラセヨ

こうりょく [効力] 효력 ヒョーリョク

こうれい [高齢] 고령 コリョン

こえ [声] 목소리 モクソリ; 소리 ソリ 例そんなに声を張り上げなくてもよく聞こえますよ。그렇게 소리 지르지 않아도 다 들려요. クロッケ ソリ チルジ アナド タートゥルリョヨ

こえる [越える・超える] ①(越える) 넘다 ノームタ; 넘어가다 ノモガダ 例あそこに見える峠を越えると我が家です。저기 보이는 고개

를 넘으면 우리 집이에요. チョギ ポイヌン コゲルル ノムミョン ウリ チビエヨ ②(渡る) 건너다 コーンノダ 例あの橋を越えて5分くらい直進してください. 저 다리를 건너서 5(오) 분 정도만 직진해 주세요. チョ タリルル コーンノソ オブン ジョンドマン チクチネ ジョセヨ ③(超越する) 초월하다 チョウォラダ 例想像を超える美しい景色が広がりました. 상상을 초월하는 아름다운 경치가 펼쳐졌어요. サーンサンウル チョウォラヌン アルムダウン キョンチガ ピョルチョジョッソヨ ④(上回る) 넘다 ノームタ 例封切1週間で1万人を超える観客を動員した映画です. 개봉 일주일 만에 만 명이 넘는 관객을 동원한 영화예요. ケボン イルチュイル マネ マーン ミョンイ ノムヌン クワンゲグル トンウォナン ヨンフヮエヨ ⑤(超過する) 초과하다 チョグヮハダ ⑥(凌駕する) 능가하다 ヌンガハダ

コース [course] 코스 コース
コート [coat] 코트 コトゥ 関 レーンコート 레인 코트 レイン コトゥ
コーナー [corner] 코너 コーノ
コーヒー [coffee・珈琲] 커피 コーピ 例寒いからコーヒーでもお淹れしましょうか. 추운데 커피 좀 끓여 드릴까요? チュウンデ コーピ チョム ックリョ ドゥリルッカヨ 関 コーヒー豆 커피 원두 コーピ ウォンドゥ
コーラ [cola] 콜라 コラ
こおり [氷] 얼음 オールム
こおる [凍る] 얼다 オールダ 例寒波が押し寄せ, 川が凍ってしまいました. 한파가 몰아치면서 강이 얼어 버렸어요. ハンパガ モラチミョンソ カンイ オロ ボリョッソヨ
ゴール [goal] 골 コル
こおろぎ 귀뚜라미 クィットゥラミ
ごかい [誤解] 오해 オーヘ 例意味が間違って伝わると誤解を招いたりもします. 의미가 잘못 전달되면 오해를 사기도 해요. ウイーミガ チャルモッ チョンダルドゥェミョン オーヘルル サギド ヘヨ 例根拠のない噂で誤解を受けたことがあります. 근거 없는 소문으로 오해를 받은 적이 있어요. クンゴ オームヌン ソームヌロ オーヘルル パドゥン ジョギ イッソヨ ✤~する 오해하다 オーヘハダ 例今から言うことを誤解しないで聞いてください. 지금부터 하는 말 오해하지 말고 들어 주셨으면 해요. チグムブト ハヌン マール オーヘハジマールゴ トゥロ ジュショッスミョン ヘヨ
こがいしゃ [子会社] 자회사 チャフェーサ
ごがく [語学] 어학 オーハク
こがす [焦がす] 태우다 テウダ
ごかん [互換] 호환 ホーフヮン 関互換性 호환성 ホーフヮンッソン
こぎって [小切手] 수표 スピョ
ごきぶり 바퀴벌레 パクィボルレ
こきゅう [呼吸] 호흡 ホフプ ✤~する 호흡하다 ホフパダ
こぐ [漕ぐ] 젓다 チョータッ 例ボートを漕ぐことができますか. 보트를 저을 줄 알아요? ポトゥルル チョウル チュル アラヨ

こくえい [国営] 国営 クギョン
こくおう [国王] 国王 クグワン
こくがい [国外] 国外 クグェ
こくご [国語] 国語 クゴ
こくさい [国際] 国際 ククチェ 例 日本に国際電話をしたいのですが。 イルボヌロ ククチェ チョーヌワルル ハゴ シプンデヨ ❖~的 国際的 ククチェジョク ❖~的な 国際的な ククチェジョギン 関 国際化 国際化 ククチェフワ / 国際会議 国際会議 ククチェフェイ / 国際空港 국제공항 ククチェゴンハン / 国際都市 국제도시 ククチェドシ / 国際郵便 국제 우편 ククチェ ウピョン / 国際連合 국제 연합 ククチェ ヨナプ ; 유엔 (UN) ユーエン
こくさん [国産] 国産 ククサン 関 国産品 国産品 ククサンプム
こくし [酷使] 혹사 ホクサ ❖~する 혹사하다 ホクサハダ
こくじん [黒人] 흑인 フギン
こくせき [国籍] 국적 ククチョク
こくそ [告訴] 고소 コーソ ❖~する 고소하다 コーソハダ
こくどう [国道] 국도 ククト
こくない [国内] 국내 クンネ
こくはく [告白] 고백 コーベク ❖~する 고백하다 コーベカダ
こくはつ [告発] 고발 コーバル ❖~する 고발하다 コーバラダ
こくばん [黒板] 칠판 チルパン 関 黒板消し 칠판 지우개 チルパン チウゲ
こくひ [国費] 국비 ククピ
ごくひ [極秘] 극비 ククピ 関 極秘

情報 극비 정보 ククピ チョンボ / 極秘文書 극비 문서 ククピ ムンソ
こくひょう [酷評] 혹평 ホクピョン ❖~する 혹평하다 ホクピョンハダ ❖~される 혹평을 당하다 ホクピョンウル タンハダ
こくふく [克服] 극복 ククポク ❖~する 극복하다 ククポカダ 例 どうすればこの難関を克服することができるでしょうか。 어떻게 하면 이 난관을 극복할 수 있을까요? オットッケ ハミョン イ ナングワヌル ククポカル ス イッスルッカヨ
こくべつしき [告別式] 고별식 コービョルシク ; 영결식 ヨンギョルシク
こくほう [国宝] 국보 ククポ
こくぼう [国防] 국방 ククパン 関 国防力 국방력 ククパンニョク
こくみん [国民] 국민 クンミン
こくむ [国務] 국무 クンム
こくもつ [穀物] 곡물 コンムル ; 곡류 コンニュ ; 곡식 コクシク
こくゆう [国有] 국유 クギュ
ごくらく [極楽] 극락 クンナク
こくりつ [国立] 국립 クンニプ 関 国立国楽院 국립 국악원 クンニプ クガグォン / 国立劇場 국립 극장 クンニプ ククチャン / 国立博物館 국립 박물관 クンニプ パンムルグワン / 国立美術館 국립 미술관 クンニム ミースルグワン
こくりょく [国力] 국력 クンニョク
こくれん [国連] 国際 連合 ククチェ ヨナプ ; 유엔 (UN) ユーエン
こけ [苔] 이끼 イッキ
こげくさい [焦げ臭い] 탄내가 나다 タンネガ ナダ

こげちゃいろ [焦げ茶色] 암갈색 アームガルセク;짙은 밤색 チトゥンバームセク

こげる [焦げる] ①(茶色に焦げる) 눋다 ヌーッタ ②(真っ黒に焦げる) 타다 タダ

ここ [此処] ①(場所) 여기 ヨギ 例 ここから空港までどれくらいかかりますか。여기서 공항까지 얼마나 걸려요? ヨギソ コンハンッカジ オルマナ コルリョヨ ②(文語で用いられて) 이곳 イゴッ ③(この点) 이 점 イ チョム;여기 ヨギ 例 客の多い店はここが違います。손님이 많은 가게는 이 점이 달라요. ソンニミ マーヌン カーゲヌン イ チョミ タルラヨ

こご [古語] 고어 コーオ;옛말 イェーンマル

ごご [午後] 오후 オーフ

ココア [cocoa] 코코아 ココア

こごえ [小声] 작은 소리 チャーグン ソリ;낮은 목소리 ナジュン モクソリ

こごえる [凍える] 얼다 オールダ

ここく [故国] 고국 コーグク

こごと [小言] 잔소리 チャンソリ;꾸지람 ックジラム;꾸중 ックジュン 例 ちょっと小言をやめてください。잔소리 좀 그만하세요. チャンソリ チョム クマナセヨ / 遅く帰ったので父親から小言を言われました。늦게 들어와서 아버지께 꾸지람을 들었어요. ヌッケ トゥロワソ アボジッケ ックジラムル トゥロッソヨ

ココナッツ [coconut] 코코넛 ココノッ

ここのか [九日] 《漢字語》 9(구)일 クイル 《固有語》 아흐레 アフレ

ここのつ [九つ] ①아홉 アホプ ②(9歳) 아홉 살 アホプ サル ③(9個) 아홉 개 アホプ ケ

こころ [心] ①(心) 마음 マウム 例 心が美しい上に顔まできれいです。마음이 고운 데다가 얼굴까지 예뻐요. マウミ コーウン デダガ オルグルッカジ イェーッポヨ ②(真心) 정성 チョンソン 例 最もうれしいプレゼントは心のこもった手紙です。가장 기쁜 선물은 정성이 담긴 편지예요. カジャン キップン ソーンムルン チョンソンイ タムギン ピョーンジエヨ ③(本心) 진심 チンシム 例 皆さんの訪問を心から歓迎します。여러분의 방문을 진심으로 환영합니다. ヨロブネ パーンムヌル チンシムロ フワニョンハムニダ ④(精神) 정신 チョンシン

こころあたり [心当たり] 마음에 짚이는 데 マウメ チピヌン デ;짐작 가는 데 チムジャク カヌン デ

こころえ [心得] ①(素養) 소양 ソヤン ②(規則) 수칙 スチゲ;주의 사항 チューイ サーハン

こころがけ [心掛け] 마음 가짐 マウム カジム;마음의 준비 マウメ チューンビ

こころがまえ [心構え] 마음의 준비 マウメ チューンビ;각오 カゴ

こころざし [志] ①(意志·意図) 뜻 ットゥ 例 青雲の志を抱いて留学を決心しました。청운의 뜻을 품고 유학을 결심했어요. チョンウネットゥスル プムコ ユハグル キョル

シメッソヨ ②(厚意) 후의 フーイ 例 他人の志を無にするなんて, ひどいですね。남의 후의를 저버리다니 너무하네요. ナメ フーイルル チョボリダニ ノムハネヨ ③(寸志) 촌지 チョーンジ;정표 チョンピョ

こころざす [志す] 뜻을 세우다 ットゥスル セウダ;뜻을 두다 ットゥスル トゥダ;지망하다 チマンハダ

こころのこり [心残り] ①미련 ミーリョン ②(遺憾) 유감 ユガム

こころぼそい [心細い] 불안하다 プラナダ;마음이 안 놓이다 マウミ アン ノイダ;허전하다 ホジョナダ

こころみる [試みる] 시도하다 シードハダ

こころよい [快い] 기분이 좋다 キブニ チョータ;상쾌하다 サンクェハダ 例 青空と快い風が気分のいい日でした。파란 하늘과 상쾌한 바람이 기분 좋은 날이었어요. パラン ハヌルグヮ サンクェハン パラミ キブン ジョーウン ナリオッソヨ ❖快く 기분 좋게 キブン ジョーッケ

ござ [誤差] 오차 オチャ

ごさい [後妻] 후처 フーチョ

こさめ [小雨] 가랑비 カランビ

ごさん [誤算] 오산 オーサン

こし [腰] 허리 ホリ

こじ [孤児] 고아 コア

ごじ [誤字] 오자 オーッチャ

こしかける [腰掛ける] 걸터앉다 コールトアンタ

こじき [乞食] 거지 コージ

こしつ [個室] 독실 トクシル

ごじつ [後日] 후일 フーイル;훗날 フーンナル

ごじゅう [五十]《漢数詞》오십 オーシプ《固有数詞》쉰 シュイーン

こしょう [故障] 고장 コージャン ❖~する 고장 나다 コージャン ナダ 例 購入して間もないパソコンが故障しました。구입한 지 얼마 안 된 PC가 고장 났어요. クイパン ジ オルマ アン ドゥウェン ピッシガ コージャン ナッソヨ

こしょう [胡椒] 후춧가루 フチュッカル

ごしょく [誤植] 오식 オーシク;미스프린트 ミスプリントゥ

こじれる [拗れる] ①(物事が) 꼬이다 ッコイダ;비꼬이다 ピッコイダ;뒤틀리다 トゥイトゥルリダ ②(病気が) 더치다 トチダ

こじん [故人] 고인 コーイン

こじん [個人] 개인 ケーイン

ごしん [護身] 호신 ホーシン 関 護身術 호신술 ホーシンスル

こす [越す] ①(通過する) 넘다 ノームタ;넘기다 ノムギダ ②(渡る) 건너다 コーンノダ ③(超過する) 초과하다 チョグヮハダ;넘다 ノムタ

こす [濾す・漉す] 거르다 コルダ

こする [擦る] 문지르다 ムンジルダ;비비다 ピビダ

こせい [個性] 개성 ケーソン

こせき [戸籍] 호적 ホージョク 関 戸籍抄本 호적초본 ホージョクチョボン / 戸籍謄本 호적등본 ホージョクトゥンボン

こぜに [小銭] 잔돈 チャンドン 例

千ウォン札を小銭に替えていただけますか。천 원짜리 지폐를 잔돈으로 바꿔 주시겠어요? チョ ヌォンッチャリ チペルル チャンドヌロ パックォ ジュシゲッソヨ 関小銭入れ 잔돈 지갑 チャンドン チガプ

ごぜん [午前] 오전 オージョン

こそこそ ① 살금살금 サルグムサルグム; 소곤소곤 ソゴンソゴン ②(隠れて) 몰래 モールレ

ごそごそ 부스럭부스럭 プスロクプスロク

こたい [固体] 고체 コチェ

こだい [古代] 고대 コーデ

こたえ [答え] ①(返事) 대답 テーダプ 例いくら呼んでも答えがありません。아무리 불러도 대답이 없어요. アームリ プルロド テーダビ オープソヨ ②(解答) 해답 ヘーダプ; 답 タプ 例友達と答えを合わせてみることにしました。친구하고 답을 맞춰 보기로 했어요. チングハゴ タブル マッチュオ ボギロ ヘッソヨ

こたえる [答える] 대답하다 テーダパダ 例先生の質問に大きい声で答えました。선생님의 질문에 큰소리로 대답했어요. ソンセンニメ チルムネ クンソリロ テーダペッソヨ

こたえる [応える] 보답하다 ポーダパダ; 응하다 ウーンハダ 例皆さんの声援に応えるために最善を尽くします。여러분의 성원에 보답하기 위해 최선을 다하겠습니다. ヨロブネ ソンウォネ ポーダパギ ウィヘ チューソヌル ターハゲッスムニダ / ファンの皆さんの期待に応えるために頑張ります。팬 여러분들의 기대에 부응하기 위해 노력하겠습니다. ペン ヨロブンドゥレ キデエ プーウンハギ ウィヘ ノリョカゲッスムニダ

こたえる [堪える] 벅차다 ポクチャダ; 사무치다 サムチダ 例今年の夏の暑さは特に体に堪えます。올 여름 더위는 유난히 몸에 벅차요. オル ヨルム トウィヌン ユーナニ モメ ポクチャヨ

こだま [木霊] 메아리 メアリ; 산울림 サヌルリム

こだわる 구애되다 クエドゥェダ

ごちそう [御馳走] 맛있는 음식 マシンヌン ウームシク; 진수성찬 チンスソーンチャン ❖~する ①(おごる) 한턱내다 ハントクネダ 例あの難しい試験に合格したからごちそうしないといけませんね。그 어려운 시험에 합격했는데 한턱내야죠. ク オリョウン シホメ ハプキョケンヌンデ ハントンネヤジョ ②(接待する) 대접하다 テージョパダ 例誕生日なので友達を招待してごちそうしました。생일이라서 친구들을 초대해서 대접했어요. センイリラソ チングドゥルル チョデヘソ テージョペッソヨ《韓国では誕生日を迎える本人が友人らを招いて，ごちそうし，誕生日を祝うのが一般的な慣習》

こちょう [誇張] 과장 クヮージャン ❖~する 과장하다 クヮージャンハダ

こちら [此方] 이쪽 イッチョク

こぢんまりしている 아담하다 アーダマダ; 조촐하다 チョチョラダ

こつ 요령 ヨリョン

こと

こっか [国家] 국가 ククカ; 나라 ナラ

こっか [国歌] 국가 ククカ

こっかい [国会] 국회 ククェ 関国会議員 국회의원 ククェイウォン / 国会議事堂 국회의사당 ククェイサダン

こづかい [小遣い] 용돈 ヨーンットン

こっかく [骨格] 골격 コルギョク

こっき [国旗] 국기 ククキ

こっきょう [国境] 국경 ククキョン

コック [kok] 콕 コク; 요리사 ヨリサ

こっけい [滑稽] ❖~だ 우습다 ウースプタ

こっこう [国交] 국교 ククキョ 関国交断絶 국교 단절 ククキョ タンジョル / 国交回復 국교 회복 ククキョ フェボク

こつこつ ①(音) 뚜벅뚜벅 ットゥボクットゥボク ②(着実に) 꾸준히 ックジュニ; 또박또박 ットバクットバク

ごつごつ ❖~した 울퉁불퉁한 ウルトゥンブルトゥンハン; 딱딱한 ッタックッタカン

こつずい [骨髄] 골수 コルス

こっせつ [骨折] 골절 コルチョル ❖~する 골절하다 コルチョラダ; 뼈가 부러지다 ッピョガ プロジダ

こっそり 몰래 モールレ; 살짝 サルッチャク 例夜, こっそり遊びに出たら, ばれて怒られました。 밤에 몰래 놀러 나갔다가 들켜서 혼났어요. パメ モールレ ノルロ ナガッタガ トゥルキョソ ホンナッソヨ

ごっそり 몽땅 モンッタン; 깡그리 ッカングリ; 죄다 チュェーダ

こづつみ [小包] 소포 ソーポ

こっとう [骨董] 골동 コルトン; 골동품 コルトンプム 関骨董店 골동품 가게 コルトンプム カーゲ

コップ [kop] 컵 コプ; 잔 チャン

こてい [固定] 고정 コジョン ❖~する 고정하다 コジョンハダ 関固定客 고정 고객 コジョン コゲク; 고정 손님 コジョン ソンニム / 固定給 고정급 コジョングプ / 固定資産 고정 자산 コジョン チャサン

こてん [古典] 고전 コージョン 関古典音楽 고전 음악 コージョン ウマク / 클래식 음악 クルレシク ウマク / 古典文学 고전 문학 コージョン ムナク

こと [事] ①(事柄・物事) 일 イール; 것 コッ ②(出来事) 일 イール; 사건 サーッコン ③(予定・習慣) 예정 イェージョン 例午後, 友達に会うことにしています。오후에 친구를 만날 예정이에요. オーフエ チングルル マンナル イェージョンイエヨ ④(経験《動詞の過去連体形+적 / 일》の形で) 例韓国に行ったことがありますか。한국에 간 적이 있어요? ハーングゲ カン ジョギ イッソヨ / 海外旅行に行ったことがありません。해외여행을 간 적이 없어요. ヘーウェヨヘンウル カン ジョギ オープソヨ ⑤(…すること《動詞の現在連体形+것》《動詞の語幹+기》の形で) 例趣味は旅行の計画を立てることです。취미는 여행 계획을 세우는 것이에요. チュィーミヌン

ヨヘン ケーフェグル セウヌン ゴ シエヨ/明日行くことにしました。内日 가기로 했어요. ネイル カギロ ヘッソヨ ⑥(命令:…すること《動詞の未来連体形＋것》の形で) 例到着したら必ず連絡をすること。도착하면 반드시 연락할 것. トーチャカミョン パンドゥシ ヨルラカル コッ

-ごと 마다 マダ 例人ごとに好みは違います。사람마다 취향이 달라요. サーラムマダ チュイーヒャンイ タルラヨ

こどく [孤独] 고독 コドク ❖~だ 고독하다 コドカダ

ことし [今年] 올해 オレ;금년 クムニョン

ことなる [異なる] 다르다 タルダ 例お互いに意見が異なることもあるものです。서로 의견이 다를 수도 있는 법이에요. ソロ ウイーギョニ タルル スド インヌン ポビエヨ

ことば [言葉] ①(言葉) 말 マール ②(話し方) 말투 マールトゥ;말씨 マールッシ

ことばづかい [言葉遣い] 말씨 マールッシ;말투 マールトゥ 例丁寧な言葉遣い 공손한 말씨 コンソナン マールッシ

こども [子供] ①아이 アイ;어린이 オリニ ②(赤ん坊) 아기 アギ ③子息 자식 チャシク

ことわざ [諺] 속담 ソクタム

ことわる [断わる] ①(拒絶する) 거절하다 コージョラダ;사절하다 サージョラダ 例せっかくのご提案をお断りして申し訳ありません。모처럼 해 주신 제의를 거절해서 죄송합니다. モチョロム ヘ ジュシン チェイルル コージョレソ チュエーソンハムニダ ②(許可を得る) 허락을 받다 ホラグル パッタ;양해를 구하다 ヤンヘルル クハダ 例上司に断ってから出掛けます。상사한테 허락을 받고 나서 나가요. サーンサハンテ ホラグル パッコ ナソ ナガヨ

こな [粉] 가루 カル;분말 プンマル

こなごな [粉粉] 산산조각 サーンサンジョガク 例花瓶が落ちて粉々になりました。꽃병이 떨어져서 산산조각이 났어요. ッコッピョンイ ットロジョソ サーンサンジョガギ ナッソヨ

こなす ①(処理する) 해치우다 ヘーチウダ;처리하다 チョーリハダ 例彼は2人分の仕事を1人でこなしてしまいました。그 사람은 두 사람 몫의 일을 혼자서 다 해치웠어요. ク サーラムン トゥー サーラム モクセ イールル ホンジャソ ター ヘーチウォッソヨ ②(駆使する) 구사하다 クサハダ 例その子は3カ国語を自由自在にこなすトリリンガルです。그 아이는 3(삼)개국어를 자유자재로 구사하는 트라이링궐이에요. ク アイヌン サムゲグゴルル チャユジャジェロ クサハヌン トゥライリングォリエヨ ③(扱う) 익숙하게 다루다 イクスカゲ タルダ

コネ [← connection] 커넥션 コネクション;연줄 ヨンチュル

こねる [捏ねる] ①(粉や粘土などを) 반죽하다 パンジュカダ 例小麦粉をこねてうどんを作りました。

밀가루를 반죽해서 국수를 만들었어요. ミルカルル パンジュケソ ククスルル マンドゥロッソヨ ②(떼를) 떼를 쓰다 ッテルル ッスダ ③(理屈を) 억지를 쓰다 オクチルル ッスダ

ごねる 불평하다 プルピョンハダ；투덜거리다 トゥドルゴリダ

この ①(話し手が近くの物・事柄を指して) 이 イ 例 この人 이 사람 イ サーラム／この日 이 날 イ ナル ②(最近の) 이번 イボン；요 ヨ 例 このひと月の間 요 한 달 동안 ヨ ハン ダル トンアン

このあいだ [この間] 일전 イルチョン；요전 ヨジョン 例 この間，電話で予約した者ですが。일전에 전화로 예약한 사람인데요. イルチョネ チョーヌヮロ イェーヤカン サーラミンデヨ

このくらい 이 정도 イ ジョンド 例 このくらいなら十分じゃないでしょうか。이 정도면 충분하지 않을까요? イ ジョンドミョン チュンブナジ アヌルッカヨ

このごろ [この頃] 요즈음 ヨジュウム；요즘 ヨジュム 例 この頃は人々の趣味も様々です。요즘은 사람들의 취미도 다양해요. ヨジュムン サーラムドゥレ チューィミド タヤンヘヨ

このさい [この際] 이 기회 イ キフェ 例 この際，1つ買おうかと思います。이 기회에 하나 살까 해요. イ キフェエ ハナ サルッカ ヘヨ

このたび [この度] 이번 イボン 例 この度はお世話になりました。이번에는 폐가 많았습니다. イボネヌン ペーガ マーナッスムニダ

このまえ [この前] 전번 チョンボン；일전 イルチョン；요전 ヨジョン；이전 イージョン；지난번 チナンボン 例 この前，約束してくださったことはお忘れではないですね。지난번에 약속하신 거 잊지 않으셨지요? チナンボネ ヤクソカシンゴ イッチ アヌショッチヨ

このましい [好ましい] 바람직하다 パラムジカダ；좋다 チョータ

このみ [好み] 기호 キーホ；취향 チューィヒャン；취미 チューィミ

このむ [好む] ①(好きだ) 좋아하다 チョーアハダ 例 甘い物をあまりにも好むと太ります。단것을 너무 좋아하면 뚱뚱해져요. タンゴスル ノム チョーアハミョン ットゥンットゥンヘジョヨ ②(楽しむ) 즐기다 チュルギダ 例 主にクラシック音楽を好んで聴きます。주로 클래식 음악을 즐겨 들어요. チュロ クルレシク ウマグル チュルギョ ドゥロヨ

このよ [この世] 이 세상 イ セーサン

このよう ❖~な 이와 같은 イワ ガトゥン；이런 イロン ❖~に 이와 같이 イワ ガチ；이처럼 イチョロム

こはく [琥珀] 호박 ホーバク

こばむ [拒む] 거절하다 コージョラダ；거부하다 コーブハダ

こはるびより [小春日和] 초겨울의 따뜻한 날씨 チョギョウレ ッタットゥタン ナルッシ

こはん [湖畔] 호숫가 ホスッカ

ごはん [御飯] ①(ご飯) 밥 パプ ②(食事) 식사 シクサ

コピー [copy] 카피 カピ;복사 ポクサ

こびる [媚びる] 아양 떨다 アヤンットルダ;교태를 부리다 キョテルル プリダ

こぶ [瘤] 혹 ホク

こぶし [拳] 주먹 チュモク

こふん [古墳] 고분 コーブン

こぶん [子分] ①(部下) 부하 プハ ②(手下) 졸개 チョルゲ;수하 スハ

ごぼう [牛蒡] 우엉 ウオン

こぼす [零す] ①(液体を) 흘리다 フルリダ;엎지르다 オプチルダ 例何かあったのか、さっきから涙をこぼしています。 무슨 일이 있었는지 아까부터 눈물을 흘리고 있어요. ムスン ニーリ イッソンヌンジ アッカブト ヌンムルル フルリゴ イッソヨ ②(不平を漏らす) 투덜대다 トゥドゥルデダ;불평하다 プルピョンハダ

こぼれる [零れる] 넘치다 ノームチダ;흘러내리다 フルロネリダ

こま [独楽] 팽이 ペンイ

ごま [胡麻] 참깨 チャムッケ

コマーシャル [commercial] 커머셜 コモショル;방송 광고 パーンソン クヮーンゴ;시에프(CF) シエプ

ごまあぶら [胡麻油] 참기름 チャムギルム

こまかい [細かい] ①(物が小さい) 작다 チャークタ;잘다 チャルダ 例細かい粒が入っているクレンジングを買いました。 작은 알갱이가 들어 있는 클렌징을 샀어요. チャーグン アルゲンイガ トゥロインヌン クルレンジンウル サッソヨ ②(詳細な) 상세하다 サンセハダ;자세하다 チャセハダ 例細かい事情は後で申し上げます。 자세한 사정은 나중에 말씀드릴게요. チャセハン サージョンウン ナージュンエ マールッスムドゥリルケヨ ③(些細な) 사소하다 サソハダ;하찮다 ハチャンタ 例彼は細かいことにまで口を出すので嫌いです。 그 사람은 하찮은 일까지 참견해서 싫어요. ク サーラムン ハチャヌン ニールッカジ チャムギョネソ シロヨ

ごまかす ①(騙す) 속이다 ソギダ 例年齢をごまかしてまで人気が得たかったのですか。 나이를 속여서까지 인기를 얻고 싶었어요? ナイルル ソギョソッカジ インッキルル オーッコ シポッソヨ ②(取り繕う) 얼무럼물 넘기다 オムロムル ノムギダ;얼버무리다 オルボムリダ 例笑いで適当にごまかさないでください。 웃음으로 적당히 얼버무릴 생각하지 마세요. ウスムロ チョクタンイ オルボムリル センガカジ マーセヨ

こまく [鼓膜] 고막 コマク;귀청 クィチョン

こまめ ❖~だ 바지런하다 パジロナダ;부지런하다 プジロナダ ❖~に 바지런히 パジロニ;부지런히 プジロニ

こまる [困る] ① 곤란하다 コールラナダ;어렵다 オリョプタ 例雨ばかり続いて困ります。 비가 너무 많이 와서 곤란해요. ピガ ノム マーニ ワソ コールラネヨ ②(困惑する) 난처해지다 ナンチョヘジダ;

곤란하다 コールラナダ **例** いきなり家まで訪ねてこられて困りました。갑자기 집까지 찾아와서 난처했어요. カプチャギ チプッカジ チャジャワソ ナンチョヘッソヨ

ごみ [塵] 쓰레기 ッスレギ **関** ごみ箱 쓰레기통 ッスレギトン；휴지통 ヒュジトン

こみち [小道・小路] 좁은 길 チョブン ギル；골목길 コルモクキル

コミック [comic] 코믹 コミク

コミュニケーション [communication] 커뮤니케이션 コミュニケイション

こむ [混む・込む] ①(混雑している) 붐비다 プムビダ；북적거리다 プクチョクコリダ；복작거리다 ポクチャクコリダ **例** 通勤時間帯だったので電車がかなり混みました。통근 시간이라 전철이 많이 붐볐어요. トングン シガニラ チョーンチョリマーニ プムビョッソヨ ②(手が)공이 많이 들다 コンイ マーニ トゥルダ；손이 많이 가다 ソニ マーニ カダ；정교하다 チョンギョハダ **例** 手の込んだ料理なので普段は食べられません。손이 많이 가는 음식이라 평상시에는 먹지 못해요. ソニ マーニ カヌン ウームシギラ ピョンサンシエヌン モクチ モッテヨ

ゴム [gom] 고무 コム **関** ゴム手袋 고무장갑 コムチャンガプ

こむぎ [小麦] 소맥 ソーメク；밀 ミル **関** 小麦粉 밀가루 ミルカル

こめ [米] 쌀 ッサル

こめかみ 관자놀이 クヮンジャノリ

コメディアン [comedian] 코미디언 コミディオン；개그맨 ケグメン

コメディー [comedy] 코미디 コミディ；희극 ヒグク

こめる [込める] ①(入れる・盛る) 담다 タムタ；넣다 ノータ；들이다 トゥリダ ②(集中させる) 기울이다 キウリダ

ごめん [御免] ①(謝罪) 미안하다 ミアナダ **例** 連絡が遅くなってごめんなさい。연락이 늦어서 미안해요. ヨルラギ ヌジョジョソ ミアネヨ ②(あいさつ) 실례하다 シルレハダ **例** では、お先にごめんくださいませ。그럼 먼저 실례하겠습니다. クロム モンジョ シルレハゲッスムニダ

こもりうた [子守歌] 자장가 チャジャンガ

こもる [籠もる] ①(引きこもる) 틀어박히다 トゥロバキダ **例** 部屋にこもって読書にふけりました。방에 틀어박혀서 책을 실컷 읽었어요. パンエ トゥロバキョソ チェグル シルコッ イルゴッソヨ ②(心が) 담기다 タムギダ；어리다 オリダ；깃들이다 キットゥリダ **例** 真心のこもった激励の言葉は大きな力になりました。진정이 담긴 격려의 말이 큰 힘이 됐어요. チンジョンイ タムギン キョンニョエ マーリ クン ヒミ トェッソヨ / 俳優たちの情熱と努力がこもった舞台でした。배우들의 열정과 노력이 깃들여 있는 무대였어요. ペウドゥレ ヨルチョングヮ ノリョギ キットゥリョ インヌン ムーデヨッソヨ

こもん [顧問] 고문 コムン

こやく [子役] 아역 アヨク

こゆび

こゆび [小指] 새끼손가락 セッキソンッカラク;소지 ソージ

こよう [雇用] 고용 コヨン ❖~する 고용하다 コヨンハダ

こよみ [暦] 달력 タルリョク

こらえる [堪える] 참다 チャムタ;견디다 キョンディダ 例痛みを堪えることができません。아픔을 참을 수 없어요. アプムル チャムルス オプソヨ

ごらく [娯楽] 오락 オーラク

コラム [column] 칼럼 カルロム

こりつ [孤立] 고립 コリプ ❖~する 고립하다 コリパダ;고립되다 コリプトゥェダ

ゴリラ [gorilla] 고릴라 コリルラ

こりる [懲りる] 넌더리 나다 ノンドリ ナダ;질리다 チルリダ;데다 テダ

こる [凝る] ①(熱中する) 열중하다 ヨルチュンハダ;탐닉하다 タムニカダ;몰두하다 モルトゥハダ;미치다 ミチダ 例 K-POP に凝って試験勉強を怠けていました。한국 노래에 너무 열중해서 시험 공부를 게을리했어요. ハーングン ノレエ ノム ヨルチュンヘソ シホム コンブルル ケウルリヘッソヨ ②(精巧だ) 공을 들이다 コンウル トゥリダ 例凝って作った作品です。공을 들여 만든 작품입니다. コンウル トゥリョ マンドゥン チャクプミムニダ ③(筋肉が) 뻐근하다 ッポグナダ;결리다 キョルリダ 例首筋も肩も凝っているし、体がだるいです。뒷목도 어깨도 결리고 몸이 나른해요. トゥインモクト オッケド キョルリゴ モミ ナルネヨ

コルク [cork] 코르크 コルク

ゴルフ [golf] 골프 コルプ 関ゴルフクラブ 골프 클럽 コルプ クルロプ;골프채 コルプチェ / ゴルフコース 골프 코스 コルプ コス / ゴルフ場 골프장 コルプジャン

これ 이것 イゴッ;이 イ 例これがまさに最高の味です。이것이 바로 최고의 맛입니다. イゴシ パロ チュェーゴエ マシムニダ

これから 이제부터 イジェブト;앞으로 アプロ;지금부터 チグムブト 例これから開会식을 始めます。지금부터 개회식을 시작하겠습니다. チグムブト ケフェシグル シージャカゲッスムニダ

コレクション [collection] 컬렉션 コルレクション

コレステロール [cholesterol] 콜레스테롤 コルレステロル

これまで ①(今まで) 지금까지 チグムッカジ 例これまで傾聴していただき誠にありがとうございます。지금까지 경청해 주셔서 대단히 감사합니다. チグムッカジ キョンチョンヘ ジュショソ テーダニ カームサハムニダ ②(これで終わり) 이만 イマン 例今日はこれまでにしましょう。오늘은 이만 합시다. オヌルン イマン ナプシダ ③(追加) 이것까지 イゴッカジ;이것조차 イゴッチョチャ 例これまでしなければいけませんか。이것까지 해야 하나요? イゴッカジ ヘヤ ハナヨ / これまで面倒くさいと言ったらどうするんですか。이것조차 귀찮다고 하면 어떡해요? イゴッチョチャ クィチャンタゴ ハミョン オットケヨ

ころ [頃] ①무렵 ムリョプ ②(特定の時期) 시절 シジョル

ころがす [転がす] ①굴리다 クルリダ ②(倒す) 쓰러뜨리다 ッスロットゥリダ；넘어뜨리다 ノモットゥリダ；자빠뜨리다 チャッパットゥリダ

ころがる [転がる] ①구르다 クルダ ②(倒れる) 넘어지다 ノモジダ ③(横になる) 눕다 ヌプタ

ころころ 대굴대굴 テグルデグル

ごろごろ 데굴데굴 テグルデグル；덜컹덜컹 トルコンドルコン

ころす [殺す] ①(殺す) 죽이다 チュギダ ②(我慢する) 눌러 참다 ヌルロ チャムタ；억누르다 オンヌルダ

ころぶ [転ぶ] 쓰러지다 ッスロジダ；넘어지다 ノモジダ；자빠지다 チャッパジダ 例 雪道で滑って転んでしまいました。눈길에 미끄러져서 넘어지고 말았어요. ヌーンッキレ ミックロジョソ ノモジゴ マーラッソヨ

こわい [怖い・恐い] 무섭다 ムソプタ；두렵다 トゥリョプタ 例 本当にこわい目つきで私をにらみました。정말 무서운 눈으로 저를 노려봤어요. チョンマル ムソウン ヌヌロ チョルル ノリョバッソヨ / 悪い結果が出るかと思ってこわくて聞けません。나쁜 결과가 나올까봐 무서워서 못 물어보겠어요. ナップン キョルグヮガ ナオルッカブヮ ムソウォソ モーン ムロボゲッソヨ

こわがる [怖がる・恐がる] 무서워하다 ムソウォハダ；두려워하다 トゥリョウォハダ 例 失敗を怖がらないで挑戦してみてください。실패를 두려워하지 말고 시도하세요. シルペルル トゥリョウォハジ マールゴ シードハセヨ

こわす [壊す] ①(破壊する) 부수다 プスダ；허물다 ホムルダ；깨뜨리다 ッケットゥリダ 例 古いアパートを壊してショッピングセンターを新しく建てるそうです。오래된 아파트를 부수고 쇼핑센터를 새로 짓는대요. オレドゥェン アパートゥルル プスゴ ショピンセントルル セロ チーンヌンデヨ ②(調子を悪くする・故障させる) 탈나게 하다 タルラゲ ハダ；망가뜨리다 マンガットゥリダ ③(腹を) 배탈이 나다 ペタリ ナダ 例 食べ物が口に合わなかったのか腹を壊しました。음식이 입에 안 맞았는지 배탈이 났어요. ウームシギ イベ アンマジャンヌンジ ペタリ ナッソヨ ④(台無しにする) 망치다 マンチダ 例 そんなにタバコをたくさん吸ったら体を壊しますよ。그렇게 담배를 많이 피우다가는 몸 다 망쳐요. クロッケ タームベルル マーニ ピウダガヌン モム ター マンチョヨ

こわれる [壊れる] ①(破壊される) 깨지다 ッケジダ；부서지다 プソジダ；파손되다 パーソンドゥェダ ②(故障する) 고장 나다 コジャン ナダ 例 時計が壊れて修理に預けました。시계가 고장 나서 수리를 맡겼어요. シゲガ コジャン ナソ スリルル マッキョッソヨ

こんいろ [紺色] 감색 カムセク

こんいん [婚姻] 혼인 ホニン ❖～する 혼인하다 ホニナダ 関 婚姻

関係 혼인 관계 ホニン クヮンゲ / 婚姻届 혼인 신고 ホニン シンゴ
こんかい [今回] 이번 イボン
こんがん [懇願] 간청 カーンチョン ❖~する 간청하다 カーンチョンハダ 例 病気を治してくれと懇願しました。병을 낫게 해 달라고 간청했어요. ピョウル ナッケ ヘ ダルラゴ カーンチョンヘッソヨ
こんき [根気] 끈기 ックンギ
こんきょ [根拠] 근거 クンゴ
コンクール [concours] 콩쿠르 コンクル
コンクリート [concrete] 콘크리트 コンクリトゥ
こんけつ [混血] 혼혈 ホニョル
こんげつ [今月] 이달 イダル; 이번 달 イボン タル; 금월 クモォル
こんご [今後] 앞으로 アプロ; 차후 チャフ 例 今後もよろしくお願いします。앞으로도 잘 부탁드립니다. アプロド チャル プータクトゥリムニダ
こんごう [混合] 혼합 ホーナプ ❖~する 혼합하다 ホーナパダ; 혼합되다 ホーナプトゥェダ
コンサート [concert] 콘서트 コンソトゥ; 공연 コンヨン; 연주회 ヨーンジュフェ 例 コンサートのチケットを予約しました。연주회 표를 예약했어요. ヨーンジュフェ ピョルル イェーヤケッソヨ
こんざつ [混雑] 혼잡 ホーンジャプ ❖~する 혼잡하다 ホーンジャパダ; 붐비다 プムビダ; 복잡하다 ポクチャパダ
コンサルタント [consultant] 컨설턴트 コンソルトントゥ

こんしゅう [今週] 이번 주 イボン チュ; 금주 クムジュ
こんじょう [根性] 근성 クンソン
こんせき [痕跡] 흔적 フンジョク; 자국 チャグク
こんぜつ [根絶] 근절 クンジョル ❖~する 근절하다 クンジョラダ
こんせん [混線] 혼선 ホーンソン ❖~する 혼선되다 ホーンソンドゥェダ
コンセンサス [consensus] 컨센서스 コンセンソス
コンセント [← concentric plug] 콘센트 コンセントゥ 例 このプラグをコンセントに差し込んでください。이 플러그를 콘센트에 꽂아 주세요. イ プルログルル コンセントゥエ ッコジャ ジュセヨ
コンタクト [contact] 콘택트 コンテクトゥ
コンタクトレンズ [contact lens] 콘택트렌즈 コンテクトゥレンジュ
こんだて [献立] 식단 シクタン; 메뉴 メニュ
こんだん [懇談] 간담 カーンダム ❖~する 간담하다 カーンダマダ 圞 懇談会 간담회 カーンダムェ
こんちゅう [昆虫] 곤충 コンチュン
こんど [今度] ①(今回) 이번 イボン 例 今度こそ必ず合格してみせます。이번에야말로 꼭 합격하고 말겠어요. イボネヤマルロ ッコク ハプキョカゴ マルゲッソヨ ②(次回) 다음 タウム 例 今度はまたいつ行けるでしょうか。다음에 또 언제 갈 수 있을까요? タウメット オーンジェ カル ス イッスルッカヨ

こんどう [混同] 혼동 ホーンドン ❖~する 혼동하다 ホーンドンハダ

コントラスト [contrast] 콘트라스트 コントゥラストゥ;대조 テージョ;대비 テービ

コントロール [control] 컨트롤 コントゥロル

こんな 이런 イロン

こんなん [困難] 어려움 オリョウム ❖~だ 어렵다 オリョプタ 例その事実に関して申し上げるのは困難です。 그 사실에 대해서 말씀드리기가 어려워요. ク サーシレ テーヘソ マールッスムドゥリギガ オリョウォヨ

こんにち [今日] 오늘날 オヌルラル;요즈음 ヨジュウム;현대 ヒョンデ;현재 ヒョーンジェ 例今日の思想 오늘날의 사상 オヌルラレ サーサン

こんにちは [今日は] 안녕하십니까? アンニョンハシムニッカ;안녕하세요? アンニョンハセヨ

コンパクト [compact] 콤팩트 コムペクトゥ ❖~だ 작고 알차다 チャークコ アルチャダ ❖~な 작고 알찬 チャークコ アルチャン 関コンパクト サイズ 콤팩트 사이즈 コムペクトゥ サイジュ

こんばん [今晩] 오늘 밤 オヌル パム;오늘 저녁 オヌル チョニョク

こんばんは [今晩は] 안녕하십니까? アンニョンハシムニッカ;안녕하세요? アンニョンハセヨ

コンビニエンスストア [convenience store] 편의점 ピョニジョム

コンピューター [computer] 컴퓨터 コムピュト

こんぶ [昆布] 다시마 タシマ

コンプレックス [complex] 콤플렉스 コムプルレクス;열등감 ヨルトゥンガム

こんぽん [根本] 근본 クンボン

コンマ [comma] 콤마 コムマ

こんや [今夜] 오늘 밤 オヌル パム;오늘 저녁 オヌル チョニョク

こんやく [婚約] 약혼 ヤコン ❖~する 약혼하다 ヤコナダ 関婚約者 약혼자 ヤコンジャ / 약혼반지 ヤコンバンジ

こんらん [混乱] 혼란 ホールラン ❖~する 혼란하다 ホールラナダ;혼란되다 ホールランドゥェダ;혼란스럽다 ホールランスロプタ 例混乱した気持ちを整理するために旅行に出ようかと思います。 혼란한 마음을 정리하기 위해 여행을 떠날까 해요. ホールラナン マウムル チョーンニハギ ウィヘ ヨヘンウル ットナルッカ ヘヨ / 急な災害で町全体が混乱した雰囲気でした。 갑작스러운 재해로 마을 전체가 혼란된 분위기였어요. カプチャクスロウン チェヘロ マウル チョンチェガ ホールランドゥェン プヌィギヨッソヨ

こんれい [婚礼] 혼례 ホルリェ;결혼식 キョロンシク 関婚礼衣裳 혼례 의상 ホルリェ ウイサン

さ

さ [差] 차 チャ;차이 チャイ

さあ ①(誘導) 자 チャ;어서 オソ 例さあ、寒いから早く行こう。 자, 추운데 빨리 가자. チャ チュウンデ

ッパルリ カジャ / **さあ, お座りく
ださい。**어서 앉으세요. オソ アン
ジュセヨ ②(迷い・疑い) 글쎄 ク
ルッセ 例**さあ, よくわかりません
が。**글쎄요, 잘 모르겠는데요. ク
ルッセヨ チャル モルゲンヌンデヨ

サーカス [circus] 서커스 ソーコス
サーキット [circuit] 서킷 ソキッ
サークル [circle] 서클 ソークル; 동
호회 トンホフェ; 동아리 トンアリ
ざあざあ 좍좍 チュワクチュワク; 쏴
쏴 ッスワッスワ; 주룩주룩 チュル
クチュルク 例**窓の外を見ると雨
がざあざあ降っていました。**창밖
을 보니 비가 주룩주룩 내리고 있었
어요. チャンバックル ポニ ピガ チ
ュルクチュルク ネリゴ イッソッソ
ヨ
サービス [service] 서비스 ソービ
ス 関サービス精神 서비스 정신
ソービス チョンシン / モーニン
グサービス 모닝 서비스 モーニン
ソービス
サーブ [serve] 서브 ソブ
サーフィン [surfing] 서핑 ソーピ
ン; 파도타기 パドタギ
サーモン [salmon] 새먼 セモン; 연
어 ヨノ
さい [犀] 코뿔소 コップルソ
さい [歳] 《漢数詞と共に》세 セ
《固有数詞と共に》살 サル 例**15
歳** 십오 세 シボ セ; **열다섯 살** ヨ
ルタソッ サル
さいあい [最愛] ❖**~の 가장 사
랑하는** カジャン サランハヌン 例
最愛の人 가장 사랑하는 사람 カ
ジャン サランハヌン サーラム
さいあく [最悪] 최악 チュェーアク

例**最悪の事態 최악의 사태** チュ
ェーアゲ サーテ
ざいあく [罪悪] 죄악 チュェーアク
さいかい [再会] 재회 チェーフェ
❖**~する 재회하다** チェーフェハ
ダ 例**同級生と10年ぶりに再会
しました。**동창생들과 10(십) 년
만에 재회했어요. トンチャンセンド
ゥルグァ シムニョン マネ チェーフ
ェヘッソヨ
さいかい [再開] 재개 チェーゲ ❖
~する 재개하다 チェーゲハダ 例
**入隊で舞台を離れていた俳優が
活動を再開しました。**군 입대로 무
대를 떠났던 배우가 활동을
재개했어요. クン イプテロ ムーデルル ッ
トナットン ペウガ フワルトンウル
チェーゲヘッソヨ ❖**~される 再
開される** チェーゲドウェダ
さいがい [災害] 재해 チェヘ; 재앙
チェアン 関災害対策 재해 대책
チェヘ テーチェク / 災害地 재해
지 チェヘジ / 災害保険 재해 보험
チェヘ ポーホム / 災害補償 재해
보상 チェヘ ポーサン
ざいかい [財界] 재계 チェゲ 関財
界人 재계인 チェゲイン
ざいがく [在学] 재학 チェーハク
❖**~する 재학하다** チェーハカダ
関**在学証明書 재학 증명서** チェ
ーハク チュンミョンソ / **在学生
재학생** チェーハクセン
さいき [再起] 재기 チェーギ ❖**~
する 재기하다** チェーギハダ 関
再起不能 재기 불능 チェーギ プ
ルルン
さいきん [細菌] 세균 セーギュン
さいきん [最近] 최근 チュェーグ

ン;요즈음 ヨジュウム;요즘 ヨジュム;요새 ヨセ 例 最近、購入したパソコンの性能がとてもいいです。최근에 구입한 PC 의 성능이 너무 좋아요. チュエーグネ クイパン ピッシエ ソーンヌンイ ノム チョーアヨ

さいく [細工] ①(工芸) 세공 セーゴン ②(企み) 잔꾀 チャンックェ 関 竹細工 죽세공 チュクセゴン

サイクリング [cycling] 사이클링 サイクルリン

さいけつ [採血] 채혈 チェーヒョル ❖~する 채혈하다 チェーヒョラダ

さいけつ [採決] 채결 チェーギョル ❖~する 채결하다 チェーギョラダ

さいげつ [歳月] 세월 セーウォル

さいけん [債券] 채권 チェーックォン

さいげん [再現] 재현 チェーヒョン ❖~する 재현하다 チェーヒョナダ

さいご [最後] 최후 チュエーフ;마지막 マジマク;맨 끝 メーン ックッ 例 今月最後の日曜日 이달 마지막 일요일 イダル マジマク イリョイル

さいご [最期] 임종 イムジョン

ざいこ [在庫] 재고 チェーゴ

さいこう [最高] 최고 チュエーゴ

さいこん [再婚] 재혼 チェーホン ❖~する 재혼하다 チェーホナダ

さいさん [採算] 채산 チェーサン 例 採算が合いません。채산이 안 맞아요. チェーサニ アン マジャヨ

ざいさん [財産] 재산 チェサン

さいしゅう [採集] 채집 チェージプ ❖~する 채집하다 チェージパダ 関 昆虫採集 곤충 채집 コンチュン チェージプ / 植物採集 식물 채집 シンムル チェージプ

さいしゅう [最終] 최종 チュエージョン;맨 마지막 メーン マジマク 関 最終案 최종안 チュエージョンアン / 最終回 마지막 회 マジマク クェ / 最終便 최종 편 チュエージョン ピョン;마지막 비행기 편 マジマク ピヘンギ ピョン / 最終目標 최종 목표 チュエージョン モクピョ

さいしょ [最初] 최초 チュエーチョ;처음 チョウム 例 最初からすべて知っていた事実です。처음부터 다 알고 있었던 사실이에요. チョウムブト ター アールゴ イッソットン サーシリエヨ

さいしょう [最小] 최소 チュエーソ ❖~の 가장 작은 カジャン チャーグン

さいじょう [最上] 최상 チュエーサン 関 最上級 최상급 チュエーサングプ

さいしょく [菜食] 채식 チェーシク 関 菜食主義 채식주의 チェーシクチュイ

さいしん [細心] ❖~の 세심한 セーシマン 例 細心の注意を払わなければいけません。세심한 주의를 기울여야 해요. セーシマン チューイルル キウリョヤ ヘヨ

さいしん [最新] 최신 チュエーシン

サイズ [size] 사이즈 サイジュ;크기 クギ

さいせい [再生] 재생 チェーセン

❖~する 再生する チェーセンハダ

ざいせい [財政] 財政 チェジョン

さいせん [再選] 再選 チェーソン ❖~する 再選する チェーソナダ

さいぜん [最善] 最善 チュェーソン 例最善を尽くします。최선을 다하겠어요. チュェーソヌル ターハゲッスョ 関最善策 최선책 チュェーソンチェク

さいそく [催促] 재촉 チェチョク ❖~する 재촉하다 チェチョカダ

さいだい [最大] 최대 チュェーデ

さいたく [採択] 채택 チェーテク ❖~する 채택하다 チェーテカダ

ざいたく [在宅] 재택 チェーテク 関在宅勤務 재택근무 チェーテククンム

さいだん [裁断] 재단 チェダン;마름질 マルムジル ❖~する 재단하다 チェダナダ

ざいだん [財団] 재단 チェダン 関文化財団 문화재단 ムヌヮジェダン

さいちゅう [最中] 한창 ハンチャン

さいてい [最低] 최저 チュェージョ

さいてき [最適] 최적 チュェージョク ❖~だ 최적하다 チュェージョカダ

さいてん [採点] 채점 チェーッチョム ❖~する 채점하다 チェーッチョマダ

さいど [再度] 재차 チェーチャ;다시 タシ

さいなん [災難] 재난 チェナン

さいのう [才能] 재능 チェヌン;재주 チェジュ

さいばい [栽培] 재배 チェーベ ❖~する 재배하다 チェベーハダ

さいはつ [再発] 재발 チェーバル ❖~する 재발하다 チェーバラダ

ざいばつ [財閥] 재벌 チェボル

さいばん [裁判] 재판 チェパン

さいばんしょ [裁判所] 법원 ポブォン;재판소 チェパンソ 関家庭裁判所 가정 법원 カジョン ポブォン / 高等裁判所 고등 법원 コドゥン ポブォン / 最高裁判所 대법원 テーボブォン / 地方裁判所 지방 법원 チバン ポブォン

さいふ [財布] 지갑 チガプ

さいほう [裁縫] 재봉 チェボン;바느질 パヌジル

さいぼう [細胞] 세포 セーポ

さいまつ [歳末] 세말 セーマル;세밑 セーミッ;연말 ヨンマル

さいむ [債務] 채무 チェーム

ざいもく [材木] 재목 チェモク

さいよう [採用] 채용 チェーヨン ❖~する 채용하다 チェーヨンハダ

ざいりゅう [在留] 재류 チェーリュ ❖~する 재류하다 チェーリュハダ

さいりょう [最良] 최량 チュェーリャン

さいりょう [裁量] 재량 チェリャン 関自由裁量 자유재량 チャユジェリャン

ざいりょう [材料] 재료 チェリョ

さいわい [幸い] 다행 タヘン;행운 ヘーンウン 例不幸中の幸い 불행 중 다행 プレン ジュン タヘン ❖~だ 다행이다 タヘンイダ ❖~に

다행히 タヘンイ 例 幸いに大きいけがではありませんでした。다행히 크게 다치지는 않았어요. タヘンイ クゲ タチジヌン アナッソヨ

サイン [sign] 사인 サイン ❖~する 사인하다 サイナダ

-さえ ①(極端な例をあげて) 조차 チョチャ 例 さっき言ったことさえ思い出せないですって。아까 한 말조차 기억이 안 난다고요? アッカハン マールジョチャ キオギ アンナンダゴヨ ②(さらに・まで) 마저 マジョ;까지 ッカジ 例 君さえ私のことを信じられないと言うのか。너마저 나를 못 믿겠단 말이니? ノマジョ ナルル モーン ミッケッタン マーリニ ③(条件を表して:だけ) 만 マン 例 卵とネギさえあれば簡単に作れるチャーハンです。달걀하고 파만 있으면 간단히 만들 수 있는 볶음밥이에요. タルギャラゴ パマン イッスミョン カンダニ マンドゥル ス インヌン ポックムバビエヨ

さえぎる [遮る] 차단하다 チャダナダ;가로막다 カロマクタ 例 彼は人の言葉を遮って自分のことばかり言います。그 사람은 남의 말을 가로막고 자기 말만 해요. ク サーラムン ナメ マールル カロマクコ チャギ マールマ ネヨ

さお [竿] 장대 チャンッテ;간짓대 カンジッテ

さか [坂] 비탈길 ピタルキル;고갯길 コゲッキル;고개 コゲ

さかい [境] ①(領域) 경계 キョンゲ ②(岐路) 갈림길 カルリムッキル;기로 キロ

さかえる [栄える] 번영하다 ポニョンハダ;번창하다 ポンチャンハダ

さがく [差額] 차액 チャエク

さかさまに [逆様に] 거꾸로 コックロ

さがす [捜す・探す] 찾다 チャッタ 例 なくした物をやっと探し出しました。잃어버린 물건을 겨우 찾았어요. イロボリン ムルゴヌル キョウ チャジャッソヨ

さかずき [杯・盃] 술잔 スルチャン

さかだち [逆立ち] 물구나무서기 ムルグナムソギ;도립 トーリプ

さかな [肴] 술안주 スランジュ

さかな [魚] ①(魚類) 물고기 ムルコギ ②(食用になるもの) 생선 センソン

さかのぼる [遡る] ①(川などを)거슬러 올라가다 コスルロ オルラガダ ②(過去や原点に) 되돌아가다 トウェドラガダ ③(遡及する) 소급하다 ソグパダ

さかば [酒場] 술집 スルチプ

さかや [酒屋] 주류 판매점 チュリュ パンメジョム

さからう [逆らう] ①(逆行する) 역행하다 ヨケンハダ;거슬러 나아가다 コスルロ ナアガダ ②(反抗する) 거스르다 コスルダ;거역하다 コヨカダ;반항하다 パーナンハダ 例 思春期には、訳もなく親に反抗したりもします。사춘기 때는 아무 이유 없이 부모님에게 반항하기도 해요. サチュンギ ッテヌン アーム イーユ オプシ プモニメゲ パーナンハギド ヘヨ

さかり [盛り] 한창때 ハンチャンッテ

さがる

さがる [下がる] ①(下がる) 내리다 ネリダ; 내려가다 ネリョガダ 例 夕方になると急速に気温が下がりました。저녁이 되자 급속히 기온이 내려갔어요. チョニョギ トゥェジャ クプソキ キオニ ネリョガッソヨ / 熱が下がったら病院に来なくていいです。열이 내리면 병원에 안 와도 돼요. ヨリ ネリミョン ピョーンウォネ ア ヌウド ドゥェヨ ②(程度や状態などが低くなる) 떨어지다 ットロジダ 例 少しでも物価が下がって良かったです。조금이나마 물가가 떨어져서 다행이에요. チョグミナマ ムルカガ ットロジョソ タヘンイエヨ ③(垂れ下がる) 드리워지다 トゥリウォジダ

さかん [盛ん] ❖~だ ①(栄えている) 번성하다 ポンソンハダ; 번창하다 ポンチャンハダ 例 事業が今後も盛んであることを祈ります。사업이 앞으로도 번성하길 바랍니다. サオビ アプロド ポンソンハシギル パラムニダ ②(元気だ) 왕성하다 ワーンソンハダ ❖~に ①(活発に) 활발히 フワルバリ ②(勢いよく) 열렬히 ヨルリョリ

さき [先] ①(先端) 끝 ックッ 例 寒すぎて手先の感覚がありません。너무 추워서 손끝의 감각이 없어요. ノム チュウォソ ソンックテ カムガギ オープソヨ ②(順番が) 앞 アプ;선두 ソンドゥ ❖~に 먼저 モンジョ 例 私は彼より先に出勤しました。나는 그보다 먼저 출근했어요. ナヌン クボダ モンジョ チュルグネッソヨ ③(将来) 앞날 アムナル;장래 チャンネ 例 このままでは，先が思いやられます。이대로는 장래가 염려됩니다. イデロヌン チャンネガ ヨームニョドゥェムニダ

さぎ [詐欺] 사기 サギ 関 詐欺師 사기꾼 サギックン

さきおととい [一昨昨日] 그끄저께 ククッジョッケ;그끄제 ククッジェ

さきだつ [先立つ] ①(先頭に立ち) 앞장서다 アプチャンソダ ②(順番が先) 앞서다 アプソダ

さきばらい [先払い] 선불 ソンブル 例 料金は先払いです。요금은 선불이에요? ヨーグムン ソンブリエヨ ❖~する 선불하다 ソンブラダ

さきほど [先程] 아까 アッカ;조금 전 チョグム ジョン 例 さきほどは失礼しました。아까는 실례했습니다. アッカヌン シルリェヘッスムニダ

さぎょう [作業] 작업 チャゴブ ❖~する 작업하다 チャゴパダ 関 作業着 작업복 チャゴプポク

さく [咲く] 피다 ピダ 例 桜が咲きました。벚꽃이 피었어요. ポッコチ ピオッソヨ

さく [裂く・割く] ①(破く) 찢다 ッチッタ ②(分ける) 가르다 カルダ;따다 ッタダ ③(作り出す) 내다 ネーダ;쪼개다 ッチョゲダ 例 お忙しい中，お時間を割いていただきありがとうございます。바쁘신데 시간을 내 주셔서 감사합니다. パップシンデ シガヌル ネー ジュショソ カームサハムニダ

さくいん [索引] 색인 セギン

さくげん [削減] 삭감 サクカム ❖ ~する 삭감하다 サクカマダ

さくご [錯誤] 착오 チャゴ 関 試行錯誤 시행착오 シーヘンチャゴ

さくし [作詞] 작사 チャクサ ❖ ~する 작사하다 チャクサハダ

さくしゃ [作者] 작자 チャクチャ; 지은이 チウニ

さくしゅ [搾取] 착취 チャクチュィ ❖ ~する 착취하다 チャクチュィハダ ❖ ~される 착취되다 チャクチュィドゥェダ

さくじょ [削除] 삭제 サクチェ ❖ ~する 삭제하다 サクチェハダ ❖ ~される 삭제되다 サクチェドゥェダ 例 キーを押し間違えてファイルが削除されました。키를 잘못 눌러서 파일이 삭제됐어요. キールル チャルモン ヌルロソ パイリ サクチェドゥェッソヨ

さくせい [作成] 작성 チャクソン ❖ ~する 작성하다 チャクソンハダ

さくせん [作戦] 작전 チャクチョン

さくねん [昨年] 작년 チャンニョン

さくばん [昨晩] 어젯밤 オジェッパム

さくひん [作品] 작품 チャクプム

さくぶん [作文] 작문 チャンムン; 글짓기 クルチッキ

さくもつ [作物] 작물 チャンムル 関 農作物 농작물 ノンジャンムル

さくや [昨夜] 어젯밤 オジェッパム

さくら [桜] ①(花) 벚꽃 ポッコッ ②(樹木) 벚나무 ポンナム

さくらそう [桜草] 앵초 エンチョ

さくらんぼう [桜ん坊] 앵두 エンドゥ

さぐりだす [探り出す] 알아내다 アラネダ

さくりゃく [策略] 책략 チェンニャク

さぐる [探る] ①(手で触る) 더듬다 トドゥムタ ②(窺う) 탐색하다 タムセカダ; 살피다 サルピダ ③(探求する) 탐구하다 タムグハダ ④(探す) 찾다 チャッタ

ざくろ [石榴・柘榴] ①(果実) 석류 ソンニュ ②(樹木) 석류나무 ソンニュナム

さけ [酒] 술 スル 例 酒はお好きですか。술은 좋아하세요? スルン チョーアハセヨ

さけ [鮭] 연어 ヨノ

さげすむ [蔑む・貶む] 깔보다 ッカルボダ; 얕보다 ヤッポダ; 업신여기다 オプシンニョギダ

さけぶ [叫ぶ] ①(声を出す) 외치다 ウェチダ; 소리 지르다 ソリ チルダ; 큰소리를 지르다 クンソリルル チルダ 例 あまりにも怖くて叫んでしまいました。너무 무서워서 큰소리를 질렀어요. ノム ムソウォソ クンソリルル チルロッソヨ ②(主張する) 주장하다 チュジャンハダ

さける [裂ける] 찢어지다 ッチジョジダ

さける [避ける] 피하다 ピーハダ

さげる [下げる] ①(低くする) 낮추다 ナッチュダ; 내리다 ネリダ 例 テレビの音を下げてください。텔레비전 소리를 낮추세요. テルレビジョン ソリルル ナッチュセヨ ②(頭を) 숙이다 スギダ 例 軽く頭を下げて挨拶をしました。가볍게 머

리를 숙여 인사했어요. カビョプケ モリルル スギョ インサヘッソヨ ③(吊るす) 드리우다 トゥリウダ;매달다 メーダルダ ④(手に持つ) 들다 トゥルダ 例手に下げられる小さなカバンが欲しいです。손에 들고 다닐 수 있는 작은 가방을 갖고 싶어요. ソネ トゥルゴ タニル ス インヌン チャーグン カバヌル カッコ シポヨ

ささい [些細] ❖~な 사소한 サソハン 例些細なことで喧嘩したことが後悔されます。사소한 일로 다툰 것이 후회돼요. サソハン ニールロ タトゥン ゴシ フーフェドウェヨ

さざえ [栄螺] 소라 ソーラ

ささえる [支える] ①(物理的に支える) 받치다 パッチダ;떠받치다 ットパッチダ;버티다 ポティダ 例柱ひとつで巨大な屋根を支えています。기둥 하나로 거대한 지붕을 떠받치고 있어요. キドゥン ハナロ コデハン チブンウル ットパッチゴ イッソヨ ②(持ちこたえる・放置すると崩れてしまうものを)지탱하다 チテンハダ 例社員の信頼と愛情がわが社を支えています。직원의 신뢰와 사랑이 우리 회사를 지탱하고 있어요. チグォネ シルルェワ サランイ ウリ フェーサル チテンハゴ イッソヨ

ささげる [捧げる] ①(神仏に奉納する) 올리다 オルリダ 例亡くなった先生の霊前に菊の花を捧げました。돌아가신 선생님 영전에 국화꽃을 올렸어요. トラガシン ソンセンニム ヨンジョネ ククゥッコチュル オルリョッソヨ ②(ある対象に精神や愛情などを注ぐ) 바치다 パチダ 例社会福祉のために生涯を捧げられた先生を尊敬しています。사회복지를 위해 평생을 바치신 선생님을 존경해요. サフェボクチルル ウィヘ ピョンセンウル パチシン ソンセンニムル チョンギョンヘヨ

さざなみ [小波・細波・漣] 잔물결 チャンムルキョル

ささやか [細やか] ❖~な ①(小さい) 자그마한 チャグマハン ②(控えめな) 변변치 못한 ピョンビョンチ モッタン

ささやく [囁く] 속삭이다 ソクサギダ

ささる [刺さる] 찔리다 ッチルリダ;꽂히다 ッコチダ;박히다 パキダ

さじ [匙] 숟가락 スッカラク

さしあげる [差し上げる] ①(与える) 드리다 トゥリダ;바치다 パチダ 例お礼として何を差し上げれば良いでしょうか。감사의 표시로 뭘 드리면 좋을까요? カームサエ ピョシロ ムォル トゥリミョン チョーウルッカヨ ②(…して差し上げる《動詞の語幹＋-아/어 드리다》の形で) 例寒いから温かいコーヒーをいれて差し上げましょうか。추운데 따뜻한 커피를 끓여 드릴까요? チュウンデ ッタットゥタン コーピルル ックリョ ドゥリルッカヨ

さしえ [挿し絵] 삽화 サプゥワ

ざしき [座敷] ①(客間) 객실 ケクシル ②(応接間) 응접실 ウーンジョプシル

さしこみ [差し込み] 플러그 プルーグ; 콘센트 コンセントゥ
さしこむ [差し込む] ①(日差しが) 들어오다 トゥロオダ ②(差入れる) 꽂다 ッコッタ 例このコードをコンセントに差し込んでください。이 코드를 콘센트에 꽂아 주세요. イ コドゥルル コンセントゥエ ッコジャ ジュセヨ ③(痛み) 찌르듯이 아프다 ッチルドゥシ アプダ
さしさわり [差し障り] 지장 チジャン; 장애 チャンエ
さしず [指図] 지시 チシ; 지휘 チフィ
さしだしにん [差出人] 발송인 パルソンイン; 보내는 사람 ポネヌン サーラム
さしだす [差し出す] ①(手などを出す) 내밀다 ネーミルダ ②(提出する) 제출하다 チェチュラダ
さしつかえる [差し支える] 지장이 있다 チジャンイ イッタ; 지장을 주다 チジャンウル チュダ; 방해가 되다 パンヘガ トゥエダ
さしでがましい [差し出がましい] 주제넘다 チュジェノムタ; 중뿔나다 チュンップルラダ; 오지랖 넓다 オジラプ ノルダ 例差し出がましいようですが、一度聞いてみてください。주제넘은 참견 같지만 한번 들어 보세요. チュジェノムン チャムギョン ガッチマン ハンボン トゥロ ボセヨ
さしひき [差し引き] 차감 チャガム; 공제 コンジェ
さしひく [差し引く] 빼다 ッペーダ; 차감하다 チャガマダ; 공제하다 コンジェハダ 例予約をキャンセルされる場合, 手数料を差し引いて払い戻しいたします。예약을 취소하실 경우 수수료를 빼고 환불해 드립니다. イェーヤグル チュィーソハシル キョンウ ススリョルル ッペーゴ フワンブレ ドゥリムニダ
さしみ [刺身] 생선회 センソヌェ; 회 フェ
さしょう [査証] 사증 サッチュン; 비자 ピジャ
ざしょう [座礁] 좌초 チュワチョ
さす [刺す] ①(刃物で) 찌르다 ッチルダ ②(蜂や蚊が) 쏘다 ッソダ; 물다 ムルダ
さす [指す] ①(示す) 가리키다 カリキダ 例時計が午前零時を指しています。시계가 자정을 가리키고 있어요. シゲガ チャジョンウル カリキゴ イッソヨ ②(向う) 향하다 ヒャーンハダ; 지향하다 チヒャンハダ 例南を指して飛んでいく渡り鳥 남쪽을 향해 날아가는 철새 ナムッチョグル ヒャーンヘ ナラガヌン チョルセ ③(将棋・囲碁を) 두다 トゥダ
さす [差す] ①(日光が) 비치다 ピチダ 例朝日が差してまぶしいです。아침 해가 비쳐서 눈이 부셔요. アチム ヘガ ピチョソ ヌニ プショヨ ②(傘を) 쓰다 ッスダ 例雨が降っているから一緒に傘を差しましょう。비가 오니까 같이 우산을 씁시다. ピガ オニッカ カチ ウーサヌル ッスプシダ ③(水を) 붓다 プッタ; 부어 넣다 プオ ノッタ; 넣다 ノッタ 例スープが塩辛くて水を少し差しました。국이

너무 짜서 물을 조금 부어 넣었어요. クギン ノムッチャソ ムルル チョグム プオ ノアッソヨ / 目が疲れていたので目薬を差しました。눈이 피곤해서 안약을 넣었어요. ヌニ ピゴネソ アーニャグル ノオッソヨ ④(帯びる) 나타나다 ナタナダ;띠다 ッティダ ⑤(刀を) 차다 チャダ

さす [挿す] 꽂다 ッコッタ 例 花瓶にバラの花とカスミソウを挿しておきました。꽃병에 장미꽃하고 안개꽃을 꽂아 놓았어요. コッピョンエ チャンミッコタゴ アーンゲッコチュル ッコジャ ノアッソヨ

さすが [流石] (予想や期待通りに) 과연 クヮヨン;역시 ヨクシ

さずける [授ける] ①(授与する) 하사하다 ハサハダ;수여하다 スヨハダ ②(伝授する) 전수하다 チョンスハダ

サスペンス [suspense] 서스펜스 ソスペンス

さする [擦る] 쓰다듬다 ッスダドゥムタ;가볍게 문지르다 カビョプケ ムンジルダ

ざせき [座席] 좌석 チュワーソク;자리 チャリ

させつ [左折] 좌회전 チュワーフェジョン ❖~する 좌회전하다 チュワーフェジョナダ

ざせつ [挫折] 좌절 チュワージョル ❖~する 좌절하다 チュワージョラダ;좌절되다 チュワージョルドゥェダ 例 그것만으로 좌절해서 어쩌겠어요? 그 정도 일로 좌절하면 되겠어요? ク ジョンド イールロ チュワージョラミョン ドゥェゲッソヨ

-させる ①시키다 シキダ ②(動詞の語幹＋ -게 하다》の形で) 例 家が遠いのにわざわざ来させる必要がありますか。집이 먼데 일부러 오게 할 필요가 있을까요? チビ モーンデ イルブロ オゲ ハル ピリョガ イッスルッカヨ

さそい [誘い] ①(勧誘) 권유 クォーニュ ②(誘惑) 유혹 ユホク ③(招待) 초대 チョデ

さそう [誘う] ①(勧誘) 권유하다 クォーニュハダ;권하다 クォーナダ 例 映画を見に行こうと友人を誘いました。영화를 보러 가자고 친구한테 권했어요. ヨンフヮルル ポロ カジャゴ チングハンテ クォーネッソヨ ②(引き込む) 꾀다 ックェダ;유혹하다 ユホカダ ③(涙や笑いなどを) 자아내다 チャアネダ

さだまる [定まる] 정해지다 チョンヘジダ

さだめる [定める] ①정하다 チョーンハダ ②(決定する) 결정하다 キョルチョンハダ

ざだんかい [座談会] 좌담회 チュワーダムェ

さち [幸] ①(幸せ) 행복 ヘーンボク ②(食べ物) 산물 サーンムル

さつ [冊] 권 クォン;부 ブ 例 一週間に本を3冊は読みます。일주일에 책을 세 권은 읽어요. イルチュイレ チェグル セー グォヌン イルゴヨ

さつ [札] 지폐 チペ

さつい [殺意] 살의 サリ

さつえい [撮影] 촬영 チュヮリョン ❖~する 촬영하다 チュヮリョンハ

ざつおん [雑音] 잡음 チャブム; 잡소리 チャプソリ

さっか [作家] 작가 チャッカ

ざっか [雑貨] 잡화 チャプワ 関雑貨商 잡화상 チャプワサン / 雑貨店 잡화점 チャプワジョム / 日用雑貨 일용 잡화 イリョン チャプワ

サッカー [soccer] 축구 チュック

さっかく [錯覚] 착각 チャッカク ❖~する 착각하다 チャッカカダ

さっきょく [作曲] 작곡 チャッコク ❖~する 작곡하다 チャッコカダ 関作曲家 작곡가 チャッコッカ

さっきん [殺菌] 살균 サルギュン ❖~する 살균하다 サルギュナダ

さっさと 후딱후딱 フッタクッタク; 서둘러 ソドゥルロ; 척척 チョクチョク; 빨랑빨랑 ッパルランッパルラン 例 仕事はさっさと終わらせた方がいいです。 일은 빨랑빨랑 끝내는 게 좋아요. イールン ッパルランッパルラン ックンネヌン ゲ チョーアヨ / 遅いからさっさと帰れ。 이제 늦었으니까 서둘러 집에 가라. イジェ ヌジョッスニッカ ソドゥルロ チベ カラ

サッシ [sash] 새시 セシ; 창틀 チャントゥル

ざっし [雑誌] 잡지 チャプチ

ざっしゅ [雑種] 잡종 チャプチョン

さっしん [刷新] 쇄신 スェーシン ❖~する 쇄신하다 スェーシナダ

さつじん [殺人] 살인 サリン 関殺人事件 살인 사건 サリン サーッコン / 殺人犯 살인범 サリンボム

さっする [察する] ①(察する) 헤아리다 ヘアリダ; 살피다 サルピダ; 짐작하다 チムジャカダ ②(同情する) 동정하다 トンジョンハダ; 생각해 주다 センガケ ジュダ

さっそう [颯爽] ❖~とした 씩씩한 ッシクッシカン ❖~と 씩씩하게 ッシクッシカゲ; 당당하게 タンダンハゲ

さっそく [早速] 즉시 チュクシ; 곧 コッ; 당장 タンジャン

ざつだん [雑談] 잡담 チャプタム

さっちゅう [殺虫] 살충 サルチュン 関殺虫剤 살충제 サルチュンジェ

ざっと ①(大雑把に) 대강 テーガン; 대충 テチュン 例 説明はざっと聞いてわかっています。 설명은 대충 들어서 알고 있어요. ソルミョンウン テチュン トゥロソ アールゴ イッソヨ ②(おおよそ) 대략 テーリャク; 대충 テチュン

さっとう [殺到] 쇄도 スェド ❖~する 쇄도하다 スェドハダ

ざっとう [雑踏] 붐빔 プムビム; 혼잡 ホーンジャプ; 잡답 チャプタプ

さっぱり ①(完全に) 깨끗이 ッケックシ; 모조리 モジョリ; 완전히 ワンジョニ; 말끔히 マルックミ 例 昔のことはきれいさっぱり忘れて新しい出発をしましょう。 옛날 일은 깨끗이 잊고 새 출발합시다. イェンナル リールン ッケックシ イッコ セ チュルバラプシダ ②(まった〈…ない) 도무지 トムジ; 전혀 チョニョ 例 何を言っているかさっぱり理解できません。 무슨 말을 하는지 도무지 이해가 안 가요. ムスン マールル ハヌンジ トムジ イー

ヘガ アン ガヨ ③(気分が) 爽快だ シウォナダ; 산뜻하다 サンットゥタダ; 상쾌하다 サンクェハダ ④(味が) 담백하다 タームベカダ; 산뜻하다 サンットゥタダ ⑤(性格) 담백하다 タームベカダ; 시원하다 シウォナダ

ざっぴ [雑費] 잡비 チャプピ

さつまいも [薩摩芋] 고구마 コーグマ

ざつむ [雑務] 잡무 チャムム

さと [里] ①(村) 마을 マウル ②(田舎) 시골 シゴル ③(故郷) 고향 コヒャン

さといも [里芋] 토란 トラン

さとう [砂糖] 설탕 ソルタン

さとす [諭す] 타이르다 タイルダ; 깨우치다 ッケウチダ

さとる [悟る] ①깨닫다 ッケダッタ ②(気付く) 알아채다 アラチェダ; 눈치채다 ヌンチチェダ

さなぎ [蛹] 번데기 ポンデギ

さは [左派] 좌파 チュワパ; 급진파 クプチンパ

さば [鯖] 고등어 コドゥンオ

さばく [砂漠・沙漠] 사막 サマク

さばく [裁く] 심판하다 シームパナダ; 재판하다 チェパナダ

さばく [捌く] ①(処理する) 다루다 タルダ; 처리하다 チョーリハダ ②(売り払う) 팔아치우다 パラチウダ

さび [錆] 녹 ノク

さびしい [寂しい・淋しい] ①(心細い) 쓸쓸하다 ッスルスラダ; 한적하다 ハンジョカダ 例 寂しい雰囲気の歌も好きです。쓸쓸한 분위기의 노래도 좋아해요. ッスルスラン プヌィギエ ノレド チョーアヘヨ ②(物足りない) 허전하다 ホジョナダ; 서운하다 ソウナダ

さびる [錆びる] 녹슬다 ノクスルダ

さびれる [寂れる] ①쓸쓸해지다 ッスルスレジダ ②(衰退する) 쇠퇴하다 スェトウェハダ

サファイア [sapphire] 사파이어 サパイオ

ざぶとん [座布団] 방석 パンソク

さべつ [差別] 차별 チャビョル ❖ ~する 차별하다 チャビョラダ ❖ ~される 차별되다 チャビョルドウェダ

さほう [作法] ①(礼儀) 예의범절 イェイボムジョル; 예절 イェジョル ②(方法) 작법 チャクポプ; 방법 パンボプ

サポーター [supporter] ①(支持者) 서포터 ソポート; 지지자 チジジャ ②(保護帯) 서포터 ソポート; 보호대 ポーホデ

さぼてん 사보텐 サボテン; 선인장 ソニンジャン

さほど 그다지 クダジ; 그리 クリ 例 さほど大きな違いはないでしょう。그다지 큰 차이는 없을 거예요. クダジ クン チャイヌン オープスル コエヨ / さほど心配することもないです。그리 걱정할 일도 아니에요. クリ コクチョンハル リールド アニエヨ

サボる 게으름을 피우다 ケウルムル ピウダ; 땡땡이치다 ッテンッテンイチダ

さま [様] (様子) 모양 モヤン; 모습 モスプ

-さま [-様] ①《接尾辞》님 ニム;

씨 ッシ 例 王様 임금님 イームグム ニム ②《依存名詞》님 ニム 例 イ・ドンゴン様 이동건 님 イドンゴンニム
ざま [様] 꼴 ッコル
さまざま [様々] 여러 가지 ヨロ ガジ;가지각색 カジガクセク;갖가지 カッカジ 例 様々に繰り広げられるショーが見ごたえありました。여러 가지로 펼쳐지는 쇼가 볼 만했어요. ヨロ ガジロ ピョルチョジヌン ショーガ ポル マネッソヨ / 人々の顔立ちも性格も様々です。사람들의 생김새도 성격도 가지각색이에요. サーラムドゥレ センギムセドソーンッキョクト カジガクセギエヨ / 宴会のテーブルに様々な料理が並んでいます。잔치상에 갖가지 요리들이 즐비했어요. チャンチサンエ カッカジ ヨリドゥリ チュルビヘッソヨ
さます [冷ます] ①(冷やす) 식히다 シキダ 例 熱いので冷まして召し上がってください。뜨거우니까 식혀 드세요. ットゥゴウニッカ シキョ ドゥセヨ ②(熱意をなくす) 깨다 ッケダ;가라앉히다 カラアンチダ
さます [覚ます・醒ます] ①(眠りを)깨우다 ッケウダ;깨다 ッケダ 例 目覚まし時計の音で目を覚ましました。자명종 소리에 잠이 깼어요. チャミョンジョン ソリエ チャミ ッケーッソヨ ②(酔いを)깨다 ッケーダ;깨우다 ッケウダ 例 酔いを醒ますために窓を少し開けてもいいでしょうか。술을 깨게 창문을 좀 열어도 될까요? スルル ッケゲ チャンムヌル チョム ヨロド ドゥエルッカヨ ③(迷いなどから目を)깨우치다 ッケウチダ;각성시키다 カクソンシキダ
さまたげ [妨げ] ①(妨害) 방해 パンヘ ②(障害) 장애 チャンエ ③(支障) 지장 チジャン
さまたげる [妨げる] 방해하다 パンヘハダ;저해하다 チョヘハダ
さまよう [さ迷う・彷徨う] 헤매다 ヘメダ;방황하다 パンフワンハダ
サミット [summit] 서밋 ソミッ;정상회담 チョンサンフェーダム
さむい [寒い] ①(気温が低い) 춥다 チュプタ 例 今年も寒い冬がやってきました。올해도 추운 겨울이 찾아왔어요. オレド チュウン キョウリ チャジャワッソヨ ②(脅えて背筋などが) 오싹하다 オッサカダ;써늘하다 ッソヌラダ
さむがり [寒がり] 추위를 많이 타다 チュウィルル マーニ タダ 例 寒がりな上に暑がりです。추위도 많이 타고 더위도 많이 타요. チュウィド マーニ タゴ トウィド マーニ タヨ
さむけ [寒気] 한기 ハンギ;오한 オハン
さむさ [寒さ] 추위 チュウィ
さめ [鮫] 상어 サンオ
さめる [冷める] ①(冷たくなる) 식다 シクタ 例 冷めたら味が落ちますよ。식으면 맛이 떨어져요. シグミョン マシ ットロジョヨ ②(興奮などが) 식다 シクタ;깨지다 ッケージダ 例 彼の余計な一言で皆の興が冷めました。그의 쓸데없는 한마디로 모두의 흥이 깨졌어요. ク

에 ㅆ슬ㄹㅌ테 오므ㄴ눈 ハンマディロ モドウエ フーンイ ッケージョッソヨ

さめる [覚める・醒める] ①(眠りから) 잠이 깨다 チャミ ッケーダ; 눈이 뜨이다 ヌニ ットウイダ 例眠りから覚めると家に誰もいませんでした。잠에서 깨자 집에 아무도 없었어요. チャメソ ッケージャ チベ アームド オープソッソヨ ②(酔いから) 술이 깨다 スリッケーダ 例酔い醒ましのスープを飲めば少しは酔いが醒めるでしょう。해장국을 드시면 조금 술이 깰 거예요. ヘージャンックグル トウシミョン チョグム スリッケール コエヨ ③(迷いなどから) 깨어나다 ッケオナダ; 정신을 차리다 チョンシヌル チャリダ; 정신이 들다 チョンシニ トウルダ

さめる [褪める] 바래다 パレダ; 퇴색하다 トウェーセカダ

さもないと 그렇지 않으면 クロッチ アヌミョン

さゆう [左右] 좌우 チュワーウ ❖~する 좌우하다 チュワーウハダ

さよう [作用] 작용 チャギョン ❖~する 작용하다 チャギョンハダ 関副作用 부작용 プジャギョン

さようなら ①(立ち去る人に対して) 안녕히 가십시오. アンニョンイ カシプシオ / 안녕히 가세요. アンニョンイ カセヨ ②(残る人に対して) 안녕히 계십시오. アンニョンイ ケーシプシオ / 안녕히 계세요. アンニョンイ ケーセヨ

さよく [左翼] 좌익 チュワイク
さら [皿] 접시 チョプシ
ざら ❖~だ 흔하다 フナダ

さらいげつ [再来月] 다음다음 달 タウムダウム タル

さらいしゅう [再来週] 다음다음 주 タウムダウム チュ *話し言葉では다다음주 タダウムチュも使われる。

さらいねん [再来年] 다음다음 해 タウムダウム ヘ; 후년 フーニョン

さらう [攫う・掠う] ①(ひったくる) 날치기하다 ナルチギハダ; 채다 チェダ ②(誘拐する) 유괴하다 ユクェハダ ③(残らず持ち去る) 휩쓸다 フィプッスルダ ④(独占する) 독차지하다 トクチャジハダ

さらさら ①(水などが流れる) 술술 スルスル; 줄줄 チュルジュル; 졸졸 チョルジョル 例さらさら流れるせせらぎ 졸졸 흐르는 개울물 チョルジョル フルヌン ケウルムル ②(水気などがなく抵抗がない) 보송보송 ポソンボソン; 바슬바슬 パスルバスル ❖~している 보송보송하다 ポソンボソンハダ; 바슬바슬하다 パスルバスラダ 例朝からさらさらした雪が降っています。아침부터 바슬바슬한 눈이 내리고 있어요. アチムブト パスルバスラン ヌーニ ネリゴ イッソヨ

ざらざら 까칠까칠 ッカチルッカチル; 까슬까슬 ッカスルッカスル ❖~している 까칠까칠하다 ッカチルッカチラダ; 까슬까슬하다 ッカスルッカスラダ

さらす [晒す・曝す] 쐬다 ッスェーダ
サラダ [salad] 샐러드 セルロドゥ
さらに [更に] ①(もっと) 더 ト; 한층 ハンチュン; 더욱더 トウクト 例さらに燃費のいい車が発売され

ました。더욱더 연비 좋은 자동차가 나왔어요. トウクト ヨンビ チョーウン チャドンチャガ ナワッソヨ / さらに良い人生のために努力します。한층 더 나은 삶을 위해 노력해요. ハンチュン ト ナウン サールムル ウィヘ ノリョケヨ ②(重ねて) 거듭 コドゥプ;다시금 タシグム 例 さらに説得してみるつもりです。다시금 설득해 볼 생각입니다. タシグム ソルトゥケ ボル センガギムニダ

サラリーマン [salaried man] 샐러리맨 セルロリメン

さりげない 아무 일도 없는 듯한 アーム イールド オームヌン ドゥタン

さる [猿] 원숭이 ウォーンスンイ

さる [去る] ①(離れる) 떠나다 ッ トナダ ②(過ぎ去る) 지나가다 チナガダ

ざる [笊] 소쿠리 ソクリ

サルビア [salvia] 샐비어 セルビオ ;깨꽃 ッケッコッ

さわがしい [騒がしい] 시끄럽다 シックロプタ;소란스럽다 ソランスロプタ

さわぎ [騒ぎ] ①(騒ぐこと) 소란 ソラン ②(騒動) 소동 ソドン ③(紛争) 분쟁 プンジェン ④(事件) 사건 サーッコン

さわぐ [騒ぐ] ①떠들다 ットードゥルダ ②(抗議する) 소동을 일으키다 ソドンウル イルキダ ③(落ち着かない) 술렁거리다 スルロンゴリダ;허둥대다 ホドゥンデダ;두근거리다 トゥグンゴリダ;설레다 ソルレダ 例 どういうわけか胸が騒いで連絡をしてみました。괜히 가슴이 두근거려서 연락을 해 봤어요. クェーニ カスミ トゥグンゴリョソ ヨルラグル ヘ ブワッソヨ

さわやか [爽やか] ❖~だ 상쾌하다 サンクェハダ;산뜻하다 サントゥタダ 例 今日も気分よく爽やかな朝を迎えました。오늘도 기분 좋게 상쾌한 아침을 맞이했어요. オヌルド キブン チョーッケ サンクェハン アチムル マジヘッソヨ

さわる [触る・障る] ①(触れる) 손을 대다 ソヌル テーダ;만지다 マンジダ;닿다 タータ 例 作品에 손을 대지 마세요. チャクプメ ソヌル テージ マーセヨ ②(感情や体を害する) 거슬리다 コスルリダ;상하다 サンハダ;해롭다 ヘーロプタ 例 癇に障る言葉もよく聞かなければいけない時があります。비위에 거슬리는 말도 잘 들어야 할 때가 있어요. ピーウィエ コスルリヌン マールド チャル トゥロヤ ハルッテガ イッソヨ

さん [三] 《漢数詞》삼 サム 《固有数詞》셋 セーッ(助数詞を伴う場合は세の形) 関 三時 세 시 セーシ / 三人 세 명 セーミョン;세 사람 セー サーラム / 三度 세 번 セー ボン / 三日 삼 일 サミル / 三月 삼월 サムオル

-さん 씨 ッシ;님 ニム

さんか [参加] 참가 チャムガ ❖~する 참가하다 チャムガハダ 例 市民マラソンに参加しました。시민 마라톤에 참가했어요. シーミン マラトネ チャムガヘッソヨ 関 参加者 참가자 チャムガジャ

さんか

さんか [産科] 산과 サンックヮ 関 産婦人科 산부인과 サンブインックヮ

さんか [傘下] 산하 サナ

さんか [酸化] 산화 サヌヮ ❖(…を)~する 산화하다 サヌヮハダ ❖(…が)~する;~される 산화되다 サヌヮドゥェダ

さんが [山河] 산하 サナ;산천 サンチョン

ざんがい [残骸] 잔해 チャネ

さんかく [三角] 삼각 サムガク 関 三角関係 삼각 관계 サムガク クヮンゲ / 三角関数 삼각 함수 サムガク ハムスー / 三角形 삼각형 サムガキョン

さんがく [山岳] 산악 サナク 関 山岳地帯 산악 지대 サナク チデ

ざんがく [残額] 잔액 チャネク

さんかん [参観] 참관 チャムグヮン ❖~する 참관하다 チャムグヮナダ 関 授業参観 참관 수업 チャムグヮン スオプ

ざんぎゃく [残虐] 잔학 チャナク 関 残虐行為 잔학 행위 チャナク ヘンウィ

さんぎょう [産業] 산업 サーノプ 関 産業革命 산업 혁명 サーノプ ヒョンミョン / 基幹産業 기간 산업 キガン サーノプ / 情報産業 정보 산업 チョンボ サーノプ / 第一次産業 제1(일)차 산업 チェイルチャ サーノプ / 第二次産業 제2(이)차 산업 チェイーチャ サーノプ / 第三次産業 제3(삼)차 산업 チェサムチャ サーノプ / 輸出産業 수출 산업 スチュル サーノプ / レジャー産業 레저 산업 レジョ サーノプ

ざんぎょう [残業] 야근 ヤグン ❖~する 야근하다 ヤグナダ

ざんきん [残金] 잔금 チャングム

サングラス [sunglasses] 선글라스 ソングルラス

ざんげ [懺悔] 참회 チャムェ ❖~する 참회하다 チャムェハダ

さんご [珊瑚] 산호 サノ 関 珊瑚礁 산호초 サノチョ

さんこう [参考] 참고 チャムゴ ❖~にする 참고하다 チャムゴハダ 関 参考書 참고서 チャムゴソ / 参考文献 참고 문헌 チャムゴ ムノン

ざんこく [残酷] ❖~だ 잔혹하다 チャノカダ;참혹하다 チャモカダ

さんさい [山菜] 산채 サンチェ;산나물 サンナムル

さんざい [散在] 산재 サーンジェ ❖~する 산재하다 サーンジェハダ

さんざん [散々] ①(ひどく) 호되게 ホドゥェゲ 例 先生に散々叱られました。선생님한테 호되게 꾸지람을 들었어요. ソンセンニマンテ ホドゥェゲ ックジラムル トゥロッソヨ ②(徹底的に) 몹시 モープシ;실컷 シルコッ 例 仕事で先輩に散々迷惑を掛けました。일 때문에 선배에게 몹시 폐를 끼쳤어요. イール ッテムネ ソンベエゲ モープシ ペールル ッキチョッソヨ

さんじゅう [三十]《漢数詞》삼십 サムシプ《固有数詞》서른 ソルン 関 三十歳 삼십 세 サムシプ セ;서른 살 ソルン サル

さんしゅつ [産出] 산출 サーンチュル ❖~する 산출하다 サーンチ

ユラダ
さんしゅつ [算出] 산출 サーンチュル ❖~する 산출하다 サーンチュラダ
ざんしょ [残暑] 늦더위 ヌットウィ
さんしょう [参照] 참조 チャムジョ ❖~する 참조하다 チャムジョハダ
ざんしん [斬新] 참신 チャームシン ❖~だ 참신하다 チャームシナダ
さんすう [算数] 산수 サーンス
さんせい [酸性] 산성 サンソン
さんせい [賛成] 찬성 チャーンソン ❖~する 찬성하다 チャーンソンハダ 圜賛成者 찬성자 チャーンソンジャ
さんそ [酸素] 산소 サンソ
さんそう [山荘] 산장 サンジャン
ざんだか [残高] 잔고 チャンゴ; 잔액 チャネク
サンタクロース [Santa Claus] 산타 클로스 サンタ クルロス
さんち [産地] 산지 サンジ; 생산지 センサンジ
さんちょう [山頂] 산정 サンジョン; 산꼭대기 サンッコクテギ; 정상 チョンサン
サンドイッチ [sandwich] 샌드위치 センドゥウィチ
ざんねん [残念] ❖~だ 유감스럽다 ユガムスロプタ; 아쉽다 アシュィプタ
さんぱい [参拝] 참배 チャムベ ❖~する 참배하다 チャムベハダ 圜参拝客 참배객 チャムベゲク
ざんぱい [惨敗] 참패 チャムペ ❖~する 참패하다 チャムペハダ

さんばし [桟橋] 선창 ソンチャン; 부두 プドゥ; 잔교 チャンギョ
さんぱつ [散髪] 이발 イーバル ❖~する 이발하다 イーバラダ
さんび [賛美] 찬미 チャンミ ❖~する 찬미하다 チャンミハダ
さんぴ [賛否] 찬부 チャーンブ; 찬반 チャーンバン
さんぷ [散布] 산포 サンポ ❖~する 산포하다 サンポハダ
さんふじんか [産婦人科] 산부인과 サンブインックヮ
さんぶつ [産物] 산물 サーンムル
サンプル [sample] 샘플 セムプル; 상품 견본 サンプム キョーンボン
さんぶん [散文] 산문 サンムン
さんぽ [散歩] 산보 サーンッポ; 산책 サーンチェク ❖~する 산책하다 サーンチェカダ
さんま [秋刀魚] 꽁치 ッコンチ
さんみ [酸味] 산미 サンミ; 신맛 シンマッ
さんみゃく [山脈] 산맥 サンメク
ざんむ [残務] 잔무 チャンム
さんらん [散乱] 산란 サールラン ❖~する 산란하다 サールラナダ
さんらん [産卵] 산란 サルラン ❖~する 산란하다 サルラナダ
さんりゅう [三流] 삼류 サムニュ
ざんりゅう [残留] 잔류 チャルリュ ❖~する 잔류하다 チャルリュハダ
さんりん [山林] 산림 サルリム
さんれつ [参列] 참석 チャムソク ❖~する 참석하다 チャムソカダ
さんろく [山麓] 산록 サルロク

し

し [四]《漢数詞》사 サー《固有数詞》넷 ネーッ(助数詞を伴う場合は네の形) 関四月 사월 サーウォル / 四時 네 시 ネー シ / 四名 네 명 ネー ミョン⇒よん[四]

し [詩] 시 シ

し [市] 시 シー

し [死] 죽음 チュグム 関死因 사인 サーイン / 死刑 사형 サーヒョン / 死亡 사망 サーマン / 生死 생사 センサ / 病死 병사 ピョーンサ / 変死 변사 ピョーンサ

し [氏] 성씨 ソーンッシ

じ [字] 글자 クルチャ;글씨 クルッシ;문자 ムンッチャ

じ [時] 시 シ 関時間 시간 シガン / 時刻 시각 シガク / 何時 몇 시 ミョッ シ

しあい [試合] 시합 シハプ

しあげ [仕上げ] ①마무리 マムリ;완성 ワンソン ②(手仕事の最終工程) 끝손질 クッソンジル

しあさって [明明後日] 글피 クルピ

しあわせ [幸せ] ①(幸福) 행복 ヘーンボク ②(幸運) 행운 ヘーンウン ❖~だ 행복하다 ヘーンボカダ 例 幸せな結婚生活を送ってください。행복한 결혼 생활 보내세요. ヘンボカン キョロン センフワル ポネセヨ

じい [辞意] 사의 サイ

しいく [飼育] 사육 サユク ❖~する 사육하다 サユカダ

しいたけ [椎茸] 표고 버섯 ピョゴ ポソッ

しいたげる [虐げる] 학대하다 ハクテハダ;못살게 굴다 モーッサルゲ クールダ

シーツ [sheet] 시트 シートゥ

しいて [強いて] 억지로 オクチロ;굳이 クジ;구태여 クテヨ 例 強いて言う必要はありません。굳이 말할 필요 없어요. クジ マーラル ピリョ オープソヨ

ジーパン 진 チン;청바지 チョンバジ

しいる [強いる] 억지로 시키다 オクチロ シキダ;강요하다 カーンヨハダ

しいれ [仕入れ] 구입 クイプ;매입 メーイプ

しいれる [仕入れる] 사들이다 サドゥリダ;매입하다 メーイパダ

しいん [子音] 자음 チャウム

しいん [死因] 사인 サイン

シーン [scene] 신 シン

じいん [寺院] 사원 サウォン;절 ジョル

ジーンズ [jean] 진 チン

しうち [仕打ち] 처사 チョーサ 例 そんな不当な仕打ちはないですよ。그런 부당한 처사가 어디 있어요? クロン プダンハン チョーサガ オディ イッソヨ

しえい [市営] 시영 シーヨン

じえい [自営] 자영 チャヨン ❖~する 자영하다 チャヨンハダ

じえい [自衛] 자위 チャウィ ❖~する 자위하다 チャウィハダ

ジェスチャー [gesture] 제스처 チェスチョ;손짓 ソンチッ

ジェネレーション [generation] 제너레이션 チェノレイション;세

しかし

대 セーデ

しえん [支援] 지원 チウォン ❖~する 지원하다 チウォナダ 例被害地域を支援したいです。피해 지역을 지원하고 싶어요. ピーヘ チヨグル チウォナゴ シポヨ 関支援団体 지원 단체 チウォン タンチェ

しお [塩] ①소금 ソグム ②(塩気) 간 カン; 소금기 ソグムキ 例塩がちょっと薄いです。간이 좀 싱거워요. カニ チョム シンゴウォヨ / もうちょっと塩を利かせてもらえますか。좀 더 간을 해 주세요. チョム ド カヌル ヘ ジュセヨ

しお [潮・汐] 바닷물 パダンムル 関引き潮 썰물 ッソルムル / 満ち潮 밀물 ミールムル

しおかげん [塩加減] 간 カン 例塩加減を見ていただけますか。간 좀 봐 주시겠어요? カン チョム プワ ジュシゲッソヨ

しおから [塩辛] 젓 チョッ; 젓갈 チョッカル

しおからい [塩辛い] 짜다 ッチャダ 例塩辛すぎませんか。너무 짜지 않아요? ノム ッチャジ アナヨ

しおづけ [塩漬け] 소금절이 ソグムジョリ

しおやき [塩焼き] 소금구이 ソグムグイ

しおり [栞] 서표 ソピョ; 책갈피 チェクカルピ

しおれる [萎れる] 시들다 シドゥルダ

しか [鹿] 사슴 サスム

しか [歯科] 치과 チックヮ 関歯科医師 치과 의사 チックヮ ウイサ

-しか 밖에 パッケ 例人生は一度しかありません。인생은 한 번밖에 없어요. インセンウン ハン ボンバッケ オープソヨ

じが [自我] 자아 チャア

しかい [司会] 사회 サフェ ❖~する 사회하다 サフェハダ 関司会者 사회자 サフェジャ

しかい [視界] 시계 シーゲ

しがい [市外] 시외 シーウェ 関市外バス 시외버스 シーウェボス

しがい [市街] 시가 シーガ; 거리 コリ 関市街地 시가지 シーガジ

しがいせん [紫外線] 자외선 チャーウェソン

しかえし [仕返し] 복수 ポクス; 앙갚음 アンカプム ❖~する 복수하다 ポクスハダ; 보복하다 ポボカダ

しかく [四角] 사각 サーガク ❖~い 네모나다 ネーモナダ 例四角いテーブル 네모난 테이블 ネーモナン テイブル 関四角形 사각형 サーガキョン

しかく [視角] 시각 シーガク

しかく [資格] 자격 チャギョク 関資格試験 자격시험 チャギョクシホム

じかく [自覚] 자각 チャガク ❖~する 자각하다 チャガカダ

しかける [仕掛ける] ①(挑む) 걸다 コルダ 例喧嘩をしかけないでください。싸움을 걸지 마세요. ッサウムル コールジ マーセヨ ②(設置する) 장치하다 チャンチハダ; 설치하다 ソルチハダ; 놓다 ノッタ

しかし 그러나 クロナ; 하지만 ハジマン; 그렇지만 クロッチマン 例一生懸命話しました。しかし, 통

じませんでした。熱心に言いました. そうしかし通じませんでした。ヨルシミ マーレッソヨ クロナ トンハジ アナッソヨ
しかたがない ①(どうにもできない) 어쩔 수 없다 オッチョル ス オープタ；할 수 없다 ハル ス オープタ 例 忙しければ仕方ないですが，来られないなら連絡をください。바쁘면 어쩔 수 없지만 못 오면 연락을 주세요. パップミョン オッチョル ス オープチマン モ ドミョン ヨルラグル チュセヨ ②(我慢できない) 견딜 수 없다 キョンディル ス オープタ；참을 수 없다 チャムル ス オープタ 例 会いたくて仕方がありません。보고 싶어서 견딜 수 없어요. ポゴ シポソ キョンディルス オープソヨ ❖仕方なく 어쩔 수 없이 オッチョル ス オープシ；할 수 없이 ハル ス オープシ
しがない 보잘것없다 ポジャルコドプタ；하찮다 ハチャンタ；시시하다 シシハダ
じかに [直に] 직접 チクチョプ；바로 パロ
しがみつく 매달리다 メーダルリダ；붙들고 늘어지다 プットゥルゴ ヌロジダ
しかめる [顰める] 찡그리다 ッチングリダ；찌푸리다 ッチプリダ
しかも ①(その上) 그 위에 ク ウィエ；게다가 ケダガ 例 顔もきれいだし，しかも性格も良いです。얼굴도 예쁘고 게다가 성격도 좋아요. オルグルド イェーップゴ ケダガ ソーンッキョクト チョーアヨ ②(それにもかかわらず) 그런데도 クロンデド；그러고도 クロゴド；그럼에도 불구하고 クロメド プルグハゴ 例 寝不足です。しかも今夜も徹夜です。잠이 부족해요. 그런데도 오늘 밤도 철야예요. チャミ プジョケヨ クロンデド オヌル パムド チョリャエヨ

しかる [叱る] ①(目下の者を厳しくたしなめる) 꾸짖다 ックジッタ 例 部下のミスをひどく叱らないでください。부하의 실수를 너무 꾸짖지 마세요. プハエ シルスルル ノム ックジッチ マーセヨ ②(声を上げて厳しく叱る) 야단치다 ヤーダンチダ 例 頭ごなしに叱っても問題は解決しません。무조건 야단친다고 문제가 해결되진 않아요. ムジョッコン ヤーダンチンダゴ ムーンジェガ ヘーギョルドゥェジン アナヨ ③(叱ってやる) 혼내 주다 ホンネ ジュダ

しがん [志願] 지원 チウォン ❖〜する 지원하다 チウォナダ 例 彼は海外勤務を志願しました。그 사람은 해외 근무를 지원했어요. クサラムン ヘーウェ クーンムルル チウォネッソヨ

じかん [時間] 시간 シガン 例 市内までどのくらい時間がかかりますか。시내까지 어느 정도 시간이 걸려요? シーネッカジ オヌ チョンド シガニ コールリョヨ / 時間が経つのも気付きませんでした。시간이 지나가는 줄도 몰랐어요. シガニ チナガヌン ジュルド モールラッソヨ

しき [式] 식 シク ①(儀式) 의식 ウイシク 例(結婚式は)簡単に式を

挙げようと思います。간단하게 식을 올리려고 해요. カンダナゲ シグル オルリリョゴ ヘヨ ②(方式) 방식 パンシク ③(様式) 양식 ヤンシク

しき [四季] 사계 サーゲ
しき [指揮] 지휘 ❖~する 지휘하다 チフィハダ
じき [時期] 시기 シギ
じき [磁気] 자기 チャギ
じき [磁器] 자기 チャギ
しきい [敷居] 문지방 ムンチバン ; 문턱 ムントク
しぎかい [市議会] 시의회 シーイフェ 関 市議会議員 시의회의원 シーイフェイウォン
しききん [敷金] 보증금 ポージュングム
しきさい [色彩] 색채 セクチェ
しきじ [式辞] 식사 シクサ
しきじょう [式場] 식장 シクチャン
しきそ [色素] 색소 セクソ
しきたり [仕来り] 관례 クワルリェ ; 관습 クワンスプ
しきち [敷地] 부지 プジ ; 대지 テジ
しきちょう [色調] 색조 セクチョ
しきてん [式典] 식전 シクチョン ; 식 シク ; 의식 ウイシク
じきに [直に] 곧 コッ ; 금방 クムバン ; 머지않아 モジアナ 例 じきに来るはずだからもう少し待ってみましょう。금방 올 테니까 좀 더 기다려 봅시다. クムバン オル テニッカ チョム ド キダリョ ポプシダ
しきべつ [識別] 식별 シクピョル ❖~する 식별하다 シクピョラダ

しきゅう [子宮] 자궁 チャグン
しきゅう [支給] 지급 チグプ ❖~する 지급하다 チグパダ 例 往復の交通費は支給してくれますか。왕복 교통비는 지급해 주나요? ワーンボク キョトンビヌン チグペ ジュナヨ
しきゅう [至急] 지급 チグプ ❖~だ 지급하다 チグパダ
じきゅう [自給] 자급 チャグプ ❖~する 자급하다 チャグパダ 関 自給自足 자급자족 チャグプチャジョク
じきゅう [時給] 시간급 シガングプ 関 時給制 시간급제 シガングプチェ
しきょう [司教] 주교 チュギョ
しきょう [市況] 시황 シーフワン
しぎょう [始業] ①(仕事など) 시업 シーオプ ②(小・中・高等学校) 개학 ケハク ③(大学) 개강 ケガン
じきょう [自供] 자백 チャベク ❖~する 자백하다 チャベカダ
じぎょう [事業] 사업 サーオプ 関 事業所 사업소 サーオプソ / 公共事業 공공사업 コンゴンサオプ / 社会事業 사회사업 サフェサオプ / 慈善事業 자선 사업 チャソンサーオプ
しきり [仕切り] 칸막이 カンマギ
しきりに [頻りに] ①(頻繁に) 자꾸만 チャックマン ②(絶え間なく) 끊임없이 ックニモプシ ③(続けざまに) 계속해서 ケーソクセソ ④(熱心に) 몹시 モープシ ; 매우 メウ ; 열심히 ヨルシミ 例 彼はしきりに海外に行きたがります。그는 몹시 해외에 가고 싶어해요. クヌン

モープシ ヘーウェエ カゴ シポヘヨ
しきん [資金] 자금 チャグム 関資金源 자금원 チャグムオン
しく [敷く] ① 깔다 ッカルダ ② (広げる) 펴다 ピョダ 例 布団を敷いて横になって休みました。이불을 펴고 누워서 쉬었어요. イブルル ピョゴ ヌウォソ シュィオッソヨ
しぐさ [仕種] 동작 トーンジャク; 행동 ヘンドン; 몸짓 モムッチッ
しくはっく [四苦八苦] 사고팔고 サーゴパルゴ
しくみ [仕組み] ①(構造) 구조 クジョ ②(装置) 장치 チャンチ ③(機構) 기구 キグ
しけい [死刑] 사형 サーヒョン
しげき [刺激] 자극 チャーグク ❖~する 자극하다 チャーグカダ ❖~的だ 자극적이다 チャーグクチョギダ
しげる [茂る] 우거지다 ウゴジダ; 무성해지다 ムソンヘジダ
しけん [試験] 시험 シホム ❖~する 시험하다 シホマダ 関 入学試験 입학시험 イパクシホム
しげん [資源] 자원 チャウォン 関 観光資源 관광 자원 クワングワンチャウォン / 人的資源 인적자원 インチョクチャウォン / 地下資源 지하자원 チハジャウォン
じけん [事件] 사건 サーッコン
じげん [次元] 차원 チャウォン
じげん [時限] ① 시한 シハン ②(授業時間) 교시 キョーシ 関 時限スト 시한부 파업 シハンブ パーオプ / 時限爆弾 시한폭탄 シハンポクタン

じこ [自己] 자기 チャギ 関 自己紹介 자기소개 チャギソゲ
じこ [事故] 사고 サーゴ 例 交通事故を起こしましたが, 大使館に連絡していただけますか。교통사고를 냈는데 대사관에 연락해 주시겠어요? キョトンサゴルル ネーンヌンデ テーサグヮネ ヨルラケ ジュシゲッソヨ 関 衝突事故 충돌 사고 チュンドル サーゴ / 人身事故 인신사고 インシンサゴ
しこう [志向] 지향 チヒャン ❖~する 지향하다 チヒャンハダ
しこう [思考] 사고 サゴ ❖~する 사고하다 サゴハダ 関 思考力 사고력 サゴリョク
しこう [施行] 시행 シーヘン ❖~する 시행하다 シーヘンハダ ❖~される 시행되다 シーヘンドゥェダ 例 4月から新しい法律が施行されます。4(사)월부터 새 법률이 시행됩니다. サーウォルブト セ ポムニュリ シーヘンドゥェムニダ
しこう [嗜好] 기호 キーホ 関 嗜好品 기호품 キーホプム
しこう [試行] 시행 シーヘン ❖~する 시행하다 シーヘンハダ
じこう [事項] 사항 サーハン 関 関連事項 관련 사항 クヮルリョン サーハン / 協議事項 협의 사항 ヒョビ サーハン / 重要事項 중요 사항 チューンヨ サーハン
じこう [時効] 시효 シヒョ
じごうじとく [自業自得] 자업자득 チャオプチャドゥク
じこく [時刻] 시각 シガク; 시간 シガン 関 発車時刻 발차 시간 パルチャ シガン

じごく [地獄] 지옥 チオク
しごと [仕事] ①일 イール ②(作業) 작업 チャゴプ ③(業務) 업무 オムム ④(職業) 직업 チゴプ
しこむ [仕込む] ①(教える) 가르치다 カルチダ ②(訓練する) 길들이다 キルドゥリダ；훈련시키다 フールリョンシキダ
しこり [痼・凝] ①(腫れ物) 응어리 ウンオリ ②(腫瘍) 종양 チョンヤン ③(筋肉の凝り) 응어리 ウンオリ ④(感情の) 응어리 ウンオリ
しさ [示唆] 시사 シーサ ❖~する 시사하다 シーサハダ
じさ [時差] 시차 シチャ 例東京とソウルは時差がありません。도쿄와 서울은 시차가 없어요. トキョワ ソウルン シチャガ オープソヨ
しさい [子細] 자세 チャセ ❖~に 자세히 チャセヒ；소상히 ソサンイ
しさい [司祭] 사제 サジェ；신부 シンブ
しざい [資材] 자재 チャジェ；재료 チェリョ 関建築資材 건축 자재 コーンチュク チャジェ
しさく [施策] 시책 シーチェク
じざけ [地酒] 그 지방의 술 クチバンエ スル；토주 トジュ
しさつ [視察] 시찰 シーチャル ❖~する 시찰하다 シーチャラダ 関視察団 시찰단 シーチャルダン / 工場視察 공장 시찰 コンジャン シーチャル
じさつ [自殺] 자살 チャサル ❖~する 자살하다 チャサラダ 関自殺行為 자살행위 チャサルヘンウィ / 自殺未遂 자살 미수 チャサル ミス

しさん [試算] 시산 シーサン ❖~する 시산하다 シーサナダ
しさん [資産] 자산 チャサン 関資産家 자산가 チャサンガ / 固定資産 고정 자산 コジョン チャサン
じさん [持参] 지참 チチャム ❖~する 지참하다 チチャマダ
しし [獅子] 사자 サージャ
しじ [指示] 지시 チシ ❖~する 지시하다 チシハダ
しじ [支持] 지지 チジ ❖~する 지지하다 チジハダ；지탱하다 チテンハダ 例私を支持してくれるのはまさに家族です。나를 지탱해 주는 건 바로 가족이에요. ナルル チテンヘ ジュンヌン ゴン パロ カジョギエヨ 関支持者 지지자 チジジャ
じじ [時事] 시사 シサ 関時事評論 시사 평론 シサ ピョーンノン / 時事問題 시사 문제 シサ ムーンジェ
ししつ [資質] 자질 チャジル
じじつ [事実] 사실 サーシル 関既成事実 기성사실 キソンサシル
ししゃ [支社] 지사 チサ
ししゃ [試写] 시사 シサ ❖~する 시사하다 シサハダ 関試写会 시사회 シサフェ
じしゃ [自社] 자사 チャサ；자기 회사 チャギ フェーサ
じしゃく [磁石] 자석 チャーソク；마그넷 マグネッ
じしゅ [自主] 자주 チャジュ 関自主性 자주성 チャジュッソン / 自主独立 자주독립 チャジュドンニプ
じしゅ [自首] 자수 チャス ❖~する 자수하다 チャスハダ

ししゅう [刺繡] 자수 チャース ❖ ～する 수를 놓다 スールル ノッタ

ししゅう [詩集] 시집 シジプ

しじゅう [四十] 《漢数詞》사십 サーシプ 《固有数詞》마흔 マフン

しじゅう [始終] ①(すべて) 시종 シージョン ②(いつも) 항상 ハンサン；언제나 オーンジェナ 関一部始終 자초지종 チャチョジジョン

じしゅう [自習] 자습 チャスプ ❖ ～する 자습하다 チャスパダ 関自習時間 자습 시간 チャスプ シガン

じしゅく [自粛] 자숙 チャスク ❖ ～する 자숙하다 チャスカダ

ししゅつ [支出] 지출 チチュル ❖ ～する 지출하다 チチュラダ

ししゅんき [思春期] 사춘기 サチュンギ

じしょ [辞書] 사전 サジョン 例 わからない単語は辞書を引いてみてください. 모르는 단어는 사전을 찾아보세요. モルヌン タノヌン サジョヌル チャジャボセヨ 関電子辞書 전자사전 チョーンジャサジョン

じじょ [次女] 차녀 チャニョ；둘째 딸 トールッチェ ッタル

ししょう [支障] 지장 チジャン

ししょう [師匠] 스승 ススン

しじょう [史上] 사상 サーサン；역사상 ヨクササン

しじょう [市場] 시장 シージャン 関市場経済 시장 경제 シージャン キョンジェ / 海外市場 해외 시장 ヘーウェ シージャン / 国際市場 국제 시장 ククチェ シージャン / 国内市場 국내 시장 クンネ シージャン / 独占市場 독점 시장 トクチョム シージャン

しじょう [私情] 사정 サジョン

じじょう [事情] ①사정 サージョン ②(理由) 이유 イーユ

じしょく [辞職] 사직 サジク ❖ ～する 사직하다 サジカダ

じじょでん [自叙伝] 자서전 チャソジョン

ししょばこ [私書箱] 사서함 サソハム

ししん [指針] 지침 チチム

しじん [詩人] 시인 シイン

じしん [地震] 지진 チジン 例 地震は起こらないでほしいです. 지진이 안 일어났으면 좋겠어요. チジニ アン ニロナッスミョン チョーッケッソヨ

じしん [自身] 자신 チャシン；자기 チャギ

じしん [自信] 자신 チャシン 例自信があります. 자신이 있어요. チャシニ イッソヨ 関自信喪失 자신상실 チャシンサンシル / 自信満々 자신만만 チャシンマンマン

じすい [自炊] 자취 チャチュィ ❖ ～する 자취하다 チャチュィハダ

しずか [静か] ❖ ～だ 조용하다 チョヨンハダ；고요하다 コヨハダ 例 静かな湖畔で本を読みます. 고요한 호숫가에서 책을 읽고에요. コヨハン ホスッカエソ チェグル イルゴエヨ ❖ ～に 조용히 チョヨンイ 例 静かにしてください. 좀 조용히 해 주세요. チョム チョヨンイ ヘ ジュセヨ

しずく [滴・雫] 물방울 ムルパンウル

システム [system] 시스템 システム

しずまる [静まる・鎮まる] 조용해지다 チョヨンヘジダ;잠잠해지다 チャムジャメジダ

しずむ [沈む] ①(水中に) 가라앉다 カラアンタ ②(日や月が) 지다 チダ 例 日が沈む前に市内に戻りたいです。해 지기 전에 시내로 돌아가고 싶어요. ヘ ジギ ジョネ シーネロ トラガゴ シポヨ ③(気分などが) 침울해지다 チムレジダ 例 ファンミーティングに行けなくなって気分が沈みました。팬 미팅에 못 가게 돼서 침울해졌어요. ペン ミーティンエ モーッ カゲ ドゥェソ チムレジョッソヨ

しずめる [沈める] 가라앉히다 カラアンチダ

しずめる [静める・鎮める] ①가라앉히다 カラアンチダ;진정시키다 チンジョンシキダ 例 興奮を鎮めて聞いてください。흥분을 가라앉히고 들으세요. フンブヌル カラアンチゴ トゥルセヨ ②(鎮圧する) 평정하다 ピョンジョンハダ;진정하다 チンジョンハダ;진압하다 チナパダ

しせい [姿勢] 자세 チャセ

しせいかつ [私生活] 사생활 サセンファル

しせき [史跡] 사적 サージョク 例 新羅の史跡はどこで見られますか。신라의 사적은 어디서 볼 수 있어요? シルラエ サージョグン オディソ ポル ス イッソヨ

しせつ [使節] 사절 サジョル

しせつ [施設] 시설 シーソル 関 教育施設 교육 시설 キョーユク シーソル / 軍事施設 군사 시설 クンサ シーソル / 公共施設 공공시설 コンゴンシーソル

しせん [視線] 시선 シーソン;눈길 ヌンッキル

しぜん [自然] 자연 チャヨン;천연 チョニョン ✧~だ 자연스럽다 チャヨンスロプタ 例 もう少し自然な韓国語を身につけたいです。좀 더 자연스러운 한국어를 배우고 싶어요. チョム ド チャヨンスロウン ハーングゴルル ペウゴ シポヨ ✧~に 저절로 チョジョルロ 関 自然科学 자연 과학 チャヨン クワハク / 自然公園 자연공원 チャヨンゴンウォン

じぜん [事前] 사전 サージョン 例 変更事項は事前に連絡をください。변경 사항은 사전에 연락을 주세요. ピョーンギョン サーハンウン サージョネ ヨルラグル チュセヨ

じぜん [慈善] 자선 チャソン 関 慈善事業 자선 사업 チャソン サーオプ / 慈善団体 자선 단체 チャソン タンチェ

しそう [思想] 사상 サーサン 関 思想家 사상가 サーサンガ / 思想性 사상성 サーサンッソン / 啓蒙思想 계몽사상 ケモンサーサン

じそく [時速] 시속 シソク

じぞく [持続] 지속 チソク ✧~する 지속하다 チソカダ 関 持続性 지속성 チソクッソン / 持続力 지속력 チソンニョク

しそん [子孫] 자손 チャソン;후손 フーソン

じそんしん [自尊心] 자존심 チャ

ジョンシム
した [下] 아래 アレ; 밑 ミッ
した [舌] 혀 ヒョ
じたい [事態] 사태 サーテ 関緊急事態 긴급 사태 キングプ サーテ
じたい [辞退] 사퇴 サトゥェ ❖~する 사퇴하다 サトゥェハダ
じだい [時代] ①시대 シデ ②(人生の一時期) 시절 シジョル 例 学生時代 학창 시절 ハクチャン シジョル
しだいに [次第に] 서서히 ソーソヒ; 차츰 チャチュム; 점점 チョームジョム
したう [慕う] 그리워하다 クリウォハダ; 사모하다 サモハダ; 연모하다 ヨンモハダ 例 離れてきた故郷をいつも慕っています。 떠나온 고향을 늘 그리워해요. ットナオン コヒャンウル ヌル クリウォヘヨ
したうけ [下請け] 하청 ハーチョン
したがう [従う] ①(後についていく) 따르다 ッタルダ; 뒤따르다 トゥィッタルダ 例 社長に従ってソウルへ出張に行きます。 사장님을 따라 서울로 출장을 가요. サジャンニムル ッタラ ソウルロ チュルチャンウル カヨ ②(他人の意向や法律の通りにする) 따르다 ッタルダ; 순종하다 スンジョンハダ; 복종하다 ポクチョンハダ 例 友達の忠告に従って行おうと思います。 친구의 충고에 따라 하려고 해요. チングエ チュンゴエ ッタラ ハリョゴ ヘヨ ③(…につれて《…에 따라서》の形で) 例 日が暮れるに従って不安になってきたようです。 날이 어두워짐에 따라 불안해진 것 같아요. ナリ オドゥウォジメ ッタラ プラネジン ゴッ カタヨ ❖従って 따라서 ッタラソ; 그러므로 クロムロ

したがき [下書き] ①(原稿などの) 초고 チョゴ; 초안 チョアン ②(絵画などの) 밑그림 ミックリム
したぎ [下着] 속옷 ソーゴッ
したく [支度・仕度] 채비 チェビ; 준비 チューンビ ❖~する 준비하다 チューンビハダ
じたく [自宅] 자택 チャテク; 자기 집 チャギ チプ
したごころ [下心] 속마음 ソーンマウム; 속셈 ソークセム
したしい [親しい] 친하다 チナダ; 사이가 좋다 サイガ チョッタ 例 韓国でも親しい友達ができました。 한국에서도 친한 친구가 생겼어요. ハーングゲソド チナン チングガ センギョッソヨ ❖親しく 친하게 チナゲ; 사이좋게 サイジョーッケ 例 親しく過ごしました。 사이좋게 지냈어요. サイジョーッケ チネッソヨ
したじき [下敷き] ①(敷物) 깔개 ッカルゲ ②(学用品) 책받침 チェクパッチム ❖~になる 깔리다 ッカルリダ
したしむ [親しむ] ①(仲良くする) 친하게 지내다 チナゲ チーネダ; 의좋게 하다 ウイジョーッケ ハダ 例 ここで出会った人とも親しみたいです。 여기서 만난 사람들과도 친하게 지내고 싶어요. ヨギソ マンナン サーラムドゥルグァド チナゲ チーネゴ シポヨ ②(楽しむ) 즐기

다 チュルギダ;가까이하다 カッカイハダ 例最近は韓国文学に親しむ人が増えました。요즘은 한국 문학을 즐기는 사람이 늘었어요. ヨジュムン ハーングン ムナグル チュルギヌン サーラミ ヌロッソヨ
したしらべ[下調べ]예비 조사 イェービ チョサ
したたか[強か・健か]❖~だ 만만하지 않다 マンマナジ アンタ
したたる[滴る]①(水滴が落ちる) 방울져 떨어지다 パウルジョ ットロジダ;듣다 トゥッタ ②(新鮮だ) 싱싱함이 철철 넘치다 シンシンハミ チョルチョル ノームチダ
じだん[示談]합의 ハビ;시담 シダム 関示談金 합의금 ハビグム
しち[七]《漢数詞》칠 チル《固有数詞》일곱 イルゴプ 関七月 칠월 チロォル / 七時 일곱 시 イルゴプ シ
じち[自治]자치 チャチ 関地方自治体 지방 자치 단체 チバン チャチ ダンチェ
しちじゅう[七十]《漢数詞》칠십 チルシプ《固有数詞》일흔 イルン
しちめんちょう[七面鳥]칠면조 チルミョンジョ
しちゃく[試着]❖~する 입어 보다 イボ ボダ 例この服、試着してみてもいいですか。이 옷, 입어 봐도 돼요? イオッ イボ ブワド ドゥェヨ
シチュー[stew]스튜 スティウ
しちょう[市長]시장 シージャン
しちょう[視聴]시청 シーチョン ❖~する 시청하다 シーチョンハダ
しちょう[試聴]시청 シーチョン ❖~する 들어 보다 トゥロ ボダ
しちょうかく[視聴覚]시청각 シーチョンガク
しつ[質]질 チル
じっか[実家]생가 センガ;친정 チンジョン
しっかく[失格]실격 シルキョク ❖~する 실격되다 シルキョクトゥェダ
しっかり[確り]①(丈夫で揺るぎない) 단단히 タンダニ;꽉 ックワク;튼튼히 トゥントゥニ 例転ばないようにしっかり握ってください。넘어지지 않게 꽉 잡아 주세요. ノモジジ アンケ ックワク チャバ ジュセヨ ②(確実に) 똑똑히 ットクットキ;확실히 フワクシリ 例理解できるようにしっかり説明をしてください。이해할 수 있게 확실히 설명해 주세요. イーヘハル ス イッケ フワクシリ ソルミョンヘ ジュセヨ ③(堅実に) 착실히 チャクシリ;똑똑히 ットクットキ;빈틈없이 ピーントゥモプシ ❖~とした 확실한 フワクシラン ❖~した 착실한 チャクシラン;똑똑한 ットクットカン ❖~している 착실하다 チャクシラダ
しつぎ[質疑]질의 チリ 関質疑応答 질의응답 チリウンダプ
じつぎ[実技]실기 シルギ
しつぎょう[失業]실업 シロプ;실직 シルチク ❖~する 실업하다 シロパダ;실직하다 シルチカダ 関失業者 실업자 シロプチャ / 失業率 실업률 シロムニュル

じっきょう

じっきょう [実況] 실황 シルワン ❖~する 실황하다 シルワンハダ

じつぎょう [実業] 실업 シロプ 関 実業界 실업계 シロプケ

じっくり 차분하게 チャブナゲ；여유있게 ヨユイッケ；여유롭게 ヨユロプケ；곰곰이 コームゴミ 例 旅行の最終日はじっくり過ごしたいです。여행 마지막 날은 여유롭게 지내고 싶어요. ヨヘン マジマン ナルン ヨユロプケ チーネゴ シポヨ

しっけ [湿気] 습기 スプキ

しつけ [躾] 예의범절 イェイボムジョル

じっけん [実験] 실험 シロム ❖~する 실험하다 シロマダ

じつげん [実現] 실현 シリョン ❖~する 실현하다 シリョナダ

じっこう [実行] 실행 シレン ❖~する 실행하다 シレンハダ

じっさい [実際] 실제 シルチェ ❖~に ①실제로 シルチェロ ②(本当に) 정말로 チョンマルロ；참으로 チャムロ 例 到着が遅れると実際に困ります。도착이 늦어지면 참으로 곤란해요. トーチャギ ヌジョジミョン チャムロ コールラネヨ ❖~には 실제로는 シルチェロヌン

しっさく [失策] 실책 シルチェク；실수 シルス

じっし [実施] 실시 シルシ ❖~する 실시하다 シルシハダ ❖~される 실시되다 シルシドゥェダ

じっしゅう [実習] 실습 シルスプ ❖~する 실습하다 シルスパダ 関 実習生 실습생 シルスプセン

じつじょう [実情] 실정 シルチョン

じっせき [実績] 실적 シルチョク

じっせん [実戦] 실전 シルチョン

じっせん [実践] 실천 シルチョン ❖~する 실천하다 シルチョナダ ❖~的に 실천적으로 シルチョンジョグロ 関 実践力 실천력 シルチョンニョク

しっそ [質素] ❖~だ 검소하다 コムソハダ

じったい [実態] 실태 シルテ

しっと [嫉妬] 질투 チルトゥ ❖~する 질투가 나다 チルトゥガ ナダ；질투하다 チルトゥハダ 例 韓国語が上手な人に嫉妬してしまいます。한국말 잘하는 사람에게 질투가 나요. ハーングンマル チャラヌン サーラメゲ チルトゥガ ナヨ 関 嫉妬心 질투심 チルトゥシム

しつど [湿度] 습도 スプト

じっと ①(動かないで) 가만히 カマニ 例 動かないでここにじっとしていてください。움직이지 말고 여기 가만히 계세요. ウムジギジ マールゴ ヨギ カマニ ケーセヨ ②(集中して) 가만히 カマニ；물끄러미 ムルックロミ 例 彼はじっと私を見ていました。그 사람은 물끄러미 나를 보고 있었어요. クサーラムン ムルックロミ ナルル ポゴ イッソッソヨ ③(耐える) 꾹 ックク；그시 チグシ 例 じっと我慢したけど、痛くてこれ以上は耐えられません。꾹 참았지만 아파서 더 이상 못 견디겠어요. ックク チャマッチマン アパソ ト イーサン モーッキョンディゲッソヨ

じつに [実に] 실로 シルロ；참으로

チャムロ;매우 メウ;아주 アジュ 例噂通り実に美しい景色ですね。소문대로 실로 아름다운 경치군요. ソームンデロ シルロ アルムダウン キョンチグンニョ / 冷麺が実においしい店です。냉면이 아주 맛있는 집이에요. ネーンミョニ アジュ マシンヌン チビエヨ

じつは [実は] 실은 シルン;사실은 サーシルン

ジッパー [Zipper] 지퍼 ジポ;파스너 パスノ;척 チョク

しっぱい [失敗] 실패 シルペ;실수 シルス;잘못 チャルモッ 例失敗を恐れないでください。실패를 무서워하지 마세요. シルペルル ムソウォハジ マーセヨ / それは私の失敗だから仕方ありません。그건 제 실수니까 어쩔 수 없어요. クゴン チェ シルスニッカ オッチョル ス オープソヨ ❖~する 실수하다 シルスハダ;실패하다 シルペハダ《不注意や軽いしくじりなどの場合は 실수を使い, 大きな失敗, 周到に準備していたものが失敗した場合などは 실패を使う》

じっぴ [実費] 실비 シルビ

しっぴつ [執筆] 집필 チプピル ❖~する 집필하다 チプピラダ 関執筆者 집필자 チプピルジャ

しっぷ [湿布] 습포 スプポ;찜질 ッチムジル;파스 パス ❖~する 습포하다 スプポハダ;파스를 붙이다 パスルル プチダ

じつぶつ [実物] 실물 シルムル

しっぽ [尻尾] 꼬리 ッコリ

しつぼう [失望] 실망 シルマン ❖~する 실망하다 シルマンハダ

しつむ [執務] 집무 チムム ❖~する 집무하다 チムムハダ

じつむ [実務] 실무 シルム

しつめい [失明] 실명 シルミョン ❖~する 실명하다 シルミョンハダ;눈이 어두워지다 ヌニ オドゥウォジダ

じつめい [実名] 실명 シルミョン

しつもん [質問] 질문 チルムン 例たくさんの質問を受けました。많은 질문을 받았어요. マーヌン チルムヌル パダッソヨ ❖~する 질문하다 チルムナダ

しつよう [執拗] 집요 チビョ ❖~だ 집요하다 チビョハダ ❖~に 집요하게 チビョハゲ

じつよう [実用] 실용 シリョン 関実用化 실용화 シリョンフヮ / 実用品 실용품 シリョンプム

じつりょく [実力] 실력 シルリョク 例会話の実力が伸びてほしいです。회화 실력이 늘었으면 좋겠어요. フェーフヮ シルリョギ ヌロッスミョン チョーッケッソヨ

しつれい [失礼] 실례 シルリェ ❖~だ ①(無礼) 무례하다 ムリェハダ 例あんな失礼な行いはないでしょう。그런 무례한 행동이 어디 있어요? クロン ムリェハン ヘンドンイ オディ イッソヨ ②(あいさつ・謝罪・依頼) 실례하다 シルリェハダ 例もうそろそろ失礼しないといけません。이제 슬슬 실례해야겠어요. イジェ スールスル シルリェヘヤゲッソヨ / 失礼ですが, もう一度おっしゃってください。실례합니다만 다시 한번 말씀해 주세요. シルリェハムニダマン タシ ハンボン マ

じつれい
ーールッスメ ジュセヨ
じつれい [実例] 실례 シルリェ
しつれん [失恋] 실연 シリョン ❖ ~する 실연하다 シリョナダ
じつろく [実録] 실록 シルロク
じつわ [実話] 실화 シルワ
してい [指定] 지정 チジョン ❖ ~する 지정하다 チジョンハダ 関指定席 지정석 チジョンソク
してき [私的] 사적 サチョク
してき [指摘] 지적 チジョク ❖ ~する 지적하다 チジョカダ 例発音が間違っていたら指摘してください. 발음이 틀리면 지적해 주세요. パルミ トゥルリミョン チジョケ ジュセヨ
してつ [私鉄] 사철 サチョル;민영철도 ミニョン チョルト
してん [支店] 지점 チジョム
じてん [自転] 자전 チャジョン ❖ ~する 자전하다 チャジョナダ
じてん [事典] 사전 サージョン 関百科事典 백과사전 ペックヮサジョン
じてん [辞典] 사전 サジョン 関国語辞典 국어사전 クゴサジョン / 日韓辞典 일한사전 イランサジョン / 韓日辞典 한일사전 ハーニルサジョン
じでん [自伝] 자전 チャジョン
じてんしゃ [自転車] 자전거 チャジョンゴ
しどう [指導] 지도 チド;가르침 カルチム 例簡単な会話表現は指導を受けてきました. 간단한 회화 표현은 지도를 받고 왔어요. カンダナン フェーフヮ ピョヒョヌン チドルル パッコ ワッソヨ ❖ ~する 지도하다 チドハダ 関指導者 지도자 チドジャ
じどう [児童] ①아동 アドン;어린이 オリニ ②(学童) 학동 ハクトン 関児童書 아동도서 アドンドソ / 児童文学 아동문학 アドンムナク
じどう [自動] 자동 チャドン 関自動ドア 자동 도어 チャドン ドオ;자동문 チャドンムン
じどうし [自動詞] 자동사 チャドンサ
じどうしゃ [自動車] 자동차 チャドンチャ
しとやか [淑やか] ❖ ~だ 얌전하다 ヤムジョナダ;정숙하다 チョーンスカダ
しない [市内] 시내 シーネ 関市内観光 시내 관광 シーネ クヮングヮン
しなぎれ [品切れ] 품절 プームジョル ❖ ~になる 품절되다 プームジョルドゥェダ
しなもの [品物] 물건 ムルゴン;물품 ムルプム;상품 サンプム
しなやか ❖ ~だ 유연하다 ユヨナダ;부드럽다 プドゥロプタ
シナリオ [scenario] 시나리오 シナリオ;각본 カクポン
じなん [次男] 차남 チャナム;둘째 아들 トゥールッチェ アドゥル
じにん [辞任] 사임 サイム ❖ ~する 사임하다 サイマダ
しぬ [死ぬ] ①죽다 チュクタ 《敬語》돌아가시다 トラガシダ 例大けがはしましたが, 死んではいません. 크게 다쳤지만 죽지는 않았어요. クゲ タチョッチマン チュクチヌン アナッソヨ ②(息を引き取

しのぐ [凌ぐ] 견디어 내다 キョンディオ ネダ;막아서 견디다 マガソ キョンディダ

しのぶ [忍ぶ] ①(耐える) 참다 チャームタ;견디다 キョンディダ ②(隠れる) 숨다 スムタ

しのぶ [偲ぶ] 그리워하다 クリウォハダ;그리다 クリダ;사모하다 サモハダ 例昔の恩師(師匠)を偲ぶ人たちが集まりました。옛 스승님을 그리워하는 사람들이 모였어요. イェーッ ススンニムル クリウォハヌン サーラムドゥリ モヨッソヨ

しはい [支配] 지배 チベ ❖~する 지배하다 チベハダ ❖~される 지배당하다 チベダンハダ 関支配人 지배인 チベイン

しばい [芝居] 연극 ヨーングク 例芝居を見に行きたいですが。연극을 보러 가고 싶은데요. ヨーンググル ポロ カゴ シプンデヨ

じはく [自白] 자백 チャベク ❖~する 자백하다 チャベカダ

しばしば ①누차 ヌーチャ ②(よく) 자주 チャジュ ③(数回) 여러 차례 ヨロ チャリェ

しはつ [始発] 시발 シーバル 関始発駅 시발역 シーバルリョク / 始発列車 시발 열차 シーバル リョルチャ;첫차 チョッチャ

じはつ [自発] 자발 チャバル 関自発性 자발성 チャバルッソン / 自発的 자발적 チャバルジョク

しばふ [芝生] 잔디밭 チャンディバッ

じばら [自腹] 자기 부담 チャギ プーダム;각자 부담 カクチャ プーダム

しはらい [支払い] 지불 チブル

しはらう [支払う] 지불하다 チブラダ;치르다 チルダ

しばらく [暫く] ①(少しの間) 잠깐 チャムッカン;잠시 チャームシ 例ここでしばらく休んでもいいですか。여기서 잠시 쉬어도 돼요? ヨギソ チャームシ シュィオド ドゥェヨ ②(当分の間) 당분간 タンブンガン 例しばらく泊まれますか。당분간 묵을 수 있을까요? タンブンガン ムグル ス イッスルッカヨ ③(あいさつ) 오래간만 オレガンマン;오랜만 オレンマン 例本当にお久しぶりです。정말 오래간만입니다. チョーンマル オレガンマニムニダ

しばる [縛る] ①(結ぶ) 묶다 ムクタ 例持って行けるように紐でしばってください。들고 갈 수 있게 끈으로 묶어 주세요. トゥルゴ カルス イッケ ックヌロ ムッコ ジュセヨ ②(束縛する) 얽매다 オンメダ;속박하다 ソクパカダ 例彼はずっとその仕事にしばられていた。그는 오랫동안 그 일에 얽매여 있었다. クヌン オレットンアン ク イーレ オンメヨ イッソッタ

しはん [市販] 시판 シーパン ❖~する 시판하다 シーパナダ ❖~される 시판되다 シーパンドウェダ

じばん [地盤] 지반 チバン

しひ [私費] 사비 サビ 関私費留学 사비유학 サビユハク

じひ [自費] 자비 チャビ;사비 サビ

じひ

関自費出版 자비 출판 チャビ チュルパン

じひ [慈悲] 자비 チャビ

じびいんこうか [耳鼻咽喉科] 이비인후과 イビイヌックヮ

じひょう [辞表] 사표 サピョ

じびょう [持病] 지병 チビョン

しびれる [痺れる] 마비되다 マビドゥェダ;저리다 チョリダ 例 顔の右側半分が痺れて感覚がありません。얼굴 오른쪽 반이 마비돼서 감각이 없어요. オルグル オルンッチョク パニ マビドゥェソ カムガギ オープソヨ / 足が痺れて歩けません。다리가 저려서 걸을 수 없어요. タリガ チョリョソ コルル ス オープソヨ

しぶ [支部] 지부 チブ

じふ [自負] 자부 チャブ ❖~する 자부하다 チャブハダ 関 自負心 자부심 チャブシム

しぶい [渋い] ①(味が) 떫다 ットールタ 例 柿がちょっと渋いようですね。감이 좀 떫은 것 같은데요. カーミ チョム ットールブン ゴッカトゥンデヨ ②(雰囲気が) 차분하다 チャブナダ;구성지다 クソンジダ 例 渋い声で歌う姿が格好いいです。구성진 목소리로 노래하는 모습이 멋져요. クソンジン モクソリロ ノレハヌン モスビ モッチョヨ ③(不機嫌で) 떨떠름하다 ットゥットゥルマダ;찌무룩하다 ッチムルカダ;씁쓸하다 ッスプスラダ 例 渋い顔しないでください。떨떠름한 표정 짓지 마세요. ットゥットゥルマン ピョジョン チッチ マーセヨ ④(ケチだ) 인색하다 インセカ

ダ;쩨쩨하다 ッチェッチェハダ;짜다 ッチャダ 例 お金に渋い男は嫌いです。돈에 쩨쩨한 남자는 싫어요. トーネ ッチェッチェハン ナムジャヌン シロヨ

しぶき [飛沫] 비말 ピマル;물보라 ムルボラ

しぶしぶ [渋渋] ❖~と 마지못해 マージモッテ 例 しぶしぶ承知しました。마지못해 승낙했어요. マージモッテ スンナケッソヨ

しぶつ [私物] 사유물 サユムル;사물 サムル

しぶとい ①끈질기다 ックンジルギダ;강인하다 カンイナダ ②(強情だ) 고집이 세다 コジビ セーダ

しぶる [渋る] 망설이다 マンソリダ;머뭇거리다 モムジョクコリダ;주저주저하다 チュジョジュジョハダ

じぶん [自分] ①자신 チャシン;자기 자신 チャギ ジャシン ②(わたし) 나 ナ《助詞の가を伴う場合には내になる》 ③(わたくし) 저 チョ《助詞の가を伴う場合には제になる》 ❖~で 스스로 ススロ

しへい [紙幣] 지폐 チペ

しほう [司法] 사법 サボプ

しほう [四方] 사방 サーバン

しぼう [死亡] 사망 サーマン;죽음 チュグム ❖~する 사망하다 サーマンハダ 関 死亡者 사망자 サーマンジャ / 死亡診断書 사망 진단서 サーマン チーンダンソ

しぼう [志望] 지망 チマン ❖~する 지망하다 チマンハダ 例 志望する大学に入学できることを願っています。지망하는 대학교에 들어

가길 바래요. チマンハヌン テーハ クキョエ トゥロガギル パレヨ 関 志望者 지망자 チマンジャ / 第一 志望 제1(일) 지망 チェーイル チマン

しぼう [脂肪] 지방 チバン ; 굳기름 クッキルム, 関 植物性脂肪 식물성 지방 シンムルッソン チバン / 皮 下脂肪 피하 지방 ピハ チバン

しぼむ [萎む] ①(花などが) 시들 다 シドゥルダ ②(風船や意欲が) 오그라들다 オグラドゥルダ ③(萎 縮する) 위축되다 ウィチュクトゥェ ダ

しぼる [絞る] ①(水分を取る) 짜 다 ッチャダ ; 쥐어짜다 チュィオッ チャダ 例 レモン汁を絞って入れ るともっとおいしいです. 레몬 즙 을 짜서 넣으면 더 맛있어요. レモ ン ジュブル ッチャソ ノウミョン ト マシッソヨ ②(搾取する) 착취 하다 チャクチュィハダ ③(範囲を 狭める) 좁히다 チョピダ ; 한정하 다 ハーンジョンハダ ; 조이다 チョ イダ ; 압축하다 アプチュクハダ

しほん [資本] 자본 チャボン ② (資金・元手) 밑천 ミッチョン 関 資本主義 자본주의 チャボンジュ イ

しま [縞] 줄무늬 チュルムニ

しま [島] 섬 ソーム

しまい [姉妹] 자매 チャメ 関 姉妹 雑誌 자매 잡지 チャメ チャプチ / 姉妹都市 자매 도시 チャメ トシ / 姉妹品 자매품 チャメプム

じまく [字幕] 자막 チャマク

しまつ [始末] ①(結末) 시말 シ マル ; 전말 チョンマル ; 자초지종 チャチョジジョン ②(処理) 처리 チョーリ ❖~する 처리하다 チョ ーリハダ 関 始末書 시말서 シマル ソ

しまる [閉まる] 닫히다 タチダ

しまる [締まる] ①(ねじなどが) 죄이다 チュェイダ ; 죄어지다 チュ ェオジダ ②(表情や体が) 야무지 게 되다 ヤムジゲ ドゥェダ ③(気 持ちが) 긴장되다 キンジャンドゥ ェダ

じまん [自慢] 자랑 チャラン ❖~ する 자랑하다 チャランハダ

しみ [染み] ①(衣服の) 얼룩 オル ルク ②(顔の) 기미 キミ ; 검버섯 コムボソッ ③(汚点) 오점 オッチ ョム

じみ [地味] ❖~だ 수수하다 スス ハダ

しみつく [染み付く] ①(染みにな る) 얼룩지다 オルルクチダ ; 찌들다 ッチドゥルダ ②(染み込む) 배다 ペーダ 例 服に匂いが染み付きま した. 옷에 냄새가 뱄어요. オセ ネ ームセガ ペーッソヨ

シミュレーション [simulation] 시뮬레이션 シミュルレイション

しみる [染みる] ①(浸透する) 스 며들다 スミョドゥルダ ; 배다 ペー ダ ; 번지다 ポーンジダ ②(痛みを 感じる) 스며들다 スミョドゥルダ ; 맵다 メプタ 例 骨の中まで染みる 寒さですね. 뼈 속까지 스며드는 추위네요. ッピョ ソークッカジ ス ミョドゥヌン チュウィネヨ ③(感 動する) 스며들다 スミョドゥルダ ; 사무치다 サムチダ 例 故郷の味が 身に染みるほど懐かしい時があり

しみん [市民] 시민 シーミン

じむ [事務] 사무 サーム 関 事務用品 사무 용품 サーム ヨーンプム

しめい [氏名] 성명 ソンミョン

しめい [使命] 사명 サーミョン

しめい [指名] 지명 チミョン

しめきり [締め切り] 마감 マガム 関 締め切り日 마감 일 マガ ミル

しめきる [締め切る] 마감하다 マガマダ

しめきる [閉め切る] 꼭 닫다 ッコク タッタ; 단단히 잠그다 タンダニ チャムグダ

しめくくる [締め括る] 매듭짓다 メドゥプチッタ

じめじめ ❖～する 구질구질하다 クジルグジラダ; 눅눅하다 ヌンヌカダ; 축축하다 チュクチュカダ

しめす [示す] ①(見せる) 보이다 ポイダ ②(指す) 가리키다 カリキダ

じめつ [自滅] 자멸 チャミョル ❖～する 자멸하다 チャミョラダ

しめる [占める] ①(自分のものにする) 차지하다 ②(地位や場所を占有する) 차지하다 チャジハダ; 잡다 チャプタ

しめる [閉める] ①(ドアや門などを) 닫다 タッタ 例 ドアを閉めてください。문을 닫아 주세요. ムヌル タダ ジュセヨ ②(蛇口などを) 잠그다 チャムグダ 例 蛇口を閉めるのを忘れないでください。수도꼭지를 잠그는 걸 잊지 마세요. スドッコクチルル チャムグヌン ゴル イッチ マーセヨ

しめる [絞める] 조르다 チョルダ; 죄다 チュェーダ

しめる [湿る] 축축해지다 チュクチュケジダ; 눅눅해지다 ヌンヌケジダ

しめる [締める] ①(帯などを) 매다 メーダ ②(ネジなどを) 죄다 チュェーダ 例 この眼鏡のねじをちょっと締めていただけますか。이 안경 나사를 좀 죄어 주시겠어요. イ アーンギョン ナサルル チョム チュェオ ジュシゲッソヨ ③(節約する) 절약하다 チョリャカダ; 긴축하다 キンチュカダ ④(計算する) 계산하다 ケーサナダ; 합계하다 ハプケハダ

しめん [紙面] 지면 チミョン

じめん [地面] 지면 チミョン; 땅바닥 ッタンパダク

しも [霜] 서리 ソリ

じもと [地元] 지방 チバン; 그 고장 ク ゴジャン

しもばしら [霜柱] 서릿발 ソリッパル

しもやけ [霜焼け] 가벼운 동상 カビョウン トーンサン; 동창 トーンチャン ❖～になる 동상을 입다 トーンサンウル イプタ; 동상에 걸리다 トーンサンエ コルリダ

しもん [指紋] 지문 チムン

しもん [諮問] 자문 チャームン ❖～する 자문하다 チャームナダ

じもん [自問] 자문 チャムン ❖～する 자문하다 チャムナダ 関 自問自答 자문자답 チャムンジャダプ

しや [視野] 시야 シーヤ

ジャーナリスト [journalist] 저널

리스트 チョノルリストウ
シャープ [sharp] 샤프 シャプ
シャープペンシル [sharp+pencil] 샤프 シャプ; 샤프펜슬 シャプペンスル
しゃいん [社員] 사원 サウォン; 회사원 フェーサウォン; 직원 チグォン
しゃか [釈迦] 석가모니 ソクカモニ; 석가 ソクカ
しゃかい [社会] 사회 サフェ; 세상 セーサン 関 社会主義 사회주의 サフェジュイ
じゃがいも [じゃが芋] 감자 カムジャ
しゃがむ 쭈그리고 앉다 ッチュグリゴ アンタ; 웅크리고 앉다 ウンクリゴ アンタ
しやくしょ [市役所] 시청 シーチョン
じゃぐち [蛇口] 수도꼭지 スドッコクチ
じゃくてん [弱点] 약점 ヤッチョム
しゃくほう [釈放] 석방 ソクパン ❖~する 석방하다 ソクパンハダ ❖~される 석방되다 ソクパンドゥェダ
しゃくめい [釈明] 석명 ソンミョン; 변명 ピョーンミョン; 해명 ヘーミョン ❖~する 석명하다 ソンミョンハダ; 변명하다 ピョーンミョンハダ; 해명하다 ヘーミョンハダ
しゃくや [借家] 셋집 セーッチプ
しゃくやく [芍薬] 작약 チャギャク
しゃくよう [借用] 차용 チャヨン ❖~する 차용하다 チャヨンハダ

しゃくりょう [酌量] 참작 チャムジャク ❖~する 참작하다 チャムジャカダ
しゃげき [射撃] 사격 サギョク ❖~する 사격하다 サギョカダ 関 射撃演習 사격 연습 サギョク ヨーンスプ / 一斉射撃 일제 사격 イルチェ サギョク
ジャケット [jacket] 재킷 チェキッ
しゃこ [車庫] 차고 チャゴ
しゃこう [社交] 사교 サギョ 関 社交家 사교가 サギョガ / 社交ダンス 사교댄스 サギョデンス; 사교춤 サギョチュム
しゃざい [謝罪] 사죄 サージュェ; 사과 サーグヮ ❖~する 사죄하다 サージュェハダ; 사과하다 サーグヮハダ 例 深く謝罪申し上げます。 깊이 사죄드립니다. キピ サージュェドリムニダ
しゃじつ [写実] 사실 サシル ❖~的な 사실적인 サシルチョギン 関 写実主義 사실주의 サシルジュイ / 리얼리즘 リオルリジュム
しゃしょう [車掌] 차장 チャジャン
しゃしん [写真] 사진 サジン 例 写真を撮ってもいいですか。 사진을 찍어도 돼요? サジヌル ッチゴド ドゥェヨ 関 写真家 사진가 サジンガ / 写真館 사진관 サジングヮン / 写真機 사진기 サジンギ / カラー写真 컬러 사진 コルロ サジン / 白黒写真 흑백 사진 フクペク サジン
ジャズ [jazz] 재즈 チェジュ 関 ジャズシンガー 재즈 싱어 チェジュ シンオ; 재즈 가수 チェジュ カス

ジャスミン [jasmine] 재스민 チェスミン

しゃせつ [社説] 사설 サソル 関 社説欄 사설란 サソルラン

しゃせん [車線] 차선 チャソン

しゃだん [遮断] 차단 チャダン ❖~する 차단하다 チャダナダ

しゃちょう [社長] 사장 サジャン 関 代表取締役社長 대표 이사 사장 テーピョ イーサ サジャン

シャツ [shirt] 셔츠 ショーチュ;내의 ネーイ 関 アンダーシャツ 언더셔츠 オンドショーチュ / ランニングシャツ 러닝셔츠 ロニンショーチュ

しゃっかん [借款] 차관 チャーグワン

じゃっかん [若干] 약간 ヤッカン;다소 タソ

しゃっきん [借金] 빚 ピッ

しゃっくり [吃逆] 딸꾹질 ッタルッククチル

シャッター [shutter] 셔터 ショト

しゃどう [車道] 차도 チャド

しゃない [車内] 차내 チャネ

しゃぶる 핥다 ハルタ;빨다 ッパルダ

しゃべる [喋る] ①(ぺちゃくちゃ話す) 지껄이다 チッコリダ;재잘거리다 チェジャルゴリダ;수다 떨다 スーダ ットールダ 例 何も知らないくせにみだりにしゃべらないでください。아무것도 모르면서 함부로 지껄이지 마세요. アームゴット モルミョンソ ハムブロ チッコリジマーセヨ ②(話す) 말하다 マーラダ;입밖에 내다 イプパッケ ネーダ 例 失礼なことをしゃべってしまいました。실례가 되는 말을 해 버렸어요. シルリェガ トゥェヌン マールル ヘ ボリョッソヨ

じゃま [邪魔] 방해 パンヘ;장애 チャンエ ❖~する 방해하다 パンヘハダ ❖お邪魔する 방문하다 パーンムナダ;찾아뵙다 チャジャブェプタ 例 またお邪魔してもよろしいでしょうか。또 찾아봬어도 괜찮을까요? ット チャジャブェオド クェンチャヌルッカヨ 関 邪魔者 방해자 パンヘジャ

ジャム [jam] 잼 チェム

しゃめん [斜面] 사면 サミョン

しゃもじ [杓文字] 주걱 チュゴク

しゃよう [斜陽] 사양 サヤン

じゃり [砂利] 사리 サリ;자갈 チャガル

しゃりん [車輪] 차륜 チャリュン;바퀴 パクィ

しゃれ [洒落] ①(冗談) 익살 イクサル;재치 있는 농담 チェチ インヌン ノーンダム ②(おしゃれ) ❖~た 멋이 있는 モシ インヌン;멋진 モッチン 例 しゃれたデザイン 멋진 디자인 モッチン ディジャイン

しゃれい [謝礼] 사례 サーリェ 関 謝礼金 사례금 サーリェグム

シャワー [shower] 샤워 シャウォ

ジャングル [jungle] 정글 チョングル

じゃんけん 가위바위보 カウィバウィボ

シャンデリア [chandelier] 샹들리에 シャンドゥルリエ

シャンパン [champagne] 샴페인 シャムペイン

ジャンプ [jump] 점프 チョムプ

シャンプー [shampoo] 샴푸 シャムプ

ジャンボ [jumbo] 점보 チョンボ 関 ジャンボサイズ 점보 사이즈 チョムボ サイジュ / ジャンボジェット機 점보제트기 チョムボジェトゥギ

しゅう [週] ①주 チュ ②(一週間) 일 주간 イル チュガン；일주일 イルチュイル

じゅう [十]《漢数詞》십 シプ《固有数詞》열 ヨル 関 十月 시월 シウォル / 十時 열 시 ヨル シ

じゅう [銃] 총 チョン

じゆう [自由] 자유 チャユ

しゅうい [周囲] 주위 チュウィ

じゅうい [獣医] 수의 スイ；수의사 スイサ

じゅういち [十一]《漢数詞》십일 シビル《固有数詞》열하나 ヨラナ(助数詞を伴う場合は열한の形) 関 十一月 십일월 シビルォル / 十一時 열한 시 ヨラン シ

しゅうかい [集会] 집회 チペ

しゅうかく [収穫] 수확 スフワク；추수 チュス ❖~する 수확하다 スフワカダ 関 収穫期 수확기 スフワクキ

しゅうがく [修学] 수학 スハク 関 修学旅行 수학여행 スハンニョヘン

しゅうがく [就学] 취학 チュイハク ❖~する 취학하다 チュイハカダ

しゅうかん [週刊] 주간 チュガン 関 週刊誌 주간지 チュガンジ

しゅうかん [週間] 주간 チュガン

しゅうかん [習慣] ①습관 スプクワン ②(風習) 풍습 プンスプ

しゅうき [周期] 주기 チュギ

じゅうきょ [住居] 주거 チュゴ

しゅうきょう [宗教] 종교 チョンギョ 関 宗教界 종교계 チョンギョゲ / 新興宗教 신흥 종교 シヌン チョンギョ

しゅうぎょう [終業] 종업 チョンオプ ❖~する 종업하다 チョンオパダ

しゅうぎょう [就業] 취업 チュイーオプ ❖~する 취업하다 チュイーオパダ 関 就業時間 취업 시간 チュイーオプ シガン

じゅうぎょう [従業] 종업 チョンオプ ❖~する 종업하다 チョンオパダ 関 従業員 종업원 チョンオブォン

しゅうきん [集金] 수금 スグム ❖~する 수금하다 スグマダ

じゅうきんぞく [重金属] 중금속 チューングムソク

シュークリーム [chou à la créme] 슈크림 シュクリム

しゅうけい [集計] 집계 チプケ ❖~する 집계하다 チプケハダ

しゅうげき [襲撃] 습격 スプキョク ❖~する 습격하다 スプキョカダ

しゅうごう [集合] 집합 チパプ 例 集合時間は何時ですか。집합 시간이 몇 시예요? チパプ シガニ ミョッ シエヨ ❖~する 집합하다 チパパダ

じゅうこうぎょう [重工業] 중공업 チューンゴンオプ

しゅうさい [秀才] 수재 スジェ

しゅうさく [習作] 습작 スプチャク

しゅうし [修士] 석사 ソクサ 関 修

しゅうし

士課程 석사 과정 ソクサ クヮジョン

しゅうし [終止] 종지 チョンジ；끝ック、끝남 ックンナム 関終止符 종지부 チョンジブ

しゅうし [終始] 시종 シージョン ❖~する 시종하다 シージョンハダ 関終始一貫 시종일관 シージョンイルグヮン

しゅうじ [習字] 습자 スプチャ；붓글 プックル；서예 ソイェ

じゅうし [重視] 중시 チューンシ；중요시 チューンヨシ ❖~する 중시하다 チューンシハダ

じゅうじ [十字] 십자 シプチャ 関十字架 십자가 シプチャガ

じゅうじ [従事] 종사 チョンサ ❖~する 종사하다 チョンサハダ 例最近は専門職に従事する人が増えています。요즘은 전문직에 종사하는 사람이 늘고 있어요. ヨジュムン チョンムンジゲ チョンサハヌン サーラミ ヌルゴ イッソヨ

しゅうじつ [終日] 종일 チョニル；온종일 オーンジョンイル

じゅうじつ [充実] 충실 チュンシル ❖~している 충실하다 チュンシラダ 例毎日が充実した時間でした。매일매일이 알찬 시간들이었어요. メーイルメイリ アルチャン シガンドゥリオッソヨ 関充実感 충실감 チュンシルガム

しゅうしゅう [収集・蒐集] 수집 スジプ ❖~する 수집하다 スジパダ 例色々な国の切手を収集したいのですが。여러 나라의 우표를 수집하고 싶은데요. ヨロ ナラエ ウピョルル スジパゴ シプンデヨ

しゅうしゅう [収拾] 수습 ススプ ❖~する 수습하다 ススパダ

しゅうしゅく [収縮] 수축 スチュク ❖~する 수축하다 スチュカダ

じゅうじゅん [従順] ❖~だ 유순하다 ユスナダ；다소곳하다 タソゴタダ；순종하다 スンジョンハダ

じゅうしょ [住所] 주소 チューソ 関現住所 현주소 ヒョーンジュソ

じゅうしょう [重傷] 중상 チューンサン

じゅうしょう [重症] 중증 チューンッチュン

しゅうしょく [修飾] 수식 スシク ❖~する 수식하다 スシカダ

しゅうしょく [就職] 취직 チュィージク ❖~する 취직하다 チュィージカダ 例現地で就職するためにはどうすればいいですか。현지에서 취직하려면 어떻게 해야 해요? ヒョーンジエソ チュィージカリョミョン オットッケ ヘヤ ヘヨ 関就職試験 취직 시험 チュィージク シホム／就職難 취직난 チュィージンナン

ジュース [juice] 주스 チュース

しゅうせい [修正] 수정 スジョン ❖~する 수정하다 スジョンハダ 関修正案 수정안 スジョンアン

しゅうせい [習性] ①습성 スプッソン ②(癖) 버릇 ポルッ

しゅうせん [終戦] 종전 チョンジョン

しゅうぜん [修繕] 수선 スソン ❖~する 수선하다 スソナダ 関修繕費 수선비 スソンビ

じゅうたい [渋滞] 정체 チョンチ

じゅうだい [十代] 십대 シプテ

じゅうだい [重大] ❖~だ 중대하다 チューンデハダ

じゅうたく [住宅] 주택 チューテク

しゅうだん [集団] 집단 チプタン

じゅうたん [絨毯・絨緞] 융단 ユンダン;양탄자 ヤンタンジャ;카펫 カーペッ

しゅうち [羞恥] 수치 スチ 関 羞恥心 수치심 スチシム

しゅうちゃく [終着] 종착 チョンチャク 関 終着駅 종착역 チョンチャンニョク

しゅうちゅう [集中] 집중 チプチュン ❖(…に)~する 집중하다 チプチュンハダ ❖(…が)~する 집중되다 チプチュンドゥェダ 関 集中力 집중력 チプチュンニョク

しゅうてん [終点] 종점 チョンッチョム

しゅうでん [終電] 막차 マクチャ 例 終電を逃しました。막차를 놓쳤어요. マクチャルル ノッチョッソヨ

じゅうてん [重点] 중점 チューンッチョム

じゅうでん [充電] 충전 チュンジョン ❖~する 충전하다 チュンジョナダ 例 スマートフォンを充電する方法を教えてください。스마트폰을 충전하는 방법을 가르쳐 주세요. スマトゥポヌル チュンジョナヌン バンボブル カルチョ ジュセヨ 関 充電器 충전기 チュンジョンギ

しゅうと [舅] ①(妻から見て) 시아버지 シアボジ ②(夫から見て) 장인 チャーンイン

シュート [shoot] 슛 シュッ ❖~する 슛을 하다 シュスル ハダ

しゅうとう [周到] ❖~だ 용의주도하다 ヨーンイジュドハダ

じゅうどう [柔道] 유도 ユード

しゅうどういん [修道院] 수도원 スドウォン

しゅうとく [拾得] 습득 スプトゥク ❖~する 습득하다 スプトゥカダ

しゅうとく [習得] 습득 スプトゥク ❖~する 습득하다 スプトゥカダ

しゅうとめ [姑] ①(妻から見て) 시어머니 シオモニ ②(夫から見て) 장모 チャーンモ

じゅうなん [柔軟] ❖~だ 유연하다 ユヨナダ

じゅうに [十二] 《漢数詞》 십이 シビ 《固有数詞》 열둘 ヨルトゥル (助数詞を伴う場合は열두の形) 関 十二月 십이월 シビウォル / 十二時 열두 시 ヨルトゥ シ / 十二支 십이지 シビジ

しゅうにゅう [収入] 수입 スイプ 関 収入金 수입금 スイプクム / 総収入 총수입 チョンスイプ

しゅうにん [就任] 취임 チュィイム ❖~する 취임하다 チュィイマダ 関 就任式 취임식 チュィイムシク

じゅうにん [住人] 주민 チューミン;거주자 コジュジャ

しゅうねん [執念] 집념 チムニョム
しゅうねん [周年] 주년 チュニョン;돌 トル
じゅうねん [十年] 십 년 シム ニョン
しゅうのう [収納] 수납 スナプ ❖ ~する 수납하다 スナパダ
じゅうびょう [重病] 중병 チューンビョン;중환 チューンフワン
しゅうふく [修復] 복원 スポク ❖ ~する 복원하다 スポカダ
じゅうぶん [十分・充分] ❖~だ 충분하다 チュンブナダ 例十分な時間が欲しいです。충분한 시간을 갖고 싶어요. チュンブナン シガヌル カッコ シポヨ ❖~に 충분히 チュンブニ;마음껏 マウムッコッ
しゅうまつ [週末] 주말 チュマル
じゅうみん [住民] 주민 チューミン
じゅうやく [重役] 중역 チューンヨク;임원 イムォン
しゅうよう [収容] 수용 スヨン ❖ ~する 수용하다 スヨンハダ
じゅうよう [重要] 중요 チューンヨ ❖~だ 중요하다 チューンヨハダ 関重要書類 중요 서류 チューンヨ ソリュ / 重要人物 중요 인물 チューンヨ インムル
しゅうり [修理] 수리 スリ ❖~する 수리하다 スリハダ 例これ、修理するのに(時間が)どれくらいかかりますか。이거 수리하는데 얼마나 걸려요? イゴ スリハヌンデ オルマナ コルリョヨ
しゅうりょう [修了] 수료 スリョ ❖~する 수료하다 スリョハダ 関修了証 수료증 スリョッチュン

しゅうりょう [終了] 종료 チョンニョ ❖(…を)~する 종료하다 チョンニョハダ;끝내다 ックンネダ ❖(…が)~する 종료하다 チョンニョハダ;끝나다 ックンナダ 例仕事が終了したら連絡ください。일이 끝나면 연락 주세요. イーリック ンナミョン ヨルラク チュセヨ 関終了時刻 종료 시각 チョンニョ シガク
じゅうりょう [重量] 중량 チューンニャン;무게 ムゲ
しゅうろく [収録] 수록 スロク ❖ ~する 수록하다 スロカダ ❖~される 수록되다 スロクトゥェダ 関収録作品 수록 작품 スロク チャクプム
しゅえん [主演] 주연 チュヨン ❖ ~する 주연하다 チュヨナダ 例好きな俳優が主演します。좋아하는 배우가 주연해요. チョーアハヌン ペウガ チュヨネヨ 関主演賞 주연상 チュヨンサン / 主演俳優 주연 배우 チュヨン ペウ
しゅえん [酒宴] 주연 チュヨン;술잔치 スルジャンチ
しゅかん [主観] 주관 チュグワン
しゅき [手記] 수기 スギ
しゅぎ [主義] 주의 チュイ 関共産主義 공산주의 コーンサンジュイ / 資本主義 자본주의 チャボンジュイ / 社会主義 사회주의 サフェジュイ / 民主主義 민주주의 ミンジュジュイ
じゅきょう [儒教] 유교 ユギョ
じゅぎょう [授業] 수업 スオプ 例何時に授業が終わりますか。몇 시에 수업이 끝나요? ミョッ シエ

スオビ ッックンナヨ ❖~する 授業 하다 スオパダ 関授業時間 수업 시간 スオプ シガン / 授業中 수업 중 スオプ チュン

じゅく [塾] 学院 ハグォン；教室 キョーシル

しゅくえん [祝宴] 축연 チュギョン；축하연 チュカヨン

しゅくじ [祝辞] 축사 チュクサ

しゅくじつ [祝日] 축일 チュギル；경축일 キョンチュギル

しゅくしょう [縮小] 축소 チュクソ ❖~する 축소하다 チュクソハダ；~される 축소되다 チュクソドゥェダ

じゅくす [熟す] ①(果実が) 익다 イクタ 例よく熟したリンゴを3つください。잘 익은 사과를 세 개 주세요. チャル イグン サグワルル セー ゲ チュセヨ ②(機会などが) 무르익다 ムルイクタ ③(技術や芸が) 숙달되다 スクタルドゥェダ

しゅくだい [宿題] 숙제 スクチェ

しゅくはい [祝杯・祝盃] 축배 チュクペ 例まず、祝杯を挙げましょう。우선 축배를 듭시다. ウソン チュクペルル トゥプシダ

しゅくはく [宿泊] 숙박 スクパク ❖~する 숙박하다 スクパカダ；묵다 ムクタ；머무르다 モムルダ 例宿泊する所を予約しないで行っても大丈夫でしょうか。숙박할 곳을 예약하지 않고 가도 될까요? スクパカル コスル イェーヤカジ アンコ カド ドゥェルッカヨ 関宿泊施設 숙박 시설 スクパク シーソル / 宿泊料 숙박료 スクパンニョ

しゅくふく [祝福] 축복 チュクポク 例皆に祝福されながら式を挙げたいです。모두에게 축복을 받으면서 식을 올리고 싶어요. モドゥエゲ チュクポグル パドゥミョンソ シグル オルリゴ シポヨ ❖~する 축복하다 チュクポカダ

しゅくめい [宿命] 숙명 スンミョン

じゅくれん [熟練] 숙련 スンニョン ❖~する 숙련하다 スンニョナダ；숙련되다 スンニョンドゥェダ

しゅげい [手芸] 수예 スイェ；수공예 スゴンイェ

しゅけん [主権] 주권 チュックォン

じゅけん [受験] 수험 スホム 関受験番号 수험 번호 スホム ボノ

しゅご [守護] 수호 スホ ❖~する 수호하다 スホハダ

じゅこう [受講] 수강 スガン ❖~する 수강하다 スガンハダ 関受講者 수강자 スガンジャ / 受講料 수강료 スガンニョ

しゅこうぎょう [手工業] 수공업 スゴンオプ

しゅさい [主催] 주최 チュチュェ ❖~する 주최하다 チュチュェハダ

しゅざい [取材] 취재 チュィージェ ❖~する 취재하다 チュィージェハダ 関取材記者 취재 기자 チュィージェ キジャ

しゅし [趣旨] 취지 チュィージ

しゅじゅつ [手術] 수술 ススル 例手術を受けなければいけませんか。수술을 받아야 해요? ススルル パダヤ ヘヨ ❖~する 수술하다 ススラダ

しゅしょう [首相] 수상 スサン

じゅしょう [受賞] 수상 スサン ❖~する 수상하다 スサンハダ 関受賞作品 수상 작품 スサン ジャクプム

じゅしょう [授賞] 수상 スサン 関授賞式 수상식 スサンシク; 시상식 シーサンシク

しゅじん [主人] 주인 チュイン

じゅしん [受信] 수신 スシン ❖~する 수신하다 スシナダ 関受信料 수신료 スシンニョ

しゅせき [首席] 수석 スソク

しゅだい [主題] 주제 チュジェ

しゅだん [手段] 수단 スダン

しゅちょう [主張] 주장 チュジャン ❖~する 주장하다 チュジャンハダ

しゅつえん [出演] 출연 チュリョン ❖~する 출연하다 チュリョナダ 関出演者 출연자 チュリョンジャ / 出演料 출연료 チュリョンニョ / 友情出演 우정 출연 ウジョン チュリョン

しゅっか [出荷] 출하 チュラ ❖~する 출하하다 チュラハダ; 출시하다 チュルシハダ

しゅっきん [出勤] 출근 チュルグン ❖~する 출근하다 チュルグナダ 例毎朝9時には出勤します。 매일 아침 9 (아홉) 시에는 출근해요. メーイル アチム アホプシエヌン チュルグネヨ

しゅっけつ [出血] 출혈 チュリョル ❖~する 출혈하다 チュリョラダ 関出血多量 과다출혈 クヮダチュリョル / 内出血 내출혈 ネチュリョル

しゅっこう [出港] 출항 チュラン ❖~する 출항하다 チュランハダ 関出港時間 출항 시간 チュランシガン

じゅっこう [熟考] 숙고 スクコ ❖~する 숙고하다 スクコハダ

しゅっこく [出国] 출국 チュルグク ❖~する 출국하다 チュルグカダ 関出国手続き 출국 절차 チュルグク チョルチャ / 出入国管理事務所 출입국 관리 사무소 チュリプクク クヮルリ サームソ

しゅっさん [出産] 출산 チュルサン; 해산 ヘーサン 例出産用品を売っているところはどこですか。 출산 용품을 파는 곳이 어디예요? チュルサン ヨンプムル パヌン ゴシ オディエヨ ❖~する 해산하다 ヘーサナダ; 출산하다 チュルサナダ

しゅつじょう [出場] 출장 チュルチャン ❖~する 출장하다 チュルチャンハダ 関出場権 출장권 チュルチャンックオン / 出場資格 출장 자격 チュルチャン チャギョク

しゅっしん [出身] 출신 チュルシン 関出身校 출신교 チュルシンギョ / 出身地 출신지 チュルシンジ

しゅっせ [出世] 출세 チュルセ ❖~する 출세하다 チュルセハダ

しゅっせき [出席] 출석 チュルソク ❖~する 출석하다 チュルソカダ; 참석하다 チャムソカダ 例絶対に出席しなければいけませんか。 꼭 참석해야 하나요? ッコク チャムソケヤ ハナヨ

しゅっちょう [出張] 출장 チュルチャン 例韓国には出張で何回か来たことがあります。 한국에는 출

장으로 몇 번 온 적이 있어요. ハーングゲヌン チュルチャンウロ ミョッ ポン オン ジョギ イッソヨ ❖ ～する 출장하다 チュルチャンハダ

しゅっぱつ [出発] 출발 チュルバル ❖～する 출발하다 チュルバラダ 例明日, 何時に出発しますか。 내일 몇 시에 출발해요? ネイル ミョッ シエ チュルバレヨ

しゅっぱん [出版] 출판 チュルパン ❖～する 출판하다 チュルパナダ 関出版社 출판사 チュルパンサ

しゅつりょく [出力] 출력 チュルリョク ❖～する 출력하다 チュルリョカダ

しゅと [首都] 수도 スド

しゅにく [朱肉] 인주 インジュ; 주육 チュユク

しゅにん [主任] 주임 チュイム 関主任教授 주임 교수 チュイム キョース

しゅのう [首脳] 수뇌 スヌェ

しゅび [守備] 수비 スビ

しゅふ [主婦] 주부 チュブ

しゅみ [趣味] 취미 チュィーミ

じゅみょう [寿命] 수명 スミョン

しゅもく [種目] 종목 チョーンモク

しゅよう [主要] 주요 チュヨ

しゅよう [腫瘍] 종양 チョーンヤン 関悪性腫瘍 악성 종양 アクッソン チョーンヤン

じゅよう [需要] 수요 スヨ

じゅり [受理] 수리 スリ ❖～する 수리하다 スリハダ ❖～される 수리되다 スリドゥェダ

じゅりつ [樹立] 수립 スリプ ❖～する 수립하다 スリパダ ❖～される 수립되다 スリプトウェダ

しゅりゅう [主流] 주류 チュリュ

しゅりょう [酒量] 주량 チュリャン

じゅりょう [受領] 수령 スリョン ❖～する 수령하다 スリョンハダ

しゅりょく [主力] 주력 チュリョク

しゅるい [種類] 종류 チョーンニュ

しゅわ [手話] 수화 スフワ

じゅわき [受話器] 수화기 スフワギ

しゅわん [手腕] 수완 スワン

しゅん [旬] 제철 チェチョル

じゅんい [順位] 순위 スーヌィ

しゅんかん [瞬間] 순간 スンガン ❖～的な 순간적인 スンガンジョギン

じゅんかん [循環] 순환 スヌワン ❖～する 순환하다 スヌワナダ 関悪循環 악순환 アクスヌワン

じゅんけつ [純潔] ❖～だ 순결하다 スンギョラダ

じゅんけっしょう [準決勝] 준결승 チューンギョルスン

じゅんさ [巡査] 순경 スンギョン

じゅんじょ [順序] 순서 スーンソ

じゅんじょう [純情] 순정 スンジョン ❖～だ 순진하다 スンジナダ

じゅんしん [純真] ❖～だ 순진하다 スンジナダ

じゅんすい [純粋] 순수 スンス ❖～だ 순수하다 スンスハダ

じゅんちょう [順調] ❖～だ 순조롭다 スーンジョロプタ ❖～に 순조로이 スーンジョロイ

じゅんばん [順番] 순번 スンボ

じゅんび

ン；차례 チャリェ
じゅんび [準備] 준비 チューンビ 例 いつまでに準備を終わらせなければいけませんか。언제까지 준비를 끝내야 돼요? オーンジェッカジ チューンビルル ックンネヤ ドウェヨ ❖〜する 준비하다 チューンビハダ；마련하다 マリョナダ；장만하다 チャンマナダ 例 このような場所で準備していただきありがとうございます。이런 자리까지 마련해 주셔서 감사합니다. イロン チャリッカジ マリョネ ジュショソ カームサハムニダ 関 下準備 사전 준비 サージョン チューンビ

しゅんぶん [春分] 춘분 チュンブン

じゅんれい [巡礼] 순례 スルリェ

じょい [女医] 여의 ヨイ；여의사 ヨイサ

しよう [私用] 사용 サヨン

しよう [使用] 사용 サーヨン ❖〜する 사용하다 サーヨンハダ；쓰다 ッスダ

じょう [情] 정 チョン

じょうあい [情愛] 정애 チョンエ

しょうあく [掌握] 장악 チャーンアク ❖〜する 장악하다 チャーンアカダ

じょうえい [上映] 상영 サーンヨン ❖〜する 상영하다 サーンヨンハダ ❖〜される 상영되다 サーンヨンドウェダ 例 最近上映されている映画は何ですか。요즘 상영되고 있는 영화가 뭐에요? ヨジュム サーンヨンドウェゴ インヌン ヨンフヮガ ムォーエヨ 関 上映時間 상영 시간 サーンヨン シガン

じょうえん [上演] 상연 サーンヨン 例 上演日と時間が知りたいです。상연 날짜와 시간을 알고 싶어요. サーンヨン ナルッチャワ シガヌル アールゴ シポヨ ❖〜する 상연하다 サーンヨナダ ❖〜される 상연되다 サーンヨンドウェダ 関 上演時間 상연 시간 サーンヨン シガン

しょうか [消化] 소화 ソファ ❖〜する 소화하다 ソファハダ

しょうか [消火] 소화 ソファ ❖〜する 소화하다 ソファハダ 関 消火器 소화기 ソファギ

しょうが [生姜] 생강 センガン 関 生姜茶 생강차 センガンチャ

しょうかい [紹介] 소개 ソゲ ❖〜する 소개하다 ソゲハダ 関 紹介状 소개장 ソゲッチャン / 自己紹介 자기소개 チャギソゲ

しょうかい [照会] 조회 チョーフェ ❖〜する 조회하다 チョーフェハダ

しょうがい [生涯] 생애 センエ；일생 イルセン；평생 ピョンセン

しょうがい [傷害] 상해 サンヘ

しょうがい [障害・障碍] 장애 チャンエ 関 障害者 장애인 チャンエイン / 障害物 장애물 チャンエムル / 更年期障害 갱년기장애 ケーンニョンギジャンエ

しょうがくきん [奨学金] 장학금 チャーンハクム

しょうがくせい [小学生] 초등학생 チョドゥンハクセン

しょうがつ [正月] 정월 チョンウォル；설 ソル 関 旧正月 구정 クジョン / 新正月 신정 シンジョン《陽

暦の正月》
しょうがっこう [小学校] 초등학교 チョンドゥンハクキョ
しょうき [正気] 본정신 ポンジョンシン; 제정신 チェジョンシン; 진심 チンシム
しょうぎ [将棋] 장기 チャーンギ 例 韓国と日本の将棋の指し方は違います。한국과 일본의 장기는 두는 방법이 달라요. ハーングクグァ イルボネ チャーンギヌン トゥヌン バンボビ タルラヨ
じょうき [蒸気] 증기 チュンギ; 수증기 スジュンギ
じょうぎ [定規] 자 チャ
じょうきゃく [乗客] 승객 スンゲク
じょうきゅう [上級] 상급 サーングプ
しょうぎょう [商業] 상업 サンオプ
じょうきょう [状況・情況] 상황 サンフワン; 정황 チョンフワン
しょうきょく [消極] 소극 ソグク ❖〜的だ 소극적이다 ソグクチョギダ
しょうきん [賞金] 상금 サングム
じょうげ [上下] 상하 サーンハ ❖〜する 오르내리다 オルネリダ
じょうけい [情景] 정경 チョンギョン; 광경 クヮンギョン
しょうげき [衝撃] 충격 チュンギョク
しょうけん [証券] 증권 チュンックォン 関 証券会社 증권 회사 チュンックォン フェーサ
しょうげん [証言] 증언 チュンオン ❖〜する 증언하다 チュンオナダ
じょうけん [条件] 조건 チョッコン
しょうこ [証拠] 증거 チュンゴ
しょうご [正午] 정오 チョーンオ
しょうごう [照合] 조합 チョーハプ; 대조 テージョ ❖〜する 대조하다 テージョハダ
じょうこう [条項] 조항 チョハン
しょうさい [詳細] ❖〜だ 상세하다 サンセハダ; 자세하다 チャセハダ 例 詳細な日程が決まったら知らせてください。상세한 일정이 정해지면 알려 주세요. サンセハン イルチョンイ チョーンヘジミョン アルリョ ジュセヨ
じょうざい [錠剤] 알약 アルリャク; 정제 チョンジェ
しょうさん [賞賛・称賛] 칭찬 チンチャン ❖〜する 칭찬하다 チンチャナダ
しょうさん [勝算] 승산 スンサン
しょうじ [障子] 장지 チャンジ
じょうし [上司] 상사 サーンサ
じょうじ [情事] 정사 チョンサ
しょうじき [正直] 정직 チョーンジク ①(素直で偽りがないこと) ❖〜だ 정직하다 チョーンジカダ ❖〜に 정직하게 チョンジカゲ 例 何のことか正直に言ってみなさい。무슨 일인지 정직하게 말해 보세요. ムスン ニーリンジ チョーンジカゲ マーレ ボセヨ ②(実のところ) 솔직히 ソルチキ; 사실은 サーシルン 例 正直, 今日は休みたいですが。솔직히 오늘은 쉬고 싶은데요. ソルチキ オヌルン シュィーゴ シプンデヨ

じょうしき [常識] 상식 サンシク 関常識論 상식론 サンシンノン / 非常識 몰상식 モルサンシク

しょうしゃ [商社] 상사 サンサ 関総合商社 종합 상사 チョンハプ サンサ

じょうしゃ [乗車] 승차 スンチャ ❖~する 승차하다 スンチャハダ 関乗車券 승차권 スンチャックォン

じょうじゅ [成就] 성취 ソンチュィ ❖~する 성취하다 ソンチュィハダ 例とうとう願いが成就しました。드디어 소원이 성취했어요. トゥディオ ソーウォニ ソンチュィヘッソヨ

じょうしゅう [常習] 상습 サンスプ

じょうじゅん [上旬] 상순 サーンスン

しょうしょ [証書] 증서 チュンソ

しょうじょ [少女] 소녀 ソーニョ; 처녀 チョーニョ

しょうしょう [少少] 조금 チョグム; 약간 ヤッカン

しょうじょう [症状] 증상 チュンサン

しょうじょう [賞状] 상장 サンッチャン

じょうしょう [上昇] 상승 サーンスン ❖~する 상승하다 サーンスンハダ 例円が上昇したら買い物するのにいいです。엔이 상승하면 쇼핑하기 좋아요. エニ サンスンハミョン ショピンハギ チョーアヨ

しょうじる [生じる] 생기다 センギダ ①(起こる) 일어나다 イロナダ ②(発生する) 발생하다 パルセンハダ

しょうしん [昇進] 승진 スンジン ❖~する 승진하다 スンジナダ

しょうしん [傷心] 상심 サンシム; 상한 마음 サンハン マウム

しょうじん [精進] 정진 チョンジン ❖~する 정진하다 チョンジナダ

じょうず [上手] ❖~だ 잘하다 チャラダ; 능숙하다 ヌンスカダ 例日本語がとてもお上手ですね。일본어를 참 잘하시네요. イルボノル チャム チャラシネヨ ❖~に 잘 チャル; 멋지게 モッチゲ; 능숙히 ヌンスキ 例ピアノを上手に弾くんですね。피아노를 잘 치네요. ピアノルル チャル チネヨ / 歌がとても上手に歌えるんですね。노래를 정말 멋지게 부르시는군요. ノレルル チョーンマル モッチゲ プルシヌングンニョ

しょうすう [小数] 소수 ソース

しょうすう [少数] 소수 ソース

じょうせい [情勢] 정세 チョンセ

しょうせつ [小説] 소설 ソーソル 関推理小説 추리 소설 チュリ ソーソル / 短編小説 단편 소설 タンピョン ソーソル / 中編小説 중편 소설 チュンピョン ソーソル / 長編小説 장편 소설 チャンピョン ソーソル

じょうせつ [常設] 상설 サンソル ❖~する 상설하다 サンソラダ

しょうせん [商船] 상선 サンソン

じょうせん [乗船] 승선 スンソン ❖~する 승선하다 スンソナダ

しょうぞう [肖像] 초상 チョサン 関肖像画 초상화 チョサンフワ

じょうぞう [醸造] 양조 ヤンジョ ❖~する 양조하다 ヤンジョハダ
しょうそく [消息] 소식 ソシク
しょうたい [正体] 정체 チョーンチェ
しょうたい [招待] 초대 チョデ 例 友達の誕生日パーティーに招待を受けました. 친구 생일 파티에 초대를 받았어요. チング センイル パティエ チョデルル パダッソヨ ❖~する 초대하다 チョデハダ 例 ホームステイ先の友達をうちに招待したいです. 홈스테이처 친구를 우리 집에 초대하고 싶어요. ホムステイチョ チングルル ウリ チベ チョデハゴ シポヨ ❖~される 초대받다 チョデバッタ 例 還暦パーティーに招待されました. 환갑잔치에 초대받았어요. フワンガプチャンチエ チョデバダッソヨ 関 招待客 초대객 チョデゲク
じょうたい [状態] 상태 サンテ
しょうだく [承諾] 승낙 スンナク ❖~する 승낙하다 スンナカダ
じょうたつ [上達] ❖~する 늘다 ヌルダ; 숙달하다 スクタラダ; 향상되다 ヒャーンサンドゥェダ 例 韓国語の実力がずいぶん上達しましたね. 한국말 실력이 많이 늘었네요. ハーングンマル シルリョギ マーニ ヌロンネヨ
しょうだん [商談] 상담 サンダム ❖~する 상담하다 サンダマダ
じょうだん [冗談] 농담 ノーンダム
しょうち [招致] 초치 チョチ ❖~する 초치하다 チョチハダ
しょうち [承知] ❖~する ①(既に知っている) 알다 アールダ 例 偽物だと承知の上で買ってはいけません. 가짜라는 것을 알고서 사면 안 돼요. カーッチャラヌン ゴスル アールゴソ サミョン アン ドゥェヨ / ご承知の通り 아시는 바와 같이 アシヌン バワ ガチ ②(承諾する) 승낙하다 スンナカダ; 알다 アールダ 例 依頼の件は承知しました. 부탁한 일은 알겠습니다. プータカン ニールン アールゲッスムニダ ❖~しない 용서하지 않다 ヨンソハジ アンタ 例 またそんないたずらをしたら承知しないぞ. 또 그런 장난을 하면 용서하지 않을 테다. ット クロン チャンナヌル ハミョン ヨンソハジ アヌル テダ
しょうちゅう [焼酎] 소주 ソジュ
じょうちょ [情緒] 정서 チョンソ
しょうちょう [小腸] 소장 ソージャン
しょうちょう [象徴] 상징 サンジン ❖~する 상징하다 サンジンハダ
しょうてん [商店] 상점 サンジョム; 가게 カーゲ
しょうてん [焦点] 초점 チョッチョム 例 どんな点に焦点を合わせて書けばいいでしょうか. 어떤 점에 초점을 맞추어 쓰면 될까요? オットン ジョメ チョッチョムル マッチュオ ッスミョン ドゥェルッカヨ
じょうと [譲渡] 양도 ヤーンド ❖~する 양도하다 ヤーンドハダ
しょうどう [衝動] 충동 チュンドン
じょうとう [上等] 상등 サーンドゥン ❖~だ 훌륭하다 フルリュン

しょうどく

ハダ;뛰어나다 ットゥィオナダ 例 それくらいなら上等ですよ. ユ 정도면 훌륭한 거죠. ク ジョンドミョン フルリュンハン ゴジョ 関 上等品 상등품 サーンドゥンプム

しょうどく [消毒] 소독 ソドク ❖~する 소독하다 ソドカダ

しょうとつ [衝突] 충돌 チュンドル ❖~する ①(車などが)충돌하다 チュンドラダ;부딪치다 プディッチダ ②(意見などが)충돌하다 チュンドラダ;대립하다 テリパダ 例 自己主張が強くて意見衝突が頻繁です. 자기주장이 강해서 의견 충돌이 잦아요. チャギジュジャンイ カンヘソ ウイギョン チュンドリ チャジャヨ

じょうない [場内] 장내 チャンネ

しょうに [小児] 소아 ソーア;어린이 オリニ 関 小児科 소아과 ソーアックワ

しょうにん [商人] 상인 サンイン;장사꾼 チャンサックン

しょうにん [承認] 승인 スンイン ❖~する 승인하다 スンイナダ

しょうにん [証人] 증인 チュンイン

じょうにん [常任] 상임 サンイム 関 常任委員 상임 위원 サンイム ウィウォン / 常任理事 상임 이사 サンイム イーサ

じょうねつ [情熱] 정열 チョンニョル;열정 ヨルチョン 例 情熱を傾けて作った製品です. 정열을 기울여서 만든 제품입니다. チョンニョルル キウリョソ マンドゥン ジェープミムニダ

しょうねん [少年] 소년 ソーニョン

しょうのう [小脳] 소뇌 ソーヌェ

じょうば [乗馬] 승마 スンマ ❖~する 승마하다 スンマハダ

しょうはい [勝敗] 승패 スンペ;승부 スンブ

しょうばい [商売] 장사 チャンサ;상업 サンオプ

じょうはつ [蒸発] 증발 チュンバル ❖~する 증발하다 チュンバラダ

じょうはんしん [上半身] 상반신 サーンバンシン

しょうひ [消費] 소비 ソビ ❖~する 소비하다 ソビハダ ❖~される 소비되다 ソビドゥェダ 関 消費者 소비자 ソビジャ

しょうひょう [商標] 상표 サンピョ

しょうひん [商品] 상품 サンプム

しょうひん [賞品] 상품 サンプム

じょうひん [上品] ❖~だ 고상하다 コサンハダ

しょうぶ [勝負] 승부 スンブ

じょうぶ [丈夫] ❖~だ ①(健康だ) 건강하다 コーンガンハダ 例 体が丈夫なのが一番です. 몸이 건강한 게 최고예요. モミ コーンガンハン ゲ チュェーゴエヨ ②(堅固だ) 탄탄하다 タンタナダ;튼튼하다 トゥントゥナダ

しょうべん [小便] 소변 ソービョン;오줌 オジュム

じょうほ [譲歩] 양보 ヤーンボ ❖~する 양보하다 ヤーンボハダ 例 少しずつ譲歩して仲直りしなさい. 조금씩 양보하고 화해하세요. チョグムッシク ヤーンボハゴ フワヘハ

セヨ
- **じょうほう** [情報] 정보 チョンボ 関情報員 정보원 チョンボウォン;간첩 カーンチョプ / 情報公開 정보 공개 チョンボ コンゲ / 情報産業 정보 산업 チョンボ サーノプ / 情報社会 정보 사회 チョンボ サフェ
- **じょうぼうしょ** [消防署] 소방서 ソバンソ
- **じょうむ** [常務] 상무 サンム
- **じょうむ** [乗務] 승무 スンム ❖~する 승무하다 スンムハダ
- **しょうめい** [証明] 증명 チュンミョン ❖~する 증명하다 チュンミョンハダ 関証明書 증명서 チュンミョンソ
- **しょうめい** [照明] 조명 チョーミョン ❖~する 조명하다 チョーミョンハダ
- **しょうめつ** [消滅] 소멸 ソミョル ❖~する 소멸하다 ソミョラダ;소멸되다 ソミョルドゥェダ 関自然消滅 자연 소멸 チャヨン ソミョル
- **しょうめん** [正面] 정면 チョーンミョン
- **しょうもう** [消耗] 소모 ソモ ❖~する 소모하다 ソモハダ 関消耗品 소모품 ソモプム
- **じょうやく** [条約] 조약 チョヤク 関講和条約 강화조약 カーンフワジョヤク / 平和条約 평화조약 ピョンフワジョヤク
- **しょうゆ** [醬油] 간장 カンジャン
- **しょうよう** [商用] 상용 サンヨン
- **じょうよう** [乗用] 승용 スンヨン 関乗用車 승용차 スンヨンチャ
- **じょうよう** [常用] 상용 サンヨン ❖~する 상용하다 サンヨンハダ
- **しょうらい** [将来] 장래 チャンネ;미래 ミーレ;앞날 アムナル;전도 チョンド 例将来の夢は何ですか。장래의 꿈이 뭐예요? チャンネエ ックミ ムオーエヨ
- **しょうり** [勝利] 승리 スンニ ❖~する 승리하다 スンニハダ 関勝利者 승리자 スンニジャ
- **しょうりゃく** [省略] 생략 センニャク ❖~する 생략하다 センニャカダ
- **じょうりゅう** [上流] 상류 サーンニュ 関上流階級 상류 계급 サーンニュ ケグプ / 上流社会 상류 사회 サーンニュ サフェ
- **じょうりゅう** [蒸留] 증류 チュンニュ ❖~する 증류하다 チュンニュハダ
- **しょうりょう** [少量] 소량 ソーリャン
- **しょうれい** [奨励] 장려 チャーンニョ ❖~する 장려하다 チャーンニョハダ
- **じょうれんきゃく** [常連客] 단골손님 タンゴルソンニム
- **じょうろ** [如雨露] 물뿌리개 ムルップリゲ
- **しょえん** [初演] 초연 チョヨン
- **じょえん** [助演] 조연 チョヨン 関助演賞 조연상 チョヨンサン / 助演俳優 조연 배우 チョヨン ペウ
- **ショー** [show] 쇼 ショ 関ステージショー 스테이지 쇼 ステイジ ショ / ミュージカルショー 뮤지컬 쇼 ミュジコル ショ
- **じょおう** [女王] 여왕 ヨワン
- **ショール** [shawl] 숄 ショール;어깨

걸이 オッケゴリ
じょがくせい [女学生] 여학생 ヨハクセン
しょかん [書簡] 서간 ソガン
しょき [初期] 초기 チョギ
しょき [書記] 서기 ソギ
しょきゅう [初級] 초급 チョグプ 関 初級クラス 초급반 チョグプパン / 初級者 초급자 チョグプチャ
じょきょく [序曲] 서곡 ソゴク
ジョギング [jogging] 조깅 チョギン
しょくあたり [食中り] 식중독 シクチュンドク
しょくいん [職員] 직원 チグォン
しょくえん [食塩] 식염 シギョム 関 食塩水 식염수 シギョムス
しょくぎょう [職業] 직업 チゴプ
しょくご [食後] 식후 シク
しょくじ [食事] 식사 シクサ ❖~する 식사하다 シクサハダ 例 食事でも一緒にしましょうか。식사라도 같이 하실래요? シクサラド カチ ハシルレヨ
しょくせいかつ [食生活] 식생활 シクセンファル
しょくせき [職責] 직책 チクチェク
しょくたく [食卓] 식탁 シクタク
しょくたく [嘱託] 촉탁 チョクタク
しょくどう [食堂] 식당 シクタン
しょくどう [食道] 식도 シクト
しょくにん [職人] 직인 チギン; 장인 チャンイン
しょくば [職場] 직장 チクチャン; 근무처 クーンムチョ
しょくパン [食パン] 식빵 シクッパン

しょくひ [食費] 식비 シクピ
しょくひん [食品] 식품 シクプム
しょくぶつ [植物] 식물 シンムル 関 観葉植物 관엽 식물 クヮニョプシンムル
しょくむ [職務] 직무 チンム
しょくもつ [食物] 음식물 ウームシンムル;식품 シクプム
しょくもつせんい [食物繊維] 식물섬유 シンムルソミュ;식물성 섬유 シンムルッソン ソミュ
しょくよう [食用] 식용 シギョン 関 食用油 식용유 シギョンニュ
しょくよく [食欲] 식욕 シギョク 関 食欲不振 식욕 부진 シギョクプジン
しょくりょう [食料] 식료 シンニョ
しょくりょう [食糧] 식량 シンニャン
じょげん [助言] 조언 チョーオン ❖~する 조언하다 チョーオナダ
しょさい [書斎] 서재 ソジェ
しょじ [所持] 소지 ソージ ❖~する 소지하다 ソージハダ
じょし [女子] 여자 ヨジャ 関 女子トイレ 여자 화장실 ヨジャ フヮジャンシル
じょしゅ [助手] 조수 チョース
じょじょう [叙情] 서정 ソージョン
じょじょに [徐々に] ①(ゆっくりと) 서서히 ソーソヒ;천천히 チョーンチョニ ②(少しずつ) 차차 チャチャ;조금씩 チョグムッシク 例 病状は徐々に良くなるでしょう。병세는 차차 좋아지겠지요. ピョーンセヌン チャチャ チョーアジゲッ

しょり

チョ
- **しょしん** [初心] 초심 チョシム
- **しょせい** [処世] 처세 チョーセ
- **じょせい** [女性] 여성 ヨソン；여자 ヨジャ
- **しょせき** [書籍] 서적 ソジョク；책 チェク
- **じょせつ** [序説] 서설 ソーソル；서론 ソーロン
- **じょせつ** [除雪] 제설 チェソル ❖ ～する 제설하다 チェソラダ
- **しょぞう** [所蔵] 소장 ソージャン ❖ ～する 소장하다 ソージャンハダ
- **しょぞく** [所属] 소속 ソーソク 関 所属事務所 소속 사무실 ソーソクサームシル
- **しょたい** [所帯・世帯] 세대 セーデ；가구 カグ
- **しょたいめん** [初対面] 첫 대면 チョッ テミョン 例 初対面で印象が決まったりもします。첫 대면으로 인상이 정해지기도 해요. チョッ テミョヌロ インサンイ チョンヘジギド ヘヨ
- **しょち** [処置] ①(処置) 처치 チョーチ ②(措置) 조치 チョチ ❖ ～する 처치하다 チョーチハダ 関 応急処置 응급 조치 ウーングプ チョチ
- **しょちょう** [署長] 서장 ソージャン
- **しょっかく** [触角] 촉각 チョクカク
- **しょっかん** [触感] 촉감 チョクカム
- **しょっき** [食器] 식기 シクキ；그릇 クルッ
- **ショック** [shock] 쇼크 ショク；충격 チュンギョク
- **ショッピング** [shopping] 쇼핑 ショピン ❖ ～する 쇼핑하다 ショピンハダ 関 ショッピングバッグ 쇼핑백 ショピンベク / ウィンドーショッピング 아이쇼핑 アイショピン；윈도쇼핑 ウィンドショピン
- **しょてん** [書店] 서점 ソジョム；책방 チェクパン
- **しょどう** [書道] 서예 ソイェ；서도 ソド
- **しょとく** [所得] 소득 ソードゥク 関 所得控除 소득 공제 ソードゥクコンジェ / 所得税 소득세 ソードゥクッセ
- **じょばん** [序盤] 초반 チョバン；서반 ソーバン
- **しょひょう** [書評] 서평 ソピョン
- **じょぶん** [序文] 서문 ソームン；머리말 モリマル
- **しょほ** [初歩] 초보 チョボ
- **しょほう** [処方] 처방 チョーバン 関 処方せん 처방전 チョーバンジョン
- **しょみん** [庶民] 서민 ソーミン
- **しょめい** [署名] 서명 ソーミョン ❖ ～する 서명하다 ソーミョンハダ
- **しょめい** [書名] 서명 ソミョン
- **しょゆう** [所有] 소유 ソーユ ❖ ～する 소유하다 ソーユハダ 関 所有物 소유물 ソーユムル / 所有者 소유자 ソーユジャ
- **じょゆう** [女優] 여우 ヨウ；여배우 ヨベウ
- **しょり** [処理] 처리 チョーリ；처분 チョーブン ❖ ～する 처리하다 チョーリハダ 例 使わない家具はど

うやって処理すればいいですか。安く使わない家具はどうやって処理すればいいですか？アン ッスヌン カグヌン オットッケ チョーリヘヤ ドゥエヨ

しょるい [書類] 서류 ソリュ 例 入学登録の時に必要な書類を教えてください。입학 등록시 필요한 서류를 알려 주세요. イパク トゥンノクシ ピリョハン ソリュルル アルリョ ジュセヨ 関 書類選考 서류 전형 ソリュ チョニョン / 重要書類 중요 서류 チューンヨ ソリュ

しらが [白髪] 백발 ペクパル; 흰머리 ヒンモリ

しらせる [知らせる] 알리다 アルリダ 例 連絡が来たら知らせてください。연락이 오면 알려 주세요. ヨルラギ オミョン アルリョ ジュセヨ

しらない [知らない] 모르다 モルダ 例 よく知りません。잘 모르겠어요. チャル モルゲッソヨ

しらばくれる 시치미를 떼다 シチミルル ッテーダ

しらべる [調べる] ①(調べる・調査する) 알아보다 アラボダ; 조사하다 チョサハダ 例 安くて良いホテルを調べているところです。싸고 좋은 호텔을 알아보고 있는 중이에요. ッサゴ チョーウン ホテルル アラボゴ インヌン ジュンイエヨ ②(辞書などを引く) 찾다 チャッタ 例 辞書で調べても、ない単語があります。사전으로 찾아도 없는 단어가 있어요. サジョヌロ チャジャド オムヌン タノガ イッソヨ ③(捜す) 수색하다 スセカダ; 뒤지다 トゥィージダ ④(尋問する) 신문하다 シンムナダ

しり [尻] 엉덩이 オーンドンイ

しりあい [知り合い] 아는 사이 アーヌン サイ; 아는 사람 アーヌン サーラム; 친지 チンジ 例 知り合いを通じて前もって連絡しておきました。아는 사람을 통해 미리 연락해 두었어요. アーヌン サーラムル トンヘ ミリ ヨルラケ ドゥオッソヨ / 知り合いになってから間もないです。서로 알게 된 지 얼마 안 됐어요. ソロ アールゲ ドゥエン ジ オルマ アン ドゥエッソヨ

シリーズ [series] 시리즈 シリジュ

しりぞく [退く] 물러나다 ムルロナダ

しりぞける [退ける・斥ける] 물리치다 ムルリチダ

しりつ [市立] 시립 シーリプ

しりつ [私立] 사립 サリプ 関 私立大学 사립 대학 サリプ テーハク

じりつ [自立] 자립 チャリプ ❖~する 자립하다 チャリパダ

じりつ [自律] 자율 チャユル

しりょう [資料] 자료 チャリョ

しりょく [視力] 시력 シーリョク

しる [汁] 즙 チュプ 例 レモンの汁 레몬 즙 レモン ジュプ

しる [知る] 알다 ①アールダ 例 事実を知ったらショックを受けるかもしれません。사실을 알게 되면 충격을 받을지도 몰라요. サーシルル アールゲ ドゥエミョン チュンギョグル パドゥルチド モールラヨ ②(理解する) 알다 アールダ; 이해하다 イーヘハダ 例 最近はドラマが歴史を知るのに役に立ったりします。요즘은 드라마가 역사를 이해하는 데 도움이 되기도 해요. ヨジュ

ムン トゥラマガ ヨクサルル イーヘハヌン デ トウミ トゥェギド ヘヨ

シルエット [silhouette] 실루엣 シルレエッ

シルク [silk] 실크 シルク；비단 ピーダン

しるし [印・証・標] ①(印) 표 ピョ；기호 キホ 例 重要な部分は赤でしるしを付けながら覚えます。중요한 부분은 빨간색으로 표를 하면서 외워요. チューンヨハン ププヌン ッパールガンセグロ ピョルル ハミョンソ ウェウォヨ ②(象徴) 상징 サンジン；심벌 シムボル ③(気持ちを表す) 표시 ピョシ；증표 チュンピョ 例 父母の日には感謝のしるしとしてカーネーションを付けてあげます。어버이날에는 감사의 표시로 카네이션을 달아 드려요. オボイナレヌン カームサエ ピョシロ カネイショヌル タラ ドゥリョヨ《韓国では5月8日を父母の日とし，カーネーションを贈る習慣がある》❖ ほんのしるしですが 약소하지만 ヤクソハジマン；변변치 않지만 ピョンビョンチ アンチマン 例 ほんのしるしですが，私の気持ちですから受け取ってください。약소하지만 제 성의니까 받아 주세요. ヤクソハジマン チェ ソンイニッカ パダ ジュセヨ

しるす [記す] 적다 チョクタ；쓰다 ッスダ 例 約束は手帳に記して管理しています。약속은 수첩에 적어 놓고 관리해요. ヤクソグン スチョベ チョゴ ノッコ クワルリヘヨ

じれったい [焦れったい] 애달다 エーダルダ；속이 타다 ソギ タダ

しれわたる [知れ渡る] 두루 알려지다 トゥル アルリョジダ

しれん [試練] 시련 シーリョン

ジレンマ [dilemma] 딜레마 ティルレマ

しろ [白] 흰색 ヒンセク；백색 ペクセク 例 (衣料店で) 白の物はありませんか。흰색은 없어요? ヒンセグン オープソヨ

しろ [城] 성 ソン

しろい [白い] 희다 ヒダ；하얗다 ハーヤッタ 例 白いウエディングドレスを着た新婦がとてもきれいでした。흰 웨딩드레스를 입은 신부가 너무 고왔어요. ヒン ウェディンドゥレスルル イブン シンブガ ノム コワッソヨ

しろうと [素人] 생무지 センムジ；초심자 チョシムジャ；풋내기 プンネギ

しろくま [白熊] 백곰 ペクコム

じろじろ 빤히 ッパニ；뚫어지게 ットゥロジゲ；유심히 ユーシミ 例 そんなにじろじろ見られると恥ずかしいじゃないですか。그렇게 빤히 쳐다보면 쑥스럽잖아요. クロッケ ッパニ チョダボミョン ッスクスロプチャナヨ

シロップ [syrup] 시럽 シロプ

しわ [皺] 주름 チュルム；구김살 クギムサル 例 痩せて顔にしわができました。살이 빠지면서 얼굴에 주름이 생겼어요. サリ ッパージミョンソ オルグレ チュルミ センギョッソヨ / このズボンの欠点はしわが寄りやすいということです。이 바지의 단점은 구김살이 잘 진다는

거예요. イ パジエ タンッチョムン クギムサリ チャル チンダヌン ゴエヨ

しわざ [仕業] 짓 チッ

しん [芯] 심 シム 関鉛筆の芯 연필심 ヨンピルシム

しんあい [親愛] 친애 チネ

じんい [人為] 인위 イヌィ 関人為的 인위적 イヌィジョク

じんいん [人員] 인원 イヌォン

しんか [進化] 진화 チーヌワ ❖~する 진화하다 チーヌワハダ

しんがい [侵害] 침해 チーメ ❖~する 침해하다 チーメハダ ❖~される 침해당하다 チーメダンハダ

しんがく [進学] 진학 チーナク ❖~する 진학하다 チーナカダ

じんかく [人格] 인격 インッキョク

しんがっき [新学期] 신학기 シナクキ

しんかん [新刊] 신간 シンガン

しんき [新規] 신규 シンギュ

しんぎ [審議] 심의 シーミ ❖~する 심의하다 シーミハダ 関審議会 심의회 シーミフェ

しんきゅう [進級] 진급 チーングプ ❖~する 진급하다 チーングパダ

しんきょう [心境] 심경 シムギョン

しんきろく [新記録] 신기록 シンギロク 関世界新記録 세계 신기록 セーゲ シンギロク

しんきん [親近] 친근 チングン 関親近感 친근감 チングンガム

シングル [single] 싱글 シングル 関シングルルーム 싱글 룸 シングルルーム

しんけい [神経] 신경 シンギョン 例外国語だからと言って神経をとがらせる必要はありません。외국어라고 해서 신경을 곤두세울 필요는 없어요. ウェーグゴラゴ ヘソ シンギョンウル コンドゥセウル ピリョヌン オープソヨ

しんけん [真剣] ❖~だ 진지하다 チンジハダ ❖~に 진지하게 チンジハゲ 例もう少し真剣に考えてください。좀금 더 진지하게 생각하세요. チョグム ド チンジハゲ センガカセヨ ❖~さ 진지성 チンジッソン

じんけん [人権] 인권 インックォン

しんこう [信仰] 신앙 シーナン ❖~する 신앙하다 シーナンハダ；믿다 ミッタ 関信仰心 신앙심 シーナンシム

しんこう [進行] 진행 チーネン ❖~する 진행하다 チーネンハダ ❖~される 진행되다 チーネンドゥェダ 例今後、事業はどのように進行されるのでしょうか。앞으로 사업은 어떤 식으로 진행될까요? アプロ サーオブン オットン シグロ チーネンドゥェルッカヨ

しんごう [信号] 신호 シーノ

じんこう [人工] 인공 インゴン

じんこう [人口] 인구 イング 関人口問題 인구 문제 イング ムーンジェ／労働人口 노동 인구 ノドン イング

しんこきゅう [深呼吸] 심호흡 シーモフプ ❖~する 심호흡하다 シーモフパダ

しんこく [申告] 신고 シンゴ ❖~する 신고하다 シンゴハダ

しんこく [深刻] ❖~だ 심각하다 シームガカダ

しんこん [新婚] 신혼 シノン 関 新婚家庭 신혼 가정 シノン カジョン / 新婚旅行 신혼여행 シノンニョヘン

しんさ [審査] 심사 シムサ ❖~する 심사하다 シムサハダ 関 審査員 심사원 シムサウォン

じんざい [人材] 인재 インジェ

しんさつ [診察] 진찰 チーンチャル 例 病院に行って診察を一度受けてみてください。병원에 가서 진찰을 한번 받아 보세요. ピョーンウォネ カソ チーンチャルル ハンボン パダ ボセヨ ❖~する 진찰하다 チーンチャラダ

しんさん [辛酸] 신산 シンサン

しんし [真摯] ❖~だ 진지하다 チンジハダ

しんし [紳士] 신사 シンサ 関 紳士服 신사복 シンサボク

じんじ [人事] 인사 インサ

しんしつ [寝室] 침실 チームシル

しんじつ [真実] 진실 チンシル

しんじゃ [信者] 신자 シーンジャ; 신도 シーンド

じんじゃ [神社] 신사 シンサ

しんじゅ [真珠] 진주 チンジュ 例 真珠の首飾りをプレゼントでもらいました。진주 목걸이를 선물로 받았어요. チンジュ モクコリルル ソーンムルロ パダッソヨ

じんしゅ [人種] 인종 インジョン

しんしゅく [伸縮] 신축 シンチュク 関 伸縮性 신축성 シンチュクッソン

しんしゅつ [進出] 진출 チーンチュル ❖~する 진출하다 チーンチュラダ 関 海外進出 해외 진출 ヘーウェ チーンチュル

しんしゅん [新春] 신춘 シンチュン

しんしょく [侵食・侵蝕] 침식 チームシク ❖~する 침식하다 チームシカダ ❖~される 침식되다 チームシクトゥェダ

しんじる [信じる] 믿다 ミッタ 例 あなたを信じています。당신을 믿어요. タンシヌル ミドヨ

しんじん [新人] 신인 シニン

しんせい [申請] 신청 シンチョン ❖~する 신청하다 シンチョンハダ 関 申請書 신청서 シンチョンソ

しんせい [神聖] 신성 シンソン ❖~だ 신성하다 シンソンハダ

じんせい [人生] 인생 インセン 例 彼は幸福な人生を送りました。ユ 사람은 행복한 인생을 보냈어요. ク サーラムン ヘーンボカン インセンウル ポネッソヨ

しんせき [親戚] 친척 チンチョク

しんせつ [親切] 친절 チンジョル ❖~だ 친절하다 チンジョラダ ❖~に 친절하게 チンジョラゲ 例 笑顔で親切に迎えてくれました。웃는 얼굴로 친절하게 맞아 주셨어요. ウンヌン オルグルロ チンジョラゲ マジャ ジュショッソヨ

しんせん [新鮮] ❖~だ 신선하다 シンソナダ; 싱싱하다 シンシンハダ

しんぜん [親善] 친선 チンソン

しんそう [真相] 진상 チンサン

しんぞう [心臓] 심장 シムジャン

じんぞう [腎臓] 신장 シーンジャン

しんたい

ン;콩팥 コンパッ
しんたい [身体] 신체 シンチェ
しんたい [進退] 진퇴 チーントゥェ
しんだい [寝台] 침대 チームデ
しんだん [診断] 진단 チーンダン ❖~する 진단하다 チーンダナダ 関健康診断 건강 진단 コーンガン チーンダン
しんちゅう [真鍮] 놋쇠 ノッスェ
しんちょう [身長] 신장 シンジャン;키 キ 例兄弟は皆背が高いのに私だけ低いです。형제들은 다 키가 큰데 저만 작아요. ヒョンジェドゥルン ター キガ クンデ チョマン チャーガヨ
しんちょう [慎重] ❖~だ 신중하다 シーンジュンハダ 例重要な問題だから慎重な判断を期待します。중요한 문제니까 신중한 판단을 기대하겠어요. チューンヨハン ムーンジェニッカ シーンジュンハン パンダヌル キデハゲッソヨ ❖~に 신중하게 シーンジュンハゲ
しんど [震度] 진도 チーンド
しんとう [浸透] 침투 チームトゥ ❖~する 침투하다 チームトゥハダ
しんどう [振動] 진동 チンドン ❖~する 진동하다 チンドンハダ
じんどう [人道] 인도 インド
シンドローム [syndrome] 신드롬 シンドゥロム;증후군 チュンフグン
しんにゅう [侵入] 침입 チーミプ ❖~する 침입하다 チーミパダ
しんにゅう [進入] 진입 チーニプ ❖~する 진입하다 チーニパダ
しんにゅう [新入] 신입 シニプ 関

新入社員 신입 사원 シニプ サウォン/新入生 신입생 シニプセン
しんにん [信任] 신임 シーニム ❖~する 신임하다 シーニマダ 関不信任 불신임 プルシニム
しんにん [新任] 신임 シニム
しんねん [信念] 신념 シーンニョム
しんねん [新年] 신년 シンニョン;새해 セヘ 例新年を迎えるために大掃除をしました。신년을 맞이하기 위해 대청소를 했어요. シンニョヌル マジハギ ウィヘ テーチョンソルル ヘッソヨ 関謹賀新年 근하 신년 クーナシンニョン
しんぱい [心配] 걱정 コクチョン;염려 ヨームニョ;근심 クンシム ❖~する 걱정하다 コクチョンハダ 例うまく解決されるだろうから心配しないでください。잘 해결될 테니까 걱정하지 마세요. チャル ヘーギョルドゥェル テニッカ コクチョンハジ マーセヨ
しんぱん [新版] 신판 シンパン
しんぱん [審判] 심판 シームパン
しんぴ [神秘] 신비 シンビ ❖~的だ 신비적이다 シンビジョギダ
しんぷ [新婦] 신부 シンブ;새색시 セセクシ
しんぷ [神父] 신부 シンブ
じんぶつ [人物] 인물 インムル
しんぶん [新聞] 신문 シンムン 関新聞記事 신문 기사 シンムン キサ/新聞配達 신문 배달 シンムン ペーダル/スポーツ新聞 스포츠 신문 スポチュ シンムン
しんぽ [進歩] 진보 チーンボ ❖~する 진보하다 チーンボハダ
しんぼう [辛抱] ❖~する 참고 견

디다 チャームコ キョンディダ
じんぼう [人望] 인망 インマン
しんぼく [親睦] 친목 チンモク 関 親睦会 친목회 チンモクェ
シンポジウム [symposium] 심포지엄 シムポジオム
シンボル [symbol] 심벌 シムボル
しんまい [新米] ①(米) 햅쌀 ヘプッサル ②(新人) 풋내기 プンネギ
じんましん [蕁麻疹] 두드러기 トゥドゥロギ
しんみつ [親密] 친밀 チンミル ❖~だ 친밀하다 チンミラダ
じんみゃく [人脈] 인맥 インメク
じんみん [人民] 인민 インミン
じんめい [人名] 인명 インミョン
じんめい [人命] 인명 インミョン
じんもん [尋問] 심문 シムムン ❖~する 심문하다 シムムナダ
しんや [深夜] 심야 シーミャ 関 深夜営業 심야 영업 シーミャ ヨンオプ / 深夜料金 심야 요금 シーミャ ヨーグム
しんやく [新約] 신약 シニャク 関 新約聖書 신약 성서 シニャク ソンソ
しんゆう [親友] 친한 친구 チナン チング
しんよう [信用] 신용 シーニョン ❖~する 신용하다 シーニョンハダ; 믿다 ミッタ
しんようじゅ [針葉樹] 침엽수 チーミョプス
しんらい [信頼] 신뢰 シールルェ ❖~する 신뢰하다 シールルェハダ
しんらつ [辛辣] ❖~だ 신랄하다 シールララダ

しんり [心理] 심리 シムニ ❖~的な 심리적인 シムニジョギン 関 心理学 심리학 シムニハク / 心理状態 심리 상태 シムニ サンテ
しんり [真理] 진리 チルリ
しんり [審理] 심리 シムニ ❖~する 심리하다 シムニハダ
しんりゃく [侵略] 침략 チムニャク ❖~する 침략하다 チムニャカダ 関 侵略者 침략자 チムニャクチャ
しんりょう [診療] 진료 チールリョ ❖~する 진료하다 チールリョハダ 関 診療時間 진료 시간 チールリョ シガン / 診療所 진료소 チールリョソ
しんりょく [新緑] 신록 シルロク
じんりょく [人力] 인력 イルリョク
じんりょく [尽力] 진력 チールリョク; 노력 ノリョク ❖~する 진력하다 チールリョカダ
しんりん [森林] 삼림 サムニム; 숲 スプ 関 森林地帯 삼림 지대 サムニム チデ
しんるい [親類] 친척 チンチョク
じんるい [人類] 인류 イルリュ
しんろ [進路] 진로 チールロ
しんろ [針路] ①침로 チムノ ②(船舶や航空機の航路) 항로 ハーンノ
しんろう [新郎] 신랑 シルラン
しんわ [神話] 신화 シヌワ

す

す [巣] ①(動物の) 집 チプ; 둥지 トゥンジ ②(巣窟) 소굴 ソグル ③(人の住む) 보금자리 ポグムジャリ
す [酢] 초 チョ; 식초 シクチョ
ず [図] 그림 クーリム

すあし [素足] 맨발 メンバル
ずあん [図案] 도안 トアン
すい [粋] 정수 チョンス
すいい [推移] 추이 チュイ ❖~する 추이하다 チュイハダ
スイートルーム [suite room] 스위트룸 スウィトゥルーム
すいえい [水泳] 수영 スヨン ❖~する 수영하다 スヨンハダ
すいか [西瓜] 수박 スーバク
すいがい [水害] 수해 スヘ
すいがら [吸い殻] 담배꽁초 タムベッコンチョ
すいぎゅう [水牛] 물소 ムルソ
すいこう [遂行] 수행 スヘン ❖~する 수행하다 スヘンハダ
ずいこう [随行] 수행 スヘン ❖~する 수행하다 スヘンハダ 関 随行員 수행원 スヘンウォン
すいこむ [吸い込む] 빨아들이다 ッパラドゥリダ
すいさい [水彩] 수채 スチェ 関 水彩画 수채화 スチェフワ
すいさん [水産] 수산 スサン 関 水産物 수산물 スサンムル
すいさんぎょう [水産業] 수산업 スサノプ
すいじ [炊事] 취사 チュィーサ ❖~する 취사하다 チュィーサハダ
ずいじ [随時] 수시 スシ;그때그때 クッテグッテ 例 随時行われる市内ツアーってありますか。수시로 행해지는 시내 투어가 있나요? スシロ ヘンヘジヌン シーネ トゥオガ インナヨ
すいしつ [水質] 수질 スジル
すいしゃ [水車] 수차 スチャ
すいじゅん [水準] 수준 スジュン
すいしょう [水晶] 수정 スジョン
すいしょう [推奨] 추장 チュジャン ❖~する 추장하다 チュジャンハダ
すいじょう [水上] 수상 スサン
すいじょうき [水蒸気] 수증기 スジュンギ;증기 チュンギ
すいせい [水星] 수성 スソン
すいせん [水仙] 수선화 スソンフワ
すいせん [推薦] 추천 チュチョン ❖~する 추천하다 チュチョナダ 例 おいしい店を推薦してください。맛있는 가게 좀 추천해 주세요. マシヌン カーゲ チョム チュチョネ ジュセヨ ❖~される 추천되다 チュチョンドゥェダ 関 推薦状 추천장 チュチョンッチャン
すいそ [水素] 수소 スソ
すいそう [水槽] 수조 スジョ
すいぞう [膵臓] 췌장 チュェージャン
すいそく [推測] 추측 チュチュク 例 推測だけで話さないでください。추측만으로 이야기하지 마세요. チュチュンマヌロ イヤギハジ マーセヨ ❖~する 추측하다 チュチュカダ
すいぞくかん [水族館] 수족관 スジョッククワン
すいちゅう [水中] 수중 スジュン;물속 ムルソク 関 水中カメラ 수중 카메라 スジュン カメラ
すいちょく [垂直] 수직 スジク
スイッチ [switch] 스위치 スウィチ
すいてい [推定] 추정 チュジョン ❖~する 추정하다 チュジョンハダ
すいでん [水田] 수전 スジョン;논

すいとう [水筒] 수통 ストン;물통 ムルトン

すいどう [水道] 수도 スド 関 水道水 수돗물 スドンムル

ずいひつ [随筆] 수필 スピル 関 随筆家 수필가 スピルガ / 随筆文学 수필 문학 スピル ムナク

ずいぶん [随分] ①(とても・かなり) 몹시 モープシ;아주 アジュ;대단히 テーダニ 例 随分寒い冬の日です。 몹시 추운 겨울날이에요. モープシ チュウン キョウルラリエヨ ②(ひどい) 매우 メウ;심한 シマン;너무한 ノムハン 例 随分ひどいことをおっしゃいますね。 너무 심한 말을 하시네요. ノム シマン マールル ハシネヨ

すいへいせん [水平線] 수평선 スピョンソン

すいほう [水泡] 수포 スポ;물거품 ムルゴプム

すいみん [睡眠] 수면 スミョン;잠 チャム 関 睡眠不足 수면 부족 スミョン プジョク / 睡眠薬 수면제 スミョンジェ

すいようび [水曜日] 수요일 スヨイル

すいり [推理] 추리 チュリ ❖~する 추리하다 チュリハダ 関 推理小説 추리 소설 チュリ ソーソル

すいりょう [推量] 추량 チュリャン;짐작 チムジャク ❖~する 추량하다 チュリャンハダ;짐작하다 チムジャクハダ

すいりょく [水力] 수력 スリョク 関 水力発電 수력발전 スリョクパルチョン

すいれん [睡蓮] 수련 スリョン

すう [吸う] ①(気体を) 들이마시다 トゥリマシダ ②(液体を) 빨다 ッパルダ ③(たばこを) 피우다 ピウダ ④(吸収する) 흡수하다 フプスハダ

すう [数] ①수 スー ②(数字) 숫자 スーッチャ

すうがく [数学] 수학 スーハク

すうじ [数字] 숫자 スーッチャ

ずうずうしい [図図しい] 뻔뻔스럽다 ッポンッポンスロプタ;뻔뻔하다 ッポンッポナダ 例 そんなにずうずうしい人だと思いませんでした。 그렇게 뻔뻔한 사람인 줄 몰랐어요. クロッケ ッポンッポナン サーラミン ジュル モールラッソヨ

スーツ [suit] 양복 ヤンボク

スーツケース [suitcase] 슈트케이스 シュトゥケイス;여행 가방 ヨヘン カバン

スーパーマーケット [supermarket] 슈퍼마켓 シューポマーケッ;마트 マートゥ

すうはい [崇拝] 숭배 スンベ ❖~する 숭배하다 スンベハダ 関 偶像崇拝 우상 숭배 ウーサン スンベ

スープ [soup] 수프 スープ;국물 クンムル 関 コンソメスープ 콩소메 수프 コンソメ スープ

ズーム [zoom] 줌 チュム

すえ [末] ①(終わり) 말 マル 例 来月末にまた来ます。 다음 달 말에 또 올 거예요. タウム タル マレット オル コエヨ ②(結果) 끝 ックッ;결과 キョルグヮ 例 大変な努力の末, 難しい試験に受かりました。 힘든 노력 끝에 어려운 시험에

すえっこ

붙었어요. ヒムドゥン ノリョク ックテ オリョウン シホメ プトッソヨ ③(将来) 미래 ミーレ;장래 チャンネ

すえっこ [末っ子] 막내 マンネ

すえる [据える] ①(置く) 놓다 ノッタ;설치하다 ソルチハダ;고정시키다 コジョンシキダ ②(地位につける) 앉히다 アンチダ

ずが [図画] 도화 トフヮ;그림 クリム

スカート [skirt] 스커트 スコトゥ;치마 チマ

スカーフ [scarf] 스카프 スカープ

スカイダイビング [skydiving] 스카이다이빙 スカイダイビン

スカウト [scout] 스카웃 スカウッ ❖~する 스카우트하다 スカウタダ

すがお [素顔] ①(顔) 맨 얼굴 メーン オルグル ②(実像) 실상 シルサン;참모습 チャムモスプ

すがすがしい 상쾌하다 サンクェハダ;시원하다 シウォナダ

すがた [姿] ①(全体的な形) 모습 モスプ 例一生懸命働く姿に感動しました。열심히 일하는 모습에 감동했어요. ヨルシミ イーラヌン モスベ カームドンヘッソヨ ②(容姿) 몸매 モムメ 例キムチを食べるとすらっとした姿になれますか。김치를 먹으면 날씬한 몸매가 되나요? キムチルル モグミョン ナルッシナン モムメガ トゥェナヨ ③(身なり) 옷차림 オッチャリム;풍채 プンチェ ④(様相) 모습 モスプ;모양 モヤン;형상 ヒョンサン

ずがら [図柄] 무늬 ムニ

すがる [縋る] ①매달리다 メーダルリダ;달라붙다 タルラブッタ ②(依存する・期待する) 의지하다 ウイジハダ;기대다 キーデダ

ずかん [図鑑] 도감 トガム 関植物図鑑 식물도감 シンムルドガム / 動物図鑑 동물도감 トーンムルドガム

すき [好き] ❖~だ 좋아하다 チョーアハダ;좋다 チョータ 例韓国の歌が好きですか。한국 노래를 좋아해요? ハーングン ノレルル チョーアヘヨ / これが好きです(いいです)。이게 좋아요. イゲ チョーアヨ

すき [透き・隙] ①(物と物の間) 빈틈 ピーントゥム;틈 トゥム ②(時間的な空き) 겨를 キョルル;짬 チャーム ③(油断) 틈 トゥム;빈틈 ピーントゥム;허점 ホッチョム

スキー [ski] 스키 スキー ❖~する 스키를 타다 スキールル タダ 例1泊2日でスキーをしに行きたいですが。1(일) 박 2(이) 일로 스키를 타러 가고 싶은데요. イルバク イーイルロ スキールル タロ カゴ シプンデヨ

ずきずき 욱신욱신 ウクシヌクシン

すきとおる [透き通る] ①(透明) 투명하다 トゥミョンハダ ②(声などが澄んでいる) 맑다 マクタ

すきま [透き間・隙間] 빈틈 ピーントゥム;틈새기 トゥムセギ

スキャンダル [scandal] 스캔들 スケンドゥル;추문 チュムン

スキューバダイビング [scuba diving] 스쿠버 다이빙 スクーボ ダイビン

すぎる [過ぎる] ①(通過する) 지나가다 チナガダ;통과하다 トング

ワハダ 例降りる駅を過ぎてしまいました。내릴 역을 지나가 버렸어요. ネリル リョグル チナガ ボリョッソヨ ②(時間やある期間が経過する) 지나다 チナダ;경과하다 キョングヮハダ 例もう1年も過ぎましたね。벌써 1(일)년이나 지났네요. ポルッソ イルリョニナ チナンネヨ ③(過分である) 과분하다 クヮブナダ;분에 넘치다 プネ ノームチダ 例私には過ぎたポストです。저에게는 과분한 자리예요. チョエゲヌン クヮブナン ジャリエヨ ④(程度を超える) 지나치다 チナチダ 例何でも度を過ぎてはいけません。뭐든지 정도가 지나치면 안 돼요. ムォードゥンジ チョンドガ チナチミョン アン ドゥェヨ ⑤(…に過ぎない) …에 불과하다 エ プルグヮハダ 例それは始まりに過ぎません。그건 시작에 불과해요. クゴン シージャゲ プルグヮヘヨ

-すぎる [-過ぎる] 지나치게 チナチゲ;너무 ノム 例食べ過ぎてお腹が痛いです。너무 많이 먹어서 배가 아파요. ノム マーニ モゴソ ペガ アパヨ

すく [空く] ①비다 ピーダ ②(腹が) 고프다 ペゴプダ

すぐ [直ぐ] ①(即刻) 곧 コッ;즉시 チュクシ;금방 クムバン 例すぐに戻るのでちょっとだけ待っててください。곧 돌아올 테니까 조금만 기다려 주세요. コッ トラオル テニッカ チョグムマン キダリョ ジュセヨ ②(間もなく) 곧 コッ;금방 クムバン;머지않아 モジアナ 例すぐ出発しますか。곧 출발하나요? コッ チュルバラナヨ ③(近くに) 바로 パロ;아주 가까이 アジュ カッカイ 例コンビニはホテルのすぐ前にあります。편의점은 호텔 바로 앞에 있어요. ピョニジョムン ホテル パロ アペ イッソヨ ④(簡単に・容易に) 쉽게 シューィプケ;곧잘 コッチャル 例地下鉄の乗り方はすぐわかりました。지하철 타는 방법은 금방 알았어요. チハチョル タヌン バンボブン クムバン アラッソヨ

すくう [救う] 구하다 クーハダ;구제하다 クージェハダ

すくう [掬う] 건지다 コンジダ

すくない [少ない] 적다 チョークタ 例日本人の少ない所を案内してください。일본 사람이 적은 곳을 안내해 주세요. イルボン サーラミ チョーグン ゴスル アーンネヘ ジュセヨ

すくなくとも [少なくとも] 적어도 チョーゴド 例少なくとも自己紹介はできます。적어도 자기소개는 할 수 있어요. チョーゴド チャギソゲヌン ハル ス イッソヨ

スクリーン [screen] 스크린 スクリン

すぐれる [優れる・勝れる] 뛰어나다 ットゥィオナダ;우수하다 ウスハダ;훌륭하다 フルリュンハダ 例すぐれた技術力 뛰어난 기술력 ットゥィオナン キスルリョク

ずけい [図形] 도형 トヒョン

スケート [skate] 스케이트 スケイトゥ ❖~する 스케이트를 타다 スケイトゥルル タダ;스케이팅하다 ス

すけーる

ケイティンハダ 関アイススケート アイス スケイトゥ アイス スケイトゥ / スピードスケート スピドゥ スケイトゥ / フィギュアスケート ピギョ スケイトゥ / ローラースケート ローラ スケイトゥ

スケール [scale] 스케일 スケイル

スケジュール [schedule] 스케줄 スケジュル

スケッチ [sketch] 스케치 スケチ

すけとうだら [介党鱈] 명태 ミョンテ

すける [透ける] 들여다보이다 トゥリョダボイダ;비치다 ピチダ

スコア [score] 스코어 スコオ

すごい [凄い] ①(恐ろしい) 무섭다 ムソプタ;무시무시하다 ムシムシハダ 例そんなにすごい目で見ないでください。그렇게 무서운 눈으로 보지 마세요. クロッケ ムソウン ヌヌロ ポジ マーセヨ ②(すばらしい) 굉장하다 クェンジャンハダ;대단하다 テーダナダ 例お母さんがすごい美人ですね。어머님이 굉장한 미인이시네요. オモニミ クェンジャンハン ミーイニシネヨ ③(程度が甚だしい) 대단히 テーダニ;무척 ムチョク 例すごい寒い天気が続いています。대단히 추운 날씨가 계속되고 있어요. テーダニ チュウン ナルッシガ ケーソクトウェゴ イッソヨ

すこし [少し] 조금 チョグム;좀 チョム;약간 ヤクカン 例韓国語は少しわかります。한국말은 조금 알아요. ハーングンマルン チョグム アラヨ

すこしも [少しも] ①조금도 チョグムド ②(まったく) 전혀 チョニョ 例少しもためらう必要はありません。조금도 망설일 필요 없어요. チョグムド マンソリル ピリョ オープソヨ

すごす [過ごす] 보내다 ポネダ;지내다 チーネダ 例休暇はどのように過ごしましたか。휴가는 어떻게 보내셨어요? ヒュガヌン オットッケ ポネショッソヨ / これまで, どのようにお過ごしでしたか。그간 어떻게 지내셨는지요? クガン オットッケ チーネションヌンジヨ

すこやか [健やか] ❖~だ 건강하다 コーンガンハダ;건전하다 コーンジョナダ

すさまじい [凄まじい] ①(甚だしい) 굉장하다 クェンジャンハダ;어마어마하다 オマオマハダ;엄청나다 オムチョンナダ ②(恐ろしい) 무섭다 ムソプタ;무시무시하다 ムシムシハダ

すし [鮨・寿司] 초밥 チョバプ

すじ [筋] ①(筋肉や腱) 힘줄 ヒムチュル;근육 クニュク ②(線) 선 ソン ③(物語などの粗筋) 줄거리 チュルゴリ ④(手相) 금 クム ⑤(道理) 조리 チョリ;도리 トーリ ⑥《助数詞》가닥 カダク;줄기 チュルギ

すじみち [筋道] 조리 チョリ;도리 トーリ

すず [鈴] 방울 パンウル

すすき [芒] 참억새 チャモクセ

すすぐ [漱ぐ] 가시다 カシダ

すすぐ [濯ぐ] ①(洗い物を) 헹구다 ヘングダ ②(汚名などを) 씻다

ッシッタ
すずしい [涼しい] ①(気温が低い) 시원하다 シウォナダ; 선선하다 ソンソナダ 例涼しい風に当たりたいです。시원한 바람을 쐬고 싶어요. シウォナン パラムル ッスェゴ シポヨ ②(表情などがさわやかな様子) 시원스럽다 シウォンスロプタ

すすむ [進む] ①(前進する) 나아가다 ナアガタ; 가다 カダ; 전진하다 チョンジナダ 例デモの行列が市庁前に向けて進んでいます。시위 행렬이 시청 앞을 향해 전진하고 있어요. シーウィ ヘンニョリ シーチョン アプル ヒャーンヘ チョンジナゴ イッソヨ ②(物事が進行する) 진척되다 チンチョクトゥェダ; 진행되다 チネンドゥェダ 例工事が大分進みましたね。공사가 많이 진척됐군요. コンサガ マーニ チンチョクトゥェックンニョ ③(進学・進出する) 진학하다 チーナカダ; 진출하다 チーンチュラダ 例来年から韓国の大学に進むことになりました。내년부터 한국의 대학교에 진학하게 됐어요. ネニョンブト ハーングゲ テーハクキョエ チーナカゲ ドゥェッソヨ ④(積極的にする) 例進んで仕事も上手にできる後輩です。자진해서 일도 잘하는 후배예요. チャジネソ イールド チャラヌン フーベエヨ

すずめ [雀] 참새 チャムセ

すすめる [進める] ①(物事を進行させる) 진행시키다 チーネンシキダ; 진척시키다 チンチョクシキダ 例学生交流を進めています。학생 교류를 진행시키고 있어요. ハクセン キョリュルル チーネンシキゴ イッソヨ ②(前進させる) 앞으로 가게 하다 アプロ カゲ ハダ; 전진시키다 チョンジンシキダ

すすめる [勧める] ①(勧誘・勧奨) 권하다 クォーナダ; 권장하다 クォンジャンハダ 例いい本があったら勧めてください。좋은 책이 있으면 권해 주세요. チョーウン チェギ イッスミョン クォーネ ジュセヨ ②(奨励) 장려하다 チャンニョハダ

すすめる [薦める] 추천하다 チュチョナダ

すずり [硯] 벼루 ピョル

すすりなく [啜り泣く] 흐느끼다 フヌッキダ; 흐느껴 울다 フヌッキョ ウールダ

すそ [裾] ①(衣服の) 옷자락 オッチャラク ②(山の) 기슭 キスク

スター [star] 스타 スタ

スタート [start] 스타트 スタトゥ

スタイリスト [stylist] 스타일리스트 スタイルリストゥ

スタイル [style] 스타일 スタイル

スタジアム [stadium] 스타디움 スタディウム

スタジオ [studio] 스튜디오 スティューディオ

スタッフ [staff] 스태프 ステプ

すたれる [廃れる] ①(用途がなくなる) 쓸모없이 되다 ッスルモオプケ ドゥェダ ②(流行が過ぎる) 한물가다 ハンムルガダ ③(衰退する) 쇠퇴하다 スェトゥェハダ

スタンプ [stamp] 스탬프 ステムプ

スチーム [steam] 스팀 スティム

スチール [steel] 스틸 スティル 関 ステンレススチール 스테인리스 스틸 ステインリス スティル

ずつ [宛] 씩 ッシク 例 1人1つずつです。 한 사람 한 개씩이에요. ハン サーラム ハン ゲッシギエヨ

ずつう [頭痛] 두통 トゥトン 例 頭痛がひどいですが、頭痛薬ありますか。 두통이 심한데 두통약 있어요? トゥトンイ シーマンデ トゥトンニャク イッソヨ

すっかり ①(完全に) 완전히 ワンジョニ 例 今は韓国語をすっかり忘れました。 지금은 한국어를 완전히 잊어버렸어요. チグムン ハーングゴルル ワンジョニ イジョボリョッソヨ ②(まったく) 까맣게 ッカマッケ 例 約束をすっかり忘れていました。 약속을 까맣게 잊고 있었어요. ヤクソグル ッカマッケ イッコ イッソッソヨ ③(とても) 매우 メウ;아주 アジュ 例 すっかりお世話になってしまいました。 매우 신세를 졌습니다. メウ シンセルル チョッスムニダ

ずっと ①(程度が甚だしい) 훨씬 フォルッシン 例 日本より韓国の方がずっと寒いです。 일본보다 한국이 훨씬 추워요. イルボンボダ ハーングギ フォルッシン チュウォヨ ②(時間的に差がある) 아주 アジュ;훨씬 フォルッシン 例 ずっと昔のことなのにまだ覚えてますか。 아주 옛날 일인데 아직도 기억하세요? アジュ イェーンナル リーリンデ アジクト キオカセヨ ③(ずっと前) 오래전 オレジョン 例 ずっと前から是非とも来てみたかったです。 오래전부터 꼭 한번 와 보고 싶었어요. オレジョンブト ッコッコク ハンボン ワ ボゴ シポッソヨ ④(長い間継続して) 오랫동안 オレットンアン;줄곧 チュルゴッ 例 ここでずっと待っていました。 여기서 오랫동안 기다렸어요. ヨギソ オレットンアン キダリョッソヨ ⑤(遠くに) 멀리 モーリ 例 ここからはずっと離れています。 여기서는 멀리 떨어져 있어요. ヨギソヌン モーリ ットロジョ イッソヨ ⑥(まっすぐ行く) 곧장 コッチャン 例 この道をずっと行けば地下鉄駅に出ますか。 이 길을 곧장 가면 지하철역이 나오나요? イ キルル コッチャン カミョン チハチョルリョギ ナオナヨ

すっぱい [酸っぱい] 시다 シダ;시큼하다 シクマダ

すで [素手] 맨손 メンソン

ステーキ [steak] 스테이크 ステイク

ステージ [stage] 스테이지 ステイジ

すてき [素敵] ❖~だ 멋지다 モッチダ 例 私の父はとても素敵な人です。 우리 아버지는 아주 멋진 분이세요. ウリ アボジヌン アジュ モッチン ブニセヨ

ステッカー [sticker] 스티커 スティコ

ステップ [step] 스텝 ステプ

すでに [既に] 이미 イーミ;벌써 ポルッソ

すてる [捨てる] ①(処分する) 버리다 ポリダ;처분하다 チョーブナダ 例 燃えないゴミはどこに捨て

버려요? アン タヌン ッスレギヌン オディエ ポリョヨ ②(放棄する) 버리다 ポリダ;포기하다 ポーギハダ 例絶対に希望を捨てないでください。절대로 희망을 버리지 마세요. チョルテロ ヒマンウル ポリジ マーセヨ

ステンドグラス [stained glass] 스테인드글라스 ステインドゥグルラス

スト [←strike] 파업 パーオプ

ストーブ [stove] 스토브 ストブ;난로 ナールロ

ストッキング [stocking] 스타킹 スタキン

ストップ [stop] 스톱 ストプ 関ノンストップ 논스톱 ノンストプ

ストライク [strike] 스트라이크 ストゥライク

ストレス [stress] 스트레스 ストゥレス 関ストレス解消 스트레스 해소 ストゥレス ヘーソ

すな [砂] 모래 モレ

すなお [素直] ❖~だ 순진하다 スンジナダ;솔직하다 ソルチカダ ❖~に 순순히 スンスニ

スナック [snack] 스낵 スネク

すなわち [即ち] 즉 チュク;곧 コッ

すね [脛] 정강이 チョンガンイ

すねる [拗ねる] 비뚤어지다 ピットゥロジダ;토라지다 トラジダ;삐치다 ッピチダ

ずのう [頭脳] 두뇌 トゥヌェ

すのもの [酢の物] 초무침 チョムチム

スパイ [spy] 스파이 スパイ;간첩 カーンチョプ

スパゲッティ [spaghetti] 스파게티 スパゲティ

すはだ [素肌] 맨살 メンサル;살갗 サルカッ

ずばぬける [ずば抜ける] 빼어나다 ッペオナダ;뛰어나다 ットゥィオナダ

すばやい [素早い] 재빠르다 チェッパルダ;민첩하다 ミンチョパダ

すばらしい [素晴らしい] ①(優れている) 훌륭하다 フルリュンハダ 例料理の腕がとてもすばらしいです。요리 솜씨가 너무 훌륭해요. ヨリ ソムッシガ ノム フルリュンヘヨ ②(程度が甚だしい) 굉장하다 クェンジャンハダ;대단하다 テーダナダ 例そのドラマは主婦にすばらしい人気でした。그 드라마는 주부들에게 굉장한 인기였어요. クトゥラマヌン チュブドゥレゲ クェンジャンハン インッキヨッソヨ

スピーチ [speech] 스피치 スピチ

スピード [speed] 스피드 スピドゥ;속도 ソクト 関スピード違反 속도 위반 ソクト ウィバン

ずひょう [図表] 도표 トピョ

スプーン [spoon] 스푼 スプン;숟가락 スッカラク

すぶた [酢豚] 탕수육 タンスユク

ずぶとい [図太い] 배짱 좋다 ペッチャン チョーッタ;넉살 좋다 ノクサル チョーッタ;유들유들하다 ユドゥリュドゥラダ

ずぶぬれ [ずぶ濡れ] ❖~になる 흠뻑 젖다 フムッポク チョッタ

すべすべ ❖~だ ①(皮膚などが) 매끈매끈하다 メックンメックナダ ②(物の表面が) 반들반들하다 パンドゥルバンドゥラダ

すべて

すべて [総て・全て] ①(全部) 모두 モドゥ;다 ター;전부 チョンブ;모조리 モジョリ;통틀어 トントゥロ 例 仕事はすべて終わりましたか。일은 모두 끝났어요? イールン モドゥ ックンナッソヨ ②(おしなべて) 대체로 テーチェロ;일반적으로 イルバンジョグロ 例 すべて思う通りいくことがないですね。 대체로 생각대로 되는 일이 없네요. テーチェロ センガクテロ トウェヌン ニーリ オームネヨ ③(一切・ことごとく) 전부 チョンブ;일체 イルチェ;모든 것 モードゥン ゴッ 例 彼のすべてが好きです。 그의 모든 것이 좋아요. クエ モードゥン ゴシ チョーアヨ

すべらす [滑らす] ①미끄러뜨리다 ミックロットゥリダ ②(口を) 잘못 놀리다 チャルモン ノルリダ

すべる [滑る] ①미끄러지다 ミックロジダ 例 凍りついた道で滑りました。빙판길에서 미끄러졌어요. ピンパンッキレソ ミックロジョッソヨ ②(スキー・スケートで) 타다 タダ ③(試験に落ちる) 떨어지다 ットロジダ ④(口が) 입을 잘못 놀리다 イブル チャルモン ノルリダ

スポーツ [sports] 스포츠 スポチュ

すぼめる [窄める] ①(小さく縮める) 오므리다 オムリダ;움츠리다 ウムチュリダ ②(傘などを畳む) 접다 チョプタ

ズボン [jupon] 바지 パジ 関 長ズボン 긴 바지 キーン バジ / 半ズボン 반바지 パーンバジ

スマート [smart] ❖〜だ ①(洗練されている) 스마트하다 スマトゥハダ;말쑥하다 マルスッカダ;세련되다 セーリョンドウェダ ②(ほっそりしている) 날씬하다 ナルッシナダ

すます [済ます] ①(終わらせる) 끝내다 ックンネダ;마치다 マチダ ②(完了させる) 완료하다 ワルリョハダ 例 掃除を済ましたら気分がいいです。청소를 마치니까 기분이 좋아요. チョンソルル マチニッカ キブニ チョーアヨ ③(他のもので間に合わせる) 때우다 ッテウダ 例 朝食は牛乳1杯で済ませました。아침은 우유 한 잔으로 때웠어요. アチムン ウユ ハン ジャヌロ ッテウォッソヨ ④(解決する) 해결하다 ヘーギョラダ ⑤(看過する) 넘기다 ノムギダ 例 ただ笑って済ましてください。그냥 웃고 넘기세요. クニャン ウッコ ノムギセヨ

すます [澄ます・清ます] ①(耳を) 기울이다 キウリダ ②(態度を) 새침하다 セチマダ;점잔을 빼다 チョムジャヌル ッペダ

スマッシュ [smash] 스매시 スメシ

すみ [炭] 숯 スッ 関 炭火焼き(料理) 숯불 구이 スップル グイ

すみ [墨] 먹 モク

すみ [隅・角] ①(角) 모퉁이 モトゥンイ;귀퉁이 クィトゥンイ ②(中央から外れた所) 구석 クソク

すみません [済みません] ①미안합니다 ミアナムニダ ②(申し訳ありません) 죄송합니다 チュエーソンハムニダ《미안합니다よりも丁寧な表現で, 主に目上の人に対して用いる》③(呼び掛け) 미안합니다만 ミアナムニダマン;죄송합니

다만 チュエーソンハムニダマン 例 すみませんが, ちょっと道をお尋ねします。죄송합니다만, 길 좀 묻겠습니다. チュエーソンハムニダマン キル チョム ムッケッスムニダ

すみやか [速やか] ❖~な 신속한 シンソカン;빠른 ッパルン ❖~に 신속히 シンソキ;재빨리 チェッパルリ

すみれ [菫] 제비꽃 チェービッコッ

すむ [住む・棲む] 살다 サールダ 例 どこに住んでいますか。어디에 살아요? オディエ サラヨ

すむ [済む] ①(終わる) 끝나다 ックンナダ 例 すべて済んだことだから忘れてください。다 끝난 일이니까 잊어버리세요. ター ックンナン ニーリニッカ イジョボリセヨ ②(完了する) 완료되다 ワルリョドゥエダ ③(解決する) 해결되다 ヘーギョルドゥエダ;결말이 나다 キョルマリ ナダ 例 簡単に済む問題ではありません。간단히 해결될 문제가 아니에요. カンダニ ヘーギョルドゥエル ムーンジェガ アニエヨ ④(満足する・気がすむ) 만족하다 マンジョカダ;마음이 풀리다 マウミ プルリダ 例 気が済むまでおしゃべりをしました。마음이 풀릴 때까지 수다를 떨었어요. アウミ プルリル ッテッカジ スーダルル ットロッソヨ ⑤(足りる・間に合う) 족하다 チョカダ 例 電話1本で済みます。전화 한 통이면 족해요. チョーヌヮ ハン トンイミョン チョケヨ

スムーズ [smooth] 스무스 スムス ❖~だ 스무스하다 スムスハダ;순조롭다 スーンジョロプタ

すもう [相撲] 씨름 ッシルム 関 腕相撲 팔씨름 パルシルム

スモッグ [smog] 스모그 スモグ

すもも [李] ①(果実) 자두 チャドゥ ②(樹木) 자두나무 チャドゥナム

すやき [素焼き] 설구이 ソルグイ

すやすや 새근새근 セグンセグン

すら 조차 チョチャ 例 子供ですら皆知っている事実です。어린아이조차 다 아는 사실이에요. オリナイ ジョチャ ター アーヌン サーシリエヨ

スライド [slide] 슬라이드 スルライドゥ

すらすら 술술 スールスル;척척 チョクチョク

スランプ [slump] 슬럼프 スルロムプ

すり [掏摸] 소매치기 ソメチギ

すりガラス [磨りガラス] 젖빛 유리 チョッピン ニュリ

すりきず [擦り傷] 찰과상 チャルグヮサン

すりきれる [擦り切れる] 닳아서 해지다 タラソ ヘジダ

スリッパ [slippers] 슬리퍼 スルリポ

スリップ [slip] 미끄러짐 ミックロジム ❖~する 슬립하다 スルリパダ;미끄러지다 ミックロジダ

スリル [thrill] 스릴 スリル

する [擦る] ①(こする) 문지르다 ムンジルダ;비비다 ピビダ ②(マッチを) 긋다 クッタ ③(墨や大根をする) 갈다 カールダ ④(芋などをすりつぶす) 으깨다 ウッケダ

する [為る] ①(行う) 하다 ハダ 例

ずるい

私が後で電話をします。제가 나중에 전화를 하겠습니다. チェガ ナージュンエ チョーヌヮルル ハゲッスムニダ ②(…しようとする《動詞の語幹+-(으)려고 하다》の形で)例 免税店でお土産を買おうとしています。면세점에서 선물을 사려고 해요. ミョーンセジョメソ ソーンムルル サリョゴ ヘヨ ③(…することにする《動詞の語幹+-기로 하다》の形で)例 毎日日記を書くことにしました。매일 일기를 쓰기로 했어요. メーイル イルギルル ッスギロ ヘッソヨ ④(…するために《動詞の語幹+-기 위하다》の形で)例 板門店に行くために予約をしました。판문점에 가기 위해서 예약을 했어요. パンムンジョメ カギ ウィヘソ イェーヤグル ヘッソヨ ⑤(…する前に《動詞の語幹+-기 전에》の形で)例 帰る前にぜひ行ってみたい所があります。돌아가기 전에 꼭 가 보고 싶은 곳이 있어요. トラガギ ジョネ ッコック カ ボゴ シプン ゴシ イッソヨ ⑥(音やにおい・味などが感じられる)나다 ナダ;들다 トゥルダ 例 外で何か音がしませんでしたか。밖에서 무슨 소리가 나지 않았어요? パッケソ ムスン ソリガ ナジ アナッソヨ / 色々な味がしますね。여러 가지 맛이 나네요. ヨロ ガジ マシ ナネヨ / いつも一緒にいる気がします。늘 같이 있는 기분이 들어요. ヌル カチ インヌン キブニ トゥロヨ

ずるい [狡い] 꾀바르다 ックェバルダ;교활하다 キョーフヮルダ

ずるがしこい [狡賢い] 약삭빠르다 ヤクサクッパルダ;교활하다 キョーフヮラダ

ずるずる ①(物を引きずる様子) 질질 チルジル ②(鼻水をすする様子) 훌쩍훌쩍 フルッチョクルッチョク ③(期限などを引き延ばす様子) 질질 チルジル

すると ①(そうすると) 그러자 クロジャ ②(それならば) 그러면 クロミョン

するどい [鋭い] ①(刃物が) 날카롭다 ナルカロプタ ②(頭脳や感覚が) 날카롭다 ナルカロプタ ③(鋭利だ) 예리하다 イェーリハダ ④(鋭敏だ) 예민하다 イェーミナダ ⑤(激しい・厳しい) 날카롭다 ナルカロプタ

するめ [鯣] 마른 오징어 マルン オジンオ;건오징어 コノジンオ

ずるやすみ [ずる休み] ❖~する 꾀부려 쉬다 ックェブリョ シュィーダ

ずれ 차이 チャイ

すれすれ ❖~に (今にも触れそうに) 아슬아슬하게 アスラスラゲ ❖~で (かろうじて) 아슬아슬하게 アスラスラゲ;겨우 キョウ

すれちがう [擦れ違う] ①(行き違い) 스쳐 지나가다 スチョ チナガダ;마주 지나가다 マジュ チナガダ ②(合致しない) 엇갈리다 オッカルリダ

ずれる 빗나가다 ピンナガダ;어긋나다 オグンナダ

スロー [slow] 슬로 スルロ

スローガン [slogan] 슬로건 スルローゴン;표어 ピョオ;구호 クーホ

すわる [座る・坐る] 앉다 アンタ こちらにお座りください。이리로 앉으세요. イリロ アンジュセヨ / ここにちょっと座ってもいいでしょうか。여기에 잠깐 앉아도 될까요? ヨギエ チャムッカン アンジャド ドゥエルッカヨ

すんぜん [寸前] 직전 チクチョン; 바로 전 パロ ジョン

すんなり (容易に) 술술 スールスル; 척척 チョクチョク; 수월하게 スウォラゲ ❖~した (しなやかな様子) 날씬한 ナルッシナン

すんぴょう [寸評] 촌평 チョーンピョン

すんぽう [寸法] 치수 チス

せ

せ [背] ①(背中) 등 トゥン; 등허리 トゥンホリ ②(背丈) 키 キ 例背が大分伸びましたね。키가 많이 자랐네요. キガ マーニ チャラルンネヨ ③(身長) 신장 シンジャン ④(背景) 뒤 トゥィー; 배경 ペーギョン

せい [生] 생 セン; 삶 サーム; 인생 インセン

せい [姓] 성 ソン; 성씨 ソンッシ

せい [性] 성 ソン 関性別 성별 ソンビョル

せい [所為] 탓 タッ; 때문 ッテムン 例自分のミスを誰かのせいにしてはいけません。자기의 잘못을 남의 탓으로 돌리면 안 돼요. チャギエ チャルモスル ナメ タスロ トルリミョン アン ドゥェヨ / 試験のせいで遊びに行くことができません。시험 때문에 놀러 갈 수 없어요. シホム ッテムネ ノルロ カル ス オープソヨ

ぜい [税] 세 セー; 세금 セーグム

せいい [誠意] 성의 ソンイ

せいいっぱい [精一杯] ①(力の限り) 힘껏 ヒムッコッ; 한껏 ハーンッコッ 例我がチームの優勝のために精いっぱい走りました。우리 팀의 우승을 위해 힘껏 달렸어요. ウリ ティメ ウスンウル ウィヘ ヒムッコッ タルリョッソヨ ②(せいぜい) 고작 コジャク 例週末に映画1本観るのが精いっぱいです。주말에 영화 한 편 보는 게 고작이에요. チュマレ ヨンファ ハン ピョン ポヌン ゲ コジャギエヨ

せいえん [声援] 성원 ソンウォン ❖~する 성원하다 ソンウォナダ

せいおう [西欧] 서구 ソグ

せいか [成果] 성과 ソンックワ

せいかい [正解] 정답 チョーンダプ

せいかい [政界] 정계 チョンゲ

せいかく [正確] 정확 チョーンフヮク ❖~だ 정확하다 チョーンフヮカダ 例現地の正確な情報が欲しいです。현지의 정확한 정보를 알고 싶어요. ヒョンジエ チョーンフヮカン チョンボルル アールゴ シポヨ

せいかく [性格] 성격 ソーンッキョク

せいがく [声楽] 성악 ソンアク

せいがだい [青瓦台] 청와대 チョンワデ 《韓国の大統領府》

せいかつ [生活] 생활 センフヮル ❖~する 생활하다 センフヮラダ 例外国で生活するのに不便な点はありませんか。외국에서 생활하

ぜいかん

는데 불편한 점은 없으세요? ウェーグゲソ センフワランヌンデ プルピョナン ジョムン オープスセヨ 関家庭生活 가정생활 カジョンセンフワル / 社会生活 사회생활 サフェセンフワル

ぜいかん [税関] 세관 セーグワン 関税関申告書 세관 신고서 セーグワン シンゴソ / 税関手続き 세관 수속 セーグワン スソク

せいき [世紀] 세기 セーギ

せいぎ [正義] 정의 チョーンイ

せいきゅう [請求] 청구 チョング ❖~する 청구하다 チョングハダ 例手当は請求して初めてもらえますよ。 수당은 청구해야 받을 수 있어요. スダヌン チョングヘヤ パドゥル ス イッソヨ 関請求額 청구액 チョングエク

せいきょう [盛況] 성황 ソーンフワン

せいきょく [政局] 정국 チョングク

ぜいきん [税金] 세금 セーグム 関税金滞納 세금 체납 セーグム チェナプ

せいけい [生計] 생계 センゲ

せいけい [整形] 정형 チョンヒョン ❖~する 정형하다 チョンヒョンハダ;성형하다 ソンヒョンハダ《美容整形を指す場合は성형하다を用いる》関整形外科 정형외과 チョーンヒョンウェックワ / 形成外科 성형외과 ソンヒョンウェックワ

せいけつ [清潔] ❖~だ 청결하다 チョンギョラダ;깨끗하다 ッケックタダ 例清潔な公園を造るために皆で頑張りましょう。 청결한 공원을 만들기 위해 모두 노력합시다. チョンギョラン ゴンウォヌル マンドゥルギ ウィヘ モドゥ ノリョカプシダ

せいけん [政見] 정견 チョンギョン 関政見放送 정견 방송 チョンギョン パーンソン

せいけん [政権] 정권 チョンックォン

せいげん [制限] 제한 チェーハン ❖~する 제한하다 チェーハナダ 例携帯電話を制限する学校が増えています。 휴대 전화를 제한하는 학교가 늘고 있어요. ヒュデ チョーヌワルル チェーハナヌン ハクキョガ ヌルゴ イッソヨ ❖~される 제한되다 チェーハンドゥェダ 関制限時間 제한 시간 チェーハン シガン

せいこう [成功] 성공 ソンゴン ❖~する 성공하다 ソンゴンハダ 例失敗は成功の母(失敗は成功のもと)という諺があります。 실패는 성공의 어머니라는 속담이 있어요. シルペヌン ソンゴンエ オモニラヌン ソクタミ イッソヨ

せいこう [精巧] ❖~だ 정교하다 チョンギョハダ

せいさい [制裁] 제재 チェージェ ❖~する 제재하다 チェージェハダ

せいさく [政策] 정책 チョンチェク

せいさく [制作・製作] 제작 チェージャク ❖~する 제작하다 チェージャカダ ❖~される 제작되다 チェージャクトゥェダ 関製作発表会 제작 발표회 チェージャク パルピョフェ / 共同制作 공동 제작 コーンドン チェージャク

せいさん [生産] 생산 センサン ❖ ～する 생산하다 センサナダ 関 生産高 생산고 センサンゴ / 生産地 생산지 センサンジ / 生産品 생산품 センサンプム / 大量生産 대량 생산 テーリャン センサン

せいさん [清算] 청산 チョンサン ❖ ～する 청산하다 チョンサナダ 例 借金を清算して新しい生活を始めることにしました。빚을 청산하고 새로운 삶을 시작하기로 했어요. ピジュル チョンサナゴ セロウン サールムル シージャカギロ ヘッソヨ

せいさん [精算] 정산 チョンサン ❖ ～する 정산하다 チョンサナダ 例 差額は後で精算すればいいです。차액은 나중에 정산하면 돼요. チャエグン ナージュンエ チョンサナミョン ドゥエヨ

せいじ [政治] 정치 チョンチ 関 政治運動 정치 운동 チョンチ ウーンドン / 政治家 정치가 チョンチガ / 政治献金 정치 헌금 チョンチ ホーングム / 政治資金 정치 자금 チョンチ チャグム / 議会政治 의회 정치 ウイフェ チョンチ

せいしつ [性質] 성질 ソーンジル

せいじつ [誠実] 성실 ソンシル ❖ ～だ 성실하다 ソンシラダ 例 彼の誠実な態度は皆の鑑となる。그의 성실한 태도는 모든 이의 귀감이 된다. クエ ソンシラン テードヌン モードゥン イエ クィガミ トゥェンダ ❖ ～に 성실하게 ソンシラゲ

せいしゃいん [正社員] 정사원 チョーンサウォン

せいしゅ [清酒] 청주 チョンジュ; 맑은 술 マルグン スル

せいしゅく [静粛] ❖ ～だ 정숙하다 チョーンスカダ

せいじゅく [成熟] 성숙 ソンスク ❖ ～する 성숙하다 ソンスカダ 関 成熟期 성숙기 ソンスクキ

せいしゅん [青春] 청춘 チョンチュン

せいしょ [聖書] 성서 ソーンソ; 성경 ソーンギョン 関 旧約聖書 구약성서 クヤク ソーンソ / 新約聖書 신약 성서 シニャク ソーンソ

せいじょう [正常] 정상 チョーンサン ❖ ～だ 정상이다 チョーンサンイダ ❖ ～に 정상적으로 チョーンサンジョグロ

せいしょうねん [青少年] 청소년 チョンソニョン 関 청소년 교육 チョンソニョン キョーユク / 青少年犯罪 청소년 범죄 チョンソニョン ポームジュェ

せいしん [精神] 정신 チョンシン ❖ ～的な 정신적인 チョンシンジョギン ❖ ～的に 정신적으로 チョンシンジョグロ 例 健全な肉体に健全な精神が宿る。건전한 육체에 건전한 정신이 깃든다. コーンジョナン ユクチェエ コーンジョナン チョンシニ キットゥンダ

せいじん [成人] 성인 ソンイン ❖ ～する 성인이 되다 ソンイニ トゥェダ; 어른이 되다 オールニ トゥェダ

せいぜい [精精] ①（精いっぱい・できるかぎり）힘껏 ヒムッコッ; 열심히 ヨルシミ; 가능한 한 カーヌンハン ハーン ②（たかだか）기껏해야 キーッコテヤ; 겨우 キョウ; 고

せいせいどうどう

작 コジャク

せいせいどうどう [正正堂堂] 정정당당 チョーンジョンダンダン ❖~としている 정정당당하다 チョーンジョンダンダンハダ ❖~と 정정당당하게 チョーンジョンダンダンハゲ 例 正々堂々と戦って勝ちます。정정당당하게 싸워서 이기겠습니다. チョーンジョンダンダンハゲ ッサウォソ イギゲッスムニダ

せいせき [成績] 성적 ソンジョク 例 一生懸命勉強したら成績がかなり上がりました。열심히 공부했더니 성적이 많이 올랐어요. ヨルシミ コンブヘットニ ソンジョギ マーニ オルラッソヨ

せいせん [生鮮] 신선 シンソン; 싱싱함 シンシンハム 関 生鮮食品 신선한 식품 シンソナン シクプム

せいぜん [生前] 생전 センジョン

せいぜん [整然] ❖~としている 질서 정연하다 チルソ ジョンヨナダ ❖~と 질서 정연하게 チルソ ジョンヨナゲ

せいそう [清掃] 청소 チョンソ ❖~する 청소하다 チョンソハダ

せいぞう [製造] 제조 チェージョ ❖~する 제조하다 チェージョハダ 関 製造業 제조업 チェージョオプ / 製造年月日 제조 연월일 チェージョ ヨヌォリル / 製造元 제조원 チェージョウォン

せいぞん [生存] 생존 センジョン ❖~する 생존하다 センジョナダ 関 生存競争 생존 경쟁 センジョン キョーンジェン / 生存者 생존자 センジョンジャ / 生存率 생존율 センジョンニュル

せいたい [生態] 생태 センテ 関 生態系 생태계 センテゲ

せいたい [声帯] 성대 ソンデ

せいだい [盛大] ❖~だ 성대하다 ソーンデハダ 例 私共のために盛大な歓迎会まで開いていただき、ありがとうございます。저희들을 위해 성대한 환영회까지 열어 주셔서 감사합니다. チョイドゥルル ウィヘ ソーンデハン フワニョンフェッカジ ヨロ ジュショソ カームサハムニダ

ぜいたく [贅沢] ❖~だ 사치스럽다 サチスロプタ; 사치하다 サチハダ; 호화롭다 ホフワロプタ ❖~する 사치하다 サチハダ

せいちょう [成長] 성장 ソンジャン ❖~する 성장하다 ソンジャンハダ

せいつう [精通] 정통 チョントン ❖~する 정통하다 チョントンハダ

せいてつ [製鉄] 제철 チェーチョル 関 製鉄所 제철소 チェーチョルソ

せいと [生徒] 학생 ハクセン

せいど [制度] 제도 チェード

せいど [精度] 정도 チョンド

せいとう [正当] 정당 チョーンダン ❖~だ 정당하다 チョーンダンハダ ❖~に 정당하게 チョーンダンハゲ 関 正当化 정당화 チョーンダンフワ / 正当性 정당성 チョーンダンッソン

せいとう [政党] 정당 チョンダン

せいとう [正統] 정통 チョーントン ❖~だ 정통하다 チョーントンハ

ダ 関正統性 정통성 チョーントンッソン
せいどう [聖堂] 성당 ソーンダン
せいとん [整頓] 정돈 チョーンドン ❖~する 정돈하다 チョーンドナダ 関整理整頓 정리 정돈 チョーンニ チョーンドン
ぜいにく [贅肉] 군살 クーンサル
せいねん [青年] 청년 チョンニョン
せいねん [成年] 성년 ソンニョン
せいねんがっぴ [生年月日] 생년월일 センニョヌォリル
せいのう [性能] 성능 ソーンヌン
せいはんたい [正反対] 정반대 チョーンバンデ
せいび [整備] 정비 チョーンビ ❖~する 정비하다 チョーンビハダ 関整備点検 정비 점검 チョーンビ チョムゴム
せいびょう [性病] 성병 ソーンッピョン
せいひん [製品] 제품 チェープム 関工業製品 공업 제품 コンオプ チェープム / 繊維製品 섬유 제품 ソミュ チェープム / 電気製品 전자 제품 チョーンジャ チェープム
せいふ [政府] 정부 チョンブ
せいぶ [西部] 서부 ソブ
せいふく [制服] ①제복 チェーボク ②(学生服) 교복 キョーボク
せいふく [征服] 정복 チョンボク ❖~する 정복하다 チョンボカダ 関征服者 정복자 チョンボクチャ
せいぶつ [生物] 생물 センムル
せいぶつ [静物] 정물 チョンムル 関静物画 정물화 チョンムルワ
せいぶん [成分] 성분 ソンブン 関主成分 주성분 チュソンブン

せいべつ [性別] 성별 ソーンビョル
せいほう [正方] 정방 チョーンバン 関正方形 정사각형 チョーンサガキョン
せいほう [製法] 제법 チェーポプ; 제조 방법 チェージョ パンボプ
せいみつ [精密] 정밀 チョンミル ❖~だ 정밀하다 チョンミラダ 関精密画 정밀화 チョンミルワ / 精密検査 정밀 검사 チョンミル コームサ
せいむ [政務] 정무 チョンム
ぜいむ [税務] 세무 セーム
せいめい [生命] 생명 センミョン 関生命保険 생명보험 センミョン ボーホム
せいめい [声明] 성명 ソンミョン ❖~する 성명하다 ソンミョンハダ
せいめい [姓名] 성명 ソーンミョン
せいもん [正門] 정문 チョーンムン
せいやく [制約] 제약 チェーヤク 例旅行に行きたくても制約が多すぎます。여행을 다니고 싶어도 제약이 너무 많아요. ヨヘンウル タニゴ シポド チェーヤギ ノム マーナヨ ❖~する 제약하다 チェーヤカダ
せいやく [製薬] 제약 チェーヤク 関製薬会社 제약 회사 チェーヤク フェーサ
せいやく [誓約] 서약 ソーヤク ❖~する 맹세하다 メンセハダ; 서약하다 ソーヤカダ 関誓約書 서약서 ソーヤクソ
せいゆう [声優] 성우 ソンウ
せいよう [西洋] 서양 ソヤン

せいよう [静養] 정양 チョンヤン; 요양 ヨヤン ❖~する 정양하다 チョンヤンハダ; 요양하다 ヨヤンハダ

せいよく [性欲] 성욕 ソーンヨク

せいり [整理] 정리 チョーンニ 例 部屋の整理くらいは自分でしないといけません。방 정리 정도는 스스로 해야지요. パン チョーンニ ジョーンドヌン ススロ ヘヤジョ ❖~する 정리하다 チョーンニハダ 関 整理券 정리권 チョーンニックォン / 整理整頓 정리 정돈 チョーンニ チョーンドン / 交通整理 교통정리 キョトンジョンニ

せいり [生理] 생리 センニ 関 生理現象 생리 현상 センニ ヒョーンサン / 生理作用 생리 작용 センニ チャギョン

ぜいりし [税理士] 세무사 セームサ

せいりつ [成立] 성립 ソンニプ ❖~する ①(できる) 성립하다 ソンニプハダ; 성립되다 ソンニプトゥェダ; 이루어지다 イルオジダ ②(話がまとまる) 성립하다 ソンニプハダ; 성립되다 ソンニプトゥェダ

ぜいりつ [税率] 세율 セーユル

せいりょく [勢力] 세력 セーリョク 関 革新勢力 혁신 세력 ヒョクシン セーリョク / 保守勢力 보수 세력 ポース セーリョク

せいりょく [精力] 정력 チョンニョク

せいれき [西暦] 서력 ソリョク; 서기 ソギ

せいれつ [整列] 정렬 チョンニョル ❖~する 정렬하다 チョンニョラダ

セーター [sweater] 스웨터 スウェト

セール [sale] 세일 セイル 関 クリスマスセール 크리스마스 세일 クリスマス セイル / バーゲンセール 바겐세일 パゲンセイル

セールスマン [salesman] 세일즈맨 セイルジュメン

せおう [背負う] 업다 オプタ; 메다 メーダ; 짊어지다 チルモジダ; 지다 チダ

せおよぎ [背泳ぎ] 배영 ペヨン

せかい [世界] 세계 セーゲ 関 世界一 세계 일위 セーゲ イルィ / 世界遺産 세계 유산 セーゲ ユサン / 世界記録 세계 기록 セーゲ キロク

せかす [急かす] 재촉하다 チェチョカダ; 서두르게 하다 ソドゥルゲ ハダ

せがむ 조르다 チョルダ

せき [咳] 기침 キチム ❖~する 기침하다 キチマダ 関 せき止め薬 기침약 キチムニャク

せき [席] ①(座席) 좌석 チュワーソク; 자리 チャリ 例 来賓の皆様は席にお座りください。내빈께서는 모두 자리에 착석해 주시기를 바랍니다. ネビンッケソヌン モドゥ チャリエ チャクソケ ジュシギルル パラムニダ ②(場所) 자리 チャリ; 마당 マダン; 석상 ソクサン ③(地位) 자리 チャリ

せきがいせん [赤外線] 적외선 チョグェソン

せきじゅうじ [赤十字] 적십자 チョクシプチャ

せきずい [脊髄] 척수 チョクス ; 등골 トゥンコル

せきせつ [積雪] 적설 チョクソル 関 積雪量 적설량 チョクソルリャン

せきたん [石炭] 석탄 ソクタン

せきつい [脊椎] 척추 チョクチュ ; 주골 チュゴル

せきどう [赤道] 적도 チョクト

せきにん [責任] 책임 チェギム 例 自分が始めたことは最後まで責任を取らないといけませんよ。 자신이 벌인 일은 끝까지 책임을 져야지요. チャシニ ポリン ニールン ックッカジ チェギムル チョヤジヨ

せきばらい [咳払い] 헛기침 ホッキチム

せきはん [赤飯] 팥밥 パッパプ

せきゆ [石油] 석유 ソギュ 関 石油化学製品 석유 화학 제품 ソギュ フヮーハク チェープム / 石油産出国 석유 산출국 ソギュ サンチュルグク / 石油資源 석유 자원 ソギュ チャウォン

セクシー [sexy] 섹시 セクシ ❖~だ 섹시하다 セクシハダ

セクシュアル [sexual] 섹슈얼 セクシュオル 関 セクシュアルハラスメント 성희롱 ソンヒロン

せけん [世間] 세상 セーサン 例 世間を全く知らない若者です。 세상 물정을 전혀 모르는 젊은이에요. セーサン ムルチョンウル チョニョ モルヌン チョルムニエヨ

せだい [世代] 세대 セーデ

せちがらい [世知辛い] 각박하다 カクパカダ ; 살아가기 힘들다 サラガギ ヒムドゥルダ

せっかく [折角] 모처럼 モチョロム

せっかち ❖~だ 성급하다 ソーングパダ

せっきょう [説教] ①(宗教の) 설교 ソルギョ ②(小言) 잔소리 チャンソリ ❖~する ①(宗教の) 설교하다 ソルギョハダ ②(小言を言う) 잔소리하다 チャンソリハダ

せっきょく [積極] 적극 チョクグク ❖~的 적극적 チョクグクチョク ❖~的な 적극적인 チョクグクチョギン 関 積極策 적극책 チョクグクチェク / 積極性 적극성 チョクグクッソン

せっきん [接近] 접근 チョプクン ❖~する 접근하다 チョプクナダ

せっく [節句] 명절 ミョンジョル

セックス [sex] 섹스 セクス ❖~する 섹스하다 セクスハダ

せっけい [設計] 설계 ソルゲ ❖~する 설계하다 ソルゲハダ

せっけっきゅう [赤血球] 적혈구 チョキョルグ

せっけん [石鹸] 비누 ピヌ

ぜっこう [絶交] 절교 チョルギョ ❖~する 절교하다 チョルギョハダ

ぜっこう [絶好] 절호 チョロ 関 絶好調 최상의 컨디션 チュェサンエ コンディション / 絶好のチャンス 절호의 기회 チョロエ キフェ

ぜっさん [絶賛・絶讃] 절찬 チョルチャン ❖~する 절찬하다 チョルチャナダ 関 絶賛発売中 절찬 발매 중 チョルチャン パルメ ジュン

せっし [摂氏] 섭씨 ソプッシ ; 섭씨 온도 ソプッシ オンド

せつじつ [切実] 절실 チョルシル

せっしゅ

- **～だ 절실하다** チョルシラダ 例 国民たちの切実な要求を見捨てないでください。국민들의 절실한 요구를 저버리지 마십시오. クンミンドゥレ チョルシラン ヨグルル チョボリジ マーシプシオ
- **せっしゅ** [摂取] 섭취 ソプチュィ ❖**～する** 섭취하다 ソプチュィハダ
- **せっしょう** [折衝] 절충 チョルチュン ❖**～する** 절충하다 チョルチュンハダ
- **せっしょく** [接触] 접촉 チョプチョク ❖**～する** 접촉하다 チョプチョカダ 関 接触事故 접촉 사고 チョプチョク サーゴ
- **せつじょく** [雪辱] 설욕 ソリョク ❖**～する** 설욕하다 ソリョカダ 関 雪辱戦 설욕전 ソリョクチョン
- **せっする** [接する] 접하다 チョパダ 例 人とたくさん接する仕事がいいです。사람을 많이 접하는 일이 좋아요. サーラムル マーニ チョパヌン ニーリ チョーアヨ
- **せっせい** [節制] 절제 チョルチェ ❖**～する** 절제하다 チョルチェハダ
- **せっせと** 부지런히 プジロニ；열심히 ヨルシミ
- **せっせん** [接戦] 접전 チョプチョン
- **せつぞく** [接続] 접속 チョプソク ❖**～する** 접속하다 チョプソカダ
- **せったい** [接待] 접대 チョプテ ❖**～する** 대접하다 テージョパダ；접대하다 チョプテハダ 例 外国のお客さんを接待するにはどこがいいでしょうか。외국 손님들을 접대하기에는 어디가 좋을까요? ウェーグク ソンニムドゥルル チョプテハギエヌン オディガ チョーウルッカヨ
- **ぜったい** [絶対] 절대 チョルテ ❖**～に** ①절대로 チョルテロ ②(必ず) 반드시 パンドゥシ；꼭 ッコク 例 何があっても絶対に行くから待ってて。무슨 일이 있어도 꼭 갈 테니까 기다려. ムスン ニーリ イッソド ッコク カル テニッカ キダリョ ③(決して) 결코 キョルコ ❖**～的な** 절대적인 チョルテジョギン
- **ぜつだい** [絶大] ❖**～だ** 절대적이다 チョルテジョギダ；지대하다 チデハダ
- **せつだん** [切断] 절단 チョルタン ❖**～する** 절단하다 チョルタナダ
- **せっち** [設置] 설치 ソルチ ❖**～する** 설치하다 ソルチハダ ❖**～される** 설치되다 ソルチドゥェダ
- **せっちゃく** [接着] 접착 チョプチャク ❖**～する** 접착하다 チョプチャカダ 関 接着剤 접착제 チョプチャクチェ
- **せってい** [設定] 설정 ソルチョン ❖**～する** 설정하다 ソルチョンハダ
- **セット** [set] 세트 セトゥ ❖**～する** 세팅하다 セティンハダ 例 髪をセットするために来たのですが。머리를 세팅하려고 왔는데요. モリルル セティンハリョゴ ワンヌンデヨ
- **せっとう** [窃盗] 절도 チョルト
- **せっとく** [説得] 설득 ソルトゥク ❖**～する** 설득하다 ソルトゥカダ 例 どうやって説得すればいいでしょうか。어떻게 설득하면 좋을까요? オットッケ ソルトゥカミョン チョーウルッカヨ
- **せつに** [切に] 간절히 カーンジョリ

せつび [設備] 설비 ソルビ ❖~する 설비하다 ソルビハダ 関 暖房設備 난방 설비 ナーンバン ソルビ

ぜつぼう [絶望] 절망 チョルマン ❖~する 절망하다 チョルマンハダ

せつめい [説明] 설명 ソルミョン ❖~する 설명하다 ソルミョンハダ 例 もうちょっとわかりやすく説明してください。좀 더 알기 쉽게 설명해 주세요. チョム ド アールギ シュィープケ ソルミョンヘ ジュセヨ 関 説明書 설명서 ソルミョンソ

ぜつめつ [絶滅] 절멸 チョルミョル;멸종 ミョルッチョン ❖~する 절멸되다 チョルミョルドゥエダ;멸종되다 ミョルッチョンドゥエダ

せつやく [節約] 절약 チョリャク ❖~する 절약하다 チョリャカダ

せつりつ [設立] 설립 ソルリプ ❖~する 설립하다 ソルリパダ ❖~される 설립되다 ソルリプトゥエダ

せとぎわ [瀬戸際] 고비판 コビパン;고빗사위 コビッサウィ;갈림길 カルリムッキル

せともの [瀬戸物] 도자기 トジャギ

せなか [背中] 등 トゥン

せのび [背伸び] 발돋움 パルドドゥム ❖~する 발돋움하다 パルドドゥマダ

せばまる [狭まる] 좁아지다 チョバジダ;좁혀지다 チョピョジダ

せばめる [狭める] 좁히다 チョピダ

ぜひ [是非] ①(よしあし) 시비 シービ;잘잘못 チャルジャルモッ ②(必ず) 꼭 ッコク;반드시 バンドゥシ;세상없어도 セーサンオプソド

せびる 조르다 チョルダ

せびろ [背広] 신사복 シンサボク;양복 ヤンボク

せまい [狭い] 좁다 チョプタ 例 部屋は狭くても日当たりはいいです。방은 좁아도 햇볕이 잘 들어요. パヌン チョバド ヘッピョチ チャル トゥロヨ

せまる [迫る・逼る] ①다가오다 タガオダ 例 合格発表日が迫ってくるので緊張します。합격 발표 날이 다가오니까 긴장이 돼요. ハプキョク パルピョ ナリ タガオニッカ キンジャンイ トゥエ ②(強要する) 강요하다 カーンヨハダ;다그치다 タグチダ

せみ [蟬] 매미 メーミ

セミナー [seminar] 세미나 セミナ

ゼミナール [Seminar] 제미나르 チェミナル

せめて 하다못해 ハダモッテ;적어도 チョーゴド 例 せめて電話でもしてくれれば良かったじゃないですか。하다못해 전화라도 해 줬으면 좋았잖아요. ハダモッテ チョーヌヮラド ヘ ジュオッスミョン チョーアッチャナヨ

せめる [攻める] 공격하다 コーンギョカダ

せめる [責める] ①(とがめる) 꾸짖다 ックジッタ;나무라다 ナムラダ;비난하다 ピナナダ ②(催促する) 재촉하다 チェチョカダ;조르다 チョルダ ③(拷問する) 고문하

다 コムナダ
セメント [cement] 시멘트 シメントゥ
せり [芹] 미나리 ミナリ
せり [競り] 경매 キョーンメ
せりふ [台詞・科白] 대사 テサ
セルフサービス [selfservice] 셀프서비스 セルプソビス
ゼロ [zero] 제로 ジェロ
セロテープ [cellotape] 스카치테이프 スカチテイプ;셀로테이프 セルロテイプ
せろん [世論] 세론 セロン;여론 ヨーロン
せわ [世話] ①(面倒) 시중 シジュン;보살핌 ポサルピム ②(看護) 간호 カノ ③(手間) 신세 シンセ;수고 スゴ 例これまで, 大変お世話になりました。그동안 신세 많이 졌습니다. クドンアン シンセ マーニ チョッスムニダ ④(迷惑) 폐 ペー 例大変お世話をお掛けしました。폐를 많이 끼쳤습니다. ペールル マーニ ッキチョッスムニダ ❖~する ①(面倒を見る) 시중을 들다 シジュンウル トゥルダ;보살피다 ポサルピダ;돌보다 トールボダ 例兄が弟の世話をちゃんとしていますね。형이 동생을 잘 보살피네요. ヒョンイ トンセンウル チャル ポサルピネヨ ②(紹介する) 소개하다 ソゲハダ;추천하다 チュチョナダ
せわしい [忙しい] ①(いそがしい) 바쁘다 パップダ;겨를이 없다 キョリル オープタ ②(せかせかしている) 조급하다 チョグパダ;성급하다 ソングパダ

せん [千] 천 チョン 関千年 천년 チョンニョン / 千ウォン 천 원 チョヌォン / 千里 천 리 チョルリ
せん [栓] 마개 マゲ
せん [線] 선 ソン;줄기 チュルギ
ぜん [禅] ①선 ソン ②(宗教) 선종 ソンジョン
ぜん [膳] 상 サン 関食膳 밥상 パプサン
ぜん [全] 전 チョン;모든 モードゥン 関全国 전국 チョングク / 全世界 전 세계 チョン セゲ
ぜんあく [善悪] 선악 ソナク
せんい [繊維] 섬유 ソミュ 関繊維製品 섬유 제품 ソミュ チェープム / 合成繊維 합성 섬유 ハプソン ソミュ
ぜんい [善意] 선의 ソニ
ぜんいき [全域] 전역 チョニョク
ぜんいん [全員] 전원 チョヌォン
せんえつ [僭越] ❖~だ 외람되다 ウェーラムドゥェダ;주제넘다 チュジェノムタ 例僭越ながら, 私の意見は違います。외람된 말씀이지만 제 의견은 달라요. ウェーラムドゥェン マールッスミジマン チェ ウイーギョヌン タルラヨ
せんか [戦火] 전화 チョーヌヮ;병화 ピョンフヮ
せんか [戦禍] 전화 チョーヌヮ;병화 ピョンフヮ
ぜんか [前科] 전과 チョンックヮ 関前科者 전과자 チョンックヮジャ
せんかい [旋回] 선회 ソヌェ ❖~する 선회하다 ソヌェハダ
ぜんかい [前回] 전회 チョヌェ;저번 チョボン;지난번 チナンボン

ぜんかい [全壊] 전파 チョンパ ❖ ~する 전파되다 チョンパドゥェダ
ぜんかい [全快] 완쾌 ワンクェ ❖ ~する 완쾌하다 ワンクェハダ
ぜんがく [全額] 전액 チョネク 関 全額払い戻し 전액 환불 チョネク フワーンブル
せんがん [洗顔] 세안 セーアン; 세수 セース ❖~する 세안하다 セーアナダ;세수하다 セースハダ 関 洗顔クリーム 세안 크림 セーアンクリーム
せんきょ [選挙] 선거 ソーンゴ ❖ ~する 선거하다 ソーンゴハダ 関 選挙権 선거권 ソーンゴックォン / 間接選挙 간접 선거 カーンジョプ ソーンゴ / 総選挙 총선거 チョーンソンゴ / 大統領選挙 대통령 선거 テートンニョン ソーンゴ / 直接選挙 직접 선거 チクチョプ ソーンゴ
せんきょう [宣教] 선교 ソンギョ 関 宣教師 선교사 ソンギョサ
せんく [先駆] 선구 ソング 関 先駆者 선구자 ソングジャ
せんけつ [先決] 선결 ソンギョル
せんげつ [先月] 지난달 チナンダル
せんげん [宣言] 선언 ソン ❖~する 선언하다 ソノナダ
ぜんけん [全権] 전권 チョンックォン
せんご [戦後] 전후 チョーヌ
ぜんご [前後] ①(物の前と後ろ) 전후 チョヌ;앞뒤 アプトゥィ ②(時間の前後) 앞뒤 アプトゥィ;선후 ソヌ;전후 チョヌ 例 운동의 전후에 스트레칭은 충분히 하세요. ウーンドン チョヌエ ストゥレチンウン チュンブニ ハセヨ ③(近似値を表す) 안팎 アンパク;쯤 ッチュム;경 キョン 例 20 歳前後の髪の長い女性でした。20(이십) 세 전후의 머리가 긴 여자였어요. イーシプセ チョネエ モリガ キーン ヨジャヨッソヨ 関 前後左右 전후좌우 チョヌジュワーウ
せんこう [専攻] 전공 チョンゴン ❖~する 전공하다 チョンゴンハダ
せんこく [宣告] 선고 ソンゴ ❖~する 선고하다 ソンゴハダ ❖~される 선고받다 ソンゴバッタ
ぜんこく [全国] 전국 チョングク ❖~的な 전국적인 チョングクチョギン 関 全国各地 전국 각지 チョングク カクチ
センサー [sensor] 센서 センソ;감지기 カムジギ
せんさい [戦災] 전재 チョーンジェ
せんさい [繊細] 섬세 ソムセ ❖~だ 섬세하다 ソムセハダ
せんざい [洗剤] 세제 セージェ 関 合成洗剤 합성 세제 ハプソン セージェ
ぜんさい [前菜] 전채 チョンチェ
せんし [戦死] 전사 チョーンサ ❖~する 전사하다 チョーンサハダ 関 戦死者 전사자 チョーンサジャ
せんじつ [先日] 요전 ヨジョン;일전 イルチョン
ぜんじつ [前日] 전일 チョニル
ぜんじどう [全自動] 전자동 チョンジャドン

せんしゃ [洗車] 세차 세ーチャ ❖ ~する 세차하다 세ーチャハダ
ぜんしゃ [前者] 전자 チョンジャ
せんしゅ [選手] 선수 ソーンス 関 選手権 선수권 ソーンスックォン / 選手権大会 선수권대회 ソーンスックォンデーフェ / 運動選手 운동선수 ウーンドンソンス
せんしゅう [先週] 지난주 チナンジュ
ぜんしゅう [全集] 전집 チョンジプ
せんしゅつ [選出] 선출 ソーンチュル ❖ ~する 선출하다 ソーンチュラダ ❖ ~される 선출되다 ソーンチュルドウェダ
ぜんじゅつ [前述] 전술 チョンスル ❖ ~する 전술하다 チョンスラダ
ぜんしょ [善処] 선처 ソーンチョ ❖ ~する 선처하다 ソーンチョハダ
ぜんしょう [全勝] 전승 チョンスン ❖ ~する 전승하다 チョンスンハダ
ぜんしょうせん [前哨戦] 전초전 チョンチョジョン
せんしょく [染色] 염색 ヨームセク ❖ ~する 염색하다 ヨームセカダ
ぜんしん [全身] 전신 チョンシン ; 온몸 オーンモム
ぜんしん [前進] 전진 チョンジン ❖ ~する 전진하다 チョンジナダ
せんしんこく [先進国] 선진국 ソンジングク
せんす [扇子] 부채 プチェ
センス [sense] 센스 センス
せんすい [潜水] 잠수 チャムス ❖ ~する 잠수하다 チャムスハダ 関 潜水艦 잠수함 チャムスハム / 潜水病 잠수병 チャムスッピョン / 潜水夫 잠수부 チャムスブ / 潜水服 잠수복 チャムスボク
せんせい [先生] ①선생님 ソンセンニム ②(教師) 교사 キョーサ
せんせい [宣誓] 선서 ソンソ ❖ ~する 선서하다 ソンソハダ 関 宣誓式 선서식 ソンソシク / 選手宣誓 선수 선서 ソーンス ソンソ
センセーショナル [sensational] 센세이셔널 センセイショノル
ぜんぜん [全然] 전혀 チョニョ ; 조금도 チョグムド ; 영 ヨン 例 全然気づきませんでした。전혀 눈치 못 챘어요. チョニョ ヌンチ モーッ チェッソヨ
せんぞ [先祖] 선조 ソンジョ ; 조상 チョサン
せんそう [戦争] 전쟁 チョーンジェン ❖ ~する 전쟁하다 チョーンジェンハダ 関 戦争記念館 전쟁기념관 チョーンジェンギニョムグワン
ぜんたい [全体] 전체 チョンチェ
せんたく [洗濯] 세탁 セータク ; 빨래 ッパルレ ❖ ~する 세탁하다 セータカダ ; 빨래하다 ッパルレハダ 例 今日は洗濯日和です。오늘은 세탁하기 좋은 날이에요. オヌルン セータカギ チョーウン ナリエヨ
せんたく [選択] 선택 ソーンテク ❖ ~する 선택하다 ソーンテカダ
せんたん [先端] 선단 ソンダン ; 끝 ックッ
センチメートル [centimétre] 센티미터 センティミート
センチメンタル [sentimental] 센

ティメンタル センティメントル
せんちゃく [先着] 선착 ソンチャク 関先着順 선착순 ソンチャクスン
ぜんてい [前提] 전제 チョンジェ 関前提条件 전제 조건 チョンジェ チョッコン
せんでん [宣伝] 선전 ソンジョン ❖～する 선전하다 ソンジョナダ 関宣伝広告 선전 광고 ソンジョン クヮーンゴ
ぜんと [前途] 전도 チョンド
せんとう [先頭] 선두 ソンドゥ
せんとう [戦闘] 전투 チョーントゥ ❖～する 전투하다 チョーントゥハダ 関戦闘員 전투원 チョーントゥウォン / 戦闘部隊 전투 부대 チョーントゥ プデ
せんとう [銭湯] 대중 목욕탕 テージュン モギョクタン
せんどう [先導] 선도 ソンド ❖～する 선도하다 ソンドハダ
せんどう [煽動] 선동 ソンドン ❖～する 선동하다 ソンドンハダ
せんどう [船頭] 뱃사공 ペッサゴン
せんにん [専任] 전임 チョニム 関専任講師 전임강사 チョニムガーンサ
ぜんにん [前任] 전임 チョニム 関前任者 전임자 チョニムジャ
せんねん [専念] 전념 チョンニョム ❖～する 전념하다 チョンニョマダ
ぜんねん [前年] 전년 チョンニョン;지난해 チナネ
せんばい [専売] 전매 チョンメ
せんぱい [先輩] 선배 ソンベ
せんばつ [選抜] 선발 ソーンバル

せんもん

❖～する 선발하다 ソーンバラダ
❖～される 선발되다 ソーンバルドゥェダ 関選抜試験 선발 시험 ソーンバル シホム
ぜんはん [前半] 전반 チョンバン 関前半戦 전반전 チョンバンジョン
ぜんぱん [全般] 전반 チョンバン;전체 チョンチェ;총체 チョンチェ
ぜんぶ [全部] 전부 チョンブ;모두 モドゥ;다 ター 例私がお貸しした本は全部読みましたか。제가 빌려 드린 책은 다 읽었어요? チェガ ピルリョ ドゥリン チェグン ターイルゴッソヨ
せんぷうき [扇風機] 선풍기 ソンプンギ
せんぷく [潜伏] 잠복 チャムボク ❖～する 잠복하다 チャムボカダ
ぜんまい [薇] 고비 コビ
せんむ [専務] 전무 チョンム
せんめい [鮮明] ❖～だ 선명하다 ソンミョンハダ ❖～に 선명히 ソンミョンイ
ぜんめつ [全滅] 전멸 チョンミョル ❖～する 전멸하다 チョンミョラダ
せんめん [洗面] 세면 セーミョン;세수 セース 関洗面器 세면기 セーミョンギ / 洗面台 세면대 セーミョンデ
ぜんめん [前面] 전면 チョンミョン
ぜんめん [全面] 전면 チョンミョン ❖～的に 전면적으로 チョンミョンジョグロ
せんもん [専門] 전문 チョンムン 関専門家 전문가 チョンムンガ / 専門課程 전문 과정 チョンムン クヮジョン / 専門誌 전문지 チョン

ムンジ / 専門用語 전문 용어 チョンムン ヨーンオ
ぜんや [前夜] 전야 チョニャ;어젯밤 オジェッパム;전날 밤 チョンナル パム
せんやく [先約] 선약 ソニャク 例 今週末は先約があるのですが、どうしましょう。이번 주말에는 선약이 있는데 어떡하죠? イボン チュマレヌン ソニャギ インヌンデ オットカジョ
せんよう [専用] 전용 チョニョン 関 専用回線 전용회선 チョニョンフェソン / 専用車 전용차 チョニョンチャ / 専用レーン 전용 차로 チョニョン チャロ
せんりょう [占領] 점령 チョムニョン ❖~する 점령하다 チョムニョンハダ ❖~される 점령되다 チョムニョンドゥェダ 関 占領軍 점령군 チョムニョングン / 占領地 점령지 チョムニョンジ
せんりょう [染料] 염료 ヨームニョ
ぜんりょう [善良] ❖~だ 선량하다 ソルリャンハダ
せんりょく [戦力] 전력 チョールリョク
ぜんりょく [全力] 전력 チョルリョク;온 힘 オーン ヒム
せんれい [先例] 선례 ソルリェ
せんれい [洗礼] 세례 セーリェ 関 洗礼者 세례자 セーリェジャ / 洗礼名 세례명 セーリェミョン
ぜんれき [前歴] ① 전력 チョルリョク ② (経歴) 경력 キョンニョク
ぜんれつ [前列] 앞줄 アプチュル
せんれん [洗練] 세련 セーリョン ❖~される 세련되다 セーリョンドゥェダ
せんろ [線路] 선로 ソルロ

そ

そう [僧] 중 チュン;승려 スンニョ;스님 スニム
そう 그래 クレ;정말 チョーンマル 例 そうですか。그래요? クレヨ
そう [沿う] 따르다 ッタルダ
ぞう [象] 코끼리 コッキリ
そうあん [創案] 창안 チャーンアン
そうあん [草案] 초안 チョアン
そうい [相違] 상위 サンウィ
そうい [創意] 창의 チャーンイ
ぞうお [憎悪] 증오 チュンオ ❖~する 증오하다 チュンオハダ
そうおん [騒音] 소음 ソウム 関 騒音公害 소음 공해 ソウム コンヘ / 騒音防止 소음 방지 ソウム パンジ
ぞうか [増加] 증가 チュンガ ❖~する 증가하다 チュンガハダ 関 増加率 증가율 チュンガユル
そうかい [爽快] 상쾌 サンクェ ❖~だ 상쾌하다 サンクェハダ
そうかい [総会] 총회 チョーンフェ
そうがく [総額] 총액 チョンエク
そうかん [創刊] 창간 チャーンガン ❖~する 창간하다 チャーンガナダ 関 創刊号 창간호 チャーンガノ
そうき [早期] 조기 チョーギ
そうぎ [争議] 쟁의 チェンイ 関 労働争議 노동 쟁의 ノドン チェンイ
そうぎ [葬儀] 장례식 チャンニェシク

そうぎょう[創業] 창업 チャーンオプ ❖~する 창업하다 チャーンオパダ 関創業者 창업자 チャーンオプチャ

そうぎょう[操業] 조업 チョーオプ ❖~する 조업하다 チョーオパダ 関操業時間 조업 시간 チョーオプ シガン

ぞうきょう[増強] 증강 チュンガン ❖~する 증강하다 チュンガンハダ

そうきん[送金] 송금 ソーングム ❖~する 송금하다 ソーングマダ 関送金額 송금액 ソーングメク / 送金手数料 송금 수수료 ソーングム ススリョ

ぞうきん[雑巾] 걸레 コルレ 例雑巾をかけると部屋がもっときれいになる気がします。걸레질을 하면 방이 더 깨끗해지는 것 같아요. コルレジルル ハミョン パンイ トッケックテジヌン ゴッ カタヨ 関雑巾がけ 걸레질 コルレジル / ぬれ雑巾 물걸레 ムルゴルレ

ぞうげ[象牙] 상아 サンア

そうけい[総計] 총계 チョーンゲ; 총합계 チョーンハプケ

そうげい[送迎] 송영 ソーンヨン ❖~する 송영하다 ソーンヨンハダ 関送迎バス 송영 버스 ソーンヨン ポス

ぞうけい[造形・造型] 조형 チョーヒョン 関造形美 조형미 チョーヒョンミ

そうこ[倉庫] 창고 チャンゴ

そうご[相互] 상호 サンホ 関相互依存 상호 의존 サンホ ウイジョン / 相互関係 상호 관계 サンホ クワンゲ / 相互作用 상호 작용 サンホ チャギョン

そうごう[総合・綜合] 종합 チョンハプ ❖~的な 종합적인 チョンハプチョギン ❖~的に 종합적으로 チョンハプチョグロ ❖~する 종합하다 チョンハパダ

そうさ[捜査] 수사 スサ ❖~する 수사하다 スサハダ 関おとり捜査 함정 수사 ハームジョン スサ / 公開捜査 공개수사 コンゲスサ

そうさ[操作] 조작 チョジャク ❖~する 조작하다 チョジャカダ

そうさい[相殺] 상쇄 サンスェ ❖~する 상쇄하다 サンスェハダ

そうさく[捜索] 수색 スセク ❖~する 수색하다 スセカダ 関捜索隊 수색대 スセクテ / 家宅捜索 가택 수색 カテク スセク

そうさく[創作] 창작 チャーンジャク ❖~する 창작하다 チャーンジャカダ 関創作意欲 창작 의욕 チャーンジャク ウイーヨク / 創作活動 창작 활동 チャーンジャク ファルトン

そうじ[掃除] 청소 チョンソ ❖~する 청소하다 チョンソハダ 例週末は家の中を掃除したり洗濯をします。주말에는 집 안을 청소하거나 빨래를 해요. チュマレヌン チ バヌル チョンソハゴナ ッパルレルル ヘヨ 関大掃除 대청소 テーチョンソ / 拭き掃除 걸레질 コルレジル

そうしき[葬式] 장례식 チャンニェシク

そうしつ[喪失] 상실 サンシル ❖~する 상실하다 サンシラダ 関記

憶喪失 기억 상실 キオク サンシル
そうじゅう [操縦] 조종 チョジョン ❖~する 조종하다 チョジョンハダ 関操縦士 조종사 チョジョンサ / 操縦席 조종석 チョジョンソク / 無線操縦 무선 조종 ムソン チョジョン
そうじゅく [早熟] 조숙 チョースク ❖~だ 조숙하다 チョースカダ
ぞうしょ [蔵書] 장서 チャンソ
そうしょく [装飾] 장식 チャンシク ❖~する 장식하다 チャンシカダ 関装飾品 장식품 チャンシクプム / 室内装飾 실내 장식 シルネ チャンシク
そうしん [送信] 송신 ソーンシン ❖~する 송신하다 ソーンシナダ 関送信機 송신기 ソーンシンギ
そうしんぐ [装身具] 장신구 チャンシング
そうせいじ [双生児] 쌍생아 ッサンセンア ; 쌍둥이 ッサンドゥンイ
そうせつ [創設] 창설 チャーンソル ❖~する 창설하다 チャーンソラダ ❖~される 창설되다 チャーンソルドゥェダ
ぞうせん [造船] 조선 チョーソン 関造船会社 조선 회사 チョーソン フェーサ
そうせんきょ [総選挙] 총선거 チョーンソンゴ
そうぞう [創造] 창조 チャーンジョ ❖~する 창조하다 チャーンジョハダ 関創造力 창조력 チャーンジョリョク
そうぞう [想像] 상상 サーンサン 例私の年は想像に任せます。제 나이는 상상에 맡기겠습니다. チェ ナイヌン サーンサンエ マッキゲッスムニダ ❖~する 상상하다 サーンサンハダ 関想像図 상상도 サーンサンド
そうぞうしい [騒騒しい] 시끄럽다 シックロプタ ; 떠들썩하다 ットドゥルッソカダ 例どうしてこんなに外が騒々しいんでしょうか。왜 이렇게 바깥이 떠들썩할까요? ウェーイロッケ パッカチ ットドゥルッソカルッカヨ
そうぞく [相続] 상속 サンソク ❖~する 상속하다 サンソカダ 関相続争い 상속 다툼 サンソク タトゥム / 遺産相続 유산 상속 ユサン サンソク
そうだ 그렇다 クロッタ
-そうだ ①(伝聞 : …だという《動詞の語幹＋-ㄴ / 는다고 하다, 形容詞・存在詞の語幹＋다고 하다》の形で) 例明日また電話するそうです。내일 다시 전화한다고 했어요. ネイル タシ チョーヌヮハンダゴ ヘッソヨ / 今は忙しいから、お昼は後で食べるそうです。지금 바쁘니까 점심은 이따가 먹는대요. チグム パップニッカ チョムシムン イッタガ モンヌンデヨ / 妹がなかなかかわいいそうです。여동생이 그렇게 예쁘다고 해요. ヨドンセンイ クロッケ イェープダゴ ヘヨ ②(そのように思える《動詞・存在詞の語幹＋-는 것 같다, 形容詞の語幹＋-ㄴ / 은 것 같다》の形で) 例夕方から雨がかなり降りそうです。저녁부터 비가 많이 내릴 것 같아요. チョニョクプト ピガ マーニ ネリル コッ カタヨ / もっとお

金が要りそうです。더 많은 돈이 필요한 것 같아요. ト マーヌン トニ ピリョハン ゴッ カタヨ ③(今にも…しそうだ《動詞の語幹＋－ㄹ/을 것 같다》の形で) 例 寒すぎて地面が凍りつきそうです。너무 추워서 땅이 얼어붙을 것 같아요. ノム チュウォソ ッタンイ オロブトゥル コッ カタヨ
そうたい [早退] 조퇴 チョートゥェ ❖～する 조퇴하다 チョートゥェハダ
そうたい [相対] 상대 サンデ ❖～的な 상대적인 サンデジョギン 関 相対性 상대성 サンデッソン / 相対性理論 상대성 이론 サンデッソン イーロン
そうだい [壮大] ❖～だ 장대하다 チャーンデハダ
そうだん [相談] 의논 ウイノン；상담 サンダム 例 相談に乗っていただきたいことがあるのですが。의논 드리고 싶은 일이 있는데요. ウイノン トゥリゴ シプン ニーリ インヌンデヨ ❖～する 의논하다 ウイノナダ；상담하다 サンダマダ《単に相談する場合には 의논하다を用い, 専門家に意見を求めるような場合には 상담하다を用いる》関 相談室 상담실 サンダムシル
そうち [装置] 장치 チャンチ
ぞうてい [贈呈] 증정 チュンジョン ❖～する 증정하다 チュンジョンハダ 関 贈呈式 증정식 チュンジョンシク / 贈呈品 증정품 チュンジョンプム
そうとう [相当] ❖～に 상당히 サンダンイ 例 相当に大きな人物になりそうです。상당히 큰 인물이 될 것 같아요. サンダンイ クン インムリ トゥェル コッ カタヨ ❖～する (該当する) 해당하다 ヘダンハダ 例 10名様に1万ウォンに相当する商品を差し上げます。열 분께 만 원에 상당하는 상품을 드리겠습니다. ヨル プンッケ マー ヌォネ サンダンハヌン サンプムル トゥリゲッスムニダ
そうどう [騒動] 소동 ソドン
そうなん [遭難] 조난 チョナン ❖～する 조난하다 チョナナダ 関 遭難者 조난자 チョナンジャ / 遭難信号 조난 신호 チョナン シーノ
ぞうに [雑煮] 떡국 ットククク
そうにゅう [挿入] 삽입 サビプ ❖～する 삽입하다 サビパダ ❖～される 삽입되다 サビプトゥェダ
そうば [相場] 시세 シセ
そうはく [蒼白] ❖～だ 창백하다 チャンベカダ
そうび [装備] 장비 チャンビ ❖～する 장비하다 チャンビハダ 関 完全装備 완전 장비 ワンジョン チャンビ
そうびょう [宗廟] 종묘 チョンミョ
そうべつ [送別] 송별 ソーンビョル 関 送別会 송별회 ソーンビョルェ / 送別の辞 송별사 ソーンビョルサ
そうめい [聡明] ❖～だ 총명하다 チョンミョンハダ
ぞうよ [贈与] 증여 チュンヨ ❖～する 증여하다 チュンヨハダ
そうらん [騒乱] ①소란 ソラン ②(騒動) 소동 ソドン
そうり [総理] 총리 チョーンニ

ぞうり [草履] 짚신 チプシン
そうりつ [創立] 창립 チャーンニプ ❖~する 창립하다 チャーンニパダ ❖~される 창립되다 チャーンニプトゥェダ
そうりょ [僧侶] 승려 スンニョ;중 チュン;스님 スニム
そうりょう [送料] 송료 ソーンニョ
そうりょうじ [総領事] 총영사 チョーンニョンサ 関 総領事館 총영사관 チョーンニョンサグヮン
そえる [添える] ①(添付する) 첨부하다 チョムブハダ ②(あしらう) 곁들이다 キョットゥリダ
そえん [疎遠] ❖~になる 소원해지다 ソウォネジダ;사이가 멀어지다 サイガ モーロジダ
ソーセージ [sausage] 소시지 ソシジ
ぞくご [俗語] 속어 ソゴ
そくしん [促進] 촉진 チョクチン ❖~する 촉진하다 チョクチナダ
ぞくする [属する] 속하다 ソカダ
そくせき [即席] 즉석 チュクソク;인스턴트 インストントゥ
ぞくぞく ❖~する ①(寒くて寒気がする) 으슬으슬하다 ウスルスラダ 例 体がぞくぞくして熱があります。몸이 으슬으슬하고 열이 나요. モミ ウスルスラゴ ヨリ ナヨ ②(恐くて寒気がする) 오싹오싹하다 オッサゴッサカダ
ぞくぞく [続々] ❖~と 속속 ソクソク;잇달아 イッタラ
そくてい [測定] 측정 チュクチョン ❖~する 측정하다 チュクチョンハダ 関 体力測定 체력 측정 チェリョク チュクチョン
そくど [速度] 속도 ソクト 関 速度違反 속도위반 ソクトウィバン/制限速度 제한 속도 チェーハン ソクト
そくばく [束縛] 속박 ソクパク ❖~する 속박하다 ソクパカダ ❖~される 속박되다 ソクパクトゥェダ
そくめん [側面] 측면 チュンミョン
そくりょう [測量] 측량 チュンニャン ❖~する 측량하다 チュンニャンハダ
そくりょく [速力] 속력 ソンニョク
そこ [其処・其所] ①(その場所) 거기 コギ 例 右に曲がればすぐそこです。오른쪽으로 돌면 바로 거깁니다. オルンッチョグロ トルミョン パロ コギムニダ ②(その時) 그때 クッテ 例 そこへちょうど母が帰ってきました。그때 마침 어머니가 돌아오셨어요. クッテ マチム オモニガ トラオショッソヨ ③(その点) 그것 クゴッ;그 점 ク チョム 例 そこが理解できません。그 점이 이해가 안 가요. ク チョミ イーヘガ アン ガヨ ④(その程度) 그렇게 クロッケ 例 そこまで驚く必要はありません。그렇게까지 놀랄 필요는 없어요. クロッケッカジ ノルラル ピリョヌン オープソヨ
そこ [底] ①(物の下部) 바닥 パダク;밑바닥 ミッパダク ②(限界・極限) 끝 ックッ;한계 ハーンゲ ③(奥深い所) 속 ソーク
そこく [祖国] 조국 チョグク
そこぢから [底力] 저력 チョーリョク

そこで そうして クレソ;그런데 クロンデ

そこなう [損なう] 상하게 하다 サンハゲ ハダ;해치다 ヘーチダ 例 タバコは健康を損なうことがあります。담배는 건강을 해칠 수가 있어요. タームベヌン コーンガンウル ヘーチル スガ イッソヨ

そざい [素材] 소재 ソジェ

そし [阻止] 저지 チョジ ❖~する 저지하다 チョジハダ

そしき [組織] 조직 チョジク

そしつ [素質] 소질 ソジル

そして 그리고 クリゴ

そしょう [訴訟] 소송 ソソン 関 刑事訴訟 형사 소송 ヒョンサ ソソン / 民事訴訟 민사 소송 ミンサ ソソン

そせん [祖先] 조상 チョサン;선조 ソンジョ

そそぐ [注ぐ] ①(器に水を) 붓다 プッタ;따르다 ッタルダ 例 水を注いで沸かすだけでいいです。물을 붓고 끓이기만 하면 돼요. ムルル プッコ ックリギマン ハミョン ドゥェヨ ②(水が流れ込む) 흘러들다 フルロドゥルダ ③(注意や心血を) 집중하다 チプチュンハダ;기울이다 キウリダ 例 心血を注いで作った作品です。심혈을 기울여 만든 작품입니다. シミョルル キウリョ マンドゥン チャクプミムニダ

そそっかしい 덜렁대다 トルロンデダ

そそのかす [唆す] 부추기다 プーチュギダ;교사하다 キョサハダ

そだつ [育つ] 자라다 チャラダ;성장하다 ソンジャンハダ 例 子供が元気に育ってくれればそれでいいです。아이가 건강하게 잘 자라 주면 바랄 게 없어요. アイガ コーンガンハゲ チャル チャラ ジュミョン パラルケ オープソヨ

そだてる [育てる] ①기르다 キルダ;키우다 キウダ;양육하다 ヤーンユカダ 例 子供をどうやって育てればよいかが悩みです。아이를 어떻게 키워야 할지 고민이에요. アイルル オットッケ キウォヤ ハルチ コミニエヨ ②(養成する) 양성하다 ヤーンソンハダ;기르다 キルダ 例 観光の専門家を育てるためのコースです。관광 전문인을 양성하기 위한 코스예요. クワングヮン チョンムニヌル ヤーンソンハギ ウィハン コースエヨ

そち [措置] 조치 チョチ ❖~する 조치하다 チョチハダ

そちら [其方] ①(方向) 그쪽 クッチョク;그곳 クゴッ;거기 コギ ②(それ) 그쪽 것 クッチョク コッ;그것 クゴッ ③(相手) 그분 クブン

そつう [疎通] 소통 ソトン 関 意思疎通 의사소통 ウイーサソトン

そっきょう [即興] 즉흥 チュクン 関 即興曲 즉흥곡 チュクンゴク / 即興詩 즉흥시 チュクンシ

そつぎょう [卒業] 졸업 チョロプ ❖~する 졸업하다 チョロパダ 関 卒業式 졸업식 チョロプシク / 卒業生 졸업생 チョロプセン / 卒業証書 졸업 증서 チョロプ チュンソ

そっくり ①(すべて) 전부 チョンブ;모조리 モジョリ;몽땅 モンタン ②(似ている) ❖~だ 꼭 닮

そっけない

있다 ッコク タルマッタ 例 目と口は父にそっくりです。 눈하고 입은 아버지를 꼭 닮았어요. ヌナゴ イブン アボジルル ッコク タルマッソヨ 《似ていると言う場合は，必ず過去形で用いる》

そっけない [素っ気ない] ①(無愛想だ) 무뚝뚝하다 ムットゥックットゥカダ ②(よそよそしい) 쌀쌀하다 ッサルサラダ

そっこう [即効] 즉효 チュキョ 関 即効性 즉효성 チュキョッソン

そっちょく [率直] ❖~だ 솔직하다 ソルチカダ ❖~に 솔직히 ソルチキ

そっと ①(静かに) 조용히 チョヨンイ;살그머니 サルグモニ ②(密かに) 몰래 モーレ ③(そっとしておく) 가만히 カマニ 例 そっとしておいた方がいいと思います。 가만히 내버려 두는 게 좋겠어요. カマニ ネーボリョ ドゥヌン ゲ チョーッケッソヨ ④(やさしく) 부드럽게 プドゥロプケ ⑤(軽く) 가볍게 カビョプケ

ぞっとする 오싹해지다 オッサケジダ

そで [袖] 소매 ソメ;소맷자락 ソメッチャラク

そと [外] ①밖 パク 例 天気もいいから外で遊ぼう。 날씨도 좋은데 밖에서 놀자. ナルッシド チョーウンデ パッケソ ノルジャ ②(外部) 외부 ウェーブ

そとがわ [外側] 외측 ウェーチュク;바깥쪽 パッカッチョク

そなえる [供える] 올리다 オルリダ;바치다 パチダ

そなえる [備える] ①(取りそろえる) 갖추다 カッチュダ;구비하다 クビハダ;비치하다 ピチハダ 例 最新設備を備えている病院です。 최신 설비를 갖추고 있는 병원이에요. チュェーシン ソルビルル カッチュゴ インヌン ピョーンウォニエヨ ②(準備する) 대비하다 テービハダ;준비하다 ソルビハダ 例 海外転勤に備えて語学の勉強に熱心です。 해외 전근에 대비해서 어학 공부를 열심히 해요. ヘーウェ チョーングネ テービヘソ オーハク コンブルル ヨルシミ ヘヨ ③(身に付いている) 지니다 チニダ;갖추다 カッチュダ 例 先生は幅広い理解力を備えた方です。 선생님은 넓은 이해력을 지니신 분이에요. ソンセンニムン ノルブン イーヘリョグル チニシン ブニエヨ

そなわる [備わる] ①(設置されている) 갖추어지다 カッチュオジダ;구비되다 クビドゥェダ ②(身に付いている) 갖추어지다 カッチュオジダ

その 그 ク 例 その話をどこで聞きましたか。 그 이야기를 어디서 들었어요? クイヤギルル オディソ トゥロッソヨ

そのうえ [その上] 게다가 ケダガ;또한 ットハン

そのうち [その内] 멀지 않아 モールジ アナ;조만간 チョマンガン;가까운 시일 안에 カッカウン シイル アネ

そのかわり [その代わり] 그 대신 ク テーシン

そのくらい 그만큼 クマンクム;그

そのご [その後] 그 후 ク フー;그 뒤 クトゥィー
そのころ [その頃] 그 무렵 ク ムリョプ
そのまま 그대로 クデロ
そのような 그러한 クロハン
そのように 그렇게 クロッケ
そば [側] ①곁 キョッ ②(横) 옆 ヨプ ③(近所) 근처 クーンチョ
そば [蕎麦] 메밀국수 メミルグクス
そばかす [雀斑] 주근깨 チュグンッケ
そびえる [聳える] 솟다 ソッタ;치솟다 チソッタ
そふ [祖父] ①조부 チョブ《母方の祖父は외조부》②(おじいさん) 할아버지 ハラボジ《母方のおじいさんは외할아버지》
ソファー [sofa] 소파 ソパ
ソフトウエア [software] 소프트웨어 ソプトウウェオ
そぶり [素振り] ①(態度) 태도 テード ②(気配) 기색 キセク;티 ティ ③(挙動) 거동 コドン
そぼ [祖母] ①조모 チョモ《母方の祖母は외조모》②(おばあさん) 할머니 ハルモニ《母方のおばあさんは외할머니》
そぼく [素朴] 소박 ソーバク ❖~だ 소박하다 ソーバカダ
そまつ [粗末] ❖~だ 변변치 못하다 ピョンビョンチ モーッタダ ❖~に 소홀히 ソホリ
そまる [染まる] ①물들다 ムルドゥルダ ②(染色される) 염색되다 ヨームセクトゥェダ
そむく [背く] ①(法律や約束を破る) 어기다 オギダ ②(違反する) 위반하다 ウィバナダ ③(服従しない) 거역하다 コーヨカダ ④(裏切る) 모반하다 モバナダ
そむける [背ける] 돌리다 トルリダ;외면하다 ウェーミョナダ
そめる [染める] 물들이다 ムルドゥリダ;염색하다 ヨームセカダ
そよかぜ [微風] 미풍 ミプン;산들바람 サンドゥルバラム;실바람 シールバラム
そら [空] 하늘 ハヌル
そらごと [空言] 거짓말 コージンマル;빈말 ピーンマル
そらす [反らす] 뒤로 젖히다 トゥィロ チョチダ
そらす [逸らす] ①(方向を) 빗나가다 ピンナガダ ②(視線や注意を) 돌리다 トルリダ
そらまめ [空豆] 잠두 チャムドゥ;누에콩 ヌエコン
そり [橇] 썰매 ッソルメ
そる [剃る] 깎다 ッカクタ 例 ひげを剃ったので(誰だか)わかりませんでした。수염을 깎아서 몰라봤어요. スヨムル ッカッカソ モールラブワッソヨ
それ 그것 クゴッ;그 ク 例 それをちょっと見せてください。그것 좀 보여 주세요. クゴッ チョム ポヨ ジュセヨ
それから 그리고 クリゴ
それぞれ 저마다 チョマダ;각기 カクキ;각각 カクカク
それで ①(それだから・そういうわけで) 그래서 クレソ 例 それで, それがどうしたっていうんですか。그래서 그게 어쨌다는 거예요? クレ

それでなくとも

ソ クゲ オッチェッタヌン ゴエヨ ②(そして) 그리고 クリゴ

それでなくとも 그렇지 않아도 クロッチ アナド

それでは ①(そのようでは) 그래서는 クレソヌン ②(それならば) 그러면 クロミョン 例 それでは, こうするのはどうでしょうか。 그러면 이렇게 하는 건 어떨까요? クロミョン イロッケ ハヌン ゴン オットゥルッカヨ

それでも 그래도 クレド

それどころか 그렇기는커녕 クロッキヌンコニョン ; 오히려 オヒリョ

それとも 아니면 アニミョン 例 ビビンメンにしますか。それとも冷麺にしましょうか。 비빔면으로 할까요 아니면 냉면으로 할까요? ピビムミョヌロ ハルッカヨ アニミョン ネーンミョヌロ ハルッカヨ

それなのに 그럼에도 불구하고 クロメド プルグハゴ

それなら 그렇다면 クロッタミョン

それに 게다가 ケダガ ; 더욱이 トウギ

それはそうとして 그건 그렇다치고 クゴン クロッタチゴ

それほど ①(それほどまでに) 그렇게 クロッケ ; 그 정도 ク ジョンド ; 그토록 クトロク ②(たいして…ない) 그다지 クダジ 例 問題がそれほど難しくはありませんでした。 문제가 그다지 어렵지는 않았어요. ムーンジェガ クダジ オリョプチヌン アナッソヨ

それまで ①(その時まで) 그때까지 クッテッカジ 例 それまで待ってもらえますか。 그때까지 기다려 줄

수 있겠어요? クッテッカジ キダリョ ジュル ス イッケッソヨ ②(終わりまで) 거기까지 コギッカジ ❖ ~だ (終わりだ) 그만이다 クマニダ

それゆえ [それ故] 그러므로 クロムロ

それる [逸れる] 빗나가다 ピンナガダ ; 벗어나다 ポソナダ

そろう [揃う] ①(完備される) 갖추어지다 カッチュオジダ ; 구비되다 クビドゥェダ ②(一致する) 일치하다 イルチハダ ; 맞다 マッタ ③(全員が集まる) 빠짐없이 모이다 ッパージモプシ モイダ

そろえる [揃える] ①(完全にする) 갖추다 カッチュダ ②(集める) 모으다 モウダ 例 皆, 口を揃えて褒めました。 모두 입을 모아서 칭찬했어요. モドゥ イブル モアソ チンチャネッソヨ ③(一致させる) 맞추다 マッチュダ ; 일치시키다 イルチシキダ ④(きちんと並べる) 가지런히 하다 カジロニ ハダ

そろそろ ①(ゆっくり) ❖ ~と 천천히 チョンチョニ ②(ぼちぼち) 슬슬 スールスル 例 そろそろ失礼しなければいけません。 이제 슬슬 실례해야겠어요. イジェ スールスル シルリェヘヤゲッソヨ ③(もうすぐ) 이제 곧 イジェ コッ 例 そろそろクリスマスです。 이제 곧 크리스마스예요. イジェ コッ クリスマスエヨ

そろばん [算盤] 주판 チュパン

そわそわ 들썽들썽 トゥルッソンドゥルッソン ❖ ~する 들썽거리다 トゥルッソンゴリダ ; 안절부절못하다 アンジョルブジョルモーッタダ

そん [損] ①손 ソーン ②(損害) 손해 ソーネ ❖~する 손해를 보다 ソーネルル ポダ
そんがい [損害] 손해 ソーネ 例金銭的な損害を被りました。금전적인 손해를 입었어요. クムジョンジョギン ソーネルル イボッソヨ
ソング [song] 송 ソン
そんけい [尊敬] 존경 チョンギョン ❖~する 존경하다 チョンギョンハダ ❖~される 존경받다 チョンギョンバッタ 例尊敬される親になりたいです。존경받는 부모가 되고 싶어요. チョンギョンバンヌン ブモガ トウェゴ シポヨ
そんざい [存在] 존재 チョンジェ ❖~する 존재하다 チョンジェハダ
ぞんざい ❖~だ 거칠다 コチルダ ; 험하다 ホマダ ❖~に 아무렇게나 アームロッケナ ; 함부로 ハムブロ
そんしつ [損失] 손실 ソーンシル ; 손해 ソーネ
そんしょう [損傷] 손상 ソーンサン ❖~する 손상하다 ソーンサンハダ ; 손상되다 ソーンサンドウェダ
そんしょく [遜色] 손색 ソーンセク
そんぞく [存続] 존속 チョンソク ❖~する 존속하다 チョンソカダ
そんちょう [尊重] 존중 チョンジュン ❖~する 존중하다 チョンジュンハダ
そんちょう [村長] 촌장 チョーンジャン《日本における「村長」は、韓国では「面長」(면장)に相当する》

そんな ①(そのような) 그런 クロン ②(それ) 그거 クゴ ③(そんなふうに) 그렇게 クロッケ
そんなに ①그렇게 クロッケ ②(そんなに…ない) 그다지 クダジ

た

た [他] 타 タ ❖~の 다른 タルン 例他の人 다른 사람 タルン サーラム / 他人 타인タイン
た [田] 논 ノン 関田植え 모내기 モネギ / 田畑 논밭 ノンバッ
ターゲット [target] 타깃 タギッ
ターミナル [terminal] 터미널 トミノル 関バスターミナル 버스 터미널 ポス トミノル
たい [鯛] 도미 トーミ
タイ [Thailand] 타이 タイ ; 태국 テグク
だい [題] 표제 ピョジェ ; 제목 チェモク
だい [台] ①(物を載せる) 대 テ ; 받침대 パッチムッテ ②《助数詞》대 テ 例車1台 차 한 대 チャ ハン デ ③(大体の範囲) 대 テ 例千円台の商品 천 엔대의 상품 チョ ネンデエ サンプム
だい [第] 제 チェ 例第1号 제일 호 チェーイロ
だい [代] ①(時代・世代) 대 テ 例時代 시대 シデ / 世代 세대 セーデ / 年代 연대 ヨンデ ②(代金) 例代金 대금 テーグム ; 代価 대가 テーッカ
だいあん [代案] 대안 テーアン
たいいく [体育] 체육 チェユク
だいいち [第一] 제일 チェーイル ; 첫째 チョッチェ ❖~に 첫째로 チ

たいいん

ヨッチェロ;우선 ウソン 関 安全第一 안전제일 アンジョンジェーイル

たいいん [退院] 퇴원 トゥェーウォン ❖**~する** 퇴원하다 トゥェーウォナダ

ダイエット [diet] 다이어트 タイオトゥ 関 ダイエット食品 다이어트 식품 タイオトゥ シクプム

たいおう [対応] 대응 テーウン ❖**~する** 대응하다 テーウンハダ

たいおん [体温] 체온 チェオン 関 体温計 체온계 チェオンゲ

たいか [対価] 대가 テーッカ

たいか [退化] 퇴화 トゥェフワ ❖**~する** 퇴화하다 トゥェフワハダ;퇴화되다 トゥェフワドゥェダ

たいかい [大会] 대회 テーフェ

たいかい [退会] 퇴회 トゥェフェ ❖**~する** 퇴회하다 トゥェフェハダ

たいがい [大概] (たいてい) 대개 テーゲ;대체로 テーチェロ ❖**~に** 작작 チャクチャク;적당히 チョクタンイ

たいがい [対外] 대외 テーウェ 関 対外関係 대외 관계 テーウェ クワンゲ

たいかく [体格] 체격 チェギョク

たいがく [退学] 퇴학 トゥェハク ❖**~する** 퇴학하다 トゥェハカダ 関 退学届 퇴학서 トゥェハクソ

だいがく [大学] 대학 テーハク;대학교 テーハクキョ 例 どこの大学に通っていますか。 어느 대학교에 다니세요? オヌ テーハクキョ エ タニセヨ 関 大学生 대학생 テーハクセン / 大学教授 대학교수 テーハクキョス / 総合大学 종합대학 チョンハプ テーハク / 単科大学 단과 대학 タンクワ テーハク / 国立大学 국립대학 クンニプ テーハク / 市立大学 시립대학 シーリプ テーハク / 私立大学 사립 대학 サリプ テーハク《韓国では総合大学を大学校と言い、単科大学・短期大学もしくは総合大学の中の学部のことを大学で表す》

だいがくいん [大学院] 대학원 テーハグォン

たいき [大気] ① 대기 テギ ②(空気) 공기 コンギ

たいき [待機] 대기 テーギ ❖**~する** 대기하다 テーギハダ

だいきぼ [大規模] 대규모 テーギュモ

たいきゅう [耐久] 내구 ネーグ 関 耐久性 내구성 ネーグッソン

だいきゅう [代休] 대휴 テーヒュ

たいきん [大金] 대금 テーグム;큰 돈 クンドン;거금 コグム

だいきん [代金] 대금 テーグム;값 カプ

だいく [大工] 목수 モクス

たいぐう [待遇] ① 대우 テーウ ② (処遇) 처우 チョーウ ③ (もてなし) 대접 テージョプ ❖**~する** 대접하다 テージョパダ

たいくつ [退屈] ❖**~だ** 지루하다 チルハダ;따분하다 ッタブナダ;심심하다 シムシマダ 例 内容が退屈すぎます。 내용이 너무 지루해요. ネーヨンイ ノム チルヘヨ / 待ち時間が退屈すぎます。대기 시간이 너무 따분하네요. テーギ シガニ ノム ッタブナネヨ

たいけい [体系] 체계 チェゲ

だいけい [台形] 사다리꼴 サダリッコル

たいけつ [対決] 대결 テーギョル ❖~する 대결하다 テーギョラダ

たいけん [体験] 체험 チェホム ❖~する 체험하다 チェホマダ 例キムチ作り体験を申し込みたいのですが。김치 담그기 체험을 신청하고 싶은데요. キムチ タムグギ チェホムル シンチョンハゴ シプンデヨ

たいげん [体言] 체언 チェオン

たいこ [太鼓] 북 プク

たいこう [対抗] 대항 テーハン ❖~する 대항하다 テーハンハダ 関対抗意識 대항 의식 テーハン ウイーシク / 対抗勢力 대항 세력 テーハン セーリョク

だいこう [代行] 대행 テーヘン ❖~する 대행하다 テーヘンハダ

だいこん [大根] 무 ムー

たいざい [滞在] 체제 チェジェ; 체류 チェリュ ❖~する 체재하다 チェジェハダ 例 3日くらい滞在するホテルを探しています。3(삼)일 정도 체재할 호텔을 찾고 있어요. サミル チョンド チェジェハル ホテルル チャッコ イッソヨ 関滞在期間 체재 기간 チェジェ キガン

たいさく [対策] 대책 テーチェク

たいさん [退散] (解散) 해산 ヘーサン ❖~する ① 해산하다 ヘーサナダ ②(逃げる) 도망치다 トマンチダ

だいさん [第三] 제삼 チェーサム 関第三者 제삼자 チェーサムジャ

たいし [大使] 대사 テーサ

たいじ [胎児] 태아 テア

だいじ [大事] 대사 テーサ; 큰일 クンニル; 중대사 チューンデサ ❖~だ ①(大切だ) 소중하다 ソージュンハダ 例大事な思い出として残るでしょう。소중한 추억으로 남을 거예요. ソージュンハン チュオグロ ナームル コエヨ ❖~に 소중히 ソージュンヒ ②(重要だ) 중요하다 チューンヨハダ 例大事な物はフロントに預けてください。중요한 물건은 프론트에 맡기세요. チューンヨハン ムルゴヌン プロントゥエ マッキセヨ

たいしかん [大使館] 대사관 テーサグワン 関在韓日本大使館 주한 일본 대사관 チューハン イルボン テーサグワン

たいした [大した] ①(すごい) 대단한 テーダナン ; 굉장한 クェンジャンハン 例やはりうわさ通りのたいした美人(美男子)ですね。역시 소문대로 대단한 미인(미남)이시네요. ヨクシ ソームンデロ テーダナン ミーイニ(ミーナミ) シネヨ ②(それほどでもない《後ろに否定の意味を伴って》) 별로 ピョルロ 例たいしたケガではありませんでした。별로 많이 다치지는 않았어요. ピョルロ マーニ タチジヌン アナッソヨ

たいしつ [体質] 체질 チェジル 関特異体質 특이체질 トゥギチェジル / アレルギー体質 알레르기 체질 アルレルギ チェジル

たいして [大して] 그다지 クダジ ; 그리 クリ ; 별로 ピョルロ 例時間がたいしてありません。시간이 그리 많지 않아요. シガニ クリ マー

たいしゃ
ンチ アナヨ

たいしゃ [退社] 퇴사 トゥェーサ; 퇴근 トゥェーグン ❖~する 퇴사하다 トゥェーサハダ;퇴근하다 トゥェーグナダ

たいしゅう [大衆] 대중 テージュン 関 大衆音楽 대중음악 テージュンウマク/大衆化 대중화 テージュンフワ

たいじゅう [体重] 체중 チェジュン;몸무게 モムムゲ 関 体重計 체중계 チェジュンゲ

たいしょ [対処] 대처 テーチョ ❖~する 대처하다 テーチョハダ

たいしょう [大賞] 대상 テーサン 関 演技大賞 연기 대상 ヨーンギ テーサン

たいしょう [対称] 대칭 テーチン ❖~的 대칭적인 テーチンジョギン

たいしょう [対象] 대상 テーサン

たいしょう [対照] 대조 テージョ ❖~する 대조하다 テージョハダ

たいじょう [退場] 퇴장 トゥェージャン ❖~する 퇴장하다 トゥェージャンハダ

だいじょうぶ [大丈夫] ❖~だ ① 괜찮다 クェンチャンタ;문제없다 ムーンジェオプタ 例 少し休めば大丈夫でしょう。조금 쉬면 괜찮을 거예요. チョグム シュィーミョン クェンチャヌル コエヨ ②(間違いない) 틀림없다 トゥルリモプタ 例 (物がないことに気づいて) 大丈夫, 家に忘れてきたんだよ。틀림없어, 집에 두고 온 걸 거야. トゥルリモプソ チベ トゥゴ オン ゴル コヤ

たいしょく [退職] 퇴직 トゥェージク ❖~する 퇴직하다 トゥェージカダ 関 退職金 퇴직금 トゥェージククム/退職願 퇴직원 トゥェージグォン

たいしん [耐震] 내진 ネージン 関 耐震建築 내진 건축 ネージン コーンチュク/耐震構造 내진 구조 ネージン クジョ

たいじん [対人] 대인 テーイン 関 対人関係 대인 관계 テーイン クワンゲ

だいじん [大臣] 대신 テーシン;장관 チャーングワン《韓国では장관を用いる》

だいず [大豆] 콩 コン 関 大豆油 콩기름 コンギルム

たいする [対する] ①(向かい合う) 대하다 テーハダ;마주 보다 マジュ ポダ ②(応ずる・向けられる) 대하다 テーハダ 例 まだ質問に対する回答がありません。아직 질문에 대한 회답이 없어요. アジク チルムネ テーハン フェダビ オープソヨ ③(対抗する) 대항하다 テーハンハダ;맞서다 マッソダ

たいせい [体制] 체제 チェジェ
たいせい [耐性] 내성 ネーッソン
たいせい [態勢] 태세 テセ
たいせいよう [大西洋] 대서양 テーソヤン
たいせき [体積] 체적 チェジョク;부피 プピ
たいせつ [大切] ❖~だ ① 소중하다 ソージュンハダ 例 大切な友達にあげるプレゼントです。소중한 친구에게 줄 선물이에요. ソージュンハン チングエゲ チュル ソー

ンムリエヨ ❖~に 소중히 ソージュンイ;귀중히 クィージュンイ 例 皆との出会いを大切にしたいです。 모두와의 만남을 소중히 생각하고 싶어요. モドウワエ マンナムル ソージュンイ センガカゴ シポヨ ❖~にする 아끼다 アッキダ 例 水を大切に使いましょう。 물을 아껴 씁시다. ムルル アッキョ ッスプシダ ②(重要だ) 중요하다 チューンヨハダ ③(貴重) 귀중하다 クィージュンハダ

たいせん [対戦] 대전 テージョン ❖~する 대전하다 テージョナダ

たいそう [体操] 체조 チェジョ 関 体操競技 체조 경기 チェジョ キョンギ / 器械体操 기계 체조 キゲチェジョ

だいたい [大体] ①(おおよそ) 대략 テーリャク;대체로 テーチェロ;대강 テーガン 例 料金は大体いくらになりますか。 요금은 대략 얼마나 될까요? ヨーグムン テーリャク オルマナ トウェルッカヨ ②(大部分) 대부분 テーブブン;대다수 テーダス 例 ソウルは大体全部回りました。 서울은 대부분 다 돌았어요. ソウルン テーブブン ター トーラッソヨ ③(そもそも) 도대체 トデチェ;애당초 エダンチョ;本来 ポルレ

だいだいいろ [橙色] 주황색 チュファンセク;오렌지색 オレンジセク

だいたすう [大多数] 대다수 テーダス

たいだん [対談] 대담 テーダム ❖~する 대담하다 テーダマダ

だいたん [大胆] ❖~だ 대담하다 テーダマダ

たいちょう [体調] 몸의 상태 モメ サンテ;컨디션 コンディション

だいちょう [大腸] 대장 テージャン

タイツ [tights] 타이츠 タイチュ

たいてい [大抵] ①대강 テーガン;대개 テーゲ;대부분 テーブブン ②(いつもは) 보통 ポトン ③(大体) 대부분 テーブブン;대체로 テーチェロ

タイト [tight] 타이트 タイトゥ 関 タイトスカート 타이트스커트 タイトゥスコートゥ

たいど [態度] 태도 テード 例 態度があまり気に入りません。 태도가 별로 마음에 안 들어요. テードガ ピョルロ マウメ アン ドウロヨ

たいとう [対等] ❖~だ 대등하다 テードゥンハダ

だいとうりょう [大統領] 대통령 テートンニョン

だいどころ [台所] 부엌 プオク;주방 チュバン

タイトル [title] 타이틀 タイトゥル;표제 ピョジェ;제목 チェモク

だいなし [台無し] 엉망 オンマン ❖~にする 망치다 マンチダ

だいに [第二] 제이 チェーイ;둘째 トゥールッチェ

たいのう [滞納] 체납 チェナプ ❖~する 체납하다 チェナパダ

だいのう [大脳] 대뇌 テーヌェ

たいは [大破] 대파 テーパ ❖~する 대파하다 テーパハダ

たいひ [対比] 대비 テービ ❖~する 대비하다 テービハダ

たいひ [待避] 대피 テーピ ❖~す

る 대피하다 テーピハダ
たいひ [退避] 퇴피 トウェーピ ❖~する 퇴피하다 トウェーピハダ
だいひょう [代表] 대표 テーピョ ❖~的な 대표적인 テーピョジョギン ❖~する 대표하다 テーピョハダ 例 チームを代表してあいさつ致します。팀을 대표해서 인사드리겠습니다. ティムル テーピョヘソ インサドゥリゲッスムニダ 関代表作 대표작 テーピョジャク/代表者 대표자 テーピョジャ/代表団 대표단 テーピョダン
ダイビング [diving] 다이빙 タイビン 関スカイダイビング 스카이다이빙 スカイダイビン
タイプ [type] 타입 タイプ;스타일 スタイル
だいぶ [大分] ①(相当に) 상당히 サンダンイ 例大分辛いけどおいしいです。상당히 맵지만 맛있어요. サンダンイ メプチマン マシッソヨ ②(かなり) 꽤 ックェ 例最近大分人気があります。요즘 꽤 인기가 있어요. ヨジュム ックェ インッキガ イッソヨ ③(思いのほか) 제법 チェボプ 例 1年の間に大分大きくなりましたね。1(일)년 사이에 제법 컸네요. イルリョン サイエ チェボプ コンネヨ
たいふう [台風・颱風] 태풍 テプン 例台風が来ても飛行機は飛びますか。태풍이 와도 비행기는 뜨나요? テプンイ ワド ピヘンギヌン ットゥナヨ 関台風警報 태풍 경보 テプン キョーンボ
だいぶぶん [大部分] 대부분 テーブブン;태반 テバン

たいへいよう [太平洋] 태평양 テピョンヤン
たいへん [大変] ①(大事) 큰일 クニル;대사건 テーサッコン ②(とても) 매우 メウ;몹시 モープシ;대단히 テーダニ 例映画は大変面白かったです。영화는 매우 재미있었어요. ヨンフヮヌン メウ チェミイッソッソヨ ③(ものすごい) ❖~な 대단한 テーダナン;굉장한 クェンジャンハン;엄청난 オムチョンナン 例大変実力ですね。대단한 실력이네요. テーダナン シルリョギネヨ ④(苦労などが甚だしい) ❖~だ 힘들다 ヒムドゥルダ;혼나다 ホンナダ;고생하다 コセンハダ;큰일이다 クニリダ 例言葉が通じなくて大変な目に遭いました。말이 안 통해서 정말 혼났어요. マーリ アン トンヘソ チョーンマル ホンナッソヨ
だいべん [大便] 대변 テービョン;똥 ットン
だいべん [代弁] 대변 テービョン ❖~する 대변하다 テービョナダ
たいほ [逮捕] 체포 チェポ ❖~する 체포하다 チェポハダ ❖~される 체포되다 チェポドゥェダ 関緊急逮捕 긴급 체포 キングプ チェポ/別件逮捕 별건 체포 ピョルッコン チェポ
たいほう [大砲] 대포 テーポ
たいぼう [待望] 대망 テーマン
だいほん [台本] 대본 テボン
たいま [大麻] 대마초 テーマチョ
タイマー [timer] 타이머 タイモ 関セルフタイマー 셀프 타이머 セルプ タイモ

たいまつ [松明] 횃불 フェップル
タイミング [timing] 타이밍 タイミン 園 グッドタイミング 굿 타이밍 クッ タイミン
タイム [time] 타임 タイム
だいめい [題名] 제명 チェミョン；표제명 ピョジェミョン；제목 チェモク
たいめん [体面] 체면 チェミョン
タイヤ [tire] 타이어 タイオ
たいやく [対訳] 대역 テーヨク 園 対訳本 대역본 テーヨクポン
だいやく [代役] 대역 テーヨク
ダイヤモンド [diamond] 다이아몬드 タイアモンドゥ
ダイヤル [dial] 다이얼 タイオル
たいよ [貸与] 대여 テーヨ ❖～する 대여하다 テーヨハダ
たいよう [太陽] 태양 テヤン；해 ヘ 例 どこで太陽が昇るのを見られますか。어디서 해 뜨는 것을 볼 수 있어요? オディソ ヘットゥヌン ゴスル ポル ス イッソヨ
だいよう [代用] 대용 テーヨン ❖～する 대용하다 テーヨンハダ
たいら [平ら] ❖～だ 평평하다 ピョンピョンハダ；평탄하다 ピョンタンハダ
だいり [代理] 대리 テーリ ❖～する 대리하다 テーリハダ 園 代理人 대리인 テーリイン
たいりく [大陸] 대륙 テーリュク
だいりせき [大理石] 대리석 テーリソク
たいりつ [対立] 대립 テーリプ ❖～する 대립하다 テーリパダ
たいりゅう [滞留] ①(留まる) 체류 チェリュ；체재 チェジェ ②(滞る) 정체 チョンチェ ❖～する ①(留まる) 체류하다 チェリュハダ ②(滞る) 정체되다 チョンチェドウェダ 園 滞留期間 체류 기간 チェリュ キガン
たいりょう [大量] 대량 テーリャン
たいりょく [体力] 체력 チェリョク 園 体力テスト 체력 테스트 チェリョク テストゥ / 基礎体力 기초 체력 キチョ チェリョク
タイル [tile] 타일 タイル
ダイレクトメール [direct mail] 다이렉트 메일 タイレクトゥ メイル
たいわ [対話] 대화 テーフワ ❖～する 대화하다 テーフワハダ
たいわん [台湾] 대만 テマン
たうえ [田植え] 모내기 モネギ
たえず [絶えず] ①끊임없이 ックニモプシ ②(常に) 항상 ハンサン ③(いつも) 언제나 オーンジェナ
たえま [絶え間] 틈새 トゥムセ；사이 サイ ❖～ない 끊임없는 ックニモムヌン ❖～なく 끊임없이 ックニモプシ
たえる [耐える・堪える] ①견디다 キョンディダ；참다 チャームタ 例 腹が立って耐えられません。화가 나서 견딜 수가 없어요. フワーガ ナソ キョンディル スガ オープソヨ / お腹が空いてこれ以上耐えられません。배가 고파서 더 이상 참을 수가 없어요. ペガ コパソ イーサン チャームル スガ オープソヨ ②(持ちこたえる) 견디다 キョンディダ；지탱하다 チテンハダ 例 あとどれくらい耐えなければなりませんか。얼마나 더 견뎌야 하나

たえる

요? オルマナト キョンデヨヤ ハナヨ ③(値する《動詞の未来連体形＋만하다》の形で) **例** 十分に鑑賞にたえる作品です。충분히 감상할 만한 작품이에요. チュンブニ カムサンハル マナン チャクプミエヨ

たえる [絶える] (途絶える) 끊기다 ックンキダ；끊어지다 ックノジダ **例** 連絡が途絶えている友達を探したいです。소식이 끊긴 친구를 찾고 싶어요. ソシギ ックンキン チングルル チャッコ シポヨ

たおす [倒す] ①(横たえる) 쓰러뜨리다 ッスロットゥリダ ②(一方向に傾けて倒す) 넘어뜨리다 ノモットゥリダ **例** テーブルの上に置いてあった花瓶を誤って倒してしまいました。테이블 위에 놓여 있던 꽃병을 잘못해서 넘어뜨리고 말았어요. テイブル ウィエ ノョ イットン ッコッピョンウル チャルモッテソ ノモットゥリゴ マーラッソヨ ③(敵を) 쳐부수다 チョブスダ；꺾다 ッコクタ **例** 敵は皆, 倒せ! 적은 모두 쳐부숴라! チョグン モドゥ チョブスォラ / 相手チームを倒して優勝しました。상대 팀을 꺾고 우승했어요. サンデ ティムル ッコクコ ウスンヘッソヨ

タオル [towel] 타월 タウォル

たおれる [倒れる] ①(力が抜けて倒れたり, 外力によって地に横たわる) 쓰러지다 ッスロジダ **例** 急にめまいがして倒れました。갑자기 현기증으로 쓰러졌어요. カプチャギ ヒョンギッチュンウロ ッスロジョッソヨ ②(一方向に外力などにより倒れる) 넘어지다 ノモジダ **例** 看板が倒れてびっくりしました。간판이 넘어져서 깜짝 놀랐어요. カンパニ ノモジョソ ッカムッチャン ノールラッソヨ

たか [鷹] 매 メー

だが 그러나 クロナ；그렇지만 クロッチマン；하지만 ハジマン

たかい [高い] ①높다 ノプタ **例** 韓国で一番高い山は漢拏山(ハルラサン)です。한국에서 가장 높은 산은 한라산이에요. ハーングゲソ カジャン ノプン サヌン ハルラサニエヨ ②(背丈が) 크다 クダ **例** 中学生にしては背が高い方です。중학생 치고는 키가 큰 편이에요. チュンハクセン チゴヌン キガ クン ピョニエヨ ③(金額が) 비싸다 ピッサダ **例** どうしてこんなに高いのですか。왜 이렇게 비싸요? ウェー イロッケ ピッサヨ

たがい [互い] 서로 ソロ；상호 サンホ ❖〜に 서로 ソロ

だかい [打開] 타개 タゲ ❖〜する 타개하다 タゲハダ

たがえる [違える] 어기다 オギダ

たがく [多額] 다액 タエク

たかさ [高さ] 높이 ノピ

だがっき [打楽器] 타악기 タアクキ

たかとび [高跳び] 높이뛰기 ノピトゥイギ

たかなる [高鳴る] 두근거리다 トゥグンゴリダ

たかね [高値] 비싼 값 ピッサン ガプ；고가 コカ

たかのぞみ [高望み] 분에 넘치는 소망 プネ ノームチヌン ソマン；지나친 욕심 チナチン ニョクシム

たかびしゃ [高飛車] ❖~な 위압적인 ウィアプチョギン

たかぶる [高ぶる・昂ぶる] 흥분하다 フンブナダ

たかまる [高まる] ①(高くなる) 높아지다 ノパジダ ②(上がる) 오르다 オルダ ③(高調する) 고조되다 コジョドウェダ

たかめる [高める] 높이다 ノピダ

たがやす [耕す] 일구다 イルグダ; 경작하다 キョンジャカダ

たから [宝] 보배 ポーベ; 보물 ポームル

だから ①그러니까 クロニッカ; 그래서 クレソ 例 だからいつも遅刻するんでしょう。그러니까 맨날 지각하죠. クロニッカ メンナル チガカジョ ②(理由)-(으)니까 (ウ)ニッカ; 때문 ッテムン

たからくじ [宝籤] 복권 ポックォン

たき [滝] 폭포 ポクポ

だきょう [妥協] 타협 ターヒョプ ❖~する 타협하다 ターヒョパダ 関 妥協案 타협안 ターヒョバン

たく [炊く] 짓다 チーッタ

たく [焚く] ①(たき火を) 지피다 チピダ ②(燃やす) 태우다 テウダ

だく [抱く] ① 안다 アーンタ ②(胸に秘める・思う) 품다 プムタ

たくあん [沢庵] 단무지 タンムジ

たぐい [類] ①(種類) 종류 チョーンニュ ②(類似) 유례 ユーリェ

たくさん [沢山] ❖~の 많은 マーヌン 例 たくさんの人が集まる所は嫌です。많은 사람들이 모이는 곳은 싫어요. マーヌン サーラムドゥリ モイヌン ゴスン シロヨ ②(多くに) 많이 マーニ 例 たくさん買うから少しまけてください。많이 살 테니까 좀 깎아 주세요. マーニ サル テニッカ チョム ッカッカ ジュセヨ ③(飽き飽きするくらい十分だ) 이제 됐다 イジェ トゥェッタ; 질색이다 チルセギダ 例 辛い料理はもうたくさんです。매운 음식은 이제 됐어요. メウン ウームシグン イジェ トゥェッソヨ

タクシー [taxi] 택시 テクシ 関 タクシー料金 택시 요금 テクシ ヨーグム

タクシーのりば [タクシー乗り場] 택시 타는 곳 テクシ タヌン ゴッ 例 タクシー乗り場はどこですか。택시 타는 곳이 어디예요? テクシ タヌン ゴシ オディエヨ

たくする [託する] ①(任せる) 맡기다 マッキダ ②(依頼する) 부탁하다 プータカダ; 의탁하다 ウイタカダ

たくはい [宅配] 택배 テクペ

たくましい [逞しい] ①(億せる) 억세다 オクセダ; 다부지다 タブジダ ②(旺盛だ) 힘차다 ヒムチャダ; 강인하다 カンイナダ; 왕성하다 ワーンソンハダ

たくみ [巧み] ❖~だ 능숙하다 ヌンスカダ; 교묘하다 キョミョハダ

たくらみ [企み] ①꾀 ックェ ②(陰謀) 음모 ウムモ

たくらむ [企む] 꾀하다 ックェハダ; 꾸미다 ックミダ

たくわえ [蓄え] ①(備蓄) 비축 ピチュク ②(貯金) 저금 チョーグム

たくわえる [蓄える・貯える] ①(集めておく) 모아 두다 モア ドゥ

ダ ②(備蓄する) 비축하다 ピチュカダ ③(貯蓄する) 저축하다 チョーチュカダ ④(貯蔵する) 저장하다 チョージャンハダ

たけ [竹] 대나무 テナム 関 竹の子 죽순 チュクスン / 竹細工 죽세공 チュクセゴン

たけ [丈] ①(背丈) 키 キ ②(物の長さ) 길이 キリ ; 기장 キジャン

-だけ ①(限定) 만 マン ; 뿐 ップン 例 安くていい店だけを紹介してください。 싸고 좋은 가게만 소개해 주세요. ッサゴ チョーウン カーゲマン ソゲヘ ジュセヨ ②(ある範囲まで) 만큼 マンクム ; 까지 ッカジ 例 持っていっただけ全て使ってきました。 가져간 만큼 다 쓰고 왔어요. カジョガン マンクム ターッスゴ ワッソヨ ③(すればするだけ) ㄹ / 을 수록 ル / ウルスロク ; ㅁ / 음에 따라 ム / ウメ ッタラ ; 만큼 マンクム 例 練習すればするだけ実力も伸びます。 연습하면 할수록 실력도 늘어요. ヨンスパミョン ハルスロク シルリョクト ヌロヨ / お肌は手を掛ければ掛けただけ美しくなります。 피부는 가꾸면 가꾼 만큼 예뻐져요. ピブヌン カックミョン カックン マンクム イェーッポジョヨ

だげき [打撃] ①타격 ターギョク ②(衝撃) 충격 チュンギョク ③(損害) 손해 ソーネ ; 피해 ピーヘ

だけつ [妥結] 타결 タギョル ❖~する 타결하다 タギョラダ ❖~れる 타결되다 タギョルドゥェダ

たこ [凧・紙鳶] 연 ヨン 関 たこあげ 연날리기 ヨンナルリギ

たこ [蛸] ①(手長・真) 낙지 ナクチ ②(水) 문어 ムノ

たこ [胼胝] 못 モッ ; 굳은살 クドゥンサル 関 耳にたこができる 귀에 못이 박히다 クィエ モシ パキダ

たこく [他国] 타국 タグク ; 타향 タヒャン

たこくせき [多国籍] 다국적 タグクチョク

たさい [多彩] 다채 タチェ ❖~だ 다채롭다 タチェロプタ

ださん [打算] 타산 ターサン 関 打算的 타산적 ターサンジョク

たしか [確か] ①(確実だ・間違いない) ❖~だ 확실하다 フヮクシラダ ; 틀림없다 トゥルリモプタ 例 この電話番号は確かですか。 이 전화번호가 확실해요? イ チョーヌヮボノガ フヮクシレヨ / 確かな効果が見られますよね。 틀림없는 효과를 볼 수 있지요? トゥルリモムヌン ヒョーグヮルル ポル ス イッチョ ❖~に 틀림없이 トゥルリモプシ ②(明らかだ) ❖~だ 분명하다 プンミョンハダ ❖~に 분명히 プンミョンイ 例 確かに料金は前もって払いました。 분명히 요금은 미리 냈어요. プンミョンイ ヨーグムン ミリ ネッソヨ ③(正確だ) ❖~だ 정확하다 チョーンフヮカダ 例 その旅行社なら確かですから心配しないでください。 그 여행사라면 정확하니까 걱정 마세요. クヨヘンサラミョン チョーンフヮクハニッカ コクチョン マーセヨ ④(たぶん) 아마 アマ 例 確かここで会うはずでした。 아마 여기서 만나기로 했던 것 같아요. アマ ヨギソ マン

ナギロ ヘットン ゴッ カタヨ

たしかめる［確かめる］확인하다 フワギナダ

たしざん［足し算］덧셈 トッセム

たしなみ［嗜み］①（好み）기호 キホ ②（芸事などの素養）소양 ソヤン

たしなめる［窘める］타이르다 タイルダ；나무라다 ナムラダ

たしょう［多少］①（多い少ない）다소 タソ；많고 적다 マーンコ チョークタ 例 経験の多少は問いません。경험의 많고 적은 것은 상관없습니다. キョンホメ マーンコ チョーグン ゴスン サングワンオプスムニダ ②（若干・少しは）다소 タソ；조금 チョグム；약간 ヤッカン 例 多少高くてもおいしい所に連れて行ってください。다소 비싸더라도 맛있는 곳에 데려가 주세요. タソ ピッサドラド マシンヌン ゴセ テリョガ ジュセヨ

たす［足す］①더하다 トハダ ②（不足分を補充する・加える）채우다 チェウダ；더 넣다 ト ノッタ

だす［出す］①내다 ネーダ；꺼내다 ッコーネダ；내놓다 ネーノッタ 例 冷蔵庫から飲み物を出して飲みました。냉장고에서 음료수를 꺼내 마셨어요. ネーンジャンゴエソ ウムニョスルル ッコーネ マショッソヨ ②（前につきだす）내밀다 ネーミルダ 例 手を出して握手をお願いしました。손을 내밀어서 악수를 청했어요. ソヌル ネーミロソ アクスルル チョンヘッソヨ ③（手紙などを送る）보내다 ポネダ；부치다 プチダ 例 手紙を日本に出したいのですが。편지를 일본으로 부치고 싶은데요. ピョンジルル イルボヌロ プチゴ シプンデヨ ④（提出する）제출하다 チェチュラダ；내다 ネーダ 例 パスポートのコピーだけを出せばいいですか。여권 복사한 것만 제출하면 되나요? ヨクォン ポクサハン ゴンマン チェチュラミョン ドウェナヨ

たすう［多数］다수 タス

たすかる［助かる］①（危機的な状況から逃れる）살아나다 サラナダ ②（一命を取り留める）목숨을 건지다 モクスムル コンジダ 例 危ういところで命だけは助かりました。간신히 목숨만 건졌어요. カンシニ モクスムマン コンジョッソヨ ③（被害を免れる）무사하다 ムサハダ 例 スリに遭いはしましたが、パスポートが助かって良かったです。소매치기를 당하긴 했어도 여권이 무사해서 다행이에요. ソメチギルル タンハギン ヘッソド ヨクォニ ムサヘソ タヘンイエヨ ④（苦労や費用が掛からない）편해지다 ピョネジダ；도움이 되다 トウミ トゥェダ 例 この辞書があって旅行するのに助かっています。이 사전이 있어서 여행하는 데 정말 도움이 돼요. イ サジョニ イッソソ ヨヘンハヌン デ チョンマル トウミ トゥェヨ ⑤（ありがたい）고맙다 コーマプタ 例 今度のことは本当に助かりました。이번 일은 정말 고마웠어요. イボン ニールン チョンマル コマウォッソヨ ⑥（よかった）살았다 サラッタ；좋았다 チョーアッタ 例 料理が口に合

って助かりました。食べ物が口に合って生きる気がします。ウームシギ イベ マジャソ サル コッ カタヨ
たすけ [助け] ①도움 トウム ②(救助) 구조 クージョ ③(救援) 구원 クーウォン
たすけあう [助け合う] 서로 돕다 ソロ トプタ；협조하다 ヒョプチョハダ
たすけだす [助け出す] 살려내다 サルリョネダ
たすける [助ける] ①(救助する) 구하다 クーハダ；살리다 サルリダ；구조하다 クジョハダ 例 危ないところを助けていただいてありがとうございます。죽을 뻔했는데 구해 주셔서 감사합니다。チュグルッポネンヌンデ クーヘ ジュショソ カームサハムニダ/助けてください。사람 살려요。サーラム サルリョヨ ②(力を貸して事をうまく運ばせる) 돕다 トプタ 例 家計を助けるために仕事を始めました。가계를 돕기 위해 일을 시작했어요。カゲルル トプキ ウィヘ イールル シージャケッソヨ
たずさえる [携える] ①(携帯する) 휴대하다 ヒュデハダ ②(持つ) 들다 トゥルダ ③(身に付ける) 지니다 チニダ
たずさわる [携わる] ①(関係する) 관계하다 クヮンゲハダ ②(関与する) 관여하다 クヮニョハダ ③(従事する) 종사하다 チョンサハダ
たずねる [訪ねる] ①찾다 チャッタ 例 伝統文化を学ぶために民俗村を訪ねました。전통문화를 배우기 위해 민속촌을 찾았어요。チョントンムヌヮルル ペウギ ウィヘ ミンソクチョヌル チャジャッソヨ ②(訪ねていく) 찾아가다 チャジャガダ ③(訪問する) 방문하다 パーンムナダ 例 板門店を訪ねることはできますか。판문점을 방문할 수 있어요? パンムンジョムル パーンムナル ス イッソヨ ④(訪ねてくる) 찾아오다 チャジャオダ
たずねる [尋ねる] ①묻다 ムータ；물어보다 ムロボダ《敬語》여쭙다 ヨッチュプタ 例 道を尋ねてもいいでしょうか。길을 좀 물어봐도 될까요? キルル チョム ムーロブヮド ドゥェルッカヨ/ちょっとお尋ねしたいのですが。말씀 좀 여쭙겠는데요。マールッスム チョム ヨッチュプケンヌンデヨ ②(探し回る) 찾다 チャッタ
だせい [惰性] ①타성 ターソン ②(習慣) 습관 スプクヮン
たそがれ [黄昏] 황혼 フヮンホン；해질 무렵 ヘジル ムリョプ
ただ [只] ①(無料) 공짜 コンッチャ；무료 ムリョ ②(普通) ❖~の 보통 ポートン；예사 イェーサ
ただ [唯] ①(ひたすら) 오직 オジク；그저 クジョ；오로지 オロジ 例 ただ会えればいいです。그저 만날 수 있으면 돼요。クジョ マンナル ス イッスミョン ドゥェヨ ②(単に) 단지 ターンジ ③(ただし) 다만 ターマン；그러나 クロナ 例 洋服店に行きたいです。ただ、手ごろな値段の所を案内してください。옷가게에 가고 싶어요。다만, 저렴한 곳을 안내해 주세요。オッ カゲエ

カゴ シポヨ ターマン チョリョマン ゴスル アーンネヘ ジュセヨ

ただいま [只今] ①(現在) 지금 チグム;현재 ヒョンジェ ②(すぐに) 곧 コッ;지금 チグム;막 マク ③(さきほど) 방금 パングム

たたえる [称える] ①기리다 キリダ ②(称賛する) 칭찬하다 チンチャナダ

たたえる [湛える] ①(水などを満たす) 채우다 チェウダ ②(感情を顔に表す) 나타내다 ナタネダ;띠다 ッティダ

たたかい [戦い・闘い] ①(けんか) 싸움 ッサウム ②(戦争) 전쟁 チョーンジェン ③(闘争) 투쟁 トゥジェン

たたかう [戦う・闘う] ①싸우다 ッサウダ ②(戦争する) 전쟁하다 チョーンジェンハダ ③(戦闘する) 전투하다 チョーントゥハダ ④(競う) 겨루다 キョルダ ⑤(競争する) 경쟁하다 キョーンジェンハダ ⑥(試合する) 시합하다 シハパダ ⑦(闘争する) 다투다 タトゥダ;투쟁하다 トゥジェンハダ ⑧(苦しみや困難と) 싸우다 ッサウダ

たたく [叩く] ①(殴る) 때리다 ッテリダ 例 叩かないでください。때리지 마세요. ッテリジ マーセヨ ②(扉などを) 두드리다 トゥドゥリダ 例 窓を叩かないでください。창문을 두드리지 마세요. チャンムヌル トゥドゥリジ マーセヨ ③(手や物を持って) 치다 チダ 例 公演中に手を叩いたらいけませんか。공연 중에 손뼉을 치면 안 돼요? コンヨン ジュンエ ソンピョグル チミョ

ン アン ドゥェヨ

ただごと [只事] 보통 일 ポートン ニール

ただし [但し] 단 ターン;다만 ターマン

ただしい [正しい] ①(きちんとしている) 바르다 パルダ;곧다 コッタ 例 正しい姿勢で座ってください。바른 자세로 앉으세요. パルン チャセロ アンジュセヨ ②(正当だ) 정당하다 チョーンダンハダ;옳다 オルタ;맞다 マッタ;올바르다 オルバルダ 例 正しいお言葉です。맞는 말씀입니다. マンヌン マールッスミムニダ ③(言動や心構え、作法・判断が) 바르다 パルダ;옳다 オルタ;맞다 マッタ ❖正しく 바르게 パルゲ;옳게 オルケ;바로 パロ;올바로 オルバロ 例 礼儀正しく挨拶する方法を教えてください。예의 바르게 인사하는 법을 가르쳐 주세요. イェイ パルゲ インサハヌン ボブル カルチョ ジュセヨ

ただす [正す] ①(改める・直す) 바로잡다 パロジャプタ;고치다 コチダ ②(姿勢を) 바로하다 パロハダ;고치다 コチダ

たたずむ [佇む] 잠시 멈추어 서 있다 チャームシ モムチュオ ソ イッタ;우두커니 서 있다 ウドゥコニ ソ イッタ

ただちに [直ちに] 곧 コッ;즉시 チュクシ;당장 タンジャン

たたむ [畳む] ①개다 ケダ 例 ホテルのオンドル《朝鮮半島で普及している床暖房》部屋では自分で布団をたたまなければいけ

ませんか。호텔 온돌방은 스스로 이불을 개야 해요? ホテル オンドルパンウン ススロ イブルル ケーヤヘヨ ②(幾重にも折り重ねる) 접다 チョプタ 例この書類は折りたたんでもいいですか。이 서류는 접어도 돼요? イ ソリュヌン チョボドドゥェヨ

ただよう [漂う] ①(浮いて揺れ動く) 떠다니다 ットダニダ; 떠돌다 ットドルダ ②(さ迷う) 방황하다 パンファンハダ; 헤매다 ヘメダ ③(雰囲気や気分が) 감돌다 カームドルダ

たたり [祟り] 지벌 チボル; 저주 チョージュ

たたる [祟る] ①지벌을 입다 チボルル イプタ ②(悪い結果をもたらす) 탈이 되다 ターリ トゥェダ

たち [質] ①(性格) 성질 ソーンジル ②(体質) 체질 チェジル ③(気質) 기질 キジル

-たち [-達] 들 トゥル 例人たち 사람들 サーラムドゥル

たちあい [立ち会い] 입회 イペ

たちあう [立ち合う] 입회하다 イペハダ

たちあがる [立ち上がる] ①(起立する) 일어서다 イロソダ ②(煙などが) 솟아오르다 ソサオルダ ③(困難や苦境などから) 다시 일어서다 タシ イロソダ; 회복하다 フェボカダ ④(行動を起こす) 일어서다 イロソダ

たちあげる [立ち上げる] ①(事業などを) 일으키다 イルキダ ②(パソコンを) 기동하다 キドンハダ; 부팅시키다 プティンシキダ

たちいり [立ち入り] 출입 チュリプ 関立入禁止 출입 금지 チュリプ クームジ / 立ち入り検査 현장 검사 ヒョーンジャン コームサ

たちいる [立ち入る] ①(入る) 들어가다 トゥロガダ; 출입하다 チュリパダ ②(干渉する) 간섭하다 カンソパダ

たちうお [太刀魚] 갈치 カルチ

たちおうじょう [立ち往生] ❖~する 오도 가도 못 하다 オド ガド モー タダ

たちぎき [立ち聞き] ❖~する 엿듣다 ヨットゥッタ

たちきる [断ち切る] 자르다 チャルダ; 절단하다 チョルタナダ; 끊다 ックンタ

たちさる [立ち去る] ①떠나다 ットナダ ②(退く) 물러가다 ムルロガダ

たちどまる [立ち止まる] 멈추어 서다 モムチュオ ソダ

たちなおる [立ち直る] ①도로 일어서다 トロ イロソダ ②(回復する) 회복되다 フェボクトゥェダ

たちのく [立ち退く] 떠나다 ットナダ; 물러나다 ムルロナダ

たちば [立場] ①(地位・境遇) 입장 イプチャン ②(置かれている状況) 처지 チョージ; 형편 ヒョンピョン 例断れる立場ではありませんでした。거절할 처지가 아니었어요. コージョラル チョージガ アニオッソヨ ③(観点) 관점 クヮンッチョム ④(見地) 견지 キョンジ

たちまち [忽ち] ①(すぐに) 금세 クムセ; 곧 コッ; 순식간에 スンシクカネ ②(急に) 갑자기 カプチャギ

たちむかう [立ち向かう] 맞서다 マッソダ
だちょう [駝鳥] 타조 タージョ
たちよる [立ち寄る] 들르다 トゥルルダ 例ここに立ち寄ってから行きたいです。여기 들렀다가 가고 싶어요. ヨギ トゥルロッタガ カゴ シポヨ
たつ [立つ・建つ] ①(人や建物が)서다 ソダ 例ここにいつマンションが建ちましたか。여기에 언제 아파트가 섰어요? ヨギエ オーンジェ アパートゥガ ソッソヨ ②(波などが)일다 イールダ
たつ [発つ] 떠나다 ットナダ; 출발하다 チュルバラダ
たつ [経つ] ①(過ぎる) 지나다 チナダ ②(経過する) 경과하다 キョングヮハダ ③(月日が流れる) 흐르다 フルダ
たつ [断つ・絶つ] ①(断絶する) 끊다 ックンタ ②(酒やタバコをやめる) 그만두다 クマンドゥダ; 끊다 ックンタ 例健康のために酒を断ちます。건강을 위해 술을 끊겠어요. コーンガンウル ウィヘ スルル ックンケッソヨ ③(関係などを) 끊다 ックンタ ④(遮断する) 차단하다 チャダナダ
たっきゅう [卓球] 탁구 タクク
たっしゃ [達者] ❖~だ ①(元気だ) 건강하다 コーンガンハダ ②(ある分野や技術に熟達している) 능숙하다 ヌンスカダ
だっしゅ [奪取] 탈취 タルチュィ ❖~する 탈취하다 タルチュィハダ
ダッシュ [dash] ①대시 テシ ❖~する 대시하다 テシハダ ②(記号) 대시 テシ
だっしゅう [脱臭] 탈취 タルチュィ ❖~する 탈취하다 タルチュィハダ 関脱臭剤 탈취제 タルチュィジェ
だっしゅつ [脱出] 탈출 タルチュル ❖~する 탈출하다 タルチュラダ
たつじん [達人] 달인 タリン
たっする [達する] 이르다 イルダ; 다다르다 タダルダ; 도달하다 トーダラダ
たっせい [達成] 달성 タルソン ❖~する 달성하다 タルソンハダ ❖~される 달성되다 タルソンドゥェダ
だつぜい [脱税] 탈세 タルセ ❖~する 탈세하다 タルセハダ
だっせん [脱線] 탈선 タルソン ❖~する ①(路線から外れる) 탈선하다 タルソナダ; 탈선되다 タルソンドゥェダ ②(話が横にそれる) 벗어나다 ポソナダ
たった 단지 タンジ; 겨우 キョウ
だったい [脱退] 탈퇴 タルトゥェ ❖~する 탈퇴하다 タルトゥェハダ
たったいま [たった今] 방금 パングム; 지금 チグム; 막 マク
タッチ [touch] 터치 トチ ❖~する 터치하다 トチハダ
たっぷり 잔뜩 チャンットゥク; 듬뿍 トゥムップク; 많이 マーニ 例海鮮がたっぷり入っている鍋がいいです。해물이 듬뿍 들어 있는 찌개가 좋아요. ヘムリ トゥムップク トゥロインヌン ッチゲガ チョーアヨ / 野菜をたっぷり載せてください。채소를 잔뜩 얹어 주세요. チェーソ

ルル チャンットウク オンジョ ジュセヨ

たつまき [竜巻] 회오리바람 フェオリバラム；용숫바람 ヨンスッパラム

だつもう [脱毛] 탈모 タルモ ❖～する 탈모하다 タルモハダ 関 脱毛症 탈모증 タルモッチュン

だつらく [脱落] 탈락 タルラク ❖～する 탈락하다 タルラカダ

たて [盾・楯] 방패 パンペ

たて [縦] 세로 セーロ ❖～に 세로로 セーロロ 関 縦書き 세로쓰기 セーロッスギ

たてまえ [立前・建前] ①(原則) 원칙 ウォンチク ②(方針) 방침 パンチム

たてもの [建物] 건물 コーンムル

たてる [建てる] ①(家を) 짓다 チータ 例 日本では木で家を建てます。일본에서는 나무로 집을 지어요. イルボネソヌン ナムロ チブル チオヨ ②(学校や公共施設または銅像など) 세우다 セウダ ③(建設する) 건설하다 コーンソラダ

たてる [立てる] ①(縦にする) 세우다 セウダ ②(差す) 꽂다 ッコッタ ③(計画などを作成する) 세우다 セウダ 例 次の旅行の計画は立てましたか。다음 여행 계획은 세웠어요? タウム ヨヘン ケーフェグン セウォッソヨ ④(生じさせる) 일으키다 イルキダ

だとう [妥当] ❖～だ 타당하다 タ—ダンハダ

だとう [打倒] 타도 タード ❖～する 타도하다 タードハダ

たどうし [他動詞] 타동사 タドンサ

たとえ [例え] 비유 ピユ；예 イェー

たとえ [仮令] 가령 カーリョン；비록 ピロク 例 たとえ雨が降っても日程はそのままですか。가령 비가 오더라도 일정은 그대로예요? カーリョン ピガ オドラド イルチョンウン クデロエヨ / たとえ会えなくても，大丈夫です。비록 못 만나더라도 괜찮아요. ピロン モーン マンナドラド クェンチャナヨ

たとえば [例えば] ①예컨대 イェーコンデ ②(例を挙げれば) 예를 들면 イェールル トゥルミョン 例 食べられない料理は，たとえば何がありますか。못 먹는 음식, 예를 들면 뭐가 있을까요? モーン モンヌン ウームシク イェールル トゥルミョン ムォーガ イッスルッカヨ

たとえる [例える・譬える・喩える] ①(例を挙げる) 예를 들다 イェールル トゥルダ ②(比喩する) 비유하다 ピーユハダ

たどる [辿る] 더듬다 トドゥムタ；더듬더듬 걸어가다 トドゥムドドゥム コロガダ

たな [棚] 선반 ソンバン

たなおろし [棚卸し] 재고 조사 チェーゴ チョサ

たなばた [七夕] 칠석 チルソク

たに [谷] 골짜기 コルッチャギ

だに [壁蝨] 진드기 チンドゥギ

たにん [他人] ①타인 タイン；남 ナム ②(第三者) 제삼자 チェーサムジャ

たぬき [狸] 너구리 ノグリ

たね [種] ①(植物の) 종자 チョンジャ；씨 ッシ；씨앗 ッシアッ ②(事件の火種) 불씨 プルッシ；원

たのしい [楽しい] ①즐겁다 チュルゴプタ 例楽しい時間でした。즐거운 시간이었습니다. チュルゴウン シガニオッスムニダ ②(面白い) 재미있다 チェミイッタ ③(愉快だ) 유쾌하다 ユクェハダ

たのしみ [楽しみ] ①(楽しいこと) 즐거움 チュルゴウム；낙 ナク 例旅行は私の人生の楽しみです。여행은 제 삶의 낙이에요. ヨヘンウン チェ サールメ ナギエヨ ②(期待) 기다리다 キダリダ；기대되다 キデドゥェダ 例お会いできる日を楽しみにしています。만날 날을 기다리고 있겠습니다. マンナル ナル キダリゴ イッケッスムニダ / 将来が楽しみですね。장래가 기대되네요. チャンネガ キデドゥェネヨ

たのしむ [楽しむ] ①(楽しく思う) 즐기다 チュルギダ 例たまに伝統音楽を聴いて楽しみます。가끔 전통음악을 듣고 즐겨요. カックム チョントンウマグル トゥッコ チュルギョヨ ②(趣味とする) 취미로 삼다 チュィーミロ サームタ；좋아하다 チョーアハダ；즐기다 チュルギダ 例庭園の手入れを楽しんでいます。정원 가꾸는 것을 좋아해요. チョンウォン カックヌン ゴスル チョーアヘヨ

たのみ [頼み] ①(依頼) 부탁 プータㇰ；의뢰 ウイルェ ②(頼り) 의지 ウイージ；희망 ヒマン

たのむ [頼む] ①(依頼する) 부탁하다 プータカダ；의뢰하다 ウイルェハダ 例明日の公演のチケットを頼んでもいいでしょうか。내일 공연 티켓을 부탁해도 될까요? ネイル コンヨン ティケスル プータケド ドゥェルッカヨ ②(注文する) 주문하다 チュムナダ；시키다 シキダ 例さっき頼んだ料理がまだですが。아까 주문한 음식이 아직 안 나왔는데요. アッカ チュームナン ウームシギ アジク アン ナワンヌンデヨ ③(任せる) 부탁하다 プータカダ；맡기다 マッキダ 例出発するまで荷物を頼んでもいいでしょうか。출발할 때까지 짐을 맡겨도 될까요? チュルバラル ッテッカジ チムル マッキョド ドゥェルッカヨ

たのもしい [頼もしい] 믿음직하다 ミドゥムジカダ

たば [束] 다발 タバル；묶음 ムックム 関花束 꽃다발 ッコッタバル / 一束 한 다발 ハン ダバル / 한 묶음 ハン ムックム

たばこ [煙草] 담배 タームべ 例タバコをお吸いになりますか。담배를 피우세요? タームベルル ピウセヨ

たはた [田畑・田畠] 논밭 ノンバッ

たばねる [束ねる] ①묶다 ムクタ ②(統率する) 통솔하다 トーンソラダ

たび [旅] 여행 ヨヘン

たび [度] ①(この度は) 이번에는 イボネヌン 例この度は大変お世話になりました。이번에는 신세 많이 졌습니다. イボネヌン シンセ マーニ チョッスムニダ ②(する際に) 마다 マダ《主に때마다の形で》

たびたび

例 韓国に行くたびに化粧品を頼まれます。한국에 갈 때마다 화장품을 부탁 받아요. ハーングゲ カッテマダ フヮジャンプムル プータク パダヨ

たびたび [度度] ①(何度も) 번번이 ポンボニ；여러 번 ヨロ ボン ②(よく) 자주 チャジュ

タブー [taboo] 터부 トブ

だぶだぶ ❖〜だ 헐렁헐렁하다 ホルロンホルロンハダ

ダブル [double] 더블 トブル **関** 더블베드 トブルベドゥ

ダブルス [doubles] 더블스 トブルス

たぶん [多分] 아마 アマ **例** たぶん大丈夫でしょう。아마 괜찮을 거예요. アマ クェンチャヌル コエヨ

たべごろ [食べ頃] 제철 チェチョル

たべすぎ [食べ過ぎ] 과식 クヮーシク **例** とてもおいしくて，つい食べ過ぎてしまいました。너무 맛있어서 그만 과식을 해 버렸어요. ノム マシッソソ クマン クヮーシグル ヘ ボリョッソヨ ❖〜する 과식하다 クヮーシカダ

たべもの [食べ物] 음식 ウームシク；먹을 것 モグル コッ **例** 食べ物が口に合いますか。음식이 입에 맞아요? ウームシギ イベ マジャヨ

たべる [食べる] ①(食べ物を) 먹다 モクタ **例** 朝ごはんは食べましたか。아침밥은 먹었어요? アチムッパブン モゴッソヨ ②(暮らしていく) 살아가다 サラガダ；생활하다 センフヮラダ **例** バイトだけでは食べていけません。아르바이트만으로는 생활 못 해요. アルバイトゥマヌロヌン センフヮル モーッ テヨ

たぼう [多忙] ❖〜だ 다망하다 タマンハダ；몹시 바쁘다 モープシ パップダ

だぼく [打撲] 타박 ターバク **関** 打撲傷 타박상 ターバクサン

たま [玉・珠・球・弾] ①구슬 クスル ②(玉) 옥 オク ③(ボール) 공 コーン ④(弾丸) 탄환 タヌヮン ⑤(毛系の玉などの丸めたもの) 뭉치 ムンチ

たまご [卵] ①(鶏卵) 계란 ケラン；달걀 タルギャル ②(鶏卵以外のもの) 알 アル ③(見習い者の比喩として) 올챙이 オルチェンイ；병아리 ピョンアリ

だまされる [騙される] 속다 ソクタ

たましい [魂] ①넋 ノク；혼 ホン ②(霊魂) 영혼 ヨンホン ③(精神・心) 정신 チョンシン

だます [騙す] ①속이다 ソギダ ②(なだめる) 달래다 タルレダ

たまたま [偶偶] 우연히 ウヨニ

たまつき [玉突き] ①(ビリヤード) 당구 タング ②(衝突) 연쇄 추돌 ヨンスェ チュドル

たまに [偶に] 가끔 カックム；때로 ッテロ

たまねぎ [玉葱] 양파 ヤンパ

たまらない [堪らない] ①(耐えられない) 참을 수 없다 チャームル オプタ；견딜 수 없다 キョンディル ス オプタ；《形容詞の語幹＋-아서 / 어서 죽겠다》の形で) **例** さきほどからお腹が痛くてたまりません。좀 전부터 배가 아파서 참을 수 없어요. チョム ジョンブト

ペガ アパソ チャームルス オープ ソヨ / かわいくてたまりません。예뻐서 죽겠어요. イェーッポソ チュクケッソヨ ②(非常に) 무척 ムチョク;매우 メウ;너무너무 ノムノム 例韓国の歌が好きでたまりません。한국 노래를 너무너무 좋아해요. ハーングン ノレルル ノムノム チョーアヘヨ ③(この上なく良い) 아주 그만이다 アジュ クマニダ 例お酒のつまみにこのチヂミはたまらない。술 안주로는 이 부침개가 아주 그만이에요. スル アンジュロヌン イ プチムゲガ アジュ クマニエヨ

たまる [溜まる・貯まる] ①(水など液体が) 괴다 クェダ ②(仕事や家賃・洗濯物が) 밀리다 ミルリダ;쌓이다 ッサイダ 例帰ったら仕事がたまっています。돌아가면 일이 밀려 있어요. トラガミョン イーリ ミルリョ イッソヨ / 洗濯物が山のようにたまっていますが、洗濯のサービスはありますか。빨래가 산더미처럼 쌓여 있는데 세탁 서비스는 있나요? ッパルレガ サンットミチョロム ッサヨ インヌンデ セータク ソービスヌン インナヨ ③(積もる) 쌓이다 ッサイダ 例机の上に埃がたまっています。책상 위에 먼지가 쌓여 있어요. チェクサン ウィエ モンジガ ッサヨ イッソヨ ④(集まる) 모이다 モイダ 例どうしてあそこに人がたまっているんですか。왜 저기에 사람들이 모여 있어요? ウェー チョギエ サーラムドゥリ モヨ イッソヨ

たまる [貯まる] 모이다 モイダ 例お金が貯まったら旅行に行こうと思います。돈이 모이면 여행을 가려고 해요. トーニ モイミョン ヨヘンウル カリョゴ ヘヨ

だまる [黙る] ①(しゃべらない) 다물다 タムルダ;잠자코 있다 チャムジャコ イッタ;침묵하다 チムムカダ 例わからなければ黙っててください。모르면 잠자코 계세요. モルミョン チャムジャコ ケーセヨ ②(口外しない) 입 밖에 내지 않다 イプ パッケ ネージ アンタ;말하지 않다 マーラジ アンタ 例その事実は黙っていてください。그 사실은 입 밖에 내지 마세요. ク サーシルン イプ パッケ ネージ マーセヨ ③(じっとしている) 가만히 있다 カマニ イッタ 例不正を黙って見過ごす訳にはいきません。비리를 가만히 보고 있을 수는 없어요. ピーリルル カマニ ポゴ イッスル スヌン オープソヨ ④(無断で許可なく) 무단으로 ムダヌロ;허락 없이 ホラ ゴープシ 例私たちの部屋に黙って入らないでください。우리 방에 허락 없이 들어가지 마세요. ウリ パンエ ホラ ゴープシ トゥロガジ マーセヨ

ダム [dam] 댐 テム

ため [為] ①(利益や助け) ❖~になる 유익하다 ユーイカダ;도움이 되다 トウミ トゥェダ 例外国人のためになる情報はありますか。외국인에게 유익한 정보가 있을까요? ウェーグギネゲ ユーイカン ジョンボガ イッスルッカヨ ②(目的;…のために《体言+를 / 을 위해서》の形で) 例安全のために

予め教えてください。안전을 위해서 미리 가르쳐 주세요. アンジョヌル ウィヘソ ミリ カルチョ ジュセヨ ③(目的:…のための《体言+를/을 위한》の形で) 例外国人のためのコースもありますか。외국인을 위한 코스도 있어요? ウェーグギヌル ウィハン コースド イッソヨ ④(原因・理由:…のために,…のため《体言+때문에,…이기 때문에》の形で) 例台風のために出発が遅れました。태풍 때문에 출발이 늦어졌어요. テプンッテムネ チュルバリ ヌジョジョッソヨ / 秘密のため(だから), 言えません。비밀이기 때문에 말할 수 없어요. ピーミリギ ッテムネ マーラル ス オープソヨ ⑤(原因・理由:…するために《用言の語幹+-기 때문에》の形で) 例予定があるのでいけません。예정이 있기 때문에 못 가겠어요. イェージョンイ イッキ ッテムネ モーッ カゲッソヨ ⑥(原因:…したために《用言の語幹+-았/었기 때문에》の形で) 例バスが終わったため,タクシーに乗ってきました。버스가 끊겼기 때문에 택시를 타고 왔어요. ポスガ ックンキョッキ ッテムネ テクシルル タゴ ワッソヨ

だめ [駄目] ①(禁止) ❖~だ 안 되다 アン ドゥェダ ②(良くない) 못되다 モーットゥェダ; 못쓰다 モーッスダ 例ここでタバコを吸ったらだめですか。여기서 담배를 피우면 안 돼요? ヨギソ タームベルル ピウミョン アン ドゥェヨ ③(無駄) 허사다 ホサダ; 소용없다 ソーヨンオープタ 例いくら頼んでもだめです。아무리 부탁해도 소용없어요. アームリ プータケド ソーヨンオプソヨ ④(役に立たない) 못되다 モーットゥェダ; 못쓰다 モーッスダ ❖~になる 못쓰게 되다 モーッスゲ ドゥェダ; 무산되다 ムサンドゥェダ 例雨が降ったら野外公演はだめになりますか。비가 오면 야외 공연은 무산되나요? ピガ オミョン ヤーウェ コンヨヌン ムサンドゥェナヨ ⑤(害する・壊す) ❖~にする 해치다 ヘーチダ; 망가뜨리다 マンガットゥリダ 例食べ過ぎは体をだめにします。과식은 몸을 해쳐요. クヮーシグン モムル ヘーチョヨ ⑥(不可能だ・希望がない) 불가능하다 プルガヌンハダ; 가망이 없다 カーマンイ オープタ 例重い病気なので手術をしてもだめだそうです。심각한 병이어서 수술을 해도 가망이 없대요. シームガカン ピョーンイオソ スースルル ヘド カーマンイ オープテヨ

ためいき [ため息] 한숨 ハンスム 関ため息をつく 한숨을 쉬다 ハンスムル シュィーダ

ダメージ [damage] 대미지 テミジ; 손해 ソーネ; 손상 ソーンサン; 피해 ピーヘ

ためし [試し] 시험 シホム ❖~に 시험 삼아 シホム サーマ

ためす [試す] 시험하다 シホマダ

ためらい [躊躇い] 망설임 マンソリム; 주저 チュジョ

ためらう [躊躇う] 망설이다 マンソリダ; 주저하다 チュジョハダ

ためる [溜める] ①(集める) 모으

ため [貯める] ①모으다 モウダ ②(貯蓄する) 저축하다 チョーチュカダ

たもつ [保つ] 유지하다 ユジハダ

たやすい [容易い] 쉽다 シュィープタ ❖たやすく 쉽게 シュィープケ

たよう [多様] ❖~だ 다양하다 タヤンハダ

たより [便り] ①(手紙) 편지 ピョンジ ②(お知らせ) 알림 アルリム ③(消息) 소식 ソシク

たより [頼り] 의지 ウイジ；도움 トウム ❖~にする 의지하다 ウイジハダ

たよりない [頼りない] 미덥지 않다 ミドプチ アンタ

たよる [頼る] ①의지하다 ウイジハダ ②(信頼する) 믿다 ミッタ 例誰にも頼らずに1人でできます。아무에게도 의지하지 않고 혼자 할 수 있어요. アームエゲド ウイジハジ アンコ ホンジャ ハル ス イッソヨ

たら [鱈] 대구 テグ

だらく [堕落] 타락 ターラク ❖~する 타락하다 ターラカダ

-だらけ 투성이 トゥソンイ《前に名詞を伴う》例血だらけ 피투성이 ピトゥソンイ／借金だらけ 빚투성이 ピットゥソンイ

たらこ [鱈子] 명란젓 ミョンナンジョッ

たらす [垂らす] 늘어뜨리다 ヌロットゥリダ；드리우다 トゥリウダ

だらだら ①(汗などが) 줄줄 チュルジュル ②(長々と) 질질 チルジル；지루하게 チルハゲ ③(坂などが緩やかに続く) 완만히 ワンマニ ④(だらしなく) 게으르게 ケウルゲ

タラップ [trap] 트랩 トゥレプ

たりない [足りない] 모자라다 モージャラダ；부족하다 プジョカダ 例お金が足りないのでまけてください。돈이 좀 모자라니까 깎아 주세요. トーニ チョム モジャラニッカッカッカ ジュセヨ

たりょう [多量] 다량 タリャン ❖~に 많이 マーニ ❖~の 많은 マーヌン

たりる [足りる] 충분하다 チュンブナダ；족하다 チョカダ

たる [樽] 통 トン

だるい [怠い] 나른하다 ナルナダ

だるま [達磨] 달마 대사 タルマ テーサ 関雪だるま 눈사람 ヌーンサラム

たるむ [弛む] ①(ゆるむ) 늘어지다 ヌロジダ；느슨해지다 ヌスネジダ ②(緊張感がなくなる) 긴장감이 풀리다 キンジャンガミ プルリダ；해이해지다 ヘーイヘジダ

だれ [誰] 누구 ヌグ 《「誰が」となる場合は누가の形》例あの人は誰ですか。저 사람은 누구예요? チョ サーラムン ヌグエヨ／誰がこのメモを残しましたか。누가 이 메모를 남겼어요? ヌガ イ メモルル ナムギョッソヨ ❖~か 누구 ヌグ；누군가 ヌグンガ 例日本語のできる人は誰かいませんか。일본어를 할 수 있는 사람, 누구 없어요? イル

たれる [垂れる] ①(下がる) 늘어지다 ヌロジダ; 처지다 チョージダ ②(水滴が) 떨어지다 ットロジダ ③(上から下につり下げる) 드리우다 トゥリウダ ④(首を) 숙이다 スギダ; 수그리다 スグリダ

だれる ①(緊張感がなくなる) 긴장이 풀리다 キンジャンイ プルリダ; 해이해지다 ヘーイヘジダ ②(興味や面白みが薄れる) 지루하게 느끼다 チルハゲ ヌッキダ; 싫증나다 シルチュンナダ

タレント [talent] 탤런트 テルロントゥ

タワー [tower] 타워 タウォ 関 N ソウルタワー N 서울타워 エン ソウルタウォ

たわむ [撓む] 휘다 フィダ

たわむれる [戯れる] ①(遊ぶ) 놀다 ノールダ ②(男女が) 노닥거리다 ノダクコリダ; 희롱거리다 ヒロンゴリダ

たん [痰] 가래 カレ

たんい [単位] 단위 タヌィ

たんか [担架] 들것 トゥルコッ

たんか [単価] 단가 タンッカ

タンカー [tanker] 탱커 テンコ; 유조선 ユジョソン

だんかい [段階] 단계 タンゲ

だんがい [断崖] ①단애 タネ; 낭떠러지 ナンットロジ; 벼랑 ピョラン ②(絶壁) 절벽 チョルビョク

だんがい [弾劾] 탄핵 ターネク ❖~する 탄핵하다 ターネカダ

たんがん [嘆願] 탄원 タヌォン ❖~する 탄원하다 タヌォナダ 関嘆願書 탄원서 タヌォンソ

たんき [短気] ❖~だ 성미가 급하다 ソーンミガ クパダ

たんき [短期] 단기 ターンギ

たんきゅう [探求] 탐구 タムグ ❖~する 탐구하다 タムグハダ

タンク [tank] 탱크 テンク

だんけつ [団結] 단결 タンギョル ❖~する 단결하다 タンギョラダ 関団結力 단결력 タンギョルリョク

たんけん [探検] 탐험 タモム ❖~する 탐험하다 タモマダ 関探検家 탐험가 タモムガ / 探検隊 탐험대 タモムデ

だんげん [断言] 단언 タノン ❖~する 단언하다 タノナダ

たんご [単語] 단어 タノ; 낱말 ナーンマル 関単語帳 단어장 タノッチャン / 重要単語 중요 단어 チューンヨタノ

だんこ [断固] 단호 タノ ❖~たる 단호한 タノハン ❖~として 단호히 タノヒ

だんご [団子] 경단 キョンダン

たんこう [炭鉱] 탄광 タングワン

だんこう [断行] 단행 タネン ❖~する 단행하다 タネンハダ

だんごう [談合] 담합 タマプ ❖~する 담합하다 タマパダ

ダンサー [dancer] 댄서 テンソ

たんさん [炭酸] 탄산 ターンサン 関 炭酸飲料 탄산음료 ターンサヌムニョ

だんし [男子] 남자 ナムジャ 関 男子トイレ 남자 화장실 ナムジャ フヮジャンシル

だんじて [断じて] 단연코 タニョンコ

たんしゅく [短縮] 단축 タンチュク ❖~する 단축하다 タンチュカダ

たんじゅん [単純] ❖~だ 단순하다 タンスナダ ❖~に 단순히 タンスニ

たんしょ [短所] 단점 タンチョム

だんじょ [男女] 남녀 ナムニョ

たんじょう [誕生] 탄생 タンセン ❖~する 탄생하다 タンセンハダ

たんじょうび [誕生日] 생일 センイル 《敬語》 생신 センシン; 탄생일 ターンセンイル

たんしん [単身] 단신 タンシン 関 単身赴任 단신 부임 タンシン プーイム

たんす [箪笥] 장롱 チャンノン; 옷장 オッチャン

ダンス [dance] 댄스 テンス

たんすい [淡水] 담수 タムス; 민물 ミンムル

だんすい [断水] 단수 タンス ❖(…を)~する 단수하다 ターンスハダ

たんすいかぶつ [炭水化物] 탄수화물 タンスフヮムル

たんせい [丹精] ❖~する 정성을 들이다 チョンソンウル トゥリダ

たんせい [端正] ❖~だ 단정하다 タンジョンハダ

だんせい [男性] 남성 ナムソン; 남자 ナムジャ

だんぜつ [断絶] 단절 ターンジョル ❖(…を)~する 단절하다 ターンジョラダ ❖(…が)~する 단절되다 ターンジョルドゥェダ 関 国交断絶 국교 단절 ククキョ ターンジョル

だんぜん [断然] ①단연 タニョン ②(断固として) 단호히 タノヒ ③(はるかに) 훨씬 フォルシン

だんたい [団体] 단체 タンチェ 関 団体生活 단체 생활 タンチェ センフヮル / 団体旅行 단체 여행 タンチェ ヨヘン

だんだん [段段] 점점 チョムジョム; 차차 チャチャ

だんち [団地] 단지 タンジ 関 工場団地 공장단지 コンジャンダンジ / 住宅団地 주택단지 チューテクタンジ

たんちょう [単調] ❖~だ 단조롭다 タンジョロプタ

たんちょう [短調] 단조 タンッチョ

だんてい [断定] 단정 タンジョン ❖~する 단정하다 タンジョンハダ

たんとう [担当] 담당 タムダン ❖~する 담당하다 タムダンハダ 関 担当者 담당자 タムダンジャ

たんとうちょくにゅう [単刀直入] 단도직입 タンドジギプ ❖~に 단도직입적으로 タンドジギプチョグロ

たんどく [単独] 단독 タンドク 関 単独行動 단독 행동 タンドク ヘンドン

だんな

だんな [旦那] ①(配偶者・夫) 남편 ナムピョン ②(従者が主人を呼ぶ時) 나리 ナリ

たんに [単に] 단순히 タンスニ；단지 タンジ；그저 クジョ

たんにん [担任] 담임 タミム 関 学級担任 학급 담임 ハククプ タミム

だんねん [断念] 단념 ターンニョム ❖~する 단념하다 ターンニョマダ

たんのう [堪能] ❖~だ 능숙하다 ヌンスカダ ❖~する 만끽하다 マーンッキカダ；즐기다 チュルギダ

たんのう [胆嚢] 담낭 タムナン；쓸개 ッスルゲ

たんぱ [短波] 단파 ターンパ 関 短波放送 단파 방송 ターンパ パーンソン / 短波ラジオ 단파 라디오 ターンパ ラディオ

たんぱく [淡白] ❖~だ 담백하다 タームベカダ

たんぱくしつ [蛋白質] 단백질 ターンベクチル

ダンピング [dumping] 덤핑 トムピン ❖~する 덤핑하다 トムピンハダ

ダンプカー [dump car] 덤프트럭 トムプトゥロク

たんぺん [短編・短篇] 단편 ターンピョン 関 短編映画 단편 영화 ターンピョン ヨンフヮ / 短編小説 단편 소설 ターンピョン ソーソル

たんぼ [田圃] 논 ノン

たんぽ [担保] 담보 タムボ

だんぼう [暖房] 난방 ナーンバン 例 暖房の効く部屋に換えてください。난방이 잘 되는 방으로 바꿔 주세요. ナーンバンイ チャル トゥェヌン パンウロ パックォ ジュセヨ

だんボール [段ボール] 골판지 コルパンジ 関 段ボール箱 골판지 상자 コルパンジ サンジャ；빈 박스 ピーン バクス

たんぽぽ [蒲公英] 민들레 ミンドゥルレ

たんまつ [端末] 단말 タンマル 関 端末機 단말기 タンマルギ

たんめい [短命] 단명 ターンミョン ❖~だ 단명하다 ターンミョンハダ

たんれん [鍛練・鍛錬] 단련 タルリョン ❖~する 단련하다 タルリョンハダ

だんろ [暖炉] 난로 ナールロ

だんわ [談話] 담화 タムヮ 関 談話室 담화실 タムヮシル / 休憩室 ヒュゲシル

ち

ち [地] ①지 チ；대지 テジ；땅 ッタン ②(特定の地域・地方) 지역 チヨク；지방 チバン

ち [血] ①피 ピ ②(血液) 혈액 ヒョレク ③(血統・血筋) 핏줄 ピッチュル；혈통 ヒョルトン

チアガール [cheer girl] 치어걸 チオゴル

ちあん [治安] 치안 チアン

ちい [地位] ①지위 チウィ ②(ポスト・立場) 자리 チャリ

ちいき [地域] 지역 チヨク 関 地域開発 지역 개발 チヨク ケバル / 地域経済 지역 경제 チヨク キョンジェ

ちいさい [小さい] 작다 チャークタ ①(面積・容積・大きさが) 작다 チャークタ 例 ソウルは東京より

小さいですか。서울이 도쿄보다 작아요? ソウリ トキョボダ チーサガヨ ❖小さく 작게 チャークケ ②(数量や程度が小さい・少ない) 작다 チャークタ; 적다 チョークタ ③(幼い) 어리다 オリダ 例小さい時の夢は何でしたか。어렸을 때 꿈은 뭐였어요? オリョッスル ッテックムン ムォーヨッソヨ ④(声や音量が) 작다 チャークタ; 낮다 ナッタ 例声が小さくてよく聞こえません。목소리가 작아서 잘 안 들려요. モクソリガ チャーガソ チャルアン ドゥルリョヨ

チーズ [cheese] 치즈 チジュ
チーム [team] 팀 ティム
ちえ [知恵・智恵] ①지혜 チヘ; 슬기 スルギ ②(悪知恵) 꾀 ックェ
チェーン [chain] 체인 チェイン 関 チェーン店 체인점 チェンジョム
チェック [check] 체크 チェク ❖~する 체크하다 チェクハダ
チェックアウト [checkout] 체크아웃 チェクアウッ
チェックイン [checkin] 체크인 チェクイン 例チェックインは何時からですか。체크인은 몇 시부터예요? チェクイヌン ミョッ シブトエヨ
チェロ [cello] 첼로 チェルロ 関 チェロ奏者 첼로 연주자 チェルロ ヨンジュジャ
ちえん [地縁] 지연 チヨン
ちえん [遅延] 지연 チヨン ❖~する 지연되다 チヨンドゥェダ
ちか [地下] 지하 チハ 関地下商店街 지하상가 チサンガ / 地下室 지하실 チハシル / 地下鉄 지하철 チハチョル
ちか [地価] 지가 チッカ
ちかい [近い] ①(距離や時間が) 가깝다 カッカプタ 例ここからトイレは近いですか。여기에서 화장실은 가까워요? ヨギエソ フヮジャンシルン カッカウォヨ ②(関係や程度などが) 가깝다 カッカプタ; 친근하다 チングナダ 例関係が近い隣人と一緒に来ました。가까운 이웃하고 같이 왔어요. カッカウン イウタゴ カチ ワッソヨ
ちがい [違い] 차이 チャイ 例日韓の文化的違いについて知りたいです。일한 간의 문화적 차이에 대해서 알고 싶어요. イラン ガネ ムヌヮジョク チャイエ テーヘソ アールゴ シポヨ
ちがいない [違いない] 틀림없다 トゥルリモプタ
ちがいほうけん [治外法権] 치외법권 チウェ ポプックォン
ちかう [誓う] 맹세하다 メンセハダ
ちがう [違う] ①(異なる) 다르다 タルダ 例私の考えとちょっと違いますね。제 생각하고 좀 다르네요. チェ センガカゴ チョム タルネヨ ②(間違っている) 틀리다 トゥルリダ 例韓国語が違ってれば直してください。한국어가 틀리면 고쳐 주세요. ハーングゴガ トゥルリミョン コチョ ジュセヨ
ちかく [近く] ①(近所) 근처 クーンチョ ②(近い所) 가까운 곳 カッカウン ゴッ ❖~に 가까이에 カッカイエ 例この近くにコンビニはありませんか。이 근처에 편의점은 없어요? イ クーンチョエ ピョニジ

ちかく

ョミ オープソヨ ③(近い時期に)곧 コッ;일간에 イルガネ;머지않아 モジアナ

ちかく [知覚] 지각 チガク

ちかごろ [近頃] ①요즈음 ヨジュウム;요즘 ヨジュム ②(最近) 최근 チュェーグン

ちかづく [近付く] ①(接近する)접근하다 チョプクナダ;가까이 가다 カッカイ カダ;다가가다 タガガダ 例あの人に近づいて握手をお願いしてもいいでしょうか。저 사람한테 다가가서 악수를 청해도 될까요? チョ サーラマンテ タガガソ アクスルル チョンヘド ドウェルッカヨ ②(時期が迫る) 다가오다 タガオダ;가까워지다 カッカウォジダ 例帰る日が近づいてきました。돌아갈 날이 가까워졌어요. トラガル ナリ カッカウォジョッソヨ ③(親しくなる) 친해지다 チネジダ

ちかづける [近付ける] 가까이 하다 カッカイ ハダ;접근시키다 チョプクンシキダ

ちかって [誓って] ①맹세코 メンセコ ②(必ず) 반드시 パンドゥシ;꼭 ッコッ;기어이 キオイ ③(決して) 결코 キョルコ ④(絶対) 절대로 チョルテロ

ちかてつ [地下鉄] 지하철 チハチョル 例地下鉄3号線へ乗り換えるところはどこですか。지하철 3(삼) 호선으로 갈아타는 곳이 어디예요? チハチョル サモソヌロ カラタヌン ゴシ オディエヨ 関地下鉄駅 지하철역 チハチョルリョク

ちかどう [地下道] 지하도 チハド

ちかみち [近道] 지름길 チルムギル

ちかよる [近寄る] 가까이 가다 カッカイ カダ;다가가다 タガガダ;접근하다 チョプクナダ

ちから [力] ①힘 ヒム ②(気力) 기력 キリョク ③(精気) 정기 チョンギ ④(迫力) 박력 パンニョク ⑤(実力) 실력 シルリョク ⑥(学力) 학력 ハンニョク 関力いっぱい 힘껏 ヒムッコッ

ちからづよい [力強い] 힘차다 ヒムチャダ

ちきゅう [地球] 지구 チグ

ちぎる [千切る] 찢다 ッチッタ;뜯다 ットゥッタ

ちぎれる [千切れる] 찢어지다 ッチジョジダ;끊어지다 ックノジダ

ちく [地区] 지구 チグ

ちくさん [畜産] 축산 チュクサン 関畜産業 축산업 チュクサノプ

ちくせき [蓄積] 축적 チュクチョク ❖~する 축적하다 チュクチョカダ

ちくちく ①(突く) 콕콕 コクコク ②(痛み) 뜨끔뜨끔 ットゥックムットゥックム;따끔따끔 ッタックムッタックム

チゲ 찌개 ッチゲ《肉や魚・野菜・豆腐などをみそや唐辛子調味料で味付けした鍋料理》

チケット [ticket] 티켓 ティケッ;표 ピョ

ちこく [遅刻] 지각 チガク ❖~する 지각하다 チガカダ

ちしき [知識] 지식 チシク 例韓国の歴史についての知識があまりありません。한국 역사에 대한 지식이 별로 없어요. ハーングン ニョクサエ テーハン チシギ ピョルロ オープソヨ 関基礎知識 기초 지식

キチョウ チシキ / 専門知識 전문 지식 チョンムン チシク
ちじょう [地上] 지상 チサン
ちじん [知人] 지인 チイン; 아는 사람 アーヌン サーラム
ちず [地図] ①지도 チド 例 ソウル市内の地図を買いたいのですが。 서울 시내 지도를 사고 싶은데요. ソウル シーネ チドルル サゴ シプンデヨ ②(略図) 약도 ヤクト 例 略図(地図)を描いていただければ行けます。 약도를 그려 주시면 갈 수 있어요. ヤクトルル クーリョ ジュシミョン カル ス イッソヨ
ちせい [知性] 지성 チソン
ちたい [地帯] 지대 チデ 関 工業地帯 공업 지대 コンオプ チデ / 穀倉地帯 곡창 지대 コクチャン ジデ
ちち [父] ①아버지 アボジ 《敬称》아버님 アボニム ②(父親) 부친 プチン
ちち [乳] 젖 チョッ
ちぢまる [縮まる] ①줄어들다 チュロドゥルダ ②(縮んで丸くなる) 오그라들다 オグラドゥルダ; 움츠러들다 ウムチュロドゥルダ
チヂミ 전 チョーン; 부침개 プチムゲ 関 ねぎチヂミ 파전 パジョン
ちぢむ [縮む] ①줄다 チュルダ; 줄어들다 チュロドゥルダ ②(縮んで丸くなる) 오그라들다 オグラドゥルダ
ちぢめる [縮める] ①줄이다 チュリダ ②(縮小する) 축소하다 チュクソハダ ③(短縮する) 단축하다 タンチュカダ
ちちゅうかい [地中海] 지중해 チジュンヘ

ちぢれげ [縮れ毛] 곱슬털 コプスルトル
ちぢれる [縮れる] ①(布などが) 주름이 지다 チュルミ チダ ②(髪が) 곱슬곱슬해지다 コプスルゴプスレジダ
ちつじょ [秩序] 질서 チルソ
ちっそ [窒素] 질소 チルソ
ちっそく [窒息] 질식 チルシク ❖ ~する 질식하다 チルシカダ; 숨이 막히다 スーミ マキダ 関 窒息死 질식사 チルシクサ
ちっとも 전혀 チョニョ; 조금도 チョグムド; 잠시도 チャムシド
チップ [chip] 칩 チプ
チップ [tip] 팁 ティプ
ちてき [知的] 지적 チッチョク
ちてん [地点] 지점 チジョム
ちなみに [因みに] 덧붙여서 말하면 トップチョソ マーラミョン; 이와 관련해서 イワ クワルリョネソ
ちのう [知能] 지능 チヌン
ちび ①(子供) 꼬마 ッコマ ②(背が低い人) 키가 작은 사람 キガ チャーグン サーラム
ちぶさ [乳房] 유방 ユバン
ちへい [地平] 지평 チピョン 関 地平線 지평선 チピョンソン
ちほう [地方] 지방 チバン 関 地方自治体 지방 자치 단체 チバン チャチ ダンチェ
チマ 치마 チマ 関 チマチョゴリ 치마 저고리 チマ チョゴリ
ちまなこ [血眼] 혈안 ヒョラン ❖ ~になる 혈안이 되다 ヒョラニ トゥェダ
ちまみれ [血塗れ] 피투성이 ピトゥソンイ

ちみつ

ちみつ [緻密] 치밀 チミル ❖~だ 치밀하다 チミラダ

ちめい [地名] 지명 チミョン

ちめいてき [致命的] 치명적 チーミョンジョク ❖~だ 치명적이다 チーミョンジョギダ ❖~な 치명적인 チーミョンジョギン

ちゃ [茶] ①차 チャ ②(樹木) 차나무 チャナム 園 茶園 다원 タウォン / 茶畑 차나무 밭 チャナム パッ

チャーハン [炒飯] 볶음밥 ポックムバプ

チャーミング [charming] ❖~だ 매혹적이다 メホクチョギダ; 매력적이다 メリョクチョギダ

ちゃいろ [茶色] ①다색 タセク ②(褐色) 갈색 カルセク

ちゃくがん [着眼] 착안 チャガン ❖~する 착안하다 チャガナダ

ちゃくじつ [着実] ❖~だ 착실하다 チャクシラダ

ちゃくしゅ [着手] 착수 チャクス ❖~する 착수하다 チャクスハダ

ちゃくしょく [着色] 착색 チャクセク ❖~する 착색하다 チャクセカダ

ちゃくせき [着席] 착석 チャクソク ❖~する 착석하다 チャクソカダ

ちゃくち [着地] 착지 チャクチ ❖~する 착지하다 チャクチハダ

ちゃくばらい [着払い] 착불 チャクプル

ちゃくふく [着服] 착복 チャクポク ❖~する 착복하다 チャクポカダ

ちゃくよう [着用] 착용 チャギョン ❖~する 착용하다 チャギョンハダ

ちゃくりく [着陸] 착륙 チャンニュク ❖~する 착륙하다 チャンニュカダ

ちゃっかり 약삭빠르게 ヤクサクッパルゲ ❖~している 약삭빠르다 ヤクサクッパルダ

チャック 지퍼 チポ

ちやほや ❖~する 추어올리다 チュオオルリダ

ちゃめ [茶目] ①(気質) 장난기 チャンナンッキ ②(人) 장난꾸러기 チャンナンックロギ

チャレンジ [challenge] 챌린지 チェルリンジ; 도전 トジョン ❖~する 도전하다 トジョナダ 園 チャレンジ精神 챌린지 정신 チェルリンジ チョンシン

ちゃわん [茶碗] 밥공기 パプコンギ; 밥그릇 パプクルッ

チャンス [chance] ①찬스 チャンス ②(機会) 기회 キフェ ③(好機) 호기 ホギ

ちゃんと ①(着実に) 차근차근 チャグンチャグン; 착실하게 チャクシラゲ; 꼼꼼이 ッコムッコミ ②(間違いなく) 틀림없이 トゥルリモプシ; 분명히 プンミョンイ ③(整然と) 정연하게 チョーンヨナゲ; 바르게 パルゲ

チャンネル [channel] 채널 チェノル

チャンピオン [champion] 챔피언 チェムピオン

-ちゅう [-中] 중 チュン ①(ある期間の間) 중 チュン; 동안 トンアン ②(ある行為や状態が続いている) 중 チュン 園 午前中 오전 중 オージョン ジュン

ちゅう [宙] 공중 コンジュン
ちゅう [注] 주석 チュソク;주 チュ
ちゅうい [注意] 주의 チューイ ❖~する ①(気をつける) 주의하다 チューイハダ 例板門店では何に注意しなければいけませんか。판문점에서는 무엇을 주의해야 하나요? パンムンジョメソヌン ムオスル チューイヘヤ ハナヨ ②(用心する・警戒する) 조심하다 チョーシマダ;주의하다 チューイハダ ③(他人に忠告する) 충고하다 チュンゴハダ;경고하다 キョーンゴハダ ❖~される 주의를 받다 チューイルル パッタ;경고를 받다 キョーンゴルル パッタ
ちゅうおう [中央] ①중앙 チュンアン ②(中心) 중심 チュンシム
ちゅうか [中華] 중화 チュンフヮ 関中華街 중화가 チュンフヮガ/中華料理 중화요리 チュンフヮヨリ;중국 요리 チュングン ニョリ
ちゅうかい [仲介] 중개 チュンゲ ❖~する ①중개하다 チュンゲハダ ②(周旋する) 주선하다 チュソナダ ③(斡旋する) 알선하다 アルソナダ
ちゅうがえり [宙返り] 공중제비 コンジュンジェビ
ちゅうがっこう [中学校] 중학교 チュンハッキョ
ちゅうかん [中間] 중간 チュンガン
ちゅうぎ [忠義] 충의 チュニイ
ちゅうきゅう [中級] 중급 チュングプ
ちゅうけい [中継] 중계 チュンゲ ❖~する 중계하다 チュンゲハダ 関中継放送 중계방송 チュンゲバンソン/生中継 생중계 センジュンゲ
ちゅうけん [中堅] 중견 チュンギョン
ちゅうこ [中古] 중고 チュンゴ
ちゅうこく [忠告] 충고 チュンゴ ❖~する 충고하다 チュンゴハダ 例前もって忠告していただき,ありがとうございます。미리 충고해 주셔서 고맙습니다。ミリ チュンゴヘ ジュショソ コーマプスムニダ
ちゅうごく [中国] 중국 チュングク 関中国人 중국인 チュングギン;중국 사람 チュングク サーラム
ちゅうさい [仲裁] 중재 チュンジェ ❖~する 중재하다 チュンジェハダ
ちゅうざい [駐在] ①주재 チュジェ ②(巡査) 순경 スンギョン 関駐在員 주재원 チュジェウォン
ちゅうし [中止] 중지 チュンジ ❖(…を)~する 중지하다 チュンジハダ ❖~される;~になる 중지되다 チュンジドゥェダ
ちゅうし [注視] ①주시 チューシ ②(注目) 주목 チューモク ❖~する 주목하다 チューモカダ
ちゅうじ [中耳] 중이 チュンイ 関中耳炎 중이염 チュンイヨム
ちゅうじつ [忠実] 충실 チュンシル ❖~だ 충실하다 チュンシラダ ❖~に 충실하게 チュンシラゲ
ちゅうしゃ [注射] 주사 チューサ ❖~する 주사를 놓다 チューサルル ノッタ ❖~をしてもらう 주사를 맞다 チューサルル マッタ 関注射器 주사기 チューサギ/注射針

주사 바늘 チューサ パヌル
ちゅうしゃ [駐車] 주차 チューチャ ❖~する 주차하다 チューチャハダ 関駐車禁止 주차 금지 チューチャ クムジ / 駐車場 주차장 チューチャジャン
ちゅうしゃく [注釈] 주석 チュソク
ちゅうしゅう [中秋] 추추 チューンチュ 関中秋節 추석 チュソク
ちゅうしゅつ [抽出] 추출 チュチュル ❖~する 추출하다 チュチュラダ
ちゅうじゅん [中旬] 중순 チュンスン
ちゅうしょう [中傷] 중상 チュンサン ❖~する 중상하다 チュンサンハダ 関誹謗中傷 비방 중상 ピバン チュンサン
ちゅうしょう [抽象] 추상 チュサン ❖~的な 추상적인 チュサンジョギン 関抽象画 추상화 チュサンフワ
ちゅうしょうきぎょう [中小企業] 중소기업 チュンソギオプ
ちゅうしょく [昼食] 점심 チョムシム 例 一緒に昼食はどうですか。 같이 점심 어때요? カチ チョムシム オッテヨ / 昼食はどこで取りますか。점심은 어디서 먹어요? チョムシムン オディソ モゴヨ
ちゅうしん [中心] ①중심 チュンシム ②(中央) 중앙 チュンアン ③(真ん中) 한가운데 ハンガウンデ
ちゅうすう [中枢] 중추 チュンチュ
ちゅうせい [忠誠] 충성 チュンソン

ちゅうせん [抽選] 추첨 チュチョム ❖~する 추첨하다 チュチョマダ; 추첨되다 チュチョムドゥエダ 関抽選券 추첨권 チュチョムックォン
ちゅうたい [中退] 중퇴 チュントゥェ ❖~する 중퇴하다 チュントゥェハダ
ちゅうだん [中断] 중단 チュンダン ❖~する 중단하다 チュンダナダ ❖~される 중단되다 チュンダンドゥエダ
ちゅうと [中途] ①중도 チュンド ②(途中) 도중 トジュン
ちゅうとう [中東] 중동 チュンドン
ちゅうどく [中毒] 중독 チュンドク ❖~になる 중독되다 チュンドクトゥエダ 関中毒症状 중독 증상 チュンドク チュンサン / アルコール中毒 알코올 중독 アルコオル チュンドク / ガス中毒 가스 중독 カス チュンドク / 食中毒 식중독 シクチュンドク
ちゅうとはんぱ [中途半端] 엉거주춤함 オンゴジュチュマム; 어중간함 オジュンガナム ❖~だ 엉거주춤하다 オンゴジュチュマダ; 어중간하다 オジュンガナダ
ちゅうねん [中年] 중년 チュンニョン
チューブ [tube] 튜브 ティユーブ
ちゅうもく [注目] 주목 チューモク ❖~する 주목하다 チューモカダ ❖~される 주목을 받다 チューモグル パッタ
ちゅうもん [注文] 주문 チューム ❖~する ①주문하다 チューム

ナダ ②(食堂などで料理を頼む)시키다 シキダ 例何を注文しましょうか。뭘 시킬까요? ムオール シキルッカヨ

ちゅうりつ [中立] 중립 チュンニプ 関中立国 중립국 チュンニプク/中立地帯 중립 지대 チュンニプ チデ/永世中立 영세중립 ヨーンセジュンニプ

チューリップ [tulip] 튤립 ティュールリプ

ちゅうりゅう [中流] 중류 チュンニュ

ちょう [兆] 조 チョ

ちょう [腸] 장 チャン;창자 チャンジャ

ちょう [蝶] 나비 ナビ

ちょういん [調印] 조인 チョイン ❖~する 조인하다 チョイナダ

ちょうえき [懲役] 징역 チンヨク

ちょうえつ [超越] 초월 チョウォル ❖~する 초월하다 チョウォラダ;뛰어나다 ットゥィオナダ

ちょうおんぱ [超音波] 초음파 チョウムパ

ちょうか [超過] 초과 チョグワ ❖(…を)~する 초과하다 チョグワハダ ❖(…が)~する 초과되다 チョグワドゥェダ 関超過料金 초과 요금 チョグワ ヨーグム

ちょうかく [聴覚] 청각 チョンガク

ちょうかん [長官] 장관 チャーングワン

ちょうさ [調査] 조사 チョサ ❖~する 조사하다 チョサハダ

ちょうし [調子] ①(リズム・音調) 가락 カラク;장단 チャンダン;음조 ウムジョ ②(具合・状態) 상태 サンテ;컨디션 コンディション 例体の調子が良くないので部屋で休みます。몸 상태가 안 좋으니까 방에서 쉬겠어요. モム サンテガ アン ジョウニッカ パンエソ シュィーゲッソヨ

ちょうしゅう [徴収] 징수 チンス ❖~する 징수하다 チンスハダ

ちょうしゅう [聴衆] 청중 チョンジュン

ちょうしょ [長所] 장점 チャンチョム

ちょうじょ [長女] 장녀 チャンニョ;맏딸 マッタル

ちょうしょう [嘲笑] 조소 チョソ;비웃음 ピーウスム ❖~する 조소하다 チョソハダ;비웃다 ピーウッタ

ちょうじょう [頂上] ①정상 チョンサン ②(山などの) 정상 チョンサン;꼭대기 ッコクテギ

ちょうしょく [朝食] 아침 アチム;아침밥 アチムッパプ;아침 식사 アチム シクサ;조식 チョシク 例朝食は何時から何時までですか。아침은 몇 시부터 몇 시까지인가요? アチムン ミョッ シブト ミョッ シッカジインガヨ /朝食が食べられる食堂が近くにありますか。아침 먹을 식당이 가까이에 있어요? アチム モグル シクタンイ カッカイエ イッソヨ

ちょうせい [調整] 조정 チョジョン ❖~する 조정하다 チョジョンハダ

ちょうせつ [調節] 조절 チョジョル ❖~する 조절하다 チョジョラ

ちょうせん

ダ 関 温度調節 온도 조절 オンド チョジョル

ちょうせん [挑戦] 도전 トジョン ❖~する 도전하다 トジョナダ 関 挑戦者 도전자 トジョンジャ

ちょうせん [朝鮮] 조선 チョソン 関 朝鮮王朝 조선 왕조 チョソン ワンジョ / 朝鮮語 조선어 チョソノ ; 조선말 チョソンマル《韓国では한국어, 한국말を用いる》/ 朝鮮人 조선 사람 チョソン サーラム《韓国では한국 사람, 한국인を用いる》/ 朝鮮半島 조선 반도 チョソン パーンド《韓国では韓半島のハングル表記한반도を用いる》/ 北朝鮮 북조선 プクチョソン《韓国では北韓のハングル表記북한を用いる》

ちょうちん [提灯] 초롱 チョロン
ちょうど [調度] 세간 セーガン
ちょうど [丁度] ①꼭 ッコㇰ ; 정확히 チョーンフワキ 例 足にちょうど合うスニーカーが買いたいです。발에 꼭 맞는 운동화를 사고 싶어요. パレ ッコン マンヌン ウーンドンフワル サゴ シポヨ ②(定刻) 정각 チョーンガㇰ 例 集合時間はちょうど8時ですよね。집합 시간이 정각 8(여덟) 시지요? チパプ シガニ チョンガㇰ ヨドル シジヨ ③(折よく・都合よく) 마침 マチム ; 알맞게 アールマッケ 例 ちょうど電話しようとしていました。마침 전화하려고 했어요. マチム チョーヌフワハリョゴ ヘッソヨ ④(今さっき) 방금 パングム ; 바로 パロ ; 막 マㇰ 例 今ちょうど行ってきたところです。지금 막 갔다 왔어요. チグム マㇰ カッタ ワッソヨ

ちょうない [町内] 동네 トーンネ
ちょうなん [長男] 장남 チャンナム ; 맏아들 マダドゥル
ちょうねくたい [蝶ネクタイ] 나비넥타이 ナビネㇰタイ
ちょうのうりょく [超能力] 초능력 チョヌンニョㇰ
ちょうふく [重複] 중복 チューンボㇰ ❖(…を) ~する 중복하다 チューンボカダ ❖(…が) ~する 중복되다 チューンボㇰトウェダ
ちょうへん [長編・長篇] 장편 チャンピョン 関 長編映画 장편 영화 チャンピョン ニョンフワ / 長編小説 장편 소설 チャンピョン ソーソル
ちょうぼ [帳簿] 장부 チャンブ
ちょうみりょう [調味料] 조미료 チョミリョ 関 化学調味料 화학 조미료 フワハㇰ チョミリョ
ちょうり [調理] 조리 チョリ ❖~する ①(調理する) 조리하다 チョリハダ ②(料理する) 요리하다 ヨリハダ 関 調理法 조리법 チョリッポㇷ゚
ちょうるい [鳥類] 조류 チョリュ
ちょうわ [調和] 조화 チョフワ ❖~する 조화하다 チョフワハダ ; 조화되다 チョフワドウェダ
ちょきん [貯金] 저금 チョグム 例 日本系の銀行に行けば貯金を下ろせますか。일본계 은행에 가면 저금을 찾을 수 있어요? イルボンゲ ウネンエ カミョン チョーグムル チャジュル ス イッソヨ ❖~する 저금하다 チョーグマダ 関 貯金通帳 저금통장 チョーグムトンジャン

/貯金箱 저금통 チョーグムトン
ちょくえい[直営] 직영 チギョン ❖~する 직영하다 チギョンハダ 関直営店 직영점 チギョンジョム
ちょくご[直後] 직후 チク
ちょくせつ[直接] 직접 チクチョプ
ちょくせん[直線] 직선 チクソン
ちょくちょう[直腸] 직장 チクチャン
ちょくつう[直通] 직통 チクトン 関直通電話 직통전화 チクトンジョーヌワ / 直通列車 직통열차 チクトンニョルチャ
ちょくばい[直売] 직매 チンメ ❖~する 직매하다 チンメハダ
ちょくめん[直面] 직면 チンミョン ❖~する 직면하다 チンミョナダ
ちょくやく[直訳] 직역 チギョク ❖~する 직역하다 チギョカダ
チョコレート[chocolate] 초콜릿 チョコルリッ
ちょさく[著作] 저작 チョージャク 関著作権 저작권 チョージャクックォン
ちょしゃ[著者] 저자 チョージャ
ちょすい[貯水] 저수 チョース 関貯水槽 저수조 チョースジョ / 貯水量 저수량 チョースリャン
ちょぞう[貯蔵] 저장 チョージャン ❖~する 저장하다 チョージャンハダ
ちょちく[貯蓄] 저축 チョーチュク ❖~する 저축하다 チョーチュカダ 関貯蓄預金 저축 예금 チョーチュン ニェーグム
ちょっか[直下] 직하 チカ

ちょっかく[直角] 직각 チクカク 関直角三角形 직삼각형 チクサムガキョン ; 직각 삼각형 チクカク サムガキョン
ちょっかん[直感] 직감 チクカム ❖~する 직감하다 チクカマダ 関直感力 직감력 チクカムニョク
チョッキ[jaque] 조끼 チョッキ
ちょっけい[直径] 직경 チクキョン ; 지름 チルム
ちょっこう[直行] 직행 チケン ❖~する 직행하다 チケンハダ 関直行列車 직행 열차 チケン ニョルチャ

ちょっと[一寸] ①(しばらく) 잠깐 チャムッカン ; 잠시 チャームシ 例ちょっと待っていただけますか。잠깐 기다려 주시겠어요? チャムッカン キダリョ ジュシゲッソヨ ②(若干) 좀 チョム ; 조금 チョグム ; 약간 ヤクカン 例ちょっと安くしてください。좀 싸게 해 주세요. チョム ッサゲ ヘ ジュセヨ ③(相当) 꽤 ックェ ; 상당히 サンダンイ ; 제법 チェボプ 例料理の腕はちょっとしたものだよ。요리 실력이 제법인데요. ヨリ シルリョギ チェボビンデヨ ④(容易に…できない) 좀처럼 チョームチョロム ; 쉽게 シュィープケ ; 쉽사리 シュィープサリ ; 거의 コイ 例ちょっと考えられないケースでした。좀처럼 생각하기 어려운 경우였어요. チョームチョロム センガカギ オリョウン キョンウヨッソヨ ⑤(呼びかけ) 저 チョ ; 저기요 チョギヨ ; 잠깐만요 チャムッカンマンニョ 例ちょっと伺いたいのですが。잠깐 말씀 좀 여쭙겠는

ちょめい

데요. チャムッカン マールッスム チョム ヨッチュプケンヌンデヨ

ちょめい [著名] ❖~だ 저명하다 チョミョンハダ

ちょろちょろ ①(水が) 졸졸 チョルジョル ②(火が) 훌훌 ホロル ③(小さな動物が) 조르르 チョルル

ちらかす [散らかす] ①(紙くずなどを) 흩뜨리다 フットゥリダ ②(部屋を乱雑にする) 어지르다 オジルダ

ちらかる [散らかる] ①(紙くずなどが) 흩어지다 フトジダ ②(部屋が雑然としている) 어질러지다 オジルロジダ

ちらし [散らし] 전단 チョンダン

ちらす [散らす] ①흩뜨리다 フットゥリダ ②(火花を) 튀기다 トゥィギダ ③(気や集中力を) 산만하게 하다 サーンマナゲ ハダ ④(痛みを) 가라앉히다 カラアンチダ;가시게 하다 カシゲ ハダ

ちらりと 언뜻 オンットゥッ

ちり [塵] ①티끌 ティックル ②(ほこり) 먼지 モンジ 関 티끌도 모이면 산이 된다 ティックル モア テサン

ちり [地理] 지리 チリ

ちりがみ [塵紙] 휴지 ヒュジ

ちりょう [治療] 치료 チリョ 例 漢方治療を受けたいのですが。 한방 치료를 받고 싶은데요. ハンバン チリョルル パッコ シプンデヨ ❖~する 치료하다 チリョハダ 関 治療費 치료비 チリョビ

ちる [散る] ①(花が) 지다 チダ 例 韓国では桜の花はいつ頃散りますか。한국에서는 벚꽃이 언제쯤 지나요? ハーングゲソヌン ポッコチ オーンジェッチュム チナヨ ②(分散する) 흩어지다 フトジダ ③(火花が) 튀기다 トゥィギダ ④(気や注意が) 산란해지다 サールラネジダ;산만해지다 サーンマネジダ

ちんあげ [賃上げ] 임금 인상 イームグム インサン

ちんあつ [鎮圧] 진압 チナプ ❖~する 진압하다 チナパダ

ちんか [沈下] 침하 チマ ❖~する 침하하다 チマハダ

ちんか [鎮火] 진화 チヌヮ ❖~する 진화하다 チヌヮハダ

ちんぎん [賃金] 임금 イームグム

ちんせい [鎮静] 진정 チンジョン ❖(…を)~する 진정하다 チンジョンハダ ❖(…が)~する 진정되다 チンジョンドゥェダ ❖(…が)~化する 진정화되다 チンジョンフヮドゥェダ 関 鎮静剤 진정제 チンジョンジェ

ちんたい [賃貸] 임대 イームデ ❖~する 임대하다 イームデハダ 関 賃貸マンション 임대 아파트 イームデ アパートゥ / 賃貸料 임대료 イームデリョ

ちんちゃく [沈着] 침착 チムチャク ❖~だ 침착하다 チムチャカダ

ちんつうざい [鎮痛剤] 진통제 チントンジェ

ちんぼつ [沈没] 침몰 チムモル ❖~する 침몰하다 チムモラダ

ちんみ [珍味] 진미 チンミ

ちんもく [沈黙] 침묵 チムムク ❖~する 침묵하다 チムムカダ

ちんれつ [陳列] 진열 チーニョル

❖~する 진열하다 チーニョラダ 関陳列室 진열실 チーニョルシル/陳列棚 진열장 チーニョルチャン/陳列品 진열품 チーニョルプム

つ

ツアー [tour] 투어 トゥオ 例 ソウル半日ツアーのコースについて知りたいのですが。서울 반일 투어 코스에 대해서 알고 싶은데요. ソウル パーニル トゥオ コースエ テーヘソ アールゴ シプンデヨ

つい ①(うっかり) 무심코 ムシムコ; 그만 クマン; 나도 모르게 ナド モルゲ 例 つい投げ掛けた言葉が気分を害したようです。무심코 던진 말이 기분이 나빴나 봐요. ムシムコ トンジン マーリ キブニ ナッパンナ ブァヨ / つい寝坊をして朝ごはんを食べられませんでした。그만 늦잠을 자서 아침을 못 먹었어요. クマン ヌッチャムル チャソ アチムル モーン モゴッソヨ ②(先ほど) 조금 전에 チョグム ジョネ 例 つい先ほど電話した者ですが。조금 전에 전화한 사람인데요. チョグム ジョネ チョーヌヮハン サーラミンデヨ

つい [対] 짝 ッチャク; 벌 ポル; 쌍 ッサン 例 一対の靴下 양말 한 짝 ヤンマル ハン ッチャク

ついか [追加] 추가 チュガ ❖~する 추가하다 チュガハダ ❖~される 추가되다 チュガドゥェダ

ついきゅう [追及] 추궁 チュグン ❖~する 추궁하다 チュグンハダ ❖~される 추궁당하다 チュグンダンハダ

ついきゅう [追求] 추구 チュグ ❖~する 추구하다 チュグハダ

ついきゅう [追究] ①추구 チュグ ❖~する 추구하다 チュグハダ ②(究明) 구명 クミョン ❖~する 구명하다 クミョンハダ

ついじゅう [追従] 추종 チュジョン ❖~する 추종하다 チュジョンハダ

ついしん [追伸] 추신 チュシン

ついせき [追跡] 추적 チュジョク ❖~する 추적하다 チュジョカダ

ついたち [一日] (月の第1日目) 1(일) 일 イリル

ついて [就いて] 관해서 クヮネソ; 대해서 テーヘソ 例 留学ビザについて知りたいのですが。유학 비자에 관해서 알고 싶은데요. ユハク ピジャエ クヮネソ アールゴ シプンデヨ

ついで [次いで] 뒤이어 トゥィイオ; 이어서 イオソ

ついていく [付いて行く] 따라가다 ッタラガダ

ついてくる [付いて来る] 따라오다 ッタラオダ

ついでに 김에 キメ《動詞の現在連体形+김에》の形で》 例 市内(町)に出たついでに本屋にも寄りたいです。시내에 나가는 김에 서점에도 들르고 싶어요. シーネエ ナガヌン ギメ ソジョメド トゥルルゴ シポヨ

ついとう [追悼] 추도 チュド ❖~する 추도하다 チュドハダ 関追悼式 추도식 チュドシク/追悼の辞 추도사 チュドサ

ついとつ [追突] 추돌 チュドル ❖~する 뒤에서 들이받다 トゥィー

ついに

エソ トゥリバッタ 関追突事故 추돌 사고 チュドル サーゴ

ついに [終に] (とうとう) 마침내 マチムネ;드디어 トゥディオ 例ついに試験に合格しました。마침내 시험에 합격했어요. マチムネ シホメ ハプキョケッソヨ

ついほう [追放] 추방 チュバン ❖~する 추방하다 チュバンハダ ❖~される 추방되다 チュバンドウェダ;추방당하다 チュバンダンハダ

ついやす [費やす] ① 쓰다 ッスダ;소비하다 ソビハダ ②(浪費する) 낭비하다 ナーンビハダ

ついらく [墜落] 추락 チュラク ❖~する 추락하다 チュラカダ

ツイン [twin] 트윈 トゥウィン 関ツインルーム 트윈 룸 トゥウィン ルーム

ツー [two] 투 トゥ

つういん [通院] 통원 トンウォン ❖~する 통원하다 トンウォナダ 関通院治療 통원 치료 トンウォン チリョ

つうか [通貨] 통화 トンフワ

つうか [通過] 통과 トングヮ ❖~する 통과하다 トングヮハダ

つうかい [痛快] ❖~だ 통쾌하다 トーンクヮハダ

つうがく [通学] 통학 トンハク ❖~する 통학하다 トンハカダ 関通学生 통학생 トンハクセン / 通学路 통학로 トンハンノ

つうかん [通関] 통관 トングヮン ❖~する 통관하다 トングヮナダ 関通関手続 통관 절차 トングヮン チョルチャ

つうかん [痛感] 통감 トーンガム ❖~する 통감하다 トーンガマダ

つうきん [通勤] 통근 トングン ❖~する 통근하다 トングナダ 関通勤時間 통근 시간 トングン シガン;출퇴근 시간 チュルトゥェグン シガン / 通勤電車 통근 전차 トングン チョーンチャ / 通勤ラッシュ 통근 러시 トングン ロシ

つうこう [通行] 통행 トンヘン ❖~する 통행하다 トンヘンハダ 関通行止め 통행 금지 トンヘン クムジ / 一方通行 일방 통행 イルバン トンヘン

つうこく [通告] 통고 トンゴ ❖~する 통고하다 トンゴハダ

つうじて [通じて] 통해서 トンヘソ 例 旅行会社を通じて前もって予約したのですが。여행사를 통해서 미리 예약했는데요. ヨヘンサルル トンヘソ ミリ イェーヤケンヌンデヨ

つうしょう [通商] 통상 トンサン

つうじょう [通常] 통상 トンサン

つうじる [通じる] ①(道などが) 통하다 トンハダ ②(繋がっている) 연결되다 ヨンギョルドウェダ ③(至る) 이르다 イルダ 例 漢江に通じる道が新たにできるそうです。한강으로 통하는 길이 새로 생긴대요. ハンガンウロ トンハヌン ギリ セロ センギンデヨ ④(理解される) 통하다 トンハダ;이해되다 イーヘドウェダ 例 言葉が通じなくてもどかしいです。말이 잘 안 통해서 답답해요. マーリ チャル アン トンヘソ タプタペヨ ⑤(精通する) 통하다 トンハダ;정통하다 チョントンハダ

つうしん [通信] 통신 トンシン ❖

つうせつ [痛切] ❖~だ 통절하다 トーンジョラダ；간절하다 カーンジョラダ ❖~に 뼈에 사무치게 ッピョエ サムチゲ

つうち [通知] 통지 トンジ ❖~する 통지하다 トンジハダ 関通知書 통지서 トンジソ

つうちょう [通帳] 통장 トンジャン 関貯金通帳 저금통장 チョーグムトンジャン

つうちょう [通牒] 통첩 トンチョプ 関最後通牒 최후 통첩 チュェーフ トンチョプ

つうほう [通報] 통보 トンボ ❖~する ①통보하다 トンボハダ ②(申告する) 신고하다 シンゴハダ

つうやく [通訳] 통역 トンヨク 例明日1日，通訳を頼みたいのですが．내일 하루 통역을 부탁하고 싶은데요. ネイル ハル トンヨグル プータカゴ シプンデヨ ❖~する 통역하다 トンヨカダ 例この言葉を韓国語に通訳していただけますか．이 말을 한국어로 통역해 주시겠어요? イ マーラル ハーングゴロ トンヨケ ジュシゲッソヨ 関通訳者 통역사 トンヨクサ / 同時通訳 동시통역 トンシトンヨク / 逐次通訳 순차 통역 スンチャ トンヨク

つうよう [通用] 통용 トンヨン ❖~する 통용하다 トンヨンハダ

つうれつ [痛烈] ❖~だ 통렬하다 トーンニョラダ ❖~に 통렬히 トーンニョリ

つうわ [通話] 통화 トンフワ ❖~する 통화하다 トンフワハダ 関通話料 통화료 トンフワリョ

つえ [杖] 지팡이 チパンイ

つかい [使い] ①(使者) 사자 サージャ；심부름꾼 シームブルムックン ②(要事を足す・お使い) 심부름 シームブルム

つかう [使う] ①쓰다 ッスダ ②(使用する) 사용하다 サーヨンハダ ③(利用する) 이용하다 イーヨンハダ 例ネットが使える部屋にしてください．인터넷을 쓸 수 있는 방으로 해 주세요. イントネスル ッスル ス インヌン パンウロ ヘ ジュセヨ

つかえる [支える] ①(詰まる) 막히다 マキダ；메다 メーダ ②(引っ掛かる) 걸리다 コリダ ③(滞る) 밀리다 ミルリダ

つかえる [仕える] 섬기다 ソムギダ；모시다 モーシダ；시중들다 シジュンドゥルダ

つかのま [束の間] 잠깐 チャムッカン；사이 サイ；짧은 시간 ッチャルブン シガン

つかまえる [捕まえる] ①잡다 チャプタ；붙잡다 プッチャプタ 例タクシーを捕まえるにはどこに立たなければいけませんか．택시를 잡으려면 어디에 서 있어야 해요? テクシルル チャブリョミョン オディエ ソ イッソヤ ヘヨ ②(逮捕する) 체포하다 チェポハダ

つかまる [捕まる] 잡히다 チャピダ；붙잡히다 プッチャピダ

つかむ [摑む] ①(物を) 잡다 チャプタ；쥐다 チュィーダ 例バスが揺れるから取っ手をしっかり掴ん

つかる

でください。バスが揺れるテニッカ 손잡이를 꼭 잡으세요. ポスガ フンドゥルリル テニッカ ソンジャビルル ッコク チャプセヨ ②(入手する) 손에 넣다 ソネ ノッタ;잡다 チャプタ

つかる [漬かる] 익다 イクタ;맛이 들다 マシ トゥルダ

つかる [浸かる] 잠기다 チャムギダ;침수되다 チムスドゥェダ

つかれ [疲れ] 피로 ピロ

つかれる [疲れる] 피로해지다 ピロヘジダ;지치다 チチダ 例目が疲れやすいので長い映画は見る自信がありません。눈이 쉽게 피로해져서 긴 영화는 못 봐요. ヌニ シューィープケ ピロヘジョソ キーンニョンフヮヌン モーッ プヮヨ / 長旅で体が疲れました。긴 여행으로 몸이 지쳤어요. キーン ニョヘンウロ モミ チチョッソヨ ❖疲れている 피곤하다 ピゴナダ 例疲れているので,座るところはないですか。피곤한데 좀 앉을 곳이 없을까요? ピゴナンデ チョム アンジュルコシ オープスルッカヨ

つき [月] ①(天体) 달 タル ②(暦・歳月)《時を表す語・固有数詞と共に》달 タル《漢数詞と共に》월 ウォル 例今月 이번 달 イボン タル / 1月 일월 イルウォル

つぎ [次] 다음 タウム 例次の駅で降りればいいですか。다음 역에서 내리면 돼요? タウム ニョゲソ ネリミョン ドゥェヨ

つきあい [付き合い] ①(交際) 교제 キョジェ 例私は元々付き合いの範囲が広いです。전 원래 교제 범위가 넓어요. チョン ウォルレ キョジェ ポームィガ ノルボヨ ②(共に行動する) 교제 상 キョジェサン 例付き合いでお酒を飲まなければならない時があります。교제 상 술을 마셔야 할 때가 있어요. キョジェ サン スルル マシショヤハル ッテガ イッソヨ

つきあう [付き合う] ①(交際する) 사귀다 サグィダ;교제하다 キョジェハダ 例付き合って間もないです。사귄 지 얼마 안 됐어요. サグィン ジ オルマ アン ドゥェッソヨ / 高校時代から付き合っている人がいます。고등학교 때부터 사귀는 사람이 있어요. コドゥンハクキョ ッテブト サグィヌン サーラミ イッソヨ ②(行動を共にする) 같이 가다 カチ カダ 例友達の買い物に付き合いました。친구가 쇼핑하는데 같이 갔어요. チングガ ショピンハヌンデ カチ カッソヨ

つきあたり [突き当たり] 막다른 곳 マクタルン ゴッ

つきおとす [突き落とす] 밀어 떨어뜨리다 ミーロ ットロットゥリダ

つきそう [付き添う] 시중들다 シジュンドゥルダ;같이 따라가다 カチ ッタラガダ

つきだす [突き出す] 내밀다 ネーミルダ

つぎつぎと [次々と] 잇달아 イッタラ;연달아 ヨンダラ

つきつける [突き付ける] 들이대다 トゥリデダ;내밀다 ネーミルダ

つきでる [突き出る] ①(物を突き破って出る) 뚫고 나오다 ットゥルコ ナオダ ②(前に出る) 뛰어나오

다 トゥィオナオダ

つきばらい [月払い] 월부 ウォルブ

つきひ [月日] 세월 セーウォル; 시일 シイル

つきまとう [付き纏う] 따라다니다 ッタラダニダ

つきみ [月見] 달구경 タルグギョン

つきよ [月夜] 달밤 タルバム

つきる [尽きる] ①(在庫などが) 떨어지다 ットロジダ; 다하다 ターハダ 例 お金が尽きました。돈이 다 떨어졌어요. トーニ ター ットロジョッソヨ ②(終わる) 끝나다 ックンナダ

つく [付く] ①붙다 プッタ; 달라붙다 タルラブッタ; 달리다 タルリダ 例 旅行中はガイドがずっと付いています。여행 중에는 가이드가 계속 붙어 있어요. ヨヘン ジュンエヌン カイドゥガ ケーソク プト イッソヨ ②(付着する) 묻다 ムッタ 例 服にキムチの汁が付きました。옷에 김칫국이 묻었어요. オセ キムチックギ ムドッソヨ

つく [就く] ①(就任・就業する) 취임하다 チュィーイマダ; 취업하다 チュィーオパダ ②(就寝する) 잠자리에 들다 チャムッチャリエ トゥルダ ③(旅立つ・帰途に) 떠나다 ットナダ

つく [着く] ①(到着する) 도착하다 トーチャカダ 例 何時に着く予定ですか。몇 시에 도착할 예정이에요? ミョッ シエ トーチャカル イェージョンイエヨ ②(届く) 닿다 ターッタ

つく [点く] 붙다 プッタ; 켜지다 キョジダ

つく [突く] ①(刺す) 찌르다 ッチルダ ②(判子を) 찍다 ッチクタ 例 どこに判子をつけばいいですか。어디에 도장을 찍으면 돼요? オディエ トジャンウル ッチグミョン ドゥェヨ ③(押す) 밀다 ミールダ ④(鐘を) 치다 チダ ⑤(杖を) 짚다 チプタ; 괴다 クェダ

つぐ [継ぐ] ①잇다 イッタ ②(譲り受ける) 이어받다 イオバッタ ③(継承する) 계승하다 ケースンハダ ④(相続する) 상속하다 サンソカダ

つぐ [次ぐ] 잇따르다 イーッタルダ; 뒤따르다 トゥィッタルダ

つぐ [注ぐ] ①따르다 ッタルダ 例 注いでもらったお酒は全部飲まなければいけませんか。따라 주는 술은 다 마셔야 해요? ッタラ ジュヌン スルン ター マショヤ ヘヨ ②(そそぐ) 붓다 プッタ

つくえ [机] 책상 チェクサン

つくす [尽くす] ①(余すところなく出す・極める) 다하다 ターハダ 例 ベストを尽くすだけです。최선을 다할 뿐이에요. チューソヌル ターハル ップニエヨ ②(献身する・尽力する) 이바지하다 イバジハダ; 진력하다 チーンリョカダ 例 会社の発展に尽くした功労で休暇をもらいました。회사 발전에 이바지한 공로로 휴가를 받았어요. フェーサ パルチョネ イバジハン コンノロ ヒュガルル パダッソヨ / 社会のために尽くす人になりたいです。사회를 위해서 진력하는 사람이 되고 싶어요. サフェルル ウィヘソ

チールリョカヌン サーラミ トゥェゴ シポヨ

つぐない [償い] ①보상 ポーサン ②(贖罪) 속죄 ソクチュェ

つぐなう [償う] 배상하다 ペサンハダ;변상하다 ピョーンサンハダ

つくり [作り・造り] ①(細工) 만듦새 マンドゥムセ;꾸밈새 ックミムセ ②(構造) 구조 クジョ

つくる [作る・造る] ①만들다 マンドゥルダ 例 韓国料理を作る体験コースに参加しようと思います。한국 음식을 만드는 체험 코스에 참가하려고 해요. ハーングク ウームシグル マンドゥヌン チェホム コースエ チャムガハリョゴ ヘヨ ②(製造する) 제조하다 チェージョハダ ③(製作する) 제작하다 チェジャカダ ④(作成する) 작성하다 チャクソンハダ 例 申請書はいつまでに作ればいいですか。신청서는 언제까지 작성하면 되나요? シンチョンソヌン オーンジェッカジ チャクソンハミョン ドゥェナヨ ⑤(創造する) 창조하다 チャーンジョハダ

つくろう [繕う] ①(修繕する) 수선하다 スソナダ ②(衣類を) 깁다 キープタ;꿰매다 ックェーメダ 例 服を繕いたいのですが、針はありますか。옷을 꿰매고 싶은데 바늘 있어요? オスル ックェーメゴ シプンデ パヌル イッソヨ ③(体裁を) 꾸미다 ックミダ ④(場を取り繕う) 얼버무리다 オルボムリダ

つげぐち [告げ口] 고자질 コージャジル

つけくわえる [付け加える] 덧붙이다 トップチダ;부가하다 プーガハダ

つけもの [漬け物] 절임 チョリム;김치 キムチ

つける [付ける] ①붙이다 プチダ;달다 タルダ;대다 テダ ②(接合する) 접합시키다 チョパプシキダ ③(塗る) 바르다 パルダ;묻히다 ムチダ;칠하다 チラダ 例 風呂上りに付けるローションはありますか。목욕 후에 바르는 로션이 있나요? モギョク フーエ パルヌン ロショニ インナヨ ④(記入する) 기입하다 キイパダ;쓰다 ッスダ;적다 チョークタ 例 予定は予め手帳に付けておきます。예정은 미리 수첩에 적어 놓아요. イェージョンウン ミリ スチョベ チョゴ ノアヨ

つける [点ける] ①(火を) 붙이다 プチダ;점화하다 チョムワハダ 例 誕生日のケーキのろうそくに火を点けました。생일 케이크 촛불에 불을 붙였어요. センイル ケイク チョップレ プルル プッチョッソヨ ②(明かりやテレビなど) 켜다 キョダ 例 暗いのですが、電気を点けていただけますか。어두운데 불 좀 켜 주시겠어요? オドゥウンデ プル チョム キョ ジュシゲッソヨ

つける [浸ける・漬ける] ①(漬物を漬ける) 담그다 タムグダ;절이다 チョリダ ②(濡らす) 적시다 チョクシダ

つげる [告げる] 고하다 コーハダ

つごう [都合] ①(便宜) 형편 ヒョンピョン 例 ご都合の良い時にご連絡ください。형편이 좋을 때 연락 주세요. ヒョンピョニ チョーウルッテ ヨルラク チュセヨ ②(理

由) 사정 サージョン 例 個人的な都合で行けなくなりました。개인적인 사정으로 못 가게 됐어요. ケーインジョギン サージョンウロ モーッ カゲ ドゥェッソヨ ③(やりくり) ❖~する 마련하다 マリョナダ；변통하다 ピョーントンハダ 例 旅費を都合するため夜もバイトをしました。여행비를 마련하기 위해 밤에도 아르바이트를 했어요. ヨヘンビルル マリョナギ ウィヘ パメド アルバイトゥルル ヘッソヨ

つじつま [辻褄] 조리 チョリ；이치 イーチ

つた [蔦] 담쟁이덩굴 タムジェンイドングル

つたえる [伝える] ①전하다 チョナダ；알리다 アルリダ 例 家族の皆様にもぜひよろしくお伝えください。가족 분들께도 꼭 안부 전해 주십시오. カジョク プンドゥルッケド ッコック アンブ チョネ ジュシプシオ ②(伝達する) 전달하다 チョンダラダ ③(伝授する) 전수하다 チョンスハダ ④(伝承する) 물려주다 ムルリョジュダ ⑤(伝播する) 전파하다 チョンパハダ ⑥(伝道する) 전도하다 チョンドハダ

つたない [拙い] 서투르다 ソートゥルダ

つたわる [伝わる] ①전해지다 チョネジダ ②(伝承) 전해 내려오다 チョネ ネリョオダ；전해져 오다 チョネジョオダ ③(伝来する) 전래되다 チョルレドゥェダ ④(噂などが広まる) 퍼지다 ポージダ；전해지다 チョネジダ ⑤(沿っていく) 따르다 ッタルダ；따라서 가다 ッタラソ ガダ；타다 タダ

つち [土] ①흙 フク ②(土地) 땅 ッタン

つちかう [培う] ①가꾸다 カックダ ②(育成する) 기르다 キルダ；배양하다 ペーヤンハダ

つつ [筒] 통 トン

つづく [続く] ①이어지다 イオジダ ②(継続する) 계속되다 ケーソクトウェダ 例 連日続く寒波で外に出たくないです。연일 계속되는 한파 때문에 밖에 나가기 싫어요. ヨニル ケーソクトウェヌン ハンパ ッテムネ パッケ ナガギ シロヨ ③(相次ぐ) 잇따르다 イーッタルダ ④(次ぐ) 버금가다 ポグムガダ；다음가다 タウムガダ

つづける [続ける] ①(継続する) 계속하다 ケーソカダ 例 語学の勉強を続けています。어학 공부를 계속하고 있어요. オーハク コンブルル ケーソカゴ イッソヨ ②(つなげる) 잇다 イーッタ ③(連結する) 연결하다 ヨンギョラダ

つつじ [躑躅] 진달래 チンダルレ

つつしみ [慎み] 조심성 チョーシムソン

つつしむ [慎む・謹む] ①(気をつける) 조심하다 チョーシマダ ②(控える) 삼가다 サムガダ

つつしんで [謹んで] 삼가 サムガ；정중하게 チョーンジュンハゲ 例 謹んで哀悼の意を表します。삼가 애도의 뜻을 표합니다. サムガ エドエ ットゥスル ピョハムニダ / 謹んでお祝い申し上げます。삼가 축하드립니다. サムガ チュカドゥリムニダ / 謹んでお詫び申し上げます。

つつまれる

정중하게 사과드립니다. チョーンジュンハゲ サーグヮドゥリムニダ

つつまれる [包まれる] ①싸이다 ッサイダ ②(取り囲まれる) 둘러싸이다 トゥルロッサイダ

つつみ [包み] 보따리 ポッタリ; 꾸러미 ックロミ

つつむ [包む] ①싸다 ッサダ 例 プレゼント用に包んでください。선물용으로 싸 주세요. ソーンムルリョンウロ ッサ ジュセヨ ②(包装する) 포장하다 ポジャンハダ ③(取り囲む) 둘러싸다 トゥルロッサダ

つづり [綴り] ①(単語の) 철자 チョルチャ ②(書類の) 철 チョル

つどい [集い] 모임 モイム

つとめ [勤め] ①(勤務) 근무 クンム ②(業務) 업무 オムム

つとめ [務め] ①(義務) 의무 ウイーム ②(責務) 책무 チェンム ③(任務) 임무 イームム

つとめる [努める] 노력하다 ノリョカダ; 힘쓰다 ヒムッスダ

つとめる [勤める] 근무하다 クーンムハダ 例 新しい会社にはいつから勤めますか。새 회사에는 언제부터 근무해요? セ フェーサエヌン オーンジェブト クーンムヘヨ

つな [綱] 밧줄 パッチュル; 로프 ロプ

つながる [繋がる] ①(接続する) 연결되다 ヨンギョルドウェダ ②(関係がある) 관계가 있다 クヮンゲガ イッタ

つなぐ [繋ぐ] ①(電話を) 대다 テーダ 例 大使館に電話をつないでください。대사관에 전화를 대 주세요. テーサグヮネ チョーヌヮル テー ジュセヨ ②(連結する) 연결하다 ヨンギョラダ ③(綱で動物を) 매다 メーダ ④(物と物とを) 잇다 イッタ; 연결하다 ヨンギョラダ ⑤(手を) 잡다 チャプタ

つなみ [津波] 해일 ヘーイル

つねに [常に] 늘 ヌル; 항상 ハンサン; 언제나 オーンジェナ

つねる [抓る] 꼬집다 ッコジプタ

つの [角] 뿔 ップル

つのる [募る] ①(勢いなどが強まる) 더해지다 トヘジダ ②(ひどくなる) 격화하다 キョクヮハダ; 심해지다 シメジダ ③(募集する) 모으다 モウダ; 모집하다 モジパダ

つば [唾] 침 チム

つばき [椿] 동백나무 トンベンナム

つばさ [翼] 날개 ナルゲ

つばめ [燕] 제비 チェービ

つぶ [粒] 낱알 ナーダル; 알 アル

つぶす [潰す] ①(おしつぶす) 찌그러뜨리다 ッチグロルットゥリダ ②(崩す) 부수다 プスダ ③(すりつぶす) 으깨다 ウッケダ ④(だめにする) 망치다 マンチダ ⑤(時間・暇を) 때우다 ッテウダ; 보내다 ポネダ 例 空港の免税店で時間をつぶせば大丈夫です。공항 면세점에서 시간을 때우면 돼요. コンハン ミョーンセジョメソ シガヌル ッテウミョン ドウェヨ

つぶやく [呟く] 중얼거리다 チュンオルゴリダ; 투덜거리다 トゥドルゴリダ

つぶる [眠る] 눈을 감다 ヌヌル カームタ

つぶれる [潰れる] ①(崩れる) 찌

부러지다 ッチブロジダ ②(壊れる) 부서지다 プソジダ;깨지다 ッケージダ ③(倒産する) 망하다 マンハダ;도산하다 トサナダ 例 不景気でつぶれる会社も多いです。불경기로 도산하는 회사도 많아요. プルギョンギロ トサナヌン フェーサド マーナヨ

つぼ [坪] 평 ピョン
つぼ [壺] 단지 タンジ;항아리 ハンアリ
つぼみ [蕾] 꽃봉오리 ッコッポンオリ
つま [妻] ①아내 アネ ②(女房) 마누라 マーヌラ
つまさき [爪先] 발가락 끝 パルカラク ックッ;발끝 パルックッ
つましい [倹しい] 검소하다 コームソハダ;알뜰하다 アルットゥラダ ❖つましく 검소하게 コームソハゲ;알뜰하게 アルットゥラゲ
つまずく [躓く] ①걸려 비틀거리다 コルリョ ピトゥルゴリダ ②(失敗する) 실패하다 シルペハダ
つまみ ①꼭지 ッコクチ ②(取っ手) 손잡이 ソンジャビ ③(酒の肴) 술안주 スランジュ
つまむ [摘む] 집다 チプタ;잡다 チャプタ
つまようじ [爪楊枝] 이쑤시개 イッスシゲ
つまらない [詰まらない] ①(面白くない) 재미없다 チェミオプタ;시시하다 シシハダ ②(取るにたらない) 하찮다 ハチャンタ;보잘것없다 ポジャルコドプタ 변변치 않다 ピョンビョンチ アンタ 例 つまらないことで友達と喧嘩しました。하찮은 일로 친구하고 싸웠어요. ハチャヌン ニールロ チングハゴ ッサウォッソヨ / つまらないものですが、受け取ってください。보잘것없는 것이지만 받아 주세요. ポジャルコドームヌン ゴシジマン パダ ジュセヨ ③(価値がない) 보람이 없다 ポラミ オープタ;부질없다 プジロプタ 例 つまらないことに悩まないでください。부질없는 일에 고민하지 마세요. プジロムヌン ニーレ コミナジ マーセヨ

つまり [詰まり] ①(すなわち) 즉 チュク ②(結局) 결국 キョルグク ③(要するに) 요컨대 ヨコンデ
つまる [詰まる] ①(いっぱいの様子) 가득 차다 カドゥク チャダ ②(塞がる) 막히다 マキダ ③(返事などに困る) 궁해지다 クンヘジダ
つみ [罪] 죄 チュェー;죄악 チュェーアク
つみかさねる [積み重ねる] 포개다 ポゲダ;쌓아 올리다 ッサア オルリダ
つみたてきん [積立金] 적립금 チョンニプクム
つみたてる [積み立てる] 적립하다 チョンニパダ
つみぶかい [罪深い] 죄 많다 チュェー マーンタ;죄가 무겁다 チュェーガ ムゴプタ
つむ [摘む] 따다 ッタダ;뜯다 ットゥッタ
つむ [積む] ①(上へ重ねる) 쌓다 ッサッタ ②(トラックなどに積載する) 싣다 シーッタ
つむじ [旋毛] 가마 カマ
つめ [爪] ①(手の) 손톱 ソントプ

②(足の) 발톱 パルトプ 園 爪痕 손톱 자국 ソントプ チャグク / 爪切り 손톱깎이 ソントプッカッキ

つめたい [冷たい] ①(物の温度が) 차다 チャダ;차갑다 チャガプタ 例 冷たい飲み物は何がありますか。찬 음료수는 뭐가 있어요? チャン ウームニョスヌン ムォーガ イッソヨ ②(態度が) 냉정하다 ネンジョンハダ;냉담하다 ネンダムダ;매정하다 メジョンハダ 例 そこまで冷たい反応を見せるとは思いませんでした。그렇게까지 냉담한 반응을 보일 줄 몰랐어요. クロッケッカジ ネンダマン パーヌンウル ポイル チュル モールラッソヨ

つめよる [詰め寄る] ①(近づく) 다가서다 タガソダ ②(責める) 다그치다 タグチダ

つめる [詰める] ①(中に入れる) 채우다 チェウダ;담다 タームタ ②(塞ぐ) 막다 マクタ ③(間を縮める) 좁히다 チョピダ ④(服の丈を) 줄이다 チュリダ 例 ズボンの丈を少し詰めたいのですが。바지 길이를 좀 줄이고 싶은데요. パジ キリルル チョム チュリゴ シプンデヨ

つもり [積もり] ①(意志) 생각 センガク;작정 チャクチョン;의도 ウイード 例 買うつもりは全くありませんでした。살 생각은 정말 없었어요. サル センガグン チョーンマル オープソッソヨ ②(そのように考えて行動する《動詞の語幹+ーㄴ/은/는/ㄹ/을 셈 치다》の形で) 例 だまされたつもりで一度買ってみました。속는 셈 치고 한번 사 봤어요. ソンヌン セーム チゴ ハンボン サブワッソヨ

つもる [積もる] 쌓이다 ッサイダ

つや [艶] 윤기 ユンッキ;광택 クヮンテク

つや [通夜] 초상집에서의 밤샘 チョサンチベソエ パムセム

つゆ [露] 이슬 イスル 園 朝露 아침이슬 アチム ニスル / 夜露 밤이슬 パムニスル

つゆ [梅雨] ① 장마 チャンマ ②(梅雨の時期) 장마철 チャンマチョル 例 梅雨の時期だから傘を持って出てください。장마철이니까 우산을 들고 나가세요. チャンマチョリニッカ ウーサヌル トゥルゴ ナガセヨ

つよい [強い] ① 세다 セーダ;강하다 カンハダ 例 彼は背も高くて力も強いです。그는 키도 크고 힘도 세요. クヌン キド クゴ ヒムド セーヨ ❖強く 세게 セーゲ;강하게 カンハゲ ②(しっかりとしている) 튼튼하다 トゥントゥナダ

つよき [強気] ❖~だ 강경하다 カンギョンハダ

つよさ [強さ] 강도 カンド;세기 セーギ

つよび [強火] 센 불 センブル

つよまる [強まる] 세지다 セージダ;강해지다 カンヘジダ

つよみ [強み] ①(強さ) 강도 カンド;세기 セーギ ②(長所) 강점 カンッチョム;장점 チャンッチョム

つらい [辛い] 괴롭다 クェロプタ;고통스럽다 コトンスロプタ 例 腹痛で辛くて眠れませんでした。복통으로 고통스러워서 잠을 못 잤어

요. ポクトンウロ コトンスロウォソ チャムル モーッ チャッソヨ
-づらい《《動詞の語幹+-기 어렵다/힘들다》の形で》例この単語は発音しづらいです。이 단어는 발음하기 어려워요. イ タノヌン パルマギ オリョウォヨ
つらぬく [貫く] ①꿰뚫다 ックェーットゥルタ;가로지르다 カロジルダ ②(貫徹する) 관철하다 クヮンチョラダ;일관하다 イルグヮナダ
つらら [氷柱] 고드름 コドゥルム
つり [釣り] 낚시 ナクシ;낚시질 ナクシジル
つりあい [釣り合い] ①(均衡) 균형 キュニョン ②(調和) 조화 チョフヮ ③(バランス) 밸런스 ベルロンス
つりあう [釣り合う] ①균형이 잡히다 キュニョンイ チャピダ ②(調和する) 어울리다 オウルリダ;알맞다 アールマッタ;조화되다 チョフヮドゥェダ
つりかわ [吊り革] 손잡이 ソンジャビ
つりせん [釣り銭] 거스름돈 コスルムットン
つる [鶴] 학 ハク;두루미 トゥルミ
つる [蔓] 덩굴 トングル
つる [釣る] 낚다 ナクタ
つるす [吊す] 매달다 メーダルダ;달아매다 タラメダ
つれ [連れ] 동행 トンヘン;동반자 トンバンジャ
-つれて [-連れて] ❖…にするに~ㅁ/음에 따라 ム/ウメ ッタラ 例歳月が流れるにつれて性格も変わるようです。세월이 흘러감에 따라 성격도 바뀌는 것 같아요. セーウォリ フルメ ッタラ ソーンッキョクト パックィヌン ゴッ カタヨ
つれていく [連れて行く] 데리다 テリョガダ 例統一展望台に子供を連れて行ってもいいですか。통일 전망대에 아이를 데려가도 돼요? トーンイル チョンマンデエ アイルル テリョガド ドウェヨ
つれてくる [連れて来る] 데려오다 テリョオダ
つれる [連れる] 데리다 テリダ
つわり [悪阻] 입덧 イプトッ

て

て [手] ①(人体の) 손 ソン ②(人手) 일손 イールソン 例手が足りなくて休暇を申請することができませんでした。일손이 모자라서 휴가를 낼 수 없었어요. イールソニ モージャラソ ヒュガルル ネル ス オープソッソヨ ③(手段・方法) 수스;수단 スダン;방법 パンボプ 例何かいい手はないでしょうか。무슨 좋은 방법이 없을까요? ムスン チョーウン バンボビ オープスルッカヨ ④(手間) 손 ソン;품 プム;수고 スーゴ 例キムチを作るのに手が掛かりますか。김치를 만드는 데 손이 많이 가요? キムチルル マンドゥヌン デ ソニ マーニ カヨ / 手が掛かりすぎる作業は嫌です。품이 많이 드는 작업은 싫어요. プミ マーニ トゥヌン チャゴブン シロヨ / 料理の準備のために手が掛かりでしょう。음식 장만하시느라 수고 많으셨지요? ウームシク チャンマナシヌラ スーゴ マーヌシ

ョッチョ

-で ①(場所) 에서 エソ 例 ホテルのロビーで会うのはどうですか。호텔 로비에서 만나면 어때요? ホテル ロビエソ マンナミョン オッテヨ ②(手段・方法) (으)로 (ウ)ロ 例 地下鉄で行った方が早くないでしょうか。지하철로 가는 게 빠르지 않을까요? チハチョルロ カヌン ゲッパルジ アヌルッカヨ ③(金額や所要時間) 에 エ 例 これ、いくらで買いましたか。이거 얼마에 샀어요? イゴ オルメ サッソヨ / 東大門市場まで30分で行けるでしょうか。동대문 시장까지 30(삼십) 분에 갈 수 있을까요? トンデムン シージャンッカジ サムシププネ カル ス イッスルッカヨ ④(数量を数える基準や条件) (으)로 (ウ)ロ;에 エ 例 まだ満で18歳なのでお酒は飲めません。아직 만으로 18(십팔) 세니까 술은 못 마셔요. アジン マヌロ シプパルセニッカ スルン モーン マショヨ /(携帯の) 海外ローミングサービスを受けると1分で100円の割合で料金が上がります。해외 로밍을 하면 1(일) 분에 100(백) 엔씩 요금이 올라가요. ヘーウェ ロミンウル ハミョン イルブネ ペゲンッシック ヨーグミ オルラガヨ ⑤(原因) (으)로 (ウ)ロ;에 エ 例 大雨で飛行機の時間が遅れました。폭우로 비행기 시간이 늦어졌어요. ポグロ ピヘンギ シガニ ヌジョジョッソヨ

であい [出会い・出合い] 만남 マンナム

であう [出会う・出合う] ①만나다 マンナダ 例 空港で偶然友達に出会いました。공항에서 우연히 친구를 만났어요. コンハンエソ ウヨニ チングルル マンナッソヨ ②(出くわす) 마주치다 マジュチダ

てあか [手垢] 손때 ソンッテ

てあし [手足] 손발 ソンバル;팔다리 パルダリ

てあたりしだいに [手当たり次第に] 닥치는 대로 タクチヌン デロ

てあつい [手厚い] 극진하다 ククチナダ;후하다 フーハダ

てあて [手当て・手当] ①(治療) 처치 チョーチ;치료 チリョ ②(報酬) 수당 スダン ③(あらかじめ準備しておく) 준비 チューンビ 関 応急手当て 응급 처치 ウーングプ チョーチ

てあらい [手洗い] 화장실 フヮジャンシル

てあらい [手荒い] 거칠다 コチルダ

ていあん [提案] 제안 チェアン ❖ ～する 제안하다 チェアナダ 例 卒業旅行で韓国に行こうと提案しました。졸업 여행으로 한국에 가자고 제안했어요. チョロム ニョヘンウロ ハーングゲ カジャゴ チェアネッソヨ

ティー [tea] 티 ティ 関 ミルクティー 밀크 티 ミルク ティ / レモンティー 레몬 티 レモン ティ

ティーシャツ [T-shirt] 티셔츠 ティーショチュ

ティーン [teen] 틴 ティン 関 ティーンエージャー 틴에이저 ティネイジョ / ハイティーン 하이틴 ハイティン

ていいん [定員] 정원 チョーンウォン

ていえん [庭園] 정원 チョンウォン

ていおう [帝王] 제왕 チェーワン

ていおん [低温] 저온 チョオン

ていおん [低音] 저음 チョウム

ていか [低下] 저하 チョハ ❖~する 저하하다 チョハハダ

ていか [定価] 정가 チョーンッカ

ていがく [停学] 정학 チョンハク

ていがく [定額] 정액 チョーンエク 園定額貯金 정액 저금 チョーンエク チョーグム

ていき [定期] 정기 チョーンギ ❖~的に 정기적으로 チョーンギチョグロ 園定期券 정기권 チョーンギックォン;정기 승차권 チョーンギ スンチャックォン

ていぎ [定義] 정의 チョーンイ

ていきあつ [低気圧] 저기압 チョーギアプ 園熱帯性低気圧 열대성 저기압 ヨルテッソン チョーギアプ

ていきゅう [低級] 저급 チョーグプ

ていきゅうび [定休日] 정기 휴일 チョーンギ ヒュイル

ていきょう [提供] 제공 チェゴン ❖~する 제공하다 チェゴンハダ

ていけい [提携] 제휴 チェヒュ ❖~する 제휴하다 チェヒュハダ

ていけつ [締結] 체결 チェギョル ❖~する 체결하다 チェギョラダ ❖~される 체결되다 チェギョルドウェダ

ていけつあつ [低血圧] 저혈압 チョーヒョラプ

ていこう [抵抗] 저항 チョーハン ❖~する 저항하다 チョーハンハダ

ていこく [定刻] 정각 チョーンガク

ていこく [帝国] 제국 チェーグク

ていさい [体裁] ①(外見) 외관 ウェーグヮン;겉모양 コンモヤン ②(体面) 체면 チェミョン ③(形式) 체재 チェジェ

ていさつ [偵察] 정찰 チョンチャル ❖~する 정찰하다 チョンチャラダ

ていし [停止] 정지 チョンジ ❖~する 정지하다 チョンジハダ

ていじ [定時] 정시 チョーンシ

ていじ [提示] 제시 チェシ ❖~する 제시하다 チェシハダ

ていしせい [低姿勢] 저자세 チョージャセ

ていしゃ [停車] 정차 チョンチャ;정거 チョンゴ ❖~する 정차하다 チョンチャハダ;정거하다 チョンゴハダ

ていしゅ [亭主] ①(店の主人) 주인 チュイン ②(夫) 남편 ナムピョン

ていじゅう [定住] 정주 チョーンジュ ❖~する 정주하다 チョーンジュハダ

ていしゅく [貞淑] ❖~だ 정숙하다 チョンスカダ

ていしゅつ [提出] 제출 チェチュル ❖~する 제출하다 チェチュラダ 園提出物 제출물 チェチュルムル

ていしょく [定食] 정식 チョーンシク

ていしょく [定職] 정직 チョーンジク

ていしょく [停職] 정직 チョンジク

ディスク [disk] 디스크 ディスク

ていせい [訂正] 정정 チョンジョン ❖~する 정정하다 チョンジョンハダ

ていたい [停滞] 정체 チョンチェ ❖~する 정체하다 チョンチェハダ

ていちゃく [定着] 정착 チョーンチャク ❖~する 정착하다 チョーンチャカダ

ていちょう [丁重] ❖~だ 정중하다 チョーンジュンハダ ❖~に 정중하게 チョーンジュンハゲ

ティッシュペーパー [tissue paper] 티슈 페이퍼 ティシュ ペイポ; 화장지 フワジャンジ; 휴지 ヒュジ

ていでん [停電] 정전 チョンジョン ❖~する 정전되다 チョンジョンドゥェダ

ていど [程度] ①(度合い) 정도 チョンド ②(水準) 정도 チョンド ③(おおよそ) 정도 チョンド 例 1時間程度待ちましたが来ません。1(한) 시간 정도 기다렸는데 안 와요. ハンシガン ジョンド キダリョンヌンデ ア ヌワヨ

ディナー [dinner] 디너 ディノ; 저녁 식사 チョニョク シクサ

ていねい [丁寧] ❖~だ ①(礼儀正しい) 정중하다 チョーンジュンハダ; 공손하다 コンソナダ 例 丁寧な表現を学びたいです。공손한 표현을 배우고 싶어요. コンソナン ピョヒョヌル ペウゴ シポヨ ②(注意が行き届いている) 신중하다 シーンジュンハダ; 세심하다 セーシマダ; 주의 깊다 チューイ キプタ ❖~に 신중히 シーンジュンイ; 세심히 セーシミ

ていねん [定年] 정년 チョーンニョン 関 定年退職 정년퇴직 チョーンニョントゥェジク

ていはく [停泊] 정박 チョンバク ❖~する 정박하다 チョンバカダ

ていひょう [定評] 정평 チョーンピョン 例 韓国料理では定評のある方(かた)です。한국 요리에서는 정평 있는 분이세요. ハーングン ニョリエソヌン チョーンピョン インヌン ブニセヨ

ていぼう [堤防] 제방 チェバン; 둑 トゥク

でいり [出入り] ①(人など) 출입 チュリプ; 드나듦 トゥナドゥム ❖~する 출입하다 チュリパダ ②(収支) 출납 チュルラプ

ていりゅうじょ [停留所] 정류장 チョンニュジャン 関 バス停留所 버스 정류장 ポス チョンニュジャン

ていれ [手入れ] 손질 ソンジル ❖~する 손질하다 ソンジラダ

ディレクター [director] 디렉터 ティレクト

データ [data] 데이터 テイト

デート [date] 데이트 テイトゥ ❖~する 데이트하다 テイトゥハダ

テープ [tape] 테이프 テイプ 関 セロテープ 스카치 테이프 スカチ テイプ / ビデオテープ 비디오 테이프 ピディオ テイプ / 両面テープ 양면 테이프 ヤーンミョン テイプ

テーブル [table] 테이블 テイブル; 식탁 シクタク

テーマ [Thema] 테마 テマ；주제 チュジェ

ておくれ [手後れ・手遅れ] ❖～だ 때가 늦다 ッテガ ヌッタ

ておち [手落ち] 실수 シルス

てがかり [手掛かり] 단서 タンソ；실마리 シールマリ

でかける [出掛ける] ①(内から外に出る) 나가다 ナガダ ②(他の場所へ発つ・移動する) 떠나다 ットナダ 例 何時に出掛けなければなりませんか。몇 시에 떠나야 해요? ミョッ シエットナヤ ヘヨ

てがた [手形] ①(有価証券) 어음 オウム ②(手の形) 손도장 ソンットジャン

てがたい [手堅い] ①(堅実だ) 견실하다 キョンシラダ ②(着実だ) 착실하다 チャクシラダ

てがみ [手紙] 편지 ピョーンジ 例 手紙を送りたいのですが。편지를 보내고 싶은데요. ピョーンジルル ポネゴ シプンデヨ

てがら [手柄] 공적 コンジョク；공훈 コンフン；공로 コンノ

てがる [手軽] ❖～だ 손쉽다 ソンシュィプタ ❖～に 손쉽게 ソンシュィプケ

てき [敵] 적 チョク

-てき [-的] 적 チョク 関 個人的 개인적 ケーインジョク／現実的 현실적 ヒョーンシルチョク

できあがる [出来上がる] ①(完成する) 완성되다 ワンソンドゥェダ；되다 トゥェダ ②(酔う) 취하다 チューィハダ

てきおう [適応] 적응 チョグン ❖～する 적응하다 チョグンハダ

てきかく [的確] ❖～だ 적확하다 チョクワカダ ❖～に 적확히 チョクワキ

てきかく [適格] 적격 チョクッキョク ❖～だ 적격하다 チョクッキョカダ 関 適格審査 적격 심사 チョクッキョク シムサ

できごと [出来事] 일어난 일 イロナン ニル

てきし [敵視] 적시 チョクシ；적대시 チョクテシ ❖～する 적시하다 チョクシハダ

できし [溺死] 익사 イクサ ❖～する 익사하다 イクサハダ

てきしゅつ [摘出] 적출 チョクチュル ❖～する 적출하다 チョクチュラダ

テキスト [text] 텍스트 テクストゥ

てきする [適する] ①알맞다 アールマッタ ②(適合する) 적합하다 チョカパダ ③(適当である) 합당하다 ハプタンハダ

てきせい [適正] 적정 チョクチョン ❖～だ 적정하다 チョクチョンハダ 関 適性価格 적정 가격 チョクチョン カギョク

てきせい [適性] 적성 チョクッソン

てきせつ [適切] ❖～だ 적절하다 チョクチョラダ ❖～に 적절히 チョクチョリ；적절하게 チョクチョラゲ

てきたい [敵対] 적대 チョクテ ❖～する 적대하다 チョクテハダ

できだか [出来高] 생산고 センサンゴ；제품 총계 チェープム チョンゲ

できたて [出来立て] ❖～の 갓 만든 カン マンドゥン

てきちゅう [的中] 적중 チョクチュン ❖~する 적중하다 チョクチュンハダ

てきとう [適当] ❖~だ ①(適切だ) 적당하다 チョクタンハダ 例適当なお土産があれば教えてください。적당한 선물이 있으면 가르쳐 주세요. チョクタンハン ソーンムリ イッスミョン カルチョ ジュセヨ ❖~に 적당히 チョクタンイ ②(いいかげんだ) 무책임하다 ムチェギマダ ❖~に 대충대충 テチュンデチュン

てきぱき ❖~と 척척 チョクチョク; 재빨리 チェッパルリ; 재빠르게 チェッパルゲ

できもの [出来物] 종기 チョーンギ; 부스럼 プスロム; 뾰루지 ッピョルジ

できる [出来る] ①(生じる) 생기다 センギダ; 나다 ナダ 例この店はいつできましたか。이 가게는 언제 생겼어요? イ カゲヌン オーンジェ センギョッソヨ ②(完成する) 완성되다 ワンソンドウェダ; 되다 トウェダ 例準備ができ次第電話します。준비가 되는 대로 전화할게요. チューンビガ トウェヌン デロ チョーヌワハルケヨ ③(可能だ)《動詞の語幹＋-ㄹ/을 수 있다》の形で) ; 가능하다 カヌンハダ 例明日までにできますか。내일까지 할 수 있어요? ネイル ッカジ ハル ス イッソヨ ❖できない (《動詞の語幹＋-ㄹ/을 수 없다》の形で) 例台風のため船は出航できませんでした。태풍 때문에 배는 출항할 수 없었어요. テプン ッテムネ ペヌン チュランハル ス オプソッソヨ

できるだけ 최대한 チュェーデハン; 가능한 한 カヌンハン ハン

てきれいき [適齢期] 적령기 チョンニョンギ

てぎわ [手際] 솜씨 ソムッシ; 수완 スワン

てくせ [手癖] 손버릇 ソンッポルッ

てぐち [手口] 수법 スポプ

でぐち [出口] 출구 チュルグ

テクニック [technic] 테크닉 テクニク; 기술 キスル

てくび [手首] 손목 ソンモク; 팔목 パルモク

てこ [梃子] 지레 チレ 関てこの作用 지레 작용 チレ チャギョン

てこずる 애먹다 エーモクタ

てごたえ [手応え] 반응 パーヌン; 느낌 ヌッキム

でこぼこ [凸凹] ❖~だ 울퉁불퉁하다 ウルトゥンブルトゥンハダ 例でこぼこ道 울퉁불퉁한 길 ウルトゥンブルトゥンハン ギル

てごろ [手頃] ❖~だ ① 알맞다 アールマッタ ②(適当) 적당하다 チョクタンハダ ③(適合) 적합하다 チョカパダ

てごわい [手強い] 만만치 않다 マンマンチ アンタ; 벅차다 ポクチャダ

テコンドー [跆拳道] 태권도 テックォンド

デザート [dessert] 디저트 ティジョトゥ; 후식 フーシク

デザイナー [designer] 디자이너 ティジャイノ

デザイン [design] 디자인 ティジャイン ❖~する 디자인하다 テジャイナダ

てさき [手先] ①손끝 ソンックッ ②(手下) 앞잡이 アプチャビ

てさぐり [手探り] ❖~する 손으로 더듬다 ソヌロ トドゥムタ

てさげ [手提げ] ①(カバン) 손가방 ソンガバン ②(かご) 손바구니 ソンパグニ

てざわり [手触り] 감촉 カームチョク;촉감 チョクカム

でし [弟子] 제자 チェージャ

デジタル [digital] 디지털 ティジトル

てじな [手品] 요술 ヨスル;마술 マスル 園 手品師 마술사 マスルサ

でしゃばる [出しゃばる] 주제넘게 참견하다 チュジェノムケ チャムギョナダ;나서다 ナソダ

てじゅん [手順] 차례 チャリェ;순서 スーンソ;절차 チョルチャ

てすう [手数] ①(面倒) 수고 スーゴ;폐 ペー ②(手間) 품 プム

ですから 그러니까 クロニッカ;그러므로 クロムロ

テスト [test] 테스트 テストゥ;시험 シホム ❖~する 테스트하다 テストゥハダ;시험하다 シホマダ

てすり [手摺り] 난간 ナンガン

てそう [手相] 손금 ソンクム

てだすけ [手助け] 도움 トウム ❖~する 돕다 トプタ

でたらめ [出鱈目] ①엉터리 オントリ ②(うそ) 거짓말 コージンマル ❖~だ 엉터리다 オントリダ

てちがい [手違い] 착오 チャゴ;차질 チャジル

てちょう [手帳・手帖] 수첩 スチョプ

てつ [鉄] 철 チョル

てっかい [撤回] 철회 チョルェ ❖~する 철회하다 チョルェハダ

てつがく [哲学] 철학 チョラク 園 哲学者 철학자 チョラクチャ / 哲学書 철학서 チョラクソ

てっきん [鉄筋] 철근 チョルグン

てづくり [手作り・手造り] ❖~の 손수 만든 ソンス マンドゥン ❖~する 손수 만들다 ソンス マンドゥルダ;직접 만들다 チクチョム マンドゥルダ 例 これを全部手作りなさったんですか。이걸 다 손수 만드셨어요? イゴル ター ソンス マンドゥショッソヨ

てつけきん [手付金] 계약금 ケーヤククム

デッサン [dessin] ①데생 テッセン ②(素描) 소묘 ソミョ ❖~する 데생하다 テッセンハダ

てっする [徹する] ①(一貫する) 일관하다 イルグヮナダ ②(夜を) 밤을 세우다 パムル セウダ

てつだい [手伝い] ①도움 トウム ②(お使い) 심부름 シームブルム ③(家政婦) 파출부 パチュルブ;가정부 カジョンブ

てつだう [手伝う] 돕다 トープタ;거들다 コードゥルダ 例 私が少しお手伝いしましょうか。제가 좀 도와 드릴까요? チェガ チョム トワ ドゥリルッカヨ / 私が手伝うことがあったらおっしゃってください。제가 거들 일이 있으면 말씀하세요. チェガ コードゥル リーリ イッスミョン マールッスマセヨ

てつづき

てつづき [手続き] 수속 スソク;절차 チョルチャ **例**留学の手続きをしたいのですが。유학 수속을 밟고 싶은데요. ユハク スソグル パプコ シプンデヨ ❖~する 수속하다 スソカダ

てってい [徹底] 철저 チョルチョ ❖~する 철저하다 チョルチョハダ ❖~的に 철저히 チョルチョヒ

てつどう [鉄道] 철도 チョルト **関** 高速鉄道 고속 철도 コソク チョルト

てっぱい [撤廃] 철폐 チョルペ ❖~する 철폐하다 チョルペハダ ❖~される 철폐되다 チョルペドゥェダ

てつぼう [鉄棒] ①(運動競技) 철봉 チョルボン ②(鉄の棒) 쇠막대기 スェマクテギ

てっぽう [鉄砲] 총 チョン

てつや [徹夜] 철야 チョリャ;밤샘 パムセム ❖~する 밤을 새우다 パムル セウダ

でどころ [出所・出処] 출처 チュルチョ

てどり [手取り] 실수입 シルスイプ

てなみ [手並み] 솜씨 ソムッシ;기량 キリャン

テニス [tennis] 테니스 テニス

てにもつ [手荷物] 수하물 スハムル **例**1時間くらい手荷物を預けてもいいでしょうか。한 시간 정도 수하물을 맡겨도 될까요? ハン シガン ジョンド スハムルル マッキョド ドウェルッカヨ

てぬい [手縫い] 손바느질 ソンッパヌジル

てぬき [手抜き] 날림 ナルリム;부실 プシル **関**手抜き工事 날림 공사 ナルリム ゴンサ;부실 공사 プシル ゴンサ

てぬぐい [手拭い] 수건 スーゴン

テノール [Tenor] 테너 テノ

てのひら [手の平・掌] 손바닥 ソンッパダク

では ①(それでは) 그럼 クロム;그러면 クロミョン **例**では、またご連絡いたします。그럼 또 연락드리겠어요. クロム ット ヨルラクトゥリゲッソヨ ②(ところで) 그런데 クロンデ

-では ①(場所) 에서는 エソヌン **例**この商品は日本では買えません。이 상품은 일본에서는 살 수 없어요. イ サンプムン イルボネソヌン サル ス オープソヨ ②(…においては) 에 있어서는 エ イッソソヌン;에서는 エソヌン ③(判断の根拠) (으)로는 (ウ)ロヌン **例**これだけでは駄目だと思います。이것만으로는 안 될 것 같아요. イゴンマヌロヌン アン ドウェル コッ カタヨ ④(…に関しては) 에 관해서는 エ クヮネソヌン

デパート [←department store] 백화점 ペクヮジョム

てはい [手配] ①(準備) 준비 チューンビ ❖~する 준비하다 チューンビハダ ②(警察の) 수배 スベ ❖~する 수배하다 スベハダ

ではいり [出入り] 출입 チュリプ;드나듦 トゥナドゥム ❖~する 출입하다 チュリパダ;드나들다 トゥナドゥルダ

てばなす [手放す] ①(物を) 놓다 ノッタ ②(譲渡する) 넘기다 ノム

ギダ; 양도하다 ヤーンドハダ ③ (処分する) 처분하다 チョーブナダ ④(売り渡す) 팔다 パルダ

てびき [手引き] ①(案内・指導) 인도 インド; 길잡이 キルジャビ; 안내 アーンネ ②(入門書・案内書) 입문서 イムムンソ; 안내서 アーンネソ

デビュー [début] 데뷔 テビュ ❖~する 데뷔하다 テビュハダ 関デビュー作 데뷔작 テビュジャク

てびょうし [手拍子] 손장단 ソンッチャンダン

てぶくろ [手袋] 장갑 チャーンガプ 例寒ければ手袋をはめてください。추우면 장갑을 끼세요. チュウミョン チャーンガブル ッキセヨ 関皮手袋 가죽 장갑 カジュク チャーンガプ / ゴム手袋 고무장갑 コムジャーンガプ

てぶら [手ぶら] 빈손 ピーンソン; 맨손 メンソン

てぶり [手振り] 손짓 ソンチッ

デフレーション [deflation] 디플레이션 ティプルレイション

てほん [手本] 본보기 ポンボギ

てま [手間] 품 プム; 시간 シガン; 노력 ノリョク; 수고 スーゴ 例思ったより手間がかかります。생각보다 시간이 많이 걸려요. センガクポダ シガニ マーニ コルリョヨ

てまえ [手前] ①(こちら側) 바로 앞 パロ アプ; 이쪽 イッチョク ②(体面・面目) 체면 チェミョン; 면목 ミョーンモク

でまえ [出前] 요리 배달 ヨリ ペーダル

でまわる [出回る] 나돌다 ナドルダ

でむかえ [出迎え] 마중 マジュン

でむかえる [出迎える] 마중을 나가다 マジュンウル ナガダ; 마중하다 マジュンハダ 例空港まで誰が出迎えますか。공항까지 누가 마중을 나가요? コンハンッカジ ヌガ マジュンウル ナガヨ

でむく [出向く] 가다 カダ; 찾아가다 チャジャガダ

-ても ①(…しても《用言の語幹+-아도/어도》の形で) 例トイレに行ってもいいですか。화장실에 가도 돼요? フヮジャンシレ カド ドゥェヨ ②(たとえ…しても) 비록 …더라도 ピロク トラド 例たとえ来れなくても連絡はください。비록 못 온다 하더라도 연락은 주세요. ピロク モー ドンダ ハドラド ヨルラグン チュセヨ

でも 그러나 クロナ; 하지만 ハジマン; 그렇지만 クロッチマン

-でも ①(であっても《体言+(이)라도, 体言+도》の形で) 例子供でも皆知っていることです。어린애도 다 아는 거예요. オリネド ターアーヌン ゴエヨ ②(…だけでも《体言+만이라도》の形で) 例電話だけでもしていただけますか。전화만이라도 해 주시겠어요? チョーヌヮマニラド ヘ ジュシゲッソヨ ③(容認・譲歩を表す《体言+(이)라도, 体言+(이)나》の形で) 例海苔巻きでも食べて行きましょう。김밥이라도 먹고 갑시다. キームバビラド モクコ カプシダ / 今からでも予約できますか。지금부터라도 예약할 수 있어요? チグムブトラド イェーヤカル ス イッソヨ ④(疑問

でも

代名詞と共に用いて全面的な肯定を表す) 든지 トゥンジ 例 どこでもいいから行きたいです。어디든지 가고 싶어요. オディドゥンジ カゴ シポヨ / 誰でも参加できますか。누구든지 참가할 수 있어요? ヌグドゥンジ チャムガハル ス イッソヨ

デモ [←demonstration] ① 데모 テモ ②(示威) 시위 シーウィ

てもと [手元・手許] 곁 キョッ; 가까이 カッカイ

デュエット [duet | duetto] 듀엣 テュエッ

てら [寺] ①절 チョル ②(寺院) 사원 サウォン

てらす [照らす] ①(光を当てる) 비추다 ピチュダ 例 朝日が屋根を照らし始めた。아침 햇살이 지붕을 비추기 시작했다. アチム ヘッサリ チブンウル ピチュギ シージャケッタ ②(比較する) 대조하다 テージョハダ; 비추다 ピチュダ

デリカシー [delicacy] 섬세함 ソムセハム

デリケート [delicate] 델리킷 テルリキッ ❖~だ ①델리킷하다 テルリキタダ ②(繊細だ) 섬세하다 ソムセハダ ③(微妙だ) 미묘하다 ミミョハダ

てりょうり [手料理] 손수 만든 요리 ソンス マンドゥン ニョリ; 집에서 만든 요리 チベソ マンドゥン ニョリ

てる [照る] ①(日が) 비치다 ピチダ ②(晴れる) 개다 ケダ

でる [出る] ①(出ていく) 나가다 ナガダ 例 休日なのに会社に出ますか。휴일인데 회사에 나가세요? ヒュイリンデ フェーサエ ナガセヨ ②(出てくる) 나오다 ナオダ ③(出発する) 떠나다 ットナダ; 출발하다 チュルバラダ 例 終電はもう出ましたか。막차는 벌써 떠났어요? マクチャヌン ポルッソ ットナッソヨ ④(刊行・掲載される) 출판되다 チュルパンドゥェダ; 실리다 シルリダ; 나오다 ナオダ ⑤(表情などに) 나타나다 ナタナダ ⑥(生じる) 생기다 センギダ; 나다 ナダ

てれくさい [照れ臭い] 멋적다 モッチョクタ; 겸연쩍다 キョミョンッチョクタ; 쑥스럽다 ッスクスロプタ

てれしょう [照れ性] 수줍음을 많이 타는 성격 スジュブムル マーニ タヌン ソーンッキョク

テレビ [←television] 텔레비전 テルレビジョン; 티브이 ティブイ

てれる [照れる] ①(きまりが悪い) 쑥스러워하다 ッスクスロウォハダ ②(恥ずかしがる) 수줍어하다 スジュボハダ

テロリスト [terrorist] 테러리스트 テロリストゥ

テロリズム [terrorism] 테러리즘 テロリジュム

てわけ [手分け] 분담 プンダム ❖~する 분담하다 プンダマダ

てわたす [手渡す] 건네다 コーンネダ

てん [天] ①(空) 하늘 ハヌル ②(神) 하느님 ハヌニム; 하늘 ハヌル

てん [点] ①(小さな印) 점 チョム ②(点数) 점수 チョムッス

てんい [転移] 전이 チョニ ❖~する 전이하다 チョニハダ; 전이되다

チョニドゥエダ]
てんいん [店員] 점원 チョムオン
てんか [天下] 천하 チョナ 関かかあ天下 내주장 ネージュジャン / 엄처시하 オムチョシハ
てんか [点火] 점화 ❖~する 점화하다 チョムワハダ
てんか [添加] 첨가 ❖~する 첨가하다 チョムガハダ 関食品添加物 식품 첨가물 チクプム チョムガムル
てんか [転嫁] 전가 チョーンガ ❖~する 전가하다 チョーンガハダ
てんかい [展開] 전개 チョーンゲ ❖(…を)~する 전개하다 チョーンゲハダ ❖(…が)~する 전개되다 チョーンゲドゥェダ
てんかん [転換] 전환 チョーヌワン ❖~する 전환하다 チョーヌワナダ
てんき [天気] 날씨 ナルッシ 例明日の天気はどうでしょうか。 내일 날씨 어떨까요? ネイル ナルッシ オットルッカヨ 関天気予報 일기 예보 イルギ イェーボ
てんき [転機] ① 전기 チョーンギ ②[契機] 계기 ケーギ
でんき [電気] ① 전기 チョーンギ ②[電灯] 전등 チョーンドゥン ; 불 プル 例すみませんが, 전기를 消してください。 죄송하지만 불 좀 꺼 주세요. チュェーソンハジマン プル チョム ッコ ジュセヨ / 電気を点けたまま出掛けてもいいでしょうか。 불을 켜 놓고 나가도 될까요? プルル キョ ノッコ ナガド ドゥェルッカヨ
でんき [伝記] 전기 チョンギ
でんきゅう [電球] 전구 チョーング
てんきょ [転居] ① 전거 チョーンゴ ②[引っ越し] 이사 イサ ③[移転] 이전 イジョン ❖~する 전거하다 チョーンゴハダ
てんきん [転勤] 전근 チョーングン ❖~する 전근하다 チョーングナダ
てんけい [典型] 전형 チョーニョン ❖~的だ 전형적이다 チョーニョンジョギダ ❖~的な 전형적인 チョーニョンジョギン
てんけん [点検] 점검 チョムゴム ❖~する 점검하다 チョムゴマダ
でんげん [電源] 전원 チョーヌォン
てんこう [天候] 날씨 ナルッシ
てんこう [転向] 전향 チョーニャン ❖~する 전향하다 チョーニャンハダ
てんこう [転校] 전학 チョーナク ❖~する 전학하다 チョーナカダ 関転校生 전학생 チョーナクセン
てんごく [天国] 천국 チョングク
でんごん [伝言] 전언 チョノン
てんさい [天才] 천재 チョンジェ
てんさい [天災] 천재 チョンジェ
てんざい [点在] 점재 チョムジェ ❖~する 점재하다 チョムジェハダ
てんさく [添削] 첨삭 チョムサク ❖~する 첨삭하다 チョムサカダ
てんし [天使] 천사 チョンサ
てんじ [点字] 점자 チョムッチャ
てんじ [展示] 전시 チョーンシ ❖~する 전시하다 チョーンシハダ 関展示品 전시품 チョーンシプム
でんし [電子] 전자 チョーンジャ 関電子計算機 전자계산기 チョー

でんじき

ンジャゲサンギ / 電子顕微鏡 電子 현미경 チョンジャ ヒョーンミギョン / 電子辞書 전자사전 チョーンジャサジョン / 電子レンジ 전자레인지 チョーンジャレインジ

でんじき [電磁気] 전자기 チョーンジャギ

でんじは [電磁波] 전자파 チョーンジャパ

でんしゃ [電車] ①전차 チョーンチャ;전철 チョーンチョル 例電車はどこで乗ればいいですか。전차는 어디서 타면 돼요? チョーンチャヌン オディソ タミョン ドウェヨ ②(列車) 열차 ヨルチャ

てんしゅ [天主] 천주 チョンジュ; 하느님 ハヌニム

でんじゅ [伝授] 전수 チョンス ❖～する 전수하다 チョンスハダ

てんじょう [天井] 천정 チョンジョン;천장 チョンジャン

でんしょう [伝承] 전승 チョンスン ❖～する 전승하다 チョンスンハダ 関伝承文学 전승 문학 チョンスン ムナク / 民間伝承 민간전승 ミンガンジョンスン

てんじょういん [添乗員] 여행 인솔자 ヨヘン インソルッチャ

てんしょく [天職] 천직 チョンジク

てんしょく [転職] 전직 チョンジク ❖～する 전직하다 チョンジカダ

でんしん [電信] 전신 チョーンシン

てんしんらんまん [天真爛漫] ❖～だ 천진난만하다 チョンジンナンマナダ

てんすう [点数] 점수 チョムッス

てんせい [天性] 천성 チョンソン ❖～の 타고난 タゴナン

でんせつ [伝説] 전설 チョンソル ❖～的な 전설적인 チョンソルチョギン

てんせん [点線] 점선 チョムソン

でんせん [伝染] 전염 チョニョム ❖～する 전염되다 チョニョムドウェダ 関伝染病 전염병 チョニョムッピョン

でんたく [電卓] 전자식 탁상 계산기 チョーンジャシク タクサン ケーサンギ

てんち [天地] ①천지 チョンジ ② (紙・本などの上下) 위아래 ウィアレ

でんち [電池] 전지 チョーンジ 関乾電池 건전지 コンジョンジ / 太陽電池 태양 전지 テヤン チョーンジ

でんちゅう [電柱] 전봇대 チョーンボッテ

テント [tent] 텐트 テントゥ;천막 チョンマク

てんとう [転倒] 전도 チョーンド ❖～する 넘어지다 ノモジダ;전도하다 チョーンドハダ

でんとう [伝統] 전통 チョントン 関伝統芸能 전통 예능 チョントン イェーヌン / 伝統工芸 전통 공예 チョントン コンイェ / 伝統的 전통적 チョントンジョク

でんとう [電灯] 전등 チョーンドゥン;전등불 チョーンドゥンップル 例暗いから電灯を点けてください。어두우니까 전등을 켜 주세요. オドゥウニッカ チョーンドゥンウル

キョ ジュセヨ / 電灯を消すスイッチはどこにありますか。전등을 끄는 스위치는 어디에 있어요? チョンドゥンウル ックヌン スウィチヌン オディエ イッソヨ 関懐中電灯 손전등 ソンジョンドゥン

でんどう [伝道] 전도 チョンド ❖~する 전도하다 チョンドハダ 関伝道師 전도사 チョンドサ

でんどう [伝導] 전도 チョンド ❖~する 전도하다 チョンドハダ 関伝導体 전도체 チョンドチェ / 伝導率 전도율 チョンドユル

でんどう [殿堂] 전당 チョーンダン

てんとうむし [天道虫] 무당벌레 ムーダンボルレ

てんねん [天然] 천연 チョニョン 関天然ガス 천연가스 チョニョンガス / 天然記念物 천연기념물 チョニョンギニョムムル

てんのう [天皇] 천황 チョヌワン 《韓国では一般的に日王일왕を用いる》

てんのうせい [天王星] 천왕성 チョヌワンソン

でんぱ [伝播] 전파 チョンパ ❖~(…が)する 전파되다 チョンパドゥェダ

でんぱ [電波] 전파 チョーンパ

てんばい [転売] 전매 チョーンメ ❖~する 전매하다 チョーンメハダ

てんばつ [天罰] 천벌 チョンボル

てんぴ [天火] 오븐 オブン

てんぴ [天日] 햇볕 ヘッピョッ

てんびき [天引き] 공제 コージェ ❖~する 공제하다 コージェハダ ❖~される 공제되다 コージェドゥェダ

でんぴょう [伝票] 전표 チョンピョ 関売上伝票 매출 전표 メーチュル チョンピョ / 支払伝票 지급 전표 チグプ チョンピョ / 入金伝票 입금 전표 イプクム チョンピョ

てんびん [天秤] 저울 チョウル;천칭 チョンチン ❖~に掛ける 저울질하다 チョウルジラダ 例損得を天秤に掛けてみて決めたいと思います。이익을 저울질해 보고 정하려고 해요. イイグル チョウルジレ ボゴ チョーンハリョゴ ヘヨ

てんぷ [天賦] 천부 チョンブ

てんぷ [添付] 첨부 チョムブ ❖~する 첨부하다 チョムブハダ 例必ずインボイス(送り状)を添付してください。꼭 인보이스를 첨부해 주세요. ッコク インボイスルル チョムブヘ ジュセヨ 関添付ファイル 첨부 파일 チョムブ パイル

てんぷく [転覆] 전복 チョーンボク ❖(…を)~する 전복하다 チョーンボカダ ❖(…が)~する 전복되다 チョーンボクトゥェダ

テンプラ [天麩羅] 튀김 トゥィギム

てんぽ [店舗] 점포 チョムポ

テンポ [tempo] 템포 テムポ

てんぼう [展望] 전망 チョーンマン ❖~する 전망하다 チョーンマンハダ 関展望台 전망대 チョーンマンデ

でんぽう [電報] 전보 チョーンボ

てんまつ [顚末] 전말 チョンマル;자초지종 チャチョジジョン

てんめい [天命] 천명 チョンミョン

てんめつ [点滅] 점멸 チョムミョル

てんもん [天文] 천문 チョンムン 関 天文学 천문학 チョンムナク / 天文台 천문대 チョンムンデ

でんらい [伝来] 전래 チョルレ ❖~する 전래되다 チョルレドゥェダ

てんらんかい [展覧会] 전람회 チョルラムェ

でんりゅう [電流] 전류 チョルリュ

でんりょく [電力] 전력 チョルリョク

でんわ [電話] 전화 チョーヌワ 例 またお電話差し上げます。다시 전화 드리겠습니다. タシ チョーヌワ トゥリゲッスムニダ ❖~する 전화하다 チョーヌワハダ 関 電話番号 전화번호 チョーヌワボノ / 公衆電話 공중전화 コンジュンジョヌワ / 国際電話 국제전화 ククチェジョーヌワ

と

と [戸] 문 ムン ; 문짝 ムンチャク

-と 과 クヮ《パッチムのある体言に用いる》; 와 ワ《パッチムのない体言に用いる》; 하고《パッチムの有無に関係なく会話で主に用いられる》例 夏と冬に休みがあります。여름과 겨울에 방학이 있어요. ヨルムグヮ キョウレ パーンハギ イッソヨ / (温泉で) 男と女は入るところが違いますか。남자와 여자는 들어가는 곳이 달라요? ナムジャワ ヨジャヌン トゥロガヌン ゴシ タルラヨ / 友達と一緒に行くことにしました。친구하고 같이 가기로 했어요. チングハゴ カチ カギロ ヘッソヨ

ど [度] ①(回数) 번 ポン 例 一度 한 번 ハン ボン ②(角度・温度) 도 ト

ドア [door] 도어 トオ ; 문 ムン

とい [問い] 질문 チルムン

といあわせ [問い合わせ] 문의 ムーニ ❖~する 문의하다 ムーニハダ ; 조회하다 チョフェハダ

ドイツ [Duits|Deutschland] 독일 トギル

トイレ 화장실 フヮジャンシル 例 トイレはどこですか。화장실이 어디예요? フヮジャンシリ オディエヨ

トイレットペーパー [toilet paper] 화장지 フヮジャンジ

とう [党] 당 タン ; 정당 チョンダン

とう [塔] 탑 タプ 関 石塔 석탑 ソクタプ / 鉄塔 철탑 チョルタプ

とう [籐] 등나무 トゥンナム

とう [問う] ①(尋ねる) 묻다 ムッタ ②(追及する) 추궁하다 チュグンハダ

どう [銅] 구리 クリ ; 동 トン 関 銅貨 동화 トンフヮ / 銅メダル 동메달 トンメダル

どう [如何] 어떻게 オットッケ 例 明日、どうしましょうか。내일 어떻게 할까요? ネイル オットッケ ハルッカヨ

どうあげ [胴上げ・胴揚げ] 헹가래 ヘンガレ ❖~する 헹가래를 치다 ヘンガレルル チダ

とうあん [答案] 답안 タバン 関 答案用紙 답안 용지 タバン ヨンジ / 答案지 답안지 タバンジ

どうい [同意] 동의 トンイ ❖~する 동의하다 トンイハダ

どういう 어떤 オットン;무슨 ムスン 例どういう料理が好きですか。어떤 음식을 좋아하세요? オットン ウームシグル チョーアハセヨ

どういたしまして 천만의 말씀입니다 チョンマネ マールッスミムニダ;천만에요 チョンマネ《「천만의 말씀입니다」のほうがより丁寧な表現で, 目上の人に対して用いる》

とういつ [統一] 통일 トーンイル ❖~する 통일하다 トーンイラダ ❖~される 통일되다 トーンイルドゥェダ

どういつ [同一] 동일 トンイル ❖~だ 동일하다 トンイラダ

とういん [党員] 당원 タンウォン

どういん [動員] 동원 トンウォン ❖~する 동원하다 トンウォナダ ❖~される 동원되다 トンウォンドゥェダ

とうか [灯火] 등화 トゥンファ;등불 トゥンプル

とうか [投下] 투하 トゥハ ❖~する 투하하다 トゥハハダ;떨어뜨리다 ットロットゥリダ ❖~される 투하되다 トゥハドゥェダ

どうか [同化] 동화 トンファ ❖(…を)~する 동화하다 トンファハダ ❖(…が)~する 동화되다 トンファドゥェダ

どうか ①(懇願・依頼) 아무쪼록 アームッチョロク;부디 プーディ;제발 チェーバル 例どうかお元気でいらっしゃってください。아무쪼록 건강하세요. アームッチョロク コーンガンハセヨ/どうかお願いです。제발 부탁이에요. チェーバル プータギエヨ ②(…かどうか《用言の語幹+-ㄴ지 / 는지 어떤지,用言の語幹+-ㄹ지 / 을지 어떤지》の形で) 例疲れているかどうかもわからないほど楽しいです。피곤한지 어떤지도 못 느낄 정도로 즐거워요. ピゴナンジ オットンジド モーン ヌッキル チョンドロ チュルゴウォヨ/外に雨が降っているかどうかずっと家の中にいるからよくわかりません。밖에 비가 오는지 어떤지 집에만 있어서 잘 모르겠어요. パッケ ピガ オヌンジ オットンジ チベマン イッソソ チャル モルゲッソヨ/喜んでくれるかどうかちょっと心配です。좋아할지 어떨지 조금 걱정이 되네요. チョーアハルチ オットルチ チョグム コクチョンイ トゥエネヨ/気に入るかどうかわかりませんが, 受け取ってください。마음에 들지 어떨지 모르겠지만 받아 주세요. マウメ トゥルチ オットルチ モルゲッチマン パダ ジュセヨ

とうかつ [統括] 통괄 トーングヮル ❖~する 통괄하다 トーングヮラダ ❖~される 통괄되다 トーングヮルドゥェダ

とうかつ [統轄] 통할 トーンハル ❖~する 통할하다 トーンハラダ

とうがらし [唐辛子] 고추 コチュ

どうかん [同感] 동감 トンガム ❖~する 동감하다 トンガマダ

とうき [冬季] 동계 トンゲ 関冬季オリンピック 동계 올림픽 トンゲ オルリムピク

とうき [冬期] 동기 トーンギ

とうき [投機] 투기 トゥギ

とうき [陶器] 도기 トギ;도자기 ト

ジャギ

とうき [登記] 등기 トゥンギ ❖~する 등기하다 トゥンギハダ

とうぎ [討議] 토의 トーイ ❖~する 토의하다 トーイハダ

どうき [同期] 동기 トンギ 関同期生 동기생 トンギセン

どうき [動機] 동기 トーンギ

どうぎ [同義] 동의 トンイ

とうきゅう [投球] 투구 トゥグ ❖~する 투구하다 トゥグハダ

とうきゅう [等級] 등급 トゥーングプ

どうきゅう [同級] 동급 トングプ 関同級生 동급생 トングプセン

どうきょ [同居] 동거 トンゴ ❖~する 동거하다 トンゴハダ

どうぎょう [同業] 동업 トンオプ 関同業者 동업자 トンオプチャ

とうきょく [当局] 당국 タングク

どうぐ [道具] ①도구 トグ;연장 ヨンジャン ②(用具) 용구 ヨング

どうくつ [洞窟] 동굴 トーングル

とうげ [峠] ①(山の) 고개 コゲ ②(最高潮) 고비 コビ

とうけい [統計] 통계 トーンゲ

とうげい [陶芸] 도예 トイェ 関陶芸家 도예가 トイェガ

どうけい [憧憬] 동경 トンギョン

とうけつ [凍結] 동결 トーンギョル ❖~する 동결하다 トーンギョラダ;얼다 オールダ

とうこう [投稿] 투고 トゥゴ ❖~する 투고하다 トゥゴハダ

とうこう [登校] 등교 トゥンギョ ❖~する 등교하다 トゥンギョハダ

とうごう [統合] 통합 トーンハプ ❖~する 통합하다 トーンハパダ ❖~される 통합되다 トーンハプトゥェダ

どうこう [同好] 동호 トンホ 関同好会 동호회 トンホフェ;동아리 トンアリ

どうこう [同行] 동행 トンヘン ❖~する 동행하다 トンヘンハダ

どうこう [動向] 동향 トーンヒャン

どうさ [動作] 동작 トーンジャク

とうさい [搭載] 탑재 タプチェ ❖~する 탑재하다 タプチェハダ ❖~される 탑재되다 タプチェドゥェダ

とうざい [東西] 동서 トンソ

どうさつ [洞察] 통찰 トンチャル ❖~する 통찰하다 トンチャラダ 関洞察力 통찰력 トンチャルリョク

とうさん [倒産] 도산 トサン ❖~する 도산하다 トサナダ

どうさん [動産] 동산 トーンサン

とうし [投資] 투자 トゥジャ ❖~する 투자하다 トゥジャハダ 関投資家 투자가 トゥジャガ

とうし [闘志] 투지 トゥジ

とうし [凍死] 동사 トーンサ ❖~する 동사하다 トーンサハダ;얼어 죽다 オーロ ジュクタ

とうじ [冬至] 동지 トンジ

とうじ [当時] 당시 タンシ;그때 クッテ;그 무렵 クムリョプ

どうし [同士] 한패 ハンペ

どうし [同志] 동지 トンジ

どうし [動詞] 동사 トーンサ

どうじ [同時] 동시 トンシ ❖~に 동시에 トンシエ

とうじき [陶磁器] 도자기 トジャギ

とうじしゃ [当事者] 당사자 タンサジャ

どうじだい [同時代] 동시대 トンシデ

とうじつ [当日] 당일 タンイル; 그날 クナル 関当日券 당일 표 タンイル ピョ; 현장 판매 ヒョンジャン パンメ

どうして [如何して] ①(どのようにして) 어떻게 オットッケ 例どうしていいかわからないです。어떻게 하면 좋을지 모르겠어요. オットッケ ハミョン チョーウルチ モルゲッソヨ ②(なぜ) 왜 ウェー; 어째서 オッチェソ 例どうして予定が変わったんですか。왜 예정이 바뀌었어요? ウェー イェージョンイ パッキォッソヨ / 言葉が出ないのはどうしてでしょう。말이 잘 안 나오는 것은 어째서일까요? マーリ チャル アン ナオヌン ゴスン オッチェソイルッカヨ

どうしても ①(なにがあっても) 어떤 일이 있어도 オットン ニーリ イッソド 例どうしても買わなければなりません。어떤 일이 있어도 꼭 사야 해요. オットン ニーリ イッソド ッコク サヤ ヘヨ ②(必ず) 반드시 パンドゥシ; 꼭 ッコク ③(どうしても…しない) 아무리 해도 アームリ ヘド; 아무래도 アームレド 例どうしても理解できません。아무래도 이해가 안 가요. アームレド イーヘガ アン ガヨ

とうしょ [投書] 투서 トゥソ ❖~する 투서하다 トゥソハダ 関投書箱 투서함 トゥソハム / 投書欄 투고란 トゥゴラン

とうしょう [凍傷] 동상 トンサン

とうじょう [登場] 등장 トゥンジャン ❖~する 등장하다 トゥンジャンハダ 関登場人物 등장인물 トゥンジャンインムル

とうじょう [搭乗] 탑승 タプスン ❖~する 탑승하다 タプスンハダ 関搭乗員 탑승원 タプスンウォン / 搭乗口 탑승구 タプスング / 搭乗券 탑승권 タプスンックォン

どうじょう [同情] 동정 トンジョン 関同情心 동정심 トンジョンシム

どうじょう [道場] 도장 トジャン

とうじょうてつづき [搭乗手続] 탑승 수속 タプスン スソク 例ソウル行き大韓航空704便は、ただいま搭乗手続を行っています。서울로 가는 대한항공 704(칠공사)편은 지금 탑승 수속을 하고 있습니다. ソウルロ カヌン テーハナンゴン チルゴンサピョヌン チグム タプスン スソグル ハゴ イッスムニダ / 搭乗手続きは何時までにすればいいでしょうか。탑승 수속은 몇 시까지 하면 될까요? タプスン スソグン ミョッ シッカジ ハミョン ドゥェルッカヨ

とうすい [陶酔] 도취 トチュイ ❖~する 도취되다 トチュイドゥェダ 関自己陶酔 자기도취 チャギドチュイ

どうせ 어차피 オチャピ; 이왕에 イーワンエ 例どうせ買わなければならないから前もって予約しておきました。어차피 사야 하니까 미리 예약해 뒀어요. オチャピ サヤ ハニッカ ミリ イェーヤケ ドゥォッソ

とうせい

とうせい [統制] 통제 トーンジェ ❖~**する** 통제하다 トーンジェハダ

どうせい [同性] 동성 トンソン

どうせい [同姓] 동성 トンソン

どうせい [同棲] 동거 トンゴ ❖~**する** 동거하다 トンゴハダ

どうせい [動静] 동정 トンジョン

どうせき [同席] 동석 ソンソク ❖~**する** 동석하다 トンソカダ

とうせん [当選] 당선 タンソン ❖~**する** 당선하다 タンソナダ

とうせん [当籤] 당첨 タンチョム ❖~**する** 당첨되다 タンチョムドゥェダ 関当籤者 당첨자 タンチョムジャ

とうぜん [当然] 당연 タンヨン ❖~**だ** 당연하다 タンヨナダ 例当然の要求じゃないですか。당연한 요구 아니에요? タンヨナン ヨグ アニエヨ ❖**当然** 당연히 タンヨニ 例サイズが合わないから当然交換してくださらないとね。사이즈가 안 맞으니까 당연히 바꿔 주셔야지요. サイジュガ アン マジュニッカ タンヨニ パックォ ジュショヤジヨ

どうぜん [同然] ❖~**だ** 마찬가지다 マチャンガジダ;같다 カッタ;다름없다 タルモプタ

どうぞ ①(勧誘・要請) 어서 オソ 例どうぞこちらへ。어서 먼저 가십시오. オソ モンジョ カシプシオ ②(ともかく・なにとぞ) 아무쪼록 アームッチョロク;제발 チェーバル;부디 プーディ 例どうぞよろしくお願いします 아무쪼록 잘 부탁합니다. アームッチョロク チャル プータカムニダ

とうそう [逃走] 도주 トジュ ❖~**する** 도주하다 トジュハダ

とうそう [闘争] 투쟁 トゥジェン ❖~**する** 투쟁하다 トゥジェンハダ

どうそう [同窓] 동창 トンチャン 関同窓会 동창회 トンチャンフェ / 同窓生 동창생 トンチャンセン

とうそつ [統率] 통솔 トーンソル ❖~**する** 통솔하다 トーンソラダ 関統率力 통솔력 トーンソルリョク / 統率者 통솔자 トーンソルッチャ

とうだい [灯台] 등대 トゥンデ

どうたい [胴体] 동체 トンチェ

とうだいもん [東大門] 동대문 トンデムン 関東大門市場 동대문 시장 トンデムン シージャン

とうたつ [到達] 도달 トーダル ❖~**する** 도달하다 トーダラダ 関到達目標 도달 목표 トーダル モクピョ

とうち [統治] 통치 トーンチ ❖~**する** 통치하다 トーンチハダ 関統治者 통치자 トーンチジャ

とうちゃく [到着] 도착 トーチャク ❖~**する** 도착하다 トーチャカダ 例いつ到着しましたか。언제 도착했어요? オーンジェ トーチャケッソヨ

とうちょう [盗聴] 도청 トチョン ❖~**する** 도청하다 トチョンハダ 関盗聴器 도청기 トチョンギ

どうちょう [同調] 동조 トンジョ ❖~**する** 동조하다 トンジョハダ

とうちょく [当直] 당직 タンジク ❖~**する** 당직하다 タンジカダ 関当直医 당직의 タンジギ / 当直者タカムニダ

당직자 タンジクチャ
とうてい [到底] 도저히 トージョヒ;아무리 해도 アームリ ヘド
どうてい [童貞] 동정 トンジョン
どうでもいい（関係ない）상관없다 サングワノプタ
どうてん [同点] 동점 トンッチョム
とうとい［尊い・貴い］귀중하다 クィージュンハダ;소중하다 ソージュンハダ
とうとう ①드디어 トゥディオ ②（ついに）마침내 マチムネ;끝내 ッカンネ ③（結局）결국 キョルグク
どうとう [同等] 동등하다 トンドゥンハダ
どうどう [堂堂] ❖～としている 당당하다 タンダンハダ ❖～と 당당히 タンダンイ 関威風堂々 위풍당당 ウィプンダンダン / 正々堂々 정정당당 チョーンジョンダンダン
どうとく [道徳] 도덕 トードク 関道徳意識 도덕의식 トードギシク / 交通道徳 교통도덕 キョトンドードク / 商業道徳 상업도덕 サンオプトードク
とうなん [東南] 동남 トンナム 関東南アジア 동남아시아 トンナマシア
とうなん [盗難] 도난 トナン 例パスポートが入っているカバンが盗難に遭いました。여권이 들어 있는 가방을 도난당했어요. ヨックォニ トゥロ インヌン カバンウル トナンダンヘッソヨ 関盗難事件 도난 사건 トナン サーッコン / 盗難届 도난 신고 トナン シンゴ
どうにか [如何にか]①（ようやく）겨우 キョウ;그런대로 クロンデロ;그럭저럭 クロクチョロク ②（なんとか）어떻게든 オットッケドゥン;어떻게 オットッケ 例どうにかしてください。어떻게든 해 주십시오. オットッケドゥン ヘ ジュシプシオ / どうにかなりませんか。어떻게 안 될까요. オットッケ アン ドゥェルッカヨ
どうにも [如何にも] ①도무지 トムジ;아무리 해도 アームリ ヘド ②（本当に）정말로 チョーンマルロ;참말로 チャムマルロ
とうにゅう [豆乳] 두유 トゥユ
どうにゅう [導入] 도입 トーイプ ❖～する 도입하다 トーイパダ ❖～される 도입되다 トーイプトゥェダ
とうにょう [糖尿] 당뇨 タンニョ 関糖尿病 당뇨병 タンニョッピョン
どうねん [同年] 동년 トンニョン;같은 해 カトゥン ヘ
とうばん [当番] 당번 タンボン
どうはん [同伴] 동반 トンバン ❖～する 동반하다 トンバナダ 関同伴者 동반자 トンバンジャ
とうひ [逃避] 도피 トピ ❖～する 도피하다 トピハダ
とうひょう [投票] 투표 トゥピョ ❖～する 투표하다 トゥピョハダ 関投票権 투표권 トゥピョックォン / 投票者 투표자 トゥピョジャ / 投票所 투표소 トゥピョソ
とうふ [豆腐] 두부 トゥブ 例豆腐一丁 두부 한 모 トゥブ ハン モ
とうぶ [東部] 동부 トンブ
とうぶ [頭部] 두부 トゥブ;머리 モ

リ;머리 부분 모리 ブブン

どうふう [同封] 동봉 トンボン ❖ ~する 동봉하다 トンボンハダ

どうぶつ [動物] ①동물 トーンムル ②(獣) 짐승 チムスン 関動物愛護 동물 애호 トーンムル エホ/動物園 동물원 トーンムルォン/動物実験 동물 실험 トーンムル シロム

とうぶん [当分] 당분간 タンブンガン

とうぶん [糖分] 당분 タンブン

とうべん [答弁] 답변 タプピョン ❖ ~する 답변하다 タプピョナダ

とうぼう [逃亡] 도망 トマン ❖ ~する 도망하다 トマンハダ 関逃亡者 도망자 トマンジャ

どうほう [同胞] 동포 トンポ

どうみゃく [動脈] 동맥 トーンメク 関大動脈 대동맥 テードンメク

とうみん [冬眠] 동면 トーンミョン;겨울잠 キョウルチャム

とうめい [透明] 투명 トゥミョン ❖ ~だ 투명하다 トゥミョンハダ

どうめい [同盟] 동맹 トンメン

とうめん [当面] 당면 タンミョン ❖ ~する 당면하다 タンミョナダ

どうも ①(どうしても) 아무리 해도 アームリ ヘド 例どうもうまくいかないです. 아무리 해도 잘되지 않아요. アームリ ヘド チャルドェジ アナヨ ②(なんだか・どことなく) 어쩐지 オッチョンジ 例どうも安いと思っていました. 어쩐지 싸다 했어요. オッチョンジ ッサダ ヘッソヨ ③(どう考えても) 아무리 생각해도 アームリ センガケド;아무래도 アームレド 例どうも理解できません。아무리 생각해도 이해할 수 없어요. アームリ センガケド イーヘハル ス オープソヨ ④(感謝の気持ち) 정말 チョーンマル;참말로 チャムマルロ;대단히 テーダニ 例どうもお世話になりました。정말 폐가 많았습니다. チョーンマル ペーガ マーナッスムニダ/どうもすみません。정말 미안합니다. チョーンマル ミアナムニダ

とうもろこし [玉蜀黍] 옥수수 オクスス

とうよ [投与] 투여 トゥヨ ❖ ~する 투여하다 トゥヨハダ

とうよう [東洋] 동양 トンヤン 関東洋医学 동양 의학 トンヤン ウイハク/東洋史 동양사 トンヤンサ/東洋文明 동양 문명 トンヤン ムンミョン

とうよう [登用] 등용 トゥンヨン ❖ ~する 등용하다 トゥンヨンハダ

とうよう [盗用] 도용 トヨン;표절 ピョジョル ❖ ~する 도용하다 トヨンハダ;표절하다 ピョジョラダ ❖ ~される 도용되다 トヨンドェダ

どうよう [同様] ❖ ~だ 같다 カッタ;마찬가지다 マチャンガジダ;다름없다 タルモプタ ❖ ~に 같이 カチ;마찬가지로 マチャンガジロ;다름없이 タルモプシ

どうよう [動揺] 동요 トーンヨ ❖ ~する 동요하다 トーンヨハダ

どうよう [童謡] 동요 トンヨ

どうらん [動乱] 동란 トーンナン

どうり [道理] 도리 トーリ;이치 イーチ ❖ ~で 어쩐지 オッチョン

ジ;그래서 クレソ 例 道理で日本語が上手いと思ったら日本で語学研修をなさったんですね。어쩐지 일본말을 잘하신다 했더니 일본에서 어학연수 하셨군요. オッチョンジ イルボンマルル チャラシンダ ヘットニ イルボネソ オーハンニョンス ハショックンニョ

とうりゅうもん [登竜門] 등용문 トゥンヨンムン

どうりょう [同僚] 동료 トンニョ

どうりょく [動力] 동력 トーンニョク; 원동력 ウォンドンニョク 関 動力源 동력원 トーンニョグォン

どうろ [道路] 도로 トーロ; 길 キル 例 早く行ける道路はないですか。빨리 갈 수 있는 도로는 없어요? ッパルリ カル ス インヌン トーロヌン オープソヨ 関 高速道路 고속도로 コソク トーロ / 道路工事 도로 공사 トーロ コンサ

とうろく [登録] 등록 トゥンノク 例 会員登録をしたいのですが。회원 등록을 하고 싶은데요. フェーウォン トゥンノグル ハゴ シプンデヨ ❖~する 등록하다 トゥンノカダ 関 登録金 등록금 トゥンノックム / 住民登録 주민 등록 チューミン トゥンノク

とうろん [討論] 토론 トーロン ❖~する 토론하다 トーロナダ 関 討論会 토론회 トーロヌェ

どうわ [童話] 동화 トーンフワ

とうわく [当惑] 당혹 タンホク ❖~する 당혹하다 タンホカダ

とお [十] 열 ヨル

とおい [遠い] ①(場所が) 멀다 モールダ 例 博物館までのどのくらい遠いですか。박물관까지 얼마나 멀어요? パンムルグワンッカジ オルマナ モーロヨ ②(離れている) 떨어져 있다 ットロジョ イッタ ③(時間的に) 멀다 モールダ ④(よく聞こえない) 잘 안 들리다 チャル アン ドゥルリダ; 멀다 モールダ 例 電話が遠いからかけ直します。전화가 잘 안 들리니까 다시 걸게요. チョーヌヮガ チャル アン ドゥルリニッカ タシ コールケヨ

とおか [十日] 《漢字語》 10(십)일 シビル 《固有語》 열흘 ヨルル

とおく [遠く] ❖~の 먼 モーン 例 日程が短いので遠くへは行けません。일정이 짧으니까 먼 곳은 못 가요. イルチョンイ ッチャルブニッカ モーン ゴスン モーッ カヨ ❖~に 멀리 モールリ

とおざかる [遠ざかる] 멀어지다 モーロジダ

とおざける [遠ざける] ①멀리하다 モールリハダ ②(退ける) 물리치다 ムルリチダ

とおす [通す] ①통과시키다 トングヮシキダ; 지나가게 하다 チナガゲ ハダ ②(交通・通信手段などを設置する) 가설하다 カソラダ; 끌다 ックールダ 例 この部屋へインターネットの回線を通すことはできないですか。이 방으로 인터넷 회선을 끌 수는 없나요? イパンウロ イントネッ フェソヌル ックールスヌン オームナヨ ③(議案などを) 통과시키다 トングヮシキダ ④(針に糸を) 꿰다 ックェーダ 例 針に糸を通してもらえますか。바늘에 실 좀 꿰어 주시겠어요? パヌレ

シール チョム ックェーオ ジュシゲッソヨ
ドーナツ [doughnut] 도넛 トノッ
とおまわし [遠回し] ❖~に 완곡히 ワンゴキ; 완곡하게 ワンゴカゲ; 에둘러서 エドルロソ
ドーム [dome] 돔 トム
とおり [通り] ①거리 コリ 例この通りは休日のみ歩行者天国ですか。이 거리는 휴일에만 보행자 천국이에요? イ コリヌン ヒュイレマン ポヘンジャ チョングギエヨ ②(道路) 도로 トーロ; 길 キル ③(人・車の行き来) 내왕 ネワン 例ここは人通りがいつも多いです。여기는 늘 사람들의 내왕이 많아요. ヨギヌン ヌル サーラムドゥレ ネワンイ マーナヨ
-とおり 대로 テロ; 같이 カチ; 처럼 チョロム 例いつものとおり 여느 때와 같이 ヨヌ ッテワ ガチ / 御承知のとおり 아시는 바와 같이 アシヌン バワ ガチ
とおりすぎる [通り過ぎる] 지나가다 チナガダ
とおりぬける [通り抜ける] 빠져나가다 ッパージョ ナガダ
とおる [通る] ①(通過する) 지나다 チナダ; 지나가다 チナガダ; 통과하다 トングヮハダ; 다니다 タニダ 例韓国に来る度に通る道なのに迷います。한국에 올 때마다 지나는 길인데도 헤매요. ハーングゲ オル ッテマダ チナヌン ギリンデド ヘメヨ ②(合格する) 통과되다 トングヮドゥェダ; 합격하다 ハプキョカダ 例大学に通った記念にもらいました。대학교 입시에 합격한 기념으로 받았어요. テーハクキョ イプシエ ハプキョカン ギニョムロ パダッソヨ ③(貫く・穴が開く) 뚫리다 ットゥウルリダ; 꿰뚫리다 ックェーットゥルリダ
とかい [都会] 도회 トフェ; 도회지 トフェジ; 도시 トシ
とかげ [蜥蜴] 도마뱀 トマベム
とかす [溶かす・融かす] 녹이다 ノギダ
とかす [梳かす] 빗다 ピッタ
とがめる [咎める] 나무라다 ナムラダ
とがらす [尖らす] ①뾰쪽하게 하다 ッピョジョカゲ ハダ; 날카롭게 하다 ナルカロプケ ハダ ②(神経を) 곤두세우다 コンドゥセウダ
とがる [尖る] 뾰족하다 ッピョジョカダ
とき [時] ①때 ッテ 例学生の時に修学旅行で一度来ました。학생 때 수학여행으로 한 번 왔어요. ハクセン ッテ スハンニョヘンウロ ハン ボン ワッソヨ ②(時間) 시간 シガン ③(機会) 기회 キフェ ④(仮定を表す《用言の未来連体形+경우 / 때, -았 / 었을 때, -았 / 었을 경우》の形で) 例道に迷った時は電話ください。길을 잃어버렸을 경우에는 전화하세요. キルル イロボリョッスル キョンウエヌン チョーヌヮハセヨ / 日本に来る時は前もって連絡ください。일본에 올 때는 미리 연락 주세요. イルボネ オル ッテヌン ミリ ヨルラク チュセヨ
ときどき [時時] 때때로 ッテッテロ; 가끔 カックム 例時々雨が降る

でしょう。때때로 비가 오겠습니다. ッテッテロ ピガ オゲッスムニダ

どきどき ❖**~する** 두근두근하다 トゥグンドゥグナダ;두근두근거리다 トゥグンドゥグンゴリダ

ときには [時には] 때로는 ッテロヌン

ときめく 가슴이 설레다 カスミ ソルレダ;가슴이 두근거리다 カスミ トゥグンゴリダ

ドキュメンタリー [documentary] 다큐멘터리 タキュメントリ

どきょう [度胸] 배짱 ペッチャン

とぎれる [途切れる] ①(通信が途中で切れる) 끊어지다 ックノジダ;중단되다 チュンダンドゥェダ 例電話が途中で途切れました。전화가 도중에 끊어졌어요. チョーヌヮガ トジュンエ ックノジョッソヨ ②(人の行き来が) 끊기다 ックンキダ

とく [得] 득 トゥク;이익 イーイク ❖**~だ** 득이 되다 トゥギ トゥェダ;득을 보다 トゥグル ポダ

とく [徳] 덕 トク

とく [溶く] 풀다 プルダ

とく [解く] 풀다 プルダ

とぐ [研ぐ・磨ぐ] ①(刃物を) 갈다 カルダ ②(米を) 씻다 ッシッタ

どく [毒] 독 トク 関毒草 독초 トクチョ / 毒薬 독약 トギャク / 消毒 소독 ソドク

どく [退く] 물러나다 ムルロナダ;물러서다 ムルロソダ;비키다 ピーキダ

とくい [得意] ①(自慢・満足) 득의 トギ;자랑 チャラン ❖**~になる** 우쭐거리다 ウッチュルゴリダ;우쭐해하다 ウッチュレハダ ②❖**~だ**(上手い・熟達している) 잘하다 チャラダ;자신이 있다 チャシニ イッタ 例得意な料理は何ですか。자신이 있는 요리가 뭐예요? チャシニ インヌン ニョリガ ムォーエヨ

とくい [特異] 특이 トゥギ ❖**~だ** 특이하다 トゥギハダ

どくがく [独学] 독학 トカク ❖**~する** 독학하다 トカカダ

とくぎ [特技] 특기 トゥキ

どくさい [独裁] 독재 トクチェ ❖**~する** 독재하다 トクチェハダ 関独裁者 독재자 トクチェジャ / 独裁政権 독재 정권 トクチェ チョンックォン / 独裁体制 독재 체제 トクチェ チェジェ

とくさん [特産] 특산 トゥクサン 関特産品 특산품 トゥクサンプム / 特産物 특산물 トゥクサンムル

どくじ [独自] ❖**~の** 독자적인 トクチャジョギン

どくしゃ [読者] 독자 トクチャ 関読者層 독자층 トクチャチュン / 読者欄 독자란 トクチャラン

とくしゅ [特殊] 특수 トゥクス ❖**~だ** 특수하다 トゥクスハダ

とくしゅう [特集] 특집 トゥクチプ ❖**~する** 특집하다 トゥクチパダ 関特集記事 특집 기사 トゥクチプ キサ / 特集号 특집호 トゥクチポ / 特集番組 특집 프로 トゥクチプ プロ

どくしょ [読書] 독서 トクソ ❖**~する** 독서하다 トクソハダ

どくしょう [独唱] 독창 トクチャン ❖**~する** 독창하다 トクチャン

とくしょく

ハダ 関独唱曲 독창곡 トクチャンゴク

とくしょく [特色] 특색 トゥクセク

どくしん [独身] 독신 トクシン 関独身者 독신자 トクシンジャ/独身生活 독신 생활 トクシン センファワル

とくせい [特性] 특성 トゥクッソン;특질 トゥクチル

とくせい [特製] 특제 トゥクチェ

とくせん [特選] 특선 トゥクソン

どくせん [独占] 독점 トクチョム;독차지 トクチャジ ❖~する 독차지하다 トクチャジハダ 関独占企業 독점 기업 トクチョム キオプ/独占資本 독점 자본 トクチョム チャボン

どくそう [独走] 독주 トクチュ ❖~する 독주하다 トクチュハダ

どくそう [独奏] 독주 トクチュ ❖~する 독주하다 トクチュハダ

どくそう [独創] 독창 トクチャン 関独創性 독창성 トクチャンッソン/独創的 독창적 トクチャンジョク/独創力 독창력 トクチャンニョク

とくそく [督促] 독촉 トクチョク ❖~する 독촉하다 トクチョカダ 関督促状 독촉장 トクチョクッチャン

ドクター [doctor] 닥터 タクト

とくだね [特種] 특종 トゥクチョン

とくちょう [特長] 특색 トゥクセク;특장 トゥクチャン

とくちょう [特徴] 특징 トゥクチン ❖~的な 특징적인 トゥクチンジョギン

とくてい [特定] 특정 トゥクチョン ❖~する 특정하다 トゥクチョンハダ

とくてん [得点] 득점 トゥクッチョム ❖~する 득점하다 トゥクッチョマダ

どくとく [独特] ❖~だ 독특하다 トクトゥカダ

とくに [特に] 특히 トゥキ;특별히 トゥクピョリ 例これが特によく売れる理由は何ですか。이게 특히 잘 팔리는 이유가 뭐예요? イゲ トゥキ チャル パルリヌン イーユガ ムォーエヨ

とくはいん [特派員] 특파원 トゥクパウォン

とくべつ [特別] 특별 トゥクピョル ❖~だ 특별하다 トゥクピョラダ 例母は私にとって特別な人(方)です。어머니는 저에게 특별한 분이세요. オモニヌン チョエゲ トゥクピョラン ブニセヨ ❖~に 특별히 トゥクピョリ 関特別休暇 특별 휴가 トゥクピョル ヒュガ/特別番組 특별 프로 トゥクピョル プロ

どくへび [毒蛇] 독사 トクサ

とくめい [匿名] 익명 インミョン

どくやく [毒薬] 독약 トギャク

とくゆう [特有] 특유 トゥギュ ❖~だ 특유하다 トゥギュハダ

どくりつ [独立] 독립 トンニプ ❖~する 독립하다 トンニパダ 例そろそろ独立しようか考えているところです。슬슬 독립할까 생각 중이에요. スールスル トンニパルッカ センガク チュンイエヨ 関独立記念日 독립기념일 トンニプキニョミル/独立国 독립국 トンニプクク/独立採算制 독립 채산제 トンニプ

チェーサンジェ / 独立宣言 독립선언 トンニプソノン / 独立門 독립문 トンニムンムン

とげ [刺・棘] 가시 カシ

とけい [時計] 시계 シゲ 腕時計 손목시계 ソンモクシゲ / 目覚まし時計 자명종 チャミョンジョン / 柱時計 벽시계 ピョクシゲ

とける [溶ける・融ける] 녹다 ノクタ

とける [解ける] ①(疑問・問題などが)풀리다 プルリダ ②(ほどける)풀리다 プルリダ 例 紐が解けないようにしっかり結んでください。끈이 풀리지 않게 꽉 매 주세요. ックニ プルリジ アンケ ックワクメ ジュセヨ ③(誤解や緊張が)풀리다 プルリダ 例 誤解が解けてよかったです。오해가 풀려서 다행이에요. オーヘガ プルリョソ タヘンイエヨ

とげる [遂げる] ①이루다 イルダ ②(達成する)달성하다 タルソンハダ ③(成就する)성취하다 ソンチュィハダ ④(終える)마치다 マチダ

どける [退ける] 치우다 チウダ; 비키다 ピーキダ

とこ [床] 잠자리 チャムチャリ

どこ [何処] 어디 オディ 例 ここはどこですか。여기는 어디예요? ヨギヌン オディエヨ / どこからいらっしゃいましたか。어디서 오셨어요? オディソ オショッソヨ / どこにいらっしゃいますか(存在)。어디 계세요? オディ ケーセヨ / トイレはどこですか。화장실이 어디예요? フヮジャンシリ オディエヨ ❖

~の어느 オヌ ❖ ~へ 어디로 オディロ ❖ ~まで 어디까지 オディッカジ ❖ ~か 어딘가 オディンガ

とこう [渡航] 도항 トハン ❖ ~する 도항하다 トハンハダ 関 渡航手続 도항 수속 トハン スソク

どことなく [何処となく] 어딘지 모르게 オディンジ モルゲ; 어쩐지 オッチョンジ

とこなつ [常夏] 상하 サンハ

ところ [所・処] ①곳 コッ 例 以前、一緒に行った所で会いましょうか。전에 같이 갔던 곳에서 만날까요? チョネ カチ カットン ゴセソ マンナルッカヨ ②(場所) 장소 チャンソ ③(部分) 부분 ププン ④(ちょうどその時) 참 チャム; 막 マク; 때 ッテ; 마침 マチム 例 ちょうどいいところに来てくださいました。마침 좋은 때에 와 주셨어요. マチム チョーウン ッテエ ワ ジュショッソヨ ⑤(…する・…したところだ《動詞の語幹＋-(으)려던 참이다》の形で) 例 今電話しようとしていたところです。지금 전화하려던 참이었어요. チグム チョーヌヮハリョドン チャミオッソヨ

ところが 그런데 クロンデ; 그러나 クロナ

ところで 그런데 クロンデ

-ところで ①(逆接《動詞の語幹＋-아서 / 어서 …봤자》の形で) 例 いまさら後悔したところで無駄です。이제 와서 후회해 봤자 소용없어요. イジェ ワソ フーフェヘ ブヮッチャ ソーヨンオプソヨ ②(時に《動詞の語幹＋-았을 / 었을 때》の形で) 例 ほとんど空港まで来

たところでパスポートを持って来なかったことに気付きました。공항에 거의 다 왔을 때, 여권을 안 가지고 온 걸 알았어요. コンハンエ コイ ター ワッスル ッテ ヨックォヌル アン ガジゴ オン ゴル アラッソヨ

ところどころ [所所] 곳곳 コッコッ; 여기저기 ヨギジョギ; 군데군데 クンデグンデ

とざされる [閉ざされる] ①(窓が) 닫히다 タチダ ②(雪に) 갇히다 カチダ

とざす [閉ざす] ①(門を) 닫다 タッタ ②(口を) 다물다 タムルダ

とざん [登山] 등산 トゥンサン ❖~する 등산하다 トゥンサナダ 関 登山家 등산가 トゥンサンガ / 登山道 등산로 トゥンサンノ

とし [年・歳] ①(年月) 해 へ ②(年齢) 나이 ナイ; 연령 ヨルリョン《敬語》연세 ヨンセ

とし [都市] 도시 トシ 関 都市開発 도시 개발 トシ ケバル / 都市生活 도시 생활 トシ センフワル / 国際都市 국제도시 ククチェドシ / 地方都市 지방 도시 チバン トシ

としうえ [年上] 연상 ヨンサン

とじこめる [閉じ込める] 가두다 カドゥダ

とじこもる [閉じ籠もる] 틀어박히다 トゥロバキダ

としつき [年月] 세월 セーウォル

-として《体言に付いて資格や身分・地位を表す》(으) 로서 (ウ)ロソ 例 大人として本当に恥ずかしいと思います。어른으로서 참 부끄러운 생각이 들어요. オールヌロソ チャム プックロウン センガギ トゥロヨ

とじまり [戸締まり] 문단속 ムンダンソク ❖~する 문단속을 하다 ムンダンソグル ハダ

どしゃ [土砂] 토사 トサ 関 土砂崩れ 산사태 サンサテ

どじょう [泥鰌] 미꾸라지 ミックラジ 関 どじょう汁 추어탕 チュオタン

としょかん [図書館] 도서관 トソグワン

としより [年寄り] 노인 ノーイン

とじる [閉じる] ①(…が閉まる) 닫히다 タチダ ②(…を閉める) 닫다 タッタ ③(目を) 감다 カームタ ④(本を) 덮다 トプタ ⑤(口を) 다물다 タムルダ

とじる [綴じる] 철하다 チョラダ

としん [都心] 도심 トシム; 도심지 トシムジ 関 都心部 도심부 トシムブ

どせい [土星] 토성 トソン

とぜつ [途絶] 두절 トゥジョル ❖~する 두절하다 トゥジョラダ

とそう [塗装] 도장 トジャン ❖~する 도장하다 トジャンハダ

どそう [土葬] 토장 トジャン ❖~する 토장하다 トジャンハダ

どそく [土足] 신을 신은 채로의 발 シヌル シーヌン チェロエ パル 例 土足厳禁 신을 신은 채 들어서는 것을 엄금함 シヌル シーヌン チェ トゥロソヌン ゴスル オムグムハム

どだい [土台] ①(基礎) 토대 トデ; 기초 キチョ ②(元々が・最初から) 원래 ウォルレ; 애당초 エタンチョ

とだえる [跡絶える・途絶える] 두절되다 トゥジョルドゥェダ ; 끊어지다 ックノジダ

とだな [戸棚] 장 チャン 関食器戸棚 찬장 チャンッチャン / 衣装棚 벽장 ピョクチャン / 作り付けの戸棚 붙박이장 プッパギジャン

とたんに [途端に] ～した～《《動詞の語幹＋－자마자》の形で》例家を買った途端に転勤命令が出ました。집을 사자마자 전근 발령이 났어요. チブル サジャマジャ チョーングン パルリョンイ ナッソヨ

どたんば [土壇場] 막판 マクパン ; 막바지 マクパジ

とち [土地] 토지 トジ ; 땅 ッタン ; 대지 テジ

とちゅう [途中] 도중 トジュン

どちら [何方] ①(どこ) 어디 オディ 例どちらからいらっしゃいましたか。어디서 오셨습니까? オディソ オショッスムニッカ / どちらへお出掛けですか。어디로 가십니까? オディロ カシムニッカ ②(どれ) 어느 것 オヌ ゴッ 例どちら(の物)になさいますか。어느 것으로 하시겠습니까? オヌ ゴスロ ハシゲッスムニッカ ③(誰) 어느 분 オヌ ブン ; 누구 ヌグ 例どちら様ですか。누구십니까? ヌグシムニッカ

どっかい [読解] 독해 トケ 関読解力 독해력 トケリョク

とっきゅう [特急] 특급 トゥックプ 関特急券 특급권 トゥックプクォン / 特急列車 특급 열차 トゥックムニョルチャ

とっきょ [特許] 특허 トゥコ

とつぐ [嫁ぐ] 시집가다 シジプカダ

とっけん [特権] 특권 トゥックォン

とっさ [咄嗟] 순식간 スンシクカン ; 찰나 チャルラ ❖～に 순식간에 スンシクカネ ❖～の 순식간의 スンシクカネ

とっしん [突進] 돌진 トルチン ❖～する 돌진하다 トルチナダ

とつぜん [突然] ❖～に 돌연 トリョン ; 갑자기 カプチャギ ❖～の 갑작스러운 カプチャクスロウン 例突然のことなので戸惑います。너무 갑작스러운 일이라 당황스러워요. ノム カプチャクスロウン ニーリラ タンフワンスロウォヨ

とって [取っ手] 손잡이 ソンジャビ

とっておきの [取って置きの] 소중히 간직하고 있는 ソジュンイ カンジカゴ インヌン ; 비장의 ピジャンエ 例私のとっておきの時計です。제가 소중히 간직하던 시계예요. チェガ ソジュンイ カンジカドン シゲエヨ

とっておく [取って置く] ①(大切にする) 간직하다 カンジカダ ②(残しておく) 남겨 두다 ナムギョドゥダ

とつにゅう [突入] 돌입 トリプ ❖～する 돌입하다 トリパダ

トップ [top] 톱 トプ

どて [土手] 둑 トゥク ; 제방 チェバン

とても 매우 メウ ; 대단히 テーダニ ; 무척 ムチョク 例とても便利な機能ですね。매우 편리한 기능이네요. メウ ピョルリハン キヌンイネヨ / とてもきれいですね。무척

아름답네요. ムチョク アルムダムネヨ

とどく [届く] ①(到着する) 도착하다 トーチャカダ; 오다 オダ 例 荷物が届いたらちょっと預かってください。짐이 도착하면 좀 맡아 주세요. チミ トーチャカミョン チョム マタ ジョセヨ / とうとう予約したチケットが届きました。드디어 예약한 표가 왔어요. トゥディオ イェーヤカン ピョガ ワッソヨ ②(達する) 닿다 タータ; 미치다 ミチダ 例 手を伸ばせば届きそうな空です。손을 뻗으면 닿을 것 같은 하늘이에요. ソヌル ッポドゥミョン タウル コッ カトゥン ハヌリエヨ

とどけ [届け] 신고 シンゴ; 신고서 シンゴソ

とどける [届ける] ①보내다 ポネダ; 전하다 チョナダ 例 このお土産をあの方に届けていただけますか。이 선물을 그분께 전해 주시겠어요? イ ソーンムルル クブンッケ チョネ ジュシゲッソヨ ②(申告する) 신고하다 シンゴハダ

とどこおり [滞り] 막힘 マキム; 밀림 ミルリム; 정체 チョンチェ; 연체 ヨンチェ

とどこおる [滞る] ①(やらなければならないことが) 밀리다 ミルリダ ②(渋滞する) 막히다 マキダ; 정체되다 チョンチェドゥェダ

ととのう [整う] 준비되다 チューンビドゥェダ; 마련되다 マリョンドゥェダ

ととのう [調う] ①(必要なものが揃う) 갖추어지다 カッチュオジダ ②(成立する) 성립되다 ソンニプトウェダ; 이루어지다 イルオジダ

ととのえる [整える・調える] ①(服装や髪を) 가다듬다 カダドゥムタ ②(調整・調節する) 조정하다 チョジョンハダ; 조절하다 チョジョラダ ③(必要なものを取りそろえる) 갖추다 カッチュダ; 마련하다 マリョナダ; 장만하다 チャンマナダ ④(準備する) 준비하다 チューンビハダ

とどまる [止まる・留まる] 머무르다 モムルダ; 머물다 モムルダ

とどめる [止める・留める] ①멈추다 モムチュダ ②(残す) 남기다 ナムギダ ③(抑える) 그치다 クチダ; 억제하다 オクチェハダ

とどろく [轟く] ①(稲妻などが) 울려 퍼지다 ウルリョ ポージダ ②(名声・悪名が) 떨치다 ットゥルチダ

となえる [唱える] ①외다 ウェダ; 읊다 ウプタ ②(叫ぶ) 외치다 ウェチダ; 부르다 プルダ ③(提唱する) 주창하다 チュチャンハダ; 주장하다 チュジャンハダ

トナカイ 토나카이 トナカイ; 순록 スルロク

どなた 어느 분 オヌ ブン

となり [隣] ①이웃 イウッ; 옆 ヨプ; 곁 キョッ ②(隣家) 이웃집 イウッチプ; 옆집 ヨプチプ

どなる [怒鳴る] 소리치다 ソリチダ; 고함치다 コハムチダ; 호통치다 ホトンチダ

とにかく 여하튼 ヨハトゥン; 아무튼 アームトゥン; 어쨌든 オッチェットゥン

どの ①어느 オヌ 例 どの色がよく似合うでしょうか。어느 색이 잘 어

울릴까요? オヌ セギ チャル オウルリルッカヨ ②(どのような) 어떤 オットン 例 どの方法がいいでしょうか。어떤 방법이 좋을까요? オットン バンボビ チョウルッカヨ

どのくらい 얼마나 オルマナ；어느 정도 オヌ ジョンド

どのような 어떤 オットン 例 この化粧品はどのような効果がありますか。이 화장품은 어떤 효능이 있나요? イ フワジャンプムン オットン ヒョヌンイ インナヨ

どのように 어떻게 オットッケ 例 博物館までどのように行きますか (どうやって行きますか)。박물관까지 어떻게 가요? パンムルグワンッカジ オットッケ カヨ

とばく [賭博] 도박 トバク

とばす [飛ばす] ①(空中を飛ぶようにする) 날리다 ナルリダ ②(走らせる) 몰다 モールダ；달리다 タルリダ 例 車をあまり飛ばさないでください。차 좀 천천히 몰아 주세요. チャ チョム チョーンチョニ モラ ジュセヨ ③(水しぶきなどを) 튀기다 トゥィギダ ④(途中を抜かす) 빼먹다 ッペーモクタ；건너뛰다 コーンノットゥィダ

とびあがる [飛び上がる] 높이 날아오르다 ノピ ナラオルダ

とびあがる [跳び上がる] 뛰어오르다 ットゥィオオルダ；펄쩍 뛰다 ポルッチョク ットゥィダ

とびいしれんきゅう [飛び石連休] 하루 거른 연휴 ハル コルン ヨニュ；징검다리 연휴 チンゴムダリ ヨニュ

とびおきる [飛び起きる] 벌떡 일어나다 ポルットク イロナダ

とびおりる [飛び下りる・飛び降りる] 뛰어내리다 ットゥィオネリダ

とびかかる [飛び掛かる] 덤벼들다 トムビョドゥルダ

とびこえる [飛び越える] 뛰어넘다 ットゥィオノムタ；건너뛰다 コーンノットゥィダ

とびこむ [飛び込む] 뛰어들다 ットゥィオドゥルダ

とびだす [飛び出す] 뛰어나오다 ットゥィオナオダ；뛰어나가다 ットゥィオナガダ

とびたつ [飛び立つ] 날아가다 ナラガダ；날아오르다 ナラオルダ

とびちる [飛び散る] 흩날리다 フンナルリダ；튀다 トゥィダ

とびつく [飛び付く] 달려들다 タルリョドゥルダ

トピック [topic] 토픽 トピク

とびら [扉] 문 ムン

とぶ [飛ぶ] ①(空中を移動する) 날다 ナルダ 例 韓国はカササギがたくさん飛んでいます。한국은 까치가 많이 날아 다녀요. ハーンググン ッカーチガ マーニ ナラ ダニョヨ ②(急いで行く) 달려가다 タルリョガダ 例 連絡さえくだされば、すぐに飛んでいきます。연락만 주시면 바로 달려가겠습니다. ヨルランマン チュシミョン パロ タルリョガゲッスムニダ ③(飛散する) 튀다 トゥィダ ④(途中を抜かす) 빠뜨리다 ッパートゥリダ；건너뛰다 コーンノットゥィダ

とぶ [跳ぶ] 뛰다 ットゥィダ

どぶ [溝] ①도랑 トラン；수채 スチェ ②(下水溝) 하수구 ハースグ

どぶろく [濁酒・濁醪] 탁주 タクチュ；막걸리 マクコルリ

とほ [徒歩] 도보 トボ

とほう [途方] ❖~もない 터무니없다 トムニオプタ；어처구니없다 オチョグニオプタ 関途方に暮れる 어찌할 바를 모르다 オッチハルバルル モルダ

どぼく [土木] 토목 トモク 関土木技術 토목 기술 トモク キスル／土木建築業 토목 건축업 トモク コンチュゴプ

とぼける [惚ける] 시치미를 떼다 シチミルル ッテーダ；능청 떨다 ヌンチョン ットールダ

とぼしい [乏しい] 부족하다 プジョカダ；모자라다 モージャラダ

とぼとぼ 터벅터벅 トボクトボク；터덕터덕 トドクトドク

トマト [tomato] 토마토 トマト

とまどう [戸惑う] ①（当惑する）당황하다 タンフワンハダ ②（躊躇する）망설이다 マンソリダ

とまり [泊まり] ①（滞在）체재 チェジェ ②（宿泊）숙박 スクパク

とまる [止まる・留まる] ①（停止する）멎다 モッタ；멈추다 モムチュダ 例急に電車が止まった理由は何ですか。갑자기 전철이 멈춘 이유가 뭐예요? カプチャギ チョンチョリ モムチュン ニーユガ ムォーエヨ ②（停車する）서다 ソダ 例市庁まで行くバスはどこで止まりますか。시청까지 가는 버스는 어디서 서요? シーチョンッカジ カヌン ポスヌン オディソ ソヨ ③（途切れる）끊어지다 ックノジダ；두절되다 トゥジョルドウェダ 例地震でガスが止まったことがあります。지진으로 가스가 끊어진 적이 있어요. チジヌロ カスガ ックノジン ジョギ イッソヨ ④（やむ）멈추다 モムチュダ；멎다 モッタ；그치다 クチダ

とまる [泊まる] 묵다 ムクタ；숙박하다 スクパカダ；머무르다 モムルダ 例泊まる所を前もって予約したいのですが。숙박할 곳을 미리 예약하고 싶은데요. スクパカル コスル ミリ イェーヤカゴ シプンデヨ

とみ [富] ①부 プ ②（財産）재산 チェサン

とむ [富む] ①（豊かだ）풍부하다 プンプハダ；많다 マーンタ ②（金持ち・財産がある）부유하다 プユハダ

とむらう [弔う] ①（弔問する）조상하다 チョサンハダ；문상하다 ムーンサンハダ ②（供養する）공양하다 コーンヤンハダ

とめる [止める] ①（停止させる）멈추다 モムチュダ ②（車を）세우다 セウダ 例あの信号の前で止めてください。저 신호 앞에서 세워 주세요. チョ シーノ アペソ セウォ ジュセヨ ③（消す）끊다 ックンタ 例ガスを止めたのかお湯が出ません。가스를 끊었는지 뜨거운 물이 안 나와요. カスルル ックノンヌンジ ットゥゴウン ムリ アン ナワヨ ④（抑える）멎게 하다 モッケ ハダ ⑤（やめさせる）말리다 マルリダ ⑥（禁止する）금지하다 クームジハダ；막다 マクタ

とめる [留める] ①（固定する）고

정시키다 コジョンシキダ 例 文字を覚えようと壁にハングルの表を画鋲で留めておきました。글자를 외우려고 벽에 한글 표를 압정으로 고정시켜 놓았어요. クルッチャルル ウェウリョゴ ピョゲ ハーングル ピョルル アプチョンウロ コジョンシキョ ノアッソヨ ②(ボタンを)끼우다 ッキウダ; 잠그다 チャムグダ 例 寒いからボタンを上まで全部留めてください。추우니까 단추를 위까지 다 잠그세요. チュウニッカ タンチュルル ウィッカジ ター チャムグセヨ ③(注目する・留意する) 주목하다 チューモカダ; 새겨 두다 セギョ ドゥダ 例 心に留めておきたい言葉です。마음에 새겨 두고 싶은 말이에요. マウメ セギョ ドゥゴ シプン マーリエヨ

とめる [泊める] 묵게 하다 ムッケ ハダ; 재우다 チェウダ; 숙박시키다 スクパクシキダ

ともあれ 어떻든 オットットゥン; 어찌 되었든 オッチ トゥェオットゥン; 하여간 ハヨガン

ともかく 하여튼 ハヨトゥン

ともかせぎ [共稼ぎ] 맞벌이 マッポリ

ともしび [灯火] 등불 トゥンップル; 횃불 フェップル

ともす [点す・灯す] 켜다 キョダ 例 韓国では結婚式の際、新郎と新婦の母がろうそくを灯すキャンドルサービスがあります。한국에서는 결혼식 때 신랑 신부 어머니가 촛불을 켜는 순서가 있어요. ハーングゲソヌン キョロンシクッテ シルラン シンブ オモニガ チョップル キョヌン スンソガ イッソヨ

ともだち [友達] 친구 チング 例 新しい友達ができました。새 친구가 생겼어요. セ チングガ センギョッソヨ

ともなう [伴う] ①(同伴する) 동반하다 トンバナダ ②(連れて行く) 데리고 가다 テリゴ カダ 例 娘を伴って韓国旅行に行きました。딸을 데리고 한국 여행을 갔어요. ッタルル テリゴ ハーングン ニョヘンウル カッソヨ ③(付随する) 따르다 ッタルダ; 수반하다 スバナダ 例 成功には苦労が伴うと言うじゃないですか。성공에는 고생이 따른다고 하잖아요. ソンゴンエヌン コセンイ ッタルンダゴ ハジャナヨ

ともに [共に] 함께 ハムッケ; 같이 カチ ❖~する 같이 하다 カチ ハダ

ともばたらき [共働き] 맞벌이 マッポリ

ともる [点る・灯る] 켜지다 キョジダ

どもる [吃る] 말을 더듬다 マールル トドゥムタ

とやかく ❖~言う 이러쿵 저러쿵 하다 イロクン ジョロクン ハダ; 이러니 저러니 하다 イロニ ジョロニ ハダ

どようび [土曜日] 토요일 トヨイル

とら [虎] 호랑이 ホーランイ; 범 ポーム

どら [銅鑼] 동라 トンナ; 징 チン

トライ [try] 트라이 トゥライ

ドライ [dry] 드라이 トゥライ

トライアングル [triangle] 트라이

앵글 トゥライエングル
ドライバー [driver] 드라이버 トゥライボ
ドライブ [drive] 드라이브 トゥライブ
ドライヤー [drier] 드라이어 トゥライオ; ヘアー ドライヤー ヘオ トゥライオ
とらえる [捕らえる・捉える] ①(つかまえる) 잡다 チャプタ; 붙잡다 プッチャプタ 例 犯人を捕らえてください。범인을 잡아 주세요. ポーミヌル チャバ ジュセヨ ②(把握する) 파악하다 パアカダ; 잡다 チャプタ 例 どういう意味なのか捉えることができませんでした。무슨 뜻인지 파악할 수 없었어요. ムスンットゥシンジ パアカル ス オープソッソヨ ③(逃れられないような気持ちにさせる) 사로잡다 サロジャプタ 例 ファンの心を捉えた歌です。팬들의 마음을 사로잡은 노래예요. ペンドゥレ マウムル サロジャブン ノレエヨ
トラクター [tractor] 트랙터 トゥレクト
トラック [truck] 트럭 トゥロク
トラブル [trouble] 트러블 トゥロブル
トラベラーズチェック [traveler's check] 트래블러즈 체크 トゥレブルロジュ チェク; 여행자 수표 ヨヘンジャ スピョ
トラベル [travel] 트래블 トゥレブル
ドラマ [drama] 드라마 トゥラマ
ドラム [drum] 드럼 トゥロム
トランク [trunk] 트렁크 トゥロンク
トランプ [trump] 트럼프 トゥロムプ
とり [鳥] 새 セー
とりあえず [取り敢えず] ①(まず) 우선 ウソン ②(一旦) 일단 イルタン ③(何はさておき) 어쨌든 オッチェットゥン
とりあげる [取り上げる] ①(手に持つ) 집어 들다 チボ ドゥルダ ②(意見などを受け入れる・採用する) 받아들이다 パダドゥリダ; 채택하다 チェーテカダ ③(奪う) 빼앗다 ッペアッタ ④(没収する) 몰수하다 モルスハダ
とりあつかい [取り扱い] 취급 チュィーグプ 関 取り扱い店 취급점 チュィーグプチョム
とりあつかう [取り扱う] ①다루다 タルダ; 취급하다 チュィーグプハダ ②(処理する) 처리하다 チョーリハダ
とりいれる [取り入れる] ①(収穫する) 거두어들이다 コドゥオドゥリダ; 수확하다 スフヮカダ ②(意見などを受け入れる) 받아들이다 パダドゥリダ; 도입하다 トーイパダ
とりえ [取り柄・取り得] 장점 チャンッチョム
とりおこなう [執り行う] 행하다 ヘンハダ; 거행하다 コーヘンハダ; 집행하다 チペンハダ
とりかえし [取り返し] ❖~がつかない 돌이킬 수 없다 トリキル ス オープタ
とりかえす [取り返す] ①(取り戻す) 되찾다 トゥェチャッタ ②(回復する) 돌이키다 トリキダ; 회복하다 フェボカダ

とりかえる [取り替える・取り換える] ①바꾸다 パックダ;갈다 カルダ ②(交換する) 교환하다 キョフワナダ

とりけす [取り消す] 취소하다 チュィーソハダ

とりしまり [取り締まり] 단속 タンソク

とりしまりやく [取締役] 임원 イームォン;중역 チューンヨク

とりしまる [取り締まる] 단속하다 タンソカダ

とりしらべ [取り調べ] ①취조 チュィジョ ②(尋問) 심문 シムムン 関取調室 취조실 チュィジョシル

とりだす [取り出す] ①꺼내다 ッコーネダ ②(抽出する・選び出す) 추려 내다 チュリョ ネダ;골라내다 コールラネダ

とりたてる [取り立てる] ①(徴収する) 거두다 コドゥダ;징수하다 チンスハダ ②(登用・抜擢する) 등용하다 トゥンヨンハダ;발탁하다 パルタカダ

とりつぎ [取り次ぎ] 중개 チューンゲ;중개인 チューンゲイン

とりつぎてん [取り次ぎ店] 대리점 テーリジョム

トリック [trick] 트릭 トゥリク

とりつける [取り付ける] 설치하다 ソルチハダ

とりとめ [取り止め・取り留め] ❖~ない 종잡을 수 없는 チョンジャブル ス オームヌン;부질없는 プジロムヌン

とりなおす [取り直す] (気持ちや心を) 고치다 コチダ;새로이 하다 セロイ ハダ

とりにく [鶏肉] 닭고기 タクコギ

とりのぞく [取り除く] ①(なくす) 치우다 チウダ;없애다 オープセダ ②(除去する) 제거하다 チェゴハダ

とりはだ [鳥肌] 소름 ソルム;닭살 タクサル《俗語》例 鳥肌が立つ 소름이 끼치다 ソールミ ッキチダ

とりひき [取り引き] ①(商業取引) 거래 コーレ ❖~する 거래하다 コーレハダ 例 わが社とも取引している所です。우리 회사하고도 거래하는 곳이에요. ウリ フェーサハゴド コーレハヌン ゴシエヨ ②(駆け引き) 흥정 フンジョン

ドリブル [dribble] 드리블 トゥリブル

とりぶん [取り分] 차지할 몫 チャジハル モク;몫 モク

とりまく [取り巻く] 둘러싸다 トゥルロッサダ;에워싸다 エウォッサダ

とりみだす [取り乱す] 이성을 잃다 イーソンウル イルタ

とりもどす [取り戻す] ①되찾다 トゥェチャッタ ②(回復する) 회복하다 フェボカダ

どりょく [努力] 노력 ノリョク ❖~する 노력하다 ノリョカダ 例 私も努力すれば上手にできるでしょうか。저도 노력하면 잘할 수 있을까요? チョド ノリョカミョン チャラル ス イッスルッカヨ

とりわけ [取り分け] 특히 トゥキ;유난히 ユナニ

とる [捕る・獲る] (動物や魚を) 잡다 チャプタ

とる

とる [採る] ①(採取する) 채취하다 チェーチュィハダ ②(採用する) 채용하다 チェーヨンハダ ③(摘む) 따다 ッタダ

とる [撮る] ①찍다 ッチクタ 例 写真を撮ってもいいですか。사진을 찍어도 돼요? サジヌル ッチゴド ドウェヨ ②(撮影する) 촬영하다 チュワリョンハダ

とる [取る] ①(手で持つ) 들다 トゥルダ; 집다 チプタ; 잡다 チャプタ 例 商品を手に取ってよく見てください。상품을 손에 들고 잘 보세요. サンプムル ソネ トゥルゴ チャル ポセヨ ②(摂取する) 취하다 チュィーハダ; 들다 トゥルダ 例 栄養を取るのにはやはり蔘鶏湯(サムゲタン)ですよ。영양을 취하는 데는 역시 삼계탕이죠. ヨンヤンウル チュィーハヌン デヌン ヨクシ サムゲタンイジョ ③(料金を) 받다 パッタ 例 追加料金は取られないですか。추가료는 안 받아요? チュガリョヌン アン バダヨ ④(注文を) 받다 パッタ 例 すみません、注文を取ってください。여기요, 주문 받으세요. ヨギヨ チュムン パドウセヨ ⑤(脱ぐ・外す) 벗다 ポッタ 例 眼鏡を外すと何も見えません。안경을 벗으면 아무것도 안 보여요. アーンギョンウル ポスミョン アームゴット アン ボヨヨ ⑥(盗む・奪う) 훔치다 フムチダ; 빼앗다 ッペアッタ 例 誰かが私のカバンを取っていったようです。누가 제 가방을 훔쳐 간 것 같아요. ヌガ チェ カバンウル フムチョ ガン ゴッ カタヨ

ドル [dollar] 달러 タルロ

トルコ [Turco] 터키 トキ

どれ 어느 것 オヌ ゴッ; 어느 쪽 オヌ ッチョク 例 どれがよく似合いますか。어느 것이 잘 어울려요? オヌ ゴシ チャル オウルリョヨ

どれい [奴隷] 노예 ノイェ

トレード [trade] 트레이드 トゥレイドゥ

トレーナー [trainer] 트레이너 トゥレイノ

トレーニング [training] 트레이닝 トゥレイニン

ドレス [dress] 드레스 トゥレス

ドレッシング [dressing] 드레싱 トゥレシン 関 ドレッシングルーム 드레싱 룸 トゥレシン ルーム; 분장실 プンジャンシル

どれほど 얼마나 オルマナ 例 どれほど来たかったかわかりません。얼마나 오고 싶었는지 몰라요. オルマナ オゴ シポンヌンジ モールラヨ

とれる [取れる] ①(外れる) 떨어지다 ットロジダ; 빠지다 ッパージダ ②(解釈される) 받아들여지다 パダドゥリョジダ; 해석되다 ヘーソクトウェダ

どろ [泥] 진흙 チヌク

とろう [徒労] 헛수고 ホッスゴ; 도로 トロ

トロフィー [trophy] 트로피 トゥロピ; 우승배 ウスンベ

どろぼう [泥棒] ①(人) 도둑 トドゥク ②(行為) 도둑질 トドゥクチル ❖~する 훔치다 フムチダ

どわすれ [度忘れ] ❖~する 깜빡 잊다 ッカムッパク イッタ

とんカツ [豚カツ] 돈가스 トンガス;돈가쓰 トンガッス
どんかん [鈍感] 둔감 トゥンガム ❖~だ 둔감하다 トゥンガマダ
どんぐり [団栗] 도토리 トトリ
どんぞこ [どん底] 맨 밑바닥 メーン ミッパダク
とんでもない 엉뚱하다 オンットゥンハダ;터무니없다 トムニオプタ;당치않다 タンチアンタ;엄청나다 オムチョンナダ 例とんでもない要求にびっくりしました。터무니없는 요구에 깜짝 놀랐어요. トムニオムヌン ヨグエ ッカムッチャン ノールラッソヨ
どんどん ①(はやく進める) 척척 チョクチョク;착착 チャクチャク 例仕事をどんどんしてくれるから本当に楽です。일을 척척 해 주니까 너무 편해요. イールル チョクチョク ヘ ジュニッカ ノム ピョネヨ ②(次々と) 속속 ソクソク;자꾸자꾸 チャックジャック 例韓流歌手がどんどん出てきます。한류 가수가 속속 나오고 있어요. ハルリュ カスガ ソクソン ナオゴ イッソヨ ③(激しく叩く音) 탕탕 タンタン;쿵쿵 クンクン 例ドアをどんどんたたく音が聞こえます。문을 쿵쿵 두드리는 소리가 들려요. ムヌル クンクン トゥドゥリヌン ソリガ トゥルリョヨ
どんな 어떤 オットン 例どんなタイプの人が好きですか。어떤 타입을 좋아하세요? オットン タイブル チョーアハセヨ ❖~に 얼마나 オルマナ;얼마만큼 オルママンクム;아무리 アームリ 例どんなに驚いたかわかりません。얼마나 놀랐는지 몰라요. オルマナ ノールランヌンジ モールラヨ / どんなに高くても買いたいです。아무리 비싸도 사고 싶어요. アームリ ピッサド サゴ シポヨ
トンネル [tunnel] 터널 トノル
どんぶり [丼] 덮밥 トプパプ
とんぼ [蜻蛉] 잠자리 チャムジャリ 関 やんまとんぼ 왕잠자리 ワンジャムジャリ/赤とんぼ 고추잠자리 コチュジャムジャリ
とんや [問屋] 도매상 トメサン

な

な [名] ①(이름) 이름 イルム ②(名称) 명칭 ミョンチン ③(呼称) 호칭 ホチン ④(名義) 명의 ミョンイ ⑤(名声) 명성 ミョンソン ⑥(名誉) 명예 ミョンイェ
ない [無い] ①(存在しない) 없다 オープタ 例この近くに郵便局はありませんか。이 근처에 우체국은 없어요? イ クーンチョエ ウチェググン オープソヨ ②(否定《用言の語幹＋-지 않다, 안＋用言の語幹》の形で) 例現実に戻りたくありません。현실로 돌아가고 싶지 않아요. ヒョーンシルロ トラガゴ シプチ アナヨ / 辛い料理はもう食べません。매운 음식은 이제 안 먹을래요. メウン ウームシグン イジェ アン モグルレヨ
ないか [内科] 내과 ネーックワ 関 内科医 내과의 ネーックワイ
ないがい [内外] 내외 ネーウェ;안팎 アンパク
ないかく [内閣] 내각 ネーガク

ないがしろ

ないがしろ [蔑ろ] ❖~にする 소홀히 하다 ソホリ ハダ

ないきん [内勤] 내근 ネーグン ❖~する 내근하다 ネーグナダ

ないこうてき [内向的] 내성적 ネーソンジョギン ❖~な 내성적인 ネーソンジョギン

ないし [乃至] ①내지 ネージ 例 1週間ないし10日間の予定で行くつもりです。 일주일 내지 열흘 예정으로 갈 생각이에요. イルチュイル ネージ ヨルル イェージョンウロ カル センガギエヨ ②(または) 또는 ットヌン; 혹은 ホグン 例 明日ないし明後日取りに来ます。 내일 또는 모레 찾으러 오겠어요. ネイル ットヌン モレ チャジュロ オゲッスヨ

ないじ [内耳] 내이 ネーイ

ないじゅ [内需] 내수 ネース

ないしゅっけつ [内出血] 내출혈 ネーチュリョル

ないしょ [内緒] 비밀 ピーミル; 내밀 ネーミル ❖~に 은밀히 ウンミリ; 비밀로 ピミルロ; 몰래 モールレ

ないじょ [内助] 내조 ネージョ

ないじょう [内情] 내막 ネーマヶ; 내부 사정 ネーブ サジョン

ないしょく [内職] 내직 ネージク

ないしんしょ [内申書] 내신서 ネーシンソ

ないせい [内政] 내정 ネージョン

ないせん [内線] 내선 ネーソン

ないそう [内装] 내장 ネージャン

ないぞう [内蔵] 내장 ネージャン ❖~する 내장하다 ネージャンハダ ❖~される 내장되다 ネージャンドウェダ

ないぞう [内臓] 내장 ネージャン

ナイター [nighter] 나이터 ナイト

ないてい [内定] 내정 ネージョン ❖(…が)~する 내정되다 ネージョンドウェダ

ナイフ [knife] 나이프 ナイプ

ないぶ [内部] 내부 ネーブ

ないふくやく [内服薬] 내복약 ネーボンニャク

ないふん [内紛] 내분 ネーブン

ないめん [内面] 내면 ネーミョン

ないや [内野] 내야 ネーヤ

ないよう [内容] 내용 ネーヨン

ないりく [内陸] 내륙 ネーリュク 関 内陸性気候 내륙성 기후 ネーリュクッソン キフ

なう [綯う] 꼬다 ッコーダ

なえ [苗] 모 モ; 모종 モジョン

なえる [萎える] ①시들다 シドゥルダ ②(衰える) 쇠약해지다 スェヤケジダ

なお [猶・尚] ①(まだ) 역시 ヨクシ; 여전히 ヨジョニ; 아직 アジク ②(いっそう) 더욱 トウク; 한층 ハンチュン ③(さらに) 덧붙여 トップチョ; 또한 ットハン

なおかつ [尚且つ] (その上) 게다가 ケダガ 例 顔もきれいだし、なおかつ性格もいいです。 얼굴도 예쁘고 게다가 성격도 좋아요. オルグルド イェーップゴ ケダガ ソーンッキョクト チョーアヨ

なおさら [尚更] 더욱더 トウクト; 더한층 トハンチュン

なおざり [等閑] ❖~だ 등한하다 トゥンハナダ; 소홀하다 ソホラダ ❖~に 등한히 トゥンハニ; 소홀히 ソホリ

なおす [直す] ①고치다 コチダ;

바로잡다 パロジャプタ 例韓国語で作文を書いたのですが，おかしな所があったら直してください。한국어로 작문을 했는데 이상한 곳이 있으면 고쳐 주세요. ハーングゴロ チャンムヌル ヘンヌンデ イーサンハン ゴシ イッスミョン ゴチョ ジュセヨ ②(修理・修繕する) 고치다 コチダ; 수리하다 スリハダ; 수선하다 スソナダ 例靴のヒールを直したいのですが。구두 굽을 수리하고 싶은데요. クドゥ クブル スリハゴ シプンデヨ ③(元の状態にする) 돌이키다 トリキダ; 회복하다 フェボカダ 例元の状態に直りますか。원 상태로 회복할 수 있어요? ウォン サンテロ フェボカル ス イッソヨ

なおす [治す] 고치다 コチダ; 치료하다 チリョハダ 例胃炎を治したいです。위염을 고치고 싶어요. ウィヨムル コチゴ シポヨ

なおる [直る] ①고쳐지다 コチョジダ; 바로잡히다 パロジャピダ 例間違っている部分はすべて直りましたか。잘못된 부분은 다 고쳐졌어요? チャルモッテン ブブヌン ター コチョジョッソヨ ②(修理・修繕される) 수선되다 スソンドゥェダ; 수리되다 スリドゥェダ ③(元の状態になる) 회복되다 フェボクトゥェダ; 복구되다 ポックドゥェダ

なおる [治る] 낫다 ナーッタ; 치유되다 チユドゥェダ 例風邪はすっかり治りましたか。감기는 다 나았어요? カームギヌン ター ナアッソヨ

なか [中] ①(空間) 안 アン ②(空間・範囲) 속 ソーク 例水の中 물 속 ムルソク/家の中 집 안 チ バン ③(その中) 내 ネ; 중 チュン

なか [仲] 사이 サイ 例一番仲のいい友達です。가장 사이가 좋은 친구예요. カジャン サイガ チョーウン チングエヨ

ながい [長い] ①길다 キールダ 例文章が長すぎます。문장이 너무 길어요. ムンジャンイ ノム キロヨ ❖長く 길게 キールゲ ②(時間的に) 길다 キールダ; 오래다 オレダ 例長い伝統を誇る所です。오랜 전통을 자랑하는 곳이에요. オレン ジョントンウル チャランハヌン ゴシエヨ 関長い間 오랫동안 オレットンアン

ながいき [長生き] 장수 チャンス ❖~する 장수하다 チャンスハダ

ながいす [長椅子] 긴 의자 キーン ウイジャ

なかがい [仲買] 중매 チュンメ; 중개인 チュンゲイン 関仲買業 중개업 チュンゲオプ

ながぐつ [長靴] 장화 チャンフワ

なかごろ [中頃] ①(中旬) 중순경 チュンスンギョン ②(中間) 중간쯤 チュンガンッチュム

ながさ [長さ] 길이 キリ

ながす [流す] ①흘리다 フルリダ 例また会えるから涙を流さないでください。또 만날 테니까 눈물 흘리지 마세요. ット マンナル テニッカ ヌンムル フルリジ マーセヨ ②(洗い落とす) 씻어내다 ッシソネダ ③(噂などを) 내다 ネーダ; 퍼뜨리다 ポットゥリダ

なかせる [泣かせる] ①울리다 ウ

ながそで　[長袖] 긴 소매 キーン ソメ

なかだち　[仲立ち] 주선 チュソン; 중매 チュンメ;매개 メゲ

なかなおり　[仲直り] 화해 フワヘ

なかなか　[中中] ①(かなり) 꽤 ックェ;상당히 サンダンイ;매우 メウ ②(簡単に…しない・できない) 간단하게 カンダナゲ;쉽게 シュィープケ;좀처럼 チョムチョロム

ながねん　[長年・永年] 오랜 세월 オレン セーウォル;오랫동안 オレットンアン;여러 해 ヨロ へ;다년간 タンニョンガン 囫 長年勤めていた会社を退職することになりました。오랫동안 근무한 회사를 퇴직하게 됐어요. オレットンアン クンムハン フェーサル トゥェージカゲ ドゥェッソヨ

なかば　[半ば] ①절반 チョルバン;반 정도 パン ジョンド ②(途中) 도중 トジュン ③(半分ほどは) 반쯤 パンッチュム

ながびく　[長引く] 오래 걸리다 オレ コルリダ;길어지다 キロジダ

なかほど　[中程] 중간 チュンガン;절반 チョルバン

なかま　[仲間] ①(友達) 친구 チング ②(同僚) 동료 トンニョ 囫 一緒に入社した会社の仲間です。같이 입사한 회사 동료예요. カチ イプサハン フェーサ トンニョエヨ ③(グループ) 한패 ハンペ ④(メンバー) 멤버 メムボ

なかみ　[中身・中味] 내용물 ネーヨンムル 알맹이 アルメンイ

ながめ　[眺め] ①(展望) 전망 チョーンマン ②(眺望) 조망 チョマン ③(景色) 경치 キョンチ 囫 窓の外に見える眺めがとてもいいです。창밖에 보이는 전망이 너무 좋아요. チャンバッケ ポイヌン チョーンマンイ ノム チョーアヨ / ソウルの眺めが一目で見えますね。서울의 경치가 한눈에 보이네요. ソウレ キョンチガ ハンヌネ ポイネヨ

ながめる　[眺める] 내다보다 ネーダボダ;바라보다 パラボダ

ながもち　[長持ち] ❖~する 오래 가다 オレガダ

なかゆび　[中指] 가운뎃손가락 カウンデッソンッカラク;중지 チュンジ

ながら　[乍ら] ①(…のままで) 그대로 クデロ;채로 チェロ 囫 その町は昔ながらの佇まいそのままです。그 마을은 옛날 모습 그대로예요. ク マウルン イェーンナル モスプ クデロエヨ ②(…しながら) -(으) 면서 (ウ) ミョンソ 囫 音楽を聴きながら勉強をします。음악을 들으면서 공부를 해요. ウマグル トゥルミョンソ コンブルル ヘヨ

ながれ　[流れ] ①(水の) 흐름 フルム;물살 ムルサル ②(人や車) 흐름 フルム

ながれる　[流れる] ①흐르다 フルダ 囫 この川はどこへ流れていきますか。이 강은 어디로 흘러요? イ カンウン オディロ フルリョ ②(歳月が) 지나다 チナダ;흐르다 フル

ダ 例 もう何年くらい（月日が）流れたでしょうか。벌써 몇 년이나 지났을까요? ポルッソ ミョン ニョニナ チナッスルッカヨ ③(噂が広まる) 퍼지다 ポージダ；유포되다 ユポドウェダ ④(中止になる) 중지되다 チュンジドウェダ；취소되다 チュイソドウェダ

なきごえ [鳴き声・泣き声] 울음소리 ウールムソリ；우는 소리 ウーヌン ソリ

なきごと [泣き言] 우는 소리 ウーヌン ソリ；푸념 プニョム；넋두리 ノクトゥリ

なきむし [泣き虫] 울보 ウルボ

なく [泣く] 울다 ウールダ 例 또 만날 테니까 울지 마세요. ット マンナル テニッカ ウールジ マーセヨ

なく [鳴く] 울다 ウールダ

なぐさめる [慰める] 위로하다 ウィロハダ；위안하다 ウィアナダ；달래다 タルレダ 例 위로해 줘서 고마워요. ウィロヘ ジュオソ コマウォヨ

なくす [無くす] ① 없애다 オープセダ ②(失う) 잃다 イルタ；잃어버리다 イロボリダ；분실하다 プンシラダ 例 버스 안에서 지갑을 잃어버렸어요. ポス アネソ チガブル イロボリョッソヨ

なくす [亡くす] 여의다 ヨイダ

なくなる [無くなる] ① 없어지다 オープソジダ ②(紛失する) 분실되다 プンシルドウェダ 例 ホテルの部屋の鍵がなくなりました。호텔 방 열쇠가 없어졌어요. ホテルパン ヨールスェガ オープソジョッソヨ ③(尽きる) 다 떨어지다 タットロジダ；다하다 ターハダ 例 그 歌手は結婚により人気がなくなりました。그 가수는 결혼으로 인해 인기가 많이 떨어졌어요. ク カスヌン キョロヌロ イネ インッキガ マーニ ットロジョッソヨ

なくなる [亡くなる] 돌아가시다 トラガシダ

なぐる [殴る] 때리다 ッテリダ；치다 チダ 例 무슨 일이 있어도 사람을 때리면 안 돼요. ムスン ニーリ イッソド サーラムル ッテリミョン アン ドウェヨ

なげかわしい [嘆かわしい] 한탄스럽다 ハーンタンスロプタ；한심스럽다 ハンシムスロプタ

なげき [嘆き] 탄식 ターンシク；한탄 ハーンタン；비탄 ピタン

なげく [嘆く・歎く] ①(悲しみ残念がる) 한탄하다 ハーンタナダ；슬퍼하다 スルポハダ 例 실수를 한탄해도 좋지만 포기해서는 안 된다. シルスルル ハーンタネド チョーッチマン ポーギヘソヌン アン ドウェンダ ②(憂い悲しむ) 우려하다 ウリョハダ；개탄하다 ケータナダ

なげだす [投げ出す] ① 내팽개치다 ネペンゲチダ；내던지다 ネードンジダ ②(放棄する) 그만두다 クマンドゥダ；포기하다 ポーギハダ

なげる [投げる] ① 던지다 トンジダ；내던지다 ネードンジダ 例 湖

なこうど

に石を投げないでください。호수에 돌을 던지지 마세요. ホスエ トールル トンジジ マーセヨ ②(放棄する) 포기하다 ポギハダ;단념하다 タンニョマダ

なこうど [仲人] 중매 チュンメ

なごやか [和やか] ❖~だ 온화하다 オヌワハダ;부드럽다 プドゥロプタ 例集会は和やかな雰囲気の中で始まりました。모임은 부드러운 분위기 속에서 시작됐어요. モイム プドゥロウン プヌィギ ソーゲソ シージャクトゥェッソヨ

なごり [名残] ①(痕跡・余韻) 흔적 フンジョク;여운 ヨウン ②(惜別の情・別れ) 석별의 정 ソクピョレ チョン;이별 イビョル 例私たちは名残を惜しみながら別れました。우리는 이별을 아쉬워하며 헤어졌어요. ウリヌン イビョルル アシュィウォハミョ ヘオジョッソヨ

なごりおしい [名残惜しい] 섭섭하다 ソプソパダ;아쉽다 アシュィプタ;서운하다 ソウナダ

なさけ [情け] 정 チョン;인정 インジョン;동정 トンジョン

なさけない [情け無い] 한심하다 ハンシマダ

なさけぶかい [情け深い] 인정이 많다 インジョンイ マーンタ;정이 깊다 チョンイ キプタ

なし [梨] ①(果実) 배 ペ ②(樹木) 배나무 ペナム

なしとげる [成し遂げる] 성취하다 ソンチュィハダ;완수하다 ワンスハダ;이룩하다 イルカダ;달성하다 タルソンハダ;해내다 ヘネダ

なじみ [馴染み] ①(客) 단골손님 タンゴルソンニム ②(店) 단골집 タンゴルチプ 圍幼なじみ 소꿉동무 ソックプトンム;소꿉친구 ソックプチング

なじむ [馴染む] ①(親しくなる) 친숙해지다 チンスケジダ;정들다 チョンドゥルダ ②(慣れる) 익숙해지다 イクスケジダ;길들다 キルドゥルダ 例辛い料理にもようやく馴染みました。매운 음식에도 겨우 익숙해졌어요. メウン ウームシゲド キョウ イクスケジョッソヨ ③(調和する) 융합되다 ユンハプトゥェダ;조화되다 チョフヮドゥェダ

ナショナリズム [nationalism] 내셔널리즘 ネショノルリジュム

なじる [詰る] 힐문하다 ヒルムナダ;힐책하다 ヒルチェカダ;따지다 ッタジダ

なす [茄子] 가지 カジ

なす [成す] ①(成し遂げる) 이루다 イルダ;이룩하다 イルカダ ②(達成する) 달성하다 タルソンハダ ③(形成する) 형성하다 ヒョンソンハダ ④(作る) 만들다 マンドゥルダ

なぜ [何故] ①왜 ウェー 例昨日、なぜ来なかったのですか。어제 왜 안 왔어요? オジェ ウェー ア ヌワッソヨ ②(どうして) 어째서 オッチェソ 例なぜ韓国はこんなに寒いのでしょうか。어째서 한국은 이렇게 추운 걸까요? オッチェソ ハーンググン イロッケ チュウン ゴルッカヨ

なぜならば [何故ならば] 왜냐하면 ウェニャハミョン

なぞ [謎] ①수수께끼 ススッケッ

キ ②(疑問) 의문 ウイムン

なだかい [名高い] 유명하다 ユーミョンハダ；고명하다 コミョンハダ

なだめる [宥める] 달래다 タルレダ

なだらか ❖〜だ 완만하다 ワンマナダ

なだれ [雪崩] 사태 サテ；눈사태 ヌーンサテ

なつ [夏] 여름 ヨルム 園夏休み 여름 방학 ヨルム パーンハク；여름휴가 ヨルミュガ

なついん [捺印] 날인 ナリン ❖〜する 날인하다 ナリナダ

なつかしい [懐かしい] 그립다 クリプタ 例あの時は大変でしたが，今は懐かしい思い出です。그때는 힘들었지만 지금은 그리운 추억이에요. クッテヌン ヒムドゥロッチマン チグムン クリウン チュオギエヨ

なづける [名付ける] 이름 짓다 イルム ジッタ；명명하다 ミョンミョンハダ

なっとく [納得] ①납득 ナプトゥク 例何を言っているのか納得いきません。무슨 소리인지 납득이 안 가요. ムスン ソリインジ ナプトゥギ アン ガヨ ❖〜する 납득하다 ナプトゥカダ 例私が納得できるように説明してください。제가 납득할 수 있게 설명해 주세요. チェガ ナプトゥカル ス イッケ ソルミョンヘ ジュセヨ ②(理解) 이해 イーヘ ③(了解) 양해 ヤンヘ

なつめ [棗] ①(果実) 대추 テーチュ ②(樹木) 대추나무 テーチュナム

なでしこ [撫子] 패랭이꽃 ペレンイッコッ

なでる [撫でる] ①쓰다듬다 スダドゥムタ；어루만지다 オルマンジダ 例先生が子供の頭をなでてくれました。선생님이 아이의 머리를 쓰다듬어 주셨어요. ソンセンニミ アイエ モリルル ッスダドゥモ ジュショッソヨ ②(風が軽く触れる) 살짝 스쳐가다 サルッチャク スチョガダ

-など [-等] 등 トゥン；따위 ッタウィ 例君などは相手にしたくない。너 따위는 상대하고 싶지 않아. ノッタウィヌン サンデハゴ シプチアナ

なな [七] 《漢数詞》 칠 チル 《固有数詞》 일곱 イルゴプ

ななじゅう [七十] 《漢数詞》 칠십 チルシプ 《固有数詞》 일흔 イルン

ななつ [七つ] ①일곱 イルゴプ ②(7歳) 일곱 살 イルゴプ サル ③(7個) 일곱 개 イルゴプ ケ

ななめ [斜め] 비스듬함 ピスドゥマム；경사짐 キョンサジム ❖〜になる 기울어지다 キウロジダ

なに [何] ①무엇 ムオッ；뭐 ムォー 例これは何ですか。이게 뭐예요? イゲ ムォーエヨ ②(何も…ない) 아무것 アームゴッ；아무 アーム 例何も言ってません。아무 말도 안 했어요. アーム マールド アネッソヨ

なにか [何か] 무엇 ムオッ；무엇인가 ムオシンガ；뭔가 ムォーンガ；뭐 ムォー 例何かプレゼントしたいのですが，何がいいですか。뭔가 선물하고 싶은데 뭐가 좋을까

なにがし [某・何何] 아무개 アームゲ

なにかしら [何かしら] 무엇인가 ムオシンガ; 뭔가 ムォーンガ; 무엇인지 ムオシンジ 例彼はいつも何かしら読んでいます。그는 늘 뭔가를 읽고 있어요. クヌン ヌル ムォーンガルル イルコ イッソヨ

なにかと [何かと] 여러모로 ヨロモロ

なにげない [何気ない] 별 생각도 없는 ピョル センガクト オームヌン; 무심한 ムシマン ❖何気なく 무심코 ムシムコ

なにしろ [何しろ] 여하튼 ヨハトゥン; 어쨌든 オッチェットゥン; 아무튼 アームトゥン

なにとぞ [何卒] 제발 チェーバル; 아무쪼록 アムッチョロク; 부디 プーディ

なにも [何も] ①《後ろに否定を伴って…ない》아무것도 アームゴット; 아무런 アームロン 例見るものが何もありませんでした。볼 게 아무것도 없었어요. ポル ケ アームゴット オープソッソヨ ②(特段)특별히 トゥクピョリ; 유달리 ユーダルリ 例見るのは私だけではないから大丈夫です。특별히 저만 그런 게 아니니까 괜찮아요. トゥクピョリ チョマン クロン ゲ アニニッカ クェンチャナヨ

なにより [何より] 무엇보다 ムオッポダ 例ご無事で何よりです。무사하셔서 무엇보다 기쁩니다. ムサハショソ ムオッポダ キップムニダ

❖~も 무엇보다도 ムオッポダド
❖~の 가장 좋은 カジャン チョーウン; 제일 チェーイル

なのか [七日]《漢字語》7(칠) 일 チリル《固有語》이레 イレ

なのはな [菜の花] 유채 ユチェ 関菜の花畑 유채밭 ユチェバッ

なのる [名乗る] ①자기 이름을 대다 チャギ イルムル テーダ ②(称する) 칭하다 チンハダ; 일컫다 イルコッタ

なびく [靡く] ①나부끼다 ナブッキダ ②(屈服する) 복종하다 ポクチョンハダ

ナプキン [napkin] 냅킨 ネプキン 関紙ナプキン 종이 냅킨 チョンイ ネプキン

なふだ [名札] 이름표 イルムピョ; 명패 ミョンペ; 명찰 ミョンチャル

ナフタリン [Naphthalin] 나프탈렌 ナプタルレン

なべ [鍋] 냄비 ネムビ

なま [生] ❖~の 생 セン; 날 ナル ❖~で 생으로 センウロ; 날로 ナルロ 例生のまま食べられますか。생으로 먹을 수 있어요? センウロ モグル ス イッソヨ 関生牡蠣 생굴 セングル / 生栗 생밤 センバム / 生クリーム 생크림 センクリーム / 生ビール 생맥주 センメクチュ / 生放送 생방송 センバンソン / 生水 생수 センス

なまあたたかい [生暖かい] 뜨뜻미지근하다 ットゥットゥンミジグナダ

なまいき [生意気] ❖~だ 건방지다 コンバンジダ; 주제넘다 チュジェノムタ

なまえ [名前] ①이름 イルム《敬称》성함 ソーンハム 例 お名前は何とおっしゃいますか。성함이 어떻게 되세요? ソーンハミ オットッケ ドゥェセヨ ②(名称) 명칭 ミョンチン

なまがし [生菓子] 생과자 セングワジャ

なまぐさい [生臭い] 비린내가 나다 ピリンネガ ナダ

なまけもの [怠け者] 게으름뱅이 ケウルムベンイ

なまける [怠ける] 게으름 피우다 ケウルム ピウダ

なまこ [海鼠] 해삼 ヘーサム

なまず [鯰] 메기 メーギ

なまなましい [生生しい] 생생하다 センセンハダ

なまぬるい [生温い] 미지근하다 ミジグナダ

なまはんか [生半可] ❖~だ 어설프다 オソルプダ; 어중간하다 オジュンガナダ

なまへんじ [生返事] 건성 대답 コンソン テーダプ ❖~する 건성으로 대답하다 コンソンウロ テーダパダ

なまめかしい [艶めかしい] 요염하다 ヨヨマダ

なまもの [生物] 생것 センゴッ; 날것 ナルコッ

なまり [訛り] 사투리 サートゥリ

なまり [鉛] 납 ナプ

なまる [訛る] 사투리 발음을 하다 サートゥリ パルムル ハダ

なみ [波] ①파도 パド; 물결 ムルキョル ②(人波) 인파 インパ ③(潮流) 조류 チョリュ

なみき [並木] 가로수 カロス 関 並木道 가로수 길 カロス キル

なみだ [涙・泪] 눈물 ヌンムル 例 嬉しすぎて涙まで出ました。너무 기뻐서 눈물까지 났어요. ノム キッポソ ヌンムルッカジ ナッソヨ / お互い涙を浮かべました。서로 눈물을 글썽거렸어요. ソロ ヌンムルル クルッソンゴリョッソヨ

なみたいてい [並み大抵] ❖~ではない 이만저만이 아니다 イマンジョマニ アニダ

なみなみ ❖~と 남실남실하게 ナムシルナムシラゲ; 찰랑 찰랑 チャルラン チャルラン

なみはずれた [並み外れた] 유별난 ユービョルラン; 남다른 ナムダルン

ナムル 나물 ナムル

なめらか [滑らか] ❖~だ ①(表面などが) 매끈매끈하다 メックンメックンハダ; 미끄럽다 ミックロプタ ②(物事などによどみがない) 거침없다 コチムオプタ; 순조롭다 スンジョロプタ

なめる [舐める] ①핥다 ハルタ ②(経験する) 겪다 キョクタ ③(見くびる) 깔보다 ッカルボダ; 얕보다 ヤッポダ

なやます [悩ます] ①괴롭히다 クェロピダ; 애를 먹이다 エールル モギダ ②(悩まされる) 시달리다 シダルリダ; 머리를 앓다 モリルル アルタ 例 何がそんなに(あなたの)頭を悩ましているんですか。뭐가 그렇게 머리를 앓게 하는 거예요? ムォーガ クロッケ モリルル アルケ ハヌン ゴエヨ

なやみ

なやみ [悩み] 고민 コミン;걱정 コクチョン;근심 クンシム 例 何か悩みでもございますか。무슨 고민이라도 있으세요? ムスン コミニラド イッセヨ

なやむ [悩む] ①고민하다 コミナダ 例 進路問題で悩んでいます。진로 문제 때문에 고민하고 있어요. チルロ ムーンジェ ッテムネ コミナゴ イッソヨ ②(苦しむ) 괴로워하다 クェロウォハダ ③(苦労する) 고생하다 コセンハダ

ならう [倣う] ①따르다 ッタルダ ②(模倣する) 모방하다 モバンハダ ③(真似る) 흉내 내다 ヒュンネ ネーダ

ならう [習う] 배우다 ペウダ;익히다 イキダ 例 1週間に1度韓国料理を習いに行っています。일주일에 한 번 한국 요리를 배우러 가요. イルチュイレ ハン ボン ハーングン ニョリルル ペウロ カヨ

ならす [均す] ①고르다 コルダ;고르게 하다 コルゲ ハダ ②(平均化する) 평준화하다 ピョンジュヌヮハダ;평균하다 ピョンギュナダ

ならす [慣らす・馴らす] ①(動物などを) 길들이다 キルドゥリダ ②(環境などに) 익숙하게 하다 イクスカゲ ハダ;순응시키다 スヌンシキダ

ならす [鳴らす] 소리를 내다 ソリルル ネーダ;울리다 ウルリダ

ならぶ [並ぶ] ①나란히 서다 ナラニ ソダ ②(列に) 줄을 서다 チュルル ソダ 例 チケットを買うにはどこに並びますか。표를 사려면 어디서 줄을 서요? ピョルル サリョミョン オディソ チュルル ソヨ ③(匹敵する) 필적하다 ピルチョカダ;비견하다 ピギョナダ 例 語学において彼に並ぶ者がいません。어학에 있어서 그에 필적할 사람이 없어요. オーハゲ イッソソ クエ ピルチョカル サーラミ オープソヨ

ならべる [並べる] ①나란히 놓다 ナラニ ノッタ;나란히 하다 ナラニ ハダ ②(文句を) 늘어놓다 ヌロノッタ ③(列挙する) 열거하다 ヨルゴハダ

ならわし [習わし・慣わし] ①(習慣) 습관 スプクヮン ②(風習) 풍습 プンスプ ③(慣習) 관습 クヮンスプ

なりきん [成り金] 벼락부자 ピョラクプジャ

なりたち [成り立ち] ①(歴史) 역사 ヨクサ ②(沿革) 연혁 ヨニョク ③(構成) 구성 クソン

なりたつ [成り立つ] 이루어지다 イルオジダ;성립되다 ソンニプトゥェダ

なりゆき [成り行き] 경과 キョングヮ;추세 チュセ

なる [成る] 되다 トゥェダ ①(ある職業や地位につく《名詞＋가／이 되다》の形で) 例 俳優になりたいです。배우가 되고 싶어요. ペウガ トゥェゴ シポヨ ②(ある状態になる《名詞＋가／이 되다, 形容詞の語幹＋－아／어지다, 用言の語幹＋－게 되다》の形で) 例 いつの間にか冬になりました。어느덧 겨울이 됐네요. オヌドッ キョウリ トゥェンネヨ / 道がかなり混雑してきました。길이 많이 복잡해졌어

요. キリ マーニ ポクチャペジョッソヨ
なる [生る] 열리다 ヨルリダ; 맺히다 メチダ
なる [鳴る] 소리가 나다 ソリガ ナダ; 울리다 ウルリダ
なるべく 되도록 トゥェドロク; 될 수 있는 대로 トゥェル ス インヌン デロ; 가급적 カグプチョク; 가능한 한 カヌンハン ハン ❖~なら 가급적이면 カグプチョギミョン; 되도록이면 トゥェドロギミョン
なるほど [成程] 과연 クワヨン; 정말 チョーンマル
ナレーション [narration] 내레이션 ネレイション
なれなれしい [馴れ馴れしい] 버릇없다 ポルドプタ ❖馴れ馴れしく 버릇없이 ポルドプシ; 매우 친한 듯이 メウ チナン ドゥシ
なれる [慣れる] 익숙해지다 イクスケジダ 例満員バスにも大分慣れました。만원 버스에도 많이 익숙해졌어요. マヌォン ポスエド マーニ イクスケジョッソヨ
なれる [馴れる] 길들다 キルドゥルダ
なわ [縄] 새끼줄 セッキジュル; 밧줄 パッチュル
なわとび [縄跳び] 줄넘기 チュルロムッキ
なん [難] ①(困難) 곤란 コーラン; 어려움 オリョウム ②(問題) 문제 ムーンジェ ③(欠陥) 결점 キョルチョム; 흠 フーム
なん- [何-] ①(何)《物事を尋ねる》무엇 ムオッ; 뭣 ムオッ; 뭐 ムォー; 무슨 ムスン 例これは何で

すか。이게 뭐예요? イゲ ムオーエヨ / 月末の31日は何曜日ですか。월말 31(삼십일)일날이 무슨 요일이에요? ウォルマル サムシビリルラリ ムスン ニョイリエヨ ②《数量を尋ねる》몇 ミョッ 例お子さんは何歳ですか。아이가 몇 살이에요? アイガ ミョッ サリエヨ / 何泊なさいますか。몇 박을 하시겠어요? ミョッ パグル ハシゲッソヨ / 今何時ですか。지금 몇 시예요? チグム ミョッ シエヨ
なんい [南緯] 남위 ナムィ
なんいど [難易度] 난이도 ナニド
なんかい [何回] ①《回数を尋ねる場合》몇 번 ミョッ ポン ②(幾度も) 몇 번 ミョッ ポン; 여러 번 ヨロ ボン 例ソウルには何度も行きました。서울에는 여러 번 갔어요. ソウレヌン ヨロ ボン カッソヨ
なんかい [難解] 난해 ナネ ❖~だ 난해하다 ナネハダ
なんかん [難関] 난관 ナングワン
なんきょく [南極] 남극 ナムグク
なんきょく [難局] 난국 ナングク
なんくせ [難癖] 트집 トゥジプ
なんこう [軟膏] 연고 ヨーンゴ
なんこう [難航] 난항 ナナン ❖~する 난항하다 ナナンハダ
なんざん [難産] 난산 ナンサン
なんじゃく [軟弱] 연약 ヨニャク ❖~だ 연약하다 ヨニャカダ; 무르다 ムルダ
なんしょく [難色] 난색 ナンセク 関難色を示す 난색을 보이다 ナンセグル ポイダ
ナンセンス [nonsense] 난센스 ナンセンス ❖~だ 난센스다 ナンセ

ンスダ

なんだい [難題] ①난제 ナンジェ;어려운 문제 オリョウン ムーンジェ ②(無理な要求) 무리한 요구 ムリハン ヨグ 関 無理難題 억지소리 オクチソリ

なんだいもん [南大門] 남대문 ナムデムン 関 南大門市場 남대문 시장 ナムデムン シージャン

なんだか [何だか] (どういうわけか) 어쩐지 オッチョンジ;웬일인지 ウェーンニリンジ

なんちょう [難聴] 난청 ナンチョン 関 難聴者 난청자 ナンチョンジャ

なんでも [何でも] ①뭐든지 ムォードゥンジ;무엇이든지 ムオシドゥンジ 例 何でも聞いてみなさい。뭐든지 물어보세요. ムォードゥンジ ムロボセヨ ②(すべて) 모두 モドゥ ❖~ない 아무것도 아니다 アームゴット アニダ

なんと [何と] ①(疑問) 뭐라고 ムォーラゴ ②(感嘆) 어쩜 オッチョム;참 チャム;참으로 チャムロ

なんど [何度] ①(回数) 몇 번 ミョッ ポン;여러 번 ヨロ ボン ②(温度・角度) 몇 도 ミョット

なんにち [何日] 며칠 ミョチル 例 予約注文したら何日かかるでしょうか。예약 주문하면 며칠이나 걸릴까요? イェーヤク チュームナミョン ミョチリナ コルリルッカヨ

なんにん [何人] 몇 사람 ミョッ サーラム;몇 명 ミョン ミョン 例 参加者は何人ですか。참가자는 몇 명이에요? チャムガジャヌン ミョン ミョンイエヨ

なんねん [何年] 몇 년 ミョン ニョン;몇 해 ミョテ

なんの [何の] ①(疑問) 무슨 ムスン;어떤 オットン 例 何の意味かよくわかりません。무슨 뜻인지 잘 모르겠어요. ムスン ットゥシンジ チャル モルゲッソヨ ②(何の…もない) 아무 アーム;아무런 アームロン 例 何の関係もありません。아무런 관계도 없어요. アームロン クヮンゲド オープソヨ

なんぱ [難破] 난파 ナンパ;파선 パソン ❖~する 파선하다 パソンダ

ナンバー [number] 넘버 ノムボ;수 ス;번호 ボノ 関 自動車のナンバー 자동차 번호 チャドンチャ ボノ /バックナンバー 백 넘버 ベン ノムボ

なんびょう [難病] 난병 ナンビョン;난치병 ナンチビョン

なんぶ [南部] 남부 ナムブ

なんべい [南米] 남미 ナムミ;남아메리카 ナマメリカ

なんぼく [南北] 남북 ナムブク

なんみん [難民] 난민 ナンミン;피난민 ピーナンミン 関 難民救済 난민 구제 ナンミン クージェ / 難民収容所 난민 수용소 ナンミン スヨンソ

に

に [二] 《漢数詞》이 イー 《固有数詞》둘 トゥール(助数詞を伴う場合は두の形) 関 二階 이 층 イーチュン / 二月 이월 イーウォル / 二個 두 개 トゥー ゲ / 二時 두 시 トゥー シ / 二次 이차 イーチャ / 二

度 두 번 トゥー ボン / 二等 이등 イードゥン

に [荷] ①(荷物) 짐 チム; 하물 ハムル ②(貨物) 화물 フヮームル ③(負担・重荷) 부담 プーダム

-に ①(時・場所) 에 エ 例 何時に帰ってきますか。몇 시에 돌아와요? ミョッ シエ トラワヨ / 公園におじいさんたちが多くいます。공원에 할아버지들이 많이 있어요. コンウォネ ハラボジドゥリ マーニ イッソヨ ②(人に) 에게 エゲ; 한테 ハンテ 例 友達に連絡をしました。친구에게 연락을 했어요. チングエゲ ヨルラグル ヘッソヨ ③(目的: …しに…) -(으)러 (ウ)ロ 例 デパートにお土産を買いに行きたいです。백화점에 선물을 사러 가고 싶어요. ペクヮジョメ ソーンムルル サロ カゴ シポヨ ④(動作の対象) 에 エ、에게 エゲ; 를(을) ルル(ウル) 例 昨日、どこで友達に会いましたか。어제 어디서 친구를 만났어요? オジェ オディソ チングルル マンナッソヨ ⑤(動作・状態の原因) 에 エ; (으)로 (ウ)ロ 例 服が雨にびっしょり濡れました。옷이 비에 흠뻑 젖었어요. オシ ピエ フムッポク チョジョッソヨ

にあう [似合う] 어울리다 オウルリダ; 잘 맞다 チャル マッタ 例 本当にお似合いの2人ですね。두 사람이 참 잘 어울리네요. トゥー サーラミ チャム チャル オウルリネヨ / ジーパンには運動靴が似合います。청바지에는 운동화가 잘 맞아요. チョンバジエヌン ウーンドンフヮガ チャル マジャヨ

にいづま [新妻] 새색시 セーセクシ; 새댁 セデク

にえる [煮える] ①(野菜などが) 삶아지다 サルマジダ; 익다 イクタ ②(水が沸騰する) 끓다 ックルタ

におい [匂い・臭い] ①냄새 ネームセ ②(香り) 향기 ヒャンギ

におう [匂う・臭う] 냄새가 나다 ネームセガ ナダ; 향기가 나다 ヒャンギガ ナダ 例 石鹸がほのかに匂いますね。비누가 은은한 향기가 나네요. ピヌガ ウヌナン ヒャンギガ ナネヨ / この辺り臭うんですけど、他へ行きましょうか。여기 냄새가 나는데 다른 데로 갈까요? ヨギ ネムセガ ナヌンデ タルン デロ カルッカヨ

におわす [匂わす] ①(香りを) 냄새를 풍기다 ネームセルル プンギダ; 향기를 풍기다 ヒャンギルル プンギダ ②(仄めかす) 암시하다 アームシハダ

にがい [苦い] ①(味が) 쓰다 ッスダ ②(不機嫌だ) 싫다 シルタ; 언짢다 オンッチャンタ ③(辛い経験) 괴롭다 クェロプタ; 쓰라리다 ッスラリダ 関 良薬は口に苦し 양약은 입에 쓰다 ヤンヤグン イベッスダ

にがす [逃がす] ①(放して自由にする) 놓아주다 ノアジュダ; 도피시키다 トピシキダ ②(のがす) 놓치다 ノッチダ

にがて [苦手] ❖~だ ①(得意ではない) 서투르다 ソートゥルダ; 잘하지 못하다 チャラジ モッタダ ②(性に合わない) 대하기 거북하다 テーハギ コーブカダ

にがにがしい [苦苦しい] ①쓰디쓰다 ッスディッスダ ②(不愉快だ) 몹시 불쾌하다 モープシ プルクェハダ

にがみ [苦味] 쓴맛 ッスンマッ; 씁쓸한 맛 ッスプッスラン マッ

にかよう [似通う] 비슷하다 ピスタダ

にがわらい [苦笑い] 쓴웃음 ッスヌスム

にきび [面皰] 여드름 ヨドゥルム

にぎやか [賑やか] ❖ ~だ 번화하다 ポヌァハダ

にぎる [握る] ①(拳を) 쥐다 チゥィーダ ②(手でつかむ) 잡다 チャプタ 例 手紙を書こうと思ってペンを握ってみました。 편지를 쓰려고 펜을 잡아 봤어요. ピョーンジルル ッスリョゴ ペヌル チャバ ブヮッソヨ

にぎわう [賑わう] ①(人通りで) 북적거리다 プクチョクコリダ ②(活気で) 번창하다 ポンチャンハダ; 번성하다 ポンソンハダ

にく [肉] ①(食肉) 고기 コギ 例 炭火で焼いて食べる肉がいいです。 숯불에 구워 먹는 고기가 좋아요. スップレ クウォ モンヌン コギガ チョアヨ ②(人間や動物の) 살 サル 例 最近, 肉がついてきて心配です。 요즘 살이 쪄서 걱정이에요. ヨジュム サリ ッチョソ コクチョンイエヨ ③(果肉) 과육 クヮーユク 関 牛肉 쇠고기 スェーゴギ / 鶏肉 닭고기 タクコギ / 豚肉 돼지고기 トゥェージゴギ

にくい [憎い] 밉다 ミプタ 例 言うことを聞かない弟がとても憎いです。 말을 안 듣는 남동생이 너무 미워요. マールル アン ドゥンヌン ナムドンセンイ ノム ミウォヨ

-にくい [-難い] 어렵다 オリョプタ (《動詞の語幹＋-기 어렵다》の形で) 例 不景気のせいで就職しにくいです。 불경기 때문에 취직하기 어려워요. プルギョンギ ッテムネ チュィージカギ オリョウォヨ

にくしみ [憎しみ] 미움 ミウム; 증오 チュンオ

にくしょく [肉食] 육식 ユクシク

にくしん [肉親] 육친 ユクチン

にくたい [肉体] 육체 ユクチェ 関 肉体関係 육체관계 ユクチェグヮンゲ / 肉体的 육체적 ユクチェジョク / 肉体労働 육체 노동 ユクチェ ノドン

にくたらしい [憎たらしい] 얄밉다 ヤールミプタ; 밉살스럽다 ミプサルスロプタ

にくまれぐち [憎まれ口] 미움을 살 말 ミウムル サル マール

にくむ [憎む] ①미워하다 ミウォハダ ②(憎悪する) 증오하다 チュンオハダ

にくや [肉屋] 정육점 チョンユクチョム

にくらしい [憎らしい] 얄밉다 ヤールミプタ; 밉살스럽다 ミプサルスロプタ

にげる [逃げる] 도망치다 トマンチダ; 달아나다 タラナダ 例 お酒を飲みたくなくて途中で逃げました。 술 마시기 싫어서 중간에 도망쳤어요. スル マシギ シロソ チュンガネ トマンチョッソヨ

にごす [濁す] ①흐리게 하다 フリ

ゲ ハダ ②(言葉を) 얼버무리다 オルボムリダ

ニコチン [nicotine] 니코틴 ニコティン

にこにこ 생글생글 セングルセングル;싱글벙글 シングルボングル 例 何がそんなに嬉しくてにこにこ笑っているんですか。뭐가 그렇게 좋아서 싱글벙글 웃고 있어요? ムォガ クロッケ チョーアソ シングルボングル ウッコ イッソヨ

にごる [濁る] 흐려지다 フリョジダ;탁해지다 タケジダ

にざかな [煮魚] 생선 조림 センソン チョリム

にさんかたんそ [二酸化炭素] 이산화탄소 イーサヌヮタンソ

にし [西] 서 ソ;서쪽 ソッチョク

にじ [虹] 무지개 ムジゲ

にしき [錦] 비단 ピーダン

にじむ [滲む] ①(滲んで広まる) 번지다 ポーンジダ ②(滲んで内部に入り込む) 스미다 スミダ ③(汗・血が) 배다 ペーダ ④(涙が) 어리다 オリダ

にじゅう [二十] 《漢数詞》 이십 イーシプ 《固有数詞》 스물 スムル 《助数詞が付く場合には스무の形》 例 20歳 이십 세 イーシプ セ;스무 살 スム サル

にじゅう [二重] 이중 イージュン

にじゅうよじかん [二十四時間] 《漢数詞》 이십사 시간 イーシプサー シガン 《固有数詞》 스물네 시간 スムルレー シガン 関 二十四時間営業 이십사 시간 영업 イーシプサー シガン ニョンオプ;스물네 시간 영업 スムルレー シガン ニョンオプ

にしん [鰊] 청어 チョンオ

にせ [偽] ①(偽造) 위조 ウィジョ ②(模造) 모조 モジョ ③(まがい物) 가짜 カーッチャ 例 偽ブランド品に気をつけてください。가짜 명품에 조심하세요. カーッチャ ミョンプメ チョーシマセヨ 関 偽物 가짜 물건 カーッチャ ムルゴン / 偽造品 위조품 ウィジョプム

にせい [二世] 이세 イーセ

にせる [似せる] 닮게 하다 タームケ ハダ;흉내 내다 ヒュンネ ネーダ;모방하다 モバンハダ;모조하다 モジョハダ

にそう [尼僧] 비구니 ピグニ

にそくさんもん [二束三文] 헐값 ホルカプ

-にち [-日] 일 イル

にちじ [日時] 일시 イルシ

にちじょう [日常] 일상 イルサン 関 日常会話 일상 회화 イルサン フェーフワ / 日常生活 일상생활 イルサンセンフワル

にちぼつ [日没] 일몰 イルモル

にちや [日夜] 일야 イリャ;밤낮 パムナッ

にちよう [日用] 일용 イリョン 関 日用品 일용품 イリョンプム

にちようび [日曜日] 일요일 イリョイル

にっか [日課] 일과 イルグヮ

にっかん [日刊] 일간 イルガン 関 日刊新聞 일간 신문 イルガン シンムン

にっき [日記] 일기 イルギ 関 日記帳 일기장 イルギッチャン

にっきゅう [日給] 일급 イルグプ

ニックネーム [nickname] 닉네임 닌네임;별명 ピョルミョン

にづくり [荷作り・荷造り] ❖~する 짐을 꾸리다 チムル ックリダ;짐을 싸다 チムル ッサダ

にっこう [日光] 일광 イルグァン;햇빛 ヘッピッ

にっこり 생긋방긋 センググッパングッ;생긋 センググッ;방긋 パングッ 例にっこり笑う顔がとてもかわいいです。생긋 웃는 얼굴이 너무 예뻐요. センググッ ウンヌン オルグリ ノム イェーッポヨ ❖~する 생긋방긋거리다 センググッパングッコリダ

にっし [日誌] 일지 イルッチ

にっしょう [日照] 일조 イルチョ 関日照権 일조권 イルチョックォン

にっしょく [日食・日蝕] 일식 イルシク

にっすう [日数] 일수 イルス;날수 ナルス

にっちゅう [日中] ①(昼間) 낮 ナッ ②(正午) 정오 チョーンオ;한낮 ハンナッ

にってい [日程] 일정 イルッチョン 関日程表 일정표 イルッチョンピョ

にっとう [日当] 일당 イルッタン

にっぽん [日本] 일본 イルボン ⇒にほん[日本]

にど [二度] 두 번 トゥー ボン 例そこには二度と行きたくありません。거기는 두 번 다시 가고 싶지 않아요. コギヌン トゥー ボン タシ カゴ シプチ アナヨ

になう [担う] ①(背負う) 짊어지다 チルモジダ;메다 メーダ ②(責任などを) 지다 チダ 例顧客に対する責任は誰が担うんですか。고객에 대한 책임은 누가 집니까? コゲゲ テーハン チェギムン ヌガ チムニッカ

-には ①(時・場所を特定する) 에는 エヌン ②(人を特定する) 에게는 エゲヌン;한테는 ハンテヌン

にばい [二倍] 이 배 イー ベー;두 배 トゥー ベー

にばん [二番] ①이 번 イー ボン ②(二位) 이 위 イー ウィ ③(二番目) 두 번째 トゥー ボンッチェ;둘째 トゥール ッチェ

にぶい [鈍い] ①(切れ味が) 무디다 ムディダ ②(鈍感だ) 둔하다 トゥーナダ ③(動作が) 느리다 ヌリダ

にぶる [鈍る] 무디어지다 ムディオジダ;둔해지다 トゥーネジダ

にほん [日本] 일본 イルボン

にほんご [日本語] 일본어 イルボノ;일본말 イルボンマール 例日本語ができる人はいませんか。일본말을 할 줄 아는 사람 없어요? イルボンマールル ハル チュル アーヌン サーラム オープソヨ

にほんじん [日本人] 일본인 イルボニン;일본 사람 イルボン サーラム 例日本人があまりいない所に行きたいです。일본 사람이 별로 없는 곳에 가고 싶어요. イルボン サーラミ ピョルロ オームヌン ゴセ カゴ シポヨ

にまいめ [二枚目] 미남 ミーナム;미남자 ミーナムジャ

にもつ [荷物] ①(荷物) 짐 チム;하물 ハムル 例ちょっとだけ荷

を預けるところはないでしょうか。잠깐 짐을 맡길 곳이 없을까요? チャムッカン チムル マッキル コシ オープスルッカヨ ②(貨物) 화물 フワームル ③(負担・重荷) 부담 プーダム 関手荷物 수하물 スハムル

にゅういん [入院] 입원 イボン ❖~する 입원하다 イボナダ

にゅうかい [入会] 입회 イプェ ❖~する 입회하다 イプェハダ 関入会金 입회금 イプェグム / 入会手続 입회 절차 イプェ チョルチャ

にゅうがく [入学] 입학 イパク ❖~する 입학하다 イパカダ 例私の甥が来年、小学校に入学します。제 조카가 내년에 초등학교에 입학해요. チェ チョカガ ネニョネ チョドゥンハクキョエ イパケヨ 関入学金 입학금 イパックム / 入学式 입학식 イパクシク

にゅうがん [乳癌] 유암 ユアム; 유방암 ユバンアム

にゅうぎゅう [乳牛] 유우 ユウ; 젖소 チョッソ

にゅうきょ [入居] 입거 イプコ; 입주 イプチュ ❖~する 입주하다 イプチュハダ 関入居者 입주자 イプチュジャ

にゅうきん [入金] 입금 イプクム ❖~する 입금하다 イプクマダ

にゅうこく [入国] 입국 イプクク 例入国の手続きには何が必要ですか。입국 절차에 뭐가 필요해요? イプクク チョルチャエ モォーガ ピリョヘヨ ❖~する 입국하다 イプクカダ 関入国管理局 입국 관리국 イプクク クワルリグク / 入国許可 입국 허가 イプクク ホガ / 入国手続 입국 수속 イプクク スソク; 입국 절차 イプクク チョルチャ / 出入国管理事務所 출입국 관리 사무소 チュリプクク クワルリ サームソ

にゅうさつ [入札] 입찰 イプチャル ❖~する 입찰하다 イプチャラダ

にゅうさん [乳酸] 유산 ユサン 関乳酸飲料 유산음료 ユサヌムニョ / 乳酸菌 유산균 ユサンギュン

にゅうし [入試] 입시 イプシ; 입학 시험 イパク シホム 関入試問題 입시 문제 イプシ ムーンジェ

にゅうじ [乳児] 유아 ユア; 젖먹이 チョンモギ

にゅうしゃ [入社] 입사 イプサ ❖~する 입사하다 イプサハダ

にゅうしゅ [入手] 입수 イプス ❖~する 입수하다 イプスハダ

にゅうじょう [入場] 입장 イプチャン ❖~する 입장하다 イプチャンハダ 例選手たちが競技場に入場しました。선수들이 경기장에 입장했어요. ソーンスドゥリ キョーンギジャンエ イプチャンヘッソヨ 関入場券 입장권 イプチャンックォン / 入場無料 입장 무료 イプチャン ムリョ

ニュース [news] ①뉴스 ニュス ②(報道) 보도 ボード 関ニュース解説 뉴스 해설 ニュス ヘーソル / ニュース番組 뉴스 프로그램 ニュス プログレム

にゅうせいひん [乳製品] 유제품 ユジェプム

にゅうせき [入籍] 혼인 신고 ホニン シンゴ; 입적 イプチョク ❖~す

にゅうせん [入選] 입선 イプソン ❖~する 입선하다 イプソナダ 関 入選作 입선작 イプソンジャク / 入選者 입선자 イプソンジャ

にゅうもん [入門] 입문 イムムン ❖~する 입문하다 イムムナダ 関 入門者 초학자 チョハクチャ / 入門書 입문서 イムムンソ

ニューヨーク [new york] 뉴욕 ニュヨク

にゅうよく [入浴] 입욕 イビョク; 목욕 モギョク ❖~する 목욕하다 モギョカダ

にゅうりょく [入力] 입력 イムニョク ❖~する 입력하다 イムニョカダ

にょう [尿] ①오줌 オジュム ②(小便) 소변 ソービョン 関 尿検査 소변검사 ソービョンゴムサ

にょうぼう [女房] 마누라 マーヌラ

にら [韮] 부추 プーチュ

にらむ [睨む] ①노려보다 ノリョボダ; 쏘아보다 ッソアボダ ②(よくないものとして目をつける) 주시하다 チューシハダ; 주목하다 チューモカダ ③(見当をつける) 짐작하다 チムジャカダ

にりゅう [二流] 이류 イーリュ

にる [似る] ①(顔や容貌が) 닮다 タームタ 例 誰に似ていますか。 누구를 닮았어요? ヌグルル タルマッツソヨ 《닮다は過去形で用いられる》 ②(似通っている) 비슷하다 ピスタダ

にる [煮る] ①삶다 サームタ ②(煮詰める) 끓이다 ックリダ; 조리다 チョリダ ③(煮込む) 고다 コーダ

にわ [庭] 뜰 ットゥル; 마당 マダン

にわかあめ [俄か雨] 소나기 ソナギ

にわとり [鶏] 닭 タク

-にん [-人] 《助数詞》사람 サーラム; 명 ミョン 関 何人 몇 명 ミョンミョン

にんい [任意] 임의 イーミ

にんか [認可] 인가 インガ; 허가 ホガ ❖~する 인가하다 インガハダ; 허가하다 ホガハダ

にんき [人気] 인기 インッキ 例 人気のある歌のCDはどこで売っていますか。 인기가 많은 노래 시디는 어디서 팔아요? インッキガ マーヌン ノレ シディヌン オディソ パラヨ

にんき [任期] 임기 イムギ 関 任期期間 임기 기간 イムギ キガン

にんぎょ [人魚] 인어 イノ

にんぎょう [人形] 인형 イニョン 関 あやつり人形 꼭두각시 ッコクトゥガクシ

にんげん [人間] ①(人間) 인간 インガン 例 人間として到底許されないことです。 인간으로서 도저히 용서 받을 수 없는 일이에요. インガヌロソ トージョヒ ヨンソ パドゥル ス オームヌン ニーリエヨ ②(人) 사람 サーラム ③(人類) 인류 イルリュ ④(人物・人柄) 인품 インプム; 인물 インムル 例 言葉遣いでその人間がわかります。 말투로 그 사람의 인품을 알 수 있어요. マールトゥロ ク サーラム イ

ンプムル アール ス イッソヨ

にんしき [認識] 인식 インシク ❖~する 인식하다 インシクハダ ❖~される 인식되다 インシクテゥェダ

にんしょう [人称] 인칭 インチン 関一人称 일인칭 イリンチン / 二人称 이인칭 イーインチン / 三人称 삼인칭 サミンチン

にんじょう [人情] 인정 インジョン; 정 チョン

にんしん [妊娠] 임신 イームシン ❖~する 임신하다 イームシナダ

にんじん [人参] ①당근 タングン ②(高麗人参) 인삼 インサム

にんずう [人数] 인원수 イヌォンス

にんそう [人相] ①인상 インサン ②(占い) 관상 クヮンサン

にんたい [忍耐] 인내 インネ; 인내심 インネシム

にんち [認知] 인지 インジ ❖~する 인지하다 インジハダ 関認知症 치매 チメ / 인지증 インジッチュン

にんてい [認定] 인정 インジョン ❖~する 인정하다 インジョンハダ 関認定試験 인정 시험 インジョン シホム

にんにく [大蒜] 마늘 マヌル

にんぷ [妊婦] 임부 イームブ; 임신부 イームシンブ

にんむ [任務] 임무 イーンム 例任務を果たすまでは帰れません。임무를 완수하기 전에는 못 돌아갑니다. イームムルル ワンスハギ ジョネヌン モッ トラガムニダ

にんめい [任命] 임명 イームミョン ❖~する 임명하다 イームミョンハダ ❖~される 임명되다 イームミョンドゥェダ

ぬ

ぬいぐるみ [縫い包み] 봉제 인형 ポンジェ イニョン

ぬいばり [縫い針] 바느질 바늘 パヌジル パヌル

ぬいめ [縫い目] ①(布と布の縫い合わせ目) 솔기 ソルギ ②(縫った糸の目) 땀 ッタム

ぬいもの [縫い物] ①바느질 パヌジル ②(縫う物) 바느질감 パヌジルカム

ぬう [縫う] ①(縫う) 바느질하다 パヌジラダ; 꿰매다 ックェーメダ ②(継ぎを当てる) 깁다 キープタ ③(人ごみを) 누비다 ヌビダ

ぬか [糠] 겨 キョ 関米糠 쌀겨 ッサルキョ

ぬかす [抜かす] ①빠뜨리다 ッパーットゥリダ ②(省く) 거르다 コルダ

ぬがす [脱がす] 벗기다 ポッキダ

ぬかるみ [泥濘] 진흙탕 チヌクタン; 진창 チンチャン

ぬきだす [抜き出す] ①뽑아내다 ッポバネダ ②(選び出す) 고르다 コルダ

ぬきとる [抜き取る] ①빼다 ッペーダ; 빼내다 ッペーネダ ②(盗む) 훔쳐 내다 フムチョ ネーダ ③(選び出す) 골라내다 コールラネダ; 뽑다 ッポプタ

ぬきんでる [抜きん出る] 뛰어나다 ットゥィオナダ

ぬく [抜く] ①(引き抜く) 뽑다 ッポプタ; 빼다 ッペーダ 例歯科医

ぬぐ

院で虫歯を抜きました。치과에서 충치를 뺐어요. チックワエソ チュンチルル ッペッソヨ ②(栓を)抜く ッタダ 例ワインの栓を抜く道具を借りたいのですが。와인 따는 도구를 빌리고 싶은데요. ワイン ッタヌン ドグルル ピルリゴ シプンデヨ ③(取り除く)빼다 ッペーダ;없애다 オープセダ;제거하다 チェゴハダ 例ズボンについたコーヒーの染みを抜いてください。바지에 묻은 커피 얼룩을 빼 주세요. パジエ ムドゥン コーピ オルルグル ッペー ジュセヨ ④(省く)생략하다 センニャカダ;거르다 コルダ 例朝ごはんも昼ごはんも抜いて、お腹空きませんか。아침도 점심도 거르고 배 안 고파요? アチムド チョームシムド コルゴ ペ アンゴパヨ ⑤(追い抜く)앞지르다 アプチルダ 例危険だから前の車を抜かないでゆっくり行きましょう。위험하니까 앞차를 앞지르지 말고 천천히 가요. ウィホマニッカ アプチャルル アプチルジ マールゴ チョンチョニ カヨ

ぬぐ [脱ぐ] 벗다 ポッタ 例脱いだコートはどこに掛けますか。벗은 코트는 어디에 걸어요? ポスン コトゥヌン オディエ コロヨ

ぬぐう [拭う] ①(拭く) 닦다 タクタ;훔치다 フムチダ 例これで汗を拭ってください。이걸로 땀 좀 닦으세요. イゴルロ ッタム チョム タックセヨ ②(汚名を) 씻다 ッシッタ

ぬくぬく ❖~と(安楽に) 편안하게 ピョナナゲ

ぬくもり [温もり] 따스함 ッタスハム;온기 オンギ

ぬけあな [抜け穴] 빠져나갈 구멍 ッパジョナガル クモン

ぬけげ [抜け毛] 탈모 タルモ

ぬけだす [抜け出す・脱け出す] 빠져나가다 ッパジョナガダ;살짝 도망치다 サルッチャクトマンチダ

ぬけみち [抜け道] 샛길 セーッキル

ぬけめ [抜け目] 빈틈 ピーントゥム ❖~ない 빈틈없다 ピーントゥモプタ ❖抜け目なく 빈틈없이 ピーントゥモープシ

ぬける [抜ける] ①(取れる) 빠지다 ッパージダ ②(通り抜ける) 지나다 チナダ;빠져나가다 ッパジョナガダ;통과하다 トングヮハダ ③(落ちる) 빠지다 ッパージダ;누락하다 ヌラカダ;탈락하다 タルラカダ 例私の名前が抜けていますが。제 이름이 빠져 있는데요. チェ イルミ ッパージョ インヌンデヨ

ぬげる [脱げる] 벗겨지다 ポッキョジダ

ぬし [主] ①주인 チュイン ②(所有者) 소유자 ソーユジャ;임자 イームジャ ③(夫) 남편 ナムピョン

ぬすみ [盗み] 도둑질 トドゥチル

ぬすむ [盗む] ①훔치다 フムチダ;도둑질하다 トドゥクチラダ 例私の財布を誰かが盗んだようです。제 지갑을 누가 훔친 것 같아요. チェ チガブル ヌガ フムチン ゴッ カタヨ ②(だます) 속이다 ソギダ 例両親の目を盗んで音楽をやっていました。부모님 눈을 속여 가며 음악을 했어요. プモニム ヌヌル ソギョ ガミョ ウマグル ヘッソヨ

ぬの [布] ①천 チョン ②(織物) 직물 チンムル

ぬま [沼] 늪 ヌプ

ぬらす [濡らす] 적시다 チョクシダ 例部屋が乾燥していたのでタオルを濡らして掛けておきました。 방이 건조해서 수건을 적셔서 걸어 놓았어요. パンイ コンジョヘソ スーゴヌル チョクショソ コロ ノアッソヨ

ぬる [塗る] ①(色を)칠하다 チラダ ②(薬などを) 바르다 パルダ 例痒い所に塗る薬をください。 가려운 데 바르는 약을 주세요. カリョウン デ パルヌン ヤグル チュセヨ

ぬるい [温い] ①(温度が) 미지근하다 ミジグナダ ②(手ぬるい) 미온적이다 ミオンジョギダ

ぬるぬる 미끈미끈 ミックンミックン ❖~する 미끈미끈하다 ミックンミックナダ

ぬるまゆ [ぬるま湯] 미지근한 물 ミジグナン ムル

ぬれぎぬ [濡れ衣] 누명 ヌーミョン; 무고한 죄 ムゴハン ジュェー

ぬれる [濡れる] ①젖다 チョッタ ②(湿る) 눅눅해지다 ヌンヌケジダ

ね

ね [音] 소리 ソリ

ね [根] 뿌리 ップリ

ね [値] ①값 カプ ②(価格) 가격 カギョク ③(価値) 값어치 カボチ

ねあがり [値上がり] ❖~する 값이 오르다 カプシ オルダ

ねあげ [値上げ] 가격 인상 カギョク インサン ❖~する 가격 인상하다 カギョク インサンハダ

ねうち [値打ち] ①(価格) 값 カプ; 가격 カギョク ②(価値) 가치 カチ; 값어치 カボチ

ネーム [name] 네임 ネイム 関ニックネーム 별명 ピョルミョン / ペンネーム 필명 ピルミョン

ねがい [願い] ①(願望) 소망 ソーマン; 소원 ソーウォン; 바람 パラム 例韓国語を上手に話せるようになるのが私の願いです。 한국말 잘하게 되는 게 제 소원이에요. ハーングンマル チャラゲ トウェヌン ゲ チェ ソーウォニエヨ ②(願書) 원서 ウォンソ

ねがう [願う] ①(望む) 원하다 ウォーナダ; 바라다 パラダ 例日韓関係が良くなることを心から願います。 일한 관계가 좋아지기를 진심으로 바래요. イラン グヮンゲガ チョーアジギルル チンシムロ パレヨ ②(祈る) 기원하다 キウォナダ; 빌다 ピールダ 例家族皆の健康と幸せを願いました。 가족 모두의 건강과 행복을 기원했어요. カジョン モドウエ コーンガングヮ ヘーンボグル キウォネッソヨ ③(依頼する) 부탁하다 プータカダ 例色々と足りないところもありますが, 宜しくお願いします。 많이 부족하지만 잘 부탁합니다. マーニ プジョカジマン チャル プータカムニダ

ねがえり [寝返り] ❖~する 뒤척이다 トウィチョギダ

ねがえる [寝返る] (裏切る) 배신하다 ペーシナダ

ねがお [寝顔] 자는 얼굴 チャヌン オルグル

ねかす [寝かす] ①(眠らせる) 재우다 チェウダ 例子供を寝かしながら一緒に寝てしまいました。아이를 재우다가 같이 자 버렸어요. アイルル チェウダガ カチ チャ ボリョッソヨ ②(横たえる) 누이다 ヌイダ ③(死蔵する) 묵히다 ムキダ；사장시키다 サージャンシキダ ④(発酵させる) 띄우다 ッティウダ；발효시키다 パリョシキダ

ねぎ [葱] 파 パ

ねぎらい [労い] 위로 ウィロ

ねぎらう [労う] 위로하다 ウィロハダ

ねぎる [値切る] 값을 깎다 カプスル ッカクタ

ネクタイ [necktie] 넥타이 ネクタイ

ねこ [猫] 고양이 コヤンイ 関雄猫 수고양이 スゴヤンイ／雌猫 암고양이 アムゴヤンイ／野良猫 도둑고양이 トドゥクコヤンイ／三毛猫 삼색 고양이 サムセク コヤンイ

ねこじた [猫舌] 뜨거운 음식을 잘 못 먹음 ットゥゴウン ウームシグル チャル モーン モグム

ねこぜ [猫背] 새우등 セウドゥン

ねごと [寝言] 잠꼬대 チャムッコデ ❖～を言う 잠꼬대를 하다 チャムッコデルル ハダ

ねこむ [寝込む] 병으로 자리에 눕다 ピョンウロ チャリエ ヌプタ

ねころぶ [寝転ぶ] ①(横になる) 드러눕다 トゥロヌプタ ②(転がる) 뒹굴다 トゥィングルダ

ねさがり [値下がり] ❖～する 값이 내리다 カプシ ネリダ

ねさげ [値下げ] 가격 인하 カギョクイーナ ❖～する 값을 내리다 カプスル ネリダ

ねじ [螺子] 나사 ナサ

ねしょうべん [寝小便] 야뇨증 ヤニョッチュン ❖～する 잠자리에다 오줌을 싸다 チャムッチャリエダ オジュムルッサダ

ねじる [捩じる・捻じる] ①비틀다 ピートゥルダ；꼬다 ッコーダ ②(ひねる) 틀다 トゥルダ

ねじれる [捩れる] 비뚤어지다 ピットゥロジダ；꼬이다 ッコイダ

ねすごす [寝過ごす] 늦잠을 자다 ヌッチャムル チャダ

ねずみ [鼠] 쥐 チュイ

ねたみ [妬み・嫉み] 샘 セーム；시새움 シセウム；질투 チルトゥ

ねたむ [妬む・嫉む] ①샘하다 セマダ；시새우다 シセウダ ②(嫉妬する) 질투하다 チルトゥハダ

ねだる 조르다 チョルダ；보채다 ポチェダ

ねだん [値段] ①값 カプ 例デパートより市場の方が品物の値段は安いですか。백화점보다 시장이 물건 값이 싸요? ペクウジョムボダ シージャンイ ムルゴン カプシ ッサヨ ②(価格) 가격 カギョク

ねつ [熱] 열 ヨル 例熱があるので今日は部屋で休みます。열이 나니까 오늘은 방에서 쉬겠어요. ヨリ ナニッカ オヌルン パンエソ シュィーゲッソヨ

ねつい [熱意] 열의 ヨリ

ねつえん [熱演] 열연 ヨリョン ❖～する 열연하다 ヨリョナダ

ねっき [熱気] 열기 ヨルギ

ねっきょう [熱狂] 열광 ヨルグヮ

ネックレス [necklace] 네크리스 네크리스; 목걸이 モクコリ

ねっしん [熱心] ❖~だ 열심이다 ヨルシミダ 例 全てのことに熱心な姿がとてもいいです. 모든 일에 열심인 모습이 보기 좋아요. モドゥン ニーレ ヨルシミン モスビ ポギ チョーアヨ ❖~に 열심히 ヨルシミ

ねっする [熱する] 가열하다 カヨラダ; 뜨겁게 하다 ットゥゴプケ ハダ

ねつぞう [捏造] 날조 ナルッチョ ❖~する 날조하다 ナルッチョハダ

ねったい [熱帯] 열대 ヨルテ 関 熱帯雨林 열대 우림 ヨルテ ウリム / 熱帯気候 열대 기후 ヨルテ キフ / 熱帯性低気圧 열대성 저기압 ヨルテッソン チョーギアプ / 熱帯夜 열대야 ヨルテヤ

ねっちゅう [熱中] 열중 ヨルチュン ❖~する 열중하다 ヨルチュンハダ 例 ドラマに夢中になり過ぎてたまに徹夜してしまうことがあります. 드라마에 너무 열중해서 가끔 밤을 새울 때가 있어요. トゥラマエ ノム ヨルチュンヘソ カックム パムル セウル ッテガ イッソヨ

ネット [net] 네트 ネトゥ

ねっとう [熱湯] 열탕 ヨルタン

ネットワーク [network] 네트워크 ネトゥウォク

ねつぼう [熱望] 열망 ヨルマン ❖~する 열망하다 ヨルマンハダ

ねづよい [根強い] 뿌리 깊다 ップリ キプタ; 탄탄하다 タンタナダ; 끈질기다 ックンジルギダ; 꿋꿋하다 ックッックッタダ ❖根強く 탄탄하게 タンタナゲ; 끈질기게 ックンジルギゲ; 꿋꿋이 ックックシ; 꿋꿋하게 ックックタゲ

ねつりょう [熱量] 열량 ヨルリャン

ねつれつ [熱烈] 열렬 ヨルリョル ❖~な 열렬한 ヨルリョラン ❖~に 열렬히 ヨルリョリ

ねどこ [寝床] 잠자리 チャムッチャリ

ねとまり [寝泊まり] ❖~する 숙박하다 スクパカダ; 기숙하다 キスカダ

ネパール [Nepal] 네팔 ネパル

ねばねば 끈적끈적 ックンジョクックンジョク ❖~する 끈적끈적하다 ックンジョクックンジョカダ

ねばり [粘] ① 찰기 チャルギ ②(根気) 끈기 ックンギ

ねばりづよい [粘り強い] 끈기 있다 ックンギ イッタ; 끈질기다 ックンジルギダ

ねばる [粘る] ①(粘着力がある) 끈적끈적 달라붙다 ックンジョクックンジョク タルラブッタ ②(諦めない) 끈기 있게 버티다 ックンギ イッケ ポティダ

ねびき [値引き] 할인 ハリン ❖~する 할인하다 ハリナダ

ねぶかい [根深い] 뿌리 깊다 ップリ キプタ

ねぶそく [寝不足] 수면 부족 スミョン プジョク

ねぼう [寝坊] ① 늦잠 ヌッチャム ②(人) 잠꾸러기 チャムックロギ ❖~する 늦잠을 자다 ヌッチャムル チャダ

ねほりはほり [根掘り葉掘り] ❖~聞く 꼬치꼬치 캐묻다 ッコチッコチ ケームッタ

ねまき [寝巻き・寝間着] 잠옷 チャモッ

ねむい [眠い] 졸리다 チョーリダ;잠이 오다 チャミ オダ 例 ああ, 眠い。아, 아 졸려. アア チョルリョ / 本を開きさえすれば、眠くなってしかたありません。책만 펴면 잠이 와 죽겠어요. チェンマン ピョミョン チャミ ワ チュクケッソヨ

ねむけ [眠気] 졸음 チョールム

ねむり [眠り] 잠 チャム

ねむる [眠る] ①자다 チャダ;잠들다 チャムドゥルダ 例 昨日は疲れていたでしょうに、ぐっすり眠れましたか。어제는 피곤했을 텐데 푹 잤어요? オジェヌン ピゴネッスルテンデ プク チャッソヨ ②(永眠する) 죽다 チュクタ;영면하다 ヨーンミョナダ ③(死蔵されている) 사장되다 サージャンドゥェダ

ねらう [狙う] ①(照準を定める) 겨누다 キョヌダ ②(何かの目的のために) 노리다 ノリダ ③(機会をうかがう) 엿보다 ヨーッポダ

ねる [寝る] ①(睡眠) 자다 チャダ ②(横になる) 눕다 ヌープタ;드러눕다 トゥロヌプタ;(宿泊する) 숙박하다 スクパカダ;묵다 ムクタ

ねる [練る] ①(小麦粉などを) 반죽하다 パンジュカダ ②(文章などを) 다듬다 タドゥムタ

ねん [年] ①연 ヨン ②《助数詞》년 ニョン 例 3年 3(삼)년 サムニョン ③(学年) 학년 ハンニョン

ねんいり [念入り] ❖~な 세심한 주의를 기울인 セーシマン チューイルル キウリン;공을 들인 コンウル トゥリン ❖~に 정성 들여서 チョンソン トゥリョソ;공을 들여서 コンウル トゥリョソ;꼼꼼히 ッコムッコミ 例 隅々まで念入りに掃除をしました。구석구석까지 꼼꼼히 청소를 했어요. クソックソックッカジ ッコムッコミ チョンソルル ヘッソヨ

ねんがじょう [年賀状] 연하장 ヨナッチャン

ねんがっぴ [年月日] 연월일 ヨヌォリル

ねんかん [年間] ①연간 ヨンガン ②《助数詞》년간 ニョンガン 例 1年間、韓国で暮らしていました。 1(일)년간 한국에서 살았어요. イルリョンガン ハーングゲソ サラッソヨ

ねんがん [念願] 염원 ヨムォン;소원 ソーウォン

ねんきん [年金] 연금 ヨングム

ねんげつ [年月] 세월 セーウォル

ねんざ [捻挫] 염좌 ヨムジュワ ❖~する 삐다 ッピーダ;염좌하다 ヨムジュワハダ

ねんじ [年次] ①연차 ヨンチャ ②(年度) 연도 ヨンド 関 年次計画 연차 계획 ヨンチャ ケーフェク/年次予算 연차 예산 ヨンチャ イェーサン

ねんじゅう [年中] ①연중 ヨンジュン ②(いつも) 언제나 オーンジェナ;일년 내내 イルリョン ネーネ;항상 ハンサン

ねんしょ [年初] 연초 ヨンチョ;연

두 ヨンドゥ
ねんしょう [年商] 연간 매출액 ヨンガン メーチュレク
ねんしょう [燃焼] 연소 ヨンソ ❖ ～する 연소하다 ヨンソハダ 関完全燃焼 완전 연소 ワンジョン ニョンソ / 不完全燃焼 불완전 연소 プルワンジョン ニョンソ
ねんすう [年数] 연수 ヨンス；햇수 ヘッス
ねんだい [年代] ①(時代) 연대 ヨンデ；시대 シデ ②(世代) 세대 セーデ
ねんちゃく [粘着] 점착 チョムチャク 関粘着性 점착성 チョムチャクッソン / 粘着テープ 점착테이프 チョムチャクテイプ
ねんちょう [年長] 연장 ヨンジャン 関年長者 연장자 ヨンジャンジャ
ねんど [年度] 연도 ヨンド 関年度初め 연도초 ヨンドチョ / 年度末 연도말 ヨンドマル / 会計年度 회계 연도 フェーゲ ヨンド
ねんど [粘土] 점토 チョムト；찰흙 チャルク
ねんとう [年頭] 연두 ヨンドゥ；연초 ヨンチョ
ねんとう [念頭] 염두 ヨームドゥ 関念頭に置く 염두에 두다 ヨームドゥエ トゥダ
ねんぱい [年配・年輩] 연배 ヨンベ
ねんぴょう [年表] 연표 ヨンピョ
ねんぽう [年俸] 연봉 ヨンボン
ねんまく [粘膜] 점막 チョムマク
ねんまつ [年末] 연말 ヨンマル 関年末年始 연말연시 ヨンマリョンシ
ねんりょう [燃料] 연료 ヨルリョ
ねんりん [年輪] 연륜 ヨルリュン
ねんれい [年齢] 연령 ヨルリョン；나이 ナイ 関年齢層 연령층 ヨルリョンチュン

の

の [野] 들 トゥール；들판 トゥールパン
-の ①《体言・体言として働く語に付いて所有や所属を表す》의 エ 例 私の本 내 (나의) 책 ネ(ナエ) チェク ②《同格を表す》…인 イン 例 社長の山田さん 사장인 야마다 씨 サジャンイン ヤマダ ッシ ③《名詞の代用》것 コッ 例 会えないのが悲しいです。못 만나는 것이 슬퍼요. モーン マンナヌン ゴシ スルポヨ
ノイズ [noise] 노이즈 ノイジュ；잡음 チャブム
ノイローゼ [Neurose] 노이로제 ノイロジェ
のう [能] ①(才能) 재능 チェヌン ②(能力) 능력 ヌンニョク ③(効能) 효능 ヒョーヌン
のう [脳] 뇌 ヌェ 関大脳 대뇌 テーヌェ / 小脳 소뇌 ソーヌェ
のうえん [農園] 농원 ノンウォン
のうか [農家] 농가 ノンガ
のうかんき [農閑期] 농한기 ノンハンギ
のうき [納期] 납기 ナプキ；납입 기한 ナビプ キハン
のうきぐ [農機具] 농기구 ノンギグ；농구 ノング
のうきょう [農協] 농협 ノンヒョプ

のうぎょう

プ
- のうぎょう [農業] 농업 ノンオプ;농사 ノンサ
- のうぐ [農具] 농구 ノング;농기구 ノンギグ
- のうげか [脳外科] 뇌외과 ヌェウェックワ
- のうこう [農耕] 농경 ノンギョン 関農耕社会 농경 사회 ノンギョンサフェ/農耕民族 농경 민족 ノンギョン ミンジョク
- のうこう [濃厚] 농후 ノンフ ❖~だ 농후하다 ノンフハダ;진하다 チナダ
- のうさぎょう [農作業] 농사일 ノンサイル;농작업 ノンジャゴプ
- のうさくぶつ [農作物] 농작물 ノンジャンムル
- のうさんぶつ [農産物] 농산물 ノンサンムル
- のうし [脳死] 뇌사 ヌェサ
- のうしゅく [濃縮] 농축 ノンチュク ❖~する 농축하다 ノンチュカダ 関濃縮ジュース 농축 주스 ノンチュク チュース
- のうしゅっけつ [脳出血] 뇌출혈 ヌェチュリョル
- のうしゅよう [脳腫瘍] 뇌종양 ヌェジョンヤン
- のうじょう [農場] 농장 ノンジャン
- のうしんとう [脳震盪] 뇌진탕 ヌェジンタン
- のうぜい [納税] 납세 ナプセ ❖~する 납세하다 ナプセハダ 関納税額 납세액 ナプセエク/納税期限 납세 기한 ナプセ キハン/納税者 납세자 ナプセジャ

- のうせいまひ [脳性麻痺] 뇌성 마비 ヌェソン マビ
- のうそっちゅう [脳卒中] 뇌졸중 ヌェジョルチュン
- のうそん [農村] 농촌 ノンチョン
- のうたん [濃淡] 농담 ノンダム
- のうち [農地] 농지 ノンジ 関農地改革 농지 개혁 ノンジ ケーヒョク
- のうど [濃度] 농도 ノンド
- のうにゅう [納入] 납입 ナビプ ❖~する 납입하다 ナビパダ 関納入金 납입금 ナビプクム
- のうはんき [農繁期] 농번기 ノンボンギ
- のうひん [納品] 납품 ナプムム ❖~する 납품하다 ナプムマダ 関納品書 납품서 ナプムソ
- のうふ [納付] 납부 ナプブ ❖~する 납부하다 ナプブハダ 関納付金 납부금 ナプブグム
- のうふ [農夫] 농부 ノンブ
- のうみん [農民] 농민 ノンミン
- のうやく [農薬] 농약 ノンヤク
- のうり [脳裏] 뇌리 ヌェリ
- のうりつ [能率] 능률 ヌンニュル ❖~的だ 능률적이다 ヌンニュルチョギダ
- のうりょく [能力] 능력 ヌンニョク
- のうりん [農林] 농림 ノンニム 関農林業 농림업 ノンニモプ
- ノー [no] 노 ノ
- ノーコメント [no comment] 노 코멘트 ノコメントゥ
- ノート [note] 노트 ノートゥ;공책 コンチェク ❖~する 노트하다 ノートゥハダ;필기하다 ピルギハダ
- のがす [逃す] 놓치다 ノッチダ 例終電を逃してしまいました。막차

를 놓치고 말았어요. マクチャルル ノッチゴ マラッソヨ

のがれる [逃れる] ①(逃げる) 도주하다 トジュハダ;달아나다 タラナダ;도망치다 トマンチダ ②(回避する) 벗어나다 ポソナダ;피하다 ピハダ

のき [軒] 처마 チョマ

のぎく [野菊] 들국화 トゥルグクワ

のこぎり [鋸] 톱 トプ

のこす [残す] ①남기다 ナムギダ;남겨 두다 ナムギョ ドゥダ 例 お腹がいっぱいなら残してもいいです。배가 부르면 남겨도 돼요. ペガ プルミョン ナムギョド ドゥェヨ ②(後世に伝える) 남기다 ナムギダ 例 歴史に名を残している有名な歌手です。역사에 이름을 남긴 유명한 가수예요. ヨクサエ イルムル ナムギン ユーミョンハン カスエヨ

のこらず [残らず] ①(なくす) 남김없이 ナムギモプシ;빠짐없이 ッパージモプシ ②(すべて) 모두 モドゥ;전부 チョンブ

のこり [残り] 나머지 ナモジ

のこる [残る] ①(余っている) 남다 ナムタ 例 まだ時間がかなり残っています。아직 시간이 많이 남았어요. アジク シガニ マーニ ナマッソヨ ②(留まる) 남다 ナムタ 例 彼が1人で部屋に残っています。그가 혼자 방에 남아 있어요. クガ ホンジャ パンエ ナマ イッソヨ ③(残存する) 남다 ナームタ 例 昔からの風習が残っています。옛날부터의 풍습이 남아 있어요. イェーンナルブトエ プンスビ ナマ イッソヨ

のせる [乗せる] 태우다 テウダ 例 友達を乗せて空港まで行きました。친구를 태우고 공항까지 갔어요. チングルル テウゴ コンハンッカジ カッソヨ

のせる [載せる] ①(積む) 싣다 シーッタ 例 荷物を載せたいのでトランクを開けてもらえますか。짐을 싣게 트렁크 좀 열어 주세요. チムル シッケ トゥロンク チョム ヨロ ジュセヨ ②(掲載する) 싣다 シーッタ;게재하다 ケージェハダ 例 この食堂の写真を私のブログに載せてもいいですか。이 식당 사진을 제 블로그에 실어도 돼요? イ シクタン サジヌル チェ プルログエ シロド ドゥェヨ ③(上に置く) 얹다 オンタ;위에 놓다 ウィエ ノッタ

のぞく [除く] ①(なくす) 없애다 オープセダ;치우다 チウダ ②(除去する) 제거하다 チェゴハダ 例 にんにくの匂いを除く方法はないでしょうか。마늘 냄새를 없애는 방법 없을까요? マヌル ネームセルル オープセヌン バンボプ オープスルッカヨ ③(除外する・抜く) 제외하다 チェウェハダ;빼다 ッペーダ

のぞく [覗く] ①(隙間や物陰から) 들여다보다 トゥリョダボダ;엿보다 ヨーッポダ 例 どんな店なのかちょっと覗いてみました。무슨 가게인지 좀 들여다 봤어요. ムスン カゲインジ チョム トゥリョダ ブワッソヨ ②(下を見る) 내려다보다 ネリョダボダ ③(立ち寄る) 들르다 トゥルルダ 例 洋服店を覗いた

らだめでしょうか。옷가게에 잠깐 들르면 안 될까요? オッカゲエ チャムッカン トゥルルミョン アンドゥェルッカヨ

のぞましい [望ましい] 바람직하다 パラムジカダ

のぞみ [望み] ①(願望・希望) 소망 ソーマン；희망 ヒマン；소원 ソーウォン 例 とうとう私の望みが叶いました。드디어 제 소망이 이루어졌어요. トゥディオ チェ ソーマンイ イルオジョッソヨ ②(見込み) 전망 チョーンマン；가망 カーマン 例 まだその方に会える望みはありますよね。아직 그분을 만날 가망은 있는 거지요? アジク クブヌル マンナル カーマンウン インヌン ゴジヨ ③(期待) 기대 キデ

のぞむ [望む] ①(希望する) 바라다 パラダ；원하다 ウォーナダ ②(眺望する) 바라보다 パラボダ；전망하다 チョーンマンハダ

のぞむ [臨む] ①(面する) 면하다 ミョーナダ；대하다 テーハダ 例 海を臨む部屋にしてください。바다에 면한 방으로 해 주세요. パダエ ミョナン パンウロ ヘ ジュセヨ ②(参加する) 임하다 イマダ；임석하다 イムソカダ ③(直面する) 직면하다 チンミョナダ；처하다 チョーハダ

のち [後] 후 フー；뒤 トゥィー；나중 ナージュン 例 30分間の休憩の後にロビーに行きます。30(삼십)분간 휴식 후에 로비로 가겠어요. サムシプップンガン ヒュシク フエ ロビロ カゲッソヨ

のちほど [後ほど] 이따가 イッタガ

ノック [knock] 노크 ノク ❖~する 노크하다 ノクハダ

ノックアウト [knockout] 녹아웃 ノガウッ ❖~する 녹아웃시키다 ノガウッシキダ

のっとる [則る] 따르다 ッタルダ

のっとる [乗っ取る] ①(買収する) 매수하다 メスハダ ②(飛行機など交通機関を) 납치하다 ナプチハダ

のっぽ 키다리 キダリ

のど [喉] ①목구멍 モククモン；목 モク 例 喉が渇きましたが、近くに自動販売機はありませんか。목이 마르는데 근처에 자판기 없어요? モギ マルヌンデ クーンチョエ チャパンギ オープソヨ ②(声) 목소리 モクソリ

のどか [長閑か] ❖~だ 평화롭다 ピョンフワロプタ；화창하다 フワチャンハダ

-のに ①(逆説《動詞・存在詞の語幹＋ -는데, 形容詞の語幹＋ -ㄴ/은데》の形で) 例 体の具合が良くないのに行こうとしているんですか。몸이 안 좋은데 가려고요? モミ アン ジョーウンデ カリョゴヨ ②(遺憾《動詞・存在詞の語幹＋ -는데, 形容詞の語幹＋ -ㄴ/은데》の形で文末に用いる) 例 あんなに止めたのに…。그렇게 말렸는데…. クロッケ マルリョンヌンデ ③(ために《動詞の語幹＋ -는 데》の形で) 例 慶州まで行くのにどのくらいかかりますか。경주까지 가는 데 얼마나 걸려요? キョンジュッカジ カヌン デ オルマナ コルリョヨ

ののしる [罵る] 큰소리로 비난하다 クンソリロ ピナナダ;욕설을 퍼붓다 ヨクソルル ポブッタ

のばす [伸ばす・延ばす] ①(長くする) 늘이다 ヌリダ ②(延長する) 늘이다 ヌリダ;연장하다 ヨンジャンハダ 例 ビザの期限を延ばすことはできないでしょうか。비자 기한을 연장할 수 없을까요? ピジャ キハヌル ヨンジャンハル ス オープスルッカヨ ③(延期する) 미루다 ミルダ;연기하다 ヨンギハダ 例 帰国日を1日だけ延ばすことはできませんか。귀국 날짜를 하루만 미룰 수 없나요? クィーグン ナルッチャルル ハルマン ミルル ス オームナヨ ④(売り上げを) 올리다 オルリダ 例 売り上げを伸ばすために朝から頑張っています。매상을 올리기 위해 아침부터 고생이에요. メーサンウル オルリギ ウィヘ アチムブト コセンイエヨ ⑤(皺や曲がったものを) 펴다 ピョダ 例 ズボンのしわを伸ばしたいのですが、アイロンはありますか。바지 주름을 펴고 싶은데 다리미 있어요? パジ チュルムル ピョゴ シプンデ タリミ イッソヨ ⑥(能力を) 키우다 キウダ 例 韓国語の実力をもうちょっと伸ばしたいです。한국어 실력을 좀 더 키우고 싶어요. ハングゴ シルリョグル チョム ド キウゴ シポヨ

のはら [野原] 들 トゥール;들판 トゥールパン

のび [伸び] ①(背伸び) 기지개 キージゲ ❖~をする 기지개를 켜다 キージゲルル キョダ ②(成長) 성장 ソンジャン

のびのび [伸び伸び] ❖~した 느긋한 ノグタン 例 こんなに伸び伸びとした休日も久しぶりです。이렇게 느긋한 휴일도 오랜만이에요. イロッケ ヌグタン ヒュイルド オレンマニエヨ ❖~と 구김살없이 クギムッサロプシ;느긋이 ヌグシ;무럭무럭 ムロンムロク 例 元気に伸び伸びと育ってほしいです。건강하게 무럭무럭 자라 주었으면 좋겠어요. コーンガンハゲ ムロンムロク チャラ ジュオッスミョン チョーッケッソヨ

のびる [伸びる・延びる] ①(長さが) 길어지다 キロジダ;늘어지다 ヌロジダ;늘어나다 ヌロナダ 例 袖の部分이 늘어나 버렸어요. ソメブブニ ヌロナ ボリョッソヨ ②(延期される) 연기되다 ヨンギドゥェダ 例 俳優の事情で公演日が延びました。배우의 사정으로 공연 날짜가 연기됐어요. ペウエ サージョンウロ コンヨン ナルッチャガ ヨンギドゥェッソヨ ③(延長される) 연장되다 ヨンジャンドゥェダ 例 ドラマの最終回の時間が延びました。드라마 마지막회 시간이 연장됐어요. トゥラマ マジマクェ シガニ ヨンジャンドゥェッソヨ ④(髪や背丈が) 자라다 チャラダ 例 髪の毛がかなり伸びましたね。머리가 많이 자랐네요. モリガ マーニ チャランネヨ ⑤(増える) 늘다 ヌルダ 例 毎年観光客の数が伸びています。매년 관광객의 수가 늘고 있어요. メーニョン クヮングヮ

ンゲゲ スーガ ヌルゴ イッソヨ ⑥(能力が) 늘다 ヌルダ 例 会話の実力がだいぶ伸びました。회화 실력이 많이 늘었어요. フェーフワ シルリョギ マーニ ヌロッソヨ ⑦(皺などが) 펴지다 ピョジダ 例 このクリームを塗ったら本当に顔のしわが伸びますか。이 크림을 바르면 정말 얼굴의 주름이 펴져요? イ クリームル パルミョン チョーンマル オルグレ チュルミ ピョジョヨ ⑧(広がる) 펴지다 ポージダ 例 この化粧品は少量でもかなり伸びます。이 화장품은 적은 양으로도 잘 펴져요. イ フワジャンプムン チョーグン ニャンウロド チャル ポジョヨ

のべ [延べ] 연 ヨン 関 延べ日数 연일수 ヨニルス / 延べ建坪 연건평 ヨンゴンピョン / 延べ人員 연인원 ヨニヌォン

のべる [述べる] ①말하다 マーラダ ②(陳述する) 진술하다 チンスラダ

のぼせる [逆上せる] ①(上気する) 상기하다 サンギハダ; 현기증이 나다 ヒョーンギッチュンイ ナダ ②(興奮して逆上する) 몹시 흥분하다 モープシ フンブナダ; 울컥하다 ウルコカダ ③(夢中になる) 열중하다 ヨルチュンハダ ④(うぬぼれる) 우쭐해하다 ウッチュレハダ; 으스대다 ウスデダ

のぼり [上り・登り・昇り] 상행 サンヘン; 상승 サンスン

のぼりざか [上り坂] 오르막길 オルマクキル

のぼる [上る・登る・昇る] ①(高い所に) 오르다 オルダ; 올라가다 オルラガダ 例 全員が、山に登らなければなりませんか。모두 산에 올라가야 합니까? モドゥ サネ オルラガヤ ハムニッカ ②(数量がある程度に達する) 이르다 イルダ; 달하다 タラダ 例 数千人に上るファンが集まりました。수천 명에 달하는 팬이 모였어요. スチョン ミョンエ タラヌン ペニ モヨッソヨ ③(太陽や月が) 뜨다 ットゥダ 例 明日は何時頃、日が昇りますか。내일은 몇 시쯤에 해가 떠요? ネイルン ミョッ シッチュメ ヘガ トヨ

のまれる [飲まれる・呑まれる] ①(酒に) 먹히다 モキダ ②(波に) 휩쓸리다 フィプッスルリダ ③(圧倒される) 압도되다 アプトドゥェダ; 위압되다 ウィアプトウェダ

のみ [蚤] 벼룩 ピョルク

-のみ 뿐 ップン; 만 マン 例 便りを待つのみです。소식을 기다릴 뿐이에요. ソシグル キダリル ップニエヨ

のみかい [飲み会] 회식 フェーシク

のみぐすり [飲み薬] 내복약 ネーボンニャク

のみこむ [飲み込む・呑み込む] ①(物を) 삼키다 サムキダ ②(我慢する) 꾹 참다 ックク チャームタ; 억누르다 オンヌルダ

のみすぎ [飲み過ぎ] 과음 クヮーウム ❖~する 과음하다 クヮーウマダ

-のみならず 뿐만 아니라 ップンマン アニラ

のみもの [飲み物] 음료 ウームニョ; 음료수 ウームニョス; 마실 것

マシル コッ
のみや [飲み屋] 술집 スルチプ
のむ [飲む・呑む] ①마시다 マシダ 例何を飲みましょうか。뭘 마실까요? ムォール マシルッカヨ ②(薬を) 먹다 モクタ ③(唾を) 삼키다 サムキダ
のり [糊] 풀 プル
のり [海苔] 김 キーム
のりおくれる [乗り遅れる] ①늦어서 못 타다 ヌジョソ モーッ タダ ②(逃す) 놓치다 ノッチダ 例終電に乗り遅れてはいけません。막차를 놓치면 안 돼요. マクチャルル ノッチミョン アン ドゥェヨ
のりかえ [乗り換え] 갈아탐 カラタム, 환승 フワンスン 関乗り換え駅 갈아타는 역 カラタヌン ニョク；환승역 フワンスンニョク／乗り換え切符 갈아타는 표 カラタヌン ピョ
のりかえる [乗り換える] 갈아타다 カラタダ 例どこで乗り換えればいいですか。어디서 갈아타면 돼요? オディソ カラタミョン ドゥェヨ
のりき [乗り気] ❖〜になる 마음이 내키다 マウミ ネーキダ
のりくみいん [乗組員] 승무원 スンムウォン
のりこえる [乗り越える] ①(克服する) 극복하다 ククポカダ ②(跳び越える) 뛰어넘다 ットゥィオノムタ
のりば [乗り場] 타는 곳 タヌン ゴッ；승차장 スンチャジャン 例タクシー乗り場はどこですか。택시 타는 곳이 어디예요? テクシ タヌン ゴシ オディエヨ
のりまき [海苔巻き] 김밥 キームバプ
のりもの [乗り物] ①탈것 タルコッ ②(交通機関) 교통 기관 キョトン キグワン；대중교통 テージュンギョトン ③(遊具) 놀이기구 ノリギク 関乗り物酔い 멀미 モルミ
のる [乗る] ①(乗り物に) 타다 タダ 例バスに乗ってみたいのですが。버스를 타 보고 싶은데요. ポスルル タ ボゴ シプンデヨ ②(物の上に) 오르다 オルダ 例体重計に乗るのが怖いです。체중계에 오르는 게 무서워요. チェジュンゲエ オルヌン ゲ ムソウォヨ
のる [載る] ①(上に) 놓이다 ノイダ；얹히다 オンチダ 例テーブルの上に載っている雑誌を読んでもいいですか。테이블 위에 놓여 있는 잡지를 읽어도 돼요? テイブル ウィエ ノヨ インヌン チャプチルル イルゴド ドゥェヨ ②(掲載される) 실리다 シルリダ；게재되다 ケージェドゥェダ 例雑誌に載った所に行きたいです。잡지에 실린 곳에 가고 싶어요. チャプチエ シルリン ゴセ カゴ シポヨ
のろい [鈍い] ①(鈍感だ) 무디다 ムディダ；둔하다 トゥーナダ ②(動作が) 느리다 ヌリダ；더디다 トディダ
のろい [呪い・詛い] 저주 チョージュ
のろう [呪う・詛う] 저주하다 チョージュハダ
のろのろ 느릿느릿 ヌリンヌリッ
のろま [鈍間] 느림보 ヌリムボ；느

のんき [呑気] ❖~だ 느긋하다 ヌグタダ;편안하다 ピョナナダ ❖~に 느긋이 ヌグシ;편안히 ピョナニ

のんびり 편히 ピョニ;느긋이 ヌグシ;한가롭게 ハンガロプケ

のんべえ [飲兵衛] 술꾼 スルックン;술고래 スルゴレ

は

は [刃] 날 ナル

は [葉] 잎 イプ;잎사귀 イプサグィ

は [歯] 이 イ

-は 《パッチムのない体言に付く》는 ヌン;《パッチムのある体言に付く》은 ウン ①(主語・主題を表す) 例 私は日本人です。저는 일본 사람이에요. チョヌン イルボン サーラミエヨ / 彼は韓国人です。그 사람은 한국 사람이에요. ク サーラムン ハーングク サーラミエヨ ②(強調・対比) 例 今は食べたくありません。지금은 먹고 싶지 않아요. チグムン モクコ シプチ アナヨ

ば [場] ①(場所) 곳 コッ;장소 チャンソ;자리 チャリ ②(状況・雰囲気) 상황 サンファン;분위기 プニュィギ ③(時・場合・経験) 때 ッテ;경우 キョンウ;경험 キョンホム

ばあい [場合] ①경우 キョンウ;때 ッテ 例 만일의 경우 マーニレ キョンウ ②(状況) 형편 ヒョンピョン 例 場合によっては 형편에 따라서 ヒョンピョネッタラソ

パーキング [parking] 파킹 パーキン;주차장 チューチャジャン

はあく [把握] 파악 パアク ❖~する 파악하다 パアカダ ❖~される 파악되다 パアクトゥェダ

バージョン [version] 버전 ポジョン

パーセント [percent] 퍼센트 ポセントゥ;프로 プロ

バーチャル [virtual] 버츄얼 ポチュオル

パーティー [party] 파티 パティ

ハート [heart] 하트 ハートゥ

ハード [hard] 하드 ハドゥ

パートナー [partner] 파트너 パートゥノ

ハーフ [half] 허프 ホプ;혼혈아 ホニョラ

ハーブ [herb] 허브 ホブ

パーフェクト [perfect] 퍼펙트 ポペクトゥ ❖~だ 완전하다 ワンジョナダ

バーベキュー [barbecue] 바비큐 パービキュ

はい ①(質問対する肯定や承諾) 네 ネ;예 イェ《예は改まった場面で用いる》例 はい、そうです。네, 그렇습니다. ネ クロッスムニダ ②(相手を喚起する) 자 チャ 例 はい、こっちを見てください。자, 이쪽으로 보세요. チャ イッチョグロ ポセヨ

はい [灰] 재 チェ

はい [肺] 폐 ペー

はい [杯・盃] ①잔 チャン ②《助数詞》杯 잔 チャン 例 1杯 한 잔 ハン ジャン

ばい [倍] ①(2倍) 배 ペー;갑절

カプチョル ②《助数詞》倍 배 ペー 例 10倍 열 배 ヨル ペー

はいあがる [這い上がる] ①(這う) 기어오르다 キオオルダ ②(困難から抜け出す) 벗어나다 ポソナダ

はいあん [廃案] 폐안 ペーアン

はいいろ [灰色] 회색 フェセク; 잿빛 チェッピッ

ばいう [梅雨] 장마 チャンマ

はいえい [背泳] 배영 ペーヨン

はいえん [肺炎] 폐렴 ペーリョム

パイオニア [pioneer] 파이어니어 パイオニオ; 개척자 ケチョクチャ; 선구자 ソングジャ

バイオリン [violin] 바이올린 パイオルリン

はいかい [徘徊] 배회 ペフェ ❖~する 배회하다 ペフェハダ

はいがん [肺癌] 폐암 ペーアム

はいき [排気] 배기 ペーギ 関 排気ガス 배기가스 ペーギガス／排気管 배기관 ペーギグワン／排気口 배기구 ペーギグ

はいき [廃棄] 폐기 ペーギ ❖~する 폐기하다 ペーギハダ 関 廃棄物 폐기물 ペーギムル

ばいきゃく [売却] 매각 メーガク ❖~する 매각하다 メーガカタ

はいきゅう [配給] 배급 ペーグプ ❖~する 배급하다 ペーグパダ 関 配給制度 배급 제도 ペーグプ チェード

はいきょ [廃墟] 폐허 ペーホ

はいぎょう [廃業] 폐업 ペーオプ ❖~する 폐업하다 ペーオパダ

ばいきん [黴菌] 미균 ミギュン; 세균 セーギュン

ハイキング [hiking] 하이킹 ハイキン 関 ハイキングコース 하이킹 코스 ハイキン コース

バイキング [Viking] ①바이킹 パイキン ②(料理) 뷔페 요리 ブィペニョリ

バイク [bike] 바이크 パイク; 오토바이 オトバイ

はいぐうしゃ [配偶者] 배우자 ペーウジャ

はいけい [拝啓] 배계 ペーゲ; 근계 クーンゲ

はいけい [背景] 배경 ペーギョン

はいけっかく [肺結核] 폐결핵 ペーギョレク

はいけん [拝見] 배견 ペーギョン; 삼가 봄 サムガ ボム 例 お手紙拝見しました (受け取りました)。편지를 잘 받았습니다. ピョーンジルル チャル パダッスムニダ

はいご [背後] 배후 ペーフ; 뒤 トゥィー

はいごう [配合] 배합 ペーハプ ❖~する 배합하다 ペーハパダ

はいざら [灰皿] 재떨이 チェットリ

はいし [廃止] 폐지 ページ ❖~する 폐지하다 ページハダ ❖~される 폐지되다 ページドウェダ

はいしゃ [敗者] 패자 ページャ 関 敗者復活戦 패자 부활전 ページャブ プーフワルジョン

はいしゃ [歯医者] 치과 의사 チックワ ウイサ; 치과의 チックワイ

ばいしゃく [媒酌・媒妁] 중매 チュンメ 関 媒酌人 중매인 チュンメイン

ハイジャック [hijack] 하이잭 ハイジェク ❖~する 비행기를 납치

하다 피헹기를 ナプチハダ
ばいしゅう [買収] 매수 メース ❖~する 매수하다 メースハダ ❖~される 매수되다 メースドゥェダ
はいしゅつ [排出] 배출 ペチュル ❖~する 배출하다 ペチュラダ 関 排出口 배출구 ペチュルグ
はいしゅつ [輩出] 배출 ペチュル ❖~する 배출하다 ペーチュラダ
ばいしゅん [売春] 매춘 メーチュン ❖~する 매춘하다 メーチュナダ
はいじょ [排除] 배제 ペジェ ❖~する 배제하다 ペジェハダ ❖~される 배제되다 ペジェドゥェダ
ばいしょう [賠償] 배상 ペサン ❖~する 배상하다 ペサンハダ 関 賠償金 배상금 ペサングム / 賠償責任 배상 책임 ペサン チェギム
はいしょく [配色] 배색 ペーセク ❖~する 배색하다 ペーセカダ
はいしん [背信] 배신 ペーシン ❖~する 배신하다 ペーシナダ
はいすい [排水] 배수 ペス ❖~する 배수하다 ペスハダ 関 排水口 배수구 ペスグ
はいすい [廃水] 폐수 ペース 関 廃水処理 폐수 처리 ペース チョーリ / 工場廃水 공장 폐수 コンジャン ペース
はいせき [排斥] 배척 ペチョク ❖~する 배척하다 ペチョカダ
はいせん [敗戦] 패전 ページョン 関 敗戦国 패전국 ページョングク
はいせん [配線] 배선 ペーソン ❖~する 배선하다 ペーソナダ
はいそう [配送] 배송 ペーソン ❖~する 배송하다 ペーソンハダ
はいたつ [配達] 배달 ペーダル 例 バイトで新聞配達をしています。아르바이트로 신문 배달을 해요. アルバイトゥロ シンムン ペーダルル ヘヨ ❖~する 배달하다 ペーダラダ 関 配達先 배달처 ペーダルチョ / 配達料金 배달료 ペーダルリョ
はいち [配置] 배치 ペーチ ❖~する 배치하다 ペーチハダ
ハイテク [high tech] 하이테크 ハイテク
ばいてん [売店] 매점 メージョム
バイト [←Arbeit] 알바 アルバ; 아르바이트 アルバイトゥ
パイナップル [pineapple] 파인애플 パイネプル
ばいばい [売買] 매매 メーメ ❖~する 매매하다 メーメハダ
はいび [配備] 배비 ペービ ❖~する 배비하다 ペービハダ
はいひん [廃品] 폐품 ペープム
はいふ [配布] 배포 ペーポ ❖~する 배포하다 ペーポハダ
ハイブリッド [hybrid] 하이브리드 ハイブリドゥ
ハイフン [hyphen] 하이픈 ハイプン; 붙임표 プチムピョ
はいぶん [配分] 배분 ペーブン ❖~する 배분하다 ペーブンナダ
はいぼく [敗北] 패배 ペーベ ❖~する 패배하다 ペーベハダ 関 敗北感 패배감 ペーベガム
ばいめい [売名] 매명 メーミョン 関 売名行為 매명 행위 メーミョン ヘンウィ
バイヤー [buyer] 바이어 パイオ
はいやく [配役] 배역 ペーヨク ❖

~する 배역을 정하다 ペーヨグル チョーンハダ

はいゆう [俳優] 배우 ペウ 関 女優 여자 배우 ヨジャ ペウ / 男優 남자 배우 ナムジャ ペウ

ばいよう [培養] 배양 ペーヤン ❖~する 배양하다 ペーヤンハダ

はいらん [排卵] 배란 ペラン ❖~する 배란하다 ペラナダ 関 排卵期 배란기 ペランギ

ばいりつ [倍率] 배율 ペーユル

はいりょ [配慮] ①배려 ペーリョ ②(考慮) 고려 コリョ ❖~する 배려하다 ペーリョハダ

はいる [入る] ①들다 トゥルダ; 들어가다 トゥロガダ; 들어오다 トゥロオダ 例 泥棒が入ったようです。 도둑이 들었나 봐요. トドギ トゥロンナ ブヮヨ ②(状態; 入っている) 들어 있다 トゥロ イッタ 例 コラーゲンが入っている化粧品です。 콜라겐이 들어 있는 화장품이에요. コルラゲニ トゥロ インヌン フヮジャンプミエヨ ③(加入する) 가입하다 カイパダ; 들어가다 トゥロガダ ④(入学する) 입학하다 イパカダ; 들어가다 トゥロガダ ⑤(ある時期に入る) 접어들다 チョボドゥルダ 例 梅雨に入ったようですね。 장마철에 접어든 것 같군요. チャンマチョレ チョボドゥン ゴッ カックンニョ

はいれい [拝礼] 배례 ペーリェ ❖~する 배례하다 ペーリェハダ

パイロット [pilot] 파일럿 パイルロッ

はう [這う] 기다 キダ

ハウス [house] 하우스 ハウス

はえ [蠅] 파리 パーリ

はえる [生える] ①(毛や歯が) 나다 ナダ ②(成育する) 자라다 チャラダ ③(コケが) 끼다 キダ ④(カビが) 슬다 スルダ

はか [墓] 묘 ミョー; 무덤 ムドム

ばか [馬鹿] ①(人) 바보 パーボ; 멍청이 モンチョンイ ②(愚かなこと) 바보 같은 짓 パーボ ガトゥン ジーッ; 어리석은 짓 オリソグン ジーッ; ~な 바보 같은 パーボ ガトゥン 例 バカなことを言うな。 바보 같은 소리 하지 마. パーボ ガトゥン ソリ ハジマ

はかい [破壊] 파괴 パーグェ ❖~する 파괴하다 パーグェハダ ❖~される 파괴되다 パーグェドゥェダ

はがき [葉書] 엽서 ヨプソ 関 絵はがき 그림엽서 クーリムニョプソ / 往復はがき 왕복 엽서 ワーンボンニョプソ

はがす [剥がす] 벗기다 ポッキダ; 떼다 ッテーダ

はかせ [博士] 박사 パクサ

はかどる [捗る] 진척되다 チンチョクトウェダ

はかない [儚い] 덧없다 トドプタ; 허무하다 ホムハダ

はかば [墓場] 묘지 ミョージ

ばかばかしい [馬鹿馬鹿しい] 시시하다 シシハダ; 어처구니없다 オチョグニオプタ

はかまいり [墓参り] 성묘 ソンミョ

はがゆい [歯痒い] 안타깝다 アンタッカプタ; 답답하다 タプタパダ

はかり [秤] 저울 チョウル 関 秤に掛ける 저울에 달다 チョウレ タル

ダ
-ばかり ①(おおよそ) 가량 カーリャン;정도 チョンド;쯤 ッチュム 例 1時間ばかり休んで行きましょう. 한 시간쯤 쉬었다가 갑시다. ハン シガンッチュム シュィオッタガ カプシダ ②(…して間もない) 방금 パングム;막 マク;갓 カッ;얼마 안 되다 オルマ アン ドゥェダ 例 出発したばかりです. 떠난 지 얼마 안 됐어요. ットナン ジ オルマ アン ドゥェッソヨ

はかりしれない [計り知れない] 헤아릴 수 없다 ヘアリル ス オープタ

はかる [計る・測る・量る] ①(重さを) 달다 タルダ 例 食べ過ぎて体重を計るのが怖いです. 너무 많이 먹어서 체중을 다는 게 무서워요. ノム マーニ モゴソ チェジュンウル タヌン ゲ ムソウォヨ ②(時間・長さを) 재다 チェーダ 例 足のサイズを計ってきました. 발 사이즈를 재 왔어요. パル サイジュルル チェー ワッソヨ ③(量を) 되다 トゥェダ ④(推し量る) 헤아리다 ヘーアリダ;짐작하다 チムジャカダ

はかる [図る・謀る] ①(便宜などを) 도모하다 トモハダ ②(陰謀を) 꾀하다 ックェハダ;기도하다 キドハダ

はがれる [剥がれる] 벗겨지다 ポッキョジダ

はき [破棄] 파기 パーギ ❖~する 파기하다 パーギハダ

はき [覇気] 패기 ペーギ

はきけ [吐き気] 구역질 クヨクチル;욕지기 ヨクチギ

はぎしり [歯軋り] ❖~する 이를 갈다 イルル カールダ

はきだす [吐き出す] ①내뱉다 ネーベッタ ②(吐露する) 토로하다 トーロハダ;털어놓다 トロノッタ

はきはき ❖~している 시원시원하다 シウォンシウォナダ;또렷하다 ットリョタダ ❖~と 시원시원히 シウォンシウォニ;또렷또렷 ットリョットリョッ

はきもの [履物] 신 シン;신발 シンバル

はきゅう [波及] 파급 パグプ ❖~する 파급하다 パグプハダ

はく [吐く] ①뱉다 ペッタ ②(もどす) 토하다 トーハダ 例 お酒を飲み過ぎて吐いてしまいました. 술을 너무 많이 마셔서 토해 버렸어요. スルル ノム マーニ マショソ トーヘ ボリョッソヨ ③(吐露する・言う) 토로하다 トーロハダ;말하다 マーラダ

はく [掃く] 쓸다 ッスルダ

はく [履く] 신다 シーンタ 例 このブーツを履いてみてもいいですか. 이 부츠 신어 봐도 돼요? イ プーチュ シノ ブァド ドゥェヨ

はぐ [剥ぐ] 벗기다 ポッキダ

はくあい [博愛] 박애 パゲ 関 博愛精神 박애 정신 パゲ チョンシン

はくい [白衣] 백의 ペギ;흰옷 ヒノッ

ばくおん [爆音] 폭음 ポグム

はくがい [迫害] 박해 パケ ❖~する 박해하다 パケハダ ❖~される 박해되다 パケドゥェダ

はくがく[博学] 박학 パカク ❖~だ 박학하다 パカカダ

はぐき[歯茎] 잇몸 インモム

はくさい[白菜] 배추 ペーチュ

はくし[博士] 박사 パクサ

はくし[白紙] 백지 ペクチ

はくしゅ[拍手] 박수 パクス 例 拍手を強くし過ぎて手が痛いです. 박수를 너무 세게 쳤더니 손이 아파요. パクスルル ノム セーゲ チョットニ ソニ アパヨ ❖~する 박수치다 パクス チダ

はくじょう[白状] 자백 チャベク ❖~する 자백하다 チャベカダ

はくじょう[薄情] ❖~だ 박정하다 パクチョンハダ;야속하다 ヤーソカダ;야박하다 ヤーバカダ

はくしん[迫真] 박진 パクチン ❖~の 박진한 パクチナン 例 迫真の演技 박진한 연기 パクチナン ヨンギ

はくじん[白人] 백인 ペギン

はくする[博する] 떨치다 ットールチダ;얻다 オーッタ;받다 パッタ 例 歌で人気を博しました. 노래로 인기를 얻었어요. ノレロ インッキルル オードッソヨ

ばくぜん[漠然] ❖~としている 막연하다 マギョナダ

ばくだい[莫大] ❖~な 막대한 マケタハン

ばくだん[爆弾] 폭탄 ポクタン 関 時限爆弾 시한폭탄 シハンポクタン

ばくち[博打・博奕] 도박 トバク;노름 ノルム

はくちょう[白鳥] 백조 ペクチョ

バクテリア[bacteria] 박테리아 パクテリア

ばくは[爆破] 폭파 ポクパ ❖~する 폭파하다 ポクパハダ ❖~される 폭파되다 ポクパドウェダ

はくはつ[白髪] 백발 ペクパル;흰머리 ヒンモリ

ばくはつ[爆発] 폭발 ポクパル ❖~する 폭발하다 ポクパラダ ❖~させる 폭발시키다 ポクパルシキダ 関 爆発音 폭발음 ポクパルム / 爆発物 폭발물 ポクパルムル / 爆発力 폭발력 ポクパルリョク

ばくふう[爆風] 폭풍 ポクプン

はくぶつかん[博物館] 박물관 パンムルグワン 関 国立博物館 국립박물관 クンニプ パンムルグワン

はくらんかい[博覧会] 박람회 パンナムェ 関 万国博覧会 만국박람회 マンクク パンナムェ

はくりょく[迫力] 박력 パンニョク 例 彼は迫力がちょっと足りないようです. 그는 박력이 좀 모자란 것 같아요. クヌン パンニョギ チョム モージャラン ゴッ カタヨ

はぐるま[歯車] 톱니바퀴 トムニバクィ

はくれん[白蓮] 백련 ペンニョン

ばくろ[暴露] 폭로 ポンノ ❖~する 폭로하다 ポンノハダ ❖~される 폭로되다 ポンノドウェダ

はけ[刷毛・刷子] ①솔 ソール ②(ブラシ) 브러시 プロシ

はげ[禿げ] 대머리 テーモリ 関 はげ山 민둥산 ミンドゥンサン

はげしい[激しい] ①(甚だしい) 심하다 シーマダ 例 街の変化が激し過ぎます. 거리의 변화가 너무 심해요. コリエ ピョーヌヮガ ノム シ

ーメヨ ②(強い) 세차다 セーチャダ;격렬하다 キョンニョラダ;과격하다 クヮーギョカダ 例 両親の激しい反対にあいました。부모님의 격렬한 반대에 부딪혔어요. プモニメ キョンニョラン プーンデエ プディッチョッソヨ ❖激しく 심하게 シーマゲ;세차게 セーチャゲ;격렬하게 キョンニョラゲ

バケツ [bucket] 양동이 ヤンドンイ;바케쓰 パケッス;물통 ムルトン

はげます [励ます] 격려하다 キョンニョハダ 例 皆が励ましてくれたお陰です。모두가 격려해 주신 덕분입니다. モドゥガ キョンニョヘ ジュシン トクプニムニダ

はげむ [励む] 힘쓰다 ヒムッスダ;노력하다 ノリョカダ;열심히 하다 ヨルシミ ハダ

ばける [化ける] ①(変身する) 둔갑하다 トゥンガパダ;변신하다 ピョンシナダ ②(変装する) 변장하다 ピョンジャンハダ

はけん [派遣] 파견 パギョン ❖~する 파견하다 パギョナダ ❖~される 파견되다 パギョンドゥェダ

はけん [覇権] 패권 ペックォン

はこ [箱] 상자 サンジャ;함 ハム

はこぶ [運ぶ] ①나르다 ナルダ;운반하다 ウーンバナダ 例 この荷物をホテルまで運んでいただけますか。이 짐을 호텔까지 날라 주시겠어요? イ チムル ホテルッカジ ナルラ ジュシゲッソヨ ②(物事を進行させる) 진행시키다 チーネンシキダ ③(物事が進行する) 진행되다 チーネンドゥェダ;진척되다 チンチョクトゥェダ 例 全てが順調に運んでいます。모든 일이 순조롭게 진행되고 있어요. モードゥン ニーリ スーンジョロプケ チーネンドゥェゴ イッソヨ

バザー [bazaar] 바자 パジャ

はさまる [挟まる] 끼이다 ッキイダ

はさみ [鋏] 가위 カウィ

はさむ [挟む] ①(間に差し込む) 끼우다 ッキウダ;끼이다 ッキイダ 例 ハムと卵を挟んだトースト 햄하고 계란을 끼운 토스트 ヘマグ ケラヌル ッキウン トーストゥ ②(間に置く) 사이에 두다 サイエ トゥダ;끼다 ッキダ

はさん [破産] 파산 パサン ❖~する 파산하다 パサナダ

はし [端] ①(末端) 끝 ックッ ②(縁) 가장자리 カージャンジャリ

はし [箸] 젓가락 チョッカラク

はし [橋] ①다리 タリ ②(橋梁) 교량 キョリャン

はじ [恥] 창피 チャンピ;수치 スチ;치욕 チヨク;부끄러움 プックロウム 例 皆の前で恥をかきました。사람들 앞에서 창피를 당했어요. サーラムドゥル アペソ チャンピルル タンヘッソヨ 関 恥をかかせる 무안을 주다 ムアヌル チュダ / 恥をかく 무안을 당하다 ムアヌル タンハダ

はしか [麻疹] 마진 マジン;홍역 ホンヨク

はじく [弾く] 튀기다 トゥィギダ

はしご [梯子] 사다리 サダリ

はじまり [始まり] ①시작 シージャク ②(原因) 원인 ウォニン ③(発端) 발단 パルタン

はじまる [始まる] ①(新たに起こる) 시작되다 シージャクトウェダ 例 韓国は3月から新学期が始まります。한국은 3(삼)월부터 새 학기가 시작돼요. ハーングググン サムオルブト セハクキガ シージャクトウェヨ ②(癖になっているものが) 시작되다 シージャクトウェダ 例 また不平不満が始まりました。또 불평 불만이 시작됐어요. ット プルピョン プルマニ シージャクトウェッソヨ

はじめ [初め・始め] ①처음 チョウム; 시작 シージャク; 시초 シーチョ ②(起源) 기원 キウォン; 발단 パルタン 최초 チュェーチョ 당초 タンチョ ❖~として(《体言＋를／을 비롯해서》の形で) 例 両親をはじめ家族皆がいつも応援してくれます。부모님을 비롯해서 모든 가족들이 늘 응원해 줘요. プモニムル ピロテソ モードゥン カジョクトゥリ ヌル ウーンウォネ ジュォヨ

はじめて [初めて] ①처음 チョウム; 처음으로 チョウムロ 例 初めて経験したことです。처음 경험해 본 일이에요. チョウム キョンホメ ボン ニーリエヨ ②(ようやく) 비로소 ピロソ 例 社会人になって初めて大人になった気がします。사회인이 된 후에 비로소 어른이 된 것 같아요. サフェイニ トウェン フーエ ピロソ オールニ トウェン ゴッカタヨ

はじめまして [初めまして] 처음 뵙겠습니다. チョウム ブェープケッスムニダ

はじめる [始める] ①시작하다 シージャカダ 例 仕事はいつから始めますか。일은 언제부터 시작해요? イールン オーンジェブト シージャケヨ ②(…し始める《動詞の語幹＋‐기 시작하다》の形で) 例 ゴルフを習い始めました。골프를 배우기 시작했어요. コルプルル ペウギ シージャケッソヨ

ばしゃ [馬車] 마차 マチャ

はしゃぐ [燥ぐ] 떠들다 ットードゥルダ

はしゅつじょ [派出所] 파출소 パチュルソ

ばしょ [場所] ①(場所) 장소 チャンソ; 곳 コッ ②(席) 좌석 チュワーソク; 자리 チャリ

はしら [柱] 기둥 キドゥン

はしる [走る] ①뛰다 ットウィダ; 달리다 タルリダ 例 健康のために毎日1時間ずつ走ります。건강을 위해서 매일 1(한) 시간씩 달려요. コーンガンウル ウィヘソ メーイル ハンシガンッシク タルリョヨ ②(乗り物が) 달리다 タルリダ ③(道などが通じる) 뻗다 ッポッタ; 통하다 トンハダ 例 その道は東西に走っています。그 길은 동서로 뻗어 있어요. ク キルン トンソロ ッポドイッソヨ ④(ある感情などを瞬間的に感じる) 스치다 スチダ; 스쳐가다 スチョ ガダ 例 重い荷物を持った瞬間腰に痛みが走りました。무거운 짐을 들자마자 허리에 통증이 스쳤어요. ムゴウン チムル トゥルジャマジャ ホリエ トーンチュンイ スチョッソヨ

はじる [恥じる] 부끄럽게 여기다 プ

ックロプケ ヨギダ; 부끄러워하다 プックロウォハダ
はす [蓮] 연 ヨン; 연꽃 ヨンッコッ
はず [筈] ①(当然《用言の語幹＋-ㄹ / 을 것이다, 用言の語幹＋-ㄹ / 을 테다》の形で) 例明日は間違いなく晴れるはずです。내일은 틀림없이 맑을 거예요. ネイルン トゥリムオプシ マルグル コエヨ / 予約をしたはずなのに、なぜ名前がないのでしょうか。예약을 했을 텐데 왜 이름이 없지요? イェーヤグル ヘッスル テンデ ウェー イルミ オープチョ ②(…はずがない《用言の語幹＋-ㄹ / 을 리 없다》の形で) 例彼が約束を守らないはずがありません。그가 약속을 안 지킬 리가 없어요. クガ ヤクソグル アン ジキル リガ オープソヨ
バス [bus] 버스 ポス 例そこまで直通で行くバスがありますか。거기까지 직통으로 가는 버스가 있어요? コギッカジ チクトンウロ カヌン ポスガ イッソヨ 関バス停 버스 정류장 ポス チョンニュジャン / 観光バス 관광버스 クワングヮンポス / コミュニティーバス 마을 버스 マウルポス
はずかしい [恥ずかしい] ①부끄럽다 プックロプタ; 창피하다 チャンピハダ 例韓国語で言ってみたのですが、通じなくてちょっとはずかしかったです。한국말로 해 봤는데 안 통해서 좀 창피했어요. ハーングンマルロ ヘ ブヮンヌンデ アン トンヘソ チョム チャンピヘッソヨ ②(照れ臭い・気恥ずかしい) 쑥스럽다 ッスクスロプタ

はずかしがる [恥ずかしがる] 부끄러워하다 プックロウォハダ
はずかしめる [辱しめる] 창피를 주다 チャンピルル チュダ; 욕보이다 ヨクポイダ; 모욕하다 モーヨカダ
バスケット [basket] ①바스켓 パスケッ; 바구니 パグニ ②(バスケットボール) 농구 ノング
はずす [外す] ①(取り外す) 떼다 ッテーダ ②(眼鏡を) 벗다 ポッタ 例眼鏡を外すと何も見えません。안경을 벗으면 아무것도 안 보여요. アーンギョンウル ポスミョン アームゴット アン ボヨヨ ③(ネクタイを) 풀다 プルダ ④(失う) 놓치다 ノッチダ; 잃다 イルタ 例タイミングを外して何も言えませんでした。타이밍을 놓쳐서 아무 말도 못했어요. タイミンウル ノッチョソ アーム マールド モーッテッソヨ ⑤(席を) 비우다 ピウダ ⑥(除外する) 제외하다 チェウェハダ; 빼다 ッペーダ
パステル [pastel] 파스텔 パステル
パスポート [passport] 패스포트 ペスポトゥ; 여권 ヨックォン
はずみ [弾み] ①튐 トゥイム; 탄력 タールリョク ② 바람 パラム (…するはずみに《動詞の連体形＋바람에》の形で) 例電車が急停車したはずみに転びました。전차가 급정차하는 바람에 넘어졌어요. チョーンチャガ クプチョンチャハヌン パラメ ノミジョッソヨ ③(勢い) 여세 ヨセ; 기세 キセ; 힘 ヒム
はずむ [弾む] ①(跳ね返る) 튀다 トゥイダ ②(心や気分が) 들뜨다

トゥルットゥダ
パズル [puzzle] 퍼즐 ポジュル
はずれる [外れる] ①(抜ける) 빠지다 ッパージダ ②(規則や規格などから) 어긋나다 オグンナダ 例 規則に外れる行動は控えましょう。규칙에 어긋나는 행동은 삼갑시다. キュチゲ オグンナヌン ヘンドンウン サムガプシダ ③(それる) 빗나가다 ピンナガダ 例 予想が外れました。예상이 빗나갔어요. イェーサンイ ピンナガッソヨ
パスワード [password] 패스워드 ペスウォドゥ;비밀번호 ピーミルボノ
パセリ [parsley] 파슬리 パースルリ
はせる [馳せる] ①(馬や車を) 달리다 タルリダ;몰다 モールダ ②(遠い所に思いを) 생각하다 センガカダ ③(名声や名を) 떨치다 ットールチダ
パソコン [←personal computer] 퍼스널 컴퓨터 ポスノル コムピュート;피시 ピッシ
はそん [破損] 파손 パーソン ❖~する 파손되다 パーソンドゥェダ
はた [旗] 기 キ;깃발 キッパル
はだ [肌] 피부 ピブ;살갗 サルカッ;살결 サルッキョル
バター [butter] 버터 ポト
パターン [pattern] 패턴 ペトン
はたいろ [旗色] 형세 ヒョンセ;상황 サンフワン
はだか [裸] 알몸 アルモム;맨몸 メンモム;나체 ナチェ
はだぎ [肌着] 내의 ネーイ;내복 ネーボク;속옷 ソーゴッ
はたく [叩く] ①(手で) 치다 チダ;때리다 ッテリダ ②(はたきなどで) 떨다 ットールダ;털다 トールダ ③(有り金を) 몽땅 털다 モンッタン トールダ
はたけ [畑・畠] 밭 パッ 関 畑仕事 밭일 パンニル
はたさく [畑作] 밭농사 パンノンサ
はださむい [肌寒い] 쌀쌀하다 ッサルッサラダ;으스스 춥다 ウススチュプタ
はだざわり [肌触り] 촉감 チョクカム;감촉 カームチョク
はだし [跣・裸足] 맨발 メンバル
はたして [果たして] ①(やはり) 역시 ヨクシ;과연 クヮヨン ②(疑問を表す) 과연 クヮヨン;진실로 チンシルロ;정말로 チョーンマルロ
はたす [果たす] ①(完遂する) 완수하다 ワンスハダ ②(達成する) 달성하다 タルソンハダ ③(成し遂げる) 이루다 イルダ
はたらき [働き] ①(仕事) 일 イール ②(作業) 작업 チャゴプ ③(活躍) 활약 フワリャク ④(功績) 공적 コンジョク ⑤(効果) 효과 ヒョーグヮ ⑥(作用) 작용 チャギョン
はたらく [働く] ①(仕事をする) 일하다 イーラダ 例 夜遅くまで働いてお疲れさまでした。밤늦게까지 일하느라고 수고하셨습니다. パムヌッケッカジ イーラヌラゴ スーゴハショッスムニダ ②(活動する) 활동하다 フワルトンハダ;움직이다 ウムジギダ ③(作用する) 작용하다 チャギョンハダ
はち [八] 《漢数詞》 팔 パル 《固有

はち

数詞》여덟 ヨドル 関八月 팔월 パロル / 八時 여덟 시 ヨドル シ

はち [鉢] ①(食器) 주발 チュバル;사발 サバル ②(植木鉢) 화분 フヮブン

はち [蜂] 벌 ポール

ばち [罰] 벌 ポル;천벌 チョンボル

バチカン [Vatican] 바티칸 パティカン

はちじゅう [八十] 《漢数詞》팔십 パルシプ《固有数詞》여든 ヨドゥン

はちまき [鉢巻き] 머리띠 モリッティ

はちみつ [蜂蜜] 벌꿀 ポールックル

はちゅうるい [爬虫類] 파충류 パチュンニュ

はつ [初] 첫 チョッ;처음 チョウム;최초 チュェーチョ 関初恋 첫사랑 チョッサラン / 初出勤 첫 출근 チョッ チュルグン / 初舞台 첫 무대 チョン ムデ / 初雪 첫눈 チョンヌン

ばつ [罰] 벌 ポル

はつあん [発案] 발안 パラン ❖〜する 발안하다 パラナダ

はついく [発育] 발육 パリュク ❖〜する 발육하다 パリュカダ 関発育不全 발육 부전 パリュク プジョン

はつおん [発音] 발음 パルム ❖〜する 발음하다 パルマダ 関発音器官 발음 기관 パルム キグヮン / 発音記号 발음 기호 パルム キホ

はっか [発火] 발화 パルワ ❖〜する 발화하다 パルワハダ;발화되다 パルワドゥェダ

はつか [二十日] 《漢数詞》이십 일 イーシ ビル 《固有数詞》스무 날 スム ナル

はつが [発芽] 발아 パラ ❖〜する 싹트다 ッサクトゥダ

ハッカー [hacker] 해커 ヘコ

はっかく [発覚] 발각 パルガク ❖〜する 발각되다 パルガクトゥェダ

はっかん [発刊] 발간 パルガン ❖〜する 발간하다 パルガナダ

はつがん [発癌] 발암 パラム ❖〜する 발암하다 パラマダ 関発ガン性 발암성 パラムッソン

はっき [発揮] 발휘 パルィ ❖〜する 발휘하다 パルィハダ ❖〜される 발휘되다 パルィドゥェダ

はっきょう [発狂] 발광 パルグヮン ❖〜する 발광하다 パルグヮンハダ;미치다 ミチダ

はっきり 뚜렷이 ットゥリョシ;분명히 プンミョンイ;확실히 フヮクシリ;똑똑히 ットクットキ 例意見をはっきり言ってみなさい。의견을 분명히 말해 보세요. ウイーギョヌル プンミョンイ マーレ ボセヨ ❖〜している (明確だ・明白だ) 명확하다 ミョンフヮカダ;분명하다 プンミョンハダ;뚜렷하다 ットゥリョタダ ❖〜する (気分や体調が) 개운하다 ケウナダ;맑아지다 マルガジダ 例少し寝たら頭がはっきりしました。한숨 잤더니 머리가 맑아졌어요. ハンスム チャットニ モリガ マルガジョッソヨ

はっきん [白金] 백금 ペクグム

ばっきん [罰金] 벌금 ポルグム

バッグ [bag] 백 ペク;가방 カバン 関ボストンバッグ 보스턴백 ポストンベク / ショルダーバッグ 숄더백

ショルドベク / ハンドバッグ 핸드백 ヘンドゥベク

はっくつ [発掘] 발굴 パルグル ❖~する 발굴하다 パルグラダ

バックナンバー [back number] 백 넘버 ペンノムボ

ばつぐん [抜群] ❖~だ 뛰어나다 ットゥィオナダ ❖~に 뛰어나게 ットゥィオナゲ

パッケージ [package] 패키지 ペキジ 関パッケージツアー 패키지 투어 ペキジ トゥオ

はっけっきゅう [白血球] 백혈구 ペキョルグ

はっけつびょう [白血病] 백혈병 ペキョルッピョン

はっけん [発見] 발견 パルギョン ❖~する 발견하다 パルギョナダ 例新しい事実を発見しました。새로운 사실을 발견했어요. セロウン サーシルル パルギョネッソヨ ❖~される 발견되다 パルギョンドウェダ

はつげん [発言] 발언 パロン ❖~する 발언하다 パロナダ

はつこい [初恋] 첫사랑 チョッサラン

はっこう [発行] 발행 パレン ❖~する 발행하다 パレンハダ

はっこう [発酵] 발효 パリョ ❖~する 발효하다 パリョハダ 関発酵作用 발효 작용 パリョ チャギョン

はっさん [発散] 발산 パルサン ❖~する 발산하다 パルサナダ

はっしゃ [発車] 발차 パルチャ ❖~する ①발차하다 パルチャハダ ②(出発) 출발하다 チュルバラダ 関発車時刻 출발 시각 チュルバル シガク

はっしゃ [発射] 발사 パルサ ❖~する 발사하다 パルサハダ ❖~される 발사되다 パルサドウェダ

はっしん [発信] 발신 パルシン ❖~する 발신하다 パルシナダ

ばっすい [抜粋] 발췌 パルチュェ ❖~する 발췌하다 パルチュェハダ

はっする [発する] 발하다 パラダ; 내다 ネーダ

ばっする [罰する] 벌하다 ポラダ; 처벌하다 チョーボラダ

はっせい [発生] 발생 パルセン ❖~する 발생하다 パルセンハダ

はっせい [発声] 발성 パルソン ❖~する 발성하다 パルソンハダ 関発声器官 발성 기관 パルソン キグワン / 発声法 발성법 パルソンッポプ

はっそう [発送] 발송 パルソン ❖~する 발송하다 パルソンハダ

はっそう [発想] 발상 パルサン ❖~する 발상하다 パルサンハダ

ばっそく [罰則] 벌칙 ポルチク

ばった [飛蝗] 메뚜기 メットゥギ

バッター [batter] 배터 ペト; 타자 タージャ

はったつ [発達] 발달 パルタル ❖~する 발달하다 パルタラダ 例インターネット文化がとても発達していますね。인터넷 문화가 많이 발달했군요. イントネン ムヌヮガ マーニ パルタレックンニョ

はっちゃく [着] 발착 パルチャク ❖~する 발착하다 パルチャカダ

はっちゅう [発注] 발주 パルチ

ばってりー

ュ;주문 チュームン ❖~する ① 발주하다 パルチュハダ ②(注文) 주문하다 チュームナダ

バッテリー [battery] ①(野球) 배터리 ペトリ ②(電池) 축전지 チュクチョンジ

はってん [発展] 발전 パルチョン ❖~する 발전하다 パルチョナダ

はつでん [発電] 발전 パルチョン ❖~する 발전하다 パルチョナダ 関火力発電 화력 발전 フヮリョク パルチョン / 原子力発電 원자력 발전 ウォンジャリョク パルチョン / 水力発電 수력 발전 スリョク パルチョン /

ばってん [罰点] 벌점 ポルッチョム

はつばい [発売] 발매 パルメ ❖~する 발매하다 パルメハダ 関新発売 신발매 シンバルメ

ハッピー [happy] 해피 ヘピ 関ハッピーエンド 해피 엔딩 ヘピ エンディン

はっぴょう [発表] 발표 パルピョ ❖~する 발표하다 パルピョハダ 関発表会 발표회 パルピョフェ

はつびょう [発病] 발병 パルビョン ❖~する 발병하다 パルビョンハダ

はつめい [発明] 발명 パルミョン ❖~する 발명하다 パルミョンハダ 関発明家 발명가 パルミョンガ

はつらつ [潑剌・潑溂] 발랄 パルラル ❖~としている 발랄하다 パルララダ

はて [果て] 끝 ックッ

はで [派手] ❖~だ 화려하다 フヮリョハダ

はてしない [果てし無い] 한이 없다 ハニ オープタ;끝없다 ックドプタ

はと [鳩] 비둘기 ピドゥルギ 関鳩時計 뻐꾸기 시계 ッポックギ シゲ / 鳩派 비둘기파 ピドゥルギパ / 伝書鳩 전서구 チョンソグ

ばとう [罵倒] 매도 メド ❖~する 매도하다 メドハダ;욕하다 ヨカダ

パトカー 순찰차 スンチャルチャ

はとば [波止場] 부두 プドゥ;선창 ソンチャン

バドミントン [badminton] 배드민턴 ペドゥミントン

パトロール [patrol] 순찰 スンチャル ❖~する 순찰하다 スンチャラダ

バトン [baton] 바통 パトン;배턴 ペトン

はな [花] 꽃 ッコッ 例花が咲く季節が訪れました。꽃이 피는 계절이 왔네요. ッコチ ピヌン ケージョリ ワンネヨ / 雨が降って花が散ってしまいました。비가 와서 꽃이 져 버렸어요. ピガ ワソ ッコチ チョボリョッソヨ 関花見 꽃구경 ッコックギョン / 花遊び 꽃놀이 ッコンノリ

はな [鼻] 코 コ 例鼻が高い(自慢気である・鼻にかける) 코가 높다 コガ ノプタ / 鼻っ柱が強い 콧대가 세다 コッテガ セーダ / 鼻が詰まる 코가 막히다 コガ マキダ / 鼻息 콧김 コッキム / 鼻歌 콧노래 コンノレ / 鼻風邪 코감기 コガムギ / 鼻声 ①(風邪で鼻詰まりの声) 코맹맹이 소리 コメンメンイ ソリ ②(甘えた声) 콧소리 コッソリ / 鼻血 코피 コピ

はな [洟] 콧물 コンムル 関洟をか

む コを풀다 コルル プルダ
はなことば [花言葉] 꽃말 ッコンマル
はなし [話] ①이야기 イヤギ；얘기 イェーギ；말 マール ②(相談) 의논 ウイノン；상담 サンダム 例ちょっとお話があります。 좀 의논할 일이 있어요. チョム ウイノヌル ナリーリ イッソヨ ③(話題) 이야기 イヤギ；화제 フヮジェ 例結婚の話になると彼女は機嫌が悪くなります。결혼 이야기만 나오면 그녀는 화를 내요. キョロン イヤギマン ナオミョン クニョヌン フヮルル ネヨ ④(噂) 소문 ソームン 関おとぎ話 옛이야기 イェーンニヤギ；옛날이야기 イェーンナルリヤギ／思い出話 추억담 チュオクタム／内緒話 비밀 이야기 ピーミル イヤギ
はなしあいて [話し相手] 말상대 マールサンデ；의논 상대 ウイノン サンデ
はなしあう [話し合う] 서로 이야기하다 ソロ イヤギハダ；이야기를 나누다 イヤギルル ナヌダ
はなしかける [話し掛ける] 말을 걸다 マールル コールダ；말을 붙이다 マールル プチダ；말을 건네다 マールル コンネダ
はなしかた [話し方] 말씨 マールッシ
はなしごえ [話し声] 말소리 マールソリ
はなしことば [話し言葉] 구어 クオ；입말 イムマル
はなしちゅう [話し中] (電話で) 통화 중 トンフヮ ジュン
はなす [話す] 말하다 マーラダ；이야기하다 イヤギハダ 例日本語で話してくださいますか。일본말로 이야기해 주시겠어요? イルボンマールロ イヤギヘ ジュシゲッソヨ

はなす [放す] ①(解き放す) 풀어놓다 プロノッタ；놓아주다 ノアジュダ 例魚を川に放しました。물고기를 강에 풀어놓았어요. ムルコギルル カンエ プロノアッソヨ ②(摑んでいたものを) 놓다 ノッタ 例手すりを放さないでしっかり握ってください。손잡이를 놓지 말고 꼭 잡으세요. ソンジャビルル ノッチ マールゴ ッコク チャブセヨ ③(手を放す:中断する) 놓다 ノッタ

はなす [離す] ①떼다 ッテーダ；놓다 ノッタ 例携帯電話を片時も離せません。휴대 전화를 잠시도 손에서 뗄 수 없어요. ヒュデ チョーヌヮルル チャームシド ソネソッ テール ス オープソヨ ②(引き離して置く) 떼어놓다 ッテオノッタ ③(間隔を置く) 띄우다 ッティウダ

はなせる [話せる] ①(ものわかりがよい) 말이 통하다 マーリ トンハダ ②(可能) 말할 수 있다 マーラル ス イッタ

はなたば [花束] 꽃다발 ッコッタバル

はなぢ [鼻血] 코피 コピ

はなはだ [甚だ] 매우 メウ；대단히 テーダニ；몹시 モープシ

はなはだしい [甚だしい] ①(程度を超える) 지나치다 チナチダ；심하다 シーマダ ②(とんでもない) 터무니없다 トムニオプタ

はなばなしい [華々しい] 화려하다 フヮリョハダ ❖華々しく 화려

はなび

하게 フワリョハゲ
- **はなび** [花火] 불꽃놀이 プルッコンノリ
- **はなびえ** [花冷え] 꽃샘 추위 ッコッセム チュウィ
- **はなびら** [花びら] 꽃잎 ッコンニプ
- **はなぶさ** [花房] 꽃송이 ッコッソンイ
- **はなふだ** [花札] 화투 フヮトゥ
- **はなみ** [花見] 꽃구경 ッコックギョン;꽃놀이 ッコンノリ
- **はなむこ** [花婿] 신랑 シルラン
- **はなもよう** [花模様] 꽃무늬 ッコンムニ
- **はなや** [花屋] 꽃집 ッコッチプ;꽃가게 ッコッ カーゲ
- **はなやか** [華やか] ❖~だ 화려하다 フヮリョハダ ❖~に 화려하게 フヮリョハゲ
- **はなよめ** [花嫁] 신부 シンブ;새색시 セセクシ
- **はなれる** [離れる] ①(別々になる) 떨어지다 ットロジダ 例子供が母から離れません。아이가 엄마한테서 떨어지지 않아요. アイガ オムマハンテソ ットロジジ アナヨ ②(場所から遠ざかる) 떠나다 ットナダ 例故郷を離れて10年が経ちます。고향을 떠난 지 10(십)년이 지났어요. コヒャンウル ットナンジ シムニョニ チナッソヨ ③(席を) 비우다 ピウダ 例ちょっと席を離れています。잠시 자리를 비웠습니다. チャムシ チャリルル ピウォッスムニダ ④(間隔や距離がある) 떨어지다 ットロジダ 例私の家は市内から離れています。우리 집은 시내에서 떨어져 있어요. ウリ チブン シーネエソ ットロジョ イッソヨ ⑤(ある思いや感情がなくなる) 떠나다 ットナダ 例心配事が頭の中から離れません。걱정이 머릿속에서 떠나지 않아요. コクチョンイ モリッソゲソ ットナジ アナヨ
- **はにかむ** 수줍어하다 スジュボハダ;부끄러워하다 プックロウォハダ
- **はね** [羽・羽根] ①(羽毛) 새털 セトル;깃 キッ ②(翼) 날개 ナルゲ
- **ばね** [発条] 용수철 ヨンスチョル;스프링 スプリン
- **ハネムーン** [honeymoon] 허니문 ホニムン
- **はねる** [跳ねる] ①(跳躍) 뛰다 トゥイダ;뛰어오르다 ットゥィオオルダ ②(飛び散る) 튀다 トゥイダ
- **はねる** [撥ねる] ①(車が人を) 치다 チダ ②(除外する) 가려내다 カリョネダ;가르다 カルダ
- **はは** [母] ① 어머니 オモニ《敬称》어머님 オモニム ②(母親) 모친 モーチン
- **はば** [幅・巾] ①(長さ) 폭 ポク;너비 ノビ ②(余裕) 여지 ヨジ;여유 ヨユ
- **パパ** [papa] 파파 パパ;아빠 アッパ
- **ははおや** [母親] 모친 モーチン;어머니 オモニ
- **はばかる** [憚る] 꺼리다 ッコーリダ;거리끼다 コリッキダ 例人目を憚らずに号泣しました。남의 눈을 거리끼지 않고 엉엉 울었어요. ナメ ヌヌル コリッキジ アンコ オンオン ウロッソヨ
- **はばたく** [羽ばたく] ①날개를 치

はばつ [派閥] 파벌 パボル 関 派閥主義 파벌주의 パボルジュイ

はばひろい [幅広い] 폭넓다 ポンノルタ ❖幅広く 폭넓게 ポンノルケ

はばむ [阻む] ①막다 マクタ ②(妨害する) 방해하다 パンヘハダ ③(阻止する) 저지하다 チョジハダ

はびこる [蔓延る] ①(茂る) 무성하다 ムソンハダ;널리 퍼지다 ノルリ ポージダ ②(横行する) 횡행하다 フェンヘンハダ ③(蔓延する) 만연하다 マニョナダ

はぶく [省く] ①(省略する) 생략하다 センニャカダ ②(減らす・切り詰める) 줄이다 チュリダ;덜다 トールダ ③(削除する) 삭제하다 サクチェハダ;없애다 オープセダ

ハプニング [happening] 해프닝 ヘプニン

はブラシ [歯ブラシ] 칫솔 チッソル

はまぐり [蛤] 대합 テーハプ

はまべ [浜辺] 바닷가 パダッカ;해변 ヘビョン

はまる [嵌まる・填まる] ①(ぴったりと入る) 꼭 끼이다 ッコク ッキイダ;꼭 들어맞다 ッコク トゥロマッタ ②(深い所に落ち込む) 빠지다 ッパージダ ③(計略などに陥る) 빠지다 ッパージダ

はみがき [歯磨き] 양치질 ヤーンチジル 関 이 닦기 가루 치약 チヤク

ハム [ham] 햄 ヘム

はむかう [歯向かう] 맞서다 マッソダ;덤벼들다 トムビョドゥルダ;거역하다 コヨカダ

はめつ [破滅] 파멸 パミョル ❖～する 파멸하다 パミョラダ;파멸되다 パミョルドゥェダ

はめる [嵌める・填める] ①(身に付ける) 끼다 ッキーダ 例 婚約指輪をはめています。약혼반지를 끼고 있어요. ヤコンバンジルル ッキーゴ イッソヨ ②(ボタンや手錠を) 채우다 チェウダ 例 最近の若い人たちはペアリングとして「愛の手錠」をはめるそうです。요즘 젊은 사람들은 커플링으로 사랑의 수갑을 채운대요. ヨジュム チョルムン サーラムドゥルン コプルリンウロ サランエ スガブル チェウンデヨ ③(はめ込む) 끼우다 ッキウダ ④(騙す) 속이다 ソギダ ⑤(陥れる) 빠뜨리다 ッパートゥリダ

ばめん [場面] 장면 チャンミョン

はもの [刃物] 날붙이 ナルプチ

はもん [波紋] 파문 パムン

はやい [早い・速い] ①(時期・時間が) 이르다 イルダ;빠르다 ッパルダ《通常時期が早いという場合にはいるだを用いるが,早い時期に早い時期になどと用いる場合もある》例 夕飯を食べるにはまだ早い(時間)です。저녁을 먹기에는 아직 이른 시간이에요. チョニョグル モクキエヌン アジク イルン シガニエヨ / 語学は早い時期に始めた方がいいそうです。어학은 빠른 시기에 시작하는 게 좋대요. オーハグン ッパルン シギエ シージャカヌン ゲ チョーッテヨ ❖早く(早い時間に) 일찍 イルッチク;(以前から) 오래전부터 オレジョ

はやおき [早起き] 조기 チョーギ ❖~する 일찍 일어나다 イルッチク イロナダ

はやがてん [早合点] 지레짐작 チレジムジャク

はやさ [速さ] ①(速力) 속력 ソンニョク ②(速度) 속도 ソクト

はやし [林] 수풀 スプル

はやす [生やす] ①(ひげを) 기르다 キルダ ②(雑草を) 자라게 하다 チャラゲ ハダ

はやまる [早まる・速まる] ①(時期が) 빨라지다 ッパルラジダ;앞당겨지다 アプタンギョジダ ②(速さが) 빨라지다 ッパルラジダ ③(軽率だ) 경솔하다 キョンソラダ

はやめる [早める・速める] ①(時期を) 앞당기다 アプタンギダ ②(速度を) 서두르다 ソドゥルダ;빨리 하다 ッパルリ ハダ

はやる [流行る] ①(流行する) 유행하다 ユヘンハダ 例最近流行っているファッションについて知りたいです。요즘 유행하는 패션을 알고 싶어요. ヨジュム ユヘンハヌン ペションヌル アールゴ シポヨ ②(病気が広がる) 퍼지다 ポージダ;유행하다 ユヘンハダ ③(繁盛する) 번창하다 ポンチャンハダ

はら [原] (野原) 들판 トゥールパン;벌판 ポルパン

はら [腹] ①배 ペ 例腹がしくしく痛いです。배가 살살 아파요. ペガ サールサル アパヨ / 腹が減って死にそうです。배가 고파서 죽겠어요. ペガ コパソ チュクケッソヨ / 腹が膨れてもう食べられません。배가 불러서 더 이상 못 먹겠어요. ペガ プルロソ ト イーサン モーン モクケッソヨ ②(心中) 마음 マウム;마음속 マウムソク;심중 シムジュン 例腹の中では何を考えているかわかりません。마음속으로는 무슨 생각을 하고 있는지 모르겠어요. マウムソグロヌン ムスン センガグル ハゴ インヌンジ モルゲッソヨ 関腹が立つ 화가 나다 フヮガ ナダ / 腹を決める 결심하다 キョルシマダ;각오하다 カゴハダ / 腹を立てる 화를 내다 フヮルル ネーダ / 腹を割る 본심을 털어놓다 ポンシムル トロノッタ

ばら [薔薇] 장미 チャンミ;장미꽃 チャンミッコッ

はらい [払い] (支払い) 지불 チブル

はらいさげる [払い下げる] 불하하다 プラハダ

はらいもどす [払い戻す] 환불하다 フヮンブラダ;되돌려 주다 トゥェドルリョ ジュダ

はらう [払う] ①(支払う) 치르다 チルダ;지불하다 チブラダ;내다 ネーダ;물다 ムルダ 例食事代は私が払います。식사비는 제가 낼게요. シクサビヌン チェガ ネルケヨ ②(返済する) 갚다 カプタ 例明日絶対に払います。내일 꼭 갚아 드릴게요. ネイル ッコク カパ ドゥリルケヨ ③(埃などを落とす) 털다

トールダ 例服に付いている埃を払いました。옷에 묻은 먼지를 털었어요. オセ ムドゥン モンジルル トロッソヨ ④(枝打ちする) 치다 チダ ⑤(犠牲を) 치르다 チルダ ⑥(注意・関心を) 기울이다 キウリダ ⑦(敬意を) 표하다 ピョハダ

はらぐろい [腹黒い] 속이 검다 ソギ コームタ

はらちがい [腹違い] 이복 イボク ❖~の 이복 イボク;배 다른 ペ タルン

はらばい [腹這い] ❖~になる 엎드리다 オプトゥリダ

はらはら ❖~と ①(葉や花びらが散る) 우수수 ウスス ②(心配な様) 조마조마 チョマジョマ

ばらばら ❖~に 산산이 サーンサニ;뿔뿔이 ップルップリ;따로따로 ッタロッタロ ❖~になる 뿔뿔이 흩어지다 ップルップリ フトジダ ❖~にする 흐트러뜨리다 フトゥロットゥリダ

ぱらぱら ①(物が落ちる様子) 후두둑후두둑 フドゥドゥクフドゥドゥク;훌훌 フルフル ②(ページなどをめくる) 훌훌 フルフル ③(まばらな様子) 듬성듬성 トゥムソンドゥムソン

ばらまく 뿌리다 ップリダ

はらむ [孕む] ①(子供を) 배다 ペーダ;임신하다 イームシナダ ②(風を) 품다 プムタ

はらわた [腸] 장 チャン;창자 チャンジャ;내장 ネージャン

はらん [波乱] 파란 パラン 関波乱万丈 파란만장 パランマンジャン

バランス [balance] 밸런스 ペルロンス;균형 キュニョン

はり [針] 바늘 パヌル

はり [鍼] 침 チム 関鍼灸師 침구사 チムグサ

はりあい [張り合い] ①(競争) 대립 テーリプ;경쟁 キョーンジェン;맞섬 マッソム ②(意欲) 의욕 ウイーヨク ③(甲斐) 보람 ポラム

はりあう [張り合う] (競争する) 겨루다 キョルダ;경쟁하다 キョーンジェンハダ

はりがね [針金] 철사 チョルサ

はりがみ [張り紙・貼り紙] ①(広告) 벽보 ピョクポ ②(注意書き) 딱지 ッタクチ

ばりき [馬力] 마력 マーリョク

はりきる [張り切る] 힘을 내다 ヒムル ネーダ;기운이 넘치다 キウニ ノームチダ

はりねずみ [針鼠] 고슴도치 コスムドチ

はる [春] ①(季節) 봄 ポム ②(新年) 새해 セヘ;신년 シンニョン

はる [張る] ①(一面を覆う) 덮이다 トピダ;깔리다 ッカルリダ ②(根や蔓が伸びる) 뻗다 ッポッタ;퍼지다 ポジダ ③(ロープやテントを) 치다 チダ ④(膨れる) 부풀다 ププルダ;땡땡해지다 ッテンッテンヘジダ ⑤(水を溜める) 가득하게 채우다 カドゥカゲ チェウダ ⑥(値段が高い) 비싸다 ピッサダ

はる [貼る] 붙이다 プチダ 例いくらの切手を貼らないといけないですか。얼마짜리 우표를 붙여야 해요? オルマッチャリ ウピョルル プチョヤ ヘヨ

はるか

はるか [遥か] ①(距離が遠い) 멀리 モールリ; 아득히 アドゥキ 例 遥か遠い空を眺めました。아득히 먼 하늘을 바라봤어요. アドゥキ モーン ハヌルル パラブワッソヨ ②(時間的に隔たっている) 먼 モーン; 아득한 アドゥカン 例 遥か昔のことです。아득한 옛날 일이에요. アドゥカン イェンナル リーリエヨ ③(程度の差が甚だしい)❖~に 훨씬 フォルッシン 例 これよりあれが遥かにいいです。이것보다 저게 훨씬 좋아요. イゴッポダ チョゲ フォルッシン チョーアヨ

はるばる [遥遥] 멀리 モールリ

バルブ [bulb] 벌브 ポルブ

はれ [晴れ] ①(天気) 맑음 マルグム 例 明日は晴れるでしょう。내일은 맑겠습니다. ネイルン マルケッスムニダ ②(公式・表向き)❖~の 공적인 コンチョギン ③(晴れがましい) 경사스러운 キョンサスロウン; 영광스러운 ヨングワンスロウン 例 晴れの卒業式でした。영광스러운 졸업식이었어요. ヨングワンスロウン チョロプシギオッソヨ

バレエ [ballet] 발레 パルレ

パレード [parade] 퍼레이드 ポレイドゥ

バレーボール [volleyball] 발리볼 パルリボル; 배구 ペグ

はれぎ [晴れ着] 나들이옷 ナドゥリオッ 関 正月の晴れ着 설빔 ソールビム

はれつ [破裂] 파열 パーヨル ❖~する 파열하다 パーヨラダ; 터지다 トージダ

バレリーナ [ballerina] 발레리나 パルレリナ

はれる [晴れる] ①(天気が) 개다 ケダ 例 明日は晴れてほしいです。내일은 갰으면 좋겠어요. ネイルン ケーッスミョン チョーッケッソヨ ②(疑いが) 풀리다 プルリダ ③(気分が) 개운해지다 ケウンネジダ; 상쾌해지다 サンクェヘジダ

はれる [腫れる] 붓다 ブッタ

ばれる ① 들키다 トゥルキダ; 탄로나다 タールロナダ ②(発覚する) 발각되다 パルガクトゥェダ

バレンタインデー [St.Valentine's day] 밸런타인 데이 ペルロンタイン デイ

はん [半] 반 パン

はん [判] (判子) 도장 トジャン

はん [班] ①반 パン ②(組) 조 チョ ③(グループ) 그룹 クループ

ばん [晩] 저녁 チョニョク; 밤 パム

ばん [番] ①(順番) 차례 チャリェ; 순번 スンボン ②(番号) 번호 ポノ

パン [pão] 빵 ッパン 関 あんパン 팥빵 パッパン / パン粉 빵가루 ッパンッカル / 食パン 식빵 シクッパン / パン屋 빵집 ッパンッチプ

はんい [範囲] 범위 ポームィ

はんえい [反映] 반영 パーニョン ❖~する 반영하다 パーニョンハダ ❖~される 반영되다 パーニョンドゥェダ

はんえい [繁栄] 번영 ポニョン ❖~する 번영하다 ポニョンハダ

はんが [版画] 판화 パヌワ

ばんかい [挽回] 만회 マヌェ ❖~する 만회하다 マヌェハダ

はんかがい [繁華街] 번화가 ポヌワガ

はんがく [半額] 반액 パーネク; 반값 パーンガプ

ハンカチ [←handkerchief] 손수건 ソンスゴン

はんかん [反感] 반감 パーンガム

はんきょう [反響] 반향 パーニャン; 메아리 メアリ ❖ ~する 반향하다 パーニャンハダ; 반향되다 パーニャンドゥェダ; 울리다 ウルリダ

パンク [←puncture] 펑크 ポンク ❖ ~する 펑크가 나다 ポンクガ ナダ

ばんぐみ [番組] ①프로그램 プログレム; 프로 プロ ②(放送) 방송 パーンソン

ハングル 한글 ハーングル

はんけい [半径] 반경 パーンギョン; 반지름 パーンジルム

はんげき [反撃] 반격 パーンギョク ❖ ~する 반격하다 パーンギョカダ

はんけつ [判決] 판결 パンギョル 関 判決文 판결문 パンギョルムン / 判決例 판결례 パンギョルリェ

はんげつ [半月] 반달 パーンダル

はんけん [版権] 판권 パンックォン; 출판권 チュルパンックォン

はんこう [反抗] 반항 パーナン ❖ ~する 반항하다 パーナンハダ

はんこう [犯行] 범행 ポーメン

ばんごう [番号] 번호 ポノ

はんざい [犯罪] 범죄 ポームジュェ 関 犯罪行為 범죄 행위 ポームジュェ ヘンウィ / 犯罪者 범죄자 ポームジュェジャ

ばんざい [万歳] 만세 マーンセ

ハンサム [handsome] 핸섬 ヘンソム; 미남 ミーナム

はんさよう [反作用] 반작용 パーンジャギョン

ばんさん [晩餐] 만찬 マンチャン

はんじ [判事] 판사 パンサ

はんしゃ [反射] 반사 パーンサ ❖ ~する 반사하다 パーンサハダ

はんじゅく [半熟] 반숙 パーンスク 関 半熟卵 반숙 계란 パーンスクケラン

はんじょう [繁盛] 번창 ポンチャン ❖ ~する 번창하다 ポンチャンハダ

はんしょく [繁殖] 번식 ポンシク ❖ ~する 번식하다 ポンシカダ

はんしんはんぎ [半信半疑] 반신반의 パーンシンパーニ

はんズボン [半ズボン] 반바지 パーンバジ

はんする [反する] ①(正反対だ) 반하다 パーナダ; 반대되다 パーンデドゥェダ ②(違反している) 위반되다 ウィバンドゥェダ; 어긋나다 オグンナダ

はんせい [反省] 반성 パーンソン ❖ ~する 반성하다 パーンソンハダ

ばんそうこう [絆創膏] 반창고 パンチャンゴ

はんそく [反則] 반칙 パーンチク

はんそで [半袖] 반소매 パーンソメ; 반팔 パーンパル

パンソリ 판소리 パンソリ《伝統的な民俗芸能の1つで, 物語に節を付けて歌う》

はんたい [反対] 반대 パーンデ ❖ ~する 반대하다 パーンデハダ 例 その意見には反対します. 그 의견

には反対します。クウイーギョネヌン パーンデハムニダ ❖~に反対ロ パーンデロ 関反対意見 반대 의견 パーンデ ウイーギョン/反対運動 반대 운동 パーンデ ウーンドン/反対勢力 반대 세력 パーンデ セーリョク

はんだん [判断] 판단 パンダン ❖~する 판단하다 パンダナダ 例最終的な判断はいつしますか。최종적인 판단은 언제 하나요? チュェージョンジョギン パンダヌン オーンジェ ハナヨ 関判断力 판단력 パンダンニョク

ばんち [番地] 번지 ポンジ

パンツ [pants] 팬츠 ペンチュ; 팬티 ペンティ

はんてい [判定] 판정 パンジョン ❖~する 판정하다 パンジョンハダ 関判定勝ち 판정승 パンジョンスン/判定負け 판정패 パンジョンペ/判定基準 판정 기준 パンジョン キジュン

パンティーストッキング [panty stockings] 팬티 스타킹 ペンティ スタキン

ハンディキャップ [handicap] 핸디캡 ヘンディケプ

バンド [band] 밴드 ペンドゥ 関ゴムバンド 고무 밴드 コム ペンドゥ/ヘアバンド 헤어밴드 ヘオベンドゥ

はんとう [半島] 반도 パーンド 関韓半島(朝鮮半島) 한반도 ハーンバンド

はんどうたい [半導体] 반도체 パーンドチェ

ハンドル [handle] 핸들 ヘンドゥル; 손잡이 ソンジャビ

はんにん [犯人] 범인 ポーミン

ばんねん [晩年] 만년 マーンニョン; 늘그막 ヌルグマク

はんのう [反応] 반응 パーヌン ❖~する 반응하다 パーヌンハダ 関陰性反応 음성 반응 ウムソン パーヌン/陽性反応 양성 반응 ヤーンソン パーヌン

バンパー [bumper] 범퍼 ポムポ

ハンバーガー [hamburger] 햄버거 ヘムボゴ

ハンバーグ [hamburg] 햄버그 스테이크 ヘムボグ ステイク

はんばい [販売] 판매 パンメ ❖~する 판매하다 パンメハダ 例高麗人参を専門に販売している所はありますか。인삼을 전문적으로 판매하는 곳이 있나요? インサムル チョンムンジョグロ パンメハヌン ゴシ インナヨ 関販売員 판매원 パンメウォン/販売店 판매점 パンメジョム/販売元 판매원 パンメウォン

はんぱつ [反発] 반발 パーンバル ❖~する 반발하다 パーンバラダ

はんぴれい [反比例] 반비례 パーンビリェ; 역비례 ヨクピリェ ❖~する 반비례하다 パーンビリェハダ

はんぷく [反復] 반복 パーンボク; 되풀이 トゥェプリ ❖~する 반복하다 パーンボカダ; 되풀이하다 トゥェプリハダ

ばんぶつ [万物] 만물 マーンムル

パンフレット [pamphlet] 팸플릿 ペムプルリッ

はんぶん [半分] ①(2分の1) 반

パーン;절반 チョルバン 囲これを半分だけ買うことはできませんか。이걸 반만 살 수는 없나요? イゴル パーンマン サル スヌン オームナヨ ②(半ば) 반 パーン;반쯤 パーンッチュム
はんべつ [判別] 판별 パンビョル ❖~する 판별하다 パンビョラダ
ハンマー [hammer] 해머 ヘモ;쇠망치 スェマンチ
はんめい [判明] 판명 パンミョン ❖~する 판명되다 パンミョンドゥェダ
はんもく [反目] 반목 パーンモク ❖~する 반목하다 パーンモカダ
はんらん [反乱・叛乱] 반란 パールラン
はんらん [氾濫] 범람 ポームナム ❖~する 범람하다 ポームナマダ
はんりょ [伴侶] 반려 パールリョ;배우자 ペーウジャ
はんれい [凡例] 범례 ポムニェ
はんれい [判例] 판례 パルリェ
はんろ [販路] 판로 パルロ
はんろん [反論] 반론 パールロン ❖~する 반론하다 パールロナダ

ひ

ひ [日] ①(太陽) 해 ヘ;태양 テヤン ②(日の光) 햇빛 ヘッピッ;햇볕 ヘッピョッ 囲日当たりの良い部屋がいいのですが。햇빛이 잘 드는 방이 좋은데요. ヘッピチ チャル トゥヌン パンイ チョーウンデヨ ③(昼間) 해 ヘ;낮 ナッ ④(1日) 하루 ハル;날 ナル ⑤(時期・時代) 시절 シジョル;날 ナル;시대 シデ 圓日が昇る 해가 뜨다 ヘガットゥダ/日が沈む 해가 지다 ヘガ チダ/日の出 해돋이 ヘドジ;일출 イルチュル
ひ [火] ①불 プル ②(火災・火事) 불 プル;화재 フワージェ 圓火に油を注ぐ 불에 기름을 붓다 プレ キルムル プッタ/火のないところに煙は立たない。아니 땐 굴뚝에 연기 나랴. アニッテン クールットゥゲ ヨンギ ナリャ/火花 불똥 プルットン
ひ [碑] ①(碑石) 비석 ピソク ②(記念碑) 기념비 キニョムビ
ひ [非] ①비 ピ ②(過ち) 과오 クワオ;잘못 チャルモッ ③(非難・批判) 비난 ピナン
び [美] 미 ミ
ひあい [悲哀] 비애 ピエ
ひあがる [干上がる] ①(日照り) 말라붙다 マルラブッタ ②(収入が途絶える) 생활이 어렵게 되다 センフワリ オリョプケ ドゥェダ;살길이 막히다 サルキリ マキダ
ピアス [pierce] 피어스 ピオス
ひあそび [火遊び] 불장난 プルジャンナン
ひあたり [日当たり] ❖~がよい 양지바르다 ヤンジバルダ;햇빛이 잘 들다 ヘッピチ チャル トゥルダ
ピアノ [piano] 피아노 ピアノ 囲ピアノを弾くことができますか。피아노를 칠 줄 알아요? ピアノルル チル チュル アラヨ 圓グランドピアノ 그랜드 피아노 クレンドゥ ピアノ
ひいき [贔屓] ①(常連客) 단골 タンゴル ②(偏って引き立てること) 편듦 ピョンドゥム;편애 ピョネ ❖~にする 특히 좋아하다 トゥキ

ひーたー

ヒーター [heater] 히터 ヒート

ひいては [延いては] 더 나아가서는 ト ナアガソヌン

ひいでる [秀でる] 뛰어나다 ットゥィオナダ; 빼어나다 ッペオナダ; 탁월하다 タグォラダ

ピーナッツ [peanuts] 피넛 ピーノッ; 땅콩 ッタンコン

ビーフ [beef] 비프 ピプ

ビール [bier] 맥주 メクチュ 関缶ビール 캔 맥주 ケン メクチュ / 生ビール 생맥주 センメクチュ / 瓶ビール 병맥주 ピョンメクチュ

ひえこむ [冷え込む] ①(気温が低い) 몹시 추워지다 モープシ チュウォジダ ②(体温などが低い) 차가워지다 チャガウォジダ

ひえしょう [冷え性] 냉증 ネンッチュン

ひえる [冷える] ①(食べ物などが) 차가워지다 チャガウォジダ; 식다 シクタ 例ビールがもうちょっと冷えたら飲みましょう. 맥주가 좀 더 차가워지면 마십시다. メクチュガ チョム ド チャガウォジミョン マシプシダ / 冷めないうちに召し上がってください. 식기 전에 드세요. シクキ ジョネ トゥセヨ ②(気温が下がる) 추워지다 チュウォジダ; 쌀쌀해지다 ッサルッサレジダ 例朝晩はかなり冷えてきました. 아침 저녁으로는 많이 추워졌어요. アチム チョニョグロヌン マーニ チュウォジョッソヨ

びか [美化] 미화 ミーフワ

ひがい [被害] 피해 ピーヘ

ひかえ [控え] ①(予備) 예비 イェービ ②(複写) 사본 サーボン 例控えを取っておきました. 사본을 떠 두었어요. サーボヌル ットオ ドゥオッソヨ 関控え室 대기실 テーギシル / 控えの選手 후보 선수 フボ ソーンス

ひがえり [日帰り] 당일치기 タンイルチギ 関日帰り旅行 당일치기 여행 タンイルチギ ヨヘン

ひかえる [控える] ①(待機する) 대기하다 テーギハダ; 기다리다 キダリダ ②(謹む) 삼가다 サムガダ ③(書き留める) 적어 놓다 チョゴノッタ; 메모하다 メモハダ

ひかく [比較] 비교 ピーギョ ❖~する 비교하다 ピーギョハダ 関比較的 비교적 ピーギョジョク

ひかく [皮革] 피혁 ピヒョク

ひかげ [日陰・日蔭] 그늘 クヌル; 응달 ウンダル

ひがさ [日傘] 양산 ヤンサン; 일산 イルサン

ひがし [東] 동 トン; 동쪽 トンッチョク

ぴかぴか 번쩍번쩍 ポンッチョクポンッチョク; 반짝반짝 パンッチャクパンッチャク ❖~する 번쩍거리다 ポンッチョクコリダ

ひがむ [僻む] 비뚤어지다 ピットゥロジダ

ひかり [光] ①(光明) 빛 ピッ; 불빛 プルピッ ②(希望) 희망 ヒマン ③(光沢) 윤 ユン

ひかる [光る] ①(光を放つ) 빛나다 ピンナダ; 반짝이다 パンッチャギダ 例ネオンが光って夜景がきれいです. 네온이 빛나서 야경이

아름다워요. ネオニ ピンナソ ヤーギョンイ アルムダウォヨ ②(優れている) 돋보이다 トッポイダ;뛰어나다 ットゥィオナダ 例モデルの中でも彼女が一番光っています. モデル 中에서도 그녀가 가장 돋보여요. モデル ジュンエソド クニョガ カジャン トッポヨヨ

ひかれる [引かれる] 끌리다 ックーㇽリダ

ひかん [悲観] 비관 ピグワン ❖~する 비관하다 ピグワナダ

ひがん [悲願] 비원 ピウォン

-ひき [-匹]《助数詞》마리 マリ 例1匹 한 마리 ハン マリ / 2匹 두 마리 トゥ マリ

ひきあげ [引き上げ] 인상 インサン

ひきあげ [引揚げ] 철수 チョルス

ひきあげる [引き上げる] ①(物を高所に) 끌어올리다 ックロオㇽリダ ②(値段などを) 인상하다 インサンハダ

ひきあげる [引き揚げる] ①(帰還する) 귀환하다 クィーフワナダ ②(撤収する) 철수하다 チョㇽスハダ ③(戻る) 돌아가다 トラガダ

ひきいる [率いる] 거느리다 コヌリダ;인솔하다 インソㇽダ

ひきうける [引き受ける] ①(仕事を) 맡다 マッタ ②(身元を保証する) 보증하다 ポジュンハダ

ひきおこす [引き起こす] ①일으키다 イルキダ ②(惹起する) 야기하다 ヤギハダ

ひきかえす [引き返す] ①(引き返していく) 되돌아가다 トゥェドラガダ ②(引き返してくる) 되돌아오다 トゥェドラオダ

ひきかえる [引き替える・引き換える] 바꾸다 パックダ;교환하다 キョフワナダ

ひきがえる [墓蛙・蟾蜍] 두꺼비 トゥッコビ

ひきさがる [引き下がる] ①(去る) 물러나다 ムㇽロナダ ②(引っ込む) 물러서다 ムㇽロソダ

ひきざん [引き算] 뺄셈 ッペㇽセム;감산 カムサン

ひきしお [引き潮] 썰물 ッソㇽムㇽ

ひきしめる [引き締める] ①(帯や手綱を) 죄다 チュェダ;죄어매다 チュェオ メダ ②(心を) 다잡다 タジャプタ;긴장시키다 キンジャンシキダ ③(節約する) 절약하다 チョリャカダ

ひきずる [引き摺る] 질질 끌다 チㇽジㇽ ックーㇽダ

ひきだし [引き出し] ①(机の) 서랍 ソラプ ②(預金の) 인출 インチュㇽ

ひきだす [引き出す] ①(事物を) 끌어내다 ックーロネダ ②(預金を) 찾다 チャッタ

ひきたつ [引き立つ] 두드러지다 トゥドゥロジダ;한층 돋보이다 ハンチュン トッポイダ

ひきたて [引き立て] 후원 フーウォン;보살핌 ポサㇽピム;돌봄 トㇽボム;사랑 サラン 例毎度のお引き立てありがとうございます. 항상 돌봐 주셔서 감사합니다. ハンサン トㇽブワ ジュショソ カームサハムニダ

ひきたてる [引き立てる] 특별히 돌봐 주다 トゥクピョリ トㇽブワ ジ

ユダ

ひきつぎ [引き継ぎ] 인수인계 インスインゲ 例引き継ぎはしっかりしないといけません。인수인계는 확실히 해야지요. インスインゲヌン フヮクシリ ヘヤジョ

ひきつぐ [引き継ぐ] ①(家業や伝統を)이어받다 イオバッタ;물려받다 ムルリョバッタ;계승하다 ケースンハダ ②(業務や仕事を)인수인계하다 インスインゲハダ

ひきつける [引き付ける] ①(物を引き寄せる) 끌어당기다 ックロダンギダ ②(心を) 끌다 ックールダ;매혹하다 メホカダ

ひきつづき [引き続き] 연달아 ヨンダラ;줄곧 チュルゴッ;계속해서 ケーソケソ

ひきとめる [引き留める・引き止める] 만류하다 マルリュハダ;붙들다 プットゥルダ;붙잡다 プッチャプタ

ひきとる [引き取る] ①(受け取る) 인수하다 インスハダ;거두다 コドゥダ ②(世話をする) 돌보다 トールボダ

ひきにく [挽き肉] 간 고기 カン ゴギ;다진 고기 タジン ゴギ

ひきにげ [轢き逃げ] 뺑소니 ッペンソニ ❖~をする 뺑소니를 치다 ッペンソニルル チダ

ひきぬく [引き抜く] 뽑다 ッポプタ;뽑아내다 ッポバネダ

ひきのばし [引き伸ばし・引き延ばし] ①(遅延) 지연 チヨン ②(延長) 연장 ヨンジャン ③(延期) 연기 ヨンギ ④(写真の) 확대 フヮクテ

ひきのばす [引き伸ばす・引き延ばす] ①(物を長くする) 늘이다 ヌリダ ②(時間・期日を長引かせる) 끌다 ックールダ ③(写真を) 확대하다 フヮクテハダ

ひきょう [卑怯] ❖~だ 비겁하다 ピーゴパダ

ひきわけ [引き分け] 무승부 ムスンブ

ひきわける [引き分ける] ①(勝敗) 비기다 ピギダ ②(分離する) 갈라놓다 カルラノッタ;떼어 놓다 ッテオ ノッタ

ひきわたし [引き渡し] 넘겨줌 ノムギョジュム;인도 インド

ひきわたす [引き渡す] 넘겨주다 ノムギョジュダ;인도하다 インドハダ

ひく [引く] ①(自分の方に寄せる) 당기다 タンギダ ②(一方向に引っぱる) 끌다 ックールダ 例重いカバンを引いて来ました。무거운 가방을 끌고 왔어요. ムゴウン ガバンウル ックールゴ ワッソヨ ③(人の心や人目を) 끌다 ックールダ 例人々の耳目を引くデザインですね。사람들의 이목을 끄는 디자인이네요. サーラムドゥレ イーモグル ックーヌン ディジャイニネヨ ④(線を) 긋다 クッタ 例重要な部分は線を引きます。중요한 부분은 선을 그어요. チューンヨハン ププブヌン ソヌル クオヨ ⑤(辞書を) 찾다 チャッタ 例わからない単語は辞書を引いてみてください。모르는 단어는 사전을 찾아보세요. モルヌン ダノヌン サジョヌル チャジャボセヨ ⑥(値段を) 깍다 ッカクタ 例も

う少しだけ引いてください. 조금만 더 깎아 주세요. チョグムマン トッカッカ ジュセヨ ⑦(物を引き抜く)뽑다 ッポプタ ⑧(数を)빼다 ッペーダ ⑨(風邪を)걸리다 コルリダ;들다 トゥルダ ⑩(カーテンなどを)치다 チダ

ひく [挽く] ①(臼などですりつぶす)갈다 カルダ ②(鋸で)켜다 キョダ ③(鉋で)깎다 ッカクタ ④(牛肉・魚肉などを)저미다 チョミダ

ひく [弾く] ①(ピアノやギターを)치다 チダ ②(琴を)타다 タダ ③(バイオリンを)켜다 キョダ ④(演奏する)연주하다 ヨーンジュハダ

ひく [轢く] 치다 チダ

ひくい [低い] ①(高さ・程度が)낮다 ナッタ 例カロリーが低い料理が食べたいです. 칼로리가 낮은 음식을 먹고 싶어요. カルロリガ ナジュン ウームシグル モクゴ シポヨ ②(背が)작다 チャークタ 例背が低いのでヒールの高い靴を履きました. 키가 작아서 굽이 높은 구두를 신었어요. キガ チャーガソ クビ ノプン クドゥルル シノッソヨ

ひくつ [卑屈] ❖~だ 비굴하다 ピーグラダ ❖~に 비굴하게 ピーグラゲ

ピクニック [picnic] 피크닉 ピクニク;소풍 ソプン

ピクルス [pickles] 피클 ピクル

ひぐれ [日暮れ] 저녁때 チョニョクッテ;해질 무렵 ヘジル ムリョプ

ひげ [髭] 수염 スヨム

ひげき [悲劇] 비극 ピグク

ひけつ [否決] 부결 プーギョル ❖~する 부결하다 プーギョラダ ❖~される 부결되다 プーギョルドゥェダ

ひけつ [秘訣] 비결 ピーギョル

びこう [尾行] 미행 ミヘン ❖~する 미행하다 ミヘンハダ

ひこうき [飛行機] 비행기 ピヘンギ

ひこうしき [非公式] 비공식 ピゴンシク

ひごうほう [非合法] 비합법 ピハプッポプ

ひこく [被告] 피고 ピーゴ 関被告人 피고인 ピーゴイン

ひごろ [日頃] 평상시 ピョンサンシ;평소 ピョンソ

ひざ [膝] 무릎 ムルプ

ビザ [visa] 비자 ピジャ;사증 サッチュン 例最近はビザ無しで来られるので楽です. 요즘은 비자 없이 올 수 있어서 편해요. ヨジュムン ピジャ オープシ オル ス イッソソ ピョネヨ

ピザ [pizza] 피자 ピジャ

ひさい [被災] 이재 イジェ ❖~する 재해를 입다 チェヘルル イプタ 関被災者 이재민 イジェミン/被災地 피재지 ピージェジ

ひざし [日差し・陽射し] 햇볕 ヘッピョッ;햇살 ヘッサル

ひさしぶり [久し振り] 오래간만 オレガンマン;오랜만 オレンマン 例本当に久しぶりです. 정말 오래간만이에요. チョーンマル オレガンマニエヨ ❖~に 오래간만에 オレガンマネ;오랜만에 オレンマネ 例久しぶりに会った友達です. オ

ひざまずく

랜만에 만난 친구예요. オレンマネ マンナン チングエヨ
ひざまずく [跪く] 무릎을 꿇다 ムルプル ックルタ
ひざもと [膝元・膝下] 슬하 スラ
ひさん [悲惨] 비참 ピチャム ❖~だ 비참하다 ピチャマダ
ひじ [肘] 팔꿈치 パルックムチ
ひしがた [菱形] 마름모꼴 マルムモッコル;능형 ヌンヒョン
ビジネス [business] 비즈니스 ピジュニス
ひしめく [犇めく] 북적거리다 プクチョクコリダ;와작거리다 ワクチャクコリダ
ひじゅう [比重] 비중 ピージュン
びじゅつ [美術] 미술 ミースル 関 美術家 미술가 ミースルガ / 美術館 미술관 ミースルグワン / 古美術 고미술 コーミスル
ひしょ [秘書] 비서 ピーソ
ひしょ [避暑] 피서 ピーソ 関 避暑地 피서지 ピーソジ
ひじょう [非常] 비상 ピーサン ❖~な 대단한 テーダナン ❖~に 대단히 テーダニ;매우 メウ;몹시 モープシ 例 それは非常に重要な問題です。그건 몹시 중요한 문제입니다. クゴン モープシ チューンヨハン ムーンジェイムニダ 関 非常食 비상식량 ピーサンシンニャン / 非常ベル 비상벨 ピーサンベル
ひじょう [非情] 비정 ピジョン ❖~だ 비정하다 ピジョンハダ;매정하다 メジョンハダ
びしょう [微笑] 미소 ミソ
ひじょうしき [非常識] 몰상식 モルサンシク

びじん [美人] 미인 ミーイン;미녀 ミーニョ
ひすい [翡翠] 비취 ピチュィ
ひずみ [歪み] 일그러짐 イルグロジム;비뚤어짐 ピットゥロジム;뒤틀림 トゥイトゥルリム
ひずむ [歪む] 일그러지다 イルグロジダ;비뚤어지다 ピットゥロジダ;뒤틀리다 トゥイトゥルリダ
びせいぶつ [微生物] 미생물 ミセンムル
ひそう [悲壮] ❖~だ 비장하다 ピージャンハダ
ひそう [悲愴] ❖~だ 비창하다 ピーチャンハダ
ひぞう [秘蔵] 비장 ピージャン ❖~の 비장의 ピージャンエ ❖~する 비장하다 ピージャンハダ
ひぞう [脾臓] 비장 ピージャン
ひそか [密か] ❖~な 은근한 ウングナン;은밀한 ウンミラン ❖~に 은근히 ウングニ;은밀히 ウンミリ;몰래 モールレ;남모르게 ナムモルゲ
ひそむ [潜む] ①(隠れる) 숨다 スームタ ②(潜在する) 잠재하다 チャムジェハダ
ひそめる [潜める] 숨기다 スムギダ
ひそめる [顰める] 찌푸리다 ッチプリダ;찡그리다 ッチングリダ
ひだ [襞] 주름 チュルム
ひたい [額] 이마 イマ
ひだい [肥大] 비대 ピデ ❖~する 비대하다 ピデハダ
ひたす [浸す] ①(物を水や液体の中に入れる) 담그다 タムグダ ②(物を水や液体の中に入れて沈め

る) 잠그다 チャムグダ ③(湿らす) 적시다 チョクシダ

ひたすら [只管] 오직 オジク; 단지 タンジ; 오로지 オロジ

ビタミン [vitamin] 비타민 ピタミン

ひたむき [ひた向き] ❖~な 한결같은 ハンギョルガトゥン ❖~に 한결같이 ハンギョルガチ

ひだり [左] ①왼쪽 ウェーンッチョク; 왼편 ウェーンピョン; 좌 チュワー 例信号を左に行ってください。신호등에서 왼쪽으로 가 주세요. シーノドゥンエソ ウェーンッチョグロ カ ジュセヨ ②(左翼) 좌익 チュワーイク; 좌파 チュワーパ 関 左側 왼쪽 ウェーンッチョク / 左利き 왼손잡이 ウェーンソンジャビ / 左手 왼손 ウェーンソン

ひたる [浸る] 잠기다 チャムギダ

ひたん [悲嘆] 비탄 ピタン

びちく [備蓄] 비축 ピチュク ❖~する 비축하다 ピチュカダ

ひつう [悲痛] 비통 ピトン ❖~だ 비통하다 ピトンハダ

ひっかかる [引っ掛かる] ①(気に掛かる) 걸리다 コルリダ ②(騙される) 걸리다 コルリダ; 속다 ソクタ ③(取り締まりなどに) 걸리다 コルリダ

ひっかく [引っ掻く] 할퀴다 ハルクィダ

ひっき [筆記] 필기 ピルギ ❖~する 필기하다 ピルギハダ 関 筆記具 필기구 ピルギグ

ひつぎ [柩・棺] 관 クヮン

ピックアップ [pickup] 픽업 ピゴプ ❖~する 픽업하다 ピゴパダ

ビッグニュース [big news] 빅뉴스 ピンニュス

びっくり ❖~する 깜짝 놀라다 ッカムチャン ノールラダ

ひっくりかえす [引っ繰り返す] ①(裏返す) 뒤집다 トゥィジプタ; 뒤엎다 トゥィオプタ ②(倒す) 넘어뜨리다 ノモットゥリダ; 쓰러뜨리다 ッスロットゥリダ ③(状況や関係を逆転させる) 역전시키다 ヨクチョンシキダ

ひっくりかえる [引っ繰り返る] ①(裏返る) 뒤바뀌다 トゥィバックィダ; 뒤집히다 トゥィジピダ ②(倒れる) 쓰러지다 ッスロジダ; 넘어지다 ノモジダ; 자빠지다 チャッパジダ ③(状況や関係が逆転する) 뒤바뀌다 トゥィバックィダ; 역전되다 ヨクチョンドゥェダ ④(寝そべる) 벌렁 눕다 ポルロン ヌープタ

ひづけ [日付] 날짜 ナルッチャ

ひっこし [引っ越し] 이사 イサ ❖~する 이사하다 イサハダ; 이사를 가다 イサルル カダ

ひっこす [引っ越す] 이사하다 イサハダ; 이사를 가다 イサルル カダ 例引っ越したら新しい住所を教えてください。이사하면 새 주소를 알려 주세요. イサハミョン セー チュウソルル アルリョ ジュセヨ

ひっこむ [引っ込む] ①(部屋に閉じこもる) 틀어박히다 トゥロバキダ ②(へこむ) 움푹 꺼지다 ウムプックッコジダ ③(引退する) 은퇴하다 ウントゥェハダ

ひっこめる [引っ込める] ①(すくめる) 움추리다 ウムチュリダ ②

(撤回する) 철회하다 チョルェハダ ③(取り消す) 취소하다 チュィーソハダ

ひっし [必死] ❖~の 필사의 ピルサエ;필사적인 ピルサジョギン ❖~に, ~で 필사적으로 ピルサジョグロ

ひっし [必至] 필지 ピルチ ❖~だ 불가피하다 プルガピハダ

ひつじ [羊] 양 ヤン

ひっしゃ [筆者] 필자 ピルチャ

ひっしゅう [必修] 필수 ピルス

ひつじゅひん [必需品] 필수품 ピルスプム

ひっしょう [必勝] 필승 ピルスン

ひっす [必須] 필수 ピルス

ひつぜん [必然] 필연 ピリョン ❖~的な 필연적인 ピリョンジョギン ❖~的に 필연적으로 ピリョンジョグロ

ひっそりと 조용히 チョヨンイ;고요히 コヨヒ

ひったくり [引ったくり] ①(人) 날치기꾼 ナルチギックン ②(行為) 날치기 ナルチギ

ひったくる [引ったくる] 낚아채다 ナッカチェダ

ぴったり ①(隙間なく密着する) 꼭 ックコク;꽉 ックワク;딱 ッタク;착 チャク;바싹 パッサク 例 ズボンがぴったりでした。 바지가 딱 맞아요. パジガ ッタッタン マジャヨ / あまりにぴったりくっつかないでください。너무 바싹 붙지 마세요. ノム パッサク プッチ マーセヨ ②(合っている・適切だ) 딱 ッタク 例 寒い季節にぴったりのプレゼントです。 추운 계절에 딱 좋은 선물이에요. チュウン ケージョレ ッタク チョウン ソーンムリエヨ ③(すっかり止む) 딱 ッタク;뚝 ットゥク 例 降っていた雨がぴったりと止みました。 내렸던 비가 뚝 그쳤어요. ネリョットン ピガ ットゥク クチョッソヨ

ピッチャー [pitcher] 피처 ピチョ;투수 トゥス

ひっちゃく [必着] 필착 ピルチャク

ひってき [匹敵] 필적 ピルチョク ❖~する 필적하다 ピルチョカダ

ヒット [hit] 히트 ヒトゥ ❖~する 히트하다 ヒトゥハダ;히트를 치다 ヒトゥルル チダ 関 ヒット曲 히트곡 ヒトゥゴク / ヒット作 히트작 ヒトゥジャク

ひっぱる [引っ張る] ①(自分の方に寄せる) 당기다 タンギダ 例 服が伸びるので引っ張らないでください。옷이 늘어나니까 당기지 마세요. オシ ヌロナニッカ タンギジマセヨ ②(時期・時間を延ばす) 미루다 ミルダ;연기하다 ヨンギハダ 例 支払いを来月末まで引っ張りました。지불을 다음 달 말까지 미뤘어요. チブルル タウム タル マルッカジ ミルオッソヨ ③(一方向に引く) 끌다 ックールダ ④(勧誘する) 권유하다 クォーニュハダ;끌어들이다 ックーロドゥリダ

ヒップ [hip] 힙 ヒプ;엉덩이 オーンドンイ

ひつよう [必要] 필요 ピリョ ❖~だ 필요하다 ピリョハダ 例 必要なものがあったらご連絡ください。필요한 게 있으면 연락 주세요. ピリ

ヨハン ゲ イッスミョン ヨルラク チュセヨ
- **ひてい** [否定] 부정 プージョン ❖ ～的だ 부정적이다 プージョンジョギダ ❖ ～する 부정하다 プージョンハダ
- **ビデオ** [video] 비디오 ピディオ
- **ひでり** [日照り] 가뭄 カムム
- **ひでん** [秘伝] 비전 ピージョン
- **ひと** [人] ①사람 サーラム ②(人類) 인류 イルリュ ③(人間) 인간 インガン 例 人として当然守るべき道理です。 사람으로서 당연히 지켜야 할 도리예요. サーラムロソ タンヨニ チキョヤ ハル トーリエヨ ④(世間・世間の人) 세상 セーサン;세상 사람 セーサン サーラム 例 人に何と言われようと最後まで信じます。 세상 사람이 뭐라 해도 끝까지 믿었어요. セーサン サーラミ ムォーラ ヘド ックッカジ ミッケッソヨ ⑤(他人) 남 ナム;타인 タイン 例 人に言えない秘密があります。 남에게 말할 수 없는 비밀이 있어요. ナメゲ マーラル ス オームヌン ピーミリ イッソヨ ⑥(人材) 인재 インジェ 例 我が社では一緒に働く人を探しています。 우리 회사에서 같이 일할 인재를 찾습니다. ウリ フェーサエソ カチ イーラル インジェルル チャッスムニダ ⑦(人柄・性格) 사람 サーラム;인품 インプム;성품 ソンプム 例 人が良すぎるのが欠点です。 사람이 너무 좋아서 탈이에요. サーラミ ノム チョーアソ ターリエヨ
- **ひどい** [酷い] ①(残忍だ) 잔인하다 チャニナダ ②(残酷だ) 참혹하다 チャモカダ 例 ひどいシーンは見たくありません。 잔인한 장면은 보고 싶지 않아요. チャニナン チャンミョヌン ポゴ シプチ アナヨ ③(甚だしい) 지독하다 チドカダ;혹독하다 ホクトカダ;심하다 シーマダ 例 こんなにひどい天気は初めてです。 이렇게 혹독한 날씨는 처음이에요. イロッケ ホクトカン ナルッシヌン チョウミエヨ ④(みすぼらしい・悪い) 형편없다 ヒョンピョノプタ;나쁘다 ナップダ 例 サービスがひどすぎます。 서비스가 너무 형편없어요. ソービスガ ノム ヒョンピョノプソヨ
- **ひといき** [一息] ①한숨 ハンスム ②(一気に) 단숨에 タンスメ 例 喉が渇いてジュースを一息に飲みました。 목이 말라서 주스를 단숨에 마셨어요. モギ マルラソ チュースルル タンスメ マショッソヨ
- **ひとかげ** [人影] 그림자 クリムジャ
- **ひとがら** [人柄] 인품 インプム
- **ひときわ** [一際] 한층 더 ハンチュント
- **ひどく** [酷く] (非常に) 매우 メウ;몹시 モープシ;대단히 テーダニ;심하게 シーマゲ 例 ひどく蒸し暑い日なので食欲がありません。 매우 무더운 날이라 입맛이 없어요. メウ ムドウン ナリラ イムマシ オープソヨ
- **ひとくち** [一口] 한입 ハンニプ
- **ひとけ** [人気] 인기척 インッキチョク
- **ひとこと** [一言] 한마디 ハンマディ
- **ひとごと** [人事] 남의 일 ナメ イー

ル
ひとごみ [人込み] 인파 インパ
ひとさしゆび [人差し・人指し指] 집게손가락 チプケソンッカラク;검지 コムジ
ひとしい [等しい] ①(同じ) 같다 カッタ ②(酷似している・同様だ) 흡사하다 フプサハダ;마찬가지다 マチャンガジダ
ひとしお [一入] 한층 더 ハンチュント
ひとじち [人質] 인질 インジル
ひとしれず [人知れず] 남몰래 ナムモールレ
ひとすじ [一筋] 한줄기 ハンジュルギ
ひとそろい [一揃い] 일습 イルスプ;한 세트 ハン セトゥ
ひとちがい [人違い] ❖~する 사람을 잘못 보다 サーラムル チャル モッ ポダ
ひとつ [一つ] ①(自然数の1) 하나 ハナ;한 ハン《助数詞が付く場合は한の形》 ②(1歳) 한 살 ハン サル 例一つ上だからお姉さんと呼びます。한 살 위니까 언니라고 부를게요. ハン サル ウィニッカ オンニリラゴ プルルケヨ ③(1個) 하나 ハナ;한 개 ハン ゲ ④(同一・一体である) 하나 같다 ハナ ガッタ;하나 ハナ 例떨어져 있어도 마음은 하나예요. ットロジョ イッソド マウムン ハナエヨ ⑤(…すらできない) 하나 ハナ;조차 チョチャ 例何一つろくにできるものがありません。무엇 하나 제대로 할 수 있는 게 없어요. ムオ タナ チェデロ ハ

ル ス インヌン ゲ オープソヨ ⑥(試しに・ちょっと) 좀 チョム;한번 ハンボン 例ひとつやって見よう 한번 해 보자 ハンボン ヘ ボジャ ⑦(どうか) 아무쪼록 アームッチョロク;부디 プーディ 例ひとつよろしくお願いします。아무쪼록 잘 부탁카ムニダ
ひとづきあい [人付き合い] 사귐성 サグィムソン;사교성 サギョソン
ひとで [人手] ①(働き手) 일손 イールソン ②(他人の物になる) 남의 손 ナメ ソン 関人手に渡る 남의 손에 넘기다 ナメ ソネ ノムギダ
ひとで [人出] 인파 インパ
ひとで [海星] 불가사리 プルガサリ
ひとなみ [人並み] 보통 사람과 같은 정도 ポートン サーラムグヮ カトゥン ジョンド
ひとばん [一晩] 하룻밤 ハルッパム
ひとびと [人々] 사람들 サーラムドゥル
ひとまえ [人前] ❖~で 남 앞에서 ナ マペソ;사람들 앞에서 サーラムドゥル アペソ
ひとまず [一先ず] 우선 ウソン;일단 イルタン
ひとみ [瞳] ①(黒目) 눈동자 ヌンットンジャ ②(目) 눈 ヌン
ひとみしり [人見知り] 낯가림 ナッカリム
ひとめ [一目] ❖~で 한눈에 ハンヌネ;첫눈에 チョンヌネ 例久しぶりだったけど一目でわかりました。오랜만이지만 한눈에 알아봤어

요. オレンマニオッチマン ハンヌネ アラブワッソヨ
ひとめ [人目] 남의 눈 ナメ ヌン
ひとり [一人・独り] ①(1名) 한 사람 ハン サーラム 例 ファンの1人として本当に嬉しいです。팬의 한 사람으로서 정말 기쁩니다. ペネハン サーラムロソ チョーンマル キップムニダ ②(独り) 혼자 ホンジャ ③(独身) 독신 トクシン；홀몸 ホルモム ❖~で 혼자서 ホンジャソ 例 1人で行けます。혼자서 갈 수 있어요. ホンジャソ カル ス イッソヨ
ひどり [日取り] ①날짜 ナルッチャ ②(日程) 일정 イルチョン
ひとりごと [独り言] 혼잣말 ホンジャンマル
ひとりじめ [一人占め・独り占め] 독차지 トクチャジ；독점 トクチョム ❖~する 독차지하다 トクチャジハダ
ひとりでに [独りでに] 저절로 チョジョルロ
ひとりむすこ [独り息子] 외아들 ウェアドゥル
ひとりむすめ [独り娘] 외딸 ウェッタル；외동딸 ウェドンッタル
ひな [雛] 병아리 ピョンアリ；새끼새 セッキ セ
ひなた [日向] 양달 ヤンダル；양지 ヤンジ
ひなん [非難] 비난 ピナン ❖~する 비난하다 ピナナダ
ひなん [避難] 피난 ピーナン ❖~する 피난하다 ピーナナダ 例 避難できる非常口はどこにありますか。피난할 수 있는 비상구는 어디에 있어요? ピーナナル ス インヌン ピサングヌン オディエ イッソヨ 関 避難経路 피난 경로 ピーナン キョンノ / 避難所 피난처 ピーナンチョ；대피소 テーピソ / 緊急避難 긴급 피난 キングプ ピーナン
ビニール [vinyl] 비닐 ピニル
ひにく [皮肉] 비아냥거림 ピアニャンゴリム；야유 ヤーユ ❖~る 빈정거리다 ピンジョンゴリダ；야유하다 ヤーユハダ；비꼬다 ピーッコダ ❖~な 얄궂은 ヤルグジュン 例 皮肉な世の中 얄궂은 세상 ヤルグジュン セーサン
ひにょうき [泌尿器] 비뇨기 ピニョギ 関 泌尿器科 비뇨기과 ピニョギックヮ
ひにん [否認] 부인 プイン ❖~する 부인하다 プイナダ
ひにん [避妊] 피임 ピーム ❖~する 피임하다 ピーイマダ 関 避妊具 피임구 ピーイムグ / 避妊法 피임법 ピーイムッポプ / 避妊薬 피임약 ピーイムニャク
ひねくれる [捻くれる] 뒤틀리다 トゥィトゥルリダ
ひねりだす [捻り出す] 짜내다 ッチャネダ；염출하다 ヨムチュラダ
ひねる [捻る] ①(回す) 비틀다 ピートゥルダ；틀다 トゥルダ；꼬다 ッコーダ 例 水道の栓を全部ひねったのに水の出がよくありません。수도꼭지를 다 틀었는데 물이 잘 안 나와요. スドッコクチルル タートゥロンヌンデ ムリ チャル アン ナワヨ ②(捻挫をする) 삐다 ッピダ ③(考える・疑問を抱く) 갸우뚱하다 キャウッドゥンハダ；궁리하

다 クンニハダ 関首をひねる 고개를 갸우뚱하다 コゲルル キャウットゥンハダ

ひので [日の出] 일출 イルチュル; 해돋이 ヘドジ

ひばな [火花] 불티 プルティ; 불똥 プルットン; 불꽃 プルッコッ

ひはん [批判] 비판 ピーパン ❖~する 비판하다 ピーパナダ ❖~的 비판적 ピーパンジョク ❖~的な 비판적인 ピーパンジョギン 関自己批判 자기비판 チャギビーパン

ひび [罅] 금 クム 例窓にヒビが入っています。창문에 금이 가 있어요. チャンムネ クミ カ イッソヨ

ひびき [響き] 울림 ウルリム; 소리 ソリ; 음향 ウミャン

ひびく [響く] ①(音が) 울리다 ウルリダ; 울려 퍼지다 ウルリョ ポージダ ②(影響する) 영향을 미치다 ヨーンヒャンウル ミチダ 例税金の引き上げは家計に響くでしょう。세금 인상은 가계에 영향을 미칠 거예요. セーグム インサンウン カゲエ ヨーンヒャンウル ミチル コエヨ ③(感動する) 통하다 トンハダ; 가슴에 와 닿다 カスメ ワ ダーッタ 例胸に響く言葉 가슴에 와 닿는 말 カスメ ワ ダーンヌン マール

ひひょう [批評] 비평 ピーピョン ❖~する 비평하다 ピーピョンハダ 関批評家 비평가 ピーピョンガ

ビビンバ 비빔밥 ピビムッパプ

ひふ [皮膚] 피부 ピブ 関皮膚炎 피부염 ピブヨム / 皮膚科 피부과 ピブックワ

ひほう [悲報] 비보 ピーボ

ひぼう [誹謗] 비방 ピバン ❖~する 비방하다 ピバンハダ 関誹謗中傷 비방 중상 ピバン チュンサン

びぼう [美貌] 미모 ミモ

ひぼん [非凡] ❖~だ 비범하다 ピーボマダ

ひま [暇] ①(何かをするのに必要な時間) 시간 シガン; 틈 トゥム 例休む暇もなく忙しく過ごしています。쉴 틈도 없이 바쁘게 지내고 있어요. シュイール トゥムド オープシ パップゲ チネゴ イッソヨ ②(自由な時間) 틈 トゥム; 짬 ッチャーム 例暇があったらいつでも日本に遊びに来てください。틈나면 언제든지 일본에 놀러 오세요. トゥムナミョン オーンジェドゥンジ イルボネ ノルロ オセヨ ③(閑散としている) ❖~だ 한가하다 ハンガハダ 例暇になったら遊びに来てください。한가해지면 놀러 오세요. ハンガヘジミョン ノルロ オセヨ

ひまご [曾孫] 증손 チュンソン

ひまわり [向日葵] 해바라기 ヘバラギ

ひまん [肥満] 비만 ピマン 関肥満児 비만아 ピマナ / 肥満症 비만증 ピマンッチュン

ひみつ [秘密] 비밀 ピーミル 例この話は絶対に秘密です。이 이야기는 절대로 비밀이에요. イ イヤギヌン チョルテロ ピーミリエヨ

びみょう [微妙] ❖~だ 미묘하다 ミミョハダ

ひめい [悲鳴] 비명 ピミョン

ひも [紐] 끈 ックン 例持てるように紐で結んでください。들 수 있게

끈으로 매 주세요. トゥル ス イッケ ックヌロ メー ジュセヨ
ひやあせ [冷や汗] 식은땀 シグンッタム
ひやかし [冷やかし] 놀림 ノリム; 조롱 チョロン
ひやかす [冷やかす] ①(相手をからかう) 놀리다 ノルリダ; 희롱하다 ヒロンハダ; 야유하다 ヤーユハダ ②(店などを) 물건을 구경하다 ムルゴヌル クーギョンハダ
ひゃく [百] 백 ペク 関 百年 백년 ペンニョン / 百万 백만 ペンマン
ひやく [飛躍] 비약 ピヤク ❖~する 비약하다 ピヤカダ
ひゃくしょう [百姓] 농사꾼 ノンサックン; 농민 ノンミン
ひやけ [日焼け] 선탠 ソンテン ❖~する 햇볕에 타다 ヘッピョテ タダ 例 日焼けしたくなかったので室内にずっといました。햇볕에 타기 싫어서 실내에만 있었어요. ヘッピョテ タギ シロソ シルレエマン イッソッソヨ
ひやす [冷やす] ①(温度を下げる) 식히다 シキダ; 차게 하다 チャゲ ハダ 例 冷やしたワインはありますか。차게 한 와인 있어요? チャゲ ハン ワイン イッソヨ ②(興奮を鎮める) 식히다 シキダ 例 頭を冷やしてもう一度考えなさい。머리를 식히고 다시 한번 생각하세요. モリルル シキゴ タシ ハンボン センガカセヨ
ひゃっかじてん [百科事典] 백과사전 ペックワサジョン
ひややか [冷ややか] ❖~だ 냉담하다 ネンダマダ; 쌀쌀하다 ッサルッサラダ
ひゆ [比喩] 비유 ピーユ ❖~的な 비유적인 ピーユジョギン
ビュッフェ [buffet] 뷔페 プィペ
ひょう [表] 표 ピョ 関 図表 도표 トピョ
ひょう [豹] 표범 ピョボム
ひょう [雹] 우박 ウーバク
ひよう [費用] 비용 ピーヨン
びょう [秒] 초 チョ
びよう [美容] 미용 ミーヨン 関 美容院 미장원 ミージャウォン; 미용실 ミーヨンシル
びょういん [病院] 병원 ピョーンウォン 例 日本語が通じる病院はありませんか。일본어가 통하는 병원은 없나요? イルボノガ トンハヌン ピョーンウォヌン オームナヨ 関 救急病院 응급 병원 ウーングプ ピョーンウォン / 総合病院 종합 병원 チョンハプ ピョーンウォン
ひょうか [評価] 평가 ピョーンッカ ❖~する 평가하다 ピョーンッカハダ
びょうき [病気] 병 ピョーン; 질환 チルワン 例 何の病気になったのですか。무슨 병에 걸렸어요? ムスン ピョーンエ コルリョッソヨ / 病気は治りました。병이 나았어요. ピョーンイ ナアッソヨ
ひょうげん [表現] 표현 ピョヒョン ❖~する 표현하다 ピョヒョナダ 例 考えをすべて韓国語で表現するのは難しいです。생각을 다 한국어로 표현하는 것이 어려워요. センガグル ター ハーングゴロ ピョヒョナヌン ゴシ オリョウォヨ 関 表現方法 표현 방법 ピョヒョン パ

ンボプ/表現力 표현력 ピョヒョンニョク

ひょうさつ [表札] 문패 ムンペ; 표찰 ピョチャル

ひょうし [拍子] ① 박자 パクチャ; 장단 チャンダン; 가락 カラク ②(…したはずみに《動詞の連体形+바람에》の形で) 例 転んだ拍子に携帯電話を落としてしまいました。넘어지는 바람에 휴대폰을 떨어뜨리고 말았어요. ノモジヌン バラメ ヒュデポヌル ットロットゥリゴ マラッソヨ 関 手拍子 손장단 ソンチャンダン

ひょうし [表紙] 표지 ピョジ; 겉장 コッチャン

ひょうじ [表示] 표시 ピョシ ❖~する 표시하다 ピョシハダ

ひょうしき [標識] 표지 ピョジ 関 標識灯 표지등 ピョジドゥン/交通標識 교통 표지 キョトン ピョジ

びょうしつ [病室] 병실 ピョーンシル

びょうしゃ [描写] 묘사 ミョーサ ❖~する 묘사하다 ミョーサハダ

ひょうじゅん [標準] 표준 ピョジュン

ひょうしょう [表彰] 표창 ピョチャン ❖~する 표창하다 ピョチャンハダ 関 表彰状 표창장 ピョチャンッチャン

ひょうじょう [表情] 표정 ピョジョン 例 どんな表情をしていいか, わかりません。어떤 표정을 지어야 할지 모르겠어요. オットン ピョジョンウル チオヤ ハルチ モルゲッソヨ

びょうじょう [病状] 병상 ピョーンサン; 병세 ピョーンセ;증상 チュンサン;증세 チュンセ

ひょうせつ [剽窃] 표절 ピョジョル ❖~する 표절하다 ピョジョラダ

ひょうだい [表題・標題] 표제 ピョジェ

ひょうたん [瓢箪] 호리병박 ホリビョンバク; 표주박 ピョジュバク

ひょうてんか [氷点下] 빙점하 ピンチョマ; 영하 ヨンハ

びょうどう [平等] 평등 ピョンドゥン ❖~だ 평등하다 ピョンドゥンハダ ❖~に 평등하게 ピョンドゥンハゲ 関 男女平等 남녀평등 ナムニョピョンドゥン

びょうにん [病人] 병자 ピョーンジャ; 아픈 사람 アプン サーラム

ひょうはく [漂白] 표백 ピョベク ❖~する 표백하다 ピョベカダ 関 漂白剤 표백제 ピョベクチェ/漂白作用 표백 작용 ピョベク チャギョン

ひょうばん [評判] 평판 ピョーンパン 例 そこは景色が美しいと評判です。거기는 경치가 아름답기로 평판이 나 있어요. コギヌン キョンチガ アルムダプキロ ピョーンパニ ナ イッソヨ

びょうぶ [屏風] 병풍 ピョンプン

ひょうほん [標本] 표본 ピョボン

ひょうめん [表面] 표면 ピョミョン; 겉 コッ; 앞면 アムミョン

ひょうりゅう [漂流] 표류 ピョリュ ❖~する 표류하다 ピョリュハダ

ひょうろん [評論] 평론 ピョーンノン 関 評論家 평론가 ピョーンノンガ

ガ

ひよけ [日除け] 해가리개 ヘガリゲ

ひよこ [雛] ①(動物) 병아리 ピョンアリ ②(初心者) 풋내기 プンネギ

ひより [日和] 날씨 ナルッシ;일기 イルギ 園 小春日和 봄날 같은 날씨 ポムナル ガトゥン ナルッシ

ひよわい [ひ弱い] 허약하다 ホヤカダ;가냘프다 カニャルプダ

びら 광고지 クヮーンゴジ;전단지 チョンダンジ

ひらいしん [避雷針] 피뢰침 ピールェチム

ひらおよぎ [平泳ぎ] 평영 ピョンヨン;개구리헤엄 ケグリヘオム

ひらく [開く] ①(…が開く) 열리다 ヨルリダ 例 デパートは何時に開きますか。백화점은 몇 시에 열려요? ペクヮジョムン ミョッ シエ ヨルリョヨ ②(…を開ける) 열다 ヨールダ 例 かわいい店なのでそっとドアを開いてみました。예쁜 가게라서 살짝 문을 열어 봤어요. イェーップン カーゲラソ サルッチャク ム ヌル ヨロ ブヮッソヨ ③(開催する) 열다 ヨールダ;개최하다 ケチュェハダ 例 私のために送別会を開いてくれました。저를 위해 송별회를 열어 주었어요. チョルル ウィヘ ソーンビョルェルル ヨロ ジュオッソヨ ④(本を) 펴다 ピョダ

ひらける [開ける] ①열리다 ヨルリダ;트이다 トゥイダ ②(広がる) 전개되다 チョーンゲドゥェダ;펼쳐지다 ピョルチョジダ;퍼지다 ポージダ ③(発展する) 발전되다 パルチョンドゥェダ;개발되다 ケバルドゥェダ;개화되다 ケフヮドゥェダ

ひらたい [平たい] 평평하다 ピョンピョンハダ;판판하다 パンパナダ ❖ 平たく ①(わかりやすく) 알기 쉽게 アルギ シュィープケ ②(平に) 평평하게 ピョンピョンハゲ

ピラミッド [pyramid] 피라미드 ピラミドゥ

ひらめ [平目・鮃] 광어 クヮーンオ

ひらめく [閃く] ①(輝く) 번쩍이다 ポンッチョギダ ②(旗などが翻る) 나부끼다 ナブッキダ;펄럭이다 ポルロギダ ③(考えが浮かぶ) 번쩍 떠오르다 ポンッチョク ットオルダ

びり 꼴찌 ッコルッチ

ピリオド [period] 피리어드 ピリオドゥ;종지부 チョンジブ;마침표 マチムピョ

ひりつ [比率] 비율 ピーユル

ひりひり 얼얼 オロル;따끔따끔 ッタックムッタックム ❖ ~する 얼얼하다 オロラダ;따끔따끔하다 ッタックムッタックマダ 例 辛すぎて口の中がひりひりします。너무 매워서 입안이 얼얼해요. ノム メウォソ イバニ オロレヨ

ビリヤード [billiards] 당구 タング

ひりょう [肥料] 비료 ピーリョ

ひる [昼] ①(日中) 낮 ナッ 例 平日は昼も夜もなく働きます。평일에는 밤낮없이 일해요. ピョンイレヌン パムナドーブシ イーレヨ ②(昼食) 점심 チョームシム 例 お昼は召し上がりましたか。점심 드셨어요? チョームシム トゥショッソヨ 園 昼休み 점심시간 チョームシムシガン

ビル [←building] 빌딩 ピルディン 例 高いビルが多い所ですね。높은 빌딩이 많은 곳이네요. ノプン ビルディンイ マーヌン ゴシネヨ

ひるがえす [翻す] ①(身を) 휙 돌리다 フィク トルリダ ②(態度などを反転させる) 바꾸다 パックダ; 번복하다 ポンボカダ

ひるがえる [翻る] ①(旗などがなびく) 나부끼다 ナブッキダ ②(態度などが反転する) 바뀌다 パックィダ

ひるね [昼寝] 낮잠 ナッチャム

ひるま [昼間] 낮 ナッ

ひれ [鰭] 지느러미 チヌロミ

ひれい [比例] 비례 ピーリェ ❖~する 비례하다 ピーリェハダ

ひれつ [卑劣] 비열 ピーヨル ❖~だ 비열하다 ピーヨラダ

ひろい [広い] 넓다 ノルタ 例 もう少し広い部屋はありませんか。좀 더 넓은 방은 없나요? チョム ド ノルブン パンウン オームナヨ ❖広く 널리 ノルリ; 넓게 ノルケ 例 日本の文化を広く知らせたいです。일본의 문화를 널리 알리고 싶어요. イルボネ ムヌワルル ノルリ アルリゴ シポヨ / 世の中を広く見たくて旅行をしています。세상을 넓게 보고 싶어서 여행을 다녀요. セーサンウル ノルケ ポゴ シポソ ヨヘンウル タニョヨ

ひろう [披露] 피로 ピロ ❖~する 피로하다 ピロハダ 関 披露宴 피로연 ピロヨン

ひろう [疲労] 피로 ピロ ❖~する 피로해지다 ピロヘジダ 関 疲労感 피로감 ピロガム

ひろう [拾う] 줍다 チュプタ 例 バスで財布を拾いました。버스에서 지갑을 주웠어요. ポスエソ チガブル チュウォッソヨ

ひろがる [広がる・拡がる] ①(規模が大きくなる) 넓어지다 ノルボジダ 例 就職して付き合いの幅が広がりました。취직하고 나서 교제의 폭이 넓어졌어요. チューィジカゴ ナソ キョジェエ ポギ ノルボジョッソヨ ②(広く行き渡る) 퍼지다 ポージダ; 번지다 ポーンジダ 例 インフルエンザが広がって臨時休校となりました。독감이 번져서 임시 휴교가 됐어요. トクカミ ポンジョソ イムシ ヒュギョガ トウェッソ ③(拡大する) 확대되다 フワクテドウェダ

ひろげる [広げる] ①(幅を広くする) 넓히다 ノルピダ 例 道路を広げる工事のため, 道が混んでいます。도로를 넓히는 공사 때문에 길이 복잡해요. トーロルル ノルピヌン コンサ ッテムネ キリ ポクチャペヨ ②(規模を拡大する) 확장하다 フワクチャンハダ; 확대하다 フワクテハダ 例 韓国にまで事業を広げます。한국으로까지 사업을 확장했어요. ハーングッロッカジ サーオブル フワクチャンヘッソヨ ③(本や扇子を) 펴다 ピョダ 例 本を広げてください。책을 펴세요. チェグル ピョセヨ ④(新聞や地図など畳まれたものを) 펼치다 ピョルチダ ⑤(樹木が枝を) 뻗다 ッポッタ

ひろば [広場] 광장 クワーンジャン

ひわ [秘話] 비화 ピーフワ

ひん [品] 품위 プームィ;품격 プームッキョク

びん [便] 편 ピョン 圀航空便 항공편 ハーンゴンピョン / 最終便 최종편 チュージョンピョン / 定期便 정기편 チョーンギピョン

びん [瓶・壜] 병 ピョン

ピン [pin] 핀 ピン;바늘 パヌル

ひんい [品位] 품위 プームィ;품격 プームッキョク

びんかん [敏感] 민감 ミンガム ❖~だ 민감하다 ミンガマダ ❖~に 민감하게 ミンガマゲ

ピンク [pink] 핑크 ピンク

ひんけつ [貧血] 빈혈 ピニョル

ひんこん [貧困] 빈곤 ピンゴン

ひんし [品詞] 품사 プームサ

ひんしつ [品質] 품질 プームジル

ひんじゃく [貧弱] 빈약 ピニャク ❖~だ 빈약하다 ピニャカダ

ひんしゅ [品種] 품종 プームジョン

ひんしゅく [顰蹙] 빈축 ピンチュク

びんしょう [敏捷] 민첩 ミンチョプ ❖~だ 민첩하다 ミンチョパダ

びんじょう [便乗] 편승 ピョンスン ❖~する 편승하다 ピョンスンハダ

ひんせい [品性] 품성 プームソン

ピンセット [pincette] 핀셋 ピンセッ

びんせん [便箋] 편지지 ピョーンジジ

ヒント [hint] 힌트 ヒントゥ

ひんど [頻度] 빈도 ピンド

ピント [←brandpunt] 핀트 ピントゥ;초점 チョッチョム

ひんぱん [頻繁] 빈번 ピンボン ❖~だ 빈번하다 ピンボナダ ❖~に 빈번하게 ピンボナゲ

びんぼう [貧乏] 가난 カナン ❖~だ 가난하다 カナナダ ❖~に 가난하게 カナナゲ

ピンぼけ 핀트가 흐림 ピントゥガ フリム 囫ピンぼけの写真 핀트가 흐려진 사진 ピントゥガ フリョジン サジン

ひんみん [貧民] 빈민 ピンミン

ふ

ぶ [部] ①부 プ ②(部署) 부서 プソ ③(部数) 부 プ;부수 プス

ファースト [first] 퍼스트 ポストゥ 圀ファーストクラス 퍼스트 클래스 ポストゥ クルレス

ファーストフード [fast food] 패스트푸드 ペストゥプドゥ

ぶあい [歩合] ①(比率) 보합 ポーハプ;비율 ピーユル ②(報酬) 수수료 ススリョ;보수 ポス 圀歩合給 능률급 ヌンニュルグプ / 비율급 ピーユルグプ / 歩合制 능률제 ヌンニュルチェ;비율제 ピーユルチェ

ぶあいそう [無愛想] ❖~だ 무뚝뚝하다 ムットゥクットゥカダ;통명스럽다 トゥンミョンスロプタ

ファイト [fight] 파이트 パイトゥ;투지 トゥジ

ファイル [file] 파일 パイル;서류철 ソリュチョル

ファクシミリ [facsimile] 팩시밀리 ペクシミルリ;팩스 ペクス

ぶあつい [分厚い] 두툼하다 トゥトゥマダ;두껍다 トゥッコプタ

ファッション [fashion] 패션 ペション

ョン
ファン [fan] 팬 ペン 関 ファンミーティング 팬미팅 ペンミーティン / ファンレター 팬레터 ペンレト
ふあん [不安] 불안 プラン ❖～だ 불안하다 プラナダ 例 飛行機が墜落しないかとても不安です。 비행기가 추락하지 않을까 너무 불안해요. ピヘンギガ チュラカジ アヌルッカ ノム プラネヨ
ふあんてい [不安定] 불안정 プランジョン ❖～だ 불안정하다 プランジョンハダ
ファンデーション [foundation] 파운데이션 パウンデイション
ふい [不意] ①불의 プリ;불시 プルシ ②(隙) 허 ホ ❖～の 불의의 プリエ;뜻밖의 ットゥッパッケ ❖～に 느닷없이 ノダドプシ;갑자기 カプチャギ;뜻밖에 ットゥッパッケ
フィート [feet] 피트 ピトゥ
フィーリング [feeling] 필링 ピルリン;느낌 ヌッキム
フィールド [field] 필드 ピールドゥ 関 フィールド競技 필드 경기 ピールドゥ キョーンギ / フィールドワーク 현지 조사 ヒョーンジ チョサ
フィギュアスケート [figure skating] 피겨 스케이팅 ピギョ スケイティン
フィリピン [Philippines] 필리핀 ピルリピン
フィルター [filter] 필터 ピルト
フィルム [film] 필름 ピルルム
フィンランド [Finland] 핀란드 ピルランドゥ
ふう [封] 봉함 ポンハム ❖～する 봉하다 ポンハダ

ふうう [風雨] 풍우 プンウ 関 風雨注意報 풍우 주의보 プンウ チューイボ
ふうか [風化] 풍화 プンフヮ ❖～する 풍화하다 プンフヮハダ;풍화되다 プンフヮドウェダ
ふうき [風紀] 풍기 プンギ;규율 キュユル
ふうきり [封切り] 개봉 ケボン ❖～する 개봉하다 ケボンハダ ❖封切られる 개봉되다 ケボンドウェダ
ふうけい [風景] 경치 キョンチ;풍경 プンギョン 例 窓から見える風景がとてもきれいです。 창문으로 보이는 경치가 너무 아름다워요. チャンムヌロ ポイヌン キョンチガ ノム アルムダウォヨ
ふうさ [封鎖] 봉쇄 ポンスェ ❖～する 봉쇄하다 ポンスェハダ ❖～される 봉쇄되다 ポンスェドウェダ
ふうさい [風采] 풍채 プンチェ
ふうし [風刺] 풍자 プンジャ ❖～する 풍자하다 プンジャハダ 関 風刺画 풍자화 プンジャフヮ
ふうしゃ [風車] 풍차 プンチャ
ふうしゅう [風習] 풍습 プンスプ
ふうすい [風水] 풍수 プンス
ふうせん [風船] 풍선 プンソン
ふうそく [風速] 풍속 プンソク
ふうぞく [風俗] ①풍속 プンソク ②(風習) 풍습 プンスプ 関 風俗業 유흥업 ユフンオプ
ブーツ [boots] 부츠 プーチュ
ふうど [風土] 풍토 プント
フード [food] 푸드 プドゥ;음식물 ウームシンムル
フード [hood] 후드 フドゥ

ふうとう [封筒] 봉투 ポントゥ
ふうふ [夫婦] 부부 プブ；내외 ネーウェ 例夫婦同伴で旅行に来ました。부부 동반으로 여행을 왔어요. プブ トンバヌロ ヨヘンウル ワッソヨ 関夫婦げんか 부부 싸움 プブ ッサウム / おしどり夫婦 잉꼬부부 インッコブブ；원앙 부부 ウォナン プブ
ふうみ [風味] ① 풍미 プンミ ②(味) 맛 マッ
ブーム [boom] 붐 プーム
ふうりゅう [風流] 풍류 プンニュ ❖~だ 풍류스럽다 プンニュスロプタ
ふうりょく [風力] 풍력 プンニョク
プール [pool] 풀장 プルジャン；수영장 スヨンジャン
ふえ [笛] 피리 ピリ
フェリー [ferry] ①페리 ペリ ②(連絡船) 연락선 ヨルラクソン 関カーフェリー 카 페리 カ ペリ / 関釜フェリー 관부 페리 クワンブ ペリ
ふえる [増える・殖える] ①(数や量が) 늘다 ヌルダ；늘어나다 ヌロナダ；증가하다 チュンガハダ；불어나다 プロナダ 例日本人旅行客が大分増えました。일본인 여행객이 많이 늘었어요. イルボニン ヨヘンゲギ マーニ ヌロッソヨ ②(繁殖する) 번식하다 ポンシカダ
ふか [不可] 불가 プルガ
ぶか [部下] 부하 プハ
ふかい [深い] ①(表面から底までの距離が長い) 깊다 キプタ 例スキューバダイビングで深い海の中に潜ったことがあります。스쿠버 다이빙으로 깊은 바다 속에 들어간 적이 있어요. スクボ ダイビンウロ キプン パダ ソーゲ トゥロガン ジョギ イッソヨ ❖深く 깊이 キピ ②(色や濃度が濃い) 짙다 チッタ 例髪をもう少し深い色に染めたいのですが。머리를 좀 더 짙은 색으로 물들이고 싶은데요. モリルル チョム ド チトゥン セグロ ムルドゥリゴ シプンデヨ ③(植物などが密生している) 무성하다 ムーソンハダ 例深い森の中をひたすら歩きました。무성한 숲 속을 마냥 걸었어요. ムソンハン スプ ソーグル マニャン コロッソヨ
ふかい [不快] 불쾌 プルクェ ❖~だ 불쾌하다 プルクェハダ 関不快感 불쾌감 プルクェガム
ふかくてい [不確定] ❖~だ 불확정하다 プルワクチョンハダ
ふかけつ [不可欠] ❖~だ 불가결하다 プルガギョラダ
ふかさ [深さ] 깊이 キピ
ふかしぎ [不可思議] 불가사의 プルガサイ ❖~だ 불가사의하다 プルガサイハダ；신기하다 シンギハダ
ふかす [蒸す] 찌다 ッチダ
ふかのう [不可能] 불가능 プルガヌン ❖~だ 불가능하다 プルガヌンハダ
ふかふか ❖~だ 폭신폭신하다 ポクシンポクシナダ
ぶかぶか ❖~だ 헐렁헐렁하다 ホルロンホルロンハダ
ふかまる [深まる] 깊어지다 キポジダ

ふかんぜん [不完全] 불완전 プルワンジョン ❖~だ 불완전하다 プルワンジョナダ

ふき [蕗] 머위 モウィ

ぶき [武器] 무기 ムーギ

ふきかえ [吹き替え] 더빙 トビン 関 日本語吹き替え版 일본어 더빙판 イルボノ トビンパン

ふきげん [不機嫌] ❖~だ 언짢다 オンッチャンタ

ふきこむ [吹き込む] ①(雪・風が)들이치다 トゥリチダ ②(息を入れる)불어넣다 プロノッタ ③(教え込んで唆す)불어넣다 プロノッタ;교사하다 キョサハダ ④(録音する)녹음하다 ノグマダ

ふきそうじ [拭き掃除] 걸레질 コルレジル

ふきそく [不規則] 불규칙 プルギュチク ❖~だ 불규칙하다 プルギュチカダ

ふきだす [吹き出す] ①(風が)불기 시작하다 プルギ シージャカダ ②(堪え切れずに笑う)웃음을 터뜨리다 ウスムル トットゥリダ ③(内部にあるものが外に勢いよく出る)솟구치다 ソックチダ ④(芽が)트다 トゥダ

ふきつ [不吉] 불길 プルギル ❖~だ 불길하다 プルギラダ

ふきつける [吹き付ける] ①(風が)휘몰아치다 フィモラチダ ②(塗料を)뿜어서 칠하다 ップモソ チラダ

ぶきみ [不気味] ❖~だ 으스스하다 ウススハダ ❖~に 으스스 ウスス

ふきゅう [不朽] 불후 プル 例 不朽の名作 불후의 명작 プルエ ミョンジャク

ふきゅう [普及] 보급 ポーグプ ❖(…を)~する 보급하다 ポーグパダ ❖(…が)~する 보급되다 ポーグプトゥェダ 関 普及率 보급률 ポーグムニュル

ふきょう [不況] 불황 プルワン;불경기 プルギョンギ

ぶきよう [不器用] ❖~だ 서투르다 ソトゥルダ;손재주가 없다 ソンッチェジュガ オプタ

ふきん [付近] ①부근 プーグン ②(近所)근처 クーンチョ

ふく [服] 옷 オッ 例 冬の服を1着誂えたいです。겨울 옷을 하나 맞추고 싶어요. キョウル オスル ハナ マッチュゴ シポヨ

ふく [福] 복 ポク;행복 ヘーンボク

ふく [吹く] 불다 プールダ ①(風が)불다 プールダ 例 風が強く吹いて髪が乱れました。바람이 세게 불어서 머리가 헝클어졌어요. パラミ セゲ プロソ モリガ ホンクロジョッソヨ ②(笛などを)불다 プールダ ③(息を出す)불다 プールダ 例 早くケーキのロウソクを吹き消してください。얼른 케이크의 촛불을 불어 끄세요. オルルン ケイクエ チョップルル プロ ックセヨ

ふく [拭く] ①(ほこりや汚れ・汗などを拭く,磨く)닦다 タクタ 例 額の汗を拭いてください。이마의 땀 좀 닦으세요. イマエ ッタム チョム タックセヨ ②(こぼした水などをぬぐう)훔치다 フムチダ 例 こっそり涙を拭きました。아무도 모르게 눈물을 훔쳤어요. アームド モルゲ

ヌンムルル フムチョッソヨ
ふぐ [河豚] 복어 ポゴ
ふぐう [不遇] 불우 プル ❖~だ 불우하다 プルハダ
ふくがく [復学] 복학 ポカク ❖~する 복학하다 ポカカダ
ふくぎょう [副業] 부업 プオプ
ふくげん [復元] 복원 ポゴン ❖~する 복원하다 ポゴナダ
ふくざつ [複雑] 복잡 ポクチャプ ❖~だ 복잡하다 ポクチャパダ
ふくさよう [副作用] 부작용 プージャギョン
ふくし [副詞] 부사 プサ
ふくし [福祉] 복지 ポクチ 関 社会福祉 사회 복지 サフェ ポクチ / 福祉施設 복지 시설 ポクチ シーソル
ふくしゃ [複写] 복사 ポクサ ❖~する 복사하다 ポクサハダ; 카피하다 カピハダ 関 複写機 복사기 ポクサギ
ふくしゅう [復習] 복습 ポクスプ ❖~する 복습하다 ポクスパダ
ふくしゅう [復讐] 복수 ポクス; 앙갚음 アンガプム ❖~する 복수하다 ポクスハダ; 앙갚음하다 アンガプマダ
ふくじゅう [服従] 복종 ポクチョン ❖~する 복종하다 ポクチョンハダ
ふくしょく [復職] 복직 ポクチク ❖~する 복직하다 ポクチカダ
ふくしょく [服飾] 복식 ポクシク 関 服飾デザイナー 복식 디자이너 ポクシク ティジャイノ / 服飾品 복식품 ポクシクプム
ふくすう [複数] 복수 ポクス
ふくせい [複製] 복제 ポクチェ ❖~する 복제하다 ポクチェハダ 関 複製品 복제품 ポクチェプム
ふくそう [服装] 복장 ポクチャン; 옷차림 オッチャリム 例 こんな服装で行ってもいいでしょうか。이런 복장으로 가도 괜찮으ヌルッカヨ
ふくつう [腹痛] 복통 ポクトン; 배앓이 ペアリ
ふくむ [含む] ①(成分や構成要素としてもつ) 포함하다 ポハマダ; 함유하다 ハミュハダ 例 それはサービス料金を含んだ値段ですか。그건 서비스 요금을 포함한 가격입니까? クゴン ソービス ヨーグムル ポハマン カギョギムニッカ / ミネラルとビタミンを含んだ食品です。미네랄과 비타민을 함유한 식품이에요. ミネラルグヮ ピタミヌル ハミュハン シクプミエヨ ②(口の中に入れる) 머금다 モグムタ ③(心に抱く) 품다 プムタ ④(心に留める) 마음에 두다 マウメ トゥダ; 유념하다 ユニョマダ ⑤(様子を浮かべる) 띠다 ッティダ
ふくめる [含める] 포함하다 ポハマダ
ふくめん [覆面] 복면 ポンミョン
ふくよう [服用] 복용 ポギョン ❖~する 복용하다 ポギョンハダ
ふくよか 보동보동 ポドンボドン; 포동포동 ポドンポドン ❖~な 보동보동한 ポドンボドンハン; 포동포동한 ポドンポドンハン
ふくらはぎ [脹ら脛] 종아리 チョンアリ; 장딴지 チャンッタンジ
ふくらます [膨らます・脹らます]

ふくらむ

부풀게 하다 ププルゲ ハダ;부풀리다 ププルリダ

ふくらむ [膨らむ・脹らむ] ①부풀다 ププルダ;불룩해지다 プルルケジダ ②(膨張する) 팽창하다 ペンチャンハダ

ふくれる [膨れる・脹れる] ①(内部から外に盛り上がる) 부풀다 ププルダ;불룩해지다 プルルケジダ ②(満腹になる) 배가 부르다 ペガ プルダ 例 嬉しくて食べなくてもお腹が膨れます。기분이 좋아서 안 먹어도 배가 불러요. キブニ チョーアソ アン モゴド ペガ プルロヨ ③(増加する) 늘다 ヌルダ;증대하다 チュンデハダ ④(不機嫌になる) 뾰로통해지다 ッピョロトンヘジダ;시무룩해지다 シムルケジダ

ふくろ [袋] 주머니 チュモニ;자루 チャル;봉지 ポンジ

ふくろう [梟] 올빼미 オルッペミ

ふくろこうじ [袋小路] 막다른 골목 マクタルン ゴルモク

ふけ [頭垢] 비듬 ピドゥム

ふけいき [不景気] 불경기 プルギョンギ;불황 プルワン

ふけつ [不潔] 불결 プルギョル ❖~だ 불결하다 プルギョラダ

ふける [老ける] 나이를 먹다 ナイルル モクタ;늙다 ヌクタ

ふける [更ける] 깊어지다 キポジダ

ふける [耽る] ①(熱中する) 열중하다 ヨルチュンハダ ②(心を奪われる) 빠지다 ッパージダ

ふこう [不幸] 불행 プレン ❖~だ 불행하다 プレンハダ 例 不幸中の幸い 불행 중 다행 プレン ジュンタヘン

ふごうかく [不合格] 불합격 プラプキョク

ふこうへい [不公平] 불공평 プルゴンピョン ❖~だ 불공평하다 プルゴンピョンハダ

ふごうり [不合理] 불합리 プラムニ ❖~だ 불합리하다 プラムニハダ

ふさ [房] ①(葡萄などの) 송이 ソンイ ②(飾り) 술 スル

ふさい [夫妻] 부처 プチョ;부부 ププ;내외 ネーウェ 例 先生夫妻と会うことにしました。선생님 내외분을 만나기로 했어요. ソンセンニム ネーウェブヌル マンナギロ ヘッソヨ

ふさい [負債] 부채 プーチェ

ふざい [不在] 부재 プジェ 関 不在中 부재중 プジェジュン

ぶさいく [不細工] ❖~な 못생긴 モッーセンギン 例 不細工な顔 못생긴 얼굴 モッーセンギン オルグル

ふさがる [塞がる] ①(詰まっている) 막히다 マキダ;메다 メーダ ②(閉じる) 닫히다 タチダ ③(他のものが占めていて余地がない) 차다 チャダ;차 있다 チャ イッタ 例 部屋はもう塞がっていますか。방이 벌써 다 찼어요? パンイ ポルッソ ター チャッソヨ ④(使用中の) 사용 중이다 サーヨン ジュンイダ

ふさく [不作] 흉작 ヒュンジャク

ふさぐ [塞ぐ] ①(穴や空きを埋める) 메우다 メウダ;채우다 チェウダ ②(耳を覆って) 막다 マクタ 例 うるさくて耳を塞いで寝ました。

시끄러워서 귀를 막고 잤어요. シックロウォソ クィルル マコ チャッソヨ ③(通行を妨げる) 가로막다 カロマクタ 例警察が道を塞いで検問中です。경찰이 길을 가로막고 검문 중이에요. キョーンチャリ キル カロマクコ コームムン ジュンイエヨ

ふざける ①(おどける・冗談を言う) 익살을 부리다 イクサルル プリダ; 농담하다 ノーンダマダ ②(人をばかにする) 깔보다 ッカルボダ ③(騒ぐ) 장난을 치다 チャンナヌル チダ; 까불다 ッカブルダ

ぶさほう [無作法・不作法] 무례 ムリェ ❖~だ 무례하다 ムリェハダ

ふさわしい [相応しい] 어울리다 オウルリダ; 걸맞다 コルマッタ

ふし [節] ①(木の) 옹이 オンイ ②(関節) 관절 クヮンジョル; 뼈마디 ッピョマディ ③(旋律) 선율 ソニュル; 가락 カラク

ふし [不死] 불사 プルサ 関不老不死 불로불사 プルロプルサ

ふじ [藤] 등나무 トゥンナム

ふじ [不治] 불치 プルチ 関不治の病 불치병 プルチッピョン

ぶし [武士] 무사 ムーサ

ぶじ [無事] 무사 ムサ ❖~だ 무사하다 ムサハダ ❖~に 무사히 ムサヒ 例(旅行へは) 無事に行ってきましたか。무사히 잘 다녀왔어요? ムサヒ チャル タニョワッソヨ

ふしぎ [不思議] ①(不可思議) 불가사의 プルガサイ ❖~だ 불가사의하다 プルガサイハダ; 신기하다 シンギハダ ②(不可解だ) 이상하다 イーサンハダ; 수상하다 スサンハダ

ふしぜん [不自然] ❖~だ 부자연스럽다 プジャヨンスロプタ

ふしだら ❖~だ 절제가 없다 チョルチェガ オープタ; 행실이 나쁘다 ヘーンシリ ナップダ

ふしまつ [不始末] 잘못 チャルモッ; 부주의 プジュイ

ふじゆう [不自由] ❖~だ ①(不便・体に障害がある) 불편하다 プルピョナダ ②(お金に) 궁색하다 クンセカダ; 쪼들리다 ッチョドゥルリダ

ふじゅうぶん [不十分・不充分] ❖~だ 불충분하다 プルチュンブナダ

ふしょう [不詳] 미상 ミサン

ふしょう [負傷] 부상 プーサン ❖~する 부상하다 プーサンハダ

ぶしょう [無精] 게으름 ケウルム ❖~だ 게으르다 ケウルダ ❖~する 게으름을 피우다 ケウルムル ピウダ 関無精者 게으름뱅이 ケウルムベンイ

ふしょうじ [不祥事] 불상사 プルサンサ

ふしょく [腐食・腐蝕] 부식 プシク ❖(…を)~する 부식하다 プシカダ ❖(…が)~する 부식되다 プシクトゥェダ

ぶじょく [侮辱] 모욕 モーヨク ❖~する 모욕하다 モーヨカダ 例侮辱しているような言い方に腹が立ちました。모욕하는 듯한 말투에 화가 났어요. モーヨカヌン ドゥタン マールトゥエ フヮーガ ナッソヨ

ふしん [不信] ①불신 プルシン ②

(疑心) 의심 ウイシム 関不信感 불신감 プルシンガム

ふしん [不振] 부진 プジン ❖~だ 부진하다 プジナダ 関食欲不振 식욕 부진 シギョク プジン

ふしん [不審] 불심 プルシム ❖~だ 수상하다 スサンハダ;의심스럽다 ウイシムスロプタ

ふじん [夫人] 부인 プイン

ふじん [婦人] 부인 プイン 関婦人科 부인과 プインックワ/婦人雑誌 부인 잡지 プイン チャプチ/婦人服 부인복 プインボク;여성복 ヨソンボク

ぶすう [部数] 부수 プス 関発行部数 발행 부수 パレン ブス

ぶすっと ❖~している 시무룩하다 シムルカダ;뾰로통하다 ッピョロトンハダ

ふせい [不正] 부정 プジョン ❖~な 부정한 プジョンハン 関不正行為 부정행위 プジョンヘンウィ/不正入学 부정 입학 プジョン イパク

ふぜい [風情] 운치 ウンチ;정서 チョンソ

ふせいかく [不正確] ❖~だ 부정확하다 プジョンフワカダ

ふせぐ [防ぐ] ①막다 マクタ ②(防備する) 방비하다 パンビハダ ③(防止する) 방지하다 パンジハダ 例盗難を防ぐために貴重品は必ず身に付けてください。도난을 막기 위해 귀중품은 꼭 몸에 지니세요. トナヌル マクキ ウィヘ クィジュンプムン ッコク モメ チニセヨ

ふせる [伏せる] ①(顔・体を下に向ける) 숙이다 スギダ;엎드리다 オプトゥリダ ②(隠す) 숨기다 スムギダ;감추다 カムチュダ

ぶそう [武装] 무장 ムージャン ❖~する 무장하다 ムージャンハダ

ふそく [不足] ①(足りない) 부족 プジョク ❖~する 부족하다 プジョカダ 例お金が少し足りなくて買えませんでした。돈이 조금 부족해서 못 샀어요. トーニ チョグム プジョケソ モッ サッソヨ ②(不平・不満) 불만 プルマン;불평 プルピョン

ふぞく [付属] 부속 プソク ❖~する 부속하다 プソカダ

ぶぞく [部族] 부족 プジョク

ふた [蓋] 뚜껑 ットゥッコン;덮개 トプケ 例蓋が開きません。뚜껑이 열리지 않아요. ットゥッコンイ ヨルリジ アナヨ

ふだ [札] 표찰 ピョチャル 関お守り札 부적 プージョク/立て札 팻말 ペンマル/名札 명찰 ミョンチャル/이름표 イルムピョ/荷札 짐표 チムピョ/番号札 번호표 ポノピョ

ぶた [豚] 돼지 トゥェージ

ぶたい [部隊] 부대 プデ

ぶたい [舞台] 무대 ムーデ 例舞台で歌う姿がとても格好良かったです。무대에서 노래하는 모습이 너무 멋졌어요. ムーデエソ ノレハヌン モスビ ノム モッチョッソヨ

ふたえ [二重] 이중 イージュン;두겹 トゥー ギョプ 関二重まぶた 쌍꺼풀 ッサンッコプル

ふたご [双子] 쌍둥이 ッサンドゥンイ

ふたたび [再び] 다시 タシ; 재차 チェーチャ 例 再びは会えないと思っていました. 다시는 못 만날 줄 알았어요. タシヌン モン マンナル チュル アラッソヨ

ふたつ [二つ] ①둘 トゥール; 두 トゥー 《助数詞が付く場合は두の形》 ❖〜の 두 トゥー 例 私の二つの目で確認しました. 제 두 눈으로 확인했어요. チェ トゥー ヌヌロ フワギネッソヨ ②(2歳) 두 살 トゥー サル

ふたまた [二股] ①(道などが2つに分れる) 두 갈래 トゥー ガルレ ②(2つの物事に関わること) 양다리 ヤーンダリ 例 二股を掛けるなんてとんでもないです. 양다리를 걸치다니 말도 안 돼요. ヤーンダリルル コールチダニ マールド アンドゥェヨ

ふたり [二人] 두 사람 トゥー サーラム

ふたん [負担] 부담 プーダム ❖〜する 부담하다 プーダマダ ❖〜になる 부담이 되다 プーダミ トゥェダ

ふだん [普段] 평소 ピョンソ; 평상시 ピョンサンシ; 보통 ポートン

ふち [縁] ①가장자리 カージャンジャリ ②(川や道の端) 가 カ

ふちゅうい [不注意] 부주의 プジュイ ❖〜だ 부주의하다 プジュイハダ

ふちょう [不調] ❖〜だ 상태가 나쁘다 サンテガ ナップダ; 컨디션이 나쁘다 コンディショニ ナップダ

ぶちょう [部長] 부장 プジャン

ふつう [普通] ①(通常) 보통 ポートン ❖〜だ 보통이다 ポートンイダ ❖〜でない 보통이 아니다 ポートンイ アニダ 例 料理の腕が普通ではないですね. 음식 솜씨가 보통이 아니시네요. ウームシク ソムッシガ ポートンイ アニシネヨ ②(一般的に) 보통 ポートン; 일반적으로 イルバンジョグロ

ふつか [二日] 《漢字語》 2(이) 일 イーイル 《固有語》 이틀 イトゥル

ぶっか [物価] 물가 ムルッカ 例 思ったより物価が高くてびっくりしました. 생각보다 물가가 비싸서 놀랐어요. センガクポダ ムルッカガ ピッサソ ノルラッソヨ

ふっかつ [復活] 부활 プーフワル ❖〜する 부활하다 プーフワラダ

ふつかよい [二日酔い] 숙취 スクチュイ

ぶつかる ①부딪치다 プディッチダ ②(衝突する) 충돌하다 チュンドラダ 例 タクシーと自転車がぶつかりました. 택시와 자전거가 부딪쳤어요. テクシワ チャジョンゴガ プディッチョッソヨ ③(出くわす) 부닥치다 プダクチダ ④(重なる) 겹치다 キョプチダ

ふっきゅう [復旧] 복구 ポク ❖(…を) 〜する 복구하다 ポックハダ ❖(…が) 〜する 복구되다 ポックドゥェダ 関 復旧工事 복구공사 ポックゴンサ

ぶっきょう [仏教] 불교 プルギョ 関 仏教徒 불교도 プルギョド

ぶっきらぼう [ぶっきら棒] ❖〜だ 무뚝뚝하다 ムットゥクットゥカダ; 퉁명스럽다 トゥンミョンスロプタ

ブック [book] 북 プク;책 チェク

ぶつける ①(激しく当てる) 부딪치다 プディッチダ ②(不満などを言い放つ) 터뜨리다 トットゥリダ

ふっこう [復興] ①부흥 プーフン ❖~する 부흥하다 プーフンハダ;부흥되다 プーフンドゥェダ ②(復旧) 복구 ポクク

ふつごう [不都合] 불편 プルピョン;곤란 コーラン ❖~だ 불편하다 プルピョナダ;곤란하다 コーラナダ

ぶっし [物資] 물자 ムルチャ 囲救援物資 구원 물자 クーウォン ムルチャ/生活物資 생활 물자 センファル ムルチャ/必需物資 필수 물자 ピルス ムルチャ

ぶっしつ [物質] 물질 ムルチル

ぶっしょく [物色] 물색 ムルセク ❖~する 물색하다 ムルセカダ

ぶっそう [物騒] ❖~だ 위험스럽다 ウィホムスロプタ

ぶつぞう [仏像] 불상 プルサン

ぶっちょうづら [仏頂面] 시무룩한 얼굴 シムルカン オルグル

ふっとう [沸騰] 비등 ピードゥン ❖~する ①(水が) 끓다 ックルタ;끓어오르다 ックロオルダ;비등하다 ピードゥンハダ ②(人気や議論が) 들끓다 トゥルックルタ

ぶつぶつ 중얼중얼 チュンオルジュンオル;투덜투덜 トゥドルトゥドル 囲ぶつぶつ独り言を言う 중얼거리다 チュンオルゴリダ / ぶつぶつ不平を言う 투덜거리다 トゥドルゴリダ

ぶつり [物理] 물리 ムルリ 囲物理学 물리학 ムルリハク / 物理学者 물리학자 ムルリハクチャ / 物理的 물리적 ムルリジョク

ふつりあい [不釣り合い] ❖~だ 어울리지 않다 オウルリジ アンタ ❖~な 어울리지 않는 オウルリジ アンヌン

ふで [筆] ①붓 プッ ②(絵筆) 그림붓 クーリム プッ

ブティック [boutique] 부티크 プティク

ふでばこ [筆箱] 필통 ピルトン

ふてぶてしい 뻔뻔스럽다 ッポンッポンスロプタ

ふと 문득 ムントゥク;갑자기 カプチャギ

ふとい [太い] 굵다 ククタ 囲指が太くて指輪がはめられません。 손가락이 굵어서 반지를 못 껴요. ソンカラギ クルゴソ パンジルル モーッ ッキョヨ ❖太く 굵게 クルケ

ぶどう [葡萄] ①(果実) 포도 ポド ②(樹木) 포도나무 ポドナム

ふどうさん [不動産] 부동산 プドンサン 囲不動産屋 복덕방 ポクトクパン;부동산 소개소 プドンサン ソゲソ

ふところ [懐] ①(胸部) 품 プム ②(所持金) 가진 돈 カジン ドーン

ふとさ [太さ] 굵기 クルキ

ふともも [太股] 넓적다리 ノプチョクタリ

ふとる [太る] 살이 찌다 サリッチダ 囲最近太って悩んでいます。 요즘 살이 쪄서 고민이에요. ヨジュム サリッチョソ コミニエヨ

ふとん [布団] 이부자리 イブジャリ;이불 イブル 囲寒いのですが, 厚い布団はないですか。 추운데

두꺼운 이불 없어요? チュウンデト ウッコウン イブル オープソヨ 関 掛け布団 이불 イブル / 敷布団 요 ヨ

ふな [鮒] 붕어 プーノ

ふなびん [船便] 선편 ソンピョン; 배편 ペピョン

ふなよい [船酔い] 뱃멀미 ペンモルミ

ふなれ [不慣れ] ❖~だ 익숙하지 못하다 イクスカジ モーッタダ; 서투르다 ソトウルダ

ぶなん [無難] ❖~だ 무난하다 ムナナダ

ふにん [不妊] 불임 プリム

ふにん [赴任] 부임 プーイム ❖~する 부임하다 プーイマダ 関赴任地 부임지 プーイムジ / 단신 부임 단신 부임 タンシン プーイム

ふね [舟・船] 배 ペ 例船で行くとどれくらい(時間が)かかりますか。 배로 가면 얼마나 걸려요? ペロ カミョン オルマナ コルリョヨ

ふねん [不燃] 불연 プリョン 関不燃ゴミ 안 타는 쓰레기 アン タヌン ッスレギ / 不燃性 불연성 プリョンッソン / 不燃物 불연물 プリョンムル

ふはい [腐敗] 부패 プーペ ❖~する 부패하다 プーペハダ; 부패되다 ブペドゥェダ

ふばい [不買] 불매 プルメ 例不買運動 불매 운동 プルメ ウーンドン

ふび [不備] 불비 プルビ; 미비 ミビ

ふびょうどう [不平等] 불평등 プルピョンドゥン ❖~だ 불평등하다 プルピョンドゥンハダ

ふびん [不憫・不愍] 가엾다 カヨプタ ❖~に 가엾이 カヨプシ

ぶひん [部品] 부품 ププム

ふぶき [吹雪] 눈보라 ヌンボラ

ぶぶん [部分] 부분 プブン 関部分的 부분적 ププンジョク

ふへい [不平] 불평 プルピョン

ふへん [不変] 불변 プルビョン ❖~だ 불변하다 プルビョナダ

ふへん [普遍] 보편 ポーピョン 関普遍的 보편적 ポーピョンジョク

ふべん [不便] 불편 プルピョン ❖~だ 불편하다 プルピョナダ 例どこか不便なところはありませんか。 어디 불편한 데는 없으세요? オディ プルピョナン デヌン オープスセヨ

ふぼ [父母] 부모 プモ 関父母会 학부모회 ハクプモフェ

ふほう [不法] 불법 プルポプ 関不法行為 불법 행위 プルポプ ヘンウィ

ふほう [訃報] 부보 プーボ; 부고 プーゴ

ふほんい [不本意] ❖~だ 본의 아니다 ポニ アニダ ❖~な 기대에 어긋나는 キデエ オグンナヌン ❖~ながら 본의는 아니나 ポニヌン アニナ

ふまじめ [不真面目] ❖~だ 진지하지 않다 チンジハジ アンタ

ふまん [不満] 불만 プルマン 例不満があれば直接おっしゃってください。 불만이 있으면 직접 말씀하세요. プルマニ イッスミョン チクチョプ マールッスマセヨ 関不平不満 불평 불만 プルピョン プルマン / 欲求不満 욕구 불만 ヨクク プルマン

ふみきり [踏み切り] 건널목 コーン

ノルモク
ふみきる [踏み切る] ①(決断する) 결단하다 キョルタナダ ②(跳躍する) 날다 ナルダ
ふみだい [踏み台] 발판 パルパン
ふみたおす [踏み倒す] 떼어먹다 ッテオモクタ
ふみはずす [踏みはずす] ①(階段などを) 헛디디다 ホッティディダ ②(道理に外れる) 벗어나다 ポソナダ
ふみん [不眠] 불면 プルミョン 関 不眠症 불면증 プルミョンッチュン
ふむ [踏む] ①(足で) 밟다 パプタ 例 足を踏んで申し訳ありません。발을 밟아서 죄송합니다. パルル パルバソ チュェーソンハムニダ ②(手順を) 밟다 パプタ 例 公式の手続を踏んでからお訪ねください。공식적인 절차를 밟은 다음에 찾아와 주세요. コンシクチョギン チョルチャルル パルブン ダウメ チャジャワ ジュセヨ ③(推測する) 어림하다 オリマダ ; 짐작하다 チムジャカダ 関 地団駄を踏む 발을 동동 구르다 パルル トンドン クールダ
ふめい [不明] 불명 プルミョン 関 行方不明 행방불명 ヘンバンブルミョン / 原因不明 원인 불명 ウォニン プルミョン
ふめいよ [不名誉] 불명예 プルミョンエ ❖~だ 불명예스럽다 プルミョンエスロプタ
ふめいりょう [不明瞭] ❖~だ 분명하지 않다 プンミョンハジ アンタ ; 또렷하지 않다 ットリョタジ アンタ

ふもう [不毛] 불모 プルモ ❖~な 무익한 ムイカン
ふもと [麓] 산기슭 サンキスク
ぶもん [部門] 부문 プムン
ふやす [増やす・殖やす] ①늘리다 ヌルリダ ; 불리다 プルリダ 例 休日をもっと増やしてほしいです。휴일을 더 늘렸으면 좋겠어요. ヒュイルル ト ヌルリョッスミョン チョーッケッソヨ ②(加える) 보태다 ポテダ
ふゆ [冬] 겨울 キョウル 関 冬休み 겨울 방학 キョウル パーンハク / 冬支度 겨울 채비 キョウル チェビ
ふゆかい [不愉快] ❖~だ 불유쾌하다 プリュクェハダ ; 불쾌하다 プルクェハダ
ふよう [不要] ❖~だ 불필요하다 プルピリョハダ
ふよう [扶養] 부양 プヤン ❖~する 부양하다 プヤンハダ 関 扶養家族 부양가족 プヤンガジョク
ぶよう [舞踊] 무용 ムーヨン ; 춤 チュム
フライ [fry] 프라이 プライ ; 튀김 トゥィギム
フライト [flight] 플라이트 プルライトゥ ; 항공편 ハーンゴンピョン
プライド [pride] 프라이드 プライドゥ ; 긍지 クーンジ
フライドチキン [fried chicken] 프라이드치킨 プライドゥチキン
プライバシー [privacy] ①프라이버시 プライボシ 例 それはプライバシーの侵害です。그것은 프라이버시의 침해예요. クゴスン プライボシエ チーメエヨ ②(私生活) 사생활 サセンフワル

フライパン [frying pan] 프라이팬 プライペン

ブラウザー [browser] 브라우저 プラウジョ

ブラウス [blouse] 블라우스 プルラウス

プラカード [placard] 플래카드 プルレカードゥ

プラグ [plug] 플러그 プルログ

ぶらさがる [ぶら下がる] 달리다 タルリダ;매달리다 メーダルリダ

ぶらさげる [ぶら下げる] 매달다 メーダルダ

ブラシ [brush] 브러시 ブロシ;솔 ソール 関 歯ブラシ 칫솔 チッソル / 洋服ブラシ 양복솔 ヤンボクソル

ブラジャー [brassiere] 브래지어 プレジオ

プラス [plus] 플러스 プルロス;더하기 トハギ ❖~する 더하다 トハダ

プラスチック [plastic] 플라스틱 プルラスティク

ふらつく 비틀거리다 ピトゥルゴリダ;휘청거리다 フィチョンゴリダ

ブラック [black] 블랙 プルレク 関 ブラックリスト 블랙리스트 プルレンニストゥ

ぶらつく ①(出歩く) 거닐다 コニルダ;산책하다 サンチェカダ ②(揺れる) 흔들거리다 フンドゥルゴリダ

フラッシュ [flash] 플래시 プルレシ

プラットホーム [platform] 플랫폼 プルレッポム;승강장 スンガンジャン

プラネタリウム [planetarium] 플래네타륨 プルレネタリュム

ふらふら ①(足下などが安定しない) 비틀비틀 ピトゥルビトゥル ❖~する 비틀거리다 ピトゥルゴリダ ②(気持ちが安定しない) 흔들흔들 フンドゥルンドゥル ❖~する 흔들거리다 フンドゥルゴリダ

ぶらぶら ①(ぶら下がったものが揺れる) 흔들흔들 フンドゥルンドゥル ❖~する 흔들거리다 フンドゥルゴリダ ②(あてもなく歩く) ❖~する 어슬렁거리다 オスルロンゴリダ ③(無為に過ごす) ❖~する 빈둥거리다 ピンドゥンゴリダ

フラメンコ [flamenco] 플라멩코 プルラメンコ

フラワー [flower] 플라워 プルラウォ

プラン [plan] 플랜 プルレン

ブランク [blank] 블랭크 プルレンク;공백 コンベク

ぶらんこ [鞦韆] 그네 クーネ

フランス [France] 프랑스 プランス

フランチャイズ [franchise] 프랜차이즈 プレンチャイジュ

ブランデー [brandy] 브랜디 プレンディ

ブランド [brand] 브랜드 プレンドゥ;명품 ミョンプム

ふり [振り] 모습 モスプ;행동 ヘンドン ❖~する 체하다 チェハダ;척하다 チョカダ 例 全部知っているくせに知らない振りしないでください。다 알면서 모르는 척하지 마세요. ター アールミョンソ モルヌン チョカジ マーセヨ

ふり [不利] 불리 プルリ ❖~だ 불리하다 プルリハダ

ぶり [鰤] 방어 パンオ

フリー [free] 프리 プーリ

プリーツ [pleats] 플리츠 プルリチュ 関 プリーツスカート 주름 치마 チュルム チマ

ふりかえ [振り替え] 대체 テチェ ❖~する 대체하다 テチェハダ 関 振り替え休日 대체 휴일 テチェ ヒュイル

ふりかえる [振り返る] ①(後ろを見る) 뒤돌아보다 トゥィードラボダ;돌아다보다 トラダボダ ②(回顧する) 회고하다 フェゴハダ;돌이켜 보다 トリキョ ボダ

ブリキ [blik] 양철 ヤンチョル;생철 センチョル

ふりきる [振り切る] 뿌리치다 ップリチダ;떼치다 ッテチダ

ふりこむ [振り込む] 입금시키다 イプクムシキダ;불입하다 プリパダ

ふりつけ [振り付け] 안무 アーンム ❖~する 안무하다 アーンムハダ 関 振付師 안무가 アーンムガ

プリマ [prima] 프리마 プリマ

ふりまわす [振り回す] ①(物を) 휘두르다 フィドゥルダ ②(濫用する) 남용하다 ナーミョンハダ

ふりむく [振り向く] 돌아보다 トラボダ

ふりょう [不良] ①(質・機能・状態) 불량 プルリャン ❖~だ 불량하다 プルリャンハダ ②(人) 불량배 プルリャンベ 関 不良品 불량품 プルリャンプム

ぶりょく [武力] 무력 ムーリョク 関 武力行使 무력행사 ムーリョケンサ

ふりん [不倫] 불륜 プルリュン ❖~する 불륜을 저지르다 プルリュヌル チョジルダ

プリンス [prince] 프린스 プリンス;왕자 ワンジャ

プリンセス [princess] 프린세스 プリンセス;공주 コンジュ

プリンター [printer] 프린터 プリント

プリント [print] 프린트 プリントゥ 関 プリントアウト 프린트아웃 プリントゥアウッ;인쇄 출력 インスェ チュルリョク

ふる [降る] 내리다 ネリダ;오다 オダ 例 雨が降って公演が中止になりました。비가 와서 공연이 중지됐어요. ピガ ワソ コンヨニ チュンジドゥェッソヨ

ふる [振る] ①(揺り動かす) 흔들다 フンドゥルダ;휘두르다 フィドゥルダ 例 尻尾を振る子犬がかわいかったです。꼬리를 흔드는 강아지가 귀여웠어요. ッコリルル フンドゥヌン カンアジガ クィーヨウォッソヨ ②(塩などを) 뿌리다 ップリダ ③(割り振る) 할당하다 ハルダンハダ ④(異性を) 차다 チャダ

ふるい [古い] 낡다 ナクタ;오래다 オレダ;오래되다 オレドゥェダ 例 古くからの友達なので目を見るだけで気持ちがわかります。오랜 친구라 눈빛만 봐도 마음을 알 수 있어요. オレン チングラ ヌンピンマン ブァド マウムル アル ス イッソヨ / 古い時計だけどとても大切です。낡은 시계지만 아주 소중해요. ナルグン シゲジマン アジュ ソジュンヘヨ

ふるう [振るう] ①(大きく揺り動かす) 휘두르다 フィドゥルダ 例 何があっても暴力を振るってはいけ

ません。무슨 일이 있어도 폭력을 휘두르면 안 됩니다. ムスン ニーリ イッソド ポンニョグル フィドゥルミョン アン ドゥエムニダ ②(発揮する) 발휘하다 パルィハダ 例久しぶりに腕を振るってみました。오랜만에 솜씨를 발휘해 봤어요. オレンマネ ソムッシルル パルィヘ ブワッソヨ

フルーツ [fruits] 프루트 プルトゥ；과일 クワーイル

フルート [flute] 플루트 プルルトゥ

ブルーベリー [blueberry] 블루베리 プルルベリ

ふるえる [震える] 떨리다 ットルリダ 例寒過ぎて体が震えます。너무 추워서 몸이 떨려요. ノム チュウォソ モミ ットルリョヨ

ふるさと [古里・故郷] 고향 コヒャン

ブルドーザー [bulldozer] 불도저 プルドジョ

ぶるぶる 벌벌 ポルポル；부들부들 プドゥルプドゥル；덜덜 トルドル 例何が怖くてぶるぶる震えているのですか。뭐가 무서워서 벌벌 떨고 있어요? ムォーガ ムソウォソ ポルボル ットルゴ イッソヨ / あまりにも腹が立って体がぶるぶる震えました。너무 화가 나서 몸이 부들부들 떨렸어요. ノム フワーガ ナソ モミ プドゥルプドゥル ットルリョッソヨ / 寒くて体がぶるぶる震えます。추워서 몸이 덜덜 떨려요. チュウォソ モミ トルドル ットルリョヨ

ふるほん [古本] 헌책 ホンチェク

ふるまい [振る舞い] 행동 ヘンドン

ふるまう [振る舞う] ①행동하다 ヘンドンハダ ②(もてなす) 대접하다 テージョパダ

ぶれい [無礼] 무례 ムリェ ❖~だ 무례하다 ムリェハダ

プレー [play] 플레이 プルレイ

ブレーキ [brake] 브레이크 プレイク 関急ブレーキ 급브레이크 クプブレイク

プレーヤー [player] 플레이어 プルレイオ

ブレスレット [bracelet] 브레이슬렛 プレイスルレッ；팔찌 パルッチ

プレゼンテーション [presentation] 프리젠테이션 プリジェンテイション

プレゼント [present] 프레젠트 プレジェントゥ；선물 ソーンムル ❖~する 선물하다 ソーンムラダ

ふれる [触れる] ①(接触する) 닿다 ターッタ；접촉하다 チョプチョカダ 例子供たちの手に触れないようにしてください。아이들 손에 닿지 않도록 하세요. アイドゥル ソネ ターッチ アントロク ハセヨ ②(触る) 대다 テーダ；손대다 ソンデダ 例勝手に手を触れないでください。함부로 손대지 마세요. ハムブロ ソンデジ マーセヨ ③(抵触する) 저촉되다 チョチョクトゥェダ ④(言及する) 언급하다 オングパダ

ふろ [風呂] ①목욕 モギョク ❖~に入る 목욕하다 モギョカダ ②(浴槽) 목욕통 モギョクトン；욕조 ヨクチョ 関風呂屋 공중목욕탕 コンジュンモギョクタン；대중탕 テージュンタン / 男風呂 남탕 ナムタン

ン/女風呂 여탕 ヨタン
プロ [←professional] 프로 プロ
ふろう [不老] 불로 プルロ 関 不老長寿 불로장수 プルロジャンス
ふろく [付録] 부록 プーロク
ブログ [blog] 블로그 プルログ
プログラマー [programmer] 프로그래머 プログレモ
プログラム [program] 프로그램 プログレム
プロジェクト [project] 프로젝트 プロジェクトゥ
ふろしき [風呂敷] 보자기 ポジャギ
プロダクション [production] 프로덕션 プロドクション
プロテスタント [protestant] 프로테스탄트 プロテスタントゥ; 개신교 ケシンギョ
プロデューサー [producer] 프로듀서 プロデュソ
プロバイダー [provider] 프로바이더 プロバイド
プロフィール [profile] 프로필 プロピル
プロフェッサー [professor] 프로페서 プロペソ; 교수 キョース
プロフェッショナル [professional] 프로페셔널 プロペショノル
フロント [front] 프런트 プロントゥ
ふわ [不和] 불화 プルワ
ふわたり [不渡り] 부도 プド
ふん [糞] 똥 ットン; 대변 テービョン
ふん [分] (時間) 분 プン
ぶん [分] ①분 プン; 부분 ププン 例 使った分だけ払えばいいそうです。 사용한 부분만 지불하면 된대요. サーヨンハン ププンマンチブラミョン ドゥェンデヨ ②(取り分) 몫 モク 例 私の分は残しておいてください。 제 몫은 남겨 두세요. チェ モクスン ナムギョ ドゥセヨ ③(等分) 분 プン 例 五分の2 5(오)분의 2(이) オーブネ イー ④(身の程) 분수 プーンス 例 新しい家具は分相応に買えばいいです。 새 가구는 분수에 맞게 사면 돼요. セ カグヌン プーンスエ マッケ サミョン ドゥェヨ
ぶん [文] 글 クル; 문장 ムンジャン
ふんいき [雰囲気] 분위기 プヌィギ
ふんか [噴火] 분화 プヌヮ ❖~する 분화하다 プヌヮハダ
ぶんか [文化] 문화 ムヌヮ ❖~的な 문화적인 ムヌヮジョギン 関 文化遺産 문화유산 ムヌヮユサン/文化交流 문화 교류 ムヌヮ キョリュ/文化財 문화재 ムヌヮジェ
ぶんか [文科] 문과 ムンックヮ
ふんがい [憤慨] 분개 プーンゲ ❖~する 분개하다 プーンゲハダ
ぶんかい [分解] 분해 プネ ❖~する 분해하다 プネハダ
ぶんがく [文学] 문학 ムナク 関 文学作品 문학 작품 ムナク チャクプム/文学者 문학자 ムナクチャ/文学部 문학부 ムナクプ/英文学 영문학 ヨンムナク/古典文学 고전 문학 コージョン ムナク/現代文学 현대 문학 ヒョーンデ ムナク/児童文学 아동 문학 アドン ムナク/日本文学 일본 문학 イルボン ムナク
ぶんかつ [分割] 분할 プナル ❖~

する 분할하다 プナラダ ❖~される 분할되다 プナルドゥエダ

ふんきゅう [紛糾] 분규 プンギュ ❖~する 분규하다 プンギュハダ

ぶんぎょう [分業] 분업 プノプ ❖~する 분업하다 プノパダ

ぶんげい [文芸] 문예 ムニェ

ぶんけん [文献] 문헌 ムノン 関 참고 문헌 チャムゴ ムノン

ぶんこ [文庫] 문고 ムンゴ

ぶんご [文語] 문어 ムノ

ぶんごう [文豪] 문호 ムノ

ぶんさい [文才] 문재 ムンジェ;글재주 クルチェジュ

ぶんさん [分散] 분산 プンサン ❖(…を)~する 분산하다 プンサナダ ❖(…が)~する 분산되다 プンサンドゥエダ

ぶんし [分子] 분자 プンジャ

ふんしつ [紛失] 분실 プンシル ❖(…を)~する 분실하다 プンシラダ 例電車の中で財布を紛失しました。전철 안에서 지갑을 분실했어요. チョーンチョル アネソ チガブル プンシレッソヨ ❖(…が)~する 분실되다 プンシルドゥエダ 関 분실물 プンシルムル / 분실 신고 プンシル シンゴ

ぶんしょ [文書] 문서 ムンソ;서류 ソリュ

ぶんしょう [文章] 문장 ムンジャン

ぶんじょう [分譲] 분양 プニャン ❖~する 분양하다 プニャンハダ

ふんすい [噴水] 분수 プーンス;분수대 プーンスデ

ぶんせき [分析] 분석 プンソク ❖~する 분석하다 プンソカダ ❖~される 분석되다 プンソクトゥエダ

ぶんせつ [文節] 문절 ムンジョル

ふんそう [扮装] 분장 プンジャン ❖~する 분장하다 プンジャンハダ

ふんそう [紛争] 분쟁 プンジェン 関 국경 분쟁 ククキョン プンジェン

ぶんたん [分担] 분담 プンダム ❖~する 분담하다 プンダマダ

ぶんだん [分断] 분단 プンダン ❖~する 분단하다 プンダナダ ❖~される 분단되다 プンダンドゥエダ

ぶんだん [文壇] 문단 ムンダン

ぶんつう [文通] 펜팔 ペンパル ❖~する 펜팔하다 ペンパラダ

ふんとう [奮闘] 분투 プントゥ ❖~する 분투하다 プントゥハダ

ふんぱつ [奮発] 분발 プンバル ❖~する ①(気力をふるいおこす) 분발하다 プンバラダ ②(気前よく与える) 후하게 주다 フーハゲ チュダ

ぶんぴ [分泌] 분비 プンビ ❖~する 분비하다 プンビハダ ❖~される 분비되다 プンビドゥエダ

ぶんぷ [分布] 분포 プンポ ❖~する 분포하다 プンポハダ

ふんべつ [分別] 분별 プンビョル;철 チョル 例 まだ分別がつきません。아직 철이 없어요. アジク チョリ オプソヨ

ぶんべん [分娩] 분만 プンマン;해산 ヘーサン ❖~する 해산하다 ヘーサナダ 関 분만실 プンマンシル / 자연 분만 チャヨン プンマン

チャヨン プンマン / 無痛分娩 무통 분만 ムトン プンマン

ぶんぽう [文法] 문법 ムンッポプ

ぶんぼうぐ [文房具] 문방구 ムンバング

ぶんみゃく [文脈] 문맥 ムンメク

ぶんめい [文明] 문명 ムンミョン 関 文明国 문명국 ムンミョングク / 文明社会 문명 사회 ムンミョン サフェ / 古代文明 고대 문명 コーデ ムンミョン / 西洋文明 서양 문명 ソヤン ムンミョン

ぶんや [分野] 분야 プニャ 関 専門分野 전문 분야 チョンムン プニャ

ぶんり [分離] 분리 プルリ ❖~する 분리하다 プルリハダ

ぶんりょう [分量] 분량 プールリャン

ぶんるい [分類] 분류 プルリュ ❖~する 분류하다 プルリュハダ ❖~される 분류되다 プルリュドゥェダ

ぶんれつ [分裂] 분열 プニョル ❖~する 분열하다 プニョラダ ; 분열되다 プニョルドゥェダ

へ

へ [屁] 방귀 パーングィ

-へ ①(方向・場所) (으)로(ウ) ロ ; 에 エ 例 あちらに行くと何がありますか。저쪽으로 가면 뭐가 있어요? チョッチョグロ カミョン ムォーガ イッソヨ ②(人に) 에게 エゲ 例 この本を友達へ贈ろうと思います。이 책을 친구에게 선물하려고 해요. イ チェグル チングエゲ ソンムラリョゴ ヘヨ

ヘア [hair] ①헤어 ヘオ ②(頭髪) 머리 モリ ③(陰毛) 음모 ウムモ 関 ヘアスタイル 헤어스타일 ヘオスタイル / ヘアスプレー 헤어스프레이 ヘオスプレイ / ヘアドライヤー 헤어드라이어 ヘオドゥライオ / ヘアトリートメント 헤어트리트먼트 ヘオトゥリトゥモントゥ

ペア [pair] 페어 ペオ ; 쌍 ッサン ; 짝 ッチャク

へい [兵] ①(兵士) 병사 ピョンサ ②(軍人) 군인 クニン ③(軍隊) 군대 クンデ

へい [塀・屏] ①담 タム ②(垣根) 울타리 ウルタリ

へいい [平易] 평이 ピョンイ ❖~だ 평이하다 ピョンイハダ

へいえき [兵役] 병역 ピョンヨク 関 兵役逃れ 병역 기피 ピョンヨク キピ

へいおん [平穏] 평온 ピョンオン ❖~だ 평온하다 ピョンオナダ

へいか [陛下] 폐하 ペーハ

へいかい [閉会] 폐회 ペーフェ ❖~する 폐회하다 ペーフェハダ 関 閉会式 폐회식 ペーフェシク

へいがい [弊害] 폐해 ペーへ

へいかん [閉館] 폐관 ペーグァン ❖~する 폐관하다 ペーグァナダ

へいき [平気] ❖~だ 태연하다 テヨナダ ; 아무렇지도 않다 アームーロッチド アンタ 例 平気なふりをしたけど, 実はびっくりしました。태연한 척했지만 실은 놀랐어요. テヨナン チョケッチマン シルン ノルラッソヨ ❖~で 예사롭게 イェーサロプケ 例 平気で嘘をつきます。거짓말을 예사롭게 해요. コージンマルル イェーサロプケ ヘヨ

へいき [兵器] ①병기 ピョンギ ②(武器) 무기 ムーギ
へいきん [平均] 평균 ピョンギュン ❖~的な 평균적인 ピョンギュンジョギン
へいげん [平原] 평원 ピョンウォン
へいこう [平行] 평행 ピョンヘン ❖~だ 평행하다 ピョンヘンハダ
へいこう [平衡] 평형 ピョンヒョン；밸런스 ペルロンス
へいこう [並行] 병행 ピョンヘン ❖~する 병행하다 ピョンヘンハダ
へいこう [閉口] ❖~する(うんざりする) 질리다 チルリダ
へいこう [閉講] 종강 チョンガン；폐강 ペーガン ❖~する 종강하다 チョンガンハダ；폐강하다 ペーガンハダ
へいごう [併合] 병합 ピョンハプ；합병 ハプピョン ❖~する 병합하다 ピョンハパダ
べいこく [米国] 미국 ミグク
へいさ [閉鎖] 폐쇄 ペースェ ❖~する 폐쇄하다 ペースェハダ ❖~される 폐쇄되다 ペースェドゥェダ
へいじつ [平日] 평일 ピョンイル
へいしゃ [弊社] 폐사 ペーサ
へいじょう [平常] ①평상 ピョンサン；평상시 ピョンサンシ ②(普段) 평소 ピョンソ
へいせい [平静] 평정 ピョンジョン ❖~だ 평정하다 ピョンジョンハダ
へいせつ [併設] 병설 ピョーンソル ❖~する 병설하다 ピョーンソラダ ❖~される 병설되다 ピョーンソルドゥェダ
へいぜん [平然] 평연 ピョンヨン ❖~としている 평연하다 ピョンヨナダ
へいたい [兵隊] ①병대 ピョンデ ②(軍隊) 군대 クンデ ③(兵士) 병사 ピョンサ
へいてん [閉店] 폐점 ページョム ❖~する 폐점하다 ページョマダ
へいはつ [併発] 병발 ピョンバル ❖~する 병발하다 ピョンバラダ
へいぼん [平凡] 평범 ピョンボム ❖~だ 평범하다 ピョンボマダ
へいまく [閉幕] 폐막 ペーマク ❖(…を)~する 폐막하다 ペーマカダ ❖(…が)~する 폐막되다 ペーマクトゥェダ
へいめん [平面] 평면 ピョンミョン
へいや [平野] 평야 ピョンヤ
へいよう [併用] 병용 ピョーンヨン ❖~する 병용하다 ピョーンヨンハダ
へいりょく [兵力] 병력 ピョンニョク
へいわ [平和] 평화 ピョンフワ ❖~だ 평화롭다 ピョンフワロプタ；평화스럽다 ピョンフワスロプタ 例 平和な世の中を作りましょう。평화로운 세상을 만듭시다. ピョンフワロウン セーサンウル マンドゥプシダ
ペイント [paint] 페인트 ペイントゥ
ベーグル [bagel] 베이글 ベイグル
ページ [page] 페이지 ペイジ；쪽 ッチョク
ベージュ [beige] 베이지 ペイジ
ベース [base] 베이스 ペイス
ペーパー [paper] 페이퍼 ペイポ

べーる

ベール [veil] 베일 ペイル；면사포 ミョンサポ

へきえき [辟易] ❖~する 질리다 チルリダ

へきが [壁画] 벽화 ピョクワ

へきち [僻地] 벽지 ピョクチ

ペキン [北京] 북경 プクキョン；베이징 ペイジン

ヘクタール [hectare] 헥타르 ヘクタル

へこむ [凹む] ①우그러들다 ウグロドゥルダ ②(陥没する) 꺼지다 ッコジダ

ベスト [best] ①베스트 ペストゥ ②(最善・全力) 최선 チュエーソン

へそ [臍] 배꼽 ペッコプ

へた [下手] ❖~だ 서투르다 ソートゥルダ 例まだ韓国語が下手ですが、一生懸命勉強します。아직 한국말이 서투르지만 열심히 공부할게요. アジク ハーングンマリ ソートゥルジマン ヨルシミ コンブハルケヨ ❖~に 섣불리 ソープルリ 例下手に買うと後悔することもあります。섣불리 샀다가 후회할 수도 있어요. ソープルリ サッタガ フーフェハル スド イッソヨ

へだたり [隔たり] ①(間隙) 간격 カーンギョク；거리 コリ ②(差異) 차이 チャイ

へだてる [隔てる] 사이를 두다 サイルル トゥダ；거리를 두다 コリルル トゥダ

べたべた 끈적끈적 ックンジョクックンジョク ❖~する ①(べとつく) 끈적끈적하다 ックンジョクックンジョカダ ②(男女が) 바싹 달라붙다 パッサク タルラブッタ

ペダル [pedal] 페달 ペダル

べつ [別] ①(区別) 구별 クビョル 例大人子供の別なく皆参加できます。어른 아이 구별 없이 모두 참가할 수 있어요. オールン アイ クビョル オープシ モドゥ チャムガハル ス イッソヨ ②(違う) ❖~だ 다르다 タルダ 例別の場所が良さそうです。다른 장소가 좋을 것 같아요. タルン チャンソガ チョーウル コッ カタヨ ③(除外する) 제외하다 チェウェハダ 例その問題は別にして話しましょう。그 문제는 제외하고 이야기합시다. ク ムーンジェヌン チェウェハゴ イヤギハプシダ ❖~に ①(別々に) 따로 ッタロ；별도로 ピョルトロ ②(特別に) 별로 ピョルロ；특별히 トゥクピョリ

べっきょ [別居] 별거 ピョルゴ ❖~する 별거하다 ピョルゴハダ 関別居生活 별거 생활 ピョルゴ センフワル

べっし [蔑視] 멸시 ミョルシ ❖~する 멸시하다 ミョルシハダ

べっそう [別荘] 별장 ピョルチャン

ヘッド [head] 헤드 ヘドゥ 関ヘッドホン 헤드폰 ヘドゥポン

ベッド [bed] 베드 ペドゥ；침대 チームデ 関ダブルベッド 더블 베드 トブル ベドゥ

ペット [pet] 펫 ペッ；애완동물 エーワンドンムル

ペットボトル [PET bottle] 페트병 ペトゥビョン

べつべつ [別別] ❖~に 따로따로 ッタロッタロ；제각기 チェガクキ 例会計は別々にしてもいいです

か。計算は別々にしても良いですか? ケーサヌン ッタロッタロ ヘド ドゥエヨ
べつめい [別名] 별명 ピョルミョン
ペディキュア [pedicure] 페디큐어 ペディキュオ
ベテラン [veteran] 베테랑 ペテラン
ベトナム [Vietnam] 베트남 ペトゥナム
へとへと ❖〜になる 녹초가 되다 ノクチョガ トゥェダ 例 毎日続く残業でへとへとになりました。매일 계속되는 잔업으로 녹초가 됐어요. メーイル ケーソクトゥェヌン チャノブロ ノクチョガ トゥェッソヨ
べとべと 끈적끈적 ックンジョクックンジョク;찐득찐득 ッチンドゥクッチンドゥク ❖〜する 끈적거리다 ックンジョクコリダ;찐득거리다 ッチンドゥクコリダ
べに [紅] ①(花) 잇꽃 イッコッ ②(口紅) 입술연지 イプスルヨンジ;립스틱 リプスティク
ペパーミント [peppermint] 페퍼민트 ペポミントゥ;박하 パカ
へび [蛇] 뱀 ペーム
へや [部屋] 방 パン 例 オンドル《朝鮮半島で普及している床暖房》部屋にしてください。온돌방으로 해 주세요. オンドルパンウロ ヘ ジュセヨ
へらす [減らす] 줄이다 チュリダ 例 出費を減らさないと採算が取れません。출비를 줄이지 않으면 채산성을 맞추기 어려워요. チュルビルル チュリジ アヌミョン チェーサンッソンウル マッチュギ オリョウォヨ
ヘリコプター [helicopter] 헬리콥터 ヘルリコプト
へる [減る] ①줄다 チュルダ;적어지다 チョゴジダ 例 最近, 観光客がかなり減りました。요즘 관광객이 많이 줄었어요. ヨジュム クヮングヮンゲギ マーニ チュロッソヨ ②(腹が) 배고프다 ペゴプダ;허기지다 ホギジダ 例 お腹が減ってこれ以上歩けません。배고파서 더 이상 못 걷겠어요. ペゴパソ イーサン モーッ コッケッソヨ
へる [経る] ①(時が経過する) 흐르다 フルダ;경과하다 キョングヮハダ ②(経由する) 거치다 コチダ 例 下関を経て釜山に行こうと思います。시모노세키를 거쳐 부산으로 가려고 해요. シモノセキルル コチョ プサヌロ カリョゴ ヘヨ ③(段階を) 거치다 コチダ;겪다 キョクタ 例 長い研究を経て開発されました。오랜 연구를 거쳐 개발됐습니다. オレン ヨーングルル コチョ ケバルドゥェッスムニダ
ベル [bell] 벨 ペル;종 チョン
ベルギー [Belgie] 벨기에 ペルギエ
ベルト [belt] 벨트 ペルトゥ;혁대 ヒョクテ;허리띠 ホリッティ
ヘルメット [helmet] 헬멧 ヘルメッ
へん [変] ❖〜だ ①(変わっている) 이상하다 イーサンハダ 例 この服, 変じゃないですか。이 옷 이상하지 않아요? イ オッ イーサンハジ アナヨ ❖〜に 이상하게 イーサンハゲ ②(怪しい) 수상하다 スサンハダ ③(奇妙だ) 기묘하다 キミョハダ

べん

べん [便] ①(便宜) 편의 ピョニ ②(排泄物) 변 ピョン；대변 テービョン

ペン [pen] 펜 ペン

へんか [変化] 변화 ピョーヌワ ❖~する 변화하다 ピョーヌワハダ 例 急速に変化する社会についていくのが大変です。급속하게 변화하는 사회에 따라가기 힘들어요. クプソカゲ ピョーヌワハヌン サフェエッタラガギ ヒムドゥロヨ

べんかい [弁解] 변명 ピョーンミョン；변해 ピョーネ ❖~する 변명하다 ピョーンミョンハダ

へんかん [返還] 반환 パーヌワン ❖~する 반환하다 パーヌワナダ

べんぎ [便宜] 편의 ピョニ 例 申し訳ありませんが、私共の便宜を図ってもえらませんか。죄송하지만 저희들 편의 좀 봐 주시지 않겠어요? チュエーソンハジマン チョヒドゥル ピョニ チョム プヮ ジュシジ アンケッソヨ

へんきゃく [返却] ①(返納) 반납 パンナプ ❖~する 반납하다 パーンナパダ ②(返還) 반환 パーヌワン

べんきょう [勉強] 공부 コンブ ❖~する 공부하다 コンブハダ 例 文化についても勉強したいと思います。문화에 대해서도 공부하고 싶어요. ムヌヮエ テーヘソド コンブハゴ シポヨ

へんきょく [編曲] 편곡 ピョンゴク ❖~する 편곡하다 ピョンゴカダ

ペンギン [penguin] 펭귄 ペングィン

へんけい [変形] 변형 ピョーニョン ❖(…を)~する 변형하다 ピョーニョンハダ ❖(…が)~する 변형되다 ピョーニョンドウェダ

へんけん [偏見] 편견 ピョンギョン

べんご [弁護] 변호 ピョーノ ❖~する 변호하다 ピョーノハダ 関 自己弁護 자기변호 チャギビョーノ

へんこう [変更] 변경 ピョーンギョン ❖~する 변경하다 ピョーンギョンハダ ❖~される 변경되다 ピョーンギョンドウェダ

べんごし [弁護士] 변호사 ピョーノサ

へんさい [返済] 반제 パーンジェ ❖~する 반제하다 パーンジェハダ；갚다 カプタ

へんさん [編纂] 편찬 ピョンチャン ❖~する 편찬하다 ピョンチャナダ

へんじ [返事] ①대답 テーダプ ❖~する 대답하다 テーダパダ 例 大きい声で返事しました。큰 소리로 대답했습니다. クン ソリロ テーダペッスムニダ ②(応答) 응답 ウーンダプ ③(手紙などの) 답장 タプチャン

へんしゅう [編集] 편집 ピョンジプ ❖~する 편집하다 ピョンジパダ

べんじょ [便所] ①변소 ピョンソ；뒷간 トウィッカン ②(化粧室) 화장실 フヮジャンシル

べんしょう [弁償] 변상 ピョーンサン ❖~する 변상하다 ピョーンサンハダ 関 弁償金 변상금 ピョーンサングム

へんしょく [変色] 변

セク ❖~する 変色したい ピョーン セカダ
へんしん [返信] 返信 パーンシン；답신 タプシン
へんじん [変人] 별난 사람 ピョルラン サーラム；괴짜 クェーッチャ
へんずつう [偏頭痛] 편두통 ピョンドゥトン
へんせい [編成] 편성 ピョンソン ❖~する 편성하다 ピョンソンハダ
へんそう [返送] 반송 パーンソン ❖~する 반송하다 パーンソンハダ
へんそく [変則] 변칙 ピョーンチク
へんたい [変態] 변태 ピョーンテ
ベンチ [bench] 벤치 ペンチ
ベンチャー [venture] 벤처 ペンチョ 関 ベンチャー企業 벤처 기업 ペンチョ キオプ
へんちょ [編著] 편저 ピョンジョ
へんとう [返答] 대답 テーダプ ❖~する 대답하다 テーダパダ
へんどう [変動] 변동 ピョーンドン ❖~する 변동하다 ピョーンドンハダ
べんとう [弁当] 도시락 トシラク ❖~を包む(作る)도시락을 싸다 トシラグル ッサダ 例 昼ごはんに弁当を作ってきました。점심으로 도시락을 싸 왔어요. チョームシムロ トシラグル ッサ ワッソヨ
へんとうせん [扁桃腺] 편도선 ピョンドソン
へんにゅう [編入] 편입 ピョニプ ❖~する 편입하다 ピョニパダ ❖~される 편입되다 ピョニプトゥェダ

ペンネーム [pen name] 펜네임 ペンネイム；필명 ピルミョン
ペンパル [pen pal] 펜팔 ペンパル
べんぴ [便秘] 변비 ピョンビ
へんぴん [返品] 반품 パーンプム ❖~する 반품하다 パーンプムハダ
べんめい [弁明] 변명 ピョーンミョン ❖~する 변명하다 ピョーンミョンハダ
べんり [便利] 편리 ピョルリ ❖~だ 편리하다 ピョルリハダ 例 旅行に便利な表現を習いたいです。여행하는 데 편리한 표현을 배우고 싶어요. ヨヘンハヌン デ ピョルリハン ピョヒョヌル ペウゴ シポヨ
べんろん [弁論] 변론 ピョールロン

ほ

ほ [帆] 돛 トッ
ほ [穂] 이삭 イサク
ほあん [保安] 보안 ポーアン
ほいく [保育] 보육 ポーユク 関 保育園 어린이집 オリニジプ；보육원 ポーユグォン
ボイコット [boycott] 보이콧 ポイコッ ❖~する 보이콧하다 ポイコタダ
ボイス [voice] 보이스 ポイス；목소리 モクソリ
ホイッスル [whistle] 휘슬 フィスル
ボイラー [boiler] 보일러 ポイルロ
ホイル [foil] 포일 ポイル 関 アルミホイル 알루미늄 포일 アルルミニュム ポイル
ぼいん [母音] 모음 モウム
ぼいん [拇印] 무인 ムイン；손도장 ソンットジャン；지장 チジャン
ポイント [point] 포인트 ポイント

ほう
ーョク
- **ほう** [方] ①(方向) 방향 パンヒャン ②(側) 쪽 ッチョク;편 ピョン;측 チュク
- **ほう** [法] ①(法律) 법 ポプ;법률 ポムニュル 例 法を守りましょう。 법을 지킵시다. ポブル チキプシダ ②(方法) 법 ポプ;방법 パンボプ 例 使用法を教えてください。 사용법을 가르쳐 주세요. サーヨンッポブル カルチョ ジュセヨ ③(道理) 법 ポプ;도리 トーリ 例 いったいそんな法がどこにあるんですか。 세상에 그런 법이 어디 있어요? セーサンエ クロン ポビ オディ イッソヨ
- **ぼう** [棒] 막대기 マクテギ
- **ほうあん** [法案] 법안 ポバン
- **ほうい** [包囲] 포위 ポーウィ ❖~する 포위하다 ポーウィハダ
- **ほうえい** [放映] 방영 パーンヨン ❖~する 방영하다 パーンヨンハダ ❖~される 방영되다 パーンヨンドゥェダ 関 放映権 방영권 パーンヨンックォン
- **ぼうえい** [防衛] 방위 パンウィ ❖~する 방위하다 パンウィハダ 関 正当防衛 정당방위 チョーンダンバンウィ
- **ぼうえき** [貿易] 무역 ムーヨク 例 今度, 我が社も韓国と貿易をすることになりました。 이번에 우리 회사도 한국과 무역을 하게 됐어요. イボネ ウリ フェーサド ハーングククヮ ムーヨグル ハゲ ドゥェッソヨ ❖~する 무역하다 ムーヨカダ 関 自由貿易 자유 무역 チャユ ムーヨク/保護貿易 보호 무역 ポーホ ム
ーヨク
- **ぼうえんきょう** [望遠鏡] 망원경 マーンウォンギョン
- **ほうおう** [法王] 법왕 ポブワン
- **ぼうおん** [防音] 방음 パンウム 関 防音装置 방음 장치 パンウム チャンチ/防音壁 방음벽 パンウムビョク
- **ほうか** [放火] 방화 パーンフヮ ❖~する 방화하다 パーンフヮハダ
- **ほうか** [放課] 방과 パーングヮ 関 放課後 방과 후 パーングヮ フー
- **ぼうか** [防火] 방화 パンフヮ
- **ほうかい** [崩壊] 붕괴 プングェ ❖~する 붕괴하다 プングェハダ
- **ほうがい** [法外] ❖~な 터무니없는 トムニオムヌン;과도한 クヮドハン
- **ぼうがい** [妨害] 방해 パンヘ ❖~する 방해하다 パンヘハダ 関 妨害工作 방해 공작 パンヘ コンジャク
- **ほうがく** [方角] ①(方位) 방위 パンウィ ②(方向) 방향 パンヒャン;쪽 ッチョク
- **ぼうかん** [防寒] 방한 パンハン 関 防寒具 방한구 パンハング/防寒服 방한복 パンハンボク
- **ぼうかん** [傍観] 방관 パーングヮン ❖~する 방관하다 パーングヮナダ
- **ほうき** [箒] 비 ピ;빗자루 ピッチャル
- **ほうき** [放棄] 포기 ポーギ ❖~する 포기하다 ポーギハダ
- **ほうけん** [封建] 봉건 ポンゴン ❖~的 봉건적 ポンゴンジョク 関 封建制度 봉건 제도 ポンゴン チェ

ほうげん [方言] 사투리 サートゥリ
ぼうけん [冒険] 모험 モーホム ❖~する 모험하다 モーホマダ 関冒険家 모험가 モーホムガ
ぼうげん [暴言] 폭언 ポゴン
ほうこ [宝庫] 보고 ポゴ
ほうこう [方向] 방향 パンヒャン
ぼうこう [膀胱] 방광 パングワン
ぼうこう [暴行] 폭행 ポケン ❖~する 폭행하다 ポケンハダ 関暴行罪 폭행죄 ポケンッチュェ
ほうこく [報告] 보고 ポーゴ ❖~する 보고하다 ポーゴハダ 例どういうことなのか詳しく報告してください。무슨 일인지 자세히 보고해 주세요. ムスン ニーリンジ チャセヒ ポーゴヘ ジュセヨ 関報告書 보고서 ポーゴソ
ぼうさい [防災] 방재 パンジェ 関防災訓練 방재 훈련 パンジェ フーリョン / 防災施設 방재 시설 パンジェ シーソル
ほうさく [方策] 방책 パンチェク
ほうさく [豊作] 풍작 プンジャク
ほうし [奉仕] 봉사 ポンサ ❖~する 봉사하다 ポンサハダ 関奉仕活動 봉사 활동 ポンサ フワルトン
ほうじ [法事] 법사 ポプサ
ぼうし [防止] 방지 パンジ 例事故防止のために努力しましょう。사고 방지를 위해 노력합시다. サゴ パンジルル ウィヘ ノリョカプシダ ❖~する 방지하다 パンジハダ 関危険防止 위험 방지 ウィホム パンジ / 再発防止 재발 방지 チェバル パンジ

ぼうし [帽子] 모자 モジャ 関帽子を被る 모자를 쓰다 モジャルル ッスダ / 帽子を脱ぐ 모자를 벗다 モジャルル ポッタ
ほうしき [方式] ①방식 パンシク ②(形式) 형식 ヒョンシク
ほうしゃ [放射] 방사 パーンサ ❖~する 방사하다 パーンサハダ
ほうしゃせい [放射性] 방사성 パーンサッソン 関放射性元素 방사성 원소 パーンサッソン ウォンソ / 放射性廃棄物 방사성 폐기물 パーンサッソン ペーギムル
ほうしゃせん [放射線] 방사선 パーンサソン 関放射線医学 방사선 의학 パーンサソン ウイハク / 放射線療法 방사선 요법 パーンサソン ニョポプ
ほうしゃのう [放射能] 방사능 パーンサヌン 関放射能汚染 방사능 오염 パーンサヌン オヨム / 放射能漏れ 방사능 누출 パーンサヌン ヌーチュル
ほうしゅう [報酬] 보수 ポース
ぼうしゅうざい [防臭剤] 방취제 パンチュィジェ
ほうしょう [報償] 보상 ポーサン ❖~する 보상하다 ポーサンハダ 関報償金 보상금 ポーサングム
ほうしょう [褒賞] 포상 ポサン
ほうしん [方針] 방침 パンチム
ほうじん [法人] 법인 ポビン
ぼうず [坊主] ①(僧) 중 チュン; 승려 スンニョ ②(子供) 꼬마녀석 ッコマニョソク; 사내아이 サネアイ
ほうすい [放水] 방수 パーンス ❖~する 방수하다 パーンスハダ
ぼうすい [防水] 방수 パンス

ほうせき [宝石] 보석 ポーソク
ぼうぜん [茫然] ❖~とする 망연하다 マンヨナダ ❖~と 망연히 マンヨニ
ほうせんか [鳳仙花] 봉선화 ポーンソヌワ
ほうそう [包装] 포장 ポジャン ❖~する 포장하다 ポジャンハダ 例 プレゼント用に包装してください。선물용으로 포장해 주세요. ソーンムリョンウロ ポジャンヘ ジュセヨ / 別々に包装してください。따로따로 포장해 주세요. ッタロッタロ ポジャンヘ ジュセヨ 関包装紙 포장지 ポジャンジ
ほうそう [放送] 방송 パーンソン ❖~する 방송하다 パーンソンハダ ❖~される 방송되다 パーンソンドウェダ 例 テレビで放送されるのを見ました。티비이에서 방송되는 것을 봤어요. ティブイエソ パーンソンドウェヌン ゴスル プワッソヨ 関放送局 방송국 パーンソングク / 放送時間 방송 시간 パーンソン シガン /AM放送 에이엠 방송 エイエム パーンソン / 衛星放送 위성 방송 ウィソン パーンソン /FM放送 에프엠 방송 エプエム パーンソン / 国際放送 국제 방송 ククチェ パーンソン / 全国放送 전국 방송 チョングク パーンソン / 生放送 생방송 センバンソン
ぼうそう [暴走] 폭주 ポクチュ ❖~する 폭주하다 ポクチュハダ
ほうそく [法則] 법칙 ポプチク
ほうたい [包帯] 붕대 プンデ
ぼうだい [膨大] ❖~だ 방대하다 パンデハダ

ぼうたかとび [棒高跳び] 장대높이뛰기 チャンッテノピットゥィギ
ほうち [放置] 방치 パーンチ ❖~する 방치하다 パーンチハダ ❖~される 방치되다 パーンチドウェダ
ぼうちゅう [防虫] 방충 パンチュン 関防虫剤 방충제 パンチュンジェ
ほうちょう [包丁] 부엌칼 プオクカル;식칼 シクカル
ぼうちょう [膨張・膨脹] 팽창 ペンチャン ❖~する 팽창하다 ペンチャンハダ
ぼうっと ①(はっきり見えない・記憶がはっきりしない) 희미하게 ヒミハゲ ②(放心する) 멍하니 モンハニ
ほうていしき [方程式] 방정식 パンジョンシク
ほうどう [報道] 보도 ポド 例 その報道を見て皆、驚きました。그 보도를 보고 모두 놀랐어요. クポードゥル ポゴ モドゥ ノルラッソヨ ❖~する 보도하다 ポドハダ ❖~される 보도되다 ポドドウェダ 関報道機関 보도 기관 ポード キグワン
ぼうどう [暴動] 폭동 ポクトン
ぼうとく [冒瀆] 모독 モードク ❖~する 모독하다 モードカダ 関冒瀆行為 모독 행위 モードク ヘンウィ
ほうねん [豊年] 풍년 プンニョン
ぼうねん [忘年] 망년 マンニョン 関忘年会 망년회 マンニョヌェ
ぼうはてい [防波堤] 방파제 パンパジェ
ぼうはん [防犯] 방범 パンボム

ほうび [褒美] 포상 ポサン ; 상 サン

ほうふ [抱負] 포부 ポーブ

ほうふ [豊富] ❖~だ 풍부하다 プンブハダ

ぼうふ [防腐] 방부 パンブ 関防腐剤 방부제 パンブジェ

ぼうふう [防風] 방풍 パンプン

ぼうふう [暴風] 폭풍 ポクプン 関暴風警報 폭풍 경보 ポクプン キョンボ / 暴風圏 폭풍권 ポクプンックオン

ほうふく [報復] 보복 ポーボク ❖~する 보복하다 ポーボカダ

ほうほう [方法] 방법 パンボプ 例何かいい方法はないでしょうか。 무슨 좋은 방법이 없을까요? ムスン チョーウン バンボビ オープスルッカヨ

ほうぼう [方方] 여기저기 ヨギジョギ

ほうむる [葬る] 묻다 ムッタ ; 매장하다 メジャンハダ

ぼうめい [亡命] 망명 マンミョン ❖~する 망명하다 マンミョンハダ 関亡命者 망명자 マンミョンジャ

ほうめん [方面] ①(地域) 방면 パンミョン ②(分野) 분야 プニャ

ほうもん [訪問] 방문 パーンムン ❖~する 방문하다 パーンムンハダ 例来年も訪問する予定です。 내년에도 방문할 예정이에요. ネニョネド パーンムナル イェージョンイエヨ 関家庭訪問 가정 방문 カジョン パーンムン

ぼうらく [暴落] 폭락 ポンナク ❖~する 폭락하다 ポンナカダ

ぼうり [暴利] 폭리 ポンニ

ほうりだす [放り出す] ①(投げる) 내던지다 ネードンジダ ; 내팽개치다 ネペンゲチダ ②(放棄する) 내팽개치다 ネペンゲチダ

ほうりつ [法律] 법률 ポムニュル

ぼうりょく [暴力] 폭력 ポンニョク 関暴力行為 폭력 행위 ポンニョク ヘンウィ

ボウリング [bowling] 볼링 ポールリン

ほうれんそう [波薐草] 시금치 シグムチ

ほえる [吠える] (動物が) 짖다 チッタ ; 으르렁거리다 ウルロンゴリダ

ほお [頬] 뺨 ッピャム ; 볼 ポル

ボーナス [bonus] 보너스 ポーノス

ほおべに [頬紅] 볼연지 ポリョンジ

ホームコメディー [home comedy] 홈코미디 ホムコミディ

ホームステイ [homestay] 홈스테이 ホムステイ

ホームドラマ [home drama] 홈드라마 ホムドゥラマ

ホームページ [homepage] 홈페이지 ホムペイジ

ボール [ball] 볼 ポール ; 공 コーン

ボールペン [ballpoint pen] 볼펜 ポールペン

ほか [外・他] ①(外部) 바깥 パッカッ ; 외부 ウェーブ 例人が足りなくて他から連れてきました。 사람이 없어서 외부에서 데려왔어요. サーラミ オプソソ ウェーブエソ テリョワッソヨ ②(別の) 다른 タルン 例他の所では売ってないで

ほかほか

すか。다른 곳에서는 안 팔아요? タルン ゴセソヌン アン パラヨ ③(以外) 외 ウェー; 외에 ウェーエ 例先生ほか10人の学生が来ます。선생님 외 10(열)명의 학생들이 와요. ソンセンニム ウェー ヨルミョンエ ハクセンドゥリ ワヨ

ほかほか 따끈따끈 ッタックンッタックン ❖~だ 따끈따끈하다 ッタックンッタックンナダ 例やはりほかほかのオンドル《朝鮮半島で普及している床暖房》が最高です。역시 따끈따끈한 온돌방이 최고예요. ヨクシ ッタックンッタックンナン オンドルパンイ チュェーゴエヨ

ぽかぽか ①(日差しが) 포근포근 ポグンポグン ❖~だ 포근하다 ポグナダ 例散歩するのに良いぽかぽかした陽気ですね。산책하기에 좋은 포근한 날씨네요. サーンチェカギエ チョーウン ポグナン ナルッシネヨ ②(体が) 후끈후끈 フックヌックン ❖~だ 후끈하다 フックナダ 例生姜茶を飲んで体がぽかぽかです。생강차를 마셔서 몸이 후끈해요. センガンチャルル マショソ モミ フックネヨ

ほがらか [朗らか] ❖~だ 명랑하다 ミョンナンハダ ❖~に 명랑하게 ミョンナンハゲ

ほかん [保管] 보관 ポーグワン ❖~する 보관하다 ポーグワナダ

ぼき [簿記] 부기 プギ 関商業簿記 상업 부기 サンオプ プギ/単式簿記 단식 부기 タンシク プギ/複式簿記 복식 부기 ポクシク プギ

ほきゅう [補給] 보급 ポーグプ ❖~する 보급하다 ポーグパダ

ほきょう [補強] 보강 ポーガン ❖~する 보강하다 ポーガンハダ

ぼきん [募金] 모금 モグム ❖~する 모금하다 モグマダ 関募金箱 모금함 モグマム/街頭募金 가두 모금 カドゥ モグム

ぼく [僕] 나 ナ ❖~は 나는 ナヌン ❖~が 내가 ネガ ❖~の 내 ネ 例僕の席はどこですか。내 자리는 어디예요? ネ チャリヌン オディエヨ/僕と君は趣味がとても似ているんだね。나하고 너는 취미가 많이 비슷하구나. ナハゴ ノヌン チュィーミガ マーニ ピスタグナ/今日は、僕がおごるよ。오늘은 내가 살게. オヌルン ネガ サルッケ

ほくい [北緯] 북위 ポギウィ

ボクサー [boxer] 복서 ポクソ

ぼくし [牧師] 목사 モクサ

ぼくじょう [牧場] 목장 モクチャン

ボクシング [boxing] 복싱 ポクシン; 권투 クォーントゥ

ほぐす [解す] 풀다 プルダ

ぼくそう [牧草] 목초 モクチョ

ほくとしちせい [北斗七星] 북두칠성 プクトゥチルソン

ほくぶ [北部] 북부 プクプ

ぼくめつ [撲滅] 박멸 パンミョル ❖~する 박멸하다 パンミョラダ

ほぐれる [解れる] 풀리다 プルリダ

ほくろ [黒子] 점 チョム

ほけつ [補欠] 보결 ポーギョル

ポケット [pocket] 포켓 ポケッ; 호주머니 ホジュモニ

ぼける [惚ける・暈ける] ①(老化で) 노망이 들다 ノーマンイ トゥルダ ②(鈍くなる) 둔해지다 トゥネジダ

ジダ；멍청해지다 モンチョンヘジ
ダ ③(映像や色調が) 흐릿하다
フリタダ ④(焦点が) 흐려지다 フ
リョジダ
ほけん [保健] 보건 ポーゴン 関保
健衛生 보건 위생 ポーゴン ウィセ
ン/保健所 보건소 ポーゴンソ
ほけん [保険] 보험 ポーホム 関保
険会社 보험 회사 ポーホム フェー
サ/生命保険 생명 보험 センミョ
ン ポーホム
ほご [保護] 보호 ポーホ ❖~する
保護する 보호하다 ポーホハダ 関自然保護
자연 보호 チャヨン ポーホ
ほこう [歩行] 보행 ポーヘン ❖~
する 歩行する 보행하다 ポーヘンハダ
ぼこう [母校] 모교 モーギョ
ぼこく [母国] 모국 モーグク
ほこらしい [誇らしい] 자랑스럽다
チャランスロプタ 例我々の誇らし
い伝統が外国に紹介されました。
우리의 자랑스러운 전통이 외국에
소개됐어요. ウリエ チャランスロ
ウン チョントンイ ウェーググ ソゲ
ドウェッソヨ ❖誇らしく 자랑스럽
게 チャランスロプケ 例会社を誇
らしく思っています。회사를 자랑
스럽게 여기고 있습니다. フェーサ
ルル チャランスロプケ ヨギゴ イッ
スムニダ
ほこり [埃] 먼지 モンジ
ほこり [誇り] ①(自慢) 자랑 チャ
ラン ②(矜持) 긍지 クーンジ 例1
人の国民として誇りを持っていま
す。한 국민으로서 긍지를 가지고
있어요. ハン クンミヌロソ クーン
ジルル カジゴ イッソヨ ③(自尊
心) 자존심 チャジョンシム

ほこる [誇る] ①자랑하다 チャラ
ンハダ ②(威張る) 뽐내다 ッポム
ネダ ③(自慢する) 자만하다 チャ
マナダ
ほころびる [綻びる] 터지다 トー
ジダ
ほし [星] 별 ピョール
ほしい [欲しい] ①(手に入れる)
갖고 싶다 カッコ シプタ 例欲しい
ものがあれば言ってください。갖
고 싶은 게 있으면 말하세요. カッコ
シプン ゲ イッスミョン マーラ
セヨ ②(…してほしい《動詞語幹
＋‐아/어 주었으면 싶다, 動詞
の語幹＋‐기 바라다》の形で)
例言いたいことがあったら言って
ほしいです。하고 싶은 말이 있으면
해 주셨으면 싶어요. ハゴ シプン
マーリ イッスミョン ヘ ジュショッ
スミョン シポヨ
ほしがき [干し柿] 곶감 コッカム
ほしかげ [星影] 별빛 ピョールピッ
ほしがる [欲しがる] 갖고 싶어하다
カッコ シポハダ
ほじくる 후비다 フビダ
ほしぶどう [干し葡萄] 건포도 コ
ンポド
ほしゃく [保釈] 보석 ポーソク ❖
~する 保釈する 보석하다 ポーソカダ ❖
~される 保釈される 보석되다 ポーソクトゥェダ
関保釈金 보석금 ポーソックム
ほしゅ [保守] 보수 ポース ❖~す
る 保守する 보수하다 ポースハダ
ほじゅう [補充] 보충 ポーチュン
❖~する 補充する 보충하다 ポーチュンハダ
ぼしゅう [募集] 모집 モジプ ❖~
する 募集する 모집하다 モジパダ 例日本

語教師を募集しているという広告を見ました。日本語教師を募集するという広告を見ました. イルボノ キョサルル モジパンダヌン クヮーンゴルル ブワッソヨ

ほじょ [補助] 보조 ポージョ ❖~する 보조하다 ポージョハダ

ほしょう [保証] 보증 ポジュン ❖~する 보증하다 ポジュンハダ

ほしょう [保障] 보장 ポージャン ❖~する 보장하다 ポージャンハダ 関 安全保障 안전 보장 アンジョン ポージャン

ほしょう [補償] 보상 ポーサン ❖~する 보상하다 ポーサンハダ 関 補償金 보상금 ポーサングム

ほす [干す・乾す] 말리다 マルリダ 例 洗濯物はどこに干せばいいですか。빨래는 어디서 말리면 돼요? ッパルレヌン オディソ マルリミョン ドゥェヨ

ポスター [poster] 포스터 ポスト

ぼせいあい [母性愛] 모성애 モーソンエ

ほそい [細い] ①가늘다 カヌルダ 例 指が細いです。손가락이 가늘어요. ソンッカラギ カヌロヨ ❖細く 가늘게 カヌルゲ ②(狭い) 좁다 チョプタ 例 細い道を車がよく走るんですね。좁은 길을 자동차가 잘도 달리는군요. チョブン キルル チャドンチャガ チャルド タルリヌングンニョ

ほそう [舗装] 포장 ポジャン ❖~する 포장하다 ポジャンハダ 関 舗装道路 포장도로 ポジャンドロ / 舗装工事 포장 공사 ポジャン コンサ

ほそく [補足] 보족 ポージョク;보충 ポーチュン ❖~する 보충하다 ポーチュンハダ 関 補足説明 보충 설명 ポーチュン ソルミョン

ほそながい [細長い] 가늘고 길다 カヌルゴ キルダ

ほぞん [保存] 보존 ポージョン ❖~する 보존하다 ポージョナダ 例 キムチを長く保存するにはどうすればいいですか。김치를 오래 보존하려면 어떻게 해야 해요? キムチルル オレ ポージョナリョミョン オットッケ ヘヤ ヘヨ 関 保存食 보존식 ポージョンシク

ぼだいじゅ [菩提樹] 보리수 ポリス;보리자나무 ポリジャナム

ほたてがい [帆立貝] 가리비 カリビ

ほたる [蛍] 개똥벌레 ケットンボルレ;반딧불이 パンディップリ

ぼたん [牡丹] 모란 モラン

ボタン [botão] 단추 タンチュ 例 寒いから上のボタンまではめてください。추우니까 윗단추까지 채우세요. チュウニッカ ウィッタンチュッカジ チェウセヨ / このボタンを押せばドアが開くでしょう。이 단추를 누르면 문이 열릴 거예요. イ タンチュルル ヌルミョン ムニ ヨルリル コエヨ

ぼち [墓地] 묘지 ミョージ 関 共同墓地 공동묘지 コーンドンミョジ

ホチキス [←Hotchkiss paper-fastener] 호치키스 ホチキス;스테이플러 ステイプルロ

ほちょう [歩調] 보조 ポージョ;걸음걸이 コルムコリ

ほちょうき [補聴器] 보청기 ポー

ほっき [発起] 발기 パルギ ❖~する 발기하다 パルギハダ 関一念発起 일념발기 イルリョムバルギ

ほっきょく [北極] 북극 プククク 関北極ぐま 북극곰 プクククコム / 北極星 북극성 プククソン

ボックス [box] 박스 パクス ; 상자 サンジャ

ホッケー [hockey] 하키 ハキ 関アイスホッケー 아이스하키 アイスハキ / フィールドホッケー 필드하키 ピールドゥハキ

ほっさ [発作] 발작 パルジャク

ぼっしゅう [没収] 몰수 モルス ❖~する 몰수하다 モルスハダ

ぼっする [没する] ①(沈没する) 가라앉다 カラアンタ ②(日が沈む) 지다 チダ ③(死亡する) 죽다 チュクタ ; 사망하다 サマンハダ

ほっそく [発足] 발족 パルチョク ❖~する 발족하다 パルチョカダ

ほっそり ❖~している 호리호리하다 ホリホリハダ

ほっと ❖~する 한숨을 돌리다 ハンスムル トルリダ ; 한숨을 놓다 ハンスムル ノッタ ; 한숨이 놓이다 ハンスミ ノイダ 例忙しい仕事が終わってほっとしました。 바쁜 일이 끝나서 한숨 놓았어요. パップン ニーリ ックンナソ ハンスム ノアッソヨ

ぼっとう [没頭] 몰두 モルトゥ ❖~する 몰두하다 モルトゥハダ

ホットコーヒー [hot coffee] 핫커피 ハッ コーピ ; 뜨거운 커피 ットゥゴウン コーピ

ホットドッグ [hot dog] 핫도그 ハットグ

ポップコーン [popcorn] 팝콘 パプコーン

ポップス [pops] 팝스 パプス ; 팝송 パプソン

ぼつらく [没落] 몰락 モルラク ❖~する 몰락하다 モルラカダ

ほてる [火照る] ①뜨거워지다 ットゥゴウォジダ ; 달아오르다 タラオルダ ②(恥ずかしくて) 빨개지다 ッパールゲジダ

ホテル [hotel] 호텔 ホテル 例安くてきれいなホテルはないでしょうか。 싸고 깨끗한 호텔 없을까요? ッサゴ ッケックッタン ホテル オープスルッカヨ

ほど [程] ①(程度・およそ) 정도 チョンド ; 쯤 ッチュム ; 만큼 マンクム 例1週間ほど経てば到着するでしょう。일주일쯤 지나면 도착할 거예요. イルチュイルッチュム チナミョン トーチャカル コエヨ ②(比較の基準) 만큼 マンクム 例この店ほどおいしい所もありません。이 집만큼 맛있는 곳도 없어요. イ チムマンクム マシンヌン ゴット オープソヨ ③(…するほど《用言の語幹＋-ㄹ/을 수록》の形で) 例韓国語は勉強すればするほど難しくなります。한국말은 공부하면 할수록 어려워져요. ハーングンマルン コンブハミョン ハルスロク オリョウォジョヨ ④(限度) 한도 ハーンド ; 정도 チョンド 例冗談にもほどがあります。농담에도 정도가 있지요. ノーンダメド チョンドガ イッチヨ ⑤(身の程) 분수 プーンス

ほどう [歩道] 보도 ポード；인도 インド 関横断歩道 횡단보도 フェンダンボド

ほどく [解く] 풀다 プルダ

ほとけ [仏] 부처 プチョ；부처님 プチョニム

ほどける [解ける] 풀리다 プルリダ

ほどこす [施す] ①(与える) 베풀다 ペプルダ；주다 チュダ ②(手段などを講じる) 시행하다 シーヘンハダ；쓰다 ッスダ ③(装飾・工夫を加える) 장식하다 チャンシカダ；궁리하다 クンニハダ

ほととぎす [時鳥・杜鵑・不如帰] 두견 トゥギョン；불여귀 プリョグィ

ほとり [辺] ①近処 근처 クーンチョ；부근 プーグン ②(側) 가 カ

ボトル [bottle] 보틀 ポトゥル；병 ピョン

ほとんど [殆ど] ①(大部分) 대부분 テーブブン ②(ほぼ) 거의 コイ 例 その本は，ほとんど読み終わりました。그 책은 거의 다 읽었어요. ク チェグン コイ ター イルゴッソヨ

ほにゅう [哺乳] 포유 ポユ 関 ほ乳類 포유류 ポユリュ

ほにゅう [母乳] 모유 モーユ

ほね [骨] ①(人・動物) 뼈 ッピョ ②(魚) 가시 カシ ③(傘や扇子) 살 サル

ほねぐみ [骨組み] ①(骨格) 골격 コルギョク ②(構造) 기본 구조 キボン クジョ

ほのお [炎] 화염 ファーヨム；불길 プルキル

ほのか [仄か] ❖～な 희미한 ヒミハン；어렴풋한 オリョムプタン ❖～に 희미하게 ヒミハゲ；어렴풋이 オリョムプシ

ほのめかす [仄めかす] 넌지시 비추다 ノンジシ ピチュダ；암시하다 アームシハダ

ほぼ 거의 コイ；대강 テーガン；대충 テチュン 例 ほぼ同じような内容です。거의 같은 내용이에요. コイ カトゥン ネーヨンイエヨ / 出掛ける準備はほぼ終わりました。나갈 준비는 대충 다 됐어요. ナガル ジュンビヌン テチュン ター トゥェッソヨ

ほぼ [保母] 보모 ポーモ

ほほえましい [微笑ましい] 흐뭇하다 フムタダ

ほほえみ [微笑み] 미소 ミソ

ほほえむ [微笑む] 미소 짓다 ミソチッタ 例 微笑む姿がとてもきれいです。미소 짓는 모습이 너무 예뻐요. ミソ チンヌン モスビ ノムイェーッポヨ

ほまれ [誉れ] 명예 ミョンエ；좋은 평판 チョーウン ピョンパン

ほめる [褒める・誉める] 칭찬하다 チンチャナダ 例 そんなに褒められると恥ずかしいじゃないですか。그렇게 칭찬하시면 부끄럽잖아요. クロッケ チンチャナシミョン プックロプチャナヨ

ほや [海鞘] 멍게 モンゲ

ぼやける ①흐려지다 フリョジダ；희미해지다 ヒミヘジダ ②(記憶が) 흐리멍덩해지다 フリモンドンヘジダ；멍하다 モーンハダ

ほよう [保養] 보양 ポーヤン ❖～する 보양하다 ポーヤンハダ 関

保養地 보양지 ポーヤンジ
ほら [法螺] 허풍 ホプン
ぼら [鯔] 숭어 スーノオ
ボランティア [volunteer] 볼런티어 ポルロンティオ；자원봉사 チャウォンボンサ
ほりゅう [保留] 보류 ポーリュ ❖〜する 보류하다 ポーリュハダ
ボリューム [volume] ①볼륨 ポルリュム ②(分量) 분량 プールリャン；양 ヤン ③(重量感) 중량감 チューンニャンガム ④(音量) 음량 ウムニャン ⑤(声量) 성량 ソンニャン
ほる [掘る] ①(穴を) 파다 パダ 例 成功するためには1つの井戸を掘らないといけません。성공하려면 한 우물만 파야지요. ソンゴンハリョミョン ハン ウムルマン パヤジヨ 《1つのことを最後までやりとげなければならないという韓国の慣用表現》②(埋もれているものを掘る) 캐다 ケダ ③(発掘する) 발굴하다 パルグラダ
ほる [彫る] 새기다 セギダ
ぼる 바가지를 씌우다 パガジルル ッシウダ ❖ぼられる 바가지를 쓰다 パガジルル ッスダ 例 ぼられないためにはどうすればいいでしょうか。바가지를 안 쓰려면 어떻게 해야 할까요? パガジルル アン ッスリョミョン オットッケ ヘヤ ハルッカヨ
ほれる [惚れる] 반하다 パーナダ
ほろ [幌] 포장 ポジャン
ぼろ [襤褸] ①(衣服) 넝마 ノンマ；누더기 ヌドギ ②(欠点) 결점 キョルッチョム；허점 ホッチョム

ほろにがい [ほろ苦い] 씁쓰레하다 ッスプッスレハダ
ほろびる [滅びる] 망하다 マンハダ；멸망하다 ミョルマンハダ
ほろぼす [滅ぼす] 멸망시키다 ミョルマンシキダ；망하게 하다 マンハゲ ハダ；망치다 マンチダ
ぼろぼろ(物が古びた様子) ❖〜の 너덜너덜한 ノドルロドラン
ほろよい [微酔い] ❖〜機嫌だ 거나하다 コナハダ
ホワイトハウス [White House] 화이트 하우스 フワイトゥ ハウス；백악관 ペガククワン
ほん [本] 책 チェク；서적 ソジョク
-ほん [-本] ①자루 チャル 例 鉛筆1本 연필 한 자루 ヨンピル ハン ジャル ②병 ピョン 例 ビール2本 맥주 두 병 メクチュ トゥー ビョン ③개비 ケビ 例 タバコ1本 담배 한 개비 タームベ ハン ゲビ
ぼん [盆] 쟁반 チェンバン
ほんかく [本格] 본격 ポンキョク ❖〜的な 본격적인 ポンキョクチョギン ❖〜的に 본격적으로 ポンキョクチョグロ 関 本格派 본격파 ポンキョクパ
ほんき [本気] 본심 ポンシム；진심 チンシム；제정신 チェジョンシン；진짜 チンッチャ ❖〜で 진심으로 チンシムロ；진짜로 チンッチャロ 例 本気で言ってるんですか。진짜로 하는 말이에요? チンッチャロ ハヌン マーリエヨ
ほんごく [本国] 본국 ポングク
ホンコン [香港] 홍콩 ホンコン
ほんさい [本妻] 본처 ポンチョ
ぼんさい [盆栽] 분재 プンジェ

ほんしつ [本質] 본질 ポンジル

ほんじつ [本日] 오늘 オヌル; 금일 クミル 園本日休業 금일 휴업 クミル ヒュオプ

ほんしゃ [本社] 본사 ポンサ

ほんしょう [本性] 본성 ポンソン

ほんしょく [本職] 본직 ポンジク; 본업 ポノプ

ほんせき [本籍] 본적 ポンジョク 園本籍地 본적지 ポンジョクチ

ほんそう [奔走] 분주 プンジュ ❖～する 분주하다 プンジュハダ

ほんだな [本棚] 책장 チェクチャン

ほんてん [本店] 본점 ポンジョム

ほんとう [本当] 사실 サーシル; 진실 チンシル; 정말 チョーンマル 例 本当はその話を聞いて驚きました。사실은 그 이야기를 듣고 놀랐어요. サーシルン ク イヤギルル トゥッコ ノルラッソヨ ❖～に 정말로 チョーンマルロ 例 本当に申し訳ありません。정말로 미안합니다. チョーンマルロ ミアナムニダ

ほんにん [本人] 본인 ポニン

ほんね [本音] 본심 ポンシム

ほんのう [本能] 본능 ポンヌン

ほんば [本場] 본고장 ポンゴジャン

ほんぶ [本部] 본부 ポンブ

ほんまつてんとう [本末転倒] 본말 전도 ポンマル チョンド

ほんもの [本物] 진짜 チンッチャ

ほんや [本屋] 서점 ソジョム; 책방 チェクパン

ほんやく [翻訳] 번역 ポニョク ❖～する 번역하다 ポニョカダ 例 将来, 韓国語を日本語に翻訳する仕事がしたいです。장래에 한국어를 일본어로 번역하는 일을 하고 싶어요. チャンネエ ハーングゴルル イルボノロ ポニョカヌン ニールル ハゴ シポヨ

ぼんやり ①(はっきりしない) 희미하게 ヒミハゲ; 어렴풋이 オリョムプシ 例 幼い頃に来た記憶がぼんやりと蘇ります。어렸을 때 와 본 기억이 희미하게 나요. オリョッスルッテ ワ ボン キオギ ヒミハゲ ナヨ / 子供の頃の面影がぼんやりと残っていますね。어릴 때 모습이 어렴풋이 남아 있네요. オリル ッテ モスビ オリョムプシ ナマ インネヨ ❖～している 희미하다 ヒミハダ; 어렴풋하다 オリョムプタダ ②(放心・不注意) 멍하니 モーンハニ; 우두커니 ウドゥコニ 例 何をそんなにぼんやり考えていますか。뭘 그렇게 멍하니 생각해요? ムォール クロッケ モーンハニ センガケヨ ❖～する 멍하다 モーンハダ; 멍해지다 モーンヘジダ

ほんらい [本来] ①(元々の) 본래 ポルレ; 원래 ウォルレ 例 私の父は本来涙もろいです。우리 아버지는 원래 눈물이 많아요. ウリ アボジヌン ウォルレ ヌンムリ マーナヨ ②(通常ならば) 보통 ポートン 例 本来なら許さないところです。보통이라면 용서할 수 없는 일입니다. ポートンイラミョン ヨンソハル ス オームヌン ニーリムニダ

ほんろん [本論] 본론 ポルロン

ま

ま [間] ①(空間的な間) 사이 サイ; 틈 トゥム; 간격 カーンギョク ②(時間的な間) 사이 サイ; 동안 ト

ンアン;짬 ッチャーム 例 寝ている間に雪が積もりました。자고 있는 사이에 눈이 쌓였어요. チャゴ インヌン サイエ ヌーニ ッサヨッソヨ ③(部屋) 방 パン

まあ ①(驚き) 어머 オモ;어머나 オモナ《어머, 어머나는 主に女性が用い, 男性は用いない》;깜짝이야 ッカムッチャギヤ 例 まあ! 久しぶりです。어머! 오랜만이에요. オモ オレンマニエヨ ②(それなりに) 그런대로 クロンデロ;그럭저럭 クロクチョロク 例 まあ, おいしいですね。그런대로 먹을 만하네요. クロンデロ モグル マナネヨ ③(相手を促したりなだめたりして) 자 チャー;아니 アニ;뭐 ムォー 例 まあ, 落ち着いて話してください。자, 진정하시고 말씀하세요. チャー チンジョンハシゴ マールッスマセヨ

マーク [mark] 마크 マク ❖~する 마크하다 マクハダ

マーケット [market] 마켓 マーケッ;시장 シージャン 例 マーケットに買い物に行きたいのですが。시장에 장을 보러 가고 싶은데요. シージャンエ チャンウル ポロ カゴ シプンデヨ

マーケティング [marketing] 마케팅 マケティン;시장 조사 シジャン ジョサ 関 マーケティングリサーチ 마케팅 리서치 マケティン リソーチ

マージャン [麻雀] 마작 マジャク 関 麻雀店 마작집 マジャクチプ

マーチ [march] 마치 マチ;행진곡 ヘンジンゴク

まあまあ ❖~だ 그저 그렇다 クジョ クロッタ ❖~の 그런대로 クロンデロ

マーマレード [marmalade] 마멀레이드 マモルレイドゥ

まい [舞] 춤 チュム;무용 ムーヨン

-まい [-枚]《助数詞》장 チャン 例 紙1枚 종이 한 장 チョンイ ハン ジャン

まいあがる [舞い上がる] 날아오르다 ナラオルダ

まいあさ [毎朝] 매일 아침 メーイル アチム;아침마다 アチムマダ

マイク [mike] 마이크 マイク 関 ワイヤレスマイク 무선 마이크 ムソン マイク

まいご [迷子] 미아 ミア 例 よそ見をして迷子になりました。한눈을 팔다가 미아가 됐어요. ハーンヌヌル パルダガ ミアガ トウェッソヨ

まいしゅう [毎週] 매주 メージュ

まいしん [邁進] 매진 メジン ❖~する 매진하다 メジナダ

まいすう [枚数] 매장 メジャン;장수 チャンスー

まいそう [埋葬] 매장 メジャン ❖~する 매장하다 メジャンハダ

まいつき [毎月] 매월 メーウォル;매달 メーダル

まいど [毎度] 항상 ハンサン;언제나 オーンジェナ

まいとし [毎年] 매년 メーニョン

マイナス [minus] ①(数を引くこと) 마이너스 マイノス ②(零下) 영하 ヨンハ ③(損失) 손실 ソーンシル 関 マイナスイオン 음이온 ウミオン / マイナスイメージ 마이너스 이미지 マイノス イミジ

まいにち [毎日] 매일 メーイル;날마다 ナルマダ

まいねん [毎年] 매년 メーニョン;해마다 ヘマダ

まいばん [毎晩] 매일 밤 メーイル パム;밤마다 パムマダ

まいる [参る] ①(行く) 가다 カダ 例皆，一緒に参りましょうか。모두 다 같이 갈까요? モドゥ ター ガチ カルッカヨ ②(来る) 오다 オダ 例間もなくガイドが参ります。곧 가이드가 옵니다。コッ カイドゥガ オムニダ ③(弱る・困る) 질리다 チルリダ 例あの子の嘘には参りました。그 애의 거짓말에는 질렸어요。ク エエ コージンマレヌン チルリョッソヨ ④(降参する) 지다 チダ;항복하다 ハンボカダ

マイル [mile] 마일 マイル

まう [舞う] ①(物が舞い上がる) 빙빙 돌다 ピンビン トールダ;흩날리다 フンナルリダ ②(踊る) 춤추다 チュムチュダ

まうえ [真上] 바로 위 パロ ウィ

まえ [前] ①(場所が) 앞 アプ 例コンビニの前で止めてください。편의점 앞에서 세워 주세요。ピョニジョム アペソ セウォ ジュセヨ ②(時間・順序が) 전 チョン;이전 イージョン 例1週間前に予約したのですが。일주일 전에 예약했는데요。イルチュイル ジョネ イェーヤケンヌンデヨ ③(人数分の量) 인분 インブン 例プルコギ3人前ください。불고기 3(삼)인분 주세요。プルゴギ サミンブン チュセヨ

まえうり [前売り] 예매 イェーメ ❖~する 예매하다 イェーメハダ 例映画の前売り券を買っておきました。영화 표를 미리 예매해 뒀어요。ヨンフワ ピョルル ミリ イェーメヘ ドゥォッソヨ 関前売り券 예매권 イェーメックォン

まえがき [前書き] 머리말 モリマル;서문 ソームン

まえがみ [前髪] 앞머리 アムモリ

まえがり [前借り] 가불 カーブル ❖~する 가불하다 カーブラダ

まえきん [前金] 선금 ソングム;전도금 チョンドグム

まえだおし [前倒し] ❖~する 앞당겨 실시하다 アプタンギョ シルシハダ

まえばらい [前払い] 선불 ソンブル 例代金は前払いにしていただきたいのですが。대금은 선불로 해 주셨으면 좋겠는데요。テーグムン ソンブルロ ヘ ジュショッスミョン チョーッケンヌンデヨ ❖~する 선불하다 ソンブラダ 関前払い金 선불금 ソンブルグム

まえぶれ [前触れ] ①(予告) 예고 イェーゴ ②(前兆) 전조 チョンジョ;조짐 チョジム

まえむき [前向き] 적극적 チョッククチョク

まえもって [前以て] 미리 ミリ;사전에 サージョネ

まかせる [任せる・委せる] ①(人に代行してもらう) 맡기다 マッキダ 例それは私に任せてください。그건 저에게 맡겨 주세요。クゴン チョエゲ マッキョ ジュセヨ ②(なるがままにする) 놓아두다 ノアドゥダ 例どうにかなるだろうから成り行きに任せましょう。어떻게든

될 테니 그냥 놓아둡시다. オットッケドゥン トゥェル テニ クニャン ノアドゥプシダ

まかなう[賄う] ①(やりくりする) 꾸리다 ックリダ ②(準備・用意する) 마련하다 マリョナダ

まがりかど[曲がり角] ①(道路の) 모퉁이 モトゥンイ ②(転換点) 전환점 チョヌァンッチョム ③(岐路) 갈림길 カルリムッキル

まがる[曲がる] ①(まっすぐでなくなる) 구부러지다 クブロジダ 例 曲がった道 구부러진 길 クブロジン ギル ②(進む方向を変える) 돌다 トールダ 例 あちらの角を曲がって降ろしてください。 저쪽 모퉁이를 돌아서 내려 주세요. チョッチョク モトゥンイルル トラソ ネリョ ジュセヨ ③(ねじれる) 비뚤어지다 ピットゥロジダ 例 ネクタイが曲がっていたので直してあげました。 넥타이가 비뚤어져서 고쳐 줬어요. ネクタイガ ピットゥロジョソ コチョ ジュオッソヨ ④(心がねじける) 비뚤어지다 ピットゥロジダ 例 性格がちょっとねじ曲がっています。 성격이 좀 비뚤어졌어요. ソーンッキョギ チョム ピットゥロジョッソヨ

まき[薪] 장작 チャンジャク

まきあげる[巻き上げる] ①(巻いて引き上げる) 감아 올리다 カマ オルリダ; 말아 올리다 マラ オルリダ ②(奪う) 빼앗다 ッペアッタ

まきげ[巻き毛] 곱슬머리 コプスルモリ; 고수머리 コスモリ

まきこむ[巻き込む] 끌어들이다 ックロドゥリダ; 말려들게 하다 マルリョドゥルゲ ハダ

まきじゃく[巻き尺] 줄자 チュルジャ; 권척 クォンチョク

まきぞえ[巻き添え] ❖~になる 말려들다 マルリョドゥルダ; 휘말리다 フィマルリダ

まきちらす[撒き散らす] 흩뿌리다 フップリダ

まきつく[巻き付く] 휘감기다 フィガムギダ

まきつける[巻き付ける] 휘감다 フィガムタ

まきば[牧場] 목장 モクチャン

まきもどし[巻き戻し] 되감기 トゥェガムキ

まきもどす[巻き戻す] 되감다 トゥェガムタ

まぎらわしい[紛らわしい] 헷갈리기 쉽다 ヘッカルリギ シュィープタ; 혼동하기 쉽다 ホーンドンハギ シュィープタ

まぎわ[間際・真際] 직전 チクチョン

まく[幕] ①(舞台の) 막 マク ②(垂れ幕) 휘장 フィジャン

まく[巻く・捲く] ①(物を丸める) 말다 マルダ ②(巻きつける) 감다 カムタ ③(ねじなどを回す) 틀다 トゥルダ; 죄다 チュェーダ

まく[蒔く] 뿌리다 ップリダ; 파종하다 パジョンハダ

まく[撒く] ①(振りまく) 뿌리다 ップリダ ②(散布する) 살포하다 サルポハダ ③(尾行者などを) 따돌리다 ッタドルリダ

マグニチュード[magnitude] 마그니튜드 マグニティュドゥ

まくら[枕] 베개 ペゲ

まくる[捲る] 걷다 コッタ;걷어올리다 コドオルリダ;걷어붙이다 コドブチダ

まぐろ[鮪] 다랑어 タランオ;참치 チャムチ

まくわうり[真桑瓜・甜瓜] 참외 チャムェ

まけ[負け] 패배 ペーベ

まける[負ける] ①(敗北する) 지다 チダ;패배하다 ペーベハダ 例 友達と賭けをして負けました。친구하고 내기해서 졌어요. チングハゴ ネーギヘソ チョッソヨ ②(抗しきれない) 넘어가다 ノモガダ 例 友達の誘惑に負けないでください。친구들 유혹에 넘어가지 마세요. チングドゥル ユホゲ ノモガジ マーセヨ ③(値引きする) 깎아 주다 ッカッカ ジュダ 例 もうちょっと負けてください。조금만 더 깎아 주세요. チョグムマン ド ッカッカ ジュセヨ ④(暑さに負ける) 더위를 타다 トウィルル タダ;더위를 먹다 トウィルル モクタ 例 暑さに負けたのか全く力が出ません。더위를 먹었는지 하나도 힘이 없어요. トウィルル モゴンヌンジ ハナド ヒミ オープソヨ ⑤(寒さに負ける) 추위를 타다 チュウィルル タダ

まげる[曲げる] ①(物・体を) 구부리다 クブリダ ②(信念や事実を) 굽히다 クピダ;왜곡하다 ウェゴカダ

まご[孫] ①(男) 손자 ソンジャ ②(女) 손녀 ソンニョ

まごころ[真心] 진심 チンシム;참마음 チャムマウム;정성 チョンソン;성심 ソンシム

まこと[誠・実] ①(真実) 진실 チンシル ②(誠意) 진심 チンシム;성의 ソンイ;정성 チョンソン ❖ ~に ①(本当に) 참으로 チャムロ ②(とても) 대단히 テーダニ ③(心から) 진심으로 チンシムロ

まさか ①(万一の時) 만일의 경우 マーニレ キョンウ ②(よもや) 설마 ソルマ 例 まさか連絡が来ないことはないでしょう。설마 연락이 안 오지는 않을 거예요. ソルマ ヨルラギ ア ノジヌン アヌル コエヨ ③(いくらなんでも) 아무리 그래도 アームリ クレド 例 まさか嫌とは言えません。아무리 그래도 싫다고는 할 수 없어요. アームリ クレド シルタゴヌン ハル ス オープソヨ

マザコン[←mother complex]《俗語》마마보이 ママボイ

まさしく[正しく] 틀림없이 トゥルリモプシ;확실히 フワクシリ;바로 パロ

まさつ[摩擦] 마찰 マチャル ❖ ~する 마찰하다 マチャラダ

まさに[正に] ①(確かに) 바로 パロ;확실히 フワクシリ;틀림없이 トゥルリモプシ;정말로 チョーンマルロ ②(今しも…しようとする) 이제 イジェ;막 マク

まさる[勝る・優る] ①(ましだ) 낫다 ナーッタ ②(優秀だ) 뛰어나다 ットゥィオナダ;우수하다 ウスハダ

まざる[混ざる・交ざる・雑ざる] 섞이다 ソッキダ

まし ❖ ~だ 낫다 ナーッタ

まじえる[交える] ① 섞다 ソクタ ②(砲火を) 교전하다 キョジョナ

ダ
まじめ [真面目] ❖~だ 진지하다 チンジハダ;성실하다 ソンシラダ;착실하다 チャクシラダ 例彼は本当に真面目ですね。그 사람은 참 성실하네요. ク サーラムン チャム ソンシラネヨ ❖~に 진지하게 チンジハゲ;성실하게 ソンシラゲ;착실하게 チャクシラゲ 例真面目に説明してください。진지하게 설명해 주세요. チンジハゲ ソルミョンヘ ジュセヨ

まじゅつ [魔術] 마술 マスル;요술 ヨスル 関魔術師 마술사 マスルサ 《韓国語では手品師の意》

まじょ [魔女] 마녀 マニョ

まじる [混じる・交じる・雑じる] 섞이다 ソッキダ

まじわる [交わる] ①(交際する) 사귀다 サグイダ;교제하다 キョジェハダ ②(交差する) 엇걸리다 オッコルリダ;교차하다 キョチャハダ

ます [鱒] 송어 ソンオ 関ニジマス 무지개송어 ムジゲソンオ

ます [増す] ①(数が) 많아지다 マーナジダ ②(量が) 늘다 ヌルダ ③(加える) 더하다 トハダ

まず [先ず] ①(最初に) 우선 ウソン;첫째로 チョッチェロ;먼저 モンジョ 例まず, 食事にしましょう。우선 식사를 합시다. ウソン シクサルル ハプシダ ②(ともかく) 어쨌든 オッチェットゥン;하여간 ハヨガン 例まずは無事に戻ったからよかったです。하여간 무사히 돌아왔으니 다행이에요. ハヨガン ムサヒ トラワッスニ タヘンイエヨ ③(たぶん) 아마도 アマド;대체로 テーチェロ;거의 コイ 例雪のせいで飛行機が遅くなるのはまず間違いありません。눈 때문에 비행기가 늦어지는 건 거의 틀림없어요. ヌーン ッテムネ ピヘンギガ ヌジョジヌン ゴン コイ トゥリムオプソヨ

ますい [麻酔] 마취 マチュイ ❖~する 마취하다 マチュイハダ 関麻酔医 마취 전문 의사 マチュイ チョンムン ウイサ / 麻酔薬 마취약 マチュイヤク / 局部麻酔 국부 마취 ククプ マチュイ / 全身麻酔 전신 마취 チョンシン マチュイ

まずい ①(味が悪い) 맛없다 マドプタ;맛이 없다 マシ オープタ 例この料理まずいですね。이 요리 맛없네요. イ ヨリ マドムネヨ ②(下手だ) 서투르다 ソートゥルダ ③(具合が悪い) 거북하다 コーブカダ;난처하다 ナンチョハダ 例このことが知られたら私がまずいです。이 일이 알려지면 제가 난처해요. イ イーリ アルリョジミョン チェガ ナンチョヘヨ

マスカラ [mascara] 마스카라 マスカラ

マスコミ [←mass communication] 매스컴 メスコム

まずしい [貧しい] 가난하다 カナナダ 例まだ学生なので貧しいです。아직 학생이라 가난해요. アジク ハクセンイラ カナネヨ

マスター [master] 마스터 マスト ①(店の) 주인 チュイン ②(大学院修士) 석사 ソクサ ❖~する 마스터하다 マストハダ;숙달하다 スク

タラダ;습득하다 スプトゥカダ 関 マスターキー マストキー マストキー / マスタープラン マスター プラン マスト プルレン

ますます [益々] 더욱더 トウヨク;점점 더 チョームジョム ド 例 ますます発展することを祈ります。 더욱더 발전하시기 바랍니다. トウヨク パルチョナシギ パラムニダ / 子供が最近ますます言うことを聞きません。 아이가 요즘 점점 더 말을 잘 안 들어요. アイガ ヨジュム チョームジョム ド マールル チャル アン ドゥロヨ

まぜごはん [混ぜ御飯] 비빔밥 ピビムッパプ

まぜる [混ぜる・交ぜる・雑ぜる] ①섞다 ソクタ ②(混合する) 혼합하다 ホナパダ ③(ご飯を) 비비다 ピビダ

また [股] ①(物の) 가장귀 カジャングィ ②(人の) 가랑이 カランイ

また [又] ①(再び) 또 ット;또다시 ットダシ 例 今度是非また来たいです。다음에 꼭 또 오고 싶어요. タウメ ッコクット オゴ シポヨ ②(同様に・やはり) 도 ト;또한 ットハン;마찬가지로 マチャンガジロ;역시 ヨクシ 例 私もまた来て良かったと思います。 저 역시 오길 잘했다고 생각해요. チョ ヨクシ オギル チャレッタゴ センガケヨ ③(その上) 게다가 ケダガ;그 위에 ク ウィエ;또 ット 例 歌も上手だし, また踊りも上手です。노래도 잘하고 또 춤도 잘 춰요. ノレド チャラゴ ット チュムド チャル チュォヨ

まだ [未だ] ①(いまだに) 아직 アジク;아직도 アジクト 例 まだ注文したものが来ません。아직도 주문한 것이 안 왔어요. アジクト チュムナン ゴシ ア ヌワッソヨ ②(さらに・もっと) 아직도 アジクト;더 ト 例 まだ食べられますか。더 먹을 수 있겠어요? ト モグル ス イッケッソヨ ③(どちらかと言えば) 차라리 チャラリ;오히려 オヒリョ;그런대로 クロンデロ 例 これならまだマシでしょう。이거라면 그런대로 나을 거예요. イゴラミョン クロンデロ ナウル コエヨ

またがる [跨る・股がる] ①(足を広げて乗る) 올라타다 オルラタダ ②(座る) 걸터앉다 コールトアンタ

またぐ [跨ぐ] 넘다 ノームタ

またせる [待たせる] 기다리게 하다 キダリゲ ハダ 例 お待たせしてすみません。기다리게 해서 죄송합니다. キダリゲ ヘソ チュエーソンハムニダ

またたく [瞬く] ①(瞬きをする) 깜작이다 ッカムジャギダ ②(星などが明滅する) 반짝이다 パンッチャギダ

またたくまに [瞬く間に] 순식간에 スンシクカネ;눈 깜짝할 사이에 ヌン ッカムッチャカル サイエ

または [又は] ①또는 ットヌン ②(あるいは) 혹은 ホグン

まだら [斑] 얼룩 オルルク

まち [町・街] ①(市街地) 시가지 シーガジ ②(市内) 시내 シーネ 例 買い物するには町まで出ないといけないですか。쇼핑하려면 시내까지 나가야 해요? ショピンハリ

ョミョン シーネッカジ ナガヤ ヘヨ ③(都会) 도시 トシ ④(町内) 동네 トーンネ ⑤(繁華街) 번화가 ポヌヮガ; 거리 コリ 例街のネオンがとてもきれいです。거리의 네온이 너무 아름다워요. コリエ ネオニ ノム アルムダウォヨ

まちあいしつ [待合室] 대기실 テーギシル; 기다림 방 キダリム パン; 대합실 テーハプシル

まちあわせる [待ち合わせる] 만나기로 하다 マンナギロ ハダ

まちがい [間違い] ①(誤り) 잘못 チャルモッ; 틀림 トゥルリム 例何か間違いがあるようです。뭔가 잘못이 있는 것 같아요. ムォーンガ チャルモシ インヌン ゴッ カタヨ / 私が頼んだら間違いありません。제가 부탁하면 틀림이 없어요. チェガ プータカミョン トゥルリミ オプソヨ ②(過失) 실수 シルス; 과실 クヮーシル 例誰でも間違いを犯すものです。누구나 실수를 하는 법이에요. ヌグナ シルスルル ハヌン ボビエヨ ③(事故) 사고 サーゴ 例何か間違いでも起こったのではないでしょうか。무슨 사고라도 생긴 게 아닐까요? ムスン サーゴラド センギン ゲ アニルッカヨ

まちがう [間違う] ①(誤る) 틀리다 トゥルリダ 例名前が間違っています。이름이 틀렸어요. イルミ トゥルリョッソヨ ②(取り違える) 실수하다 シルスハダ; 잘못되다 チャルモットゥェダ

まちがえる [間違える] ①(誤る) 틀리다 トゥルリダ 例綴りをまた間違えました。철자를 또 틀렸어요. チョルチャルル ット トゥルリョッソヨ ②(取り違える) 잘못 알다 チャルモッ アールダ 例お酒を水と間違えて飲んでしまいました。술을 물로 잘못 알고 마셔 버렸어요. スルル ムルロ チャルモ タールゴ マショ ボリョッソヨ ③(錯覚する・見間違える) 착각하다 チャクカカダ; 잘못 보다 チャルモッ ポダ 例人を見間違えました。사람을 잘못 봤어요. サーラムル チャルモッ プヮッソヨ

まちかど [町角・街角] ①길모퉁이 キルモトゥンイ ②(街頭) 거리 コリ; 가두 カドゥ

まちかねる [待ちかねる] 몹시 기다리다 モープシ キダリダ

まちくたびれる [待ちくたびれる] 기다리다 지치다 キダリダ チチダ

まちこがれる [待ち焦がれる] 애타게 기다리다 エータゲ キダリダ

まちじかん [待ち時間] 기다리는 시간 キダリヌン シガン

まちどおしい [待ち遠しい] 몹시 기다려지다 モープシ キダリョジダ

まちなみ [町並み・街並み] 집들이 늘어선 모양 チプトゥリ ヌロソン モヤン

まちはずれ [町外れ] 변두리 ピョンドゥリ

まちぶせ [待ち伏せ] ❖~する 숨어서 기다리다 スモソ キダリダ

まちまち [区区] ❖~だ 구구하다 クグハダ; 가지각색이다 カジガクセギダ

まつ [松] 소나무 ソナム; 솔 ソル 関 松かさ 솔방울 ソルパンウル / 松

の実 잣 チャーッ/松葉 솔잎 ソルリプ/松林 소나무숲 ソナムスプ/松やに 송진 ソンジン

まつ [待つ] 기다리다 キダリダ 例 連絡を待っています。연락을 기다리고 있어요. ヨルラグル キダリゴ イッソヨ

まっか [真っ赤] ❖~だ 새빨갛다 セッパルガッタ ❖~な 새빨간 セッパルガン 例 それは真っ赤な嘘です。그건 새빨간 거짓말이에요. クゴン セッパルガン コージンマリエヨ

まっき [末期] 말기 マルギ;말엽 マリョプ 関 末期医療 말기 의료 マルギ ウイリョ/末期症状 말기 증상 マルギ チュンサン

まっくら [真っ暗] ❖~だ 캄캄하다 カムカマダ;깜깜하다 ッカムッカマダ ❖~な 캄캄한 カムカマン;깜깜한 ッカムッカマン

まっくろ [真っ暗] ❖~だ 새까맣다 セッカマッタ ❖~な 새까만 セッカマン ❖~に 새까맣게 セッカマッケ

まつげ [睫・睫毛] 속눈썹 ソーンヌンッソプ 関 まつげエクステ 속눈썹 연장술 ソーンヌンッソプ ヨンジャンスル/まつげパーマ 속눈썹 파마 ソーンヌンッソプ パマ/逆さまつげ 안쪽으로 난 속눈썹 アンッチョグロ ナン ソーンヌンッソプ/つけまつげ 인조 속눈썹 インジョ ソーンヌンッソプ

マッサージ [massage] 마사지 マサジ;안마 アーンマ ❖~する 마사지하다 マサジハダ;안마하다 アーンマハダ 関 マッサージ器 안마기 アーンマギ/マッサージ師 안마사 アーンマサ

まっさお [真っ青] ❖~だ 새파랗다 セパラッタ ❖~な 새파란 セパラン

まっさき [真っ先] ❖~に 맨 앞에 メーン アペ;제일 먼저 チェーイル モンジョ

まっさつ [抹殺] 말살 マルサル ❖~する 말살하다 マルサラダ

まっしろ [真っ白] ❖~だ 새하얗다 セハヤッタ ❖~な 새하얀 セハヤン

まっすぐ [真っ直] ❖~だ ①똑바르다 ットクパルダ ②(一直線だ) 곧다 コッタ ③(正直だ) 정직하다 チョーンジカダ;올곧다 オールゴッタ ❖~に ①똑바로 ットクパロ ②(一直線に) 곧장 コッチャン

まったく [全く] ①(まったく…でない) 전혀 チョニョ 例 そのことと全く関係のない人です。그 일과 전혀 관계 없는 사람이에요. ク イールグワ チョニョ クワンゲ オームヌン サーラミエヨ ②(完全に) 완전히 ワンジョニ;전적으로 チョンジョグロ 例 運転は全く初心者です。운전은 완전히 초보자예요. ウーンジョヌン ワンジョニ チョボジャエヨ ③(本当に) 정말로 チョーンマルロ;참으로 チャムロ 例 全く役に立たないですね。정말로 도움이 안 되는군요. チョーンマルロ トウミアン ドゥェヌングンニョ

まつたけ [松茸] 송이버섯 ソンイボソッ

まっただなか [真っ直中・真っ只中] ①(真ん中) 한가운데 ハンガ

ウンデ;한복판 ハンボクパン ② (真っ最中) 한창일 때 ハンチャンイル ッテ

まったん [末端] 말단 マルタン;맨끝 メーン ックッ 関末端価格 말단 가격 マルタン カギョク

マッチ [match] ①(試合・競技) 매치 メチ;시합 シハプ;경기 キョーンギ ②(調和) 매치 メチ ❖~する 매치하다 メチハダ;매치되다 メチドゥェダ;어울리다 オウルリダ

マッチ [match] 성냥 ソンニャン 関マッチ箱 성냥갑 ソンニャンガプ/マッチ棒 성냥개비 ソンニャンッケビ

マット [mat] 매트 メトゥ

まっとうする [全うする] 완수하다 ワンスハダ;다하다 ターハダ

まつばづえ [松葉杖] 목발 モクパル;협장 ヒョプチャン

まつり [祭り] 축제 チュクチェ

まつる [祭る・祀る] ①(法事を行う) 제사를 지내다 チェーサルル チーネダ ②(神として崇める) 모시다 モーシダ

-まで [-迄] ①(時間の限界) 까지 ッカジ 例2時までに空港に行かなければいけません。2(두) 시까지 공항으로 가야 해요. トゥシッカジ コンハンウロ カヤ ヘヨ ②(到達点・場所) 까지 ッカジ 例この地下鉄はどこまで行きますか。이 지하철은 어디까지 가요? / 下関から釜山まで船でどのくらいかかりますか。시모노세키에서 부산까지 배로 얼마나 걸려요? シモノセキエソ プサンッカジ ペロ オルマ

ナ コルリョヨ ③(程度・範囲) 까지 ッカジ 例どうしてこれほどまで人気があるのでしょうか。왜 이렇게까지 인기가 있는 걸까요? ウェー イロッケッカジ インッキガ インヌン ゴルッカヨ ④(…するだけだ) 뿐 ップン;따름 ッタルム 例今、できることをするまでです。지금 할 수 있는 일을 할 뿐이에요. チグム ハル ス インヌン ニールル ハル ップニエヨ

まと [的] ①(射撃などの標的) 과녁 クヮニョク;표적 ピョジョク ②(対象) 대상 テーサン 例その役者は皆の関心の的です。그 연기자는 모두의 관심의 대상이에요. クヨーンギジャヌン モドゥエ クヮンシメ テーサンイエヨ ③(目標) 목표 モクピョ

まど [窓] 창 チャン;창문 チャンムン 例暑いので窓を開けてもいいでしょうか。더운데 창문을 열어도 될까요? トウンデ チャンムヌル ヨロド ドゥェルッカヨ 関窓ガラス 창유리 チャンニュリ/窓枠 창틀 チャントゥル

まどぎわ [窓際] 창가 チャンッカ

まどぐち [窓口] 창구 チャング 関受付窓口 접수창구 チョプスチャング/出納窓口 출납 창구 チュルラプ チャング

まとまる [纏まる] ①(集まって一つになる) 합쳐지다 ハプチョジダ;통합되다 トンハプトゥェダ;모아지다 モアジダ;뭉치다 ムンチダ ②(考えが) 정리되다 チョーンニドゥェダ;정돈되다 チョーンドンドゥェダ 例考えがまとまったらお話し

まとめる

ます。생각이 정리되면 말씀드릴게요. センガギ チョーンニドウェミョン マールッスムドウリルケヨ ③(成り立つ) 결말이 나다 キョルマリ ナダ;해결되다 ヘーギョルドウェダ;성립되다 ソンニプトウェダ **例**話がまとまりました。이야기의 결말이 났어요. イヤギエ キョルマリ ナッソヨ ④(完成する) 완성되다 ワンソンドウェダ **例**やっと報告書がまとまりました。겨우 보고서가 완성됐어요. キョウ ポーゴソガ ワンソンドウェッソヨ

まとめる[纏める] ①(集める) 모으다 モウダ;합치다 ハプチダ **例**皆の意見をまとめてみました。모두의 의견을 모아 봤습니다. モドウエ ウイーギョヌル モア ブウッスムニダ ②(整える) 정리하다 チョーンニハダ **例**調査結果をまとめてみました。조사 결과를 정리해 봤습니다. チョサ キョルグウァルル チョーンニヘ ブウッスムニダ ③(成立させる) 결말짓다 キョルマルジッタ;해결하다 ヘーギョラダ;결정하다 キョルチョンハダ;완성하다 ワンソンハダ **例**とうとう文集をまとめました。드디어 문집을 완성했어요. トウディオ ムンジブル ワンソンヘッソヨ

まとも[まとも] ❖~だ ①(きちんとしている) 건실하다 コーンシラダ;착실하다 チャクシラダ;성실하다 ソンシラダ;단정하다 タンジョンハダ ②(正しい) 올바르다 オールバルダ ❖~に (正面から) 정면으로 チョーンミョヌロ

まどわす[惑わす] ①현혹시키다

ヒョーノクシキダ ②(誘惑する) 유혹하다 ユホカダ;꾀다 ックェーダ ③(欺く) 속이다 ソギダ

マナー[manner] 매너 メノ;예의범절 イェイボムジョル **関**テーブルマナー 테이블 매너 テイブル メノ

まないた[俎板・俎] 도마 トマ

まなざし[目差し・眼差し・眼指し] 눈빛 ヌンピッ;시선 シソン;눈길 ヌンッキル

まなつ[真夏] 한여름 ハンニョルム;성하 ソンハ

まなぶ[学ぶ] ①(経験して体得する) 배우다 ペウダ **例**韓国料理를 学びに教室に通っています。한국 요리를 배우러 학원에 다녀요. ハーングン ニョリルル ペウロ ハグネ タニョヨ ②(慣れる・習う) 익히다 イキダ **例**1カ月間暮らしながら生活習慣も学びました。한 달 동안 살면서 생활습관도 익혔어요. ハン ダル トンアン サルミョンソ センファルスプクワンド イキョッソヨ ③(勉強する) 공부하다 コンブハダ **例**学生の時は何でも一生懸命学ばなければなりません。학생 때는 뭐든지 열심히 공부해야 해요. ハクセン ッテヌン ムォドゥンジ ヨルシミ コンブヘヤ ヘヨ

マニア[mania] 마니아 マニア **関**映画マニア 영화 마니아 ヨンファ マニア / オーディオマニア 오디오 마니아 オディオ マニア / 切手マニア 우표 마니아 ウピョ マニア / 鉄道マニア 철도 마니아 チョルト マニア

まにあう[間に合う] ①(用が足りる) 족하다 チョカダ;충분하다 チ

ュンブナダ 例あの店では，5000ウォンあれば間に合います．あの店では 5000(오천)원 있으면 족해요. チョ カゲエソヌン オーチョ ヌォン イッスミョン チョケヨ ② (時間に遅れない) 대다 テーダ；늦지 않다 ヌッチ アンタ 例道が混んでいますが，飛行機の時間に間に合うでしょうか．길이 막히는데 비행기 시간에 늦지 않을까요? キリ マキヌンデ ピヘンギ シガネ ヌッチ アヌルッカヨ

マニキュア [manicure] 매니큐어 メニキュオ

マニュアル [manual] ①(説明書) 매뉴얼 メニュオル；설명서 ソルミョンソ ②(手動の) 수동의 スドンエ；손으로 하는 ソヌロ ハヌン

まぬがれる [免れる] ①(逃れる) 면하다 ミョーナダ；모면하다 モミョナダ ②(避ける) 피하다 ピハダ；면하다 ミョーナダ

まぬけ [間抜け] ①(人) 멍청이 モンチョンイ ② ❖~だ 멍청하다 モンチョンハダ

まね [真似] ①(模倣) 흉내 ヒュンネ；모방 モバン ②(ふり) 시늉 シニュン ③(振る舞い) 짓 チーッ

マネージャー [manager] 매니저 メニジョ

まねく [招く] ①(手で招く) 손짓해서 부르다 ソンチテソ プルダ；(招待する) 초대하다 チョデハダ；초빙하다 チョビンハダ 例私の誕生日に友達を招こうと思います．제 생일에 친구를 초대하려고 해요. チェ センイレ チングルル チョデハリョゴ ヘヨ ③(引き起こす) 초래하다 チョレハダ；일으키다 イルキダ 例小言は逆効果を招くこともあります．잔소리는 역효과를 초래할 수도 있어요. チャンソリヌン ヨキョグヮルル チョレハル スド イッソヨ

まねる [真似る] 흉내 내다 ヒュンネ ネーダ；모방하다 モバンハダ

まばたき [瞬き] 깜작임 ッカムジャギム；깜박임 ッカムバギム ❖~する 깜작이다 ッカムジャギダ；깜박하다 ッカムバカダ

まばゆい [目映い・眩い] 눈부시다 ヌンブシダ

まばら [疎ら] ❖~だ 드문드문하다 トゥムンドゥムナダ ❖~に 드문드문 トゥムンドゥムン

まひ [麻痺] 마비 マビ ❖~する 마비하다 マビハダ；마비되다 マビドゥエダ 関小児麻痺 소아마비 ソーアマビ / 全身麻痺 전신 마비 チョンシン マビ / 脳性麻痺 뇌성 마비 ヌェソン マビ / 半身麻痺 반신 마비 パーンシン マビ

まひる [真昼] 한낮 ハンナッ；대낮 テーナッ

まぶしい [眩しい] 눈부시다 ヌンブシダ

まぶた [瞼・目蓋] 눈꺼풀 ヌンッコプル

マフラー [muffler] 머플러 モプルロ ①(襟巻き) 목도리 モクトリ ②(車の消音装置) 소음기 ソウムギ

まほう [魔法] 마법 マボプ 関魔法使い 마법사 マボプサ；요술사 ヨスルサ《韓国語では手品師の意もある》/ 魔法瓶 보온병 ポーオンビョン

まぼろし [幻] 환상 ファンサン；환영 ファニョン

まま ①(動作 状態の継続) 대로 テロ；그대로 クデロ；채 チェ 例食べたいがままに食べてどうするんですか。먹고 싶은 대로 다 먹으면 어떡해요? モクコ シプン デロ ター モグミョン オットケヨ ②(思いのまま) 뜻대로 ットゥッテロ 例最近, 思うままになることがありません。요즘 뜻대로 되는 일이 없어요. ヨジュム ットゥッテロ トゥェヌン ニーリ オープソヨ ③(そのとおりに) 그대로 クデロ 例思うがままにお話してみてください。생각하신 대로 말씀해 보세요. センガカシン デロ マールッスメ ボセヨ

ママ [mama] ①(おかあさん) 엄마 オムマ ②(女主人) 마담 マダム

まめ [豆] 콩 コン ①(えんどう) 완두 ワンドゥ ②(大豆) 콩 コン；대두 テドゥ

まめ [忠実・実] 부지런함 プジロナム；바지런함 パジロナム ❖~だ 부지런하다 プジロナダ；바지런하다 パジロナダ ❖~に 부지런히 プジロニ；바지런히 パジロニ

まめ [肉刺] 물집 ムルチプ

まもなく [間も無く] ① 머지않아 モジアナ；얼마 안 돼서 オルマ アン ドゥェソ 例買って間もなく壊れました。산 지 얼마 안 돼서 고장이 났어요. サン ジ オルマ アン ドゥェソ コジャンイ ナッソヨ ②(すぐ) 곧 コッ；금방 クムバン 例コンサートが間もなく始まります。콘서트가 곧 시작됩니다. コンソトゥガ コッ シージャクトウェムニダ

まもり [守り] ①(防備) 방비 パンビ ②(守備) 수비 スビ 関守り神 수호신 スホシン

まもる [守る] ①(防御する) 지키다 チキダ；수호하다 スホハダ；방호하다 パンホハダ 例絶対に秘密を守ってください。비밀을 꼭 지켜 주세요. ピーミルル ッコク チキョ ジュセヨ / 国境を守るために軍隊に行きます。국경을 방호하기 위해 군대에 갑니다. ククキョンウル パンホハギ ウィヘ クンデエ カムニダ ②(防ぐ) 막다 マクタ ③(履行する・従う) 지키다 チキダ；따르다 ッタルダ 例一度した約束は 지켜야 합니다. ハンボン ハン ヤクソグン チキョヤ ハムニダ / 会社の規則を守るのみです。회사의 규칙을 따를 따름입니다. フェーサエ キュチグル ッタルル ッタルミムニダ

まやく [麻薬] 마약 マヤク 関麻薬中毒 마약 중독 マヤク チュンドク / 麻薬取締法 마약 단속법 マヤク タンソクポプ / 麻薬密売人 마약 밀매인 マヤン ミルメイン

まゆ [眉] 눈썹 ヌンッソプ

まゆ [繭] 고치 コチ；누에고치 ヌエゴチ

まよう [迷う] ①(道に迷う) 길을 잃다 キルル イルタ；헤매다 ヘメダ 例市場で道に迷いました。시장에서 길을 잃었어요. シージャンエソ キルル イロッソヨ ②(決められない) 망설이다 マンソリダ；주저하다 チュジョハダ 例何をそんなに迷うのですか。뭘 그렇게 망설이세

まよなか [真夜中] 한밤중 ハンバムチュン

マヨネーズ [mayonnaise] 마요네즈 マヨネジュ

マラソン [marathon] 마라톤 マラトン

まる [丸・円] ①(正) 동그라미 トングラミ;원 ウォン ②(正解) 정답 チョンダプ ③(句点) 구점 クッチョム

まるい [丸い・円い] ①(円形・球形) 둥글다 トゥングルダ 例 丸い顔がかわいいですね。 둥근 얼굴이 귀엽네요. トゥングン オルグリ クィーヨムネヨ ②(穏やか) 온후하다 オヌハダ;원만하다 ウォンマナダ;원활하다 ウォヌワラダ

まるごと [丸ごと] 통째로 トンッチェロ

まるで ①(まったく・全然) 전혀 チョニョ 例 まるで時間がありません。 전혀 시간이 없어요. チョニョ シガニ オープソヨ ②(ちょうど・あたかも) 마치 マチ 例 まるで大学時代に戻った気分です。 마치 대학 시절로 돌아간 기분이에요. マチ テーハク シジョルロ トラガン キブニエヨ

まるまる [丸丸] ①(ふっくら太った) 토실토실 トシルトシル ②(全部) 통째로 トンッチェロ;전부 チョンブ

まるみ [丸み・円み] 둥그스름함 トゥングスルムハム;원만함 ウォンマナム

まるやき [丸焼き] 통구이 トングイ

まれ [稀・希] ❖~だ 드물다 トゥムルダ ❖~に 드물게 トゥムルゲ

まろやか [円やか] (味が) ❖~다 순하다 スーナダ

まわす [回す] ①(回転させる) 돌리다 トルリダ;회전시키다 フェジョンシキダ 例 洗濯機を回したいのですが。 세탁기를 돌리고 싶은데요. セータクキルル トルリゴ シプンデヨ ②(順に渡す) 돌리다 トルリダ 例 読み終わったら次の人に回してください。 다 읽었으면 다음 사람에게 돌려 주세요. ター イルゴッスミョン タウム サーラメゲ トルリョ ジュセヨ ③(必要な場所に移す) 보내다 ポネダ 例 小さくなった服を妹に回しました。 작아진 옷을 여동생에게 보냈어요. チャガジン オスル ヨドンセンエゲ ポネッソヨ

まわり [回り・周り] ①(回転) 회전 フェジョン 例 頭の回りが本当に速いですね。 머리 회전이 정말 빠르네요. モリ フェジョニ チョーンマル ッパルネヨ ②(近所・付近) 둘레 トゥルレ;부근 プーグン;주위 チュウィ;근처 クーンチョ 例 この周りにコンビニかスーパーはありますか。 이 부근에 편의점이나 슈퍼가 있어요? イ プーグネ ピョンジョミナ シュポガ イッソヨ ③(周囲・縁) 가 カ;가장자리 カジャンジャリ

まわる [回る] ①(回転する) 돌다

まん

トールダ; 回転하다 フェジョナダ ②(巡回する) 돌다 トールダ; 돌아다니다 トラダニダ 例明日はあちこち回るつもりです。내일은 여기저기 돌아다닐 생각이에요. ネイルン ヨギジョギ トラダニル センガギエヨ ③(迂回する) 우회하다 ウフェハダ; 돌아서 가다 トラソ ガダ 例急がば回れと言うじゃないですか。급할수록 돌아서 가라고 하잖아요. クパルスロク トラソ ガラゴ ハジャナヨ ④(時間が過ぎる) 지나다 チナダ; 넘다 ノムダ 例もう夜の12時を回りました。벌써 자정이 지났어요. ポルッソ チャジョンイ チナッソヨ

まん [万] 만 マン

まんいち [万一] ①(非常の場合) 만일 マーニル 例万一の場合に備えておかなければなりません。만일의 경우에 대비해 두어야 해요. マーニレ キョンウエ テービヘ ドゥオヤ ヘヨ ②(もしも) 만약 マーニャク 例万一、明日雨が降ったら中止ですか。만약 내일 비가 오면 중지되는 건가요? マーニャン ネイル ピガ オミョン チュンジドゥェヌン ゴンガヨ

まんいん [満員] 만원 マヌォン 関満員御礼 만원사례 マヌォンサリェ / 満員電車 만원 전철 マヌォン ジョーンチョル

まんが [漫画] 만화 マーヌヮ 例幼い頃から漫画が好きでした。어릴 때부터 만화를 좋아했어요. オリルッテブト マーヌヮルル チョーアヘッソヨ 関漫画喫茶 만화방 マーヌヮバン / 漫画雑誌 만화 잡지 マーヌヮ チャプチ / 時事漫画 시사만화 シサマーヌヮ / 風刺漫画 풍자만화 プンジャマーヌヮ / 4コマ漫画 네 컷 만화 ネー コン マーヌヮ / 連載漫画 연재만화 ヨンジェマーヌヮ

まんかい [満開] 만발 マーンバル; 만개 マーンゲ

まんげつ [満月] 보름달 ポルムッタル; 만월 マヌォル

まんさい [満載] 만재 マーンジェ ❖~する 만재하다 マーンジェハダ ①(荷物を) 가득 싣다 カドゥク シッタ ②(記事を) 가득 게재하다 カドゥク ケジェハダ

まんざい [漫才] 만담 マーンダム 関漫才師 만담가 マーンダムガ

まんじょう [満場] 만장 マーンジャン

マンション [mansion] 맨션 メンション; 아파트 アパートゥ 関高層マンション 고층 아파트 コチュン アパートゥ / 賃貸マンション 임대 아파트 イムデ アパートゥ / 分譲マンション 분양 아파트 プニャン アパートゥ / ワンルームマンション 원룸 아파트 ウォルルーム アパートゥ

まんせい [慢性] 만성 マンソン ❖~的 만성적 マンソンジョク

まんぞく [満足] 만족 マンジョク ❖~する 만족하다 マンジョカダ ❖~だ ①(望みがかない心が満たされている) 만족스럽다 マンジョクスロプタ 例今の生活に満足しています。지금의 생활이 만족스러워요. チグメ センファリ マンジョクスロウォヨ ②(十分だ) 충분하다 チュンブナダ; 만족스럽다 マンジ

ヨクスロプタ

マンツーマン [man to man] 맨투맨 メーントゥメン

まんてん [満点] 만점 マンチョム

まんなか [真ん中] 한가운데 ハンガウンデ; 한복판 ハンボクパン; 중앙 チュンアン 例 都心の真ん中に学校があります。도심 한복판에 학교가 있어요. トシム ハンボクパネ ハクキョガ イッソヨ

まんねんひつ [万年筆] 만년필 マーンニョンピル

まんびき [万引き] ❖~する 슬쩍하다 スルッチョカダ; 훔치다 フムチダ

まんぷく [満腹] 배부름 ペブルム; 만복 マンボク ❖~だ 배부르다 ペブルダ

マンホール [manhole] 맨홀 メノール

マンモス [mammoth] 매머드 メモドゥ

み

み [身] ①(体) 몸 モム ②(身体) 신체 シンチェ ③(自身) 자기 チャギ; 자신 チャシン ④(動物などの肉) 살 サル ⑤(身分) 신분 シンブン; 분수 プーンス ⑥(立場) 입장 イプチャン; 처지 チョージ 例 私の身にもなってください。제 입장도 좀 생각해 주세요. チェ イプチャンド チョム センガケ ジュセヨ

み [実] ①(結実) 열매 ヨルメ; 씨앗 ッシアッ ②(内容) 알맹이 アルメンイ; 내용 ネーヨン ③(スープなどの具) 건더기 コンドギ

みあい [見合い] 関 見合い結婚 중매결혼 チュンメギョロン

みあげる [見上げる] ①(上を見る) 우러러보다 ウロロボダ ②(優秀で感嘆する) ❖見上げた 훌륭한 フルリュンハン

みあわせる [見合わせる] ①(お互いに顔を見る) 마주보다 マジュボダ ②(比較する) 견주다 キョンジュダ; 비교하다 ピーギョハダ; 대조하다 テージョハダ ③(延期・保留する) 보류하다 ポーリュハダ

みいだす [見出す] 찾아내다 チャジャネダ; 발견하다 パルギョナダ

ミーティング [meeting] 미팅 ミーティン 《韓国では合コンの意味でも用いる》

みうち [身内] ①(家族やごく近い血縁者) 집안 チバン; 일가 イルガ; 가족 カジョク; 친척 チンチョク ②(同じ組織に属する人) 같은 조직 사람 カトゥン ジョジク サーラム

みえる [見える] ①보이다 ポイダ 例 ここから海が見えますか。여기서 바다가 보여요? ヨギソ パダガ ポヨヨ ②(見ることができる) 보이다 ポイダ 例 あの小さい文字が見えますか。저 작은 글씨가 보여요? チョ チャーグン グルッシガ ポヨヨ (…のように思える) 처럼 보이다 チョロム ポイダ《形容詞の語幹+-아/어 보이다》例 あの子は頭がよく見えます。저 아이는 머리가 좋아 보여요. チョ アイヌン モリガ チョーア ボヨヨ

みおくり [見送り] ①(人を送る) 배웅 ペウン; 전송 チョンソン 例 明日は空港まで見送りに行きます。내일은 공항까지 배웅을 하러

갈게요. ネイルン コンハンッカジ ペウンウル ハロ カルケヨ / 空港まで見送りに来なくてもいいです。 공항까지 전송 나오지 않아도 돼요. コンハンッカジ チョンソン ナオジ アナド ドゥエヨ ②(保留) 보류 ポーリュ

みおくる [見送る] ①(人を送る) 배웅하다 ペウンハダ;전송하다 チョンソンハダ 例バス停で友達を見送ってきました。 버스 정류장에서 친구를 배웅하고 왔어요. ポスチョンニュジャンエソ チングルル ペウンハゴ ワッソヨ / 友達が駅まで見送ってくれました。 친구가 역까지 배웅해 줬어요. チングガ ヨックカジ ペウンヘ ジュオッソヨ ②(保留する) 보류하다 ポーリュハダ 例今回の計画は見送ることにしました。 이번 계획은 보류하기로 했어요. イボン ケーフェグン ポーリュハギロ ヘッソヨ

みおとす [見落とす] 간과하다 カングヮハダ;빠뜨리다 ッパートゥリダ;못 보다 モーッ ポダ

みおぼえ [見覚え] ❖~がある 본 기억이 있다 ポン ギオギ イッタ

みおろす [見下ろす] ①(下を見る) 내려다보다 ネリョダボダ ②(蔑む) 깔보다 ッカルボダ;얕보다 ヤッポダ

みかえり [見返り] ①(返礼) 보답 ポダプ ②(対価) 대가 テーッカ

みかく [味覚] 미각 ミガク

みがく [磨く・研く] ①(光沢を出す) 닦다 タクタ;광을 내다 クヮンウル ネダ 例食事の後は必ず歯を磨きましょう。 식사 후에는 반드시 이를 닦읍시다. シクサ フーエヌン パンドゥシ イルル タックプシダ / 靴をぴかぴかに磨きました。 구두를 반짝반짝 닦았어요. クドゥルル パンッチャクパンッチャク タッカッソヨ ②(刃を研ぐ) 갈다 カルダ ③(技術などを向上させる) 수련하다 スリョナダ;닦다 タクタ

みかた [見方] ①(方法) 보는 방법 ポヌン バンボプ;보기 ポギ ②(見解) 견해 キョーネ ③(観点) 관점 クヮンッチョム

みかた [味方] 내 편 ネ ピョン;우리 편 ウリ ピョン;자기편 チャギピョン;아군 アグン ❖~をする 편을 들다 ピョヌル トゥルダ

みかづき [三日月] 초승달 チョスンッタル

みがって [身勝手] ❖~だ 제멋대로이다 チェモッテロイダ ❖~に 제멋대로 チェモッテロ

みかねる [見兼ねる] 차마 볼 수 없다 チャマ ポルス オープタ;보다 못하다 ポダ モーッタダ

みがる [身軽] ❖~だ 가볍다 カビョプタ;경쾌하다 キョンクェハダ ❖~に 가볍게 カビョプケ;경쾌하게 キョンクェハゲ

みがわり [身代わり] 대신 テーシン

みかん [蜜柑] ①(果実) 귤 キュル ②(樹木) 귤나무 キュルラム

みかんせい [未完成] 미완성 ミワンソン

みき [幹] ①(樹木の) 나무줄기 ナムジュルギ ②(物事の基本部分) 기간 キガン

みぎ [右] ①오른쪽 オルンッチョ

ク;우 ウー 例 右に曲がってください。오른쪽으로 돌아 주세요. オルンッチョグロ トラ ジュセヨ ②(右翼) 우익 ウーイク 関 右利き 오른손잡이 オルンソンジャビ / 右手 오른손 オルンソン

みくだす [見下す] 깔보다 ッカルボダ;얕보다 ヤッポダ

みぐるしい [見苦しい] 흉하다 ポギ ヒュンハダ;볼꼴 사납다 ポルッコル サーナプタ

みこ [巫女] 무녀 ムーニョ;무당 ムーダン

みごと [見事] ❖~だ 훌륭하다 フルリュンハダ 例 料理の腕が本当にお見事です。요리 솜씨가 정말 훌륭하십니다. ヨリ ソムッシガ チョンマル フルリュンハシムニダ ❖~に 완벽하게 ワンビョカゲ

みこみ [見込み] ①(将来性・希望) 장래성 チャンネッソン;가망 カーマン 例 全く見込みのないことではありません。전혀 가망이 없는 것이 아니에요. チョニョ カーマンイ オームヌン ゴシ アニエヨ ②(予定・予想・展望) 예정 イェージョン;예상 イェーサン;전망 チョーンマン

みこむ [見込む] ①(予想する) 예상하다 イェーサンハダ ②(信頼する) 믿다 ミッタ;신뢰하다 シールレハダ;신임하다 シーニマダ

みこん [未婚] 미혼 ミホン

みさき [岬] 갑 カプ;곶 コッ

みじかい [短い] 짧다 ッチャルタ 例 短い髪がよく似合いますね。짧은 머리가 잘 어울리네요. ッチャルブン モリガ チャル オウルリネヨ ❖短く 짧게 ッチャルケ

みじたく [身支度] 몸치장 モムチジャン;몸차림 モムチャリム

みじめ [惨め] ❖~だ 비참하다 ピチャマダ;참담하다 チャムダマダ 例 惨めな姿を見せたくありません。비참한 모습을 보이고 싶지 않아요. ピチャマン モスブル ポイゴ シプチ アナヨ

みじゅく [未熟] ❖~だ 미숙하다 ミースカダ

みしらぬ [見知らぬ] 알지 못하는 アルジ モーッタヌン;낯선 ナッソン

ミシン [←sewing machine] 미싱 ミシン;재봉틀 チェボントゥル

ミス [Miss] 미스 ミス

ミス [miss] 미스 ミス;실수 シルス;과오 クヮーオ ❖~する 미스를 범하오 ミスルル ポマダ;잘못하다 チャルモッタダ

みず [水] 물 ムル 例 水をください。물 좀 주세요. ムル チョム チュセヨ

みずあそび [水遊び] 물장난 ムルジャンナン;물놀이 ムルロリ

みすい [未遂] 미수 ミス

みずいらず [水入らず] ❖~で 끼리 ッキリ;끼리 오붓하게 ッキリ オブタゲ 例 親子水入らずで旅行しました。부모와 자식끼리 오붓하게 여행을 했어요. プモワ チャシクッキリ オブタゲ ヨヘンウル ヘッソヨ

みずいろ [水色] 물빛 ムルピッ;하늘빛 ハヌルピッ

みずうみ [湖] 호수 ホス

みずから [自ら] ①(自分) 자기 チャギ;자신 チャシン;스스로 スス

ロ ②(自分で) 몸소 モムソ;스스로 ススロ;손수 ソンス

みずぎ [水着] 수영복 スヨンボク

みずぎわ [水際] 물가 ムルッカ

みずくさい [水臭い] 서먹하다 ソモカダ; 서름서름하다 ソルムソルムダ

みずけ [水気] ①물기 ムルッキ ②(水分) 수분 スブン

みすごす [見過ごす] ①(看過する) 간과하다 カングヮハダ ②(見落とす) 빠뜨리다 ッパットゥリダ

みずしょうばい [水商売] 물장사 ムルジャンサ

みずしらず [見ず知らず] ❖~の 전혀 모르는 チョニョ モルヌン

ミスター [mister | Mr] 미스터 ミスト

みずたま [水玉] 물방울 ムルパンウル 関 水玉模様 물방울 무늬 ムルパンウル ムニ

みずたまり [水溜まり] 웅덩이 ウンドンイ;물구덩이 ムルクドンイ

みずっぽい [水っぽい] 싱겁다 シンゴプタ

ミステリー [mystery] 미스터리 ミストリ

みすてる [見捨てる] 돌보지 않다 トルボジ アンタ;버리다 ポリダ

みすぼらしい [見窄らしい] 초라하다 チョラハダ;볼품없다 ポルプムオプタ

みずみずしい [瑞々しい] ①(新鮮だ) 윤기가 있고 싱싱하다 ユンッキガ イッコ シンシンハダ ②(若く美しい) 신선하고 아름답다 シンソナゴ アルムダプタ

みずむし [水虫] 무좀 ムジョム

みずわり [水割り] ❖~にする 술에 물을 타서 묽게 하다 スレ ムルル タソ ムルケ ハダ

みせ [店] 가게 カーゲ;상점 サンジョム;점포 チョムポ 例 その店は何時に開きますか。그 가게는 몇 시에 열어요? ク カーゲヌン ミョッ シエ ヨロヨ / その店は何時までやってますか。그 가게는 몇 시까지 해요? ク カーゲヌン ミョッ シッカジ ヘヨ

みせいねん [未成年] 미성년 ミソンニョン

ミセス [mistress | Mrs] 미세스 ミセス

みせる [見せる] ①보이다 ポイダ 例 家族写真を友達に見せてあげました。가족사진을 친구에게 보여 줬어요. カジョクサジヌル チングエゲ ポヨ ジュオッソヨ ②(見えるようにする) 보이게 하다 ポイゲ ハダ 例 きれいに見せるために飾ってみました。예뻐 보이게 하려고 꾸며 봤어요. イェーッポ ポイゲ ハリョゴ ックミョ ブヮッソヨ ③(感情を表す) 나타내다 ナタネダ;드러내다 トゥロネダ

みそ [味噌] 된장 トゥェーンジャン 関 みそ汁 된장국 トゥェーンジャンックク

みぞ [溝] ①(排水溝) 도랑 トラン;수채 スチェ ②(レコードや敷居などの) 홈 ホム ③(気持ちや関係の) 틈 トゥム;간격 カーンギョク

みそこなう [見損なう] ①(評価を誤る) 잘못 보다 チャルモッ ポダ ②(見逃す) 못 보고 놓치다 モッ ポゴ ノッチダ

みぞれ [霙] 진눈깨비 チンヌンッケビ

みだし [見出し] 표제 ピョジェ; 표제어 ピョジェオ

みたす [満たす] ①채우다 チェウダ 例お腹を満たしてから考えましょう。배부터 채우고 생각합시다. ペブト チェウゴ センガカプシダ ②(満足・充足させる) 만족시키다 マンジョクシキダ; 충족시키다 チュンジョクシキダ

みだす [乱す] 흩뜨리다 フットゥリダ; 어지럽히다 オジロピダ

みだれる [乱れる] ①(整っていたものが崩れる) 흐트러지다 フトゥロジダ; 어지러워지다 オジロウォジダ ②(心が動揺する) 동요하다 トンヨハダ ③(社会が) 문란해지다 ムルラネジダ

みち [道・路] ①길 キル; 도로 トーロ 例道が複雑過ぎて店を見つけられません。길이 너무 복잡해서 가게를 못 찾아가겠어요. キリ ノム ポクチャペソ カーゲルル モッ チャジャガゲッソヨ / 道に迷いました。길을 잃어버렸어요. キル イロボリョッソヨ ②(道理) 도리 トーリ ③(方法) 방법 パンボプ; 수단 スダン ④(分野) 분야 プニャ

みち [未知] 미지 ミジ

みちのり [道程] 거리 コリ

みちばた [道端] 길가 キルッカ

みちびく [導く] ①(案内する) 안내하다 アーンネハダ ②(指導する) 지도하다 チドハダ; 인도하다 インドハダ; 이끌다 イックルダ ③(そうなるように仕向ける) 이끌다 イックルダ; 유도하다 ユドハダ

みちる [満ちる] ①(溢れる) 차다 チャダ; 가득하다 カドゥカダ ②(月が) 차다 チャダ ③(潮が) 차다 チャダ

みつ [蜜] 꿀 ックル

みつ [密] ❖~だ ①(稠密だ) 조밀하다 チョミラダ ②(親密だ) 친밀하다 チンミラダ

みっか [三日] 《漢字語》 3(삼) 일 サミル 《固有語》 사흘 サフル

みっかい [密会] 밀회 ミルェ ❖~する 밀회하다 ミルェハダ

みつかる [見付かる] ①(ばれる・発覚する) 들키다 トゥルキダ; 발각되다 パルガクトゥェダ 例友達と内緒で行ったのに母に見つかってしまいました。친구하고 몰래 갔는데 어머니한테 들켰어요. チングハゴ モールレ カンヌンデ オモニハンテ トゥルキョッソヨ ②(発見される) 발견되다 パルギョンドゥェダ ③(考えなどが浮かぶ) 생각나다 センガンナダ

みつぐ [貢ぐ] 바치다 パチダ

ミックス [mix] 믹스 ミクス ❖~する 섞다 ソクタ 関ミックスジュース 믹스 주스 ミクス チュース

みつくろう [見繕う] 적당히 골라서 갖추다 チョクタンイ コルラソ カッチュダ

みつげつ [蜜月] 밀월 ミルォル; 허니문 ホニムン

みつける [見付ける] 발견하다 パルギョナダ; 찾다 チャッタ

みつご [三つ子] ①세쌍둥이 セーッサンドゥンイ ②(3歳児) 세 살

아이 セー サル アイ

みっこう [密航] 밀항 ミラン ❖~する 밀항하다 ミランハダ 関密航船 밀항선 ミランソン / 密航者 밀항자 ミランジャ

みっこく [密告] 밀고 ミルゴ ❖~する 밀고하다 ミルゴハダ 関密告者 밀고자 ミルゴジャ

みっしゅう [密集] 밀집 ミルチプ ❖~する 밀집하다 ミルチパダ;밀집되다 ミルチプトゥェダ

みっせつ [密接] 밀접 ミルチョプ ❖~だ 밀접하다 ミルチョパダ

みっちゃく [密着] 밀착 ミルチャク ❖(…を)~する 밀착하다 ミルチャカダ ❖(…が)~する 착 달라붙다 チャク タルラブッタ;밀착되다 ミルチャクトゥェダ

みっつ [三つ] ①셋 セーッ《助数詞が付いた場合は세の形》②(3歳) 세 살 セー サル ③(3個) 세 개 セー ゲ

みつど [密度] 밀도 ミルット

みっともない 꼴사납다 ッコルサナプタ

みつにゅうこく [密入国] 밀입국 ミリプクク

みつばい [密売] 밀매 ミルメ ❖~する 밀매하다 ミルメハダ

みつばち [蜜蜂] 꿀벌 ックルボル

みっぷう [密封] 밀봉 ミルボン ❖~する 밀봉하다 ミルボンハダ ❖~される 밀봉되다 ミルボンドゥェダ

みっぺい [密閉] 밀폐 ミルペ ❖~する 밀폐하다 ミルペハダ ❖~される 밀폐되다 ミルペドゥェダ

みつめる [見詰める] 응시하다 ウーンシハダ;주시하다 チューシハダ;열심히 바라보다 ヨルシミ パラボダ

みつもり [見積もり] 견적 キョーンジョク

みつもる [見積もる] 어림잡다 オリムジャプタ;견적하다 キョーンジョカダ 例費用は大体見積もってどのくらいになりますか。비용은 대충 어림잡아 얼마나 돼요? ピーヨンウン テチュン オリムジャバ オルマナ トゥェヨ

みつやく [密約] 밀약 ミリャク

みつゆ [密輸] 밀수 ミルス ❖~する 밀수하다 ミルスハダ 関密輸船 밀수선 ミルスソン / 密輸品 밀수품 ミルスプム

みつゆしゅつ [密輸出] 밀수출 ミルスチュル ❖~する 밀수출하다 ミルスチュラダ

みつゆにゅう [密輸入] 밀수입 ミルスイプ ❖~する 밀수입하다 ミルスイパダ

みつりょう [密猟] 밀렵 ミルリョプ ❖~する 밀렵하다 ミルリョパダ

みつりょう [密漁] 밀어 ミロ ❖~する 밀어를 하다 ミロルル ハダ

みつりん [密林] 밀림 ミルリム

みてい [未定] 미정 ミージョン ❖~だ 미정하다 ミージョンハダ

みとおし [見通し] ①(視界・展望) 시계 シーゲ;전망 チョーンマン ②(将来の見込み) 예측 イェーチュク;전망 チョーンマン 関景気通し 경기 전망 キョンギ チョーンマン

みとおす [見通す] ①(展望する) 전망하다 チョーンマンハダ ②(洞

察する) 들여다보다 トゥリョダボダ;간파하다 カンパハダ;통찰하다 トンチャラダ ③(予測する) 내다보다 ネダボダ;예측하다 イェーチュカダ;전망하다 チョーンマンハダ

みどころ [見所] ①(見るべき所) 볼 만한 점 ポル マナン ジョム ②(将来性) 장래성 チャンネッソン

みとどける [見届ける] 끝까지 지켜보다 ックッカジ チキョボダ;끝까지 보고 확인하다 ックッカジ ポゴ フワギナダ

みとめる [認める] ①(認定する) 인정하다 インジョンハダ 例彼の歌の実力は誰もが認めるほど素晴らしいです。그의 노래 실력은 모두가 인정할 만큼 훌륭해요. クエノレ シルリョグン モドゥガ インジョンハル マンクム フルリュンヘヨ ②(許可する・受け入れる) 시인하다 シイナダ;받아들이다 パダドゥリダ;허가하다 ホガハダ;인정하다 インジョンハダ 例その主張をそのまま認めることはできません。그 주장을 그대로 받아들일 수는 없습니다. ク チュジャンウル クデロ パダドゥリル スヌン オープスムニダ

みどり [緑・翠] 녹색 ノクセク;초록 チョロク 園緑色 녹색 ノクセク

みとりず [見取り図] 겨냥도 キョニャンド

みとれる [見とれる] 넋 없이 바라보다 ノ ゴプシ パラボダ

みな [皆] ①모두 モドゥ;다 ター ②(全部) 전부 チョンブ 例これまで皆でいくらですか。이것까지 전부 얼마예요? イゴッカジ チョンブ オルマエヨ ③(皆さん) 여러분 ヨロブン

みなおす [見直す] ①(もう一度見る) 다시 보다 タシ ポダ ②(再点検する) 재점검하다 チェージョムゴマダ ③(再認識する) 재인식하다 チェインシカダ

みなぎる [漲る] 넘치다 ノームチダ;넘쳐흐르다 ノムチョフルダ

みなげ [身投げ] 투신 トゥシン ❖ ~する 투신하다 トゥシナダ

みなす [見做す・看做す] ①간주하다 カンジュハダ;여기다 ヨギダ ②(仮定する) 가정하다 カージョンハダ

みなと [港] 항구 ハーング

みなみ [南] 남 ナム;남쪽 ナムッチョク 園南側 남쪽 ナムッチョク/南半球 남반구 ナムバング

みなもと [源] ①(根源) 근원 クノォン ②(水源) 수원 スウォン

みならい [見習い] 견습 キョーンスプ;수습 ススプ 園見習い工 견습공 キョーンスプコン

みならう [見習う・見倣う] 본받다 ポンバッタ

みなり [身形] ①(服装) 옷차림 オッチャリム ②(体格) 몸매 モムメ

みなれない [見慣れない] 낯설다 ナッソルダ 例見慣れない人に付いていってはいけません。낯선 사람을 따라가면 안 돼요. ナッソンサーラムル ッタラガミョン アンドゥェヨ

みなれる [見慣れる] 자주 보다 チャジュ ボダ;낯익다 ナンニクタ

みにくい [醜い] 추하다 チュハダ;

보기 흉하다 ポギ ヒュンハダ
みにくい [見難い] ①(見えない) 잘 안 보이다 チャル アン ボイダ ② (認識しにくい) 보기 어렵다 ポギ オリョプタ
ミニスカート [miniskirt] 미니스커트 ミニスコトゥ;짧은 치마 ッチャルブン チマ
みぬく [見抜く] 꿰뚫어 보다 ックェットゥロ ボダ;알아채다 アラチェダ;간파하다 カンパハダ
みね [峰] 산봉우리 サンッポンウリ
ミネラル [mineral] 미네랄 ミネラル 関 ミネラルウォーター 미네랄워터 ミネラルウォト;생수 センス
みのう [未納] 미납 ミナプ
みのうえ [身の上] 신상 シンサン;처지 チョージ;신세 シンセ
みのがす [見逃す] ①(見落とす・見損なう) 못 보다 モーッ ポダ;놓치다 ノッチダ 例 一番大事なシーンを見逃してしまいました。 제일 중요한 장면을 못 보고 놓쳤어요. チェーイル チューンヨハン チャンミョヌル モーッ ポゴ ノッチョッソヨ ②(黙認する) 눈감아 주다 ヌンガマ ジュダ;묵인하다 ムギナダ 例 今回だけ見逃してください。 이번만 눈감아 주세요. イボンマン ヌンガマ ジュセヨ ③(大目に見る) 봐주다 プヮジュダ
みのほど [身の程] 분수 プーンス
みのまわり [身の回り] 신변 シンビョン
みのる [実る] 열매를 맺다 ヨルメルル メッタ;결실하다 キョルシラダ;익다 イクタ;여물다 ヨムルダ
みばえ [見映え・見栄え] 볼품 ポルプム 例 この服, 見栄えが悪くないでしょうか。이 옷 볼품 없어 보이지 않을까요? イオッ ポルプム オープソ ボイジ アヌルッカヨ
みはったつ [未発達] 미발달 ミーバルタル ❖~の 발달되지 않은 パルタルドウェジ アヌン
みはっぴょう [未発表] 미발표 ミーバルピョ
みはなす [見放す・見離す] 포기하다 ポギハダ;내버리다 ネーボリダ
みはらい [未払い] 미불 ミーブル
みはらし [見晴らし] ①(展望) 전망 チョーンマン ②(眺望) 조망 チョマン
みはり [見張り] ①(行為) 망 マン;파수 パス;감시 カムシ ②(人) 망꾼 マンックン;파수꾼 パスックン
みはる [見張る] ①(監視する) 망을 보다 マンウル ポダ;감시하다 カムシハダ ②(守る) 지키다 チキダ
みぶり [身振り] 몸짓 モムッチッ;몸놀림 モムノルリム
みぶるい [身震い] ❖~する 몸을 떨다 モムル ットールダ;몸서리치다 モムソリチダ
みぶん [身分] 신분 シンブン
みぼうじん [未亡人] 미망인 ミマンイン;과부 クヮブ
みほん [見本] 견본 キョーンボン
みまい [見舞い] ①(病気見舞い) 문병 ムーンビョン;병문안 ピョーンムナン 例 お見舞いの可能な時間を知りたいのですが。 문병이 가능한 시간을

アールゴ シプンデヨ ②(慰問) 위문 ウィムン

みまう [見舞う] ①(病人を) 문병하다 ムーンビョンハダ;병문안하다 ピョーンムナナダ ②(災難や不幸に襲われる) 덮치다 トプチダ;강타하다 カンタハダ ③(打撃を与える) 먹이다 モギダ

みまもる [見守る] 지켜보다 チキョボダ;감시하다 カムシハダ

みまわす [見回す] 둘러보다 トゥルロボダ

みまん [未満] 미만 ミマン

みみ [耳] 귀 クィ

みみかき [耳かき] 귀이개 クィイゲ

みみず [蚯蚓] 지렁이 チーロンイ

みみたぶ [耳朶] 귓불 クィップル

みみなり [耳鳴り] 이명 イミョン;귀울림 クィウルリム

みみもと [耳元] 귓전 クィッチョン;귓가 クィッカ

みめい [未明] 미명 ミーミョン;새벽 セビョク

みもと [身元・身許] 신원 シヌォン 関 身元調査 신원 조사 シヌォン チョサ / 身元保証 신원 보증 シヌォン ポジュン

みもの [見物] 볼 만한 것 ポル マナン ゴッ;구경거리 クーギョンッコリ

みゃく [脈] ①맥 メク ②(脈拍) 맥박 メクパク ③(希望) 희망 ヒマン;가망 カーマン

みやげ [土産] 선물 ソーンムル

みやこ [都] ①(首都) 수도 スド ②(都市) 도시 トシ ③(中心都市) 중심 도시 チュンシム トシ

みやぶる [見破る] 간파하다 カンパハダ;꿰뚫어 보다 ックェットゥロ ボダ

ミュージカル [musical] 뮤지컬 ミュジコル 関 ミュージカルショー 뮤지컬쇼 ミュジコルショ

ミュージシャン [musician] 뮤지션 ミュジション;음악가 ウマクカ

みょう [妙] ❖～だ ①(優れていること) 묘하다 ミョハダ;절묘하다 チョルミョハダ ②(変なこと) 묘하다 ミョハダ;이상하다 イサンハダ

みょうあん [妙案] 묘안 ミョアン;좋은 생각 チョーウン センガク

みょうぎ [妙技] 묘기 ミョギ

みょうじ [名字・苗字] 성 ソン

みょうやく [妙薬] 묘약 ミョヤク

みょうれい [妙齢] 묘령 ミョリョン;젊은 나이 チョルムン ナイ

みより [身寄り] 친척 チンチョク;친족 チンジョク

ミョンドン [明洞] 명동 ミョンドン 《ソウル市中区にある繁華街》関 明洞聖堂 명동 성당 ミョンドン ソーンダン

みらい [未来] ①미래 ミーレ ②(将来) 장래 チャンネ;앞날 アムナル

ミリグラム [milligramme] 밀리그램 ミルリグレム

ミリメートル [millimètre] 밀리미터 ミルリミト

みりょく [魅力] 매력 メリョク ❖～的 매력적인 メリョクチョギン

みる [見る] ①(目で認識する) 보다 ポダ 例 これをちょっと見てください.이것 좀 봐 주세요. イゴッ チョム プワ ジュセヨ ②(見物する・観覧する) 구경하다 クーギョンハ

みる

ダ；관람하다 クヮルラマダ 例 深夜の市場を見たいです。심야 시장을 구경하고 싶어요. シーミャ シージャンウル クーギョンハゴ シポヨ ③(世話をする) 돌보다 トールボダ；보살피다 ポサルピダ 例 子供の頃はおばあちゃんが(面倒を)見てくださいました。어렸을 때는 할머니가 보살펴 주셨어요. オリョッスル ッテヌン ハルモニガ ポサルピョ ジュショッソヨ ④(読む) 읽다 イクタ 例 毎朝, 新聞を見るのが日課です。아침마다 신문을 읽는 것이 일과예요. アチムマダ シンムヌル インヌン ゴシ イルグヮエヨ ⑤(…してみる《動詞の語幹＋-아 / 어서 보다》の形で) 例 このキムチ, 食べてみてもいいですか。이 김치 먹어 봐도 돼요? イ キムチ モゴ ブヮド ドゥェヨ

みる [診る] 보다 ポダ；진찰하다 チーンチャラダ

ミルク [milk] 밀크 ミルク；우유 ウユ

みるみる [見る見る] 순식간에 スンシクカネ；삽시간에 サプシガネ；금세 クムセ

みれん [未練] 미련 ミーリョン

みわく [魅惑] 매혹 メホク ❖~的な 매혹적인 メホクチョギン ❖~する 매혹하다 メホカダ

みわけ [見分け] 분간 プンガン；분별 プンビョル

みわける [見分ける] 분별하다 プンビョラダ；분간하다 プンガナダ

みわたす [見渡す] 바라보다 パラボダ；조망하다 チョマンハダ

みんい [民意] 민의 ミニ

みんえい [民営] 민영 ミニョン 関 民営化 민영화 ミニョンフヮ

みんか [民家] 민가 ミンガ

みんかん [民間] 민간 ミンガン 関 民間企業 민간 기업 ミンガン キオプ / 民間交流 민간 교류 ミンガン キョリュ / 民間人 민간인 ミンガニン / 民間放送 민간 방송 ミンガン パーンソン / 民間療法 민간 요법 ミンガンニョポプ

みんげいひん [民芸品] 민예품 ミニェプム

みんけん [民権] 민권 ミンックォン

みんしゅ [民主] 민주 ミンジュ ❖~的 민주적 ミンジュジョク ❖~的な 민주적인 ミンジュジョギン 関 民主国家 민주 국가 ミンジュ ククカ / 民主主義 민주주의 ミンジュジュイ / 民主政治 민주 정치 ミンジュ チョンチ

みんしゅう [民衆] 민중 ミンジュン 関 民衆運動 민중 운동 ミンジュン ウーンドン

みんしゅく [民宿] 민박 ミンバク；민박집 ミンバクチプ

みんぞく [民俗] 민속 ミンソク 関 民俗学 민속학 ミンソカク / 民俗村 민속촌 ミンソクチョン

みんぞく [民族] 민족 ミンジョク 関 民族学 민족학 ミンジョカク

みんな [皆] 모두 モドゥ；다 ター；죄다 チュェーダ；전부 チョンブ

みんぱく [民泊] 민박 ミンバク ❖~する 민박하다 ミンバカダ

みんぽう [民法] 민법 ミンッポプ

みんよう [民謡] 민요 ミニョ

みんわ [民話] 민화 ミヌヮ

む

むいか [六日] 《漢字語》6(육)일 ユギル 《固有語》 엿새 ヨッセ

むいしき [無意識] 무의식 ムイシク ❖ ~に 무의식적으로 ムイシクチョグロ；무의식 중에 ムイシク チュンエ

むいちもん [無一文] 무일푼 ムイルプン

むいみ [無意味] 무의미 ムイミ ❖ ~だ 무의미하다 ムイミハダ

ムード [mood] 무드 ムードゥ；기분 キブン；분위기 プヌィギ

むえき [無益] 무익 ムイク ❖ ~だ 무익하다 ムイカダ

むえん [無縁] 무연 ムヨン；무연고 ムヨンゴ 関 無縁墓地 무연묘지 ムヨンミョジ

むえん [無鉛] 무연 ムヨン 関 無鉛ガソリン 무연 휘발유 ムヨン フィバルリュ

むえん [無塩] 무염 ムヨム 関 無塩バター 무염 버터 ムヨム ボト

むが [無我] 무아 ムア

むかい [向かい] 맞은편 マジュンピョン；건너편 コーンノピョン 関 向かい風 맞바람 マッパラム；역풍 ヨクプン / 向かい側 맞은쪽 マジュンッチョク；맞은편 マジュンピョン

むかいあう [向かい合う] 마주 보다 マジュ ポダ；마주 대하다 マジュ テーハダ

むかう [向かう] ①(体を向ける・まともに対する) 마주 보다 マジュ ポダ；마주 대하다 マジュ テーハダ；향하다 ヒャーンハダ 例 トイレは向かって左側にあります。화장실은 마주 보고 왼쪽에 있어요. フヮジャンシルン マジュボゴ ウェーンッチョゲ イッソヨ 例 大人に向かって何て言い方だ! 어른을 보고 무슨 말버릇이야! オールヌル ポゴ ムスン マールポルシヤ ②(ある所を目指す) 향하다 ヒャーンハダ 例 今、そちらに向かって行く途中です。지금 그쪽을 향해 가는 중이에요. チグム クッチョグル ヒャーンヘ カヌン ジュンイエヨ ③(対抗する) 맞서다 マッソダ；저항하다 チョーハンハダ

むかえ [迎え] 마중 マジュン 例 到着時間を教えていただければ迎えに行きます。도착 시간을 알려 주시면 마중을 나가겠습니다. トーチャク シガヌル アルリョ ジュシミョン マジュンウル ナガゲッスムニダ

むかえる [迎える] ①(やって来る人や客を) 맞다 マッタ 例 私たちを笑顔で迎えてくださいました。저희들을 웃는 얼굴로 맞아 주셨어요. チョヒドゥルル ウンヌン オルグルロ マジャ ジュショッソヨ ②(ある時期や段階になる) 맞이하다 マジハダ 例 新年を迎えて1年の計画を立てました。새해를 맞이하여 일년의 계획을 세웠어요. セヘルル マジハヨ イルリョネ ケーフェグル セウォッソヨ ③(家族や仲間として受け入れる) 맞아들이다 マジャドゥリダ 例 新入社員を迎える行事があります。신입사원을 맞아들이는 행사가 있어요. シニプサウォヌル マジャドゥリヌン ヘンサガ イッソヨ ④(呼び寄せる) 불러오다

プルロオダ 例 特別に講師を迎えました。특별히 강사를 불러왔습니다. トゥクピョリ カーンサル プルロワッスムニダ ⑤(呼び寄せてある地位や役職につける) 추대하다 チュデハダ；모시다 モーシダ 例 私たちの会の会長に迎えることにしました。우리 모임의 회장님으로 모시기로 했습니다. ウリ モイメ フェージャンニムロ モーシギロ ヘッスムニダ

むかし [昔] 옛날 イェーンナル；예전 イェージョン 関 昔話 옛날이야기 イェーンナルリヤギ

むかつく ①(吐き気がする) 메슥거리다 メスクコリダ ②(腹が立つ) 화가 치밀다 フワーガ チーミルダ

むかで [百足] 지네 チネ

むがむちゅう [無我夢中] ❖～で 정신없이 チョンシノプシ 例 今まで無我夢中で生きてきました。지금까지 정신없이 살아 왔어요. チグムッカジ チョンシノプシ サラ ワッソヨ

むかんけい [無関係] ❖～だ 무관하다 ムグヮナダ；무관계하다 ムグヮンゲハダ；관계가 없다 クヮンゲガ オープタ；상관이 없다 サングヮニ オープタ

むかんしん [無関心] ❖～だ 무관심하다 ムグヮンシマダ

むき [向き] ①(方向) 방향 パンヒャン ②(ふさわしい) 적합한 チョカパン；알맞는 アールマンヌン 例 韓国語の初心者向きの教材があれば紹介してください。한국어 초보자에게 적합한 교재가 있으면 소개해 주세요. ハーングゴ チョボジャエゲ チョカパン キョージェガ イッスミョン ソゲヘ ジュセヨ ③(本気) ❖～になる 정색하다 チョーンセカダ

むき [無期] 무기 ムギ 関 無期延期 무기 연기 ムギ ヨンギ

むき [無機] 무기 ムギ 関 無機物 무기물 ムギムル

むぎ [麦] 보리 ポリ 関 麦畑 보리밭 ポリバッ / 麦茶 보리차 ポリチャ

むきげん [無期限] 무기한 ムギハン

むきりょく [無気力] 무기력 ムギリョク ❖～だ 무기력하다 ムギリョカダ

むぎわら [麦藁] 밀짚 ミルチプ 関 麦藁帽子 밀짚모자 ミルチムモジャ

むきん [無菌] 무균 ムギュン 関 無菌室 무균실 ムギュンシル / 無菌状態 무균 상태 ムギュン サンテ

むく [向く] ①(体や顔をその方向に位置させる) 향하다 ヒャーンハダ；돌리다 トルリダ；보다 ポダ 例 右を向いてください。오른쪽을 봐 주세요. オルンッチョグル プヮ ジュセヨ ②(面する) 면하다 ミョーナダ；향하다 ヒャーンハダ ③(方向を指す) 가리키다 カリキダ ④(興味や関心が向う) 내키다 ネーキダ 例 気が向いたら連絡します。마음이 내키면 연락하겠습니다. マウミ ネーキミョン ヨルラカゲッスムニダ ⑤(適している) 적합하다 チョカパダ；맞다 マッタ；어울리다 オウルリダ 例 教師は彼に向いている職業です。교사는 그에게 어울리는 직업입니다. キョーサヌン

クエゲ オウルリヌン チゴビムニダ

むく[剝く] ①(皮などを) 벗기다 ポッキダ；까다 ッカダ ②(怒って目を見開く) 부라리다 プラリダ ③(牙を) 드러내다 トゥロネダ

むくい[報い] ①(罰) 응보 ウーンボ；과보 クワーボ ②(報償) 보답 ポーダプ 보수 ポース

むくいる[報いる] 보답하다 ポーダパダ；갚다 カプタ

むくげ[木槿] 무궁화 ムグンフワ

むくち[無口] 과묵 クワームク ❖～だ 과묵하다 クワームカダ

むくむ[浮腫む] 붓다 プータ

むけい[無形] 무형 ムヒョン 園無形文化財 무형문화재 ムヒョンムヌワジェ

むける[向ける] ①(視線や顔を) 돌리다 トルリダ ②(背を) 돌리다 トルリダ ③(注意を) 기울이다 キウリダ ④(人を送る) 보내다 ポネダ ⑤(充当する) 충당하다 チュンダンハダ ⑥(ある方向にむかう) 향하다 ヒャーンハダ

むげん[無限] 무한 ムハン ❖～だ 무한하다 ムハナダ ❖～に 무한히 ムハニ 무한하게 ムハナゲ

むこ[婿] 사위 サウィ 園花婿 신랑 シルラン

むごい[惨い] ①비참하다 ピチャマダ ②(残酷だ) 참혹하다 チャモカダ

むこう[向こう] ①(反対側) 맞은 편 マジュンピョン；건너편 コーンノピョン ②(遠方) 저쪽 チョッチョク ③(相手側) 상대편 サンデピョン ④(以後) 이후 イーフ；향후 ヒャーンフ

むこう[無効] 무효 ムヒョ ❖～だ 무효하다 ムヒョハダ

むこうずね[向こう脛] 정강이 チョンガンイ

むこくせき[無国籍] 무국적 ムグクチョク

むごたらしい[惨たらしい] ①비참하다 ピチャマダ ②(残酷だ) 잔혹하다 チャノカダ

むごん[無言] 무언 ムオン；말이 없음 マーリ オープスム

むざい[無罪] 무죄 ムジュェ

むさくるしい[むさ苦しい] 누추하다 ヌーチュハダ

むさぼる[貪る] 탐하다 タマダ；몹시 탐내다 モープシ タムネダ

むざん[無残・無惨] ❖～だ ①무참하다 ムチャマダ ②(残酷だ) 참혹하다 チャモカダ

むし[虫] 벌레 ポルレ；곤충 コンチュン

むし[無視] 무시 ムシ ❖～する 무시하다 ムシハダ

むしあつい[蒸し暑い] 무덥다 ムドプタ

むしけん[無試験] 무시험 ムシホム

むじこ[無事故] 무사고 ムサゴ

むじつ[無実] ①(無罪) 무죄 ムジュェ ②(濡れ衣) 누명 ヌーミョン ❖～だ 무고하다 ムゴハダ

むしに[蒸し煮] 찜 ッチム

むしば[虫歯] 충치 チュンチ

むしばむ[蝕む] ①좀먹다 チョムモクタ ②(害する) 해치다 ヘーチダ

むしめがね[虫眼鏡] 확대경 フワクテギョン；돋보기 トッポギ

むじゃき [無邪気] ❖~だ ①(悪意がない) 악의 없다 アギ オープタ ②(天真爛漫) 천진난만하다 チョンジンナンマナダ ③(純粋だ) 순진하다 スンジナダ

むじゅん [矛盾] 모순 モスン ❖~する 모순되다 モスンドゥェダ

むしょう [無償] ①무상 ムサン ②(無料) 무료 ムリョ

むじょう [無情] ❖~だ 무정하다 ムジョンハダ

むじょうけん [無条件] 무조건 ムジョッコン

むしょく [無職] 무직 ムジク

むしょぞく [無所属] 무소속 ムソソク

むしる [毟る] ①뜯다 ットゥッタ ②(引き抜く) 뽑다 ッポプタ

むしろ [寧ろ] ①(かえって) 오히려 オヒリョ 例ビタミン剤を飲み過ぎるとむしろ体に良くありません。비타민제를 너무 많이 먹으면 오히려 몸에 안 좋아요. ピタミンジェルル ノム マーニ モグミョン オヒリョ モメ アン ジョーアヨ ②(いっそ) 차라리 チャラリ 例適当にするならむしろやめてください。대충대충 하려면 차라리 그만두세요. テチュンデチュン ハリョミョン チャラリ クマンドゥセヨ

むしろ [筵] 돗자리 トッチャリ

むしん [無心] 무심 ムシム ❖~に 무심히 ムシミ ❖~する(せびる) 조르다 チョルダ

むす [蒸す] ①(食べ物を) 찌다 ッチダ ②(天候が) 무덥다 ムドプタ

むずかしい [難しい] 어렵다 オリョプタ 例会話表現がとても難しいです。회화 표현이 너무 어려워요. フェーフワ ピョヒョニ ノム オリョウォヨ

むすこ [息子] 아들 アドゥル 関―人息子 외아들 ウェアドゥル

むすび [結び] ①(結び目) 맺음 メジュム;매듭 メドゥプ ②(結論) 끝맺음 ックンメジュム;결말 キョルマル

むすぶ [結ぶ] ①(糸・帯・ひもなどの両端をからめて離れないようにする) 매다 メーダ ②(物を紐で連結する・1つに纏める) 묶다 ムクタ 例靴の紐をしっかり結んだのにすぐにほどけます。구두 끈을 꼭 맸는데 자꾸 풀어져요. クドゥクヌル ッコック メンヌンデ チャック プロジョヨ ③(連結する) 잇다 イータ;연결하다 ヨンギョラダ 例金浦空港と仁川空港を結ぶバスがありますか。김포 공항과 인천 공항을 연결하는 버스가 있어요? キンポ コンハンクヮ インチョン コンハンウル ヨンギョラヌン ポスガ イッソヨ ④(契約や関係を) 맺다 メッタ 例私の学校も日本の学校と姉妹協定を結びました。우리 학교도 일본의 학교하고 자매결연 협정을 맺었어요. ウリ ハクキョド イルボネ ハクキョハゴ チャメギョリョン ヒョプチョンウル メジョッソヨ ⑤(実を結ぶ・結果が出る) 열매를 맺다 ヨルメルル メッタ;이루다 イルダ 例今までの努力がとうとう実を結びました。지금까지의 노력이 드디어 열매를 맺었어요. チグムッカジエ ノリョギ トゥディオ ヨルメルル メジョッソヨ ⑥(終わ

らせる)끝맺다 ックンメッタ 例彼は, 今後の展望を述べて講演を結んだ。그 사람은 앞날에 대한 전망으로 강연을 끝맺었다. クサーラム アムナレ テハン チョーンマンウロ カンヨヌル ックンメジョッタ

むすめ[娘]딸 ッタル 関一人娘 외딸 ウェッタル;외동딸 ウェドンッタル

むせきにん[無責任]무책임 ムチェギム ❖~だ 무책임하다 ムチェギマダ 例そんな無責任なことを言うなんて! 그런 무책임한 말이 어디 있어요? クロン ムチェギマン マーリ オディ イッソヨ

むせん[無線]무선 ムソン

むだ[無駄]① 허사 ホサ;헛일 ホンニル;헛수고 ホッスゴ ②(浪費)낭비 ナーンビ ③(必要のないもの)군더더기 クーンドドギ ❖~だ 쓸데없다 ッスルテオプタ;소용이 없다 ソーヨンイ オープタ;보람이 없다 ポラミ オープタ ❖~に 헛되게 ホットウェゲ;헛되이 ホットウェイ

むだあし[無駄足]헛걸음 ホッコルム 例店が閉まっていて無駄足でした。가게가 문을 닫아서 헛걸음하고 돌아왔어요. カーゲガ ムヌル タダソ ホッコルマゴ トラワッソヨ

むだぐち[無駄口]쓸데없는 말 ッスルテオムヌン マール;잡담 チャプタム

むだづかい[無駄遣い]낭비 ナーンビ ❖~する 낭비하다 ナーンビハダ

むだぼね[無駄骨]헛수고 ホッスゴ ❖~を折る 헛수고하다 ホッスゴハダ

むだん[無断]무단 ムダン ❖~で 무단으로 ムダヌロ;허락없이 ホラゴプシ;허가없이 ホガオプシ

むち[鞭]채찍 チェッチク;회초리 フェチョリ;매 メ

むち[無知]무지 ムジ ❖~だ 무지하다 ムジハダ;무식하다 ムシカダ

むちうちしょう[鞭打ち症]편타손상 ピョンタ ソンサン

むちゃ[無茶]❖~する 무리하다 ムリハダ ❖~だ ①(筋道が立たない・無鉄砲だ)당치 않다 タンチ アンタ;터무니없다 トムニオプタ ②(程度が酷い)터무니없다 トムニオプタ;지독하다 チドカダ

むちゅう[夢中]①(熱中)열중 ヨルチュン ②(没頭)몰두 モルトゥ ❖~になる 열중하다 ヨルチュンハダ;몰두하다 モルトゥハダ;푹 빠지다 プッパージダ 例私の母は韓国ドラマに夢中になっています。우리 어머니는 한국 드라마에 푹 빠져 계세요. ウリ オモニヌン ハーングク トゥラマエ プク ッパージョ ゲーセヨ ❖~で ①(熱中して)정신없이 チョンシノプシ 例夢中でおしゃべりをしていたら時間がこんなに経っていました。정신없이 수다를 떨다 보니 시간이 이렇게 흘렀어요. チョンシノプシ スダルル ッツトールダ ボニ シガニ イロッケ フルロッソヨ ②(必死で)필사적으로 ピルサジョグロ

むちん[無賃]무임 ムイム

むっつ[六つ]① 여섯 ヨソッ ②

(6歳) 여섯 살 ヨソッ サル ③(6個) 여섯 개 ヨソッケ

むっつり ❖~と 무뚝뚝하게 ムットゥクットゥカゲ;뚱하게 ットゥンハゲ

むっと ❖~する ①(気分を害する) 불끈하다 プルックナダ ②(息苦しい) 후덥지근하다 フドプチグナダ;숨이 막힐 듯하다 スミ マキル ドゥタダ

むつまじい [睦まじい] 정답다 チョンダプタ;금실이 좋다 クムシリ チョッタ ❖睦まじく 의좋게 ウィージョッケ

むていこう [無抵抗] 무저항 ムジョハン ❖~だ 무저항하다 ムジョハンハダ

むてき [無敵] 무적 ムジョク

むてっぽう [無鉄砲] ❖~だ 무모하다 ムモハダ

むてんか [無添加] 무첨가 ムチョムガ 関 無添加食品 무첨가 식품 ムチョムガ シクプム

むとんちゃく [無頓着] ❖~だ 무관심하다 ムグヮンシマダ

むなしい [空しい・虚しい] ①(内容がなく空虚だ) 헛되다 ホットゥェダ;공허하다 コンホハダ ②(行為が無駄になる・甲斐がない) 보람 없다 ポラム オプタ;헛되다 ホットゥェダ ❖空しく・虚しく 헛되이 ホットゥェイ;헛되게 ホットゥェゲ

むね [旨] 취지 チュィージ;뜻 ットゥッ

むね [胸] ①가슴 カスム 例そんな話を聞くと胸が痛みます。그런 이야기를 들으니까 가슴이 아파요. クロン イヤギルル トゥルニッカ カスミ アパヨ ②(胸部) 흉부 ヒュンブ

むね [棟] ①(屋根の) 용마루 ヨンマル ②(棟木) 마룻대 マルッテ ③《助数詞》 채 チェ;동 トン

むねん [無念] ❖~だ 원통하다 ウォントンハダ;억울하다 オグラダ

むのう [無能] 무능 ムヌン ❖~だ 무능하다 ムヌンハダ

むのうやく [無農薬] 무농약 ムノンヤク 関 無農薬野菜 무농약 야채 ムノンヤク ヤチェ

むはい [無敗] 무패 ムペ

むひょうじょう [無表情] 무표정 ムピョジョン ❖~だ 무표정하다 ムピョジョンハダ

むふんべつ [無分別] ❖~だ 무분별하다 ムブンビョラダ

むほう [無法] 무법 ムポップ

むぼう [無謀] ❖~だ 무모하다 ムモハダ

むめい [無名] 무명 ムミョン

むめんきょ [無免許] 무면허 ムミョノ

むやみ [無闇] ❖~に 무턱대고 ムトクテゴ;마구 マグ;함부로 ハムブロ;다짜고짜 タッチャゴッチャ

むよう [無用] 무용 ムヨン ❖~だ ①(役立たない) 쓸모없다 ッスルモオプタ;쓸데없다 ッスルデオプタ ②(必要ない) 필요 없다 ピリョ オプタ

むら [村] 마을 マウル

むらがる [群がる] 모여들다 モヨドゥルダ;떼 지어 모이다 ッテ チオ モイダ;군집하다 クンジパダ

むらさきいろ [紫色] 보라색 ポラ

セク

むり [無理] 무리 ムリ ❖~だ 무리하다 ムリハダ 例無理なお願いをして申し訳ありません。무리한 부탁을 해서 죄송합니다. ムリハン プータグル ヘソ チュェーソンハムニダ ❖~に 억지로 オクチロ 例嫌がるのに無理にさせないでください。싫어하는데 억지로 시키지 마세요. シロハヌンデ オクチロ シキジマーセヨ

むりじいする [無理強いする] 억지로 시키다 オクチロ シキダ;

むりょう [無料] 무료 ムリョ;공짜 コンッチャ

むりょく [無力] 무력 ムリョク ❖~だ 무력하다 ムリョカダ

むれ [群れ] 떼 ッテ;무리 ムリ

むれる [群れる] 떼를 짓다 ッテルル チッタ

むれる [蒸れる] ①(ご飯が) 뜸 들다 ットゥム トゥルダ ②(熱気がこもって) 땀이 차다 ッタミ チャダ

むろん [無論] 물론 ムルロン

め

め [目・眼] ①눈 ヌン ②(目つき) 눈매 ヌンメ;눈초리 ヌンチョリ ③(視線) 눈길 ヌンッキル;시선 シーソン ④(視力) 눈 ヌン;시력 シーリョク ⑤(洞察力) 안목 アンモク ⑥(織り目) 발 パル ⑦(編み物の編み目) 코 コ ⑧(網の目) 그물눈 クムルルン ⑨(目盛り) 눈금 ヌンックム

め [芽] 싹 ッサク;움 ウム

-め [-目] (順序) 째 ッチェ 例韓国訪問は3回目です。한국 방문은 세번째예요. ハーングク パーンムヌン セー ボンッチェエヨ

めあたらしい [目新しい] 새롭다 セロプタ;신기하다 シンギハダ

めあて [目当て] ①(目的) 목적 モクチョク ②(目標) 목표 モクピョ

めい [姪] 조카딸 チョカッタル

めいあん [名案] 명안 ミョンアン

めいおうせい [冥王星] 명왕성 ミョンワンソン

めいが [名画] 명화 ミョンフワ

めいかい [明快] ❖~だ 명쾌하다 ミョンクェハダ ❖~に 명쾌하게 ミョンクェハゲ

めいかく [明確] ❖~だ 명확하다 ミョンフワカダ ❖~に 명확히 ミョンフワキ

めいがら [銘柄] 상표 サンピョ

めいき [明記] 명기 ミョンギ ❖~する 명기하다 ミョンギハダ

めいぎ [名義] 명의 ミョンイ 関名義人 명의인 ミョンイイン / 名議変更 명의 변경 ミョンイ ピョーンギョン

めいきゅう [迷宮] 미궁 ミグン

めいきょく [名曲] 명곡 ミョンゴク

めいげん [名言] 명언 ミョンオン;명구 ミョンック

めいさい [明細] 명세 ミョンセ 関明細書 명세서 ミョンセソ

めいさく [名作] 명작 ミョンジャク

めいさん [名産] 명산 ミョンサン 関名産地 명산지 ミョンサンジ 関名産品 명산품 ミョンサンプム

めいざん [名山] 명산 ミョンサン

めいし [名士] 명사 ミョンサ

めいし [名刺] 명함 ミョンハム 例名刺をお持ちでしたら1枚くださ

めいし

い。명함 있으시면 한 장 주세요. ミョンハム イッスシミョン ハンジャン チュセヨ / 名刺を交換しましょうか。명함을 교환할까요? ミョンハムル キョフワナルッカヨ

めいし [名詞] 명사 ミョンサ

めいじ [明示] 명시 ミョンシ ❖~する 명시하다 ミョンシハダ

めいじつ [名実] 명실 ミョンシル

めいしょ [名所] 명소 ミョンソ 圏 名所案内 명소 안내 ミョンソ アーンネ

めいしょう [名称] 명칭 ミョンチン

めいしょう [名勝] 명승 ミョンスン;명승지 ミョンスンジ

めいじる [命じる] 명령하다 ミョーンニョンハダ

めいじる [銘じる] 명심하다 ミョンシマダ

めいしん [迷信] 미신 ミーシン

めいじん [名人] 명인 ミョンイン

めいせい [名声] 명성 ミョンソン

めいせき [明晰] ❖~だ 명석하다 ミョンソカダ

めいそう [瞑想] 명상 ミョンサン ❖~する 명상하다 ミョンサンハダ

めいちゅう [命中] 명중 ミョーンジュン ❖~する 명중하다 ミョーンジュンハダ 圏 命中率 명중률 ミョーンジュンニュル

めいど [冥土・冥途] ①명토 ミョント;명도 ミョンド ②(あの世) 저승 チョスン

めいにち [命日] 기일 キイル

めいはく [明白] ❖~だ 명백하다 ミョンベカダ

めいふく [冥福] 명복 ミョンボク 例 謹んで故人のご冥福をお祈りいたします。삼가 고인의 명복을 빕니다. サムガ コイネ ミョンボグル ピムニダ

めいぶつ [名物] 명물 ミョンムル

めいぶん [名分] 명분 ミョンブン 圏 大義名分 대의명분 テーイミョンブン

めいぶん [名文] 명문 ミョンムン

めいぼ [名簿] ①명부 ミョンブ ②(リスト) 명단 ミョンダン 圏 会員名簿 회원 명부 フェーウォン ミョンブ

めいめい [銘々] 각자 カクチャ;각각 カクカク;각기 カキ

めいもく [名目] ①명목 ミョンモク ②(口実) 구실 クーシル

めいもん [名門] 명문 ミョンムン

めいゆう [名優] 명우 ミョンウ;명배우 ミョンベウ

めいよ [名誉] 명예 ミョンイェ

めいりょう [明瞭] ❖~だ 명료하다 ミョンニョハダ

めいる [滅入る] 우울해지다 ウウレジダ;기가 죽다 キガ チュクタ

めいれい [命令] 명령 ミョーンニョン 例 会社の命令で急に出張に行くことになりました。회사의 명령으로 갑자기 출장을 가게 됐어요. フェーサエ ミョーンニョンウロ カプチャギ チュルチャンウル カゲ ドゥェッソヨ ❖~する 명령하다 ミョーンニョンハダ ❖~される 명령받다 ミョーンニョンバッダ

めいろ [迷路] 미로 ミロ

めいろう [明朗] 명랑 ミョンナン ❖~だ ①(人柄) 명랑하다 ミョン

めいわく [迷惑] 폐 ペー 例 これまで，かなりご迷惑をお掛けしました。そのあいだ폐를 많이 끼쳤습니다。クドンアン ペールル マーニ ッキチョッスムニダ / これまで，迷惑になっていないか心配です。그간 폐가 되지 않았는지 걱정입니다。クガン ペーガ トゥェジ アナンヌンジ コクチョンイムニダ ❖ 〜だ ① (面倒だ) 귀찮다 クィチャンタ ② (困る) 곤란하다 コルラナダ

めうえ [目上] 윗사람 ウィッサラム

メーカー [maker] 메이커 メイコ ; 제조자 チェージョジャ

メーキャップ [makeup] 메이크업 メイクオプ

メーター [meter] ① (長さ) 미터 ミート ② (計測器) 미터기 ミートギ

メーデー [May Day] 메이데이 メイデイ ; 노동절 ノドンジョル

メートル [mètre] 미터 ミート

メール [mail] 메일 メイル ; 우편 ウピョン ; 우편물 ウピョンムル

めかくし [目隠し] 가리개 カリゲ

めかけ [妾] 첩 チョプ

めがける [目掛ける] ① (狙う) 겨냥하다 キョニャンハダ ② (向う) 향하다 ヒャーンハダ

めがね [眼鏡] 안경 アーンギョン 例 目が悪くて眼鏡を掛けています。눈이 나빠서 안경을 써요。 ヌニ ナッパソ アーンギョンウル ッソヨ / 眼鏡を外してコンタクトレンズにしてみたらどうでしょう。안경을 벗고 콘택트렌즈를 해 보면 어때요？ アーンギョンウル ポッコ コンテクトゥレンジュルル ヘ ボミョン オッテヨ

めがみ [女神] 여신 ヨシン

めぐすり [目薬] 안약 アーニャク

めぐまれる [恵まれる] ① (潤沢だ) 풍부하다 プンブハダ ; 풍족하다 プンジョカダ 例 一所懸命生きてきたお陰で今は恵まれた生活をしています。열심히 살아온 덕분에 지금은 풍족한 생활을 하고 있어요。ヨルシミ サラオン トクプネ チグムン プンジョカン センフワルル ハゴ イッソヨ ② (生まれながらに) 타고나다 タゴナダ 例 彼女の恵まれた美貌は有名です。그녀의 타고난 미모는 유명해요。クニョエ タゴナン ミモヌン ユーミョンヘヨ

めぐみ [恵み] ① (恩恵) 은혜 ウネ ② (恵沢) 혜택 ヘーテク ③ (慈悲) 자비 チャビ

めぐむ [恵む] 베풀다 ペプルダ ; 주다 チュダ

めぐらす [巡らす・回らす] ① (囲む) 두르다 トゥルダ ; 에워싸다 エウォッサダ ② (考えを) 이리저리 생각하다 イリジョリ センガカダ ; 궁리하다 クンニハダ

めぐり [巡り・回り] ① (循環) 순환 スヌワン ② (回転) 회전 フェジョン ③ (尋ね歩くこと) 순례 スルリェ ; 순회 スヌェ ; 순방 スンバン

めくる [捲る] ① (裏返す) 젖히다 チョチダ ② (上に重なっているものを除ける) 넘기다 ノムギダ ③ (布団など覆っているものをはがす) 벗기다 ポッキダ

めぐる [巡る・回る] ① 돌다 トールダ ② (回転する) 회전하다 フェ

めさき

ジョナダ ③(循環する) 순환하다 スヌヲナダ ④(訪ね歩く) 돌아다니다 トラダニダ ⑤(関連する) 둘러싸다 トゥルロッサダ;관련되다 クワルリョンドゥエダ

めさき [目先] 눈앞 ヌナプ;목전 モクチョン

めざす [目指す] ①(志す) 지향하다 チヒャンハダ ②(目標とする) 목표로 하다 モクピョロ ハダ ③(狙う) 노리다 ノリダ ④(向う) 향하다 ヒャーンハダ

めざましい [目覚ましい] 눈부시다 ヌンブシダ

めざましどけい [目覚まし時計] 자명종 チャミョンジョン

めざめる [目覚める] 눈뜨다 ヌットゥダ;깨다 ッケーダ;깨어나다 ッケオナダ

めざわり [目障り] ❖~だ 눈에 거슬리다 ヌネ コスルリダ

めし [飯] 밥 パプ

めしあがる [召し上がる] 드시다 トゥシダ;잡수시다 チャプスシダ 例召し上がりたいものはありませんか。드시고 싶은 거 없으세요? トゥシゴ シプンゴ オープスセヨ / あまり用意できませんでしたが,たくさん召し上がってください。차린 건 없지만 많이 드세요. チャリン ゴン オープチマン マーニ トゥセヨ

めした [目下] 아랫사람 アレッサラム;손아래 ソナレ

めしべ [雌蕊] 자예 チャイェ;암꽃술 アムコッスル

めじり [目尻] 눈초리 ヌンチョリ;눈꼬리 ヌンッコリ

めじるし [目印] 표지 ピョジ;표시 ピョシ;안표 アーンピョ

めす [雌・牝] 암컷 アムコッ

めずらしい [珍しい] ①(まれだ) 드물다 トゥムルダ;희귀하다 ヒグィハダ 例友達が皆集まることは珍しいです。친구들이 모두 모이는 일도 드물어요. チングドゥリ モドゥ モイヌン ニールド トゥムロヨ ②(目新しい) 새롭다 セロプタ;신기하다 シンギハダ

めそめそ ❖~する 훌쩍거리다 フルッチョクコリダ;훌짝거리다 ホルッチャクコリダ

めだか [目高] 송사리 ソーンサリ

めだつ [目立つ] 눈에 띄다 ヌネ ッティーダ;두드러지다 トゥドゥロジダ 例彼女は背が高くてすごく目立ちます。그녀는 키가 커서 금방 눈에 띄어요. クニョヌン キガ コソ クムバン ヌネ ッティオヨ / 歌手の中でも彼は目立つ存在です。가수들 중에서도 그는 두드러진 존재예요. カスドゥル ジュンエソド クヌン トゥドゥロジン ジョンジェエヨ

めだま [目玉] 눈알 ヌナル

メダル [medal] 메달 メダル 関金メダル 금메달 クムメダル / 銀メダル 은메달 ウンメダル / 銅メダル 동메달 トンメダル

めちゃくちゃ [滅茶苦茶] 엉망 オンマン;엉망진창 オンマンジンチャン ❖~だ 엉망이다 オンマンイダ;엉망진창이다 オンマンジンチャンイダ

めっき [鍍金] 도금 トグム

めつき [目付き] 눈빛 ヌンピッ;눈초리 ヌンチョリ

めっきり 부쩍 プッチョク; 현저히 ヒョンジョヒ; 뚜렷이 ットゥリョシ

メッセージ [message] 메시지 メシジ; 전언 チョノン

めったに ①좀처럼 チョムチョロム 例彼は忙しすぎてめったに会えません。그는 너무 바빠서 좀처럼 만날 수가 없어요. クヌン ノム パッパソ チョムチョロム マンナル スガ オープソヨ ②(ほとんど…ない) 거의 コイ ❖めったな 분별 없는 プンビョロムヌン 例めったなことはしないでください。분별없는 행동은 하지 마세요. プンビョロムヌン ヘンドンウン ハジ マーセヨ

めつぼう [滅亡] 멸망 ミョルマン ❖~する 멸망하다 ミョルマンハダ

めっぽう [滅法] 굉장히 クェンジャンイ; 되게 トゥェーゲ

メディア [media] 미디어 ミーディオ; 매체 メチェ 関 マスメディア 매스 미디어 メス ミーディオ

めでたい [目出度い] ①(喜ばしい) 경사스럽다 キョンサスロプタ; 반갑다 パンガプタ ②(信頼が篤い) 두텁다 トゥトプタ ❖おめでたい (間が抜けている) 어수룩하다 オスルカダ

めど [目処] 목표 モクピョ; 전망 チョーンマン

めとる [娶る] 아내를 맞다 アネルル マッタ; 장가들다 チャーンガドゥルダ

メドレー [medley] 메들리 メドゥルリ

メニュー [menu] ①(料理の種類) 메뉴 メニュ ②(献立表) 메뉴판 メニュパン; 식단 シクタン; 차림표 チャリムピョ

めのまえ [目の前] ①눈앞 ヌナプ ②(目前) 코앞 コアプ; 목전 モクチョン

めばえる [芽生える] 싹트다 ッサクトゥダ; 움트다 ウムトゥダ

めぶんりょう [目分量] 눈대중 ヌンッテジュン; 눈어림 ヌノリム

めまい [眩暈] 현기증 ヒョーンギッチュン ❖~する 현기증이 나다 ヒョーンギッチュンイ ナダ; 어찔하다 オッチルハダ 例眩暈がして今日は休むことにしました。현기증이 나서 오늘은 쉬기로 했어요. ヒョーンギッチュンイ ナソ オヌルン シゥイーギロ ヘッソヨ

めまぐるしい [目まぐるしい] 어지럽다 オジロプタ

メモ [memo] 메모 メモ; 비망록 ピマンノク ❖~する 메모하다 メモハダ 関 メモ帳 메모장 メモッチャン

めもと [目元] 눈매 ヌンメ

めもり [目盛り] 눈금 ヌンックム

めやす [目安] ①(基準) 기준 キジュン ②(目標) 목표 モクピョ

めやに [目脂] 눈곱 ヌンッコプ

メロディー [melody] 멜로디 メルロディ; 가락 カラク; 선율 ソニュル

メロドラマ [melodrama] 멜로드라마 メルロドゥラマ

めん [面] ①(お面) 탈 タール; 가면 カーミョン ②(顔) 얼굴 オルグル ③(表面) 표면 ピョミョン; 면 ミョン

めん [麺] ①면 ミョン ②(麺の束) 사리 サリ

めん

めん [綿] 면 ミョン；무명 ムミョン 関綿織物 면직물 ミョンジンムル

めんえき [免疫] 면역 ミョーニョク

めんかい [面会] 면회 ミョーヌェ ❖~する 면회하다 ミョーヌェハダ 関面会時間 면회 시간 ミョーヌェ シガン / 面会謝絶 면회 사절 ミョーヌェ サージョル

めんきょ [免許] 면허 ミョーノ 例運転免許は持っていますか。 운전 면허는 갖고 있어요? ウンジョン ミョノヌン カッコ イッソヨ 関免許状 면허장 ミョーノッチャン / 免許証 면허증 ミョーノッチュン

めんくい [面食い] ❖~だ 얼굴을 밝히다 オルグルル パルキダ

めんしき [面識] 면식 ミョーンシク；안면 アンミョン

めんじょ [免除] 면제 ミョーンジェ ❖~する 면제하다 ミョーンジェハダ ❖~される 면제되다 ミョーンジェドゥェダ

めんする [面する] 면하다 ミョーナダ

めんぜい [免税] 면세 ミョーンセ 例免税店はどこにありますか。 면세점이 어디에 있어요? ミョーンセジョミ オディエ イッソヨ 関免税措置 면세 조치 ミョーンセ チョチ / 免税品 면세품 ミョーンセプム

めんせき [面積] 면적 ミョーンジョク

めんせつ [面接] 면접 ミョーンジョプ ❖~する 면접하다 ミョーンジョパダ 関面接試験 면접시험 ミョーンジョプシホム / 面接試験を受ける 면접시험을 보다 ミョーンジョプシホムル ポダ

メンテナンス [maintenance] 메인터넌스 メインノンス；보수 유지 ポース ユジ

めんどう [面倒] ①(手間) 수고 スーゴ ②(迷惑) 폐 ペー ❖~だ 귀찮다 クィチャンタ；번거롭다 ポンゴロプタ 例面倒なことが起こって頭が痛いです。 귀찮은 일이 생겨서 머리가 아파요. クィチャヌン ニーリ センギョソ モリガ アパヨ ③(世話) ❖~を見る 돌보다 トルボダ；보살피다 ポサルピダ 例彼は病気になったお父さんの面倒を見ています。 그는 병이 든 아버지를 돌보고 있어요. クヌン ピョーンイ トゥン アボジルル トルボゴ イッソヨ

めんどり [雌鶏] 암탉 アムタク

メンバー [member] 멤버 メムボ；회원 フェーウォン

めんぼく [面目] ①면목 ミョーンモク ②(体面) 체면 チェミョン 関面目ない 면목이 없다 ミョンモギ オープタ

めんみつ [綿密] 면밀 ミョンミル ❖~だ 면밀하다 ミョンミラダ

も

も [喪] 초상 チョサン；문상 ムーンサン

も [藻] 말 マル；해조 ヘジョ

-も ①(…もまた) 도 ト 例私も一緒に行ってはいけませんか。 저도 같이 가면 안 돼요? チョド カチ カミョン アン ドゥェヨ ②(…も、…も) …도 … 도 ト ト 例彼は運動も勉強もよくできます。 그는 운동도 공부도 잘해요. クヌン ウーンドンド

コンブド チャレヨ ③(…でさえ)조차 チョチャ 例一番親しい友達も私を信じてくれません。제일 친한 친구조차 절 믿어 주지 않아요. チェーイル チナン チングジョチャ チョル ミド ジュジ アナヨ ④(くらい) 쯤 ッチュム 例30分もしたら到着するでしょう。30(삼십)분쯤 있으면 도착할 거예요. サムシプップンッチュム イッスミョン トーチャカル コエヨ ⑤(強調)《数詞に付き、ある一定の程度を超えたことを表す》(이)나 (イ)ナ 例韓国語を3年も勉強したのにまだまだです。한국어를 3(삼)년이나 공부했는데 잘 못해요. ハーングゴルル サムニョニナ コンブヘンヌンデ チャル モーッテヨ

もう ①(すでに) 이미 イミ;벌써 ポルッソ;이제 イジェ 例もういらしゃったんですか。벌써 오셨어요? ポルッソ オショッソヨ ②(さらに) 더 ト;조금 더 チョグム ド 例もう少しください。조금 더 주세요. チョグム ド チュセヨ ③(すぐ) 곧 コッ;머지않아 モジアナ;이제 イジェ 例もう到着するでしょう。곧 도착할 거예요. コット トーチャカル コエヨ/もうそろそろ行きましょうか。이제 슬슬 갈까요? イジェ スルスル カルッカヨ

もうかる[儲かる] ①(利益が出る)벌리다 ポールリダ ②(得をする)득이 되다 トゥギ トゥエダ;덕을 보다 トグル ポダ

もうけ[儲け] 벌이 ポリ;이익 イーイク;이득 イードゥク

もうける[設ける] ①(用意する)마련하다 マリョナダ;준비하다 チューンビハダ ②(設置する)설치하다 ソルチハダ

もうける[儲ける] ①(お金を)벌다 ポルダ ②(子供を)얻다 オーッタ

もうしあげる[申し上げる] 말씀드리다 マールッスム トゥリダ;여쭈다 ヨッチュブタ 例感謝(の言葉)、申し上げます。감사의 말씀 드리겠습니다. カームサエ マールッスム トゥリゲッスムニダ/申し上げたいことがありますが。여쭙고 싶은 말이 있는데요. ヨッチュプコ シプン マーリ インヌンデヨ

もうしあわせ[申し合わせ] 합의 ハビ

もうしいれ[申し入れ] 제의 チェイ;신청 シンチョン

もうしうける[申し受ける] 받다 パッタ

もうしおくる[申し送る] 인계하다 インゲハダ;전달하다 チョンダラダ

もうしこみ[申し込み] 신청 シンチョン 例板門店に行くにはどこで申し込みをしたらいいですか。판문점에 가려면 어디서 신청을 하면 돼요? パンムンジョメ カリョミョン オディソ シンチョンウル ハミョン デヨ

もうしこむ[申し込む] 신청하다 シンチョンハダ 例領事館で留学ビザを申し込みました。영사관에서 유학 비자를 신청했어요. ヨーンサグァネソ ユハク ピジャルル シンチョンヘッソヨ

もうしたてる[申し立てる] 제기하

もうしぶんない

다 チェギハダ;제의하다 チェイハダ

もうしぶんない [申し分ない] 나무랄 데 없다 ナムラル テ オープタ

もうじゅう [猛獣] 맹수 メンス

もうしわけない [申し訳ない] 죄송하다 チュェーソンハダ;미안하다 ミアナダ;면목 없다 ミョーンモク オープタ 例 大変申し訳ありません。대단히 죄송합니다. テーダニ チュェーソンハムニダ/そのことは申し訳なく思います。그 일은 면목 없게 생각합니다. クイールン ミョーンモク オープケ センガカムニダ

もうじん [盲人] 맹인 メンイン

もうす [申す] ①말씀하다 マールッスマダ ②(…と申します) (이)라고 합니다 (イ)ラゴ ハムニダ 例 私は山田と申します。저는 야마다라고 합니다. チョヌン ヤマダラゴ ハムニダ

もうすぐ 곧 コッ;머지않아 モジアナ;이제 イジェ

もうちょう [盲腸] 맹장 メンジャン

もうてん [盲点] 맹점 メンッチョム

もうどうけん [盲導犬] 맹도견 メンドギョン

もうどく [猛毒] 맹독 メンドク

もうはつ [毛髪] 모발 モバル;머리털 モリトル

もうひつ [毛筆] 모필 モピル

もうふ [毛布] 담요 タームニョ

もうもく [盲目] 맹목 メンモク ❖~的な 맹목적인 メンモクチョギン ❖~的に 맹목적으로 メンモクチョグロ

もうら [網羅] 망라 マンナ ❖~する 망라하다 マンナハダ

もうれつ [猛烈] ❖~だ 맹렬하다 メーンニョラダ

もうろう [朦朧] ❖~としている 몽롱하다 モンノンハダ;흐리멍덩하다 フリモンドンハダ

もうろく [耄碌] 노망 ノーマン ❖~する 노망이 들다 ノーマンイトゥルダ

もえあがる [燃え上がる] 타오르다 タオルダ

もえつきる [燃え尽きる] ①다 타 버리다 タ- タボリダ ②(気力がなくなる) 소진되다 ソジンドゥェダ

もえる [萌える] 싹트다 ッサクトゥダ;움트다 ウムトゥダ

もえる [燃える] ①(燃焼する) 타다 タダ;불타다 プルタダ 例 事故が起きて車が全部燃えてしまいました。사고가 나서 차가 다 타 버렸어요. サーゴガ ナソ チャガ ター ボリョッソヨ ②(感情・情熱が高まる) 불타다 プルタダ 例 燃える気持ちはどうしようもありませんでした。불타는 마음을 어쩔 수가 없었어요. プルタヌン マウムル オッチョル スガ オープソッソヨ ③(暖房器具などが赤く) 달아오르다 タラオルダ ④(炎のように輝く) 새빨갛게 빛나다 セッパルガッケ ピンナダ

モーター [motor] 모터 モト 関 モーターショー 자동차 쇼 チャドンチャ ショ

モーターボート [motorboat] 모터보트 モトボトゥ

モーテル [motel] 모텔 モテル
モーニング [morning] 모닝 モーニン 関モーニングコール 모닝콜 モーニンコル
もがく [踠く] 발버둥 치다 パルボドゥン チダ; 바르작거리다 パルジャクコリダ
もぎ [模擬] 모의 モイ 関模擬試験 모의고사 モイゴサ
もくげき [目撃] 목격 モクキョク ❖~する 목격하다 モクキョカダ 関目撃者 목격자 モクキョクチャ
もくざい [木材] 목재 モクチェ
もくじ [目次] 목차 モクチャ; 차례 チャリェ
もくせい [木星] 목성 モクソン
もくせい [木製] 목제 モクチェ
もくぜん [目前] 눈앞 ヌナプ; 목전 モクチョン
もくぞう [木造] 목조 モクチョ
もくそく [目測] 목측 モクチュク; 눈대중 ヌンッテジュン ❖~する 눈대중하다 ヌンッテジュンハダ
もくたん [木炭] ①목탄 モクタン ②(炭) 숯 スッ
もくちょう [木彫] 목조 モクチョ
もくてき [目的] ①목적 モクチョク ②(目標) 목표 モクピョ 関目的地 목적지 モクチョクチ
もくとう [黙祷] 묵도 ムクト ❖~する 묵도하다 ムクトハダ
もくにん [黙認] 묵인 ムギン ❖~する 묵인하다 ムギナダ
もくば [木馬] 목마 モンマ 関回転木馬 회전목마 フェジョンモンマ/トロイの木馬 트로이의 목마 トゥロイエ モンマ
もくはん [木版] 목판 モクパン 関木版画 목판화 モクパヌワ
もくひ [黙秘] 묵비 ムクピ ❖~する 묵비하다 ムクピハダ 関黙秘権 묵비권 ムクピックォン
もくひょう [目標] ①목표 モクピョ ②(標的) 과녁 クヮーニョク
もくもく (煙が) 뭉게뭉게 ムンゲムンゲ
もくもく [黙々] ❖~と 묵묵히 ムンムキ
もぐもぐ 우물우물 ウムルムル
もくようび [木曜日] 목요일 モギョイル
もぐら [土竜] 두더지 トゥドジ
もぐる [潜る] ①(水の中に) 잠수하다 チャムスハダ; 물속에 잠겨 들다 ムルソゲ チャムギョ ドゥルダ ②(物の下や中に) 기어들다 キオドゥルダ ③(隠れる) 숨다 スームタ; 잠복하다 チャムボカダ
もくれん [木蓮] 목련 モンニョン
もくろく [目録] 목차 モクチャ; 목록 モンノク 関記念品目録 기념품목록 キニョムプム モンノク/図書目録 도서 목록 トソ モンノク
もくろみ [目論見] ①(計画) 계획 ケーフェク; 꾀 ックェ ②(陰謀) 음모 ウムモ ③(意図) 의도 ウイード
もくろむ [目論む] 꾀하다 ックェハダ; 꾸미다 ックミダ; 계획하다 ケーフェカダ
もけい [模型] 모형 モヒョン
モザイク [mosaic] 모자이크 モジャイク
もし [若し] 만약 マーニャク; 만약에 マーニャゲ; 만일 マーニル; 만일에 マーニレ; 혹시 ホクシ 例もし会えなかったらどうしましょう。만

약 못 만나면 어떡하죠? マーニャン モーン マンマニョン オットカジョ

もじ [文字] 문자 ムンッチャ; 글자 クルチャ

もしも [若しも] 만약 マーニャク; 만일 マーニル; 혹시 ホクシ 例 もしものことに備えてメモを残しておきました。만일의 경우에 대비해서 메모를 남겨 두었어요. マーニレ キョンウエ テービヘソ メモルル ナムギョ ドゥオッソヨ

もしもし 여보세요 ヨボセヨ 例 もしもし, そちらは金先生のお宅でしょうか。여보세요, 거기 김 선생님 댁입니까? ヨボセヨ コギ キム ソンセンニム テギムニッカ

もしゃ [模写] 모사 モサ ❖~する 모사하다 モサハダ

もしゅ [喪主] 상주 サンジュ

もぞう [模造] 모조 モジョ ❖~する 모조하다 モジョハダ 関 模造品 모조품 モジョプム

もだえる [悶える] ①(悩む) 번민하다 ポンミナダ; 괴로워하다 クェロウォハダ ②(苦痛で身をよじる) 몸부림치다 モムブリムチダ

もたらす [齎らす] 가져오다 カジョオダ; 초래하다 チョレハダ; 야기하다 ヤーギハダ

もたれる [凭れる] ①(拠り掛かる) 기대다 キーデダ; 의지하다 ウイジハダ ②(消化不良で胃が) 체하다 チェハダ

モダン [modern] 모던 モドン

もち [餅] 떡 ットク

もちあがる [持ち上がる] (問題などが起こる) 일어나다 イロナダ; 벌어지다 ポーロジダ

もちあげる [持ち上げる] ①(物を) 들어 올리다 トゥロ オルリダ ②(頭など体の一部を) 들다 トゥルダ; 일으키다 イルキダ ③(おだてる) 치켜세우다 チキョセウダ; 치살리다 チサルリダ

もちあじ [持ち味] ①(本来の味) 제맛 チェマッ ②(個性・特性) 개성 ケーソン; 특성 トゥクッソン

もちいる [用いる] ①(使う) 쓰다 ッスダ; 사용하다 サーヨンハダ ②(利用する) 이용하다 イーヨンハダ ③(採用する) 채용하다 チェーヨンハダ ④(任用する) 임용하다 イーミョンハダ

もちこたえる [持ち堪える] ①버티다 ポティダ; 지탱하다 チテンハダ ②(維持する) 유지하다 ユジハダ

もちこむ [持ち込む] ①(物を運び入れる) 갖고 들어오다 カッコ ドゥロオダ; 반입하다 パニパダ ②(用件などを頼みに来る) 가져오다 カジョオダ; 가져와서 부탁하다 カジョワソ プータカダ ③(ある状態に持っていく) 끌고 가다 ックルゴ ガダ

もちだす [持ち出す] ①(物を運び出す) 들고 나가다 トゥルゴ ナガダ; 들어내다 トゥロネダ; 반출하다 パンチュラダ ②(話題を) 말을 꺼내다 マールル ッコーネダ; 제안하다 チェアナダ

もちぬし [持ち主] 소유주 ソーユジュ; 소유자 ソユージャ; 임자 イームジャ

もちはこぶ [持ち運ぶ] 들어 나르다 トゥロ ナルダ; 운반하다 ウーン

バナダ

もちもの [持ち物] ①(所持品) 소지품 ソージプム ②(所有物) 소유물 ソーユムル

もちろん [勿論] 물론 ムルロン;말할 것도 없이 マーラル コット オープシ 例 もちろんです。물론이지요. ムルロニジョ / 英語はもちろん,中国語まで上手です。영어는 물론, 중국어까지 능통해요. ヨンオヌン ムルロン チュングッゴッカジ ヌントンヘヨ

もつ [持つ] ①(物を手に) 들다 トゥルダ 例 カバンをちょっと持ってください。가방 좀 들어 주세요. カバン チョム トゥロ ジュセヨ ②(身に付ける・携帯する) 지니다 チニダ 例 辞書はいつも持っています。사전은 늘 몸에 지니고 다녀요. サジョヌン ヌル モメ チニゴ タニョヨ ③(所有する) 가지다 カジダ 例 お金はいくらくらい持っていけばいいでしょうか。돈은 얼마나 가져가면 될까요? トーヌン オルマナ カジョガミョン トゥェルッカヨ ④(心に抱く) 품다 プムタ

もったいない ① 아깝다 アッカプタ 例 時間がもったいないから早く行きましょう。시간이 아까우니까 빨리 가요. シガニ アッカウニッカ ッパルリ カヨ ②(身に余る) 과분하다 クワーブナダ 例 もったいないお言葉です。과분한 말씀입니다. クワーブナン マールッスミムニダ

もっと ①더 ト ②(さらに) 더욱 トウク 例 これ, もっとありますか。이거 더 있어요? イゴ ト イッソヨ / もっと一所懸命勉強しないといけません。더욱 열심히 공부해야겠어요. トウク ヨルシミ コンブヘヤゲッソヨ

もっとも [尤も] ①(当然だ) ❖〜だ 지당하다 チダンハダ;당연하다 タンヨナダ ②(しかし・だが) 하지만 ハジマン;하기야 ハギヤ;다만 タマン

もっとも [最も] 가장 カジャン;제일 チェイル 例 彼は私にとって最も大切な人です。그는 나에게 가장 소중한 사람이에요. クヌン ナエゲ カジャン ソージュンハン サーラミエヨ

もっともらしい 그럴싸하다 クロルッサハダ;그럴듯하다 クロルドゥタダ

もっぱら [専ら] 오로지 オロジ;한결같이 ハンギョルガチ

もつれる [縺れる] ①(糸や髪が) 엉클어지다 オンクロジダ;얽히다 オルキダ ②(舌や足が) 꼬부라지다 ッコブラジダ;꼬이다 ッコイダ ③(感情や事情などが入り組む) 혼란해지다 ホールラネジダ;복잡해지다 ポクチャペジダ

もてあそぶ [弄ぶ] ①(手に持って遊ぶ) 만지작거리다 マンジジャクコリダ ②(人を慰みものにする) 농락하다 ノンナカダ;희롱하다 ヒロンハダ

もてあます [持て余す] 주체 못하다 チュチェ モータダ

もてなし [持て成し] 대접 テージョプ;대우 テーウ

もてなす [持て成す] ①(処遇する) 대우하다 テーウハダ;후대하

もてる

다 フーデハダ ②(ご馳走する) 대접하다 テージョパダ;환대하다 フワンデハダ

もてる 이성에게 인기가 있다 イソンエゲ インッキガ イッタ

モデル [model] ①(ファッションモデル) 모델 モデル ②(模型) 모형 モヒョン

もと [下] ①(した) 밑 ミッ ②(ある人や物事の支配・影響の及ぶ所) 슬하 スラ;곁 キョッ

もと [元・基・本] ①(起源) 기원 キウォン;시작 シージャク ②(根元) 근원 クヌォン ③(前職) 전직 チョンジク

もどかしい 답답하다 タプタパダ

もときん [元金] 자본금 チャボングム;밑천 ミッチョン

もどす [戻す] ①되돌리다 トウェドルリダ;돌려주다 トルリョジュダ ②(吐く) 토하다 トーハダ

もとづく [基づく] 의거하다 ウイゴハダ;입각하다 イプカカダ;기인하다 キイナダ

もとで [元手] 밑천 ミッチョン;자본 チャボン

もとね [元値] 원가 ウォンッカ

もとめる [求める] ①(要求する) 청하다 チョンハダ 例領事館に助けを求めてみたらどうですか。영사관에 도움을 청해 보는 게 어때요? ヨンサグヮネ トウムル チョンヘ ボヌン ゲ オッテヨ ②(手に入れたいと思い探す) 구하다 クハダ;찾다 チャッタ;바라다 パラダ 例我が社でも人材を求めています。우리 회사에서도 인재를 찾고 있습니다. ウリ フェーサエソド インジェルル チャッコ イッスムニダ ③(買う) 사다 サダ;구입하다 クイパダ

もともと [元々] 원래 ウォルレ;본디 ポンディ

もどる [戻る] ①(返る) 되돌아가다 トウェドラガダ;되돌아오다 トウェドラオダ 例学生時代に戻ったようです。학창 시절로 되돌아간 것 같아요. ハクチャン シジョルロ トウェドラガン ゴッ カタヨ ②(帰る) 돌아가다 トラガダ;돌아오다 トラオダ 例いつ戻りますか。언제 돌아와요? オーンジェ トラワヨ ③(元の状態になる) 되돌아오다 トウェドラオダ ④(回復する) 회복하다 フェボカダ

モニター [monitor] 모니터 モニト

もの [物] ①(品物) 물건 ムルゴン;물품 ムルプム ②(品質) 품질 プムジル ③(所有物) 것 コッ;거 コ 例それは私のものですが。 그거 제 건데요. クゴ チェ コンデヨ ④(動作の対象であるものを表す) 것 コッ 例小腹が空きましたが、食べる物はありませんか。입이 출출한데 먹을 것 없어요? イビ チュルチュランデ モグル コッ オープソヨ

もの [者] 사람 サーラム;자 チャ

ものおき [物置] 광 クヮン;곳간 コッカン

ものおと [物音] 소리 ソリ

ものがたり [物語] 이야기 イヤギ;전설 チョンソル;설화 ソルワ

ものごい [物乞い] 구걸 クゴル

ものごころ [物心] 철 チョル;분별 プンビョル 例物心がつくにはま

もらう

だまだです。철이 들려면 아직 멀었어요. チョリ トゥルリョミョン アジン モロッソヨ

ものごと [物事] 사물 サムル; 세상사 セーサンサ; 매사 メーサ

ものさし [物差し] 자 チャ 例 物差しで測ったように正確ですね。자로 잰 것처럼 정확하군요. チャロ チェン ゴッチョロム チョンフヮカグンニョ

ものしり [物知り] 박식한 사람 パクシカン サーラム

ものすごい [物凄い] ①(恐ろしい) 매우 무섭다 メウ ムソプタ; 끔찍하다 ックムッチカダ ②(程度が激しい) 대단하다 テーダナダ; 굉장하다 クェンジャンハダ ❖ものすごく 굉장히 クェンジャンイ; 대단히 テーダニ

ものたりない [物足りない] 부족하다 プジョカダ; 무언지 미흡하다 ムオンジ ミフパダ

ものまね [物真似] 흉내 ヒュンネ ❖~する 흉내를 내다 ヒュンネルル ネダ

ものものしい [物々しい] 삼엄하다 サモマダ; 장엄하다 チャンオマダ; 엄숙하다 オムスカダ

モノレール [monorail] 모노레일 モノレイル

もはや [最早] 이제는 イジェヌン; 벌써 ポルッソ; 이미 イミ

もはん [模範] 모범 モボム 関 模範生 모범생 モボムセン

もふく [喪服] 상복 サンボク

もほう [模倣] 모방 モバン ❖~する 모방하다 モバンハダ

もみじ [紅葉] 단풍 タンプン

もむ [揉む] ①(こする) 비비다 ピビダ ②(マッサージする) 주무르다 チュムルダ; 안마하다 アーンマハダ ③(くしゃくしゃにする) 구기다 クギダ

もめごと [揉め事] 다툼 タトゥム; 분규 プンギュ; 옥신각신 オクシンガクシン

もめる [揉める] 분규가 일어나다 プンギュガ イロナダ; 말썽이 일어나다 マールッソンイ イロナダ; 옥신각신하다 オクシンガクシナダ

もめん [木綿] 목면 モンミョン; 면직물 ミョンジンムル

もも [股・腿] 허벅다리 ホボクタリ 関 内もも 허벅지 ホボクチ

もも [桃] ①(果実) 복숭아 ポクスンア ②(樹木) 복숭아나무 ポクスンアナム

もや [靄] 연무 ヨンム; 안개 アーンゲ

もやし [萌やし] 콩나물 コンナムル; 숙주나물 スクチュナムル

もやす [燃やす] 태우다 テウダ

もよう [模様] ①(図案) 무늬 ムニ; 도안 トアン ②(状況) 상황 サンフヮン; 형편 ヒョンピョン

もよおす [催す] ①(開催する) 개최하다 ケチュェハダ ②(ある状態や気持ちになる) 불러일으키다 プルロイルキダ; 자아내다 チャアネダ

もより [最寄り] ❖~の 가장 가까운 カジャン カッカウン

もらう [貰う] 받다 パッタ; 얻다 オーッタ 例 友達にプレゼントをもらいました。친구한테서 선물을 받았어요. チングハンテソ ソーヌム

もらす [漏らす・洩らす] ①(出す) 새게 하다 セゲ ハダ ②(口外する) 누설하다 ヌソラダ ③(小便を) 싸다 ッサダ 例 もらしそうです. 쌀 것 같아요. ッサル コッ カタヨ ④(抜かす) 빠뜨리다 ッパートゥリダ 例 1つももらさずに話してください. 하나도 빠뜨리지 말고 얘기해 주세요. ハナド ッパートゥリッウリジ マールゴ イェーギヘ ジュセヨ

モラル [moral] 모럴 モロル; 도덕 トードク; 윤리 ユルリ

もり [森] 숲 スプ

もりあがる [盛り上がる] ①(脹らむ) 부풀어 오르다 ププロ オルダ; 불거져 나오다 プルゴジョ ナオダ; 두둑해지다 トゥドゥルケジダ ②(高潮する) 높아지다 ノパジダ; 고조되다 コジョドウェダ

もる [盛る] ①(積み上げる) 쌓아올리다 ッサア オルリダ ②(器に入れる) 담다 タームタ

もれる [漏れる・洩れる] ①(水や光・音などが) 새다 セダ ②(秘密・情報が) 누설되다 ヌソルドウェダ ③(抜け落ちる) 누락되다 ヌラクトウェダ; 빠지다 ッパージダ

もろい [脆い] 깨지기 쉽다 ッケージギ シュィープタ; 무르다 ムルダ

もん [門] 문 ムン; 출입구 チュリプク

もんく [文句] ①(文言) 문구 ムング; 어구 オーグ ②(不満) 불만 プルマン; 불평 プルピョン; 할 말 ハル マール; 트집 トゥジプ 例 文句があればおっしゃってください. 불만이 있으면 말씀하세요. プルマニ イッスミョン マールッスマセヨ / 文句あるわけがありません. 무슨 할 말이 있겠어요? ムスン ハル マーリ イッケッソヨ

もんげん [門限] 밤에 집이나 기숙사에 돌아와야 될 시간 パメ チビナ キスクサエ トラワヤ ドウェル シガン

もんせき [問責] 문책 ムンチェク

もんぜんばらい [門前払い] 문전축객 ムンジョン チュクケク

もんだい [問題] 문제 ムーンジェ 関 問題点 문제점 ムーンジェッチョム

もんちゃく [悶着] 말썽 マルッソン

もんどう [問答] 문답 ムンダプ

もんばん [門番] 문지기 ムンジギ; 수위 スウィ

もんもう [文盲] 문맹 ムンメン

もんもん [悶々] ❖~とする 애가 타다 エーガ タダ; 몹시 괴로워하다 モープシ クェロウォハダ

や

や [野] ①(野原) 들 トゥル; 들판 トゥルパン ②(在野) 야 ヤ; 민간 ミンガン

や [矢] 화살 フヮサル

やおや [八百屋] 채소 가게 チェーソ カーゲ

やがい [野外] 야외 ヤーウェ 関 野外演奏会 야외 연주회 ヤーウェ ヨーンジュフェ / 野外コンサート 야외 콘서트 ヤーウェ コンソトゥ

やがて 이윽고 イウクコ; 머지않아 モジアナ

やかましい [喧しい] ①(音がうるさい) 시끄럽다 シックロプタ 例 音楽がやかましいです。음악 소리가 시끄러워요. ウマク ソリガ シックロウォヨ ❖やかましく 시끄럽게 シックロプケ ②(厳しい) 엄하다 オマダ; 잔소리가 심하다 チャンソリガ シーマダ; 까다롭다 ッカーダロプタ 例 礼儀にやかましい人です。예의에 까다로운 사람이에요. イェイエ ッカーダロウン サーラミエヨ

やかん [夜間] 야간 ヤーガン

やかん [薬缶] 주전자 チュジョンジャ

やぎ [山羊] 염소 ヨムソ; 산양 サニャン

やきいも [焼き芋] 군고구마 クーンゴグマ

やきぎょうざ [焼き餃子] 군만두 クーンマンドゥ

やきぐり [焼き栗] 군밤 クーンバム

やきざかな [焼き魚] 생선 구이 センソン クイ

やきとり [焼き鳥] 꼬치구이 ッコチグイ

やきにく [焼き肉] 불고기 プルゴギ

やきまし [焼き増し] 추가 인화 チュガ イヌヮ ❖~する 다시 뽑다 タシ ッポプタ

やきめし [焼き飯] 볶음밥 ポックムッパプ

やきもち [焼き餅] ①(食べ物) 구운 떡 クウン ットク ②(嫉妬) 질투 チルトゥ; 샘 セーム; 시기 シギ ❖~を焼く 질투하다 チルトゥハダ

やきもの [焼き物] 도자기 トジャギ

やきゅう [野球] 야구 ヤーグ

やきん [夜勤] 야근 ヤグン ❖~する 야근하다 ヤグナダ 《韓国では残業の意味で用いられる》 関 夜勤手当て 야근 수당 ヤグン スダン

やく [役] ①(配役) 역 ヨク; 배역 ペヨク ②(役割) 역할 ヨカル 関 役づくり 역을 하기 위한 준비 ヨグル ハギ ウィハン チューンビ

やく [約] 약 ヤク

やく [訳] 역 ヨク; 번역 ポニョク

やく [焼く] ①(燃やす) 태우다 テウダ 例 落葉を焼く匂いがします。 낙엽 태우는 냄새가 나요. ナギョプ テウヌン ネームセガ ナヨ ②(加熱して中まで熱を通す) 굽다 クープタ 例 秋刀魚は焼いて食べるのが一番おいしいです。꽁치는 구워 먹는 게 가장 맛있어요. ッコンチヌン クウォ モンヌン ゲ カジャン マシッソヨ ③(世話をする) 돌봐 주다 トルブヮ ジュダ 例 先生が色々と世話を焼いてくれました。선생님이 여러 가지로 돌봐 주셨어요. ソンセンニミ ヨロ ガジロ トルブヮ ジュショッソヨ ④(苦労する) 애먹다 エーモクタ 例 子供が言うことを聞かなくて手を焼きました。아이가 말을 너무 안 들어서 애먹었어요. アイガ マールル ノム アン ドゥロソ エーモゴッソヨ ⑤(肌を焼く) 선탠을 하다 ソンテヌル ハダ ⑥(身を焦がす) 애태우다 エーテウダ

やくいん [役員] 역원 ヨグォン; 임

やくか

원 イムォン;간부 カンブ
やくか [薬果] 약과 ヤックヮ《韓国の伝統菓子の一種》
やくご [訳語] 역어 ヨゴ
やくざ 깡패 ッカンペ
やくざい [薬剤] 약제 ヤクチェ
やくざいし [薬剤師] 약사 ヤクサ
やくしゃ [役者] 배우 ペウ
やくしゃ [訳者] 역자 ヨクチャ;번역자 ポニョクチャ
やくしょ [役所] 관청 クヮンチョン;관공서 クヮンゴンソ
やくしん [躍進] 약진 ヤクチン ❖~する 약진하다 ヤクチナダ
やくす [訳す] 번역하다 ポニョカダ 例日本語に訳してください。일본말로 번역해 주세요. イルボンマールロ ポニョケ ジュセヨ
やくそう [薬草] 약초 ヤクチョ
やくそく [約束] 약속 ヤクソク 例一度した約束は絶対に守る人です。한 번 한 약속은 반드시 지키는 사람이에요. ハン ボン ハン ヤクソグン パンドゥシ チキヌン サーラミエヨ / 急に約束を破ってすみません。갑자기 약속을 어겨서 미안해요. カプチャギ ヤクソグル オギョソ ミアネヨ ❖~する 약속하다 ヤクソカダ
やくだつ [役立つ] 도움이 되다 トウミ トウェダ
やくだてる [役立てる] 유익하게 쓰다 ユーイカゲ ッスダ
やくどし [厄年] 액년 エンニョン
やくにん [役人] 관리 クヮルリ;공무원 コンムウォン
やくば [役場] 지방 자치 단체의 사무소 チバン ヂャチ タンチェエ サームソ 関町役場 동사무소 トーンサムソ
やくはらい [厄払い] 액막이 エンマギ;액때움 エクッテウム
やくひん [薬品] 약품 ヤクプム
やくぶつ [薬物] 약물 ヤンムル
やくみ [薬味] 양념 ヤンニョム
やくめ [役目] ①(任務) 임무 イームム ②(職務) 직무 チンム ③(職責) 직책 チクチェク ④(役割) 역할 ヨカル
やくよう [薬用] 약용 ヤギョン 関薬用植物 약용 식물 ヤギョン シンムル / 薬用石鹸 약용 비누 ヤギョン ピヌ
やくよけ [厄除け] 액막이 エンマギ;액때움 エクッテウム
やくわり [役割] 역할 ヨカル
やけ [自棄] 자포자기 チャポジャギ ❖やけを起こす 자포자기하다 チャポジャギハダ
やけい [夜景] 야경 ヤーギョン
やけど [火傷] 화상 フヮーサン 例子供のときに火傷を負ったことがあります。어릴 때 화상을 입은 적이 있어요. オリル ッテ フヮーサンウル イブン ジョギ イッソヨ
やける [焼ける] ①(燃える) 타다 タダ 例山火事で木が全部焼けてしまいました。산불로 나무가 다 타 버렸어요. サンップルロ ナムガ タ ボリョッソヨ ②(火が通る) 구워지다 クウォジダ;익다 イクタ 例肉がしっかり焼けたら召し上がってください。고기가 잘 익으면 드세요. コギガ チャル イグミョン トゥセヨ ③(肌が) 타다 タダ;그을리다 クウルリダ 例帽子なしで歩

き回ったら顔が焼けました。모자 없이 다녔더니 얼굴이 탔어요. モジャ オープシ タニョットニ オルグリ タッソヨ ④(色褪せる) 바래다 パレダ 例 日に焼けた写真が歳月を物語ってるようです。색 바랜 사진이 세월을 말하는 것 같아요. セク パレン サジニ セーウォルル マーラヌン ゴッ カタヨ

やける [妬ける] 질투하다 チルトゥハダ；샘나다 セームナダ

やこうせい [夜行性] 야행성 ヤーヘンッソン

やこうれっしゃ [夜行列車] 야간 열차 ヤーガンニョルチャ

やさい [野菜] 야채 ヤーチェ；채소 チェーソ 関 野菜炒め 야채볶음 ヤーチェボックム／野菜サラダ 야채샐러드 ヤーチェセルロドゥ／野菜畑 채소밭 チェーソバッ

やさしい [易しい] 쉽다 シュィープタ；용이하다 ヨンイハダ 例 韓国語は思ったよりやさしいです。한국어는 생각보다 쉬워요. ハーングゴヌン センガクポダ シュィウォヨ ❖やさしく 쉽게 シュィープケ 例 説明を聞いてやさしく理解できました。설명을 듣고 쉽게 이해할 수 있었어요. ソルミョンウル トゥッコ シュィープケ イーヘハル ス イッソッソヨ

やさしい [優しい] ①(親切だ) 친절하다 チンジョラダ；상냥하다 サンニャンハダ 例 お母さんはとてもお優しいですね。어머님은 참 상냥하시네요. オモニムン チャム サンニャンハシネヨ ❖優しく 친절하게 チンジョラゲ；상냥하게 サンニャンハゲ ②(温和だ) 온화하다 オヌヮハダ；마음씨가 곱다 マウムッシガ コープタ；부드럽다 プドゥロプタ 例 優しい笑顔が印象的です。온화한 웃음이 인상적이에요. オヌヮハン ウスミ インサンジョギエヨ

やし [椰子] 야자 ヤージャ

やしなう [養う] ①(養育する) 양육하다 ヤーンユカダ；기르다 キルダ ②(扶養する) 부양하다 プヤンハダ ③(飼育する) 사육하다 サユカダ ④(養成する) 양성하다 ヤーンソンハダ；기르다 キルダ

やじゅう [野獣] 야수 ヤース

やじるし [矢印] 화살표 フヮサルピョ

やしん [野心] 야심 ヤーシム 関 野心家 야심가 ヤーシムガ／野心満々 야심만만 ヤーシムマンマン

やすい [安い] 싸다 ッサダ 例 日本より韓国の方が物価が安いです。일본보다 한국이 물가가 싸요. イルボンボダ ハーングギ ムルッカガッサヨ ❖安く 싸게 ッサゲ 例 もう少し安くしてください。좀 더 싸게 해 주세요. チョム ドッサゲ ヘ ジュセヨ

-やすい [-易い] (…しやすい《動詞語幹＋-기 쉽다》の形で) 例 間違いやすい(勘違いしやすい)ので注意してください。착각하기 쉬우니까 조심하세요. チャクカカギ シュィウニッカ チョーシマセヨ

やすうり [安売り] 염가 판매 ヨムッカ パンメ

やすね [安値] 싼 값 ッサン ガプ；헐값 ホルッカプ；염가 ヨムッカ

やすみ [休み] ①(休息) 휴식 ヒュシク ②(休日) 휴일 ヒュイル;휴가 ヒュガ 例 せっかくの休みなのにどこにも行かないんですか。모처럼의 휴가인데 아무데도 안 가요? モチョロメ ヒュガインデ アームデド アン ガヨ ③(欠席・欠勤) 결석 キョルソク;결근 キョルグン 例 その人は今日お休みです。그 사람은 오늘 결근이에요. ク サーラムン オヌル キョルグニエヨ

やすむ [休む] ①(休息する) 쉬다 シュィーダ;휴식하다 ヒュシカダ 例 少し休んでからやってください。조금 쉬었다가 하세요. チョグム シュィオッタガ ハセヨ ②(欠席する) 결석하다 キョルソカダ ③(欠勤する) 결근하다 キョルグナダ ④(就寝する) 자다 チャダ;취침하다 チュィーチマダ 《敬語》 주무시다 チュムシダ 例 ゆっくりお休みになってください。푹 주무세요. プクチュムセヨ / ゆっくりお休みになられましたか。안녕히 주무셨어요? アンニョンイ チュムショッソヨ ⑤(休業) 놀다 ノールダ;쉬다 シュィーダ

やすらか [安らか] ❖~だ 평온하다 ピョンオナダ;태평하다 テピョンハダ;편안하다 ピョナナダ ❖~に 평온하게 ピョンオナゲ;태평하게 テピョンハゲ;편안하게 ピョナナゲ

やすらぎ [安らぎ] 편안 ピョナン;평안 ピョンアン;평온 ピョンオン

やせい [野生] 야생 ヤーセン
やせい [野性] 야성 ヤーソン
やせおとろえる [痩せ衰える] 수척해지다 スチョケジダ;여위어서 쇠약해지다 ヨウィオソ スェヤケジダ

やせがまん [痩せ我慢] ❖~する 억지로 태연한 체하다 オクチロ テヨナン チェハダ

やせる [痩せる] ①마르다 マルダ ②(やせ細る) 여위다 ヨウィダ ③(肉が落ちる) 살이 빠지다 サリッパージダ 例 運動をしたらやせました。운동을 했더니 살이 빠졌어요. ウーンドンウル ヘットニ サリッパージョッソヨ

やたい [屋台] 포장마차 ポジャンマチャ;노점 ノジョム

やちょう [野鳥] 들새 トゥルセ;야조 ヤージョ

やちん [家賃] 집세 チプッセ
やつ [奴] 놈 ノム;녀석 ニョソク;자식 チャシク

やっかい [厄介] ①(面倒) ❖~だ 귀찮다 クィチャンタ;성가시다 ソンガシダ 例 やっかいな問題をよく解決できました。귀찮은 문제를 잘 해결했어요. クィチャヌン ムンジェルル チャル ヘーギョレッソヨ ②(世話) 신세 シンセ;폐 ペー 例 ごやっかいをお掛けして申し訳ありません。폐를 끼쳐서 죄송합니다. ペールル ッキチョソ チュェーソンハムニダ

やっきょく [薬局] 약국 ヤククク
やっつ [八つ] ①여덟 ヨドル ②(8歳) 여덟 살 ヨドル サル ③(8個) 여덟 개 ヨドル ケ

やっつける ①(片付ける) 해치우다 ヘチウダ ②(懲らしめる) 혼내 주다 ホンネ ジュダ;골탕 먹이다

コルタン モギダ ③(打ち負かす・撃退する) 패배시키다 ペーベシキダ;물리치다 ムルリチダ

やっと [겨우] 크ョウ

やつら [奴等] 놈들 ノムドゥル;녀석들 ニョソクトゥル

やど [宿] 숙소 スクソ;여관 ヨグヮン

やといぬし [雇い主] 고용주 コヨンジュ

やとう [野党] 야당 ヤーダン

やとう [雇う] 고용하다 コヨンハダ

やどや [宿屋] 여관 ヨグヮン;여인숙 ヨインスク

やなぎ [柳] 버드나무 ポドゥナム

やぬし [家主] 집주인 チプチュイン

やね [屋根] 지붕 チブン

やねうら [屋根裏] ①지붕의 안쪽 チブンエ アンッチョク ②(屋根裏部屋) 다락방 タラクパン

やはり [矢張り] 역시 ヨクシ;과연 クヮーヨン

やばん [野蛮] 야만 ヤーマン ❖~だ 야만적이다 ヤーマンジョギダ ❖~な 야만적인 ヤーマンジョギン

やぶ [藪] ①덤불 トムブル ②(竹藪) 대숲 テスプ ③(やぶ医者) 돌팔이 의사 トルパリ ウイサ

やぶる [破る] ①(引き裂く) 찢다 ッチッタ 例 手紙가 불만으로 破ってしまいました。편지가 마음에 안 들어서 찢어 버렸어요. ピョーンジガ マウメ アン ドゥロソ ッチジョ ボリョッソヨ ②(記録を) 갱신하다 ケーンシナダ 例 また記録を破りました。또 기록을 갱신했어요. ット キログル ケーンシネッソヨ ③(約束を) 어기다 オギダ 例 絶対に約束を破らないでください。절대로 약속 어기지 마세요. チョルテロ ヤクソク オギジ マーセヨ ④(割る) 깨다 ッケーダ

やぶれる [破れる] ①(裂ける) 찢어지다 ッチジョジダ 例 転んでズボンが破れました。넘어져서 바지가 찢어졌어요. ノモジョソ パジガ ッチジョジョッソヨ ②(壊れる) 깨지다 ッケージダ ③(すり減って破れる) 해어지다 ヘオジダ

やぶれる [敗れる] 지다 チダ;패하다 ペーハダ

やぼ [野暮] ❖~だ ①(無粋だ) 멋없다 モドプタ ②(洗練されていない) 촌스럽다 チョーンスロプタ

やぼう [野望] 야망 ヤーマン

やま [山] 산 サン 圓 山奥 깊은 산속 キプン サンソク/山火事 산불 サンップル/山崩れ 산사태 サンサテ/山裾 산기슭 サンキスク;산록 サルロク

やまい [病] 병 ピョーン

やまば [山場] 절정 チョルチョン;고비 コビ

やまびこ [山彦] 메아리 メアリ

やまもり [山盛り] ❖~にする 수북이 담다 スブギ タームタ

やみ [闇] ①(暗い) 어둠 オドゥム;암흑 アムク ②(違法取引) 암거래 アームゴレ ❖~だ 캄캄하다 カムカマダ

やむ [止む・已む] ①그치다 クチダ;멈추다 モムチュダ 例 雨が止むまでちょっと待ってみましょう。비가 그칠 때까지 좀 기다려 봅시다. ピガ クチル ッテッカジ チョム キ

ダリョ ボプシダ / 笑いが止まなくて困りました。웃음이 멈추지 않아서 곤란했어요. ウスミ モムチュジ アナソ コルラネッソヨ ②(…してやまない《動詞の語幹＋-아서/어서 마지않다》の形で) 例 私が尊敬してやまない先生です。제가 존경해 마지않는 선생님이세요. チェガ チョンギョンヘ マジアンヌン ソンセンニミセヨ

やむ [病む] 앓다 アルタ；병들다 ピョンドゥルダ

やむをえず [已むを得ず] 할 수 없이 ハル ス オプシ；어쩔 수 없이 オッチョル ス オプシ；부득이 プドゥギ 例 やむを得ず譲りました。어쩔 수 없이 양보했어요. オッチョル ス オプシ ヤンボヘッソヨ

やむをえない [已むを得ない] 할 수 없다 ハル ス オプタ；어쩔 수 없다 オッチョル ス オプタ；부득이하다 プドゥギハダ 例 やむを得ない事情があったのでしょう。어쩔 수 없는 사정이 있었겠지요. オッチョル ス オームヌン サージョンイ イッソッケッチョ

やめる [止める・已める] ①그만두다 クマンドゥダ 例 雨が降ったらやめましょう。비가 오면 그만둡시다. ピガ オミョン クマンドゥプシダ ②(断つ) 끊다 ックンタ 例 今年からお酒もタバコもやめることにしました。올해부터 술도 담배도 끊기로 했어요. オレブト スルド タームベド ックンキロ ヘッソヨ ③(中止する) 중지하다 チュンジハダ

やめる [辞める] 사직하다 サジカダ；사임하다 サイマダ；그만두다 クマンドゥダ

やや 약간 ヤクカン；다소 タソ；조금 チョグム

やゆ [揶揄] 야유 ヤーユ ❖～する 야유하다 ヤーユハダ

やりがい [やり甲斐] 보람 ポラム

やりくり [やり繰り] 변통 ピョーントン ❖～する 꾸려 나가다 ックリョ ナガダ

やりとげる [やり遂げる] 해내다 ヘーネダ；완수하다 ワンスハダ

やりなおす [やり直す] 다시 하다 タシ ハダ；고쳐 하다 コチョ ハダ；새로이 하다 セロイ ハダ

やる [遣る] ①(する) 하다 ハダ 例 私の妹は勉強をよくやります。제 여동생은 공부를 잘 해요. チェ ヨドンセンウン コンブルル チャレヨ ②(与える) 주다 チュダ 例 毎日植木に水をやります。매일 화분에 물을 줘요. メーイル フワブネ ムルル チュオヨ ③(行かせる) 보내다 ポネダ ④(移す・片付ける) 옮기다 オムギダ；치우다 チウダ ⑤(…してやる《動詞の語幹＋-아/어 주다》の形で) 例 私がやってやるよ。내가 해 줄게. ネガ ヘ ジュルケ

やるき [やる気] ①할 마음 ハル マウム ②(意欲) 의욕 ウイーヨク

やわらかい [柔らかい・軟らかい] ①부드럽다 プドゥロプタ 例 食パンがとてもやわらかいです。식빵이 참 부드러워요. シクッパンイ チャム プドゥロウォヨ ②(布団などが) 폭신폭신하다 ポクシンポクシナダ ③(肉が) 연하다 ヨーナダ ④

(雰囲気が) 온화하다 オヌワハダ ⑤(体が) 유연하다 ユヨナダ

やわらぐ [和らぐ] ① 누그러지다 ヌグロジダ; 부드러워지다 プドゥロウォジダ ②(悲しみなどが消える) 가라앉다 カラアンタ ③(気候が) 풀리다 プルリダ

やわらげる [和らげる] 부드럽게 하다 プドゥロプケ ハダ; 완화하다 ワヌワハダ

ヤング [young] 젊은이 チョルムニ

ゆ

ゆ [湯] ①(温水) 더운물 トウンムル; 뜨거운 물 ットゴウン ムル 例 お湯, ありますか。뜨거운 물 있습니까? ットゥゴウン ムル イッスムニッカ ②(風呂) 목욕탕 モギョクタン

ゆいいつ [唯一] 유일 ユイル ❖~の 유일한 ユイラン

ゆいごん [遺言] 유언 ユオン ❖~する 유언하다 ユオナダ

ゆいしょ [由緒] 유서 ユソ; 유래 ユレ; 내력 ネリョク

ゆうい [優位] 우위 ウウィ

ゆういぎ [有意義] 유의의 ユーイイ ❖~だ 의의가 있다 ウイーイガ イッタ

ゆううつ [憂鬱] ❖~だ 우울하다 ウウラダ

ゆうえき [有益] 유익 ユーイク ❖~だ 유익하다 ユーイカダ

ゆうえつかん [優越感] 우월감 ウウォルガム

ゆうえんち [遊園地] 유원지 ユウォンジ

ゆうが [優雅] ❖~だ 우아하다 ウアハダ

ゆうかい [誘拐] 유괴 ユグェ ❖~する 유괴하다 ユグェハダ 関 誘拐事件 유괴 사건 ユグェ サーッコン / 誘拐犯人 유괴범 ユグェボム

ゆうがい [有害] 유해 ユヘ ❖~だ 유해하다 ユヘハダ

ゆうがた [夕方] 석양 녘 ソギャンニョク; 해 질 무렵 ヘ ジル ムリョプ; 저녁때 チョニョクッテ

ゆうかん [夕刊] 석간 ソクカン

ゆうかん [勇敢] 용감 ヨンガム ❖~だ 용감하다 ヨンガマダ ❖~に 용감하게 ヨンガマゲ; 용감히 ヨンガミ

ゆうき [勇気] 용기 ヨーンギ 例 正直, 話す勇気がありません。솔직히 말할 용기가 없어요. ソルチキ マーラル ヨーンギガ オープソヨ

ゆうきゅう [有給] 유급 ユグプ 関 有給休暇 유급 휴가 ユグ ピュガ

ゆうきゅう [遊休] 유휴 ユヒュ

ゆうきょう [遊興] 유흥 ユフン 関 遊興費 유흥비 ユフンビ

ゆうぐう [優遇] 우대 ウデ; 우우 ウウ ❖~する 우대하다 ウデハダ; 우우하다 ウウハダ

ゆうぐれ [夕暮れ] 해 질 녘 ヘ ジル ルョク

ゆうけんしゃ [有権者] 유권자 ユーックォンジャ

ゆうこう [友好] 우호 ウホ ❖友好的な 우호적인 ウホジョギン

ゆうこう [有効] 유효 ユーヒョ ❖~だ 유효하다 ユーヒョハダ 関 有効期間 유효 기간 ユーヒョ キガン

ゆうごう [融合] 융합 ユンハプ ❖

~する 融合する ユンハパダ

ゆうこく [夕刻] 저녁때 チョニョクッテ; 저녁 무렵 チョニョン ムリョプ

ゆうざい [有罪] 유죄 ユージュェ 関 有罪判決 유죄 판결 ユージュェ パンギョル

ゆうし [有志] 유지 ユージ

ゆうし [勇士] 용사 ヨンサ

ゆうし [融資] 융자 ユンジャ; 대출 テーチュル ❖~する 융자하다 ユンジャハダ

ゆうしゅう [優秀] 우수 ウス ❖~だ 우수하다 ウスハダ 例 彼は我が社の優秀な社員です。 그는 우리 회사의 우수한 사원이에요. クヌン ウリ フェーサエ ウスハン サウォニエヨ

ゆうしょう [優勝] 우승 ウスン ❖~する 우승하다 ウスンハダ

ゆうじょう [友情] 우정 ウージョン 例 厚い友情を約束した仲です。두터운 우정을 약속한 사이예요. トゥトウン ウージョウル ヤクソカン サイエヨ

ゆうしょく [夕食] 저녁 チョニョク; 저녁밥 チョニョクパプ; 저녁 식사 チョニョク シクサ 例 一緒に夕食しませんか。같이 저녁 식사 안 하시겠어요? カチ チョニョク シクサ ア ナシゲッソヨ

ゆうじん [友人] 친구 チング; 벗 ポッ

ゆうずう [融通] 융통 ユントン ❖~する 융통하다 ユントンハダ ❖~がきかない 융통성이 없다 ユントンッソンイ オープタ ❖~がきく 융통성이 있다 ユントンッソンイ イッタ

ゆうせい [優勢] 우세 ウセ ❖~だ 우세하다 ウセハダ; 우월하다 ウウォラダ

ゆうせん [有線] 유선 ユソン

ゆうせん [優先] 우선 ウソン ❖~する 우선하다 ウソナダ

ゆうぜん [悠然] ❖~としている 유연하다 ユヨナダ

ゆうそう [郵送] 우송 ウソン ❖~する 우송하다 ウソンハダ 関 郵送料 우송료 ウソンニョ

ユーターン [U-turn] 유턴 ユトン ❖~する 유턴하다 ユートナダ 関 ユーターン禁止 유턴 금지 ユートン クムジ

ゆうたい [優待] 우대 ウデ ❖~する 우대하다 ウデハダ 関 優待券 우대권 ウデックォン

ゆうだい [雄大] ❖~だ 웅대하다 ウンデハダ ❖~な 웅대한 ウンデハン

ゆうだち [夕立] 소나기 ソナギ

ゆうとうせい [優等生] 우등생 ウドゥンセン

ゆうに [優に] 족히 チョキ

ゆうのう [有能] 유능 ユーヌン ❖~だ 유능하다 ユーヌンハダ

ゆうひ [夕日・夕陽] 석양 ソギャン

ゆうびん [郵便] 우편 ウピョン 関 郵便番号 우편번호 ウピョンボノ / 郵便物 우편물 ウピョンムル

ゆうびんきょく [郵便局] 우체국 ウチェグク 例 郵便局はどこにありますか。우체국이 어디에 있어요? ウチェグギ オディエ イッソヨ

ゆうふく [裕福] 유복 ユボク ❖~だ 유복하다 ユボカダ

ゆうべ [夕べ] 저녁 チョニョク; 저녁 때 チョニョクッテ
ゆうべん [雄弁] 웅변 ウンビョン
ゆうぼう [有望] 유망 ユーマン ❖~だ 유망하다 ユーマンハダ
ゆうめい [有名] ❖~だ 유명하다 ユーミョンハダ 例 この店は何が有名ですか。이 집은 뭐가 유명해요? イ チブン ムオーガ ユーミョンヘヨ
ユーモア [humor] 유머 ユーモ
ゆうやけ [夕焼け] 저녁놀 チョニョンノル; 저녁노을 チョニョンノウル
ゆうやみ [夕闇] 땅거미 ッタンゴミ
ゆうよ [猶予] 유예 ユイェ ❖~する 유예하다 ユイェハダ
ゆうよう [有用] 유용 ユーヨン ❖~だ 유용하다 ユーヨンハダ
ゆうらん [遊覧] 유람 ユラム ❖~する 유람하다 ユラマダ 関 遊覧船 유람선 ユラムソン
ゆうり [有利] 유리 ユリ ❖~だ 유리하다 ユーリハダ
ゆうりょ [憂慮] 우려 ウリョ ❖~する 우려하다 ウリョハダ
ゆうりょう [有料] 유료 ユーリョ 関 有料駐車場 유료 주차장 ユーリョ チューチャジャン / 有料トイレ 유료 화장실 ユーリョ フヮジャンシル
ゆうりょう [優良] 우량 ウリャン ❖~だ 우량하다 ウリャンハダ 関 優良品 우량품 ウリャンプム / 優良図書 우량 도서 ウリャント
ゆうりょく [有力] ❖~だ 유력하다 ユーリョカダ
ゆうれい [幽霊] 유령 ユリョン

ゆうれつ [優劣] 우열 ウヨル
ゆうわく [誘惑] 유혹 ユホク ❖~する 유혹하다 ユホカダ
ゆえ [故] 까닭 ッカダク; 이유 イーユ
ゆえん [所以] 까닭 ッカダク; 근거 クンゴ
ゆか [床] 마루 マル
ゆかい [愉快] 유쾌 ユクェ ❖~だ 유쾌하다 ユクェハダ
ゆがく [湯搔く] 데치다 テーチダ
ゆがむ [歪む] ①(物の形が正しくなくなる) 비뚤어지다 ピットゥロジダ; 일그러지다 イルグロジダ ②(性格や心が) 비뚤어지다 ピットゥロジダ
ゆがめる [歪める] ①비뚤어지게 하다 ピットゥロジゲ ハダ; 일그러뜨리다 イルグロットゥリダ ②(歪曲する) 왜곡하다 ウェゴカダ; 왜곡시키다 ウェゴクシキダ
ゆかり [縁・所縁] 연고 ヨンゴ; 관계 クヮンゲ
ゆき [雪] 눈 ヌーン 例 雪が降って道が滑りやすいです。눈이 와서 길이 미끄러워요. ヌーニ ワソ キリ ミックロウォヨ 関 雪合戦 눈싸움 ヌーンッサウム / 雪国 눈이 많이 오는 지방 ヌーニ マーニ オヌン チバン / 雪景色 설경 ソルギョン / 雪煙 눈보라 ヌーンボラ / 雪だるま 눈사람 ヌーンサラム
ゆき [行き]《目的地を表して: 目的地の名詞+로 가는, 행》例 ソウル行きの列車 서울로 가는 열차 ソウルロ カヌン ヨルチャ / 釜山行き 부산 행 プサン ヘン
ゆきき [行き来] ①(行ったり来た

り) 왕래 ワーンネ ❖~する 왕래하다 ワーンネハダ；오가다 オガダ ②(交際) 교제 キョジェ ❖~する 교제하다 キョジェハダ

ゆきさき [行き先] ①행선지 ヘンソンジ ②(目的地) 목적지 モクチョクチ

ゆきすぎる [行き過ぎる] ①(通過する) 지나다 チナダ；지나가다 チナガダ；지나치다 チナチダ；통과하다 トングヮハダ 例目的地を行き過ぎてしまいました。목적지를 지나쳐 버렸어요. モクチョクチルル チナチョ ボリョッソヨ ②(程度が過ぎる) 도를 넘다 トルル ノームタ；지나치다 チナチダ

ゆきづまる [行き詰まる] 정체 상태에 빠지다 チョンチェ サンテエ ッパージダ

ゆきとどく [行き届く] ①미치다 ミチダ ②(手落ちがない) 빈틈없다 ピーントゥモプタ 例本当にサービスの行き届いたホテルですね。정말 서비스가 빈틈없는 호텔이네요. チョーンマル ソービスガ ピーントゥモムヌン ホテリネヨ

ゆきどまり [行き止まり] 막다른 곳 マクタルン ゴッ 例地図を見ながら行ったのに行き止まりに出ました。지도를 보면서 갔는데 막다른 곳이 나왔어요. チドルル ポミョンソ カンヌンデ マクタルン ゴシ ナワッソヨ

ゆくえ [行方] 행방 ヘンバン；간 곳 カン ゴッ；갈 곳 カル コッ 関行方不明 행방불명 ヘンバンブルミョン

ゆくすえ [行く末] 장래 チャンネ；전도 チョンド；미래 ミーレ

ゆげ [湯気] 김 キーム

ゆけつ [輸血] 수혈 スヒョル ❖~する 수혈하다 スヒョラダ

ゆさぶる [揺さ振る] 흔들다 フンドゥルダ

ゆしゅつ [輸出] 수출 スチュル ❖~する 수출하다 スチュラダ 関輸出品 수출품 スチュルプム

ゆず [柚子] 유자 ユージャ 関柚子茶 유자차 ユージャチャ

ゆすぐ [濯ぐ] 헹구다 ヘングダ

ゆする [揺する] 흔들다 フンドゥルダ

ゆずる [譲る] ①(譲渡する) 물려주다 ムルリョジュダ；양도하다 ヤーンドハダ ②(売る) 팔다 パルダ；팔아 넘기다 パラ ノムギダ ③(譲歩する) 양보하다 ヤーンボハダ

ゆそう [輸送] 수송 スソン ❖~する 수송하다 スソンハダ

ゆたか [豊か] ❖~だ ①(豊富だ) 부유하다 プユハダ；풍부하다 プンブハダ 例豊かな暮らしをしたいです。부유한 생활을 하고 싶어요. プユハン センフヮルル ハゴ シポヨ ②(ゆったりとしている) 여유 있고 느긋하다 ヨユ イッコ ヌグタダ

ゆだねる [委ねる] 남에게 맡기다 ナメゲ マッキダ；위임하다 ウィイマダ

ユダヤじん [Judaea 人] 유태인 ユテイン

ゆだん [油断] 방심 パーンシム；부주의 プジュイ ❖~する 방심하다 パーンシマダ 例風邪でも油断したら大変なことになります。감기라

도 방심하면 큰일나요. カームギラ ド パーンシマミョン クニルラヨ
ゆっくり ①(急ぐことなく) 천천히 チョーンチョニ；느긋하게 ヌグタゲ 例急がなくてもいいからゆっくり行きましょう. 서두르지 않아도 되니까 천천히 가요. ソドゥルジ アナド ドウェニッカ チョーンチョニカヨ / まだ時間があるからゆっくりでいいです. 아직 시간 많으니까 천천히 해도 돼요. アジク シガン マーヌニッカ チョーンチョニ ヘドドウェヨ ②(十分に) 충분히 チュンブニ；넉넉히 ノンノキ；여유 있게 ヨユ イッケ 例ゆっくり3時間は過ごせると思います. 넉넉히 3(세)시간은 보낼 수 있을 거예요. ノンノキ セー シガヌン ポネル ス イッスル コエヨ

ゆったり ①(きゅうくつでない) 넉넉히 ノンノキ ②(気持ちにゆとりがある) 느긋이 ヌグシ

ゆでたまご [茹で卵] 삶은 달걀 サルムン タルギャル

ゆでる [茹でる] 삶다 サームタ

ユニセフ [UNICEF] 유니세프 ユニセプ；국제 연합 아동 기금 ククチェ ヨナプ アドン キグム

ユニバーサル [universal] 유니버설 ユニボソル

ユニホーム [uniform] 유니폼 ユニポム；제복 チェーボク

ゆにゅう [輸入] 수입 スイプ ❖～する 수입하다 スイパダ 関輸入品 수입품 スイププム

ユネスコ [UNESCO] 유네스코 ユネスコ；국제 연합 교육 과학 문화 기관 ククチェ ヨナプ キョーユク クワハク ムヌワ キグワン

ゆび [指] ①(手の指) 손가락 ソンッカラク ②(足の指) 발가락 パルッカラク

ゆびさき [指先] 손가락 끝 ソンッカラク ックッ

ゆびさす [指差す] 가리키다 カリキダ

ゆびわ [指輪] 가락지 カラクチ；반지 パンジ 関婚約指輪 약혼반지 ヤコンバンジ / 結婚指輪 결혼반지 キョロンバンジ

ゆみ [弓] 활 フワル

ゆめ [夢] 꿈 ックム 関夢を見る 꿈을 꾸다 ックムル ックダ

ゆめうつつ [夢現] 비몽사몽 ピモンサモン

ゆめにも [夢にも] 꿈에도 ックメド；전혀 チョニョ

ゆめみる [夢見る] 꿈꾸다 ックムックダ

ゆらい [由来] 유래 ユレ

ゆらぐ [揺らぐ] 흔들리다 フンドゥルリダ

ゆり [百合] 백합 ペカプ；나리 ナリ

ゆりかご [揺り籠] 요람 ヨラム

ゆるい [緩い] ①(隙間やゆとりがある) 느슨하다 ヌスナダ；헐렁하다 ホルロンハダ；헐겁다 ホルゴプタ 例痩せたので履いていたズボンが全部緩いです. 살이 빠져서 입던 바지가 다 헐렁해요. サリ パジョソ イプトン パジガ ター ホルロンヘヨ ②(厳しくない) 엄하지 않다 オマジ アンタ ③(坂などが急ではない) 완만하다 ワンマナダ；가파르지 않다 カパルジ アンタ ④(速度が遅い) 느리다 ヌリダ

ゆるがす [揺るがす] 뒤흔들다 トゥィフンドゥルダ;요동시키다 ヨドンシキダ

ゆるぎない [揺るぎない] 흔들리지 않다 フンドゥルリジ アンタ;확고부동하다 フワクコ プドンハダ

ゆるし [許し] 허가 ホガ;승낙 スンナク

ゆるす [許す] ①(許可する) 허가하다 ホガハダ;허락하다 ホラカダ 例年齢を確認した後で入場を許す店もあります。나이를 확인한 후에 입장을 허가하는 가게도 있어요. ナイルル フヮギナン フーエ イプチャンウル ホガハヌン カーゲド イッソヨ ②(間違いなどを咎めない) 용서하다 ヨンソハダ 例私のミスだから許してください。제 실수니까 용서해 주세요. チェ シルスニッカ ヨンソヘ ジュセヨ

ゆるむ [緩む] ①(隙間や余裕ができる) 헐렁해지다 ホルロンヘジダ;느슨해지다 ヌスネジダ;헐거워지다 ホルゴウォジダ 例この服は首の部分が緩んでもう着られません。이 옷은 목 부분이 헐렁해져서 이제 못 입겠어요. イ オスン モク プブニ ホルロンヘジョソ イジェ モーン ニプケッソヨ / ボタン穴が緩んですぐにボタンがはずれます。단추 구멍이 헐거워져서 자꾸 풀어져요. タンチュ クモンイ ホルゴウォジョソ チャック プロジョヨ ②(気候が暖かくなる) 누그러지다 ヌグロジダ ③(緊張が) 해이해지다 ヘイヘジダ;풀리다 プルリダ

ゆるめる [緩める・弛める] ①(緩和する) 완화하다 ワヌワハダ ② (スピードや勢いを) 늦추다 ヌッチュダ 例スピードをちょっと緩めてもらえますか。속도 좀 늦춰 줄 수 있어요? ソクト チョム ヌッチュォ ジュルス イッソヨ

ゆるやか [緩やか] ❖~だ 완만하다 ワンマナダ ❖~に 느슨하게 ヌスナゲ

ゆれ [揺れ] 흔들림 フンドゥルリム;요동 ヨドン

ゆれる [揺れる] 흔들리다 フンドゥルリダ 例車がかなり揺れて酔いました。차가 너무 흔들려서 멀미가 나요. チャガ ノム フンドゥルリョソ モルミガ ナヨ

ゆわかし [湯沸かし] ①(やかん) 주전자 チュジョンジャ ②(ガス湯沸かし器) 가스 온수기 カス オンスギ

よ

よ [世] ①(世の中) 세상 セーサン ②(社会) 사회 サフェ

よ [夜] 밤 パム 例友達と夜が明けるまで話し合いました。친구하고 밤이 새도록 이야기를 했어요. チングハゴ パミ セドロク イヤギルル ヘッソヨ

よあかし [夜明かし] 밤샘 パムセム;철야 チョリャ ❖~する 밤새우다 パムセウダ

よあけ [夜明け] 새벽 セビョク;새벽녘 セビョンニョク

よい [良い・善い] ①(優れている・好ましい) 우수하다 ウスハダ;좋다 チョッタ 例料理の腕が本当にいいですね。음식 솜씨가 정말 좋으시네요. ウームシク ソムッシガ

よい [酔い] 취기 チュィーギ 関乗り物酔い 멀미 モルミ / ほろ酔い 얼근하게 취함 オルグナゲ チュィハム / 二日酔い 숙취 スクチュィ

ヨイド [汝矣島] 여의도 ヨイド《ソウル・漢江の中にある中州》

よいのくち [宵の口] 초저녁 チョジョニョク;저녁 チョニョク

よいん [余韻] 여운 ヨウン

よう [用] 볼일 ポールリル;일 イール 例私に何かご用ですか. 저한테 무슨 볼일 있으세요? チョハンテ ムスン ポールリル イッスセヨ

-よう [-様] ❖~だ ①(類似) 같다 カッタ;비슷하다 ピスタダ 例寝顔がまるで天使のようです. 자는 모습이 마치 천사 같아요. チャヌン モスビ マチ チョンサ ガタヨ / ソウルは東京のようです. 서울은 도쿄와 비슷해요. ソウルン トキョワ ピステヨ ②(推測《用言の連体形＋것 같다, 모양이다》の形で) 例最近, 仕事でかなり忙しいようです. 요즘 일 때문에 많이 바쁜 것 같아요. ヨジュム イール ッテムネ マーニ パップン ゴッ カタヨ / 怒ったようです. 화가 난 모양이에요. フヮーガ ナン モヤンイエヨ ③(例示:…のような) 와(과) 같은 ワ(クヮ) ガトゥン ④(例示:…のように) 와(과) 같이 ワ(クヮ) ガチ;처럼 チョロム ⑤(目的・命令:…するように《動詞の語幹＋-도록, 動詞の語幹＋-게》の形で) 例人に迷惑にならないようにしてください. 남에게 폐가 되지 않도록 해 주세요. ナメゲ ペーガ トゥェジ アントロク ヘ ジュセヨ

よう [酔う] ①(酒に) 취하다 チュィーハダ 例久しぶりにお酒に酔いました. 오랜만에 술에 취했어요. オレンマネ スレ チュィーヘッソヨ ②(乗り物に) 멀미하다 モルミハダ ③(陶酔する) 도취하다 トチュィハダ;황홀해지다 フヮンホレジダ

ようい [用意] 준비 チューンビ ❖~する 준비하다 チューンビハダ 例こんなことに備えて用意しておきました. 이런 일에 대비해서 준비해 두었어요. イロン ニーレ テービヘソ チューンビヘ ドゥオッソヨ

ようい [容易] ❖~だ 쉽다 シュィープタ 손쉽다 ソンシュィプタ ❖~に 쉽게 シュィープケ;손쉽게 ソンシュィプケ

よういく [養育] 양육 ヤーンユク ❖~する 양육하다 ヤーンユカダ 関養育費 양육비 ヤーンユクピ

よういん [要因] 요인 ヨイン

ようえん [妖艶] ❖~だ 요염하다 ヨヨマダ

ようか [八日]《漢字語》8 (팔) 일 パリル《固有語》여드레 ヨドゥレ

ようき [容器] 용기 ヨンギ;그릇 クルッ

ようき [陽気] ❖~だ 명랑하다 ミョンナンハダ ❖~に 쾌활하게 ク

ェフワラゲ
ようぎ [容疑] 용의 ヨンイ; 혐의 ヒョミ
ようきゅう [要求] 요구 ヨグ ❖~する 요구하다 ヨグハダ
ようぐ [用具] 용구 ヨング; 도구 トグ
ようけん [用件] 용건 ヨーンッコン; 볼일 ポールリル
ようけん [要件] 요건 ヨッコン
ようご [用語] 용어 ヨーンオ
ようご [養護] 양호 ヤンホ ❖~する 양호하다 ヤンホハダ
ようさい [洋裁] 양재 ヤンジェ
ようし [用紙] 용지 ヨーンジ 関 A4 用紙 A4 용지 エイポ ヨーンジ / 答案用紙 답안 용지 タバン ヨーンジ
ようし [要旨] 요지 ヨジ
ようし [容姿] 얼굴과 몸매 オルグルグヮ モムメ; 외모 ウェーモ; 용자 ヨンジャ
ようし [養子] 양자 ヤーンジャ
ようじ [用事] 볼일 ポールリル; 용건 ヨーンッコン
ようじ [幼児] 유아 ユア; 어린아이 オリナイ 関 幼児期 유아기 ユアギ / 幼児教育 유아 교육 ユア キョーユク
ようじ [楊枝] 이쑤시개 イッスシゲ
ようしき [様式] 양식 ヤンシク
ようしゃ [容赦] 용서 ヨンソ ❖~ない 가차없다 カーチャオプタ ❖~なく 가차없이 カーチャオプシ
ようじょ [養女] 양녀 ヤーンニョ
ようしょく [洋食] 양식 ヤンシク 例 今日の昼は洋食にしたいです。 오늘 점심은 양식으로 하고 싶어요. オヌル チョームシムン ヤンシグロ ハゴ シポヨ
ようしょく [養殖] 양식 ヤーンシク ❖~する 양식하다 ヤーンシカダ
ようじん [用心] 조심 チョーシム ❖~する 조심하다 チョーシマダ 関 火の用心 불조심 プルジョシム
ようじん [要人] 요인 ヨイン
ようす [様子] ①(ありさま・状態) 상황 サンフヮン; 형편 ヒョンピョン 例 その時の様子を詳しくおっしゃってください。그 때의 상황을 상세하게 말씀해 주세요. クッテエ サンフヮヌル サンセハゲ マールッスメ ジュセヨ / もう少し様子を見守ることにしました。좀 더 상황을 지켜 보기로 했어요. チョム ド サンフヮヌル チキョ ボギロ ヘッソヨ ②(兆し・気配) 징조 チンジョ; 기미 キミ 例 物価が下がる様子が見えないですね。물가가 떨어질 기미가 안 보이네요. ムルッカガ ットロジル キミガ アン ボイネヨ ③(素振り・態度) 모습 モスプ; 태도 テード; 기색 キセク
ようする [要する] 필요하다 ピリョハダ; 요하다 ヨハダ
ようするに [要するに] 요컨대 ヨコンデ; 결국 キョルグク
ようせい [要請] 요청 ヨチョン ❖~する 요청하다 ヨチョンハダ
ようせい [養成] 양성 ヤーンソン ❖~する 양성하다 ヤーンソンハダ
ようせい [陽性] 양성 ヤーンソン
ようそ [要素] 요소 ヨソ 関 構成要素 구성 요소 クソン ヨソ

ようそう [洋装] 양장 ヤンジャン ; 関 洋装店 양장점 ヤンジャンジョム

ようだい [容体・容態] 병세 ピョーンセ ; 병상 ピョーンサン

ようち [幼稚] 유치 ユチ ❖~だ 유치하다 ユチハダ

ようちえん [幼稚園] 유치원 ユチウォン ; 関 幼稚園児 유치원생 ユチウォンセン

ようつう [腰痛] 요통 ヨトン

ようてん [要点] 요점 ヨッチョム

ようと [用途] 용도 ヨンド

ようにん [容認] 용인 ヨンイン ❖~する 용인하다 ヨンイナダ

ようねん [幼年] 유년 ユニョン

ようび [曜日] 요일 ヨイル

ようひん [用品] 용품 ヨーンプム ; 関 事務用品 사무 용품 サーム ヨーンプム / スポーツ用品 스포츠 용품 スポチュ ヨーンプム

ようふく [洋服] 양복 ヤンボク ; 옷 オッ 関 洋服掛け 옷걸이 オッコリ / 洋服だんす 양복장 ヤンボクチャン

ようぶん [養分] 양분 ヤンブン

ようほう [用法] 용법 ヨーンッポプ ; 사용법 サーヨンッポプ

ようぼう [要望] 요망 ヨマン ❖~する 요망하다 ヨマンハダ

ようもう [羊毛] 양모 ヤンモ ; 양털 ヤントル

ようやく [漸く] ①(やっと) 마침내 マチムネ ; 드디어 トゥディオ ②(徐々に) 차츰 チャチュム ; 차차 チャチャ ; 점차로 チョームチャロ ③(かろうじて) 겨우 キョウ ; 가까스로 カッカスロ ; 간신히 カンシニ

ようやく [要約] 요약 ヨヤク ❖~する 요약하다 ヨヤカダ

ようりょう [要領] ①(方法・コツ) 방법 パンボプ ; 요령 ヨリョン ②(要点) 요령 ヨリョン ; 요점 ヨッチョム

ようりょう [容量] 용량 ヨンニャン

ようれい [用例] 용례 ヨーンニェ

ようれき [陽暦] 양력 ヤンニョク

ヨーグルト [Yoghurt] 요구르트 ヨグルトゥ

ヨーロッパ [Europa] 유럽 ユーロプ ; 구라파 クラパ

よか [余暇] 여가 ヨガ ; 틈 トゥム

よかん [予感] 예감 イェーガム

よき [予期] 예기 イェーギ ; 예상 イェーサン ❖~する 예기하다 イェーギハダ ; 예상하다 イェーサンハダ

よぎり [夜霧] 밤안개 パマンゲ

よきん [預金] 예금 イェーグム 関 定期預金 정기 예금 チョーンギ イェーグム / 当座預金 당좌 예금 タンジュワ イェーグム / 普通預金 보통 예금 ポートン イェーグム

よく [欲] 욕심 ヨクシム ; 욕망 ヨンマン

よく ①(十分に・非常に) 잘 チャル ; 충분히 チュンブニ ; 매우 メウ ; 아주 アジュ ②(詳しく) 자세히 チャセヒ 例 契約書は内容をよく見なければいけません。계약서는 내용을 자세히 봐야 해요. ケーヤクソヌン ネーヨンウル チャセヒ プワヤ ヘヨ ③(度々) 잘 チャル ; 곧잘 コッチャル ; 자주 チャジュ ; 종종 チョーンジョン ; 흔히 フニ 例 その

友達とはよく会う仲です。그 친구와는 종종 만나는 사이예요. クチングワヌン チョーンジョン マンナヌン サイエヨ / カササギは韓国ではよく見られる鳥ですか。까치는 한국에서는 흔히 볼 수 있는 새예요? ッカチヌン ハーングゲソヌン フニ ポル ス インヌン セエヨ ④(巧みに・上手く) 잘 チャル;훌륭하게 フルリュンハゲ 例 大変だっただろうに, よく克服しましたね。힘들었을 텐데 훌륭하게 극복했군요. ヒムドゥロッスル テンデ フルリュンハゲ ククポケックンニョ ⑤(感謝) 잘 チャル 例 遠くまでよくお出でくださいました。먼 곳까지 잘 오셨습니다. モーン ゴッカジ チャル オショッスムニダ

よくあさ [翌朝] 이튿날 아침 イトゥンナル アチム;다음날 아침 タウムナル アチム

よくげつ [翌月] 다음 달 タウム タル;이듬달 イドゥムッタル

よくしつ [浴室] 욕실 ヨクシル

よくじつ [翌日] 이튿날 イトゥンナル;다음날 タウムナル

よくしゅう [翌週] 다음 주 タウム チュ

よくせい [抑制] 억제 オクチェ ❖~する 억제하다 オクチェハダ

よくとし [翌年] 이듬해 イドゥメ;다음 해 タウム ヘ

よくばり [欲張り] 욕심쟁이 ヨクシムジェンイ;욕심꾸러기 ヨクシムックロギ

よくばる [欲張る] 욕심부리다 ヨクシムプリダ

よくぼう [欲望] 욕망 ヨンマン

よくよう [抑揚] 억양 オギャン

よけい [余計] ①(余分) 여분 ヨブン;여벌 ヨボル ❖~な 쓸데없다 ッスルテオプタ;불필요하다 プルピリョハダ ②(ますます) 더욱 더 トウクト;한층 ハンチュン

よける [避ける] 피하다 ピハダ;비키다 ピキダ

よけん [予見] 예견 イェーギョン ❖~する 예견하다 イェーギョナダ

よげん [予言] 예언 イェーオン ❖~する 예언하다 イェーオナダ

よこ [横] ①(縦に対して垂直の方向, 上下に対して水平の方向) 가로 カロ ②(側面) 옆 ヨプ;옆면 ヨムミョン;측면 チュンミョン ③(そば) 곁 キョッ ❖~に 가로로 カロロ 園 横書き 가로쓰기 カロッスギ

よこう [予行] 예행 イェーヘン 園 予行演習 예행연습 イェーヘンヨーンスプ

よこがお [横顔] ①(容姿) 옆얼굴 ヨボルグル;옆모습 ヨムモスプ ②(プロフィール) 프로필 プロピル

よこぎる [横切る] 가로지르다 カロジルダ;횡단하다 フェンダナダ

よこく [予告] 예고 イェーゴ ❖~する 예고하다 イェーゴハダ

よごす [汚す] 더럽히다 トーロピダ

よこたえる [横たえる] 눕히다 ヌピダ;가로로 놓다 カロロ ノッタ

よこちょう [横丁] 옆길 ヨプキル;뒷골목 トゥイーッコルモク;골목 コールモク

よこどり [横取り] ❖~する 가로채다 カロチェダ

よこみち [横道] 옆길 ヨプキル

よこめ [横目] 곁눈 キョンヌン; 곁눈질 キョンヌンジル

よごれ [汚れ] ①더러움 トーロウム ②(染み) 얼룩 オルルク

よごれる [汚れる] ①더러워지다 トーロウォジダ ②(染みが付く) 얼룩지다 オルルクチダ

よさん [予算] 예산 イェーサン

よしゅう [予習] 예습 イェースプ ❖~する 예습하다 イェースパダ

よじる [捩る] 꼬다 ッコーダ; 비틀다 ピートゥルダ; 비꼬다 ピッコダ

よせなべ [寄せ鍋] 모듬찌개 モドゥムッチゲ

よせる [寄せる] ①(近づける) 가까이 대다 カッカイ テーダ; 당기다 タンギダ ②(一方向に動かす) 움직이다 ウムジギダ ③(集める) 모으다 モウダ ④(送る・寄稿する) 보내다 ポネダ; 기고하다 キゴハダ ⑤(波が) 밀려오다 ミルリョオダ

よせん [予選] 예선 イェーソン

よそう [予想] 예상 イェーサン 例 そうだとは予想もできませんでした。그럴 줄은 예상도 못했어요. クロル チュルン イェーサンド モーッテッソヨ ❖~する 예상하다 イェーサンハダ

よそおい [装い] 복장 ポクチャン; 옷차림 オッチャリム

よそおう [装う] ①(身なり・外見を整える) 치장하다 チジャンハダ; 차려 입다 チャリョイプタ ②(見せ掛ける) 체하다 チェハダ; 가장하다 カージャンハダ

よそく [予測] 예측 イェーチュク ❖~する 예측하다 イェーチュカダ

よそみ [余所見] 곁눈질 キョンヌンジル ❖~する 한눈을 팔다 ハンヌヌル パルダ

よそよそしい 쌀쌀하다 ッサルッサラダ; 서먹서먹하다 ソモクソモカダ

よだれ [涎] 침 チム; 군침 クーンチム 関 よだれ掛け 턱받이 トクパジ

よち [余地] ①(余っている場所) 여지 ヨジ ②(あることをする余裕) 여지 ヨジ

よっか [四日] 《漢字語》 사일 サーイル 《固有語》 나흘 ナフル

よつかど [四つ角] 네거리 ネーゴリ

よっきゅう [欲求] 욕구 ヨクク

よっつ [四つ] ①넷 ネーッ ②(4歳) 네 살 ネー サル ③(4個) 네 개 ネー ゲ

ヨット [yacht] 요트 ヨトゥ 関 ヨットハーバー 요트 선착장 ヨトゥ ソンチャクチャン

よっぱらい [酔っ払い] 취객 チューゲク; 술주정꾼 スルチュジョンックン 関 酔っ払い運転 음주 운전 ウームジュ ウーンジョン

よつゆ [夜露] 밤이슬 パミスル

よてい [予定] 예정 イェージョン 例 予定通り動けないですね。예정대로 움직이지 못하네요. イェージョンデロ ウムジギジ モーッタネヨ ❖~する 예정하다 イェージョンハダ

よとう [与党] 여당 ヨーダン

よどむ [淀む] 괴다 クェーダ; 탁해지다 タケジダ

よなか [夜中] 밤중 パムッチュン; 한밤중 ハンバムッチュン

よにげ [夜逃げ] 야반도주 ヤーバンドジュ ❖~する 야반도주하다 ヤーバンドジュハダ

よのなか [世の中] ①세상 セーサン; 세간 セーガン ②(時代) 시대 シデ

よはく [余白] 여백 ヨーベク

よばれる [呼ばれる] ①(言われる) 불리다 プルリダ; 불리우다 プルリウダ ②(呼び出される) 호출되다 ホチュルドゥェダ; 불리다 プルリダ ③(招待される) 불리다 プルリダ; 초대받다 チョデバッダ

よび [予備] 예비 イェービ 國予備選挙 예비 선거 イェービ ソーンゴ / 予備知識 예비 지식 イェービ チシク / 予備調査 예비 조사 イェービ チョサ

よびこう [予備校] 입시 학원 イプシ ハグォン

よびごえ [呼び声] 부르는 소리 プルヌン ソリ; 외치는 소리 ウェチヌン ソリ

よびりん [呼び鈴] 초인종 チョインジョン

よぶ [呼ぶ] ①(声を掛ける) 부르다 プルダ 例今, 私をお呼びになりましたか。지금 저를 부르셨어요? チグム チョルル プルショッソヨ ②(来させる・来てもらう) 부르다 プルダ; 불러오다 プルロオダ 例担当者をちょっと呼んでください。담당자 좀 불러 주세요. タムダンジャ チョム プルロ ジュセヨ ③(引き起こす) 불러일으키다 プルロイルキダ; 야기하다 ヤーギハダ 例皆の感動を呼ぶ内容でした。모두의 감동을 불러일으키는 내용이었어요. モドゥエ カームドンウル プルロイルキヌン ネーヨンイオッソヨ ④(招待する) 초대하다 チョデハダ

よぶん [余分] 여분 ヨブン; 나머지 ナモジ ❖~な 불필요한 プルピリョハン

よほう [予報] 예보 イェーボ ❖~する 예보하다 イェーボハダ

よぼう [予防] 예방 イェーバン ❖~する 예방하다 イェーバンハダ 國予防接種 예방 접종 イェーバン チョプチョン

よほど [余程] ①(かなり・相当) 상당히 サンダンイ; 무척 ムチョク; 어지간히 オジガニ; 훨씬 フォルッシン ②(思い切って) 보다 못해 ポダ モーッテ

よみがえる [蘇る・甦る] 소생하다 ソセンハダ; 되살아나다 トゥェサラナダ

よみかき [読み書き] 읽고 쓰기 イルコッスギ

よみち [夜道] 밤길 パムッキル

よみもの [読み物] 읽을거리 イルグルッコリ; 서적 ソジョク; 책 チェク

よむ [読む] ①(文字などを) 읽다 イクタ 例その本はぜひ一度読んでみてください。그 책 꼭 한번 읽어 보세요. ク チェク ッコク ハンボン イルゴ ボセヨ ②(察する・読み取る) 알아차리다 アラチャリダ; 간파하다 カンパハダ

よめ [嫁] ①(息子の妻) 며느리 ミョヌリ ②(花嫁) 신부 シンブ ③(自分の妻) 아내 アネ; 마누라 マーヌラ; 부인 プイン

よめいり [嫁入り] ❖~する 시집

가다 シジプカダ

よもぎ [蓬] 쑥 ッスク

よやく [予約] 예약 イェーヤク 例 예약의 확인을 하고 싶은데요. イェーヤク フワギヌル ハゴ シプンデヨ ❖~する 예약하다 イェーヤカダ 例 チケットを予約できますか。표를 예약할 수 있을까요? ピョルル イェーヤカル ス イッスルッカヨ 関 予約金 예약금 イェーヤックム / 予約席 예약석 イェーヤクソク

よゆう [余裕] 여유 ヨユ 例 あまり余裕がないから急ぎましょう。별로 여유가 없으니까 서두릅시다. ピョルロ ヨユガ オープスニッカ ソドゥルプシダ

-より ①(空間・時間の起点)에서 エソ;부터 プト 例 その列車はソウル駅より出発します。그 열차는 서울역에서 출발합니다. ク ヨルチャヌン ソウルリョゲソ チュルバラムニダ / 会議は9時より始めます。회의는 9(아홉)시부터 시작합니다. フェーイヌン アホプシブト シージャカムニダ ②(比較) 보다 ポダ 例 価格は市場よりデパートの方が高いですか。가격은 시장보다 백화점이 비싸요? カギョグン シージャンボダ ペクワジョミ ピッサヨ ③(…以外に) 수밖에 スバッケ 例 脚が痛いけど、歩くよりほかにないですか。다리가 아픈데 걸을 수밖에 없나요? タリガ アプンデ コルル スバッケ オームナヨ

よりかかる [寄り掛かる] ①(もたれる) 기대다 キーデダ ②(依存する) 의지하다 ウイジハダ;의존하다 ウイジョナダ

よりごのみ [選り好み] 선호 ソノ ❖~する 선호하다 ソノハダ;가리다 カリダ

よりすぐる [選りすぐる] 골라내다 コルラネダ;선발하다 ソンバラダ

よりそう [寄り添う] 바짝 달라붙다 パッサク タルラブッタ;다가붙다 タガブッタ

よりどころ [拠り所] ①(精神的な支え) 의지할 곳 ウイジハル コッ;기댈 곳 キデル コッ ②(根拠) 근거 クンゴ

よりによって 하필이면 ハピリミョン

よりみち [寄り道] ❖~する 가는 길에 들르다 カヌン ギレ トゥルルダ

よる [夜] 밤 パム 例 夜が遅いからもう帰りましょう。밤이 늦었으니까 이제 돌아갑시다. パミ ヌジョッスニッカ イジェ トラガプシダ

よる [因る] ①(根拠・基準・理由) 의거하다 ウイゴハダ;따르다 ッタルダ 例 天気予報によれば明日の午後から晴れるそうです。일기예보에 따르면 내일 오후부터 갠대요. イルギイェボエ ッタルミョン ネイル オーフブト ケーンデヨ ②(原因となる) 인하다 イナダ;의하다 ウイハダ 例 ストレスによる頭痛だと思います。스트레스로 인한 두통인 것 같아요. ストゥレスロ イナントゥトンイン ゴッ カタヨ / 個人の都合による払い戻しも可能ですか。개인 사정에 의한 환불도 가능한가요? ケーイン サージョンエ ウイハン フワンブルド カーヌンハ

ンガヨ ③(手段とする) 의하다 ウイハダ 例 インターネットによる閲覧サービスもあります。 인터넷에 의한 열람 서비스도 있어요. イントネセ ウイハン ヨルラム ソービスド イッソヨ

よる [寄る] ①(近寄る) 다가서다 タガソダ;접근하다 チョプクナダ 例 写真が撮れるように皆内側に寄ってください。 사진 찍게 모두 안쪽으로 다가서세요. サジン ッチゲ モドゥ アンッチョグロ タガソセヨ ②(片寄る) 비키다 ピーキダ 例 横に少しだけ寄っていただけますか。 옆으로 조금만 비켜 주시겠어요? ヨプロ チョグムマン ピーキョ ジュシゲッソヨ ③(立ち寄る) 들르다 トゥルダ 例 ちょっと寄りたい所があるのですが。 좀 들르고 싶은 곳이 있는데요. チョム トゥルルゴ シプン ゴシ インヌンデヨ ④(集まる) 모이다 モイダ

よろい [鎧・甲] 갑옷 カボッ

よろこばしい [喜ばしい] ①(うれしい) 기쁘다 キップダ ②(めでたい) 경사스럽다 キョンサスロプタ ③(望ましい) 바람직하다 パラムジカダ

よろこばす [喜ばす] 기쁘게 하다 キップゲ ハダ

よろこび [喜び] ①기쁨 キップム ②(慶事) 경사 キョンサ ③(お祝い) 축하 チュカ

よろこぶ [喜ぶ] 기뻐하다 キッポハダ;좋아하다 チョーアハダ;달가워하다 タルガウォハダ 例 皆が喜ぶ顔を見て私も嬉しかったです。 모두 기뻐하는 얼굴을 보니 저도 기뻤어요. モドゥガ キッポハヌン オルグルル ポニ チョド キッポッソヨ / その提案を喜びませんでした。 그 제안을 달가워하지 않았어요. ク チェアヌル タルガウォハジ アナッソヨ

よろこんで [喜んで] 기쁘게 キップゲ;기꺼이 キッコイ

よろしい [宜しい] ①(許可) 좋다 チョーッタ;괜찮다 クェンチャンタ 例 ここに座ってもよろしいですか。 여기 앉아도 좋습니까? ヨギ アンジャド チョースムニッカ / いつ頃連絡すればよろしいでしょうか。 언제쯤 연락하면 괜찮을까요? オーンジェッチュム ヨルラカミョン クェンチャヌルッカヨ ②(適当である) 적당하다 チョクタンハダ;적절하다 チョクチョラダ;알맞다 アールマッタ 例 味もちょうどよろしいし、美味しいです。 간이 아주 알맞고 맛있어요. カニ アジュ アールマッコ マシッソヨ ③(承諾) 좋다 チョーッタ 例 よろしいです。 일거에 갑시다. 좋습니다. 같이 갑시다. チョースムニダ カチ カプシダ

よろしく [宜しく] ①(適切に) 적당히 チョクタンイ;적절히 チョクチョリ 例 頼んだ件はよろしく処理してください。 부탁한 건은 적절히 처리해 주십시오. プータカン ッコヌン チョクチョリ チョリヘ ジュシプシオ ②(あいさつ) 잘 부탁하다 チャル プータカダ 例 今後ともよろしくお願いいたします。 앞으로 잘 부탁드립니다. アプロ チャル プータクトゥリムニダ ③(伝言) 안부 전

하다 アンブ チョナダ 例ご両親にもよろしくお伝えください。부모님께도 안부 전해 주세요. プモニムッケド アンブ チョネ ジュセヨ

よろめく ①(ふらふらする) 비틀거리다 ピトゥルゴリダ; 비슬거리다 ピスルゴリダ ②(誘惑にのる) 빠지다 ッパージダ ③(浮気をする) 바람을 피우다 パラムル ピウダ

よろよろ 비틀비틀 ピトゥルビトゥル; 비칠비칠 ピチルビチル ❖〜する 비틀거리다 ピトゥルゴリダ

よろん [世論] 여론 ヨーロン 関 世論調査 여론 조사 ヨーロン チョサ / 国際世論 국제 여론 ククチェ ヨーロン

よわい [弱い] ①약하다 ヤカダ 例お酒に弱くてすぐに顔が赤くなります。술에 약해서 금방 얼굴이 빨개져요. スレ ヤケソ クムバン オルグリ ッパルゲジョヨ ②(もろい) 무르다 ムルダ ③(かすかだ) 희미하다 ヒミハダ

よわき [弱気] ❖〜だ 무기력하다 ムギリョカダ; 나약하다 ナヤカダ

よわごし [弱腰] 소극적인 태도 ソグクチョギン テード; 저자세 チョージャセ

よわね [弱音] 나약한 소리 ナヤカン ソリ; 나약한 말 ナヤカン マール

よわまる [弱まる] 약해지다 ヤケジダ

よわみ [弱み] 약점 ヤックッチョム

よわむし [弱虫] 겁쟁이 コプチェンイ

よわめる [弱める] 약하게 하다 ヤカゲ ハダ

よわる [弱る] ①약해지다 ヤケジダ; 쇠약해지다 スェヤケジダ ②(困る) 난처해지다 ナンチョヘジダ; 곤란해지다 コールラネジダ

よん [四] 《漢数詞》사 サー《固有数詞》넷 ネーッ《固有数詞で助数詞を伴う場合は네の形》関 四歳 네 살 ネー サル / 四時 네 시 ネー シ

よんじゅう [四十] 《漢数詞》사십 サーシプ《固有数詞》마흔 マフン

ら

ラーメン [拉麺] 라면 ラミョン 関 インスタントラーメン 즉석 라면 チュクソン ナミョン / カップラーメン 컵라면 コムナミョン

ライオン [lion] 사자 サジャ

らいげつ [来月] 다음 달 タウム タル; 내달 ネダル

らいしゅう [来週] 다음 주 タウム チュ

らいしゅん [来春] 내년 봄 ネニョン ポム

ライセンス [license] 라이센스 ライセンス; 면허 ミョーノ

ライター [lighter] 라이터 ライト 関 使い捨てライター 일회용 라이터 イルェヨン ライト

ライター [writer] 작가 チャクカ; 저술가 チョスルガ 関 コピーライター 카피 라이터 カピライト / シナリオライター 시나리오 작가 シナリオ チャクカ / シンガーソングライター 싱어송 라이터 シンオソン ライト

ライト [light] ①(光) 라이트 ライ

らいにち

トゥ;빛 ピッ ②(照明・灯火) 조명 チョーミョン;등불 トゥンプル 関 スポットライト スポトゥライトゥ / ヘッドライト ヘドゥライトゥ ヘドゥライトゥ

らいにち [来日] 내일 ネイル;방일 パンイル;일본 방문 イルボン パーンムン

らいねん [来年] 내년 ネニョン;다음 해 タウム ヘ

ライバル [rival] ①라이벌 ライボル ②(好敵手) 호적수 ホジョクス

らいひん [来賓] 내빈 ネビン 関 来賓室 내빈실 ネビンシル / 来賓席 내빈석 ネビンソク

ライブ [live] ①라이브 ライブ ②(生放送) 생방송 センバンソン 関 ライブコンサート 라이브 콘서트 ライブ コンソトゥ / ライブハウス 라이브 하우스 ライブ ハウス / 路上ライブ 길거리 라이브 キルコリ ライブ

ライラック [lilac] 라일락 ライルラク;자정향 チャジョンヒャン

らく [楽] ❖~だ ①(安楽だ) 편하다 ピョナダ;편안하다 ピョナナダ ②(簡単だ) 쉽다 シュィープタ;수월하다 スウォラダ;용이하다 ヨンイハダ 例 何か楽な方法はないでしょうか。무슨 쉬운 방법 없을까요? ムスン シュィウン バンボプ オープスルッカヨ ❖~に 편히 ピョニ;쉽게 シュィープケ;수월하게 スウォラゲ 例 脚を伸ばして楽に座ってください。다리 펴고 편히 앉으세요. タリ ピョゴ ピョニ アンジュセヨ / 仕事が思ったより楽に進みました。일이 생각보다 수월하게

진행됐어요. イリ センガクポダ スウォラゲ チーネンドゥェッソヨ

らくえん [楽園] 낙원 ナグォン

らくがき [落書き] 낙서 ナクソ ❖~する 낙서하다 ナクソハダ

らくさ [落差] ①낙차 ナクチャ ②(差異) 차이 チャイ

らくさつ [落札] 낙찰 ナクチャル ❖~する 낙찰하다 ナクチャラダ 関 落札価格 낙찰가 ナクチャルッカ / 落札者 낙찰자 ナクチャルッチャ

らくせん [落選] 낙선 ナクソン ❖~する 낙선하다 ナクソナダ

らくだ [駱駝] 낙타 ナクタ 関 ひとこぶらくだ 단봉낙타 タンボンナクタ / ふたこぶらくだ 쌍봉낙타 ッサンボンナクタ

らくだい [落第] ①낙제 ナクチェ ②(留年) 유급 ユグプ ❖~する 낙제하다 ナクチェハダ;유급하다 ユグパダ 関 落第生 낙제생 ナクチェセン

らくたん [落胆] 낙담 ナクタム ❖~する 낙담하다 ナクタマダ

らくちゃく [落着] 낙착 ナクチャク ❖~する 낙착하다 ナクチャカダ;낙착되다 ナクチャクトゥェダ

らくてん [楽天] 낙천 ナクチョン ❖~的だ 낙천적이다 ナクチョンジョギダ ❖~的な 낙천적인 ナクチョンジョギン 関 楽天家 낙천가 ナクチョンガ

らくのう [酪農] 낙농 ナンノン

ラグビー [rugby] 럭비 ロクピ

らくよう [落葉] 낙엽 ナギョプ 関 落葉樹 낙엽수 ナギョプス

らくらく [楽楽] ❖~と ①(気持

ちよく) 편히 ピョニ;편안하게 ピョナナゲ ②(たやすく) 쉽게 シューブケ;쉽사리 シューブサリ

ラケット [racket] 라켓 ラケッ

-らしい ①(ふさわしい・につかわしい)-답다 タプタ;-스럽다 スロプタ 例 本当にあなたらしいですね。정말 당신답군요. チョーンマルタンシンダプクンニョ ②(…だと思う・…のようだ《用言の運用形＋것 같다, 듯하다, 모양이다》の形で) 例 それはどうも嘘らしいです。그건 아무래도 거짓말인 것 같아요. クゴン アームレド コージンマリン ゴッ カタヨ / その町は見る所があまりないらしいです。그 동네는 볼 만한 곳이 별로 없는 듯해요. ク トーンネヌン ポル マナン ゴシ ピョルロ オームヌン ドゥテヨ ③(伝聞:…という話だ《用言の語幹＋-ㄴ/는다고 하다, 다고 하다》の形で) 例 明日雨がたくさん降るらしいです。내일 비가 많이 온다고 해요. ネイル ピガ マーニ オンダゴ ヘヨ / 仕事がとても忙しいらしいです。일이 많이 바쁘다고 해요. イーリ マーニ パップダゴ ヘヨ

ラジオ [radio] 라디오 ラディオ 例 ラジオ講座で勉強しました。라디오 강좌로 공부했어요. ラディオ カーンジュワロ コンブヘッソヨ 関 ラジオ番組 라디오 프로 ラディオ プロ / ラジオ放送局 라디오 방송국 ラディオ パーンソングク

らしんばん [羅針盤] 나침반 ナチムバン

らせん [螺旋] 나선 ナソン 関 らせん階段 나선 계단 ナソン ケダン

らたい [裸体] 나체 ナーチェ;알몸 アルモム

らち [拉致] 납치 ナプチ ❖~する 납치하다 ナプチハダ 関 拉致犯 납치범 ナプチボム / 拉致被害者 납치 피해자 ナプチ ピーヘジャ / 拉致問題 납치 문제 ナプチ ムーンジェ

らちがあかない 결말이 나지 않다 キョルマリ ナジ アンタ

らっか [落下] 낙하 ナクカ ❖~する 낙하하다 ナクカハダ

らっかせい [落花生] 땅콩 ッタンコン;낙화생 ナクワセン

らっかん [楽観] 낙관 ナククワン ❖~的だ 낙관적이다 ナククワンジョギダ ❖~的な 낙관적인 ナククワンジョギン ❖~する 낙관하다 ナククワナダ

ラッシュ [rush] 러시 ロシ

ラテン [Latin] 라틴 ラティン 関 ラテン語 라틴어 ラティノ

らでん [螺鈿] 나전 ナジョン 関 螺鈿工芸 나전 공예 ナジョン コンイェ

らば [騾馬] 노새 ノセ

ラブレター [love letter] 러브 레터 ロブ レト;연애편지 ヨーネピョーンジ

ラベル [label] 라벨 ラベル

ラム [lamb] 램 レム

ラム [rum] 럼 ロム;럼주 ロムジュ

られつ [羅列] 나열 ナヨル ❖~する 나열하다 ナヨラダ

らん [蘭] 난 ナン;난초 ナンチョ

らんおう [卵黄] 노른자위 ノルンジャウィ

らんかん [欄干] 난간 ナンガン

らんきりゅう [乱気流] 난기류 ナーンギリュ

ランキング [ranking] 랭킹 レンキン

らんざつ [乱雑] 난잡 ナーンジャプ ❖~だ 난잡하다 ナーンジャパダ

らんし [乱視] 난시 ナーンシ

らんし [卵子] 난자 ナーンジャ

ランジェリー [lingerie] 란제리 ランジェリ

らんそう [卵巣] 난소 ナーンソ 関 卵巣ホルモン 난소 호르몬 ナーンソ ホルモン

ランチ [lunch] 런치 ロンチ;점심 チョームシム 関 ランチタイム 런치 타임 ロンチ タイム;점심시간 チョームシムシガン

らんとう [乱闘] 난투 ナントゥ

ランニング [running] 러닝 ロニン;달리기 タルリギ ❖~する 달리다 タルリダ 関 ランニングシャツ 러닝 셔츠 ロニン ショーチュ / ランニングシューズ 러닝슈즈 ロニンシュジュ

らんぱく [卵白] 흰자위 ヒンジャウィ

らんぱつ [乱発] 난발 ナーンバル ❖~する 난발하다 ナンバラダ

ランプ [lamp] 램프 レムプ

らんぼう [乱暴] 난폭 ナーンポク ❖~だ 난폭하다 ナーンポカダ;거칠다 コチルダ ❖~に 난폭하게 ナーンポカゲ;난폭히 ナーンポキ;거칠게 コチルゲ

らんよう [濫用・乱用] 남용 ナーミョン;난용 ナーニョン ❖~する 남용하다 ナーミョンハダ;난용하다 ナーニョンハダ

らんりつ [乱立] 난립 ナールリプ ❖~する 난립하다 ナールリパダ

り

り [理] 이치 イーチ;도리 トーリ

リアル [real] 리얼 リオル;사실적 サシルチョク ❖~だ 리얼하다 リオラダ

リーグ [league] 리그 リグ 関 リーグ戦 리그전 リグジョン / メジャーリーグ 메이저 리그 メイジョ リグ

リース [lease] 리스 リス

リーダー [leader] 리더 リド;지도자 チドジャ

リード [lead] 리드 リドゥ ❖~する 리드하다 リドゥハダ;앞서다 アプソダ 関 リードギター 리드 기타 リドゥ ギタ / リードボーカル 리드 보컬 リドゥ ボコル

りえき [利益] 이익 イーイク 例 会社の発展と利益のために頑張っています。회사의 발전과 이익을 위해 열심히 노력하고 있습니다. フェーサエ パルチョングワ イーイグル ウィヘ ヨルシミ ノリョカゴ イッスムニダ

りか [理科] 이과 イックワ

りかい [理解] 이해 イーヘ 例 何を言っているのか到底理解ができません。무슨 말인지 도저히 이해가 안 가요. ムスン マーリンジ トージョヒ イーヘガ アン ガヨ ❖~する 이해하다 イーヘハダ

りがい [利害] 이해 イーヘ

りきさく [力作] 역작 ヨクチャク

りきせつ [力説] 역설 ヨクソル ❖~する 역설하다 ヨクソラダ

りきむ [力む] ①(力を入れる) 힘

を主다 ヒムル チュダ ②(気負う) 허세를 부리다 ホセルル プリダ；기를 쓰다 キルル ッスダ

りきりょう [力量] 역량 ヨンニャン

りく [陸] 육지 ユクチ；뭍 ムッ

りくあげ [陸揚げ] 양륙 ヤンニュク ❖~する 양륙하다 ヤンニュカダ

リクエスト [request] ① 리퀘스트 リクェストゥ ②(希望) 희망 ヒマン ③(要請) 요청 ヨチョン 関 リクエスト曲 희망곡 ヒマングゴク

りくぐん [陸軍] 육군 ユックン

りくじょうきょうぎ [陸上競技] 육상 경기 ユクサン キョーンギ

りくち [陸地] 육지 ユクチ

りくつ [理屈・理窟] ①(道理) 이치 イーチ；도리 トーリ 例 理屈に合う話をしてください. 이치에 맞는 말을 해야지요. イーチエ マンヌン マールル ヘヤジヨ ②(屁理屈) 억지 이론 オクチ イーロン ③(言い訳) 구실 クーシル；핑계 ピンゲ

りくろ [陸路] 육로 ユンノ

りけん [利権] 이권 イーックォン 関 利権争い 이권 다툼 イーックォン タトゥム

りこ [利己] 이기 イーギ ❖~的だ 이기적이다 イーギジョギダ 関 利己主義 이기주의 イーギジュイ

りこう [利口] ❖~だ ①(賢い) 영리하다 ヨンニハダ；똑똑하다 ットクトッカダ 例 まだ幼いのにとても利口ですね. 나이도 어린데 아주 똑똑하네요. ナイド オリンデ アジュ ットクトッカネヨ ②(要領がいい) 요령이 좋다 ヨリョンイ チョッタ

りこん [離婚] 이혼 イーホン ❖~する 이혼하다 イーホナダ 関 離婚手続き 이혼 수속 イーホン スソク / 離婚届 이혼 신고서 イーホン シンゴソ / 協議離婚 합의 이혼 ハビイーホン / 熟年離婚 황혼 이혼 ファンホン イーホン

リサーチ [research] 리서치 リソーチ；조사 연구 チョサ ヨーング

りさい [罹災] 이재 イジェ ❖~する 이재하다 イジェハダ 関 罹災者 이재민 イジェミン / 罹災地 이재지 イジェジ

リサイクル [recycle] 리사이클링 リサイクルリン；재활용 チェーフワリョン ❖~する 재활용하다 チェーフワリョンハダ 関 リサイクル運動 리사이클링 운동 リサイクルリン ウーンドン；재활용 운동 チェーフワリョン ウーンドン / リサイクルショップ 리사이클 숍 リサイクル ショプ；중고품 가게 チュンゴプム カーゲ

リサイタル [recital] 리사이틀 リサイトゥル；독주회 トクチュフェ；독창회 トクチャンフェ

りさん [離散] 이산 イーサン ❖~する 이산하다 イーサナダ；헤어지다 ヘオジダ；흩어지다 フトジダ

りし [利子] 이자 イージャ

りじ [理事] 이사 イーサ 関 理事会 이사회 イーサフェ / 理事長 이사장 イーサジャン / 常任理事 상임 이사 サンイム イーサ

りしゅう [履修] 이수 イース ❖~する 이수하다 イースハダ

りじゅん

りじゅん [利潤] 이윤 イーユン
りす [栗鼠] 다람쥐 タラムジュィ
リスク [risk] 리스크 リスク;위험 ウィホム
リストラ [←restructuring] 리스트럭처링 リストゥロクチョリン;구조조정 クジョ チョジョン
リズム [rhythm] 리듬 リドゥム
りせい [理性] 이성 イーソン
りそう [理想] 이상 イーサン ❖~的だ 이상적이다 イーサンジョギダ 関理想郷 이상향 イーサンヒャン/理想主義 이상주의 イーサンジュイ/理想のタイプ 이상형 イーサンヒョン
リゾート [resort] 리조트 リジョトゥ;휴양지 ヒュヤンジ 関リゾート地 휴양지 ヒュヤンジ/リゾートホテル 리조트호텔 リジョトゥ ホテル
りそく [利息] 이식 イーシク;이자 イージャ
りちぎ [律儀] ❖~だ ①(誠実だ) 성실하다 ソンシラダ ②(正直だ) 정직하다 チョンジカダ ③(義理堅い) 의리가 두텁다 ウイーリガ トゥトプタ
りつ [率] 율 ユル 関出生率 출생률 チュルセンニュル/死亡率 사망률 サーマンニュル/税率 세율 セーユル/発生率 발생률 パルセンニュル
りっか [立夏] 입하 イパ
りっこうほ [立候補] 입후보 イプボ ❖~する 입후보하다 イプボハダ 関立候補者 입후보자 イプボジャ
りっしゅう [立秋] 입추 イプチュ
りっしゅん [立春] 입춘 イプチュン
りっしょう [立証] 입증 イプチュン ❖~する 입증하다 イプチュンハダ
りっしょく [立食] 입식 イプシク 関立食パーティー 입식 파티 イプシク パティ
りったい [立体] 입체 イプチェ ❖~的な 입체적인 イプチェジョギン 関立体交差 입체 교차 イプチェ ギョチャ/立体駐車場 입체 주차장 イプチェ チューチャジャン
りっち [立地] 입지 イプチ ❖~する 입지하다 イプチハダ 関立地条件 입지 조건 イプチ チョッコン
りっとう [立冬] 입동 イプトン
リットル [litre] 리터 リト 関デシリットル 데시리터 テシリト
りっぱ [立派] ❖~だ ①(堂々としていて優れている) 훌륭하다 フルリュンハダ;당당하다 タンダンハダ ②(欠点や不足がなく十分だ) 충분하다 チュンブナダ
リップ [lip] 립 リプ;입술 イプスル 関リップクリーム 립크림 リプクリーム/リップグロス 립글로스 リプクルロス/リップスティック 립스틱 リプスティク
りっぷく [立腹] ❖~する 화를 내다 フワールル ネーダ;성을 내다 ソンウル ネーダ;역정을 내다 ヨクチョンウル ネーダ
りっぽう [立法] 입법 イプポプ 関立法機関 입법 기관 イプポプ キグワン/立法権 입법권 イプポプックォン/立法府 입법부 イプポプブ
りてん [利点] 이점 イーッチョム
りとう [離島] 외딴섬 ウェッタンソ

ム;낙도 ナクト
りとく [利得・利徳] 이득 イードゥク
りにゅう [離乳] 이유 イーユ 関離乳食 이유식 イーユシク
りねん [理念] 이념 イーニョム
リハーサル [rehearsal] 리허설 リホーソル
リバイバル [revival] 리바이벌 リバイボル 関リバイバル映画 리바이벌 영화 リバイボル ヨンフヮ/リバイバルソング 리바이벌 송 リバイボル ソン
りはつてん [理髪店] 이발소 イーバルソ
リハビリテーション [rehabilitation] 리허빌리테이션 リホビルリテイション;재활 치료 チェーフヮル チリョ
リビング [living] 리빙 룸 リビン ルーム;거실 コシル
リフォーム [reform] 리폼 リポム ❖~する ①(服を) 고치다 コチダ ②(家を) 개축하다 ケチュカダ
りふじん [理不尽] ❖~だ ①(不当だ) 부당하다 プダンハダ ②(不合理だ) 불합리하다 プラムニハダ
リフト [lift] (スキー場の) 리프트 リプトゥ
リベート [rebate] ①(割戻し) 리베이트 リベイトゥ ②(手数料) 수수료 ススリョ ③(賄賂) 뇌물 ヌェムル
りべつ [離別] 이별 イービョル ❖~する 이별하다 イービョラダ
リムジンバス [limousine bus] 리무진버스 リムジンポス;공항버스 コンハンポス

りめん [裏面] ①(裏側) 이면 イーミョン;뒷면 トゥィーンミョン ②(隠された面) 이면 イーミョン
りゃくご [略語] 약어 ヤゴ;준말 チュンマル
りゃくす [略す] 생략하다 センニャカダ
りゃくず [略図] 약도 ヤクト
りゃくだつ [略奪・掠奪] 약탈 ヤクタル ❖~する 약탈하다 ヤクタラダ 関略奪者 약탈자 ヤクタルジャ/略奪品 약탈품 ヤクタルプム
りゃくれき [略歴] 약력 ヤンニョク
りゅう [竜・龍] 용 ヨン
りゅう [理由] ①이유 イーユ;까닭 ッカダク 例その提案に反対する理由がありません。그 제안에 반대할 이유가 없어요. ク チェアネ パンデハル イーユガ オプソヨ ②(言い訳) 핑계 ピンゲ;구실 クーシル
りゅうい [留意] 유의 ユイ ❖~する 유의하다 ユイハダ
りゅうがく [留学] 유학 ユハク 例大学を卒業してから留学に行こうかと考えています。대학교를 졸업한 후에 유학을 갈까 해요. テーハクキョルル チョロパン フーエ ユハグル カルッカ ヘヨ ❖~する 유학하다 ユハカダ 関留学生 유학생 ユハクセン/国費留学 국비 유학 ククピ ユハク/私費留学 사비 유학 サビ ユハク
りゅうげん [流言] 유언 ユオン 関流言飛語 유언비어 ユオンビオ
りゅうこう [流行] 유행 ユヘン ❖~する ①(商品などが) 유행하다

ユヘンハダ 例最近流行しているヘアスタイルにしてください。요즘 유행하는 헤어 스타일로 해 주세요. ヨジュム ユヘンハヌン ヘオ スタイルロ ヘ ジュセヨ ②(病気が) 流行する ユヘンハダ;蔓延する マニョナダ;広がる ポージダ 例最近インフルエンザが流行しています。요즘 독감이 유행하고 있어요. ヨジュム トクカミ ユヘンハゴ イッソヨ 関流行歌 유행가 ユヘンガ / 流行歌手 유행 가수 ユヘン カス / 流行語 유행어 ユヘノ

りゅうざん [流産] 유산 ユサン ❖~する 유산하다 ユサナダ

りゅうせい [流星] 유성 ユソン;별똥별 ピョールットンビョル

りゅうせい [隆盛] 융성 ユンソン ❖~する 융성하다 ユンソンハダ

りゅうちょう [流暢] ❖~だ 유창하다 ユチャンハダ

りゅうつう [流通] 유통 ユトン ❖~する 유통하다 ユトンハダ 関流通経路 유통 경로 ユトン キョンノ / 流通産業 유통 산업 ユトン サーノプ

りゅうにん [留任] 유임 ユイム ❖~する 유임하다 ユイマダ

りゅうよう [流用] 유용 ユヨン ❖~する 유용하다 ユヨンハダ

リュックサック [Rucksack] 륙색 リュクセク;배낭 ペーナン

りょう [猟] 사냥 サニャン 関猟銃 엽총 ヨプチョン / 猟犬 엽견 ヨプキョン;사냥개 サニャンゲ / 猟師 사냥꾼 サニャンックン

りょう [量] 양 ヤン 例量がちょっと多いです。양이 조금 많아요. ヤンイ チョグム マーナヨ

りょう [漁] 고기잡이 コギジャビ;어로 オロ

りょう [寮] 기숙사 キスクサ

りよう [利用] 이용 イーヨン ❖~する 이용하다 イーヨンハダ 例普段学校に行く時は地下鉄を利用しています。학교에 갈 때는 보통 지하철을 이용해요. ハクキョエ カル ッテヌン ポートン チハチョルル イーヨンヘヨ

りょういき [領域] 영역 ヨンヨク

りょうえん [良縁] 양연 ヤンヨン;좋은 연분 チョーウン ヨンブン

りょうかい [了解・諒解] 양해 ヤンヘ ❖~する 양해하다 ヤンヘハダ

りょうかい [領海] 영해 ヨンヘ

りょうがえ [両替] 환전 フワーンジョン ❖~する 환전하다 フワーンジョナダ;바꾸다 パックダ 例ホテルでも両替ができますか。호텔에서도 환전할 수 있어요? ホテレソド フワーンジョナル ス イッソヨ / 5万ウォン札を1万ウォン札4枚、残りは1000ウォン札に両替してください。오만 원짜리를 만 원짜리 네 장, 나머지는 천 원짜리로 바꿔 주세요. オーマ ヌォンッチャリルル マ ヌォンッチャリ ネー ジャン ナモジヌン チョ ヌォンッチャリロ パックォ ジュセヨ 関両替機 환전기 フワーンジョンギ / 両替所 환전소 フワーンジョンソ

りょうがわ [両側] 양쪽 ヤーンッチョク;양편 ヤーンピョン

りょうきん [料金] 요금 ヨーグム

例タクシーの料金はいくらですか。택시 요금은 얼마예요? テクシ ヨーグムン オルマエヨ 関料金表 요금표 ヨーグムピョ / 貸し切り料金 전세 요금 チョンセ ヨーグム / 基本料金 기본요금 キボンニョグム / 割り増し料金 할증 요금 ハルチュンニョーグム

りょうくう [領空] 영공 ヨンゴン 関領空侵犯 영공 침범 ヨンゴンチームボム

りょうけん [了見] ①(考え) 생각 センガク ②(気持ち) 마음 マウム

りょうこう [良好] 양호 ヤンホ ❖〜だ 양호하다 ヤンホハダ

りょうこく [両国] 양국 ヤーングク

りょうさいけんぼ [良妻賢母] 현모양처 ヒョンモヤンチョ

りょうさん [量産] 양산 ヤンサン ❖〜する 양산하다 ヤンサナダ ❖〜される 양산되다 ヤンサンドゥェダ 関量産品 양산품 ヤンサンプム

りょうし [猟師] 사냥꾼 サニャンックン

りょうし [漁師] 어부 オブ ; 고기잡이 コギジャビ

りょうじかん [領事館] 영사관 ヨンサグァン 関日本領事館 일본 영사관 イルボン ヨンサグァン

りょうしき [良識] 양식 ヤンシク

りょうしゅう [領収] 영수 ヨンス ❖〜する 영수하다 ヨンスハダ 関領収書 영수증 ヨンスジュン

りょうしょ [良書] 양서 ヤンソ

りょうしょく [糧食] 양식 ヤーンシク

りょうじょく [凌辱] 능욕 ヌンヨク ❖〜する 능욕하다 ヌンヨカダ

りょうしん [両親] 양친 ヤンチン ; 부모 プモ

りょうしん [良心] 양심 ヤンシム

りょうせいるい [両生類] 양서류 ヤンソリュ

りょうて [両手] 두 손 トゥー ソン ; 양손 ヤーンソン

りょうど [領土] 영토 ヨント 関領土紛争 영토 분쟁 ヨント プンジェン

りょうほう [両方] 양쪽 ヤーンッチョク ; 쌍방 ッサンバン

りょうめん [両面] 양면 ヤーンミョン 関両面テープ 양면 테이프 ヤーンミョン テイプ

りょうやく [良薬] 좋은 약 チョーウン ヤク ; 양약 ヤンヤク

りょうよう [療養] 요양 ヨヤン ❖〜する 요양하다 ヨヤンハダ 関療養所 요양소 ヨヤンソ / 自宅療養 자택 요양 チャテク ヨヤン / 転地療養 전지 요양 チョンジ ヨヤン

りょうり [料理] ①요리 ヨリ 例お母さんの料理の腕がすばらしいですね。어머님의 요리 솜씨가 훌륭하군요. オモニメ ヨリ ソムッシガ フルリュンハグンニョ ❖〜する 요리하다 ヨリハダ ②(食物一般) 음식 ウームシク 関料理学校 요리 학원 ヨリ ハグォン / 料理人 요리사 ヨリサ / 料理法 요리법 ヨリッポプ / 家庭料理 가정 요리 カジョン ニョリ / 韓国料理 한국 요리 ハーングン ニョリ / 郷土料理 향토 음식 ヒャント ウームシク / 日本料理 일본 요리 イルボン ニョリ

りょうりつ [両立] 양립 ヤーンニ

プ ❖~する 양립하다 ヤーンニパダ

りょかく [旅客] 여객 ヨゲク 関旅客運賃 여객 운임 ヨゲク ウーニム / 旅客機 여객기 ヨゲクキ / 旅客列車 여객 열차 ヨゲン ニョルチャ

りょかん [旅館] 여관 ヨグヮン 関温泉旅館 온천 여관 オンチョン ヨグヮン

りょくちゃ [緑茶] 녹차 ノクチャ

りょくとう [緑豆] 녹두 ノクトゥ

りょけん [旅券] 여권 ヨックォン; 패스포트 ペスポートゥ

りょこう [旅行] 여행 ヨヘン ❖~する 여행하다 ヨヘンハダ 例今度は地方を旅行したいです。다음에는 지방을 여행하고 싶어요. タウメヌン チバンウル ヨヘンハゴ シポヨ 関旅行案内 여행안내 ヨヘンアンネ / 旅行ガイド 여행 가이드 ヨヘン ガイドゥ / 旅行シーズン 여행 시즌 ヨヘン シジュン / 旅行者 여행자 ヨヘンジャ / 旅行者用小切手 여행자 수표 ヨヘンジャ スピョ / 観光旅行 관광 여행 クヮングヮン ヨヘン

りょひ [旅費] 여비 ヨビ

リラックス [relax] 릴렉스 リルレクス ❖~する 릴렉스하다 リルレクスハダ

りりく [離陸] 이륙 イーリュク ❖~する 이륙하다 イーリュカダ

りりしい [凜凜しい] 씩씩하다 ッシックッシカダ; 늠름하다 ヌームヌマダ

りりつ [利率] 이율 イーユル

リレー [relay] 릴레이 リルレイ 関リレー競기 릴레이 경기 リルレイ キョンギ / リレー中継 릴레이 중계 リルレイ チュンゲ

りれきしょ [履歴書] 이력서 イーリョクソ

りろん [理論] 이론 イーロン 関理論家 이론가 イーロンガ / 理論体系 이론 체계 イーロン チェゲ

りんかく [輪郭] 윤곽 ユングヮク 関輪郭線 윤곽선 ユングヮクソン

りんきおうへん [臨機応変] 임기응변 イムギウンビョン

りんげつ [臨月] 해산달 ヘーサンッタル

りんご [林檎] 사과 サグヮ 関りんご園 사과 농장 サグヮ ノンジャン / りんご酒 사과주 サグヮジュ

りんごく [隣国] 인국 イングク; 이웃 나라 イウン ナラ

りんじ [臨時] 임시 イムシ 関臨時国会 임시 국회 イムシ ククェ / 臨時所得 임시 소득 イムシ ソードゥク / 臨時総会 임시 총회 イムシ チョーンフェ / 臨時列車 임시 열차 イムシ ヨルチャ

りんじゅう [臨終] 임종 イムジョン

りんしょう [臨床] 임상 イムサン 関臨床医 임상의 イムサンイ / 臨床医学 임상 의학 イムサン ウイハク / 臨床実験 임상 실험 イムサン シロム

りんせつ [隣接] 인접 インジョプ ❖~する 인접하다 インジョパダ

りんり [倫理] 윤리 ユルリ 関倫理学 윤리학 ユルリハク / 倫理観 윤리관 ユルリグヮン / 倫理規定 윤리 규정 ユルリ キュジョン

りんりん (電話のベル) 딸랑딸랑 ッタルランッタルラン

る

るい [累] (禍) 누 ヌ;폐 ペー
るいけい [累計] 누계 ヌーゲ
るいけい [類型] 유형 ユーヒョン
るいご [類語] 유어 ユーオ;유의어 ユーイオ
るいじ [累次] 누차 ヌーチャ
るいじ [類似] 유사 ユーサ ❖~する 유사하다 ユーサハダ;비슷하다 ピスタダ
るいすい [類推] 유추 ユーチュ ❖~する 유추하다 ユーチュハダ
るいせき [累積] 누적 ヌージョク ❖~する 누적하다 ヌージョカダ 関 累積債務 누적 채무 ヌージョク チェーム
ルージュ [rouge] 루주 ルージュ;입술연지 イプスルリョンジ
ルート [route] 루트 ルートゥ;길 キル;통로 トンノ;경로 キョンノ
ルームサービス [room service] 룸 서비스 ルーム ソービス
ルームメート [roommate] 룸 메이트 ルームメイトゥ
ルール [rule] 룰 ルール;규칙 キュチク;규정 キュジョン
るす [留守] 부재 プジェ;부재중 プジェジュン 例 留守中には戸締りをしっかりしなければいけません。부재중에는 문단속을 잘 해야 해요. プジェジュンエヌン ムンダンソグル チャル ヘヤ ヘヨ ❖~にする 집을 비우다 チブル ピウダ 例 出張で何日か家を留守にします。출장으로 며칠 집을 비울 거예요. チュルチャンウロ ミョチル チブル ピウル コエヨ 関 留守番電話 자동 응답 전화기 チャドン ウーンダプ チョーヌワギ
るつぼ [坩堝] 도가니 トガニ
ルネッサンス [Renaissance] 르네상스 ルネサンス
ルビー [ruby] 루비 ルビ
るろう [流浪] 유랑 ユラン ❖~する 유랑하다 ユランハダ

れ

れい [令] 영 ヨン;명령 ミョーンニョン
れい [礼] ①(礼儀) 예의 イェーイ ②(あいさつ) 인사 インサ;절 チョル 例 目上の人に会ったらまず礼をしなければなりません。손윗사람을 만나면 우선 인사를 해야 합니다. ソヌィッサラムル マンナミョン ウソン インサルル ヘヤ ハムニダ ③(感謝) 감사의 말 カームサエ マール《敬語》감사의 말씀 カームサエ マールッスム 例 我が社を訪問してくださった皆様にお礼を申し上げます。우리 회사를 방문해 주신 여러분께 감사의 말씀 드립니다. ウリ フェーサルル パーンムネ ジュシン ヨロブンッケ カームサエ マールッスム トゥリムニダ
れい [例] ①예 イェー ②(先例) 전례 チョルリェ ③(実例) 실례 シルリェ;보기 ポギ
れい [霊] 영 ヨン;영혼 ヨンホン
レイアウト [layout] 레이아웃 レイアウツ
れいえん [霊園] 묘원 ミョーウォン;공동 묘지 コーンドン ミョージ
れいか [零下] 영하 ヨンハ
れいがい [冷害] 냉해 ネーンヘ

れいがい [例外] 예외 イェーウェ
れいかん [霊感] 영감 ヨンガム
れいき [冷気] 냉기 ネーンギ
れいぎ [礼儀] 예의 イェイ
れいきゃく [冷却] 냉각 ネーンガク ❖~する 냉각하다 ネーンガカダ
れいきゅうしゃ [霊柩車] 영구차 ヨングチャ
れいぐう [冷遇] 냉대 ネーンデ; 푸대접 プデジョプ ❖~される 냉대받다 ネーンデバッタ; 푸대접받다 プデジョプパッタ
れいこく [冷酷] 냉혹 ネーンホク ❖~だ 냉혹하다 ネーンホカダ
れいこん [霊魂] 영혼 ヨンホン
れいさいきぎょう [零細企業] 영세 기업 ヨンセ キオプ
れいじ [例示] 예시 イェーシ ❖~する 예시하다 イェーシハダ
れいじ [零時] 영시 ヨンシ
れいしょう [冷笑] 냉소 ネーンソ ❖~する 냉소하다 ネーンソハダ
れいじょう [令状] 영장 ヨンッチャン
れいじょう [令嬢] 따님 ッタニム; 영양 ヨンヤン
れいすい [冷水] 냉수 ネーンス 関 냉수기 냉수기 ネーンスギ
れいせい [冷静] 냉정 ネーンジョン ❖~だ 냉정하다 ネーンジョンハダ
れいぞうこ [冷蔵庫] 냉장고 ネーンジャンゴ
れいそく [令息] 아드님 アドゥニム; 영식 ヨンシク
れいたん [冷淡] 냉담 ネーンダム ❖~だ 냉담하다 ネーンダマダ

れいだんぼう [冷暖房] 냉난방 ネーンナンバン
れいど [零度] 영도 ヨンド
れいとう [冷凍] 냉동 ネーンドン ❖~する 냉동하다 ネーンドンハダ 関 냉동고 냉동고 ネーンドンゴ / 냉동실 냉동실 ネーンドンシル / 냉동식품 냉동식품 ネーンドンシクプム / 급속 냉동 급속 냉동 クプソク ネーンドン
れいねん [例年] 예년 イェーニョン
れいはい [礼拝] 예배 イェベ ❖~する 예배하다 イェベハダ 関 예배자 예배자 イェベジャ / 예배당 예배당 イェベダン
れいふく [礼服] 예복 イェボク
れいぶん [例文] 예문 イェームン
れいほう [礼法] 예법 イェッポプ; 예절 イェジョル
れいぼう [冷房] 냉방 ネーンバン 関 냉방차 냉방차 ネーンバンチャ
れいめい [黎明] 여명 ヨミョン
レインコート [rain coat] 레인코트 レインコトゥ; 비옷 ピオッ
レーザー [laser] 레이저 レイジョ 関 레이저 광선 레이저 광선 レイジョ クヮンソン / 레이저 프린터 레이저 프린터 レイジョ プリント
レーズン [raisin] 레이즌 レイジュン; 건포도 コンポド
レーダー [radar] 레이더 レイド 関 레이더 기지 레이더 기지 レイド キジ / 레이더망 레이더망 レイドマン
レート [rate] 레이트 レイトゥ; 비율 ピユル
レール [rail] 레일 レイル; 궤도 クェ

ド
れきし [歴史] 역사 ヨクサ ❖~な 역사적인 ヨクサジョギン 関 歴史家 역사가 ヨクサガ / 歴史観 역사관 ヨクサグワン / 歴史書 역사책 ヨクサ チェク / 歴史小説 역사 소설 ヨクサ ソーソル
れきだい [歴代] 역대 ヨクテ
レギンス [leggings] 레깅스 レギンス
レコード [record] ①(音楽) 레코드 レコドゥ; 음반 ウムバン ②(記録) 최고 기록 チューゴ キロク
レシート [receipt] 리시트 リシトゥ; 영수증 ヨンスジュン
レシピ [recipe] 레시피 レシピ
レストラン [restaurant] 레스토랑 レストラン
レセプション [reception] 리셉션 リセプション; 환영회 フワニョンフェ; 초대연 チョデヨン
レタス [lettuce] 레터스 レトス; 양상추 ヤンサンチュ
れつ [列] 열 ヨル; 행렬 ヘンニョル; 줄 チュル 例 私が先に列に並んでいましたが。제가 먼저 줄을 섰는데요. チェガ モンジョ チュルル ソンヌンデヨ
レッカー [wrecker] 레커차 レコチャ; 견인차 キョニンチャ
れっきょ [列挙] 열거 ヨルゴ ❖~する 열거하다 ヨルゴハダ
れっしゃ [列車] 열차 ヨルチャ 例 この列車は次の駅で停まりますか。이 열차는 다음 역에서 섭니까? イ ヨルチャヌン タウム ニョゲソ ソムニッカ 関 急行列車 급행열차 クペンニョルチャ / 寝台列車 침대차 チームデチャ / 特急列車 특급열차 トゥックム ニョルチャ / 夜行列車 야간열차 ヤーガンニョルチャ / 臨時列車 임시 열차 イムシ ヨルチャ
レッスン [lesson] 레슨 レスン; 수업 スオプ; 교습 キョースプ
レッテル [letter] 상표 サンピョ; 라벨 レベル; 딱지 ッタクチ
れっとう [列島] 열도 ヨルト 関 日本列島 일본 열도 イルボン ニョルト
れっとう [劣等] 열등 ヨルトゥン 関 劣等感 열등감 ヨルトゥンガム / 劣等生 열등생 ヨルトゥンセン
レトルト [retort] 레토르트 レトルトゥ 関 レトルト食品 레토르트 식품 レトルトゥ シクプム
レバー [lever] 레버 レボ; 손잡이 ソンジャビ
レバー [liver] 리버 リボー; 간 カン; 간장 カーンジャン
レフェリー [referee] 레퍼리 レポリー; 심판 シームパン
レフト [left] ①(左) 레프트 レプトゥ; 왼쪽 ウェーンッチョク; 좌측 チュワーチュク ②(野球の) 좌익 チュワーイク; 좌익수 チュワーイクス
レベル [level] 레벨 レベル; 수준 スジュン
レポート [report] 리포트 リポートゥ; 보고서 ポーゴソ; 소논문 ソノンムン
レモン [lemon] 레몬 レモン 関 레몬 짜는 기구 レモン スキジョ / 레몬스캐시 レモンスクィシ / 레몬스쿼시 レモンスクォシ / 레몬티 レモンティ

れんあい

れんあい [恋愛] 연애 ヨーネ ❖~する 연애하다 ヨーネハダ

れんが [煉瓦] 벽돌 ピョクトル

れんきゅう [連休] 연휴 ヨニュ

れんぎょう [連翹] 개나리 ケーナリ

れんけい [連係] 연계 ヨンゲ ❖~する 연계하다 ヨンゲハダ

れんけつ [連結] 연결 ヨンギョル ❖~する 연결하다 ヨンギョラダ ❖~される 연결되다 ヨンギョルドウェダ 関 連結決算 연결 결산 ヨンギョル キョルサン

れんこう [連行] 연행 ヨネン ❖~する 연행하다 ヨネンハダ ❖~される 연행되다 ヨネンドウェダ

れんごう [連合・聯合] 연합 ヨナプ ❖~する 연합하다 ヨナパダ

れんこん [蓮根] 연근 ヨングン; 연뿌리 ヨンップリ

れんさい [連載] 연재 ヨンジェ ❖~する 연재하다 ヨンジェハダ 関 連載小説 연재소설 ヨンジェソーソル / 連載漫画 연재만화 ヨンジェマーヌヮ

レンジ [range] 레인지 レインジ 関 ガスレンジ 가스레인지 カスレインジ / 電子レンジ 전자레인지 チョーンジャレインジ

れんじつ [連日] 연일 ヨニル; 매일 メーイル

れんしゅう [練習] 연습 ヨーンスプ ❖~する 연습하다 ヨーンスパダ 例 毎日毎日繰り返し練習しました。매일매일 반복해서 연습했어요. メーイルメーイル パーンボケソ ヨーンスペッソーヨ 関 練習試合 연습 경기 ヨーンスプ キョーンギ / 練習場 연습장 ヨーンスプチャン / 練習問題 연습 문제 ヨーンスム ムーンジェ

れんしょう [連勝] 연승 ヨンスン ❖~する 연승하다 ヨンスンハダ

レンズ [lens] 렌즈 レンジュ 関 コンタクトレンズ 콘택트렌즈 コンテクトウレンジュ

れんそう [連想] 연상 ヨンサン ❖~する 연상하다 ヨンサンハダ

れんぞく [連続] 연속 ヨンソク ❖(…を)~する 연속하다 ヨンソカダ ❖(…が)~される 연속되다 ヨンソクトウェダ

れんたい [連帯] 연대 ヨンデ ❖~する 연대하다 ヨンデハダ 関 連帯感 연대감 ヨンデガム

レンタカー [rentacar] 렌터카 レントカー; 임대 자동차 イームデ チャドンチャ 関 レンタカー会社 렌터카 회사 レントカー フェーサ

レンタル [rental] 렌털 レントル; 임대 イームデ ❖~する 렌털하다 レントラダ; 임차하다 イームチャハダ 関 レンタルビデオ 렌털 비디오 レントル ビディオ / レンタルビデオショップ 비디오 대여점 ピディオ テーヨジョム / レンタル料金 렌털 요금 レントル ヨーグム / 임대료 イームデリョ

れんたん [練炭] 연탄 ヨンタン

れんちゅう [連中] ①(やつら) 패ペ; 패거리 ペゴリ ②(仲間) 친구 チング; 동료 トンニョ

レントゲン [Röntgen] 뢴트겐 ルェントゥゲン; 엑스레이 エクスレイ 関 レントゲン検査 엑스레이 검사 エクスレイ コームサ / レントゲン

を撮る 엑스레이를 찍다 エクスレイルル ッチクタ

れんめい [連盟] 연맹 ヨンメン

れんらく [連絡] ①(人・物の接触) 연락 ヨルラク; 통보 トンボ; 알림 アルリム 例彼と連絡がつかなくて心配です。그와 연락이 안 돼서 걱정이에요. クワ ヨルラギ アンドゥエソ コクチョンイエヨ / 友達からの連絡を待っています。친구의 연락을 기다리고 있어요. チングエ ヨルラグル キダリゴ イッソヨ ❖~する 연락하다 ヨルラカダ; 통보하다 トンボハダ; 알리다 アルリダ 例どこに連絡すればいいですか。어디로 연락하면 돼요? オディロ ヨルラカミョン ドゥエヨ ②(交通機関の接続) 접속 チョプソク; 연결 ヨンギョル 関連絡駅 갈아타는 역 カラタヌン ニョク / 連絡先 연락처 ヨルラクチョ / 連絡船 연락선 ヨルラクソン / 連絡網 연락망 ヨルランマン

ろ

ろ [櫓] 노 ノ
ロイヤリティー [loyalty] 로열티 ローヨルティ
ろう [労] 노력 ノリョク; 수고 スーゴ; 노고 ノゴ
ろう [蠟] 납 ナプ; 밀 ミル
ろうあ [聾唖] 농아 ノンア 関聾唖者 농아자 ノンアジャ / 聾唖教育 농아 교육 ノンア キョーユク
ろうえい [漏洩] 누설 ヌーソル ❖~する 누설하다 ヌーソラダ
ろうか [老化] 노화 ノーフワ ❖~する 노화하다 ノーフワハダ; 노화되다 ノーフワドゥエダ 関老化現象 노화 현상 ノーフワ ヒョーンサン

ろうか [廊下] 복도 ポクト
ろうがん [老眼] 노안 ノーアン 関老眼鏡 노안경 ノーアンギョン; 돋보기 トッポギ
ろうきゅうか [老朽化] 노후화 ノーフワ
ろうご [老後] ①노후 ノーフ ②(晩年) 만년 マンニョン
ろうさい [労災] 노동자 재해 ノドンジャ チェヘ 関労災保険 노동자 재해 보험 ノドンジャ チェヘ ポーホム
ろうし [労使] 노사 ノサ 関労使関係 노사 관계 ノサ クワンゲ / 労使交渉 노사 교섭 ノサ キョソプ / 労使紛争 노사 분쟁 ノサ プンジェン
ろうじょう [籠城] 농성 ノンソン ❖~する 농성하다 ノンソンハダ
ろうじん [老人] 노인 ノーイン; 고령자 コリョンジャ 関老人福祉 노인 복지 ノーイン ポクチ / 老人ホーム 양로원 ヤーンロウォン
ろうそく [蠟燭] 초 チョ; 양초 ヤンチョ 関ろうそく立て 촛대 チョッテ
ろうでん [漏電] 누전 ヌージョン ❖~する 누전하다 ヌージョナダ
ろうどう [労働] 노동 ノドン ❖~する 노동하다 ノドンハダ 関労働組合 노동조합 ノドンジョハプ / 労働時間 노동 시간 ノドン シガン / 労働者 노동자 ノドンジャ / 労働力 노동력 ノドンニョク / 重労働 중노동 チューンノドン

ろうどく [朗読] 낭독 ナンドク ❖ ~する 낭독하다 ナンドカダ

ろうにん [浪人] ①낭인 ナンイン ②(失業者) 실업자 シロプチャ ③(浪人生) 재수생 チェースセン

ろうねん [老年] 노년 ノーニョン ; 노령 ノーリョン

ろうばい [狼狽] 당황 タンフワン ; 허둥지둥 ホドゥンジドゥン ❖ ~する 당황하다 タンフワンハダ ; 허둥지둥하다 ホドゥンジドゥンハダ

ろうはいぶつ [老廃物] 노폐물 ノーペムル

ろうひ [浪費] 낭비 ナーンビ ❖ ~する 낭비하다 ナーンビハダ

ろうほう [朗報] 낭보 ナンボ ; 기쁜 소식 キップン ソシク

ろうまん [浪漫] 낭만 ナーンマン

ろうりょく [労力] 노력 ノリョク ; 수고 スーゴ

ろうれい [老齢] 노령 ノーリョン 関 老齢化社会 노령화 사회 ノーリョンフワ サフェ

ローカル [local] 로컬 ローコル 関 ローカル線 지방선 チバンソン / ローカル放送 지방 방송 チバン パーンソン

ローション [lotion] 로션 ロション

ロータリー [rotary] 로터리 ロートリ

ロードショー [road show] 로드 쇼 ロドゥ ショ

ロープ [rope] 로프 ロプ ; 줄 チュル ; 밧줄 パーッチュル

ロープウェイ [ropeway] 로프웨이 ロプウェイ

ロール [roll] 롤 ロル 関 ロールパン 롤빵 ロルッパン

ローン [loan] 론 ロン ; 융자 ユンジャ ; 대출 テーチュル

ろく [六] 《漢数詞》 육 ユク 《固有数詞》 여섯 ヨソッ 関 六月 유월 ユウォル / 六時 여섯 시 ヨソッ シ

ログアウト [log out] 로그아웃 ログアウッ ❖ ~する 로그아웃하다 ログアウタダ

ログイン [log in] 로그인 ログイン ❖ ~する 로그인하다 ログイナダ

ろくおん [録音] 녹음 ノグム ❖ ~する 녹음하다 ノグマダ 関 録音機 녹음기 ノグムギ

ろくが [録画] 녹화 ノクフワ ❖ ~する 녹화하다 ノクフワハダ 関 録画放送 녹화 방송 ノクフワ パーンソン

ろくじゅう [六十] 《漢数詞》 육십 ユクシプ 《固有数詞》 예순 イェスン

ろくに 제대로 チェデロ 例 ろくに寝ていません。제대로 못 잤어요. チェデロ モーッ チャッソヨ

ロケ 로케 ロケ ; 야외 촬영 ヤーウェ チュワリョン 関 ロケハン 로케지 찾기 ロケジ チャッキ ; 로케이션 헌팅 ロケイション ホンティン

ロケット [rocket] 로켓 ロケッ 関 ロケットエンジン 로켓 엔진 ロケッ エンジン / ロケット工学 로켓 공학 ロケッ コンハク

ろこつ [露骨] 노골 ノゴル ❖ ~だ 노골적이다 ノゴルチョギダ

ろじ [路地] 골목 コールモク ; 골목길 コールモクキル 関 路地裏 뒷골목 トゥィーッコルモク

ろしゅつ [露出] 노출 ノチュル ❖ ~する 노출하다 ノチュラダ

ろじょう [路上] 노상 ノサン

ろせん [路線] 노선 ノーソン 関路線バス 노선버스 ノーソンポス / 地下鉄路線図 지하철 노선도 チハチョル ノーソンド

ロックンロール [rock'n'roll] 로큰롤 ロクンロール

ろっこつ [肋骨] 늑골 ヌクコル; 갈비뼈 カルビッピョ

ロッテワールド [Lotte World] 롯데월드 ロッテウォールドゥ 関ロッテワールドホテル 롯데월드호텔 ロッテウォールドゥホテル

ろてん [露天] 노천 ノチョン

ろてん [露店] 노점 ノジョム 関露天商 노점상 ノジョムサン

ろば [驢馬] 당나귀 タンナグィ

ロビー [lobby] 로비 ロビ

ロボット [robot] 로봇 ロボッ 関ロボット工学 로봇 공학 ロボッ コンハク / 産業用ロボット 산업용 로봇 サーノムニョン ロボッ

ロマン [roman] 로망 ロマン; 낭만 ナーンマン

ロマンス [romance] 로맨스 ロメンス

ロマンチック [romantic] 로맨틱 ロメンティク; 낭만적 ナーンマンジョク ❖~だ 로맨틱하다 ロメンティカダ; 낭만적이다 ナーンマンジョギダ

ろんがい [論外] 논외 ノヌェ

ろんぎ [論議] 논의 ノニ ❖~する 논의하다 ノニハダ

ロングラン [long run] 롱런 ロンロン; 장기 흥행 チャンギ フンヘン

ろんじゅつ [論述] 논술 ノンスル ❖~する 논술하다 ノンスラダ 関論述テスト 논술 고사 コーサ

ろんずる [論ずる] 논하다 ノナダ

ろんせつ [論説] 논설 ノンソル 関論説委員 논설위원 ノンソルィウォン

ろんそう [論争] 논쟁 ノンジェン ❖~する 논쟁하다 ノンジェンハダ

ろんだん [論壇] 논단 ノンダン

ろんてん [論点] 논점 ノンッチョム

ろんぴょう [論評] 논평 ノンピョン

ろんぶん [論文] 논문 ノンムン 関学位論文 학위 논문 ハグィ ノンムン / 修士論文 석사 논문 ソクサ ノンムン / 博士論文 박사 논문 パクサ ノンムン

ろんり [論理] 논리 ノルリ ❖~的 논리적 ノルリジョク 関論理学 논리학 ノルリハク

わ

わ [和] ①(調和) 조화 チョフワ ②(和合) 화합 フワハプ ③(合計) 합 ハプ; 합계 ハプケ ❖~する 화합하다 フワハパダ

わ [輪] (円) 원 ウォン

-わ [-羽] 《助数詞》 마리 マリ

ワープロ [←word processor] 워드 ウォドゥ; 워드프로세서 ウォドゥプロセソ

ワールドカップ [World Cup] 월드컵 ウォルドゥコプ

わいきょく [歪曲] 왜곡 ウェゴク ❖~する 왜곡하다 ウェゴカダ

ワイシャツ [white shirt] 와이셔츠 ワイショーチュ

わいせつ [猥褻] 외설 ウェーソル;

음란 ウムナン ❖~だ 외설하다 ウェーソラダ; 음란하다 ウムナナダ 関わいせつ行為 외설 행위 ウェーソル ヘンウィ/わいせつ罪 외설죄 ウェーソルチュェ

わいだん [猥談] 음담 ウムダム; 음담패설 ウムダムペソル

わいろ [賄賂] 뇌물 ヌェムル

ワイン [wine] 와인 ワイン; 포도주 ポドジュ

わが [我が] ①(わたしの) 나의 ナエ; 내 ネ ②(わたしたちの) 우리 ウリ; 우리의 ウリエ ③(わたくしたちの) 저희 チョヒ

わかい [和解] 화해 フワヘ ❖~する 화해하다 フワヘハダ

わかい [若い] ①(年齢が) 젊다 チョムタ; 어리다 オリダ 例その服を着るととても若く見えます。그 옷을 입으니까 아주 젊어 보여요. ク オスル イブニッカ アジュ チョルモ ボヨヨ/思ったより若いです。생각보다 어려요. センガクポダ オリョヨ ②(未熟だ) 미숙하다 ミスカダ; 어리다 オリダ ③(順序が) 빠르다 ッパルダ 例若い番호 빠른 번호 ッパルン ボノ

わかがえる [若返る] 젊어지다 チョルモジダ

わかさ [若さ] 젊음 チョルムム

わかす [沸かす] ①끓이다 ックリダ; 데우다 テウダ ②(熱狂させる) 열광시키다 ヨルグヮンシキダ

わかちがき [分かち書き] 띄어쓰기 ッティオッスギ

わかて [若手] 젊은이 チョルムニ

わかな [若菜] 봄나물 ポムナムル

わかば [若葉] 어린잎 オリンニプ; 새잎 セイプ

わがまま [我が儘] 제멋대로 チェモッテロ ❖~だ 제멋대로 굴다 チェモッテロ クルダ; 버릇없다 ポルドプタ ❖~に 버릇없게 ポルドプケ 例子供をわがままに育ててはいけません。아이를 버릇없게 키우면 안 돼요. アイルル ポルドプケ キウミョン アン ドゥェヨ

わかめ [若布] 미역 ミヨク 関わかめスープ 미역국 ミヨックク

わかめ [若芽] 새싹 セッサク

わかもの [若者] ①젊은이 チョルムニ ②(青年) 청년 チョンニョン

わからずや [分からず屋] 벽창호 ピョクチャンホ

わかる [分かる・判る・解る] ①(理解する) 알다 アールダ; 이해하다 イーヘハダ 例彼は本当のおしゃれのわかる人です。그는 진정한 멋을 아는 사람이에요. クヌン チンジョンハン モスル アーヌン サーラミエヨ/彼の言葉は難しくてわかりません。그의 말은 어려워서 이해할 수 없어요. クエ マールン オリョウォソ イーヘハル ス オープスョ ②(知っている) 알다 アールダ 例ホテルの電話番号がわかりますか。호텔 전화번호 알아요? ホテル チョーヌヮボノ アラヨ ③(判明する) 판명되다 パンミョンドゥェダ; 밝혀지다 パルキョジダ 例それは事実でないことがわかりました。그것은 사실이 아닌 것이 밝혀졌어요. クゴスン サーシリ アニン ゴシ パルキョジョッソヨ

わかれる [分かれる] 갈라지다 カルラジダ; 갈리다 カルリダ; 나누이다

ナヌイダ
わかれる [別れる] 헤어지다 ヘオジダ; 이별하다 イービョラダ; 갈라서다 カルラソダ 例その方と何時頃別れましたか。그 분하고 몇 시쯤에 헤어졌어요? ク ブナゴ ミョッ シッチュメ ヘオジョッソヨ
わき [脇・腋] ①(腕の付け根) 겨드랑이 キョドゥランイ ②(横・そば) 곁 キョッ;옆 ヨプ
わきあいあい [和気藹藹] 화기애애 フヮギエエ
わきあがる [沸き上がる] ①(湯が) 끓어 오르다 ックロ オルダ ②(感情が) 터져 나오다 トジョ ナオダ;들끓다 トゥルックルタ
わきばら [脇腹] 옆구리 ヨプクリ;허구리 ホグリ
わきみち [脇道] 옆길 ヨプキル;곁길 キョッキル;샛길 セーッキル
わきめ [脇目] 한눈 ハーンヌン 例 資格を取るまでわき目も振らずに勉強しました。자격증을 딸 때까지 한눈 팔지 않고 공부했어요. チャギョクッチュンウル ッタル ッテッカジ ハーンヌン パルジ アンコ コンブヘッソヨ
わきやく [脇役] ①(俳優) 조연 チョヨン ②(補佐) 보좌역 ポジュワヨク
わく [枠] ①(ふち・囲み) 테두리 テドゥリ ②(眼鏡の) 테 テ ③(制約・範囲) 범위 ポームィ;한계 ハーンゲ
わく [沸く] ①(お湯が) 끓다 ックルタ ②(風呂が) 데워지다 テウォジダ 例 お風呂の湯が沸いたら呼んでください。목욕물이 데워지면 불러 주세요. モギョンムリ テウォジミョン プルロ ジュセヨ ③(興奮する) 들끓다 トゥルックルタ 例 日韓戦で競技場が沸きました。한일전으로 경기장이 들끓었어요. ハーニルジョヌロ キョーンギジャンイ トゥルックロッソヨ
わく [湧く・涌く] ①(噴出する) 솟다 ソッタ;솟아나다 ソサナダ;분출하다 プンチュラダ ②(生じる) 솟다 ソッタ;생기다 センギダ;발생하다 パルセンハダ
わくせい [惑星] 혹성 ホクソン;행성 ヘンソン
ワクチン [Vakzin] 백신 ペクシン
わけ [訳] (理由) 까닭 ッカダク;사정 サージョン;이유 イーユ 例 どういう訳かわかりません。무슨 까닭인지 모르겠어요. ムスン ッカダギンジ モルゲッソヨ
わけまえ [分け前] ①몫 モク ②(割り当て) 할당 ハルタン ③(配当) 배당 ペーダン
わける [分ける・別ける] ①(分割する) 나누다 ナヌダ;가르다 カルダ;분할하다 プナラダ 例 荷物をいくつかに分けましょうか。짐을 몇 개로 나눌까요? チムル ミョッケロ ナヌルッカヨ ②(区分する) 구분하다 クブナダ;분류하다 プルリュハダ ③(分配する) 분배하다 プンベハダ;나누다 ナヌダ
わざ [技] 기술 キスル;기예 キイェ
わざと 일부러 イルブロ;고의로 コーイロ 例 わざと遅れたわけではありません。일부러 늦은 게 아니에요. イルブロ ヌジュン ゲ アニエヨ / わざとではありません。일부러

わさび

그런 게 아니에요. イルブロ クロンゲ アニエヨ

わさび [山葵] 와사비 ワサビ; 고추냉이 コチュネンイ

わざわい [災い・禍] 화 フワー; 불행 プレン; 재난 チェナン

わざわざ ①일부러 イルブロ; 고의로 コーイロ ②(特別に) 특별히 トゥクピョリ; 특히 トゥキ

わし [鷲] 수리 スリ; 독수리 トクスリ

わしつ [和室] 일본식 방 イルボンシク パン

わじゅつ [話術] 화술 フワスル; 말재주 マールチェジュ

わしょく [和食] 일식 イルシク

わずか [僅か] 조금 チョグム; 약간 ヤクカン; 불과 プルグワ 例 わずか 1년으로 매상이 배로 증가했습니다. 불과 1(일)년 만에 매출이 두 배로 늘었어요. プルグワ イルリョンマネ メーチュリ トゥー ベーロ ヌロッソヨ

わずらう [患う] 앓다 アルタ; 병이 나다 ピョーンイ ナダ

わずらわしい [煩わしい] ①성가시다 ソンガシダ ②(やっかいだ) 번거롭다 ポンゴロプタ ③(面倒だ) 귀찮다 クィチャンタ ④(複雑だ) 복잡하다 ポクチャパダ

わずらわせる [煩わせる] 수고를 끼치다 スーゴルル ッキチダ; 폐를 끼치다 ペールル ッキチダ

わすれもの [忘れ物] 유실물 ユシルムル; 잊어버린 물건 イジョボリン ムルゴン ❖～する 물건을 두고 오다 ムルゴヌル トゥゴ オダ

わすれる [忘れる] ①(意識からなくなる) 잊다 イッタ; 잊어버리다 イジョボリダ 例 単語를 외워도 자꾸 잊어버려요. 단어를 외워도 자꾸 잊어버려요. タノルル ウェウォド チャック イジョボリョヨ ②(置き忘れる) 잊고 오다 イッコ オダ; 두고 오다 トゥゴ オダ; 놓고 오다 ノッコ オダ 例 가방을 버스 안에 두고 내린 것 같아요. カバンウル ボスアネ トゥゴ ネリン ゴッ カタヨ

わた [綿] 솜 ソーム; 목화 モクワ 関 綿入れ 솜옷 ソーモッ / 綿菓子 솜사탕 ソームサタン / 綿毛 솜털 ソームトル

わだい [話題] 화제 フワジェ; 이야깃거리 イヤギッコリ

わたし [私] ①(わたし) 나 ナ ②(わたくし) 저 チョ ③(わたしの) 내 ネ ④(わたくしの) 제 チェ 《助詞の「が」が付く場合はそれぞれ ①(わたしが) 내가 ②(わたくしが) 제가の形になる》

わたしたち [私たち] ①(わたしたち) 우리 ウリ ②(わたくしたち) 저희 チョヒ

わたしぶね [渡し舟・渡し船] 나룻배 ナルッペ

わたす [渡す] ①(手渡す) 건네다 コーンネダ; 넘기다 ノムギダ 例 お土産を直接お渡ししたいのですが。선물을 직접 건네 드리고 싶은데요. ソンムルル チクチョプ コーンネ ドゥリゴ シプンデヨ ②(譲る) 주다 チュダ; 내주다 ネジュダ; 양도하다 ヤーンドハダ 例 友達に映画のチケットを渡しました。친구에게 영화 표를 줬어요. チング

エゲ ヨンフワ ピョルル チュオッソヨ

わたりどり [渡り鳥] 철새 チョルセ

わたる [渡る] ①(横切る・移動する) 건너다 コーンノダ；건너오다 コーンノオダ；건너가다 コーンノガダ 例 あの道を渡れば見えるでしょう。저 길을 건너면 보일 거에요. チョ キルル コーンノミョン ポイル コエヨ ②(人手に) 넘어가다 ノモガダ

わたる [亘る] 걸치다 コールチダ 例 その作品は1年にわたって制作されたものです。그 작품은 1(일)년에 걸쳐서 제작된 거예요. クチャクプムン イルリョネ コールチョソ チェージャクトウェン ゴエヨ

ワックス [wax] 왁스 ワクス

わな [罠] 덫 トッ；올가미 オルガミ；함정 ハムジョン

わに [鰐] 악어 アゴ

わびしい [侘しい] 쓸쓸하다 ッスルッスラダ；외롭다 ウェロプタ

わびる [詫びる] 사과하다 サーグヮハダ；사죄하다 サージュエハダ

わふう [和風] 일본식 イルボンシク；일본풍 イルボンプン

わへい [和平] 화평 フヮピョン；평화 ピョンフワ 関 和平会議 화평회의 フヮピョン フェーイ / 和平会談 화평 회담 フヮピョン フェーダム / 和平交渉 화평 교섭 フヮピョン キョソプ

わめく [喚く] 외치다 ウェチダ；아우성치다 アウソンチダ

わやく [和訳] 일본어 번역 イルボノ ポニョク ❖～する 일본어로 번역하다 イルボノロ ポニョカダ

わら [藁] 짚 チプ

わらう [笑う] ①웃다 ウーッタ 例 笑った顔が本当にかわいいですね。웃는 얼굴이 참 예쁘네요. ウンヌン オルグリ チャム イェーップネヨ ②(嘲笑する) 비웃다 ピーウッタ 例 私のミスを笑わないでください。저의 실수를 비웃지 마세요. チョエ シルスルル ピーウッチ マーセヨ

わらじ [草鞋] 짚신 チプシン

わらび [蕨] 고사리 コサリ

わらわせる [笑わせる] ①웃기다 ウッキダ ②(軽蔑に値する) 가소롭다 カーソロプタ

わりあい [割合] ①(比率) 비율 ピーユル ②(比較的) 비교적 ピーギョジョク

わりあてる [割り当てる] 할당하다 ハルタンハダ

わりかん [割り勘] 각자 내기 カクチャ ネギ；각자 부담 カクチャ プーダム；더치페이 トチペイ

わりざん [割り算] 나눗셈 ナヌッセム

わりに [割に] 비교적 ピーギョジョク

わりばし [割り箸] 나무 젓가락 ナム チョッカラク

わりびき [割引] 할인 ハリン ❖～する 할인하다 ハリナダ 関 割引価格 할인 가격 ハリン カギョク / 割引セール 할인 판매 ハリン パンメ

わりまし [割り増し] 할증 ハルッチュン ❖～する 할증하다 ハルッチュンハダ 関 割増運賃 할증 운임 ハルッチュン ウーニム / 割り増し

料 割増料 ハルチュンニョ

わる [割る] ①(裂く) 쪼개다 ッチョゲダ; 빠개다 ッパーゲダ ②(壊す) 깨다 ッケダ; 깨뜨리다 ッケットゥリダ 例 間違って花瓶を割ってしまいました。잘못해서 꽃병을 깼어요. チャルモッテソ ッコッピョンウル ッケッソヨ ③(分割する) 나누다 ナヌダ 例 費用を3人で割ろうと思います。비용을 3(세) 명이서 나누려고 해요. ピーヨンウル セーミョンイソ ナヌリョゴ ヘヨ ④(水で薄める) 물을 타다 ムルルタダ 例 お酒が強くて水で割って飲みました。술이 독해서 물을 타서 마셨어요. スリ トケソ ムルル タソ マショッソヨ ⑤(下回る) 밑돌다 ミットルダ 例 最近成績が平均を割って心配です。요즘 성적이 평균치를 밑돌아서 걱정이에요. ヨジュム ソンジョギ ピョンギュンチルル ミットラソ コクチョンイエヨ

わるい [悪い] ①(道徳的によくない) 나쁘다 ナップダ; 옳지 않다 オルチ アンタ; 못되다 モートゥェダ 例 悪い態度は早く直さないといけません。나쁜 태도는 빨리 고쳐야지요. ナップン テードヌン ッパルリ コチョヤジヨ ②(好ましくない・具合が悪い・劣っている) 나쁘다 ナップダ 例 健康状態が悪くて心配です。건강이 나빠서 걱정이에요. コーンガンイ ナッパソ コクチョンイエヨ ③(責任がある) 나쁘다 ナップダ; 잘못하다 チャルモッタダ 例 私が悪かったので謝ります。제가 잘못했으니까 사과드릴게요. チェガ チャルモッテッス

ニッカ サーグヮドゥリルケヨ ④(有害だ) 해롭다 ヘーロプタ 例 お酒が体に悪いと思って止めました。술이 몸에 해로운 것 같아서 끊었어요. スリ モメ ヘロウン ゴッ カタソックノッソヨ ⑤(申し訳ない) 미안하다 ミアナダ 例 悪いけれど, 私の頼みを1つだけ聞いてください。미안하지만 제 부탁 하나만 들어 주세요. ミアナジマン チェ プータク ハナマン トゥロ ジュセヨ

わるくち [悪口] 욕 ヨク
ワルツ [waltz] 왈츠 ワルチュ
わるもの [悪者] 나쁜 놈 ナップンノム; 나쁜 사람 ナップン サーラム
われめ [割れ目・破れ目] 금 クム
われら [我等] 우리 ウリ; 우리들 ウリドゥル
われる [割れる・破れる] ①(壊れる) 깨지다 ッケージダ; 부서지다 プソジダ 例 コップが割れているので交換してください。컵이 깨져 있으니까 바꿔 주세요. コビ ッケジョ イッスニッカ パックォ ジュセヨ ②(裂ける) 터지다 トージダ; 쪼개지다 ッチョゲジダ ③(分裂する) 갈라지다 カルラジダ; 분산되다 プンサンドゥェダ; 분열되다 プニョルドゥェダ
われわれ [我々] 우리 ウリ; 우리들 ウリドゥル
わん [椀・碗・埦] 공기 コンギ
わん [湾] 만 マン
わんぱく [腕白] 장난꾸러기 チャンナンックロギ; 개구쟁이 ケグジェンイ
ワンピース [onepiece] 원피스 ウォ

ンピス
ワンマンカー [oneman car] 원맨카 ウォンメンカー
わんりょく [腕力] 완력 ワルリョク
ワンルームマンション [oneroom mansion] 원룸 맨숀 ウォルルム メンション；원룸 아파트 ウォルルム アパートゥ

を

-を 을 / 를 ウル / ルル《前の体言にパッチムがある場合には을を，ない場合には를を用いる》例 私はビビンバを食べます。저는 비빔밥을 먹겠어요. チョヌン ピビムッパブル モクケッソヨ

韓日辞典

ㄱ

-가¹ [ºka ッカ] 接尾 ① 端；縁；際 例 길가[キルッカ] 名 道端 / 물가[ムルッカ] 名 水際 / 창가[チャンッカ] 窓際 ② 端；傍；辺 例 우물가[ウムルッカ] 名 井戸端 / 호숫가[ホスッカ] 名 湖のほとり / 입가[イプッカ] 口元

가² [ka カ] 助 ①《パッチムのない体言に接続し，主語であることを表す》…が 例 새가 울어요. [セガ ウロヨ] 鳥が鳴きます。②《パッチムのない体言に接続し，가 되다の形で》…になる 例 배우가 되고 싶어요. [ペウガ トゥェゴ シポヨ] 俳優になりたいです。③《パッチムのない体言に接続し，가 아니다の形で》…ではない 例 그 사람은 가수가 아니에요. [ク サーラムン カスガ アニエヨ] 彼は歌手ではありません。④《疑問文で新しい話題を取り上げて質問する場合に》…は 例 프레스센터가 어디예요? [プレスセントガ オディエヨ] プレスセンターはどこですか。関 이[イ] 助 パッチムのある体言に接続し，主語であることを表す。

가-³ [ka: カー] 接頭《一部の名詞の前に付いて》仮…；仮の… 例 가계약[カーゲヤク] 仮契約 / 가봉[カーボン] 名 仮縫い / 가처분[カーチョブン] 名 仮処分

-가⁴ [ka カ] 接尾《一部の名詞の後に付いて》…家 例 소설가[ソーソルガ] 名 小説家 / 전문가[チョンムンガ] 名 専門家

-가⁵ [ka カ] 接尾 ① 街(日本語の…丁目に該当) 例 종로 5(오)가[チョンノ オーガ] 鍾路5丁目 ② 同業の店舗が集中している区域；…街 例 도매 상가[トメ サンガ] 卸売商店街

-가⁶ [ka カ] 接尾 …歌 例 국가[ククカ] 国歌

가게 [ka:ge カーゲ] 名 店；店舗 例 생선 가게[センソン カーゲ] 鮮魚店

가격 [kagjǝk カギョク] 名 価格；値段

가결 [ka:gjǝl カーギョル] 名 可決 他 가결하다[カーギョラダ] 可決する

가계 [kage カゲ] 名 家計

가곡 [kagok カゴク] 名 歌曲

가공 [kagoŋ カゴン] 名 加工 他 가공하다[カゴンハダ] 加工する

가관 [ka:gwan カーグヮン] 名 ① 見るに値するものであること 例 경치가 가관이에요. [キョンチガ カーグヮニエヨ] 景色がすばらしいです。②《反語的に用いられて》見苦しいさま 例 꼴이 가관이다. [ッコリ カーグヮニダ] いいざまだ。

가교 [kagjo カギョ] 名 架橋

가구 [kagu カグ] 名 家具 関 가구점[カグジョム] 名 家具店

가극 [kaguk カグク] 名 歌劇；オペラ 関 가극단[カグクタン] 名 歌劇団

가급적 [ka:gɯpºtʃǝk カーグプチョク] 副 なるべく；できるだけ；できることなら 例 가급적이면[カーグプチョギミョン] できることなら；なるべくなら

가까스로 [kaºkasɯro カッカスロ]

副 やっと；なんとか；かろうじて

가까워지다 [kaʔkawʌdʑida カッカウォジダ] 自 ①(時間・空間的に)近づく；迫る 例 항구가 점점 가까워집니다. [ハングガ チョムジョム カッカウォジムニダ] 港がだんだん近くなります。②親しくなる

가까이 [kaʔkai カッカイ] 副 ①(時間・空間的に)近く；近くに 例 가까이 오지 마세요. [カッカイ オジマーセヨ] 近寄らないでください。②(間柄が)親しく；近く 例 가까이 지내고 있어요. [カッカイ チネゴ イッソヨ] 親しく付き合っています。

가깝다 [kaʔkap̚ta カッカプタ] 形《ㅂ変；가까워/가까운 カッカウォ/カッカウン》 対 멀다 [モールダ] ①(時間・空間的に)近い；間近い 例 직장은 집에서 가까워요. [チクチャンウン チベソ カッカウォヨ] 職場は家から近いです。/ 마감이 가까워요. [マガミ カッカウォヨ] 締め切りが間近です。②(間柄が)近い；親しい 例 가까운 사이 [カッカウン サイ] 親しい間柄 ③(性質や内容などが)似ている；近い 例 천재에 가까운 사람 [チョンジェエ カッカウン サーラム] 天才に近い人

가꾸다 [kaʔkuda カックダ] 他 ①(植物などを)育てる 例 뜰에서 화초를 가꿔요. [ットゥレソ フワチョルル カックウォヨ] 庭で草花を育てています。②(身だしなみを)整える；飾る

가끔 [kaʔkɯm カックム] 副 時折；たまに

가난 [kanan カナン] 名 貧乏；貧しいこと；貧しいさま 하形 가난하다 [カナナダ] 貧しい 例 가난한 생활 [カナナン センフワル] 貧しい生活 関 가난살이 [カナンサリ] 名 貧乏暮らし

가냘프다 [kanjalpʰɯda カニャルプダ] 形《으変；가냘파 カニャルパ》か弱い；弱々しい

가누다 [kanuda カヌダ] 他 ①(気・精神・息づかいなどを)整える ②(姿勢を)まっすぐに保つ；支える

가늘다 [kanɯlda カヌルダ] 形《ㄹ語幹；가는 カヌン》①細い 対 굵다 [ククタ] 例 가는 실 [カヌン シル] 細い糸 ②(粉などが)細かい 例 가는 고춧가루 [カヌン コチュッカル] 細かい粉唐辛子 ③(音・動作が)弱々しい 例 가는 목소리 [カヌン モクソリ] か細い声

가늠 [kanɯm カヌム] 名 ①狙い；照準；狙いを定めること ②見当；予想

가늠하다 [kanɯmɦada カヌマダ] 他《하変》①狙う ②見当をつける 例 몇 살인지 나이를 가늠하기가 어려워요. [ミョッサリンジ ナイルル カヌマギガ オリョウォヨ] 何歳なのか見当をつけるのが難しいです。

가능 [kaːnɯŋ カーヌン] 名 可能 하形 가능하다 [カーヌンハダ] 可能だ 例 실행이 가능해요? [シレンイ カーヌンヘヨ] 実行は可能ですか。関 가능성 [カーヌンッソン] 名 可能性

가다¹ [kada カダ] 自 ①行く；帰る；通う 対 오다 [オダ] 例 학교까지

가다

버스로 가요. [ハクキョッカジ ポスロ カヨ] 学校までバスで行きます。 ②(時間や月日が)去る；経つ 例 세월이 참 빨리도 가네요. [セーウォリ チャム ッパルリド カネヨ] 月日の経つのは本当にはやいですね。／벌써 겨울이 가고 봄이 왔어요. [ポルッソ キョウリ カゴ ポミ ワッソヨ] もう冬が去って春が来ました。③(ある通路や目的地に)通じる 例 역으로 가는 길은 이쪽이 더 가까워요? [ヨグロ カヌン ギルン イッチョギ ト カッカウォヨ] 駅へ行く道はこっちの方が近いですか。④(明かり；電気などが)消える 例 전깃불이 갔어요. [チョンギップリ カッソヨ] 明かりが消えました。⑤(ひび；しわが)できる；入る 例 아끼는 유리잔인데 금이 갔어요. [アッキヌン ユリジャニンデ クミ カッソヨ] 大切にしているグラスにひびが入りました。⑥(理解・納得)できる 他《移動を表す名詞などに付いて》…に行く 例 일요일에 같이 등산을 가요. [イリョイレ カチ トゥンサヌル カヨ] 日曜日に一緒に登山に行きましょう。

가다² [kada カダ] 補動《-아／어 가다の形で》…していく 例 밤이 깊어 가네요. [パミ キポ ガネヨ] 夜が更けていきますね。

가다듬다 [kadadum'ta カダドゥムタ] 他 ①(気持ちを)落ち着ける；気を取り直す ②身なりをきちんと整える

가닥 [kadak カダク] 名 筋 依名 糸などの細い物を数える語：…本；…筋

가담 [kadam カダム] 名 加担 하他 가담하다 [カダマダ] 加担する；加勢する

가동 [kadoŋ カドン] 名 稼働 하自他 가동하다 [カドンハダ] 稼働する

가두 [ka:du カードゥ] 名 街頭

가두다 [kaduda カドゥダ] 他 閉じ込める；押し込める

가득 [kaduk カドゥク] 副 いっぱいに；あふれるばかりに 例 콘서트장이 관객으로 가득 찼어요. [コンソトゥジャンイ クワンゲグロ カドゥク チャッソヨ] コンサート会場が観客でいっぱいです。 하形 가득하다 [カドゥカダ] いっぱいだ；満ちている 関 가득히 [カドゥキ] 副 いっぱいに；ぎっしりと；なみなみと

가라앉다 [karaan²ta カラアンタ] 自 ①沈む；没する 例 객선이 바다 밑으로 가라앉았대요. [ケクソニ パダ ミトゥロ カラアンジャッテヨ] 客船が海の底に沈んだそうです。②(痛み・悩み・興奮などが)静まる；治まる；安らぐ 例 따뜻한 차를 한 잔 마셨더니 마음이 가라앉았어요. [ッタットゥッカン チャルル ハン ジャン マショットニ マウミ カラアンジャッソヨ] 温かいお茶を1杯飲んだら心が落ち着きました。③(騒ぎなどが)鎮まる

가라앉히다 [karaantɕʰida カラアンチダ] 他 ①沈める ②鎮める；和らげる 例 흥분을 가라앉히고 천천히 이야기해 보세요. [フンブヌル カラアンチゴ チョーンチョニ イヤギヘ ボセヨ] 興奮を鎮めてゆっ

くり話してみてください。

가락 [karak カラク] 名 拍子；節；調べ

가랑비 [karaŋbi カランビ] 名 小雨；霧雨；こぬか雨

가랑이 [karaŋi カランイ] 名 (ズボンなどの) 股；股下

가랑잎 [karaŋnip カランニプ] 名 (広葉樹の) 枯れ葉；落ち葉 類 낙엽 [ナギョプ]

가래 [kare カレ] 名 痰

가량 [ka:rjaŋ カーリャン] 依名 《数量を表す語の後に付いて》…くらい；ほど 例 30 (삼십) 명 가량 [サムシムミョン カーリャン] 30 名ほど

가려내다 [karjɔnɛda カリョネダ] 他 選り分ける

가려먹다 [karjɔmɔkʼta カリョモクタ] 他 選り好みして食べる；偏食する

가련하다 [ka:rjɔnɦada カーリョナダ] 形 〖하変〗可憐だ；かわいそうだ；哀れだ

가렵다 [karjɔpʼta カリョプタ] 形 〖ㅂ変；가려워 / 가려운 カリョウォ / カリョウン〗かゆい 例 등이 가려워 죽겠어요. [トゥンイ カリョウォ チュクケッソヨ] 背中がかゆくてたまりません。

가령 [ka:rjɔŋ カーリョン] 副 仮に；もしも；たとえ

가로¹ [karo カロ] 名 横 対 세로 [セロ] 関 가로쓰기 [カロッスギ] 名 横書き

가로² [karo カロ] 副 横に

가로³ [karo カロ] 名 街路 関 가로등 [カロドゥン] 名 街灯 / 가로수 [カロス] 名 街路樹；並木

가로막다 [karomakʼta カロマクタ] 他 (前を) 塞ぐ；遮る

가로막히다 [karomakkʰida カロマキダ] 自 遮られる；妨害される

가로지르다 [karodʑiruda カロジルダ] 他 〖르変：가로질러 カロジルロ〗① 横に掛け渡す ② 横切る 例 승용차가 도로를 가로질러 상가를 들이받았어요. [スンヨンチャガ トーロルル カロジルロ サンガルル トゥリバダッソヨ] 乗用車が道路を横切って店に突っ込みました。

가루 [karu カル] 名 粉；粉末

가르다 [karuda カルダ] 他 〖르変：갈라 カルラ〗① 分ける；分配する 例 점심시간에 두 편으로 갈라 축구시합을 했어요. [チョムシムシガネ トゥー ピョヌロ カルラ チュックシハブル ヘッソヨ] 昼休みの時間に 2 チーム分かれてサッカーの試合をしました。② 切る；切り裂く ③ 分類する；選り分ける

가르치다 [karutʃʰida カルチダ] 他 ① 教える 例 학생에게 일본어를 가르치고 있어요. [ハクセンエゲ イルボノルル カルチゴ イッソヨ] 学生に日本語を教えています。② 諭す；導く

가르침 [karutʃʰim カルチム] 名 (師匠・先生の) 教え

가름하다 [karumɦada カルマダ] 他 〖하変〗① 分ける ②（問題など）判断する

가리다¹ [karida カリダ] 他 覆う；遮る；隠す

가리다² [karida カリダ] 他 ① 選り分ける；選ぶ ② 人見知りをする ③ (食べ物の) 選り好みをする ④

見分ける；わきまえる

가리비 [karibi カリビ] 名 ホタテガイ

가리키다 [karikʰida カリキダ] 他 ①(言葉・動作などで)指す；示す ②(記号などで)方向や時刻など示す

가마¹ [kama カマ] 名 窯・釜 関 가마터 [カマト] 名 窯跡

가마² [kaːma カーマ] 名 輿・駕籠

가마득하다 [kamadukkʰada カマドゥカダ] 形〖하変〗① 遥かに遠い ②記憶がかすかだ

가만있다 [kamanitʔta カマニッタ] 存 黙っている；大人しくしている 関 가만히 [カマニ] 副 静かに；おとなしく；黙って

가망 [kaːmaŋ カーマン] 名 見込み；望み；可能性

가맹 [kameŋ カメン] 名 加盟 自 가맹하다 [カメンハダ] 加盟する

가면 [kaːmjɔn カーミョン] 名 仮面；マスク 関 가면극 [カーミョングク] 名 仮面劇

가명 [kaːmjɔŋ カーミョン] 名 仮名

가문 [kamun カムン] 名 家門；一家

가물거리다 [kamulgɔrida カムルゴリダ] 自 ①(明かりや炎が)ちらちらする；点滅する ②(意識などが)ぼうっとする

가물다 [kamulda カムルダ] 自〖ㄹ語幹:가무는 カムヌン〗日照りになる；干ばつが続く 関 가뭄 [カムム] 名 干ばつ；日照り

가미 [kami カミ] 名 加味 하他 가미하다 [カミハダ] 加味する

가발 [kaːbal カーバル] 名 かつら；ウィッグ

가방 [kabaŋ カバン] 名 カバン；バッグ 例 저는 이 가방이 마음에 들어요. [チョヌン イ カバンイ マウメ トゥロヨ] 私はこの鞄が気に入っています。関 손가방 [ソンカバン] 名 手提げカバン

가볍다 [kabjɔpʔta カビョプタ] 形〖ㅂ変:가벼워 / 가벼운 カビョウォ / カビョウン〗対 무겁다 [ムゴプタ] ①(重量が)軽い 例 짐이 가벼워요. [チミ カビョウォヨ] 荷物が軽いです。/ 그럼, 이게 가벼우니까 이걸 들어 주세요. [クロム イゲ カビョウニッカ イゴル トゥロ ジュセヨ] では，こちらが軽いですからこちらを持ってください。②(性質・気性が)軽率だ；軽はずみだ ③(程度が)軽い 副 가벼이 [kabjɔi カビョイ] 軽く

가부 [kaːbu カーブ] 名 可否；よしあし

가불 [kaːbul カーブル] 名 前借り；先払い 하他 가불하다 [カーブルハダ] 前借りする

가빠지다 [kaʔpadʑida カッパジダ] 自 息切れする；あえぐ

가뿐하다 [kaʔpunɦada カップナダ] 形〖하変〗非常に軽い 副 가뿐히 [カップニ] 軽々と；軽やかに

가쁘다 [kaʔpuda カップダ] 形〖으変:가빠 カッパ〗息が苦しい；息が切れる

가사 [kasa カサ] 名 歌詞

가산 [kasan カサン] 名 家産；身代；家財

가소롭다 [kaːsoropʔta カーソロプタ] 形〖ㅂ変:가소로워 / 가소로운 カーソロウォ / カーソロウン〗おかし

가속 [kasok カソク] 名 加速 하自他 가속하다 [カソカダ] 加速する 関 가속도 [カソクト] 名 加速度

가솔린 [kasollin カソルリン] 名 ガソリン

가수 [kasu カス] 名 歌手 例 저는 커서 가수가 되고 싶어요. [チョヌン コソ カスガ トゥェゴ シポヨ] 私は、大きくなったら歌手になりたいです。

가스 [kasɯ カス] 名 ガス 関 도시가스 [トシガス] 名 都市ガス / 천연가스 [チョニョンガス] 名 天然ガス / 가스 중독 [カス チュンドク] 名 ガス中毒

가슴 [kasɯm カスム] 名 ① 胸；胸部 例 가슴이 두근거려요. [カスミ トゥグンゴリョヨ] 胸がどきどきします。 ② 心；胸 例 가슴이 아파요. [カスミ アパヨ] 胸が痛いです。 / 가슴이 설레요. 胸がわくわくします。 / 가슴이 막 떨려요. [カスミ マクットルリョヨ] 胸がとてもどきどきします。

가시 [kaʃi カシ] 名 ① 刺 ②（魚の）小骨 ③《比喩的に》憎い人

가시다 [kaʃida カシダ] 自（ある状態や痛みなどが）消える；なくなる 他 すすぐ；洗う

가야금 [kajagɯm カヤグム] 名 伽倻琴《韓国固有の弦楽器の一種》

가열 [kajɔl カヨル] 名 加熱 하自他 가열하다 [カヨラダ] 加熱する

가엾다 [ka:jɔpʰta カーヨプタ] 形 かわいそうだ，あわれだ 副 가엾이 [カーヨプシ] かわいそうに；あわれに

가오리 [kaori カオリ] 名 エイ

가요 [kajo カヨ] 名 歌謡 関 가요계 [カヨゲ] 名 歌謡界 / 가요곡 [カヨゴク] 名 歌謡曲

가운데 [kaunde カウンデ] 名 ① 中；真ん中；中央 例 가운데로 오세요. [カウンデロ オセヨ] 中央に来てください。 ②（行動している）間；中 例 바쁘신 가운데 와 주셔서 대단히 감사합니다. [パップシン カウンデ ワ ジュショソ テーダニ カームサハムニダ] お忙しい中をお越しいただきありがとうございます。

가위 [kawi カウィ] 名 ① はさみ 例 가위로 갈비를 잘라 주세요. [カウィロ カルビルル チャルラ ジュセヨ] はさみでカルビを切ってください。 ②（じゃんけんの）チョキ 例 가위바위보 [カウィパウィボ] じゃんけんぽん

가을 [kaul カウル] 名 秋 関 초가을 [チョガウル] 名 初秋 / 늦가을 [ヌッカウル] 名 晩秋

가입 [kaip カイプ] 名 加入 하自他 가입하다 [カイパダ] 加入する

가자미 [kadʑami カジャミ] 名 カレイ

가장¹ [ka:dʑaŋ カージャン] 名 仮装 하自他 가장하다 [カージャンハダ] 仮装する；変装する

가장² [kadʑaŋ カジャン] 副 最も；何よりも 例 가장 좋아하는 게 뭐예요? [カジャン チョーアハヌン ゲ ムォーエヨ] 一番好きなのは何ですか。

가장³ [kadʑaŋ カジャン] 名 家長

가장자리 [ka:dʑaŋdʑari カージャンジャリ] 名 端；縁

가재

가재¹ [ka:dʒɛ カージェ] 名 ザリガニ

가재² [kadʒɛ カジェ] 名 家財

가전제품 [kadʒɔndʒe:pʰum カジョンジェープム] 名 家電製品

가정¹ [kadʒɔŋ カジョン] 名 家庭 例 아버지는 우리 가정의 대들보예요. [アボジヌン ウリ カジョンエ テドゥルポエヨ] 父はうちの(家庭の)大黒柱です。関 가정 교사 [カジョン キョーサ] 名 家庭教師 / 가정 교육 [カジョン キョーユク] 名 家庭教育 / 가정 방문 [カジョン パンムン] 名 家庭訪問

가정² [ka:dʒɔŋ カージョン] 名 仮定 하自他 가정하다 [カージョンハダ] 仮定する 되受動 가정되다 [カージョンドゥェダ] 仮定される 関 가정적 [カージョンジョク] 名 仮定的

가져가다 [kadʒɔgada カジョガダ] 他 ①持っていく ②(ある状態に)持っていく;ひきずり込む

가져오다 [kadʒɔoda カジョオダ] 他 ①持ってくる 例 여권하고 도장을 꼭 가져오셔야 돼요. [ヨックォナゴ トジャンウル ッコク カジョオショヤ ドゥェヨ] パスポートと印鑑は必ずお持ちにならなければいけません。②(ある状態・結果を)もたらす

가족 [kadʒok カジョク] 名 家族 例 가족이 몇 명이에요? [カジョギ ミョン ミョンイエヨ] 家族は何人ですか。

가죽 [kadʒuk カジュク] 名 (人・動物の)皮;皮革 関 가죽띠 [カジュクッティ] 名 革ベルト / 가죽 잠바 [カジュク チャムパ] 名 革ジャンパー

가지¹ [kadʒi カジ] 名 枝 関 나뭇가지 [ナムッカジ] 名 木の枝

가지² [kadʒi カジ] 名 ナス;ナスビ

가지³ [kadʒi カジ] 依名 種類 例 몇 가지 [ミョッ カジ] 何種類 / 여러 가지 [ヨロ ガジ] いろいろな種類;いろいろ

가지다 [kadʒida カジダ] 他 ①(手や身に)持つ;携える ②(心に)抱く ③所有する 例 이거 제가 가져도 돼요? [イゴ チェガ カジョド ドゥェヨ] これは私がもらってもいいですか。④(関係・連係を)持つ ⑤(行事や式を)行う ⑥妊娠する

가지런하다 [kadʒirɔnɦada カジロナダ] 形 《하変》(物の高さや大きさが)揃っている;きちんとしている 副 가지런히 [カジロニ] きちんと;一様に;揃えて

가짜 [ka:ˀtʃa カーッチャ] 名 偽物

가차없다 [ka:tʃʰaɔpˀta カーチャオプタ] 存 容赦しない 副 가차없이 [カーチャオプシ] 容赦なく

가책 [ka:tʃʰɛk カーチェク] 名 呵責

가축 [katʃʰuk カチュク] 名 家畜

가출 [katʃʰul カチュル] 名 家出 하自 가출하다 [カチュラダ] 家出する

가치 [katʃʰi カチ] 名 価値;値 例 저도 선생님처럼 가치 있는 삶을 살아 보고 싶어요. [チョド ソンセンニムチョロム カチ インヌン サルムル サラ ボゴ シポヨ] 私も先生のように価値ある人生を送ってみたいです。

가택 [katʰɛk カテク] 名 家宅;住まい

가톨릭 [katʰollik カトルリク] 名 カトリック 関 가톨릭교 [カトルリクキョ] 名 カトリック教

가파르다 [kapʰaruda カパルダ] 形 〚르変:가팔라 カパルラ〛(坂道や山が)急だ；険しい

가하다 [kañada カハダ] 他〚하変〛加える；足す

가해 [kañɛ カヘ] 名 加害 関 가해자 [カヘジャ] 名 加害者

가혹하다 [ka:ɦokkʰada カーホカダ] 形〚하変〛苛酷だ；厳しい

가훈 [kañun カフン] 名 家訓

각 [kak カク] 冠 おのおの；それぞれ 例 각 팀에서 두 명씩 대표를 뽑아 주세요. [カク ティメソ トゥー ミョンッシク テーピョルル ッポバ ジュセヨ] 各チームから2名ずつ代表を選んでください。

각가지 [kak²kadʑi カクカジ] 名 各種

각각 [kak²kak カクカク] 副 おのおの；それぞれ 例 각각 다른 의견을 내 놓았어요. [カクカク タルン ウイーギョヌル ネ ノアッソヨ] それぞれ別の意見を出しました。

각광 [kak²kwaŋ カクックワン] 名 脚光

각도 [kak²to カクト] 名 角度 関 각도기 [カクトギ] 名 分度器

각료 [kaŋnjo カンニョ] 名 閣僚

각막 [kaŋmak カンマク] 名 角膜

각박하다 [kak²pakkʰada カクパカダ] 形〚하変〛①薄情だ ②世知辛い

각별하다 [kak²pjɔrɦada カクピョラダ] 形〚하変〛格別だ 副 각별히 [カクピョリ] 格別に；特別に

각본 [kak²pon カクポン] 名 脚本；シナリオ

각색 [kak²sek カクセク] 名 脚色 他他 각색하다 [カクセカダ] 脚色する

각서 [kak²sɔ カクソ] 名 覚書

각성 [kak²sɔŋ カクソン] 名 覚醒；目覚め 自自 각성하다 [カクソンハダ] 覚醒する；目覚める 関 각성제 [カクソンジェ] 名 覚醒剤

각양 [kagjaŋ カギャン] 名 様々；色々 関 각양각색 [カギャンガクセク] 名 色々；様々

각오 [kago カゴ] 名 覚悟 他他 각오하다 [カゴハダ] 覚悟する

각위 [kagwi カグィ] 名 各位

각의 [kagi カギ] 名 閣議

각자 [kak²tɕa カクチャ] 名 各自 副 各自；銘々

각지 [kak²tɕi カクチ] 名 各地

각하 [kakkʰa カカ] 名 却下 他他 각하하다 [カカハダ] 却下する 可受動 각하되다 [カカドゥェダ] 却下される

간¹ [kan カン] 名 ①(料理に用いる)塩辛い調味料 ②塩味；塩気 関 간을 보다 [カヌル ポダ] 塩加減をみる / 간을 맞추다 [カヌル マッチュダ] 塩加減を調える

간² [ka:n カーン] 名 ①肝臓 ②胆力；勇気

간-³ [ka:n カーン] 接頭 過ぎ去ったことを表す語 例 간밤 [カーンバム] 名 昨夜

-간⁴ [kan カン] 接尾 間 例 서울 경주 간 [ソウル キョンジュガン] ソウル慶州間 / 삼 일간 [サ ミルガン] 3日間

간간이 [ka:ngani カーンガニ] 副 ①時々；時折 ②ぽつんぽつんと

간격 [ka:ngjɔk カーンギョク] 名 ①間隔；間 ②隔たり；ギャップ

간결 [ka:ngjɔl カーンギョル] 名 簡潔

간곡

하形 간결하다[カーンギョラダ] 簡潔だ 関 간결히[カーンギョリ] 副 簡潔に

간곡 [ka:ngok カーンゴク] 名 懇切; 丁寧 **하形** 간곡하다[カーンゴカダ] 丁寧だ; ねんごろだ 関 간곡히[カーンゴキ] 副 懇切に; 丁寧に

간과 [kangwa カングヮ] 名 看過; 見逃すこと **하他** 간과하다[カングヮハダ] 看過する; 見逃す

간단 [kandan カンダン] 名 簡単 形 간단하다[カンダナダ] 簡単だ 関 간단히[カンダニ] 副 簡単に

간담¹ [ka:ndam カーンダム] 名 ①肝胆 ②心; 胸の中 例 간담을 털어놓고 이야기합시다. [カーンダムル トロノッコ イヤギハプシダ] 腹を割って話し合いましょう。

간담² [ka:ndam カーンダム] 名 懇談 **하自** 간담하다[カーンダマダ] 懇談する 関 간담회[カーンダムェ] 名 懇談会

간데없다 [kandeop²ta カンデオプタ] 存 いなくなっている; 消え失せている 副 간데없이[カンデオプシ] 消え失せて; なくなって

간데온데없다 [kandeondeop²ta カンデオンデオプタ] 存 どこへ行ったのかわからない 類 온데간데없다[オンデガンデオプタ]

간략 [kalljak カルリャク] 名 簡略 **하形** 간략하다[カルリャカダ] 手軽で簡単だ 副 간략히[カルリャキ] 手軽に; 簡略に

간병 [kanbjɔŋ カンビョン] 名 看病 **하他** 간병하다[カンビョンハダ] 看病する 関 간병인[カンビョンイン] 名 付添; ヘルパー

간부 [kanbu カンブ] 名 幹部

간사 [kansa カンサ] 名 幹事

간사스럽다 [kansasɯrop²ta カンサスロプタ] 形《ㅂ変: 간사스러워 / 간사러운 カンサスロウォ / カンサスロウン》ずる賢い 例 그 사람은 간사스럽기로 유명해요. [ク サーラムン カンサスロプキロ ユーミョンヘヨ] 彼はずる賢いことで有名です。

간섭 [kansɔp カンソプ] 名 干渉 **하自他** 간섭하다[カンソパダ] 干渉する

간소 [kanso カンソ] 名 簡素 **하形** 간소하다[カンソハダ] 簡素だ 関 간소화[カンソフヮ] 名 簡素化

간수하다 [kansuɦada カンスハダ] 他《ㅎ変》大事に保管する; 大切にしまっておく

간식 [ka:nʃik カーンシク] 名 間食; おやつ **하自他** 간식하다[カーンシカダ] 間食する; おやつを食べる

간신히 [kanʃini カンシニ] 副 辛うじて; 辛くも; ようやく; やっと

간암 [ka:nam カーナム] 名 肝癌

간염 [ka:njɔm カーニョム] 名 肝炎

간이 [ka:ni カーニ] 名 簡易

간장¹ [kandʒaŋ カンジャン] 名 醬油

간장² [ka:ndʒaŋ カーンジャン] 名 ①肝臓と腸 ②気; 思い 関 간장을 태우다[カーンジャンウル テウダ] 気をもむ

간장³ [ka:ndʒaŋ カーンジャン] 名 肝臓

간절 [ka:ndʒɔl カーンジョル] 名 懇切 **하形** 간절하다[カーンジョラダ] 懇切丁寧だ; 非常に手厚く親

切だ；切実だ 関 간절히 [カーンジョリ] 副 懇切に；切実に
간접 [kaːndʑɔp カーンジョプ] 名 間接 関 간접적 [カーンジョプチョク] 名 間接的
간주하다 [kandʑuɦada カンジュハダ] 他 《하변》見做す
간지 [kandʑi カンジ] 名 干支；えと 類 띠 [ッティ]
간지럽다 [kandʑirɔpt͈a カンジロプタ] 形 《ㅂ: 간지러워 / 간지러운 カンジロウォ / カンジロウン》 くすぐったい；照れ臭い；こそばゆい
간직하다 [kandʑikkʰada カンジカダ] 他 《하변》 (大切に) しまっておく；保存する；保管する
간질간질 [kandʑilgandʑil カンジルガンジル] 副 むずむず；もぞもぞ；うずうず
간질이다 [kandʑirida カンジリダ] 他 くすぐる
간첩 [kaːntɕʰɔp カーンチョプ] 名 スパイ
간청 [kaːntɕʰɔŋ カーンチョン] 名 懇請 하타 간청하다 [カーンチョンハダ] 懇ろに頼む
간추리다 [kantɕʰurida カンチュリダ] 他 まとめる；要約する
간파하다 [kanpʰaɦada カンパハダ] 他 《하변》 見破する；見破る；見抜く
간판 [kanpʰan カンパン] 名 看板
간편 [kanpʰjɔn カンピョン] 名 簡便 하形 간편하다 [カンピョナダ] 簡便だ 関 간편히 [カンピョニ] 副 簡便に
간행 [kanɦɛŋ カネン] 名 刊行 하타 간행하다 [カネンハダ] 刊行する

関 간행물 [カネンムル] 名 刊行物 / 간행본 [カネンボン] 名 刊行本

간호 [kanɦo カノ] 名 看護 하타 간호하다 [カノハダ] 看護する；看病する 例 간밤에 아픈 동생을 간호하느라 한숨도 못 잤어요. [カーンバメ アプン トンセンウル カノハヌラ ハンスムド モッ チャッソヨ] 昨夜, 病気の弟の看病をしていて一睡もできませんでした。 関 간호사 [カノサ] 名 看護士

간혹 [kaːnɦok カーノク] 副 時々；たまに；時折

갇히다 [katɕʰida カチダ] 自 閉じこめられる

갈다¹ [kalda カルダ] 他 《ㄹ語幹: 가는 カヌン》 取り替える；換える 例 시트를 갈아 주세요. [シトゥルル カラ ジュセヨ] シーツを取り替えてください。

갈다² [kaːlda カールダ] 他 《ㄹ語幹: 가는 カーヌン》 ① 研ぐ；磨ぐ ② (臼で) ひく ③ 歯ぎしりする ④ (大根などを) すりおろす

갈다³ [kaːlda カールダ] 他 《ㄹ語幹: 가는 カーヌン》 (田畑を) 耕す

갈대 [kalt͈ɛ カルテ] 名 葦；ヨシ

갈등 [kalt͈ɯŋ カルトゥン] 名 葛藤 하自 갈등하다 [カルトゥンハダ] 葛藤する；もつれる

갈라지다 [kalladʑida カルラジダ] 自 ① 割れる；裂ける；分裂する ② 分かれる；分岐する ③ (人間関係などで) 別れる

갈래 [kallɛ カルレ] 名 股；分岐

갈림길 [kallimk͈il カルリムッキル] 名 分かれ道；別れ道

갈망 [kalmaŋ カルマン] 名 渇望

갈매기

하他 갈망하다 [カルマンハダ] 渇望する

갈매기 [kalmɛgi カルメギ] 名 カモメ

갈비 [kalbi カルビ] 名 ①肋骨；あばら骨 ②(料理用の)あばら肉 例 갈비를 구워 먹었어요. [カルビルル クウォ モゴッソヨ] カルビを焼いて食べました。関 소갈비 [ソガルビ] 名 牛のあばら肉 / 돼지갈비 [トウェジガルビ] 名 豚のあばら肉 / 갈비구이 [カルビグイ] 名 あばら肉の焼き肉

갈색 [kalˀsɛk カルセク] 名 褐色

갈아넣다 [karanʌtʰa カラノッタ] 他 入れ替える

갈아입다 [karaipˀta カライプタ] 他 着替える

갈아치우다 [karatɕʰiuda カラチウダ] 他 交替させる；すげ替える

갈아타다 [karatʰada カラタダ] 他 乗り換える 例 강남에 가는 데 어디서 갈아타야 해요? [カンナメ カヌンデ オディソ カラタヤ ヘヨ] 江南に行くのにどこで乗り換えなければいけませんか。関 갈아타는 역 [カラタヌン ニョク] 乗り換え駅

갈증 [kalˀtɕɯŋ カルチュン] 名 喉の渇き 例 갈증이 났어요. [カルチュンイ ナッソヨ] 喉が渇きました。

갈채 [kaltɕʰɛ カルチェ] 名 喝采 自 갈채하다 [カルチェハダ] 喝采する 関 박수갈채 [パクスガルチェ] 名 拍手喝采

갈치 [kaltɕʰi カルチ] 名 タチウオ

갈퀴 [kalkʰwi カルクィ] 名 熊手

갈팡질팡 [kalpʰaŋdʑilpʰaŋ カルパンジルパン] 副 右往左往；まごまごご；おろおろ 自 갈팡질팡하다 [カルパンジルパンハダ] まごまごする；右往左往する

갈피 [kalpʰi カルピ] 名 要領；分別 関 책갈피 [チェクカルピ] 名 しおり

갉아먹다 [kalgamʌkˀta カルガモクタ] 他 ①かじって食べる ②(人の物やお金を少しずつ)くすねる

감¹ [kaːm カーム] 名 柿 関 곶감 [コッカム] 名 干し柿 / 떫은 감 [ットルブン ガーム] 名 渋柿 / 단감 [タンガム] 名 甘柿

감² [kaːm カーム] 名 (品物を作る)材料 関 옷감 [オッカーム] 名 服地

감³ [kaːm カーム] 名 感；感じ

감각 [kaːmgak カームガク] 名 感覚 関 감각 기관 [カームガク キグヮン] 名 感覚器官 / 감각 기능 [カームガク キヌン] 名 感覚機能

감감 [kamgam カムガム] 副 遥かに；遠くに 関 감감무소식 [カムガムムソシク] 名 まったく消息や便りがない

감감하다 [kamgamɦada カムガマダ] 形 『하変』 ①遥かだ ②すっかり忘れている ③まるっきり消息がない 副 감감히 [カムガミ] まるっきり；遥かに

감개무량 [kaːmgɛmurjaŋ カームゲムリャン] 名 感慨無量 形動 감개무량하다 [カームゲムリャンハダ] 感慨無量だ 例 모두가 감개무량해서 울먹였어요. [モドゥガ カームゲムリャンヘソ ウルモギョッソヨ] 皆が感慨無量で泣き出しそうでした。

감격 [kaːmgjʌk カームギョク] 名 感激 自 감격하다 [カームギョカダ] 感激する

감귤 [kamgjul カムギュル] 名 柑橘

감금 [kamgum カムグム] 名 監禁 他 감금하다 [カムグマダ] 監禁する 受動 감금되다 [カムグムドゥェダ] 監禁される

감기 [ka:mgi カームギ] 名 風邪 関 감기 기운 [カームギ キウン] 名 風邪気味 / 감기 들다 [カームギ トゥルダ] 風邪を引く / 감기에 걸리다 [カームギエ コルリダ] 風邪に罹る

감다¹ [ka:m²ta カームタ] 他 (目を)閉じる；つぶる

감다² [ka:m²ta カームタ] 他 (体や髪などを)洗う

감다³ [ka:m²ta カームタ] 他 巻く

감당 [kamdaŋ カムダン] 名 やりこなすこと；うまくやりとげること 自 감당하다 [カムダンハダ] やりこなす；うまくやりとげる 例 그런 중요한 일을 감당할 자신이 없어요. [クロン チューンヨハン ニールル カムダンハル チャシニ オープソヨ] そんな重要な仕事をやりとげる自信はありません。

감독 [kamdok カムドク] 名 監督 他 감독하다 [カムドカダ] 監督する 関 야구 감독 [ヤグ カムドク] 名 野球の監督 / 영화감독 [ヨンフヮガムドク] 名 映画監督 / 현장 감독 [ヒョンジャン カムドク] 名 現場監督

감돌다 [ka:mdolda カームドルダ] 自 〘ㄹ語幹：감도는 カームドヌン〙① うねる；くねる ②(ある雰囲気などが)漂う；立ち込める

감동 [ka:mdoŋ カームドン] 名 感動 自 감동하다 [カームドンハダ] 感動する

감명 [ka:mmjɔŋ カームミョン] 名 感銘 例 주연 배우의 뛰어난 연기에 정말 감명을 받았어요. [チュヨン ペウエ ットゥィオナン ヨンギエ チョーンマル カームミョンウル パダッソヨ] 主演俳優の優れた演技に本当に感銘を受けました。

감미¹ [kammi カムミ] 名 甘味

감미² [kammi カムミ] 名 甘美 関 감미롭다 [カムミロプタ] 形 〘ㅂ変：감미로워 / 감미로운 カムミロウォ / カムミロウン〙甘美だ

감사 [ka:msa カームサ] 名 感謝 例 이날 이때까지 우리를 길러 주신 부모님의 은혜에 감사 드립니다. [イナル イッテッカジ ウリルル キルロ ジュシン プモニメ ウネエ カームサ トゥリムニダ] この日この時まで私たちを育ててくださった両親のご恩に感謝申し上げます。

감사하다 [ka:msafiada カームサハダ] 形 〘하変〙ありがたい 例 감사합니다. [カームサハムニダ] ありがとうございます。 自 〘하変〙感謝する

감상¹ [ka:msaŋ カームサン] 名 感想；所感 関 감상문 [カームサンムン] 名 感想文

감상² [ka:msaŋ カームサン] 名 感傷

감상³ [kamsaŋ カムサン] 名 鑑賞 他 감상하다 [カムサンハダ] 鑑賞する

감색 [kamsek カムセク] 名 紺色

감소 [ka:mso カームソ] 名 減少 自他 감소하다 [カームソハダ] 減少する

감수 [kamsu カムス] 名 監修 他 감수하다 [カムスハダ] 監修する

감시 [kamʃi カムシ] 名 監視 他 감

시하다[カムシハダ] 監視する
감식[kamʃik カムシク] 名 鑑識 하他 **감식하다**[カムシカダ] 鑑識する；見極める
감싸다[ka:mʔsada カームッサダ] 他 ① くるむ；包み込む ② 包み隠す；かばう；庇護する
감안[kaman カマン] 名 勘案 하他 **감안하다**[カマナダ] 勘案する
감언[kamon カモン] 名 甘言 関 **감언에 넘어가다**[カモネ ノモガダ] 口車に乗せられる
감염[ka:mjom カーミョム] 名 感染 自 **감염되다**[カーミョムドゥェダ] 感染する
감옥[kamok カモク] 名 監獄；刑務所
감원[ka:mwon カームォン] 名 減員 하他 **감원하다**[カームォナダ] 人員を減らす
감자[kamdʒa カムジャ] 名 ジャガイモ
감점[ka:mʔtʃom カームッチョム] 名 減点 하他 **감점하다**[カームッチョマダ] 減点する
감정[1][ka:mdʒoŋ カームジョン] 名 感情；気分 例 그 사람은 감정 표현이 풍부해요. [ク サーラムン カームジョン ピョヒョニ プンブヘヨ] 彼は感情表現が豊かです。/ 오늘 무슨 감정 상하는 일이라도 있었어요? [オヌル ムスン カームジョン サンハヌン ニーリラド イッソッソヨ] 今日は何か気分を害するようなことでもあったのですか。
감정[2][kamdʒoŋ カムジョン] 名 鑑定 하他 **감정하다**[カムジョンハダ] 鑑定する

감질[kamdʒil カムジル] 名 (物欲しかったり食べたかったりして) もどかしくなる心 関 **감질나다**[カムジルラダ] 自 もどかしくなる
감쪽같다[kamʔtʃokʔkatʔta カムッチョクカッタ] 形 (模造品などが) 本物とそっくりだ 副 **감쪽같이**[カムッチョクカチ] まんまと；跡形もなく 例 감쪽같이 속았어요. [カムッチョクカチ ソガッソヨ] まんまと騙されました。
감초[kamtʃʰo カムチョ] 名 ① 甘草 ② でしゃばり 《甘草がほとんどの漢方薬に入ることから，何事にも一役かって出る人をたとえて》
감촉[ka:mtʃʰok カームチョク] 名 感触
감추다[kamtʃʰuda カムチュダ] 他 (物・行方・姿などを) ① 隠す ② (感情を) 隠す；抑える
감칠맛[ka:mtʃʰilmat カームチルマッ] 名 ① (食物の) うまみ；良い後味 ② 人を引きつける魅力
감탄[ka:mtʰan カームタン] 名 感嘆 하自 **감탄하다**[カームタナダ] 感嘆する
감투[kamtʰu カムトゥ] 名 ① 昔の役人が被った官帽の一種 ② 官位を表す俗語
감히[ka:mi カーミ] 副 敢えて；しいて；恐れ多くも
갑[kap カプ] 名 小さい箱；ケース 例 성냥갑 [ソンニャンッカプ] マッチ箱 依名 …箱
갑갑하다[kapʔkapʰada カプカパダ] 形 『ㅎ変』 ① 息苦しい；窮屈だ ② 退屈だ；うんざりする ③ じれったい

갑부[kap²pu カプブ] 名 大金持ち

갑자기[kap²tʃagi カプチャギ] 副 突然;急に;にわかに 例 앞차가 갑자기 멈춰 서는 바람에 사고가 날 뻔했어요. [アプチャガ カプチャギ モムチュォ ソヌン パラメ サーゴガ ナル ッポネッソヨ] 前の車が突然止まったために事故が起きるところでした。

갑작스럽다[kap²tʃak²surəp²ta カプチャクスロプタ] 形《ㅂ変:갑작스러워 / 갑작스러운 カプチャクスロウォ / カプチャクスロウン》急だ;思いがけない

갑절[kap²tʃəl カプチョル] 名 倍;二倍 副 倍に

값[kap カプ] 名 ①価値 ②代価 ③価格;値段 例 값이 꽤 나가는 물건이에요. [カプシ ックェ ナガヌン ムルゴニエヨ] 値段がかなりするものです。④料金 ⑤数値 関 값나가다[カムナガダ] 自 高価になる / 값 매기다[カム メギダ] 値段をつける / 값비싸다[カプピッサダ] 形 高価だ / 값싸다[カプッサダ] 形 安い / 값어치[カボチ] 名 価値;値打ち / 값 치르다[カプ チルダ] 代金を支払う

갓¹[kat カッ] 名 ①(昔の成人した男子が被った)冠帽 ②(ランプなどの)かさ

갓²[kat カッ] 副 たった今;今しがた;…したばかりの

갓난아이[kannanai カンナナイ] 名 赤子;新生児 類 갓난애[カンナネ]

강[kaŋ カン] 名 川;河 関 강가[カンッカ] 名 川端;川辺 / 강 건너 불구경[カン コンノ プルグギョン] 川越しに火事見物《高見の見物》

강강술래[kaŋgaŋsulle カンガンスルレ] 名 カンガンスルレ《韓国南部の海岸地方に伝わる民俗舞踊の一種,またその歌》

강경[kaŋgjəŋ カンギョン] 名 強硬 하形 강경하다[カンギョンハダ] 強硬だ

강구하다[ka:ŋguɦada カーングハダ] 他《하変》(対策などを)講じる;講究する

강남[kaŋnam カンナム] 名 江南《ソウル市を流れる漢江の南側の地域》例 서울은 강남과 강북으로 나뉘어요. [ソウルン カンナムグヮ カンブグロ ナヌィオヨ] ソウルは江南と江北に分かれています。

강냉이[kaŋneŋi カンネンイ] 名 トウモロコシ 類 옥수수[オクスス]

강단[ka:ŋdan カーンダン] 名 講壇

강당[ka:ŋdaŋ カーンダン] 名 講堂

강도¹[ka:ŋdo カーンド] 名 強盗

강도²[kaŋdo カンド] 名 強度

강력[kaŋnjək カンニョク] 名 強力 하形 강력하다[カンニョカダ] 強力だ

강마르다[kaŋmarɯda カンマルダ] 形《르変:강말라 カンマルラ》①干からびている ②やせ細っている

강물[kaŋmul カンムル] 名 川の水

강바닥[kaŋ²padak カンッパダク] 名 川底;川床

강바람[kaŋ²param カンッパラム] 名 川風

강변[kaŋbjən カンビョン] 名 川のほとり;川辺

강사[ka:ŋsa カーンサ] 名 講師 関

강산

시간 강사[シガン カーンサ]图非常勤講師 / 전임 강사[チョニム カーンサ]图専任講師

강산[kaŋsan カンサン]图川と山;山河;国土

강습[ka:ŋsɯp カーンスプ]图講習 하他 강습하다[カーンスパダ]講習する

강심장[kaŋɕimdʑaŋ カンシムジャン]图強心臓;物おじしない度胸

강아지[kaŋadʑi カンアジ]图子犬 例 우리 집에서는 강아지를 한 마리 키워요. [ウリ チベソヌン カンアジルル ハン マリ キウォヨ]家で子犬を1匹飼っています。

강연[ka:ŋjʌn カーンヨン]图講演 하他 강연하다[カーンヨナダ]講演する 関 강연회[カーンヨヌェ]图講演会

강요[ka:ŋjo カーンヨ]图強要 하他 강요하다[カーンヨハダ]強要する 되受動 강요되다[カーンヨドゥェダ]強要される 関 강요받다[カーンヨバッタ]受動 強要される

강원도[kaŋwʌndo カンウォンド]图江原道

강의[ka:ŋi カーンイ]图講義 例 요즘은 온라인 강의를 듣는 사람들이 많아요. [ヨジュムン オンナイン カーンイルル トゥンヌン サーラムドゥリ マーナヨ]この頃はオンライン講義を聞く人が多いです。 하他 강의하다[カーンイハダ]講義する

강점[kaŋ˺tɕʌm カンッチョム]图強み;有利な点

강정[kaŋdʑʌŋ カンジョン]图韓国の伝統菓子の一種《胡麻・黄な粉・松の実などを水飴でこねて固めた菓子》

강제[ka:ndʑe カーンジェ]图強制 하他 강제하다[カーンジェハダ]強制する;無理強いする

강조[kaŋdʑo カンジョ]图強調 하他 강조하다[カンジョハダ]強調する

강좌[ka:ŋdʑwa カーンジュワ]图講座

강하다¹[kaŋɦada カンハダ]形《하変》(志などが)固い;剛直だ

강하다²[kaŋɦada カンハダ]形《하変》①強い;技術や能力が秀でている;優れている 例 그 사람은 숫자에 강해요. [ク サーラムン スーッチャエ カンヘヨ]彼は数字に強いです。②程度が甚だしい 例 강한 바람에 나무가 뿌리째 뽑혔어요. [カンハン パラメ ナムガ ップリッチェ ッポピョッソヨ]強風で木が根こごと抜けました。③頑丈で耐性がある

강행[kaŋɦeŋ カンヘン]图強行 하他 강행하다[カンヘンハダ]強行する

강화[kaŋɦwa カンフワ]图強化 하他 강화하다[カンフワハダ]強化する

갖가지[kat̚ʔkadʑi カッカジ]图色々;様々

갖다[kat̚ʔta カッタ]他 가지다[カジダ]の縮約形:持つ;所有する 例 남은 음식은 갖고 가게 좀 싸 주세요. [ナムン ウームシグン カッコ カゲ チョム ッサ ジュセヨ]残った食べ物は持ち帰れるように包んでください。

갖은[kadʑɯn カジュン]冠 あらゆ

る；すべての；色々な

갖추다 [katt͡ɕʰuda カッチュダ] 他 取りそろえる；備える

같다 [katʰta カッタ] 形 ①同じだ 例 저 사람과 같은 걸 주세요. [チョサーラムグヮ カトゥン ゴル チュセヨ] あの人と同じ物をください。②…のようだ；…みたいだ 例 영희 어머니는 꼭 배우 같아요. [ヨンヒ オモニヌン ッコク ペウ ガタヨ] ヨンヒのお母さんはまるで女優のようです。③《用言の連体形の後に付いて》推量や不確実な断定の意を表す：…らしい；…のようだ 例 내일은 비가 올 것 같아요. [ネイルン ピガ オル コッ カタヨ] 明日は雨が降りそうです。

같이 [katt͡ɕʰi カチ] 副 ①同じく；同様に ②一緒に；共に 例 같이 밥 먹으러 가요. [カチ パム モグロ カヨ] 一緒にご飯を食べにいきましょう。③…の通り 例 아시는 바와 같이 [アシヌン バワ ガチ] ご存知の通り

갚다 [kapʰta カプタ] 他 ①(借金や負債を)返済する；返す ②(恩などに)報いる 例 이 은혜는 꼭 갚을게요. [イ ウネヌン ッココク カプルケヨ] このご恩は必ずお返しします。③仇を討つ

개¹ [kɛ: ケー] 名 ①(動物)犬 ②スパイ；権力者の手先

개² [kɛ ケ] 依名 個；…つ 例 한 개, 두 개 [ハン ゲ トゥー ゲ] 1個, 2個

개구리 [kɛguri ケグリ] 名 カエル

개구쟁이 [kɛgudʒɛŋi ケグジェンイ] 名 いたずらっ子

개굴개굴 [kɛgulgɛgul ケグルゲグル] 副 (カエルの鳴く声)ケロケロと

개나리 [kɛnari ケーナリ] 名 レンギョウ

개념 [kɛnjɔm ケーニョム] 名 概念

개다¹ [kɛda ケダ] 自 ①(空が)晴れる ②(気分が)晴れる

개다² [kɛda ケダ] 他 (粉などを)練る；こねる

개다³ [kɛda ケダ] 他 (布団などを)畳む；折り畳む

개량 [kɛrjaŋ ケーリャン] 名 改良 하他 개량하다 [ケーリャンハダ] 改良する

개막 [kɛmak ケマク] 名 開幕 하自 개막하다 [ケマカダ] 開幕する

개미 [kɛmi ケーミ] 名 アリ

개발 [kɛbal ケバル] 名 開発 하他 개발하다 [ケバラダ] 開発する 되受動 개발되다 [ケバルドウェダ] 開発される

개방 [kɛbaŋ ケバン] 名 開放 하他 개방하다 [ケバンハダ] 開放する

개별 [kɛ:bjɔl ケービョル] 名 個別

개봉 [kɛboŋ ケボン] 名 封切り

개비 [kɛbi ケビ] 名 木などを細く割ったもの；切れ端 依名 細い棒状のものをつを数える語：…本 例 담배 1 (한) 개비 [タームベ ハン ゲビ] タバコ1本

개선 [kɛ:sɔn ケーソン] 名 改善 하他 개선하다 [ケーソナダ] 改善する 되受動 개선되다 [ケーソンドウェダ] 改善される

개성 [kɛ:sɔŋ ケーソン] 名 個性

개시 [kɛɕi ケシ] 名 開始 하他 개시하다 [ケシハダ] 開始する 自 되受動 개시되다 [ケシドウェダ] 開

개업

始される

개업 [kɛɔp ケオプ] 名 開業 하自他
개업하다 [ケオパダ] 開業する

개운하다 [kɛunɦada ケウナダ] 形
〖하変〗①(気分や体が)すっきり
する ②(味が)さっぱりしている

개울 [kɛul ケウル] 名 小川；せせら
ぎ

개월 [kɛwəl ケウォル] 依名 …カ月

개의 [kɛi ケーイ] 名 介意 하他 개의
하다 [ケーイハダ] 気に掛ける 慣
개의치 않다 [ケーイチ アンタ] 意
に介さない

개인 [kɛin ケーイン] 名 個人

개입 [kɛip ケーイプ] 名 介入 하自他
개입하다 [ケーイパダ] 介入する

개점 [kɛdʑom ケジョム] 名 開店 하自他
개점하다 [ケジョマダ] 開店する

개정¹ [kɛdʑoŋ ケージョン] 名 改正
하他 개정하다 [ケージョンハダ]
改正する

개정² [kɛdʑoŋ ケージョン] 名 改定
하他 개정하다 [ケージョンハダ]
改定する

개찰구 [kɛtɕʰalgu ケーチャルグ] 名
改札口

개척 [kɛtɕʰok ケチョク] 名 開拓 하他
개척하다 [ケチョカダ] 開拓する
되受動 개척되다 [ケチョクトウェ
ダ] 開拓される

개천 [kɛtɕʰon ケチョン] 名 ①どぶ；
下水；溝 ②小川

개최 [kɛtɕʰwe ケチュェ] 名 開催 하他
개최하다 [ケチュェハダ] 開催する
되受動 개최되다 [ケチュェドウェ
ダ] 開催される

개통 [kɛtʰoŋ ケトン] 名 開通 하自他 개
통하다 [ケトンハダ] 開通する 自
개통되다 [ケトンドウェダ] 開通す
る

개편 [kɛːpʰjon ケーピョン] 名 改編
하他 개편하다 [ケーピョナダ] 改
編する

개표 [kɛpʰjo ケピョ] 名 開票 하自
개표하다 [ケピョハダ] 開票する

개학 [kɛɦak ケハク] 名 開校 하自 개
학하다 [ケハカダ] ①開校する ②
(学校などで) 始業する

개헌 [kɛːɦon ケーホン] 名 改憲 하自
개헌하다 [ケーホナダ] 改憲する

개혁 [kɛːhjok ケーヒョク] 名 改革
하他 개혁하다 [ケーヒョカダ] 改
革する

개화 [kɛɦwa ケフヮ] 名 開化 하他
개화하다 [ケフヮハダ] 開化する

개회 [kɛɦwe ケフェ] 名 開会 하他
개회하다 [ケフェハダ] 開会する

객관 [kɛkˀkwan ケククヮン] 名 客観

객석 [kɛkˀsok ケクソク] 名 客席

객실 [kɛkˀʃil ケクシル] 名 客室

객지 [kɛkˀtɕi ケクチ] 名 客地

갤러리 [kɛlləri ケルロリ] 名 ギャラ
リー

갯벌 [kɛtˀpol ケッポル] 名 砂州；干
潟

갱년기 [kɛːŋnjoŋgi ケーンニョンギ]
名 更年期

갱신 [kɛːŋʃin ケーンシン] 名 更新
하他 갱신하다 [ケーンシナダ] 更
新する 自 受動 갱신되다 [ケーン
シンドウェダ] 更新される

갸륵하다 [kjaːrukkʰada キャールカ
ダ] 形 〖하変〗けなげだ；殊勝だ；
善良だ

갸름하다 [kjarumɦada キャルマダ]
形 〖하変〗やや細長い

갸우뚱 [kjauʔtuŋ キャウットゥン] 副 やや斜めに傾ける様子 하自他 갸우뚱하다 [キャウットゥンハダ] やや傾ける

갸웃 [kjaut キャウッ] 副 しきりに首を傾ける様子 하自他 갸웃하다 [キャウタダ] (何かを見ようと)首を傾ける

걔 [kɛː ケー] 名 그 아이 [ク アイ] の縮約形: その子

거 [kɔ コ] 依名 것 [コッ] の縮約形: もの; こと 代 そこ; それ

거기 [kɔgi コギ] 代 ① そこ; それ; あそこ 例 거기 누구세요? [コギ ヌグセヨ] そこにいるのはどなたですか。② 《副詞的に》そこに; そこで

거꾸러뜨리다 [kɔʔkurɔʔturida コックロットゥリダ] 他 ① 倒す; ひっくり返す ② 打倒する ③ 殺す

거꾸러지다 [kɔʔkurɔdʑida コックロジダ] 自 ①(前のほうへ)倒れる; ひっくり返る; 転倒する ② 負ける ③ 死ぬ; 殺される

거꾸로 [kɔʔkuro コックロ] 副 (上下や左右, 順序を)逆さまに; 逆に; 反対に; 裏返しに

거느리다 [kɔnɯrida コヌリダ] 他 ① (目下の者を)率いる; 従える ② 子供を引き連れる

거닐다 [kɔːnilda コーニルダ] 自 《ㄹ語幹: 거니는 コーニヌン》ぶらつく; 散歩する

거대하다 [kɔːdeɦada コーデハダ] 巨大 形 《하変》巨大だ

거두다 [kɔduda コドゥダ] 他 ①(散らばっている物や洗濯物を)取り入れる; 取り込む; 回収する ② 面倒を見る ③(結果・成果などを)得る ④ 身の回りを整える ⑤ (息を)引き取る

거들다 [kɔːdulda コードゥルダ] 他 《ㄹ語幹: 거드는 コードゥヌン》① 手伝う ②(人の言動に)口添えする

거듭 [kɔdɯp コドゥプ] 副 重ねて; 繰り返し 하他 거듭하다 [コドゥパダ] 重ねる; 繰り返す

거뜬하다 [kɔʔtɯnɦada コットゥナダ] 形 《하変》思ったより軽い; 身軽だ 副 거뜬히 [コットゥニ] 軽く; 軽々と

거래 [kɔːrɛ コーレ] 名 取引 하自他 거래하다 [コーレハダ] ①(経済行為として)取引する ② 交渉する ③ 行き来する; やり取りする 되受動 거래되다 [コーレドゥェダ] 取引される

거룩하다 [kɔːrukkʰada コールカダ] 形 《하変》① 神々しい; 神聖だ ② 尊い; 偉大だ

거르다 [kɔruda コルダ] 他 《르変: 걸러 コルロ》① 濾過する; 濾す ② (順序を)抜かす; 省く

거리[1] [kɔri コリ] 名 길거리 [キルコリ] の縮約形 ① 街; 町 ② 通り 例 시내 거리가 사람으로 많이 붐벼요. [シーネ コリガ サーラムロ マーニ プムビョヨ] 市内の通りが人でごった返しています。

거리[2] [kɔri コリ] 名 ①(料理などに使われる)材料や具 例 반찬거리 [パンチャンッコリ] おかずの材料 ② 感情表現や行動の元となるもの: 種; 元 例 화제거리 [フヮジェッコリ] 話題の元

거리

거리³ [kɔːri コーリ] 名 ① 距離;道のり ② 人間関係の隔たり

거리끼다 [kɔriʔkida コリッキダ] 自 ① 差し支える;邪魔になる ② 気に障る;憚る

거리낌없이 [kɔriʔkimɔpʔɕi コリッキモプシ] 副 気兼ねなく;憚ることなく

-거리다 [kɔrida コリダ] 接尾 擬音語・擬態語に付いて同じ動作を繰り返すことを表す:しきりに…する

거만 [kɔːman コーマン] 名 傲慢 하形 거만하다 [コーマナダ] 傲慢だ

거머리 [kɔːmɔri コーモリ] 名 ヒル

거문고 [kɔmungo コムンゴ] 名 コムンゴ《韓国の伝統的な琴の一種》

거물 [kɔːmul コームル] 名 ① 大きな物 ② 大人物

거미 [kɔmi コミ] 名 クモ

거부 [kɔːbu コーブ] 名 拒否 하他 거부하다 [コーブハダ] 拒否する 되受動 거부되다 [コーブドゥェダ] 拒否される

거북 [kɔbuk コブク] 名 カメ

거북스럽다 [kɔːbukʔsɯrɔpʔta コーブクスロプタ] 形《ㅂ変: 거북스러워 / 거북스러운 コーブクスロウォ / コーブクスロウン》気まずい;居心地が悪い;窮屈だ

거북하다 [kɔːbukhada コーブカダ] 形《하変》気まずい;ばつが悪い

거세다 [kɔseda コセダ] 形 荒くて強い;激しい

거스르다 [kɔsɯruda コスルダ] 他《르変: 거슬러 コスルロ》① 逆らう;反抗する ② お釣りを払う

거스름돈 [kɔsurumʔton コスルムットン] 名 釣り銭;お釣り

거슬리다 [kɔsɯllida コスルリダ] 自 気に障る;目障りだ

거액 [kɔːɛk コーエク] 名 巨額

거역하다 [kɔːjɔkkhada コーヨカダ] 他《하変》逆らう;背く

거울 [kɔul コウル] 名 ① 鏡 ② 模範;手本;鑑

거의 [kɔi コイ] 副 ほとんど;おおよそ;大体 例 이제 거의 다 했어요. [イジェ コイ ター ヘッソヨ] もうほとんど済ませました。

거인 [kɔːin コーイン] 名 巨人;非凡な人;偉人

거장 [kɔːdʑaŋ コージャン] 名 巨匠;大家

거저 [kɔdʑɔ コジョ] 副 ① ただで;無料で ② 手ぶらで

거절 [kɔːdʑɔl コージョル] 名 拒絶 하他 거절하다 [コージョラダ] 拒絶する;断る

거주 [kɔdʑu コジュ] 名 居住 하自 거주하다 [コジュハダ] 居住する

거죽 [kɔdʑuk コジュク] 名 表;表皮;表面

거지 [kɔːdʑi コージ] 名 乞食

거짓 [kɔːdʑit コージッ] 名 ① 嘘;偽り ②《副詞的に》偽って;まことしやかに 関 거짓말 [コージンマル] 名 嘘

거창하다 [kɔːtɕhaŋɦada コーチャンハダ] 形《하変》とてつもなく大きい;ものすごく大きい;雄大だ 関 거창스럽다 [コーチャンスロプタ] 形《ㅂ変: 거창스러워 / 거창스러운 コーチャンスロウォ / コーチャンスロウン》とてつもなく大きい;も

のすごく大きい；雄大だ

거추장스럽다 [kəːtʃʰudʒaŋsɯrəp̚t͈a コーチュジャンスロプタ] 形《ㅂ変：거추장스러워 / 거추장스러운 コーチュジャンスロウォ / コーチュジャンスロウン》煩わしい；やっかいだ；面倒だ

거치다 [kətʃʰida コチダ] 自(何かに引っかかって)触れる；擦れる 他立ち寄る；経由する

거칠다 [kətʃʰilda コチルダ] 形《ㄹ語幹：거친 コチン》①(粉・砂などの)粒が粗い ②(織物の織り目などが)粗い ③(肌や板などの)表面が粗い ④ 大ざっぱだ；粗い ⑤(性格や言動などが)荒い；荒っぽい

거품 [kəpʰum コプム] 名 泡；気泡

거행 [kəːɦɛŋ コーヘン] 名 挙行 下他 거행하다 [コーヘンハダ] 挙行する

걱정 [kək̚t͈ɕəŋ コクチョン] 名 心配 例 걱정을 끼쳐 드려서 죄송합니다. [コクチョヌル ッキチョ ドゥリョソ チュエーソンハムニダ] 心配をお掛けしてすみません。下他 걱정하다 [コクチョンハダ] 心配する；気遣う 自 걱정되다 [コクチョンドゥェダ] 心配になる

건강 [kəːngaŋ コーンガン] 名 健康 下形 건강하다 [コーンガンハダ] 健康だ；元気だ 例 뭐니 뭐니 해도 건강이 최고예요. [ムォーニ ムォーニ ヘド コーンガンイ チュエーゴエヨ] 何と言っても健康が一番です。

건너 [kəːnnə コーンノ] 名 向こう側

건너가다 [kəːnnəgada コーンノガダ] 他 渡っていく；渡る

건너다 [kəːnnəda コーンノダ] 他 ① 渡る；横切る 例 이 길을 건너면 명동이에요. [イ キルル コーンノミョン ミョンドンイエヨ] この道を渡ると明洞です。②(食事や順番を)抜く ③(一定の期間を)経る；置く

건너편 [kəːnnəpʰjən コーンノピョン] 名 向こう側

건넌방 [kəːnnənbaŋ コーンノンバン] 名(韓国式家屋で)板の間を挟んで안방 [アンッパン] (奥の部屋・寝室)の向かいにある部屋

건널목 [kəːnnəlmok コーンノルモク] 名 踏み切り

건네다 [kəːnneda コーンネダ] 他 ① 渡らせる ②(人に)話し掛ける ③(金品や権利を)人出に渡す；手渡す

건드리다 [kəndɯrida コーンドゥリダ] 他 ① 触れる；いじる ②(言葉や行動で)人の心を刺激する；傷つける

건물 [kəːnmul コーンムル] 名 建物 例 이 건물 5(오)층에 한국어 학원이 있어요. [イ コーンムル オーチュンエ ハーングゴ ハグォニ イッソヨ] この建物の5階に韓国語の学校があります。

건방지다 [kənbaŋdʑida コンバンジダ] 形 生意気だ；横柄だ

건배 [kənbɛ コンベ] 名 乾杯 下自 건배하다 [コンベハダ] 乾杯する

건사하다 [kənsaɦada コンサハダ] 他《ㅂ変》①(自分の仕事を)うまく処理する；取り仕切る ② 保存する

건설 [kɔːnsʌl コーンソル] 名 建設 하他 건설하다 [コーンソラダ] 建設する

건성 [kʌnsʌŋ コンソン] 名 うわの空

건실하다 [kʌnʃirɦada コーンシラダ] 形 하変 堅実だ；堅い

건전 [kɔːndʒʌn コーンジョン] 名 形 건전 하다 [コーンジョナダ] 健全だ 関 건전히 [コーンジョニ] 副 健全に；健やかに

건조 [kɔndʒo コンジョ] 名 乾燥 하形 건조하다 [コンジョハダ] ①(湿気や水分がなく)乾燥している ②(雰囲気や環境などが)乾いている；潤いがない 하自他 건조하다 [コンジョハダ] 乾く；乾かす

건지다 [kʌndʒida コンジダ] 他 ①(液体などの中から)つまみだす；すくい出す ②(苦境などから人を)救う；助ける

건축 [kɔːntʃʰuk コーンチュク] 名 建築 하他 건축하다 [コーンチュカダ] 建築する

건투 [kɔːntʰu コーントゥ] 名 健闘 하自 건투하다 [コーントゥハダ] 健闘する

걷다[1] [kʌtʰtʼa コッタ] 自《ㄷ変：걸어/걷는 コロ/コーヌン》①歩く 例 여기서 걸어서 갈 수 있어요? [ヨギソ コロソ カルスイッソヨ] ここから歩いて行けますか。/ 오래 걸었더니 다리가 아파요. [オレ コロットニ タリガ アパヨ] 長い間、歩いたので脚が痛いです。②《他動詞的に》歩む；進む

걷다[2] [kʌtʰtʼa コッタ] 他 ①まくる；巻き上げる ②散らばっているものを一カ所に集める ③(会費などを)取り立てる

걷잡다 [kʌtʰtʃapʰtʼa コッチャプタ] 他 押さえる；食い止める 関 걷잡을 수 없다 [コッチャブル ス オープタ](事態が)収拾できない；取り留めようがない

걷히다 [kʌtʰhida コチダ] 自 ①(雲や霧などが)晴れる ②(金などが)集まる

걸 [kʌl コール] 名 ガール(女性)

걸다[1] [kʌːlda コールダ] 他《ㄹ語幹：거는 コーヌン》①(物を)掛ける；つるす 例 옷을 옷걸이에 걸어 두세요. [オスル オッコリエ コロ ドゥセヨ] 服をハンガーに掛けておいてください。②(錠などを)掛ける ③(電話を)かける 例 전화 잘못 거셨어요. [チョーヌワ チャルモッコーショッソヨ] 電話、間違っておかけになっています。④(エンジンなどを)掛ける；始動する ⑤(言葉を)掛ける ⑥(期待・希望などを)掛ける ⑦(けんかを)吹っかける

걸다[2] [kʌːlda コールダ] 形《ㄹ語幹：건 コン》①(土地が)肥えている；肥沃だ ②(液体が)濃い；とろっとしている

걸레 [kʌlle コルレ] 名 雑巾

걸리다[1] [kʌllida コルリダ] 自 ①引っ掛かる ②(網・釣り・罠などに)掛かる ③病気に罹る 例 심한 독감에 걸려서 일주일이나 고생했어요. [シマン トクカメ コルリョソ イルチュイリナ コセンヘッソヨ] ひどいインフルエンザに罹って1週間も寝込みました。④(時間が)かかる 例 시간이 얼마나 걸려요? [シガ

니 オルマナ コルリョヨ]時間はどのくらいかかりますか。

걸리다² [kɔllida コルリダ] 他 歩かせる

걸머지다 [kɔlmɔdʒida コルモジダ] 他 ①(荷物を)背負う ②(借金を)背負う ③(任務・責任などを)引き受ける；担う

걸상 [kɔlsaŋ コールサン] 名 長椅子；ベンチ

걸어가다 [kɔrɔgada コロガダ] 自 歩いて行く 例 걸어가도 얼마 안 걸려요. [コロガド オルマ アン ゴルリョヨ] 歩いて行ってもあまり(時間は)かかりません。

걸음 [kɔrɯm コルム] 名 ① 歩み 例 걸음이 너무 빨라서 못 따라가겠어요. [コルミ ノム ッパルラソ モッ ッタラガゲッソヨ] 歩くのがあまりにも速いのでついていけません。②《助数詞的に》…歩

걸작 [kɔlʔtʃak コルチャク] 名 傑作

걸쭉하다 [kɔlʔtʃukkʰada コルッチュカダ] 形〖하変〗(液体が)どろどろしている；どろっとしている

걸치다 [kɔltʃʰida コールチダ] 他 ① 懸ける；渡す ②(衣服・布団などを)纏う；羽織る 例 추워서 솔을 걸치고 나갔어요. [チュウォソ ショルル コールチゴ ナガッソヨ] 寒いのでショールを羽織って出掛けました。③(ある期間に)亘る；及ぶ

걸터앉다 [kɔːltʰoanʔta コールトアンタ] 自 腰かける

걸핏하면 [kɔlpʰitʰamjɔn コルピタミョン] 副 ややもすれば；どうかするとすぐ；ともすれば

검다 [kɔːmʔta コームタ] 形 ①(色が)黒い ②(性格が)腹黒い

검문 [kɔːmmun コームムン] 名 検問 하他 검문하다 [コームムナダ] 検問する

검사¹ [kɔːmsa コームサ] 名 検事

검사² [kɔːmsa コームサ] 名 検査 하他 검사하다 [コームサハダ] 検査する

검소하다 [kɔːmsoɦada コームソハダ] 形〖하変〗質素だ；つましい 副 검소히 [コームソヒ] つましく

검역 [kɔːmjɔk コーミョク] 名 検疫 하他 검역하다 [コーミョカダ] 検疫する

검열 [kɔːmjɔl コーミョル] 名 検閲 하他 검열하다 [コーミョラダ] 検閲する

검정¹ [kɔmdʒɔŋ コムジョン] 名 黒；黒色

검정² [kɔːmdʒɔŋ コームジョン] 名 検定 하他 검정하다 [コームジョンハダ] 検定する

검진 [kɔːmdʒin コームジン] 名 検診 하他 검진하다 [コームジナダ] 検診する

검찰 [kɔːmtʃʰal コームチャル] 名 検察

검토 [kɔːmtʰo コームト] 名 検討 하他 검토하다 [コームトハダ] 検討する

겁 [kɔp コプ] 名 恐怖；臆病 例 아직 어려서 그런지 겁이 없어요. [アジク オリョソ クロンジ コビ オープソヨ] まだ若いからか怖いものがありません。/ 겁이 많아서 높은 곳엔 못 올라가요. [コビ マーナソ ノプン ゴセン モ ドルラガヨ] 怖がりなので，高い所には登れません。関 겁이 나다 [コビ ナダ] おじけづく；怖がる / 겁을 내다 [コブル ネ

ダ]怖がる；恐れる；臆する / 겁쟁이 [コプチェンイ] 名 憶病者

것 [kot コッ] 依名 ① もの；こと 例 맛있는 것을 먹고 싶어요. [マシンヌン ゴスル モクコ シポヨ] おいしいものが食べたいです。② 誰かの所有物であることを表す：…のもの 例 그게 내 것이에요. [クゲ ネ コシエヨ] それが私のです。③《用言の語幹+ㄴ / 는 것이다の形で》確信を表す：…のだ ④《用言の語幹+ㄹ / 을 것이다の形で》推測を表す：…だろう；…でしょう 関 이것 [イゴッ] 名 これ / 그것 [クゴッ] 名 それ / 저것 [チョゴッ] 名 あれ

겉 [kot コッ] 名 表；表面

겉보기 [kotˀpogi コッポギ] 名 外見；うわべ

게¹ [ke: ケー] 名 カニ

게² [ke ケ] 代 것이 [コシ] の縮約形：…ものが；…のが；…ことが

-게³ [ke ケ] 語尾 ①《動詞の語幹に付いて》目下または同輩に対する命令を表す：…したまえ；…しなさい ②《用言の語幹に付いて》…(する)ように ③《게 되다の形で》…するようになる；…することになる ④《게 하다の形で》…させる；…くする

게다가 [kedaga ケダガ] 副 ① そこに；そこへ ② その上に；さらに

게으르다 [keɯrɯda ケウルダ] 形 〔르変：게을러 ケウロロ〕怠けている；怠慢だ 副 게을리 [ケウルリ] 怠けて 関 게으름뱅이 [ケウルムベンイ] 名 怠け者 / 게으름 피우다 [ケウルム ピウダ] 怠ける

게재 [ke:dʒɛ ケージェ] 名 掲載 하他 게재하다 [ケージェハダ] 掲載する 되受動 게재되다 [ケージェドゥェダ] 掲載される

-겠- [ket ケッ] 語尾 ① 推量を表す 例 금방 오겠지요. [クムバン オゲッチョ] すぐ来るでしょう。②《動詞の語幹に付いて》意志を表す 例 제가 하겠습니다. [チェガ ハゲッスムニダ] 私がします。③《動詞の語幹に付いて》控えめな気持ちを表す 例 처음 뵙겠습니다. [チョウム プェプケッスムニダ] 初めてお目にかかります。

겨누다 [kjonuda キョヌダ] 他 ① 狙う ②(長さや広さなどを) 比べる

겨드랑이 [kjoduraŋi キョドゥランイ] 名 ①(体の) 脇；腋 ② 衣服のわきの部分

겨레 [kjore キョレ] 名 同胞

겨루다 [kjoruda キョルダ] 他 競う；対応する

겨우 [kjou キョウ] 副 ① やっと；辛うじて；ようやく ② わずか；せいぜい

겨울 [kjoul キョウル] 名 冬

격려 [kjəŋnjo キョンニョ] 名 激励 하他 격려하다 [キョンニョハダ] 激励する

격리 [kjəŋni キョンニ] 名 隔離 하他 격리하다 [キョンニハダ] 隔離する 되受動 격리되다 [キョンニドゥェダ] 隔離される

격식 [kjokˀʃik キョクシク] 名 格式

격언 [kjəgon キョゴン] 名 格言

격차 [kjoktʃʰa キョクチャ] 名 格差

겪다 [kjokˀta キョクタ] 他 (苦難などを) 経験する；味わう

견고하다 [kjɔngoɦada キョンゴハダ] 形 〖ㅎ変〗強固だ

견디다 [kjɔndida キョンディダ] 自他 ①(物が)長持ちする；耐える ②我慢する 例 참고 견디면 좋은 날이 올 거예요. [チャムコ キョンディミョン チョーウン ナリ オルコエヨ] 我慢して耐えればきっと良い日が来るでしょう. 関 견디어 내다 [キョンディオ ネダ] 耐え抜く

견본 [kjɔ:nbon キョーンボン] 名 見本；サンプル

견습 [kjɔ:nsɯp キョーンスプ] 名 見習 他 견습하다 [キョーンスパダ] 見習う

견적 [kjɔ:ndʒɔk キョーンジョク] 名 見積

견주다 [kjɔndʒuda キョンジュダ] 他 ①(2つ以上のものを)比較する；照らし合わせる ②競う

견학 [kjɔ:nɦak キョーナク] 名 見学 他 견학하다 [キョーナカダ] 見学する

견해 [kjɔ:nɦɛ キョーネ] 名 見解

결과 [kjɔlgwa キョルグヮ] 名 結果 例 결과도 중요하지만 과정도 중요해요. [キョルグヮド チューンヨハジマン クヮジョンド チューンヨヘヨ] 結果も重要だけれど、過程も大事です.

결국 [kjɔlguk キョルグク] 名 ①結局 ②《副詞的に》結局；とうとう

결근 [kjɔlgɯn キョルグン] 名 欠勤 自 결근하다 [キョルグナダ] 欠勤する

결단 [kjɔlˀtan キョルタン] 名 決断 他 결단하다 [キョルタナダ] 決断する

결론 [kjɔllon キョルロン] 名 結論 関 결론을 내다 [キョルロヌル ネダ] 結論を出す

결말 [kjɔlmal キョルマル] 名 結末

결백 [kjɔlbek キョルベク] 名 潔白 ㅎ形 결백하다 [キョルベカダ] 潔白だ

결산 [kjɔlˀsan キョルサン] 名 決算 他 결산하다 [キョルサナダ] 決算する

결석 [kjɔlˀsɔk キョルソク] 名 欠席 自 결석하다 [キョルソカダ] 欠席する

결성 [kjɔlˀsɔŋ キョルソン] 名 結成 他 결성하다 [キョルソンハダ] 結成する 受動 결성되다 [キョルソンドゥェダ] 結成される

결승 [kjɔlˀsɯŋ キョルスン] 名 決勝

결실 [kjɔlˀʃil キョルシル] 名 結実 関 결실을 맺다 [キョルシルル メッタ] 実を結ぶ

결심 [kjɔlˀʃim キョルシム] 名 決心 自他 결심하다 [キョルシマダ] 決心する

결여 [kjɔrjɔ キョリョ] 名 欠如 自 결여되다 [キョリョドゥェダ] 欠如する

결의¹ [kjɔri キョリ] 名 決意 自他 결의하다 [キョリハダ] 決意する 受動 결의되다 [キョリドゥェダ] 決意される

결의² [kjɔri キョリ] 名 決議 自他 결의하다 [キョリハダ] 決議する 受動 결의되다 [キョリドゥェダ] 決議される

결점 [kjɔlˀtʃɔm キョルッチョム] 名 欠点；短所

결정 [kjɔlˀtʃɔŋ キョルチョン] 名 決

定 [하他] 결정하다 [キョルチョンハダ] 決定する；決める [自] [되受動] 결정되다 [キョルチョンドゥェダ] 決定される；決まる 例 한 번 결정된 사안은 번복할 수 없어요. [ハンボン キョルチョンドゥェン サーアヌン ポンボカル ス オープソヨ] 一度決定された事案は覆せません。 関 결정적 [キョルチョンジョク] 名 決定的 / 결정짓다 [キョルチョンジッタ] 他 決定する；決定を下す

결제 [kjəltɕe キョルチェ] 名 決済 [하他] 결제하다 [キョルチェハダ] 決済する

결코 [kjəlkʰo キョルコ] 副 決して；絶対に

결함 [kjəɾɦam キョラム] 名 欠陥；不備；欠点

결합 [kjəɾɦap キョラプ] 名 結合 [하他] 결합하다 [キョラパダ] 結合する

결항 [kjəɾɦaŋ キョラン] 名 欠航

결핵 [kjəɾɦek キョレク] 名 結核

결혼 [kjəɾɦon キョロン] 名 結婚 例 결혼은 언제 하세요? [キョロヌン オンジェ ハセヨ] 結婚はいつなさいますか。 [하他] 결혼하다 [キョロナダ] 結婚する 例 결혼하셨어요? [キョロナショッソヨ] 結婚していますか。関 결혼기념일 [キョロンギニョミル] 名 結婚記念日 / 결혼반지 [キョロンバンジ] 名 結婚指輪 / 결혼식 [キョロンシク] 名 結婚式

겸 [kjəm キョム] 依名 ① 2つ以上の名詞の中間におかれて兼ねることを表す：…兼 例 일요일은 아침 겸 점심으로 대충 먹어요. [イリョイルン アチム キョム チョームシムロ テチュン モゴヨ] 日曜日は朝食兼昼食で適当に食べます。 ②《動詞の語幹+-ㄹ 겸 の形で》2つ以上の行為や動作を同時にすること：…を兼ねて；…ついでに 例 바람도 쐴 겸 가까운 데 산책을 갔다왔어요. [パラムド ッスェル キョム カッカウン デ サンチェグル カッタワッソヨ] 風に当たるのも兼ねて近くに散歩に行って来ました。

겸손 [kjəmson キョムソン] 名 謙遜 [하形] 겸손하다 [キョムソナダ] 謙遜している；へりくだっている

겸하다 [kjəmɦada キョマダ] 他《하変》兼ねる

겹다 [kjəpˀta キョープタ] 形《ㅂ変：겨워서/겨운 キョウォソ/キョウン》① 手に余る；もて余す：手に負えない ② (感情などを) 抑えられない

겹치다 [kjəptɕʰida キョプチダ] 自 重なる；かち合う 他 重ねる；折り重ねる

-경 [kjəŋ キョン] 接尾 …頃

경계¹ [kjəŋge キョンゲ] 名 境界

경계² [kjəːŋge キョーンゲ] 名 警戒 [하他] 경계하다 [キョーンゲハダ] 警戒する

경고 [kjəːŋgo キョーンゴ] 名 警告 [하他] 경고하다 [キョーンゴハダ] 警告する；注意する

경과 [kjəŋgwa キョングヮ] 名 経過 [하自他] 경과하다 [キョングヮハダ] ① (時間が) 経過する ② 場所や段階などを経る

경기¹ [kjəŋgi キョンギ] 名 景気

경기² [kjəːŋgi キョーンギ] 名 競技

例 야구 경기 보러 같이 가실래요? [ヤーグ キョーンギ ポロ カチ カシルレヨ] 野球の試合を見に一緒に行かれますか。**自** 경기하다 [キョーンギハダ] 競技する；競う **関** 경기장 [キョーンギジャン] **名** 競技場

경기도 [kjəŋgido キョーンギド] **名** 京畿道

경력 [kjəŋnjək キョンニョク] **名** 経歴

경례 [kjə:ŋnje キョーンニェ] **名** 敬礼 **自** 경례하다 [キョーンニェハダ] 敬礼する

경로 [kjəŋno キョンノ] **名** 経路

경리 [kjəŋni キョンニ] **名** 経理

경마 [kjə:ŋma キョーンマ] **名** 競馬 **関** 경마장 [キョーンマジャン] **名** 競馬場

경멸 [kjəŋmjəl キョンミョル] **名** 軽蔑 **他** 경멸하다 [キョンミョラダ] 軽蔑する；蔑む

경보 [kjə:ŋbo キョーンボ] **名** 警報

경복궁 [kjə:ŋbokʼkuŋ キョーンボクン] **名** 景福宮《朝鮮王朝の王宮の1つ》

경비¹ [kjəŋbi キョンビ] **名** 経費

경비² [kjə:ŋbi キョーンビ] **名** 警備 **他** 경비하다 [キョーンビハダ] 警備する

경사¹ [kjəŋsa キョンサ] **名** 傾斜

경사² [kjə:ŋsa キョーンサ] **名** 慶事

경상도 [kjə:ŋsaŋdo キョーンサンド] **名** 慶尚道 **関** 경상남도 [キョーンサンナムド] **名** 慶尚南道／경상북도 [キョーンサンプクト] **名** 慶尚北道

경솔하다 [kjəŋsorɦada キョンソラダ] **形** 〔하変〕軽率だ

경시 [kjə:ŋʃi キョーンシ] **名** 軽視 **他** 경시하다 [キョーンシハダ] 軽視する **受動** 경시되다 [キョーシドゥェダ] 軽視される

경악 [kjəŋak キョンアク] **名** 驚愕 **自** 경악하다 [キョンアカダ] 驚愕する；驚く

경어 [kjə:ŋə キョーンオ] **名** 敬語；尊敬語

경영 [kjəŋjəŋ キョンヨン] **名** 経営 **他** 경영하다 [キョンヨンハダ] 経営する

경우 [kjəŋu キョンウ] **名** 事情；場合；状況 **例** 이런 경우에는 어떻게 해야 해요? [イロン キョンウエヌン オットッケ ヘヤ ヘヨ] こういう場合にはどうすればいいですか。

경위 [kjə:ŋwi キョンウィ] **名** 経緯

경유 [kjəŋju キョンユ] **名** 経由 **他** 경유하다 [キョンユハダ] 経由する

경의 [kjə:ŋi キョーンイ] **名** 敬意

경이 [kjəŋi キョンイ] **名** 驚異 **関** 경이롭다 [キョンイロプタ] **形** 〔ㅂ変：경이로워／경이로운 キョンイロウォ／キョンイロウン〕驚異的だ

경쟁 [kjə:ŋdʒɛŋ キョーンジェン] **名** 競争 **自** 경쟁하다 [キョーンジェンハダ] 競争する

경제 [kjəŋdʒe キョンジェ] **名** 経済 **例** 경제를 살리기 위해서 모두가 애쓰고 있어요. [キョンジェルル サルリギ ウィヘソ モドゥガ エーッスゴ イッソヨ] 経済を復興させるためにみんなが頑張っています。

경주 [kjə:ŋdʒu キョーンジュ] **名** 競走 **自** 경주하다 [キョーンジュハダ] 競争する

경찰 [kjɔːŋtʃʰal キョーンチャル] 名 警察；警察署 例 수상한 사람이 있으면 경찰에 신고해 주세요. [スサンハン サーラミ イッスミョン キョーンチャレ シンゴヘ ジュセヨ] 怪しい人がいたら警察に通報してください。

경치 [kjɔŋtʃʰi キョンチ] 名 景色 例 여기 경치가 참 좋네요. [ヨギ キョンチガ チャム チョーンネヨ] ここ，景色が本当にいいですね。/ 가을에는 경치가 아주 아름다워요. [カウレヌン キョンチガ アジュ アルムダウォヨ] 秋には景色がとても美しいです。

경쾌 [kjɔŋkʰwɛ キョンクェ] 名 軽快 하形 경쾌하다 [キョンクェハダ] 軽快だ

경탄 [kjɔŋtʰan キョンタン] 名 驚嘆 하自 경탄하다 [キョンタナダ] 驚嘆する

경합 [kjɔːŋɦap キョーンハプ] 名 競合 하自 경합하다 [キョーンハパダ] 競合する；競り合う

경향 [kjɔŋɦjaŋ キョンヒャン] 名 傾向

경험 [kjɔŋɦʌm キョンホム] 名 経験 하他 경험하다 [キョンホマダ] 経験する

경황 [kjɔŋɦwaŋ キョンフワン] 名 (時間的・精神的・経済的な)余裕；ゆとり

곁 [kjɔt キョッ] 名 脇；傍；横；側

곁눈 [kjɔnnun キョンヌン] 名 わき目

곁들이다 [kjɔt²turida キョットゥリダ] 他 盛り合わせる；添える；あしらう

계 [keː ケー] 名 《韓国社会に伝わる伝統的な相互扶助組織》頼母子講

계곡 [kegok ケゴク] 名 渓谷；谷間

계급 [kegup ケグプ] 名 階級

계기 [keːgi ケーギ] 名 契機

계단 [kedan ケダン] 名 階段 例 저 계단을 올라가면 출구가 나와요. [チョ ケダヌル オルラガミョン チュルグガ ナワヨ] あの階段を上れば出口に出ます。

계란 [keran ケラン] 名 鶏卵 例 삶은 계란을 좋아해요. [サルムン ケラヌル チョーアヘヨ] ゆで卵が好きです。

계략 [keːrjak ケーリャク] 名 計略

계몽 [keːmoŋ ケーモン] 名 啓蒙 하他 계몽하다 [ケーモンハダ] 啓蒙する

계산 [keːsan ケーサン] 名 計算 하他 계산하다 [ケーサナダ] ①計算する ②勘定する 例 여기 계산해 주세요. [ヨギ ケーサネ ジュセヨ] (飲食店で)ここ, お勘定してください。

계속 [keːsok ケーソク] 名 ①継続 ②《副詞的に》引き続き；ずっと 例 계속 여기 계실 거예요? [ケーソク ヨギ ケーシル コエヨ] ずっとここにいらっしゃるつもりですか。 하自他 계속하다 [ケーソカダ] 続ける；継続する；続く 自 되受動 계속되다 [ケーソクトゥェダ] 続く；続けられる

계승 [keːsuŋ ケースン] 名 継承 하他 계승하다 [ケースンハダ] 継承する

계시다 [keːʃida ケーシダ] 存 ①있다の尊敬語：いらっしゃる；おられ

る；おいでになる 例 계십니까? [ケーシムニッカ] いらっしゃいますか。/ 아무도 안 계세요? [アームド アン ゲーセヨ] どなたもいらっしゃいませんか。② 《動詞の語幹 + -아 / 어 계시다の形で》…していらっしゃる

계약 [ke:jak ケーヤク] 名 契約 他 계약하다 [ケーヤカダ] 契約する

계열 [ke:jɔl ケーヨル] 名 系列

계절 [ke:dʒɔl ケージョル] 名 季節 例 서울은 어느 계절에 가면 제일 좋아요? [ソウルン オヌ ケージョレ カミョン チェーイル チョーアヨ] ソウルはどの季節に行くと一番いいですか。

계좌 [ke:dʒwa ケージュワ] 名 口座

계집 [ke:dʒip ケージプ] 名 ① 女性を卑しんで言う語：女 ② 妻を卑しんで言う語：女房

계책 [ke:tʃʰek ケーチェク] 名 計略

계층 [ke:tʃʰuŋ ケチュン] 名 階層

계통 [ke:tʰoŋ ケートン] 名 系統

계획 [ke:ɦwek ケーフェク] 名 計画 例 계획대로 잘 되어 갑니까? [ケーフェクテロ チャル トゥェオ ガムニッカ] 計画通りにうまくいっていますか。他 계획하다 [ケーフェカダ] 計画する 関 계획적 [ケーフェクチョク] 名 計画的

-고 [ko コ] 語尾 ① 《用言の語幹に付いて》動作や性質・状態などの並列を表す：…して；…し 例 비도 내리고 바람도 불어요. [ピド ネリゴ パラムド プロヨ] 雨も降り, 風も吹いています。② 《動詞の語幹に付いて》後ろに続く動作に先行する動作を表す：…して 例 밥을 먹고 커피를 마셔요. [パブル モッコ コーピルル マショヨ] 食事をしてコーヒーを飲みます。

고가 [koʔka コッカ] 名 高価

고개¹ [kogɛ コゲ] 名 峠；坂

고개² [kogɛ コゲ] 名 ① 襟首；うなじ；首 ② 顔 例 고개 좀 들어 봐요. [コゲ チョム トゥロ ブワヨ] 顔をちょっとあげてみてください。

고객 [kogɛk コゲク] 名 顧客

고고학 [ko:goɦak コーゴハク] 名 考古学

고구려 [kogurjɔ コグリョ] 名 高句麗

고구마 [ko:guma コーグマ] 名 サツマイモ

고국 [ko:guk コーグク] 名 故国；祖国

고급 [koguɯp コグプ] 名 高級

고기 [kogi コギ] 名 (食料としての)動物の肉 例 고기가 연하고 참 맛있어요. [コギガ ヨナゴ チャム マシッソヨ] 肉が軟らかくて本当においしいです。

고난 [konan コナン] 名 苦難；心身の苦しみ

고다 [ko:da コーダ] 他 ①(肉などを)煮込む ② 煮詰める

고단하다 [kodanɦada コダナダ] 形 《하変》疲れている；疲れてだるい

고달프다 [kodalpʰuda コダルプダ] 形 《으変：고달파 コダルパ》非常に疲れてだるい；(心身が)疲れ切ってだるい

고대¹ [ko:dɛ コーデ] 名 古代

고대² [kodɛ コデ] 名 待ちわびること 他 고대하다 [コデハダ] 待ちわびる；待ち焦がれる

고도 [kodo コド] 名 高度

고독하다 [kodokkʰada 코도카다] 形 〖하変〗孤独だ

고되다 [kodweda 코두웨다] 形 (仕事などが手に余って)つらい;きつい;苦しい

고드름 [kodɯrɯm 코드름] 名 つらら

고등 [kodɯŋ 코등] 名 高等 하形 고등하다 [코등하다] 高等だ 関 고등 교육 [코등 쿄ː유ㄱ] 名 高等教育 / 고등 법원 [코등 포보ㄴ] 名 高等裁判所 / 고등학교 [코등하ㄱ쿄] 名 高等学校

고등어 [kodɯŋʌ 코등어] 名 鯖

고래 [kore 코레] 名 クジラ

고려¹ [korjɔ 코료] 名 考慮 하他 고려하다 [코료하다] 考慮する

고려² [korjɔ 코료] 名 高麗 関 고려 인삼 [코료 인사ㅁ] 名 高麗人参 / 고려청자 [코료쵸ㅇ쟈] 名 高麗青磁

고루 [koru 코루] 副 均等に;等しく;一様に

고루고루 [korugoru 코루고루] 副 等しく;均等に 類 골고루 [코ㄹ고루]

고르다¹ [korɯda 코르다] 他 〖르変:골라 코ㄹ라〗選ぶ;選択する 例 마음에 드는 걸 골라 보세요. [마우메 투누ㄴ 고ㄹ 코ㄹ라 포세요] 気に入った物を選んでください。

고르다² [korɯda 코르다] 他 〖르変:골라 코ㄹ라〗ならす;水平にする

고름 [korɯm 코름] 名 膿

고린내 [korinnɛ 코린네] 名 腐敗臭;不快な臭い

고릴라 [korilla 코리ㄹ라] 名 ゴリラ

고립 [korip 코리ㅂ] 名 孤立 하自 고립하다 [코리파다] 孤立する 自 고립되다 [코리ㅂ트웨다] 孤立する

고막 [komak 코마ㄱ] 名 鼓膜

고만 [koman 코만] 名 高慢 하形 고만하다 [코마나다] 高慢だ

고만두다 [komanduda 코만두다] 他 やめる;中止する 類 그만두다 [쿠만두다]

고만하다 [komanɦada 코마나다] 形 〖하変〗それくらいだ;まあまあだ

고맙다 [koːmapˀta 코ː마ㅂ다] 形 〖ㅂ変:고마워 코ː마원 / 고마운 코ː마운〗ありがたい;ありがたく思う 例 고맙습니다. [코ː마ㅂ슴니다] ありがとうございます。 類 감사하다 [카ː므사하다]

고모 [komo 코모] 名 父方の姉妹;おば

고무 [komu 코무] 名 ゴム 関 고무신 [코무시ㄴ] 名 ゴム靴

고문 [komun 코문] 名 顧問

고물 [koːmul 코ː물] 名 古物

고민 [komin 코민] 名 苦悶;悩み 例 무슨 고민이라도 있어요? [무스ㄴ 코미니라도 이ㅆ오요] 何か悩みでもあるのですか。 自 고민하다 [코미나다] 悩む;思い煩う

고발 [koːbal 코ː바ㄹ] 名 告発 하他 고발하다 [코ː바라다] 告発する

고백 [koːbɛk 코ː베ㄱ] 名 告白 하他 고백하다 [코ː베카다] 告白する

고별 [koːbjɔl 코ː뵤ㄹ] 名 別れを告げること 하自 고별하다 [코ː뵤라다] 別れを告げる

고분 [koːbun 코ː분] 名 古墳

고비¹ [kobi 코비] 名 (物事の)峠;山場;瀬戸ぎわ

고비² [kobi 코비] 名 ゼンマイ

고사 [koːsa 코ː사] 名 考査;試験

고사리 [kosari コサリ] 名 ワラビ 関 고사리 같은 손 [コサリ ガトゥン ソン] ワラビのような手《赤ちゃんのかわいい手のたとえ》

고사하다 [kosaɦada コサハダ] 自 『하変』《는/은 고사하고の形で》…はいうまでもなく；…はさておき；…はおろか

고상 [kosaŋ コサン] 名 高尚；上品 하形 고상하다 [コサンハダ] 高尚だ

고생 [kosɛŋ コセン] 名 苦労 例 고생 많으셨습니다. [コセン マーヌショッスムニダ] (目上の人へのねぎらいの言葉) たいそうお疲れになられたでしょう。 하自 고생하다 [コセンハダ] 苦労する；苦しむ 関 고생길 [コセンッキル] 名 厳しい前途；いばらの道

고소¹ [koːso コーソ] 名 告訴 하他 고소하다 [コーソハダ] 告訴する

고소² [koso コソ] 名 高所 関 고소공포증 [コソ コンポッチュン] 名 高所恐怖症

고소하다 [kosoɦada コソハダ] 形 『하変』① (胡麻などを炒った香り) こうばしい ② (嫌いな人が失敗したり, ひどいめにあったとき) いい気味だ

고속 [kosok コソク] 名 高速 関 고속도로 [コソク トーロ] 名 高速道路 / 고속버스 [コソクポス] 名 高速バス / 고속버스터미널 [コソクポストミノル] 名 高速バスターミナル

고스란히 [kosɯɾani コスラニ] 副 そっくりそのまま；余すところなく

고슴도치 [kosɯmdotɕʰi コスムドチ] 名 チョウセンハリネズミ

고심 [koɕim コシム] 名 苦心；腐心 하自 고심하다 [コシマダ] 腐心する；苦心する

고아 [koa コア] 名 孤児 関 고아원 [コアウォン] 名 孤児院

고약하다 [koːjakkʰada コーヤカダ] 形 『하変』① (味・におい・音などが) 悪い；不快だ ② (性質・言動などが) 悪い；気難しい ③ (仕事などが) 厄介だ ④ (容貌・人相などが) 悪い

고양이 [kojaŋi コヤンイ] 名 猫

고요 [kojo コヨ] 名 静寂；静けさ 하形 고요하다 [コヨハダ] 静かだ；穏やかだ

고용 [kojoŋ コヨン] 名 雇用 하他 고용하다 [コヨンハダ] 雇用する

고유 [koju コユ] 名 固有 하形 고유하다 [コユハダ] 固有だ

고의 [koi コーイ] 名 故意 関 고의로 [コーイロ] 故意に

고이 [koi コーイ] 副 ① きれいに；美しく ② 大事に；大切に ③ そのまま ④ 安らかに

고이다 [koida コイダ] 自 (水などが) 溜まる；湛む 類 괴다 [クェダ]

고자 [koːdʑa コージャ] 名 (人の過ちや秘密などを) 告げ口する人 関 고자질 [コージャジル] 名 告げ口

고작 [kodʑak コジャク] 副 ① せいぜい；やっと；たかだか ②《名詞的に》精いっぱい；全部

고장¹ [kodʑaŋ コジャン] 名 ① 地元；故郷 ② (物の) 名産地；産地 例 이것이 바로 우리 고장의 명물입니다. [イゴシ パロ ウリ コジャンエ ミョンムリムニダ] これがまさに

고장

私どもの地方の名物です。

고장² [ko:dʒaŋ コージャン] 名 故障 例 컴퓨터가 고장이 났어요. [コムピュタガ コージャンイ ナッソヨ] パソコンが故障しました。

고적 [ko:dʒɔk コージョク] 名 古跡

고전¹ [ko:dʒɔn コージョン] 名 古典 関 고전 문학 [コージョン ムナク] 名 古典文学 / 고전 음악 [コージョン ウマク] 名 古典音楽 ; クラシック

고전² [kodʒɔn コジョン] 名 苦戦 下自 고전하다 [コジョナダ] 苦戦する

고정 [kodʒɔŋ コジョン] 名 固定 下他 고정하다 [コジョンハダ] ① 固定する ② 目上の人が興奮や怒りを静めること 自 되受動 고정되다 [コジョンドゥェダ] 固定する ; 固定される

고조 [kodʒo コジョ] 名 高調 下自 고조하다 [コジョハダ] 気分・感情などが高まる

고지식하다 [kodʒiʃikkʰada コジシカダ] 形《하変》きまじめだ ; くそまじめだ

고집 [kodʒip コジプ] 名 固執 ; 意地 下他 고집하다 [コジパダ]《ㅂ変》固執する ; 我を張る 関 고집스럽다 [コジプスロプタ] 形《ㅂ変 : 고집스러워 / 고집스러운 コジプスロウォ / コジプスロウン》意地っ張りだ / 고집을 부리다 [コジブル プリダ] 意地を張る / 고집쟁이 [コジプチェンイ] 名 意地っ張り

고참 [ko:tʃʰam コーチャム] 名 古参 ; 古株

고추 [kotʃʰu コチュ] 名 唐辛子 関

고추장 [コチュジャン] 名 唐辛子みそ

고춧가루 [kotʃʰutʲkaru コチュッカル] 名 粉唐辛子

고층 [kotʃʰɯŋ コチュン] 名 高層

고치다 [kotʃʰida コチダ] 他 ①(壊れたものを)直す ; 修理する 例 구두 굽을 고쳐 주세요. [クドゥ クブル コチョ ジュセヨ] 靴のかかとを直してください。②(病気を)治す ③(間違ったことや心持ちを)正す ; 訂正する ; 改める ④ 変える ; 変更する

고통 [kotʰoŋ コトン] 名 苦痛

고프다 [kopʰɯda コプダ] 形《으変 : 고파 コパ》(腹が)空いている ; 減っている 例 배가 너무 고파서 죽겠어요. [ペガ ノム コパソ チュッケッソヨ] あまりにもお腹が空いて我慢できません(死にそうです)。

고함 [koɦam コハム] 名 大声 関 고함지르다 [コハムジルダ] 自《르変 : 고함질러 コハムジルロ》大声で叫ぶ ; 大声で怒鳴る

고향 [kohjaŋ コヒャン] 名 故郷 例 고향이 어디세요? [コヒャンイ オディセヨ] 故郷はどちらですか。

고혈압 [kohjɔrap コヒョラプ] 名 高血圧

곡선 [kokʲsɔn コクソン] 名 曲線

곡식 [kokʲʃik コクシク] 名 穀物

곡절 [kokʲtʃɔl コクチョル] 名 曲折 ① 物事の事情 ② 理由 関 우여곡절 [ウヨゴクチョル] 名 紆余曲折

곡조 [kokʲtʃo コクチョ] 名 曲調

곤두서다 [kondusɔda コンドゥソダ] 自 ① 逆さまに立つ ②(身の毛が)よだつ ;(髪の毛が)逆立つ

③(神経が)苛立つ

곤두세우다 [konduseuda コンドゥセウダ] 他 ① 逆立てる ②(神経を)尖らせる；苛立たせる

곤란 [ko:llan コールラン] 名 困難 하形 곤란하다 [コールラナダ] 困る；難しい 例 그러시면 곤란합니다. [クロシミョン コールラナムニダ] そうなさっては困ります。

곤욕 [ko:njok コーニョク] 名 ひどい侮辱

곤충 [kontʃʰuŋ コンチュン] 名 昆虫

곧 [kot コッ] 副 ① すぐ；ただちに ② 間もなく；もうすぐ；やがて 例 곧 돌아올 거예요. [コットラオル コエヨ] まもなく帰ってくるでしょう。③ すなわち

곧다 [kot̚ta コッタ] 形 ① まっすぐだ ② 正直だ

곧바로 [kot̚paro コッパロ] 副 ① すぐに；即座に ②(寄り道をしないで)まっすぐに ③ ありのままに

곧이 [kodʒi コジ] 副 ① 率直に；まっすぐに ② 正しく ③ 偽りなく

곧이듣다 [kodʒidut̚ta コジドゥッタ] 他 《ㄷ変：곧이들어 / 곧이듣는 コジドゥロ / コジドゥンヌン》真に受ける；本気にする

곧잘 [kot̚tʃal コッチャル] 副 かなりよく；かなり上手く

곧장 [kot̚tʃaŋ コッチャン] 副 まっすぐに；すぐ；直ちに

골고루 [kolgoru コルゴル] 副 고루고루 [コルゴル] の縮約形：等しく；均等に

골다 [ko:lda コールダ] 他 《ㄹ語幹：고는 コーヌン》いびきをかく 関 코를 골다 [コルル コルダ] いびきをかく

골동품 [kol̚toŋpʰum コルトンプム] 名 骨董品

골똘하다 [kol̚torɦada コルットラダ] 形 《하変》夢中だ；没頭している

골라내다 [ko:llaneda コールラネダ] 他 選びだす

골목 [ko:lmok コルモク] 名 路地

골몰 [kolmol コルモル] 名 没頭；熱中 하動 골몰하다 [コルモラダ] 没頭する；熱中する

골수 [kol̚su コルス] 名 骨髄

골짜기 [kol̚tʃagi コルッチャギ] 名 谷；渓谷

골치 [koltʃʰi コルチ] 名 《俗語》頭 関 골치가 아프다 [コルチガ アプダ] 面倒で頭が痛い

골탕 [koltʰaŋ コルタン] 名 《俗語》ひどい迷惑；損害 関 골탕 먹다 [コルタン モクタ] 煮え湯を飲まされる / 골탕 먹이다 [コルタン モギダ] 煮え湯を飲ませる；ひどい目に遭わせる

골프 [kolpʰu コルプ] 名 ゴルフ 関 골프장 [コルプジャン] 名 ゴルフ場

곪다 [ko:m̚ta コームタ] 自 ① 化膿する；膿むる ②(物が)腐る

곰 [ko:m コーム] 名 ① クマ ② 愚鈍な人をあざけって言う語

곰곰이 [ko:mgomi コームゴミ] 副 つくづく；よくよく

곰탕 [ko:mtʰaŋ コームタン] 名 コムタン《牛の骨と牛肉を煮込んだスープ》

곰팡이 [ko:mpʰaŋi コームパンイ] 名 かび

곱 [kop コプ] 名 倍

곱다 [ko:p̚ta コープタ] 形 《ㅂ変：고

와/고운 コワ/コウン》① (外見が) 美しい ② (声や言葉が) 心地よく美しい 例 목소리가 참 고와요. [モクソリガ チャム コワヨ] 声が本当に美しいです。③ (肌のきめが) 細かい ④ (生地の織りが) 細かく整っている

곱빼기 [kop²pεgi コプッペギ] 名 (食べ物などを) 2人分を1つにした分量; 大盛り

곱셈 [kop²sem コプセム] 名 掛け算 関 곱하다 [コパダ] 他 掛ける

곱슬곱슬하다 [kop²sɯlgop²sɯrhada コプスルゴプスラダ] 形《하변》(髪などが) 縮れている 関 곱슬머리 [コプスルモリ] 名 天然パーマ; 縮れ毛の頭髪

곱창 [koptʃʰaŋ コプチャン] 名 牛の小腸

곳 [kot コッ] 名 所; 場所 例 아픈 곳이 어디예요? [アプン ゴシ オディエヨ] 具合の悪い所はどこですか。

곳곳 [kot²kot コッコッ] 名 あちこち; 至る所

공¹ [koːŋ コーン] 名 球; ボール

공² [koŋ コン] 名 ① 空(から) ② アラビア数字の0(ゼロ) ③ 徒労

공간 [koŋgan コンガン] 名 空間; スペース

공갈 [koːŋgal コーンガル] 名 恐喝 他 공갈하다 [コーンガラダ] 恐喝する; 脅す; ゆする

공감 [koːŋgam コーンガム] 名 共感 自 공감하다 [コーンガマダ] 共感する

공개 [koŋgε コンゲ] 名 公開 他 공개하다 [コンゲハダ] 公開する 受動 공개되다 [コンゲドゥェダ] 公開される

공격 [koːŋgjʌk コーンギョク] 名 攻撃 他 공격하다 [コーンギョカダ] 攻撃する

공경 [koŋgjʌŋ コンギョン] 名 恭敬 他 공경하다 [コンギョンハダ] 恭敬する; 敬う

공고하다 [koŋgohada コンゴハダ] 形《하변》強固だ

공공 [koŋgoŋ コンゴン] 名 公共

공공연하다 [koŋgoŋjʌnhada コンゴンヨナダ] 形《하변》公然だ; おおっぴらだ 副 공공연히 [コンゴンヨニ] 公然と; おおっぴらに

공교롭다 [koŋgjoropt²a コンギョロプタ] 形《ㅂ変: 공교로워/공교로운 コンギョロウォ/コンギョロウン》① 意外だ; 思いがけない ② 間が悪い 関 공교롭게도 [コンギョロプケド] 折悪しく; あいにく

공군 [koŋgun コングン] 名 空軍

공급 [koːŋgup コーングプ] 名 供給 他 공급하다 [コーングパダ] 供給する 受動 공급되다 [コーングプトゥェダ] 供給される

공기¹ [koŋgi コンギ] 名 (物の入っていない) 空の器

공기² [koŋgi コンギ] 名 空気 例 맑은 공기를 마시니까 기분이 참 상쾌해요. [マルグン コンギルル マシニッカ キブニ チャム サーンクェヘヨ] 澄んだ空気を吸って気分が本当に爽快です。

공동 [koːŋdoŋ コーンドン] 名 共同

공들다 [koŋdɯlda コンドゥルダ] 自《ㄹ語幹: 공드는 コンドゥヌン》誠意がこもる; 念が入る

570

공들이다 [koŋdurida コンドゥリダ] 自 誠意を尽す；真心を込める

공뜨다 [koŋ²tuda コントゥダ] 自 〖으変：공떠 コット〗① 宙に浮く ②（噂などが）根も葉もなく広まる ③（気持ちが）浮つく

공로 [koŋno コンノ] 名 功労

공모 [koŋmo コンモ] 名 公募 하他 공모하다 [コンモハダ] 公募する

공무 [koŋmu コンム] 名 公用；公務 関 공무원 [コンムウォン] 名 公務員

공백 [koŋbɛk コンベク] 名 空白

공부 [koŋbu コンブ] 名 勉強 하他 공부하다 [コンブハダ] 勉強する 例 주말에는 한국말을 공부해요. [チュマレヌン ハーングンマルル コンブヘヨ] 週末には韓国語の勉強をします。自 공부되다 [コンブドゥェダ] 勉強になる

공사¹ [koŋsa コンサ] 名 工事 하自 공사하다 [コンサハダ] 工事する

공사² [koŋsa コンサ] 名 公使

공산주의 [ko:ŋsandʑui コーンサンジュイ] 名 共産主義

공상 [koŋsaŋ コンサン] 名 空想 하自 공상하다 [コンサンハダ] 空想する

공손 [koŋson コンソン] 名 恭遜 하形 공손하다 [コンソナダ] 丁寧だ；丁重だ；恭しい

공식 [koŋɕik コンシク] 名 公式

공약 [koŋjak コンヤク] 名 公約 하他 공약하다 [コンヤカダ] 公約する

공양 [ko:ŋjaŋ コーンヤン] 名 供養 하他 공양하다 [コーンヤンハダ] ① 目上の人に食べ物を差し上げる ② 神仏に供物を供える

공업 [koŋɔp コンオプ] 名 工業

공연 [koŋjon コンヨン] 名 公演 하他 공연하다 [コンヨナダ]

공연하다¹ [koŋjonɦada コンヨナダ] 形 〖하変〗公然としている；おおっぴらだ

공연하다² [koŋjonɦada コンヨナダ] 形 〖하変〗むだだ；つまらない；不必要だ

공예 [koŋje コンイェ] 名 工芸

공원 [koŋwon コンウォン] 名 公園 例 공원에 산책하러 가자. [コンウォネ サンチェカロ カジャ] 公園に散歩しに行こう。

공작¹ [koŋdʑak コンジャク] 名 工作 하他 공작하다 [コンジャカダ] 工作する

공작² [koŋdʑak コンジャク] 名 孔雀

공장 [koŋdʑaŋ コンジャン] 名 工場

공적 [koŋdʑɔk コンジョク] 名 功績

공정¹ [koŋdʑɔŋ コンジョン] 名 工程

공정² [koŋdʑɔŋ コンジョン] 名 公正 하形 공정하다 [コンジョンハダ] 公正だ

공존 [ko:ŋdʑon コーンジョン] 名 共存 하自 공존하다 [コーンジョナダ] 共存する

공주 [koŋdʑu コンジュ] 名 公主《正室の妃から生まれた王女》；姫

공중¹ [koŋdʑuŋ コンジュン] 名 公衆 関 공중전화 [コンジュンジョヌヮ] 名 公衆電話

공중² [koŋdʑuŋ コンジュン] 名 空中

공짜 [koŋ²tɕa コンッチャ] 名 ただ；無料

공책 [koŋtɕʰɛk コンチェク] 名 ノート

공청회 [koŋtɕʰɔŋɦwe コンチョンフェ] 名 公聴会

공치기 [ko:ntɕʰigi コーンチギ] 名 球技

공치다 [kontɕʰida コンチダ] 自 当てが外れる；肩すかしを食う

공치사 [kontɕʰisa コンチサ] 名 お世辞 하자 공치사하다 [コンチサハダ] お世辞を言う

공통 [ko:ntʰoŋ コーントン] 名 共通 하自 공통하다 [コーントンハダ] 共通する 自 공통되다 [コーントンドゥェダ] 共通する 関 공통점 [コーントンッチョム] 名 共通点

공평 [koŋpʰjəŋ コンピョン] 名 公平 하形 공평하다 [コンピョンハダ] 公平だ

공포 [ko:ŋpʰo コーンポ] 名 恐怖 関 공포감 [コーンポガム] 名 恐怖感 / 공포심 [コーンポシム] 名 恐怖心

공표 [koŋpʰjo コンピョ] 名 公表 하他 공표하다 [コンピョハダ] 公表する 되受動 공표되다 [コンピョドゥェダ] 公表される

공학 [koŋfiak コンハク] 名 工学

공항 [koŋfiaŋ コンハン] 名 空港；エアポート 例 공항에 마중을 나갔어요. [コンハンエ マジュンウル ナガッソヨ] 空港に迎えに行きました。 関 국제공항 [ククチェゴンハン] 名 国際空港

공해 [koŋfiɛ コンヘ] 名 公害

공헌 [ko:ŋfiɔn コーンホン] 名 貢献 하自他 공헌하다 [コーンホナダ] 貢献する

공화국 [ko:ŋfiwaguk コーンフワグク] 名 共和国

공휴일 [koŋfijuil コンヒュイル] 名 公休日

곶감 [kotˀkam コッカム] 名 干し柿

과¹ [kwa クヮ] 助 …と《パッチムのある体言，または用言の名詞形に付く》関 와 [ワ] 助 パッチムのない体言，または用言の名詞形に用いる。

과² [kwa クヮ] 名 科

과³ [kwa クヮ] 名 課

과감 [kwa:gam クヮーガム] 名 果敢 하形 과감하다 [クヮーガマダ] 果敢だ

과거 [kwa:gɔ クヮーゴ] 名 過去 例 과거를 묻지 마세요. [クヮーゴルル ムッチ マーセヨ] 過去を聞かないでください。 関 과거형 [クヮーゴヒョン] 名 過去形

과격 [kwa:gjɔk クヮーギョク] 名 過激 하形 과격하다 [クヮーギョカダ] 過激だ

과녁 [kwa:njɔk クヮーニョク] 名 (弓や銃などの)的；標的

과대 [kwa:dɛ クヮーデ] 名 過大 하形 과대하다 [クヮーデハダ] 過大だ

과도 [kwa:do クヮード] 名 過度 하形 과도하다 [クヮードハダ] 過度だ

과로 [kwa:ro クヮーロ] 名 過労 하自 과로하다 [クヮーロハダ] 過労になる

과목 [kwamok クヮモク] 名 科目

과부 [kwa:bu クヮーブ] 名 寡婦；後家

과분하다 [kwa:bunfiada クヮーブナダ] 形 『하変』過分だ；不相応だ；もったいない

과소 [kwa:so クヮーソ] 名 過小 하形 과소하다 [クヮーソハダ] 少なすぎる

과수원 [kwa:suwɔn クワースウォン] 名 果樹園

과시 [kwa:ʃi クワーシ] 名 誇示 하他 과시하다 [クワーシハダ] 誇示する 되受動 과시되다 [クワーシドゥェダ] 誇示される

과식 [kwa:ʃik クワーシク] 名 過食; 食べ過ぎ 하他 과식하다 [クワーシカダ] 過食をする; 食べ過ぎる

과실¹ [kwa:ʃil クワーシル] 名 果実

과실² [kwa:ʃil クワーシル] 名 過失

과언 [kwa:ɔn クワーオン] 名 過言; 言い過ぎ 하自 과언하다 [クワーオナダ] 言い過ぎる

과연 [kwa:jɔn クワーヨン] 副 さすが; やはり; 果たして

과열 [kwa:jɔl クワーヨル] 名 過熱 하自他 과열하다 [クワーヨラダ] 過熱する

과오 [kwa:o クワーオ] 名 過誤

과외 [kwawe クワーウェ] 名 課外: 과외 공부 [クヮウェ コンブ] の略《学校の正規の授業以外の塾などでの勉強や家庭教師に付いて行う勉強》

과음 [kwa:uum クワーウム] 名 過飲; 飲み過ぎ 하自他 과음하다 [クワーウマダ] 飲み過ぎる

과일 [kwa:il クワーイル] 名 果物; フルーツ 例 과일 좀 드세요. [クワーイル チョム トゥセヨ] 果物を召し上がってください。

과잉 [kwa:iŋ クワーイン] 名 過剰 하形 과잉하다 [クワーインハダ] 過剰だ

과자 [kwadʒa クワジャ] 名 菓子 関 전통 과자 [チョントン クワジャ] 名 伝統菓子

과장¹ [kwadʒaŋ クワジャン] 名 課長

과장² [kwa:dʒaŋ クワージャン] 名 誇張 하他 과장하다 [クワージャンハダ] 誇張する

과정¹ [kwa:dʒɔŋ クワージョン] 名 過程; プロセス

과정² [kwa:dʒɔŋ クワジョン] 名 課程

과제 [kwadʒe クワジェ] 名 課題

과하다 [kwa:fiada クワーハダ] 形《하変》過度だ; あんまりだ 副 과히 [クワーヒ] あまり; 過度に

과학 [kwafiak クワハク] 名 科学 例 인류는 눈부신 과학의 발전을 이루었어요. [イルリュヌン ヌンブシン クヮハゲ パルチョヌル イルオッソヨ] 人類は輝かしい科学の発展を成し遂げました。 関 과학자 [クワハクチャ] 名 科学者 / 과학적 [クワハクチョク] 名 科学的

관객 [kwaŋɡek クワンゲク] 名 観客 関 관객석 [クワンゲクソク] 名 観客席

관계 [kwaŋɡe クワンゲ] 名 関係 하自他 관계하다 [クワンゲハダ] 関係する 自 관계되다 [クワンゲドゥェダ] 関係する 関 관계자 [クワンゲジャ] 名 関係者 / 관계없다 [クワンゲオプタ] 関係ない / 관계없이 [クワンゲオプシ] 副 関係なく

관광 [kwaŋɡwaŋ クワングワン] 名 観光 하他 관광하다 [クワングワンハダ] 観光する 例 한국에 관광하러 왔어요. [ハーングゲ クワングワンハロ ワッソヨ] 韓国に観光しに来ました。 関 관광객 [クワングワンゲク] 名 観光客 / 관광버스 [クワングワンポス] 名 観光バス / 관광지 [クワングワンジ] 名 観光地

관념

관념 [kwannjɔm クワンニョム] 名 観念

관대 [kwandɛ クワンデ] 名 寛大 하形 관대하다 [クワンデハダ] 寛大だ

관두다 [kwa:nduda クワーンドゥダ] 他 고만두다 [コマンドゥダ] の縮約形；やめる

관람 [kwallam クワルラム] 名 観覧 自他 관람하다 [クワルラマダ] 観覧する 関 관람객 [クワルラムゲク] 名 観客 / 관람권 [クワルラムックォン] 名 観覧券 / 관람료 [クワルラムニョ] 名 観覧料 / 관람석 [クワルラムソク] 名 観覧席

관련 [kwalljɔn クワルリョン] 名 関連 하自 관련하다 [クワルリョナダ] 関連する；関わる 自 관련되다 [クワルリョンドゥエダ] 関連する；関わる

관례 [kwallje クワルリェ] 名 慣例

관료 [kwalljo クワルリョ] 名 官僚

관리 [kwalli クワルリ] 名 管理 하他 관리하다 [クワルリハダ] 管理する 되受動 관리되다 [クワルリドゥエダ] 管理される

관상 [kwansaŋ クワンサン] 名 観相

관세 [kwansɛ クワンセ] 名 関税

관세음보살 [kwanseumbosal クワンセウムボサル] 名 観世音菩薩

관습 [kwansɯp クワンスプ] 名 慣習

관심 [kwanʃim クワンシム] 名 関心 例 관심을 가져 주셔서 감사합니다. [クワンシムル カジョ ジュショソ カームサハムニダ] 関心を持ってくださってありがとうございます。

관여 [kwanjɔ クワンニョ] 名 関与 하自 관여하다 [クワンニョハダ] 関与する；関わる

관용¹ [kwanjoŋ クワンニョン] 名 慣用 関 관용구 [クワニョングック] 名 慣用句

관용² [kwanjoŋ クワンニョン] 名 寛容

관장 [kwandʒaŋ クワンジャン] 名 館長

관절 [kwandʒɔl クワンジョル] 名 関節

관점 [kwanʔtʃɔm クワンッチョム] 名 観点

관중 [kwandʒuŋ クワンジュン] 名 観衆

관찰 [kwantʃʰal クワンチャル] 名 観察 하他 관찰하다 [クワンチャラダ] 観察する

관청 [kwantʃʰɔŋ クワンチョン] 名 官庁；役所

관측 [kwantʃʰuk クワンチュク] 名 観測 하他 관측하다 [クワンチュカダ] 観測する

관하다 [kwanɦada クワナダ] 自《하変》① 《에 관해서(관하여) の形で》…に関して ② 《에 관한の形で》…に関する；…に関わる

관할 [kwanɦal クワナル] 名 管轄 하他 관할하다 [クワナラダ] 管轄する

관행 [kwanɦɛŋ クワネン] 名 慣行

관혼 [kwanɦon クワノン] 名 冠婚 関 관혼상제 [クワノンサンジェ] 名 冠婚葬祭

괄호 [kwarɦo クワロ] 名 括弧

광경 [kwaŋgjɔŋ クワンギョン] 名 光景；シーン

광고 [kwa:ŋgo クワーンゴ] 名 広告 하他 광고하다 [クワーンゴハダ] 広告する

광내다 [kwaŋneda クヮンネダ] 他 艶を出す

광물 [kwa:ŋmul クヮーンムル] 名 鉱物

광범위 [kwa:ŋbɔmwi クヮーンボムィ] 名 広範囲 形動 광범위하다 [クヮーンボムィハダ] 広範囲だ

광복 [kwaŋbok クヮンボク] 名 光復《日本の植民地であった地域で, 植民地支配から解放されたこと》 関 광복절 [クヮンボクチョル] 光復節《8月15日の日本の植民地支配から解放されたことを祝う日》

광선 [kwaŋsɔn クヮンソン] 名 光線

광어 [kwa:ŋɔ クヮーンオ] 名 ヒラメ

광장 [kwa:ŋdʒaŋ クヮーンジャン] 名 広場

광장 시장 [kwa:ŋdʒaŋʃi:dʒaŋ クヮーンジャン シージャン] 名 広蔵市場《ソウル市鍾路区にある在来市場》

괘씸하다 [kweʔʃimhada クェッシマダ] 形〖하変〗ふらちだ；無礼だ

괜찮다 [kwentʃʰantʰa クェンチャンタ] 形 ① 大丈夫だ；結構だ；構わない 例 사진 찍어도 괜찮습니까? [サジン ッチゴド クェンチャンスムニッカ] 写真, 撮っても大丈夫ですか。②(別に)悪くない；結構だ；なかなかいい 例 이 식당 음식 맛이 괜찮아요. [イ シクタン ウムシン マシ クェンチャナヨ] この食堂の料理の味はなかなかいいです。

괜하다 [kwe:nhada クェーナダ] 形〖하変〗《괜한の形で》要らない；よけいな；無駄な 副 괜히 [クェー

ニ] いたずらに；やたらに

괴다 [kwe:da クェーダ] 自 溜まる；淀む

괴로움 [kweroum クェロウム] 名 苦しみ；苦痛；悩み

괴로워하다 [kwerowɔhada クェロウォハダ] 自〖하変〗苦しむ；悩む

괴롭다 [kwerop̚ta クェロプタ] 形〖ㅂ変：괴로워 / 괴로운 クェロウォ / クェロウン〗① 苦しい；つらい ② 面倒くさい；煩わしい

괴롭히다 [kwerophida クェロピダ] 他 苦しめる；悩ます；いじめる

괴짜 [kweʔtʃa クェーッチャ] 名 変わり者；変人；物好き

굉장하다 [kweŋdʒaŋhada クェンジャンハダ] 形〖하変〗① 宏壮だ；広壮だ ② ものすごい；すばらしい 副 굉장히 [kweŋdʒaŋhi クェンジャンヒ] すばらしく；ものすごく；凄く

교감 [kjo:gam キョーガム] 名 教頭

교과 [kjo:gwa キョーグヮ] 名 教科 関 교과 과정 [キョーグヮ クヮジョン] 名 教科課程 / 교과서 [キョーグヮソ] 名 教科書

교대 [kjodɛ キョデ] 名 交代 下自他 교대하다 [キョデハダ] 交代する

교류 [kjorju キョリュ] 名 交流 下自 교류하다 [キョリュハダ] 交流する

교만 [kjoman キョマン] 名 驕慢 形 교만스럽다 [キョマンスロプタ]〖ㅂ変：교만스러워 / 교만스러운 キョマンスロウォ / キョマンスロウン〗驕慢だ；おごりたかぶっている

교묘 [kjomjo キョミョ] 名 巧妙 形動 교묘하다 [キョミョハダ] 巧妙だ

교복 [kjo:bok キョーボク] 名 学校の

교본

制服；学生服

교본 [kjo:bon キョーボン] 名 教本
교사 [kjo:sa キョーサ] 名 教師
교섭 [kjosɔp キョソプ] 名 交渉 下自 교섭하다 [キョソパダ] 交渉する；協議する
교수 [kjo:su キョース] 名 教授
교습 [kjo:sɯp キョースプ] 名 教習 下他 교습하다 [キョースパダ] 教習する
교시 [kjo:ʃi キョーシ] 名 校時《学校の時間割・時限》
교실 [kjo:ʃil キョーシル] 名 教室 例 교실에서 떠들면 안 돼요. [キョーシレソ ットドゥルミョン アン ドゥェヨ] 教室で騒いではいけません。
교양 [kjo:jaŋ キョーヤン] 名 教養 関 교양 과목 [キョーヤン クヮモク] 名 教養科目 / 교양 학부 [キョーヤン ハクプ] 名 教養学部
교외 [kjowe キョーウェ] 名 郊外
교원 [kjo:wɔn キョーウォン] 名 教員；教師
교육 [kjo:juk キョーユク] 名 教育 例 안전 교육을 철저히 해야 합니다. [アンジョン キョーユグル チョルチョヒ ヘヤ ハムニダ] 安全教育を徹底してしなくてはいけません。 下他 교육하다 [キョーユカダ] 教育する 関 교육계 [キョーユッケ] 名 教育界 / 교육 기관 [キョーユク キグヮン] 名 教育機関 / 교육 대학 [キョーユク テーハク] 名 教育大学 / 교육법 [キョーユクッポプ] 名 教育法 / 교육비 [キョーユクピ] 名 教育費 / 교육열 [キョーユンニョル] 名 教育熱

교장 [kjo:dʑaŋ キョージャン] 名 校長
교재 [kjo:dʑɛ キョージェ] 名 教材 関 교재비 [キョージェビ] 名 教材費
교정 [kjo:dʑɔŋ キョージョン] 名 校正 下他 교정하다 [キョージョンハダ] 校正する
교제 [kjodʑe キョジェ] 名 交際；付き合い 下他 교제하다 [キョジェハダ] 交際する；付き合う 関 교제비 [キョジェビ] 名 交際費
교차 [kjotɕʰa キョチャ] 名 交差 下自 교차하다 [キョチャハダ] 交差する 関 교차로 [キョチャロ] 名 交差路 / 교차점 [キョチャッチョム] 名 交差点
교체 [kjotɕʰe キョチェ] 名 交替 下自他 교체하다 [キョチェハダ] 交替する
교통 [kjotʰoŋ キョトン] 名 交通 例 출퇴근 시간에는 교통이 매우 복잡해요. [チュルトゥェグン シガネヌン キョトンイ メウ ポクチャペヨ] 通勤時間帯には交通機関が本当に混雑します。 関 교통 기관 [キョトン キグヮン] 名 交通機関 / 교통비 [キョトンビ] 名 交通費 / 대중교통 [テージュンギョトン] 名 交通機関
교포 [kjopʰo キョポ] 名 海外に住む韓国・朝鮮系の人々
교향 [kjohjaŋ キョヒャン] 名 交響 関 교향곡 [キョヒャンゴク] 名 交響曲
교환 [kjoɦwan キョフワン] 名 交換 下他 교환하다 [キョフワナダ] 交換する
교활하다 [kjo:ɦwarɦada キョーフワ

ラダ] 形〔하変〕狡猾だ；悪賢い
교황 [kjo:fiwaŋ キョーフワン] 名 教皇
교회 [kjo:fiwe キョーフェ] 名 教会 例 일요일에는 교회에 가세요? [イリョイレヌン キョーフェエ カセヨ] 日曜日には教会に行かれますか。関 성당 [ソンダン] 名 聖堂
교훈 [kjo:fiun キョーフン] 名 教訓 하他 교훈하다 [キョーフナダ] 教え諭す
구 [ku ク] 数 9 類 아홉 [アホプ]
구겨지다 [kugjodʒida クギョジダ] 自 しわくちゃになる；しわがよる
구경 [ku:gjəŋ クーギョン] 名 見物；観覧 하他 구경하다 [クーギョンハダ] 見物する；観覧する 例 설악산으로 단풍 구경하러 가실래요? [ソラㇰサヌロ タンプン クーギョンハロ カシㇽレヨ] 雪岳山に紅葉狩りに行きませんか。
구구하다 [kuguɦada クグハダ] 形〔하変〕① まちまちだ ② 取るに足りない；つまらない
구급 [ku:guɯp クーグㇷ゚] 名 救急 하他 구급하다 [クーグパダ] 救急措置する 関 구급법 [クーグプポプ] 名 救急法 / 구급차 [クーグプチャ] 名 救急車 / 구급 치료 [クーグプ チリョ] 名 救急治療；応急手当
구기다 [kugida クギダ] 他 くちゃくちゃにする；しわくちゃにする 自 しわが寄る；くちゃくちゃになる
구기자 [kugidʒa クギジャ] 名 구기자나무 [クギジャナム] の縮約形：クコの実
구기자나무 [kugidʒanamu クギジャナム] 名 クコ
구기자차 [kugidʒatɕʰa クギジャチャ] 名 クコ茶
구김살 [kugim²sal クギㇺサㇽ] 名 ①（衣服などの）しわ ② 心や性格などのねじけた部分 関 구김살 없이 [クギㇺサㇽ オープシ]（性格に）ねじけたところがなく；伸び伸びと明るく
구더기 [kudəgi クドギ] 名 うじ
구독 [kudok クドㇰ] 名 購読 하他 구독하다 [クドカダ] 購読する
구두 [kudu クドゥ] 名 靴 例 이 구두 한번 신어 봐도 돼요? [イ クドゥ ハンボン シノ ブワド ドゥェヨ] この靴一度、履いてみていいですか。関 구두 닦기 [クドゥ タㇰキ] 名 靴磨き / 구두약 [クドゥヤㇰ] 名 靴クリーム / 구두창 [クドゥチャン] 名 靴底 / 구둣솔 [クドゥッソㇽ] 名 靴ブラシ / 구둣주걱 [クドゥッチュゴㇰ] 名 靴べら
구두쇠 [kuduswe クドゥスェ] 名 けち；しみったれ
구라파 [kurapʰa クラパ] 名 ヨーロッパ《漢字表記の欧羅巴に由来》類 유럽 [ユロプ]
구렁 [kurəŋ クロン] 名（深い）くぼみ；へこみ
구렁이 [kurəŋi クロンイ] 名 ① 大蛇 ②《比喩的に》腹黒い人
구르다¹ [kuruda クㇽダ] 自〔르変：굴러 クㇽロ〕転がる
구르다² [ku:ruda クーㇽダ] 自〔르変：굴러 クーㇽロ〕床などを強く踏み鳴らす
구름 [kurɯm クルㇺ] 名 雲
구리 [kuri クリ] 名 銅

구리다 [kurida クリダ] 形 ① 臭い ② (やりくちが)いやらしい;汚い ③ (言動が)怪しい;疑わしい

구린내 [kurinnɛ クリンネ] 名 悪臭 関 구린내가 나다 [クリンネガ ナダ] 悪臭がする

구멍 [kumɔŋ クモン] 名 ① 穴 ② 抜け道 ③ 欠点

구멍가게 [kumɔŋgage クモンガゲ] 名 小さな雑貨屋

구명 [ku:mjɔŋ クーミョン] 名 救命 하他 구명하다 [クーミョンハダ] 命を救う 関 구명구 [クーミョング] 名 救命具 / 구명동의 [クーミョンドンイ] 名 救命胴衣

구미¹ [ku:mi クーミ] 名 ① 食欲;食い気 ② 興味

구미² [kumi クミ] 名 欧米

구박 [kubak クバク] 名 虐待;いびること 하他 구박하다 [クバカダ] 虐待する;いじめる

구별 [kubjɔl クビョル] 名 区別 하他 구별하다 [クビョラダ] ① 区別する ② 差別する

구부러지다 [kuburɔdʑida クブロジダ] 自 (一方に)曲がる

구부리다 [kuburida クブリダ] 他 曲げる;かがめる

구분 [kubun クブン] 名 区分 하他 구분하다 [クブナダ] 区分する

구불거리다 [kubulgɔrida クブルゴリダ] 自 曲がりくねる 副 구불구불 [クブルグブル] 曲がりくねっている様子:くねくね

구비 [kubi クビ] 名 具備 하他 구비하다 [クビハダ] 備える;用意する

구사 [kusa クサ] 名 駆使 하他 구사하다 [クサハダ] 自由自在に使いこなす

구상 [kusaŋ クサン] 名 構想 하他 구상하다 [クサンハダ] 構想する

구색 [kusɛk クセク] 名 様々な品物をもれなく取り揃える

구석 [kusɔk クソク] 名 ① 隅;片隅 ② 表面に現れない奥まった所 関 구석구석 [クソククソク] 名 隅々

구설 [ku:sɔl クーソル] 名 非難;悪口

구성 [kusɔŋ クソン] 名 構成 하他 구성하다 [クソンハダ] 構成する

구속 [kusok クソク] 名 拘束 하他 구속하다 [クソカダ] 拘束する;束縛する 되受動 구속되다 [クソクトゥェダ] 拘束される;束縛される

구수하다 [kusuɦada クスハダ] 形 《하変》① 香ばしい;風味がよい ② (話が)面白そうだ;興味を引く

구슬 [kusɯl クスル] 名 ① 宝石類で作った玉 ② 真珠 ③ ビー玉;ガラス玉

구슬프다 [kusɯlpʰɯda クスルプダ] 形《으変:구슬퍼 クスルポ》もの悲しい 副 구슬피 [クスルピ] 物悲しく;哀れに

구식 [ku:ɕik クーシク] 名 ① 古い習慣ややり方 ② 旧式;時代遅れ

구실¹ [kuɕil クシル] 名 (自分が当然やるべき)役割;務め

구실² [ku:ɕil クーシル] 名 口実;言い訳

구십 [kuɕip クシプ] 数 90 類 아흔 [アフン]

구애¹ [kuɛ クエ] 名 求愛 하自 구애하다 [クエハダ] 求愛する

구애² [kuɛ クエ] 名 拘泥;こだわり 하自 구애하다 [クエハダ] こだわ

구역¹[kujɔk クヨク]**名**区域

구역²[kujɔk クヨク]**名**吐き気 **関**구역증[クヨクッチュン]**名**吐き気/구역질[クヨクチル]**名**嘔吐

구원[ku:wɔn クーウォン]**名**救援 **하他**구원하다[クーウォナダ]救援する **関**구원대[クーウォンデ]**名**救援隊/구원 물자[クーウォン ムルチャ]**名**救援物資

구월[kuwɔl クウォル]**名**9月

구이[kui クイ]**名**(料理などの)焼き物

구입[kuip クイプ]**名**購入 **하他**구입하다[クイパダ]購入する

구절판[kudʒɔlpʰan クジョルパン]**名**九節板《宮中料理の一種》

구제[ku:dʒe クージェ]**名**救済 **하他**구제하다[クージェハダ]救済する

구조¹[ku:dʒo クージョ]**名**救助 **하他**구조하다[クージョハダ]救助する **関**구조대[クージョデ]**名**救助袋/구조사다리[クージョサダリ]**名**救助梯子/구조선[クージョソン]**名**救助船

구조²[kudʒo クジョ]**名**構造

구차하다[ku:tʃʰahada クーチャハダ]**形**〖하変〗①生活が貧しく苦しい ②取るに足りない;お粗末だ

구청[kutʃʰɔŋ クチョン]**名**区役所

구체[kutʃʰe クチェ]**名**具体 **関**구체적[クチェジョク]**名**具体的

구태여[kutʰɛjo クテヨ]**副**わざわざ;強いて;敢えて

구하다¹[kuɦada クハダ]**他**〖하変〗①(相手に)要求する;求める ②必要なものを求める **例**일자리를 구하고 있어요. [イルチャリルル クハゴ イッソヨ]勤め口を探しています。③購入する

구하다²[ku:ɦada クーハダ]**他**〖하変〗救う;救助する

구호¹[ku:ɦo クーホ]**名**① 掛け声 ②スローガン

구호²[ku:ɦo クーホ]**名**救護 **하他**구호하다[クーホハダ]救護する

구획[kuɦwek クフェク]**名**区画 **関**구획 정리[クフェク チョーンニ]**名**区画整理

국[kuk クク]**名**汁;スープ **例**오늘 국이 참 시원해요. [オヌル クギ チャム シウォネヨ]今日はスープが本当にさっぱりしておいしいです。

국가[kukʔka ククカ]**名**国家 **関**국가 고시[ククカ コーシ]**名**国家試験/국가사업[ククカサオプ]**名**国家事業

국경[kukʔkjɔŋ ククキョン]**名**国境

국경일[kukʔkjɔŋil ククキョンイル]**名**国慶日;国家の記念日

국교[kukʔkjo ククキョ]**名**国交

국군[kukʔkun クククン]**名**国軍

국기[kukʔki ククキ]**名**国旗

국내[kuŋnɛ クンネ]**名**国内 **関**국내선[クンネソン]**名**国内線/국내 시장[クンネ シージャン]**名**国内市場

국력[kuŋnjɔk クンニョク]**名**国力

국립[kuŋnip クンニプ]**名**国立 **関**국립공원[クンニプコンウォン]**名**国立公園/국립 국악원[クンニプクガグォン]**名**国立国楽院/국립극장[クンニプククチャン]**名**国立

국면 [kuŋmjɔn クンミョン] 名 局面

국문학 [kuŋmunĥak クンムナヶ] 名 国文学 関 국문학과 [クンムナヶックヮ] 名 国文学科 / 국문과 [クンムンックヮ] 名 国文科

국물 [kuŋmul クンムル] 名 ①汁;スープ ②出し汁

국민 [kuŋmin クンミン] 名 国民 例 국민 대다수가 찬성합니다. [クンミン テーダスガ チャンソンハムニダ] 国民の大多数が賛成しています。関 국민감정 [クンミンガムジョン] 名 国民感情 / 국민 생활 [クンミン センフヮル] 名 国民生活 / 국민 소득 [クンミン ソードゥク] 名 国民所得

국밥 [kukʰpap ククパプ] 名 ご飯を入れたスープ:クッパ

국방 [kukʰpaŋ ククパン] 名 国防 関 국방부 [ククパンブ] 名 国防部 / 국방비 [ククパンビ] 名 国防費

국보 [kukʰpo ククポ] 名 国宝

국사 [kukʰsa ククサ] 名 国史

국산 [kukʰsan ククサン] 名 国産 関 국산품 [ククサンプム] 名 国産品

국수 [kukʰsu ククス] 名 そば・そうめん・うどんなどの麺類の総称 例 국수를 먹다 [ククスルル モクタ] 麺を食べる(結婚式を挙げる)《以前披露宴で麺類が振る舞われたことから》

국악 [kugak クガク] 名 国楽《韓国の伝統音楽の一種》

국어 [kugɔ クゴ] 名 国語 関 국어 교육 [クゴ キョーユク] 名 国語教育 / 국어 국문학 [クゴ クンムナク] 名 国語国文学 / 국어 국문학과 [クゴ クンムナクックヮ] 名 国語国文学科 / 국어 문법 [クゴ ムンッポプ] 名 国語文法 / 국어사전 [クゴサジョン] 名 国語辞典 / 국어학 [クゴハク] 名 国語学

국자 [kukʰtʃa ククチャ] 名 杓子;お玉

국적 [kukʰtʃɔk ククチョク] 名 国籍

국제 [kukʰtʃe ククチェ] 名 国際 例 저는 국제 정세에 밝지 못합니다. [チョヌン ククチェ チョンセエ パクチ モーッタムニダ] 私は国際情勢に詳しくありません。関 국제 견본시 [ククチェ キョンーボンシ] 名 国際見本市 / 국제결혼 [ククチェ ギョロン] 名 国際結婚 / 국제 경제 [ククチェ キョンジェ] 名 国際経済 / 국제공항 [ククチェゴンハン] 名 国際空港 / 국제 문제 [ククチェ ムーンジェ] 名 国際問題 / 국제 방송 [ククチェ パーンソン] 名 国際放送 / 국제 전화 [ククチェ チョーヌヮ] 名 国際電話

국토 [kukkʰo ククト] 名 国土

국화¹ [kukkʰwa ククヮ] 名 菊

국화² [kukkʰwa ククヮ] 名 国花《韓国ではムクゲの花》

국회 [kukkʰwe ククェ] 名 国会 関 국회 도서관 [ククェ トソグヮン] 名 国会図書館 / 국회 의사당 [ククェ ウイサダン] 名 国会議事堂 / 국회

의원[ククェイウォン] 名 国会議員
군[kun クン] 依名 君
군것질[ku:ngətˀt͡ɕʰil クーンゴッチル] 名 買い食い 自 군것질하다 [クーンゴッチラダ] 買い食いする
군고구마[ku:ngoguma クーンゴグマ] 名 焼きいも
군대[kundɛ クンデ] 名 軍隊 例 대한민국 남자라면 누구나 군대에 가야 해요. [テーハンミングン ナムジャラミョン ヌグナ クンデエ カヤ ヘヨ] 大韓民国の男なら誰でも軍隊に行かなければいけません。
군더더기[ku:ndədəgi クーンドドギ] 名 ① 余計なもの；蛇足 ② やたらに人に付きまとう者
군데[kundɛ クンデ] 依名 箇所 関 군데군데 [クンデグンデ] 名 副 所々
군만두[ku:nmandu クーンマンドゥ] 名 焼き餃子
군밤[ku:nbam クーンバム] 名 焼き栗
군사[kunsa クンサ] 名 軍事 関 군사 경계선 [クンサ キョンゲソン] 名 軍事境界線 / 군사 기지 [クンサ キジ] 名 軍事基地 / 군사력 [クンサリョク] 名 軍事力
군살[ku:nsal クーンサル] 名 贅肉
군색하다[ku:nsɛkkʰada クーンセカダ] 形〖ㅂ変〗① 暮らしがひどく貧乏な様子 ② 不自然で具合が悪い様子 関 군색스럽다 [クーンセクスロプダ] 形〖ㅂ変〗: 군색스러워 / 군색스러운 クンセクスロウォ / クンセクスロウン] ① 暮らしが貧しいようだ ② 窮屈そうだ；苦しそうだ
군소리[ku:nsori クーンソリ] 名 ① 無駄口 ② 寝言 自 군소리하다 [クーンソリハダ] 無駄な話やつまらない話をする
군식구[ku:ŋʃik̚ku クーンシクク] 名 食客；居候
군인[kunin クニン] 名 軍人
군중[kundʑuŋ クンジュン] 名 群衆
군침[ku:ntɕʰim クーンチム] 名 生つば 関 군침을 삼키다 [クーンチムル サムキダ] (食べたくて) 舌なめずりする / 군침이 돌다 [クーンチミ トルダ] (利益や他人の物や財産が) 非常に欲しくなる

굳건하다[kutˀkəɲɦada クッコナダ] 形〖하変〗(人・意志などが) 堅い；しっかりしている；強い 副 굳건히 [クッコニ] しっかりと；堅固に
굳다[kutˀta クッタ] 形 ① (物体などが) 固い ② (意志が) 堅固だ；ぐらつかない ③ 頑丈で堅い ④ (表情が) こわばっている 自 ① (物が) 固くなる；こわばる ② (習慣や癖などが) 固まる；癖になる
굳세다[kutˀseda クッセダ] 形 ① (意志が) 強い；堅固だ ② (体が) たくましい
굳은살[kudunsal クドゥンサル] 名 (手や足などの) たこ
굳이[kudʑi クジ] 副 ① 固く；頑固に ② 敢えて；強いて；無理に
굳히다[kutɕʰida クチダ] 他 固める
굴¹[kul クル] 名 牡蠣
굴²[ku:l クール] 名 ① 洞窟 ② トンネル
굴다[ku:lda クールダ] 補動〖ㄹ語幹 : 구는 クーヌン〗(そのように) 振る舞う

굴뚝 [ku:l²tuk クールットゥク] 名 煙突 関 굴뚝 같다 [クールットゥク カッタ] (何かを)したい気持ちは山々だ;したくてたまらない

굴리다 [ku:llida クーッリダ] 他 転がす

굴비 [kulbi クルビ] 名 イシモチの干物

굴젓 [kuldʒət クルジョッ] 名 牡蠣の塩辛

굵다 [kuk²ta ククタ] 形 ①太い 対 가늘다 [カヌルダ] ②(粒などが)大きい ③粗い

굶다 [ku:m²ta クームタ] 自他 飢える

굶주리다 [ku:mdʒurida クームジュリダ] 自 ①(腹を)空かす;ひもじい思いをする ②(不足して)ものたりない

굽 [kup クプ] 名 ①(牛・馬などの)蹄 ②(靴の)かかと;ヒール

굽다¹ [ku:p²ta クープタ] 他《ㅂ変:구워/굽는 クウォ/クームヌン》①焼く;炙る ②炭・煉瓦・瀬戸物などを焼く ③写真をプリントする

굽다² [kup²ta クプタ] 形 ①曲がっている;たわんでいる ②《動詞的に》曲がる;たわむ

굽실 [kup²ʃil クプシル] 副 頭を下げる様子:ぺこり 関 굽실굽실 [クプシルグプシル] 副 ぺこぺこ

굽이 [kubi クビ] 名 曲がり角;湾曲した所 関 굽이굽이 [クビグビ] 副 曲がり角ごとに;くねくねと

굽히다 [kupʰida クピダ] 他 曲げる;かがめる

굿 [kut クッ] 名 ①クッ《巫女が供物を供えて歌舞を演じ,神に祈願する儀式》②見せ物 하自 굿하다 [クタダ] クッを行う

궁금하다 [kuŋgumɦada クングマダ] 形《하変》気になる;心配だ 例 궁금한 게 있으면 뭐든지 물어보세요. [クングマン ゲ イッスミョン ムォドゥンジ ムロボセヨ] 気になることがあれば何でも尋ねてください。

궁둥이 [kuŋduŋi クンドゥンイ] 名 ①尻 ②衣類の尻の部分

궁리 [kuŋni クンニ] 名 究理 하리 궁리하다 [クンニハダ] ①物事の道理や法則を究める ②思案する;思いめぐらす;知恵をしぼる;工夫する

궁정 [kuŋdʒəŋ クンジョン] 名 宮廷 関 궁정 문학 [クンジョン ムナク] 名 宮廷文学

궁중 [kuŋdʒuŋ クンジュン] 名 宮中

궁지 [kuŋdʒi クンジ] 名 窮地;苦境

궁하다 [kuŋɦada クンハダ] 形《하変》①大変貧しい ②(不足して)困っている ③行き詰まっている;困り切っている

궁합 [kuŋɦap クンハプ] 名 (男女の)相性 関 궁합을 보다 [クンハブル ポダ] (男女の)相性を見る / 궁합이 맞다 [クンハビ マッタ] (男女の)相性が良い

궂다 [kut²ta クッタ] 形 ①天気が悪い ②(物事が)思わしくなく気に掛かる

궂은일 [kudʒunnil クジュンニル] 名 不吉なこと;嫌なこと

권 [kwən クォン] 依名 ①本を数える語:…冊 例 한달에 몇 권 정도 책을 읽어요? [ハンダレ ミョッ クォン ジョンド チェグル イルゴヨ]

1カ月に何冊くらい本を読みますか。②(全集などの)順序を表す語：…巻

권고 [kwɔːŋgo クォーンゴ] 名 勧告 [하他] 권고하다 [クォーンゴハダ] 勧告する

권력 [kwɔlljɔk クォルリョク] 名 権力 関 권력자 [クォルリョクチャ] 名 権力者 / 권력 투쟁 [クォルリョク トゥジェン] 名 権力闘争

권리 [kwɔlli クォルリ] 名 権利 関 권리금 [クォルリグム] 名 権利金 / 권리자 [クォルリジャ] 名 権利者

권위 [kwɔnɥi クォヌィ] 名 権威

권유 [kwɔːnju クォーニュ] 名 勧誘 [하他] 권유하다 [クォーニュハダ] 勧誘する

권총 [kwɔːntsʰoŋ クォーンチョン] 名 拳銃；ピストル

권태 [kwɔːntʰɛ クォーンテ] 名 倦怠 ①飽きて嫌になること ②心身が疲れてだるいこと 関 권태기 [クォーンテギ] 名 倦怠期

권투 [kwɔːntʰu クォーントゥ] 名 拳闘；ボクシング 関 권투 선수 [クォーントゥ ソーンス] 名 ボクサー

권하다 [kwɔːnɦada クォーナダ] 他 《하変》勧める

권한 [kwɔnɦan クォナン] 名 権限

궤도 [kweːdo クェード] 名 軌道

궤양 [kweːjaŋ クェーヤン] 名 潰瘍

귀 [kwi クィ] 名 耳 関 귀가 가렵다 [クィガ カリョプタ] 耳がかゆい《誰かが自分の噂をしているようだという意》/ 귀가 뚫리다 [クィガ ットゥルリダ] 耳が通る《言葉が聞き分けられるようになるという意》/ 귀가 멀다 [クィガ モールダ] 耳が遠い / 귀에 못이 박히다 [クィエ モシ パキダ] 耳にタコができる

귀가 [kwiːga クィーガ] 名 帰宅 귀가하다 [クィーガハダ] 帰宅する

귀감 [kwigam クィガム] 名 鑑；手本

귀걸이 [kwigɔri クィゴリ] 名 耳飾り；イヤリング

귀결 [kwiːgjɔl クィーギョル] 名 帰結 [하自] 귀결하다 [クィーギョラダ] 帰結する

귀국 [kwiːguk クィーグク] 名 帰国 [하自] 귀국하다 [クィーグカダ] 帰国する

귀금속 [kwiːgumsok クィーグムソク] 名 貴金属

귀뚜라미 [kwiʔturami クィットゥラミ] 名 コオロギ

귀띔 [kwiʔtim クィッティム] 名 耳打ち [하他] 귀띔하다 [クィッティマダ] 耳打ちする

귀머거리 [kwimɔgɔri クィモゴリ] 名 耳の聞こえない人

귀성 [kwiːsɔŋ クィーソン] 名 帰省 [하自] 귀성하다 [クィーソンハダ] 帰省する

귀속 [kwiːsok クィーソク] 名 帰属 [하自] 귀속하다 [クィーソカダ] 帰属する

귀신 [kwiːʃin クィーシン] 名 ①死者の霊；悪霊 ②鬼神；お化け ③特別な才能の持ち主：鬼才

귀여워하다 [kwiːjɔwɦada クィーヨウォハダ] 他 《하変》かわいがる

귀엽다 [kwiːjɔpʔta クィーヨプタ] 形 《ㅂ変：귀여워 / 귀여운 クィーヨウォ / クィーヨウン》かわいい；愛らしい 例 귀여운 강아지를 키우고 싶어요. [クィーヨウン カンアジルル

귀족

キウゴ シポヨ] かわいい子犬を飼いたいです。

귀족[kwi:dʒok クィージョク] 名 貴族

귀중[kwi:dʒuŋ クィージュン] 名 貴中《会社や官庁など相手を敬って手紙などの宛先に添える語》: 御中

귀중하다[kwi:dʒuŋɦada クィージュンハダ] 形 《하変》貴重だ

귀착[kwi:tʃak クィーチャク] 名 帰着 하自 귀착하다[クィーチャカダ] 帰着する

귀찮다[kwitʃʰantʰa クィチャンタ] 形 厄介だ; わずらわしい; 面倒だ 例 비가 와서 나가기 귀찮아서 안 갔어요. [ピガワソ ナガギ クィチャナソ アン ガッソヨ] 雨が降って出掛けるのが面倒で, 行きませんでした。

귀하[kwi:ɦa クィーハ] 名 代 貴下《手紙のあて名などで, 名前の後に付ける敬称》: …様

귀하다[kwi:ɦada クィーハダ] 形 《하変》①(身分・地位が)貴い; 尊い ②珍しい

귀화[kwi:ɦwa クィーフワ] 名 帰化 하自 귀화하다[クィーフワハダ] 帰化する

귀환[kwi:ɦwan クィーフワン] 名 帰還 하自 귀환하다[クィーフワナダ] 帰還する

귓속[kwiʔsok クィッソク] 名 耳の内部 関 귓속말[クィッソンマル] 名 耳打ち

규격[kjugjək キュギョク] 名 規格 関 규격품[キュギョクプム] 名 規格品 / 규격화[キュギョクフヮ] 名 規格化

규명[kjumjəŋ キュミョン] 名 糾明 하他 규명하다[キュミョンハダ] 糾明する 되受動 규명되다[キュミョンドゥェダ] 糾明される

규모[kjumo キュモ] 名 規模

규범[kjubəm キュボム] 名 規範

규정[kjudʒəŋ キュジョン] 名 規定 하他 규정하다[キュジョンハダ] 規定する 自 되受動 규정되다[キュジョンドゥェダ] 規定される

규제[kjudʒe キュジェ] 名 規制 하他 규제하다[キュジェハダ] 規制する 되受動 규제되다[キュジェドゥェダ] 規制される

규칙[kjutʃʰik キュチク] 名 規則 例 정해진 규칙에 따라야지요. [チョンヘジン キュチゲ ッタラヤジヨ] 決まった規則に従わなくてはいけません。

균등[kjunduŋ キュンドゥン] 名 均等 하形 균등하다[キュンドゥンハダ] 均等だ 関 균등히[キュンドゥンイ] 副 均等に; 等しく

균형[kjunɦjəŋ キュニョン] 名 均衡; バランス

귤[kjul キュル] 名 ミカン

그¹[kɯ ク] 冠 ①話し手が聞き手の近くにある物を指し示す語: その 例 그 책 이리 좀 주세요. [ク チェク イリ チョム チュセヨ] その本をこちらにちょっとください。②すでに話したことや話し手や聞き手が, 共に知っている物事を指す語: その; あの 例 같이 봤던 그 영화 정말 좋았어요. [カチ プヮットン ク ヨンフヮ チョーンマル チョーアッソヨ] 一緒に見たあの映画本当によかったです。③はっきり

しないことや，はっきり言いたくないときに用いる語：あの；その

그² [kɯ ク] 代 ①その人；彼 例 그는 참 좋은 사람이에요. [クヌン チャム チョーウン サーラミエヨ] 彼は本当にいい人です。②それ

그것 [kɯgʌt クゴッ] 代 ①話し手が聞き手の近くにある物を指す語：それ ②すでに話したことや話し手や聞き手が共に知っている物事を指す語：それ；あれ

그까짓 [kɯ²kadʒit クッカジッ] 冠 その程度の；それしきの

그나마 [kɯnama クナマ] 副 ①それさえも ②その上にまた

그날 [kɯnal クナル] 名 その日

그냥 [kɯnjaŋ クニャン] 副 ①そのまま；ありのまま 例 그냥 놔 두세요. [クニャン ヌワ ドウセヨ] そのまま放っておいてください。②そのままずっと ③ただ意味もなく；訳もなく 例 그냥 우울하고 짜증이 나네요. [クニャン ウウラゴ ッチャジュンイ ナネヨ] 訳もなく憂鬱でいらいらしますね。④無料で；ただで ⑤容赦なく；思いきり

그네 [kɯːne クーネ] 名 ぶらんこ

그녀 [kɯnjʌ クニョ] 代 彼女；その女性

그늘 [kɯnɯl クヌル] 名 ①日陰；陰 ②(社会的に)陽の当たらない場所；陰 ③(表情や性格などの)翳り；影 ④(父母やある人の)庇護の下；膝もと 関 그늘지다 [クヌルジダ] 自 陰になる；陰ができる

그다지 [kɯdadʒi クダジ] 副 それほど；大して

그대 [kɯdɛ クデ] 代 ①友人や目下の人に対してやや丁寧に言う語：君；あなた ②親しい仲で親愛の情を込めて言う語：君；あなた

그대로 [kɯdero クデロ] 副 そのまま 例 움직이지 말고 그대로 가만히 계세요. [ウムジギジ マールゴ クデロ カマニ ケーセヨ] 動かないでそのままじっとしてください。

그동안 [kɯdoŋan クドンアン] 名 その間 例 그동안 어디서 뭐 했어요? [クドンアン オディソ ムォー ヘッソヨ] これまでどこで何をしていましたか。/그동안 감사했습니다. [クドンアン カームサヘッスムニダ] これまでありがとうございました。

그들 [kɯdɯl クドゥル] 代 彼ら；それら

그때 [kɯ²te クッテ] 名 その時；あの時；その当時；その節 例 그때는 정말 고마웠습니다. [クッテヌン チョーンマル コマウォッスムニダ] その節は，本当にありがとうございました。関 그때그때 [クッテグッテ] 名 副 その時；その時々に；その都度

그라운드 [kɯraundɯ クラウンドゥ] 名 グラウンド

그랑프리 [kɯraŋpʰɯri クランプリ] 名 グランプリ

그래 [kɯre クレ] 副 그리하여 [クリハヨ] の縮約形 ①そして；それで ②そのようにして

그래서 [kɯresʌ クレソ] 副 それで；そうして

그래프 [kɯrepʰɯ クレプ] 名 グラフ

그래픽 [kɯrepʰik クレピク] 名 グラフィック

그램 [kɯrem クレム] 依名 グラム

그러나 [kurɔna クロナ] 副 しかし；だが

그러니 [kurɔni クロニ] 副 だから

그러니까 [kurɔniˀka クロニッカ] 副 だから；ですから 例 그러니까 제일에 더 이상 간섭하지 마세요. [クロニッカ チェ イーレト イーサン カンソパジ マーセヨ] ですから，私のことにこれ以上，干渉しないでください。

그러면 [kurɔmjɔn クロミョン] 副 そうすれば；すると；そういうわけなら 例 두드려라. 그러면 열릴 것이다. [トゥドゥリョラ クロミョン ヨルリル コシダ] 叩けよ。さらば開かれん。関 그러면 그렇지 [クロミョン クロッチ] やはりそうだ；結局思ったとおりだ

그러므로 [kurɔmuro クロムロ] 副 それゆえに；だから 例 나는 생각한다. 그러므로 존재한다. [ナヌン センガカンダ クロムロ チョンジェハンダ] 我思う，故に我あり。

그러자 [kurɔdʒa クロジャ] 副 すると；そうすると；そう言うと

그러잖아도 [kurɔdʒanado クロジャナド] そうでなくても

그러하다 [kurɔɦada クロハダ] 形 〘하変〙そのようだ；その通りだ 例 그러한 행동은 용납할 수 없어요. [クロハン ヘンドンウン ヨンナパル ス オープソヨ] そんな行動は許されません。

그럭저럭 [kurɔkˀtʃɔrɔk クロクチョロク] 副 どうにかこうにか；なんとかかんとか

그런대로 [kurɔndɛro クロンデロ] 副 そのまま；それなりに

그런데 [kurɔnde クロンデ] 副 ところで；だが；けれども

그럼 [kurɔm クロム] 副 それなら；それでは 感 もちろん；そうだとも

그렇다 [kurɔtˀha クロッタ] 形 〘ㅎ変：그래/그런 クレ/クロン〙① そうだ；そのとおりだ 例 그저 그렇네요. [クジョ クロンネヨ] まあまあですね。② 《그런の形で》そんな ③ 《그렇게の形で》そのように；そんなに；そうまで

그렇지만 [kurɔtˀhiman クロッチマン] 副 そうですが；そうだが；けれども

그루 [kuru クル] 名 (樹木や作物などの) 株；根の部分 依名 木を数える語；…本；…株

그룹 [kurup クルプ] 名 グループ

그르다 [kuruda クルダ] 形 〘르変：글러 クロロ〙① 間違っている ② 悪い；劣っている

그릇¹ [kuruːt クルッ] 名 ① 入れ物；容器 ② 人としての度量；器 依名 …杯 例 밥 한 그릇 더 주세요. [パプ ハン クルット チュセヨ] ご飯，もう一杯ください。

그릇² [kuruːt クルッ] 副 間違って；誤って 関 그릇되다 [クルットゥェダ] 自 間違う；誤る

그리¹ [kuri クリ] 副 そのように；それほど

그리² [kuri クリ] 副 そちらへ；そこに

그리고 [kurigo クリゴ] 副 そして；それから

그리다¹ [kuːrida クーリダ] 他 ① (絵などを) 描く 例 약도를 좀 그려 주세요. [ヤクトルル チョム クーリョ

ジュセヨ] 略図をちょっと描いてください。②(心に)描く

그리다² [kurida クリダ] 他 偲ぶ；懐かしく思う

그리워하다 [kuriwoɦada クリウォハダ] 他 《하変》恋しがる；思いこがれる

그림 [kuːrim クーリム] 名 絵；絵画 例 그 사람은 그림에 소질이 있어요. [ク サーラムン クーリメ ソジリ イッソヨ] その人は絵の素質があります。関 그림엽서 [クリームニョプソ] 名 絵葉書 / 그림책 [クリームチェク] 名 絵本

그림자 [kurimdʑa クリムジャ] 名 ①影 ②(鏡や水面に映った)映像；姿 ③跡；人影

그립다 [kurip̚ta クリプタ] 形《ㅂ変：그리워 / 그리운 クリウォ / クリウン》恋しい；懐かしい

그만¹ [kuman クマン] 冠 それくらいの；その程度の

그만² [kuman クマン] 副 ①それぐらいに(してやめる)；その程度で(やめる) 例 그만 하면 됐어요. [クマ ナミョン ドゥェッソヨ] それくらいすればもう十分です。②そのまますぐ ③つい；うっかり

그만두다 [kumanduda クマンドゥダ] 他 やめる；取りやめる 例 지난달부터 조깅을 시작했는데 너무 힘들어서 그만뒀어요. [チナンダルブト チョギンウル シージャケンヌンデ ノム ヒムドゥロソ クマンドゥォッソヨ] 先月からジョギングを始めたのですが、とても大変でやめました。類 고만두다 [コマンドゥダ]

그만큼 [kumankʰum クマンクム] 副 それくらい；それほど

그만하다 [kumanɦada クマナダ] 形《하変》それぐらいだ；まあまあだ；その程度だ

그물 [kumul クムル] 名 網

그믐 [kumum クムム] 名 그믐날 [クムムナル] の縮約形：ひと月の最後の日；みそか

그야말로 [kujamallo クヤマルロ] 副 それこそ；実に

그윽하다 [kuwukkʰada クウカダ] 形《하変》奥ゆかしい；幽玄だ；(香りなどが)ほのかだ 副 그윽이 [クウギ] 物静かに；ほのかに

그이 [kui クイ] 代 その人；彼

그저 [kudʑɔ クジョ] 副 ①ただ；ひたすら ②まあまあ ③訳もなくただ；無条件に ④ただ何となく ⑤どうか；なにとぞ

그저께 [kudʑɔˀke クジョッケ] 名 おととい 類 그제 [クジェ]

그전 [kudʑɔn クジョン] 名 ①この前；この間 ②ずっと前 ③以前

그제 [kudʑe クジェ] 名 그저께 [クジョッケ] の縮約形

그제야 [kudʑeja クジェヤ] 副 その時になって初めて；やっと；ようやく

그지없다 [kudʑiɔp̚ta クジオプタ] 存 ①限りがない；この上ない ②言い尽くせない 副 그지없이 [クジョオプシ] 限りなく；この上なく

그치다 [kutɕʰida クチダ] 自 止む；途絶える 例 비가 그치고 해가 났어요. [ピガ クチゴ ヘガ ナッソヨ] 雨が止んで日が射しました。他 止める；とどめる；終える

그토록 [kutʰorok クトロク] 副 それほど;そんなにも;あれほど

극단¹ [kukʼtan ククタン] 名 極端

극단² [kukʼtan ククタン] 名 劇団

극도 [kukʼto ククト] 名 極度

극복 [kukʼpok ククポク] 名 克服 他 극복하다 [ククポカダ] 克服する

극성 [kukʼsoŋ ククソン] 名 ① 大変に猛烈なこと ②(性質などが)ひどく過激なこと

극장 [kukʼtɕaŋ ククチャン] 名 劇場 《韓国では映画館の意味としても用いる》例 우리 극장에 영화 보러 가요. [ウリ ククチャンエ ヨンフヮ ポロ カヨ] (私たち)映画館に映画を見に行きましょう。

극진하다 [kukʼtɕinɦada ククチナダ] 形《하変》非常に手厚い;とても心がこもっている 副 극진히 [ククチニ] 手厚く

극찬 [kuktɕʰan ククチャン] 名 激賞;激賛 他 극찬하다 [ククチャナダ] 激賞する

극하다 [kukkʰada ククカダ] 自他《하変》極める;極度に至る

근거 [kuŋgə クンゴ] 名 根拠

근교 [kuːŋgjo クーンギョ] 名 近郊

근대 [kuːndɛ クーンデ] 名 近代

근무 [kuːnmu クーンム] 名 勤務 自 근무하다 [クーンムハダ] 勤務する

근방 [kuːnbaŋ クーンバン] 名 近く;辺り

근본 [kunbon クンボン] 名 ① 根本;根源 ②(人の)生い立ち;家柄 関 근본적 [クンボンジョク] 名 根本的

근사하다 [kuːnsaɦada クーンサハダ] 形《하変》① 格好いい;素適だ;素晴らしい ②(ある数値・状態などが)基準に近似している

근소 [kuːnso クーンソ] 名 僅少;僅か 形 근소하다 [クーンソハダ] 僅かだ

근시 [kuːnɕi クーンシ] 名 近視

근심 [kunɕim クンシム] 名 心配;気掛かり 自他 근심하다 [クンシマダ] 心配する 関 근심거리 [クンシムッコリ] 名 心配事;悩みの種

근육 [kunjuk クニュク] 名 筋肉

근접 [kuːndʑəp クーンジョプ] 名 近接 自 근접하다 [クーンジョパダ] 近寄る;接近する

근지럽다 [kundʑirəpʼta クンジロプタ] 形《ㅂ変:근지러워/근지러운 クンジロウォ/クンジロウン》①(皮膚が)むずがゆい ②(何かがやりたくて)もどかしくてたまらない

근처 [kuːntɕʰə クーンチョ] 名 近所 例 이 근처에 시장이 어디 있는지 아세요? [イ クーンチョエ シージャンイ オディ インヌンジ アーセヨ] この近くで市場がどこにあるかご存知ですか。

근하신년 [kuːnɦaɕinnjən クーナシンニョン] 名 謹賀新年

글 [kuɭ クル] 名 ① 文;文章 例 여행 다녀온 이야기를 글로 남기고 싶어요. [ヨヘン タニョオン イヤギルル クルロ ナムギゴ シポヨ] 旅行に行ってきた話を文章で残したいです。②学問;学識

글귀 [kulʼkwi クルクィ] 名 文句;文言

글라스 [kɯllasɯ クルラス] 名 グラス

글썽거리다 [kɯlˀsəŋgərida クルッソンゴリダ] 自他 涙ぐむ

글쎄 [kɯlˀse クルッセ] 感 ①相手の質問や依頼にはっきりとこたえられない時に出す語:さあ;さて 例 글쎄 잘 모르겠어요. [クルッセ チャル モルゲッソヨ] さあ、よくわかりません。②自分の気持ちを強調したり, 確認する時に言う語:だから 例 글쎄 그렇다니까. [クルッセ クロッタニッカ] だからそうだと言っているじゃないか。

글씨 [kɯlˀɕi クルッシ] 名 ①字;文字 ②書かれた字 例 읽기 편하게 글씨를 크게 써 주세요. [イルキ ピョナゲ クルッシルル クゲ ッソ ジュセヨ] 読みやすいように文字を大きく書いてください。

글자 [kɯlˀtɕa クルチャ] 名 字;文字

글짓기 [kɯldʑitˀki クルジッキ] 名 作文

글피 [kɯlpʰi クルピ] 名 しあさって

긁다 [kɯkˀta ククタ] 他 ①(爪などで)掻く ②(熊手などで)かき集める ③(金物などで)こそげる ④(人の感情を)傷つける

금¹ [kɯm クム] 名 金 関 금이야 옥이야 [クミヤ オギヤ] (娘などを)非常に大事にしてかわいがっている様子:蝶よ花よ

금² [kɯm クム] 名 ①折り目 ②割れ目;裂け目

금강 [kɯmgaŋ クムガン] 名 ①金剛《非常に堅い, 最も素晴らしいとの意》②金剛山

금강산 [kɯmgaŋsan クムガンサン] 名 金剛山

금고 [kɯmgo クムゴ] 名 金庫

금년 [kɯmnjən クムニョン] 名 今年 類 올해 [オレ]

금메달 [kɯmmedal クムメダル] 名 金メダル

금반지 [kɯmbandʑi クムバンジ] 名 金の指輪

금방 [kɯmbaŋ クムバン] 副 今すぐ;今 例 금방 됩니다. [クムバン トゥェムニダ] すぐ出来ます。関 금방금방 [クムバングムバン] 副 早々と

금붕어 [kɯmbuŋə クムブンオ] 名 金魚

금성 [kɯmsəŋ クムソン] 名 金星

금속 [kɯmsok クムソク] 名 金属 関 금속 공업 [クムソク コンオプ] 名 金属工業 / 금속 공예 [クムソク コンイェ] 名 金属工芸 / 금속제 [クムソクチェ] 名 金属製

금수 [kɯmsu クムス] 名 禽獣

금수강산 [kɯːmsugansan クームスガンサン] 名 ①錦繡のように美しい自然 ②朝鮮半島の山河の別称

금실 [kɯmɕil クムシル] 名 ①琴と瑟 ②금실지락 [クムシルチラク]の縮約形:夫婦仲の良いことのたとえ

금실지락 [kɯmɕilˀtɕirak クムシルチラク] 名 琴瑟之楽《夫婦仲が良いことのたとえ, 琴と瑟が合奏すると調和が取れているところから》

금싸라기 [kɯmˀsaragi クムサラギ] 名 (黄金の粒の意で)貴重な物

금액 [kɯmek クメク] 名 金額

금연 [kɯːmjən クーミョン] 名 禁煙 下自 금연하다 [クーミョナダ] ①

喫煙を禁じる ② 禁煙する 関 금연석[クーミョンソク]禁煙席

금요일 [kumjoil クミョイル] 名 金曜日 例 이번 금요일에 시간 괜찮으세요? [イボン クミョイレ シガン クェンチャヌセヨ] 今週の金曜日は，時間大丈夫ですか。

금융 [kumnjuŋ クムニュン] 名 金融 関 금융 기관 [クムニュン キグヮン] 名 金融機関 / 금융 시장 [クムニュン シージャン] 名 金融市場 / 금융업 [クムニュンオプ] 名 金融業

금일 [kumil クミル] 名 本日 類 오늘 [オヌル]

금잔디 [kumdʒandi クムジャンディ] 名 ① コウライシバ ② (手入れの行き届いた) 美しい芝

금주 [kumdʒu クムジュ] 名 今週 類 이번 주 [イボン ッチュ]

금지 [kuːmdʒi クームジ] 名 禁止 하他 금지하다 [クームジハダ] 禁止する 関 금지 처분 [クムジ チョブン] 名 禁止処分

금하다 [kuːmɦada クーマダ] 他〘하変〙① 禁じる；止める ② 耐える；抑える

급격 [kupʼkjək クプキョク] 名 急激 하形 급격하다 [クプキョカダ] 急激だ 関 급격히 [クプキョキ] 副 急激に

급급하다 [kupʼkupʰada クプクパダ] 形〘하変〙汲々としている；あくせくしている

급료 [kumnjo クムニョ] 名 給料

급박하다 [kupʼpakkʰada クプパカダ] 形〘하変〙切迫している

급선무 [kupʼsonmu クプソンム] 名 急務

급속하다 [kupʼsokkʰada クプソカダ] 形〘하変〙急速だ 副 급속히 [クプソキ] 急速に

급전 [kupʼtɕən クプチョン] 名 急に必要なお金

급진전 [kupʼtɕindʒən クプチンジョン] 名 急進展 하自 급진전하다 [クプチンジョナダ] 急進展する

급하다 [kupʰada クパダ] 形〘하変〙① 急だ；急いでいる ② (事情などが) 差し迫っている ③ じれったい；もどかしい ④ (性格などが) 短気だ ⑤ (病気などが) 重態である ⑥ (傾斜が) 急だ

급행 [kupʰeŋ クペン] 名 ① 急行 ② 急行列車 하自 급행하다 [クペンハダ] 急行する 関 급행권 [クペンックォン] 名 急行券 / 급행열차 [クペンニョルチャ] 名 急行列車

긋다 [kuːtʼta クーッタ] 他〘ㅅ変：어 / 긋는 クオ / クーンヌン〙① (線を) 引く ② (マッチを) する

긍정 [kuːŋdʒəŋ クーンジョン] 名 肯定 하他 긍정하다 [クーンジョンハダ] 肯定する

긍지 [kuːŋdʒi クーンジ] 名 矜持；プライド；誇り

기¹ [ki キ] 名 ① 気 ② 気力；元気 ③ 息 ④ 感じられる気色；気配 ⑤ ありったけの力 関 기가 꺾이다 [キガ ッコッキダ] くじける / 기가 나다 [キガ ナダ] 意欲が出る / 기가 등등하다 [キガ トゥンドゥンハダ] 意気軒昂だ / 기가 막히다 [キガ マキダ] あきれる / 기가 죽다 [キガ チュクタ] しょんぼりする / 기가 차다 [キガ チャダ] 唖然とする /

기를 펴다 [キルル ピョダ] 一安心する；羽を伸ばす

기² [ki キ] 名 旗

-기³ [ki キ] 語尾 用言を名詞に変える 例 쓰다 [ッスダ] (書く) →쓰기 [ッスギ] (書くこと，作文)

-기⁴ [ki キ] 接尾 自動詞を他動詞に変える働きをする 例 숨다 [スムダ] (隠れる) →숨기다 [スムギダ] (隠す) / 웃다 [ウッタ] (笑う) →웃기다 [ウッキダ] (笑わす)

기간¹ [kigan キガン] 名 既刊
기간² [kigan キガン] 名 期間
기겁 [kigɔp キゴプ] 名 びっくりすること 하自 기겁하다 [キゴパダ] びっくりする

기계 [kige キゲ] 名 機械 例 저는 기계를 잘 못 다뤄요. [チョヌン キゲルル チャル モッツ タルォヨ] 私は機械がうまく扱えません。関 기계공업 [キゲ コンオプ] 名 機械工業 / 기계화 [キゲフヮ] 名 機械化

기관 [kigwan キグヮン] 名 機関 ① エンジン ②ある目的達成のために設けた組織 関 기관지 [キグヮンジ] 名 機関紙・機関誌

기관지 [kigwandʒi キグヮンジ] 名 気管支 関 기관지염 [キグヮンジョム] 名 気管支炎 / 기관지 천식 [キグヮンジ チョーンシク] 名 気管支喘息

기교 [kigjo キギョ] 名 技巧；テクニック

기구 [kigu キグ] 名 器具

기권 [kiʔkwɔn キックォン] 名 棄権 하他 기권하다 [キックォナダ] 棄権する

기꺼이 [kiʔkɔi キッコイ] 副 喜んで；快く

기껏 [kiʔkɔt キッコッ] 副 ① 精一杯；力の限り ②せっかく；わざわざ

기껏해야 [kiːʔkɔtʰeja キーッコッテヤ] 副 せいぜい；たかだか

기념 [kinjɔm キニョム] 名 記念 하自 기념하다 [キニョマダ] 記念する 関 기념관 [キニョムグヮン] 名 記念館 / 기념비 [キニョムビ] 名 記念碑 / 기념식 [キニョムシク] 名 記念式 / 기념일 [キニョミル] 名 記念日 / 기념품 [キニョムプム] 名 記念品 / 기념행사 [キニョメンサ] 名 記念行事

기능¹ [kinuŋ キヌン] 名 技能；技量
기능² [kinuŋ キヌン] 名 機能
기다 [kida キダ] 自 ①這う ②(権力や金に)こびへつらう

기다리다 [kidarida キダリダ] 他 待つ 例 목이 빠지도록 기다렸어요. [モギ ッパージドロク キダリョッソヨ] 首を長くして待っていました。/ 좀 기다려 주세요. [チョム キダリョ ジュセヨ] ちょっと待ってください。

기대 [kidɛ キデ] 名 期待 하他 기대하다 [キデハダ] 期待する

기대다 [kiːdɛda キーデダ] 他 ①もたれる；寄り掛かる ②(人に)頼る

기도¹ [kido キド] 名 企図 하他 기도하다 [キドハダ] 企てる

기도² [kido キド] 名 祈禱 하他 기도하다 [キドハダ] 祈禱する 関 기도문 [キドムン] 名 祈禱文

기독교 [kidokʔkjo キドクキョ] 名 キリスト教 関 기독교인 [キドクキョ

인[名]キリスト教信徒 / **기독교회**[キドゥクキョフェ][名]キリスト教の教会

기동[kidoŋ キドン][名]起動 [하자]기동하다[キドンハダ]起動する

기둥[kiduŋ キドゥン][名]①(建物などの)柱 ②(ものの)支柱；支え ③頼りとなる人：大黒柱

기러기[kirəgi キロギ][名]雁 [関]기러기 아빠[キロギ アッパ][名]《子息の教育のために妻と子供を海外に送り，仕送りをしながら暮らす家族や父親の状態》

기력[kirjək キリョク][名]気力

기로[kiro キロ][名]岐路；別れ道

기록[kirok キロク][名]①記録 ②競技の成績 [하타]기록하다[キロカダ]記録する

기르다[kiruda キルダ][他]〘르変:길러 キロロ〙①(動植物を)飼う；育てる；栽培する [例]자식을 기르는 게 보통 일이 아니에요. [チャシグル キルヌン ゲ ポトン イーリ アニエヨ]子供を育てるのは並大抵のことではありません。②(精神・体力などを)養う；培う ③(人材を)養成する ④(習慣・癖などを)つける ⑤(髪やひげを)伸ばす；生やす

기름[kirum キルム][名]①(動植物性の)油；脂肪 [例]식물성 기름을 쓰고 있어요. [シンムルッソン キルム ッスゴ イッソヨ]植物性油を使っています。②石油；ガソリン [関]기름기[キルムッキ][名]①脂身 ②油気

기름지다[kirumdʒida キルムジダ][形]①脂っこい ②(土地が)肥えている；肥沃だ

기린[kirin キリン][名]①(動物)キリン ②(想像上の動物)麒麟

기묘[kimjo キミョ][名]奇妙 [하형]기묘하다[キミョハダ]奇妙だ

기미¹[kimi キミ][名](肌にできる)しみ [関]기미가 끼다[キミガ ッキダ]しみができる

기미²[kimi キミ][名]機微；気配

기별[kibjəl キビョル][名]便り；知らせ [하타]기별하다[キビョラダ]知らせる；伝える

기복[kibok キボク][名]起伏

기본[kibon キボン][名]基本 [関]기본급[キボングプ][名]基本給 / 기본 어휘[キボン オフィ][名]基本語彙 / 기본적 인권[キボンジョク インックォン][名]基本的人権 / 기본 조직[キボン チョジク][名]基本組織 / 기본형[キボニョン][名]基本形

기분[kibun キブン][名]気分；気持ち [例]오늘은 기분 정말 좋아요. [オヌルン キブン チョーンマル チョアヨ]今日は気分が本当にいいです。

기뻐하다[kiˀpəɦada キッポハダ][自他]〘하交〙①喜ぶ；うれしがる ②楽しむ；なつかしがる

기쁘다[kiˀpuda キップダ][形]〘으変:기뻐 キッポ〙うれしい [対]슬프다[スルプダ] [例]다시 만나게 돼서 정말 기뻐요. [タシ マンナゲ ドゥェソ チョーンマル キッポヨ]また会えるようになって本当にうれしいです。[関]기쁨[キップム][名]喜び；うれしさ

기사¹[kisa キサ][名]①技師 ②タク

기왕

シーなどの運転手の敬称

기사²[kisa キサ]名記事 関 신문 기사[シンムン キサ]名新聞記事

기상[kisaŋ キサン]名気象 関 기상관측[キサン クヮンチュク]名気象観測 / 기상대[キサンデ]名気象台 / 기상도[キサンド]名気象図 / 기상학[キサンハク]名気象学

기색[kisek キセク]名素振り;顔色

기생[ki:seŋ キーセン]名妓生(キーセン)

기성[kisəŋ キソン]名既成 関 기성복[キソンボク]名既成服 / 기성사실[キソンサシル]名既成事実 / 기성세대[キソンセーデ]名既成世代(価値観の確立した世代)

기소[kiso キソ]名起訴 하他기소하다[キソハダ]起訴する 関 기소유예[キソ ユイェ]名起訴猶予 / 기소장[キソッチャン]名起訴状

기숙[kisuk キスク]名寄宿 例 이번에 기숙 학교에 입학했어요.[イボネ キスク ハクキョエ イパケッソヨ]今度, 寄宿学校に入学しました。 関 기숙사[キスクサ]名寄宿舎 / 기숙생[キスクセン]名寄宿生;寮生

기술¹[kisul キスル]名技術 例 기술을 배우고 싶어요.[キスルル ペウゴ シポヨ]技術を習いたいです。 関 기술 원조[キスル ウォーンジョ]名技術援助 / 기술자[キスルチャ]名技術者 / 기술 정보[キスル チョンボ]名技術情報 / 기술 제휴[キスル チェヒュ]名技術提携

기술²[kisul キスル]名記述 하他기술하다[キスラダ]既述する

기슭[kisuk キスク]名 ①山のふもと ②岸

기승[kisɯŋ キスン]名勝ち気;負けん気 하形기승하다[キスンハダ]勝ち気だ 関 기승을 떨다[キスンウル ットルダ]勝ち気に振る舞う / 기승을 부리다[キスンウル プリダ]勝ち気に振る舞う / 기승스럽다[キスンスロプタ]形《ㅂ変:기승스러워 / 기승스러운 キスンスロウォ / キスンスロウン》勝ち気だ

기쓰다[ki²s͈uda キッスダ]《으変:기써 キッソ》自やっきになる

기아[kia キア]名飢餓;飢え

기압[kiap キアプ]名気圧 関 고기압[コギアプ]名高気圧 / 저기압[チョギアプ]名低気圧

기약[kijak キヤク]名(時を決めて)約束すること 하他기약하다[キヤカダ](時を決めて)約束する

기어오르다[kiɔoruda キオオルダ]自他《르変:기어올라 キオオルラ》①這い上がる ②付け上がる

기어이[kiɔi キオイ]副①きっと;必ず ②ついに;とうとう

기억[kiɔk キオク]名記憶 하他기억하다[キオカダ]記憶する;覚える

기업[kiɔp キオプ]名企業 関 기업가[キオプカ]名企業家

기온[kion キオン]名気温 例 오늘 기온이 영하로 떨어진대요.[オヌル キオニ ヨンハロ ットロジンデヨ]今日は, 気温が氷点下に下がるそうです。

기와[kiwa キワ]名瓦 関 기와집[キワジプ]名瓦ぶきの家

기왕[kiwaŋ キワン]名①済んでし

기왕증

どうせ;もうすでに / 기왕이면 [キワンイミョン] 副 どうせなら;せっかくなら

まったこと;過去 ②《副詞的に》どうせ 関 기왕에 [キワンエ]

기왕증 [kiwaŋʔtʃuŋ キワンッチュン] 名 既往症

기운 [kiun キウン] 名 ①(肉体的な)力 ②元気;精気 ③気;気配

기울다 [kiulda キウルダ] 自《ㄹ語幹:기우는 キウヌン》①(物が)傾く ②(日や月が暮れる)傾く ③(形勢が)傾く

기울어지다 [kiurədʒida キウロジダ] 自 ①傾く ②(形勢が)傾く ③(気持ちが)傾く

기울이다 [kiurida キウリダ] 他 ①傾ける ②(力や注意などを)傾ける;注ぐ

기웃 [kiut キウッ] 副 のぞこうとして体や首をかしげる様子 하他 기웃하다 [キウタダ] (のぞこうとして)体や首をかしげる 関 기웃거리다 [キウッコリダ] 自他 しきりにのぞく

기원¹ [kiwɔn キウォン] 名 紀元 関 기원전 [キウォンジョン] 名 紀元前 / 기원후 [キウォヌ] 名 紀元後

기원² [kiwɔn キウォン] 名 祈願 하他 기원하다 [キウォナダ] 祈願する

기원³ [kiwɔn キウォン] 名 起源

기일¹ [kiil キイル] 名 忌日;命日

기일² [kiil キイル] 名 期日

기입 [kiip キイプ] 名 記入 하他 기입하다 [キイパダ] 記入する

기자 [kidʒa キジャ] 名 記者

기저귀 [kidʒəgwi キジョグィ] 名 おむつ

기적 [kidʒɔk キジョク] 名 奇跡

기절 [kidʒɔl キジョル] 名 気絶 하自 기절하다 [キジョラダ] 気絶する

기제 [kidʒe キジェ] 名 忌祭《毎年行う忌日の祭祀》

기준 [kidʒun キジュン] 名 基準

기지 [kidʒi キジ] 名 基地

기지개 [kidʒige キージゲ] 名 伸び 関 기지개를 켜다 [キージゲルル キョダ] 伸びをする

기질 [kidʒil キジル] 名 気質

기차 [kitʃʰa キチャ] 名 汽車;列車 例 기차가 5 (오)분 정도 연착할 것 같아요. [キチャガ オーブン ジョンド ヨンチャカル コッ カタヨ] 列車が5分くらい遅れて到着しそうです。

기척 [kitʃʰɔk キチョク] 名 気配;様子

기초 [kitʃʰo キチョ] 名 基礎 関 기초 공사 [キチョ ゴンサ] 名 基礎工事 / 기초 교육 [キチョ キョーユク] 名 基礎教育 / 기초 대사 [キチョ デーサ] 名 基礎代謝 / 기초 체온 [キチョ チェオン] 名 基礎体温 / 기초 화장 [キチョ フヮジャン] 名 基礎化粧

기침 [kitʃʰim キチム] 名 咳 하自 기침하다 [キチマダ] 咳をする

기타¹ [kitʰa キタ] 名 その他

기타² [kitʰa: キター] 名 ギター

기특하다 [kitʰukkʰada キトゥカダ] 形《하変》奇特だ;殊勝だ 副 기특히 [キトゥキ] 奇特に;健気に

기틀 [kitʰul キトゥル] 名 基礎;基盤 関 기틀이 잡히다 [キトゥリ チャピダ] 基盤が整う

기품 [kipʰum キプム] 名 気品

기필코 [kipʰilkʰo キピルコ] 副 間違いなく；必ず；きっと

기하다 [kiɦada キハダ] 他〖하変〗期する 例 실수가 없도록 신중을 기해 주시기 바랍니다. [シルスガ オープトロク シンジュヌル キヘジュシギ パラムニダ] 失敗がないように慎重を期してください。

기한 [kiɦan キハン] 名 期限

기합 [kiɦap キハプ] 名 気合い；気

기행문 [kiɦeŋmun キヘンムン] 名 紀行文

기호¹ [kiɦo キホ] 名 記号

기호² [kiːɦo キーホ] 名 嗜好 関 기호품 [キーホプム] 名 嗜好品

기회 [kiɦwe キフェ] 名 機会；チャンス 例 이번 기회를 놓치면 안 돼요. [イボン キフェルル ノッチミョン アン ドゥェヨ] この機会を逃したらいけません。

기획 [kiɦwek キフェク] 名 企画 하他 기획하다 [キフェカダ] 企画する

기후 [kiɦu キフ] 名 気候

긴급 [kinɡɯp キングプ] 名 緊急 하形 긴급하다 [キングパダ] 緊急だ 関 긴급 사태 [キングプ サーテ] 名 緊急事態 / 긴급 상태 [キングプ サンテ] 名 緊急状態 / 긴급 피난 [キングプ ピナン] 名 緊急避難

긴요 [kinjo キニョ] 名 緊要 하形 긴요하다 [キニョハダ] 緊要だ 副 긴요히 [キニョヒ] 緊要に

긴장 [kindʑaŋ キンジャン] 名 緊張 하自 긴장하다 [キンジャンハダ] 緊張する 例 너무 긴장하지 마세요. [ノム キンジャンハジ マーセヨ] あまり緊張しないでください。 関 긴장되다 [キンジャンドゥェダ] 自 緊張する；引き締まる

긴축 [kintɕʰuk キンチュク] 名 緊縮 하他 긴축하다 [キンチュカダ] 引き締める；緊縮する

긷다 [kitʔta キータ] 他〖ㄷ変：길어 / 긷는 キロ / キーンヌン〗(井戸水などを) 汲む

길 [kil キル] 名 ① 道；道路 例 길 좀 묻겠습니다. [キル チョム ムッケスムニダ] 道をちょっとお尋ねします。②(船舶・航空機の) 航路 ③(人の進むべき) 道 ④ 旅行；道のり ⑤ 分野；専門

길가 [kilʔka キルカ] 名 道端

길거리 [kilʔkəri キルコリ] 名 街頭；往来；通り

길다 [kiːlda キールダ] 形〖ㄹ語幹：긴 キーン〗対 짧다 [ッチャルタ] ①(物が) 長い ②(時間が) 長い 例 긴 휴가를 이용해서 한국에 왔어요. [キーン ヒュガルル イーヨンヘソ ハーングゲ ワッソヨ] 長い休暇を利用して韓国に来ました。

길동무 [kilʔtoŋmu キルトンム] 名 道連れ

길들다 [kildɯlda キルドゥルダ] 自〖ㄹ語幹：길드는 キルドゥヌン〗①(動物などが) よくなつく ②(家具などが) よく手入れされていて，つやが出る ③ 手慣れる

길들이다 [kildɯrida キルドゥリダ] 他 ①(動物を) 手なずける ②(道具などの) 手入れをして使いやすくする ③ 熟達させる

길모퉁이 [kilmotʰuŋi キルモトゥンイ] 名 街角

길목 [kilmok キルモク] 名 ① 道の要

所 ②街角

길바닥 [kilʔpadak キルパダク] 名 路面；路上

길이¹ [kiri キリ] 名 ①(物の)長さ 例 적당한 길이로 잘라 주세요. [チョクタンハン キリロ チャルラ ジュセヨ] 適当な長さに切ってください。②(一定の時刻から一定の時刻までの長さ)間

길이² [kiri キリ] 副 長く；久しく 関 길이길이 [キリギリ] 副 末長く；いつまでも

길잡이 [kildʒabi キルジャビ] 名 ①道案内；道案内人 ②道しるべ；手びき

길쭉하다 [kilʔtʃukkʰada キルッチュカダ] 形〘하変〙やや長めだ

김¹ [kiːm キーム] 名 ①(湯などから立ち上がる)水蒸気；湯気 ②(呼吸をするとき口から出る)息 ③(飲食物の)香りや味

김² [kiːm キーム] 名 海苔 関 김밥 [キームパプ] 名 海苔巻き

김빠지다 [kiːmʔpa:dʒida キームッパージダ] 自 ①湯気や蒸気が抜ける ②気が抜ける；興ざめする

김새다 [kiːmseda キームセダ] 自 興ざめする；気が抜けて味気がなくなる

김장 [kimdʒaŋ キムジャン] 名 越冬用のキムチの漬け込み，またはの漬け物 [하自] 김장하다 [キムジャンハダ] 越冬用のキムチを漬け込む

김치 [kimtʃʰi キムチ] 名 キムチ 例 김치 한 포기에 얼마예요? [キムチ ハン ポギエ オルマエヨ] キムチ1株でいくらですか。関 김치말이 [キ

ムチマリ] 名 キムチの汁に麺や飯を入れた料理 / 김칫거리 [キムチッコリ] 名 キムチの材料 / 김칫국 [キムチックク] 名 キムチの汁

깁다 [kipʔta キープタ] 他〘ㅂ変：기워 / 깁는 キウォ / キームヌン〙繕う；継ぎを当てる

깃¹ [kit キッ] 名 ①鳥の羽 ②矢につけた鳥の羽毛

깃² [kit キッ] 名 (衣服の)衿

깃들이다 [kitʔturida キットゥリダ] 自 ①(鳥や獣が)巣をつくる ②(内に)宿る

깃발 [kitʔpal キッパル] 名 旗

깃털 [kittʰəl キットル] 名 鳥の羽や獣の毛

깊다 [kipʔta キプタ] 形 ①深い 対 얕다 [ヤッタ] 例 깊은 산속에는 들어가지 마세요. [キプン サンソゲン トゥロガジ マセヨ] 山の奥深くには入らないでください。②(考えや知識が)深い；思慮深い ③(情などが)深い ④(季節・夜などが)深い

깊숙하다 [kipʔsukkʰada キプスカダ] 形〘하変〙奥深い；奥まっている

깊이¹ [kipʰi キピ] 名 ①深さ ②(人や物事の)深み；重み

깊이² [kipʰi キピ] 副 ①深く ②よく；詳しく

까다 [ʔkada ッカダ] 他 ①(皮を)剝く；割る ②(卵を)孵す ③(目を)むく ④《俗語》殴る；蹴る

까다롭다 [ʔka:dropʔta ッカーダロプタ] 形〘ㅂ変：까다로워 / 까다로운 ッカーダロウォ / ッカーダロウン〙①気難しい ②ややこしい

까닭 [ʔkadak ッカダク] 名 ①理由；

原因；訳 ②胸算用；下心 例 무슨 까닭인지 궁금해요. [ムスン ッカダルギンジ クングメヨ] どういう理由なのか気になります。

까마귀 [ˀkamagwi ッカマグィ] 名 カラス

까마득하다 [ˀkamadukkʰada ッカマドゥカダ] 形 〖하変〗はるかに遠い

까맣다 [ˀkaːmattʰa ッカーマッタ] 形 〖ㅎ変: 까매 / 까만 ッカーメ / ッカーマン〗真っ黒い 関 까맣게 모르다 [ッカーマッケ モルダ] まったく知らない；까맣게 잊다 [ッカーマッケ イッタ] ど忘れする；すっかり忘れる

까먹다 [ˀkamɔkˀta ッカモクタ] 他 ① 皮を剥いて食べる ② 元手・財産・金銭などを使い果たす ③ ど忘れする

까부르다 [ˀkaburuda ッカブルダ] 他 〖르変: 까불러 ッカブルロ〗① (箕やふるいで) より分ける ②(箕でふるうように) 上下に揺する

까불다 [ˀkabulda ッカブルダ] 自他 〖ㄹ語幹: 까부는 ッカブヌン〗① 上下に揺れる ② 軽率に振る舞う；しきりにふざける

까지 [ˀkadʒi ッカジ] 助 …まで ① 動作やある状態の終わる限界 ② 時間や空間の及ぶ限度 例 내일은 7 (일곱)시까지 호텔 로비로 오세요. [ネイルン イルゴプシッカジ ホテル ロビロ オセヨ] 明日は7時までにホテルのロビーに来てください。 ③ さらに加えて；その上に；まで；さえ

까치 [ˀkaːtʃʰi ッカーチ] 名 カササギ

깍두기 [ˀkakˀtugi ッカクトゥギ] 名 カクテキ《大根を主な材料として漬けたキムチの一種》

깍듯하다 [ˀkakˀtutʰada ッカクトゥタダ] 形 〖하変〗丁寧だ；礼儀正しい

깎다 [ˀkakˀta ッカクタ] 他 ①(物を)削る ②(ひげ・髪などを)剃る ③(数量・費用・金額などを)削る；値切る；減らす 例 조금만 깎아 주세요. [チョグムマン ッカッカ ジュセヨ] 少しだけまけてください。

깐깐하다 [ˀkanˀkanhada ッカンッカナダ] 形 〖하変〗① 粘り強い ②(行動や性格などが)気難しくてねちっこい；几帳面だ；頑固だ

깔끔하다 [ˀkalˀkumhada ッカルックマダ] 形 〖하変〗こぎれいですっきりしている；すっきりしている 副 깔끔히 [ッカルックミ] さっぱりと；スマートに

깔다 [ˀkalda ッカルダ] 他 〖ㄹ語幹: 까는 カヌン〗① 敷く ② 一面に広げる ③ 轢く ④ 視線を落とす；目を伏せる

깔보다 [ˀkalboda ッカルボダ] 他 見下す；見くびる

깜깜하다 [ˀkamˀkamhada ッカムッカマダ] 形 〖하変〗① 非常に暗い ② まったく疎い 関 깜깜무소식 [ッカムッカムムソシク] 名 まったく便りがないこと；梨のつぶて

깜박 [ˀkambak ッカムバク] 副 ① 明かりや星の光などが瞬く様子：ちらちら ② 瞬きをする様子：ぱちり；ぱちぱち ③(ど忘れして)うっかり

깜빡 [ˀkamˀpak ッカムッパク] 副 깜박 [ッカムバク] の強調語

깜짝 [ˀkamˀtʃak ッカムッチャク] 副 驚くなどする様子:びくっと;はっと 関 깜짝이야. [ッカムッチャギヤ]《非常に驚いたときに思わず発する語》びっくりした。

깜찍하다 [ˀkamˀtʃikkʰada ッカムッチカダ] 形〖하変〗(年の割に)ませている;ちゃっかりしている

깡마르다 [ˀkaŋmaruda ッカンマルダ] 形〖르変〗깡말라 ッカンマルラ〗ひどくやせている

깡충 [ˀkaŋtʃʰuŋ ッカンチュン] 副 飛び跳ねる様子:ぴょんと 関 깡충깡충 [ˀkaŋtʃʰuŋˀkaŋtʃʰuŋ] 副 ぴょんぴょん

깡통 [ˀkaŋtʰoŋ ッカントン] 名 缶詰の缶 関 깡통 따개 [ッカントン ッタゲ] 名 缶切り

깡패 [ˀkaŋpʰɛ ッカンペ] 名 ごろつき;やくざ

깨 [ˀkɛ ッケ] 名 ごま;えごま

깨끔하다 [ˀkɛˀkumɦada ッケックマダ] 形〖하変〗あっさりしている;小ぎれいだ

깨끗하다 [ˀkɛˀkuttʰada ッケックッタダ] 形〖하変〗① 清潔だ;きれいだ ②(汚れがなく)清らかだ;澄んでいる 例 여기는 공기가 참 깨끗해요. [ヨギヌン コンギガ チャム ッケックッテヨ] ここは空気が本当にきれいです。③ 潔白だ 副 깨끗이 [ッケックッシ] きれいに;清潔に

깨나다 [ˀkɛːnada ッケーナダ] 自 ①(ねむり・夢などから)覚める ②(酒や薬などに酔った状態から)醒める;正気にかえる ③(失神状態から)正気にかえる

깨다[1] [ˀkɛːda ッケーダ] 自 ①(眠り・夢・酔い・麻酔などから)覚める;醒める 例 잠에서 깨어 보니 집에 아무도 없었어요. [チャメソ ッケーオ ボニ チベ アームド オプソッソヨ] 眠りから覚めてみると家に誰もいませんでした。② 目を覚ます 他 깨우다 [ッケウダ] の縮約形:覚ます;起こす

깨다[2] [ˀkɛda ッケダ] 他 ① 壊す;砕く;割る 例 설거지를 하다가 그릇을 깼어요. [ソルゴジルル ハダガ クルスル ッケッソヨ] 洗い物をしていて器を割りました。②(物事を邪魔して)駄目にする ③(衝突などで)傷つける ④(約束などを)破る ⑤(記録などを)破る

깨닫다 [ˀkɛdatˀta ッケダッタ] 他〖ㄷ変:깨달아 / 깨닫는 ッケダラ / ッケダンヌン〗①(真理や物事の道理などを)悟る ②(知らなかった事実を)知る;自覚する

깨뜨리다 [ˀkɛˀturida ッケットゥリダ] 他 깨다[2] [ッケダ] の強調語

깨물다 [ˀkɛmulda ッケムルダ] 他〖ㄹ語幹:깨무는 ッケムヌン〗① 噛む;噛み付く ②(上下の歯を)噛みしめる

깨우다 [ˀkɛuda ッケウダ] 他 起こす;目を覚まさせる

깨우치다 [ˀkɛutʃʰida ッケウチダ] 他 悟らせる;わからせる;諭す

깨지다 [ˀkɛdʒida ッケージダ] 自 ① 壊れる;割れる;砕ける ②(ぶつかって)傷つく;ひび割れする ③(物事が)駄目になる;つぶれる ④(記録などが)破られる

깻잎 [ˀkɛnnip ッケンニプ] 名 えごまの葉;ごまの葉

꺼내다 [ˀkoːneda ッコーネダ] 他 取り出す；引き出す 例 주머니에서 뭔가를 꺼냈어요. [チュモニエソムォーンガルル ッコーネッソヨ] ポケットから何かを出しました。

꺼리다 [ˀkoːrida ッコーリダ] 他 憚る；嫌がる；しぶる

꺼림칙하다 [ˀkorimtʃʰikkʰada ッコリムチカダ] 形 《하変》何となく気に掛かる；忌まわしい

꺼지다¹ [ˀkodʒida ッコジダ] 自 ①（火などが）消える ②（目の前から）消え失せる ③《俗語》死ぬ

꺼지다² [ˀkodʒida ッコジダ] 自 ①（地面などが）落ち込む；くぼむ ②（目・腹などが）落ちくぼむ；減る

꺼풀 [ˀkopʰul ッコプル] 名 外皮

꺾다 [ˀkokˀta ッコクタ] 他 ①（木の枝などを）折る ②（方向を）変える；曲がる ③折り畳んで重ねる ④（体のある部位を）かがめる ⑤（士気や意欲などを）挫く

꺾이다 [ˀkoˀkida ッコッキダ] 自 ①折られる ②（方向が）変えられる ③（紙などが）畳まれる ④（勢いが）そがれる ⑤（相手に）負かされる

껌 [ˀkom ッコム] 名 チューインガム；ガム

껌껌하다 [ˀkomˀkomɦada ッコムッコマダ] 形 《하変》①まっ暗だ ②腹黒い

껌다 [ˀkoːmˀta ッコームタ] 形 검다［コムタ］の強調語

껍데기 [ˀkopˀtegi ッコプテギ] 名 ①殻 ②外皮；カバー

껍질 [ˀkopˀtʃil ッコプチル] 名 （動植物の）皮；殻

께 [ˀke ケ] 助 에게［エゲ］の尊敬語

껴안다 [ˀkjoan̥ˀta ッキョアンタ] 他 ①抱きしめる；抱え込む ②（一人で多くの仕事を）抱え込む

껴입다 [ˀkjoipˀta ッキョイプタ] 他 重ね着する

꼬다 [ˀkoːda ッコーダ] 他 ①（糸などを）よる；（縄を）なう ②（手足などを）組む；ひねる；ねじる

꼬드기다 [ˀkodugida ッコドゥギダ] 他 そそのかす；おだてる

꼬리 [ˀkori ッコリ] 名 （動物の）尾；しっぽ 関 꼬리를 밟히다［ッコリルル パルピダ］しっぽを踏まれる：悪事がばれる / 꼬리를 잡다［ッコリルル チャプタ］しっぽを摑む：弱点を握る / 꼬리를 치다［ッコリルル チダ］しっぽを振る：へつらう / 꼬리표［ッコリピョ］名 荷札

꼬마 [ˀkoma ッコマ] 名 ①小さい物 ②幼い子供；ちびっこ

꼬박 [ˀkobak ッコバク] 副 꼬박이［ッコバギ］の縮約形

꼬박꼬박 [ˀkobakˀkobak ッコバクッコバク] 副 ①（命令・期日・規則などをよく守る）きちんきちんと；忠実に ②切に ③欠かさず

꼬박이 [ˀkobagi ッコバギ] 副 そのままずっと待つ様子；夜を明かす様子

꼬부라지다 [ˀkoburadʒida ッコブラジダ] 自 曲がる；もつれる

꼬이다 [ˀkoida ッコイダ] 自 ①こじれる；もつれる ②ひねくれる

꼬집다 [ˀkodʒipˀta ッコジプタ] 他 ①つねる ②（人の弱みなどを）皮肉る；鋭く突く

꼬챙이 [ˀkotʃʰɛŋi ッコチェンイ] 名 串

꼬치 [ˀkotʃʰi ッコチ] 名 ① 꼬챙이 [ッコチェンイ]の縮約形 ② 串刺しの食べ物 ③ おでん

꼭 [ˀkok ッコク] 副 ① ぎゅっと；しっかり ② 堪えたり、隠れて動かない様子：じっと ③ 必ず；きっと；是非 例 약속은 꼭 지켜야 해요. [ヤクソグン ッコク チキョヤ ヘヨ] 約束は必ず守らなければいけません。/ 일본에 오시면 꼭 연락하세요. [イルボネ オシミョン ッコク ヨルラカセヨ] 日本にいらっしゃったら必ず連絡してください。

꼭대기 [ˀkokˀtɛgi ッコクテギ] 名 ① 頂上；最上部 ② 首領；頭目

꼭두각시 [ˀkokˀtugakˀʃi ッコクトゥガクシ] 名 ① あやつり人形 ② 人の手先になって使われる人：傀儡

꼭지 [ˀkokˀtʃi ッコクチ] 名 ① 器の取っ手；つまみ ② (果物や野菜などの)へた

꼴 [ˀkol ッコル] 名 格好；様

꼴사납다 [ˀkolsanapˀta ッコルサナプタ] 形 《ㅂ変：꼴사나워 / 꼴사나운 ッコルサナウォ / ッコルサナウン》格好や様子がみっともない；見られたものでない

꼴찌 [ˀkolˀtʃi ッコルッチ] 名 びり

꼼꼼하다 [ˀkomˀkomfiada ッコムッコマダ] 形 《하変》几帳面だ；緻密だ；手抜かりがない；注意深い 副 꼼꼼히 [ッコムッコミ] 緻密に；手抜かりがなく；用心深く

꼼짝 [ˀkomˀtʃak ッコムッチャク] 副 かすかに動く様子：びくっと；ぴくっと 関 꼼짝없이 [ッコムッチャゴプシ] 副 身じろぎもせず / 꼼짝 못하다 [ッコムッチャン モーッ タダ] ① 身動きができない ② (権力などに押さえられて) ぐうの音もでない

꼽다 [ˀkopˀta ッコプタ] 他 ① (数えるため) 指を折る；指折り数える ② 指摘する

꼿꼿하다 [ˀkotˀkotʰada ッコッコタダ] 形 《하変》① まっすぐだ ② (性質などが) 剛直だ 副 꼿꼿이 [ッコッコシ] 真っ直ぐに

꽁치 [ˀkoŋtʃʰi ッコンチ] 名 サンマ

꽂다 [ˀkotˀta ッコッタ] 他 ① 差し込む；差す ② 刺す

꽃 [ˀkot ッコッ] 名 ① 花 例 장미꽃 한 다발 주세요. [チャンミッコッ ハン タバル チュセヨ] バラの花, 1束ください。② (比喩的に) 美しいもの；貴いもの ③ 女性；美人；スター 関 꽃이 피다 [ッコチ ピダ] 花が咲く / 꽃이 지다 [ッコチ チダ] 花が散る / 꽃돗자리 [ッコットッチャリ] 名 花ござ / 꽃밭 [コッパッ] 名 花畑；花壇 / 꽃집 [ッコッチプ] 名 花屋

꽃게 [ˀkotˀke ッコッケ] 名 ワタリガニ

꽃샘 [ˀkotˀsɛm ッコッセム] 名 花冷え 関 꽃샘바람 [ッコッセムバラム] 名 花の咲く頃に吹く冷たい風 / 꽃샘추위 [ッコッセムチュウィ] 名 花冷え

꽉 [ˀkwak ックヮク] 副 ① ぎっしり；いっぱい ② ぎゅっと ③ ぐっと；じっと 関 꽉꽉 [ックヮクックヮク] 副 ぎゅうぎゅう

꽤 [ˀkwɛ ックェ] 副 かなり 例 여기서

꽤 멀어요. [ヨギソ ックェ モロヨ] ここからはかなり遠いです。

꽹과리 [ˀkwɛŋgwari ックェングヮリ] 名 鉦

꾀 [ˀkwe ックェ] 名 知恵;たくらみ

꾀꼬리 [ˀkweˀkori ックェッコリ] 名 コウライウグイス

꾀다¹ [ˀkwe:da ックェーダ] 自 ①(物事が)こじれる;狂う ②(心が)ひねくれる

꾀다² [ˀkwe:da ックェーダ] 他 誘う;惑わす;たぶらかす

꾀병 [ˀkwebjɔŋ ックェビョン] 名 仮病

꾀하다 [ˀkwehada ックェハダ] 他 〖하変〗試みる;目論む;たくらむ

꾸다¹ [ˀkuda ックダ] 他 (夢を)見る

꾸다² [ˀkuda ックダ] 他 (お金を)借りる

꾸미다 [ˀkumida ックミダ] 他 ①(外見や室内などを)飾る ②たくらむ ③(本当らしく)でっちあげる

꾸벅 [ˀkubɔk ックボク] 副 居眠りをしたりして上体をかがめる様子:こっくり 関 꾸벅꾸벅 [ックボククックボク] 副 こっくりこっくり

꾸준하다 [ˀkudʒunhada ックジュナダ] 形 〖하変〗辛抱強い;粘り強い 副 꾸준히 [ックジュニ] たゆまずに;勤勉に;根気よく

꾸중 [ˀkudʒuŋ ックジュン] 名 꾸지람 [ックジラム] の尊敬語:お叱り 하他 꾸중하다 [ックジュンハダ] お叱りになる

꾸지람 [ˀkudʒiram ックジラム] 名 小言;叱責 하他 꾸지람하다 [ックジラマダ] 小言を言う;叱る

꾸짖다 [ˀkudʒitˀta ックジッタ] 他 咎める;叱る

꾹 [ˀkuk ックク] 副 ①押したり,締めつけたりして紐などを固く結ぶ様子:ぎゅっと;固く ②苦しみなどに堪える様子:じっと

꿀 [ˀkul ックル] 名 蜜;はちみつ

꿀꺽 [ˀkulˀkɔk ックルッコク] 副 ①液体を一息に飲む音:ごくごく;ごっくんごっくん ②怒り,興奮などを堪える様子:ぐっと;じっと 하自 꿀꺽하다 [ックルッコカダ] ごくごくと水や液体を飲む

꿇다 [ˀkultʰa ックルタ] 他 ひざまずく

꿇어앉다 [ˀkurɔanˀta ックロアンタ] 自 ひざまずく

꿈 [ˀkum ックム] 名 ①(睡眠中に見る) 夢 例 무시무시한 꿈을 꾸었어요. [ムシムシハン ックムル ックオッソヨ] とても恐ろしい夢を見ました。②(将来の希望) 夢 ③(非現実的な考え) 夢 関 《否定語とともに用いて》꿈에도 [ックメド] 夢にも (…ない)

꿈같다 [ˀkumgatˀta ックムガッタ] 形 夢のようだ

꿈결 [ˀkumˀkjɔl ックムッキョル] 名 夢うつつ

꿈꾸다 [ˀkumˀkuda ックムックダ] 自他 ①(睡眠中に)夢見る ②(理想や将来像として)夢見る

꿈나라 [ˀkumnara ックムナラ] 名 ①夢の国 ②理想の世界

꿈자리 [ˀkumdʒari ックムジャリ] 名 夢見

꿋꿋하다 [ˀkutˀkutʰada ックックタダ] 形 〖하変〗①(意志が) しっかりしている;固い;屈しない ②(物

の芯が)強い 副 꿋꿋이 [ックックシ]ひるまず；屈せず

꿩 [ˀkwɔŋ ックオン] 名 雉

꿰다 [ˀkwe:da ックェーダ] 他 ①(糸などを針穴に)通す ②くし刺しにする

꿰뚫다 [ˀkweːˀtultʰa ックェーットゥルタ] 他 ①貫く；突き抜ける；貫通する ②(物事や事情を)見抜く

꿰매다 [ˀkwe:mɛda ックェーメダ] 他 ①縫う；繕う ②収拾する；丸くおさめる

뀌다 [ˀkwi:da ックィーダ] 他 おならをする 関 방귀를 뀌다 [パーングィルル ックィーダ] おならをする

끄다 [ˀkɯda ックダ] 他 〘으変：꺼 コ〙 対 켜다 [キョダ] ①火を消す ②(家電製品などを)消す；止める 例 불 끄고 주무세요. [ブルックゴ チュムセヨ] 明かりを消してお休みください。

끄덕이다 [ˀkɯdəgida ックドギダ] 他 頷く；(首を)縦に振る

끄떡 [ˀkɯˀtək ックットク] 副 首を軽く縦に振る様子：こっくり [하自他] 끄떡하다 [ックットカダ] (首を縦に)こっくりする

끄떡없다 [ˀkɯˀtəgəpˀta ックットゴプタ] 存 大丈夫だ；びくともしない 副 끄떡없이 [ックットゴプシ] びくともせず；しっかりと

끄떡이다 [ˀkɯˀtəgida ックットギダ] 他 頷く

끄르다 [ˀkɯrɯda ックルダ] 他 〘르変：끌러 ックルロ〙①ほどく ②外す

끈 [ˀkɯn ックン] 名 ①紐 ②生計の道 ③頼みの綱

끈기 [ˀkɯngi ックンギ] 名 ①粘り；粘り気 ②根気

끈끈하다 [ˀkɯnˀkɯnɦada ックンックナダ] 形 〘하変〙①べたべたする ②ねばねばする ③(性格が)執拗だ；しつこい

끈적거리다 [ˀkɯndʑəkˀkərida ックンジョクコリダ] 自 ①べとつく ②しつこくする 副 끈적끈적 [ックンジョクックンジョク] ねばねば；べたべた；ねちねち

끈질기다 [ˀkɯndʑilgida ックンジルギダ] 形 粘り強い；しつこい

끊다 [ˀkɯntʰa ックンタ] 他 ①(物を)切断する；切る ②(電話などを)切る ③(関係を)断つ ④(酒・たばこなどを)やめる ⑤(切符などを)買う 例 내일 기차표 끊었어요? [ネイル キチャピョ ックノッソヨ] 明日の列車の切符は買いましたか。

끊어지다 [ˀkɯnədʑida ックノジダ] 自 ①(物が)切れる；断ち切れる 例 전화가 갑자기 끊어졌어요. [チョーヌワガ カプチャギ ックノジョッソヨ] 電話が(途中で)急に切れました。②(関係が)切れる ③(息が)絶える

끊임없다 [ˀkɯniməpˀta ックニモプタ] 存 絶え間がない 副 끊임없이 [ックニモプシ] 絶え間なく；間断なく

끌다 [ˀkɯːlda ックールダ] 他 〘ㄹ語幹：끄는 ックーヌン〙①引く ②引きずる ③(時間を)延ばす ④(人気や注意などを)引く ⑤誘う 例 질질 끌지 말고 얼른 마무리하세요. [チルジル ックールジ マールゴ オ

ルルン マムリハセヨ] ずるずる延ばさないで急いで仕上げてください。

끌리다 [ˀkuːllida ックールリダ] 自 ①(心が)引かれる；魅せられる ②引きずられる ③長引く

끓다 [ˀkulthːa ックルタ] 自 ① 沸騰する；沸く ②(感情が)熱くなる；腹が立つ ③(虫が)わく

끓이다 [ˀkuːrida ックリダ] 他 ① 煮る；沸かす ②(ラーメンなどの料理を)作る 例 라면 끓여 줄까요? [ラミョン ックリョ ジュルッカヨ] ラーメン作ってあげましょうか。③気をもむ

끔찍하다 [ˀkumˀtɕikkhada ックムッチカダ] 形〖ㅎ変〗① ぞっとする；物すごい ②(量・大きさが)驚くほどだ；ものすごく大きい ③(誠意・愛情などが)このうえなく深い

끝 [ˀkut ックッ] 名 ① 終わり；最後 例 줄이 너무 길어서 끝이 보이지 않아요. [チュリ ノム キロソ ックチ ポイジ アナヨ] 列があまりに長くて, 終わりが見えません。②(細長い物の)先端 ③(建物などの)てっぺん ④(物事・事態の)結末；果て ⑤(順番の)最後

끝나다 [ˀkunnada ックンナダ] 自 ①(物事の)けりがつく；終わる ②(時間的・空間的に)終わる 例 오늘 일이 언제 끝나요? [オヌル イーリ オンジェ ックンナヨ] 今日, 仕事はいつ終わりますか。

끝내 [ˀkunnɛ ックンネ] 副 とうとう；ついに

끝내다 [ˀkunnɛda ックンネダ] 他 終える；済ませる 例 이것 내일까지 끝낼 수 있어요? [イゴッ ネイルッカジ ジックンネル ス イッソヨ] これ, 明日までに終わらせられますか。

끝마치다 [ˀkunmatɕhida ックンマチダ] 他 終える；済ます

끝없다 [ˀkudopˀta ックドプタ] 存 切りがない 副 끝없이 [ックドプシ] 限りなく；果てしなく

끼니 [ˀkini ッキニ] 名 三度の食事

끼다¹ [ˀkiːda ッキーダ] 自 끼이다 [ッキイダ] の縮約形

끼다² [ˀkiːda ッキーダ] 他 ① 脇に挟む ②腕を組む ③はめる ④沿って行く 例 오른쪽으로 은행 건물을 끼고 쭉 가시면 돼요. [オルンッチョグロ ウネン コーンムルル ッキーゴ ッチュク カシミョン ドゥェヨ] 右の方へ銀行の建物に沿って, まっすぐ行けばいいです。関 반지를 끼다 [パンジルル ッキダ] 指輪をはめる / 장갑을 끼다 [チャンガブル ッキダ] 手袋をはめる / 팔짱을 끼다 [パルッチャンウル ッキダ] 腕を組む

-끼리 [ˀkiri ッキリ] 接尾 同士

끼리끼리 [ˀkiriˀkiri ッキリッキリ] 副 仲間同士で

끼얹다 [ˀkiɔnˀta ッキオンタ] 他 振りかける；浴びせる

끼우다 [ˀkiuda ッキウダ] 他 ① 差し込む ②はめ込む ③挿入する

끼이다 [ˀkiida ッキイダ] 自 ① 挟まる ②(仲間に)加わる

끼치다¹ [ˀkitɕhida ッキチダ] 自 ①(身の毛が)よだつ ②吹きつける 関 소름이 끼치다 [ソルミ ッキチダ] 鳥肌が立つ；身の毛がよだつ

끼치다² [ʔkitʰida ッキチダ] 他 ①(面倒・迷惑を)掛ける 例 폐를 끼쳐서 죄송합니다. [ペールル ッキチョソ チュェーソンハムニダ] ご迷惑をお掛けして申し訳ありません。②(影響などを)及ぼす

낌새 [ʔkimse ッキムセ] 名 兆し；徴候；気配 関 낌새를 보다 [ッキムセルル ポダ] 顔色を窺う；様子をさぐる / 낌새를 채다 [ッキムセルル チェーダ] 気づく；感づく

ㄴ

-ㄴ¹ [n ン] 助 助詞는の縮約形：…は

-ㄴ² [n ン] 語尾 ①パッチムのない形容詞・指定詞の語幹に付いて現在連体形を作る。②パッチムのない動詞の語幹に付いて過去連体形を作る。

나¹ [na ナ] 名 私；僕《助詞가の前では내の形》例 나랑 같이 쇼핑 가요. [ナラン カチ ショピン カヨ] 私と一緒にショッピングに行きましょう。

나² [na ナ] 助 ①《パッチムのない体言の後に付いて》例を挙げる：…でも 例 심심한데 영화나 볼까요? [シムシマンデ ヨンフヮナ ポルッカヨ] 退屈だから映画でも見ましょうか。②容認を表す：…でも 例 아무것도 먹을 게 없으니까 도시락이나 사 가지고 오세요. [アームゴット モグル ケ オープスニッカ トシラギナ サ ガジゴ オセヨ] 何も食べる物がないからお弁当でも(いいので)買ってきてください。③《얼마, 몇の後に付いて》…くらい；…ほど 例 얼마나 있어요? [オルマナ イッソヨ] どのくらいありますか。/ 일본에 오신 지 며칠이나 됐어요? [イルボネ オシン ジ ミョチリナ トウェッソヨ] 日本にいらっしゃって何日くらいになりますか。④《数詞の後に付いて強調を表す》…も 例 오는 데 5(다섯) 시간이나 걸렸어요. [オヌン デ タソッシガニナ コルリョッソヨ] 来るのに5時間もかかりました。⑤《疑問詞の後に付いて，どれでも区別せず構わないことを表す》…でも 例 누구나 참석할 수 있어요? [ヌグナ チャムソカル ス イッソヨ] 誰でも参加できますか。関 이나[イナ] 助 パッチムのある体言に用いる。

나가다 [nagada ナガダ] 自 ①(外へ)出る；出掛ける；出て行く 例 날씨도 좋아서 근교로 드라이브하러 나갔어요. [ナルッシド チョーアソ クンギョロ トゥライブハロ ナガッソヨ] 天気もいいので郊外にドライブに出掛けました。②出勤する；出席する；参加する 例 아버지는 회사에 나가셨어요. [アボジヌン フェーサエ ナガショッソヨ] 父は出勤しました。③(ある方面に)進出する ④(費用などが)出る；かさむ ⑤(電気・電灯などが)消える；停電する 例 불이 나갔어요. [プリ ナガッソヨ] 電気が消えました(停電しました)。

나그네 [nagune ナグネ] 名 旅人

나날 [nanal ナナル] 名 毎日；日々

나누다 [nanuda ナヌダ] 他 ①分ける；分かち合う 例 둘이 나눠서 먹어요. [トゥーリ ナヌオソ モゴヨ

2人で分けて食べましょう。② 分類する；区別する ③ 配る ④ (話・あいさつを)交わす 例 다들 인사를 나누세요. [タドゥル インサルル ナヌセヨ] みなさん、お互いにあいさつしてください。

나눗셈 [nanutʔsem ナヌッセム] 名 割り算 하여他 나눗셈하다 [ナヌッセマダ] 割り算をする

나다 [nada ナダ] 自 ① 出る；生じる 例 차가 고장이 났어요. [チャガ コージャンイ ナッソヨ] 車が故障しました。② (ある感情や気持ちが)生じる；起こる ③ 芽ぶく ④ 生まれる 例 그 사람은 부산에서 나서 부산에서 자란 부산 토박이에요. [ク サーラムン プサネソ ナソ プサネソ チャラン プサン トバギエヨ] あの人は釜山で生まれて釜山で育った生粋の釜山っ子です。⑤ 生産される ⑥ (新商品などが)出る；発売される ⑦ (結果が)出る

나돌다 [nadolda ナドルダ] 自 〖ㄹ語幹：나도는 ナドヌン〗① 出歩く；歩き回る ② (噂などが)広まる；出回る ③ (精神力・気力が)表に現れる ④ (病気などが)蔓延する

나들이 [naduri ナドゥリ] 名 ① 外出 ② 出入り 하여自 나들이하다 [ナドゥリハダ] ① 外出する ② 出入りする

나라 [nara ナラ] 名 ① 国；国家 例 어느 나라에서 왔어요? [オヌ ナラエソ ワッソヨ] どこの国から来ましたか。② 地域；地方 ③《名詞に付いて》…の国；…の世界 例 꿈나라 [ッくムナラ] 夢の国

나란하다 [naranɦada ナラナダ] 形 〖하変〗並んでいる 副 나란히 [ナラニ] 並んで

나르다 [naruda ナルダ] 他 〖르変：날라 ナルラ〗(物を)運ぶ；運送する

나른하다 [narunɦada ナルナダ] 形 〖하変〗(体が)けだるい；だるい

나름 [narum ナルム] 依名《一部の体言や動詞の未来連体形に付いて》…次第；…なり 例 사람은 다 나름대로 장단점을 가지고 있는 법이에요. [サーラムン タ ナルムデロ チャンダンッチョムル カジゴ インヌン ボビエヨ] 人はその人なりの長所や短所を持っているものです。

나머지 [namədʑi ナモジ] 名 ① 余り；残り 例 나머지는 가지세요. [ナモジヌン カジセヨ] 残りはもらってください。②《連体形に付いて》…するあまり；…したあげく；…した結果 例 기쁜 나머지 눈물이 났어요. [キップン ナモジ ヌンムリ ナッソヨ] うれしいあまり涙が出ました。

나무 [namu ナム] 名 ① 木；樹木 例 우리 집 앞에 큰 나무 두 그루가 있어요. [ウリ チプ アペ クン ナム トゥー グルガ イッソヨ] 家の前に大きな木が2本あります。② 材木

나무라다 [namurada ナムラダ] 他 たしなめる；叱る 例 나무랄 데가 없어요. [ナムラル テガ オープソヨ] 非の打ち所(たしなめる所)がありません。

나물 [namul ナムル] 名 ① 野菜；山菜 ② (野菜や山菜の)和え物

나뭇잎 [namunnip ナムンニプ] 名 木の葉

나방

나방 [nabaŋ ナバン] 名 蛾
나부끼다 [nabuʔkida ナブッキダ] 自 (風に)はためく;翻る;揺れる
나비 [nabi ナビ] 名 蝶 関 나비넥타이 [ナビネクタイ] 名 蝶ネクタイ/나비매듭 [ナビメドゥプ] 名 蝶結び
나쁘다 [naʔpuda ナップダ] 形《으変:나빠 ナッパ》悪い 対 좋다 [チョッタ] ①(道徳・倫理的に)悪い ②(品質などが)悪い 例 이 상품은 저 상품보다 싸서 그런지 성능이 나빠요. [イ サンプムン チョ サンプムボダ ッサソ クロンジ ソンヌンイ ナッパヨ] この商品はあの商品より安いからか, 性能は悪いです。
나사 [nasa ナサ] 名 ネジ 関 나사돌리개 [ナサドルリゲ] 名 ねじ回し;ドライバー
나서다 [nasəda ナソダ] 自 ①前に出る ②現れる ③関わる;口出しする;手出しする
나아가다 [naagada ナアガダ] 自 ①進む;進行する ②進歩する;発展する 関 나아가서는 [ナアガソヌン] ひいては;さらには
나아지다 [naadʒida ナアジダ] 自 良くなる;改まる
나오다 [naoda ナオダ] 自 ①(内から外へ)出る;外へ出る 例 한번 나와 보세요. [ハンボン ナワ ポセヨ] 一度, 出て来てみてください。②(前の方へ)出る;突き出る ③態度を取る ④退職する ⑤出勤する;出席する;出演する ⑥(結果などが)出る ⑦登場する;出演する 例 좋아하는 배우가 나오는 영화예요. [チョーアハヌン ペウガ ナオヌン ヨンフヮエヨ] 好きな俳優が出ている映画です。⑧発生する ⑨支給される;出る 例 후식으로 뭐가 나와요? [フーシグロ ムォーガ ナワヨ] デザートは何が出ますか。⑩《他動詞的に》卒業する
나이 [nai ナイ] 名 年;年齢 例 올해 나이가 어떻게 되세요? [オレ ナイガ オットケ ドゥェセヨ] 今年で年はいくつになりますか。関 나이가 들다 [ナイガ トゥルダ] 年を取る / 나이가 차다 [ナイガ チャダ] 年頃になる / 나이를 먹다 [ナイルル モクタ] 年を取る
나이프 [naiphɯ ナイプ] 名 ナイフ
나전 [nadʒən ナジョン] 名 螺鈿
나절 [nadʒəl ナジョル] 依名 ①昼間の半分 ②昼間のあるひととき
나중 [nadʒuŋ ナージュン] 名 ①後 ②《나중에の形で》後で;後ほど 例 나중에 다시 올게요. [ナージュンエ タシ オルケヨ] 後でまた来ます。③《副詞的に》後に;後で
나지막하다 [nadʒimakkʰada ナジマカダ] 形《하変》かなり低い 副 나지막이 [ナジマギ] 低めに
나타나다 [natʰanada ナタナダ] 自 ①表に出てくる;現れる 例 그렇게 갑자기 나타나면 깜짝 놀라잖아요. [クロッケ カプチャギ ナタナミョン ッカムッチャム ノールラジャナヨ] そんなに突然現れたらびっくりするじゃないですか。②生じる
나타내다 [natʰanɛda ナタネダ] 他 現す;示す;表現する 例 이 작품은 작가의 세계관을 잘 나타내고 있어요. [イ チャクプムン チャクカエ

セゲグヮヌル チャル ナタネゴ イッソヨ] この作品は作家の世界観をうまく表しています。

나팔 [napʰal ナパル] 名 ラッパ

나팔꽃 [napʰalʔkot ナパルッコッ] 名 アサガオ

나흘 [naɦɯl ナフル] 名 ①4日 ②4日間

낙관 [nakʔkwan ナククヮン] 名 楽観 関 낙관적[ナククヮンジョク] 名 楽観的 / 낙관주의[ナククヮンジュイ] 名 楽観主義

낙농 [naŋnoŋ ナンノン] 名 酪農 関 낙농가[ナンノンガ] 名 酪農家 / 낙농업[ナンノンオプ] 名 酪農業

낙담 [nakʔtam ナクタム] 名 落胆 自 낙담하다[ナクタマダ] 落胆する

낙서 [nakʔsɔ ナクソ] 名 落書き 自 낙서하다[ナクソハダ] 落書きする

낙선 [nakʔsɔn ナクソン] 名 落選 自 낙선하다[ナクソナダ] 落選する

낙심 [nakʔʃim ナクシム] 名 落胆 自 낙심하다[ナクシマダ] 落胆する;気落ちする

낙엽 [nagjɔp ナギョプ] 名 落葉 関 낙엽수[ナギョプス] 名 落葉樹

낙원 [nagwɔn ナグォン] 名 楽園

낙제 [nakʔtʃe ナクチェ] 名 落第 自 낙제하다[ナクチェハダ] 落第する 関 낙제생[ナクチェセン] 名 落第生

낙지 [nakʔtʃi ナクチ] 名 タコ;テナガダコ;マダコ

낙천 [naktʃʰɔn ナクチョン] 名 楽天 関 낙천적[ナクチョンジョク] 名 楽天的

낙타 [naktʰa ナクタ] 名 ラクダ

낙태 [naktʰɛ ナクテ] 名 堕胎 他自 낙태하다[ナクテハダ] 堕胎する

낙하 [nakkʰa ナカ] 名 落下 自 낙하하다[ナカハダ] 落下する 関 낙하산[ナカサン] 名 落下傘;パラシュート

낙향 [nakkʰjaŋ ナキャン] 名 都落ち 自 낙향하다[ナキャンハダ] 都落ちする

낚다 [nakʔta ナクタ] 他 ①(魚を)釣る ②(金などで人を)釣る;引っ掛ける ③(望むものを)得る

낚시 [nakʔʃi ナクシ] 名 釣り 関 낚시질[ナクシジル] 名 釣ること;釣り / 낚시꾼[ナクシックン] 名 釣り人

난¹ [nan ナン] 名 蘭 関 난초[ナンチョ] 名 蘭草

난² [nan ナン] 나는[ナヌン]の縮約形:私は

난감하다 [nangamɦada ナンガマダ] 形《하変》①たえがたい ②困り果てる

난국 [nanguk ナングク] 名 難局

난기류 [na:ngirju ナーンギリュ] 名 乱気流

난데없다 [na:ndeɔpʔta ナーンデオプタ] 存《난데없는の形で》だしぬけの;突然の 副 난데없이[ナーンデオプシ] だしぬけに;突然に

난동 [na:ndoŋ ナーンドン] 名 乱暴な振る舞い

난로 [na:llo ナールロ] 名 暖炉;ストーブ

난리 [na:lli ナールリ] 名 ①乱;戦乱;動乱 ②騒ぎ;騒動

난민 [nanmin ナンミン] 名 難民

난방 [na:nbaŋ ナーンバン] 名 暖房

난방 시설[ナーンバン シーソル]**名** 暖房施設 / **난방 장치**[ナーンバン チャンチ]**名** 暖房装置

난생처음 [na:nsɛŋtʃʰɯɯm ナーンセンチョウム]**名** ① 生まれて初めて ②《副詞的に》生まれて初めて

난소¹ [na:nso ナーンソ]**名** 卵巣

난소² [nanso ナンソ]**名** 難所

난이 [nani ナニ]**名** 難易 **関** 난이도[ナニド]**名** 難易度

난잡 [na:ndʑap ナーンジャプ]**名** 乱雑 **形** 난잡하다[ナーンジャパダ] 乱雑だ;猥雑だ

난장 [na:ndʑaŋ ナーンジャン]**名** 난장판[ナーンジャンパン]の縮約形:大騒ぎ;騒乱

난장판 [na:ndʑaŋpʰan ナーンジャンパン]**名** 大騒ぎ;騒乱

난점 [nanʔtɕom ナンッチョム]**名** 難点

난처하다 [nantʃʰoɦada ナンチョハダ]**形**〖하変〗立場が苦しい;まずい

난초 [nantʃʰo ナンチョ]**名** 蘭

난치병 [natʃʰiʔpjoŋ ナンチッピョン]**名** 難病

난폭 [na:npʰok ナーンポク]**名** 乱暴 **形** 난폭하다[ナーンポカダ] 乱暴だ

날¹ [nal ナル]**名** ① 日;一日 **例** 날이 갈수록 점점 더 예뻐지는 비결이 뭐예요? [ナリ カルスロク チョムジョム ト イェーッポジヌン ピギョリ ムォーエヨ] 日が経つほど, どんどんきれいになる秘訣は何ですか。② 昼 ③ 天気 **関** 날이면 날마다[ナリミョン ナルマダ] 一日も欠かさず;毎日

날² [nal ナル]**名** 刃 **関** 날을 세우다[ナルル セウダ] 刃を研ぐ / 날이 서다[ナリ ソダ] 刃が鋭くなる

날개 [nalge ナルゲ]**名** ①(昆虫の)羽;(鳥の)翼 ②(飛行機や機械の)翼

날것 [nalgot ナルゴッ]**名** なま物

날다 [nalda ナルダ]**自**〖ㄹ語幹:나는 ナヌン〗① 飛ぶ **例** 저 새들처럼 나도 하늘을 날고 싶어요. [チョ セードゥルチョロム ナド ハヌルル ナルゴ シポエ] あの鳥のように私も空を飛びたいです。② 飛ぶように急いで行く ③ 高く跳ぶ ④ 蒸発する ⑤(香りや臭いなどが) 消える ⑥ 高跳びする

날뛰다 [nalʔtwida ナルットゥィダ]**自** 暴れ回る;跳ね回る;飛び回る

날로¹ [nallo ナルロ]**副** 日増しに;日に日に

날로² [nallo ナルロ]**副** 生で

날리다¹ [nallida ナルリダ]**自** ①(空中に) 飛ばされる ②(風に) ひるがえる

날리다² [nallida ナルリダ]**他** 名声を広める **自** 名声が広まる

날마다 [nalmada ナルマダ]**名** ① 日ごと;毎日 ②《副詞的に》日ごとに;毎日

날쌔다 [nalʔseda ナルッセダ]**形**(動作が)素早い

날씨 [nalʔʃi ナルッシ]**名** 天気;空模様 **例** 오늘 날씨가 정말 좋죠. [オヌル ナルッシガ チョーンマル チョーッチョ] 今日は天気が本当にいいですね。

날씬하다 [nalʔʃinɦada ナルッシナダ]**形**〖하変〗すらりとしている

날아가다 [naragada ナラガタ] 自 ① 飛んでいく ② 飛び去る ③ (持っていたものが)すっかりなくなる

날인 [narin ナリン] 名 捺印 他 **날인하다** [ナリナダ] 捺印する

날조 [nalˀtɕo ナルッチョ] 名 捏造 他 **날조하다** [ナルッチョハダ] 捏造する

날짜 [nalˀtɕa ナルッチャ] 名 ① 日数 例 아직 날짜가 좀 남았으니까 천천히 생각해 보자. [アジン ナルッチャガ チョム ナマッスニッカ チョーンチョニ センガケ ボジャ] まだ日にちが少しあるからゆっくり考えてみよう。②(あらかじめ決めた)日;期日 例 결혼식 날짜는 잡았어요? [キョロンシン ナルッチャヌン チャバッソヨ] 結婚式の日取りは決まりましたか。③ 日付

날치기 [nalˀtɕʰigi ナルチギ] 名 ひったくり 関 **날치기 당하다** [ナルチギ タンハダ] ひったくられる

날카롭다 [nalkʰaroˀpta ナルカロプタ] 形 《ㅂ変: 날카로워 / 날카로운 ナルカロウォ / ナルカロウン》 ① (刃物などが)鋭い ②(感覚や思考力が)鋭い 例 날카로운 지적 [ナルカロウン チジョク] 鋭い指摘 副 **날카로이** [ナルカロイ] 鋭く

낡다 [nakˀta ナクタ] 形 ① 古い;古びている ② 古臭い;時代遅れだ

남¹ [nam ナム] 名 他人;無関係な人 例 남이 뭐라고 하든 상관하지 말자. [ナミ ムォーラゴ ハドゥン サングヮナジ マールジャ] 他人が何と言おうと気にするのはやめよう。/ 뭐든지 남의 탓으로 돌리지 마세요. [ムォードゥンジ ナメ タスロ トルリジ マーセヨ] 何でも人のせいにしないでください。

남² [nam ナム] 名 男;男性

남³ [nam ナム] 名 南 類 **남쪽** [ナムッチョク]

남극 [namguk ナムグク] 名 南極 関 **남극 대륙** [ナムグク テーリュク] 名 南極大陸 / **남극점** [ナムグクチョム] 名 南極点

남기다 [namgida ナムギダ] 他 ① 残す 例 남기지 말고 다 드세요. [ナムギジ マルゴ ター トゥセヨ] 残さずにみな召し上がってください。② 利益を得る 副 **남김없이** [ナムギモプシ] 余すところなく

남남 [namnam ナムナム] 名 赤の他人

남남북녀 [namnambuŋnjo ナムナムブンニョ] 名 南男北女《南部地方では男が,北部地方では女が優れているということ。日本の諺「東男に京女」に同じ》

남녀노소 [namnjonoːso ナムニョノーソ] 名 老若男女

남다 [naːmˀta ナームタ] 自 ① 余る;残る 例 다 쓰고 얼마 남았어요? [タースゴ オルマ ナマッソヨ] 全部使ってどのくらい残りましたか。② 残留する ③ 後世に伝わる ④ 利益がある

남다르다 [namdaruda ナムダルダ] 形 《르変: 남달라 ナムダルラ》 人並みはずれている;特別である 副 **남달리** [ナムダルリ] 人並みはずれて;人とは違って

남대문 [namdemun ナムデムン] 名 南大門 関 **남대문 시장** [ナムデムン シージャン] 名 南大門市場

남동생 [namdoŋseŋ ナムドンセン] 名 弟 例 저에게는 남동생이 둘 있어요. [チョエゲヌン ナムドンセンイ トゥール イッソヨ] 私には弟が2人います。

남루 [na:mnu ナームヌ] 名 ぼろ 하形 남루하다 [ナームヌハダ] 服など身なりがみすぼらしい

남매 [nammɛ ナムメ] 名 兄と妹；姉と弟

남몰래 [nammollɛ ナムモルレ] 副 人知れず；ひそかに

남방 [nambaŋ ナムバン] 名 南方

남부 [nambu ナムブ] 名 南部

남북 [nambuk ナムブク] 名 南北

남산 [namsan ナムサン] 名 ①南方の山 ②南山《主にソウルにある山を指す》例 오늘은 남산 타워에 가 보기로 해요. [オヌルン ナムサン タウォエ カ ボギロ ヘヨ] 今日は南山タワーに行ってみましょう。/ 남산골 한옥마을에서는 전통 행사도 해요. [ナムサンッコル ハノンマウレソヌン チョントン ヘンサド ヘヨ] 南山コル韓屋マウルでは伝統行事も行われます。

남성 [namsɔŋ ナムソン] 名 男性 関 남성적 [ナムソンジョク] 名 男性的

남아돌다 [namadolda ナマドルダ] 自《ㄹ語幹：남아도는 ナマドヌン》有り余る

남자 [namdʒa ナムジャ] 名 ①男子；男；男性 ②情夫；亭主；夫 関 남자답다 [ナムジャダプタ] 形《ㅂ変：남자다워 / 남자다운 ナムジャダウォ / ナムジャダウン》男らしい

남짓 [namdʒit ナムジッ] 依名 (重さ・数量などの) 余り；いくらか多いこと

남쪽 [nam͈tɕok ナムッチョク] 名 南；南側；南方

남편 [namphjɔn ナムピョン] 名 夫；主人；亭主 例 우리 남편은 정말 자상해요. [ウリ ナムピョヌン チョーンマル チャサンヘヨ] うちの主人は本当にやさしいです。

남학생 [namɦakˀsɛŋ ナマクセン] 名 男子学生

납 [nap ナプ] 名 鉛

납득 [napˀtuk ナプトゥク] 名 納得 하他 납득하다 [ナプトゥカダ] 納得する

납량 [namnjaŋ ナムニャン] 名 納涼

납부 [napˀpu ナプブ] 名 納付 하他 납부하다 [ナプブハダ] 納付する 関 납부금 [ナプブグム] 名 納付金

납작하다 [napˀtɕakˈhada ナプチャカダ] 形《ㅎ変》平べったい 副 납작이 [ナプチャギ] 平べったく

납치 [napt͡ɕʰi ナプチ] 名 拉致 하他 납치하다 [ナプチハダ] 拉致する

낫다¹ [na:tˀta ナーッタ] 自《ㅅ変：나아 / 낫는 ナア / ナーンヌン》治る；癒える 例 감기는 다 나았어요? [カームギヌン タ ナアッソヨ] 風邪はすっかり治りましたか。

낫다² [na:tˀta ナーッタ] 形《ㅅ変：나아 / 나은 ナア / ナウン》ましだ；勝る；優れている 例 이것보다 그게 훨씬 나아요. [イゴッポダ クゲ フォルッシン ナアヨ] これよりそれがずっといいです。

낭떠러지 [naŋˀtɔrɔdʑi ナンットロジ] 名 絶壁

낭만 [na:ŋman ナーンマン] 名 ロマン 関 낭만적 [ナーンマンジョク]

名 ロマンチック

낭비 [naːnbi ナーンビ] 名 浪費 하他 낭비하다 [ナーンビハダ] 浪費する

낭패 [naːnpʰɛ ナーンペ] 名 狼狽 하自 낭패하다 [ナーンペハダ] 狼狽する；慌てふためく 関 낭패를 보다 [ナーンペルル ポダ] うろたえ騒ぐ；ひどい目に遭う

낮 [nat ナッ] 名 ①昼；昼間 例 오늘 낮 기온은 어제보다 2(이)도에서 3(삼)도 가량 오르겠습니다. [オヌル ナッ キオヌン オジェボダ イードエソ サムド カリャン オルゲッスムニダ] 今日の昼の気温は昨日より2度から3度高くなるでしょう。 ②한낮 [ハンナッ] の縮約形：真昼；正午

낮다 [natʔta ナッタ] 形 対 높다 [ノプタ] ①(高さ・温度などが)低い 例 굽이 낮은 건 없어요? [クビ ナジュン ゴン オープソヨ] かかとの低いものはありませんか。②(地位・水準などが)低い ③(品質などが)劣っている

낮잠 [natʔtɕam ナッチャム] 名 昼寝

낮추다 [natʔtɕʰuda ナッチュダ] 他 ①低くする；下げる 例 목소리를 낮추세요. [モクソリルル ナッチュセヨ] 声を低く(小さく)してください。②(目下に対して言葉遣いを)ぞんざいにする 例 말씀을 낮추세요. [マールッスムル ナッチュセヨ] 敬語を使わずにぞんざいにお話しください。③(人に対して)自分を低くする

낯 [nat ナッ] 名 ①顔面；面 ②体面；面目

낯가리다 [natʔkarida ナッカリダ] 自 人見知りする 例 많이 낯가리는 편이에요. [マーニ ナッカリヌン ピョニエヨ] とても人見知りをするほうです。

낯간지럽다 [natʔkandʑirɔpʔta ナッカンジロプタ] 形〖ㅂ変：낯간지러워 / 낯간지러운 ナッカンジロウォ / ナッカンジロウン〗面映ゆい；照れくさい

낯두껍다 [natʔtuʔkɔpʔta ナットゥッコプタ] 形〖ㅂ変：낯두꺼워 / 낯두꺼운 ナットゥッコウォ / ナットゥッコウン〗厚かましい；ずうずうしい

낯설다 [naːsɔlda ナッソルダ] 形〖ㄹ語幹：낯선 ナッソン〗見慣れない；見知らぬ

낯익다 [nannikʔta ナンニクタ] 形 見覚えがある；顔なじみだ

낱낱이 [naːnnatɕʰi ナーンナチ] 副 ①一つ一つ ②いちいち

낱말 [naːnmal ナーンマル] 名 単語

낳다 [natʔtʰa ナッタ] 他 ①(子・卵などを)産む 例 건강한 아기를 낳으세요. [コーンガンハン アギルル ナウセヨ] 健康な赤ちゃんを産んでください。②(結果を)生む；もたらす

내¹ [nɛː ネー] 名 川；小川

내² [nɛ ネ] 代 私 《助詞の가の前に来る》例 내가 하겠어요. [ネガ ハゲッソヨ] 私がします。 / 내 마음대로 할 수 있으면 좋겠어요. [ネ マウムデロ ハル ス イッスミョン チョーッケッソヨ] 私の思い通りにできたらいいです。

내³ [nɛ ネ] 代 나 [ナ] ＋의 [エ] の縮約形：私の；僕の

내각 [nɛːgak ネーガク] 名 内閣
내걸다 [nɛːgɔlda ネーゴルダ] 他〔ㄹ語幹:내거는 ネーゴヌン〕① (外へ出して) 掲げる ② (目標などを) 掲げる ③ (命などを) 懸ける
내과 [nɛːˀkwa ネークヮ] 名 内科
내기 [nɛːgi ネーギ] 名 賭け 自他 内기하다 [ネーギハダ] 賭ける
내내 [nɛːnɛ ネーネ] 副 ずっと
내년 [nɛnjɔn ネニョン] 名 来年 例 내년에 한국에 유학을 가요. [ネニョネ ハーングゲ ユハグル カヨ] 来年韓国に留学します。
내놓다 [nɛːnotʰa ネーノッタ] 他 ① 出す;出しておく ② (持ち物などを) 出す ③ (作品などを) 発表する ④ (意見などを) 出す ⑤ (囲っていたものを) 放してやる
내다¹ [nɛːda ネーダ] 他 ① 出す ② (お金などを) 払う 例 요금은 이달 말까지 내셔야 합니다. [ヨーグムン イダル マルッカジ ネーショヤ ハムニダ] 料金は今月末までに払わなければいけません。③ (手紙や書類などを) 出す;提出する ④ (出版物などを) 出す;発行する
내다² [nɛːda ネーダ] 他 ① (外へ) 出す ② 口外する ③ (時間・暇を) つくる
내다보다 [nɛːdaboda ネーダボダ] 他 ① 外を見る;眺める ② (未来を) 見通す
내던지다 [nɛːdɔndʑida ネードンジダ] 他 ① 勢い良く投げる ② (仕事などを) 投げ出す ③ 見放す
내디디다 [nɛːdidida ネーディディダ] 他 ① 踏み出す ② (事業などに) 乗りだす

내려가다 [nɛrjɔgada ネリョガダ] 自 ① (高い所から低い所へ) 降りる;下る;下りて行く ② (都から田舎へ) 下る;行く 例 다음 주말에 부모님을 뵈러 내려갈 생각이에요. [タウム チュマレ プモニムル プェロ ネリョガル センガギエヨ] 来週末に両親に会いに行くつもりです。③ (値段・成績・気温などが) 下がる;落ちる
내려놓다 [nɛrjɔnotʰa ネリョノッタ] 他 ① (上から) 下ろす;下に置く ② (車・船などから) 降ろす
내려다보다 [nɛrjɔdaboda ネリョダボダ] 他 ① 見下ろす ② 見下げる
내려오다 [nɛrjɔoda ネリョオダ] 自 ① 降りて来る;下りる ② (都から) 下って来る ③ (昔から) 伝わる
내력 [nɛrjɔk ネリョㇰ] 名 来歴;由来
내륙 [nɛːrjuk ネーリュㇰ] 名 内陸
내리다¹ [nɛrida ネリダ] 自 ① 下りる;下る ② 降りる 例 경복궁에 가려면 어디서 내리요? [キョーンボックンエ カリョミョン オディソ ネリョヨ] 景福宮に行くにはどこで降りますか。③ (雨などが) 降る ④ (値段や温度などが) 下がる ⑤ (許可などが) 下りる
내리다² [nɛrida ネリダ] 他 ① 下げる;下ろす ② (賞罰などを) 与える ③ (値段を) 下げる ④ (結論などを) 下す
내리막 [nɛrimak ネリマㇰ] 名 ① 下り坂 ② 落ち目 関 내리막길 [ネリマㇰキル] 名 下り坂
내맡기다 [nɛːmatˀkida ネーマッキダ] 他 ① (仕事などを) 任しておく;委ねる ② 成り行きに任す

내몰다 [nɛːmolda ネーモルダ] 他〖ㄹ語幹:내모는 ネーモヌン〗① 追い出す;追い立てる ② (前の方へ)駆ける ③ せき立てる

내밀다 [nɛːmilda ネーミルダ] 他〖ㄹ語幹:내미는 ネーミヌン〗① (前や外へ)押し出す;差し出す ② 追いやる ③ (責任などを)押しつける ④ 顔を出す;姿を見せる ⑤ (屈せずに)押し通す

내버려두다 [nɛːbɔrjɔduda ネーボリョドゥダ] 他 ① 放置する ② 見放す

내버리다 [nɛːbɔrida ネーボリダ] 他 ① 投げ捨てる ② 見捨てる

내보내다 [nɛːbonɛda ネーボネダ] 他 ① 追い出す ② 辞めさせる

내복¹ [nɛːbok ネーボク] 名 防寒用の下着

내복² [nɛːbok ネーボク] 名 内服 하他 내복하다 [ネーボカダ] 服用する 関 내복약 [ネーボンニャク] 内服薬

내부 [nɛːbu ネーブ] 名 内部

내색 [nɛːsek ネーセク] 名 素振り 하自 내색하다 [ネーセカダ] 表情に出す;素振りを見せる

내세우다 [nɛːseuda ネーセウダ] 他 ① (前や表に)立たせる ② (誇りとして)掲げる ③ 掲げる;主張する

내심 [nɛːʃim ネーシム] 名 ① 内心 ② 《副詞的に》密かに;内心で

내왕 [nɛwaŋ ネワン] 名 行き来 하自 내왕하다 [ネワンハダ] 往来する;行き来する

내외 [nɛːwe ネーウェ] 名 ① 内外 ② 夫妻 ③ 国内と国外

내용 [nɛːjoŋ ネーヨン] 名 内容 例 구체적인 내용을 설명해 주세요. [クチェジョギン ネーヨンウル ソルミョンヘ ジュセヨ] 具体的な内容を説明してください。

내의 [nɛːi ネーイ] 名 肌着;下着 類 속옷 [ソゴッ]

내일 [nɛil ネイル] 名 明日 例 내일은 좀 더 일찍 나가야겠어요. [ネイルン チョム ド イルッチク ナガヤゲッソヨ] 明日はもう少し早く出掛けなければいけません。

내주 [nɛːdʒu ネージュ] 名 来週 類 다음 주 [タウム チュ]

내지 [nɛːdʒi ネージ] 副 ないし;あるいは

내쫓다 [nɛːʔtʃotʔta ネーッチョッタ] 他 追い出す;解雇する

내키다 [nɛːkʰida ネーキダ] 自 気が向く

내후년 [nɛɦunjɔn ネフニョン] 名 再来年

냄비 [nɛmbi ネムビ] 名 鍋

냄새 [nɛːmsɛ ネームセ] 名 ① におい;香り 例 이게 무슨 냄새예요? [イゲ ムスン ネームセエヨ] これは何のにおいですか。② 気配;雰囲気 関 냄새가 나다 / 냄새에 놓이가서다 [ネームセガ ナダ] / 냄새를 맡다 [ネームセルル マッタ] においを嗅ぐ;気配を感じる

냅킨 [nɛpkʰin ネプキン] 名 ナプキン

냉국 [nɛːŋʔkuk ネーンクク] 名 冷製スープ

냉동 [nɛːŋdoŋ ネーンドン] 名 冷凍 하他 냉동하다 [ネーンドンハダ] 冷凍する 関 냉동식품 [ネーンドンシクプム] 名 冷凍食品

냉면 [nɛːŋmjʌn ネーンミョン] 名 冷麺 例 여름엔 역시 냉면이 최고예요. [ヨルメエン ヨクシ ネーンミョニ チュェーゴエヨ] 夏にはやはり冷麺が最高です。

냉방 [nɛːŋbaŋ ネーンバン] 名 冷房 例 냉방이 너무 잘 돼서 추워요. [ネーンバンイ ノム チャル トゥェソ チュウォヨ] 冷房があまりに効き過ぎて寒いです。 関 냉방 장치 [ネーンバン チャンチ] 名 冷房装置; クーラー

냉수 [nɛːŋsu ネーンス] 名 冷たい水; 水 関 냉수 먹고 속 차리세요. [ネーンス モクコ ソック チャリセヨ] 冷たい水を飲んでしっかりしなさい。《身の程知らずや常識のない人に言う》

냉이 [nɛŋi ネンイ] 名 ナズナ

냉장고 [nɛːŋdʒaŋgo ネーンジャンゴ] 名 冷蔵庫 例 냉장고 안에 반찬이 많이 들었어요. [ネーンジャンゴ アネ パンチャンニ マーニ トゥロッソヨ] 冷蔵庫の中におかずがたくさん入っています。

냉정¹ [nɛːŋdʒʌŋ ネーンジョン] 名 冷静 한形 냉정하다 [ネーンジョンハダ] 冷静だ

냉정² [nɛːŋdʒʌŋ ネーンジョン] 名 冷淡で薄情なこと 하自 냉정하다 [ネーンジョンハダ] 冷淡だ 副 냉정히 [ネーンジョンヒ] 冷淡に; つれなく

냉채 [nɛːŋtʃʰɛ ネーンチェ] 名 冷菜

너 [nʌ ノ] 代 (目下の者や親しい間柄で) 君; お前 例 너는 공부도 잘하고 운동도 참 잘하네. [ノヌン コンブド チャラゴ ウーンドンド チャム チャラネ] 君は勉強もよくできて, スポーツも本当によくできるね。

너구리 [nʌguri ノグリ] 名 タヌキ

너그럽다 [nʌgɯrʌpˀta ノグロプタ] 形 〖ㅂ変〗너그러워 / 너그러운 [ノグロウォ / ノグロウン] 寛大だ 副 너그러이 [ノグロイ] 大目に; 寛大に

너나없이 [nʌnaʌpˀɕi ノナオプシ] 副 誰彼なしに; 誰もが

너머 [nʌmʌ ノモ] 名 (山・垣などの) 向こう側; 向こう

너무 [nʌmu ノム] 副 あまりに; あまりにも; …し過ぎて 例 너무 많아서 다 못 먹겠어요. [ノム マーナソ ター モーン モケッソヨ] あまりに多いので, 全部は食べられません。 関 너무나 [ノムナ] 副 너무 [ノム] の強調語

너무하다 [nʌmuɦada ノムハダ] 形 〖하変〗あんまりだ; 度が過ぎている; ひどい 例 너무하시네요. [ノムハシネヨ] あんまりですね (ひどいですね)。

너비 [nʌbi ノビ] 名 幅

너절하다 [nʌdʒʌrɦada ノジョラダ] 形 〖하変〗みすぼらしい; むさくるしい

넉넉하다 [nʌŋnʌkʰada ノンノカダ] 形 〖하変〗① 十分だ; 足る 例 시간이 넉넉하니까 천천히 하세요. [シガニ ノンノカニッカ チョーンチョニ ハセヨ] 時間は十分にあるからゆっくりやってください。② 豊かだ; 裕福だ 副 넉넉히 [ノンノキ] 十分に; たっぷりと

넉살 [nʌkˀsal ノクサル] 名 ずぶとさ; ずうずうしさ 関 넉살 부리다 [ノク

サル プリダ] ずうずうしく振る舞う / **넉살스럽다** [ノクサルスロプタ]《ㅂ変: 넉살스러워 / 넉살스러운 ノクサルスロウォ / ノクサルスロウン》形 ずうずうしい

넋 [nok ノク] 名 ① 魂; 霊 ② 精神 関 넋을 놓다 [ノクスル ノッタ] ぼうっとしている / 넋을 잃다 [ノクスル イルタ] 気を失う; うっとりする

넌센스 [nʌnsensɯ ノンセンス] 名 ナンセンス

넌지시 [nʌndʑiɕi ノンジシ] 副 そっと; それとなく; 暗に

널다 [nɤːlda ノールダ] 他《ㄹ語幹: 너는 ノーヌン》(洗濯物や穀物を)干す; 乾かす

널뛰기 [nɤːlˀtwigi ノールットゥイギ] 名 板跳び《旧正月初旬に行う伝統的な遊びの一種》

널리 [nʌlli ノルリ] 副 ① 広く ② 寛大に

넓다 [nʌlpˀta ノルタ] 形 対 좁다 [チョプタ] ①(面積が)広い 例 이 호텔은 방이 넓고 깨끗해요. [イ ホテルン パンイ ノルコ ッケックッテヨ] このホテルは部屋が広くてきれいです。/ 좀 더 넓은 방으로 해 주세요. [チョム ド ノルブン バンウロ ヘ ジュセヨ] もう少し広い部屋にしてください。②(幅や範囲が)広い

넓이 [nʌlbi ノルビ] 名 広さ; 面積

넓적다리 [nʌpˀtɕʌkˀtari ノプチョクタリ] 名 太もも

넓히다 [nʌlpʰida ノルピダ] 他 広くする; 広げる

넘겨주다 [nʌmgjʌdʑuda ノムギョジュダ] 他 譲り渡す

넘겨짚다 [nʌmgjʌdʑipˀta ノムギョジプタ] 他 臆測する; 当て推量をする

넘기다 [nʌmgida ノムギダ] 他 ①(権利・責任などを)引き渡す ②(ページなどを)めくる ③(物を)渡す ④(時間・期限などを)越える; 超過する ⑤(困難などを)切り抜ける ⑥ 飛ばす; 抜かす

넘다 [nʌːmˀta ノームタ] 自 ① 越える;(度が)過ぎる 例 네가 벌써 마흔이 넘었다니, 세월이 정말 빠르네. [ネガ ポルッソ マフニ ノモッタニ セーウォリ チョンマル ッパルネ] あなたがもう 40 歳を過ぎたなんて本当に月日が経つのは早いね。②(水などが)あふれる ③(時間などが)過ぎる 例 내일 한 시 넘어서 연락을 주세요. [ネイル ハン シ ノモソ ヨルラグル チュセヨ] 明日1時過ぎに連絡をください。他 ①(ある基準や山・峠などを)越える ②(困難などを)切り抜ける ③(一定の範囲を)越える ④(物の上を)越える; 跨ぐ

넘어가다 [nʌmʌgada ノモガダ] 自 ① 傾く; 倒れる ②(時が)経過する

넘어지다 [nʌmʌdʑida ノモジダ] 自 倒れる; 転ぶ

넘치다 [nʌmtɕʰida ノームチダ] 自 ① あふれる ② 過ぎる

넣다 [nʌːtʰa ノータ] 他 ①(中に)入れる 例 잃어버리지 않게 잘 넣어 두세요. [イロボリジ アンケ チャル ノオ ドゥセヨ] なくしてしまわないようにきちんと入れておいてください。② 入金する; 預け入れる ③(学校や組織に)入れる ④

네

(感情などを)込める

네¹ [ne ネ] 代 《助詞の가が後に付く時の너の変形》君;お前

네² [ne: ネー] 数 4つの;4 ⇒넷[ネーッ]

네³ [ne ネ] 感 (返事する際の)はい 例 네, 알겠습니다. [ネ アルゲッスムニダ] はい, わかりました。

네⁴ [ne ネ] 代 너[ノ]+의[エ]の縮約形;君の;お前の

네거리 [ne:gori ネーゴリ] 名 十字路

네덜란드 [nedəllandu ネドルランドゥ] 名 オランダ

네모 [ne:mo ネーモ] 名 四角 関 네모꼴[ネモッコル] 名 四角形 / 사각형[サーガクヒョン] 名 四角形

넥타이 [nektʰai ネクタイ] 名 ネクタイ 関 넥타이핀[ネクタイピン] 名 ネクタイピン

넷 [ne:t ネーッ] 数 4つ;4;4人 《名詞を修飾する時は네の形》 類 사[サー]

년 [njən ニョン] 依名 接尾 年

녘 [njək ニョク] 依名 接尾 頃

노 [no ノ] 名 櫓

노고 [nogo ノゴ] 名 苦労;苦心;骨折り

노골 [nogol ノゴル] 名 露骨 関 노골적[ノゴルチョク] 名 露骨的 冠 露骨な

노동 [nodoŋ ノドン] 名 労働 하自 노동하다[ノドンハダ] 労働する 関 노동 계약[ノドン ケーヤク] 名 労働契約 / 노동 시간[ノドン シガン] 名 労働時間 / 노동 운동[ノドン ウーンドン] 名 労働運動 / 노동자[ノドンジャ] 名 労働者 / 노동절[ノドンチョル] 名 メーデー / 노동조합[ノドンジョハプ] 名 労働組合

노랗다 [no:rattʰa ノーラッタ] 形《ㅎ変:노래 / 노란 ノーレ / ノーラン》 黄色い 例 노란 색 말고 다른 색깔은 없어요? [ノーラン セン マールゴ タルン セクッカルン オープソヨ] 黄色ではなく, ほかの色はありませんか。

노래 [nore ノレ] 名 ① 歌;歌曲 노래 부르는 거 좋아하세요? [ノレプルヌン ゴ チョーアハセヨ] 歌を歌うのがお好きですか。② 詩;詩歌 하自他 노래하다[ノレハダ] 歌う

노려보다 [norjoboda ノリョボダ] 他 にらむ

노력 [norjək ノリョク] 名 努力 例 노력은 성공의 어머니라잖아요. [ノリョグン ソンゴンエ オモニラジャナヨ] 努力は成功の母と言うじゃないですか。 하自 노력하다[ノリョカダ] 努力する

노련 [no:rjən ノーリョン] 名 老練 하形 노련하다[ノリョナダ] 老練している;熟練している

노루 [noru ノル] 名 ノロジカ

노르다 [noruda ノルダ] 形《르変:노르러 ノルロ》(黄金のように)黄色い

노른자위 [norundʒawi ノルンジャウィ] 名 黄身;卵黄

노름 [norum ノルム] 名 賭博;博打 하自 노름하다[ノルマダ] 博打を打つ 関 노름꾼[ノルムックン] 名 博打打ち;ギャンブラー

노리개 [norige ノリゲ] 名 ① 婦人のチョゴリの結び紐やチマの帯に

飾る装身具 ②なぐさみもの；男にもてあそばれる女

노리다 [norida ノリダ] 他 ①にらむ ②狙う

노망 [no:maŋ ノーマン] 名 もうろく 下自 노망하다 [ノーマンハダ] もうろくする；老いぼれる 関 노망나다 [ノーマンナダ] 自 もうろくする / 노망들다 [ノーマンドゥルダ] 自《ㄹ語幹：노망드는 ノマンドゥヌン》もうろくする

노사 [nosa ノサ] 名 労使 関 노사 관계 [ノサ クヮンゲ] 名 労使関係 / 노사 교섭 [ノサ キョソプ] 名 労使交渉 / 노사 분쟁 [ノサ プンジェン] 名 労使紛争

노새 [nosɛ ノセ] 名 ラバ

노선 [no:sɔn ノーソン] 名 路線

노선도 [no:sɔndo ノーソンド] 名 路線図 例 지하철 노선도는 어디서 구할 수 있어요? [チハチョル ノーソンドヌン オディソ クハル ス イッソヨ] 地下鉄の路線図はどこで手に入りますか。

노숙 [nosuk ノスク] 名 野宿 下自 노숙하다 [ノスカダ] 野宿する 関 노숙자 [ノスクチャ] 名 野宿者；ホームレス

노여움 [no:jɔum ノーヨウム] 名 怒り；立腹

노예 [noje ノイェ] 名 奴隷

노을 [noul ノウル] 名 夕焼け；朝焼け 類 놀 [ノール]

노이로제 [noirodʒe ノイロジェ] 名 ノイローゼ

노인 [no:in ノーイン] 名 老人 類 늙은이 [ヌルグニ]

노조 [nodʒo ノジョ] 名 労組；労働組合

노처녀 [no:tʃʰɔnjɔ ノーチョニョ] 名 結婚適齢期を過ぎた未婚の女性；ハイミス

노총각 [no:tʃʰoŋgak ノーチョンガク] 名 結婚適齢期を過ぎた未婚の男性

노출 [notʃʰul ノチュル] 名 露出 下自他 노출하다 [ノチュラダ] 露出する

노트 [no:tʰɯ ノートゥ] 名 ノート 他 노트하다 [ノートゥハダ] 書き留める；ノートする 関 노트북 [ノートゥブク] 名 ノートパソコン

노후 [no:fiu ノーフ] 名 老後

녹다 [nokˀta ノクタ] 自 ①溶ける；解ける ②(凍えた体が)温まる

녹두 [nokˀtu ノクトゥ] 名 緑豆 関 녹두묵 [ノクトゥムク] 名 緑豆で作ったムク(寒天状の食品)

녹색 [nokˀsek ノクセク] 名 緑色

녹슬다 [nokˀsulda ノクスルダ] 自《ㄹ語幹：녹스는 ノクスヌン》①錆びる ②(技術・手際などが)鈍る；錆びつく

녹음 [nogum ノグム] 名 録音 下他 녹음하다 [ノグマダ] 録音する 関 녹음기 [ノグムギ] 名 録音器 / 녹음방송 [ノグム パーンソン] 名 録音放送

녹이다 [nogida ノギダ] 他 ①溶かす ②(体を)温める ③(心を)とろかす

녹차 [noktʃʰa ノクチャ] 名 緑茶

녹초 [noktʃʰo ノクチョ] 名 ①疲れて切ってへとへとになった状態 ②(物が古くなって)全く使いものにならなくなった状態 関 녹초가 되

녹화

다[ノクチョガ トウェダ] 疲れてへとへとになる；疲れ切ってしまう

녹화[nokkʰwa ノクヮ] 名 録画 하他 녹화하다[ノクヮハダ] 録画する 関 녹화 방송[ノクヮ パーンソン] 名 録画放送

논[non ノン] 名 田；田んぼ

논리[nolli ノルリ] 名 論理

논문[nonmun ノンムン] 名 論文

논밭[nonbat ノンバッ] 名 田畑

논술[nonsul ノンスル] 名 論述 하他 논술하다[ノンスラダ] 論述する

논의[noni ノニ] 名 論議 하他 논의하다[ノニハダ] 論議する 되受動 논의되다[ノニドウェダ] 論議される

논쟁[nondʒɛŋ ノンジェン] 名 論争 하自 논쟁하다[ノンジェンハダ] 論争する 例 논쟁은 그만하고 해결책을 찾도록 합시다[ノンジェンウン クマナゴ ヘーギョルチェグル チャットロク ハプシダ] 論争はやめて解決策を探すようにしましょう。

논현동[nonhjəndoŋ ノニョンドン] 名 論峴洞《ソウル市江南区にある地域》

놀[noːl ノール] 名 노을[ノーウル]の縮約形：夕焼け；朝焼け

놀다[noːlda ノールダ] 自《ㄹ語幹：노는 ノーヌン》① 遊ぶ 例 친구들과 놀다가 점심 먹는 것도 잊어버렸어요.[チングドゥルグヮ ノールダガ チョームシム モンヌン ゴット イジョボリョッソヨ] 友達と遊んでいて昼食を食べるのも忘れてしまいました。② (勤めや業務などを) 休む 例 오늘은 가게 노는 날이에요.[オヌルン カーゲ ノーヌン ナリエヨ] 今日は店、休業日です。③ 失業する；ぶらぶらする ④ (施設などが使われないで) 放置される 関 노는 시간[ノーヌン シガン] 休み時間

놀라다[noːllada ノールラダ] 自 ① 驚く；びっくりする 例 너무 놀라서 숨이 멎는 줄 알았어요.[ノム ノールラソ スミ モンヌン ジュル アラッソヨ] あまりにも驚いて息が止るかと思いました。② 驚嘆する

놀랍다[noːllapʰta ノールラプタ] 形 《ㅂ変：놀라워 / 놀라운 ノールラウォ / ノールラウン》驚くべきだ；驚嘆に値する 例 놀라운 사실[ノールラウン サーシル] 驚くべき事実

놀리다[nollida ノルリダ] 他 ① からかう ② もてあそぶ

놀림[nollim ノルリム] 名 からかい；冷やかし

놀이[nori ノリ] 名 遊び；ゲーム 例 설날에는 친구와 함께 전통 놀이를 즐겼어요.[ソルラレヌン チングワ ハムッケ チョントン ノリルル チュルギョッソヨ] 正月には友達と伝統の遊びを楽しみました。

놈¹[nom ノム] 名 ① 奴；野郎 ② 男の子をかわいく思って言う語

놈²[nom ノム] 名 (動物や物を指して) もの；奴

놋쇠[noʔswe ノッスェ] 名 真鍮

농구[noŋgu ノング] 名 バスケットボール

농담[noːŋdam ノーンダム] 名 冗談 하自 농담하다[ノンダマダ] 冗談を言う

농민[noŋmin ノンミン] 名 農民

농부 [noŋbu ノンブ] 名 農夫；農民

농사 [noŋsa ノンサ] 名 農作業；農業

농산물 [noŋsanmul ノンサンムル] 名 農産物

농악 [noŋak ノンアク] 名 農楽《笛や太鼓・鉦などで拍子を取り踊る民俗音楽》関 농악대 [ノンアクテ] 名 農楽隊

농어 [noŋɔ ノンオ] 名 スズキ

농업 [noŋɔp ノンオプ] 名 農業 例 우리 아버지는 농업에 종사하고 계세요. [ウリ アボジヌン ノンオベ チョンサハゴ ケーセヨ] 父は農業に従事しています。

농작물 [nondʒaŋmul ノンジャンムル] 名 農作物

농촌 [nontɕʰon ノンチョン] 名 農村

농후하다 [noŋɦuɦada ノンフハダ] 形〖하変〗濃厚だ

높낮이 [nomnadʒi ノムナジ] 名 高低

높다 [nop²ta ノプタ] 形 対 낮다 [ナッタ] ①(高さが)高い 例 서울은 높은 빌딩이 정말 많아요. [ソウルン ノプン ビルディンイ チョーンマルマーナヨ] ソウルは高いビルが本当に多いです。②(地位・水準などが)高い ③(声・音などが)高い；大きい ④(評判などが)高い

높이¹ [nopʰi ノピ] 名 高さ

높이² [nopʰi ノピ] 副 高く

높이다 [nopʰida ノピダ] 他 ① 高める ② 尊敬する ③(言葉遣いを高める) 敬語を使う

놓다¹ [notʰa ノッタ] 他 ① 置く 例 짐은 침대 옆에 놓으세요. [チムンチムデ ヨペ ノウセヨ] 荷物はベッドの横に置いてください。類 두다 [トゥダ] ②(握っていたものを)放す ③(緊張が)解ける

놓다² [notʰa ノッタ] 補動《動詞の語幹+-아 / 어 놓다の形で》…しておく 例 기차표는 미리 사 놓았어요. [キチャピョヌン ミリ サ ノアッソヨ] 列車の切符はあらかじめ買っておきました。

놓아두다 [noaduda ノアドゥダ] 他 ① 置いておく 例 그대로 놓아두세요. [クデロ ノアドゥセヨ] そのままにして置いてください。② 下ろしておく ③ 放っておく

놓치다 [nottɕʰida ノッチダ] 他 ①(手から)落とす ②(チャンスなどを)逃す ③(乗りものに)乗り遅れる；逃す 例 막차를 놓쳤어요. [マクチャルル ノッチョッソヨ] 終電(終バス)に乗り遅れました。

뇌 [nwe ヌェ] 名 脳

뇌리 [nweri ヌェリ] 名 脳裏

뇌물 [nwemul ヌェムル] 名 賄賂

누구 [nugu ヌグ] 代 誰 例 거기 누구세요? [コギ ヌグセヨ] そこにいるのはどなたですか。/ 누구를 찾으세요? [ヌグルル チャジュセヨ] 誰をお訪ねですか。関 누구누구 [ヌグヌグ] 名 誰々

누그러지다 [nuguɾɔdʑida ヌグロジダ] 自 ① 和らぐ；和む ②(寒さや暑さが)和らぐ

누나 [nuːna ヌーナ] 名 姉；姉さん(弟が姉を呼ぶ、男性が親しい年上の女性を呼ぶ場合にも用いる) 関 언니 [オンニ] 名 姉；お姉さん(妹が姉を呼ぶ、女性が親しい年上の女性を呼ぶ場合にも用いる)

누님 [nuːnim ヌーニム] 名 누나 [ヌ

누렇다 [nurɔtʰa ヌーロッタ] 形《ㅎ変:누레/누런 ヌーレ/ヌーロン》(やや濃いめに)黄色い 例 누렇게 익은 벼 이삭 [ヌーロッケ イグン ピョ イサク] 黄色く実った稲穂

누룽지 [nuruŋdʑi ヌルンジ] 名 お焦げ

누르다 [nuːruda ヌールダ] 他《르変:눌러 ヌルロ》① 押さえる;押さえつける 例 피가 멎을 때까지 문지르지 말고 꼭 누르고 계세요. [ピガ モジュル ッテッカジ ムンジルジ マールゴ ッコク ヌルゴ ケーセヨ] 血が止まるまで揉まずにぐっと押さえていてください。②(ボタンやスイッチを)押す 例 주문하실 때는 이 버튼을 누르십시오. [チュムナシル ッテヌン イ ポトゥヌル ヌルシプシオ] ご注文される時は, このボタンを押してください。③抑える ④(人の自由などを)抑圧する

누리다 [nurida ヌリダ] 他 享受する;楽しむ

누명 [nuːmjɔŋ ヌーミョン] 名 ① 汚名 ② 濡れ衣;無実の罪 関 누명을 벗다 [ヌミョンウル ポッタ] 汚名をそそぐ / 누명을 쓰다 [ヌミョンウル ッスダ] 濡れ衣を着せられる

누비다 [nubida ヌビダ] 他 ① 刺し子に縫う ② 縫うように進む

누에 [nue ヌエ] 名 蚕

누이 [nui ヌイ] 名 (男性から呼ぶ)姉と妹 関 누이동생 [ヌイドンセン] 妹

누차 [nuːtɕʰa ヌーチャ] 名 ① しばしば起こること ②《副詞的に》しば しば;何度も

누추 [nuːtɕʰu ヌーチュ] 名 卑しく醜いこと 形動 누추하다 [ヌーチュハダ] ① むさくるしい様子 ② 自分の家や部屋などを謙遜して言う語

눅눅하다 [nuŋnukkʰada ヌンヌカダ] 形《하変》湿っぽい;湿っていてやわらかい

눈¹ [nun ヌン] 名 ① 目;眼 ② 視力 例 눈이 나빠서 안경을 써요. [ヌニ ナッパソ アーンギョンウル ッソヨ] 目が悪くて眼鏡を掛けています。③ 視界 ④ 眼力 ⑤ 表情;目つき ⑥ 視線 ⑦ 視点 関 눈 밖에 나다 [ヌン パッケ ナダ] (信任を失い)憎まれる / 눈에 거슬리다 [ヌネ コスルリダ] 目障りだ / 눈에 넣어도 아프지 않다 [ヌネ ノオド アプジ アンタ] 目に入れても痛くない / 눈에 띄다 [ヌネ ッティーダ] 目につく / 눈에 밟히다 [ヌネ パルピダ] 目に焼きついている;忘れられない / 눈에 선하다 [ヌネ ソーナダ] 目に鮮やかだ / 눈에 설다 [ヌネ ソルダ] 見慣れない / 눈에 흙이 들어가다 [ヌネ フルギ トゥロガダ] 死ぬ / 눈을 감다 [ヌヌル カムタ] 目を閉じる;死ぬ / 눈이 높다 [ヌニ ノプタ] 目が高い / 눈이 뒤집히다 [ヌニ トゥィジピダ] (金銭などに)目がくらむ / 눈이 맞다 [ヌニ マッタ] (男女間で)心が通じ合う;愛し合う / 눈이 멀다 [ヌニ モールダ] ① 目が見えなくなる ② 目がくらむ / 눈이 삐다 [ヌニ ッピダ] (見誤ったときなど)目がどうかしている

눈² [nun ヌン] 名 芽

눈³ [nun ヌン] 名 (物差しや秤などの) 目盛り；目

눈⁴ [nun ヌン] 名 網の目

눈⁵ [nu:n ヌーン] 名 雪 例 오늘 중부 지방에는 눈이 많이 온대요. [オヌル チュンブ チバンエヌン ヌーニ マーニ オンデヨ] 今日, 中部地方には雪がたくさん降るそうです。

눈감다 [nungam'ta ヌンガムタ] 自 ①目を閉じる ②死ぬ ③(過ちや失敗を)目をつむる；見て見ぬふりをする

눈곱 [nun²kop ヌンッコプ] 名 目やに；目糞

눈길¹ [nun²kil ヌンッキル] 名 視線 関 눈길을 끌다 [ヌンッキルル ックルダ] 人目を引く / 눈길을 모으다 [ヌンッキルル モウダ] 視線を集める

눈길² [nu:n²kil ヌーンッキル] 名 雪道

눈꺼풀 [nun²kəpʰul ヌンッコプル] 名 まぶた

눈대중 [nun²tedʒuŋ ヌンッテジュン] 名 目測；目安 하他 눈대중하다 [ヌンッテジュンハダ] 目測する；目分量する

눈독 [nun²tok ヌンットク] 名 ①目に含む毒気 ②物欲しげな目つき 関 눈독을 들이다 [ヌンットグル トゥリダ] 物欲しげに見る；目を付ける

눈동자 [nun²toŋdʒa ヌンットンジャ] 名 瞳；瞳孔

눈뜨다 [nun²tɯda ヌンットゥダ] 自 《으変: 눈떠 ヌンット》①(閉じた)目を開ける ②(眠りから)覚める ③悟る ④(物事に)目覚める

눈매 [nunmɛ ヌンメ] 名 目つき

눈물 [nunmul ヌンムル] 名 涙 例 나도 모르게 눈물이 났어요. [ナド モルゲ ヌンムリ ナッソヨ] 自分でも知らないうちに涙が出ていました。 関 눈물을 머금다 [ヌンムルル モグムタ] 涙ぐむ / 눈물을 삼키다 [ヌンムルル サムキダ] 涙をのむ；涙をこらえる

눈병 [nun²pjəŋ ヌンッピョン] 名 眼病

눈보라 [nu:nbora ヌーンボラ] 名 吹雪

눈부시다 [nunbuʃida ヌンブシダ] 形 ①眩しい ②(活動などが)目覚ましい；すばらしい

눈사람 [nu:n²saram ヌーンサラム] 名 雪だるま

눈사태 [nu:nsatʰɛ ヌーンサテ] 名 雪崩

눈시울 [nun²ʃiul ヌンッシウル] 名 目頭

눈썹 [nun²sop ヌンッソプ] 名 眉

눈앞 [nunap ヌナプ] 名 ①目の前；目前 ②近い将来

눈웃음 [nunusɯm ヌヌスム] 名 (声を出さずに)目でほほえむこと

눈짓 [nun²tʃit ヌンッチッ] 名 目配せ 하自 눈짓하다 [ヌンッチタダ] 目配せする

눈초리 [nuntʃʰori ヌンチョリ] 名 ①まなじり ②目つき

눈치 [nuntʃʰi ヌンチ] 名 ①気が利くこと；機転 ②表情；素振り；態度 関 눈치가 다르다 [ヌンチガ タルダ] 様子がおかしい / 눈치가 없다 [ヌンチガ オープタ] (状況に応じる)機転が利かない；勘が悪い

눈다

/ 눈치가 있다 [ヌンチガ イッタ] (状況に応じる) 機転が利く；勘がいい；気が利く / 눈치를 보다 [ヌンチルル ポダ] 人の顔色を窺う；人の機嫌を窺う / 눈치를 살피다 [ヌンチルル サルピダ] 人の様子を窺う / 눈치채다 [ヌンチチェダ] 他 気付く；気配を悟る

눕다 [nup²ta ヌープタ] 自 《ㅂ変：누워 / 눕는 ヌウォ / ヌームヌン》 ① 横たわる；横になる 例 너무 오래 누워 있었더니 허리가 아파요. [ノム オレ ヌウォ イッソットニ ホリガ アパヨ] あまりにも長いこと横になっていたので腰が痛いです。② 病気で寝込む

뉘우치다 [nwiutʰida ヌィウチダ] 他 悔いる；反省する

뉴스 [njusɯ ニュス] 名 ニュース 例 오늘의 뉴스를 전해 드리겠습니다. [オヌレ ニュスルル チョネ ドゥリゲッスムニダ] 今日のニュースをお伝えいたします。

느긋하다 [nɯgutʰada ヌグタダ] 形 《하変》ゆったりしている 副 느긋이 [ヌグシ] ゆったりと

느끼다¹ [nɯ²kida ヌッキダ] 自 ① (悲しさに) すすり泣く ② むせぶ

느끼다² [nɯ²kida ヌッキダ] 他 ① 感じる ② 心が動かされる 関 느낌 [ヌッキム] 名 感じ；思い；気持ち

느끼하다 [nɯ²kiɦada ヌッキハダ] 形 《하変》(食べ物があまりにも脂ぎって) 脂っこい 例 느끼한 요리는 안 좋아요. [ヌッキハン ニョリヌン アン ジョーアヨ] 脂っこい料理は好きではありません。

느닷없이 [nɯdadop²ɕi ヌダドプシ] 副 だしぬけに；不意に

느리다 [nɯrida ヌリダ] 形 ① のろい；遅い 対 빠르다 [ッパルダ] ② (性質が) ゆったりしている

느릿하다 [nɯritʰada ヌリタダ] 形 ややのろい；のそのそしている 副 느릿느릿 [ヌリンヌリッ] のろのろ

느슨하다 [nɯsɯnɦada ヌスナダ] 形 《하変》① 緩い；たるんでいる ② 締まりがない 副 느슨히 [ヌスニ] 緩く；ゆったりと

느티나무 [nɯtʰinamu ヌティナム] 名 ケヤキ

늑대 [nɯk²tɛ ヌクテ] 名 オオカミ

는¹ [nɯn ヌン] 助 《パッチムのない体言に付く》…は 関 은 [ウン] 助 パッチムのある体言に用いる。

-는² [nɯn ヌン] 語尾 動詞・存在詞の語幹に付いて現在連体形を作る。

늘 [nɯl ヌル] 副 いつも；常に 例 늘 같이 있다 보니 소중함을 몰랐어요. [ヌル カチ イッタ ボニ ソジュンハムル モルラッソヨ] 常に一緒にいたので大切さがわかりませんでした。

늘다 [nɯlda ヌルダ] 自 《ㄹ語幹：느는 ヌヌン》① 伸びる ② 増える ③ (学問・技芸などが) 上達する 例 한국말 실력이 많이 늘었네요. [ハーングンマル シルリョギ マーニ ヌロンネヨ] 韓国語の実力がとても伸びましたね。

늘리다 [nɯllida ヌルリダ] 他 ① 伸ばす ② 増やす

늘씬하다 [nɯl²ɕinɦada ヌルッシナ

늘어나다 [nurɔnada ヌロナダ] 自 ① 伸びていく ② 増える；殖えていく；増加する

늘어놓다 [nurɔnottʰa ヌロノッタ] 他 ① 並べる ② 広げる ③(事業などを) 拡大する ④ 並べ立てる (しゃべる)

늘어서다 [nurɔsɔda ヌロソダ] 自 立ち並ぶ；並ぶ

늘어지다 [nurɔdʑida ヌロジダ] 自 ① 伸びる ② 垂れる ③ (時間が) 長引く ④ 疲れて伸びる

늘이다 [nurida ヌリダ] 他 ① 垂らす ② 伸ばす；長くする

늙다 [nukʔta ヌクタ] 自 老いる 例 몇 년 사이에 폭삭 늙었어요. [ミョン ニョン サイエ ポクサク ヌルゴッソヨ] 何年かのうちにすっかり老けました。

늙은이 [nulguni ヌルグニ] 名 老人；年寄り

늠름하다 [num:mnumɦada ヌームヌマダ] 形 《하変》 凜としている 副 늠름히 [ヌームヌミ] 堂々と

능글맞다 [nuŋgulmatʔta ヌングルマッタ] 形 ふてぶてしい；厚かましい

능력 [nuŋnjɔk ヌンニョク] 名 能力 例 그 사람은 능력이 있는 사람이에요. [ク サーラムン ヌンニョギ インヌン サーラミエヨ] 彼は能力のある人です。

능률 [nuŋnjul ヌンニュル] 名 能率

능숙하다 [nuŋsukkʰada ヌンスカダ] 形 《하変》 熟練している；上手だ；巧みだ

능청 [nuŋtʃʰɔŋ ヌンチョン] 名 もっ

ともらしくしらを切ること 関 능청을 떨다 [ヌンチョンウル ットルダ] しらを切る；しらばっくれる / 능청맞다 [ヌンチョンマッタ] 形 とぼけている；しらばっくれている

능통하다 [nuŋtʰoŋɦada ヌントンハダ] 形 《하変》 詳しい；精通している

능하다 [nuŋɦada ヌンハダ] 形 《하変》 うまい；長けている 副 능히 [ヌンヒ] よく；十分に

늦가을 [nutʔkaul ヌッカウル] 名 晩秋

늦다 [nutʔta ヌッタ] 形 ① 遅い 例 늦은 시간에 연락해서 죄송합니다. [ヌジュン シガネ ヨルラケソ チュェーソンハムニダ] 遅い時間に連絡してすみません。② 緩い ③ 《自動詞的に》遅れる；遅くなる 例 약속 시간에 늦을 것 같아요. [ヤクソク シガネ ヌジュル コッ カタヨ] 約束の時間に遅れそうです。

늦더위 [nutʔtɔwi ヌットウィ] 名 残暑

늦잠 [nutʔtʃam ヌッチャム] 名 朝寝坊

늦추다 [nuttʃʰuda ヌッチュダ] 他 ① 緩める ② 延ばす；遅らせる

늦추위 [nuttʃʰuwi ヌッチュウィ] 名 時節おくれの寒さ

늪 [nup ヌプ] 名 沼

-니 [ni ニ] 語尾 -니까 [ニッカ] の縮約形

-니까 [niʔka ニッカ] 語尾 《母音語幹・ㄹ語幹 (ㄹ脱落) に付いて》原因・理由を表す：…するから；…だから；なので (後続には勧誘や命令文が来る) 例 오후에는 비가

님

오니까 우산을 갖고 가세요. [オーフエヌン ピガ オニッカ ウーサヌル カッコ カセヨ] 午後には雨が降るから傘を持って行きなさい。

関 -으니까[ウニッカ] **語尾** ㄹ語幹以外の子音語幹用言に用いる。

-님 [nim ニㇺ] **接尾** さん；様 例 사장님 [サジャンニㇺ] 社長さん；社長様

ㄷ

다 [ta: ター] **副** ① 皆；すべて；全部；すっかり 例 모두 다 잘 될 거야. [モドゥ ター チャル トウエル コヤ] すべてうまくいくよ。② いずれも 例 세 사람 다 [セー サーラㇺ ター] 三人とも ③（不愉快・皮肉・好ましくないことなどの感情を表して）実に；なんて；本当に 例 세상에 뭐 이런 사람 다 있어. [セーサンエ ムォー イロン サーラㇺ ターイッソ] まったくこんな人がいるなんて。④《名詞的に》皆；全部 例 이게 다야? [イゲ ターヤ] これで全部なの。

-다가 [taga タガ] **語尾** ①《動詞の語幹や尊敬の意を表す-시-，過去の時制を表す-았- / -었-に付いて》…する途中で；…してから 例 길을 가다가 친구를 만났어요. [キルル カダガ チングルル マンナッソヨ] 道を歩いていて途中で友達に会いました。/ 학교에 갔다가 조퇴하고 집에 왔어요. [ハクキョエ カッタガ チョトゥェハゴ チベ ワッソヨ] 学校に行って早退して家に帰ってきました。②《一部の形容詞の語幹に付いて》…たが；…

だったが；…であったが

다가가다 [tagagada タガガダ] **自** 近寄る；近づく

다가서다 [tagasəda タガソダ] **自** そばへ近づく；近寄る

다가오다 [tagaoda タガオダ] **自** ① 近寄ってくる；やってくる ②（ある時期が）迫る

다같이 [ta:gatɕʰi ターガチ] **副** 一斉に；みんな一緒に

다과 [tagwa タグヮ] **名** 茶菓

다그치다 [tagutɕʰida タグチダ] **他** せき立てる；催促する；拍車をかける

다급하다 [tagupʰada タグパダ] **形** 〖하変〗差し迫っている **副** 다급히 [タグピ] 急いで；大至急；大急ぎで

다녀가다 [tanjəgada タニョガダ] **自** （ある所に）立ち寄って行く；立ち寄って帰る

다녀오다 [tanjəoda タニョオダ] **自** （ある所に）行ってくる；立ち寄ってくる 例 잘 다녀오세요. [チャル タニョオセヨ] いってらっしゃい。

다니다 [tanida タニダ] **自** ①（一定の場所を）往来する ②（職場・学校などに）通う 例 요즘 한국어 학원에 다니고 있어요. [ヨジュㇺ ハーングゴ ハグォネ タニゴ イッソヨ] この頃、韓国語の学校に通っています。③ しばしば出入りする ④《他動詞的に》（観光などで）あちらこちら見て回る

다다르다 [tadaruda タダルダ] **自** 〖으変：다다라 タダラ〗至る；到達する

다달이 [tadari タダリ] **副** 月毎に；

다식

毎月 類 매달 [メーダル]

다듬다 [tadumᵗa タドゥムタ] 他 ① (身なりや髪などを) 整える；手入れする；きれいにする ② (文章などを) 推敲する；仕上げる ③ (野菜などの不必要な部分を) 切り取ってきれいにする

다람쥐 [taramdʒwi タラムジュィ] 名 シマリス

다랑어 [taraŋo タランオ] 名 マグロ

다루다 [taruda タルダ] 他 取り扱う；扱う；処理する

다르다 [taruda タルダ] 形 〘르変：달라 タルラ〙 ① 異なる；違う 例 우리 부부는 많이 달라요. [ウリ ブブヌン マーニ タルラヨ] 私たち夫婦はとても異なっています。② (考えや言行などが) 尋常ではない

다름 [tarum タルム] 名 異なること；違うこと 関 다름이 아니라 [タルミ アニラ] 副 ほかでもなく；実は

다름없다 [tarumɔpᵗa タルムオプタ] 存 変わりない 副 다름없이 [タルモプシ] 変わりなく

다리¹ [tari タリ] 名 ① (人・動物の) 脚；足 例 다리가 아파서 더 이상 못 걷겠어요. [タリガ アパソ トイーサン モッ コッケッソヨ] 足が痛くてこれ以上歩けそうにありません。② (物の) 脚 関 다리를 뻗고 자다 [タリルル ッポッコ チャダ] 枕を高くして寝る (安心して寝る)

다리² [tari タリ] 名 ① 橋 ② 仲立ち；仲介；橋渡し

다리다 [tarida タリダ] 他 アイロンをかける

다리미 [tarimi タリミ] 名 アイロン 関 다리미질 [タリミジル] 名 アイロンがけ

다만 [taːman ターマン] 副 ただ；単に；ただし；もっぱら

다물다 [tamulda タムルダ] 他 〘ㄹ語幹：다무는 タムヌン〙 (口を) つぐむ；閉じる

다방 [tabaŋ タバン] 名 喫茶店

다방면 [tabaŋmjɔn タバンミョン] 名 多方面

다부지다 [tabudʒida タブジダ] 形 ① 根気強い；タフだ ② (見かけ以上に体が) がっしりしている；たくましい

다분히 [tabunɦi タブニ] 副 ① 多分に；ずいぶん ② おそらく；多分

다섯 [tasɔt タソッ] 数 5つ；5人；5 類 오 [オー]

다소 [taso タソ] 名 ① 多少 ②《副詞的に》多少；ちょっと

다수 [tasu タス] 名 多数

다스리다 [tasurida タスリダ] 他 ① 統治する；支配する ② (混乱した事態などを) 収拾する ③ (病気などを) 治す；治療する

다시 [taʃi タシ] 副 ① もう一度 例 다시 한번 말해 주세요. [タシ ハンボン マーレ ジュセヨ] もう一度言ってください。② 再び ③ 新たに；改めて

다시금 [taʃigɯm タシグム] 副 다시 [タシ] の強調語

다시는 [taʃinun タシヌン] 副 二度と

다시다 [taʃida タシダ] 他 舌鼓を打つ；舌なめずりする；舌を鳴らす

다시마 [taʃima タシマ] 名 コンブ

다식 [taʃik タシク] 名 茶食《澱粉, 松の花粉, 黄な粉などに蜂蜜を

加えてこね，型抜きした伝統菓子》

다양[tajaŋ タヤン]名 多様；種々 [하形] **다양하다**[タヤンハダ]多様だ 関 **다양성**[タヤンソン]名 多様性；バラエティー

다운로드[taunrodɯ タウンロドゥ]名 ダウンロード

다음[taɯm タウム]名 ①(ある順番の)次；次の 例 다음 분 들어오세요.[タウム プン トゥロオセヨ]次の方お入りください. / 다음 역에서 내리세요.[タウム ニョゲソ ネリセヨ]次の駅で降りてください. ②(一定の時間が過ぎた)のち；後 ③次の；2番目の 関 **다음날**[タウムナル]名 翌日；次の日 / **다음 달**[タウム タル]名 翌月 / **다음 주**[タウム チュ]名 翌週；来週 / **다음 해**[タウム ヘ]名 翌年；来年

다이어리[taiɔri タイオリ]名 ダイアリー；日記帳；システム手帳 例 새해를 맞아 다이어리를 하나 새로 장만했어요.[セヘルル マジャ タイオリルル ハナ セロ チャンマネッソヨ]新年を迎えてダイアリーを1冊新しく用意しました. 類 **일기장**[イルギッチャン]名 日記帳

다이얼[taiɔl タイオル]名 ダイヤル

다정[tadʑɔŋ タジョン]名 多情；情が深いこと [하形] **다정하다**[タジョンハダ]情が深い；思いやりがある；やさしい

다지다[tadʑida タジダ]他 ①念を押す ②(決意などを)固くする；誓う ③突き固める ④みじん切りにする

다짐[tadʑim タジム]名 ①念を押す こと；確かめること ②約束すること [하自] **다짐하다**[タジマダ]①念を押す；確約する ②約束する

다채롭다[tatɕʰɛropʰta タチェロプタ]形〖ㅂ変：다채로워 / 다채로운 タチェロウォ / タチェロウン〗多彩だ 副 **다채로이**[タチェロイ]多彩に

다치다[tatɕʰida タチダ]自他 ①けがする；痛める；傷つく 例 어디를 얼마나 다쳤대요?[オディルル オルマナ タチョッテヨ]どこをどのくらい，けがしたんですって. / 다친 데는 없어요?[タチン デヌン オプソヨ]けがした所はありませんか. ②(手で)触る；触れる；触って傷つける

다투다[tatʰuda タトゥダ]自他 ①言い争う 例 친구랑 다투지 말고 사이좋게 지내세요.[チングラン タトゥジ マールゴ サイジョッケ チネセヨ]友達とケンカしないで仲良く過ごしなさい. ②(勝負を)競う；競り合う ③(時間を表す一部の名詞を目的語にして) 1分1秒を争う；惜しむ

다하다[taːɦada ターハダ]自〖하変〗終わる；済む；尽きる；果てる 他 果たす；終える 尽くす 例 최선을 다하겠습니다.[チュエーソヌル ターハゲッスムニダ]最善を尽くします.

다행[taɦeŋ タヘン]名 幸運；幸い 例 불행 중 다행[プレン ジュン タヘン]不幸中の幸い 関 **다행스럽다**[タヘンスロプタ]形〖ㅂ変：다행스러워 / 다행스러운 タヘンスロウォ / タヘンスロウン〗幸運だ；幸

いだ / 다행히 [タヘンイ] 副 幸い 例 다행히 큰 사고는 아니래요. [タヘンイ クン サーゴヌン アニレヨ] 幸い大きな事故ではなかったそうです。

닥치다 [taktʃʰida タクチダ] 自 切迫する；近寄る；近づく 関 닥치는 대로 [タクチヌン デロ] 手当たり次第に

닥터 [taktʰɔ タクト] 名 ドクター

닦다 [takʔta タクタ] 他 ① 拭く；拭う 例 창문을 깨끗이 닦았어요. [チャンムヌル ッケックシ タッカッソヨ] 窓をきれいに拭きました。② 磨く；つやを出す ③(技や学問を)磨く；修める；修得する ④(基礎などを)固める；築く

단¹ [tan タン] 冠 《数詞の前で》たった；わずか

단² [taːn ターン] 副 ただし

단감 [tangam タンガム] 名 甘柿

단결 [tangjɔl タンギョル] 名 団結 下自 단결하다 [タンギョラダ] 団結する

단계 [tange タンゲ] 名 ①(等級・順序などの)段階 ②(物事を進行させる)段階；局面 例 이제 거의 마무리 단계예요. [イジェ コイ マムリ タンゲエヨ] もうほとんど仕上げの段階です。

단골 [tangol タンゴル] 名 ① 固定客；お得意先 ② 단골집 [タンゴルチプ] の縮約形：馴染の店；行きつけの店

단김에 [taːngime ターンギメ] 副 一気に；いっぺんに

단단하다 [tandanɦada タンダナダ] 形 《하変》① 堅固だ ② がっちりしている；頑丈である ③ しっかりしている；安定している ④ きつい ⑤(約束などが) 固い 副 단단히 [タンダニ] 固く；しっかり

단락 [tallak タルラク] 名 段落 関 단락을 짓다 [タルラグル チッタ] けりをつける；一段落つける

단맛 [tanmat タンマッ] 名 甘み；甘味

단무지 [tanmudʒi タンムジ] 名 たくあん漬け

단번에 [tanbɔne タンボネ] 副 ただ一度で；一挙に

단서 [tansɔ タンソ] 名 端緒；糸口；手掛かり

단속 [tansok タンソク] 名 取り締まり 下他 단속하다 [タンソカダ] 取り締まる

단순 [tansun タンスン] 名 単純；簡単 下形 단순하다 [タンスナダ] 単純だ 関 단순화 [タンスヌヮ] 名 単純化

단숨에 [tansume タンスメ] 副 一気に；一息に

단어 [tanɔ タノ] 名 単語 例 아직도 모르는 단어가 많이 있어요. [アジット モルヌン タノガ マーニ イッソヨ] まだ知らない単語がたくさんあります。

단연 [taːnjɔn ターニョン] 副 断然；きっぱりと

단오 [tano タノ] 名 端午《陰暦5月5日の節句》関 단오절 [タノジョル] 名 端午の節句

단위 [tanwi タヌィ] 名 単位

단장 [tandʒaŋ タンジャン] 名 (顔・髪・身なりなどを) 美しく整えること 下他 단장하다 [タンジャンハダ]

①(顔・髪・身なりなどを)美しく整える ②(建物・会場・式場などを)飾りつける；装う

단절[ta:ndʒol ターンジョル]**名** 断絶 **他** 단절하다[ターンジョラダ] 断絶する；断ち切る **自** **되受動** 단절되다[ターンジョルドゥェダ] 断絶される

단정¹[tandʒoŋ タンジョン]**名** 丹精；真心を込めること

단정²[ta:ndʒoŋ ターンジョン]**名** 断定 **他** 단정하다[ターンジョンハダ] 断定する

단정하다[tandʒoŋɦada タンジョンハダ]**形**〖하変〗端正だ；きちんとしている **副** 단정히[タジョンイ] 端正に；きちんと **例** 옷을 단정히 입고 나갔어요. [オスル タンジョンヒ イプコ ナガッソヨ] 服をきちんと着て外出しました。

단조¹[tandʒo タンジョ]**名** 単調 **他形** 단조하다[タンジョハダ] 単調だ **関** 단조로이[タンジョロイ] **副** 単調に / 단조롭다[タンジョロプタ] **形**〖ㅂ変：단조로워 / 단조로운 タンジョロウォ / タンジョロウン〗単調だ

단조²[tanˀtʃo タンッチョ]**名** 短調

단지[ta:ndʒi ターンジ]**副** 単に；ただ

단청[tantʃʰoŋ タンチョン]**名** 丹青 《宮殿や寺院などの建物に彩色して模様を描くこと，またはその模様》

단체[tantɕʰe タンチェ]**名** 団体 **例** 오늘 학교에서 영화를 단체 관람 했어요. [オヌル ハクキョエソ ヨンフヮルル タンチェ クワルラ メッソ

ヨ] 今日, 学校で映画を団体で観ました。 **関** 단체 경기[タンチェ キョーンギ] **名** 団体競技 / 단체 교섭[タンチェ キョソプ] **名** 団体交渉 / 단체전[タンチェジョン] **名** 団体戦 / 단체 행동[タンチェ ヘンドン] **名** 団体行動

단추[tantʃʰu タンチュ]**名** ボタン **関** 단춧구멍[タンチュックモン] **名** ボタン穴

단편[ta:npʰjon ターンピョン]**名** 短篇；(小説・映画など)短編作 **例** 그 작가는 단편 소설로 등단했어요. [ク チャクカヌン ターンピョン ソーソルロ トゥンダネッショヨ] その作家は短編小説でデビューしました。 **関** 단편 영화[ターンピョン ニョンフヮ] **名** 短編映画 / 단편집[ターンピョンジプ] **名** 短編集

단풍[tanpʰuŋ タンプン]**名** ① 단풍나무[タンプンナム]の縮約形：カエデ ② 紅葉 **関** 단풍이 들다[タンプンイ トゥルダ] 紅葉する / 단풍놀이[タンプンノリ] **名** 紅葉狩り

단행본[tanɦɛŋbon タネンボン]**名** 単行本

닫다[taˀta タッタ]**他** ①(戸などを)閉める；閉じる **例** 바람이 들어오니까 문 좀 닫아 주시겠어요? [パラミ トゥロオニッカ ムン チョム タダ ジュシゲッソヨ] 風が入ってくるのでドアをちょっと閉めてくださいますか。②(店や会社を)閉める；やめる；閉店する **例** 가게는 언제 문 닫아요? [カーゲヌン オンジェ ムン タダヨ] 店はいつ閉めますか(営業は何時までですか)。

달¹ [tal タル] 名 月

달² [tal タル] 名 (暦の) 月 依名 月を数える語；…月 例 한 달 [ハンダル] ひと月 / 두 달 [トゥー ダル] ふた月

달걀 [talgjal タルギャル] 名 鶏の卵；卵

달다¹ [ta:lda タールダ] 自 〖ㄹ語幹：다는 ターヌン〗 ① 煮詰まる ② (金属などが) 焼ける ③ (熱や恥ずかしさで顔が) 火照る ④ 苛立つ；やきもきする

달다² [talda タルダ] 他 〖ㄹ語幹：다는 タヌン〗 ① 高く掲げる；吊るす；ぶら下げる ② (物を一定の場所に) 付ける ③ (出納簿などに) 記録する；記入する

달다³ [talda タルダ] 形 〖ㄹ語幹：단 タン〗 ① 甘い 例 저는 단 음식은 별로 안 좋아해요. [チョヌン タン ウムシグン ピョルロ アン ジョーアヘヨ] 私は甘い食べ物はあまり好きではありません。② うまい；おいしい ③ 《달게の形で》甘んじて 例 벌을 달게 받겠습니다. [ポルル タルゲ パッケッスムニダ] 罰は甘んじて受けます。

달라붙다 [tallabut²ta タルラブッタ] 自 ① ぴったりとくっつく ② 食ってかかる ③ 熱中する；夢中になる ④ すがりつく

달라지다 [talladʒida タルラジダ] 自 変わる；変化する

달래다 [talleda タルレダ] 他 ① なだめる；まぎらす ② なだめすかす；あやす

달러 [tallo タルロ] 名 依名 ドル 例 달러로 바꿔 주세요. [タルロロ パックォ ジュセヨ] ドルに換えてください。

달려가다 [talljogada タルリョガダ] 自 走っていく 例 빨리 달려가면 그를 만날 수 있을지도 몰라요. [ッパルリ タルリョガミョン クルル マンナル ス イッスルチド モールラヨ] 速く走って行けば彼に会えるかもしれません。

달력 [talljok タルリョク] 名 暦；カレンダー 例 벽에 달력을 걸어 놓았어요. [ピョゲ タルリョグル コロ ノアッソヨ] 壁にカレンダーを掛けておきました。

달리 [talli タルリ] 副 ほかに；反して 関 달리하다 [タルリハダ] 他 〖하変〗 異にする

달리다¹ [tallida タルリダ] 自 走る；駆ける 他 走らせる；駆る

달리다² [tallida タルリダ] 自 ① (力が) 及ばない；手に余る ② (品物などが) 不足する

달리다³ [tallida タルリダ] 自 ① ぶら下がる；掛かる ② 付いている；取り付けられている ③ (実がなって) ぶら下がる；(滴などが落ちそうに) 垂れ下がる

달빛 [tal²pit タルピッ] 名 月光；月明かり

달성 [tal²səŋ タルソン] 名 達成 하他 달성하다 [タルソンハダ] 達成する 피受動 달성되다 [タルソンドウェダ] 達成される

달아나다 [taranada タラナダ] 自 ① 逃げる；逃走する；走り去る ② (くっついていた物が) なくなる；落ちる；吹っ飛ぶ ③ (意欲・考えなどが) 消え去る；なくなる；吹っ

飛ぶ

달아오르다 [taraoruda タラオルダ] 自《르変: 달아올라 タラオルラ》① (金属などが)熱くなる; 焼ける ② (顔が)火照る

달이다 [tarida タリダ] 他 ① 煮詰める; 煮出す ② 煎じる

달콤하다 [tal^kʰomɦada タルコマダ] 形《하変》① (味覚が)甘ったるい ② (情緒的に)甘い; 甘美だ

달팽이 [talpʰɛŋi タルペンイ] 名 かたつむり

달하다 [tarɦada タラダ] 自他《하変》① (一定の程度・数量に)達する ② (ある場所・状態に)至る ③ (目的を)達する; 果たす

닭 [tak タク] 名 ① 鶏 ② 酉(干支) 関 **닭꼬치** [タクッコチ] 名 焼き鳥

닮다 [tam²ta タムタ] 他 ① 似る; 似通う 例 저는 엄마보다 아빠를 더 많이 닮았어요. [チョヌン オムマボダ アッパルル ト マーニ タルマッソヨ] 私は母より父のほうによく似ています。② まねる

닳다 [talt^ʰa タルタ] 自 すり減る; すれる

담 [tam タム] 名 塀; 垣

담그다 [tamguda タムグダ] 《으変: 담가 タムガ》他 ① (液体の中に)浸す; 漬ける ② (漬物などを)漬ける; 漬け込む ③ (酒・醬油などを)醸造する

담기다 [tamgida タムギダ] 自 ① 盛られる; 入れられる ② (感情や心が)込められる

담다 [ta:m²ta タームタ] 他 ① (器に)盛る; 入れる ② (思いなどを)込める 例 제 마음을 담아서 편지를 보냈어요. [チェ マウムル タマソ ピョンジルル ポネッソヨ] 私の心を込めて手紙を送りました。③ (作品などに)表現する; 表す ④《입에 담다の形で》噂などを口にする; 言う

담담하다 [ta:mdamɦada タームダマダ] 形《하変》① (味が)あっさりしている ② (感情や心が)あっさりしている; 淡々としている

담당 [tamdaŋ タムダン] 名 担当 [하他] 담당하다 [タムダンハダ] 担当する 関 담당자 [タムダンジャ] 名 担当者

담배 [ta:mbɛ タームベ] 名 タバコ 例 담배를 피워도 돼요? [タームベルル ピウォド ドゥェヨ] タバコを吸ってもいいですか。関 담배꽁초 [タームベッコンチョ] 名 タバコの吸い殻 / 담뱃갑 [タームベッカプ] 名 タバコの箱 / 담뱃값 [タームベッカプ] 名 タバコの価格 / 담뱃재 [タームベッチェ] 名 タバコの灰 / 담뱃진 [タームベッチン] 名 タバコのやに

담백하다 [ta:mbɛkkʰada タームベカダ] 形《하変》淡泊だ

담뿍 [tam²puk タムップク] 副 容器などに物がいっぱいの状態: いっぱいに; たっぷりと; なみなみと

담요 [ta:mnjo タームニョ] 名 毛布

담임 [tamim タミム] 名 担任; 受け持ち

답 [tap タプ] 名 ① 대답[テーダプ]の略: 返事 ② 해답[ヘーダプ]の略: 解答 [하自] 답하다 [タパダ] 答える

답답하다 [tap²tappʰada タプタパダ]

形《하변》①息苦しい；息が詰まる 例 답답해서 밖으로 나왔어요. [タプタペソ パックロ ナワッソヨ] 息苦しくて外に出ました。②もどかしい；じれったい ③心配だ；気掛かりだ ④憂鬱だ

답례 [tamnje タムニェ] 名 答礼；返礼 自 답례하다 [タムニェハダ] 答礼する

답변 [tap°pjʌn タプピョン] 名 答弁；応答；返事 自 답변하다 [タプピョナダ] 答弁する；返事をする

답장 [tap°tɕaŋ タプチャン] 名 返事；返信 自 답장하다 [タプチャンハダ] 返事をする

닷새 [taˀsɛ タッセ] 名 ① 5日間 ② 5日目

당구 [taŋgu タング] 名 ビリヤード 関 당구장 [タングジャン] 名 ビリヤード場

당근 [taŋgun タングン] 名 ニンジン

당기다¹ [taŋgida タンギダ] 自 ①(心が)動く；引かれる；(気持ちが)そそられる ②食欲が出る

당기다² [taŋgida タンギダ] 他 ①引き寄せる；引っぱる ②(一定の方向に)寄せる；引く ③(期日や時間などを)繰り上げる 例 일본에 돌아가는 날짜를 당겼어요. [イルボネ トラガヌン ナルッチャルル タンギョッソヨ] 日本に帰る日を繰り上げました。

당나귀 [taŋnagwi タンナグィ] 名 ロバ

당당하다 [taŋdaŋɦada タンダンハダ] 形《하변》①堂々としている ②(威勢が)雄大だ；すさまじい 副 당당히 [タンダンイ] 堂々と

당돌하다 [taŋdorɦada タンドラダ] 形《하변》① 大胆だ ②生意気だ

당면 [taŋmjʌn タンミョン] 名 澱粉で作った麺；春雨

당부 [taŋbu タンブ] 名 (間違いのないように口頭でしっかりと)頼むこと 他 당부하다 [タンブハダ] 口頭でしっかりと頼む

당분간 [taŋbuŋgan タンブンガン] 名 ①当分；当分の間 ②《副詞的に》しばらく

당선 [taŋsʌn タンソン] 名 当選 自 당선되다 [タンソンドゥェダ] ①(選挙に)当選する ②(コンクールなどに)当選する

당시 [taŋɕi タンシ] 名 当時 例 당시 상황을 자세히 설명해 보세요. [タンシ サンファンウル チャセヒ ソルミョンヘ ボセヨ] 当時の状況を詳細に説明してみなさい。

당신 [taŋɕin タンシン] 代 ①(夫婦や恋人の間で)あなた 例 내 곁에 당신이 있어서 정말 행복해요. [ネ ギョテ タンシニ イッソソ チョーンマル ヘンボケヨ] 私の側にあなたがいてくれて本当に幸せです。②(不特定多数の読者などに対して)あなた ③(目上の人に)ご自分；ご自身 ④(対等な相手やケンカの相手に対して)あなた；お前；君；あんた

당연하다 [taŋjʌnɦada タンヨナダ] 形《하변》当然だ；当たり前だ 副 당연히 [タンヨニ] 当然

당일 [taŋil タンイル] 名 当日；その日 例 경기 당일 날 가서 볼 수 있어요? [キョーンギ タンイル ラル カソ ポルス イッソヨ] 競技当日, 行

당장

って見ることはできますか。

당장[taŋdʑaŋ タンジャン]**名**①(事が起こった)その場 ②《副詞的に》即刻;直ちに

당초[taŋtʃʰo タンチョ]**名**当初;最初 **関** 당초에[タンチョエ]当初に;最初に

당치않다[taŋtʃʰianttʰa タンチアンタ]**形**당치 아니하다[タンチ アニハダ]の縮約形:とんでもない

당하다¹[taŋɦada タンハダ]**自**《하変》①(一定の時期や状態に)当たる;直面する ②やられる **他**(事故や災難に)遭う **例** 교통사고를 당했어요.[キョトンサゴルル タンヘッソヨ]交通事故に遭いました。

-당하다²[taŋɦada タンハダ]**接尾**《하変》動作を表す名詞に付いて受動詞をつくる **例** 강제당하다[カンジェダンハダ]強制される / 거절당하다[コジョルダンハダ]拒絶される / 모욕당하다[モヨクタンハダ]侮辱される / 창피당하다[チャンピダンハダ]恥をかかされる

당황하다[taŋɦwaŋɦada タンファンハダ]**自**《하変》慌てる;狼狽する

닻[tat タッ]**名**錨

닿다[tattʰa タータ]**自**①触れる ②届く ③(目的地に)着く;到着する ④(連絡が)つく

대¹[tɛ テ]**名**竹

대²[tɛ テ]**名**台

대가[tɛːˀka テーッカ]**名**①品物の値段;代金 ②対価

대가다[tɛːgada テーガダ]**自**間に合うように行く;時間に遅れない

대강[tɛːgaŋ テーガン]**名**①大要;あらまし ②《副詞的に》ほとんど;ほぼ

대개[tɛːgɛ テーゲ]**名**①大概;ほとんど;大抵 ②概略;あらまし ③《副詞的に》大体;大概

대견하다[tɛgjɔnɦada テギョナダ]**形**《하変》あっぱれだ;感心だ

대관절[tɛːgwandʑɔl テーグワンジョル]**副**一体;一体全体

대구[tɛːgu テグ]**名**鱈

대궐[tɛːgwɔl テーグォル]**名**宮殿 **例** 대궐 같은 집에서 살고 싶어요.[テーグォル ガトゥン チベソ サールゴ シポヨ]宮殿のような家で暮らしたいです。

대금¹[tɛːgɯm テーグム]**名**代金;値段

대금²[tɛːgɯm テーグム]**名**テグム《韓国固有の横笛の一種》

대꾸[tɛːˀku テーック]**名**말대꾸[マールデック]の縮約形:口答え

대나무[tɛnamu テナム]**名**竹

대낮[tɛːnat テーナッ]**名**真昼;白昼

대다¹[tɛːda テーダ]**自**(時間に)間に合う;間に合わせる

대다²[tɛːda テーダ]**他**①当てる;触れる;触る **例** 손 대지 마세요.[ソン テージ マーセヨ]手を触れないでください。②比較する ③連結する;つなげる

대다³[tɛːda テーダ]**補動**《動詞の語幹+ -아 / 어 대다の形で》しきりに…する;…し続ける **例** 웃어 대다[ウソ デーダ]笑いこける / 울어 대다[ウロ デーダ]泣き続ける

대단하다[tɛːdanɦada テーダナダ]**形**《하変》①はなはだしい;ものす

ごい ② 優れている；すばらしい；重要だ ③ 殊勝だ 副 大単に [テーダニ] 非常に；大変；とても 例 大単に感謝します. [テーダニ カームサハムニダ] たいへんありがとうございました.

대담하다 [tɛ:damɦada テーダマダ] 形 《하변》大胆だ 例 이 옷은 디자인이 상당히 대담하네요. [イ オスン ティジャイニ サンダンイ テーダマネヨ] この服はデザインがかなり大胆ですね.

대답 [tɛ:dap テーダプ] 名（質問などに対する）答え；返事 自他 대답하다 [テーダパダ] 返事する

대들다 [tɛ:duɯlda テードゥルダ] 自 〘ㄹ語幹：대드는 テードゥヌン〙 盾突く；食ってかかる

대략 [tɛ:rjak テーリャク] 名 大略 ① 大きい計画 ② 大体の概略；概要；あらまし ③《副詞的に》大体；おおよそ；約

대량 [tɛ:rjaŋ テーリャン] 名 大量

대로¹ [tɛ:ro テーロ] 名 大通り；大路

대로² [tero テロ] ①…とおり；…(する)ように ②…する度毎に ③…次第 例 도착하는 대로 연락하겠어요. [トーチャカヌン デロ ヨルラカゲッソヨ] 到着次第連絡します.

대륙 [tɛ:rjuk テーリュク] 名 大陸

대리 [tɛ:ri テーリ] 名 代理

대립 [tɛ:rip テーリプ] 名 対立 自他 대립하다 [テーリパダ] 対立する 自 대립되다 [テーリプトゥェダ] 対立する

대머리 [tɛ:mori テーモリ] 名 はげ頭；はげ頭の人

대문 [tɛ:mun テームン] 名（屋根の付いた）大門；表門；正門

대범하다 [tɛ:bomɦada テーボマダ] 形 《하변》① おうようだ ② 大胆だ

대법원 [tɛ:bɔbwɔn テーボブォン] 名 大法院（最高裁判所）

대보다 [tɛ:boda テーボダ] 他 比べる；比較する

대부분 [tɛ:bubun テーブブン] 名 ① 大部分；ほとんど 例 대부분 모르는 사람들이어서 멋적었어요. [テブブン モルヌン サーラムドゥリオソ モッチョゴッソヨ] 大部分は知らない人たちだったので，居心地が悪かったです. ②《副詞的に》ほとんど；大方

대비 [tɛ:bi テービ] 名 備え 自他 대비하다 [テービハダ] 備える；準備する

대사¹ [tɛ:sa テーサ] 名 大使 園 대사관 [テーサグヮン] 名 大使館

대사² [tesa テサ] 名 台詞

대상¹ [tɛ:saŋ テーサン] 名 大賞

대상² [tɛ:saŋ テーサン] 名 対象

대서양 [tɛ:sojaŋ テーソヤン] 名 大西洋

대성황 [tɛ:sɔŋɦwaŋ テーソンフヮン] 名 大盛況

대수롭다 [tɛ:surop̚ta テースロプタ] 形 〘ㅂ변：대수로워 / 대수로운 テースロウォ / テースロウン〙① 大したものだ ②《否定の意や疑問の意を表す語と共に用いられて》取るに足りない；たいしたことはない 例 돈을 잃어버렸지만 다행히 대수로운 액수는 아니었어요. [トーヌル イロボリョッチマン タヘンイ テースロウン エクスヌン アニオッソ

대시¹ [tɛʃi テシ] 名 ① ダッシュ ② 突進；アタック 例 저는 과감하게 대시 하는 남자가 좋아요. [チョヌン クヮガマゲ テシ ハヌン ナムジャガ チョーアヨ] 私は果敢にアタックする男性が好きです。

대신 [tɛʃin テーシン] 名 ① 代用；代わり；代理；身代わり 例 오늘 아침은 밥 대신에 빵을 먹었어요. [オヌル アチムン パプ テーシネ ッパンウル モゴッソヨ] 今日の朝はご飯の代わりにパンを食べました。 ② 《副詞的に》(人に)代わって；代わりに 例 사장님 대신 제가 일본에 출장을 갔다왔어요. [サジャンニム テーシン チェガ イルボネ チュルチャンウル カッタワッソヨ] 社長に代って私が日本に出張に行ってきました。 하他 대신하다 [テーシナダ] 代わる

대야 [tɛja テヤ] 名 洗面器；たらい

대양 [tɛ:jaŋ テーヤン] 名 大洋

대여 [tɛ:jɔ テーヨ] 名 貸与 하他 대여하다 [テーヨハダ] 貸与する

대용 [tɛ:joŋ テーヨン] 名 代用 하他 대용하다 [テーヨンハダ] 代用する 되受動 대용되다 [テーヨンドゥェダ] 代用される

대우 [tɛ:u テーウ] 名 待遇；扱い 하他 대우하다 [テーウハダ] 待遇する

대응 [tɛ:uŋ テーウン] 名 対応 하自 대응하다 [テーウンハダ] 対応する 例 적절히 대응하는 방법을 가르쳐 주세요. [チョクチョリ テーウン ハヌン パンボブル カルチョ ジュセヨ] 適切に対応する方法を教えてください。

대장¹ [tɛ:dʒaŋ テージャン] 名 大将

대장² [tɛ:dʒaŋ テージャン] 名 大腸

대장경 [tɛ:dʒaŋgjɔŋ テージャンギョン] 名 大蔵経

대장부 [tɛ:dʒaŋbu テージャンブ] 名 立派な男；ますらお

대절 [tɛ:dʒɔl テージョル] 名 貸し切り 하他 대절하다 [テージョラダ] 貸し切る

대접¹ [tɛ:dʒɔp テージョプ] 名 平鉢；(スープなどを入れる)平たい浅い食器皿

대접² [tɛ:dʒɔp テージョプ] 名 接待 하他 대접하다 [テージョパダ] ① 客をもてなす；接待する ② (礼儀をもって)扱う；待遇する

대조 [tɛ:dʒo テージョ] 名 対照；対比 하他 대조하다 [テージョハダ] 対照する

대중 [tɛ:dʒuŋ テージュン] 名 大衆 関 대중가요 [テージュンガヨ] 名 歌謡曲 / 대중 매체 [テージュン メチェ] 名 大衆媒体；マスメディア / 대중 목욕탕 [テージュン モギョクタン] 名 銭湯 / 대중화 [テージュンフヮ] 名 大衆化

대지 [tɛdʒi テジ] 名 敷地；宅地

대책 [tɛ:tʃʰɛk テーチェク] 名 対策 例 다 같이 대책을 강구합시다. [ター ガチ テチェグル カーングハプシダ] みんな一緒に対策を講じましょう。

대처 [tɛ:tʃʰɔ テーチョ] 名 対処 하自 대처하다 [テーチョハダ] 対処する

대체 [tɛ:tʃʰe テーチェ] 名 ① 大体；

대화

あらまし ②《副詞的に》一体 関 大体で[テチェロ] 副 大体；概して

대추 [tɛ:tʃʰu テーチュ] 名 なつめ 関 대추나무[テーチュナム] なつめの木

대출 [tɛ:tʃʰul テーチュル] 名 貸し出し；融資 하他 대출하다[テーチュラダ] 貸し出す

대충 [tɛtʃʰuŋ テチュン] 副 大体；ざっと 関 대충대충[テチュンデチュン] 副 おおまかに；ざっと

대통령 [tɛ:tʰoŋnjoŋ テートンニョン] 名 大統領

대포 [tɛ:pʰo テーポ] 名 (主にマッコリなどを) 大杯で飲むこと 関 대폿집[テーポッチプ] 名 マッコリなどを飲ませる居酒屋

대폭 [tɛ:pʰok テーポク] 名 大幅 関 대폭으로[テーポグロ] 大幅に

대표 [tɛ:pʰjo テーピョ] 名 代表 하他 대표하다[テーピョハダ] 代表する 関 대표권[テーピョックォン] 名 代表権 / 대표 번호[テーピョ ボノ] 名 (電話の) 代表番号 / 대표이사[テーピョ イーサ] 名 代表取締役 / 대표자[テーピョジャ] 名 代表者 / 대표작[テーピョジャク] 名 代表作

대피 [tɛ:pʰi テーピ] 名 待避 하他 대피하다[テーピハダ] 待避する

대하다 [tɛ:fiada テーハダ] 自他《하変》① 対する ② 向かい合う ③ もてなす；接待する；相手する ④《에 대한の形で》…についての；…に関する 例 질문에 대한 대답이 없습니다. [チルムネ テーハン テダビ オープスムニダ] 質問に対する回答がありません。

대학 [tɛ:fiak テーハク] 名 ① (総称的に) 大学 例 요즘 대학 입시는 전쟁이에요. [ヨジュム テーハク イプシヌン チョンジェンイエヨ] この頃の大学入試は戦争です。② 単科大学 ③ 学部《韓国では日本の総合大学に当たるものを正式には대학교といい，日本の大学の学部を대학で表す》例 고려대학교 문과대학 일어일문학과 [コリョデーハクキョ ムンックワデーハク イルイルムナックックヮ] 高麗大学校文科大学日語日文学科 関 대학가[テーハクカ] 名 大学街 / 대학교수[テーハクキョス] 名 大学教授 / 대학 병원[テーハク ピョーンウォン] 名 大学病院 / 대학생[テーハクセン] 名 大学生 / 대학원[テーハグォン] 名 大学院

대학교 [tɛ:fiakˀkjo テーハクキョ] 名 大学；総合大学

대한 [tɛ:fian テーハン] 名 ① 韓国 ② 大韓帝国 関 대한민국[テーハンミングク] 名 大韓民国

대합 [tɛ:fiap テーハプ] 名 ハマグリ

대합실 [tɛ:fiapˀsil テーハプシル] 名 待合室 類 기다림 방[キダリム パン]

대항 [tɛ:fiaŋ テーハン] 名 対抗 하自他 대항하다[テーハンハダ] 対抗する 関 대항력[テーハンニョク] 名 対抗力

대화 [tɛ:fiwa テーフヮ] 名 対話 例 가족 간에도 물론 대화가 필요해요. [カジョク カネド ムルロン テーフヮガ ピリョヘヨ] 家族間でももちろん対話が必要です。 하自 대화

하다 [테-フヮハダ] 対話する
대회 [tɛːfiwe テーフェ] 名 大会
댁[1] [tɛk テク] 名 ① 他人の家の尊敬語:お宅 例 댁이 어디세요? [テギ オディセヨ] お宅はどちらですか。② (夫の姓や職位に付けてその家の妻や夫人であること，または夫人の実家の地名に付けてそこから嫁いで来た人であることを表す) …の夫人;…(生まれ)の夫人
댁[2] [tɛk テク] 代 お宅;あなた
댄스 [tɛnsɯ テンス] 名 ダンス
댐 [tɛm テム] 名 ダム
더 [tɔ ト] 副 ① (数量的に) もっと; より; さらに 例 하나 더 주세요. [ハナ ド チュセヨ] もう1つください。② (時間的に) より長く; もう少し 例 얼마나 더 가야 하죠? [オルマナ ト カヤ ハジョ] あとどのくらい行けばいいのでしょうか。③ (程度が) もっと; さらに ④《否定の表現で用いて》もうこれ以上 例 더 이상 참을 수 없어요. [ト イーサン チャムル ス オープソヨ] もうこれ以上我慢できません。
더구나 [toguna トグナ] 副 더군다나 [トグンダナ] の縮約形
더군다나 [togundana トグンダナ] 副 その上に; なお
더덕 [tɔdɔk トドク] 名 ツルニンジン
더듬다 [tɔdɯmˀta トドゥムタ] 他 ① 手探りする ② どもる; 口ごもる ③ (足跡や記憶などを) たどる 副 더듬더듬 [トドゥムドドゥム] ① 手探りで ② たどたどしく
더디다 [todida トディダ] 形 遅い; のろい
더러[1] [tɔrɔ トロ] 副 ① いくらか; 多少; 若干 ② たまに
더러[2] [tɔrɔ トロ] 助 主に伝達の表現で，目下の者対して:…(誰々) に;…に対して
더럭 [tɔrɔk トロク] 副 ① (恐怖・疑い・怒りなどを表す語と共に) にわかに; むかっと; 急に ② (一度に) どっと; たくさん
더럽다 [tɔːrɔpˀta トーロプタ] 形《ㅂ変: 더러워 / 더러운 トーロウォ / トーロウン》① 不潔だ; 汚い; 汚れている ② 下品だ; 卑怯だ; 卑猥だ ③ 非常にけちくさい
더럽히다 [tɔːrɔpʰida トーロピダ] 他 ① けがす; 汚す ② (名誉などを) 傷つける ③ (貞操を) 犯す
더부룩하다 [tɔburukkʰada トブルカダ] 形《하変》(消化不良で) 胃がもたれ気味だ
더불다 [tɔbulda トブルダ] 自《ㄹ語幹: 더부는 トブヌン》《主に助詞 와 / 과 の後に付いて더불어の形で》…とともに; 一緒に
더블 [tɔbɯl トブル] 名 ダブル 関 더블룸 [トブルルム] 名 ダブルベッドルーム
더없이 [tɔɔpˀɕi トオプシ] 副 この上なく; またとなく; 何より
더욱 [tɔuk トウク] 副 もっと; さらに; なお; 一層 関 더욱더 [トウクト] 副 더욱の強調語 / 더욱이 [トウギ] 副 なお; その上
더운물 [tɔunmul トウンムル] 名 お湯; 温水
더위 [tɔwi トウィ] 名 暑さ 関 더위를 먹다 [トウィルル モクタ] 暑気あたりする / 더위를 타다 [トウィルル タダ] 暑さに弱い

덩어리

더하기 [təfiagi トハギ] 名 足し算 [하他] **더하기하다** [トハギハダ] 足し算する

더하다 [təfiada トハダ] 自〖하変〗(前より)ひどくなる；激しくなる 他 加える；足す 形 より多い；よりひどい 関 더할 나위 없이 [トハル ラウィ オプシ] この上なく

덕 [tək トク] 名 ① 徳；恩恵 ② 利益；もうけ

덕담 [tək˚tam トクタム] 名 (主に新年を迎えて)相手の幸せを祈るあいさつの言葉

덕분 [tək˚pun トクプン] 名 おかげ；加護；力添え

덕수궁 [tək˚suguŋ トクスグン] 名 徳寿宮《ソウル市内にある朝鮮王朝の宮殿の1つ》

덕택 [təktʰek トクテク] 名 おかげ；恩恵；めぐみ

-던 [tən トン] 語尾 ①《連体形語尾として形容詞・存在詞・指定詞の語幹や尊敬を表す-시-の後ろに付いて》過去を表す ②《連体形語尾として動詞の語幹や尊敬を表す-시-の後ろに付いて》回想過去を表す ③《-았던 / 었던の形で》回想過去を表す

던지다 [təndʒida トンジダ] 他 ①(物を遠くへ)投げる；(人を)投げ飛ばす ② 身を投げる；飛び込む ③ 問題を提起する

덜 [təːl トール] 副 ① ある基準や程度に及ばない ②《主に動詞の前に付いて》より少なく；より少なめに ③ 不完全に；不十分に

덜다 [təːlda トールダ] 他〖ㄹ語幹：더는 トーヌン〗①(数量を)少なくする；減らす ②(負担を)減らす；軽減する ③(一部を)分ける

덜되다 [təːldweda トールドウェダ] 形 でき上がっていない；完成していない

덜하다 [təːrɦada トーラダ] 自〖하変〗(前に比べて)減る；少なくなる；和らぐ 他 (前より)減らす；少なくする

덤 [təːm トーム] 名 おまけ；景品

덤비다 [təmbida トムビダ] 自 つっかかる；ケンカを吹っかける

덥다 [təːp˚ta トープタ] 形〖ㅂ変：더워 / 더운 トーウォ / トーウン〗① 暑い 対 춥다 [チュプタ] 例 날이 너무 더워서 못 살겠어요. [ナリ ノム トーウォソ モッ サルゲッソヨ] (天候が)あまりに暑くて堪えられません(死にそうです)。/ 서울도 여름은 생각보다 더워요. [ソウルド ヨルムン センガクポダ トーウォヨ] ソウルも夏は思ったより暑いです。② 温かい；暖かい

덧나다 [tɔnnada トンナダ] 自 ①(腫れ物や病気などが)悪化する；こじれる ②(気を)悪くする

덧붙이다 [tət˚putʰida トップチダ] 他 ① 付け足す ②(話などに)付け加える

덧셈 [tət˚sem トッセム] 名 足し算 [하他] **덧셈하다** [トッセマダ] 足し算する

덧없다 [tədəp˚ta トドプタ] 存 ①(歳月の流れが)むなしいほど速い ② はかない 副 **덧없이** [トドプシ] はかなく；むなしく

덩굴 [təŋgul トングル] 名 蔓

덩어리 [təŋəri トンオリ] 名 ①(物の)

덧 塊 ②集団

덫 [tət トッ] 名 罠

덮개 [tɔpʼkɛ トプケ] 名 ① 蓋 ② 掛け布団や毛布など

덮다 [tɔpʼta トプタ] 他 ① 覆う；被せる 例 이불을 안 덮고 잤더니 감기에 걸렸어요. [イブルル アン ドプコ チャットニ カームギエ コルリョッソヨ] 布団をかけずに寝たら、風邪を引いていました。② 蓋をする ③(本を)閉じる ④ 黙認する；伏せる

덮밥 [tɔpʼpap トプパプ] 名 丼物

덮어놓고 [tɔpʰənotkʰo トポノッコ] 副 何であろうと；とにかく；むやみに

덮치다 [tɔptʃʰida トプチダ] 自他 ① 押さえつける ② 襲う ③ 覆いかぶさる

데 [te テ] 依名 所；場所；部分 例 높은 데 [ノプン デ] 高い所

데굴데굴 [teguldegul テグルデグル] 副 物が転がる様子：ごろごろ

데다 [te:da テーダ] 自 ① やけどをする；焼ける ② 手を焼く；懲りる ③《他動詞的に》やけどをする 例 혓바닥을 데었어요. [ヒョッパダグル テーオッソヨ] 舌をやけどしました。

데리다 [terida テリダ] 他 引き連れる；連れる 例 아이를 데리고 가도 돼요? [アイルル テリゴ カド ドゥェヨ] 子供を連れて行ってもいいですか。

데모 [temo テモ] 名 デモ 例 대규모 데모가 일어났어요. [テギュモ テモガ イロナッソヨ] 大規模なデモが起こりました。 하自 데모하다 [テモハダ] デモする 類 시위 [シウィ]

데우다 [teuda テウダ] 他 (冷えた料理や飲み物を)温める；沸かす

데이트 [teitʰɯ テイトゥ] 名 デート 하自 데이트하다 [テイトゥハダ] デートする

데치다 [te:tʃʰida テーチダ] 他 ゆがく

도¹ [to ト] 依名 度 ① 角度の単位 ② 温度の単位 ③ 回数 ④ アルコール含有度の単位

-도² [to ト] 接尾 年度を表す：度

도³ [to: トー] 名 道；道理

도⁴ [to ト] 助 ①(添加の意味で)…も 例 이것도 주세요. [イゴット チュセヨ] これもください。②《…도…도の形で》…も…も 例 경주도 가고 제주도도 갔어요. [キョンジュド カゴ チェジュドド カッソヨ] 慶州も行って済州島も行きました。③(意外なことを表して)…も；さえも 例 이런 간단한 것도 몰라요? [イロン カンダナン ゴット モールラヨ] こんな簡単なこともわかりませんか。

도가니¹ [togani トガニ] 名 牛の膝皿の骨と肉 関 도가니탕 [トガニタン] 名 トガニタン《牛の膝皿の骨と肉を煮たスープ》

도가니² [togani トガニ] 名 るつぼ

도기 [togi トギ] 名 陶器；陶磁器

도깨비 [toʼkɛbi トッケビ] 名 おばけ；鬼

도끼 [to:ʼki トーッキ] 名 斧

도넛 [to:nət トーノッ] 名 ドーナツ

도달 [to:dal トーダル] 名 到達 하自 도달하다 [トーダラダ] 到達する

도대체 [todɛtʃʰe トデチェ] 副 一

도덕 [to:dək トードク] 名 道徳

도도하다 [to:doɦada トードハダ] 形 《하変》横柄, 傲慢だ; 尊大だ

도둑 [toduk トドゥク] 名 泥棒 例 도둑을 맞았어요. [トドゥグル マジャッソヨ] 泥棒に遭いました。関 도둑고양이 [トドゥクコヤンイ] 名 野良猫; 泥棒猫 / 도둑놈 [トドゥンノム] 名 泥棒 / 도둑질 [トドゥクチル] 名 盗み

도라지 [toradʒi トラジ] 名 キキョウ; キキョウの根

도랑 [toraŋ トラン] 名 小川; (灌漑用などの)溝; 水路; 堀

도련님 [torjənnim トリョンニム] 名 ① 坊ちゃん; 若旦那 ② 夫の未婚の弟を表す尊敬語

도로¹ [to:ro トーロ] 名 道路 関 도로망 [トーロマン] 名 道路網 / 도로 표지 [トーロピョジ] 名 道路標識

도로² [toro トロ] 副 ① 元に; 元通りに ② 引き返して ③ 再び

도리 [to:ri トーリ] 名 ① 道理 ② 方途; 方法; すべ

도리어 [toriə トリオ] 副 むしろ; かえって

도마 [toma トマ] 名 まな板 関 도마질 [トマジル] 名 まな板仕事

도마뱀 [tomabɛm トマベム] 名 トカゲ

도망 [tomaŋ トマン] 名 逃亡 自 도망하다 [トマンハダ] 逃亡する 関 도망질치다 [トマンジルチダ] 自 逃亡する

도매 [tomɛ トメ] 名 卸売り 하他 도매하다 [トメハダ] 卸売する 関 도매가격 [トメカギョク] 名 卸し値 / 도매상 [トメサン] 名 卸売り商 / 도매 시장 [トメ シージャン] 名 卸売り市場 / 도매업 [トメオプ] 名 卸売り業 / 도매점 [トメジョム] 名 卸問屋

도모하다 [tomoɦada トモハダ] 他 《하変》図る; 企てる

도무지 [tomudʒi トムジ] 副 《否定的な表現とともに用いて》どうしても; まるっきり; とんと 例 도무지 이해할 수 없어요. [トムジ イーヘハル ス オープソヨ] どうしても理解できません。

도미 [tomi トミ] 名 鯛

도박 [tobak トバク] 名 賭博; 賭事; 賭け 関 도박꾼 [トバクックン] 名 博打打ち; ギャンブラー / 도박장 [トバクチャン] 名 賭博場

도서 [tosə トソ] 名 図書; 書籍

도서관 [tosəgwan トソグワン] 名 図書館 例 매일 도서관에서 공부해요. [メーイル トソグワネソ コンブヘヨ] 毎日, 図書館で勉強しています。類 도서실 [トソシル] 名 図書室

도시 [toʃi トシ] 名 都市; 都会 例 도시를 떠나 전원에서 생활하고 싶어요. [トシルル ットナ チョンウォネソ センフワラゴ シポヨ] 都会を離れて田舎で暮らしたいです。

도시락 [toʃirak トシラク] 名 弁当 関 도시락을 싸다 [トシラグル ッサダ] 弁当を包む(作る)

도와주다 [towadʒuda トワジュダ] 他 手伝ってやる; 助けてやる; 手伝ってくれる 例 저 좀 도와주세요.

도우미

[チョ チョム トワジュセヨ] (私を)ちょっと手伝ってください。

도우미 [toumi トウミ] 名 (催し物などの) コンパニオン；スタッフ；協力者

도움 [toum トウム] 名 助け；手伝い；援助；助力

도입 [to:ip トーイプ] 名 ① 導入 他 도입하다 [トーイパダ] 導入する 例 이제 거의 모든 회사에서 연봉제를 도입했어요. [イジェ コイ モドゥン フェーサエソ ヨンボンジェルル トーイペッソヨ] もうほとんどの会社で年俸制を導入しました。② (話などの) 導入部；始まり

도자기 [todʒagi トジャギ] 名 陶磁器

도장 [todʒaŋ トジャン] 名 印；判子

도저히 [to:dʒɔɦi トージョヒ] 副 到底；とても

도중 [todʒuŋ トジュン] 名 途中 例 집에 가는 도중에 친구를 만났어요. [チベ カヌン ドジュンエ チングルル マンナッソヨ] 家に帰る途中で友達に会いました。関 도중 경과 [トジュン キョングヮ] 名 途中経過 / 도중하차 [トジュンハチャ] 名 途中下車

도지다 [to:dʒida トージダ] 自 (病気が)ぶり返す；再発する

도착 [to:tʃʰak トーチャク] 名 到着 自 도착하다 [トーチャカダ] 到着する 例 도착하면 바로 연락 주세요. [トーチャカミョン パロ ヨルラク チュセヨ] 着いたらすぐ連絡ください。関 도착지 [トーチャクチ] 名 到着地

도청 [totʃʰɔŋ トチョン] 名 盗聴 他 도청하다 [トチョンハダ] 盗聴する 関 도청기 [トチョンギ] 名 盗聴器

도토리 [totʰori トトリ] 名 ドングリ 関 도토리나무 [トトリナム] 名 ドングリの木 / 도토리묵 [トトリムク] 名 ドングリの澱粉で作った寒天状の食品

도회 [toɦwe トフェ] 名 都会 類 도회지 [トフェジ]

독 [tok トク] 名 甕

독감 [tok͈am トカム] 名 流行性感冒；インフルエンザ

독거 [tok͈ɔ トコ] 名 独り暮らし；独りでいること 関 독거 노인 [トコ ノイン] 名 独居老人

독립 [toŋnip トンニプ] 名 独立 自 독립하다 [トンニパダ] 独立する 関 독립운동 [トンニプンドン] 名 独立運動 / 독립 채산제 [トンニプ チェーサンジェ] 名 独立採算制

독방 [tok͈paŋ トクパン] 名 ① (ホテル・寄宿舎などの) 個室；一人部屋 例 하숙은 독방이 더 비싸요. [ハスグン トクパンイ ト ピッサヨ] 下宿では一人部屋の方が高いです。② (刑務所の) 独房

독버섯 [tok͈pɔsɔt トクポソッ] 名 毒キノコ

독사 [tok͈sa トクサ] 名 毒蛇

독사진 [tok͈sadʒin トクサジン] 名 1人で写っている写真

독서 [tok͈sɔ トクソ] 名 読書 例 취미는 독서예요. [チューミヌン トクソエヨ] 趣味は読書です。自他 독서하다 [トクソハダ] 読書する

독수리 [tok͈suri トクスリ] 名 ① (一般的に) ワシ ② クロハゲワシ

독신 [tok⁽ʔ⁾ɕin トクシン] 名 ① 独身 ② 一人っ子 関 독신주의 [トクシンジュイ] 名 独身主義

독일 [togil トギル] 名 ドイツ

독자 [tok⁽ʔ⁾tɕa トクチャ] 名 読者

독재 [tok⁽ʔ⁾tɕɛ トクチェ] 名 独裁 例 드디어 독재 정권이 무너졌어요. [トゥディオ トクチェ チョンクォニ ムノジョッソヨ] ついに独裁政権が倒れました。 下自他 독재하다 [トクチェハダ] 独裁する 関 독재정치 [トクチェ チョンチ] 名 独裁政治 / 독재주의 [トクチェジュイ] 名 独裁主義

독점 [tok⁽ʔ⁾tɕʌm トクチョム] 名 独占 下他 독점하다 [トクチョマハダ] 独占する 関 독점 가격 [トクチョム カギョク] 名 独占価格 / 독점 기업 [トクチョム キオプ] 名 独占企業 / 독점 사업 [トクチョム サーオプ] 名 独占事業

독차지 [toktɕʰadʑi トクチャジ] 名 独り占め; 独占 下他 독차지하다 [トクチャジハダ] 独占する; 独り占めする

독창 [toktɕʰaŋ トクチャン] 名 独唱 例 제가 우리 반을 대표해서 독창을 하게 됐어요. [チェガ ウリ パヌル テーピョヘソ トクチャンウル ハゲ ドウェッソヨ] 私がうちのクラスを代表して独唱することになりました。 下自他 독창하다 [トクチャンハダ] 独唱する

독채 [toktɕʰɛ トクチェ] 名 一戸建て

독특 [toktʰuk トクトゥク] 名 独特 下形 독특하다 [トクトゥカダ] 独特だ 例 그는 참 독특한 사람이에요. [クヌン チャム トクトゥカン サーラミエヨ] 彼は本当に独特な(個性的な)人です。

독하다 [tokkʰada トカダ] 形 〘ハ変〙 ① 毒気がある ② (味・においなどが) きつい 例 독한 술 [トカン スル] 度のきつい酒 ③ (心に) 悪意を抱いている; 悪辣だ ④ 意志が強い; へこたれない ⑤ 程度が甚だしい

돈 [toːn トーン] 名 ① お金; 貨幣 例 한국 돈으로 바꿔 주세요. [ハーングクトーヌロ パックォ ジュセヨ] ウォン(韓国のお金)に替えてください。 ② (品物の) 代金 ③ 財産 関 돈을 벌다 [トーヌル ポルダ] お金を稼ぐ

돋구다 [tot⁽ʔ⁾kuda トックダ] 他 ① (気持ちなどを) 盛り上げる; (食欲を) そそる; 高める ② (興味などを) そそる; 増す

돋다 [tot⁽ʔ⁾ta トッタ] 自 ① (日や月が) 昇る ② (芽などが) 芽生える ③ (皮膚に吹き出物などが) 出る ④ (食欲や元気が) 出る

돋보기 [tot⁽ʔ⁾pogi トッポギ] 名 ① 老眼鏡 ② 虫眼鏡

돋보이다 [tot⁽ʔ⁾poida トッポイダ] 自 実際よりよく見える; 見栄えがする

돋우다 [toduda トドゥダ] 他 ① 高くする; 上げる; (声を) 張り上げる ② (興味などを) そそる; 掻き立てる ③ (意欲などを刺激して) 励ます; 鼓舞する

돌¹ [tol トル] 名 ① 初誕生日 ② 《助数詞的に》…周年

돌² [toːl トール] 名 ① 石; 小石 ② 岩

돌고래 [tolgorɛ トルゴレ] 名 イルカ

돌김 [to:lʲkim トールキム] 名 岩のり

돌다 [to:lda トールダ] 自〖ㄹ語幹:도는 トヌン〗① 回る；回転する 例 운동장을 몇 바퀴 돌았더니 숨이 차요. [ウーンドンジャンウル ミョッ パクィ トーラットニ スミ チャヨ] 運動場を何周か回ったら息が苦しくなりました。② 他の方向に変わる（曲がる）③ 迂回する ④（機械が）回る；動く ⑤（頭が）よく回る ⑥（物が）順々に回っていく

돌다리 [to:ldari トールダリ] 名 石橋

돌담 [to:ldam トールダム] 名 石垣

돌돔 [to:ldom トールドム] 名 イシダイ

돌리다 [tollida トルリダ] 他 ① 回す；回転させる ②（方向や話題を）変える ③（順に）渡す ④（工場や機械などを）稼働させる 例 세탁기를 돌리고 방도 청소했어요. [セータクキルル トルリゴ パンド チョンソヘッソヨ] 洗濯機を回して部屋も掃除しました。⑤ 配る ⑥ 振り向ける ⑦（金銭などを）融通する ⑧（責任・手柄などを）転嫁する 例 실패를 남의 탓으로 돌리지 마세요. [シルペルル ナメ タスロ トルリジ マーセヨ] 失敗を人のせいにしないでください。

돌멩이 [to:lmeŋi トールメンイ] 名 小石；石ころ

돌보다 [to:lboda トールボダ] 他 面倒を見る；世話をする

돌아가다 [toragada トラガダ] 自 ① 帰る；戻る 例 언제 일본으로 돌아가세요. [オンジェ イルボヌロ トラガセヨ] いつ日本にお帰りになりますか。②（軸を中心に）回る ③ 遠回りする ④ 向きを変えて行く ⑤ 죽다 [チュクタ] の美化語：돌아가시다の形で用いる 例 그분은 지난달에 돌아가셨어요. [クブヌン チナンダレ トラガショッソヨ] その方は先月お亡くなりになりました。

돌아다니다 [toradanida トラダニダ] 自 うろつく；歩き回る

돌아다보다 [toradaboda トラダボダ] 他 ① 振り向く ② 省みる；顧みる

돌아오다 [toraoda トラオダ] 自 ①（元の所へ）帰ってくる；戻ってくる；帰る 例 돌아오면 말씀 전해 드리겠습니다. [トラオミョン マールッスム チョネ ドゥリゲッスムニダ] 帰ってきましたらお話を伝えます。②（元の状態に）返る；戻る ③（順番が）回ってくる；回る

돌이키다 [torikʰida トリキダ] 他 ① 向きを変える；(首を)振り返る ②（過去を）顧みる；反省する ③（元の状態に）する；取り返す；取り戻す 例 이제 돌이킬 수 없게 됐어요. [イジェ トリキル ス オープケ ドウェッソヨ] もう取り返しがつかなくなりました。④（心を）改める

돌잔치 [toldʒantɕʰi トルジャンチ] 名 満1歳のお祝いの宴

돌파 [tolpʰa トルパ] 名 突破 하他 돌파하다 [トルパハダ] 突破する

돕다 [to:pʲta トープタ] 他〖ㅂ変:도와 / 돕는 トワ/トームヌン〗① 助ける；手伝う；援助する 例 지금은 집에서 부모님 일을 돕고 있어요. [チグムン チベソ プモニム イールル トープコ イッソヨ] 今は家で

両親の仕事を手伝っています。② 救助する；助ける ③(ある状態を)増進する；促進する

돗자리 [tot̚t͡ɕari トッチャリ] 名 ござ；むしろ

동 [toŋ トン] 名 東 類 동쪽[トンッチョク]

동갑 [toŋgap トンガプ] 名 同い年(の人)

동강 [toŋgaŋ トンガン] 名 (長い物を短く切った)切れ端 関 동강 나다[トンガン ナダ](長い物が)折れる；切断される / 동강 내다[トンガン ネーダ]切る；ぶった切る

동거 [toŋgɔ トンゴ] 名 同居 自ハ 동거하다[トンゴハダ] ①同居する 例 친구 방에서 동거하기로 했어요. [チング パンエソ トンゴハギロ ヘッソヨ]友達の部屋で同居することにしました。②(異性と)同棲する 例 여자 친구와 동거해요. [ヨジャ チングワ トンゴヘヨ]彼女と同棲しています。

동굴 [to:ŋgul トーングル] 名 洞窟；洞穴

동그라미 [toŋgurami トングラミ] 名 円；丸；円形

동그랗다 [toŋguratt͡ʰa トングラッタ] 形 『ㅎ変：동그래 / 동그란 トングレ / トングラン』丸い；まんまるい

동글다 [toŋgulda トングルダ] 形 『語幹：동근 トングン』丸い；円い

동기¹ [to:ŋgi トーンギ] 名 動機

동기² [toŋgi トンギ] 名 同期 例 그는 우리 동기 중에서 제일 출세했어요. [クヌン ウリ トンギ ジュンエソ チェーイル チュルセヘッソヨ] 彼は我々同期の中で一番出世しました。関 동기생[トンギセン] 名 同期生

동네 [to:nne トーンネ] 名 ①自分の家の近所 ②村；町；部落

동녘 [toŋnjɔk̚ トンニョク] 名 東；東方

동대문 [toŋdɛmun トンデムン] 名 東大門 例 동대문이 보물 1호예요. [トンデムニ ポムル イロエヨ] 東大門が宝物(重要文化財)1号です。関 동대문 시장[トンデムン シージャン] 名 東大門市場

동떨어지다 [toŋt̚tɔrɔd͡ʑida トンットロジダ] 自 (距離や関係が)かけ離れる

동란 [to:ŋnan トーンナン] 名 ①動乱 ② 6・25動乱(朝鮮戦争) 例 그녀는 어릴 적에 동란으로 부모님과 헤어졌대요. [クニョヌン オリル チョゲ トーンナヌロ プモニムグワ ヘオジョッテヨ]彼女は幼い時に朝鮮戦争で両親と別れたそうです。

동맹 [toŋmɛŋ トンメン] 名 同盟 自他 동맹하다[トンメンハダ] 同盟する

동무 [toŋmu トンム] 名 ①友；親友 ②連れ；仲間 類 친구[チング] 《韓国では친구を用いるのが一般的》

동문 [toŋmun トンムン] 名 同門 ①同じ師に師事して学ぶこと；同じ学校の出身者であること 例 김 과장님도 우리 학교 동문이래요. [キム グヮジャンニムド ウリ ハクキョ トンムニレヨ]金課長もうちの学校の出身だそうです。②同じ宗

동물

派；同じ宗派の人

동물 [to:ŋmul トーンムル] 名 動物 例 사자는 동물의 왕이에요. [サジャヌン トーンムレ ワンイエヨ] ライオンは百獣(動物)の王です。関 동물원 [トーンムルォン] 名 動物園

동반 [toŋban トンバン] 名 同伴 自他 동반하다 [トンバナダ] 同伴する 関 동반자 [トンバンジャ] 名 同伴者

동방 [toŋbaŋ トンバン] 名 東方

동백 [toŋbek トンベク] 名 ツバキ；ツバキの実 関 동백기름 [トンベッキルム] 名 椿油 / 동백꽃 [トンベッコッ] 名 ツバキの花 / 동백나무 [トンベンナム] 名 ツバキ；ツバキの木

동부 [toŋbu トンブ] 名 東部

동산 [toŋsan トンサン] 名 ①家の近くにある小山；裏山；丘 ②築山のある庭園

동생 [toŋseŋ トンセン] 名 弟もしくは妹 例 저는 동생이 세 명 있어요. [チョヌン トンセンイ セー ミョン イッソヨ] 私は弟(妹)が3人います。関 남동생 [ナムドンセン] 名 弟 / 여동생 [ヨドンセン] 名 妹

동서 [toŋsɔ トンソ] 名 東西

동시 [toŋʃi トンシ] 名 同時 関 동시통역 [トンシトンヨク] 名 同時通訳

동아리 [toŋari トンアリ] 名 ①仲間 ②同好会；サークル

동안¹ [toŋan トンアン] 名 (時間的な)間；期間 例 한국에 가 있는 동안 애완견을 맡길 곳을 찾고 있어요. [ハーングゲ カ インヌン トンアン エーワンギョヌル マッキル コスル チャッコ イッソヨ] 韓国に行っている間ペットの犬を預ける所を探しています。関 오랫동안 [オレットンアン] 名 長い間

동안² [toŋan トンアン] 名 童顔 例 동안이라서 아직 학생인 줄 알았어요. [トンアニラソ アジク ハクセンイン ジュル アラッソヨ] 童顔なのでまだ学生だと思いました。

동양 [toŋjaŋ トンヤン] 名 東洋 関 동양학 [トンヤンハク] 名 東洋学 / 동양화 [トンヤンフヮ] 名 東洋画

동업 [toŋɔp トン オプ] 名 同業 自他 동업하다 [トンオパダ] 共同事業をする 関 동업자 [トンオプチャ] 名 同業者

동의 [toŋi トニイ] 名 同意 自他 동의하다 [トニイハダ] 同意する

동작 [to:ŋdʒak トーンジャク] 名 動作 自他 동작하다 [トーンジャカダ] 作動する；動く

동전 [toŋdʒɔn トンジョン] 名 銅銭；コイン；銅貨

동정 [toŋdʒɔŋ トンジョン] 名 同情；思いやり 自他 동정하다 [トンジョンハダ] 同情する 関 동정심 [トンジョンシム] 名 同情心

동지¹ [toŋdʒi トンジ] 名 冬至 関 동지선 [トンジソン] 名 冬至線；南回帰線 / 동지 섣달 [トンジ ソッタル] 名 陰暦の11月と12月 / 동지 팥죽 [トンジ パッチュク] 名 冬至の日に食べる小豆粥 / 동짓달 [トンジッタル] 名 陰暦11月；霜月

동지² [toŋdʒi トンジ] 名 同志

동쪽 [toŋ²tʃok トンッチョク] 名 東；東方；東の方 例 동쪽 하늘에 해가 떠오르기 시작했어요. [トンッチョ

ㄱ ハヌレ ヘガ ットオルギ シージャケッソヨ] 東の空に太陽が昇り始めました。

동창 [toŋtʃʰaŋ トンチャン] 名 同窓 関 동창생 [トンチャンセン] 名 同窓生 / 동창회 [トンチャンフェ] 名 同窓会

동치미 [toːnʨʰimi トーンチミ] 名 トンチミ《キムチの一種で粉唐辛子を使わず丸ごとあるいは大きく切った大根を薄い塩水に漬けたもの》

동태 [toːnʨʰɛ トーンテ] 名 冷凍のスケトウダラ

동틀녘 [toŋtʰɯlljɔk トントゥルリョク] 名 明け方

동해 [toŋɦɛ トンヘ] 名 ① 東海;東方の海 ② 日本海

동화 [toːnɦwa トーンファ] 名 童話

돛단배 [totʰtanbɛ トッタンベ] 名 帆船;帆掛け船

돼지 [twɛːdʑi トゥェージ] 名 ① ブタ ② イノシシ《干支の場合》関 돼지고기 [トゥェージゴギ] 名 豚肉 / 돼지기름 [トゥェージギルム] 名 ラード / 돼지꿈 [トゥェージックム] 名 豚の夢《吉夢と言われる》

되게 [twɛːge トゥェーゲ] 副 ずいぶん;とても;たいへん;凄く 類 몹시 [モプシ]

되는대로 [twenundɛro トゥェヌンデロ] 副 やたらに;でたらめに;むやみに

되다¹ [tweda トゥェダ] 自 ①《名詞+가/이 되다の形で》…になる 例 가수가 되는 게 꿈이에요. [カスガ トゥェヌン ゲックミエヨ] 歌手になるのが夢です。② (ある時期や状態・数量に) 達する;なる 例 5 (다섯) 시가 되면 출발해요. [タソッシガ トゥェミョン チュルバレヨ] 5時になったら出発します。③ よい;十分だ;大丈夫だ;かまわない 例 밥은 이제 됐어요. [パブン イジェ トゥェッソヨ] ご飯はもう十分です。④ できる;でき上がる 例 화장이 예쁘게 됐네요. [フヮジャンイ イェーップゲ ドゥェンネヨ] 化粧がきれいにできましたね。⑤《動詞の語幹+-게 되다の形で》…するようになる 例 이번에 한국에 출장을 가게 됐어요. [イボネ ハーングゲ チュルチャンウル カゲ ドゥェッソヨ] 今度、韓国に出張に行くことになりました。⑥《形容詞の語幹+-게 되다の形で》…になる;…くなる ⑦《動詞の語幹+-아도/어도 되다の形で》譲歩:…してもよい 例 이 옷 입어 봐도 돼요? [イ オッ イボ ブヮド ドゥェヨ] この服、着てみてもいいですか。⑧《動詞の語幹+-아야/어야 되다の形で》義務:…しなければならない 例 내일까지 이 일을 다 끝내야 돼요. [ネイルッカジ イ イールル ター ックンネヤ ドゥェヨ] 明日までにこの仕事をすべて終えなければいけません。⑨《動詞の語幹+-아서는/어서는 안 되다の形で》…してはいけない 例 이렇게 해서는 안 됩니다. [イロッケ ヘソヌン アン ドゥェムニダ] このようにしてはいけません。⑩《用言の語幹+-(으)면 되다の形で》…すればよい;…ならよい 例 이 길을 쭉 가면 돼요. [イ キルル ッチュク

카ミョン ドウェヨ] この道をずっと行けばいいです。

되다² [tweda トウェダ] 他 (升などで) 量る

되다³ [twe:da トウェーダ] 形 ①(水分が少なくて)硬い；こわい ②(汁や粥などが)濃い

되도록 [twedorok トウェドロク] 副 できるだけ；なるべく

되돌아가다 [twedoragada トウェドラガダ] 自 (来た道を)戻る；引き返す

되돌아보다 [twedoraboda トウェドラボダ] 自 ① 振り返る ② 思い返す；回想する

되묻다 [twemut²ta トウェムッタ] 他 《ㄷ変：되물어 / 되묻는 トウェムロ / トウェムンヌン》① 聞き直す；もう一度尋ねる ② 反問する

되살다 [twesalda トウェサルダ] 自 《ㄹ語幹：되사는 トウェサヌン》① 蘇生する；生き返る ②(感情や記憶などが)蘇る ③(食べた物が消化されずに)もたれる

되새기다 [twesegida トウェセギダ] 他 ① 反芻する ②(満腹・食欲不振で食べ物を)繰り返し噛む ③ 再考する

되찾다 [twetʃʰatʰta トウェチャッタ] 他 取り戻す；元の状態にする

되풀이 [twepʰuri トウェプリ] 名 繰り返し する他 되풀이하다 [トウェプリハダ] 繰り返す

된장 [twe:ndʒaŋ トウェーンジャン] 名 味噌 関 된장국 [トウェーンジャングク] 名 味噌汁 / 된장찌개 [トウェーンジャンッチゲ] 名 味噌チゲ

됨됨이 [twemdwemi トウェムドウェミ] 名 人となり；人柄；風采；性格

두 [tu: トゥー] 数 2つの；2；2人 ⇒둘 [トゥル]

두고두고 [tugodugo トゥゴドゥゴ] 副 ① くどくどと；何度も何度も ② いつまでも；永遠に

두근거리다 [tugungərida トゥグンゴリダ] 自 (胸が)ドキドキする；わくわくする 例 너무 떨려서 가슴이 두근거려요. [ノム ットルリョソ カスミ トゥグンゴリョヨ] とても緊張して胸がドキドキします。副 두근두근 [トゥグンドゥグン] ドキドキ

두꺼비 [tu²kəbi トゥッコビ] 名 ヒキガエル；ガマガエル

두껍다 [tu²kəp²ta トゥッコプタ] 形 《ㅂ変：두꺼워 / 두꺼운 トゥッコウォ / トゥッコウン》厚い；分厚い 対 얇다 [ヤルタ]

두께 [tu²ke トゥッケ] 名 厚さ；厚み

두다¹ [tuda トゥダ] 他 ①(一定の場所に)置く 例 분명히 책상 위에 두었어요. [プンミョンイ チェクサンウィエ トゥオッソヨ] 間違いなく机の上に置きました。② そのままにしておく ③ 設置する ④ 心にとどめる 関 놓다 [ノッタ] 他 置く

두다² [tuda トゥダ] 補動 《動詞の語幹＋-아 / 어 두다の形で》…しておく 例 그냥 놓아 두세요. [クニャン ノア ドゥセヨ] そのまま置いておいてください。関 놓다 [ノッタ] 補動 …しておく

두더지 [tudədʒi トゥドジ] 名 モグラ

두둑하다 [tudukkʰada トゥドゥカダ] 形 《하変》① 分厚い ② 豊富だ

두드러지다 [tudurədʑida トゥドゥロジダ] 形 ① 目立つ；際立っている ② 自 盛り上がる

두드리다 [tudurida トゥドゥリダ] 他 (音を出すために)叩く；打つ

두려워하다 [turjʌwʌɦada トゥリョウォハダ] 他〖ㅎ変〗① 怖がる；恐れる ② 心配する；懸念する ③ 畏れる

두렵다 [turjʌpʼta トゥリョプタ] 形〖ㅂ変：두려워 / 두려운 トゥリョウォ / トゥリョウン〗① 恐ろしい；怖い 例 나는 그 사람이 두려워요. [ナヌン ク サーラミ トゥリョウォヨ] 私は彼が恐ろしいです。② 心配だ；不安だ ③ 恐れ多い

두루마기 [turumagi トゥルマギ] 名 トゥルマギ《外套のような韓国の伝統衣装》

두루미 [turumi トゥルミ] 名 タンチョウヅル

두르다 [turuda トゥルダ] 他〖르変：둘러 トゥルロ〗① 巻く；巻き付ける ② (垣根などを)巡らす

두리번거리다 [turibʌngʌrida トゥリボンゴリダ] 自他 きょろきょろ見回す 副 두리번두리번 [トゥリボンドゥリボン] きょろきょろ

두말 [tumal トゥマール] 名 小言；文句 自하 두말하다 [トゥマラダ] 小言を言う 関 두말 말고 [トゥマル マールゴ] とやかく言わないで / 두말없이 [トゥーマロプシ] 副 とやかく言わずに

두부 [tubu トゥブ] 名 豆腐

두텁다 [tutʰʌpʼta トゥトプタ] 形〖ㅂ変：두터워 / 두터운 トゥトウォ / トゥトウン〗① 厚い；分厚い ② (人情・義理などが)篤い

두통 [tutʰoŋ トゥトン] 名 頭痛 関 두통거리 [トゥトンッコリ] 名 頭痛の種 / 두통약 [トゥトンニャク] 名 頭痛薬

두툼하다 [tutʰumɦada トゥトゥマダ] 形〖ㅎ変〗① やや厚い ② (金銭的に)余裕がある

둑 [tuk トゥク] 名 堤防；土手

둔하다 [tunɦada トゥーナダ] 形〖ㅎ変〗① (動きが)のろい；鈍い ② (頭や感覚が)鈍い ③ (刃物などが)切れない

둘 [tu:l トゥール] 数 2つ；2；2人《名詞を修飾する時は두の形》例 두 사람 [トゥー サーラム] 2人 類 이 [イー]

둘러보다 [tullʌboda トゥルロボダ] 他 ① 見まわす ② 巡視する

둘러싸다 [tullʌsʼada トゥルロッサダ] 他 取り囲む；巡らす

둘러쌓다 [tullʌsʼatʰa トゥルロッサッタ] 他 (周りを)積み上げる

둘러앉다 [tullʌanʼta トゥルロアンタ] 自 車座になって座る

둘레 [tulle トゥルレ] 名 ① 周囲；周り ② 円周；周り

둥그렇다 [tuŋgurʌtʰa トゥングロッタ] 形〖ㅎ変：둥그래 / 둥그런 トゥングレ / トゥングロン〗大きくて丸い

둥글다 [tuŋgulda トゥングルダ] 形〖ㄹ語幹：둥근 トゥングン〗① 丸い ② (性格が)円満だ 副 둥글둥글 [トゥングルドゥングル] まるまると

둥지 [tuŋdʑi トゥンジ] 名 (鳥などの)巣

뒤 [twi: トゥィー] 名 ① 後ろ；後方

뒤돌아보다

例 호텔 뒤에 편의점이 있어요. [ホテル トゥィーエ ピョニジョミ イッソヨ] ホテルの後ろにコンビニがあります。 ②(時間的に)後；のち 例 30(삼십)분 뒤에 다시 전화해 주세요. [サムシプブン トゥィーエ タシ チョーヌヮヘ ジュセヨ] 30分後にもう一度電話してください。 ③(ある事柄が終わった)後 ④(ある事の)結果 ⑤(順序の)後 ⑥大便の婉曲表現 関 뒤가 급하다 [トゥィーガ クパダ] 便意を催す / 뒤가 늘어지다 [トゥィーガ ヌロジダ] 長っ尻だ / 뒤가 켕기다 [トゥィーガ ケンギダ] 後ろめたいことあって気がひける / 뒤를 노리다 [トゥィールル ノリダ] 機会をねらう / 뒤를 보다 [トゥィールル ポダ] 大便をすることの婉曲表現 / 뒤를 잇다 [トゥィールル イッタ] 後を継ぐ

뒤돌아보다 [twi:doraboda トゥィードラボダ] 自 ①振り返る ②顧みる；追想する

뒤따르다 [twi:ˀtaruuda トゥィーッタルダ] 他〖으変：뒤따라 トゥィーッタラ〗 ①後について行く；後に従う ②(志や事業などを)継ぐ；従う ③伴う；附随する

뒤떨어지다 [twi:ˀtərədʒida トゥィーットロヂダ] 自 ①後に残る ②遅れる ③(他人やほかと比べて)劣る；遅れる ④(時代・流行などに)遅れている ⑤(以前よりも)後退する；退く

뒤바뀌다 [twibaˀkwida トゥィバックィダ] 自 あべこべになる

뒤범벅 [twibəmbək トゥィボムボク] 名 ごちゃごちゃ 関 뒤범벅되다 [トゥィボムボクトゥェダ] 自 ごちゃごちゃになる

뒤섞다 [twisəkˀta トゥィソクタ] 他 (人や物を)混ぜる

뒤엎다 [twiəpˀta トゥィオプタ] 他 ひっくりかえす；覆す

뒤지다¹ [twi:dʒida トゥィーヂダ] 自 立ち後れる；引けを取る

뒤지다² [twidʒida トゥィヂダ] 他 ①(くまなく)捜す；探す；漁る ②(本や書類などを)めくる

뒤집다 [twidʒipˀta トゥィヂプタ] 他 ①裏返す ②(順序などを)逆にする ③(言葉や態度を)覆す ④(形勢を)逆転させる ⑤騒然とさせる ⑥目の色を変える；目をむく

뒤집어씌우다 [twidʒibəˀʃiuda トゥィヂボッシウダ] 他 ①(物を)覆い被せる ②(罪などを)被せる；押し付ける ③(水などを)浴びせる

뒤탈 [twi:tʰal トゥィータル] 名 (事が終わった後に起こる)心配；後腐れ

뒤풀이 [twi:pʰuri トゥィープリ] 名 打ち上げ 例 오늘 뒤풀이가 있으니 모두 참석해 주세요. [オヌル トゥィープリガ イッスニ モドゥ チャムソケ ジュセヨ] 今日打ち上げがあるので、みんな参加してください。

뒷걸음 [twi:tˀkərum トゥィーッコルム] 名 後ずさり 関 뒷걸음을 치다 [トゥィーッコルムル チダ] 後ずさりする

뒷골목 [twi:tˀkolmok トゥィーッコルモク] 名 裏通り；路地裏

뒷모습 [twi:nmosup トゥィーンモスプ] 名 後ろ姿

뒷문 [twi:nmun トゥィーンムン] 名 ① 裏門；裏口 ② 不正手段；裏口

뒷받침 [twi:t²patt²him トゥィーッパッチム] 名 後押し；支援；裏付け 하自他 뒷받침하다 [トゥィッパッチマダ] 後押しする

뒷이야기 [twi:nnijagi トゥィーンニヤギ] 名 後日談

뒷일 [twi:nnil トゥィーンニル] 名 後のこと

드나들다 [tunadulda トゥナドゥルダ] 自 《ㄹ語幹：드나드는 トゥナドゥヌン》① 出入りする ② 通う

드디어 [tudio トゥディオ] 副 遂に；とうとう；ようやく

드라마 [turama トゥラマ] 名 ドラマ 例 요즘은 무슨 드라마가 재미있어요? [ヨジュムン ムスン トゥラマガ チェミイッソヨ] この頃はどんなドラマが面白いですか。

드라마틱 [turamathik トゥラマティク] 名 ドラマチック 하形 드라마틱하다 [トゥラマティカダ] ドラマチックだ

드라이브 [turaibu トゥライブ] 名 ドライブ 하自他 드라이브하다 [トゥライブハダ] ドライブする

드러나다 [turonada トゥロナダ] 自 ① 見える；現れる ② 隠れていたことが暴露される ③ 世に広く知られるようになる

드러내다 [turoneda トゥロネダ] 他 ① 表す；露にする；さらけ出す ② (名を世に) 轟かす

드리다¹ [turida トゥリダ] 他 ① 주다 [チュダ] の謙譲語：(物を) 差しあげる 例 일본에 돌아가면 편지를 드리겠습니다. [イルボネ トラガミョン ピョンジルル トゥリゲッスムニダ] 日本に帰ったら手紙を差し上げます。② (神仏などに) 祈りを捧げる ③ (目上の人に) 申し上げる；挨拶をする 例 인사를 드리겠습니다. [インサルル トゥリゲッスムニダ] ご挨拶を申し上げます。

드리다² [turida トゥリダ] 補動 《動詞の語幹＋ -아 / 어 드리다の形で》…して差しあげる

드물다 [tumulda トゥムルダ] 形 《ㄹ語幹：드문 トゥムン》① めったにない；稀だ ② (空間的に) まばらだ

드시다 [tuʃida トゥシダ] 他 들다² [トゥルダ] の尊敬語：召し上がる

득의 [tugi トゥギ] 名 得意 하自 득의하다 [トゥギハダ] 得意になる 関 득의만면 [トゥギマンミョン] 名 得意満面

든든하다 [tundunɦada トゥンドゥナダ] 形 《하変》① (体が) 丈夫である ② (建物の基礎や構造が) しっかりしている ③ (生活などが) しっかりしている ④ 頼もしい；心強い ⑤ 満腹だ 副 든든히 [トゥンドゥニ] しっかりと；十分に

듣기 [tut²ki トゥッキ] 名 聞き取り

듣다¹ [tut²ta トゥッタ] 他 《ㄷ変：들어 / 듣는 トゥロ / トゥンヌン》① 聞く 例 라디오 강좌를 듣고 한국말을 공부했어요. [ラディオ カーンジュワルル トゥッコ ハーングンマルル コンブヘッソヨ] ラジオ講座を聞いて韓国語を勉強しました。② 耳にする ③ (小言や称賛の言葉を) 言われる ④ 聞き入れる；言うことを聞く

듣다

듣다²[tɯt̚t'a トゥッタ]囲《ㄷ変:들어/듣는 トゥロ/トゥンヌン》①効く 例 이 약은 잘 들어요.[イ ヤグン チャル トゥロヨ]この薬はよく効きます。②十分な働きをする

들[tɯːl トゥール]图①野原;平野 ②田畑

들것[tɯlʔkət̚ トゥールコッ]图担架

들국화[tɯːlgukkʰwa トゥールグクヮ]图野菊

들꽃[tɯːlʔkot̚ トゥールッコッ]图野に咲く花

들놀이[tɯːllori トゥールロリ]图行楽;野遊び

들다¹[tɯlda トゥルダ]他《ㄹ語幹:드는 トゥヌン》(刃物などが)よく切れる

들다²[tɯlda トゥルダ]他《ㄹ語幹:드는 トゥヌン》먹다[モクタ]の美化語:いただく;食べる

들다³[tɯlda トゥルダ]囲《ㄹ語幹:드는 トゥヌン》(年を)取る

들다⁴[tɯlda トゥルダ]囲《ㄹ語幹:드는 トゥヌン》①(中へ)入る ②(光などが)射す;当たる ③(組織などに)加入する ④含む;含まれる ⑤(費用や手数などが)要る;掛かる 例 이 일은 돈이 많이 들어요.[イ イールン トニ マーニ トゥロヨ]この仕事はお金がたくさん掛かります。⑥(感情・考えなどが)起こる;生じる 例 왠지 나쁜 예감이 들어요.[ウェンジ ナップン イェーガミ トゥロヨ]なんとなく悪い予感がします。

들다⁵[tɯlda トゥルダ]他《ㄹ語幹:드는 トゥヌン》①持ち上げる;挙げる ②(手に)持つ;取る 例 너무 무거워서 못 들겠어요.[ノム ムゴウォソ モーッ トゥルゲッソヨ]あまりに重くて持てそうもないです。③(事実や例などを)挙げる

들려주다[tɯlljəd͡ʒuda トゥルリョジュダ]他(音や声を)聞かせる

들르다[tɯlːlɯda トゥルルダ]囲《으変:들러 トゥルロ》立ち寄る 例 지나는 길에 들렀어요.[チナヌン ギレ トゥルロッソヨ]行くついでに立ち寄りました。

들리다[tɯllida トゥルリダ]囲聞こえる 例 잘 안 들려요. 다시 한번 말해 주세요.[チャル アン ドゥルリョヨ タシ ハンボン マーレ ジュセヨ]よく聞こえません。もう一度言ってください。 使役 聞かせる

들볶다[tɯlbokʔta トゥルボクタ]他 ①いびる;いじめる ②こき使う;酷使する

들새[tɯːlʔsɛ トゥールセ]图野鳥

들소[tɯːlʔso トゥールソ]图野牛

들어가다¹[tɯrəgada トゥロガダ]囲①(外から中に)入る 例 허락 없이 들어가지 마세요.[ホラク オープシ トゥロガジ マーセヨ]許可なく入らないでください。②(穴などに)入る ③(組職などに)入る ④(費用・経費・材料・労力などが)要る;掛かる 例 그 사업에는 많은 비용이 들어갔어요.[ク サーオベヌン マーヌン ピヨンイ トゥロガッソヨ]その事業には多くの費用が掛かりました。⑤(言葉・文章などの内容が)理解される;頭に入る 例 문장이 어려워서 머릿속에 내용이 안 들어가요.[ムンジャンイ オリョウォソ モリッソゲ ネー

ヨンイ アン ドゥロガヨ]文章が難しくて内容が頭に入りません。

들어가다²[tuɾəgada トゥロガダ] 他(こっそり)持っていく;盗む

들어맞다[tuɾəmatʰta トゥロマッタ] 自 ①(予想などが)当たる;的中する ②(状況や境遇に)当てはまる ③(寸法や型などが)ぴったり合う;ぴたりとはまる

들어서다[tuɾəsəda トゥロソダ] 自 ①(外から内へ)入る;足を踏み入れる ②立っている;入っている

들어오다[tuɾəoda トゥロオダ] 自 ①(中へ)入る;入ってくる 例 어서 들어오세요. [オソ トゥロオセヨ] さあお入りください。②(組織や団体に)加わる ③(収入が)ある;入ってくる ④(言葉や文章などの内容が)理解される;頭に入る ⑤(ある状態や時期に)入る;なる ⑥(外国から)流入する;伝来する

들여다보다[tuɾjədaboda トゥリョダボダ] 他 ①(内部を)のぞく;のぞき込む ②(じっと)見つめる ③(人の心を)見抜く ④立ち寄ってのぞき見る;立ち寄る

들여다보이다[tuɾjədaboida トゥリョダボイダ] 自 (内部が)透けて見える

들여다뵈다[tuɾjədabweda トゥリョダブェダ] 自 들여다보이다[トゥリョダボイダ]の縮約形

들이다[tuɾida トゥリダ] 他 ①(中へ)入らせる;入れる ②(資金・人力・努力などを)掛ける;費やす ③(動物を)慣らす;馴らす ④(人を)雇う;雇い入れる

들이닥치다[tuɾidaktʃʰida トゥリダクチダ] 自 ①(不意に)押し寄せる;襲う;訪れる ②差し迫る

들이쉬다[tuɾiʃwi:da トゥリシュィーダ] 他 (息を)吸い込む

들이켜다[tuɾikʰjəda トゥリキョダ] 他 (酒などを)あおる;一気に飲む

들장미[tɯːlʔtʃaŋmi トゥールチャンミ] 名 野バラ

들추다[tultʃʰuda トゥルチュダ] 他 ①引っ掻き回す;探る;捜す ②(書類や辞書などを)調べる ③(隠れているものを)暴露する;さらけ出す

들키다[tulkʰida トゥルキダ] 自 見つかる;ばれる

들통[tultʰoŋ トゥルトン] 名 (隠し事が)ばれた状態 関 들통 나다[トゥルトン ナダ] (隠し事が)ばれる;暴露される;見つかる

들판[tɯːlpʰan トゥールパン] 名 野原;平野;原っぱ

듬뿍[tumʔpuk トゥムップク] 副 たっぷり;山盛りに;どっさり;十分に 関 듬뿍듬뿍[トゥムップクトゥムップク] 副 たっぷり;どっさり

등¹[tuŋ トゥン] 名 ①背;背中;後ろ 例 등이 가려워요. [トゥンイ カリョウォヨ] 背中がかゆいです。②(物の)背面 関 등을 대다[トゥンウル テダ] (人の勢力などを)当てにする;頼る / 등을 돌리다[トゥンウル トゥリダ] 背を向ける / 등이 달다[トゥンイ タルダ] (思い通りにならなくて)気が気でない;やきもきする / 등이 터지다[トゥンイ トジダ] 大きい打撃を受ける

등

등² [tuŋ トゥン] 名 籐

등급 [tuːŋgɯp トゥーングプ] 名 等級

등기 [tuŋgi トゥンギ] ①登記 ②書留 他 등기하다 [トゥンギハダ] 登記する 関 등기 우편 [トゥンギウピョン] 名 書留郵便

등등 [tuːŋduŋ トゥーンドゥン] など；などなど 例 남대문 시장에는 먹을 것은 물론 옷, 화장품, 액세서리 등등 없는 것이 없어요. [ナムデムン シージャンエヌン モグル コスン ムルロン オッ フヮジャンプム エクセソリ トゥンドゥン オームヌン ゴシ オープソヨ] 南大門市場には食べる物はもちろん服, 化粧品, アクセサリーなど, ない物はありません。

등록 [tuŋnok トゥンノク] 名 登録 他 등록하다 [トゥンノカダ] 登録する 関 등록금 [トゥンノックム] 名 大学などの授業料 / 등록 상표 [トゥンノク サンピョ] 名 登録商標 / 등록 의장 [トゥンノク ウイージャン] 名 登録意匠

등불 [tuŋˀpul トゥンプル] 名 灯火；明かり

등산 [tuŋsan トゥンサン] 登山 例 등산이 건강에 좋대요. [トゥンサニ コーンガンエ チョーッテヨ] 登山が健康に良いそうです。 自 등산하다 [トゥンサナダ] 登山する 関 등산지팡이 [トゥンサンジパンイ] 名 ピッケル / 등산화 [トゥンサヌヮ] 名 登山靴

등심 [tuŋʃim トゥンシム] 名 (牛の)ロース

등장 [tuŋdʑaŋ トゥンジャン] 名 登場 自 등장하다 [トゥンジャンハダ] 登場する

등지다¹ [tuŋdʑida トゥンジダ] 自 仲違いする；仲が悪くなる

등지다² [tuŋdʑida トゥンジダ] 他 ①背をもたれる ②背にする；背景とする ③(関係を絶って)背を向ける；後にする

디디다 [tidida ティディダ] 他 ①踏む；踏み固める ②(ある地点に)到達する；足を踏み入れる

디럭스 [tirokˀsɯ ティロクス] 名 デラックス 他 디럭스하다 [ティロクスハダ] デラックスだ；豪華だ

디렉터 [tirektʰɔ ティレクト] 名 ディレクター；(映画・演劇の)監督；演出家

디스크 [tisɯkʰɯ ティスク] 名 ディスク ①レコード；音盤 ②椎間板ヘルニアの俗語

디자이너 [tidʑainɔ ティジャイノ] 名 デザイナー

디자인 [tidʑain ティジャイン] 名 デザイン 他 디자인하다 [ティジャイナダ] デザインする

디저트 [tidʑɔtʰɯ ティジョトゥ] 名 デザート 類 후식 [フーシク]

디지털 [tidʑitʰɔl ティジトル] 名 デジタル 関 디지털 카메라 [ティジトルカメラ] 名 デジタルカメラ / 디카 [ティカ] 名 デジタルカメラの略称

딜러 [tiːllɔ ティールロ] 名 ディーラー

딜레마 [tillema ティルレマ] 名 ジレンマ

따갑다 [ˀtagapˀta ッタガプタ] 形 《ㅂ変:따가워 / 따가운 ッタガウォ / ッタガウン》①非常に暑い；焼け

つくようだ ②ひりひりする；ひりひり痛い

따개 [ˀtagɛ ッタゲ] 名 缶切り；栓抜き 例 깡통 따개 없어요? [ッカントン ッタゲ オープソヨ] 缶切りありませんか。関 깡통 따개 [ッカントン ッタゲ] 名 缶切り / 마개 뽑이 [マゲ ッポビ] 名 ワインオープナー / 병 따개 [ピョン ッタゲ] 名 栓抜き

따끈하다 [ˀtaˀkunɦada ッタックナダ] 形《하変》(飲食物などが) 温かい；ほかほかだ 例 따끈한 빵 좀 드세요. [ッタックナン ッパン チョム トウセヨ] ほかほかのパンを召し上がってください。副 따끈따끈 [ッタックンッタックン] ほかほか；따끈히 [ッタックニ] 温かく；ほかほかに

따님 [ˀtanim ッタニム] 名 お嬢さん；娘さん

따다 [ˀtada ッタダ] 他 ①(木の実や葉などを) 取る；摘む ②(資格や点数・成績などを) 取る 例 이번에 운전 면허증을 땄어요. [イボネ ウンジョン ミョノッチュンウル ッタッソヨ] この度, 運転免許を取りました。③(賭事や勝負で金や景品を) 取る ④(蓋や栓などを) 開ける ⑤(文章を) 引用する

따뜻하다 [ˀtaˀtuttʰada ッタットゥタダ] 形《하変》①(気候や部屋の温度などが) 暖かい ②(物が) 温かい 例 너는 손이 참 따뜻하구나. [ノヌン ソニ チャム ッタットゥタグナ] 君は手が本当に温かいんだね。③(気持ちや気遣いが) 温かい 副 따뜻이 [ッタットゥシ] 暖かく；温かく

따라서 [ˀtarasɔ ッタラソ] 副 従って；故に

따로 [ˀtaro ッタロ] 副 ①離して；別に；別々に 例 자리가 없어서 따로 앉아야겠어요. [チャリガ オープソソ ッタロ アンジャヤゲッソヨ] 席がないから別々に座らなくてはいけません。②別途に；余分に 関 따로따로 [ッタロッタロ] 副 別々に；離れて

따르다¹ [ˀtaruda ッタルダ] 自他《으変: 따라 タラ》①追う；付いて行く ②従う；ならう 例 원어민의 발음을 따라서 연습하는 게 좋아요. [ウォノミネ パルムル ッタラソ ヨンスパヌン ゲ チョーアヨ] ネイティブスピーカーの発音にならって練習するのが良いです。③伴う

따르다² [ˀtaruda ッタルダ] 他《으変: 따라 タラ》(液体を) 注ぐ；差す

따름 [ˀtarum ッタルム] 依名《ㄹ/을 따름の形で》…だけ；…ばかり；…のみ

따분하다 [ˀtabunɦada ッタブナダ] 形《하変》退屈だ；味気ない；つまらない

따스하다 [ˀtasɯɦada ッタスハダ] 形《하変》温かい

따위 [ˀtawi ッタウィ] 依名 (人や物事を蔑んで) …なんか；…みたいな；ような (やつ・もの)

따지다 [ˀtadʑida ッタジダ] 他 ①(物事の是非を) 問う；問い詰める ②(原因などを) 調べる ③(綿密に) 検討する ④(損得を) 計算する

딱¹ [ˀtak ッタク] 副 ①固い物がぶつ

かる様子:がつん;がんと ②細長い物が折れる様子:ぽきっと

딱² [ʔtak ッタク] 副 ①物がぴったりと張り付く様子:ぴたり;ぴたっと ②(完全に)塞がった様子:ぎっしり ③的中したり、ぴったりと合う様子:ぴったり 例 제 예상이 딱 들어맞았어요. [チェ イェーサンイ ッタク トゥロマジャッソヨ] 私の予想がぴったり当たりました。 ④呆れて口を開ける様子:あんぐり

딱³ [ʔtak ッタク] 副 ①行動・態度をはっきりとさせる様子:断固として ②非常に少ない様子:全部で;…だけ;きっちり

딱따구리 [ʔtak²taguri ッタクッタグリ] 名 キツツキ

딱지¹ [ʔtak²tɕi ッタクチ] 名 ①かさぶた ②(紙の)染み ③(蟹などの)甲羅

딱지² [ʔtak²tɕi ッタクチ] 名 ①切手;証紙;ラベル ②めんこ ③(悪い評価すを表す)レッテル;烙印

딱하다 [ʔtakkʰada ッタカダ] 形 〘하変〙①気の毒だ;不憫だ;かわいそうだ;哀れだ ②苦しい;困る

딴 [ʔtan ッタン] 冠 別の;他の;ほかの

딸 [ʔtal ッタル] 名 (親子関係における)娘 例 보통 아빠는 딸을 더 좋아해요. [ポトン アッパヌン ッタルルト チョーアヘヨ] 普通お父さんは娘をよりかわいがります。

딸기 [ʔta:lgi ッタールギ] 名 イチゴ

땀 [ʔtam ッタム] 名 汗 例 너무 더워서 땀이 많이 나요. [ノム トゥオソッタミ マーニ ナヨ] 暑すぎて汗がたくさん出ます。 関 땀내 [ッタムネ] 名 汗の臭い

땅 [ʔtaŋ ッタン] 名 ①土地;地面 ②領土 ③敷地 ④農地

땅콩 [ʔtaŋkʰoŋ ッタンコン] 名 落花生;ピーナッツ 関 땅콩기름 [ッタンコンギルム] 名 落花生油

때¹ [ʔtɛ ッテ] 名 ①時刻;時間 ②時期;機会 例 이번 여름휴가 때 가족끼리 여행을 가기로 했어요. [イボン ヨルムヒュガ ッテ カジョクッキリ ヨヘンウル カギロ ヘッソヨ] 今年の夏の休暇に家族だけで旅行に行くことにしました。③場合

때² [ʔtɛ ッテ] 名 ①垢 ②汚れ

때때로 [ʔtɛ²tɛro ッテッテロ] 副 時々;時折

때로 [ʔtero ッテロ] 副 ①時には ②たまに(は);時折

때리다 [ʔterida ッテリダ] 他 ①殴る;たたく 例 사람을 왜 때려요! [サーラムル ウェー ッテリョヨ] 何で人を殴るんですか! ②(物を)打つ ③(失敗や過ちを)批判する ④強い感動などを受ける

때마침 [ʔtɛmatɕʰim ッテマチム] 副 都合よく;折よく

때맞다 [ʔtɛmat²ta ッテマッタ] 形 ちょうどよい時機である;折りよい

때문 [ʔtɛmun ッテムン] 名 ①原因や理由を表す)(のため;のせいで 例 강풍 때문에 비행기가 연착됐어요. [カンプン ッテムネ ピヘンギガ ヨンチャクトゥェッソヨ] 強風のために飛行機が遅れました。 ②《用言の語幹+ -기 때문にの形で》…するから;…なので 例 선약

이 있기 때문에 오늘은 안 되겠어요. [ソニャギ イッキ ッテムネ オヌルン アン ドゥェゲッツソヨ] 先約があるので今日はだめです。

떠나다 [˚tɔnada ットナダ] 自他 ①(ある場所を)去る；離れる 例 사표를 던지고 미련 없이 회사를 떠났어요. [サピョルル トンジゴ ミリョノプーシ フェーサルル ットナッソヨ] 辞表を出して、あっさりと会社を去りました。②向かう；行く 例 언제 한국으로 떠나요? [オンジェ ハーンググロ ットナヨ] いつ韓国に行きますか。③(関係などを)断つ

떠들다 [˚tɔːdɯlda ットードゥルダ] 自《ㄹ語幹: 떠드는 ットドゥヌン》①騒ぐ ②(うわさや世論などが)広まる；騒ぐ；湧く ③ざわつく；どよめく

떠들썩하다 [˚tɔdɯlˀsɔkkʰada ットドゥルッソカダ] 形《하変》騒々しい；騒がしい

떠맡다 [˚tɔmatˀta ットマッタ] 他 (人の仕事を)引き受ける；しょい込む

떠밀다 [˚tɔmilda ットミルダ] 他《ㄹ語幹: 떠미는 ットミヌン》強く押す；押しのける

떠오르다 [˚tɔoruda ットオルダ] 他《르変: 떠올라 ットオルラ》①浮き上がる；浮かび上がる；昇る ②(考え・記憶などが)浮かぶ；蘇る

떡 [˚tɔk ットク] 名 餅 例 요즘 애들은 떡보다 케이크를 좋아해요. [ヨジュム エードゥルン ットクポダ ケイクルル チョーアヘヨ] この頃の子供たちはお餅よりケーキが好きです。

慣 떡을 치다 [ットグル チダ] ①餅をつく ②(量や程)十分だ / 떡이 되다 [ットギ トゥェダ] (物事が)台無しになる

떡갈나무 [˚tɔkˀkallamu ットクカルラム] 名 カシワ

떡국 [˚tɔkˀkuk ットククク] 名 雑煮

떨다[1] [˚tɔːlda ットールダ] 自《ㄹ語幹: 떠는 ットヌン》(小刻みに)震える；揺れる

떨다[2] [˚tɔːlda ットールダ] 他《ㄹ語幹: 떠는 ットヌン》①(寒さや興奮・緊張などで体を)震わせる 例 우리는 무서워서 벌벌 떨었어요. [ウリヌン ムソウォソ ポルボル ットーロッソヨ] 私たちは怖くてぶるぶる震えました。 ②(声を)震わせる

떨리다 [˚tɔllida ットルリダ] 自 震える；おののく；わななく

떨어뜨리다 [˚tɔrɔˀturida ットロットゥリダ] 他 ①落とす ②落とし物をする 例 지갑을 떨어뜨렸어요. [チガブル ットロットゥリョッソヨ] 財布を落としました。③(価値・程度・品質などを)落す ④使い果たす；切らす ⑤(試験などで)振るい落とす

떨어지다 [˚tɔrɔdʑida ットロジダ] 自 ①(上から)落ちる；落下する ②離れる ③(価値・程度・品質などが)落ちる ④(物が)尽きる；品切れになる ⑤(試験などで)落ちる

떨치다[1] [˚tɔːltɕʰida ットールチダ] 自 (威勢や名声などが)鳴り響く；轟く 他 (威勢や名声などを)轟かす；鳴らす

떨치다

떨치다² [ˀtɔːltʃʰida ットールチダ] 他 ①(力強く振って)振り落とす；振り切る ②(名声や欲などを)捨てる

떫다 [ˀtɔːlˀta ットールタ] 形 ①渋い ②(言動が)未熟だ

떳떳하다 [ˀtɔtˀtɔtˀtʰada ットットタダ] 形〖하変〗①堂々としている ②当然だ；正当だ 副 떳떳이[ットットシ]堂々と

떼 [ˀte ッテ] 名 だだ 関 떼를 쓰다[ッテルル ッスダ]だだをこねる

떼다¹ [ˀteːda ッテーダ] 他 ①取り外す；剝がす ②(間を)空ける ③(封を)切る ④やめる；断つ

떼다² [ˀteːda ッテーダ] 他 (借金などを)踏み倒される

또 [ˀto ット] 副 ①また；再び；もう一度 例 우리 언제 또 만날까요? [ウリ オンジェ ット マンナルッカヨ] 私たちはいつまた会えるでしょうか。 ②またいつか ③更に；かつ

또는 [ˀtonun ットヌン] 副 または；あるいは

또다시 [ˀtodaʃi ットダシ] 副 ①再び ②もう一度；重ねて

또래 [ˀtorɛ ットレ] 名 年頃や程度の同じ仲間

또한 [ˀtoɦan ットハン] 副 ①同じように；同じく；やはり ②さらにまた

똑같다 [ˀtokˀkatˀta ットクカッタ] 形 全く同じだ；そっくりだ 副 똑같이[ットクカチ]同じく；そっくりに 例 그 집 아들은 아빠랑 똑같이 생겼어요. [ク チプ アドゥルン アッパラン ットクカチ センギョッソヨ]その家の息子はお父さんとそっくりです。

똑똑하다 [ˀtokˀtokkʰada ットクットカダ] 形〖하変〗①明瞭だ；はっきりしている ②利口だ；賢い 副 똑똑히[ットクットキ]はっきりと；明らかに；賢明に

똑바로 [ˀtokˀparo ットクパロ] 副 ①真っ直ぐ 例 이 길로 똑바로 가면 역이 나와요. [イ キルロ ットクパロ カミョン ヨギ ナワヨ]この道を真っ直ぐ行けば駅に出ます。 ②正しく；まともに

똘똘하다 [ˀtolˀtolɦada ットルットラダ] 形〖하変〗利口だ；利発だ

똥 [ˀtoŋ ットン] 名 大便 関 똥을 누다[ットンウル ヌダ]大便をする/똥을 싸다[ットンウル ッサダ]大便を漏らす

뚜껑 [ˀtukʼəŋ ットゥッコン] 名 (器などの)蓋；キャップ

뚜렷하다 [ˀturjɔtˀʰada ットゥリョタダ] 形〖하変〗①はっきりしている；明らかだ 例 그는 주관이 뚜렷한 사람이에요. [クヌン チュグワニ ットゥリョタン サーラミエヨ]彼は主観がはっきりとした人です。 ②著しい；際立っている 副 뚜렷이[ットゥリョシ]はっきりと；明確に；明らかに

뚫다 [ˀtultʰa ットゥルタ] 他 ①(穴を)開ける；穿つ ②(塞がっているものを)貫く；通す ③(困難などを)切り抜ける ④(人の心などを)読み取る

뚱뚱하다 [ˀtuŋˀtuŋɦada ットゥンットゥンハダ] 形〖하変〗太っている

뚱하다 [ˀtuːŋɦada ットゥーンハダ]

形〖하変〗① 無口だ；むっつりしている ② ふてくされている

뛰다 [˺twida ットウィダ] 自 ① 走る；駆ける ② 跳ぶ；跳躍する；跳ねる ③ (胸が) 弾む ④ (脈を) 打つ；(息が) 弾む

뛰어나다 [˺twiɔnada ットウィオナダ] 形 優れている；秀でている

뛰어넘다 [˺twiɔnəm˺ta ットウィオノムタ] 他 ① 飛び越える；乗り越える ② (順序などを) 抜かす

뜀틀 [˺twimt'ul ットウィムトゥル] 名 跳び箱

뜨개질 [˺tugedʒil ットゥゲジル] 名 編んだ服；編み物

뜨겁다 [˺tugəp˺ta ットゥゴプタ] 形〖ㅂ変：뜨거워 / 뜨거운 ットゥゴウォ / ットゥゴウン〗① (温度が) 高い；熱い 対 차갑다 [チャガプタ]；차다 [チャダ] 例 커피가 너무 뜨거워요. [コピガ ノム ットゥゴウォヨ] コーヒーが熱すぎます。② (体温が) 高い；熱がある ③ (恥などで顔が) ほてる

뜨다[1] [˺tuda ットゥダ] 自〖으変：떠 ット〗① (水・空に) 浮かぶ；浮く ② (月・太陽などが) 昇る ③ (心や態度が) 浮つく ④ (時間・距離・心情などに) 隔たりができる ⑤ (空間的に) かけ離れる；開きができる

뜨다[2] [˺tuda ットゥダ] 他〖으変：떠 ット〗(席を) 空ける；外す

뜨다[3] [˺tuda ットゥダ] 他〖으変：떠 ット〗(液体を) すくう

뜨다[4] [˺tuda ットゥダ] 他〖으変：떠 ット〗① (目を) 開ける；(目を) 開く；覚める ② (耳が) 聞こえるようになる

뜨다[5] [˺tuda ットゥダ] 他〖으変：떠 ット〗① (糸や毛糸などで網やセーターなどを) 編む ② (一針一針) 縫う

뜨이다 [˺tuida ットゥイダ] 自 ① (目が) 開く；覚める；目覚める ② (目に) 付く

뜬소문 [˺tunsomun ットゥンソムン] 名 根拠のないうわさ 類 헛소문 [ホッソムン]

뜯다 [˺tut˺ta ットゥッタ] 他 ① (付いている物や包装紙などを) むしる；もぎ取る；はがす ② (設備や機械などを) 取り外す；ばらす；分解する ③ ちぎる；噛みきる ④ (虫が) 噛む；刺す

뜰 [˺tul ットゥル] 名 庭

뜸 [˺tum ットゥム] 名 灸 関 뜸을 뜨다 [ットゥムル ットゥダ] 灸を据える

뜻 [˺tut ットゥッ] 名 ① 意味 例 이게 무슨 뜻이에요? [イゲ ムスン ットゥシエヨ] これはどういう意味ですか。② 意志；気持ち；思い 関 뜻에 맞다 [ットゥセ マッタ] 意にかなう / 뜻을 두다 [ットゥスル トゥダ] 志す / 뜻을 받다 [ットゥスル パッタ] 志を受け継ぐ / 뜻을 세우다 [ットゥスル セウダ] 志を立てる / 뜻이 깊다 [ットゥシ キプタ] 意味が深い

뜻대로 [˺tut˺tero ットゥッテロ] 副 思ったとおりに；意のままに

뜻밖에 [˺tut˺pa˺ke ットゥッパッケ] 副 不意に；思いがけず；案外

뜻하다 [˺tutʰada ットゥタダ] 他〖하変〗① 意味する ② (ある事を) 志

띄다 [˚ti:da ッティーダ] 自 뜨이다[ットウイダ]の縮約形

띄어쓰기 [˚tio²sugi ッティオッスギ] 名 分かち書き

띄우다 [˚tiuda ッティウダ] 他 ①(表情を)浮かべる;漂わす ②(水上や空中に)浮かべる;浮かす

띠[¹] [˚ti ッティ] 名 帯のように細長いものの総称:ベルト;腰ひも

띠[²] [˚ti ッティ] 名 (十二支の)…年(どし)

띠다 [˚tida ッティダ] 他 ①(腰ひもなどを)結ぶ ②(ある物を)身に付ける;携帯する ③(任務などを)帯びる ④(色彩などを)帯びる ⑤(感情などを)帯びる;たたえる

ㄹ

ㄹ[¹] [l ル] 助 를[ルル]の縮約形:…を;…へ

-ㄹ[²] [l ル] 語尾 母音語幹・ㄹ語幹(ㄹ脱落)に付いて未来連体形を作る。

-ㄹ게 [l²ke ルケ] 語尾 《母音語幹・ㄹ語幹(ㄹ脱落)に付いて》ある行動をする意志を表し、聞き手に約束することを表す:…するからね;…するよ 例 다음 주까지는 반드시 끝낼게요. [タウム チュッカジヌン パンドゥシ ックンネルケヨ] 来週までには必ず終わらせます。関 -을게[ウルケ] 語尾 前の用言が子音語幹(ㄹ語幹以外)の場合に用いる。

-ㄹ까 [l²ka ルッカ] 語尾 《母音語幹・ㄹ語幹(ㄹ脱落)に付いて》①疑問や推量を表す:…だろうか;…かしら;…か 例 예약을 안 했는데 방이 있을까요? [イェーヤグル ネンヌンデ パンイ イッスルッカヨ] 予約をしなかったのですが、部屋はあるでしょうか。②(相手の意志を尋ねる)…しましょうか 例 내가 도와줄까요? [ネガ トワジュルッカヨ] 私が手伝いましょうか。③《-ㄹ까 하다の形で》…しようかと思う 例 여름에는 여행을 갈까 해요. [ヨルメヌン ヨヘンウル カルッカ ヘヨ] 夏には旅行に行こうかと思います。関 -을까[ウルッカ] 語尾 前の用言が子音語幹(ㄹ語幹以外)の場合に用いる。

-ㄹ래 [llɛ ルレ] 語尾 《母音語幹・ㄹ語幹(ㄹ脱落)に付いて》話し手の意志を表す:…するよ 例 내일은 일찍 나갈래요. [ネイルン イルッチク ナガルレヨ] 明日は早く出掛けます。関 -을래[ウルレ] 語尾 前の用言が子音語幹(ㄹ語幹以外)の場合に用いる。

-ㄹ수록 [l²surok ルスロク] 語尾 《母音語幹・ㄹ語幹(ㄹ脱落)に付いて》…(すれば)するほど;…(であれば)あるほど 例 한국말은 공부하면 할수록 재미있어져요. [ハーングンマルン コンプハミョン ハルスロク チェミイッソジョヨ] 韓国語は勉強すればするほど面白くなります。関 -을수록[ウルスロク] 語尾 前の用言が子音語幹(ㄹ語幹以外)の場合に用いる。

-ㄹ 수 없다 [l² su ɔːp²ta ル ス オープタ] ⇒수[⁴]

-ㄹ 수 있다 [l² su it²ta ル スイッタ]

⇒수⁴

-ㄹ지 [l'tɕi ルチ] 語尾《母音語幹・ㄹ語幹(ㄹ脱落)に付いて》① 疑問を表す：…するかも；したかも；…かどうか 例 주말에는 시간이 있을지 모르겠어요. [チュマレヌン シガニ イッスルチ モルゲッソヨ] 週末は時間があるかどうかわかりません。② 不審や疑問を表す：…だろうか ③《-ㄹ지도 모르다の形で》…かもしれない 例 마음이 내키면 볼지도 모르겠어요. [マウミ ネキミョン ポルチド モルゲッソヨ] 気が向いたら見るかもしれません。関 -을지 [ウルチ] 語尾 前の用言が子音語幹(ㄹ語幹以外)の場合に用いる。

라¹ [ra ラ] 助 ① 라고 [ラゴ] の縮約形：…と(言う) 例 일본에서 온 사토 료코라고 합니다. [イルボネソ オン サト リョコラゴ ハムニダ] 日本から来た佐藤涼子と申します。② 라서 [ラソ] の縮約形：…なので

-라² [ra ラ] 語尾 아니다 [アニダ] の語幹に付く連結語尾。単純な並列的接続を表す：…(で)なくて

-라고 [rago ラゴ] 語尾《パッチムのない体言などに付いて》…だと 関 이라고 [イラゴ] パッチムのある体言などに用いる。

-라도 [rado ラド] 語尾 아니다 [アニダ] の語幹に付く従属的連結語尾：…(でなく)ても；(でない)としても

라디오 [radio ラディオ] 名 ラジオ 例 라디오는 주로 출퇴근 시간에 들어요. [ラディオヌン チュロ チュル トェグン シガネ トゥロヨ] ラジオは主に通勤時間に聴きます。

라면 [ramjon ラミョン] 名 ラーメン 例 야식으로 라면을 자주 먹어요. [ヤーシグロ ラミョヌル チャジュ モゴヨ] 夜食にラーメンをよく食べます。

라벨 [rabel ラベル] 名 ラベル；レッテル

라이벌 [raibəl ライボル] 名 ライバル

라이터 [raitʰə ライト] 名 ライター 例 라이터를 켜세요. [ライトルル キョセヨ] ライターを点けてください。

라이트 [raitʰɯ ライトゥ] 名 ライト；光

라이프 [raipʰɯ ライプ] 名 ライフ；生命；生活 関 라이프워크 [ライプウォーク] 名 ライフワーク

라일락 [raillak ライルラク] 名 ライラック；リラ

라틴어 [ratʰinə ラティノ] 名 ラテン語

랑 [raŋ ラン] 助《パッチムのない体言に付く，パッチムがある場合は이랑の形》① 一緒に動作をする相手を表す：…と ② 2つ以上の物事を並列する：…と

랩 [rep レプ] 名 ラップ

랭킹 [reŋkʰiŋ レンキン] 名 ランキング；記録や成績の順位

-러 [rə ロ] 語尾《母音語幹・ㄹ語幹に付いて》…しに；…するために《後続する文には必ず移動性の動詞を伴う》例 우리 같이 콘서트를 보러 가요. [ウリ カチ コンソトゥルル ポロ カヨ] 私たち，一緒にコ

ンサートを見に行きましょうよ。 関 -으러[ウロ] 語尾 前の用言が子音語幹(ㄹ語幹以外)の場合に用いる。例 같이 밥 먹으러 갈까요? [カチ パム モグロ カルッカヨ] 一緒にご飯を食べに行きましょうか。

러브 [rɔbɯ ロブ] 名 ラブ；恋愛

러시 [rɔʃi ロシ] 名 ラッシュ 関 러시아워[ロシ アウォ] 名 ラッシュアワー

러키 [rɔkʰi ロキ] 名 ラッキー；幸運 形 러키하다[ロキハダ] ラッキーだ

럭비 [rɔkʔpi ロクビ] 名 ラグビー

런치 [rɔntʃʰi ロンチ] 名 ランチ

레귤러 [regjullɔ レギュルロ] 名 レギュラー

레벨 [rebel レベル] 名 レベル

레스토랑 [resɯtʰoraŋ レストラン] 名 レストラン 例 오늘은 오랜만에 레스토랑에 갈까요? [オヌルン オレンマネ レストランエ カルッカヨ] 今日は久しぶりにレストランに行きましょうか。

레슨 [resɯn レスン] 名 レッスン

레이디 [reidi レイディ] 名 レディー；淑女；貴婦人 関 레이디 퍼스트[レイディ ポーストゥ] 名 レディーファースト

레이스 [reisɯ レイス] 名 レース；競走

레이저 [reidʒɔ レイジョ] 名 レーザー 関 레이저 광선[レイジョ クヮンソン] 名 レーザー光線

레인지 [reindʒi レインジ] 名 レンジ；料理台

레저 [redʒɔ レジョ] 名 レジャー 関 레저 붐[レジョ ブム] 名 レジャーブーム / 레저 산업[レジョ サーノプ] 名 レジャー産業

레지던트 [redʒidɔntʰɯ レジドントゥ] 名 レジデント(インターンを終えた研修医)

레지스탕스 [redʒisɯtʰaŋsɯ レジスタンス] 名 レジスタンス

레크리에이션 [rekʰɯrieiʃɔn レクリエイション] 名 レクリエーション

레퍼리 [repʰɔri レポリー] 名 レフリー；審判員

레퍼토리 [repʰɔtʰori レポトリ] 名 レパートリー；演目

렉처 [rektʃʰɔ レクチョ] 名 レクチャー；講義

렌즈 [rendʒɯ レンジュ] 名 ①レンズ ②コンタクトレンズの縮約形

렌터카 [rentʰɔkʰa: レントカー] 名 レンタカー

-려고 [rjɔgo リョゴ] 語尾《行為を表す母音語幹・ㄹ語幹の用言と共に用いて》意図を表す：…しようと 例 영국에 유학을 가려고 해요. [ヨングゲ ユハグル カリョゴ ヘヨ] イギリスに留学しようと思います。 関 -으려고[ウリョゴ] 語尾 前の用言が子音語幹(ㄹ語幹以外)の場合に用いる。

로 [ro ロ] 助 ①手段・方法・道具などを表す：…で；…を使って 例 서명은 볼펜으로 해 주세요. [ソミョンウン ポルペヌロ ヘ ジュセヨ] サインはボールペンでしてください。 ②原料・材料などを表す：…で 例 나무로 의자를 만들었어요. [ナムロ ウイジャルル マンドゥロッソヨ] 木で椅子を作りました。 ③理

由・原因を表す：…で；…から；…によって 例 오늘은 감기로 회사를 쉬었어요. [オヌルン カムギロ フェーサルル シュィオッソヨ] 今日は風邪で会社を休みました。④ 方向を表す：…に；…へ 例 내일은 서울로 모레는 경주로 가요. [ネイルン ソウルロ モレヌン キョンジュロ カヨ] 明日はソウルに，明後日は慶州に行きます。関 으로 [ウロ] 助 前の体言にㄹパッチム以外のパッチムがある場合に用いる。

로맨스 [romɛnsɯ ロメンス] 名 ロマンス

로맨틱 [romɛntʰik ロメンティク] 名 ロマンチック 形 로맨틱하다 [ロメンティカダ] ロマンチックだ

로서 [rosɔ ロソ] 助 資格・地位・身分を表す：…として；…であって 関 으로서 [ウロソ] 助 前の体言にㄹパッチム以外のパッチムがある場合に用いる。

로써 [roˀsɔ ロッソ] 助 …で；…でもって 関 으로써 [ウロッソ] 助 前の体言にㄹパッチム以外のパッチムがある場合に用いる。

로열티 [ro:jɔltʰi ローヨルティ] 名 ロイヤリティ

로컬 [ro:kʰɔl ローコル] 名 ローカル

로켓 [rokʰet ロケッ] 名 ロケット

로큰롤 [rokʰɯnro:l ロクンロール] 名 ロックンロール

로터리 [ro:tʰɔri ロートリ] 名 ロータリー

롤 [ro:l ロール] 名 ロール

롤러 [ro:llɔ ロールロ] 名 ローラー 関 롤러스케이트 [ロルロスケイトゥ] 名 ローラースケート / 롤러코스터 [ロルロコストゥ] 名 ジェットコースター

롯데월드 [roˀtewo:ldɯ ロッテウォールドゥ] 名 ロッテワールド 例 롯데월드에 가고 싶은데 어떻게 가요? [ロッテウォールドゥエ カゴ シプンデ オットッケ カヨ] ロッテワールドに行きたいのですが，どうやって行きますか。

롱 [roŋ ロン] 名 ロング 関 롱런 [ロンロン] 名 ロングラン

루주 [ru:dʑu ルージュ] 名 ルージュ；口紅

루트 [ru:tʰɯ ルートゥ] 名 ルート

룰 [ru:l ルール] 名 ルール

룰렛 [rullet ルルレッ] 名 ルーレット

룸 [ru:m ルーム] 名 ルーム 関 룸서비스 [ルームソービス] 名 ルームサービス

를 [rɯl ルル] 助 動作の対象を表す：…を；…に 例 친구를 만나러 서울에 가요. [チングルル マンナロ ソウレ カヨ] 友達に会いにソウルに行きます。関 을 [ウル] 助 前の体言にパッチムがある場合に用いる。例 일요일에는 한국말을 공부해요. [イリョイレヌン ハーングンマルル コンブヘヨ] 日曜日には韓国語を勉強します。

리 [ri リ] 依存 理由や道理を表す：はず；わけ 例 그럴 리 없어요. [クロル リ オープソヨ] そんなはずはありません。

리더 [ridɔ リド] 名 リーダー

리듬 [ridɯm リドゥム] 名 リズム

리메이크 [rimeikʰɯ リメイク] 名 リメイク

리무진 [rimudʒin 리무진] 名 リムジン；リムジンバス 例 인천 공항에서 서울역까지 리무진 버스를 운행합니다. [インチョン コンハネソ ソウルリョッカジ リムジン ポスルル ウネンハムニダ] 仁川空港からソウル駅までリムジンバスを運行しています。/ 김포 공항에 가시려면 리무진 버스보다 지하철이 더 편해요. [キムポ コンハンエ カシリョミョン リムジン ポスポダ チハチョリ ト ピョネヨ] 金浦空港へ行くにはリムジンバスより地下鉄が便利です。

리바이벌 [ribaibəl 리바이벌] 名 リバイバル

리베이트 [ribeitʰɯ 리베이트] 名 リベート

리사이틀 [risaitʰɯl 리사이틀] 名 リサイタル

리서치 [risɔːtʃʰi 리서–치] 名 リサーチ

리셉션 [risepʔʃʰɔn 리셉션] 名 レセプション

리얼 [riəl 리얼] 名 リアル

리얼리스트 [riəllisɯtʰɯ 리얼리스트] 名 リアリスト

리얼리스틱 [riəllisɯtʰik 리얼리스틱] 名 リアリスティック

리얼리즘 [riəllidʒɯm 리얼리즘] 名 リアリズム

리코더 [rikʰoːdɔ 리코–드] 名 レコーダー

리코딩 [rikʰoːdiŋ 리코–딩] 名 レコーディング

리퀘스트 [rikʰwesɯtʰɯ 리퀘스트] 名 リクエスト

리터 [ritʰɔ 리트] 名 リットル

리포터 [ripʰoːtʰɔ 리포–트] 名 レポーター

리포트 [ripʰoːtʰɯ 리포–트ゥ] 名 リポート；レポート

리허설 [rihiɔːsəl 리허–설] 名 リハーサル

린스 [rinsɯ 린스] 名 リンス 関 샴푸 [シャムプ] 名 シャンプー

립스틱 [ripʔsɯtʰik 립스틱] 名 リップスティック

링 [riŋ 링] 名 リング

ㅁ

-ㅁ [m ム] 語尾《母音語幹・ㄹ語幹に付いて》用言を名詞化する：…すること 関 -음 [ウム] 子音語幹に用いる。

마 [ma: マー] 名 ナガイモ

마감 [magam マガム] 名 締め切り

마개 [mage マゲ] 名 栓；蓋 関 마개를 따다 [マゲルル ッタダ] 栓を抜く / 마개를 하다 [マゲルル ハダ] 栓をする / 마개 뽑이 [マゲ ッポビ] 名 栓抜き；口抜き

마구 [magu マグ] 副 ① やたらに；むこう見ずに ② めったやたらに；ひどく ③ いい加減に

마냥 [manjaŋ マニャン] 副 ① ひたすら ② 思いきり；充分

마누라 [maːnura マーヌラ] 名 ① 中年以上の妻を気安く言う語：家内；女房 ② (中年の女性を指して) おばさん

마늘 [manɯl マヌル] 名 ニンニク 関 마늘장아찌 [マヌルジャンアッチ] 名 ニンニクの醬油漬け / 마늘종 [マヌルチョン] 名 ニンニクの茎

마다 [mada マダ] 助《体言に付い

마담 [madam マダム] 名 マダム

마당 [madaŋ マダン] 名 ①庭 例 우리 집 마당에 석류나무가 한 그루 있어요. [ウリ チプ マダンエ ソンニュナムガ ハン グル イッソヨ] うちの庭にざくろの木が1本あります。②(何かを催す)場;場所

마디 [madi マディ] 名 ①(竹などの)節 ②(言葉や曲の)区切り;段落 関 마디마디 [マディマディ] 名 節々;節ごとに

마땅하다 [maˀtaŋɦada マッタンハダ] 形《하変》① 適当だ;ふさわしい ②当然だ;当たり前だ 副 마땅히 [マッタンイ] 当然

마라톤 [maratʰon マラトン] 名 マラソン

마련 [marjən マリョン] 名 準備;支度;用意 하他 마련하다 [マリョナダ] 準備する;支度する;用意する

마렵다 [marjəpˀta マリョプタ] 形《ㅂ変:마려워/마려운 マリョウォ/マリョウン》(便意を)催す

마루¹ [maru マル] 名 尾根

마루² [maru マル] 名 板の間 関 마루방 [マルバン] 名 板敷きの部屋;板の間 / 마루청 [マルチョン] 名 床板

마르다¹ [maruda マルダ] 自《르変:말라 マルラ》①乾く;渇く;枯れる 例 목이 마르네요. 마실 것 없어요? [モギ マルネヨ マシル コッ オープソヨ] 喉が渇きました。飲み物はありませんか。/ 오늘은 빨래가 잘 마르겠어요. [オヌルヌン ッパルレガ チャル マルゲッソヨ] 今日は洗濯物がよく乾きそうです。②(体が)やせる

마르다² [maruda マルダ] 他《르変:말라 マルラ》裁断する

마리 [mari マリ] 依名 動物や鳥,魚,虫を数える語;…匹;…尾;…羽;…頭 例 고등어 한 마리에 얼마예요? [コドゥンオ ハン マリエ オルマエヨ] 鯖1匹でいくらですか。

마무리 [mamuri マムリ] 名 仕上げ;後始末 例 끝까지 마무리를 잘합시다. [ックッカジ マムリルル チャラプシダ] 最後まで仕上げをきちんとしましょう。하他 마무리하다 [マムリハダ] 仕上げる;後始末する

마비 [mabi マビ] 名 麻痺 하自 마비하다 [マビハダ] 麻痺する 自 마비되다 [マビドゥェダ] 麻痺する

마술 [masul マスル] 名 魔術;手品 関 마술사 [マスルサ] 名 魔術師;手品師

마스크 [masukʰɯ マスク] 名 マスク

마시다 [maɕida マシダ] 他 ①(水などを)飲む 例 뭘 마실래요? [ムォル マシルレヨ] 何を飲みますか。②(空気などを)吹く;吹い込む

마을 [maɯl マウル] 名 村

마음 [maɯm マウム] 名 ①心;精神 ②心情;気分;気持ち ③人情;真心 ④考え 関 마음에 걸리다 [マウメ コルリダ] 気に掛かる / 마음에 들다 [マウメ トゥルダ] 気に入る / 마음을 놓다 [マウムル ノッタ]

安心する / **마음을 먹다**[マウムル モクタ] 決心する；決める / **마음을 쓰다**[マウムル ッスダ] 気を遣う / **마음이 내키다**[マウミ ネキダ] 気が向く；気乗りする

마음가짐[maumgadʑim マウムガジム] 名 ① 心構え ② 決心

마음껏[maumˀkʌt マウムッコッ] 副 ① 思う存分 ② 精一杯

마음대로[maumdɛro マウムデロ] 副 気ままに；勝手に；思う通りに

마음속[maumˀsok マウムソク] 名 心の中；心中

마음씨[maumˀɕi マウムッシ] 名 心がけ；気立て

마이크[maikʰu マイク] 名 マイク

마작[madʑak マジャク] 名 麻雀

마저[madʑʌ マジョ] 助 …まで；…までも；…をも；…さえ；…すら 例 비가 많이 내리고 바람마저 불어요.[ピガ マーニ ネリゴ パラムマジョ プロヨ]雨がたくさん降って風まで吹いています。

마주[madʑu マジュ] 副 向かい合って

마중[madʑuŋ マジュン] 名 出迎え；迎えること 対 배웅[ペウン] 例 연락을 주시면 공항까지 마중을 나가겠어요.[ヨルラグル チュシミョン コンハンッカジ マジュンウル ナガゲッソヨ]連絡をくださ れば空港まで迎えに行きます。 하他 마중하다[マジュンハダ] 出迎える 対 배웅하다[ペウンハダ]

마지막[madʑimak マジマク] 名 最後；終わり 例 마지막까지 손에 땀을 쥐게 하는 아슬아슬한 경기였어요.[マジマクッカジ ソネ ッタムル チュイゲ ハヌン アスラスラン キョーンギヨッソヨ]最後まで手に汗握るハラハラする試合でした。

마지못하다[ma:dʑimotʰada マージモッタダ] 形〔하変〕やむを得ない；仕方ない

마찬가지[matɕʰaŋadʑi マチャンガジ] 名 同様；同然 例 이러나저러나 마찬가지예요.[イロナジョロナ マチャンガジエヨ]いずれにせよ同じです。

마치[matɕʰi マチ] 副 まるで；あたかも 例 제가 합격했다니 마치 꿈만 같아요.[チェガ ハプキョケッタニ マチ ックマン カタヨ]私が合格したなんてまるで夢のようです。

마치다[matɕʰida マチダ] 自 終わる 他 終える；済ます

마침[matɕʰim マチム] 副 ① 折りよく；ちょうど；いい具合に 例 제가 찾아가려던 참인데 마침 잘 오셨어요.[チェガ チャジャガリョドン チャミンデ マチム チャル オショッソヨ]私が伺おうとしていたところでしたが、ちょうどいいところにいらっしゃいました。② 偶然に；たまたま ③ 折しも

마침내[matɕʰimnɛ マチムネ] 副 遂に；とうとう；結局

마켓[ma:kʰet マーケッ] 名 マーケット

마흔[mahɯn マフン] 数 40 類 사십[サーシプ]

막¹[mak マク] 副 ① たった今；今しがた ② ちょうど

막²[mak マク] 副 めちゃくちゃに；やたらに；取り留めもなく

막³[mak マク] 名 幕 依名 (演劇の

一段落を数える)…幕
막걸리 [makʔkolli マッコリ] 名 マッコリ；濁り酒；どぶろく
막내 [maŋnɛ マンネ] 名 末っ子 関 막내딸 [マンネッタル] 名 末の娘 / 막내며느리 [マンネミョヌリ] 名 末の嫁 / 막내아들 [マンネアドゥル] 名 末の息子 / 막냇동생 [マンネットンセン] 名 末の弟や妹
막다 [makʔta マクタ] 他 ①(穴や入口、通路をなどを)塞ぐ；封鎖する 例 바람이 안 들어오게 틈새를 막았어요. [パラミ アン ドゥロオゲ トゥムセルル マガッソヨ] 風が入ってこないように隙間を塞ぎました。②(部屋などを)仕切る ③(視界を)遮断する；遮る ④防ぐ；食い止める
막대기 [makʔtegi マクテギ] 名 棒
막대하다 [makʔtɛhada マクテハダ] 形《하変》莫大だ 例 이 영화는 막대한 자본을 투자한 영화예요. [イ ヨンフヮヌン マクテハン チャボヌル トゥジャハン ヨンフヮエヨ] この映画は、莫大な資本を投じた映画です。
막론하다 [maŋnonɦada マンノナダ] 他《하変》《막론하고の形で》…を問わず；…にかかわらず
막무가내 [maŋmugane マンムガネ] 名 ①どうしようもないこと ②《副詞的に》頑として；どうしても
막바지 [makʔpadʑi マクパジ] 名 ①行き止まり ②土壇場；終盤；最後の段階
막상 [makʔsaŋ マクサン] 副 実際に；事に当たって；いざ
막연하다 [magjʌnɦada マギョナダ] 形《하変》漠然としている 例 그렇게 막연하게 말하지 말고 자세히 이야기해 주세요. [クロッケ マギョナゲ マラジ マールゴ チャセヒ イヤギヘ ジュセヨ] そんなに漠然と話さずに、もっと詳しく話してください。
막차 [maktɕʰa マクチャ] 名 終電；最終列車；最終バス
막히다 [makkʰida マキダ] 自 ① 塞がる；つかえる；詰まる ②(道が)混む；渋滞する 例 길이 막혀서 좀 늦을 것 같아요. [キリ マキョソ チョム ヌジュル コッ カタヨ] 道が混んでいてちょっと遅れそうです。
만¹ [man マン] 依名 (月日や時間の経過の程度を表す語に付いて) …目；…振り 例 10(십) 년 만에 [シムニョン マネ] 10 年振りに
만² [man マン] 助 ①限定を表す：…だけ；…ばかり；…のみ 例 하나만 주세요. [ハナマン チュセヨ] 1つだけください。②強調を表す：…さえ；だけ 例 난 남편만 있으면 돼요. [ナン ナムピョンマン イッスミョン ドゥェヨ] 私は、主人さえいればそれでいいです。③程度を比べる意を表す：…ぐらい；…ほど；…よりも
만³ [man マン] 冠 (年齢を数える) 満
만⁴ [maːn マーン] 数 万；1万 例 오만 원짜리 지폐를 만 원짜리로 바꿔 주세요. [オーマー ヌォンッチャリ チペルル マー ヌォンッチャリロ パックォ ジュセヨ] 5万ウォン札を1万ウォン札に替えてください。
만끽 [maːnkʔik マーンッキク] 名 満

만끽 [하他] 만끽하다 [マーンッキカダ] 満喫する

만나다 [mannada マンナダ] 他 ① 会う 例 어제 우연히 중학교 동창을 만났어요. [オジェ ウヨニ チュンハクキョ トンチャンウル マンナッソヨ] 昨日偶然に中学校の同級生に会いました。/ 언제 만날까요? [オンジェ マンナルッカヨ] いつ会いましょうか。② 遭う;遭遇する ③ 巡り合う

만남 [mannam マンナム] 名 出会い

만년필 [ma:nnjɔnpʰil マーンニョンピル] 名 万年筆

만두 [mandu マンドゥ] 名 ギョーザ 関 만두국 [マンドゥック] 名 ギョーザ入りのスープ

만들다 [mandulda マンドゥルダ] 他 《ㄹ語幹:만드는 マンドゥヌン》作る;創造する 例 이거 제가 만들었어요. 잘 만들었죠? [イゴ チェガ マンドゥロッソヨ チャル マンドゥロッチョ] これは私が作りました。うまく作ったでしょう。

만류하다 [malljuɦada マルリュハダ] 他 《하変》引き止める;思いとどまらせる

만만찮다 [manmantɕʰantʰa マンマンチャンタ] 形 侮れない;ばかにできない;手強い

만만하다 [manmanɦada マンマナダ] 形 《하変》くみしやすい;御しやすい;甘い

만발 [ma:nbal マーンバル] 名 満開 [하自] 만발하다 [マーンバラダ] 満開になる

만사 [ma:nsa マーンサ] 名 万事

만세[1] [ma:nse マーンセ] 名 万世

만세[2] [ma:nse マーンセ] 名 感 万歳

만약 [ma:njak マーニャク] 名 副 万一;もしも

만원 [manwɔn マヌォン] 名 満員

만일 [ma:nil マーニル] 副 ① 万一;もしも ②《名詞的に》万一の場合

만족 [mandʑok マンジョク] 名 満足 [하形] 만족하다 [マンジョカダ] 満足だ 関 만족감 [マンジョクカム] 名 満足感 / 만족히 [マンジョキ] 副 満足に

만지다 [mandʑida マンジダ] 他 ① 触る;なでる ② 取り扱う;手入れする

만큼[1] [mankʰum マンクム] 依名 ①《用言の語幹+ㄹ/을 만큼の形で》…するほど;…だけ 例 먹을 수 있을 만큼 접시에 담아요. [モグル ス イッスル マンクム チョプシエ タマヨ] 食べられる分だけ皿に盛りつけます。②《用言の語幹+-ㄴ/은 만큼・-는 만큼;-니/으니 만큼・-느니 만큼の形で》…から;…ので

만큼[2] [mankʰum マンクム] 助 同じ程度・限度を表す:…ほど;…くらい

만하다 [manɦada マナダ] 補動《하変》《用言の語幹+-ㄹ/을 만하다の形で》…に適する;…に値する 例 요즘 볼 만한 영화 뭐가 있어요? [ヨジュム ポル マナン ヨンファ ムォーガ イッソヨ] 近頃見ごたえのある映画、何がありますか。

만화 [ma:nɦwa マーヌヮ] 名 漫画 関 만화가 [マーヌヮガ] 名 漫画家 / 만화책 [マーヌヮチェク] 名 漫画本

많다 [ma:ntʰa マーンタ] 形 (数・量・

回数などが)多い 対 적다[チョクタ] 例 너무 많아서 다 못 먹겠어요. [ノム マーナソ ター モーン モクケッソヨ] あまりにも多くて全部食べられそうにありません。副 많이 [マーニ] たくさん；よく 例 많이 먹어서 배가 불러요. [マーニ モゴソ ペガ プルロヨ] たくさん食べておなかがいっぱいです。

맏딸[mat²tal マッタル] 名 長女

맏아들[madadul マダドゥル] 名 長男

말¹[mal マル] 名 ① 馬 ②(十二支で) 午

말²[ma:l マール] 名 ① 言葉；話 例 바른 말 고운 말을 씁시다. [パルン マール コウン マールル ッスプシダ] 正しい言葉，美しい言葉を使いましょう。② 語；語句 ③ 小言；文句 関 말대로[マールデロ] 文字通り；話の通り / 말도 안 되다[マールド アン ドゥェダ] 話にならない；とんでもない / 말을 건네다 [マールル コンネダ] 話し掛ける / 말을 나누다[マールル ナヌダ] 話し合う / 말을 놓다[マールル ノッタ] 言葉をぞんざいにする / 말을 듣다[マールル トゥッタ] 言うことを聞く / 말을 못하다[マールル モッタダ] 口に出せない；話せない / 말이 많다[マーリ マーンタ] ① 口うるさい ② 理屈っぽい / 말이 안 되다[マーリ アン ドゥェダ] 話にならない / 말이 없다[マーリ オープタ] 口数が少ない

말끔하다[mal²kumɦada マルックマダ] 形《하変》きれいだ；こぎれいだ；すっきりしている；こざっぱりしている 副 말끔히[マルックミ] きれいに；すっきり；さっぱりと

말다¹[malda マルダ] 他《ㄹ語幹：마는 マヌン》(紙や反物などを)巻く

말다²[malda マルダ] 他《ㄹ語幹：마는 マヌン》(汁やスープに)ご飯や麺を入れて混ぜる

말다³[ma:lda マールダ] 他《ㄹ語幹：마는 マーヌン》①《다가 말다/다 말다の形で》(していることを)中断する；やめる 例 읽다가 만 책 [イクタガ マーン チェク] 読むのを途中でやめた本 ②《体言の後に付いて》…ではなくて 例 이거 말고 저거 주세요. [イゴ マールゴ チョゴ チュセヨ] これではなくあれをください。

말다⁴[ma:lda マールダ] 補動《ㄹ語幹：마는 マーヌン》《動詞の語幹＋-지 말다の形で》禁止の意味を表す：…しないで 例 사진을 찍지 마세요. [サジヌル ッチクチ マーセヨ] 写真を撮らないでください。/ 손대지 마세요. [ソンデジ マーセヨ] (商品に)触らないでください。

말다툼[ma:ldatʰum マールダトゥム] 名 言い合い；口論 하similar 말다툼하다[マールダトゥマダ] 言い争う

말대꾸[ma:ldeʔku マールデック] 名 口答え 하自 말대꾸하다[マールデックハダ] 口答えする

말대답[ma:ldedap マールデダプ] 名 口答え 하自 말대답하다[マールデダパダ] 口答えする；楯突く

말동무[ma:l²toŋmu マールトンム] 名 話し相手

말랑하다[mallaŋɦada マルランハダ] 形《하変》①(物が熟れた柿などの

말리다

ように)柔らかい ②(性質が)もろい

말리다¹[mallida マルリダ] 自 ①(紙や布などが)巻かれる ②巻き込まれる

말리다²[mallida マルリダ] 他 やめさせる；止める；思いとどまらせる

말리다³[mallida マルリダ] 他 乾かす；干す 例 오늘은 날이 좋으니까 이불을 말려야겠어요. [オヌルン ナリ チョウニッカ イブルル マルリョヤゲッソヨ] 今日は天気がいいから布団を干さなくてはいけません。

말머리[ma:lmori マールモリ] 名 話の糸口；話題

말버릇[ma:lʔpɔrut マールポルッ] 名 口癖

말솜씨[ma:lʔsomʔʃi マールソムッシ] 名 話術

말썽[ma:lʔsoŋ マールッソン] 名 もめ事；問題；トラブル 関 말썽꾸러기[マールッソンックロギ] 名 よく問題を起こす人；トラブルメーカー / 말썽부리다 [マールッソンブリダ] 自 問題を起こす

말쑥하다[malʔsukkʰada マルッスカダ] 形 〖하변〗こぎれいだ；すっきりしている；こざっぱりしている 副 말쑥히[マルッスキ] すっきりと；さっぱりと

말씀[ma:lʔsum マールッスム] 名 お話；お言葉 他自 말씀하다 [マールッスマダ] おっしゃる 例 선생님 말씀도 일리가 있지만 제 말도 좀 들어 보세요. [ソンセンニム マールッスムド イルリガ イッチマン チェ マールド チョム トゥロ ボセヨ] 先生のお話も一理ありますが, 私の話もちょっと聞いてください。

말씨[ma:lʔʃi マールッシ] 名 ①語調 ②言葉遣い；言い方

말없이[ma:ropʔʃi マーロプシ] 副 何も言わずに；黙って；黙々と

말참견[ma:ltɕʰamgjon マールチャムギョン] 名 口出し 自 말참견하다[マールチャムギョナダ] 口出しする

말투[ma:ltʰu マールトゥ] 名 語調；話しぶり

말하다[ma:rɦada マーラダ] 自他 〖하변〗① 言う；話す；語る 例 무슨 일이 있으면 저한테 말해 주세요. [ムスン ニーリ イッスミョン チョハンテ マーレ ジュセヨ] 何かあったら, 私に話してください。②(良し悪しや値打ちを) 評価する；うわさする

말하자면[ma:rɦadʑamjon マーラジャミョン] 副 言わば；言うなれば；つまり

맑다[makʔta マクタ] 形 ①(水や空気などが)澄んでいる；きれいだ 例 윗물이 맑아야 아랫물이 맑다. [ウィンムリ マルガヤ アレンムリ マクタ] 上流の水が澄んでこそ下流の水が澄む《上の者が正しい行いをしてこそ, 下の者も正しい行いをするという意味の諺》② (心や頭が)すっきりしている ③ (天気が)晴れている

맛[mat マッ] 名 ①(食物の)味；味わい 例 맛이 어때요? 입에 맞아요? [マシ オッテヨ イベ マジュセヨ] 味はどうですか。お口に合い

ますか。②(事物に特有の)持ち味;面白み 関 맛을 내다 [マスルネダ] 味を出す / 맛을 보다 [マスル ポダ] 味見する;味わう / 맛을 붙이다 [マスル プチダ] 興味を覚える / 맛이 나다 [マシ ナダ] おいしい;味がよい

맛없다 [madəpʰta マドプタ] 存 ①まずい;おいしくない 例 음식이 맛없어요. [ウームシギ マドプソヨ] 料理がまずいです。

맛있다 [maditʰta マディッタ/maʃitʰta マシッタ] 存 うまい;おいしい 例 음식이 너무 맛있어서 둘이 먹다 하나가 죽어도 모를 정도예요. [ウームシギ ノム マシッソソ トゥーリ モクタ ハナガ チュゴド モルル ジョンドエヨ] 料理がとてもおいしくて2人で食べていて1人が死んでもわからないくらいです。《料理などがとてもおいしい時に言う慣用句》

망가지다 [maŋgadʒida マンガジダ] 自 壊れる

망각 [maŋgak マンガク] 名 忘却 하他 망각하다 [マンガカダ] 忘却する

망년회 [maŋnjənɦwe マンニョヌェ] 名 忘年会

망라 [maŋna マンナ] 名 網羅 하他 망라하다 [マンナハダ] 網羅する 되受動 망라되다 [マンナドゥェダ] 網羅される

망령 [maːŋnjəŋ マーンニョン] 名 もうろく;老いぼれること 形 망령되다 [マーンニョンドゥェダ] もうろくしている;ばかげている

망막 [maŋmak マンマク] 名 網膜

망명 [maŋmjən マンミョン] 名 亡命 하自 망명하다 [マンミョンハダ] 亡命する 関 망명객 [マンミョンゲク] 名 亡命客 / 망명 생활 [マンミョンセンファル] 名 亡命生活 / 망명 정부 [マンミョン チョンブ] 名 亡命政府

망보다 [maːŋboda マーンボダ] 自他 見張る

망상 [maːŋsaŋ マーンサン] 名 妄想 하他 망상하다 [マーンサンハダ] 妄想する

망설이다 [maŋsərida マンソリダ] 自 ためらう;躊躇する

망신 [maŋʃin マンシン] 名 恥さらし 하自 망신하다 [マンシナダ] 恥をさらす 関 망신 시키다 [マンシン シキダ] 恥をかかせる

망원경 [maːŋwəngjəŋ マーンウォンギョン] 名 望遠鏡

망치 [maŋtʃʰi マンチ] 名 金鎚;ハンマー

망치다 [maŋtʃʰida マンチダ] 他 ①(事を)台無しにする;駄目にする ②(国・家・身などを)滅ぼす;つぶす

망하다¹ [maŋɦada マンハダ] 自 〖하変〗(個人・家庭・組織などが)滅びる;滅亡する;つぶれる

망하다² [maŋɦada マンハダ] 形 〖하変〗非常に悪い;ひどい

맞다¹ [matʰta マッタ] 自 当たる;的中する 他 ①(雨や雪・風などに)当たる;遭う ②(注射などを)打たれる;打ってもらう ③(ある物事に)当面する;遭う

맞다² [matʰta マッタ] 自 ① 合致する;合う ② 似合う;適合する;ふ

さわしい ③一致する ④(心や口あたりが)合う 例 우리는 손발이 척척 맞아요. [ウリヌン ソンバリ チョクチョン マジャヨ] 私たちは互いにとても息が合います。⑤(収支が)引き合う；つり合う

맞다³ [mat²ta マッタ] 他 ①迎える ②(一員として)迎え入れる

맞닿다 [mat²tattʰa マッタッタ] 自 触れ合う；相接する

맞대꾸 [mat²tɛ²ku マッテック] 名 反論；口答え 하自 맞대꾸하다 [マッテックハダ] (その場で)相手の発言に反論する

맞대다 [mat²teda マッテダ] 他 ①突き合わせる；くっつける ②対面する

맞먹다 [manmɔk²ta マンモクタ] 自 (数量や程度が)互角だ

맞바람 [mat²param マッパラム] 名 ①向かい風；逆風 ②夫婦が互いに浮気をすること

맞벌이 [mat²pɔri マッポリ] 名 共稼ぎ 하自 맞벌이하다 [マッポリハダ] 共稼ぎする

맞서다 [ma²sɔda マッソダ] 自 ①お互いに向かい立つ ②歯向かう；対立する ③(ある状況に)立ち向かう

맞선 [ma²sɔn マッソン] 名 お見合い 関 맞선을 보다 [マッソヌル ポダ] お見合いをする

맞아들이다 [madʒadɯrida マジャドゥリダ] 他 迎え入れる；招き入れる；受け入れる

맞은쪽 [madʒɯn²tʃok マジュンッチョク] 名 向かい側

맞은편 [madʒɯnpʰjɔn マジュンピョン] 名 向かい側；相手方

맞이하다 [madʒifiada マジハダ] 他 〖하変〗迎える

맞추다 [mat²tʃʰuda マッチュダ] 他 ①合わせる；(基準・標準に)一致させる ②(2つのものを)ぴったりさせる ③組み合わせる ④(正答を)当てる 例 정답을 한번 맞춰 보세요. [チョンダブル ハンボン マッチュォ ボセヨ] 正解を当ててみてください。⑤(靴や服などを)誂える 例 가죽 점퍼를 맞추고 싶은데요. [カジュク チョムポルル マッチュゴ シプンデヨ] 革のジャンパーを誂えたいのですが。

맞춤 [mat²tʃʰum マッチュム] 名 誂え品；特注品 関 맞춤옷 [マッチュモッ] オーダーメードの服

맞춤법 [mat²tʃʰum²pɔp マッチュムッポプ] 名 (ハングルの)綴り法；綴字法；正書法

맞히다¹ [mat²tʃʰida マチダ] 他 (正答を)当てる；言い当てる

맞히다² [mat²tʃʰida マチダ] 他 使役 ①(目標や的などに)当てる；的中させる ②(雨・雪などに)さらす ③(注射や鍼を)打たせる

맡기다 [mat²kida マッキダ] 他 ①任せる；委託する 例 저한테 맡겨 주세요. [チョハンテ マッキョ ジュセヨ] 私に任せてください。②(金品を)預ける；保管させる 例 짐을 맡겨도 돼요? [チムル マッキョド ドゥェヨ] 荷物を預けてもいいですか(預かってもらえますか)。

맡다¹ [mat²ta マッタ] 他 ①引き受ける；受け持つ ②(金品を)預かる

③(注文・許可・免許などを)受ける

맡다² [mat²ta マッタ] 他 ①(匂いを)かぐ ②(気配を)嗅ぎ付ける；感じる

매¹ [mɛ メ] 名 鞭；鞭打ち

매² [mɛː メー] 名 ①タカ ②ハヤブサ

매기다 [mɛgida メギダ] 他 (値段などを)付ける；決める

매너 [mɛnɔ メノ] 名 マナー；礼儀；作法

매년 [mɛːnjɔn メーニョン] 名 副 毎年；年ごとに

매뉴얼 [mɛnjuɔl メニュオル] 名 マニュアル；手引き

매니저 [mɛnidʒɔ メニジョ] 名 マネージャー；支配人

매니지먼트 [mɛnidʒimɔntʰɯ メニジモントゥ] 名 マネージメント

매다¹ [mɛda メダ] 他 ①(紐などを)結ぶ ②(動物など)つなぐ

매다² [mɛda メダ] 他 (田畑の)草取りをする

매달다 [mɛːdalda メーダルダ] 他〖ㄹ語幹：매다는 メーダヌン〗吊るす；ぶら下げる

매달리다 [mɛːdallida メーダルリダ] 自 ①ぶら下がる ②しがみつく；すがりつく ③依存する；頼る ④(仕事などに)没頭する；熱中する

매듭 [mɛdɯp メドゥプ] 名 ①(糸や紐などの)結び目 ②(物事の)区切り；けじめ 関 매듭을 짓다 [メドゥブル チッタ] ①結び目を作る ②決着をつける

매력 [mɛrjɔk メリョク] 名 魅力

매만지다 [mɛmandʒida メマンジダ] 他 ①(きれいに)手入れをする ②なでつける；いじる

매매 [mɛmɛ メメ] 名 売買 하他 매매하다 [メメハダ] 売買する

매머드 [mɛmɔdɯ メモドゥ] 名 マンモス

매미 [mɛmi メーミ] 名 セミ

매부 [mɛbu メブ] 名 (男から見て)姉や妹の夫；義兄；義弟

매상 [mɛːsaŋ メーサン] 名 売り上げ 例 이번 달 매상이 얼마나 돼요? [イボン タル メーサンイ オルマナ トゥェヨ] 今月の売上はどのくらいになりますか。 関 매상 계정 [メーサン ケジョン] 名 売り上げ勘定 / 매상고 [メーサンゴ] 名 売り上げ高

매섭다 [mɛsɔp²ta メソプタ] 形〖ㅂ変：매서워 / 매서운 メソウォ / メソウン〗①(気性や顔つきなどが)冷たく険しい ②(状況や気候が)厳しい；激しい

매스껍다 [mɛsɯk²kɔp²ta メスッコプタ] 形〖ㅂ変：메스꺼워 / 메스꺼운 メスッコウォ / メスッコウン〗(胸が)むかつく

매스컴 [mɛsɯkʰɔm メスコム] 名 マスコミ

매실 [mɛʃil メシル] 名 梅の実 関 매실주 [メシルジュ] 名 梅酒

매우 [mɛu メウ] 副 非常に；とても 例 그녀는 매우 아름다워요. [クニョヌン メウ アルムダウォヨ] 彼女はとても美しいです。

매운탕 [mɛuntʰaŋ メウンタン] 名 メウンタン《魚・豆腐・野菜などを材料にした辛味のスープ》

매월 [mɛːwol メーウォル] 名 副 毎月

매이다 [mɛida メイダ] 自 ①つながれる ②束縛される

매일 [mɛːil メール] 名 副 毎日;日ごと 関 매일같이 [メーイルガチ] 副 毎日毎日;毎日のように

매입 [mɛːip メーイプ] 名 買い入れ;仕入れ 他 매입하다 [メーイパダ] 買い入れる;仕入れる

매장 [mɛːdʑaŋ メージャン] 名 売り場

매점 [mɛːdʑɔm メージョム] 名 売店

매정하다 [mɛdʑɔŋɦada メジョンハダ] 形《하変》つれない;薄情だ;冷たい

매주 [mɛːdʑu メージュ] 名 副 毎週

매직 [mɛːdʑik メジク] 名 マジック

매진 [mɛːdʑin メージン] 名 品切れ;売り切れ 自 매진하다 [メージナダ] 売り切れる;品切れる

매출 [mɛːtɕʰul メーチュル] 名 売り上げ 例 이번 달에는 매출이 좀 늘었어요? [イボン タレヌン メーチュリ チョム ヌロッソヨ] 今月は売り上げが少し増えましたか。

매치 [mɛtɕʰi メチ] 名 (競技の)マッチ;試合

매표 [mɛːpʰjo メーピョ] 名 切符を売ること 自他 매표하다 [メーピョハダ] 切符を売る

매표소 [mɛːpʰjoso メーピョソ] 名 切符売り場;チケット売り場

매한가지 [mɛɦangadʑi メハンガジ] 名 同じこと

매형 [mɛːhjɔŋ メーヒョン] 名 姉の夫;義兄

매혹 [mɛɦok メホク] 名 魅惑 他 매혹하다 [メホカダ] 魅惑する 受動 매혹되다 [メホクトゥェダ] 魅惑される;魅せられる

매화 [mɛɦwa メフヮ] 名 梅 関 매화꽃 [メフヮッコッ] 名 梅の花 / 매화나무 [メフヮナム] 名 梅の木

맥 [mɛk メク] 名 ①脈拍 ②(風水説で)地勢に精気が流れる筋 ③気力;元気 関 맥 빠지다 [メッパージダ] 気が抜ける;意欲がなくなる / 맥없다 [メゴプタ] 存 元気がない / 맥없이 [メゴプシ] 副 元気がなく;しょんぼりと

맥주 [mɛk²tɕu メクチュ] 名 ビール 例 맥주 한 병 주세요. [メクチュ ハン ビョン チュセヨ] ビール1本ください。 関 맥주병 [メクチュッピョン] 名 ①ビール瓶 ②《俗語》泳げない人;かなづち / 생맥주 [センメクチュ] 名 生ビール

맨¹ [mɛːn メーン] 冠 最も;いちばん 関 맨 뒤 [メーン トゥィ] いちばん後ろ / 맨 앞 [メーン アプ] いちばん前 / 맨 처음 [メーン チョウム] いちばん最初

맨-² [mɛn メン] 接頭《一部の名詞の前に付いて》そのまま,ありのままの意を表わす:素…

맨몸 [mɛnmom メンモム] 名 ①裸;丸裸 ②裸一貫;手ぶら

맨발 [mɛnbal メンバル] 名 素足;はだし

맨손 [mɛnson メンソン] 名 ①素手 ②手ぶら

맨입 [mɛnnip メンニプ] 名 ①空腹 ②何の対価も払わない状態

맨주먹 [mɛndʑumɔk メンジュモク] 名 素手

맨투맨 [mɛntʰumɛn メントゥメン]

名 マンツーマン；一対一

맨홀 [menɦoːl メノール] 名 マンホール

맵다 [mɛp²ta メプタ] 形 《ㅂ変：매워 / 매운 メウォ / メウン》① (味が) 辛い 例 음식을 너무 맵게 하지 마세요. [ウームシグル ノム メプケ ハジマーセヨ] 料理をあまり辛くしないでください。② (寒さが) 厳しい ③ (性格が) きつい ④ (煙が) 目に染みる；煙い

맵시 [mɛp²ɕi メプシ] 名 着こなし；格好；きれいなこと

맹도견 [mɛŋdogjʌn メンドギョン] 名 盲導犬

맹렬하다 [mɛːŋnjʌrɦada メーンニョラダ] 形 《하変》猛烈だ

맹세 [mɛŋse メンセ] 名 誓約；誓い 하自他 맹세하다 [メンセハダ] 誓う；誓約する

맹인 [mɛŋin メンイン] 名 盲人；盲者

맺다 [mɛt²ta メッタ] 他 ① (糸や紐などを) 結ぶ ② (実などを) 結ぶ；結実する ③ (条約などを) 結ぶ 例 이번에 계약을 맺었습니다. [イボネ ケーヤグル メジョッスムニダ] この度契約を結びました。④ (恨みなどを) 抱く ⑤ (仕事を) 仕上げる；締めくくる

맺음말 [mɛdʑummal メジュムマル] 名 結びの言葉

맺히다 [mɛtɕʰida メチダ] 自 ① 結ばれる；閉じられる ② (心に) わだかまりが残る

머금다 [mʌgumʔta モグムタ] 他 ① (口の中に) 入れる ② (感情・考えなどを) 抱く；持つ ③ (涙や笑いなどを) 帯びる；浮かべる ④ (水分などを) 含む

머리 [mʌri モリ] 名 ① 頭；頭部 例 머리가 아파요. [モリガ アパヨ] 頭が痛いです。② 頭髪 ③ (組織・団体の) 首領；長 ④ (ある物体の) 頂上 関 머리를 감다 [モリルル カムタ] 髪を洗う / 머리를 쓰다 [モリルル ッスダ] 頭を使う / 머리를 하다 [モリルル ハダ] 髪をセットする；髪をカットする；整える / 머리글자 [モリグルチャ] 名 頭文字 / 머리끝 [モリックッ] 名 毛先 / 머리띠 [モリティ] 名 ヘアバンド / 머리맡 [モリマッ] 名 枕元 / 머리뼈 [モリピョ] 名 頭蓋骨 / 머리카락 [モリカラッ] 名 髪の毛 / 머리칼 [モリカル] 名 머리카락の縮約形 / 머리털 [モリトル] 名 髪の毛；頭髪 / 머리핀 [モリピン] 名 ヘアピン

머릿수 [moriʔsu モリッス] 名 ① 人数；頭数 ② 金額

머무르다 [mʌmuruda モムルダ] 自 《르変：머물러 モムルロ》① 止まる；停泊する ② (一定の所に) 留まる ③ 泊まる；滞在する ④ (ある範囲や限界に) 留まる

머무적거리다 [mʌmudʑʌkʔkʌrida モムジョクコリダ] 自 ためらう；もじもじする；ちゅうちょする 関 머무적머무적 [モムジョンモムジョク] 副 もじもじ

머물다 [mʌmulda モムルダ] 自《語幹：머무는 モムヌン》머무르다 [モムルダ] の縮約形

머지않아 [mʌdʑiana モジアナ] 副 遠からず；間もなく

머플러 [mʌpʰɯllʌ モプルロ] 名 マフ

ラー

먹 [mʌk モク] 名 墨;墨汁

먹다¹ [mʌk²ta モクタ] 自 ①(鋸などが)よく切れる ②(染料・のり・化粧品などが)染まる;広がる ③効き目がある ④(耳が)遠くなる

먹다² [mʌk²ta モクタ] 他 ① 食べる 例 뭐 먹고 싶으세요? [ムオー モクコ シプセヨ] 何を食べたいですか。②(酒・薬などを)飲む ③(年齢を)取る ④(小言・悪口を)言われる ⑤(金品を)着服する 関 드시다 [トゥシダ] 他 召し上がる / 잡수시다 [チャプスシダ] 他 召し上がる

먹이 [mʌgi モギ] 名 ① 食糧;食べ物 ② 餌;飼料

먹이다 [mʌgida モギダ] 他 ① 食べさせる;飲ます ②(家畜を)飼う ③(金品を)与える;買収する

먹히다 [mʌkkʰida モキダ] 受動 食われる;飲まれる

먼눈¹ [mʌːnnun モーンヌン] 名 盲目

먼눈² [mʌːnnun モーンヌン] 名 遠目

먼동 [mʌndoŋ モーンドン] 名 夜明け;明け方;暁

먼저 [mʌndʒʌ モンジョ] 副 (時間や順序など)先に;まず 例 먼저 가세요. [モンジョ カセヨ] 先に行って帰ってください。

먼젓번 [mʌndʒʌt²pʌn モンジョッポン] 名 先程;この間

먼지 [mʌndʒi モンジ] 名 ほこり;ごみ;ちり

멀다¹ [mʌːlda モールダ] 自『ㄹ語幹:머는 モーヌン』① 失明する;視力を失う ②(金品になどに)目がくらむ

멀다² [mʌːlda モールダ] 形『ㄹ語幹:머ː モーン』対 가깝다 [カッカプタ] ①(空間的に)遠い 例 여기서 역까지 멀어요? [ヨギソ ヨクッカジ モーロヨ] ここから駅まで遠いですか。②(時間的に)遠い 例 먼 훗날 [モーン フンナル] 遠い将来 ③(間柄が)親しくない;疎遠だ 副 멀리 [モールリ] 遠く;遥かに

멀미 [mʌlmi モルミ] 名 (車・船など乗り物の)酔い;吐き気 自 멀미하다 [モルミハダ] 車酔いする;船酔いする 関 멀미 나다 [モルミ ナダ] 乗り物酔いで吐き気を催す

멀쩡하다 [mʌlt͈͡ɕʌŋɦada モルッチョンハダ] 形『ㅎ変』① 完全だ;なんともない ②(体が)健康だ;丈夫だ

멈추다 [mʌmtʃʰuda モムチュダ] 自 ①(雨などが)止む;上がる ②(動き・進行などが)止まる 他 (動き・進行などを)止める;中止する

멋 [mʌt モッ] 名 ① 気品;粋;おしゃれ ② 風雅;趣;妙味 関 멋을 내다 [モスル レダ] おしゃれをする / 멋을 부리다 [モスル プリダ] おしゃれをする

멋대로 [mʌt²tero モッテロ] 副 勝手に;気ままに

멋없다 [mʌdʌp²ta モドプタ] 存 不粋だ;野暮だ 副 멋없이 [モドプシ] 野暮ったく

멋있다 [mʌditʔta モディッタ / mʌɕitʔta モシッタ] 存 ① 素晴らしい;素敵だ;しゃれてる ② 趣がある

멋쟁이 [mʌt²tɕɛŋi モッチェンイ] 名 おしゃれな人;粋な人

멋지다 [mʌt²tɕida モッチダ] 形 ①し

ゃれてる ② 素晴らしい；見事だ；素敵だ

멍 [mɔŋ モン] 名 あざ

멍게 [mɔŋge モンゲ] 名 ホヤ

멍멍 [mɔŋmɔŋ モンモン] 副 ワンワン 関 멍멍개 [モンモンゲ] 名 ワンちゃん / 멍멍이 [モンモンイ] 名 犬；ワンワン

멍청하다 [mɔŋtʃʰɔŋɦada モンチョンハダ] 形〔하変〕馬鹿だ；間が抜けている 副 멍청히 [モンチョンイ] ぼやっと；ぽかんと；ぽやぽや 関 멍청이 [モンチョンイ] 名 馬鹿；愚か者

멍하다 [mɔːŋɦada モーンハダ] 形〔하変〕ぼやっとしている；茫然としている；ぼんやりしている 副 멍하니 [モーンハニ] 茫然と；ぽかんと

멎다 [mɔtˀta モッタ] 自 ①(降っていた雨・雪などが) 止む ②(動いていたものが) 止まる

메기 [meːgi メーギ] 名 ナマズ

메뉴 [menju メニュ] 名 メニュー

메다¹ [meːda メーダ] 自 塞がる；詰まる

메다² [meːda メーダ] 他 担ぐ；担う

메달 [medal メダル] 名 メダル

메들리 [medulli メドゥルリ] 名 メドレー

메뚜기 [meˀtugi メットゥギ] 名 バッタ；イナゴ

메모 [memo メモ] 名 メモ

메밀 [memil メミル] 名 蕎麦 関 메밀가루 [メミルカル] 名 蕎麦粉 / 메밀겨 [メミルギョ] 名 蕎麦殻 / 메밀국수 [メミルククス] 名 蕎麦 / 메밀묵 [メミルムク] 名 メミルムク《蕎麦粉で作った寒天状の食品》

메스껍다 [mesuˀkɔpˀta メスッコプタ] 形〔ㅂ変：메스꺼워 / 메스꺼운 メスッコウォ / メスッコウン〕むかつく；むかむかする

메시지 [meʃidʒi メシジ] 名 メッセージ

메신저 [meʃindʒɔ メシンジョ] 名 メッセンジャー

메아리 [meari メアリ] 名 こだま；山びこ

메우다 [meuda メウダ] 他 補填する；埋める；ふさぐ

메이저 [meidʒɔ メイジョ] 名 メジャー

메이커 [meikʰɔ メイコ] 名 メーカー；製造者

메이크업 [meikʰɯɔp メイクオプ] 名 メーキャップ

메일 [meil メイル] 名 メール 関 메일오더 [メイル オード] 名 メールオーダー

메주 [medʒu メジュ] 名 味噌麹 関 메주콩 [メジュコン] 名 麹を作る大豆

메추라기 [metʃʰuragi メチュラギ] 名 ウズラ 類 메추리 [メチュリ]

멤버 [membɔ メムボ] 名 メンバー

멧돼지 [metˀtwɛdʒi メットウェジ] 名 イノシシ

며느리 [mjɔnuri ミョヌリ] 名 嫁

며칠 [mjɔtʃʰil ミョチル] 名 何日；幾日 例 며칠 동안 연락이 안 돼서 걱정했어요. [ミョチル トンアン ヨルラギ アン ドゥェソ コクチョンヘッソヨ] 何日間か連絡がつかなくて心配しました。

면¹ [mjɔːn ミョーン] 名 ①面；表面

平面 ②方面；方向 ③新聞や書籍などの面；ページ

면² [mjɔn ミョーン] 名 面；行政区画の1つ（郡の下，里の上）

면³ [mjɔn ミョン] 名 木綿；木綿糸

면⁴ [mjɔn ミョン] 名 麺；麺類

-면⁵ [mjɔn ミョン] 語尾 《母音語幹・ㄹ語幹に付いて》仮定を表す：…すると；…すれば；…したら 例 내일은 몇 시까지 오면 돼요? [ネイルン ミョッ シッカジ オミョン ドゥェヨ] 明日は何時までに来ればいいですか。関 -으면 [ウミョン] 語尾 子音語幹用言に用いる。例 시간이 있으면 차라도 한잔합시다. [シガニ イッスミョン チャラド ハンジャナプシダ] 時間があるならお茶でも飲みましょう。

면도 [mjɔːndo ミョンード] 名 ひげ剃り；ひげを剃ること 下変他 면도하다 [ミョーンドハダ] ひげを剃る 関 면도기 [ミョーンドギ] 名 かみそり / 면도날 [ミョーンドナル] 名 かみそりの刃 / 면도질 [ミョーンドジル] 名 剃ること / 면도칼 [ミョーンドカル] 名 かみそり

면목 [mjɔːnmok ミョーンモク] 名 面目；体面 関 면목없다 [ミョーンモゴプタ] 存 面目ない；合わす顔がない / 면목없이 [ミョーンモゴプシ] 副 面目なく；不面目に

면밀하다 [mjɔnmirɦada ミョンミラダ] 形 ハ変 綿密だ

-면서 [mjɔnsɔ ミョンソ] 語尾 《母音語幹・ㄹ語幹に付いて》① …しながら 例 친구들과 식사를 하면서 이야기도 많이 했어요. [チングドゥルグヮ シクサルル ハミョンソ イヤギド マーニ ヘッソヨ] 友達と食事をしながら話もたくさんしました。②逆接を表す：…でありながら；…なのに 関 -으면서 [ウミョンソ] 語尾 子音語幹用言に用いる。

면세 [mjɔːnse ミョーンセ] 名 免税 下変他 면세하다 [ミョーンセハダ] 免税する 関 면세점 [ミョーンセジョム] 名 免税店 例 이 호텔에서 가장 가까운 면세점이 어디예요? [イ ホテレソ カジャン カッカウン ミョーンセジョミ オディエヨ] このホテルから一番近い免税店はどこですか。/ 면세품 [ミョーンセプム] 名 免税品

면적 [mjɔːndʑɔk ミョーンジョク] 名 面積

면접 [mjɔːndʑɔp ミョーンジョプ] 名 面接 下変他 면접하다 [ミョーンジョパダ] 面接する 関 면접시험 [ミョーンジョプシホム] 名 面接試験

면하다 [mjɔːnɦada ミョーナダ] 他 ハ変 ①責任・義務などが免除される ②（何事かを）免れる

면허 [mjɔːnɦɔ ミョーノ] 名 免許 関 면허료 [ミョーノリョ] 名 免許料 / 면허증 [ミョーノッチュン] 名 免許証

면회 [mjɔːnɦwe ミョーヌェ] 名 面会 下変他 면회하다 [ミョーヌェハダ] 面会する 関 면회 사절 [ミョーヌェ サージョル] 名 面会謝絶 / 면회실 [ミョーヌェシル] 名 面会室

멸망 [mjɔlmaŋ ミョルマン] 名 滅亡 下変自 멸망하다 [ミョルマンハダ] 滅亡する；滅びる

멸시 [mjɔlˀɕi ミョルシ] 名 蔑視 下変他 멸시하다 [ミョルシハダ] 蔑視する

되受動 멸시되다 [ミョルシドウェダ] 蔑視される

멸종 [mjəltɕoŋ チョルチョン] 名 種の絶滅 自 멸종되다 [ミョルチョンドウェダ] 種が絶滅する

멸치 [mjəltɕʰi ミョルチ] 名 カタクチイワシ 関 멸치젓 [ミョルチジョッ] 名 カタクチイワシの塩辛

명¹ [mjəŋ ミョン] 依名 人数を数える語:…名 例 전부 몇 명이에요? [チョンブ ミョッ ミョンイエヨ] 全部で何人ですか。

명-² [mjəŋ ミョン] 接頭 優れた, 優秀なことを表す:名… 例 명선수 [ミョンソンス] 名 名選手

명곡 [mjəŋgok ミョンゴク] 名 名曲

명단 [mjəŋdan ミョンダン] 名 名簿

명동 [mjəŋdoŋ ミョンドン] 名 明洞 《ソウル市の中区にある繁華街》 関 명동성당 [ミョンドンソンダン] 名 明洞聖堂

명란 [mjəŋnan ミョンナン] 名 たらこ 関 명란젓 [ミョンナンジョッ] 名 たらこの塩辛

명랑 [mjəŋnaŋ ミョンナン] 名 明朗 ハ形 명랑하다 [ミョンナンハダ] 明朗だ;明るい

명령 [mjɔːŋnjəŋ ミョーンニョン] 名 命令 ハ他 명령하다 [ミョーンニョンハダ] 命令する

명목 [mjəŋmok ミョンモク] 名 名目

명백하다 [mjəŋbekkʰada ミョンベカダ] 形 《ㅎ変》明白だ;明らかだ 副 명백히 [ミョンベキ] 明白に;はっきりと

명산¹ [mjəŋsan ミョンサン] 名 名山

명산² [mjəŋsan ミョンサン] 名 名産;名物 関 명산물 [ミョンサンムル] 名 名産物;名物 / 명산지 [ミョンサンジ] 名 名産地

명상 [mjəŋsaŋ ミョンサン] 名 瞑想 ハ他 명상하다 [ミョンサンハダ] 瞑想する 関 명상곡 [ミョンサンゴク] 名 瞑想曲 / 명상록 [ミョンサンノク] 名 瞑想録

명성 [mjəŋsəŋ ミョンソン] 名 名声

명시 [mjəŋɕi ミョンシ] 名 名詩 関 명시선 [ミョンシソン] 名 名詩選

명심하다 [mjəŋɕimɦada ミョンシマダ] 他 《ㅎ変》肝に銘じる

명예 [mjəŋje ミョンイェ /mjəŋe ミョンエ] 名 名誉;栄誉 関 명예롭다 [ミョンイェロプタ] 形 《ㅂ変:名誉ろい / 명예로운 ミョンイェロウォ / ミョンイェロウン》名誉ある

명의¹ [mjəŋi ミョンイ] 名 名義 関 명의인 [ミョンイイン] 名 名義人

명의² [mjəŋi ミョンイ] 名 名医

명작 [mjəŋdʑak ミョンジャク] 名 名作

명절 [mjəŋdʑəl ミョンジョル] 名 元旦・端午・中秋などの民俗的な祝日や節句 例 명절 잘 쇠세요. [ミョンジョル チャル スェーセヨ] お休み(名節)を楽しくお過ごしください。

명주 [mjəŋdʑu ミョンジュ] 名 絹織物;絹;紬 関 명주실 [ミョンジュシル] 名 絹糸

명칭 [mjəŋtɕʰiŋ ミョンチン] 名 名称

명태 [mjəŋtʰɛ ミョンテ] 名 明太;スケトウダラ

명함 [mjəŋɦam ミョンハム] 名 名刺

명확하다 [mjəŋɦwakkʰada ミョンフヮカダ] 形 《ㅎ変》明確だ;明らかだ 副 명확히 [ミョンフヮキ] 明確

명후년 [mjənɦunjən ミョンフニョン] 名 明後年；再来年 類 내후년 [ネフニョン]

몇 [mjət ミョッ] 数 冠 何；幾；いくつ；どのくらい 例 몇 살이에요? [ミョッ サリエヨ] 何歳ですか。/ 나이가 몇이세요? [ナイガ ミョチセヨ] 年はおいくつですか。関 몇 개 [ミョッ ケ] 何個

몇몇 [mjənmjət ミョンミョッ] 数 冠 若干；いくらか；いくつか

모¹ [mo モ] 名 苗；稲の苗

모² [mo モ] 名 ①(物の)角 ②(性格などの)角

모³ [mo モ] 依名 豆腐などを数える語：…丁

모⁴ [moː モー] 名 冠 某

모과 [moːgwa モーグヮ] 名 カリンの実 関 모과나무 [モーグヮナム] 名 カリンの木

모국 [moːguk モーグク] 名 母国

모금¹ [mogɯm モグㇺ] 名 募金

모금² [mogɯm モグㇺ] 依名 (水や酒などの)口を満たす程度の分量を表す語：…口

모기 [moːgi モーギ] 名 蚊 関 모기장 [モーギジャン] 名 蚊帳 / 모기향 [モーギヒャン] 名 蚊取り線香

모나다 [monada モナダ] 形 ①角が立っている ②目立つ ③(性格に)角がある ④有用だ；有効だ

모내기 [monegi モネギ] 名 田植え 自 모내기하다 [モネギハダ] 田植えをする

모니터 [monitʰɔ モニト] 名 モニター

모닝 [moːniŋ モーニン] 名 モーニング

모던 [modən モドン] 名 モダン

모델 [model モデル] 名 モデル

모두 [modu モドゥ] 名 副 皆；全部；全て 例 우리 모두 같이 가기로 해요. [ウリ モドゥ カチ カギロ ヘヨ] 私たちみんな一緒に行くことにしましょう。

모든 [moːdɯn モードゥン] 冠 全ての；あらゆる 例 모든 책임은 저에게 있어요. [モードゥン チェギムン チョエゲ イッソヨ] 全ての責任は私にあります。

모란 [moran モラン] 名 牡丹 関 모란꽃 [モランッコッ] 名 牡丹の花

모래 [more モレ] 名 砂 関 모래땅 [モレッタン] 名 砂地 / 모래밭 [モレバッ] 名 砂場；砂原 / 모래시계 [モレシゲ] 名 砂時計 / 모래 장난 [モレ チャンナン] 名 砂遊び / 모래찜 [モレッチㇺ] 名 砂風呂 / 모래찜질 [モレッチㇺジル] 名 砂湯をすること

모럴 [morəl モロル] 名 モラル

모레 [moːre モーレ] 名 あさって；明後日

모르다 [morɯda モルダ] 他 〔르変：몰라 モㇽラ〕①知らない；わからない 例 어떻게 해야 할지 모르겠어요. [オットッケ ヘヤ ハルチ モルゲッソヨ] どうすべきなのかわかりません。②覚えがない；記憶がない ③わきまえない ④理解ができない 関 모르면 몰라도 [モルミョン モーㇽラド] 恐らく；多分；確か；十中八九

모른체 [morɯntʃʰe モルンチェ] 名 知らんぷり 自他 모른체하다 [モル

ンチェハダ] 知らない振りをする；知らんぷりする

모방 [mobaŋ モバン] 名 模倣 他 모방하다 [モバンハダ] 模倣する；まねる

모범 [mobəm モボム] 名 模範 関 모범생 [モボムセン] 名 模範生

모색 [mosek モセク] 名 模索 他 모색하다 [モセカダ] 模索する 受動 모색되다 [モセクトゥェダ] 模索される

모서리 [mosəri モソリ] 名 (物体の)角；ふち；端

모순 [mosun モスン] 名 矛盾 自 모순되다 [モスンドゥェダ] 矛盾する

모습 [mosɯp モスプ] 名 容貌；姿 例 웃는 모습이 참 예뻐요. [ウンヌン モスビ チャム イェーッポヨ] 笑う姿が本当にかわいいですね。

모시다 [mo:ʃida モーシダ] 他 ①(目上の人や尊敬すべき人の)お世話をする；仕える ②(目上の人を)ご案内する；お供する ③崇める ④(神・位牌などを)祀る

모시조개 [moʃidʒogɛ モシジョゲ] 名 オキシジミ

모양 [mojaŋ モヤン] 名 ①模様；様子；格好；スタイル；おしゃれ ②(物事の)事情；状態 ③《連体形で用いて》…らしい；…ようだ 例 표정을 보니 무슨 일이 있는 모양이에요. [ピョジョンウル ポニ ムスン ニーリ インヌン モヤンイエヨ] 表情を見ると、何かあるようです。

모여들다 [mojədɯlda モヨドゥルダ] 自 《ㄹ語幹：모여드는 モヨドゥヌン》集まる

모욕 [mo:jok モーヨク] 名 侮辱 他 모욕하다 [モーヨカダ] 侮辱する 関 모욕감 [モーヨクカム] 名 侮辱感

모으다 [moɯda モウダ] 他 《으変：모아 モア》①集める；募る ②(財産などを)貯める；集める 例 돈을 모아서 선물을 사고 싶어요. [トヌル モアソ ソーンムルル サゴ シポヨ] お金を貯めてプレゼントを買いたいです。

모음 [mo:ɯm モーウム] 名 母音

모이 [moi モイ] 名 えさ；飼料

모이다 [moida モイダ] 自 ①集まる 例 모두 모였으면 출발하도록 해요. [モドゥ モヨッスミョン チュルバラドロク ヘヨ] 全員、集まったら出発するようにしましょう。②(金や財物が)貯まる；集まる

모임 [moim モイム] 名 集まり；会合

모자 [modʒa モジャ] 名 帽子 例 날이 더우니까 모자를 쓰고 나가세요. [ナリ トウニッカ モジャルル ッスゴ ナガセヨ] 暑いから帽子を被って出掛けてください。 関 모자를 벗다 [モジャルル ポッタ] 帽子を脱ぐ

모자라다 [mo:dʒarada モージャラダ] 自 足りない；不足する《形容詞的にも用いる》例 돈이 얼마나 모자라요? [トーニ オルマナ モージャラヨ] お金はどのくらい足りませんか。

모조리 [modʒori モジョリ] 副 (ひとつも残さず)全部；すべて；すっかり

모질다 [mo:dʒilda モージルダ] 形 《ㄹ語幹：모진 モージン》①(性格が)非情だ ②粘り強い；根気強

い ③(程度が)厳しい;激しい

모집 [modʑip モジプ] 名 募集 他 모집하다 [モジパダ] 募集する

모처럼 [motʃʰərəm モチョロム] 副 せっかく;わざわざ;やっと;ようやく

모친 [mo:tɕʰin モーチン] 名 母親;お母様

모퉁이 [motʰuŋi モトゥンイ] 名 曲がり角;隅

모포 [mopʰo モポ] 名 毛布 類 담요 [タムニョ]

모험 [mo:ɦəm モーホム] 名 冒険 自他 모험하다 [モーホマダ] 冒険する

모호하다 [moɦoɦada モホハダ] 形 〚하変〛模糊としている;曖昧だ

목 [mok モク] 名 ①首 ②喉 ③(物の)首に当たる部分 関 목에 핏대를 세우다 [モゲ ピッテルル セウダ] 首に青筋を立てる;激しく怒る / 목을 걸다 [モグル コルダ] 首(命)を懸ける / 목을 따다 [モグルッタダ] (家畜の)首をはねる / 목을 축이다 [モグル チュギダ] 喉を潤す / 목이 마르다 [モギ マルダ] 喉が渇く / 목이 메다 [モギ メダ] (感激して)喉が詰まる / 목이 빠지다 [モギ ッパージダ] 非常に待ちわびる様子 / 목이 쉬다 [モギ シュィダ] 声がしゃがれる / 목이 타다 [モギ タダ] 喉が非常に渇く

목걸이 [mok²kəri モクコリ] 名 首飾り;ネックレス

목격 [mok²kjək モクキョク] 名 目撃 他 목격하다 [モクキョカダ] 目撃する 関 목격자 [モクキョクチャ] 名 目撃者

목구멍 [mok²kuməŋ モククモン] 名 喉

목덜미 [mok²təlmi モクトルミ] 名 襟首;首筋

목도리 [mok²tori モクトリ] 名 襟巻き;マフラー

목돈 [mok²ton モクトン] 名 まとまったお金

목련 [moŋnjən モンニョン] 名 モクレン

목록 [moŋnok モンノク] 名 ①目録;カタログ ②目次

목마르다 [moŋmaruda モンマルダ] 形 〚르変:목말라 モンマルラ〛①喉が渇く ②切望している;飢えている

목메다 [moŋmeda モンメダ] 自 ①(悲しみ・感動などで)喉が詰まる;むせぶ ②(食べ物などで)喉が塞がる

목사 [mok²sa モクサ] 名 牧師

목소리 [mok²sori モクソリ] 名 声;声色

목수 [mok²su モクス] 名 大工

목숨 [mok²sum モクスム] 名 命;寿命 関 목숨을 거두다 [モクスムル コドゥダ] 息を引きとる;死ぬ / 목숨을 걸다 [モクスムル コルダ] 命を懸ける / 목숨을 끊다 [モクスムル ックンタ] 自殺する

목쉬다 [mok²ʃwida モクシュィダ] 自 声がかれる

목요일 [mogjoil モギョイル] 名 木曜日

목욕 [mogjok モギョク] 名 沐浴;入浴 自 목욕하다 [モギョカダ] 入浴する 関 목욕물 [モギョンムル] 名 入浴用の水や湯 / 목욕실 [モ

목 [mok モク] 名 ①(人または動物の)体;身体

ギョクシル] 名 浴室 / 목욕탕[モギョクタン] 名 風呂;風呂場;銭湯 / 목욕통[モギョクトン] 名 浴槽

목장 [mokʦaŋ モクチャン] 名 牧場

목적 [mokʦok モクチョク] 名 目的

목차 [mokʦʰa モクチャ] 名 目次

목청 [mokʦʰoŋ モクチョン] 名 ①声 ②声帯 関 목청을 돋우다[モクチョンウル トドゥダ] 大きな声を出す / 목청껏[モクチョンッコッ] 副 声の限り

목축 [mokʦʰuk モクチュク] 名 牧畜 自他 목축하다[モクチュカダ] 牧畜する 関 목축업[モクチュゴプ] 名 牧畜業

목탁 [mokʰtʰak モクタク] 名 ① 木魚 ② 木鐸

목표 [mokpʰjo モクピョ] 名 目標;狙い;目当て

목화 [mokkʰwa モクヮ] 名 綿花

몫 [mok モク] 名 ①分け前;割り当て;配当;取り分 ② 各自の任務;持ち分

몰다 [mo:lda モールダ] 他《ㄹ語幹:모는 モーヌン》①(自動車・馬などに乗って)運転する;駆る ②(牛などを) 追う ③(一カ所に) 集める

몰두 [molʔtu モルトゥ] 名 没頭 自他 몰두하다[モルトゥハダ] 没頭する

몰라보다 [mo:llaboda モールラボダ] 他(顔が)わからない;見違える 例 몰라보게 많이 변해서 깜짝 놀랐어요. [モールラボゲ マーニ ピョネソッ カムッチャン ノールラッソヨ] 誰だかわからないくらいに, すっかり変わってしまってとても驚きました。

몰락 [mollak モルラク] 名 没落 自 몰락하다[モルラカダ] 没落する

몰래 [mo:llɛ モールレ] 副 こっそり;内緒で;密かに

몰려가다 [molljogada モルリョガダ] 自 ① 押しかける;群れをなして行く ② 追われる

몰려들다 [molljodulda モルリョドゥルダ] 自《ㄹ語幹:몰려드는 モルリョドゥヌン》押し寄せる;群がり集まる

몰려오다 [molljooda モルリョオダ] 自 群がって来る;押しかけて来る

몰리다 [mollida モルリダ] 自 ①(一時に)集中する ②殺到する;(一時に)押し寄せる 受動 追われる;追いこまれる

몰상식 [molʔsaŋʃik モルサンシㇰ] 名 非常識 形 몰상식하다[モルサンシカダ] 非常識だ;常識がない

몰아내다 [morancda モラネダ] 他 追い出す

몰아넣다 [moranotʰa モラノッタ] 他 追い込む;押し込む

몰아세우다 [moraseuda モラセウダ] 他 激しく責め立てる

例 몸에 좋은 음식이라면 사족을 못 써요. [モメ チョウン ウームシギラミョン サジョグル モーッ ッソヨ] 体にいい食べ物には目がありません。② 身分;立場 関 몸에 배다[モメ ペダ] 身に付く;なれる / 몸을 더럽히다[モムル トーロピダ] 貞操を奪われる / 몸을 바치다[モムル パチダ] 身を捧げる;犠牲になる / 몸을 버리다[モムル ポリダ] 健康を損ねる

몸가짐

/ 몸을 빼앗기다[モムル ッペアッキダ] 貞操を奪われる / 몸을 쓰다[モムル ッスダ] 体を使って活動する / 몸을 팔다[モムル パルダ] 売春する / 몸이 나다[モミ ナダ] 太る

몸가짐[momgadʑim モムガジム] 名 身持ち；態度

몸매[mommɛ モムメ] 名 格好；体つき；スタイル

몸무게[mommuge モムムゲ] 名 体重 類 체중[チェジュン]

몸부림[momburim モムブリム] 名 身もだえ 自 몸부림하다[モムブリマダ] 身もだえする；あがく

몸살[momsal モムサル] 名 過労から来る病気 例 몸살이 났는지 안 아픈 데가 없네요.[モムサリ ナンヌンジ ア ナプン デガ オームネヨ] 過労から来る病気なのか、体のあちこちが痛いです。 関 몸살 나다[モムサル ラダ] 過労から病気になる

몸서리[momsʌri モムソリ] 名 身震い 関 몸서리 나다[モムソリ ナダ] ぞっとする；身の毛がよだつ / 몸서리 치다[モムソリ チダ] 身震いする

몸소[momso モムソ] 名 自ら；じきじきに

몸조리[momdʑori モムジョリ] 名 養生；摂生 自他 몸조리하다[モムジョリハダ] 養生する；摂生する

몸조심[momdʑoɕim モムジョシム] 名 体を大事にすること 自他 몸조심하다[モムジョシマダ] 体を大事にする

몸짓[momʔtɕit モムチッ] 名 身振り；ジェスチャー 自他 몸짓하다[モムチタダ] 身振り手振りする

몸치장[momtɕʰidʑaŋ モムチジャン] 名 身支度；身繕い 自他 몸치장하다[モムチジャンハダ] 身支度する；身繕いする；装う

몹시[moːpʔɕi モープシ] 副 ひどく；大変に；非常に

못¹[mot モッ] 名 釘

못²[mot モッ] 名 (手や足などにできる)たこ

못³[mot モッ] 名 池

못⁴[moːt モーッ] 副 《動詞の前に付いて》不可能を表す：…できない 例 내일은 못 갈 것 같아요.[ネイルン モーッ カル コッ カタヨ] 明日は行けそうにありません。

못나다[moːnnada モーンナダ] 形 ①愚かだ；馬鹿だ ②不細工だ；不器量だ

못되다[moːtʔtweda モーットゥェダ] 形 ①(性質や行いが)悪い；悪質だ；なってない ②(表情や様子が)よくない；思わしくない

못마땅하다[moːnmaʔtaŋɦada モーンマッタンハダ] 形《ㅎ変》気にくわない；不満だ 副 못마땅히[モーンマッタンイ] 不満に

못살다[moːʔsalda モーッサルダ] 自《ㄹ語幹：못사는 モーッサヌン》①貧しく暮らす ②やりきれない ③《못살게の形で》煩わしく 関 못살게 굴다[モーッサルゲ クールダ] いじめる

못생기다[moːʔseŋgida モーッセンギダ] 形 (顔が)醜い；不器量だ

못쓰다[moːʔsɯda モーッスダ] 自《ㅡ変：못써 モーッソ》①(ある行

動を)してはいけない；よくない 例 그렇게 하면 못써. [クロッケ ハミョン モーッソ] (幼児などに)そんなことしちゃいけないよ。② 使えなくなる；故障する 例 이 컴퓨터는 너무 오래돼서 이젠 못써요. [イ コムピュトヌン ノム オレドェソ イジェン モーッソヨ] このパソコンは古くなりすぎてもう使えません。

못지않다 [moːtʃiantʰa モーチアンタ] 形 劣らない；遜色ない

못하다¹ [moːttʰada モータダ] 他 〖하変〗できない 例 저는 노래를 잘 못해요. [チョヌン ノレルル チャル モーッテヨ] 私は歌が下手です。

못하다² [moːttʰada モータダ] 補動〖하変〗《動詞の語幹+지 못하다の形で》…できない 補形〖하変〗《形容詞の語幹+지 못하다の形で》…ない

못하다³ [moːttʰada モータダ] 形〖하変〗劣る；程度が低い；及ばない

몽땅 [moŋ²taŋ モンタン] 副 全部；ねこそぎ；すっかり

묘 [mjoː ミョー] 名 墓

묘사 [mjoːsa ミョーサ] 名 描写 하他 묘사하다 [ミョーサハダ] 描写する；描く

묘지 [mjoːdʒi ミョージ] 名 墓地；墓場

무 [muː ムー] 名 ダイコン

무겁다 [mugəp²ta ムゴプタ] 形〖ㅂ変：무거워 / 무거운 ムゴウォ / ムゴウン〗対 가볍다 [カビョプタ] ① (重量が)重い 例 이 가방 너무 무거워서 못 들겠어요. [イカバン ノム ムゴウォソ モットゥルゲッソヨ] このカバン，とても重くて持てそうもありません。② (言行が)慎重だ ③ (病気や罪が)重い；はなはだしい ④ (気分や雰囲気が)重い ⑤ (負担や責任が)重い

무게 [muge ムゲ] 名 ① 重量 ② 値打ち；重み ③ 威厳

무관심 [mugwanʃim ムグワンシム] 名 無関心 하形 무관심하다 [ムグワンシマダ] 無関心だ

무궁 [muguŋ ムグン] 名 無限 하形 무궁하다 [ムグンハダ] 無限だ 関 무궁무진 [ムグンムジン] 名 無尽蔵

무궁화 [muguŋɦwa ムグンフヮ] 名 ムクゲ〈韓国の国花〉

무기 [muːgi ムーギ] 名 武器；兵器

무난하다 [munanɦada ムナナダ] 形〖하変〗無難だ 例 무난한 색으로 골랐어요. [ムナナン セグロ コルラッソヨ] 無難な色を選びました。副 무난히 [ムナニ] 難なく

무너뜨리다 [munə²turida ムノットゥリダ] 他 倒す；崩す；壊す

무너지다 [munədʒida ムノジダ] 自 倒れる；崩れる；壊れる

무늬 [muni ムニ] 名 模様；文様；図柄

무당 [muːdaŋ ムーダン] 名 巫女

무대 [muːdɛ ムーデ] 名 舞台 関 무대 감독 [ムーデ カムドク] 名 舞台監督 / 무대 미술 [ムーデ ミスル] 名 舞台美術 / 무대 예술 [ムーデ イェースル] 名 舞台芸術 / 무대 의상 [ムーデ ウイサン] 名 舞台衣装

무더기 [mudəgi ムドギ] 名 (一所に

積み重ねたものの)山；盛り

무더위 [mudɔwi ムドウィ] 名 蒸し暑さ

무덤 [mudɔm ムドム] 名 墓；墳墓

무덥다 [mudɔpʰta ムドプタ] 形〖ㅂ変：무더워 / 무더운 ムドウォ / ムドウン〗蒸し暑い；蒸す

무드 [mu:du ムードゥ] 名 ムード；雰囲気

무디다 [mudida ムディダ] 形 ①(刃や先が)鈍い ②(感覚が)鈍い ③(言葉が)はきはきしていない；のろい

무뚝뚝하다 [mu?tukʔtukkʰada ムットゥクットゥカダ] 形〖하変〗無口で無愛想だ；ぶっきらぼうだ

무럭무럭 [murɔŋmurɔk ムロンムロク] 副 ①よく伸びたり、育つ様子：すくすく；めきめき ②湯気・煙などが立ち上る様子：もくもく

무력¹ [mu:rjɔk ムーリョク] 名 武力

무력² [murjɔk ムリョク] 名 無力 하形 무력하다 [ムリョカダ] 無力だ；体力や力がない；能力がない

무렵 [murjɔp ムリョプ] 依名 頃；時分；折り

무료 [murjo ムリョ] 名 無料；ただ

무르다¹ [muruda ムルダ] 自〖르変：물러 ムルロ〗(熟したり煮えたりして)軟らかくなる

무르다² [muruda ムルダ] 他〖르変：물러 ムルロ〗①返品する ②(やったことを)元へ戻す；取り消す

무르다³ [muruda ムルダ] 形〖르変：물러 ムルロ〗①(地盤や物が)軟らかい；もろい ②(性質や体力的に)軟弱だ；もろい

무르익다 [muruikʔta ムルイクタ] 自 ①(果物や穀物などが)熟れる；よく実る ②(事・時機などが)熟す；よい頃合いになる

무릅쓰다 [murupʔsɯda ムルプッスダ] 他〖으変：무릅써 ムルプッソ〗(困難などを)顧みない；いとわない

무릎 [murup ムルプ] 名 膝 関 무릎베개 [ムルプペゲ] 名 膝枕 / 무릎을 치다 [ムルプル チダ] (感心したり、喜んだりして)膝を叩く

무리¹ [muri ムリ] 名 群れ；集まり

무리² [muri ムリ] 名 無理 하形 무리하다 [ムリハダ] 無理だ 副 무리하게 [ムリハゲ] 無理に；無理やりに

무면허 [mumjɔnhɔ ムミョノ] 名 無免許

무명 [mumjɔn ムミョン] 名 無名

무방하다 [mubaŋhada ムバンハダ] 形〖하変〗差し支えない；構わない

무사하다 [musahada ムサハダ] 形〖하変〗無事だ；つつがない 副 무사히 [ムサヒ] 無事に；つつがなく

무사고 [musago ムサゴ] 名 無事故

무색하다 [musekkʰada ムセカダ] 形〖하変〗面目ない；大変恥ずかしい

무서움 [musɔum ムソウム] 名 恐ろしさ；恐怖

무서워하다 [musɔwɔhada ムソウォハダ] 他〖하変〗恐れる；怖がる

무섭다 [musɔpʔta ムソプタ] 形〖ㅂ変：무서워 / 무서운 ムソウォ / ムソウン〗①恐ろしい；怖い 例 여름엔 무서운 공포 영화가 인기예요.

[ヨルメン ムソウン コンポ ヨンファガ インッキエヨ] 夏はホラー映画が人気です。②すさまじい；ひどい

무성하다 [muːsəŋɦada ムーソンハダ] 形《하変》生い茂っている 副 무성히 [ムーソンイ] よく茂って

무소속 [musosok ムソソク] 名 無所属

무소식 [musoʃik ムソシク] 名 消息のないこと；便りのないこと

무슨 [musum ムスン] 冠 ①(疑問を表す) どんな；何の；何 例 무슨 일이세요? [ムスン ニーリセヨ] 何の用ですか。②(不特定のものを指し) 何か ③(思いもよらない、気に入らないということを強調して) 何という

무승부 [musɯŋbu ムスンブ] 名 引き分け

무시 [muʃi ムシ] 名 無視 하他 무시하다 [ムシハダ] 無視する 되受動 무시되다 [ムシドゥェダ] 無視される

무시무시하다 [muʃimuʃiɦada ムシムシハダ] 形《하変》(状況・光景などが) 恐ろしい；身の毛がよだつ

무식하다 [muʃikkʰada ムシカダ] 形 《하変》無学だ；無知だ

무심코 [muʃimkʰo ムシムコ] 副 何気なく；思わず；うっかり

무심하다 [muʃimɦada ムシマダ] 形 《하変》無心だ；無関心だ；気にかけない

무안 [muan ムアン] 名 会わせる顔がないこと 하形 무안하다 [ムアナダ] (恥ずかしくて) 会わす顔がない；面目ない 関 무안을 당하다 [ムアヌル タンハダ] 恥をかく / 무안을 주다 [ムアヌル チュダ] 恥をかかせる

무어 [muə ムオ] 代 무엇の縮約形：何；何か 感 驚きを表す：何っ；何だって

무엇 [muət ムオッ] 代 ①(未知の物を指して) 何；何の 例 이게 무엇입니까? [イゲ ムオシムニッカ] これは何ですか。/ 무엇 때문에 그렇게 고민하고 있어요? [ムオッ ッテムネ クロッケ コミナゴ イッソヨ] 何のことでそんなに悩んでいるんですか。② 不特定の物を指す：何か；何 例 무엇보다 이게 중요해요. [ムオッポダ イゲ チューンヨヘヨ] 何よりもこれが重要です。

무역 [muːjək ムーヨク] 名 貿易 例 무역 회사에 다니고 있어요. [ムーヨク フェーサエ タニゴ イッソヨ] 貿易会社に通っています。하他 무역하다 [ムーヨカダ] 貿易をする

무용¹ [mujoŋ ムヨン] 名 無用 하形 무용하다 [ムヨンハダ] 無用だ

무용² [muːjoŋ ムーヨン] 名 舞踊 하自 무용하다 [ムーヨンハダ] 舞踊する 関 무용가 [ムーヨンガ] 名 舞踊家 / 무용극 [ムーヨングク] 名 舞踊劇 / 무용단 [ムーヨンダン] 名 舞踊団 / 무용수 [ムーヨンス] 名 踊り子

무의식 [muiʃik ムイーシク] 名 無意識

무일푼 [muilpʰun ムイルプン] 名 無一文；文なし

무작정 [mudʒakʔtʃəŋ ムジャクチョン] 名 無計画；見通しがないこと

무작정으로[ムチャクチョンウロ] 何も考えずに；無計画に

무조건[mudʒoʔkʌn ムジョッコン] 名 ① 無条件 ②《副詞的に》無条件に；文句なしに

무좀[mudʒom ムジョム] 名 水虫

무지개[mudʒige ムジゲ] 名 虹

무지무지하다[mudʒimudʒifiada ムジムジハダ] 形《하変》驚くほどすごい

무책임하다[mutʃʰεgimfiada ムチェギマダ] 形《하変》無責任だ 例 그런 무책임한 말이 어디 있어요? [クロン ムチェギマン マーリ オディ イッソヨ] そんな無責任な話がどこにありますか。

무척[mutʃʰʌk ムチョク] 副 非常に；大変；とても 例 이번 여름은 무척 더웠어요. [イボン ニョルムン ムチョク トウォッソヨ] 今年の夏は非常に暑かったです。

무치다[mutʃʰida ムチダ] 他 (青菜などを)調味して和える

무침[mutʃʰim ムチム] 名 和え物

무턱대고[mutʰʌkʔtεgo ムトクテゴ] 副 見さかいもなく；むやみに；向こう見ずに

무한하다[mufianfiada ムハナダ] 形《하変》無限だ；無量だ 関 무한대 [ムハンデ] 名 無限大／무한히 [ムハニ] 副 無限に

무형[muhjʌŋ ムヒョン] 名 無形 하形 무형하다[ムヒョンハダ] 無形だ 関 무형 문화재 [ムヒョン ムヌゥジェ] 名 無形文化財

무화과[mufiwagwa ムフヮグヮ] 名 イチジク 関 무화과나무 [ムフヮグヮナム] 名 イチジクの木

무효[muhjo ムヒョ] 名 無効 하形 무효하다 [ムヒョハダ] 無効だ

묵[muk ムク] 名 ムク《そば・緑豆・どんぐりなどの粉を煮固め, ゼリー状にした食品》

묵다[mukʔta ムクタ] 自 ① 泊まる 例 여기가 오늘 우리가 묵을 호텔이에요. [ヨギガ オヌル ウリガ ムグル ホテリエヨ] ここが今日私たちが泊まるホテルです。②(歳月が経って)古くなる ③(田畑や機械などが利用されずに)放置される

묵묵히[munmukkʰi ムンムキ] 副 黙々と

묵인[mugin ムギン] 名 黙認 하他 묵인하다 [ムギナダ] 黙認する 되受動 묵인되다 [ムギンドゥェダ] 黙認される

묵직하다[mukʔtʃikkʰada ムクチカダ] 形《하変》①(かなり)重い；重たい ②(言動や人柄が)重々しい 副 묵직히 [ムクチキ] どっしりと；ずっしりと

묶다[mukʔta ムクタ] 他 ① 束ねて縛る；括る ② 1つにまとめる

문[mun ムン] 名 ① 戸；ドア；門 例 문 좀 닫아 주세요. [ムン チョム タダ ジュセヨ] ドアをちょっと閉めてください。② 家門

문단속[mundansok ムンダンソク] 名 戸締まり 例 문단속 잘하고 주무세요. [ムンダンソク チャラゴ チュムセヨ] 戸締まりをきちんとしておやすみください。 自 문단속하다 [ムンダンソカダ] 戸締まりする

문득[munduk ムンドゥク] 副 (考えや感じなどが)突然起こる様子：

ふと;はっと;ひょいと 関 문득문 득[ムンドゥンムンドゥク] 副 (ある考えが度々)突然起こる様子
문명 [munmjɔŋ ムンミョン] 名 文明
문방구 [munbaŋgu ムンバング] 名 ① 文房具 ② 文房具店
문법 [munˀpɔp ムンッポプ] 名 文法
문병 [muːnbjɔŋ ムーンビョン] 名 病気見舞い 有他 문병하다[ムーンビョンハダ] 病気を見舞う
문상 [muːnsaŋ ムーンサン] 名 弔問 有他 문상하다[ムーンサンハダ] 弔問する
문서 [munsɔ ムンソ] 名 文書
문안 [muːnan ムーナン] 名 御機嫌伺い;お見舞い 有自 문안하다[ムーナナダ] 御機嫌伺いする;お見舞いする
문어 [munɔ ムノ] 名 ミズダコ
문예 [munje ムニェ] 名 文芸 関 문예란[ムニェラン] 名 文芸欄 / 문예 부흥 [ムニェ プーフン] 名 文芸復興;ルネサンス / 문예 비평 [ムニェ ピーピョン] 名 文芸批評 / 문예 사조 [ムニェ サジョ] 名 文芸思潮 / 문예 영화 [ムニェ ヨンフヮ] 名 文芸映画 / 문예 작품 [ムニェ チャクプム] 名 文芸作品 / 문예 평론 [ムニェ ピョンノン] 名 文芸評論 / 문예 활동 [ムニェ フヮルトン] 名 文芸活動
문의 [muːni ムーニ] 名 問い合わせ 有他 문의하다[ムーニハダ] 問い合わせる
문자¹ [munˀtʃa ムンッチャ] 名 文字;字
문자² [mundʒa ムンジャ] 名 漢文の熟語・格言・成句 関 문자를 쓰다

[ムンジャルル ッスダ] (知ったかぶりをして)漢文の難しい語句を使う
문장 [mundʒaŋ ムンジャン] 名 文章;文 例 틀린 문장을 고쳐 주세요. [トゥルリン ムンジャンウル コチョ ジュセヨ] 間違った文章を直してください。
문제 [muːndʒe ムーンジェ] 名 問題 例 문제는 없습니다. [ムーンジェヌン オープスムニダ] 問題はありません。関 문제시[ムーンジェシ] 名 問題視 / 문제아[ムーンジェア] 名 問題児 / 문제의식[ムーンジェイシク] 名 問題意識 / 문제점[ムーンジェッチョム] 名 問題点
문지르다 [mundʒiruda ムンジルダ] 他 《르変:문질러 ムンジルロ》 こする;こすりつける;もむ
문학 [munɦak ムナク] 名 文学 関 문학가[ムナクカ] 名 文学家 / 문학계[ムナクケ] 名 文学界 / 문학론 [ムナンノン] 名 文学論 / 문학 박사 [ムナク パクサ] 名 文学博士 / 문학사[ムナクサ] 名 文学史 / 문학상[ムナクサン] 名 文学賞 / 문학잡지[ムナクチャプチ] 名 文学雑誌
문화 [munɦwa ムヌヮ] 名 文化 例 경주에 가면 신라의 찬란한 문화를 엿볼 수 있어요. [キョンジュエ カミョン シルラエ チャルラナン ムヌヮルル ヨッポル ス イッソヨ] 慶州に行けば新羅の燦然たる文化を垣間見ることができます。関 문화 교류[ムヌヮ キョリュ] 名 文化交流 / 문화 국가[ムヌヮ ククカ] 名 文化国家 / 문화권[ムヌヮックォ

묻다

ン] 图 文化圏 / 문화 단체[ムヌヮタンチェ] 图 文化団体 / 문화사[ムヌヮサ] 图 文化史 / 문화생활[ムヌヮセンフヮル] 图 文化生活 / 문화 시설[ムヌヮ シソル] 图 文化施設 / 문화유산[ムヌヮユサン] 图 文化遺産 / 문화인[ムヌヮイン] 图 文化人 / 문화재[ムヌヮジェ] 图 文化財 / 문화제[ムヌヮジェ] 图 文化祭

묻다¹ [mutʔta ムッタ] 圓 (粉・水・糊・汚れなどが) 付く；付着する

묻다² [mutʔta ムッタ] 他 ①(物を)埋める ②(事を)隠す；隠匿する

묻다³ [muːtʔta ムーッタ] 他《ㄷ変：묻어 / 묻는 ムロ / ムーンヌン》訊く；尋ねる 囫 길 좀 묻겠습니다. [キル チョム ムーッケスムニダ] 道をちょっとお尋ねします。

묻히다¹ [muttɕʰida ムチダ] 他 付ける

묻히다² [muttɕʰida ムチダ] 圓 埋まる；埋もれる 受動 埋められる

물 [mul ムル] 图 ① 水 ② 水気；水分 囫 물 좀 마실 수 있을까요? [ムル チョム マシル ス イッスルッカヨ] 水をちょっと飲めますか。③ 川・湖・海などの総称 ④ 満ち潮・引き潮の総称 関 물을 긷다 [ムルル キッタ] 水を汲む / 물을 먹다 [ムルル モクタ] ① 水を飲む ② 体験する；経験する ③ 損する / 물을 타다 [ムルル タダ] 水で薄める

물가 [mulʔka ムルッカ] 图 物価 囫 물가가 너무 비싸요. [ムルッカガ ノム ピッサヨ] 物価が高過ぎます。関 물가고 [ムルッカゴ] 物価高 / 물가 수준 [ムルッカ スジュン] 图 物価水準 / 물가 정책 [ムルッカ チョンチェク] 图 物価政策 / 물가 지수 [ムルッカ チス] 图 物価指数

물감 [mulʔkam ムルカム] 图 染料；絵の具

물개 [mulʔkɛ ムルケ] 图 オットセイ

물거품 [mulgopʰum ムルゴプム] 图 ① 水泡 ② 努力などが無駄になること

물건 [mulgɔn ムルゴン] 图 物；品物 囫 마음에 드는 물건이라도 있으세요? [マウメ トゥヌン ムルゴニラド イッスセヨ] 気に入った物はございますか。

물결 [mulʔkjɔl ムルキョル] 图 波；波濤；波浪

물고기 [mulʔkogi ムルコギ] 图 魚 (生物としての魚) 関 생선 [センソン] 图 魚(生鮮食品としての魚)

물구나무서기 [mulgunamusogi ムルグナムソギ] 图 逆立ち

물구나무서다 [mulgunamusoda ムルグナムソダ] 圓 逆立ちする

물기 [mulʔki ムルキ] 图 水気；汁気；水分

물김치 [mulgimtɕʰi ムルギムチ] 图 水キムチ

물냉면 [mullɛŋmjɔn ムルレンミョン] 图 冷麺

물다¹ [mulda ムルダ] 他《ㄹ語幹：무는 ムヌン》払う；支払う；納める；償う

물다² [mulda ムルダ] 他《ㄹ語幹：무는 ムヌン》① くわえる ② かみつく；食いつく ③(虫などが)刺す；かむ

물들다 [muldulda ムルドゥルダ] 圓 《ㄹ語幹：물드는 ムルドゥヌン》①

染まる；色づく ②感化される；かぶれる

물들이다 [muldɯrida ムルドゥリダ] 他 染める

물러가다 [mullɔgada ムルロガダ] 自 ①退く；後退する ②(今までの仕事・官職から) 退く；引退する ③(目上の人の前から) 引き下がる

물러서다 [mullɔsɔda ムルロソダ] 自 ①(後へ) 下がる；後退する ②(仕事から) 身を引く；引き下がる；辞める ③譲歩する

물려받다 [mulljɔbatʰta ムルリョバッタ] 他 譲り受ける；引き継ぐ；受け継ぐ

물려주다 [mulljɔdʑuda ムルリョジュダ] 他 譲る；譲り渡す

물론 [mullon ムルロン] 名副 もちろん；無論 例 호텔은 물론이고 모텔이나 여관도 방이 없대요. [ホテルン ムルロニゴ モテリナ ヨグヮンド パンイ オープテヨ] ホテルはもちろん，モーテルや旅館も部屋がないそうです。

물리 [mulli ムルリ] 名 物理 関 물리변화 [ムルリ ピョーヌヮ] 名 物理変化 / 물리학 [ムルリハク] 名 物理学 / 물리화학 [ムルリフヮーハク] 名 物理化学

물리치다 [mullitʰida ムルリチダ] 他 ①撥ね付ける；拒む；拒絶する ②(敵を) 撃退する

물만두 [mulmandu ムルマンドゥ] 名 水餃子

물바다 [mulbada ムルバダ] 名 (洪水などによる) 一面水浸しの状態

물방울 [mulˀpaŋul ムルパンウル] 名 水玉；水滴 関 물방울무늬 [ムルパンウルムニ] 名 水玉模様

물병 [mulˀpjɔŋ ムルピョン] 名 水差し

물보라 [mulbora ムルボラ] 名 水煙；水のしぶき；飛沫

물새 [mulˀsɛ ムルセ] 名 水鳥

물소 [mulˀso ムルソ] 名 水牛

물수건 [mulˀsugɔn ムルスゴン] 名 おしぼり

물씬 [mulˀɕin ムルッシン] 副 においが鼻を突く様子：ぷんと；むっと

물어내다 [murɔnɛda ムロネダ] 他 (損害などを) 弁償する；償う

물어주다 [murɔdʑuda ムロジュダ] 他 弁償してやる；償いをする

물오리 [murori ムロリ] 名 マガモ

물음 [murɯm ムルム] 名 問い；質問 関 물음표 [ムルムピョ] 名 疑問符；クェスチョンマーク

물장사 [muldʑaŋsa ムルジャンサ] 名 (酒場や喫茶店など) 水商売

물질 [mulˀtɕil ムルチル] 名 物質

물품 [mulpʰum ムルプム] 名 物品；品物 例 귀중품은 물품 보관소에 맡겨 두세요. [クィジュンプムン ムルプム ポーグヮンソエ マッキョド ゥセヨ] 貴重品は物品保管所に預けてください。 関 물품세 [ムルプムッセ] 名 物品税

묽다 [mukˀta ムクタ] 形 ①(液体の濃度が) 薄い ②(粥や練り物などが) 柔らかい；ゆるい

뭉개다 [muŋgɛda ムンゲダ] 他 ①すり潰す ②もみ消す ③(仕事が手に負えないで) じたばたする；苦闘する

뭉치다 [muŋtɕʰida ムンチダ] 自 ①

固まる ②団結する 他 固める；ひとまとめにする

뭐 [mwɔː ムォー] 代 感 무어 / 무엇의 縮約形：何；何か 例 뭐라고요? 한 번만 더 말씀해 주세요. [ムォーラゴヨ ハン ボンマント マールスメ ジュセヨ] 何ですって。もう一度だけお話しください。/ 차는 뭐로 하시겠어요? [チャヌン ムォーロ ハシゲッソヨ] お茶は何になさいますか。

뮤지컬 [mjuːdʒikʰɔl ミュージコル] 名 ミュージカル

뮤직 [mjuːdʒik ミュージク] 名 ミュージック

미국 [miguk ミグク] 名 米国；アメリカ 例 미국으로 여행을 간 적이 있어요. [ミググロ ヨヘンウル カン ジョギ イッソヨ] アメリカに旅行に行ったことがあります。

미꾸라지 [miʔkuradʒi ミックラジ] 名 ドジョウ

미끄러지다 [miʔkurɔdʒida ミックロジダ] 自 ①滑る ②落第する

미끄럽다 [miʔkurɔpʰta ミックロプタ] 形《ㅂ変：미끄러워 / 미끄러운 ミックロウォ / ミックロウン》つるつるしている；滑らかだ；滑りやすい

미끼 [miʔki ミッキ] 名 餌 ①釣りの餌 ②人をおびき寄せるための手段や餌

미나리 [minari ミナリ] 名 セリ

미네랄 [mineral ミネラル] 名 ミネラル

미녀 [miːnjɔ ミーニョ] 名 美女；美人

미니어처 [miniɔtɕʰɔ ミニオチョ] 名 ミニチュア

미더덕 [midɔdɔk ミドドク] 名 エボヤ

미덥다 [midɔpʰta ミドプタ] 形《ㅂ変：미더워 / 미더운 ミドウォ / ミドウン》頼もしい

미드나이트 [midunaitʰɯ ミドゥナイトゥ] 名 ミッドナイト

미디어 [midiɔ ミディオ] 名 メディア

미디엄 [midiɔm ミディオム] 名 ミディアム

미래 [miːrɛ ミーレ] 名 未来

미러 [mirɔ ミロ] 名 ミラー；鏡 類 거울 [コウル] 名 鏡

미련¹ [mirjɔn ミリョン] 名 愚鈍 하形 미련하다 [ミリョナダ] 愚鈍だ 関 미련스럽다 [ミリョンスロプタ] 形《ㅂ変：미련스러워 / 미련스러운 ミリョンスロウォ / ミリョンスロウン》愚鈍だ

미련² [miːrjɔn ミーリョン] 名 未練；心残り

미루나무 [mirunamu ミルナム] 名 ポプラ

미루다 [miruda ミルダ] 他 ①延期する；後回しにする ②(責任・仕事などを) 人に押しつける；人のせいにする ③(物事を) 推し量る

미리 [miri ミリ] 副 あらかじめ；前もって 例 미리 계획을 세워서 갑시다. [ミリ ケーフェグル セウオソ カプシダ] 予め計画を立てて行きましょう。関 미리미리 [ミリミリ] 副 미리の強調語：あらかじめ；前もって

미만 [miːman ミーマン] 名 未満

미모 [miːmo ミーモ] 名 美貌

미묘하다 [mimjoɦada ミミョハダ]

미성년 [mi:sɔŋnjɔn ミーソンニョン] 名 未成年

미소 [miso ミソ] 名 微笑；微笑み

미숙하다 [mi:sukkʰada ミースカダ] 形《하変》未熟だ ①(果物などが)熟していない ②(技術などが)熟達していない 例 아직 어려서 미숙한 점이 많습니다. [アジク オリョソ ミースカン ジョミ マーンスムニダ] まだ幼いので未熟な点が多いです。関 미숙아 [ミスガ] 名 未熟児

미술 [mi:sul ミースル] 名 美術 関 미술가 [ミースルガ] 名 美術家 / 미술 공예 [ミースル コンイェ] 名 美術工芸 / 미술관 [ミースルグワン] 名 美術館 / 미술사 [ミースルサ] 名 美術史 / 미술품 [ミースルプム] 名 美術品 / 현대 미술 [ヒョーンデ ミースル] 名 現代美術

미스 [misu ミス] 名 ミス

미스터 [misutʰɔ ミスト] 名 ミスター

미스터리 [misutʰɔri ミストリ] 名 ミステリー

미신 [miʃin ミシン] 名 迷信

미아 [mia ミア] 名 迷子

미안하다 [mianɦada ミアナダ] 形《하変》すまない；申し訳ない 例 미안합니다. [ミアナムニダ] すみません。/ 미안해요. [ミアネヨ] ごめんなさい。類 죄송하다 [チュェーソンハダ]

미약 [mijak ミヤク] 名 微弱 하形 미약하다 [ミヤカダ] 微弱だ 例 미약하나마 보탬이 된다면 기꺼이 돕겠습니다. [ミヤカナマ ポテミ トゥェンダミョン キッコイ トプケッスムニダ] 微力ながらお役に立てるなら喜んでお手伝いします。

미역 [mijɔk ミヨク] 名 ワカメ 関 미역국을 먹다 [ミヨククグル モクタ] ①解雇される；首になる ②試験に落ちる / 미역국을 먹이다 [ミヨククグル モギダ] 首にする

미용 [mi:joŋ ミーヨン] 名 美容 関 미용사 [ミーヨンサ] 名 美容師 / 미용술 [ミーヨンスル] 名 美容術 / 미용식 [ミーヨンシク] 名 美容食 / 미용실 [ミーヨンシル] 名 美容室

미워하다 [miwɔɦada ミウォハダ] 他《하変》憎む；憎悪する

미인 [mi:in ミーイン] 名 美人；美女 関 미인계 [ミーインゲ] 名 色仕掛け

미지근하다 [midʒigunɦada ミジグナダ] 形《하変》①やや温かい；ぬるい ②(態度や行動が)消極的だ；手ぬるい

미처 [mitʃʰɔ ミチョ] 副 まだ；かつて；ついぞ

미치다¹ [mitʃʰida ミチダ] 自 ①狂う ②(ある事に)溺れる；夢中になる

미치다² [mitʃʰida ミチダ] 自 ①(影響などが)及ぶ；至る ②(ある範囲に)達する 例 기대에 미치지 못해 죄송합니다. [キデエ ミチジ モッテ チュェーソンハムニダ] 期待にそえず，すみません 他 及ぼす

미터 [mi:tʰɔ ミート] 依名 メートル 名 メーター

미팅 [m:itʰiŋ ミーティン] 名 ミーティング ①会議 ②合コン

민간 [miŋgan ミンガン] 名 民間 関

민간 기업[ミンガン キオプ] 名 民間企業 / **민간단체**[ミンガンダンチェ] 名 民間団体 / **민간 신앙**[ミンガン シーナン] 名 民間信仰 / **민간요법**[ミンガンニョッポプ] 名 民間療法 / **민간인**[ミンガニン] 名 民間人 / **민간 자본**[ミンガン チャボン] 名 民間資本 / **민간 투자**[ミンガン トゥジャ] 名 民間投資

민감하다[mingamɦada ミンガマダ] 形《하変》敏感だ

민들레[mindulle ミンドゥルレ] 名 タンポポ

민망하다[minmaŋɦada ミンマンハダ] 形《하変》① 気の毒だ;心苦しい;不憫だ 例 너무 민망해서 얼굴을 돌렸어요. [ノム ミンマンヘソ オルグルル トルリョッソヨ] とても気の毒で顔をそむけました。② きまりが悪い 副 **민망히**[ミンマンヒ] 不憫に;心苦しく

민박[minbak ミンバク] 名 民泊 하自 민박하다[ミンバカダ] 民泊する

민속[minsok ミンソク] 名 民俗 関 민속 공예품[ミンソク コンイェプム] 名 民俗工芸品 / 민속놀이[ミンソンノリ] 名 民間に伝わる民俗行事 / 민속 무용[ミンソク ムーヨン] 名 民俗舞踊 / 민속 소설[ミンソク ソーソル] 名 民俗小説 / 민속촌[ミンソクチョン] 名 民俗村 / 민속학[ミンソカク] 名 民俗学

민요[minjo ミニョ] 名 民謡

민족[mindʒok ミンジョク] 名 民族 関 민족 문화[ミンジョン ムヌワ] 名 民族文化 / 민족사[ミンジョクサ] 名 民族史 / 민족성[ミンジョクソン] 名 民族性 / 민족 운동[ミンジョク ウーンドン] 名 民族運動 / 민족 의식[ミンジョク ウイーシク] 名 民族意識 / 민족주의[ミンジョクチュイ] 名 民族主義;ナショナリズム / 민족학[ミンジョカク] 名 民族学

민주[mindʒu ミンジュ] 名 民主 関 민주 공화국[ミンジュ コーンファグク] 名 民主共和国 / 민주 국가[ミンジュ ククカ] 名 民主国家 / 민주적[ミンジュジョク] 名 民主的 / 민주 정치[ミンジュ チョンチ] 名 民主政治 / 민주주의[ミンジュジュイ] 名 民主主義 / 민주화[ミンジュフワ] 名 民主化

민중[mindʒuŋ ミンジュン] 名 民衆 関 민중 예술[ミンジュン イェースル] 名 民衆芸術 / 민중 운동[ミンジュン ウーンドン] 名 民衆運動 / 민중화[ミンジュンフワ] 名 民衆化

민첩[mintʃʰəp ミンチョプ] 名 敏捷 하形 민첩하다[ミンチョパダ] 敏捷だ 関 민첩히[ミンチョピ] 副 敏捷に

믿다[mitʔta ミッタ] 他 ① 信じる 例 내 말을 믿어 주세요. [ネ マールル ミド ジュセヨ] 私の話を信じてください。② 信仰する ③ 頼る ④ 信用する

믿음[midum ミドゥム] 名 信じる心;信心;信頼

믿음직하다[midumdʒikkʰada ミドゥムジカダ] 形《하変》頼もしい

밀[mil ミル] 名 小麦

밀가루[milʔkaru ミルカル] 名 小麦

粉
밀감 [milgam ミルガム] 名 ミカン(蜜柑)
밀고 [milgo ミルゴ] 名 密告 하他 밀고하다 [ミルゴハダ] 密告する
밀다 [mi:lda ミールダ] 他〖ㄹ語幹:미는 ミーヌン〗①(力を加えて)押す;押し進める ②(髭を)そる;(垢を)落とす ③推す
밀도 [mil²to ミルト] 名 密度
밀리 [milli ミルリ] 依名 밀리미터 [ミルリミト]の略:ミリ 関 밀리미터 [ミルリミト] 依名 ミリメーター/밀리리터 [ミルリリト] 依名 ミリリットル/밀리그램 [ミルリグレム] 依名 ミリグラム
밀리다 [millida ミルリダ] 自 ①(支払いなどが)滞る 例 방세가 두 달이나 밀렸어요. [パンッセガ トゥー ダリナ ミルリョッソヨ] 家賃が2カ月も滞っています。②(物事が)停滞する;つかえる;(仕事が)たまる 受動 押される
밀림 [millim ミルリム] 名 密林;ジャングル
밀물 [mi:lmul ミールムル] 名 満ち潮;上げ潮
밀수입 [mil²suip ミルスイプ] 名 密輸入 하他 밀수입하다 [ミルスイパダ] 密輸入する
밀수출 [mil²sutʃʰul ミルスチュル] 名 密輸出 하他 밀수출하다 [ミルスチュラダ] 密輸出する
밀어내다 [mirɔneda ミロネダ] 他 (外へ)押し出す
밀입국 [mirip²kuk ミリプクク] 名 密入国 하自 밀입국하다 [ミリプクカダ] 密入国する
밀반찬 [mit²pantʃʰan ミッパンチャ

밀접하다 [mil²tɕʰɔpʰada ミルチョパダ] 形〖하変〗密接だ
밀짚모자 [mil²tɕimmodʑa ミルチムモジャ] 名 麦わら帽子
밀크 [milkʰɯ ミルク] 名 ミルク;牛乳
밉다 [mip²ta ミプタ] 形〖ㅂ変:미워/미운 ミウォ/ミウン〗①憎い;憎らしい 例 좋은 사람이라도 가끔은 미울 때가 있어요. [チョーウン サラミラド カックム ミウル ッテガ イッソヨ] 好きな人でも時には憎らしい時があります。②(顔つきや身なりが)醜い ③(言うことなどが)気にくわない
및 [mit ミッ] 副 及び;並びに;更に 例 반품 및 교환은 물품 수령 후 일주일 이내에 가능합니다. [パンプム ミッ キョフヮヌン ムルプム スリョン フー イルチュイル イネエ カーヌンハムニダ] 返品及び交換は物品受領後1週間以内,可能です。
밑 [mit ミッ] 名 ①(物・年齢・地位などの)下;下方 例 제 밑으로 남동생이 두 명 있어요. [チェ ミトゥロ ナムドンセンイ トゥー ミョンイッソヨ] 私の下に弟が2人います。②(深さのあるものの)底;底の部分 関 밑도 끝도 모르다 [ミットックット モルダ] 何も知らない/밑도 끝도 없이 [ミット ックット オープシ] 出し抜けに;藪から棒に
밑그림 [mit²kɯrim ミックリム] 名 下絵;下図
밑바닥 [mit²padak ミッパダク] 名 ①物体の底 ②心の奥;下心;底意 ③最悪の状態;どん底
밑반찬 [mit²pantɕʰan ミッパンチャ

ン] 名（塩辛・漬物など）の保存が利く総菜

밑줄 [mit͈t͡ʃul ミッチュル] 名 下線；アンダーライン

밑지다 [mit͈t͡ɕida ミッチダ] 自他 (商売で)損をする 関 밑져야 본전이다 [ミッチョヤ ポンジョニダ] 失敗しても元々だ / 밑지는 장사 [ミッチヌン ジャンサ] 損をする商売

밑천 [mitt͡ɕʰʌn ミッチョン] 名 ① 元手；資金 ② 原価 関 밑천도 못 찾다 [ミッチョンド モーッ チャッタ] 元も子もなくなる

ㅂ

-ㅂ니까 [mniːka ムニッカ] 語尾《母音語幹やㄹ語幹(ㄹ脱落), 尊敬の意味を表す-시-などの語尾に付いて質問を表す。パッチムのない体言の後ろでは, 指定詞の語幹이が省略される場合がある》…しますか；…ですか 例 언제 한국에 갑니까? [オンジェ ハーングゲ カムニッカ] いつ韓国に行きますか。 関 -습니까 [スムニッカ] 語尾 子音語幹用言に用いる。

-ㅂ니다 [mnida ムニダ] 語尾《母音語幹やㄹ語幹(ㄹ脱落), 尊敬の意味を表す-시-などの語尾に付いて動作や状態を叙述する。パッチムのない体言の後ろでは, 指定詞の語幹이が省略される場合がある》…します；…です；…でございます 例 다음 주에 한국에 갑니다. [タウム チュエ ハーングゲ カムニダ] 来週, 韓国に行きます。 関 -습니다 [スムニダ] 語尾 子音語幹用言に用いる。

바가지 [pagad͡ʑi パガジ] 名 ① パガジ《ふくべを割って中身をくり抜いて作った容器。水や酒などの液体を汲むのに用いる》② 妻が夫に対して並べ立てる不満や愚痴 関 바가지를 긁다 [パガジルル ククタ] 愚痴をこぼす；がみがみ言う；不満を言う / 바가지를 쓰다 [パガジルル ッスダ] (代金などを不当に)ぼられる / 바가지를 씌우다 [パガジルル ッシウダ] ぼる；ふっかける

바구니 [paguni パグニ] 名 かご；ざる

바깥 [pak͈at̚ パッカッ] 名 ①(内に対する)外；外側；家の外；戸外；表 ② 夫の異称 関 바깥양반 [パッカンニャンバン] 名 主人；亭主

바꾸다 [pak͈uda パックダ] 他 ① 替える；代える；換える 例 새 것으로 바꿔 주세요. [セ ゴスロ パックォ ジュセヨ] 新しい物に取り換えてください。/ 한국 돈으로 바꿔 주세요. [ハーングク トーヌロ パックォ ジュセヨ] 韓国のお金に替えてください。② 変える；変更する 関 바꿔 치다 [パックォ チダ] すり替える / 바꿔 타다 [パックォ タダ] 乗り換える

바뀌다 [pak͈wida パックィダ] 受動 切り替わる；変えられる；変わる；交換される

바느질 [panɯd͡ʑil パヌジル] 名 針仕事；裁縫 하自他 바느질하다 [パヌジラダ] 針仕事をする；縫い物をする

바늘 [panɯl パヌル] 名 針

바다 [pada パダ] 名 海 例 여름 바다

바닥 [padak パダヶ] 名 ① 平らな表面；平面；床 ②(器・靴などの)底 ③(仕事・消費物などの)底をつくこと；品切れ 関 바닥을 긁다 [パダグル クゥタ] 経済的に最低の生活をする / 바닥을 보다 [パダグル ポダ] (資金などが)切れる；尽きる

바닷가 [padat²ka パダッカ] 名 浜；海辺 例 바닷가에서 예쁜 자갈을 주웠어요. [パダゥカエソ イェーッブン チャガルル チュウォッソヨ] 海辺できれいな石を拾いました。

바닷물 [padanmul パダンムル] 名 海水；潮

바닷바람 [padat²param パダッパラム] 名 海風

바닷속 [pada²sok パダッソヶ] 名 海中

바둑 [paduk パドゥヶ] 名 囲碁 関 바둑을 두다 [パドゥグル トゥダ] 囲碁を打つ / 바둑판 [パドゥヶパン] 名 碁盤

바둑이 [padugi パドゥギ] 名 ぶち犬

바라다 [parada パラダ] 他 願う；望む；欲する；期待する

바라보다 [paraboda パラボダ] 他 ① 眺める；見晴らす ② 傍観する ③ 期待する；願う；望む ④(ある年齢に)差しかかる

바람¹ [param パラム] 名 ① 風 例 바람 한 점 없이 고요하네요. [パラム ハン ジョ モーㇷ゚シ コヨハネヨ] 風ひとつなく静かですね。② 空気 ③ 浮気心 ④ ほら；嘘 関 바람둥이 [パラムドゥンイ] 名 遊び人；浮気者 / 바람을 맞다 [パラムル マッタ] ① 約束をすっぽかされる ② 異性に振られる / 바람을 맞히다 [パラムル マチダ] 約束をすっぽかす；待ちぼうけを食わせる / 바람을 쐬다 [パラムル ッスェダ] 風に当たる / 바람을 피우다 [パラムル ピウダ] 浮気をする

바람² [param パラム] 依名 ① 勢い ②(見苦しい)身なり ③《連体形+바람에の形で》…する拍子に；…するはずみに；…したはずみに；…するので；…なので 例 버스가 갑자기 급정거하는 바람에 넘어졌어요. [ポスガ カㇷ゚チャギ クㇷ゚チョンゴハヌン バラメ ノモジョッソヨ] バスが急停車したはずみに転びました。

바람³ [param パラム] 名 願い；望み；念願；期待すること

바람직하다 [paramdʒikkʰada パラムジカダ] 形 《하変》望ましい；好ましい

바래다¹ [pareda パレダ] 自 (色が)褪せる 他 (日光や薬物などに)晒す

바래다² [pareda パレダ] 他 見送る

바래다주다 [paredadʒuda パレダジュダ] 他 見送ってやる 例 역까지 바래다줄게요. [ヨクッカジ パレダジュルケヨ] 駅まで送ってあげます。

바로 [paro パロ] 副 ① まっすぐ；一直線に ② 正しく；正直に ③ きち

んと 例 바로 앉으세요. [パロ アンジュセヨ] きちんと座ってください。 ④すぐに；直ちに 例 지금 바로 가세요. [チグム パロ カセヨ] 今すぐ行きなさい。 ⑤間違いなく；まさに ⑥すぐ；間近 例 호텔 바로 앞이 지하철 입구예요. [ホテル パロ アピ チハチョル イプクエヨ] ホテルのすぐ前が地下鉄の出口(入り口)です。

바로잡다 [parodʒapʰta パロジャプタ] 他 ①(曲がったものを)直す；まっすぐにする ②(過ちや誤りなどを)正す

바르다¹ [paruda パルダ] 他《ㄹ変：발라 パルラ》①張る；貼る ②塗る

바르다² [paruda パルダ] 形《ㄹ変：발라 パルラ》①正しい；道理にかなっている ②(ゆがんだり曲がったりしないで)まっすぐだ ③正直だ ④日当たりがよい

바른말 [parunmal パルンマル] 名 正当な言葉；道理にかなった話

바보 [pa:bo パーボ] 名 ばか；阿呆

바비큐 [pa:bikʰju パービキュ] 名 バーベキュー

바쁘다 [paˀpuda パップダ] 形《으変：바빠 パッパ》①忙しい；せわしない 例 눈코 뜰 새 없이 바빠요. [ヌンコ ットゥル セ オープシ パッパヨ] 目が回るほど忙しいです。 ②急だ；差し迫っている

바스켓 [pasukʰet パスケッ] 名 バスケット；かご

바싹 [paˀsak パッサク] 副 ①干からびている様子：かさかさ；ぱさぱさ ②すき間なく付いている様子：ぴったり ③間近に迫る様子

바야흐로 [pajaɦuro パヤフロ] 副 今や；今こそ；まさに

바위 [pawi パウィ] 名 ①岩 ②じゃんけんのグー

바이러스 [pairʉsɯ パイロス] 名 ウイルス

바이어 [paiɔ パイオ] 名 バイヤー；買い手

바이올렛 [paiollet パイオルレッ] 名 ①バイオレット；スミレ ②すみれ色

바이올린 [paiollin パイオルリン] 名 バイオリン

바자 [padʒa パジャ] 名 バザー

바지 [padʒi パジ] 名 ①パジ《韓国の民族衣装で男性が用いるズボン状の袴》②ズボン 例 젖은 바지를 벗고 갈아입었어요. [チョジュン パジルル ポッコ カライボッソヨ] 濡れたズボンを脱いで着換えました。

바지락 [padʒirak パジラク] 名 ⇒바지라기

바지라기 [padʒiragi パジラギ] 名 アサリ

바치다 [patʃʰida パチダ] 他 ①(神または目上の人に)捧げる；供える ②(ある対象に)心と体を捧げる；委ねる ③税金などを納める

바퀴 [pakʰwi パクィ] 名 輪；車輪

바퀴벌레 [pakʰwibɔlle パクィボルレ] 名 ゴキブリ

바탕 [patʰaŋ パタン] 名 ①(人の)育ち；素質 ②(物の)材料；品質；基礎 ③(織り物の)生地；下地色

박 [pak パク] 名 夕顔；フクベ

박다 [pakˀta パクタ] 他 ①(釘などを)打つ ②(餅・食べ物などに)

あんを入れる ③(印刷物を)刷る ④(型に入れて)押す

박두 [pak⁼tu パクトゥ] 名 差し迫ること 自 박두하다 [パクトゥハダ] (期日や期間が)差し迫る

박람회 [paŋnamɦwe パンナムェ] 名 博覧会

박력 [paŋnjŏk パンニョク] 名 迫力

박물관 [paŋmulgwan パンムルグヮン] 名 博物館 例 이 박물관에는 어떻게 가요? [イ パンムルグヮネヌン オットケ カヨ] この博物館にはどうやって行きますか。

박사 [pak⁼sa パクサ] 名 博士

박수 [pak⁼su パクス] 名 拍手 関 박수갈채 [パクスカルチェ] 名 拍手喝采

박스 [pak⁼sɯ パクス] 名 ボックス；箱

박자 [pak⁼tɕa パクチャ] 名 ① 拍子 ② 調子

박쥐 [pa:k⁼tɕwi パークチュィ] 名 コウモリ

박차 [paktɕʰa パクチャ] 名 拍車

박테리아 [paktʰeria パクテリア] 名 バクテリア

박하 [pakkʰa パカ] 名 薄荷；ペパーミント 関 박하사탕 [パカサタン] 名 薄荷飴；ペパーミントキャンディー / 박하수 [パカス] 名 薄荷水 / 박하유 [パカユ] 名 薄荷油

박하다 [pakkʰada パカダ] 形〖하変〗① 薄情だ；冷たい；けちだ ②(利益や所得が)少ない

박해 [pakkʰɛ パケ] 名 迫害 他 박해하다 [パケハダ] 迫害する 受動 박해되다 [パケドゥェダ] 迫害される

박히다 [pakkʰida パキダ] 自 受動 差し込まれる；打ち込まれる

밖 [pak パク] 名 ① 外；外部；外側 例 밖에 비가 와요. [パッケ ピガ ワヨ] 外は雨が降っています。②(ある限界や範囲の) 外

밖에 [paʔke パッケ] 助《否定の表現を伴って》…しか(…ない) 例 시간이 1(한) 시간밖에 없어요. [シガニ ハンシガンバッケ オープソヨ] 時間が1時間しかありません。関 -(으)ㄹ 수밖에 없다 [(ウ)ルスバッケ オープタ] …するしかない

반¹ [pa:n パーン] 名 ① 半；(量の)半分 ②(時間・空間・仕事などの)中間に当たる部分；半分；半ば 例 반만 나눠 주세요. [パーンマン ナヌォ ジュセヨ] 半分だけ分けてください。

반² [pan パン] 名 ① 班；グループ ②(学校の)組；クラス

반가워하다 [paŋgawɦada パンガウォハダ] 自〖하変〗喜ぶ；うれしがる；懐かしがる

반갑다 [paŋgap⁼ta パンガプタ] 形〖ㅂ変：반가워 / 반가운 パンガウォ / パンガウン〗うれしい；喜ばしい；懐かしい 例 만나 뵙게 돼서 반갑습니다. [マンナ ブェプケ ドゥェソ パンガプスムニダ] お会いできてうれしいです。

반값 [pa:n⁼kap パーンッカプ] 名 半価；半値

반기다 [paŋgida パンギダ] 他 喜ぶ；うれしがる；懐かしがる

반달¹ [pa:ndal パーンダル] 名 半月

반달² [pa:ndal パーンダル] 名 半月；1カ月の半分

반대 [pa:ndɛ パーンデ] 名 反対 하他 반대하다 [パーンデハダ] 反対する 例 저는 이 일에 반대합니다. [チョヌン イ イレ パーンデハムニダ] 私はこの件には反対します。関 반대로 [パーンデロ] 反対に;逆に / 반대쪽 [パーンデッチョク] 名 反対側

반도 [pa:ndo パーンド] 名 半島

반도체 [pa:ndotɕʰe パーンドチェ] 名 半導体

반동 [pa:ndoŋ パーンドン] 名 反動

반드시 [panduɕi パンドゥシ] 副 必ず;きっと;絶対;確かに 例 진실은 반드시 밝혀집니다. [チンシルン パンドゥシ パルキョジムニダ] 真実は必ず明らかになります。

반들반들 [pandɯlbandɯl パンドゥルバンドゥル] 副 つるつる;すべすべ 하形 반들반들하다 [パンドゥルバンドゥラダ] つるつるだ;すべすべだ

반듯하다 [panduttʰada パンドゥタダ] 形《하変》① (曲がったりゆがんだりせず) まっすぐだ ② (顔・容姿が) 整っている;端正だ 関 반듯이 [パンドゥシ] 副 まっすぐに

반딧불 [panditʔpul パンディップル] 名 蛍の光;蛍火

반란 [pa:llan パールラン] 名 反乱 하自 반란하다 [パールラナダ] 反乱する

반론 [pa:llon パールロン] 名 反論 하自 반론하다 [パールロナダ] 反論する

반말 [pa:nmal パーンマル] 名 対等または目下の者へのぞんざいな言葉遣い 하自 반말하다 [パーンマラダ] ぞんざいな言葉遣いでしゃべる

반면 [pa:nmjɔn パーンミョン] 名 反面

반반하다 [panbanɦada パンバナダ] 形《하変》① 平らだ ② (顔が) 整っている;端正だ ③ (物が) よい;ましだ ④ (家柄などが) 立派だ 副 반반히 [パンバニ] なだらかに

반발 [pa:nbal パーンバル] 名 反発 하自 반발하다 [パーンバラダ] 反発する

반복 [pa:nbok パーンボク] 名 反復 하他 반복하다 [パーンボカダ] 反復する;繰り返す

반사 [pa:nsa パーンサ] 名 反射 하自他 반사하다 [パーンサハダ] 反射する 自 되受動 반사되다 [パーンサドゥェダ] 反射する;反射される

반성 [pa:nsɔŋ パーンソン] 名 反省 하他 반성하다 [パーンソンハダ] 反省する

반소매 [pa:nsomɛ パーンソメ] 名 半袖 類 반팔 [パーンパル]

반숙 [pa:nsuk パーンスク] 名 半熟 하自他 반숙하다 [パーンスカダ] 半分熟す;半熟にする

반응 [pa:nɯŋ パーヌン] 名 反応

반지 [pandʑi パンジ] 名 指輪

반지름 [pa:ndʑirɯm パーンジルム] 名 半径

반짝¹ [panʔtɕak パンッチャク] 副 ① (少し重みのあるものを) 軽やかに持ち上げる様子:さっと ② 頭を上げる様子:ひょいと

반짝² [panʔtɕak パンッチャク] 副 物が光る様子:きらっと;ぴかっと

関 반짝반짝 [パンッチャクパンッチャク] **副** きらきら

반찬 [pantʃʰan パンチャン] **名** おかず；総菜 **関** 반찬거리 [パンチャンッコリ] **名** おかずの材料

반창고 [pantʃʰaŋgo パンチャンゴ] **名** 絆創膏

반칙 [pantʃʰik パーンチク] **名** 反則 **自** 반칙하다 [パーンチカダ] 反則する

반팔 [paːnpʰal パーンパル] **名** ⇒ 반소매 [パーンソメ]

반포 [panpʰo パンポ] **名** 頒布 반포하다 [パンポハダ] 頒布する

반품 [paːnpʰum パーンプム] **名** 返品 **他** 반품하다 [パーンプマダ] 返品する

반하다 [paːnɦada パーナダ] **自**《하変》① 異性に夢中になる；ほれる ②(人となりや気性などに)ほれ込む ③(ある物事に)心酔する

반항 [paːnɦaŋ パーナン] **名** 反抗 **自** 반항하다 [パーナンハダ] 反抗する **関** 반항기 [パーナンギ] **名** 反抗期 / 반항적 [パーナンジョク] **名** 反抗的

반환 [paːnɦwan パーヌワン] **名** 返還 **他** 반환하다 [パーヌワナダ] 返還する

받다¹ [patʔta パッタ] **他** ① 受ける；受け取る；もらう；授かる **例** 편지 잘 받았습니다. [ピョンジ チャル パダッスムニダ] お手紙ありがとうございます。《手紙の返事への常套句》②(提出する書類や納入する金などを)受け取る；受け付ける ③(電話を)受ける

받다² [patʔta パッタ] **他** (頭や角などで)突く

받들다 [patʔtulda パットゥルダ] **他**《ㄹ語幹：받드는 パットゥヌン》① 崇める；敬う；まつる ② 推戴する；仰ぐ ③(命令などを)支持する；つつしんで従う

받아들이다 [padaduɾida パダドゥリダ] **他** ① 受け取る ② 受け入れる ③(人の話や頼みを)聞いてやる；引き受ける

받아쓰기 [padaʔsugi パダッスギ] **名** 書き取り **自** 받아쓰기하다 [パダッスギハダ] 書き取る；書き写す

받치다 [patʔtʃʰida パッチダ] **他** ① 裏打ちする ② 支える

받침 [patʔtʃʰim パッチム] **名** ① 支え；下敷き ② ハングルで一音節末に来る子音

발 [pal パル] **名** ①(人間や動物の)足 **例** 오래 걸었더니 발이 아파요. [オレ コロットニ パリ アパヨ] 長い間歩いたから、足が痛いです。②家具などの脚 **関** 발을 씻다 [パルル ッシッタ] ① 足を洗う ② 悪事をやめて堅気になる / 발이 넓다 [パリ ノルタ] 交際範囲が広い；顔が広い

발가락 [palʔkarak パルッカラク] **名** 足の指

발각 [palgak パルガク] **名** 発覚 **自** 발각되다 [パルガクトゥェダ] 発覚する

발간 [palgan パルガン] **名** 発刊 **他** 발간하다 [パルガナダ] 発刊する **受動** 발간되다 [パルガンドゥェダ] 発刊される

발걸음 [palʔkorum パルコルム] **名** 足取り；歩み

발견

발견[palgjɔn パルギョン]**名** 発見 [하他] 発見する[パルギョナダ] 発見する [되受動] 発見される[パルギョンドウェダ] 発見される

발광[palgwaŋ パルグワン]**名** 発狂 [하自] 発狂する[パルグワンハダ] 発狂する；荒れ狂う

발굴[palgul パルグル]**名** 発掘 [하他] 発掘する[パルグラダ] 発掘する

발끝[palˀkut パルックッ]**名** 爪先；足先

발단[palˀtan パルタン]**名** 発端

발달[palˀtal パルタル]**名** 発達 [하自] 発達する[パルタラダ] 発達する [自] 発達される[パルタルドウェダ] 発達する

발돋움[paldodum パルドドゥム]**名** 爪先き立ち；背伸び [하自] 発돋움する[パルドドゥマダ] 爪先立ちする；背伸びする

발뒤꿈치[palˀtwiˀkumtɕʰi パルトゥィックムチ]**名** かかと；きびす

발등[palˀtɯŋ パルトゥン]**名** 足の甲 [関] 발등에 불이 떨어지다[パルトゥンエ プリ ットロジダ] 足の甲に火がつく(事態が切迫している)

발레[palle パルレ]**名** バレエ

발맞추다[palmatɕʰuda パルマッチュダ]**自** 歩調を合わせる

발매[palmɛ パルメ]**名** 発売 [하他] 発売する[パルメハダ] 発売する [関] 발매 금지[パルメ クームジ]**名** 発売禁止 / 발매소[パルメソ]**名** 発売所 / 발매처[パルメチョ]**名** 発売所

발명[palmjɔŋ パルミョン]**名** 発明 [하他] 発明する[パルミョンハダ] 発明する [되受動] 発明される[パルミョンドウェダ] 発明される

발목[palmok パルモク]**名** 足首

발바닥[palˀpadak パルパダク]**名** 足の裏

발뺌[palˀpem パルッペム]**名** 逃げ口上；言い逃れ [하他] 発뺌する[パルッペマダ] 逃げ口上を言う；言い逃れをする

발생[palˀsɛŋ パル セン]**名** 発生 [하自] 発生する[パルセンハダ] 発生する [関] 発生地[パルセンジ]**名** 発生地

발성[palˀsɔŋ パルソン]**名** 発声 [하他自] 発声する[パルソンハダ] 発声する [되受動] 発声される[パルソンドウェダ] 発声される [関] 발성법[パルソンッポプ]**名** 発声法

발언[parɔn パロン]**名** 発言 [하自] 発言する[パロナダ] 発言する

발음[parɯm パルム]**名** 発音 [例] 발음을 잘 못하겠어요. [パルムル チャル モータゲッソヨ] 発音をうまくできそうにありません。 [하他] 発音する[パルマダ] 発音する [関] 발음 기관[パルム キグワン]**名** 発音器官 / 발음 기호[パルム キホ]**名** 発音記号

발자국[palˀtɕaguk パル チャグク]**名** ①足跡 ②一歩を踏み出す歩み

발자취[palˀtɕatɕʰwi パルチャチュィ]**名** ①足跡 ②(歩んできた)足跡

발전¹[palˀtɕɔn パルチョン]**名** 発展 [하自] 発展する[パルチョナダ] 発展する [自] 発展される[パルチョンドウェダ] 発展する

발전²[palˀtɕɔn パルチョン]**名** 発電

발전하다[パルチョナダ] 発電する 関 **발전기**[パルチョンギ] 名 発電機 / **발전력**[パルチョンニョク] 名 発電力 / **발전소**[パルチョンソ] 名 発電所

발족[palʔtɕok パルチョク] 名 発足 하자 **발족하다**[パルチョカダ] 発足する

발췌[paltɕʰwe パルチュエ] 名 抜粋 他 **발췌하다**[パルチュエハダ] 抜粋する

발칙하다[paltɕʰikkʰada パルチカダ] 形《하変》不作法だ；不躾だ

발코니[palkʰoni パルコニ] 名 バルコニー

발탁[paltʰak パルタク] 名 抜擢 他 **발탁하다**[パルタカダ] 抜擢する 受動 **발탁되다**[パルタクトゥェダ] 抜擢される

발톱[paltʰop パルトプ] 名 足の指の爪

발판[palpʰan パルパン] 名 ①(工事現場の)足場 ②(体操運動の)踏み台；踏み切り板；(水泳の)飛び込み板 ③(目的を達成するための)踏み台；足掛かり

발표[palpʰjo パルピョ] 名 発表 他 **발표하다**[パルピョハダ] 発表する 受動 **발표되다**[パルピョドゥェダ] 発表される 関 **발표회**[パルピョフェ] 名 発表会

발행[parɦeŋ パレン] 名 発行 他 **발행하다**[パレンハダ] 発行する 受動 **발행되다**[パレンドゥェダ] 発行される 関 **발행 금지**[パレンクムジ] 名 発行禁止 / **발행인**[パレンイン] 名 発行人 / **발행처**[パレンチョ] 名 発行所

발효¹[parɦjo パリョ] 名 発効 하자 **발효하다**[パリョハダ] 発効する

발효²[parɦjo パリョ] 名 発酵 하자 **발효하다**[パリョハダ] 発酵する

발휘[parɦwi パルィ] 名 発揮 他 **발휘하다**[パルィハダ] 発揮する 受動 **발휘되다**[パルィドゥェダ] 発揮される

밝다[pakʔta パクタ] 形 ①(光・色彩などが)明るい 例 좀 더 밝은 색은 없어요? [チョム ド パルグン セグン オープソヨ] もう少し明るい色はありませんか。 ②(目や耳が)鋭い ③(物事に)明るい；精通している ④(雰囲気や性格・表情などが)明るい ⑤(将来が)明るい 自 (夜や年が)明ける

밝히다[palkʰida パルキダ] 他 ①(明かりを)点ける ②(物事の状態などを)はっきりさせる；明かす ③(お金や女性などを)好む

밟다[paːpʔta パープタ] 他 ①(足で)踏む ②歩む ③(手続を)踏む ④踏襲する ⑤順序に従って行う ⑥経験する

밟히다[palpʰida パルピダ] 受動 踏まれる 他 踏ませる

밤¹[pam パム] 名 夜；晩 例 어제는 밤 늦게까지 일했어요. [オジェヌン パム ヌッケッカジ イーレッソヨ] 昨日は夜遅くまで仕事をしました。 関 **밤을 새우다**[パムル セウダ] 夜を明かす

밤²[paːm パーム] 名 栗；栗の実

밤길[pamʔkil パムッキル] 名 夜道

밤낮[pamnat パムナッ] 名 ①昼夜；日夜 ②《副詞的に》夜も昼も；いつも

밤새껏 [pamsɛ²kɔt パムセッコッ] 副 夜通し；一晩中

밤새우다 [pamsɛuda パムセウダ] 自 夜明かしする；徹夜する

밤샘 [pamsem パムセム] 名 夜明かし；徹夜 하自 밤샘하다 [パムセマダ] 夜明かしする；徹夜する

밤안개 [pamanɡɛ パマンゲ] 名 夜霧

밤이슬 [pamisul パムニスル] 名 夜露

밤일 [pamnil パムニル] 名 ①夜の仕事；夜勤；夜なべ ②男女の営み 하自 밤일하다 [パムニラダ] ①夜の仕事をする；夜なべする ②男女の営みをする

밤중 [pamˀtʃuŋ パムッチュン] 名 夜中

밤차 [pamtʃʰa パムチャ] 名 夜行列車；夜行バス

밤하늘 [pamɦanul パマヌル] 名 夜空

밥 [pap パプ] 名 ①ご飯；飯 ②食事 ③餌食 関 밥을 짓다 [パブル チッタ] ご飯を炊く／밥을 하다 [パブル ハダ] ご飯を炊く

밥맛 [pammat パムマッ] 名 ①御飯の味 ②食欲

밥줄 [papˀtʃul パプチュル] 名 生業；仕事 関 밥줄이 끊어지다 [パプチュリ ックノジダ] 職を失う／밥줄이 붙어 있다 [パプチュリ プト イッタ] (解雇されずに) まだ職場に勤めている

밧줄 [patˀtʃul パッチュル] 名 綱；荒縄；ロープ

방 [paŋ パン] 名 部屋 例 예약하고 싶은데 방이 있어요？[イェーヤカゴ シプンデ パンイ イッソヨ] 予約したいのですが、部屋はありますか。

방관 [paːŋɡwan パーングヮン] 名 傍観 하他 방관하다 [パーングヮナダ] 傍観する

방구석 [paŋˀkusɔk パンックソク] 名 部屋の隅

방귀 [paːŋɡwi パーングィ] 名 屁；おなら 関 방귀를 뀌다 [パーングィルックィダ] おならをする

방금 [paŋɡum パングム] 副 今；ただいま

방대 [paŋdɛ パンデ] 名 膨大 하形 방대하다 [パンデハダ] 膨大だ

방망이 [paŋmaŋi パンマンイ] 名 棒

방면 [paŋmjɔn パンミョン] 名 方面；方角

방명록 [paŋmjɔŋnok パンミョンノク] 名 芳名録

방문 [paːŋmun パーンムン] 名 訪問 하他 방문하다 [パーンムナダ] 訪問する 関 방문객 [パーンムンゲク] 名 訪問客

방바닥 [paŋˀpadak パンッパダク] 名 部屋の床

방방곡곡 [paŋbaŋɡokˀkok パンバンゴクコク] 名 津々浦々

방법 [paŋbɔp パンボプ] 名 方法 例 무슨 좋은 방법이 없을까요？[ムスン チョーウン パンボビ オプスルッカヨ] 何かいい方法は、ないでしょうか。

방부제 [paŋbudʒe パンブジェ] 名 防腐剤

방사 [paːŋsa パーンサ] 名 放射 하自他 방사하다 [パーンサハダ] 放射する 関 방사상 [パーンササン] 名 放射状／방사열 [パーンサ

ヨル] 名 放射熱
방사능 [paːŋsanɯŋ パーンサヌン] 名 放射能
방사선 [paːŋsasɔn パーンサソン] 名 放射線 関 방사선과 [パーンサソンックヮ] 名 放射線科 / 방사선 요법 [パーンサソン ニョッポプ] 名 放射線療法 / 방사선 의학 [パーンサソン ウィハク] 名 放射線医学 / 방사선 장애 [パーンサソン チャンエ] 名 放射線障害
방석 [paŋsɔk パンソク] 名 座布団
방세 [paŋ'se パンッセ] 名 部屋代；家賃
방송 [paːŋsoŋ パーンソン] 名 放送；放送番組 例 좋아하는 배우가 나오는 방송은 꼭 봐요. [チョーアハヌン ペウガ ナオヌン パーンソンウン ッコク プヮヨ] 好きな俳優が出る番組は必ず見ます。 他 방송하다 [パーンソンハダ] 放送する 受動 방송되다 [パーンソンドゥェダ] 放送される 関 방송국 [パーンソングク] 名 放送局 / 방송극 [パーンソングク] 名 放送劇；ラジオドラマ / 방송 대학 [パーンソン テーハク] 名 放送大学 / 방송망 [パーンソンマン] 名 放送網；ネットワーク / 방송 문화 [パーンソン ムヌヮ] 名 放送文化
방식 [paŋsik パンシク] 名 方式
방심 [paːŋsim パーンシム] 名 油断 自他 방심하다 [パーンシマダ] 油断する
방아 [paŋa パンア] 名 穀物を搗く杵や臼
방어[1] [paŋɔ パンオ] 名 防御 他 방어하다 [パンオハダ] 防御する

방어[2] [paŋɔ パンオ] 名 ブリ
방언 [paːŋɔn パーンオン] 名 方言；なまり 類 사투리 [サトゥリ]
방울 [paŋul パンウル] 名 ① 鈴 ② 玉；滴
방위[1] [paŋwi パンウィ] 名 方位
방위[2] [paŋwi パンウィ] 名 防衛
방정맞다 [paŋdʒɔŋmatʼta パンジョンマッタ] 形 ① 浮かれて軽はずみに振る舞う；そそっかしい ② 縁起でもない；不吉だ
방정식 [paŋdʒɔŋsik パンジョンシク] 名 方程式
방지 [paŋdʒi パンジ] 名 防止 他 방지하다 [パンジハダ] 防止する 受動 방지되다 [パンジドゥェダ] 防止される
방직 [paŋdʒik パンジク] 名 紡織 自他 糸を紡いで布を織る
방치 [paːŋtɕʰi パーンチ] 名 放置 他 방치하다 [パーンチハダ] 放置する 受動 방치되다 [パーンチドゥェダ] 放置される
방침 [paŋtɕʰim パンチム] 名 方針
방파제 [paŋpʰadʒe パンパジェ] 名 防波堤
방학 [paːŋhak パーンハク] 名 学校の休暇（夏休み・冬休みなど）
방해 [paŋɦe パンヘ] 名 妨害 他 방해하다 [パンヘハダ] 妨害する；邪魔する 自 방해되다 [パンヘドゥェダ] 邪魔になる 関 방해물 [パンヘムル] 名 障害物；邪魔物
방향 [paŋɦjaŋ パンヒャン] 名 方向；向き；方角
방화[1] [paŋɦwa パンフヮ] 名 防火 自 방화하다 [パンフヮハダ] 防火する 関 방화 가공 [パンフヮ カ

ゴン]名防火加工 / 방화림[パンフワリム]名防火林 / 방화벽[パンフワビョク]名防火壁 / 방화선[パンフワソン]名防火線 / 방화수[パンフワス]名防火水 / 방화 활동[パンフワ フワルトン]名防火活動

방화² [paːŋhwa パーンフワ]名放火 自 방화하다[パーンフワハダ] 放火する

방황 [paŋɦwaŋ パンフワン]名彷徨 自 방황하다[パンフワンハダ] 彷徨する；さまよう

밭 [pat パッ]名畑 例 밭을 갈고 씨를 뿌렸어요. [パトゥル カルゴ ッシルル ップリョッソヨ] 畑を耕して種を蒔きました。

배¹ [pɛ ペ]名 ① 腹；腹部 例 배가 아파요. [ペガ アパヨ] お腹が痛いです。② (長い物体の) 中央の部分 関 배가 고프다 [ペガ コプダ] 腹が空いている / 배가 부르다 [ペガ プルダ] 腹がいっぱいだ / 배가 아프다 [ペガ アプダ] ① 腹が痛い ② 嫉妬する

배² [pɛ ペ]名船；舟 例 배를 타고 싶어요. [ペルル タゴ シポヨ] 船に乗りたいです。

배³ [pɛ ペ]名梨 例 배는 역시 나주 배가 최고예요. [ペヌン ヨクシ ナジュ ペガ チュェゴエヨ] 梨はやはり羅州の梨が最高です。

배⁴ [pɛː ペー]名倍

배경 [pɛːgjʌŋ ペーギョン]名背景 関 배경 음악 [ペーギョン ウマク]名背景音楽；BGM

배고프다 [pɛgopʰɯda ペゴプタ]形 〘으変：배고파 ペゴパ〙 腹が空いている 例 배고파서 먼저 먹었어요. [ペゴパソ モンジョ モゴッソヨ] お腹が空いたので先に食べました。

배구 [pɛgu ペグ]名バレーボール

배꼽 [pɛˀkop ペッコプ]名 ① へそ ② (果実の) へた

배낭 [pɛnaŋ ペーナン]名背囊；リュックサック 関 배낭여행 [ペナンニョヘン]名バックパック旅行

배다¹ [pɛːda ペーダ]自 ①(液体が) 染み込む；滲む ②(仕事などが) 身に付く

배다² [pɛːda ペーダ]他 (胎児・卵などを) 孕む；身ごもる

배달 [pɛːdal ペーダル]名配達 他 배달하다 [ペーダラダ] 配達する 関 배달을 시키다 [ペーダルル シキダ] 配達を頼む；出前を頼む

배드민턴 [pedumintʰʌn ペドゥミントン]名バドミントン

배려 [pɛːrjʌ ペーリョ]名配慮 他 배려하다 [ペーリョハダ] 配慮する 受動 배려되다 [ペーリョドゥェダ] 配慮される

배반 [pɛːban ペーバン]名背反；裏切り 他 배반하다 [ペーバナダ] 背く；裏切る 関 배반자 [ペーバンジャ]名裏切り者

배부르다 [pɛburɯda ペブルダ]形 〘르変：배불러 ペブロ〙① 満腹だ 例 배불러서 더 이상 못 먹겠어요. [ペブロソ イーサン モーン モクケッソヨ] お腹がいっぱいでこれ以上食べられません。②(金銭または財産が) 満ち足りている；不足していない

배부 [pɛːbu ペーブ]名配付 他 배

부하다 [pɛbuhada ペーブハダ] 配付する
배상 [pɛsaŋ ペサン] 名 賠償 하他 배상하다 [ペサンハダ] 賠償する 되受動 배상되다 [ペサンドゥェダ] 賠償される 関 배상금 [ペサングム] 名 賠償金 / 배상액 [ペサンエク] 名 賠償額
배신 [pɛʃin ペーシン] 名 背信 하自他 배신하다 [ペーシナダ] 裏切る 関 배신행위 [ペーシネンウィ] 名 裏切り行為
배양 [pɛjaŋ ペーヤン] 名 培養 하他 배양하다 [ペーヤンハダ] 培養する 되受動 배양되다 [ペーヤンドゥェダ] 培養される 関 배양액 [ペーヤンエク] 名 培養液 / 배양토 [ペーヤント] 名 培養土
배열 [pɛjʌl ペーヨル] 名 配列
배우 [pɛu ペウ] 名 俳優;役者
배우다 [pɛuda ペウダ] 他 教わる;習う;学ぶ 例 요즘 중국어를 배우고 있어요. [ヨジュム チュングゴルル ペウゴ イッソヨ] この頃, 中国語を習っています。
배우자 [pɛːudʑa ペーウジャ] 名 配偶者
배웅 [pɛuŋ ペウン] 名 見送り 하他 배웅하다 [ペウンハダ] (人を)見送る 対 마중 [マジュン]
배짱 [pɛʔtsaŋ ペッチャン] 名 ①腹;腹の中;心中 ②度胸;胆力;太っ腹 関 배짱을 내밀다 [ペッチャンウル ネミルダ] 図太く振る舞う / 배짱을 퉁기다 [ペッチャンウル トゥンギダ] (他人の要求などを)突っぱねる;図太く振る舞う / 배짱이 세다 [ペッチャンイ セダ] 太っ腹だ / 배짱이 좋다 [ペッチャンイ チョーッタ] 度胸がいい
배추 [pɛtsʰu ペーチュ] 名 白菜 関 배추김치 [ペーチュギムチ] 名 白菜キムチ
배탈 [pɛtʰal ペタル] 名 腹痛;食あたり;下痢 関 배탈이 나다 [ペタリナダ] 腹をこわす;腹痛を起こす
배터 [pɛtʰɔ ペト] 名 (野球の)バッター;打者
배터리 [pɛtʰɔri ペトリ] 名 バッテリー;電池
배편 [pɛpʰjʌn ペピョン] 名 船便
백 [pɛk ペク] 数 百
백두산 [pɛkʔtusan ペクトゥサン] 名 白頭山
백로 [pɛŋno ペンノ] 名 シラサギ
백반 [pɛkʔpan ペクパン] 名 ①白米のご飯 ②白米のご飯と汁とおかずを添えて出す定食
백발 [pɛkʔpal ペクパル] 名 白髪
백설공주 [pɛkʔsʌlgoŋdʑu ペクソルゴンジュ] 名 白雪姫
백성 [pɛkʔsʌŋ ペクソン] 名 国民;庶民;民衆
백신 [pɛkʔʃin ペクシン] 名 ワクチン
백일홍 [pɛgirhoŋ ペギロン] 名 サルスベリ
백자 [pɛkʔtsa ペクチャ] 名 白磁
백제 [pɛkʔtse ペクチェ] 名 百済《高句麗・新羅と並立していた古代三国の1つ》
백지 [pɛkʔtsi ペクチ] 名 白紙
백합 [pɛkkʰap ペカプ] 名 ユリ
백화점 [pɛkkʰwadʑom ペクワジョム] 名 百貨店;デパート
밸런스 [pɛllʌnsɯ ペルロンス] 名 バランス
뱀 [pɛːm ペーム] 名 ヘビ

뱀장어

뱀장어 [pɛːmdʒaŋo ペームジャンオ] 名 ウナギ

뱃속 [pɛ²sok ペッソク] 名 ①腹の中 ②心の中 慣 뱃속이 검다 [ペッソギ コムタ] 腹が黒い

뱉다 [pɛ²tta ペーッタ] 他 ①(口の中の物を)吐く ②(言葉を)むやみに言う

버드나무 [pɔdɯnamu ポドゥナム] 名 ヤナギの木

버릇 [pɔrɯt ポルッ] 名 ①癖 ②習性 ③行儀;しつけ 慣 버릇이 없다 [ポルシ オープタ] 行儀が悪い;不作法だ

버리다¹ [pɔrida ポリダ] 他 ①捨てる ②見捨てる ③台無しにする

버리다² [pɔrida ポリダ] 補動《動詞の語幹+-아/어 버리다の形で》…してしまう 例 이미 열차는 떠나 버린 뒤였어요. [イミ ヨルチャヌン ットナ ボリン ドゥィヨッソヨ] すでに列車は出発してしまった後でした。

버무리다 [pɔmurida ポムリダ] 他 混ぜ合わせる;和える

버선 [pɔsɔn ポソン] 名 ポソン《韓国固有の足袋》

버섯 [pɔsɔt ポソッ] 名 キノコ

버스 [pɔsɯ ポス] 名 バス 例 버스를 타고 학교에 가요. [ポスルル タゴ ハクキョエ カヨ] バスに乗って学校に行きます。 関 버스 정류장 [ポス チョンニュジャン] 名 バス停留場;バス停 / 버스 터미널 [ポス トミノル] 名 バスターミナル / 고속버스 [コソクポス] 名 高速バス / 시내버스 [シネポス] 名 市内バス / 시외버스 [シウェポス] 名 市外バス / 좌석 버스 [チュワソクポス] 名 座席バス / 마을버스 [マウルポス] 名 コミュニティーバス

버젓하다 [pɔdʒɔtʰada ポジョタダ] 形 《하変》堂々としている;立派だ 副 버젓이 [ポジョシ] 堂々と

버터 [pɔtʰɔ ポト] 名 バター

버티다 [pɔtʰida ポティダ] 自 ①堪える;持ちこたえる;辛抱する ②対抗する 他 支える

버팀목 [pɔtʰimmok ポティムモク] 名 支柱;つっかい棒

벅차다 [pɔktʃʰada ポクチャダ] 形 手に余る;手に負えない

번 [pɔn ポン] 依名 ①《漢数詞に付いて》順番を表す:…番 例 일 번 [イル ボン] 1番 ②《固有数詞に付いて》回数を表す:…回 例 한 번 [ハン ボン] 1回

번갈아 [pɔngara ポンガラ] 副 交替に;代わり番こに

번개 [pɔngɛ ポンゲ] 名 稲光;稲妻 関 번갯불 [ポンゲップル] 名 稲光

번거롭다 [pɔngɔropʰta ポンゴロプタ] 形 《ㅂ変:번거로워/번거로운 ポンゴロウォ/ポンゴロウン》①煩わしい;面倒だ ②騒々しい;ごたごたしている 副 번거로이 [ポンゴロイ] 煩わしく

번데기 [pɔndegi ポンデギ] 名 さなぎ

번번이 [pɔnbɔni ポンボニ] 副 毎度;毎度毎に;いつも

번역 [pɔnjɔk ポニョク] 名 翻訳 하他 번역하다 [ポニョカダ] 翻訳する 되受動 번역되다 [ポニョクトゥェダ] 翻訳される 関 번역가 [ポニョッカ] 名 翻訳家

번영 [pənjəŋ ポニョン] 名 繁栄 하自 번영하다 [ポニョンハダ] 繁栄する 하形 번영하다 [ポニョンハダ] 繁栄している

번지 [pəndʑi ポンジ] 名 番地

번지다 [pəːndʑida ポーンジダ] 自 ① (液体などが)滲む;散る ②広がる

번째 [pənˀtɕɛ ポンッチェ] 依名 …番目;…度目 例 첫 번째 [チョッ ポンッチェ] 1番目 / 두 번째 [トゥー ポンッチェ] 2番目

번쩍 [pənˀtɕok ポンッチョク] 副 さっと;軽々と;ぱっと

번창 [pəntɕʰaŋ ポンチャン] 名 繁盛 하自 번창하다 [ポンチャンハダ] 繁盛する 하形 번창하다 [ポンチャンハダ] 繁盛している

번호 [pənɦo ポノ] 名 番号 関 번호순 [ポノスン] 名 番号順 / 번호패 [ポノペ] 名 番号札 / 번호표 [ポノピョ] 名 番号票

번화하다 [pənɦwaɦada ポヌヮハダ] 形〖하変〗賑やかだ 関 번화가 [ポヌヮガ] 名 繁華街;盛り場

벋다 [pətˀta ポッタ] 自 ①(枝が)伸びる ②(道が)延びる ③(勢力が)及ぶ

벌[1] [pəl ポル] 名 野原

벌[2] [pəl ポル] 依名 衣服を数える語:…着

벌[3] [pəːl ポール] 名 蜂

벌[4] [pəl ポル] 名 罰 하他 벌하다 [ポラダ] 罰する 関 벌을 받다 [ポルル パッタ] 罰を受ける / 벌을 주다 [ポルル チュダ] 罰を与える

벌거벗다 [pəlgəbətˀta ポルゴボッタ] 自 裸になる

벌금 [pəlgɯm ポルグム] 名 罰金

벌다 [pəːlda ポールダ] 他〖ㄹ語幹:버는 ポヌン〗①稼ぐ;儲ける 例 학비를 벌기 위해서 아르바이트를 많이 했어요. [ハクピルル ポルギ ウィヘソ アルバイトゥルル マーニ ヘッソヨ] 学費を稼ぐためにたくさんアルバイトをしました。②(時間を)稼ぐ;引き延ばす

벌떡 [pəlˀtok ポルットク] 副 ①いきなり立ち上がる様子:がばっと;ぱっと;すっくと ②急に倒れる様子:ばったり;ばたっと

벌레 [pəlle ポルレ] 名 ①虫 ②(物事に)熱中する人 関 벌레집 [ポルレジプ] 名 まゆ;昆虫の巣

벌리다[1] [pəːllida ポールリダ] 自 (金が)儲かる

벌리다[2] [pəːllida ポールリダ] 他 ①(間隔を)開ける;広げる ②(口や手の平を)開く;開ける ③(手足を)伸ばす;広げる ④(袋の口などを)開ける;開く

벌써 [pəlˀso ポルッソ] 副 ①ある動作が既に終わっていることを表す:既に;とっくに;もう ②早くもそのような状態になっていることを表す:もう;もはや;いつの間にか 例 벌써 가시려고요? 좀 더 있다가 가시죠? [ポルッソ カシリョゴヨ チョム ド イッタガ カシジョ] もうお帰りですか。少し後でお帰りになればどうですか。

벌어지다 [pəːrədʑida ポーロジダ] 自 ①(すき間が)空く;空間ができる ②(遮るものなく)広がる ③(仲が)疎遠になる ④(事が)繰り広げられる

벌이다

벌이다 [pəːrida ポーリダ] 他 ①(仕事を)始める；着手する ②(宴会を)開く

벌판 [pəlpʰan ポルパン] 名 広い野原；原野

범 [pəm ポーム] 名 トラ 類 호랑이 [ホーラニイ]

범람 [pəːmnam ポームナム] 名 氾濫 하자 범람하다 [ポームナマダ] 氾濫する

범위 [pəːmwi ポームィ] 名 範囲

범인 [pəːmin ポーミン] 名 犯人；犯罪者

범죄 [pəːmdʒwe ポームジュェ] 名 犯罪

범주 [pəːmdʒu ポームジュ] 名 範疇

범하다 [pəːmɦada ポーマダ] 他《하変》①(法を)犯す ②強姦する

법 [pop ポプ] 名 ①法；法律 ②道理 ③方法 ④仏法

법랑 [pomnaŋ ポムナン] 名 ホーロー；エナメル

법률 [pomnjul ポムニュル] 名 法律

법석 [popʼsok ポプソク] 名 大騒ぎ 하자 법석하다 [ポプソカダ] 大騒ぎする

법안 [pəban ポバン] 名 法案；法律案

법원 [pəbwon ポブオン] 名 裁判所

법인 [pəbin ポビン] 名 法人

법정 [popʼtʃoŋ ポプチョン] 名 法廷

법칙 [popʼtʃʰik ポプチク] 名 法則

벗 [pəːt ポーッ] 名 友；友人

벗겨지다 [pəːtʼkjədʒida ポッキョジダ] 自 ①脱げる；剥げる ②(掛けられたものが)外れる

벗기다 [pəːtʼkida ポッキダ] 自 脱げる 他 脱がせる；剥ぐ；剥がす

벗다 [pəːtʼta ポッタ] 他 ①(身に付けた物を)脱ぐ；取る；外す 例 더우시지요? 윗옷을 벗으세요. [トウシジョ ウィドスル ポスセヨ] お暑いでしょう。上着をお脱ぎください。②(背負ったものを)下ろす ③(責任などを)逃れる；免れる

벗어지다 [pəsədʒida ポソジダ] 自 ①脱げる ②外れる；取れる

벚꽃 [pəːtʼkot ポッコッ] 名 桜の花；桜

벚나무 [pənnamu ポンナム] 名 桜の木

베개 [pegɛ ペゲ] 名 枕 関 베갯머리 [ペゲンモリ] 枕元 / 베갯잇 [ペゲンニッ] 名 枕カバー；枕当て

베끼다 [peʼkida ペッキダ] 他 書き写す；写す

베다 [peːda ペーダ] 他 ①(刃物で)切断する；切る ②(草などを)刈る ③(布地などを)裁つ

베드 [pedu ペドゥ] 名 ベッド

베이비 [peibi ペイビ] 名 ベビー

베이컨 [peikʰon ペイコン] 名 ベーコン

베풀다 [pepʰulda ペプルダ] 他《ㄹ語幹：베푸는 ペプヌン》①(宴会・席などを)設ける；催す ②(金品や恩恵などを)施す；与える

벨 [pel ペル] 名 ベル

벨트 [peltʰu ペルトゥ] 名 ベルト

벼 [pjo ピョ] 名 稲 関 벼농사 [ピョノンサ] 名 稲作

벼락 [pjorak ピョラク] 名 ①雷；落雷 ②(目上の人が)ひどく叱ること；大目玉 関 벼락공부 [ピョラクコンブ] 名 一夜漬けの勉強 / 벼락부자 [ピョラクプジャ] 名 成金 /

벼락불[ピョラクプル] 名 雷が落ちる時の稲光 / **벼락출세**[ピョラクチュルセ] 名 成り上がり

벼루[pjʌru ピョル] 名 硯

벼르다[pjʌruda ピョルダ] 他〘ㄹ変:별러 ピョルロ〙(機会を)狙う; 窺う

벼슬[pjʌsul ピョスル] 名 官職; 官位 関 **벼슬길**[ピョスルキル] 名 官途 / **벼슬살이**[ピョスルサリ] 名 役人暮らし / **벼슬아치**[ピョスラチ] 名 官吏; 役人; 官員

벽[pjʌk ピョク] 名 ①壁; 仕切り ②障害; 難関

벽돌[pjʌk²tol ピョクトル] 名 煉瓦 関 **벽돌담**[ピョクトルタム] 名 煉瓦塀 / **벽돌문**[ピョクトルムン] 名 市松模様

변경[pjʌːngjʌŋ ピョーンギョン] 名 変更 하他 변경하다[ピョーンギョンハダ] 変更する 自 受動 변경되다[ピョーンギョンドゥェダ] 変わる; 変更される

변덕[pjʌːndʌk ピョーンドク] 名 気まぐれ; 移り気 関 **변덕꾸러기**[ピョーンドックックロギ] 名 気まぐれな人; お天気屋 / **변덕스럽다**[ピョーンドクスロプタ] 形〘ㅂ変:변덕스러워 / 변덕스러운 ピョーンドクスロウォ / ピョーンドクスロウン〙移り気だ; 気まぐれだ

변동[pjʌːndoŋ ピョーンドン] 名 変動 하自他 변동하다[ピョーンドンハダ] 変動する

변두리[pjʌnduri ピョンドゥリ] 名 郊外; 町はずれ

변명[pjʌːnmjʌŋ ピョーンミョン] 名 弁明; 弁解 하他 변명하다[ピョーンミョンハダ] 弁明する; 弁解する

변변찮다[pjʌnbjʌntʃʰantʰa ピョンビョンチャンタ] 形 (美しさや良さが)ぱっとしない; 取るに足らない; 粗末だ

변상[pjʌːnsaŋ ピョーンサン] 名 弁償 하他 변상하다[ピョーンサンハダ] 弁償する; 賠償する

변제[pjʌːndʒe ピョーンジェ] 名 弁済 하他 변제하다[ピョーンジェハダ] 弁済する; 返済する

변천[pjʌːntʃʰʌn ピョーンチョン] 名 変遷 하自 변천하다[ピョーンチョナダ] 変遷する; 移り変わる

변통[pjʌːntʰoŋ ピョーントン] 名 状況にうまく対応して処理すること; 融通 하自 변통하다[ピョーントンハダ] うまく対処する; やり繰りする; 融通する 関 **변통성**[ピョーントンッソン] 名 融通性

변하다[pjʌːnɦada ピョーナダ] 自〘하変〙(形・性質・様子などが)変わる; 変化する

변함없이[pjʌːnɦamʌpʼʃi ピョーナモプシ] 副 相変わらず; 変わることなく; ひたむきに

변호[pjʌːnɦo ピョーノ] 名 弁護 하他 변호하다[ピョーノハダ] 弁護する 関 **변호사**[ピョーノサ] 名 弁護士

변화[pjʌːnɦwa ピョーヌヮ] 名 変化 例 변화를 두려워하지 마세요.[ピョーヌヮルル トゥリョウォハジ マーセヨ] 変化を怖がらないでください. 하自 변화하다[ピョーヌヮハダ] 変化する

별[pjʌːl ピョール] 名 ①星 例 도시에서는 별을 보기 힘들어요. [トシエ

ソヌン ピョールル ポギ ヒムドゥロヨ] 都市では星を見るのが難しいです。② 星印

별걱정 [pjəlgək²tʃəŋ ピョルゴクチョン] 名 いらぬ心配；取り越し苦労

별것 [pjəlgət ピョルゴッ] 名 ① 変わったもの；たいしたもの ② 別のもの

별고 [pjəlgo ピョルゴ] 名 ① 変わったこと ② 別の理由

별꼴 [pjəl²kol ピョルッコル] 名 無様な振る舞い；目障りなこと

별다르다 [pjəldaruda ピョルダルダ] 形 《르変:별달라 ピョルダルラ》特に変わっている；並外れている

별똥 [pjəːl²toŋ ピョールットン] 名 流れ星 類 별똥별 [ピョールットンビョル]；유성 [ユソン]

별로 [pjəllo ピョルロ] 副 《後に否定表現を伴って》別に；さほど；たいして 例 오늘은 별로 안 추워요. [オヌルン ピョルロ アン チュウォヨ] 今日はたいして寒くないです。

별말 [pjəlmal ピョルマル] 名 ① 特に言うこと；取り立てて言うこと ② 意外な言葉；心外な言葉；とんでもない話 関 별말씀 [ピョルマルッスム] 名 별말 [ピョルマル] の尊敬語

별미 [pjəlmi ピョルミ] 名 独特の味；珍味

별세 [pjəl²se ピョルセ] 名 死の尊敬語；逝去 他自 별세하다 [ピョルセハダ] 逝去する

별안간 [pjəraŋgan ピョランガン] 副 突然；出し抜けに

별일 [pjəlil ピョルリル] 名 別事；変わった事

별장 [pjəl²tʃaŋ ピョルチャン] 名 別荘；別邸

병¹ [pjəːŋ ピョーン] 名 ① 病；病気 ② 悪癖；欠点 例 무슨 병인지 병원에 가 보세요. [ムスン ピョーンインジ ピョーンウォネ カ ボセヨ] 何の病気なのか, 病院に行ってみてください。

병² [pjəŋ ピョン] 名 瓶 依名 瓶を数える語；…本 例 콜라 한 병 주세요. [コルラ ハン ビョン チュセヨ] コーラ1本ください。

병구완 [pjəːŋguwan ピョーングワン] 名 看病 他 병구완하다 [ピョーングワナダ] 看病する；看護する

병나다 [pjəːŋnada ピョーンナダ] 自 ① 病気になる；患う ② 故障する

병들다 [pjəːŋdulda ピョーンドゥルダ] 自 《ㄹ語幹:병드는 ピョーンドゥヌン》病気に罹る

병신 [pjəːŋʃin ピョーンシン] 名 ① 体の一部に障害のある者 ② 病身 ③ まぬけ；とんま

병아리 [pjəŋari ピョンアリ] 名 ① ヒヨコ ② 未熟な者

병원 [pjəːŋwon ピョーンウォン] 名 病院 例 가장 가까운 병원에 가 주세요. [カジャン カッカウン ピョーンウォネ カ ジュセヨ] いちばん近い病院に行ってください。/ 아버지가 병원에 입원하셨어요. [アボジガ ピョーンウォネ イボナショッソヨ] 父が病院に入院しました。

병환 [pjəːŋɦwan ピョーンフヮン] 名 病気の尊敬語：ご病気

볕 [pjət ピョッ] 名 日差し；照り

볕들다 [pjət²tulda ピョットゥルダ]

보류

自《ㄹ語幹:볕드는 ピョットゥヌン》日が射す;日が当たる;日が入る

보건 [po:gɔn ポーゴン] 名 保健 関 보건소 [ポーゴンソ] 名 保健所 / 보건 위생 [ポーゴン ウィセン] 名 保健衛生

보고 [po:go ポーゴ] 名 報告 하他 보고하다 [ポーゴハダ] 報告する 関 보고서 [ポーゴソ] 名 報告書 / 보고자 [ポーゴジャ] 名 報告者

보관 [po:gwan ポーグヮン] 名 保管 하他 보관하다 [ポーグヮナダ] 保管する 関 보관소 [ポーグヮンソ] 名 保管所 / 보관증 [ポーグヮンッチュン] 名 保管証

보금자리 [pogɯmdʒari ポグムジャリ] 名 ①(鳥の)巣 ②(温かみのある)家庭

보급 [po:gɯp ポーグプ] 名 普及 하他 보급하다 [ポーグパダ] 普及させる 自 보급되다 [ポーグプトゥェダ] 普及する

보내다 [ponɛda ポネダ] 他 ①(物を)送る 例 찍은 사진은 이메일로 보내 드립니다. [ッチグン サジヌン イメイルロ ポネ ドゥリムニダ] 撮った写真はＥメールで送って差し上げます。②(人を)派遣する ③(去る人を)見送る ④(時間を)過ごす 例 좋은 주말을 보내세요. [チョーウン チュマルル ポネセヨ] よい週末をお過ごしください。⑤(人に物を)贈る

보너스 [po:nɔsɯ ポーノス] 名 ボーナス;賞与

보다[１] [poda ポダ] 他 ①見る 例 주말에 영화라도 보러 갈까요. [チュマレ ヨンフヮラド ポロ カルッカヨ] 週末に映画でも見に行きましょうか。②読む ③見物する ④(試験などを)受ける 例 시험 잘 봤어요? [シホム チャル プヮッソヨ] 試験、うまくいきましたか。⑤観察する ⑥(用事があって)会う ⑦(仕事・事務を)受け持つ;行う

보다[２] [poda ポダ] 補動《動詞の語幹+-아／어 보다の形で》試みることを表す:…してみる 例 이거 좀 드셔 보세요. [イゴ チョム トゥショ ボセヨ] これ、ちょっと召し上がってみてください。

보다[３] [poda ポダ] 助 …より 例 어제보다 오늘은 더워요. [オジェボダ オヌルン トウォヨ] 昨日より今日は暑いです。副 より;なお一層 例 보다 좋은 미래 [ポダ チョーウン ミレ] より良い未来

보다못해 [podamo:tt‿e ポダモーッテ] 副 耐えかねて;見兼ねて

보도[１] [po:do ポード] 名 歩道;人道

보도[２] [po:do ポード] 名 報道 하他 보도하다 [ポードハダ] 報道する 되受動 보도되다 [ポードドゥェダ] 報道される

보따리 [po²tari ポッタリ] 名 ふろしき包み;小さい荷物 関 보따리를 싸다 [ポッタリルル ッサダ] ふろしきを包む;荷造りをする / 보따리 장수 [ポッタリジャンス] 名 行商人

보라 [pora ポラ] 名 紫;紫色

보람 [poram ポラム] 名 ①甲斐;値打ち;効果 ②目印

보류 [po:rju ポーリュ] 名 保留 하他 보류하다 [ポーリュハダ] 保留する 自 되受動 보류되다 [ポーリュドゥ

ェダ] 保留される
보름[poɾɯm ポルム] 名 ① 15日間 ② 陰暦の15日 ③ 陰暦の正月15日 関 보름날[ポルムナル] 名 陰暦の15日 / 보름달[ポルムッタル] 名 十五夜の月;満月

보리[poɾi ポリ]¹ 名 麦;大麦 関 보리농사[ポリノンサ] 名 麦農作;麦作 / 보리밥[ポリパプ] 名 麦飯 / 보리밭[ポリパッ] 名 麦畑 / 보리소주[ポリ ソジュ] 名 麦焼酎 / 보리술[ポリスル] 名 麦で譲した酒 / 보리차[ポリチャ] 名 麦茶 / 보릿고개[ポリッコゲ] 名 春の端境期 / 보릿짚[ポリッチプ] 名 麦わら

보리[poɾi ポリ]² 名 菩提 関 보리수[ポリス] 名 菩提樹

보물[po:mul ポームル] 名 宝;宝物;財宝 関 보물섬[ポームルソム] 名 宝島 / 보물찾기[ポームルチャッキ] 名 宝探し

보배[po:bɛ ポーベ] 名 (金・銀・珠など) 貴重な物;財宝;貴重品 関 보배로이[ポーベロイ] 副 とても大切に

보복[po:bok ポーボク] 名 報復;仕返し 他自 보복하다[ポーボカダ] 報復する;仕返しする

보살[posal ポサル] 名 菩薩

보살피다[posalpʰida ポサルピダ] 他 世話をする;面倒を見る

보상¹[po:saŋ ポーサン] 名 ① 報償 ② 仕返し;報復 他自 보상하다[ポーサンハダ] ① 報償する ② 仕返しする;報復する

보상²[po:saŋ ポーサン] 名 補償;償い 他自 보상하다[ポーサンハダ] 補償する;償う

보석[po:sok ポーソク] 名 宝石;宝玉;玉 関 보석상[ポーソクサン] 名 宝石商

보수¹[po:su ポース] 名 保守 関 보수적[ポースジョク] 名 保守的 / 보수 정당[ポース チョンダン] 名 保守政党 / 보수파[ポースパ] 名 保守派

보수²[po:su ポース] 名 補修 他 보수하다[ポースハダ] 補修する;手入れする

보수³[po:su ポース] 名 報酬 他 보수하다[ポースハダ] 報いる;報酬を払う

보슬비[posɯlbi ポスルビ] 名 小雨;霧雨

보쌈김치[poʔsamgimtɕʰi ポッサムギムチ] 名 ポッサムキムチ《白菜と大根に様々な薬味を入れ,白菜の葉で包んだキムチ》

보아주다[poadʑuda ポアジュダ] 他 ① 面倒を見る;世話をする ② 大目に見る

보약[po:jak ポーヤク] 名 補薬;強壮剤

보이다[poida ポイダ] 自 ① 見える 例 잘 안 보여요. [チャル アン ボヨヨ] よく見えません。② 《形容詞の語幹+-아 / 어 보이다 / 形容詞の語幹+-게 보이다 の形で》推測を表す:…ように見える 他 見せる 例 여권 보여 주시겠습니까? [ヨックォン ポヨ ジュシゲッスムニッカ] パスポートを見せてくださいますか。

보자기[podʑagi ポジャギ] 名 ふろしき

보잘것없다[podʑalʔɡodop̚ta ポジャ

ルコドプタ] 存 見るべき価値がない；つまらない；何の値打ちもない；取るに足らない 副 ぼさつけなく[ポジャルコドプシ] つまらなく；何の価値もなく

보장 [po:dʑaŋ ポージャン] 名 保障 하他 보장하다 [ポージャンハダ] 保障する 되受動 보장되다 [ポージャンドゥェダ] 保障される

보조 [po:dʑo ポージョ] 名 補助 하他 보조하다 [ポージョハダ] 補助する 関 보조금 [ポージョグム] 名 補助金 / 보조비 [ポージョビ] 名 補助費

보존 [po:dʑon ポージョン] 名 保存 하他 보존하다 [ポージョナダ] 保存する 되受動 보존되다 [ポージョンドゥェダ] 保存される 関 보존 식품 [ポージョン シクプム] 名 保存食品

보증 [podʑɯŋ ポジュン] 名 保証 하他 보증하다 [ポジュンハダ] 保証する 関 보증금 [ポジュングム] 名 保証金 / 보증서 [ポジュンソ] 名 保証書 / 보증인 [ポジュンイン] 名 保証人 / 보증 책임 [ポジュンチェギム] 名 保証責任

보채다 [potɕʰeda ポチェダ] 自 むずがる

보충 [po:tɕʰuŋ ポーチュン] 名 補充 하他 보충하다 [ポーチュンハダ] 補充する

보컬 [po:kʰɔl ポーコル] 名 ボーカル

보태다 [potʰeda ポテダ] 他 ①（不足分を）補う；満たす ②加える；足す 関 보태기 [ポテギ] 名 加法；足し算

보통 [po:tʰoŋ ポートン] 名 普通 例 그는 노래 솜씨가 보통이 아니에요. [クヌン ノレ ソムッシガ ポートンイ アニエヨ] 彼は歌の実力が並外れています（普通ではありません）。副 普通；一般的に 関 보통교육 [ポートン キョーユク] 名 普通教育 / 보통날 [ポートンナル] 名 平日 / 보통 열차 [ポートン ニョルチャ] 名 普通列車 / 보통 예금 [ポートン ニェーグム] 名 普通預金 / 보통 우편 [ポートン ウピョン] 名 普通郵便

보험 [po:ɦɔm ポーホム] 名 保険 関 보험계약 [ポーホムゲーヤク] 名 保険契約 / 보험금 [ポーホムグム] 名 保険金 / 보험료 [ポーホムニョ] 名 保険料 / 보험의 [ポーホミ] 名 保険医 / 보험자 [ポーホムジャ] 名 保険者 / 보험 증서 [ポーホム チュンソ] 名 保険証書 / 보험 회사 [ポーホム フェーサ] 名 保険会社

보호 [po:ɦo ポーホ] 名 保護 하他 보호하다 [ポーホハダ] 保護する

복 [pok ポク] 名 福；幸い；幸せ

복구 [pok̚ku ポック] 名 復旧 하他 복구하다 [ポックハダ] 復旧する 自 되受動 복구되다 [ポックドゥェダ] 復旧される 関 복구공사 [ポックゴンサ] 名 復旧工事 / 복구 작업 [ポック チャゴプ] 名 復旧作業

복권 [pok̚kwon ポックォン] 名 宝くじ

복날 [poŋnal ポンナル] 名 伏日；三伏の日《夏の最も暑い期間》

복덕방 [pok̚tɔk̚paŋ ポクトクパン] 名 不動産屋

복도 [pok̚to ポクト] 名 廊下；渡り廊下

복되다 [pok²tweda ポクトウェダ] 形 幸福で楽しい

복사 [pok²sa ポクサ] 名 複写 他 복사하다 [ポクサハダ] 複写する；コピーする 関 복사기 [ポクサギ] 名 複写機

복서 [poksɔ ポクソ] 名 ボクサー

복수 [pok²su ポクス] 名 復讐 自 복수하다 [ポクスハダ] 復讐する；仕返しする 関 복수심 [ポクスシム] 名 復讐心

복숭아 [pok²suŋa ポクスンア] 名 桃 関 복숭아꽃 [ポクスンアッコッ] 名 桃の花 / 복숭아나무 [ポクスンアナム] 名 桃の木

복스럽다 [pok²sɯrəp²ta ポクスロプタ] 形 《ㅂ変：복스러워 / 복스러운 [ポクスロウォ / ポクスロウン]》福々しい；ふくよかだ

복습 [pok²sɯp ポクスプ] 名 復習 他 복습하다 [ポクスパダ] 復習する

복싱 [pok²ʃiŋ ポクシン] 名 ボクシング

복어 [pogɔ ポゴ] 名 フグ

복잡 [pok²tʃap ポクチャプ] 名 複雑 他形 복잡하다 [ポクチャパダ] 複雑だ；混雑している 例 복잡한 도시를 떠나 살고 싶어요. [ポクチャパン トシルル ットナ サールゴ シポヨ] 混雑した都市を離れて暮らしたいです。

복장 [pok²tʃaŋ ポクチャン] 名 服装

복종 [pok²tʃoŋ ポクチョン] 名 服従 自 복종하다 [ポクチョンハダ] 服従する

복지 [pok²tʃi ポクチ] 名 福祉 関 복지 국가 [ポクチ ククカ] 名 福祉国家 / 복지 사회 [ポクチ サーフェ] 名 福祉社会

복통 [pokthoŋ ポクトン] 名 腹痛

복판 [pokphan ポクパン] 名 まん中；中央

복합 [pokkhap ポカプ] 名 複合 복합하다 [ポカパダ] 複合する

볶다 [pok²ta ポクタ] 他 ①炒める；煎る ②(人を)いびる；いじめる

볶음 [po²kɯm ポックム] 名 炒めたもの；炒め料理

볶음밥 [po²kɯmbap ポックムバプ] 名 チャーハン；炒めご飯

본 [pon ポン] 名 ①手本；模範 ②見本 ③型 関 본을 뜨다 [ポヌル ットゥダ] 手本の真似をする / 본을 받다 [ポヌル パッタ] 手本とする / 본을 보다 [ポヌル ポダ] 手本とする

본격 [pon²kjək ポンッキョク] 名 本格 関 본격화 [ポンッキョクヮ] 名 本格化

본고장 [pongodʒaŋ ポンゴジャン] 名 ①本場 ②生まれ故郷

본관 [poŋgwan ポングヮン] 名 本貫《一族の始祖の発祥地》

본능 [ponnɯŋ ポンヌン] 名 本能

본때 [pon²tɛ ポンッテ] 名 ①でき栄え；見栄え ②手本；模範 関 본때를 보이다 [ポンッテルル ポイダ] 懲らしめる

본뜨다 [pon²tɯda ポンットゥダ] 他 《으変：본떠 : ポンット》①見習う；手本とする ②型を取る

본뜻 [pon²tɯt ポンットゥッ] 名 ①本意；真意 ②原義

본래 [pollɛ ポルレ] 名 本来 副 本来；元来；もともと

본마음 [ponmaum ポンマウム] 名 本心;本意

본문 [ponmun ポンムン] 名 本文

본바닥 [ponbadak ポンバダク] 名 ① 地元 ② 本場

본바탕 [ponbatʰaŋ ポンバタン] 名 本性;本質

본받다 [ponbatʔta ポンバッタ] 他 模範とする;手本とする

본보기 [ponbogi ポンボギ] 名 見本;標本;例

본부 [ponbu ポンブ] 名 本部

본사 [ponsa ポンサ] 名 本社

본인 [ponin ポニン] 名 本人

본적 [pondʒɔk ポンジョク] 名 本籍 関 본적지 [ポンジョクチ] 名 本籍地

본전 [pondʒɔn ポンジョン] 名 ① 元手;資本金 ②(貸した金の)元金 ③(品物の)原価 関 본전도 못 찾다 [ポンジョンド モッ チャッタ] 元も子もない

본점 [pondʒɔm ポンジョム] 名 本店

본질 [pondʒil ポンジル] 名 本質

볼¹ [pol ポル] 名 頬

볼² [poːl ポール] 名 ボール

볼거리 [polʔkɔri ポルッコリ] 名 見もの;見どころ

볼기 [poːlgi ポールギ] 名 尻;臀部

볼꼴 [polʔkol ポルッコル] 名 (人の目に映った)さま;格好;外観;見た目 関 볼꼴이 좋다 [ポルッコリ チョータ] 名 いいざまだ

볼륨 [polljum ポルリュム] 名 ボリューム

볼링 [poːlliŋ ポールリン] 名 ボーリング

볼만하다 [polmanɦada ポルマナダ] 形 〖하変〗見ものだ;見るに値する

볼일 [poːllil ポールリル] 名 用事;用件

볼트 [poltʰɯ ポルトゥ] 名 ボルト

볼펜 [poːlpʰen ポールペン] 名 ボールペン

볼품 [polpʰum ポルプム] 名 見た目;見かけ;格好;外観

봄 [pom ポム] 名 春 例 꽃 피는 봄이 왔어요. [ッコッ ピヌン ポミ ワッソヨ] 花咲く春が来ました。

봉 [poːŋ ポーン] 名 ①鳳凰;鳳凰の雄 ②騙されやすい人;カモ

봉급 [poːŋgɯp ポーングプ] 名 俸給

봉변 [poŋbjɔn ポンビョン] 名 ① 人から辱めを受けること ② 意外な災難に遭うこと 他自 봉변하다 [ポンビョナダ] ① 人から辱めを受ける ② 意外な災難に遭う 関 봉변을 당하다 [ポンビョヌル タンハダ] とばっちりを食う

봉사 [poːŋsa ポーンサ] 名 奉仕;ボランティア 他自 봉사하다 [ポーンサハダ] 奉仕する

봉선화 [poːŋsɔnɦwa ポーンソヌヮ] 名 ホウセンカ

봉오리 [poŋori ポンオリ] 名 (花の)つぼみ

봉우리 [poŋuri ポンウリ] 名 峰;山嶺

봉지 [poŋdʒi ポンジ] 名 紙袋;袋

봉투 [poŋtʰu ポントゥ] 名 封筒

봉황 [poːŋɦwaŋ ポーンフヮン] 名 鳳凰

뵈다 [pweːda プェーダ] 他 お目にかかる

뵙다 [pweːpʔta プェープタ] 他 〖ㅂ変:

뵈어 / 뵙는 プェーオ / プェームヌン》お目にかかる 例 처음 뵙겠습니다. [チョウム プェープケッスムニダ] 初めてお目にかかります。

부가 [pu:ga プーガ] 名 付加 하他 부가하다 [プーガハダ] 付加する

부결 [pu:gjəl プーギョル] 名 否決 하他 부결하다 [プーギョラダ] 否決する

부근 [pu:gɯn プーグン] 名 付近

부글거리다 [pugɯlgərida プグルゴリダ] 自 ① ぐらぐら沸き立つ ② ぶくぶくと泡立つ 부글부글 [プグルブグル] ぐらぐら

부끄러워하다 [pu²kɯrəwəɦada プックロウォハダ] 自《하変》恥ずかしがる；きまり悪く思う；照れる

부끄럽다 [pu²kɯrəp²ta プックロプタ] 形《ㅂ変：부끄러워 / 부끄러운 プックロウォ / プックロウン》恥ずかしい；きまり悪い 副 부끄러이 [プックロイ] 恥ずかしく；きまり悪く

부닥치다 [pudakt∫ʰida プダクチダ] 自 ぶつかる；ぶち当たる

부담 [pu:dam プーダム] 名 負担 하他 부담하다 [プーダマダ] 負担する 関 부담스럽다 [プーダムスロプタ] 形《부담스러워 / 부담스러운 プーダムスロウォ / プーダムスロウン》負担に感じる

부당 [pudaŋ プダン] 名 不当 하形 부당하다 [プダンハダ] 不当だ 関 부당히 [プダンイ] 副 不当に

부대 [pudɛ プデ] 名 部隊

부도 [pudo プド] 名 不渡り 関 부도 나다 [プド ナダ] 不渡りになる / 부도 어음 [プド オウム] 名 不渡り手形

부동산 [pudoŋsan プドンサン] 名 不動産

부두 [pudu プドゥ] 名 埠頭

부둥켜안다 [pudunkʰjəan²ta プドゥンキョアンタ] 他 抱き締める

부드럽다 [pudurəp²ta プドゥロプタ] 形《ㅂ変：부드러워 / 부드러운 プドゥロウォ / プドゥロウン》① 柔らかい ②(心や態度が) やさしい；おだやかだ 副 부드러이 [プドゥロイ] 柔らかく；おだやかに

부득이 [pudɯgi プドゥギ] 副 仕方なく；やむなく

부디 [pu:di プーディ] 副 どうか；何卒；くれぐれも

부딪다 [pudit²ta プディッタ] 自他 ① ぶつかる；ぶつける ② 直面する ③ 出くわす

부딪치다 [pudit∫∫ʰida プディッチダ] 自他 부딪다 [プディッタ] の強調語

부라리다 [purarida プラリダ] 他 (目を) 怒らす；目を剥く

부락 [purak プラク] 名 部落；集落

부랴부랴 [purjaburja プリャブリャ] 副 あたふたと

부러워하다 [purəwəɦada プロウォハダ] 他《하変》うらやましがる；うらやむ

부러지다 [purədʒida プロジダ] 自 折れる

부럽다 [purəp²ta プロプタ] 形《ㅂ変：부러워 / 부러운 プロウォ / プロウン》うらやましい

부려먹다 [purjəmək²ta プリョモクタ] 他 こき使う；酷使する

부록 [pu:rok プーロク] 名 付録

부르다¹ [puruda プルダ] 他〖르変: 불러 プルロ〗① 呼ぶ 例 필요하면 사람을 불러 주세요. [ピリョハミョン サーラムル プルロ ジュセヨ] 必要なら人を呼んでください。② 歌う 例 노래를 한번 불러 봐요. [ノレルル ハンボン プルロ ブヮヨ] 歌を試しに歌ってみてください。③ 大声で叫ぶ

부르다² [puruda プルダ] 形〖르変: 불러 プルロ〗① 腹一杯だ ②(内部が詰まって) 膨れている

부르짖다 [purudʒitʰta プルジッタ] 自 ①(大声で) 叫ぶ；わめく ②(意見や主張を熱烈に) 主張する；叫ぶ

부리나케 [purinakʰe プリナケ] 副 急いで；大急ぎで；一目散に

부리다 [purida プリダ] 他 ①(人を) 働かせる ②(牛・馬などを) 使う ③(機械・器具などを) 操る；動かす ④(権力を) 振るう ⑤(計略を) 弄する

부모 [pumo プモ] 名 父母；親；両親

부문 [pumun プムン] 名 部門

부부 [pubu プブ] 名 夫婦；夫妻 例 그 부부는 사이가 정말 좋아요. [クブブヌン サイガ チョーンマル チョーアヨ] その夫婦は本当に仲がいいです。関 부부애 [ブブエ] 名 夫婦愛 / 부부지정 [ブブジジョン] 名 夫婦間の愛情

부분 [pubun プブン] 名 部分 例 이 부분이 이해가 안 돼요. [イプブニーヘガ アン ドゥェヨ] この部分が理解できません。関 부분적 [プブンジョク] 名 部分的

부상 [puːsaŋ プーサン] 名 負傷 하他 부상하다 [プーサンハダ] 負傷する 関 부상자 [プーサンジャ] 名 負傷者

부서지다 [pusədʒida プソジダ] 自 ①(硬い物が) 壊れる；砕ける ②(夢・希望・計画などが) 破れる；崩れる；破綻する

부수다 [pusuda プスダ] 他 壊す；破壊する

부스러기 [pusurəgi プスロギ] 名 くず；残りかす

부스럼 [pusurəm プスロム] 名 腫れもの；おでき

부슬비 [pusulbi プスルビ] 名 こぬか雨；小雨

부시다 [puʃida プシダ] 形 眩しい；まばゆい 類 눈부시다 [ヌンブシダ]

부실 [puʃil プシル] 名 不実 하形 부실하다 [プシラダ] ① 誠実でない ② 信頼性がない；頼りない 関 부실 공사 [プシル コンサ] 名 手抜き工事

부아 [pua プア] 名 怒り；腹立ち

부양 [pujaŋ プヤン] 名 扶養 하他 부양하다 [プヤンハダ] 扶養する 関 부양가족 [プヤンガジョク] 名 扶養家族 / 부양 의무 [プヤン ウイム] 名 扶養義務

부엌 [puək プオク] 名 台所 関 부엌일 [プオンニル] 名 台所仕事 / 부엌칼 [プオクカル] 名 包丁

부옇다 [puːjətʰta プーヨッタ] 形〖ㅎ変: 부예 / 부연 プーイェ / プーヨン〗白みがかっている；ぼやけている

부의 [puːi プーイ] 名 香典；香料

부인

부인¹[puin プイン] 名 他人の妻の尊敬語:夫人;奥さん

부인²[puin プイン] 名 婦人

부임[pu:im プーイム] 名 赴任 하自 부임하다[プーイマダ] 赴任する

부자[pu:dʒa プージャ] 名 金持ち

부잣집[pu:dʒatʃip プージャッチプ] 名 金持ちの家

부적[pu:dʒok プージョク] 名 御札;お守り

부정¹[pudʒoŋ プジョン] 名 不正 하形 부정하다[プジョンハダ] 不正だ 関 부정행위[プジョンヘンウィ] 名 不正行為

부정²[pudʒoŋ プジョン] 名 不浄;汚れ 하形 부정하다[プジョンハダ] 不浄だ;不潔だ

부정³[pu:dʒoŋ プージョン] 名 否定 하他 부정하다[プージョンハダ] 否定する 되受動 부정되다[プージョンドゥエダ] 否定される 関 부정적[プージョンジョク] 名 否定的

부제[pu:dʒe プージェ] 名 副題;サブタイトル

부족[pudʒok プジョク] 名 不足 하形 부족하다[プジョカダ] 不足している 関 부족감[プジョクカム] 名 不足感 / 부족분[プジョクプン] 名 不足分

부주의[pudʒui プジュイ] 名 不注意 하形 부주의하다[プジュイハダ] 不注意だ

부지[pudʒi プジ] 名 不知;知らないこと

부지런하다[pudʒironɦada プジロナダ] 形《하変》勤勉だ;真面目だ;まめだ 副 부지런히[プジロニ] 勤勉に;せっせと

부채¹[putʰɛ プチェ] 名 扇;うちわ;扇子

부채²[pu:tʃʰɛ プーチェ] 名 負債

부처[putʃʰɔ プチョ] 名 ① 仏 ② 仏像 関 부처님[プチョニム] 名 仏様

부추[pu:tʃʰu プーチュ] 名 ニラ

부추기다[putʃʰugida プーチュギダ] 他 そそのかす;けしかける;煽動する

부츠[pu:tʃʰu プーチュ] 名 ブーツ

부치다¹[putʃʰida プチダ] 他 (手紙や小包を)送る;届ける;出す

부치다²[putʃʰida プチダ] 他 (フライパンなどに油を引いて)焼く

부친[putʃʰin プチン] 名 父親;お父様

부침개[putʃʰimgɛ プチムゲ] 名 フライパンなどで焼いたお好み焼き状の食べ物;チヂミ

부탁[pu:tʰak プータク] 名 付託;依頼;お願い 例 제 부탁 좀 들어 주세요.[チェ プータク チョム トゥロ ジュセヨ] 私のお願いをちょっと聞いてください。/ 제발 부탁드립니다.[チェーバル プータクトゥリムニダ] どうかお願いいたします。 하他 부탁하다[プータカダ] 依頼する;お願いする

부터[putʰɔ プト] 助 動作が始まる時点を表す:…から;…より 例 처음부터 끝까지 다시 한번 해 볼까요?[チョウムブト ックッカジ タシ ハンボン ヘ ボルッカヨ] 初めから終わりまでもう一度やってみましょうか。

부패[pu:pʰɛ プーペ] 名 腐敗 하自 부패하다[プーペハダ] 腐敗する

부풀다[pupʰulda ププルダ] 自《ㄹ

語幹:부푸는 ププヌン] ① (物が)膨れる ② 皮膚が腫れる ③ 毛羽立つ ④ (期待で)胸が膨らむ

부피 [puphi プピ] 名 嵩;容積

부하 [puɦa プハ] 名 部下

부합 [puːɦap プーハプ] 名 符合 하自 부합하다 [プーハパダ] 符合する

부활 [puːɦwal プーフワル] 名 復活 하自 부활하다 [プーフワラダ] 復活する

부흥 [puːɦuŋ プーフン] 名 復興 하他 부흥하다 [プーフンハダ] 復興する 自 부흥되다 [プーフンドゥェダ] 復興される

북¹ [puk プク] 名 北 類 북쪽 [プクッチョク]

북² [puk プク] 名 太鼓;鼓

북두칠성 [pukʰtutʰilsəŋ プクトゥチルソン] 名 北斗七星

북방 [pukʰpaŋ プクパン] 名 北方

북부 [pukʰpu プクプ] 名 北部

북어 [pugə プゴ] 名 スケトウダラの干物

북적거리다 [pukʰtʃəkʰkərida プクチョクコリダ] 自 (大勢がより集まって)ごった返す;込み合っている 副 북적북적 [プクチョクプクチョク] わいわい;がやがや

북쪽 [pukʰtʃok プクッチョク] 名 北側;北方

분¹ [pun プン] 依名 ① 時間の単位:…分 ② 緯度・経度の単位:…分

분² [pun プン] 名 他人を指して言う尊敬語:方 依名 人を数えるときの尊敬語:…名様 例 몇 분이세요? [ミョッ プニセヨ] 何名様ですか。

분³ [pun プン] 名 ① 粉;粉末 ② おしろい

분⁴ [pun プン] 名 盆;鉢;植木鉢

분간 [puŋgan プンガン] 名 見分け 하他 분간하다 [プンガナダ] 見分ける

분개 [puːŋɡɛ プーンゲ] 名 憤慨 하自他 분개하다 [プーンゲハダ] 憤慨する

분김에 [puːnˀkime プーンキメ] 副 腹立ち紛れに

분노 [puːnno プーンノ] 名 憤怒 하自 분노하다 [プーンノハダ] 憤怒する;怒る

분단 [pundan プンダン] 名 分断 하他 분단하다 [プンダナダ] 分断する 되受動 분단되다 [プンダンドゥェダ] 分断される

분담 [pundam プンダム] 名 分担 하他 분담하다 [プンダマダ] 分担する

분량 [puːlljaŋ プールリャン] 名 分量;量

분류 [pullju プルリュ] 名 分類 하他 분류하다 [プルリュハダ] 分類する

분리 [pulli プルリ] 名 分離 하他 분리하다 [プルリハダ] 分離する 自 되受動 분리되다 [プルリドゥェダ] 分離する;分離される

분명하다 [punmjəŋɦada プンミョンハダ] 形《하変》① 明らかだ;明白だ;はっきりしている ② 間違いない 副 분명히 [プンミョンイ] はっきりと;明らかに;確かに

분별 [punbjəl プンビョル] 名 分別 하他 분별하다 [プンビョラダ] わきまえる;(物事を)見分ける

분수¹ [puːnsu プーンス] 名 ① (自分の身分に合った程度の) 身の程;

分際；程；分 ② 分別；見境 関 분수를 모르다 [プンスルル モルダ] 身の程を知らない

분수² [pun²su プンッス] 名 分数

분수³ [pu:nsu プーンス] 名 噴水

분식 [punɕik プンシㇰ] 名 粉物の料理 関 분식집 [プンシㇰチㇷ゚] 名 うどん，ラーメンなどの軽食店

분실 [punɕil プンシㇽ] 名 紛失 他 분실하다 [プンシラダ] 紛失する

분야 [punja プニャ] 名 分野

분양 [punjaŋ プニャン] 名 分譲 他 분양하다 [プニャンハダ] 分譲する 関 분양지 [プニャンジ] 名 分譲地

분열 [punjɔl プニョㇽ] 名 分裂 自 분열하다 [プニョラダ] 分裂する

분위기 [punwigi プヌィギ] 名 雰囲気

분자 [pundʑa プンジャ] 名 分子

분재 [pundʑɛ プンジェ] 名 盆栽

분쟁 [pundʑɛŋ プンジェン] 名 紛争 自 분쟁하다 [プンジェンハダ] 紛争する

분주 [pundʑu プンジュ] 名 奔走；忙しいこと 形 분주하다 [プンジュハダ] 忙しい

분포 [punpʰo プンポ] 名 分布 自 분포하다 [プンポハダ] 分布する 関 분포도 [プンポド] 名 分布図

분풀이 [pu:npʰuri プーンプリ] 名 腹いせ 自 분풀이하다 [プーンプリハダ] 腹いせする

분필 [punpʰil プンピㇽ] 名 白墨；チョーク

분하다 [pu:nɦada プーナダ] 形 《하変》くやしい；残念だ

분할 [punɦal プナㇽ] 名 分割 他 분할하다 [プナラダ] 分割する 関 분할불 [プナㇽブㇽ] 名 分割払い

분해 [punɦɛ プネ] 名 分解 自他 분해하다 [プネハダ] 分解する 受動 분해되다 [プネドウェダ] 分解される

분홍빛 [pu:nɦoŋ²pit プーノンピッ] 名 桃色；薄紅色；ピンク 類 분홍색 [プーノンセㇰ]

붇다 [put²ta プッタ] 自 《ㄷ変：불어 / 붇는 プロ / プーンヌン》① ふやける；膨れる ② 増える

불 [pul プㇽ] 名 ① 火 ② 光；明かり 例 불을 켜 주세요. [プルㇽ キョ ジュセヨ] 明かりを点けてください。③ 火災 例 불이야! [プリヤ] 火事だ! 関 불을 끄다 [プルㇽ ックダ] 明かりを消す / 불이 나가다 [プリ ナガダ] 停電する / 불을 붙이다 [プルㇽ プチダ] 火を点ける / 불을 태우다 [プルㇽ テウダ] 火を燃やす

불가능 [pulganuŋ プルガヌン] 名 不可能 形 불가능하다 [プルガヌンハダ] 不可能だ

불가피하다 [pulgapʰifiada プルガピハダ] 形 《하変》不可避だ；必至だ

불결하다 [pulgjɔrɦada プルギョラダ] 形 《하変》不潔だ

불경 [pulgjɔŋ プルギョン] 名 仏経；経典

불경기 [pulgjɔŋgi プルギョンギ] 名 不景気

불고기 [pulgogi プルゴギ] 名 焼き肉；プルコギ

불과 [pulgwa プルグヮ] 副 わずか 形 불과하다 [プルグヮハダ] 《에 불과하다の形で》…に過ぎない

불교 [pulgjo プルギョ] 名 仏教 関 **불교도** [pulgjodo プルギョド] 名 仏教徒 / **불교문화** [pulgjomunhwa プルギョムヌヮ] 名 仏教文化 / **불교 미술** [pulgjo misɯl プルギョ ミースル] 名 仏教美術

불구하다 [pulguɦada プルグハダ] 自《에도 불구하고の形で》…にもかかわらず

불균형 [pulgjunɦjoŋ プルギュニョン] 名 不均衡 [하形] 불균형하다 [プルギュニョンハダ] 不均衡だ；アンバランスだ

불그레하다 [pulgɯreɦada プルグレハダ] 形《하変》薄赤い；赤みがかっている

불기 [pulʔki プルキ] 名 火の気；火気

불길 [pulʔkil プルキル] 名 ① 炎；火の手 ② 激しく燃え上がる感情

불꽃 [pulʔkot プルッコッ] 名 火花

불다 [pu:lda プールダ] 自《ㄹ語幹：부는 プーヌン》(風が)吹く 例 밖에 바람이 세게 불어요. [パッケ パラミ セーゲ プーロヨ] 外は風が強く吹いています。他 ① (息を)吹く ② (管楽器などを)吹く；演奏する ③ 白状する

불더위 [puldowi プルドウィ] 名 酷暑

불량 [pulljaŋ プルリャン] 名 不良 [하形] 불량하다 [プルリャンハダ] 不良だ 関 불량배 [プルリャンベ] 不良；ならず者 / 불량분자 [プルリャンブンジャ] 名 不良分子 / 불량아 [プルリャンア] 名 不良児

불룩하다 [pullukkʰada プルルカダ] 形《하変》膨らんでいる；膨れている；盛り上がっている

불리다¹ [pullida プルリダ] 他 ふやかす

불리다² [pullida プルリダ] 自 呼ばれる；称される

불리하다 [pulliɦada プルリハダ] 形《하変》不利だ

불만 [pulman プルマン] 名 不満

불만족 [pulmandʒok プルマンジョク] 名 不満足 [불만족하다 [プルマンジョカダ] 不満足だ

불면증 [pulmjonʔtʃɯŋ プルミョンッチュン] 名 不眠症

불명확하다 [pulmjoŋɦwakkʰada プルミョンフヮカダ] 形《하変》不明確だ

불문 [pulmun プルムン] 名 不問 [하他] 불문하다 [プルムナダ] 問わない

불문학 [pulmunɦak プルムナク] 名 仏文学；フランス文学

불바다 [pulbada プルバダ] 名 火の海

불법 [pulbop プルボプ] 名 不法

불분명하다 [pulbunmjoŋɦada プルブンミョンハダ] 形《하変》不分明だ；不明瞭だ

불빛 [pulʔpit プルピッ] 名 ① 炎 ② 明かり

불식 [pulʔɕik プルシク] 名 払拭 [하他] 불식하다 [プルシカダ] 払拭する

불신임 [pulʔɕinim プルシニム] 名 不信任 [하他] 불신임하다 [プルシニマダ] 信任しない

불쌍하다 [pulʔsaŋɦada プルッサンハダ] 形《하変》かわいそうだ；気の毒だ；あわれだ 副 불쌍히 [プルッサンイ] かわいそうに；気の毒に；あわれに

불쑥 [pulʔsuk プルッスク] 副 ① 急に

現れたり，飛び出したりする様子：ぬっと；にゅっと ②いきなり；だしぬけに 関 **불쑥불쑥**[プルッスクプルッスク]副 一面に突きでている様子：にょきにょき

불씨[pulʔɕi プルッシ]名 ①火種；種火 ②(争いごとや事件などの)原因

불안[puran プラン]名 不安 하形 **불안하다**[プラナダ] 不安だ；心配だ 関 **불안히**[プラニ]副 不安に；心細く

불안정[purandʑoŋ プランジョン]名 不安定 하形 **불안정하다**[プランジョンハダ] 不安定だ

불어[puro プロ]名 仏語；フランス語

불어나다[puronada プロナダ]自 増す；増加する

불어넣다[puronottʰa プロノッタ]他 吹き込む

불어오다[purooda プロオダ]自 吹いて来る

불완전[purwandʑon プルワンジョン]名 不完全 하形 **불완전하다**[プルワンジョナダ] 不完全だ

불장난[puldʑaŋnan プルジャンナン]名 火遊び

불조심[puldʑoɕim プルジョシム]名 火の用心

불쾌[pulkʰwɛ プルクェ]名 不快 하形 **불쾌하다**[プルクェハダ] 不快だ；不愉快だ 関 **불쾌감**[プルクェガム]名 不快感 / **불쾌지수**[プルクェジス]名 不快指数

불타다[pultʰada プルタダ]自 ①(火が)燃える ②情熱や感情が湧き上がる

불태우다[pultʰɛuda プルテウダ]他 燃やす

불통[pultʰoŋ プルトン]名 不通

불티[pultʰi プルティ]名 火の粉

불판[pulpʰan プルパン]名 鉄板；焼肉の金網

불편[pulpʰjon プルピョン]名 不便 하形 **불편하다**[プルピョナダ] ①不便だ ②(病気で)体の具合が悪い

불평[pulpʰjoŋ プルピョン]名 不平；不満 하形 **불평하다**[プルピョンハダ] 不平や不満を言う；愚痴をこぼす

불합격[pulhapʔkjok プラプキョク]名 不合格 하自 **불합격하다**[プラプキョカダ] 不合格になる

불행[pulhɛŋ プレン]名 不幸 하形 **불행하다**[プレンハダ] 不幸だ 関 **불행 중 다행**[プレン ジュン タヘン] 不幸中の幸い / **불행히**[プレンイ]副 不幸に；運悪く

불허[pulho プロ]名 不許可 하他 **불허하다**[プロハダ] 許可しない；許さない

불확실[pulhwakʔɕil プルワクシル]名 不確実 하形 **불확실하다**[プルワクシラダ] 不確実だ；不確かだ

불황[pulhwaŋ プルワン]名 不況

불효자[pulhjodʑa プリョジャ]名 親不孝者

붉다[pukʔta プクタ]形 赤い 例 노을이 붉게 물들었어요. [ノウリ プルケ ムルドゥロッソヨ] 夕焼けの空が赤く染まりました。

붉히다[pulkʰida プルキダ]他 (恥じらいや怒りなどで顔を)赤らめる

붐[pu:m ブーム]名 ブーム

붐비다 [pumbida プムビダ] 自 混雑する；込み合う

붓 [put プッ] 名 筆；毛筆 関 붓을 꺾다 [プスル ッコクタ] 筆を折る；筆を絶つ／붓을 놓다 [プスル ノッタ] 筆を置く

붓다¹ [puːt²ta プータ] 自〖ㅅ変：부어／붓는 プオ／プーンヌン〗① 腫れる；むくむ ②(怒って) ふてくされる；ふくれる

붓다² [puːt²ta プータ] 他〖ㅅ変：부어／붓는 プオ／プーンヌン〗(液体を)注ぐ；(液体を)差す

붕대 [puŋdɛ プンデ] 名 包帯

붕어 [puːŋɔ プーンオ] 名 フナ 関 붕어빵 [プーンオッパン] 名 たい焼き

붕장어 [puŋdʒaŋɔ プンジャンオ] 名 アナゴ

붙다 [puːt²ta プッタ] 自 ① 付く ② (火が)点く ③(試験などに)合格する ④(実力などが)付く

붙들다 [puːt²tulda プットゥルダ] 他〖ㄹ語幹：붙드는 プットゥヌン〗① 掴む ② 捕まえる ③ 引きとめる ④ (倒れないように)脇から支える

붙이다 [puːtʃʰida プチダ] 他 ① 付ける；貼る ② 火を点ける ③(心・趣味などを) 持つ；寄せる

붙임성 [puːtʃʰimˀsɔŋ プチムソン] 名 愛想；人当たりの良さ；社交性

붙잡다 [puːtʃʰap²ta プッチャプタ] 他 ① 掴む ② 捕まえる ③ 引きとめる

뷔페 [pwipʰe プィペ] 名 ① ビュッフェ ② バイキング形式の店

브래지어 [puːrɛdʒiɔ プレジオ] 名 ブラジャー

블랙 [puːllɛk プルレク] 名 ブラック

블로그 [puːllogu プルログ] 名 ブログ

블록 [puːllok プルロク] 名 ブロック

비¹ [pi ピ] 名 雨 例 오후부터 비가 온대요. [オーフブト ピガ オンデヨ] 午後から雨が降るそうです。

비² [pi ピ] 名 ほうき

비겁하다 [piːgopʰada ピーゴパダ] 形〖하変〗卑怯だ

비결 [piːgjɔl ピーギョル] 名 秘訣

비교 [piːgjo ピーギョ] 名 比較 하他 비교하다 [ピーギョハダ] 比較する 되受動 自 비교되다 [ピーギョドゥェダ] 比較される 関 비교적 [ピーギョジョク] 名 比較的；割合

비굴 [piːgul ピーグル] 名 卑屈 하形 비굴하다 [ピーグラダ] 卑屈だ

비극 [piguk ピグク] 名 悲劇 関 비극적 [ピグクチョク] 名 悲劇的

비기다¹ [pigida ピギダ] 自 比べる；肩を並べる

비기다² [pigida ピギダ] 自他 引き分ける

비꼬다 [piːˀkoda ピーッコダ] 他 ① (紐などを)なう；よる ②(体を)ねじる ③皮肉る；あてつける

비난 [pinan ピナン] 名 非難 하他 비난하다 [ピナナダ] 非難する

비녀 [pinjɔ ピニョ] 名 かんざし

비누 [pinu ピヌ] 名 石けん 例 비누로 손을 깨끗이 씻으세요. [ピヌロ ソヌル ッケックッイ ッシスセヨ] 石けんで手をきれいに洗ってください。

비늘 [pinuːl ピヌル] 名 うろこ

비닐 [pinil ピニル] 名 ビニール

비다 [piːda ピーダ] 形 (中のものが)

비단

空だ 例 빈 차 [ピーン チャ] 空車 / 빈 병 [ピーン ビョン] 空き瓶 自 ① 空く 例 내일은 시간이 비니까 내일 만나요. [ネイルン シガニ ピーニッカ ネイル マンナヨ] 明日は時間が空くから明日会いましょう。② 席が空く

비단 [pi:dan ピーダン] 名 絹;絹織物 関 비단옷 [ピーダノッ] 名 絹の衣類

비둘기 [pidulgi ピドゥルギ] 名 ハト 関 비둘기시계 [ピドゥルギシゲ] 名 ハト時計 / 비둘기파 [ピドゥルギパ] 名 ハト派

비디오 [pidio ピディオ] 名 ビデオ

비틀거리다 [piʰtulgərida ピッツトゥルゴリダ] 自 ふらつく;よろよろする

비틀다 [piʰtulda ピッツトゥルダ] 形 《ㄹ語幹:비뚠 ピットゥン》傾いている;歪んでいる

비뚤어지다 [piʰturədʒida ピッツトゥロジダ] 自 ① 歪む;曲がる ② ひねくれる ③ (怒って)すねる

비례 [pi:rje ピーリェ] 名 比例 自他 비례하다 [ピーリェハダ] 比例する

비로소 [piroso ピロソ] 副 はじめて;ようやく;やっと

비록 [pirok ピロク] 副 たとえ;もしそうであっても

비롯하다 [pirotʰada ピロタダ] 自他 《하変》《를 / 을 비롯해서의 形で》…をはじめとして

비료 [pi:rjo ピーリョ] 名 肥料

비리다 [pirida ピリダ] 形 ① 生臭い;青臭い ② みみっちい

비린내 [pirinnɛ ピリンネ] 名 生臭いにおい 関 비린내가 나다 [ピリンネガ ナダ] 生臭いにおいがする

비명 [pimjəŋ ピミョン] 名 悲鳴 関 비명을 지르다 [ピミョンウル チルダ] 悲鳴を上げる

비밀 [pi:mil ピーミル] 名 秘密 例 이건 비밀이니까 아무한테도 말하면 안 돼요. [イゴン ピーミリニッカ アームハンテド マーラミョン アン ドゥェヨ] これは秘密だから誰にも言ってはいけません。関 비밀리 [ピーミルリ] 名 秘密裏 / 비밀문서 [ピーミルムンソ] 名 秘密文書 / 비밀스럽다 [ピーミルスロプタ] 《ㅂ変:비밀스러워 / 비밀스러운 피ーミルスロウォ/ピーミルスロウン》 形 秘密らしく見える / 비밀히 [ピーミリ] 副 秘密に;内分に

비바람 [pibaram ピバラム] 名 風雨;風まじりの雨

비비다 [pibida ピビダ] 他 ① こする;もむ ② (手を) こする ③ (ご飯などを)混ぜ合わせる

비빔밥 [pibimʰpap ピビムッパプ] 名 ビビンバ;混ぜご飯 例 비빔밥을 하나 주세요. [ピビムッパブル ハナ チュセヨ] ビビンバを1つください。

비상 [pisaŋ ピサン] 名 非常 関 비상구 [ピサング] 名 非常口 / 비상사태 [ピサンサテ] 名 非常事態

비서 [pi:sɔ ピーソ] 名 秘書

비석 [pisɔk ピソク] 名 ① 石碑の材料にする石 ② 石碑

비스듬하다 [pisudumɦada ピスドゥマダ] 形 《하変》やや傾いている;斜めだ 副 비스듬히 [ピスドゥミ] 斜めに

비슷하다 [pisutʰada ピスタダ] 形 《하変》似ている;似通っている

関 비슷비슷하다 [ピスッピスタダ] 形 〖하変〗似たり寄ったりだ

비싸다 [pi²sada ピッサダ] 形 (値段が) 高い 対 싸다 [ッサダ] 例 너무 비싸요. 좀 깎아 주세요. [ノム ピッサヨ チョム ッカッカ ジュセヨ] とても高いです。ちょっとまけてください。

비아냥거리다 [pianjaŋɡərida ピアニャンゴリダ] 自 小憎らしく振る舞う；憎まれ口をきく

비약 [pijak ピヤク] 名 飛躍 〖하自〗 비약하다 [ピヤカダ] 飛躍する 関 비약적 [ピヤクチョク] 名 飛躍的

비열 [pi:jəl ピーヨル] 名 卑劣 〖하形〗 비열하다 [ピーヨラダ] 卑劣だ

비옷 [piot ピオッ] 名 雨着；レインコート；雨ガッパ

비용 [pi:joŋ ピーヨン] 名 費用 例 비용이 얼마나 들 것 같아요? [ピーヨンイ オルマナ トゥル コッ カタヨ] 費用がどのくらい掛かりそうですか。

비우다 [piuda ピウダ] 他 ①(中身を) 空にする ②(家・部屋などを) 留守にする；(引っ越して家などを) 明け渡す ③(職場・席などを) 離れる

비웃다 [pi:ut²ta ピーウッタ] 他 あざ笑う；あざける 関 비웃음 [ピーウスム] 名 嘲笑

비위 [pi:wi ピーウィ] 名 ①脾臓と胃 ②気分；機嫌 関 비위를 건드리다 [ピーウィルル コンドゥリダ] 他人の気を損ねる / 비위를 맞추다 [ピーウィルル マッチュダ] 機嫌を取る；取り入る

비유 [pi:ju ピーユ] 名 比喩 〖하他〗 비유하다 [ピーユハダ] 比喩する；例える

비율 [pi:jul ピーユル] 名 比率；割合

비자 [pidʒa ピジャ] 名 ビザ；査証

비좁다 [pi:dʒop²ta ピージョプタ] 形 ひどく狭い；狭苦しい；手狭だ；窮屈だ

비즈니스 [pidʒɯnisɯ ピジュニス] 名 ビジネス

비지 [pidʒi ピジ] 名 おから

비참하다 [pitʃʰamɦada ピチャマダ] 形 〖하変〗悲惨だ

비추다 [pitʃʰuda ピチュダ] 他 ①照らす ②(鏡などに) 映す ③仄めかす

비치다 [pitʃʰida ピチダ] 自 ①(光が明るく) 照らす ②映し出される ③透けて見える；透ける

비키다 [pi:kʰida ピーキダ] 他 (何かを避けて体を) 移す；避ける 自 (邪魔にならないように) 避ける；退く 例 내려요. 비켜 주세요. [ネリョヨ ピーキョ ジュセヨ] 降ります。どいてください。

비탈 [pitʰal ピタル] 名 斜面；傾斜した所 関 비탈길 [ピタルギル] 名 坂；坂道

비틀거리다 [pitʰɯlɡərida ピトゥルゴリダ] 自 よろめきながら歩く；ふらつく

비틀다 [pitʰɯlda ピートゥルダ] 他 〖ㄹ語幹：비트는 ピートゥヌン〗ねじる；よじる；ねじ曲げる

비판 [pi:pʰan ピーパン] 名 批判 〖하他〗 비판하다 [ピーパナダ] 批判する 関 비판력 [ピーパンニョク] 名 批判力 / 비판적 [ピーパンジョク] 名 批判的

비평

비평 [piːpʰjəŋ ピーピョン] 名 批評 하他 비평하다 [ピーピョンハダ] 批評する 関 비평가 [ピーピョンガ] 名 批評家

비하다 [piːɦada ピーハダ] 他 하変 比べる；比較する

비행기 [piɦeŋɡi ピヘンギ] 名 飛行機 例 내일은 몇 시 비행기예요? [ネイルン ミョッ シ ピヘンギエヨ] 明日は、何時の飛行機ですか。 関 비행기를 태우다 [ピヘンギルルテウダ] 飛行機に乗せる《人をおだてるという意》

빈대떡 [pindɛ²tək ピンデトック] 名 ピンデトック《緑豆粉に豚肉などを入れ焼いたお好み焼き風の料理》

빈둥거리다 [pinduŋɡərida ピンドゥンゴリダ] 自 ぶらぶらする；ごろごろする 副 빈둥빈둥 [ピンドゥンビンドゥン] ぶらぶら；ごろごろ

빈말 [piːnmal ピーンマル] 名 空世辞

빈번하다 [pinbənɦada ピンボナダ] 形 하変 頻繁だ 副 빈번히 [ピンボニ] 頻繁に

빈부 [pinbu ピンブ] 名 貧富

빈속 [piːnsok ピーンソク] 名 空腹

빈손 [piːnson ピーンソン] 名 手ぶら；素手

빈약 [pinjak ピニャク] 名 貧弱 하形 빈약하다 [ピニャカダ] 貧弱だ

빈정거리다 [pindʑəŋɡərida ピンジョンゴリダ] 自他 皮肉る；当て擦る

빈틈 [piːntʰɯm ピーントゥム] 名 ① すき間 ② 抜け目；手抜かり

빈틈없다 [piːntʰɯməp²ta ピーントゥモプタ] 存 ① すき間がない ② すきがない；抜け目がない 副 빈틈없이 [ピーントゥモプシ] すき間なく；抜け目なく

빌다 [piːlda ピールダ] 他《ㄹ語幹：비는 ピーヌン] ① 祈る；願う 例 성공하시기를 빕니다. [ソンゴンハシギルル ピームニダ] 成功することを祈ります。② (許しを) 請う；詫びる 例 부모님께 용서를 빌었어요. [プモニムッケ ヨンソルル ピーロッソヨ] 両親に許しを請いました。

빌딩 [pildiŋ ピルディン] 名 ビルディング

빌리다 [pillida ピルリダ] 他 ① (人から金品を) 借りる ② (人の助けを) 受ける；借りる 関 빌려 주다 [ピルリョ ジュダ] 他 (人に金品を) 貸してやる；貸してもらう

빗 [pit ピッ] 名 櫛

빗나가다 [pinnaɡada ピンナガダ] 自 ① (矢や弾丸などが的から) それる；外れる ② (予測などが) 外れる ③ (本道から) それる；ぐれる；堕落する；脱線する

빗다 [pit²ta ピッタ] 他 とかす；髪に櫛を入れる

빗대다 [pit²tɛda ピッテダ] 他 ① 遠回しに言う ② 当て擦る

빗맞다 [pinmat²ta ピンマッタ] 自 ① (的や目標に) 反れる；外れる ② (予想・当てが) 外れる

빗물 [pinmul ピンムル] 名 雨水

빗발 [pit²pal ピッパル] 名 雨脚

빗방울 [pit²paŋul ピッパンウル] 名 雨粒；雨垂れ

빗자루 [pit²tʃaru ピッチャル] 名 ① ほうき ② ほうきの柄

빗질 [pit²tʃil ピッチル] 名 髪をとくこ

と [하자] 빗질하다 [ピッチラダ] 櫛で髪をとく
빙 [piːŋ ピーン] 副 ① 一回りする様子：ぐるりと ② 周りを取り囲む様子：ぐるりと ③ 眩暈や頭がくらくらする様子：ぐるぐる ④ 急に涙が出て涙目になる様子
빙글빙글¹ [piŋgulbiŋgul ピングルビングル] 副 にこにこ
빙글빙글² [piŋgulbiŋgul ピングルビングル] 副 ぐるぐる
빙판 [piŋpʰan ピンパン] 名 一面に氷の張った所；凍りついた路面
빚 [pit ピッ] 名 借金；借り
빚다 [pitʼta ピッタ] 他 ①(酒を)醸す ②(粉を捏ねてパンや饅頭などを)作る ③(物議を)醸す
빛 [pit ピッ] 名 ① 光 ② 色 ③ 顔色；気色 ④ 光沢 ⑤ 希望
빛깔 [pitʼkal ピッカル] 名 色彩；色；彩り
빛나다 [pinnada ピンナダ] 自 光る；映える；輝く
빛내다 [pinnɛda ピンネダ] 他 輝かす；輝かせる
빠듯하다 [ʼpaduttʰada ッパドゥタダ] 形 「하変」① (予算や時間が)ぎりぎりだ ②(すき間や余裕がなく)きちきちだ；きゅうきゅうだ
빠뜨리다 [ʼpaːʼtturida ッパートゥリダ] 他 ①(ある所・ある状態に)陥れる ② 見落とす；抜かす ③(持ち物を)失う；落とす
빠르다 [ʼparuda ッパルダ] 形 「르変：빨라 ッパルラ」① 速い 対 느리다 [ヌリダ] 例 말하는 게 너무 빨라서 듣기 힘들어요. [マーラヌン ゲノム ッパルラソ トゥッキ ヒムドゥ

ロヨ] 話すのが速すぎて聞き取りにくいです。 ②(時間が) 短い 例 빠른 시일에 연락드릴게요. [ッパルン シイレ ヨルラクトゥリルケヨ] (できるだけ早く)連絡差し上げます。 ③(時期や時間的に) 早い 例 식사하기에는 좀 빠른 것 같아요. [シクサハギエヌン チョム ッパルン ゴッ カタヨ] 食事するにはちょっと早いようです。《時期的に早い場合はい르다とも用いられる》
빠지다 [ʼpaːdʒida ッパージダ] 自 ① 落ちこむ ②(水に)溺れる ③(ある事に夢中になって)はまる ④ 抜ける；脱落する ⑤(ぜい肉などが)落ちる ⑥(ある状態に)陥る ⑦(誘惑や計略に)陥る ⑧ 抜け落ちる
빡빡 [ʼpakʼpak ッパクッパク] 副 頭を坊主刈りにした様子
빤하다 [ʼpaːnɦada ッパーナダ] 形 「하変」① ほの明るい ② 見え透いた；空々しい 副 빤히 [ッパーニ] はっきり；明らかに
빨간불 [ʼpalganbul ッパルガンブル] 名 赤信号
빨강 [ʼpalgaŋ ッパルガン] 名 赤；赤色
빨갛다 [ʼpaːlgattʰa ッパールガッタ] 形 「ㅎ変：빨개 / 빨간 ッパールゲ / ッパールガン」赤い 例 빨간 옷 [ッパールガン オッ] 赤い服
빨다¹ [ʼpalda ッパルダ] 他 「ㄹ語幹：빠는 ッパヌン」① 吸う ② しゃぶる
빨다² [ʼpalda ッパルダ] 他 「ㄹ語幹：빠는 ッパヌン」洗う；洗濯する
빨대 [ʼpalʼtɛ ッパルテ] 名 ストロー
빨래 [ʼpallɛ ッパルレ] 名 洗濯；洗

빨리

濯物 하자 빨래하다 [ッパルレハダ] 洗濯する 예 이 옷은 물빨래해도 돼요? [イ オスン ムルッパルレヘド ドゥェヨ] この服は水洗いしても大丈夫ですか。

빨리 [ˀpalli ッパルリ] 副 速く; 素早く; 急いで 예 빨리 좀 와 보세요. [ッパルリ チョム ワ ボセヨ] ちょっと早く来てください。関 빨리빨리 [ッパルリッパルリ] 副 速く; さっさと

빨아먹다 [ˀparamɔkˀta ッパラモクタ] 他 ①(飲み物をストローなどで)吸う ②(飴などを)しゃぶる ③(他人の財産を)絞り取る

빵 [ˀpaŋ ッパン] 名 パン 예 아침에는 간단히 빵과 우유를 먹어요. [アチメヌン カンダニ ッパングヮ ウユルル モゴヨ] 朝は簡単にパンと牛乳を食べます。

빻다 [ˀpatˀtʰa ッパーッタ] 他 碾く; 砕く

빼기 [ˀpɛːgi ッペーギ] 名 引き算

빼다 [ˀpɛːda ッペーダ] 他 ①抜き出す; 取り出す ②(突き刺さった物などを)抜く ③多くの中から一部を差し引く; 除く ④(水分などを)切る

빼먹다 [ˀpɛːmɔkˀta ッペーモクタ] 他 ①(串焼きにした物などを)串から抜きとって食べる ②(語句・文章などを)漏らす; 抜かす; 飛ばす

빼앗기다 [ˀpɛatˀkida ッペアッキダ] 受動 取られる; 奪われる

빼앗다 [ˀpɛatˀta ッペアッタ] 他 ①奪う ②横取りする ③(人の心を)奪う; 魅了する

빼어나다 [ˀpɛɔnada ッペオナダ] 形 秀でる; ずば抜ける

빽빽하다 [ˀpɛkˀpɛkˀkʰada ッペクッペカダ] 形〖하変〗①びっしりだ; ぎっしりだ ②融通性がない; こちこちだ ③(時間や日程が)きつい 副 빽빽히 [ッペクッペキ] ぎっしり; こんもり

뺄셈 [ˀpɛːlˀsem ッペールセム] 名 引き算 하자 뺄셈하다 [ッペールセマダ] 引き算する

뺏다 [ˀpɛtˀta ッペーッタ] 他 奪う

뺑소니 [ˀpɛŋsoni ッペンソニ] 名 ①ひき逃げ ②逃走 関 뺑소니차 [ッペンソニチャ] 名 ひき逃げの車; 当て逃げの車

뺨 [ˀpjam ッピャム] 名 頰; ほっぺた

뻐근하다 [ˀpɔgɯnɦada ッポグナダ] 形〖하変〗①(体が)だるい ②(肩が)凝る ③(ある感情で)胸がいっぱいだ

뻐꾸기 [ˀpɔˀkugi ッポックギ] 名 カッコウ

뻔뻔스럽다 [ˀpɔnˀpɔnsɯrɔpˀta ッポンッポンスロプタ] 形〖ㅂ変: 뻔뻔스러워 / 뻔뻔스러운 ッポンッポンスロウォ / ッポンッポンスロウン〗図々しい; ふてぶてしい; 厚かましい

뻔뻔하다 [ˀpɔnˀpɔnɦada ッポンッポナダ] 形〖하変〗厚かましい; 図々しい

뻔하다¹ [ˀpɔːnɦada ッポーナダ] 形〖하変〗①分かり切っている ②たかが知れている ③ほんのり明るい

뻔하다² [ˀpɔnɦada ッポナダ] 補形〖하変〗《-ㄹ/을 뻔하다の形で》(す

んでのところで)…するところだった 例 자칫하면 큰일 날 뻔했어요. [チャッチタミョン クニル ラル ッポネッソヨ] もうちょっとで大事になるところでした。

뻗다 [ˀpətˀta ッポッタ] 自 伸びる; 延びる; 成長する 他 (曲げていたのを) 伸ばす

뻣뻣하다 [ˀpətˀpətʰada ッポッポタダ] 形 《ㅎ変》① (物または手足などが) こわばっている ② (糊気が多くて) こわい ③ (態度や性格が) 柔順でない; 頑固だ

뼈 [ˀpjə ッピョ] 名 骨 関 뼈를 갈다 [ッピョルル カルダ] 骨身を削る / 뼈에 사무치다 [ッピョエ サムチダ] 骨身に染みる

뽀뽀 [ˀpoˀpo ッポッポ] 名 キス; ちゅう

뽀얗다 [ˀpo:jatʰa ッポーヤッタ] 形 《ㅎ変:뽀얘 / 뽀얀 ポーイェ / ポーヤン》(煙や霧がかかったように) 白くかすんでいる; ぼやけている

뽐내다 [ˀpomnɛda ッポムネダ] 自他 ① 威張る; もったいぶる ② 自慢する

뽑다 [ˀpopˀta ッポプタ] 他 ① 抜く 例 어제 치과에서 사랑니를 뽑았어요. [オジェ チックヮエソ サランニルル ッポバッソヨ] 昨日、歯医者で親知らずを抜きました。② (多くの中から) 選ぶ ③ 募集する

뽕 [ˀpoŋ ッポン] 名 桑 関 뽕나무 [ッポンナム] 名 桑の木 / 뽕잎 [ッポンニプ] 名 桑の葉

뾰족 [ˀpjodʒok ッピョジョク] 副 先が尖っている様子: つんつん ㅎ形 뾰족하다 [ッピョジョカダ] 先が尖っている

뿌리 [ˀpuri ップリ] 名 ① (植物の) 根 ② (物の) 根元 ③ (物事の) 根本; 根拠

뿌리다 [ˀpurida ップリダ] 他 (水や物を) 撒く; 振り掛ける 自 (雨・雪などが) ぱらつく

뿌리치다 [ˀpuritʃʰida ッププリチダ] 他 ① 振り切る; 払い除ける ② 拒絶する

뿐 [ˀpun ップン] 依名 《-ㄹ / 을 뿐이다の形で》…するだけ; …するのみ; …するばかり; …するまで 例 그저 몸 건강히 잘 지내길 바랄 뿐이에요. [クジョ モム コーンガンヒ チャル チネギル パラル ップニエヨ] ただ健やかに過ごすことを望むだけです。助 …だけ; …のみ 例 그것뿐이에요. [クゴップニエヨ] それだけです。関 뿐만 아니라 [ップンマン アニラ] …のみならず; …だけでなく

뿔 [ˀpul ップル] 名 角

뿔뿔이 [ˀpulˀpuri ップルップリ] 副 ばらばらに; 散り散りに

뿜다 [ˀpumˀta ップムタ] 他 吹き出す; 吹く; 噴く; 吐く

삐다 [ˀpi:da ッピーダ] 他 挫く

삐딱하다 [ˀpiˀtakkʰada ッピッタカダ] 形 《ㅎ変》傾斜している; 少し傾いている

삐뚤어지다 [ˀpiˀturədʒida ッピットゥロジダ] 自 ① 一方に傾く; 曲がる ② ひねくれる; ひがむ ③ (怒って) すねる

삐치다 [ˀpitʃʰida ッピチダ] 自 すねる

사

ㅅ

사 [sa: サー] 数 4；4つ 類 넷 [ネッ]

사각 [sa:gak サーガク] 名 四角；사각형 [サーガクヒョン] (四角形) の縮約形 関 사각형 [サーガクヒョン] 名 四角形

사각거리다 [sagakk'orida サガクコリダ] 自 (果物などを噛む音が) さくさくする

사감 [sagam サガム] 名 私感

사거리 [sa:gori サーゴリ] 名 四つ角；十字路 類 네거리 [ネーゴリ]

사건 [sa:ʔkon サーッコン] 名 事件 例 사건의 진상을 밝혀 주세요. [サーッコネ チンサンウル パルキョ ジュセヨ] 事件の真相を明らかにしてください。

사견 [sagjon サギョン] 名 私見

사계 [sa:ge サーゲ] 名 四季

사고¹ [sa:go サーゴ] 名 事故

사고² [sago サゴ] 名 思考 他 사고하다 [サゴハダ] 関 사고력 [サゴリョク] 名 思考力 / 사고방식 [サゴバンシク] 名 思考方式；考え方

사과¹ [sagwa サグヮ] 名 リンゴ 例 사과를 5000 (오천) 원어치 주세요. [サグヮルル オーチョヌォノチ チュセヨ] リンゴを 5000 ウォン分ください。

사과² [sa:gwa サーグヮ] 名 謝罪；お詫び 他 사과하다 [サーグヮハダ] 例 진심으로 사과드립니다. [チンシムロ サーグヮドゥリムニダ] 心からお詫び申し上げます。

사교 [sagjo サギョ] 名 社交 関 사교가 [サギョガ] 名 社交家 / 사교계 [サギョゲ] 名 社交界 / 사교댄스 [サギョデンス] 名 社交ダンス / 사교적 [サギョジョク] 名 社交的

사귀다 [sagwida サグィダ] 自他 付き合う；交際する；仲良くする 例 그는 사교성이 좋아서 낯선 사람들과도 곧잘 사귀어요. [クヌン サギョッソンイ チョーアソ ナッソン サーラムドゥルグヮド コッチャル サグィオヨ] 彼は社交性があって見知らぬ人たちともすぐに仲良くなります。

사극 [sa:guuk サーグク] 名 史劇；時代劇

사근사근하다 [sagunsagunɦada サグンサグナダ] 形 『하変』 ① (気立てが) やさしく愛想がよい；社交性がある ② (リンゴ・ナシなどを) 噛む音がさくさくする 副 사근사근히 [サグンサグニ] 愛想よく；気さくに

사기¹ [sagi サギ] 名 陶磁器；瀬戸物

사기² [sa:gi サーギ] 名 士気；意気

사기³ [sagi サギ] 名 詐欺；ペテン 関 사기를 치다 [サギルル チダ] ペテンにかける；詐欺をはたらく / 사기꾼 [サギックン] 名 詐欺師

사나이 [sanai サナイ] 名 男 関 사나이답다 [サナイダプタ] 形 『ㅂ変：사나이다워 / 사나이다운 サナイダウォ / サナイダウン』 男らしい

사납다 [sa:nap'ta サーナプタ] 形 『ㅂ変：사나워 / 사나운 サーナウォ / サーナウン』 ① (性質・行動などが) 荒々しい；荒っぽい ② (顔つきが) 険しい ③ (人情などが) つれない ④ (日和・波などが) 荒れている

사내 [sane サネ] 名 ① 사나이 [サナイ]의 縮約形 ② 夫・情夫などを表す俗語 ③ 사내아이 [サネアイ]の縮約形: 男の子 関 사내답다 [サネダプタ] 形《ㅂ変: 사내다워 / 사내다운 サネダウォ / サネダウン》男らしい / 사내대장부 [サネデジャンプ] 名 ますらお / 사내자식 [サネジャシク] 名 男; 息子

사냥 [sanjaŋ サニャン] 名 狩猟 하他 사냥하다 [サニャンハダ] 狩りをする 関 사냥꾼 [サニャンックン] 名 猟人; 猟師 / 사냥총 [サニャンチョン] 名 猟銃

사늘하다 [sanurɦada サヌラダ] 形 《하変》① (物体の温度・気温などが) ひんやりしている ② (驚いて) 冷やっとする ③ (態度などが) 冷たい

사다 [sada サダ] 他 ① (品物を) 買う 例 친구 선물로 뭘 살까요? [チング ソンムルロ ムオール サルッカヨ] 友達へのプレゼントに何を買いましょうか。② (自分の言動により悪い結果を) 受ける; 買う; 招く

사다리 [sadari サダリ] 名 사닥다리 [サダクタリ]の縮約形: はしご

사돈 [sadon サドン] 名 ① 姻戚関係 ② あいやけ

사라지다 [saradʒida サラジダ] 自 ① (形や姿が) 消える; 消えうせる 例 방금 여기 있었는데 감쪽같이 사라졌어요. [パングム ヨギ イッソンヌンデ カムチョクカチ サラジョッソヨ] たった今ここにいたのに, 跡形もなく消えました。② (ある考え・感情などが) 消える

사람 [sa:ram サーラム] 名 人; 人間 例 저는 일본 사람이에요. [チョヌン イルボン サーラミエヨ] 私は日本人です。類 인간 [インガン] 名 人間

사랑 [saraŋ サラン] 名 ① 愛; 愛情 ② 恋愛; 恋 例 사랑을 하면 예뻐진대요. [サラウル ハミョン イェーッポジンデヨ] 恋をするときれいになるんだそうです。③ 愛する人; 恋人 하他 사랑하다 [サランハダ] ① 愛する ② 恋する 関 사랑니 [サランニ] 名 親知らず / 사랑스럽다 [サランスロプタ] 形《ㅂ変: 사랑스러워 / 사랑스러운 サランスロウォ / サランスロウン》愛らしい; かわいらしい / 사랑싸움 [サランッサウム] 名 痴話げんか

사레 [sa:re サーレ] 名 (飲食物・煙・ほこりなどで) 息がつまりそうになること; むせること 関 사레가 들리다 [サレガ トゥリダ] むせる

사례 [sa:rje サーリェ] 名 謝礼; お礼 하他 사례하다 [サーリェハダ] お礼をする 関 사례금 [サーリェグム] 名 謝礼金

사로잡다 [sarodʒapʰta サロジャプタ] 他 ① 生け捕る; 捕まえる ② (人の心などを) 捕らえる; 奪う; 虜にする

사료 [sarjo サリョ] 名 飼料

사르다 [saruda サルダ] 他《르変: 살라 サルラ》① 燃やす ② (焚き口などに) 火を付ける; 火を熾す

사리 [sari サリ] 名 麺類・縄・糸などの束; 玉

사립 [sarip サリプ] 名 私立 関 사립대학 [サリプ テーハク] 名 私立大

学 / 사립 학교 [サリプ ハクキョ] 名 私立学校

사마귀 [saːmagwi サーマグィ] 名 カマキリ

사막 [samak サマク] 名 砂漠

사망 [saːmaŋ サーマン] 名 死亡 自他 사망하다 [サーマンハダ] 死亡する 関 사망률 [サーマンニュル] 名 死亡率 / 사망자 [サーマンジャ] 名 死亡者

사모 [samo サモ] 名 思慕 他 사모하다 [サモハダ] 思慕する

사모님 [samonim サモニム] 名 ①師の夫人の敬称 ②目上の人の夫人に対する尊称;奥さん;奥様

사무 [saːmu サーム] 名 事務 関 사무국 [サームグク] 名 事務局 / 사무소 [サームソ] 名 事務所 / 사무실 [サームシル] 名 事務室 / 사무원 [サームウォン] 名 事務員 / 사무 인계 [サーム インゲ] 名 事務引き継ぎ

사무치다 [samutɕʰida サムチダ] 自 身に染みる

사물놀이 [saːmullori サームルロリ] 名 サムルノリ《韓国の4つの民俗伝統打楽器による演奏》

사뭇 [samut サムッ] 副 ①いちずに;ひたすら ②ずっと ③すっかり

사발 [sabal サバル] 名 鉢;どんぶり 関 사발밥 [サバルパプ] 名 どんぶり飯

사방 [saːbaŋ サーバン] 名 四方 関 사방팔방 [サーバンパルバン] 名 四方八方

사범 [sabəm サボム] 名 師範 ①模範 ②学問・技芸などの師匠や先生 関 사범 교육 [サボム キョーユク] 名 師範教育 / 사범 대학 [サボム テーハク] 名 師範大学;教育学部

사법 [sabəp サボプ] 名 司法

사본 [saːbon サーボン] 名 写本 他 사본하다 [サーボナダ] 写本する;書き写す

사비 [sabi サビ] 名 私費

사뿐 [saʔpun サップン] 副 静かに軽く踏み出す様子や音;そっと;さっと;すっと 関 사뿐사뿐 [サップンサップン] 副 身軽に;そっと;さっさと

사사롭다 [sasaropʔta ササロプタ] 形 《ㅂ変:사사로워 / 사사로운 ササロウォ / ササロウン》私的である

사상 [saːsaŋ サーサン] 名 思想 関 사상가 [サーサンガ] 名 思想家 / 사상범 [サーサンボム] 名 思想犯

사생활 [saseŋɦwal サセンフワル] 名 私生活

사설 [sasəl サソル] 名 社説

사소 [saso サソ] 名 些少 自形 사소하다 [サソハダ] とても少ない

사슬 [sasul サスル] 名 쇠사슬 [スェサスル] の縮約形

사슴 [sasum サスム] 名 シカ

사실 [saːɕil サーシル] 名 ①事実 例 거짓말하지 말고 사실대로 말해 주세요. [コージンマラジ マールゴ サーシルデロ マーレ ジュセヨ] 嘘をつかずにありのまま話してください。②《副詞的に》実際に;本当に

사심 [saɕim サシム] 名 邪心

사십 [saːɕip サーシプ] 数 40 類 마흔 [マフン]

사양 [sajaŋ サヤン] 名 遠慮;辞退

사양하다 [サヤンハダ] 遠慮する

사업 [sa:ɔp サーオプ] 名 事業 例 요즘 사업은 잘 되십니까? [ヨジュム サーオブン チャルドウェシムニッカ] この頃事業はうまくいっていますか。

사연 [sa:jʌn サーヨン] 名 事由; いきさつ

사용 [sa:joŋ サーヨン] 名 使用 他 사용하다 [サーヨンハダ] 使用する; 使う 例 사용한 물건은 제자리에 갖다 놓으세요. [サーヨンハン ムルゴヌン チェジャリエ カッタ ノウセヨ] 使用した物は元の場所に戻しておいてください。 関 사용권 [サーヨンックォン] 名 使用権 / 사용료 [サーヨンニョ] 名 使用料 / 사용인 [サーヨンイン] 名 使用人 / 사용자 [サーヨンジャ] 名 使用者

사우나 [sauna サウナ] 名 サウナ

사운드 [saundɯ サウンドゥ] 名 サウンド

사원¹ [sawʌn サウォン] 名 社員

사원² [sawʌn サウォン] 名 寺院 類 절 [チョル] 名 寺

사월 [sawʌl サーウォル] 名 4月

사위 [sawi サウィ] 名 婿 関 사윗감 [サウィッカム] 名 婿候補; 婿にふさわしい人

사육 [sajuk サユク] 名 飼育 他 사육하다 [サユカダ] 飼育する

사이 [sai サイ] 名 ①(空間的な)間隔; 間 ②(時間的な)間 ③暇; 余裕 ④間柄 例 우리 사이에 못할 말이 뭐가 있어요? [ウリ サイエ モッタル マーリ ムォーガ イッソヨ] 私たちの間に話せないことなんてありますか。 関 사이가 뜨다 [サイガ ットゥダ] ①(距離が)開いている ②疎遠だ / 사이가 좋다 [サイガ チョータ] (互いに) 親しい; 仲が良い / 사이사이 [サイサイ] 名 (空間的な) 合間合間; 間々; すき間

사이비 [sa:ibi サーイビ] 名 えせ; まやかし

사임 [saim サイム] 名 辞任 他 사임하다 [サイマダ] 辞任する

사자 [sadʒa サジャ] 名 獅子; ライオン

사장 [sadʒaŋ サジャン] 名 社長 例 우리 사장님은 정말 부지런하세요. [ウリ サジャンニムン チョーンマル プジロナセヨ] うちの社長は本当に勤勉です。

사재기 [sadʒɛgi サジェギ] 名 買いだめ; 買い占め 他 사재기하다 [サジェギハダ] 買いだめする; 買い占めする

사전¹ [sa:dʒʌn サージョン] 名 事前

사전² [sa:dʒʌn サージョン] 名 事典

사전³ [sa:dʒʌn サジョン] 名 辞典 例 사전을 한번 찾아 보세요. [サジョヌル ハンボン チャジャ ボセヨ] 辞書を一度引いてみてください。

사절 [sa:dʒʌl サージョル] 名 謝絶 他 사절하다 [サージョラダ] 断る

사정 [sa:dʒʌŋ サージョン] 名 事情 ①理由; わけ ②都合; 具合 自 사정하다 [サージョンハダ] (事情を話して) 配慮を求める; 懇願する; 事情を訴える

사주 [sa:dʒu サージュ] 名 ① 四柱

사증 [sa²tʃuŋ サッチュン] 名 査証; ビザ

사직 [sadʒik サジク] 名 辞職 [하自他] 사직하다 [サジカダ] 辞職する 関 사직서 [サジクソ] 名 辞表

사진 [sadʒin サジン] 名 写真 例 사진 한 장만 좀 찍어 주세요. [サジン ハン ジャンマン チョム ッチゴ ジュセヨ] 写真1枚だけ撮ってください。 関 사진관 [サジングヮン] 名 写真館 / 사진기 [サジンギ] 名 写真機; カメラ / 사진첩 [サジンチョプ] 名 写真帳; アルバム / 사진틀 [サジントゥル] 名 (写真や絵を入れる)額縁

사찰 [satʃʰal サチャル] 名 寺; 寺刹 類 절 [チョル] 名 寺

사철 [sa:tʃʰol サーチョル] 名 春夏秋冬の四季

사촌 [sa:tʃʰon サーチョン] 名 ① いとこ ②(寸法の)四寸

사치 [satʃʰi サチ] 名 奢侈、ぜいたく [自] 사치하다 [サチハダ] ぜいたくをする; おごる 関 사치스럽다 [サチスロプタ] 形《ㅂ変: 사치스러워 / 사치스러운 サチスロウォ / サチスロウン》ぜいたくだ / 사치스러이 [サチスロイ] 副 ぜいたくに / 사치스레 [サチスレ] 副 ぜいたくに / 사치품 [サチプム] 名 ぜいたく品

《生まれた年月日時の四つの干支》 ② 持って生まれた運勢 関 사주가 세다 [サージュガ セーダ] (人生において) 苦労が多い / 사주를 보다 [サージュルル ポダ] 生まれた年月日時の干支(四柱)により運勢を占う / 사주팔자 [サージュパルチャ] 名 四柱の八つの字

사칭 [satʃʰiŋ サチン] 名 詐称 [하他] 사칭하다 [サチンハダ] 詐称する

사타구니 [satʰaguni サタグニ] 名 股ぐら

사탕 [satʰaŋ サタン] 名 飴 関 사탕과자 [サタン クヮジャ] 名 砂糖菓子

사태 [sa:tʰɛ サーテ] 名 事態

사투리 [sa:tʰuri サートゥリ] 名 方言

사표 [sapʰjo サピョ] 名 辞表

사푼 [sapʰun サプン] 副 そっと; すっと; 静かに 関 사푼사푼 [サプン サプン] 副 さっさっと

사항 [sa:ɦaŋ サーハン] 名 事項

사회[1] [safiwe サフェ] 名 司会 [하他] 사회하다 [サフェハダ] 司会する 関 사회를 보다 [サフェルル ポダ] 司会をする

사회[2] [safiwe サフェ] 名 社会 例 급변하는 현대 사회에 잘 적응해 가고 있어요. [クプピョナヌン ヒョーンデ サフェエ チャル チョグンヘ ガゴ イッソヨ] 急変する現代社会によく適応していっています。

사흘 [safiul サフル] 名 ① 3日 ② 3日間

삭다 [sak²ta サクタ] 自 ① 朽ちる; ぼろぼろになる ② 発酵する; 腐る ③(食べた物が)消化される ④(興奮・恨み・怒りなどが)和らぐ; 静まる 関 삭히다 [サキダ] 他 ① 発酵させる ②(いい味になるまで)漬ける

삭막하다 [saŋmakkʰada サンマカダ] 形《하変》① 忘れてよく思い出せない様子 ② 荒れ果てて物寂しい様子; 索漠としている

사주 [sa:dʒu サージュ] 名 ①四柱

삭제 [sak²tʃe サクチェ] 名 削除 [하他]

삭제하다 [サクチェハダ] 削除する

삯 [sak サク] 名 ① 賃金 ② 料金

산 [san サン] 名 ① 山 ② 산소[サンソ]の縮約形: 墓

산골 [sanˀkol サンッコル] 名 ① 山奥; 山里 ② 谷; 谷間

산골짜기 [sanˀkolˀtʃagi サンッコルッチャギ] 名 谷; 谷間

산기슭 [sanˀkisuk サンッキスク] 名 (山の)麓; 山麓

산길 [sanˀkil サンッキル] 名 山道

산꼭대기 [sanˀkokˀtegi サンッコクテギ] 名 山頂

산나리 [sannari サンナリ] 名 ヤマユリ

산나물 [sannamul サンナムル] 名 山菜

산너머 [sannɔmɔ サンノモ] 名 山向こう

산더미 [sanˀtɔmi サントミ] 名 山積み 関 산더미 같다 [サントミ ガッタ] 山のようだ

산돼지 [sanˀtwɛdʒi サントウェジ] 名 イノシシ

산들거리다 [sandɯlgɔrida サンドゥルゴリダ] 自 ①(さわやかな風が)そよそよと吹く ② 愛想がよい 副 산들산들 [サンドゥルサンドゥル] そよそよ

산들바람 [sandɯlbaram サンドゥルバラム] 名 そよ風

산딸기 [sanˀtalgi サンッタルギ] 名 クマイチゴ

산뜻하다 [sanˀtutˀhada サンットゥタダ] 形 〖하변〗①(気分・感じが)さわやかだ; さっぱりしている ②(顔立ち・身なりが)こざっぱりしている ③(味が)さっぱりしている

산란하다 [sa:llanɦada サールランハダ] 形 〖하변〗① 散らかっている ② 心が落ち着かない; 心が乱れている

산림 [sallim サルリム] 名 ① 山林 ② 官職には就いていないが学徳の高い両班《高麗・朝鮮時代の支配階級の人々》 関 산림업 [サルリモプ] 名 山林業; 林業 / 산림 지대 [サルリム チデ] 名 山林地帯

산마루 [sanmaru サンマル] 名 산등성마루[サントゥンソンマル]の縮約形: 山の背

산만 [sa:nman サーンマン] 名 散漫 하形 산만하다 [サーンマナダ] 散漫だ

산맥 [sanmek サンメク] 名 山脈

산모 [sa:nmo サーンモ] 名 産婦

산물 [sa:nmul サーンムル] 名 産物

산보 [sa:nˀpo サーンッポ] 名 散歩 하形他 산보하다 [サーンッポハダ] 散歩する

산봉우리 [sanˀponuri サンポンウリ] 名 峰

산부인과 [sa:nbuinˀkwa サーンブインックヮ] 名 産婦人科

산불 [sanˀpul サンプル] 名 山火事

산사나무 [sansanamu サンサナム] 名 サンザシ

산사태 [sansatʰe サンサテ] 名 山崩れ; 土砂崩れ

산산이 [sa:nsani サーンサニ] 副 ばらばらに; 散り散りに

산삼 [sansam サンサム] 名 山奥に自生する高麗人参

산소¹ [sanso サンソ] 名 ① 무덤 [ムドム]の尊敬語: お墓 ② 墓のある

所:墓地

산소² [sanso サンソ] 名 酸素

산수 [sa:nsu サーンス] 名 算数

산수유나무 [sansujunamu サンスユナム] 名 サンシュユ

산신¹ [sa:nʃin サーンシン] 名 山神

산신² [sanʃin サンシン] 名 産神

산신령 [sanʃilljoŋ サンシルリョン] 名 山神;山の精霊

산악 [sanak サナク] 名 山岳 関 산악회[サナクェ] 名 山岳会

산업 [sa:nɔp サーノプ] 名 産業 例 IT 산업에 종사하고 있어요. [アイティ サノベ チョンサハゴ イッソヨ] IT産業に従事しています。 関 산업계[サーノプケ] 名 産業界 / 산업 구조[サーノプ クジョ] 名 産業構造 / 산업 도로[サーノプ トロ] 名 産業道路 / 산업 도시[サーノプ トシ] 名 産業都市 / 산업 디자인[サーノプ ティジャイン] 名 産業デザイン / 산업 박람회[サーノプ パンナムェ] 名 産業博覧会

산울림 [sanullim サヌルリム] 名 ①山びこ ②山鳴り

산울타리 [sa:nultʰari サーヌルタリ] 名 生け垣

산적¹ [sa:ndʒok サーンジョク] 名 串焼き

산적² [sandʒok サンジョク] 名 山賊

산적³ [sandʒok サンジョク] 名 山積;山積み 自 산적하다[サンジョカダ] 山積する 受動 산적되다[サンジョクトゥェダ] 山積みされる

산줄기 [sanʔtʃulgi サンチュルギ] 名 山脈 類 산맥[サンメク]

산짐승 [sanʔtʃimsɯŋ サンチムスン] 名 山中に棲む動物

산채 [santʃʰɛ サンチェ] 名 山菜

산책 [sa:ntʃʰek サーンチェク] 名 散策;散歩 自 산책하다[サーンチェカダ] 散策する;散歩する 例 매일 점심 후에 산책을 해요. [メイル チョームシム フーエ サーンチェグル ヘヨ] 毎日昼食後に散歩をします。

산초 [santʃʰo サンチョ] 名 サンショウの実 関 산초나무[サンチョナム] 名 サンショウの木

산타 클로스 [santʰakʰɯllosɯ サンタ クルロス] 名 サンタクロース

산토끼 [santʰoʔki サントッキ] 名 野ウサギ

산호 [sanɦo サノ] 名 珊瑚 関 산호초[サノチョ] 名 珊瑚礁

살¹ [sal サル] 名 ①(人間・動物などの)肉;身 例 요즘 살이 좀 빠진 것 같아요. [ヨジュム サリ チョム ッパジン ゴッ カタヨ] この頃少しやせたようです。 ②肌;皮膚 関 살이 찌다[サリッチダ] 太る

살² [sal サル] 依名 年齢を数える語;…歳 例 나이가 몇 살이세요? [ナイガ ミョッ サリセヨ] お年はお幾つになりますか。

살갗 [salʔkat サルカッ] 名 肌;皮膚

살결 [salʔkjol サルキョル] 名 肌のきめ

살구 [salgu サルグ] 名 アンズ;アンズの実

살그머니 [salgɯmoni サルグモニ] 副 こっそり;そっと

살길 [sa:lʔkil サールキル] 名 生活の手段

살다 [sa:lda サールダ] 自《ㄹ語幹:

사는 サーヌン〗① 生きる 例 건강하게 오래 오래 사세요. [コーンガンハゲ オレ オレ サーセヨ] 健康で長生きなさってください。② 暮らす ③ 住む 例 어디 사세요? [オディ サーセヨ] どこに住んでいますか。

살뜰하다 [salʰturɦada サルットゥラダ] 形〘하変〙① つましい；まじめで着実だ ② 愛情深く細やかだ 副 살뜰히 [サルットゥリ] つましく；質素に

살리다 [sallida サルリダ] 他 ① 生かす；活かす 使役 ① 蘇生させる；生かす；活かす；生き返らせる ② 助ける ③（家族を）養う 関 살려 내다 [サルリョ ネーダ] 救い出す / 살려 주다 [サルリョ ジュダ] ① 助けてやる；救う ② 生かしてやる

살림 [sallim サルリム] 名 生活；暮らし；所帯 自他 살림하다 [サルリマダ] 暮らす 関 살림을 나다 [サルリムル ナダ] 所帯を構える / 살림을 맡다 [サルリムル マッタ] 家事を切り盛りする / 살림방 [サルリムパン] 名 住む部屋；居間 / 살림살이 [サルリムサリ] 名 家計；暮らし向き；生活 / 살림집 [サルリムチプ] 名 住まい；住居 / 살림터 [サルリムト] 名 生活する所；居住地

살맛 [sa:lmat サールマッ] 名 生き甲斐；暮らしの楽しみ

살며시 [salmjɔɕi サルミョシ] 副 そっと；密かに

살붙이 [salbutʃʰi サルブチ] 名 ①（主に親子関係の）血縁者；肉親；血族 ②（骨を除いた動物の）赤身

살살 [salsal サルサル] 副 ① そっと；こっそり ② 笑う様子：にっこりと ③ 人をなだめたりだましたりする様子：うまく ④ 物がゆっくりと溶ける様子：徐々に；ゆっくり

살얼음 [sarɔrum サロルム] 名 薄氷 関 살얼음판 [サロルムパン] 名（薄氷の張った場所の意で）危うい局面

살인 [sarin サリン] 名 殺人 自他 살인하다 [サリナダ] 人を殺す 関 살인귀 [サリングィ] 名 殺人鬼 / 살인미수 [サリン ミース] 名 殺人未遂 / 살인범 [サリンボム] 名 殺人犯 / 살인적 [サリンジョク] 名 殺人的

살짝 [salʰtʃak サルッチャク] 副 ①（人が気づかぬように）すばやく；こっそり；ひそかに ② 軽く；さっと ③ ちらっと；ちょっと

살찌다 [salʰtʃida サルッチダ] 自 太る；肉がつく

살코기 [salkʰogi サルコギ] 名 食肉の赤身

살판나다 [sa:lpʰannada サールパンナダ] 自 暮らし向きが良くなる；気楽に暮らせるようになる

살펴보다 [salpʰjɔboda サルピョボダ] 他 注意して見る；よく見る；（様子を）探る

살풀이 [salpʰuri サルプリ] 名 ① 厄払い ② 民俗舞踊の一種 自他 살풀이하다 [サルプリハダ] 厄払いをする

살피다 [salpʰida サルピダ] 他 ① 注意してよく見る；調べる；調査する ② 探る；観察する；見極める

살해 [sarɦe サレ] 名 殺害 他 살해하다 [サレハダ] 殺害する 関 살해

범 [サレボム] 名 殺害犯

삶 [sa:m サーム] 名 ①生きること；生；人生 ②生活；暮らし ③命

삶다 [sa:mʔta サームタ] 他 ゆでる

삼 [sam サム] 数 3；3つ 類 셋 [セッ]

삼가다 [samgada サムガダ] 他 控える；謹む；遠慮する

삼거리 [samgʌri サムゴリ] 名 三差路 類 세거리 [セーゴリ]

삼겹살 [samgjʌpʔsal サムギョプサル] 名 三枚肉

삼계탕 [samgetʰaŋ サムゲタン] 名 蔘鶏湯

삼다 [sa:mʔta サームタ] 他 ①(人や物を)…と見なす ②(人と縁を結んで自分の)…にする ③《体言の後ろについて삼아の形で》…と思って；…と見なして

삼삼하다 [samsamɦada サムサマダ] 形《하変》①(食べ物の味が)薄いがおいしい ②(忘れられずに)目の前にちらつく

삼성동 [samsʌŋdoŋ サムソンドン] 名 三成洞《ソウル市江南区にある地域》

삼세번 [samsebʌn サムセボン] 名 ちょうど3回

삼신 [samʃin サムシン] 名 三神《子を授けるという産神》

삼십 [samʃip サムシプ] 数 30 類 서른 [ソルン]

삼월 [samwʌl サムォル] 名 3月

삼청동 [samtʃʰʌŋdoŋ サムチョンドン] 名 三清洞《ソウル市鍾路区にある地域》

삼촌 [samtʃʰon サムチョン] 名 (主に未婚の)叔父；伯父 例 우리 삼촌은 아직 장가를 안 갔어요. [ウリ サムチョヌン アジク チャンガルル アン ガッソヨ] うちの叔父はまだ結婚していません。

삼치 [samtʃʰi サムチ] 名 サワラ

삼키다 [samkʰida サムキダ] 他 ①飲み込む ②(人の物を)横取りする；着服する

삼팔선 [sampʰalʔsʌn サムパルソン] 名 38度線《朝鮮半島を横断する北緯38度線のこと》

삽 [sap サプ] 名 シャベル；スコップ

삽시간 [sapʔʃigan サプシガン] 名 またたく間；一瞬；束の間

삽화 [sapɦwa サプワ] 名 挿画；挿絵；イラスト 関 삽화가 [サプワガ] 名 挿し絵画家

상¹ [saŋ サン] 名 食膳・机などの総称

상² [saŋ サン] 名 賞；褒美 例 상을 받아서 기분이 정말 좋아요. [サンウル パダソ キブニ チョーンマル チョーアヨ] 賞をもらって本当にうれしいです。

상가¹ [saŋga サンガ] 名 商店街

상가² [saŋga サンガ] 名 喪中の家

상감 [saŋgam サンガム] 名 象嵌 関 상감 청자 [サンガム チョンジャ] 名 象嵌青磁

상공업 [saŋgoŋʌp サンゴンオプ] 名 商工業

상관 [saŋgwan サングヮン] 名 相関 下他 상관하다 [サングヮナダ] ①関係を持つ ②干渉する ③男女が交合する 関 상관 개념 [サングヮン ケーニョム] 名 相関概念 / 상관관계 [サングヮングヮンゲ] 名 相関関係 / 상관없다 [サングヮノプ

상관없다 [サングワノプシ] 副 互いに関係なく

상급 [sa:ŋgɯp サーングプ] 名 上級

상기 [sa:ŋgi サーンギ] 名 想起 하他 **상기하다** [サーンギハダ] 想起する

상냥하다 [saŋnjaŋɦada サンニャンハダ] 形 《하変》やさしい；にこやかだ 副 **상냥히** [サンニャンイ] やさしく；おだやかに；にこやかに

상당 [saŋdaŋ サンダン] 名 相当 하自 **상당하다** [サンダンハダ] 相応する；該当する 하形 **상당하다** [サンダンハダ] 相当だ；かなりだ 関 **상당수** [サンダンス] 名 相当数 / **상당히** [サンダンイ] 副 相当に；かなり

상대 [saŋdɛ サンデ] 名 相対 하他 **상대하다** [サンデハダ] ① 相対；相対する ② (競い合う) 相手；相手をする 関 **상대방** [サンデバン] 相手；向こう側；先方 / **상대자** [サンデジャ] 名 相対者；相手 / **상대적** [サンデジョク] 名 相対的

상록수 [saŋnok͈'su サンノクス] 名 常緑樹

상류 [sa:ŋnju サーンニュ] 名 上流 ① 川上 ② 身分や地位が高いこと 対 **하류** [ハリュ]

상무 [saŋmu サンム] 名 ① 常務；日常の業務 ② **상무위원** [サンムウィウォン] の縮約形：常務委員 ③ **상무 이사** [サンム イーサ] の縮約形：常務理事

상반신 [sa:ŋbanʃin サーンバンシン] 名 上半身

상사 [sa:ŋsa サーンサ] 名 上司

상상 [sa:ŋsaŋ サーンサン] 名 想像 하他 **상상하다** [サーンサンハダ] 想像する 関 **상상력** [サーンサンニョク] 名 想像力

상석 [sa:ŋsok サーンソク] 名 上席；上座

상설 [saŋsol サンソル] 名 常設 하他 **상설하다** [サンソラダ] 常設する

상세하다 [saŋseɦada サンセハダ] 形 《하変》詳しい；詳細だ 副 **상세히** [サンセイ] 詳細に；詳しく

상속 [saŋsok サンソク] 名 相続 하他 **상속하다** [サンソカダ] 相続する

상순 [sa:ŋsun サーンスン] 名 上旬

상스럽다 [saŋ'sɯrop̚'ta サンスロプタ] 形 《ㅂ変：**상스러워** / **상스러운** サンスロウォ / サンスロウン》下品だ

상승 [sa:ŋsɯŋ サーンスン] 名 上昇 하自 **상승하다** [サーンスンハダ] 上昇する 自 **상승되다** [サーンスンドゥェダ] 上昇する

상식 [saŋʃik サンシク] 名 常識 関 **상식적** [サンシクチョク] 名 常識的 / **상식화** [サンシクヮ] 名 常識化

상실 [saŋʃil サンシル] 名 喪失 하他 **상실하다** [サンシラダ] 喪失する

상어 [saŋɔ サンオ] 名 サメ

상업 [saŋop サンオプ] 名 商業 関 **상업 고등학교** [サンオプ コドゥンハッキョ] 名 商業高等学校 / **상업 금융** [サンオプ クムニュン] 名 商業金融 / **상업도덕** [サンオプトドク] 名 商業道徳 / **상업 등기** [サンオプ トゥンギ] 名 商業登記 / **상업 부기** [サンオプ プギ] 名 商業簿記 / **상업 지역** [サンオプ チヨク] 名 商業地域

상여[saŋjɔ サンヨ]图 棺を乗せる輿

상영[sa:ŋjɔŋ サーンヨン]图 上映 [他] 상영하다[サーンヨンハダ]上映する [受動] 상영되다[サーンヨンドゥェダ]上映される

상용[saŋjoŋ サンヨン]图 常用 [他] 상용하다[サンヨンハダ]常用する [関] 상용어[サンヨンオ]图 常用語 / 상용자[サンヨンジャ]图 常用者

상의[sa:ŋi サーンイ]图 上衣;上着

상인[saŋin サンイン]图 商人

상자[saŋdʒa サンジャ]图 箱;ケース

상점[saŋdʒɔm サンジョム]图 商店;店

상정[sa:ŋdʒɔŋ サーンジョン]图 想定 [他] 상정하다[サーンジョンハダ]想定する [受動] 상정되다[サーンジョンドゥェダ]想定される

상주[saŋdʒu サンジュ]图 喪主

상징[saŋdʒiŋ サンジン]图 象徴 [他] 상징하다[サンジンハダ]象徴する [関] 상징적[サンジンジョク]图 象徴的 / 상징주의[サンジンジュイ]图 象徴主義 / 상징파[サンジンパ]图 象徴派 / 상징화[サンジンファ]图 象徴化

상처[saŋtʃʰɔ サンチョ]图 傷;痛手

상추[saŋtʃʰu サンチュ]图 チシャの葉 [関] 상추쌈[サンチュッサム] ご飯を包んで食べるチシャの葉,またはその食事

상쾌하다[sa:ŋkʰwɛɦada サーンクェハダ]形〖하変〗爽快だ;爽やかだ 副 상쾌히[サンクェヒ]爽快に

상태[saŋtʰɛ サンテ]图 状態;具合;様子

상투[saŋtʰu サントゥ]图 朝鮮時代に結婚した男性が結い上げた髷

상팔자[sa:ŋpʰalʔtʃa サーンパルチャ]图 大変よい運命

상표[saŋpʰjo サンピョ]图 商標;ラベル

상품¹[saŋpʰum サンプム]图 商品

상품²[saŋpʰum サンプム]图 賞品

상하[sa:ŋɦa サーンハ]图 ① 上下 ② 上り下り

상하다[saŋɦada サンハダ]自〖하変〗① 傷む;腐る ② 壊れる ③ (心や気持ちが)痛む;害する

상호[saŋɦo サンホ]图 相互

상황[saŋɦwaŋ サンファン]图 状況;様子

상회[saŋɦwe サンフェ]图 商会

샅샅이[saʔsatʃʰi サッサチ]副 くまなく;すみずみまで

새¹[sɛ セ]冠 新しい…;新… 例 새 옷을 한 벌 맞추고 싶은데요. [セオスル ハン ボル マッチュゴ シプンデヨ] 新しい服を1着あつらえたいのですが。

새²[sɛ: セー]图 鳥;小鳥 例 새처럼 저 하늘을 날고 싶어요. [セーチョロム チョ ハヌルル ナルゴ シポヨ] 鳥のようにあの空を飛びたいです。

새근거리다[sɛgungɔrida セグンゴリダ]自 ① 息をはずませる;あえぐ;息切れする ② (子供が)すやすやと寝息を立てる

새기다[sɛgida セギダ]他 ① (字や絵を)刻む;彫る ② (心に)刻む;銘じる

새까맣다[sɛʔkamatʰa セッカマッ

타] 形〘ㅎ変: 새까매 / 새까만 セッカメ / セッカマン〙① 真っ黒だ ② 疎い ③すっかり忘れてしまっている；まったく記憶にない 例 오늘 약속을 새까맣게 잊고 있었어요. [オヌル ヤクソグル セッカマッケ イッコ イッソッソヨ] 今日の約束をすっかり忘れていました。

새끼¹ [seʔki セッキ] 名 縄

새끼² [seʔki セッキ] 名 ① 鳥のひなや動物の仔 ② 자식 [チャシク] (息子)の俗語 関 새끼발가락 [セッキバルカラク] 名 足の小指 / 새끼손가락 [セッキソンカラク] 名 手の小指

새다¹ [seda セダ] 自 ①(すき間などから) 漏れる ②(会合などから)こっそりと抜け出る

새다² [seːda セーダ] 自 夜が明ける

새다³ [seda セダ] 他 새우다 [セウダ] の縮約形：夜を明かす

새달 [sedal セダル] 名 来月；翌月 類 다음 달 [タウム タル]

새댁 [sedek セデク] 名 새색시 [セセクシ] (新妻)の丁寧語

새로이 [seroi セロイ] 副 ① 改めて；更に ② 初めて；新しく

새롭다 [seropʔta セロプタ] 形〘ㅂ変: 새로워 / 새로운 セロウォ / セロウン〙① 新しい 例 새로운 카페가 생겼어요. [セロウン カペガ センギョッソヨ] 新しいカフェができました。② 今更のようだ ③ 初めてだ 副 새로이 [セロイ] 改めて；更に

새벽 [sebjʌk セビョク] 名 夜明け；明け方 例 공항에 가기 위해 내일 새벽에 일어나야 해요. [コンハンエ カギ ウィヘ ネイルン セビョゲ イロナヤ ヘヨ] 空港に行くために明日は明け方に起きなければいけません。

새빨갛다 [seʔpalgatʔtʰa セッパルガッタ] 形〘ㅎ変: 새빨개 / 새빨간 セッパルゲ / セッパルガン〙真っ赤だ 例 새빨간 거짓말 [セッパルガン コジンマル] 真っ赤な嘘

새사람 [sesaram セサラム] 名 ① 新人 ②(目上の人が言う)新婦；花嫁 ③ 悔い改めて新しく生まれ変わった人

새삼스럽다 [sesamsɯropʔta セサムスロプタ] 形〘ㅂ変: 새삼스러워 / 새삼스러운 セサムスロウォ / セサムスロウン〙今更のようだ 副 새삼스레 [セサムスレ] 今更；今更のように

새색시 [sesekʔʃi セセクシ] 名 花嫁；新婦；新妻

새신랑 [seʃillaŋ セシルラン] 名 花婿；結婚したばかりの男性

새싹 [seʔsak セッサク] 名 新芽

새우 [seu セウ] 名 エビ 関 새우등 [セウドゥン] 名 エビのように曲がった背；猫背 / 새우젓 [セウジョッ] 名 アミの塩辛

새우다 [seuda セウダ] 他 (夜を)明かす；徹夜する

새치기 [seːtʃʰigi セーチギ] 名 (列などへの)割り込み 하自 새치기하다 [セーチギハダ] ① 割り込む ② 本業の間に他の仕事をする

새콤하다 [sekʰomɦada セコマダ] 形〘하変〙ややすっぱい

새파랗다 [sepʰaratʔtʰa セパラッタ] 形〘ㅎ変: 새파래 / 새파란 セパレ / セパラン〙① 真っ青だ ② 非常に

若い ③(とても驚いたり，寒くて顔色が)真っ青だ；蒼白だ

새해 [sɛɦe セヘ] 名 新年 関 새해 문안 [セヘ ムーナン] 名 新年の挨拶 / 새해차례 [セヘチャリェ] 名 旧正月1月1日に行われる祭祀

색 [sek セク] 名 ① 色 例 좀 더 밝은 색이 좋겠어요. [チョム ド パルグン セギ チョーッケッソヨ] もう少し明るい色が良さそうです。② 女色

색깔 [sekʼkal セックッカル] 名 色；色彩 例 색깔이 참 곱네요. [セクッカリ チャム コームネヨ] 色が本当に美しいですね。

색다르다 [sekʼtaruda セクタルダ] 形《르変：색달라 セクタルラ》異色だ；風変わりだ；目新しい

색소폰 [seksophoːn セクソポーン] 名 サックス

색시 [seːkʼsi セークシ] 名 ①(未婚の)乙女；娘 ② 酌婦；ホステス ③ 새색시 [セセクシ] の縮約形：花嫁

색안경 [segangjɔŋ セガンギョン] 名 ① サングラス ② 先入観や偏見をもって見ること

색연필 [seŋnjɔnpʰil センニョンピル] 名 色鉛筆

색유리 [seŋnjuri センニュリ] 名 色ガラス

색인 [segin セギン] 名 索引；インデックス

색종이 [sekʼtʃoŋi セクチョンイ] 名 色紙

색지 [sekʼtʃi セクチ] 名 色紙

색채 [sektʃhɛ セクチェ] 名 色彩 関 색채 감각 [セクチェ カームガク] 色彩感覚

색칠 [sektʃhil セクチル] 名 色を塗ること 自他 색칠하다 [セクチラダ] (壁などに)色を塗る

샌드위치 [senduwitʃhi センドゥウィチ] 名 サンドイッチ 例 점심은 샌드위치로 때웠어요. [チョームシムン センドゥウィチロ ッテウォッソヨ] 昼食はサンドイッチで済ませました。

샌들 [sendul センドゥル] 名 サンダル

샐러드 [sellodu セルロドゥ] 名 サラダ

샘¹ [seːm セーム] 名 泉

샘² [seːm セーム] 名 妬み；嫉妬 他 샘하다 [セーマダ] 嫉妬する；焼きもちを焼く；うらやむ

샘물 [seːmmul セームムル] 名 泉の水

샘터 [seːmtʰɔ セームト] 名 ① 泉の沸く場所 ② 泉のほとりや井戸端の洗濯場

샘플 [sempʰul セムプル] 名 サンプル

샛길 [sɛtʼkil セーッキル] 名 抜け道；脇道

샛별 [sɛtʼpjɔl セーッピョル] 名 明けの明星；金星

생- [seŋ- セン] 接頭 生の…；生… 例 생고기 [センゴギ] 生肉

생각 [sɛŋgak センガク] 名 ① 考え；思考 例 좋은 생각이 났어요. [チョーウン センガギ ナッソヨ] いい考えが浮かびました。② 分別 ③ 思い ④ 気持ち；心情 自他 생각하다 [センガカダ] 考える；思う 例 한국에 유학을 갈까 생각해요. [ハ

생산

ーングゲ ユハグル カルッカ センガケヨ] 韓国に留学しようかと思っています。関 생각나다[センガンナダ]自 考え付く；思い浮かぶ／생각이 들다[センガキ トゥルダ] 気がする 例 제가 잘못했다는 생각이 들었어요.[チェガ チャルモッテッタヌン センガギ トゥロッソヨ] 私が間違っていたという気がしました。

생갈비 [seŋgalbi センガルビ] 名 下味を付けていないカルビ

생강 [seŋgaŋ センガン] 名 ショウガ 関 생강주[センガンジュ] 名 生姜酒／생강차[センガンチャ] 名 生姜茶

생것 [seŋgɔt センゴッ] 名 なまもの

생계 [seŋge センゲ] 名 生計 関 생계비[センゲビ] 名 生活費

생굴 [seŋgul セングル] 名 生牡蠣

생긋 [seŋgut セングッ] 副 目でちらっと笑う様子；にこっと；にっこり 関 생긋거리다[セングッコリダ]自 にこにこ笑う／생긋생긋[セングッセングッ] 副 にこにこ／생긋이[セングシ] 副 にこっと；にっこりと

생기다 [seŋgida センギダ] 自 ① 生じる；できる 例 갑자기 일이 생겨서 먼저 실례하겠습니다.[カプチャギ イーリ センギョソ モンジョ シルリェハゲッスムニダ] 急に用事ができたので、お先に失礼します。② 発生する；起こる ③ (手に)入る；得る ④ (顔付きや様子が)…である；…のように見える 例 정말 인형처럼 예쁘게 생겼네요.[チョンマル イニョンチョロム イェップゲ センギョンネヨ] 本当に人形のようにかわいいですね。

생김새 [seŋgimse センギムセ] 名 顔立ち；風貌

생년월일 [seŋnjɔnwɔril センニョヌォリル] 名 生年月日

생등심 [seŋduŋʃim センドゥンシム] 名 下味を付けていないロース

생략 [seŋnjak センニャク] 名 省略 他 생략하다[センニャカダ] 省略する

생리 [seŋni センニ] 名 生理 ① 生物体の生理 ② 月経 関 생리 작용[センニ チャギョン] 名 生理作用／생리통[センニトン] 名 生理痛／생리학[センニハク] 名 生理学／생리 휴가[センニ ヒュガ] 名 生理休暇

생명 [seŋmjɔŋ センミョン] 名 生命；命 例 생명보다 귀한 건 없어요.[センミョンボダ クィハン ゴン オプソヨ] 生命よりも尊いものはありません。関 생명력[センミョンニョク] 名 生命力／생명 보험[センミョン ポーホム] 名 生命保険／생명선[センミョンソン] 名 生命線

생물 [seŋmul センムル] 名 生物 関 생물체[センムルチェ] 名 生体／생물학[センムラク] 名 生物学／생물 화학[センムル フワーハク] 名 生物化学

생맥주 [seŋmekʰtʃu センメクチュ] 名 生ビール

생방송 [seŋbaŋsoŋ センバンソン] 名 生放送

생산 [seŋsan センサン] 名 生産 他 생산하다[センサナダ] 生産する 被動 생산되다[センサンドゥェダ] 生産される 関 생산가[セ

ンサンッカ] 名 生産価 / 생산 관리 [センサン クワルリ] 名 生産管理 / 생산 기간 [センサン キガン] 名 生産期間 / 생산 기관 [センサン キグワン] 名 生産機関 / 생산력 [センサンニョク] 名 生産力 / 생산비 [センサンビ] 名 生産費 / 생산성 [センサンッソン] 名 生産性 / 생산자 [センサンジャ] 名 生産者 / 생산지 [センサンジ] 名 生産地

생색 [seŋsek センセク] 名 得意顔 関 생색나다 [センセンナダ] 自 面目が立つ;体面が保てる / 생색내다 [センセンネダ] 他 得意顔でやたら自慢する / 생색 쓰다 [センセクッスダ] 恩着せがましく振る舞う

생선 [seŋsʌn センソン] 名 鮮魚 例 여기서 생선회를 먹을 수 있어요? [ヨギソ センソヌェルル モグル ス イッソヨ] ここで刺し身は食べられますか。 関 생선국 [センソンクク] 名 海鮮スープ / 생선회 [センソヌェ] 名 刺身

생소하다 [seŋsoɦada センソハダ] 形 〖하변〗① 疎遠だ;親しくない ② 不慣れだ;不案内だ

생신 [seŋʃin センシン] 名 誕生日の尊敬語

생애 [seŋe センエ] 名 生涯

생업 [seŋʌp センオプ] 名 生業

생일 [seŋil センイル] 名 誕生日 例 생일이 언제예요? [センイリ オン ジェエヨ] 誕生日はいつですか。 関 생일날 [センイルラル] 名 誕生日 / 생일잔치 [センイルジャンチ] 名 誕生日祝い;誕生パーティー

생존 [seŋdʒon センジョン] 名 生存 自 생존하다 [センジョナダ] 生存する

생쥐 [seːŋdʒwi セーンジュィ] 名 ハツカネズミ

생태 [seŋtʰɛ センテ] 名 生のスケトウダラ

생트집 [seŋtʰɯdʒip セントゥジプ] 名 因縁をつけること;言いがかり 自 생트집하다 [セントゥジパダ] 言いがかりをつける 関 생트집을 부리다 [セントゥジブル プリダ] 無理難題をふっかける

생활 [seŋɦwal センフワル] 名 生活 自 생활하다 [センフワラダ] 生活する;暮らす 例 생활하는 데 별 어려움은 없어요. [センフワラヌン デ ピョル オリョウムン オープソヨ] 生活するのにあまり苦労はありません。 関 생활고 [センフワルゴ] 名 生活苦 / 생활 공간 [センフワル コンガン] 名 生活空間 / 생활력 [センフワルリョク] 名 生活力 / 생활 방식 [センフワル パンシク] 名 生活の仕方;暮らし方 / 생활비 [センフワルビ] 名 生活費 / 생활 수준 [センフワル スジュン] 名 生活水準 / 생활 지도 [センフワル チド] 名 生活指導 / 생활필수품 [センフワルピルスプム] 名 生活必需品

샤워 [ʃawʌ シャウォ] 名 シャワー

샴페인 [ʃampʰein シャムペイン] 名 シャンパン

샴푸 [ʃampʰu シャムプ] 名 シャンプー 関 린스 [リンス] 名 リンス

섀도 [ʃedo シェドー] 名 シャドー

서 [sʌ ソ] 名 西 類 서쪽 [ソッチョク]

서거 [sʌːgʌ ソーゴ] 名 逝去 自 서거하다 [ソーゴハダ] 逝去する

서글프다 [sɯgɯlpʰuda ソグルプダ] 形 《으変: 서글퍼 ソグルポ》 ① もの悲しい ② やるせない

서기 [sogi ソギ] 名 西暦

서늘하다 [sɔnɯrɦada ソヌラダ] 形 《하変》① ひんやりとするほど涼しい ②(心や雰囲気が)ひやりとする；寒々とする

서다 [soda ソダ] 自 ① 立つ 例 오래 서 있었더니 다리가 아파요. [オレソ イッソットニ タリガ アパヨ] 長い間立っていたので脚が痛いです。② 立ち上がる ③ (動いていたものが)止まる 例 저기 보이는 편의점 앞에서 서 주세요. [チョギ ポイヌン ピョニジョム アペソ ソ ジュセヨ] (タクシーで)向こうに見えるコンビニの前で止まってください。④ 建つ ⑤ 逆立つ

서당 [sodaŋ ソダン] 名 朝鮮時代に庶民の子弟に漢字や漢文を教えた私塾

서두르다 [sodurɯda ソドゥルダ] 他 《르変: 서둘러 ソドゥルロ》急ぐ；慌てる；あせる 例 서두르지 말고 천천히 해 주세요. [ソドゥルジ マールゴ チョンチョニ ヘ ジュセヨ] 急がないで, ゆっくりやってください。

서랍 [sorap ソラプ] 名 引き出し

서럽다 [sorəpt'a ソーロプタ] 形 《ㅂ変: 서러워 / 서러운 ソロウォ / ソロウン》悲しい；悲痛だ 関 서러움 [ソロウム] 名 悲しみ

서로 [soro ソロ] 副 ① 互いに；相互に；共に 例 서로 조금씩만 양보하면 되잖아요. [ソロ チョグムッシンマン ヤーンボハミョン ドゥェジャナヨ] 互いに少しずつだけ譲り合えばいいじゃないですか。②(名詞的に) 相互；お互い 関 서로서로 [ソロソロ] 副 互いに；共々に；一緒に

서류 [sorju ソリュ] 名 書類；文書 例 중요한 서류가 든 가방을 잃어버렸어요. [チュンヨハン ソリュガ トゥン ガバンウル イロボリョッソヨ] 大切な書類が入ったカバンを失くしてしまいました。

서른 [sorɯn ソルン] 数 30 例 내년이면 서른이에요. [ネニョニミョン ソルニエヨ] 来年には30歳です。 類 삼십 [サムシプ]

서리 [sori ソリ] 名 ① 霜 ② ひどい被害や打撃などの比喩 関 서리를 맞다 [ソリルル マッタ] ひどい打撃を受けてしょげる / 서리를 이다 [ソリルル イダ] 頭に霜をいただく (髪の毛が白髪になることのたとえ) / 서릿발 [ソリッパル] 名 霜柱

서리다 [sorida ソリダ] 自 ① 水蒸気が水滴になる ② (香気が) 立ちこめる

서먹하다 [somɔkkʰada ソモカダ] 形 《하変》よそよそしい；気まずい；ぎこちない

서명 [so:mjəŋ ソーミョン] 名 署名；サイン 他自 서명하다 [ソーミョンハダ] 署名する；サインする 関 서명 날인 [ソーミョン ナリン] 名 署名捺印 / 서명 운동 [ソーミョン ウンドン] 名 署名運動

서민 [so:min ソーミン] 名 庶民 関 서민적 [ソーミンジョク] 名 庶民的 / 서민층 [ソーミンチュン] 名 庶民層

서방¹ [səbaŋ ソバン] 名 西方

서방² [səbaŋ ソバン] 名 《俗語》夫 関 서방님 [ソバンニム] 名 서방의 敬称：旦那様

서부 [səbu ソブ] 名 西部

서비스 [səːbisɯ ソービス] 名 サービス 関 애프터서비스 [エプトソービス] 名 アフターサービス

서서히 [səːsəɦi ソーソヒ] 副 徐々に；ゆっくり

서성거리다 [səsəŋgərida ソソンゴリダ] 自 ぶらつく；うろうろする

서스펜스 [səsɯpʰensɯ ソスペンス] 名 サスペンス

서슬 [səsɯl ソスル] 名 ① 刃物などの鋭い部分；刃 ②(言行の)剣幕

서슴다 [səsɯmt͈a ソスムタ] 自他 躊躇する；ためらう

서슴없다 [səsɯmə̆pt͈a ソスモプタ] 存 躊躇しない；ためらわない 副 서슴없이 [ソスモプシ] ためらわずに；ずけずけと

서양 [sojaŋ ソヤン] 名 西洋 関 서양가구 [ソヤン カグ] 名 洋家具／서양 과자 [ソヤン クヮジャ] 名 洋菓子／서양관 [ソヤングヮン] 名 洋館／서양사 [ソヤンサ] 名 西洋史／서양식 [ソヤンシク] 名 洋式／서양 요리 [ソヤン ニョリ] 名 西洋料理／서양 음악 [ソヤン ウマク] 名 西洋音楽；洋楽／서양인 [ソヤンイン] 名 西洋人

서예 [səje ソイェ] 名 書道 関 서예가 [ソイェガ] 名 書道家

서운하다 [səunɦada ソウナダ] 形 《하変》名残惜しい；残念だ；何となく寂しい

서울 [soul ソウル] 名 ① ソウル《韓国の首都》例 내일 서울에 가요. [ネイル ソウレ カヨ] 明日，ソウルに行きます。② 首都；都 関 서울 깍쟁이 [ソウルッカクチェンイ] 名 ソウルの人を憎らしく言う語：ちゃっかりしたソウルっ子

서점 [sodʑəm ソジョム] 名 書店；本屋 例 여기서 가장 가까운 서점이 어디예요? [ヨギソ カジャン カッカウン ソジョミ オディエヨ] ここから一番近い書店はどこですか。

서쪽 [səʔt͈ɕok ソーッチョク] 名 西方；西；西側 例 웬일로 이렇게 일찍 일어났어요? 해가 서쪽에서 뜨겠어요. [ウェンニルロ イロッケ イルッチク イロナッソヨ ヘガ ソッチョゲソ ットゥゲッソヨ] いったいどうしてこんなに早く起きたんですか。日が西から昇りそうです。《絶対あり得ないことにたとえて驚きを表す表現》

서커스 [səːkʰəsɯ ソーコス] 名 サーカス

서클 [səːkʰɯl ソークル] 名 サークル

서투르다 [səːtʰuruda ソートゥルダ] 形 《르変：서툴러 ソートゥルロ》① 下手だ；不器用だ；未熟だ；不慣れだ ②《서투르게の形で》うかつに；下手に

서포터 [sopʰotʰə ソポート] 名 サポーター

서핑 [səːpʰiŋ ソーピン] 名 サーフィン

서해 [sofie ソヘ] 名 ① 西海；西の海 ② 黄海

석가 [sokʔka ソクカ] 名 釈迦

석굴암 [sokʔkuram ソククラム] 名 石窟庵《慶州・仏国寺にある石窟

석류 [sɔnnju ソンニュ] 名 ザクロ 関 석류나무 [ソンニュナム] 名 ザクロの木

석사 [sɔk²sa ソクサ] 名 修士

석쇠 [sɔk²swe ソクスェ] 名 焼き網

석양 [sɔgjaŋ ソギャン] 名 ① 夕陽 ② 夕暮れ；夕方

석유 [sɔgju ソギュ] 名 石油 関 석유산업 [ソギュ サーノプ] 名 石油産業／석유 화학 공업 [ソギュ フワーハク コンオプ] 名 石油化学工業

석탄 [sokt^han ソクタン] 名 石炭

섞다 [sɔk²ta ソクタ] 他 混ぜる；交える

섞이다 [sɔ²kida ソッキダ] 自 混じる；混ざる ②まぎれ込む

선¹ [sɔn ソン] 名 線；筋 例 비슷한 단어끼리 선을 그어 연결해 보세요. [ピスタン タノッキリ ソヌル クオヨンギョレ ボセヨ] 似た単語同士を線を引いてつなぎなさい。関 선을 긋다 [ソヌル クッタ] 線を引く；限界を決める／선을 넘다 [ソヌル ノムタ] 境界線を越える

선² [sɔn ソン] 名 見合い 類 맞선 [マッソン] 関 선을 보다 [ソヌル ボダ] 見合いをする

선거 [sɔːngo ソーンゴ] 名 選挙 하他 선거하다 [ソーンゴハダ] 選挙する

선구자 [sɔngudʒa ソングジャ] 名 先駆者

선글라스 [sɔngullasuɯ ソングルラス] 名 サングラス

선금 [sɔngum ソングム] 名 先払い金；前金

선녀 [sɔnnjɔ ソンニョ] 名 仙女；天女

선동 [sɔndoŋ ソンドン] 名 扇動 하他 선동하다 [ソンドンハダ] 扇動する

선뜻 [sɔn²tut ソンットゥッ] 副 さっさと；すばやく；てきぱきと

선명하다 [sɔnmjɔŋɦada ソンミョンハダ] 形 하変 鮮明だ

선물 [sɔːnmul ソーンムル] 名 贈り物；プレゼント；お土産 例 생일 선물로 뭐 받고 싶어요? [センイル ソーンムルロ ムオー パッコ シポヨ] 誕生日プレゼントに何をもらいたいですか。 하他 선물하다 [ソーンムルハダ] 贈り物をする；プレゼントする

선반 [sɔnban ソンバン] 名 棚

선배 [sɔnbɛ ソンベ] 名 先輩 例 오랜만에 대학 선배를 만났어요. [オレンマネ テーハク ソンベルル マンナッソヨ] 久しぶりに大学の先輩に会いました。

선보다 [sɔːnboda ソーンボダ] 他 見合いをする

선불 [sɔnbul ソンブル] 名 先払い 하他 선불하다 [ソンブラダ] 先払いする

선비 [sɔnbi ソンビ] 名 ソンビ；在野の学者

선생 [sɔnsɛŋ ソンセン] 名 ① 先生；師匠 例 한국어 선생님께 배웠어요. [ハーングゴ ソンセンニムッケ ペウォッソヨ] 韓国語の先生から教わりました。②(姓名や職名などに付いて)その人に対する尊敬語 ③ (ある事に)経験が豊富な人に対する尊敬語 ④《代名詞的に》あ

なた 関 선생님[ソンセンニム]名 先生の尊称

선선하다[sɔnsɔnɦiada ソンソナダ] 形《하変》① 涼しい ②(性質や態度が)さっぱりしている

선수[sɔːnsu ソーンス]名 選手 例 저는 커서 축구 선수가 되고 싶어요.[チョヌン コソ チュクク ソーンスガ トゥェゴ シポヨ] 私は大きくなったらサッカーの選手になりたいです。

선심[sɔːnʃim ソーンシム]名 ① 善良な心 ② 他人を助けようとする心

선언[sɔnɔn ソノン]名 宣言 他 선언하다[ソノナダ] 宣言する

선웃음[sɔːnusɯm ソーヌスム]名 つくり笑い

선인장[sɔnindʒaŋ ソニンジャン]名 サボテン

선잠[sɔːndʒam ソーンジャム]名 浅いねむり

선전[sɔndʒɔn ソンジョン]名 宣伝 他 선전하다[ソンジョナダ] ① 宣伝する ② 事実以上に誇張して言いふらす 受動 선전되다[ソンジョンドゥェダ] 宣伝される

선지[sɔndʒi ソンジ]名 (獣の)鮮血

선진[sɔndʒin ソンジン]名 先進 関 선진국[ソンジングク] 先進国 / 선진 사회[ソンジン サフェ]名 先進社会

선짓국[sɔndʒitˀkuk ソンジックク]名 牛の血の固まったものを入れたスープ

선창[sɔntɕʰaŋ ソンチャン]名 埠頭;桟橋

선택[sɔːntʰek ソーンテク]名 選択 他 선택하다[ソーンテカダ] 選択する;選ぶ

선하다[sɔnɦiada ソーナダ] 形《하変》(鮮やかに)目に浮かぶ;耳に残っている 副 선히[ソーニ] ありありと;くっきりと

선후[sɔnɦu ソヌ]名 前後 他 선후하다[ソヌハダ] 前後する 類 전후하다[チョヌハダ]

섣달[sɔtˀtal ソーッタル]名 陰暦の12月 関 섣달그믐[ソーッタルクムム]名 大晦日

섣불리[sɔtˀpulli ソープッルリ]副 下手に;いたずらに;うかつに

설[sɔːl ソール]名 ① 元旦;正月 ② 年頭 関 설을 쇠다[ソールル スェダ] 正月を迎える;正月を過ごす

설거지[sɔlgɔdʒi ソルゴジ]名 食後の食器を洗って後片づけすること 自 설거지하다[ソルゴジハダ] 食後の食器を洗って後片づけをする

설날[sɔːllal ソールラル]名 元旦;元日

설다[sɔːlda ソールダ] 形《ㄹ語幹:선 ソーン》① 生煮えだ ② 寝不足だ;眠りが浅い ③ 漬物などが十分漬かっていない ④ 下手だ;手慣れていない

설득[sɔltˀɯk ソルトゥク]名 説得 他 설득하다[ソルトゥカダ] 説得する 関 설득력[ソルトゥンニョク]名 説得力

설렁탕[sɔllɔŋtʰaŋ ソルロンタン]名 ソルロンタン《牛の骨や肉などを入れて煮たスープ》

설렁하다[sɔllɔŋɦiada ソルロンハダ] 形《하変》①(空気が)ひんやりする ②(驚いて)ひやりとする ③

(部屋が)がらんとしている

설레다 [sǒlleda ソルレダ] 自 ①そわそわする；胸騒ぎがする ②ときめく

설령 [sǒlljǒŋ ソルリョン] 副 たとえ；仮に

설립 [sǒllip ソルリプ] 名 設立 他 설립하다 [ソルリパダ] 設立する 受動 설립되다 [ソルリプトゥェダ] 設立される

설마 [sǒlma ソルマ] 副 まさか；よもや；いくらなんでも

설명 [sǒlmjǒŋ ソルミョン] 名 説明 他 설명하다 [ソルミョンハダ] 説明する 例 좀 더 자세히 설명해 주세요. [チョム ド チャセヒ ソルミョンヘ ジュセヨ] もう少し詳しく説明してください。関 설명문 [ソルミョンムン] 名 説明文 / 설명서 [ソルミョンソ] 名 説明書

설비 [sǒlbi ソルビ] 名 設備を備えつける 他 설비하다 [ソルビハダ] 設備する 受動 설비되다 [ソルビドゥェダ] 備えつけられる

설빔 [sǒːlbim ソールビム] 名 お正月の晴れ着 他 설빔하다 [ソールビムハダ] 晴れ着を着る

설사 [sǒlˀsa ソルサ] 名 下痢 他 설사하다 [ソルサハダ] 下痢をする 関 설사약 [ソルサヤク] 名 下痢止め薬

설악산 [sǒrakˀsan ソラクサン] 名 雪岳山《江原道の太白山脈にある山》例 설악산에 간 적이 있어요. [ソラクサネ カン ジョギ イッソヨ] 雪岳山に行ったことがあります。

설익다 [sǒllikˀta ソルリクタ] 自 生煮えになる

설치 [sǒltɕʰi ソルチ] 名 設置；据え付け 他自 설치하다 [ソルチハダ] 設置する；据え付ける 受動 설치되다 [ソルチドゥェダ] 設置される

설치다¹ [sǒltɕʰida ソルチダ] 自 横行する；のさばる；暴れる

설치다² [sǒltɕʰida ソルチダ] 他 …しそびれる

설탕 [sǒltʰaŋ ソルタン] 名 砂糖 例 커피에 설탕 2 (두) 스푼 넣어 주세요. [コピエ ソルタン トゥースプンノオ ジュセヨ] コーヒーに砂糖2杯入れてください。

섬 [sǒːm ソーム] 名 島

섬기다 [sǒmgida ソムギダ] 他 仕える

섬뜩하다 [sǒmˀtukkʰada ソムットゥカダ] 形 〖하変〗ぎょっとする；(身の毛がよだつほど)ひやりとする

섬세하다 [sǒmsehada ソムセハダ] 形 〖하変〗①すらりとして優雅だ ②(感情・神経などが)デリケートだ；繊細だ 副 섬세히 [ソムセヒ] 繊細に；微妙に

섬유 [sǒmju ソミュ] 名 繊維 関 섬유공업 [ソミュ コンオプ] 名 繊維工業 / 섬유업 [ソミュオプ] 名 繊維業 / 섬유 제품 [ソミュ チェープム] 名 繊維製品 / 섬유 조직 [ソミュ チョジク] 名 繊維組織 / 섬유질 [ソミュジル] 名 繊維質

섭섭하다 [sǒpˀsǒppʰada ソプソパダ] 形 〖하変〗① 名残惜しい；残念だ ②(人の態度やもてなしが)物足りない；心寂しい

성¹ [sǒŋ ソン] 名 姓；名字
성² [sǒŋ ソン] 名 城；城郭；城塞

성가시다 [soŋgaʃida ソンガシダ] 形 煩わしい；面倒だ

성게 [soːŋge ソーンゲ] 名 ウニ

성격 [soːŋ²kjək ソーンッキョク] 名 性格 関 성격 묘사 [ソーンッキョク ミョーサ] 名 性格描写 / 성격 배우 [ソーンッキョク ペウ] 名 性格俳優 / 성격 이상 [ソーンッキョク イーサン] 名 性格異常

성경 [soːŋgjəŋ ソーンギョン] 名 聖典；聖書

성공 [soŋgoŋ ソンゴン] 名 成功 例 성공을 빌겠습니다. [ソンゴンウル ピルゲッスムニダ] 成功を祈ります。自動 성공하다 [ソンゴンハダ] 成功する 関 성공적 [ソンゴンジョク] 名 成功的

성과 [səŋ²kwa ソンックヮ] 名 成果

성급하다 [səːŋguppʰada ソーングパダ] 形 《하変》性急だ；せっかちだ 副 성급히 [ソーングピ] 性急に；せっかちに；急に

성내다 [soːŋneda ソーンネダ] 自 ① 腹を立てる；怒る ②(興奮して)気が立つ

성냥 [səŋnjaŋ ソンニャン] 名 マッチ 関 성냥갑 [ソンニャンッカプ] 名 マッチ箱

성능 [səːŋnɯŋ ソーンヌン] 名 性能

성당 [səːŋdaŋ ソーンダン] 名 聖堂 ① カトリックの教会堂 ② 孔子の廟堂

성립 [səŋnip ソンニプ] 名 成立 自動 성립하다 [ソンニパダ] 成立する 自 성립되다 [ソンニプトゥェダ] 成立する；成り立つ

성명¹ [soːŋmjəŋ ソーンミョン] 名 姓名

성명² [səŋmjəŋ ソンミョン] 名 声明

성묘 [səŋmjo ソンミョ] 名 墓参り 自動 성묘하다 [ソンミョハダ] 墓参りをする

성미 [səːŋmi ソーンミ] 名 気性；性分 関 성미가 나다 [ソーンミガ ナダ] 腹が立つ；気が立つ / 성미를 부리다 [ソーンミルル プリダ] かんしゃくを起こす

성사 [səŋsa ソンサ] 名 事が成ること；事を成すこと 自他 성사하다 [ソンサハダ] 事が成る；事を成す

성서 [səːŋsə ソーンソ] 名 聖書

성숙 [səŋsuk ソンスク] 名 成熟 自動 성숙하다 [ソンスカダ] 成熟する；熟する 自 성숙되다 [ソンスクトゥェダ] 熟する

성실 [səŋʃil ソンシル] 名 誠実 하形 성실하다 [ソンシラダ] 誠実だ 関 성실히 [ソンシリ] 副 誠実に

성우 [səŋu ソンウ] 名 声優

성의 [səŋi ソンイ] 名 誠意；真心 関 성의껏 [ソンイッコッ] 副 誠意を尽くして；誠意の限り

성인 [səŋin ソンイン] 名 成人

성장 [səŋdʒaŋ ソンジャン] 名 成長 自動 성장하다 [ソンジャンハダ] 成長する 関 성장기 [ソンジャンギ] 名 成長期 / 성장률 [ソンジャンニュル] 名 成長率

성적 [səŋdʒək ソンジョク] 名 成績 例 중간고사보다 성적이 올랐어요. [チュンガンゴサボダ ソンジョギ オルラッソヨ] 中間テストより成績が上がりました。関 성적표 [ソンジョクピョ] 名 成績表

성질 [səːŋdʒil ソーンジル] 名 性質

성찬 [sɔːntʃʰan ソーンチャン] 名 すばらしいごちそう

성탄 [sɔːntʰan ソーンタン] 名 聖誕 ① 王の誕生日 ② 성탄절[ソーンタンジョル]の縮約形 関 성탄일[ソーンタニル] 名 王や聖人の誕生日 / 성탄절[ソーンタンジョル] 聖誕祭；クリスマス

성하다 [sɔŋɦada ソンハダ] 形 《하変》① (物事が)元のままだ；痛んでいない ② (体が)健康だ；健やかだ

성함 [sɔːŋɦam ソーンハム] 名 이름[イルム]の尊敬語；芳名

세¹ [seː セー] 数 3つの；3⇒셋[セーッ]

세² [seː セー] 名 ① 借り賃；貸し賃 ② 賃貸し；賃借り

세³ [se セ] 依名 …歳

세계 [seːge セーゲ] 名 世界 例 언젠가 꼭 세계 여행을 하고 싶어요. [オンジェンガ ッコク セゲ ヨヘンウル ハゴ シポヨ] いつかきっと世界旅行をしたいです。 関 세계관[セーゲグヮン] 名 世界観 / 세계 기록[セーゲ キロク] 名 世界記録 / 세계 대전[セーゲ テージョン] 名 世界大戦 / 세계 문학[セーゲ ムナク] 名 世界文学 / 세계사[セーゲサ] 名 世界史 / 세계은행[セーゲウネン] 名 世界銀行 / 세계적[セーゲジョク] 名 世界的 / 세계 지도[セーゲ チド] 名 世界地図

세관 [seːgwan セーグヮン] 名 税関

세균 [seːgjun セーギュン] 名 細菌

세금 [seːgum セーグム] 名 税金

세기 [seːgi セーギ] 名 世紀

세나다 [seːnada セーナダ] 自 (人気があって)よく売れる

세다¹ [seːda セーダ] 自 ① (髪が)白くなる ② (顔が)青白くなる

세다² [seːda セーダ] 他 数える

세다³ [seːda セーダ] 形 強い ① (力が)強い 例 그 사람은 힘이 정말 세요. [ク サーラムン ヒミ チョーンマル セヨー] その人は力が本当に強いです。 ② (性質が)頑強だ ③ (勢いが)激しい ④ (仕事が)きつい

세대¹ [seːdɛ セーデ] 名 所帯 関 세대주[セーデジュ] 名 所帯主

세대² [seːdɛ セーデ] 名 世代

세력 [seːrjɔk セーリョク] 名 勢力；勢い 関 세력가[セーリョクカ] 名 勢力家 / 세력권[セーリョックッォン] 名 勢力圏

세련 [seːrjɔn セーリョン] 名 洗練 하他 세련하다[セーリョナダ] 洗練する 形 세련되다[セーリョンドゥェダ] 洗練されている

세로¹ [seːro セーロ] 名 縦 関 세로무늬[セーロムニ] 名 縦縞模様 / 세로쓰기[セーロッスギ] 名 縦書き

세로² [seːro セーロ] 副 縦に

세모 [seːmo セーモ] 名 三角 関 세모꼴[セーモッコル] 名 三角形

세밀 [seːmil セーミル] 名 하形 세밀하다[セーミラダ] 詳しい；きめ細かい 関 세밀히[セーミリ] 副 細密に；詳しく

세배 [seːbɛ セーベ] 名 新年のあいさつ；年始回り 하自 세배하다[セーベハダ] 新年のあいさつをする

세뱃돈 [seːbetʔton セーベットン] 名 お年玉

세상 [seːsaŋ セーサン] 名 ① 世の

中；世間 ②(ある特定の)時代 ③天下 ④地上 例 눈이 온 세상을 하얗게 덮었어요. [ヌニ オン セーサンウル ハーヤッケ トポッソヨ] 雪が辺り一面を真っ白に覆いました。⑤《세상에의 形で》副 なんとまあ；一体全体 関 세상을 떠나다 [セーサンウル ットナダ] 世を去る / 세상을 모르다 [セーサンウル モルダ] 世情に疎い / 세상을 버리다 [セーサンウル ポリダ] 世を捨てる / 세상 물정 [セーサン ムルチョン] 名 世情；物情 / 세상사 [セーサンサ] 名 世事 / 세상없어도 [セーサンオプソド] 副 何事があっても；どんなことがあっても / 세상없이 [セーサンオプシ] 副 世にまたとないほど

세수 [se:su セース] 名 洗面 例 찬물로 세수를 하니 정신이 번쩍 들었어요. [チャンムルロ セースルル ハニ チョンシニ ポンチョク トゥロッソヨ] 冷たい水で顔を洗ったらしゃきっとしました(目が覚めました)。下自 세수하다 [セースハダ] 洗顔する 関 세숫비누 [セスッピヌ] 化粧せっけん

세심하다 [se:ʃimɦada セーシマダ] 形《하変》細心だ；注意深い 副 세심히 [セーシミ] 細心に；注意深く

-세요 [sejo セヨ] 語尾《母音語幹とㄹ語幹(ㄹ脱落)に接続、子音語幹の場合には-으세요の形》① 命令を表す：…してください；お(ご)…ください 例 먼저 가세요. [モンジョ カセヨ] 先に行ってください。② 平叙文・疑問文を表す：…なさいますか；…でいらっしゃいますか 例 시간이 있으세요? [シガニ イッスセヨ] お時間はございますか。

세우다 [seuda セウダ] 他 ①(倒れているものを)立てる ②(建物などを)建てる；建造する ③(計画・方針・案を)立てる 例 다음 여행 계획을 세웠어요. [タウム ニョヘン ケーフェグル セウォッソヨ] 次の旅行の計画を立てました。④(目標・志などを)定める ⑤(会社や機関などを)設立する

세월 [se:wɔl セーウォル] 名 歳月；年月

세일 [seil セイル] 名 セール

세일즈맨 [seildzumen セイルジュメン] 名 セールスマン

세차다 [se:tɕʰada セーチャダ] 形 強烈だ；荒い

세탁 [se:tʰak セータク] 名 洗濯 下他 세탁하다 [セータカダ] 洗濯する 関 세탁기 [セータクキ] 名 洗濯機 / 세탁물 [セータンムル] 名 洗濯物 / 세탁비누 [セータクピヌ] 名 洗濯せっけん / 세탁소 [セータクソ] 名 クリーニング店

세포 [se:pʰo セーポ] 名 細胞

섹시 [sekʔʃi セクシ] 名 セクシー 下形 섹시하다 [セクシハダ] セクシーだ

센터 [sentʰɔ セント] 名 センター

센티 [sentʰi センティ] 依名 センチ 例 제 키는 170(백칠십) 센티예요. [チェ キヌン ペクチルシプセンティエヨ] 私の身長は170センチです。

셀프 [selpʰɯ セルプ] 名 セルフ

셈 [se:m セーム] 名 ①計算 ②勘定 例 친구지간이라도 셈은 확실히 해야 해요. [チングジガニラド セームン フヮクシリ ヘヤ ヘヨ] 友達同士の間でも勘定はしっかりとしなくていけません。 他 셈하다 [セーマダ] ①計算する ②勘定する

셋 [set セーッ] 数 3つ; 3《名詞を修飾する時は세の形》 類 삼 [サム]

셋집 [se:t͡ɕip セーッチプ] 名 借家; 貸家

셔츠 [ʃɔ:t͡ɕʰɯ ショーチュ] 名 シャツ

셔터 [ʃɔtʰɔ ショト] 名 シャッター

소 [so ソ] 名 牛 例 소 잃고 외양간 고친다. [ソ イルコ ウェヤンガン コチンダ] 牛を失ってから牛小屋を直す《泥棒を捕らえて縄をなうと同じ意》

소감 [so:gam ソーガム] 名 所感; 感想

소개 [sogɛ ソゲ] 名 紹介 他 소개하다 [ソゲハダ] 紹介する 例 좋은 사람 있으면 소개해 주세요. [チョーウン サーラム イッスミョン ソゲヘ ジュセヨ] いい人がいたら紹介してください。 関 소개소 [ソゲソ] 名 紹介所 / 소개장 [ソゲッチャン] 名 紹介状

소경 [so:gjɔŋ ソーギョン] 名 ①目の不自由な人; 盲人 ②(比喩的に) 文盲

소곤거리다 [sogongɔrida ソゴンゴリダ] 自他 ①(小声で)ひそひそと話す ②(小声で)うわさする 副 소곤소곤 [ソゴンソゴン] ひそひそ; ぼそぼそ

소금 [sogɯm ソグム] 名 塩 例 건강을 위해서 소금 섭취량을 줄여야 해요. [コーンガンウル ウィヘソ ソグム ソプチュィリャンウル チュリョヤ ヘヨ] 健康のために塩の摂取量を減らさなければいけません。 関 소금구이 [ソグムグイ] 名 塩焼き / 소금기 [ソグムッキ] 名 塩気; 塩味; 塩分 / 소금물 [ソグムムル] 名 塩水 / 소금절이 [ソグムジョリ] 名 (肉・魚・野菜の)塩漬け

소꿉 [so²kup ソックプ] 名 ままごと遊びのおもちゃ 関 소꿉놀이 [ソックムノリ] 名 ままごと遊び / 소꿉동무 [ソックプトンム] 名 幼友達

소나기 [sonagi ソナギ] 名 夕立ち

소나무 [sonamu ソナム] 名 松; 松の木

소녀 [so:njɔ ソーニョ] 名 少女; 乙女 例 귀여운 소녀가 어느덧 숙녀가 됐어요. [クィヨウン ソーニョガ オヌドッ スンニョガ トウェッソヨ] かわいい少女がいつのまにか大人の女性になりました。

소년 [so:njɔn ソーニョン] 名 少年 例 그 소년은 참 영리해요. [ク ソーニョヌン チャム ヨンニヘヨ] その少年は本当に聡明です。

소득 [so:dɯk ソードゥク] 名 所得

소라 [so:ra ソーラ] 名 ①サザエ ②法螺貝

소름 [so:rɯm ソールム] 名 鳥肌 関 소름이 끼치다 [ソールミ ッキチダ] 鳥肌が立つ; 身の毛がよだつ

소리 [sori ソリ] 名 ①音 例 방금 무슨 소리 안 났어요? [パングム ムスン ソリ アン ナッソヨ] たった今なんか音がしませんでしたか。 ②목소리 [モクソリ]の縮約形; 声; 音声 ③意見 ④話 ⑤(韓国伝統

소매

民謠などの) 歌 関 소리를 치다 [ソリルル チダ] 大声を出す；叫ぶ / 소리꾼 [ソリックン] 名 (パンソリなどの) 歌い手

소매 [some ソメ] 名 袖 関 소매치기 [ソメチギ] 名 すり / 소맷자락 [ソメッチャラク] 名 袖の端

소문 [so:mun ソームン] 名 噂；評判 関 소문나다 [ソームンナダ] 自 噂が立つ；評判である

소박 [so:bak ソーバク] 名 素朴 하形 소박하다 [ソーバカダ] 素朴だ

소방 [sobaŋ ソバン] 名 消防 関 소방관 [ソバングヮン] 名 消防官 / 소방대 [ソバンデ] 名 消防隊；消防団 / 소방서 [ソバンソ] 名 消防署 / 소방차 [ソバンチャ] 名 消防車

소변 [so:bjʌn ソービョン] 名 小便 関 소변을 보다 [ソービョヌル ポダ] 小便する

소복하다 [sobokkʰada ソボカダ] 形 〖하変〗①こんもりしている ②(雪やごみなどが) うずたかく積もっている 副 소복이 [ソボギ] こんもりと；うずたかく

소비 [sobi ソビ] 名 消費 하他 소비하다 [ソビハダ] 消費する 関 소비세 [ソビッセ] 名 消費税 / 소비자 [ソビジャ] 名 消費者 / 소비자 가격 [ソビジャ カギョク] 名 消費者価格

소생 [so:sɛŋ ソーセン] 名 蘇生 하自 소생하다 [ソーセンハダ] 蘇生する

소설 [so:sʌl ソーソル] 名 小説 関 소설가 [ソーソルガ] 名 小説家 / 소설책 [ソーソルチェク] 名 小説本

소속 [so:sok ソーソク] 名 所属 하自 소속하다 [ソーソカダ] 所属する 関 소속 기관 [ソーソク キグヮン] 名 所属機関 / 소속사 [ソーソクサ] 名 (タレントなどの) 所属事務所

소송 [sosoŋ ソソン] 名 訴訟 하他 소송하다 [ソソンハダ] 訴訟する

소수¹ [so:su ソース] 名 小数

소수² [so:su ソース] 名 少数

소시지 [soʃidʒi ソシジ] 名 ソーセージ

소식 [soʃik ソシク] 名 消息；手紙；たより；ニュース 関 소식란 [ソシンナン] 名 消息欄 / 소식불통 [ソシクプルトン] 名 音信不通 / 소식통 [ソシクトン] 名 消息筋

소아 [so:a ソーア] 名 小児 関 소아과 [ソーアックヮ] 名 小児科 / 소아마비 [ソーアマビ] 名 小児麻痺

소요 [so:jo ソーヨ] 名 所要 自 소요되다 [ソーヨドゥェダ] 必要とする

소용 [so:joŋ ソーヨン] 名 所用

소용돌이 [sojoŋdori ソヨンドリ] 名 渦；(川や海などの) 渦巻き 関 소용돌이치다 [ソヨンドリチダ] 自 渦巻く

소용없다 [so:joŋʌpʰta ソーヨンオプタ] 存 必要でない；役に立たない；無駄だ

소원 [so:wʌn ソーウォン] 名 願い 例 소원이 다 이루어지기를 빕니다. [ソーウォニ タ イルオジギルル ピムニダ] 願いがすべて叶えられますように祈ります。하他 소원하다 [ソーウォナダ] 願う 関 소원 성취 [ソーウォン ソンチュィ] 名 所願成就

소위 [so:wi ソーウィ] 副 いわゆる

소유 [so:ju ソーユ] 名 所有 하他 소

속내복

유하다[ソーユハダ] 所有する 되受動 소유되다[ソーユドゥェダ] 所有される

소이[so:i ソーイ] 名 所以；わけ

소장[so:dʒaŋ ソージャン] 名 所蔵 하他 소장하다[ソージャンハダ] 所蔵する 되受動 소장되다[ソージャンドゥェダ] 所蔵される

소주[sodʒu ソジュ] 名 焼酎

소중하다[so:dʒuɲɦada ソージュンハダ] 形 《하変》とても大切だ；貴重だ；重要だ 副 소중히[ソージュンヒ] 大切に；大事に

소지[so:dʒi ソージ] 名 所持 하他 소지하다[ソージハダ] 所持する

소지품[so:dʒipʰum ソージプム] 名 所持品

소질[sodʒil ソジル] 名 素質

소쩍새[soʔtʃəkʔsɛ: ソッチョクセー] 名 コノハズク

소켓[sokʰet ソケッ] 名 ソケット

소쿠리[sokʰuri ソクリ] 名 ざる；籠

소통[sotʰoŋ ソトン] 名 疎通 하他 소통하다[ソトンハダ] ①よく通じる ②(意見・意思が)相手によく通じる

소파[sopʰa ソパ] 名 ソファー 例 거실에 소파를 새로 들였어요. [コシレ ソパルル セロ トゥリョッソヨ] 居間に新しくソファーを入れました。

소포[so:pʰo ソーポ] 名 小包 関 소포 우편[ソーポ ウピョン] 名 小包郵便

소풍[sopʰuŋ ソプン] 名 ①散歩 ②遠足；ピクニック 例 이번 일요일에 같이 소풍을 갑시다. [イボン イリョイレ カチ ソプンウル カプシダ] 今度の日曜日一緒にピクニックに行きましょう。

소프트[sopʰɯtʰɯ ソプトゥ] 名 ソフト(ソフトウエア)

소홀하다[soɦorɦada ソホラダ] 形 《하変》いいかげんだ；なおざりだ 副 소홀히[ソホリ] 疎かに；なおざりに

소화[soɦiwa ソフヮ] 名 消化 하他 소화하다[ソフヮハダ] ①(食物を)消化する ②物事を理解して自分のものにする 関 소화관[ソフヮグヮン] 名 消化管 / 소화 불량[ソフヮ プルリャン] 名 消化不良 / 소화제[ソフヮジェ] 名 消化剤 / 소화 효소[ソフヮ ヒョソ] 名 消化酵素

소화물[so:ɦiwamul ソーフヮムル] 名 小荷物

속[so:k ソーㄱ] 名 ①中；内；内部；奥 例 이 가방 속에 뭐가 들어 있어요? [イ カバン ソーゲ ムォーガ トゥロ イッソヨ] このカバンの中に何が入っていますか。②中身；内容 ③内心 ④腹具合 関 속을 떠보다[ソーグル ットボダ] (相手の)心を探る / 속을 썩이다[ソーグル ッソギダ] 気をもむ；くよくよする / 속을 주다[ソーグル チュダ] 気を許す / 속을 태우다[ソーグル テウダ] 胸を痛める；気をもむ / 속이 메스껍다[ソーギ メスッコプタ] 胸がむかつく；むかむかする / 속이 트이다[ソーギ トゥイダ] 物分りがいい / 속이 풀리다[ソーギ プルリダ] (怒っていた)気持ちが和らぐ；気が晴れる

속내복[so:ŋnɛbok ソーンネボク] 名

속내의 [so:ŋnɛi ソーンネイ] 名 下着;肌着

속눈썹 [so:ŋnunˀsɔp ソーンヌンッソプ] 名 睫毛

속다 [sokˀta ソクタ] 自 騙される 例 완전히 속았어요. [ワンジョニ ソガッソヨ] すっかり騙されました。

속달 [sokˀtal ソクタル] 名 速達

속담 [sokˀtam ソクタム] 名 諺 例 한국에는 "시작이 반이다" 라는 속담이 있어요. [ハーングゲヌン シージャギ パニダラヌン ソクタミ イッソヨ] 韓国には「始まりが半分だ」《事は始めるまでが難しく, 一度始めたら半分済んだも同じだ》という諺があります。

속대중 [sokˀtedʒuŋ ソクテジュン] 名 当て推量

속도 [sokˀto ソクト] 名 速度;速さ 関 속도계 [ソクトゲ] 速度計 / 속도위반 [ソクトウィバン] 速度違反 / 속도 제한 [ソクト チェハン] 名 速度制限

속되다 [sokˀtweda ソクトウェダ] 形 ① 俗っぽい ② 下品だ

속력 [soŋnjɔk ソンニョク] 名 速力;スピード

속마음 [so:ŋmaɯm ソーンマウム] 名 内心;本心

속병 [so:kˀpjɔŋ ソークッピョン] 名 胃腸病の俗称

속보 [sokˀpo ソクポ] 名 速報

속삭이다 [sokˀsagida ソクサギダ] 自 ささやく

속살 [so:kˀsal ソークサル] 名 ① 着物で隠されている肌 ②(見かけではなく)実際の肉体

속상하다 [so:kˀsaŋhada ソークサンハダ] 自 『하변』 ① 心が痛む ② しゃくにさわる;腹が立つ

속셈 [so:kˀsem ソークセム] 名 ① 心積もり;下心 ② 暗算 [하자타] 속셈하다 [ソークセマダ] ① 心積もりする ② 暗算する 関 속셈이 있다 [ソークセミ イッタ] 下心がある

속수무책 [sokˀsumutʃʰek ソクスムチェク] 名 なすすべがないこと;お手上げ

속쓰림 [so:kˀsɯrim ソークッスリム] 名 胸焼け

속옷 [so:got ソーゴッ] 名 肌着;下着

속이다 [sogida ソギダ] 他 騙す;欺く;ごまかす

속임수 [sogimˀsu ソギムス] 名 手管;手練;いんちき

속절없다 [sokˀtʃʰɔrɔpˀta ソクチョロプタ] 存 どうしようもない;しかたがない;やるせない 副 속절없이 [ソクチョロプシ] どうしようもなく;やるせなく

속치마 [so:ktʃʰima ソークチマ] 名 チマ(スカート)を履く時に下に履くチマ

속표지 [so:kpʰjodʒi ソークピョジ] 名 (本の)扉

속하다 [sokkʰada ソカダ] 自 『하변』 属する

손¹ [son ソン] 名 ① 手 例 손에 들고 있는 거, 뭐예요? [ソネ トゥルゴ インヌン ゴ ムォーエヨ] 手に持っている物, 何ですか。② 手と腕 ③ 手のひら ④ 指 ⑤ 技量;手並み ⑥ 手間 ⑦ 働き手;人手 関 손에 걸리다 [ソネ コルリダ] 手に掛か

る / 손에 넣다[ソネ ノッタ]手に入れる / 손에 달리다[ソネ タルリダ]手腕次第だ / 손에 땀을 쥐다[ソネ ッタムル チュィダ]手に汗を握る / 손에 떨어지다[ソネッ トロジダ](人の)手に落ちる;手に入る / 손에 붙다[ソネ プッタ]はかどる / 손에 익다[ソネ イクタ]手慣れる;熟練する / 손에 잡히다[ソネ チャピダ](仕事などが)手に付く / 손을 끊다[ソヌル ックンタ]手を切る;関係を絶つ / 손을 내밀다[ソヌル ネーミルダ]手を出す;関わり合う;要求する / 손을 대다[ソヌル テーダ]手を付ける;手を触れる / 손을 들다[ソヌル トゥルダ]降参する / 손을 떼다[ソヌル ッテダ]手を切る / 손을 보다[ソヌル ポダ]手入れする;手を加える / 손을 빌리다[ソヌル ピルリダ]手を借りる / 손을 빼다[ソヌル ッペーダ](仕事から)手を引く / 손을 쓰다[ソヌル ッスダ]手を回す / 손을 잡다[ソヌル チャプタ]手を握る;力を合わせる / 손이 거칠다[ソニ コチルダ]手癖が悪い;雑だ / 손이 나다[ソニ ナダ]手が空く / 손이 놀다[ソニ ノールダ](仕事がなくて)手が空く / 손이 모자라다[ソニ モージャラダ]人手が足りない / 손이 작다[ソニ チャーッタ](物や金銭に)渋い;けちくさい / 손이 크다[ソニ クダ]気前がいい

손²[son ソン]**名** 客 **関** 손을 치르다[ソヌル チルダ]客を迎えて接待する / 손님[ソンニム]**名** お客さん;お客様

손³[so:n ソーン]**名** 孫

손가락[son²karak ソンッカラク]**名** 指 **関** 손가락을 걸다[ソンッカラグル コルダ]指切りして約束をする / 손가락질[ソンッカラクチル]**名** 後ろ指

손가방[son²kabaŋ ソンッカバン]**名** 手提げカバン

손금[son²kɯm ソンックム]**名** 手のひらの筋;手相 **関** 손금을 보다[ソンックムル ポダ]手相を見る

손길[son²kil ソンッキル]**名** (長く差し伸べた)手

손꼽다[son²kop²ta ソンッコプタ]**自** 指折り数える

손녀[sonnjɔ ソンニョ]**名** 孫娘

손님[sonnim ソンニム]**名** お客さん;お客様 **例** 한국에서 손님이 오셨어요.[ハーングゲソ ソンニミ オショッソヨ]韓国からお客さんがいらっしゃいました。

손대다[sondɛda ソンデダ]**自** ①手を付ける;触る ②(仕事などに)着手する ③手を出す ④手を入れる;手を加える

손대중[son²tɛdʒuŋ ソンッテジュン]**名** 手加減 **하他** 손대중하다[ソンッテジュンハダ]手加減する

손도장[son²todʒaŋ ソントジャン]**名** 拇印;爪印

손들다[sonduɾda ソンドゥルダ]**自**『ㄹ語幹:손드는 ソンドゥヌン』①手を上げる;降参する;参る ②(事業などから)手を引く

손등[son²tɯŋ ソントゥン]**名** 手の甲

손때[son²tɛ ソンッテ]**名** 手垢

손목[sonmok ソンモク]**名** 手首 **関**

손목시계[ソンモクシゲ] 名 腕時計

손바닥 [son²padak ソンッパダク] 名 手のひら

손발 [sonbal ソンバル] 名 手足 関 손발이 되다 [ソンバリ トゥェダ] 手足になる;(人の意のままに動く)忠実な協力者や部下になる / 손발이 맞다 [ソンバリ マッタ] 呼吸が合う

손보다 [sonboda ソンボダ] 他 手入れする;修理する

손뼉 [son²pjək ソンッピョク] 名 手のひら 関 손뼉을 치다 [ソンッピョグル チダ] 手をたたく

손색 [so:nsɛk ソーンセク] 名 遜色

손수 [sonsu ソンス] 副 手ずから

손수건 [son²sugən ソンスゴン] 名 手拭い;ハンカチ

손수레 [sonsure ソンスレ] 名 手押し車

손쉽다 [sonʃwip²ta ソンシュイプタ] 形 〘ㅂ変:손쉬워 / 손쉬운 ソンシュィウォ / ソンシュィウン〙たやすい

손실 [so:nʃil ソーンシル] 名 損失 自 손실되다 [ソーンシルドゥェダ] 失われる

손씻다 [son²ʃit²ta ソンッシッタ] 自 関係を断つ;手を引く

손아귀 [sonagwi ソナグィ] 名 手中;手の内

손아래 [sonarɛ ソナレ] 名 (年齢・地位などが)自分より下の者;目下

손위 [sonwi ソヌィ] 名 (年齢・地位などが)自分より上の者;目上

손자 [sondʒa ソンジャ] 名 孫

손잡이 [sondʒabi ソンジャビ] 名 ① 取っ手;つまみ ②(電車などの)つり革

손재주 [son²tʃɛdʒu ソンチェジュ] 名 手先が器用なこと

손질 [sondʒil ソンジル] 名 手入れ 他 손질하다 [ソンジラダ] 手入れする

손짓 [son²tʃit ソンチッ] 名 指差したりして意思を伝えること;手振り 他 손짓하다 [ソンチタダ] 手振りをして意思を示す

손톱 [sontʰop ソントプ] 名 爪 関 손톱깎이 [ソントプッカキ] 名 爪切り / 손톱자국 [ソントプチャグク] 名 爪痕

손해 [so:nɦɛ ソーネ] 名 損害 関 손해 가다 [ソーネ カダ] 損になる / 손해 보다 [ソーネ ポダ] 損害を被る / 손해 배상 [ソーネ ペサン] 名 損害賠償 / 손해 보험 [ソーネ ポホム] 名 損害保険

솔¹ [sol ソル] 名 松

솔² [so:l ソール] 名 刷毛;ブラシ

솔깃하다 [solgitʰada ソルギタダ] 形 〘ㅎ変〙(心が)引かれる;気が向く

솔방울 [sol²paŋul ソルパンウル] 名 松笠

솔잎 [sollip ソルリプ] 名 松葉

솔직 [sol²tʃik ソルチク] 名 率直 形 솔직하다 [ソルチカダ] 率直だ 関 솔직히 [ソルチキ] 副 率直に

솜 [so:m ソーム] 名 綿;木綿

솜씨 [som²ʃi ソムッシ] 名 腕前;手際

솟다 [sot²ta ソッタ] 自 ①(液体が)湧く;噴き上がる ②(山や建物が)そびえる ③(感情などが)こみ

수

上げる ④(月や太陽が)出る；昇る

송구하다 [soːŋguɦada ソーングハダ] 形 〖하変〗恐縮している；恐れ多い 関 송구스럽다 [ソーングスロプタ] 形 〖ㅂ変：송구스러워 / 송구스러운 ソーングスロウォ / ソーングスロウン〗恐縮している；恐れ多い

송료 [soːŋnjo ソーンニョ] 名 送料

송별회 [soːŋbjɔrɦwe ソーンビョルㇾ] 名 送別会

송사리 [soːŋsari ソーンサリ] 名 メダカ

송아지 [soŋadʑi ソンアジ] 名 子牛

송어 [soŋɔ ソンオ] 名 鱒

송이¹ [soŋi ソンイ] 名 依名 房

송이² [soŋi ソンイ] 名 松茸 類 송이버섯 [ソンイボソッ] 関 송이밥 [ソンイバプ] 松茸ご飯

송편 [soŋpʰjɔn ソンピョン] 名 ソンピョン《胡麻・小豆・栗などのあんを入れた半月形のうるち餅, 旧暦8月15日の秋夕に作って食べる》

솥 [sot ソッ] 名 釜 関 솥뚜껑 [ソットゥッコン] 名 釜のふた

쇠 [swe スェ] 名 ① 鉄 ② 金属の総称；金物 ③ 鍵 ④ 錠

쇠가죽 [sweːgadʑuk スェーガジュク] 名 牛革

쇠고기 [sweːgogi スェーゴギ] 名 牛肉

쇠다 [sweːda スェーダ] 他 (祝日や祭日, 正月などを)祝う；過ごす

쇠망치 [swemantɕʰi スェマンチ] 名 金槌；ハンマー

쇠뿔 [sweːʔpul スェーップル] 名 牛の角

쇠사슬 [swesasul スェサスル] 名 金鎖

쇠퇴 [swetʰwe スェトゥェ] 名 衰退 하自 쇠퇴하다 [スェトゥェハダ] 衰退する

쇼 [ʃoː ショー] 名 ショー

쇼킹 [ʃokʰiŋ ショキン] 名 ショッキング

쇼핑 [ʃopʰiŋ ショピン] 名 ショッピング

숄 [ʃoːl ショール] 名 ショール

숍 [ʃop ショプ] 名 ショップ

수¹ [su ス] 名 幸運；運；運勢 関 수가 사납다 [スガ サナプタ] 運が悪い / 수가 없다 [スガ オプタ] 運がない

수² [suː スー] 名 数；数字 例 사람 수가 모자라요. [サーラム スーガ モジャラヨ] 人数が足りません

수³ [suː スー] 名 刺繡 関 수를 놓다 [スルル ノッタ] 刺繡をする

수⁴ [su ス] 名 方法；手段；すべ 依名 ①《動詞・存在詞の語幹＋-ㄹ／을 수 있다の形で》…できる 例 내일 같이 갈 수 있어요? [ネイル カチ カルス イッソヨ] 明日一緒に行けますか。②《動詞・存在詞の語幹＋-ㄹ／을 수 없다の形で》…できない 例 시간이 없어서 갈 수 없어요. [シガニ オープソソ カルス オープソヨ] 時間がなくて行けません。③《動詞・存在詞の語幹＋-ㄹ／을 수밖에 없다の形で》…するしかない；…するよりほかにしようがない 例 그럴 수밖에 없었어요. [クロル スバッケ オープソッソヨ] そうするしかありませんでした。

수

수⁵ [su ス] 名 雄；牡 対 암 [アム] 接頭 雄…；牡… 例 수탉 [スタク] 雄鶏

수강 [sugaŋ スガン] 名 受講 하他 수강하다 [スガンハダ] 受講する

수건 [su:gɔn スーゴン] 名 手拭い；タオル 例 수건을 갖다 주세요. [スーゴヌル カッタ ジュセヨ] タオルを持ってきてください。

수고 [su:go スーゴ] 名 苦労 例 정말 수고가 많았습니다. [チョーンマル スーゴガ マーナッスムニダ] 本当にご苦労様でした。 하自 수고하다 [スーゴハダ] 苦労する

수국 [suguk スグク] 名 アジサイ

수군거리다 [suguŋgɔrida スグンゴリダ] 自 ささやく；ひそひそと話す

수그러지다 [sugurɔdʒida スグロジダ] 自 ① 下がる；垂れ下がる ② (勢いが)段々弱まる；衰える

수다 [su:da スーダ] 名 口数の多いこと；おしゃべり；無駄口 関 수다를 떨다 [スーダルル ットルダ] (つまらないことを)しゃべる / 수다쟁이 [スーダジェンイ] 名 おしゃべりな人

수단 [sudan スダン] 名 手段

수도¹ [sudo スド] 名 水道

수도² [sudo スド] 名 首都

수렁 [surɔŋ スロン] 名 泥沼；ぬかるみ

수레 [sure スレ] 名 手押し車 関 수레바퀴 [スレバクィ] 名 車輪

수련 [surjɔn スリョン] 名 睡蓮

수렵 [surjɔp スリョプ] 名 狩猟 하他 수렵하다 [スリョパダ] 狩りをする

수리 [suri スリ] 名 修理 하他 수리하다 [スリハダ] 修理する

수립 [surip スリプ] 名 樹立 하他 수립하다 [スリパダ] 樹立する 되受動 수립되다 [スリプトウェダ] 樹立される

수많다 [su:mantʰa スーマンタ] 形 数多い；おびただしい

수면 [sumjɔn スミョン] 名 睡眠 하自 수면하다 [スミョナダ] 眠る 関 수면 부족 [スミョン プジョク] 名 睡眠不足；寝不足 / 수면제 [スミョンジェ] 名 睡眠薬

수명 [sumjɔŋ スミョン] 名 寿命

수묵화 [sumukkʰwa スムクヮ] 名 水墨画；墨絵

수박 [su:bak スーバク] 名 スイカ 例 여름에는 뭐니 뭐니 해도 수박이 최고예요. [ヨルメヌン ムォーニ ムォーニ ヘド スーバギ チューェーゴエヨ] 夏には何と言ってもスイカが最高です。

수배 [sube スベ] 名 手配 하他 수배하다 [スベハダ] ①(仕事などを)手配する ②(犯人を捕まえるために)手配する

수법 [suʔpɔp スッポプ] 名 手法；手口；技法

수북하다 [subukkʰada スブカダ] 形 〖하変〗①うずたかく盛られている ②(まぶた・腫れ物などが)はれあがっている 副 수북이 [スブギ] うずたかく

수사 [susa スサ] 名 捜査 하他 수사하다 [スサハダ] 捜査する

수산 [susan スサン] 名 水産 関 수산물 [スサンムル] 名 水産物

수상¹ [susaŋ スサン] 名 首相；国務総理

수상² [susaŋ スサン] 名 (言動や身なりなどが) あやしげなこと 하形 **수상하다** [スサンハダ] あやしい 関 **수상스럽다** [スサンスロプタ] 形 〖ㅂ変:수상스러워 / 수상스러운 スサンスロウォ / スサンスロウン〗あやしい

수색 [susek スセク] 名 捜索 하他 **수색하다** [スセカダ] 捜索する

수선 [suson スソン] 名 修繕 하他 **수선하다** [スソナダ] 修繕する

수선화 [susonɦwa スソヌヮ] 名 スイセン

수세미 [susemi スセミ] 名 たわし

수소문 [susomun スソムン] 名 噂を頼りに人を捜すこと 하他 **수소문하다** [スソムナダ] 噂を頼りに人を捜す

수속 [susok スソク] 名 手続き 하他 **수속하다** [スソカダ] 手続する

수송 [susoŋ スソン] 名 輸送 하他 **수송하다** [スソンハダ] 輸送する 関 **수송업** [スソンオプ] 名 輸送業

수수 [susu スス] 名 モロコシ

수수께끼 [susuˀkeˀki ススッケッキ] 名 ①なぞなぞ ②謎

수수하다 [susuɦada ススハダ] 形〖하変〗①(身なり・性質・態度などが) 地味だ ②(品質が) 特に良くも悪くもない;まあまあだ

수술 [susul ススル] 名 手術 하他 **수술하다** [ススラダ] 手術する

수습 [susuup ススプ] 名 収拾 하他 **수습하다** [ススパダ] 収拾する

수시 [suʃi スシ] 名 ①随時 ②《副詞的に》その時その時

수업 [suop スオプ] 名 授業 하他 **수업하다** [スオパダ] 授業をする

수없이 [suːɔpˀʃi スーオプシ] 副 数えきれないくらい

수염 [sujɔm スヨム] 名 (人・動物・魚などの) ひげ

수영 [sujɔŋ スヨン] 名 水泳 例 취미로 수영을 배워요. [チュィーミロ スヨンウル ペウォヨ] 趣味で水泳を習っています。하自 **수영하다** [スヨンハダ] 水泳する 関 **수영모** [スヨンモ] 名 水泳帽 / **수영복** [スヨンボク] 名 水着 / **수영장** [スヨンジャン] 名 プール

수완 [suwan スワン] 名 ① 物事を処理する能力; 手腕; 技量 ② 手首のくぼんだ所

수요 [sujo スヨ] 名 需要

수요일 [sujoil スヨイル] 名 水曜日 例 그럼, 내일 수요일 2 (두) 시에 만납시다. [クロム ネイル スヨイル トゥーシエ マンナプシダ] それでは、明日水曜日の2時に会いましょう。

수월하다 [suwɔrɦada スウォラダ] 形〖하変〗たやすい;楽だ 副 **수월히** [スウォリ] やさしく;たやすく;容易に;楽に

수육 [sujuk スユク] 名 茹でた牛肉

수입¹ [suip スイプ] 名 収入 関 **수입인지** [スイプ インジ] 名 収入印紙

수입² [suip スイプ] 名 輸入 하他 **수입하다** [スイパダ] 輸入する 関 **수입품** [スイプム] 名 輸入品

수작¹ [sudʒak スジャク] 名 秀作

수작² [sudʒak スジャク] 名 言葉を互いに言い交わすこと、またその言葉 関 **수작 부리다** [スジャク プリダ] ペテンにかける

수재 [sudʒɛ スジェ] 名 秀才

수저 [sudʒɔ スジョ] 名 ① 匙の尊敬語 ② 匙と箸

수정 [sudʒɔŋ スジョン] 名 修正 ┃他┃ 수정하다 [スジョンハダ] 修正する

수정과 [sudʒɔŋgwa スジョングヮ] 名 水正果 《煎じた生姜汁に砂糖や蜂蜜を入れて干し柿, 桂皮を浸して松の実を浮かした飲み物》

수제비 [sudʒebi スジェビ] 名 すいとん

수준 [sudʒun スジュン] 名 水準

수줍다 [sudʒupʔta スジュプタ] 形 内気だ；はにかみ屋だ 関 수줍음 [スジュブム] 名 恥じらい；はにかみ

수줍어하다 [sudʒubɔɦada スジュボハダ] 自 〘ㅎ変〙 恥ずかしがる；はにかむ；照れる

수지 [sudʒi スジ] 名 収支 関 수지가 맞다 [スジガ マッタ] 収支が合う；利益がある / 수지가 안 맞다 [スジガ アン マッタ] 収支が合わない；利益がない

수집 [sudʒip スジプ] 名 収集 ┃他┃ 수집하다 [スジパダ] 収集する

수채 [sutʃʰɛ スチェ] 名 下水道；溝

수채화 [sutʃʰɛɦwa スチェフヮ] 名 水彩画

수첩 [sutʃʰɔp スチョプ] 名 手帳

수출 [sutʃʰul スチュル] 名 輸出 ┃他┃ 수출하다 [スチュラダ] 輸出する 関 수출품 [スチュルプム] 名 輸出品

수치 [sutʃʰi スチ] 名 羞恥；恥

수캐 [sukʰɛ スケ] 名 雄犬

수컷 [sukʰɔt スコッ] 名 雄

수탉 [sutʰak スタク] 名 雄鶏

수표 [supʰjo スピョ] 名 小切手

수풀 [supʰul スプル] 名 茂み；林；森；藪

수프 [su:pʰɯ スープ] 名 スープ

수필 [supʰil スピル] 名 随筆；エッセイ 関 수필가 [スピルガ] 名 随筆家 / 수필집 [スピルジプ] 名 随筆集

수하물 [suɦamul スハムル] 名 手荷物

수학¹ [suɦak スハク] 名 修学 ┃自他┃ 수학하다 [スハカダ] 修学する 関 수학여행 [スハンニョヘン] 名 修学旅行 / 수학 증서 [スハク チュンソ] 名 修学証書

수학² [su:ɦak スーハク] 名 数学

수행 [suɦɛŋ スヘン] 名 修行 ┃自┃ 수행하다 [スヘンハダ] 修行する 関 수행자 [スヘンジャ] 名 修行者

수험 [suɦɔm スホム] 名 受験 ┃自┃ 수험하다 [スホマダ] 受験する 関 수험료 [スホムニョ] 名 受験料 / 수험 번호 [スホム ボノ] 名 受験番号 / 수험생 [スホムセン] 名 受験生 / 수험표 [スホムピョ] 名 受験票

수화기 [suɦwagi スフヮギ] 名 受話器

수확 [suɦwak スフヮク] 名 収穫 ┃他┃ 수확하다 [スフヮカダ] 収穫する 関 수확고 [スフヮクコ] 名 収穫高 / 수확기 [スフヮクキ] 名 収穫期 / 수확량 [スフヮンニャン] 名 収穫量

수회 [suɦwe スフェ] 名 収賄

숙녀 [suŋnjɔ スンニョ] 名 ① 淑女；レディー ② 成人の女性に対する美称

숙모 [suŋmo スンモ] 名 叔母

숙박 [sukʔpak スクパク] 名 宿泊 ┃自┃ 숙박하다 [スクパカダ] 宿泊

する 関 숙박료[スクパンニョ]名 宿泊料 / 숙박소[スクパクソ]名 宿泊所

숙부[suk²pu スクプ]名 叔父

숙사[suk²sa スクサ]名 宿舎

숙성¹[suk²sɔŋ スクソン]名 早熟 自形 숙성하다[スクソンハダ] 早熟している；大人びている

숙성²[suk²sɔŋ スクソン]名 熟成 自他 숙성하다[スクソンハダ] 熟成する

숙소[suk²so スクソ]名 宿所；宿

숙어[sugɔ スゴ]名 熟語

숙이다[sugida スギダ]他（頭や首を）下げる；うなだれる；うつむく

숙제[suk²tʃe スクチェ]名 宿題 例 숙제는 다 했어요?[スクチェヌンター ヘッソヨ]宿題は全部終わりましたか。

숙취[suktʃʰwi スクチュィ]名 二日酔い

순간[sungan スンガン]名 瞬間；またたく間 例 결정적인 순간을 봤어요.[キョルチョンジョギン スンガヌル プワッソヨ]決定的な瞬間を見ました。

순결[sungjɔl スンギョル]名 純潔 自形 순결하다[スンギョラダ]純潔だ

순경[sungjɔŋ スンギョン]名 巡査

순대[sundɛ スンデ]名 豚の腸詰め

순두부[sundubu スンドゥブ]名 おぼろ豆腐

순무[sunmu スンム]名 カブ

순서[suːnsɔ スーンソ]名 順序

순수[sunsu スンス]名 純粋 自形 순수하다[スンスハダ]純粋だ

순식간[sunʃikʔkan スンシクカン]名 瞬く間

순조[suːndʒo スーンジョ]名 順調；好調 関 순조로이[スーンジョロイ] 副 順調に / 순조롭다[スーンジョロプタ]形《ㅂ変：순조로워 / 순조로운 スーンジョロウォ / スーンジョロウン》順調だ

순진하다[sundʒinɦada スンジナダ]形《하変》純真だ

순하다[suːnɦada スーナダ]形《하変》①（性質が）おだやかだ；すなおだ ②（味が）まろやかだ ③（物事が）たやすい

숟가락[sutʔkarak スッカラク]名 匙；スプーン 例 한국에서는 식사할 때 숟가락하고 젓가락을 써요.[ハーングゲソヌン シクサハルッテ スッカラカゴ チョッカラグル ッソヨ]韓国では食事をする時，匙と箸を使います。

술[sul スル]名 酒 例 술 한잔 하실래요?[スル ハンジャン ハシルレヨ]お酒を一杯いかがですか。 関 술값[スルカプ]名 酒代

술고래[sulgorɛ スルゴレ]名 大酒飲み

술김[sulʔkim スルッキム]名 酔った勢い

술꾼[sulʔkun スルックン]名 酒飲み；酒好き

술대접[suldɛdʒɔp スルデジョプ]名 酒のもてなし 自他 술대접하다[スルデジョパダ]酒でもてなす

술래[sullɛ スルレ]名（鬼ごっこの）鬼 関 술래잡기[スルレジャプキ]名 かくれんぼ / 술래잡기하다[スルレジャプキハダ]自《하変》かくれんぼをする

술술 [suːlsul スールスル] 副 ① 水が流れたり粉が落ちる様子：さらさら ② 風が穏やかに吹く様子：そよそよ ③ 言葉がよどみなく出る様子：すらすら

술안주 [surandʒu スランジュ] 名 肴；酒のつまみ；酒肴

술잔 [sulʔtʃan スルチャン] 名 杯；盃；酒杯；酒盃

술장사 [suldʒaŋsa スルジャンサ] 名 酒屋；水商売 [下自] 술장사하다 [スルジャンサハダ] 水商売をする

술집 [sulʔtʃip スルチプ] 名 飲み屋

숨 [suːm スーム] 名 息；呼吸 例 오늘은 정말 숨 쉴 틈도 없이 바빴어요. [オヌルン チョーンマル スームシュイル トゥムド オープシ パッパッソヨ] 今日は本当に息つく暇もないほど忙しかったです。関 숨을 끊다 [スームル ックンタ] 息が絶える／숨이 끊어지다 [スーミ ックノジダ] 息が絶える；死ぬ

숨결 [suːmʔkjʌl スームッキョル] 名 息遣い；息吹き

숨기다 [sumgida スムギダ] 他 隠す；隠蔽する；(人を) 匿う

숨다 [suːmʔta スームタ] 自 隠れる；潜む

숨바꼭질 [sumbaʔkokʔtʃil スムバッコクチル] 名 かくれんぼ [下自] 숨바꼭질하다 [スンバッコクチラダ] かくれんぼする 類 술래잡기 [スルレジャプキ]

숨지다 [suːmdʒida スームジダ] 自 息が絶える；息を引き取る；死ぬ

숨통 [suːmtʰoŋ スームトン] 名 ① 息の根 ② 気管

숫되다 [sutʔtweda スットゥェダ] 形 うぶだ；世慣れしていない

숫자 [suːtʔtʃa スーッチャ] 名 数字

숫처녀 [sutʔtʰɔnjɔ スッチョニョ] 名 生娘；処女

숫총각 [sutʔtʰoːŋgak スッチョーンガク] 名 童貞の男

숭늉 [suŋnjuŋ スンニュン] 名 お焦げに湯を加えてお茶のようにしたもの

숭어 [suːŋɔ スーンオ] 名 ボラ

숯 [sut スッ] 名 炭；木炭

숯불 [sutʔpul スップル] 名 炭火

숱하다 [sutʰada スッタダ] 形 〖ㅎ変〗数多い；ありふれている

숲 [sup スプ] 名 森；林；茂み 名 숲에서 삼림욕을 했어요. [スペソ サムニムニョグル ヘッソヨ] 森で森林浴をしました。

쉬다¹ [ʃwida シュイーダ] 自 (食べ物が) すえる

쉬다² [ʃwida シュイーダ] 自 (声が) しわがれる；かすれる

쉬다³ [ʃwida シュイーダ] 自他 ① 休む；休息する ② 寝る ③ 欠勤する；欠席する

쉬다⁴ [ʃwida シュイーダ] 他 呼吸する；息をする；息をつく

쉰 [ʃwiːn シュイーン] 数 50 類 오십 [オーシプ]

쉽다 [ʃwiːpʔta シュイープタ] 形 〖ㅂ変：쉬워／쉬운 シュィウォ／シュィウン〗対 어렵다 [オリョプタ] ① 容易い；やさしい 例 쉬운 방법을 가르쳐 주세요. [シュィウン バンボブル カルチョ ジュセヨ] 簡単な方法を教えてください。② 〈-기 쉽다の形で〉…する可能性が高い；…しやすい 関 쉽게 여기다 [シュィ

ーフケ ヨギダ] たやすく考える；甘く見る

쉽사리 [ʃwiːpʔsari シュィープサリ] 副 容易く；楽々と；難なく

슈퍼 [ʃuːpʰɔ シューポ] 名 スーパー

슛 [ʃuːt シューッ] 名 シュート

스님 [sunim スニム] 名 ① 僧に対する尊敬語 ② 僧が師を呼ぶ語

스며들다 [sumjɔdɯlda スミョドゥルダ] 自《ㄹ語幹：스며드는 스미요드ゥヌン》染みる；染み込む

스무 [sumu スム] 数 20《名詞を修飾する時の形》例 올해 스무 살이 돼요. [オレ スム サリ トゥェヨ] 今年20歳になります。関 스물 [スムル] 数 20

스물 [sumul スムル] 数 20《名詞を修飾する時は스무の形》類 이십 [イーシプ]

스미다 [sumida スミダ] 自 ① 染みる；液体などが入り込む ② 心に深く感じる

스스럼없다 [sɯsɯrɔmɔpʔta ススロモプタ] 存 気安い；気兼ねしない 副 스스럼없이 [ススロモプシ] 気安く；気兼ねなく

스스로 [sɯsɯro スス口] 副 ① おのずと；ひとりでに；自然に ② 自ら ③ 自分の力で ④《名詞的に》自分自身

스승 [sɯsɯŋ ススン] 名 師；先生

스웨터 [swetʰɔ スウェト] 名 セーター

스위치 [sɯwitʃʰi スウィチ] 名 スイッチ

스치다 [sɯtʃʰida スチダ] 自 ① かすめる；擦れる ② (考え・視線などが) よぎる

스카프 [sɯkʰaːpʰɯ スカープ] 名 スカーフ

스캔들 [sɯkʰɛndɯl スケンドゥル] 名 スキャンダル

스커트 [sɯkʰɔːtʰɯ スコートゥ] 名 スカート

스케이트 [sɯkʰeitʰɯ スケイトゥ] 名 スケート

스쿠버 [sɯkʰuːbɔ スクーボ] 名 スキューバ

스키 [sɯkʰi: スキー] 名 スキー 例 지난 주말에는 스키를 타러 갔어요. [チナン チュマレヌン スキールル タロ カッソヨ] 先週末にはスキーをし (乗り) に行きました。

스타디움 [sɯtʰadium スタディウム] 名 スタジアム

스타킹 [sɯtʰakʰiŋ スタキン] 名 ストッキング

스태프 [sɯtʰɛpʰɯ ステプ] 名 スタッフ

스탬프 [sɯtʰɛmpʰɯ ステムプ] 名 スタンプ

스테이크 [sɯtʰeikʰɯ ステイク] 名 ステーキ

스톱 [sɯtʰop ストプ] 名 ストップ

스튜디오 [sɯtʰjuːdio スティューディオ] 名 スタジオ

스포츠 [sɯpʰoːtʃʰɯ スポーチュ] 名 スポーツ 例 어떤 스포츠를 좋아하세요? [オットン スポーチュルル チョーアハセヨ] どのようなスポーツが好きですか。

슬그머니 [sɯlgɯmɔni スルグモニ] 副 密かに；こっそりと

슬기 [sɯlgi スルギ] 名 知恵；才知 関 슬기롭다 [スルギロプタ] 形《ㅂ変：슬기로워 / 슬기로운 スルギロ

ウォ / スルギロウン] 賢い；懸命だ；聡明だ

슬다 [sɯlda スルダ] 自〔ㄹ語幹：스는 스는] ①錆びる ②(かびが)生える

슬럼프 [sɯllompʰɯ スルロンプ] 名 スランプ；不振

슬로건 [sɯlloːgən スルローゴン] 名 スローガン

슬롯머신 [sɯllonməɕiːn スルロンモシーン] 名 スロットマシーン

슬며시 [sɯlmjəɕi スルミョシ] 副 ①そっと；こっそりと ②それとなく

슬슬 [sɯːlsɯl スールスル] 副 そろそろ；ぼちぼち 例 이제 슬슬 가야하는데요. [イジェ スールスル カヤハヌンデヨ] もうそろそろ行かなければいけないのですが。

슬쩍 [sɯlˀtɕək スルッチョク] 副 こっそり；さっと

슬퍼하다 [sɯlpʰəɦada スルポハダ] 他〔하変〕悲しむ

슬프다 [sɯlpʰɯda スルプダ] 形 悲しい 対 기쁘다 [キップダ] 例 슬픈 영화나 드라마를 보면 눈물이 나요. [スルプン ニョンフヮナ トゥラマルル ポミョン ヌンムリ ナヨ] 悲しい映画やドラマを見たら涙が出ます。関 슬픔 [スルプム] 名 悲しみ；悲哀

슬하 [sɯɾɦa スラ] 名 膝下；膝元

습격 [sɯpˀkjək スプキョク] 名 襲撃 他 습격하다 [スプキョカダ] 襲撃する

습관 [sɯpˀkwan スプクヮン] 名 習慣 関 습관성 [スプクヮンッソン] 名 習慣性 / 습관화 [スプクヮヌヮ] 名 習慣化

습기 [sɯpˀki スプキ] 名 湿気；湿り気

-습니까 [sɯmniˀka スムニッカ] 語尾《ㄹ語幹以外の子音語幹および時制を表す-았-/-었-, -겠-に付く》…ですか；…ますか 関 -ㅂ니까 [ムニッカ]

-습니다 [sɯmnida スムニダ] 語尾《ㄹ語幹以外の子音語幹および時制を表す-았-/-었-, -겠-に付く》…です；…ます 関 -ㅂ니다 [ムニダ]

습하다 [sɯpʰada スパダ] 形〔하変〕じめじめする；湿っている

승강장 [sɯŋgaŋdʑaŋ スンガンジャン] 名 乗降場；プラットホーム

승객 [sɯŋɡek スンゲク] 名 乗客

승낙 [sɯŋnak スンナク] 名 承諾 他 승낙하다 [スンナカダ] 承諾する 関 승낙서 [スンナクソ] 名 承諾書

승리 [sɯŋni スンニ] 名 勝利 他 승리하다 [スンニハダ] 勝利する；勝つ

승무 [sɯŋmu スンム] 名 僧舞《民俗舞踊の一種》

승용차 [sɯŋjoŋtɕʰa スンヨンチャ] 名 乗用車

승인 [sɯŋin スンイン] 名 承認 他 승인하다 [スンイナダ] 承認する

승차 [sɯŋtɕʰa スンチャ] 名 乗車 自 승차하다 [スンチャハダ] 乗車する 関 승차권 [スンチャックォン] 名 乗車券

시¹ [ɕiː シー] 名 市 ①都市 ②市場

시² [ɕi シ] 名 詩

-시- [ɕi シ] 語尾 尊敬の意を表す語尾《母音語幹とㄹ語幹(ㄹ脱落)に

付く，子音語幹の場合は-으시-の形になる》例 일본에 오시면 꼭 연락을 주세요. [イルボネ オシミョンッコク ヨルラグル チュセヨ] 日本にいらっしゃったら必ず連絡をください。/ 요즘 어떤 음악을 들으세요? [ヨジュム オットン ウマグルトゥルセヨ] 最近どんな音楽を聞いていますか。

시가 [ʃiga シガ] 名 婚家；嫁入り先の家

시간 [ʃigan シガン] 名 時間；時刻 例 잠시만 시간 좀 내 주세요. [チャムシマン シガン チョム ネー ジュセヨ] 少し時間を作ってください。関 시간 강사 [シガン カンサ] 名 時間講師(非常勤講師) / 시간급 [シガングプ] 名 時間給 / 시간표 [シガンピョ] 名 時間表；時間割

시건방지다 [ʃigənbaŋdʒida シゴンバンジダ] 形 生意気だ；小しゃくだ

시계 [ʃige シゲ] 名 時計 関 시계추 [シゲチュ] 名 時計の振り子

시골 [ʃigol シゴル] 名 ①田舎 ②地方 ③郷里 関 시골내기 [シゴルレギ] 名 田舎育ちの人 / 시골말 [シゴルマル] 名 田舎言葉

시그널 [ʃigɯnəl シグノル] 名 シグナル

시금치 [ʃigɯmtʃʰi シグムチ] 名 ホウレンソウ

시급하다 [ʃigupphada シグパダ] 形 《하変》至急だ；緊急だ；急だ 副 시급히 [シグピ] 急いで

시기¹ [ʃigi シギ] 名 時期；期間

시기² [ʃigi シギ] 名 猜疑；妬み嫌うこと 하他 시기하다 [シギハダ] 妬み嫌う 関 시기심 [シギシム] 名 猜疑心

시꺼멓다 [ʃiʔkəmətʰa シッコモッタ] 形 《ㅎ変》①真っ黒だ ②(心が)腹黒い；陰険だ

시끄럽다 [ʃiʔkɯrəpʔta シックロプタ] 形 《ㅂ変：시끄러워 / 시끄러운 シックロウォ / シックロウン》①やかましい；騒々しい 例 시끄러워요. 좀 조용히 해 주세요. [シックロウォヨ チョム チョヨンイ ヘ ジュセヨ] うるさいです。ちょっと静かにしてください。②(物事が)面倒だ；やっかいだ

시내¹ [ʃinɛ シーネ] 名 小川 関 시냇가 [シネッカ] 名 小川のほとり / 시냇물 [シネンムル] 名 小川の水

시내² [ʃinɛ シーネ] 名 市内 例 하루종일 친구들과 시내 여기저기를 돌아다녔어요. [ハル チョンイル チングドゥルグヮ シーネ ヨギチョギル トラダニョッソヨ] 一日中友達と市内のあちこちを歩き回りました。

시누이 [ʃinui シヌイ] 名 小姑；義姉；義妹

시늉 [ʃinjuŋ シニュン] 名 真似；振り 하自 시늉하다 [シニュンハダ] 真似する；振りをする

시다¹ [ʃida シダ] 形 ①(目が)まぶしい ②骨や関節などがうずく

시다² [ʃida シダ] 形 (味が)酸っぱい 自 酸っぱくなる

시달리다 [ʃidallida シダルリダ] 自 悩まされる；いじめられる

시대 [ʃidɛ シデ] 名 時代 関 시대 소설 [シデ ソーソル] 名 時代小説 / 시대착오 [シデチャゴ] 名 時代錯

시댁

誤
시댁 [ʃidɛk シデク] 名 夫の家の尊敬語
시도 [ʃi:do シード] 名 試み；試図 하他 시도하다 [シードハダ] 試みる
시동생 [ʃidoŋseŋ シドンセン] 名 夫の弟；義弟
시들다 [ʃidɯlda シドゥルダ] 自《ㄹ語幹：시드는 シドゥヌン》① (草花が)しおれる；枯れる ② (体力が)弱る ③ 衰える
시들하다 [ʃidɯrɦada シドゥラダ] 形《하変》気乗りがしない；気が進まない
시력 [ʃi:rjɔk シーリョク] 名 視力 関 시력 검사 [シーリョク コームサ] 名 視力検査
시련 [ʃi:rjɔn シーリョン] 名 試練 関 시련을 극복하다 [シーリョヌル ククポカダ] 試練を克服する
시루 [ʃiru シル] 名 蒸籠；こしき；蒸し器 関 시루떡 [シルットク] 名 こしきで蒸して作った餅
시름 [ʃirɯm シルム] 名 憂い；心配
시리다 [ʃirida シリダ] 形 しびれを感じるほど冷たい；かじかむ
시립 [ʃi:rip シーリプ] 名 市立
시멘트 [ʃimentʰɯ シメントゥ] 名 セメント
시무룩하다 [ʃimurukkʰada シムルカダ] 形《하変》不満でふくれている；むっつりしている
시민 [ʃi:min シーミン] 名 市民
시부모 [ʃibumo シブモ] 名 舅姑；舅と姑
시비 [ʃi:bi シービ] 名 ① 善悪 ② 是非を論じること；言い争い 하自 시비하다 [シービハダ] ① 是非を論じる ② 言い争う 関 시비조 [シービッチョ] 名 けちをつけてケンカを売る口調

시사 [ʃisa シサ] 名 時事 関 시사 문제 [シサ ムーンジェ] 名 時事問題 / 시사 해설 [シサ ヘーソル] 名 時事解説
시설 [ʃi:sɔl シーソル] 名 施設
시시덕거리다 [ʃiʃidɔkˀkɔrida シシドクコリダ] 自 はしゃぐ；軽々しくふざける
시시콜콜 [ʃiʃikʰolkʰol シシコルコル] 副 ① 無味乾燥な様子 ② くだらないことをしきりに尋ねる様子
시시하다 [ʃiʃiɦada シシハダ] 形《하変》つまらない；くだらない
시아버지 [ʃiabɔdʑi シアボジ] 名 舅；夫の父
시어머니 [ʃiɔmɔni シオモニ] 名 姑；夫の母
시외 [ʃi:we シーウェ] 名 市外 関 시외버스 [シーウェボス] 名 市外バス
시원섭섭하다 [ʃiwɔnsɔpˀsɔpʰada シウォンソプソパダ] 形《하変》せいせいしながらもどこか名残惜しい
시원하다 [ʃiwɔnɦada シウォナダ] 形《하変》① 涼しい；さわやかだ 例 바람이 참 시원하네요. [パラミ チャム シウォナネヨ] 風が本当に涼しいですね。② (気持ちが)すっきりしている；さっぱりしている ③ (言行が)明快だ ④ (味が)あっさりしている 副 시원히 [シウォニ] 涼しく；さわやかに；さっぱりと
시월 [ʃiwɔl シウォル] 名 10月 例 10

시위 [ʃiːwi シーウィ] 名 示威; デモ 하자 시위하다 [シーウィハダ] デモする 関 시위운동 [シーウィウンドン] 名 示威運動; デモ

시인 [ʃiin シイン] 名 詩人

시일 [ʃiil シイル] 名 ① 日々 ② 期日や期限

시작 [ʃiːdʒak シージャク] 名 始め; 開始 하자 시작하다 [シージャカダ] 始める 例 다 모였으면 회의를 시작하겠습니다. [ター モヨッスミョン フェイルル シージャカゲッスムニダ] 皆, 集まったら会議を始めます。

시장¹ [ʃiːdʒaŋ シジャン] 名 空腹; ひもじいこと 하형 시장하다 [シジャンハダ] ひもじい; 空腹だ

시장² [ʃiːdʒaŋ シージャン] 名 市長

시장³ [ʃiːdʒaŋ シージャン] 名 市場; 市; マーケット 例 엄마는 시장에 장 보러 가셨어요. [オムマヌン シージャンエ チャン ボロ カショッソヨ] お母さんは市場に買い物に行きました。 関 시장 가격 [シージャン カギョク] 名 市場価格 / 시장 조사 [シージャン チョサ] 名 市場調査; マーケットリサーチ

시절 [ʃidʒɔl シジョル] 名 ①(一生のうちのある時期) 時代; 時節 ② 時候; 季節 関 학창 시절 [ハクチャン シジョル] 学生時代

시정 [ʃiːdʒɔŋ シージョン] 名 是正 하타 시정하다 [シージョンハダ] 是正する

시조 [ʃidʒo シジョ] 名 時調《高麗末から発達した朝鮮固有の定型詩》

시중 [ʃidʒuŋ シジュン] 名 世話すること; 面倒を見ること 하타 시중하다 [シジュンハダ] 世話する; 面倒を見る 関 시중을 들다 [シジュンウル トゥルダ] 付き添う; 世話をする

시집¹ [ʃidʒip シジプ] 名 詩集

시집² [ʃidʒip シジプ] 名 嫁入り先 関 시집을 가다 [シジブル カダ] 嫁ぐ / 시집을 보내다 [シジブル ポネダ] 嫁がせる; 嫁入りさせる / 시집살이 [シジプサリ] 名 嫁入り暮らし

시차 [ʃitʃʰa シチャ] 名 時差

시찰 [ʃiːtʃʰal シーチャル] 名 視察 하타 시찰하다 [シーチャラダ] 視察する

시청 [ʃiːtʃʰɔŋ シーチョン] 名 市役所; 市庁

시초 [ʃiːtʃʰo シーチョ] 名 始め; 最初

시치미 [ʃitʃʰimi シチミ] 名 鷹の持ち主を示すため住所を書いて尾の毛の中に結んでおく名札 関 시치미를 떼다 [シチミルル ッテダ] とぼける; しらを切る

시키다¹ [ʃikʰida シキダ] 他 ① させる ② 注文する; 頼む 例 뭘 시킬까요? [ムォール シキルッカヨ] 何を注文しましょうか。

-시키다² [ʃikʰida シキダ] 接尾 一部の名詞に付いて: …させる

시트 [ʃiːtʰɯ シートゥ] 名 シーツ

시퍼렇다 [ʃipʰərɔtʰa シポロッタ] 形 《ㅎ変: 시퍼래 / 시퍼런 シポレ / シポロン》① 真っ青だ ②(非常に驚いたり恐かったりして) 顔色

시합

がまっ青だ

시합 [ʃiɦap シハプ] 名 試合 下自 시합하다 [シハパダ] 試合する

시행 [ʃiːɦeŋ シーヘン] 名 施行 下他 시행하다 [シーヘンハダ] 施行する 되受動 시행되다 [シーヘンドゥェダ] 施行される

시험 [ʃiɦʌm シホム] 名 試験 下他 시험하다 [シホマダ] 試験する 関 시험관 [シホムグヮン] 名 試験管 / 시험장 [シホムジャン] 名 試験場

식¹ [ʃik シク] 名 式 ① 方式；やり方 ② 儀式 ③ 数式

-식² [ʃik シク] 接尾 一部の名詞の下に付いて方法やその方式を表す語；…式

식구 [ʃikʔku シクク] 名 ① 家族 例 명절이 아니면 식구들이 다 모이기가 힘들어요. [ミョンジョリ アニミョン シククドゥリ ター モイギガ ヒムドゥロヨ] 名節(正月などの民俗的な祝祭日)でなければ家族がみんな集まるのは大変です。② 依名 …人家族 例 세 식구 [セー シク] 3人家族

식기 [ʃikʔki シクキ] 名 食器

식다 [ʃikʔta シクタ] 自 ①(熱いものが)冷える；冷める ②(熱意・情熱などが)冷める；薄れる 例 식기 전에 드세요. [シクキ ジョネ トゥセヨ] 冷める前に召し上がってください。関 식은 밥 [シグン バプ] 冷や飯 / 식은 죽 먹기 [シグン ジュン モキ] 冷めた粥を食う《簡単なこと、朝飯前を意味する諺》

식당 [ʃikʔtaŋ シクタン] 名 食堂 例 새로 생긴 식당이 괜찮대요. [セロ センギン シクタンイ クェンチャンテヨ] 新しくできた食堂はおいしいそうですよ。

식량 [ʃiŋnjaŋ シンニャン] 名 食糧；糧食 関 식량난 [シンニャンナン] 名 食糧難

식료품 [ʃiŋnjophum シンニョプム] 名 食料品

식물 [ʃiŋmul シンムル] 名 植物 関 식물도감 [シンムルドガム] 名 植物図鑑 / 식물성 [シンムルッソン] 名 植物性 / 식물원 [シンムルォン] 名 植物園 / 식물 채집 [シンムル チェジブ] 名 植物採集 / 식물 표본 [シンムル ピョボン] 名 植物標本

식빵 [ʃikʔpaŋ シクッパン] 名 食パン

식사 [ʃikʔsa シクサ] 名 食事 例 언제 식사나 합시다. [オンジェ シクサナ ハプシダ] いつか食事でもしましょう。下自 식사하다 [シクサハダ] 食事する

식상 [ʃikʔsaŋ シクサン] 名 ① 食べ飽きること ② 食あたり ③ 嫌気 下自 식상하다 [シクサンハダ] ① 食べ飽きる ② 食あたりする ③ 飽きる；嫌気が差す

식성 [ʃikʔsʌŋ シクソン] 名 (飲食物に対する)好み；嗜好

식욕 [ʃigjok シギョク] 名 食欲 関 식욕 부진 [シギョク プジン] 名 食欲不振

식은땀 [ʃigɯnʔtam シグンッタム] 名 ① 体が衰弱して病的に出る汗；寝汗 ② 冷や汗

식전 [ʃikʔtʃʌn シクチョン] 名 食前

식초 [ʃiktʃho シクチョ] 名 食酢；酢

식칼 [ʃikkhal シクカル] 名 包丁

식탁 [ʃikthak シクタク] 名 食卓 例 식

탁 좀 닦아 주시겠어요? [シクタク チョム タッカ ジュシゲッソヨ] 食卓をちょっと拭いていただけますか。

식품 [ʃikpʰum シクプム] 名 食料品

식해 [ʃikkʰɛ シケ] 名 魚に塩・粟飯・大根・トウガラシ粉などを入れた塩辛

식혜 [ʃikkʰe シケ] 名 米や粳に麦芽粉を濾した水を入れて甘く醸した飲み物

식후 [ʃikkʰu シク] 名 食後

식히다 [ʃikkʰida シキダ] 他 冷やす；冷ます

신¹ [ʃin シン] 名 履き物の総称 類 신발 [シンバル]；구두 [クドゥ] 名 靴

신² [ʃin シン] 名 神 関 하느님 [ハヌニム] 名 神様

신간 [ʃingan シンガン] 名 新刊

신경 [ʃingjɔŋ シンギョン] 名 神経 関 신경질 [シンギョンジル] 名 神経質 / 신경통 [シンギョントン] 名 神経痛

신고 [ʃingo シンゴ] 名 申告 他 신고하다 [シンゴハダ] 申告する

신기 [ʃingi シンギ] 名 神奇；不思議 形 신기하다 [シンギハダ] 不思議だ 関 신기롭다 [シンギロプタ] 形 《ㅂ変：신기로워 / 신기로운 シンギロウォ / シンギロウン》不思議だ；神妙だ

신나다 [ʃinnada シンナダ] 自 興がわく；得意になる；浮かれる

신년 [ʃinnjɔn シンニョン] 名 新年

신념 [ʃiːnnjɔm シーンニョム] 名 信念

신다 [ʃiːnˀta シーンタ] 他 履く 例 이

구두 신어 봐도 돼요? [イ クドゥ シノ ブワド ドウェヨ] この靴履いてみていいですか。

신도 [ʃindo シンド] 名 信徒；信者

신라 [ʃilla シルラ] 名 新羅

신랑 [ʃillaŋ シルラン] 名 新郎；花婿 関 신랑감 [シルランッカム] 名 婿候補

신록 [ʃillok シルロク] 名 新緑

신뢰 [ʃiːllwe シールルェ] 名 信頼 他 신뢰하다 [シールルェハダ] 信頼する

신맛 [ʃinmat シンマッ] 名 酸味；すっぱい味

신문 [ʃinmun シンムン] 名 新聞 例 아버지는 매일 아침에 신문을 보세요. [アボジヌン メーイル アチメ シンムヌル ポセヨ] 父は毎朝、新聞を読みます。 関 신문 광고 [シンムン クヮーンゴ] 名 新聞広告 / 신문 기자 [シンムン キジャ] 名 新聞記者 / 신문사 [シンムンサ] 名 新聞社 / 신문지 [シンムンジ] 名 新聞紙

신발 [ʃinbal シンバル] 名 履物；靴 例 이 신발이 작아요. 좀 더 큰 사이즈 없어요? [イ シンバリ チャガヨ チョム ド クン サイジュ オープソヨ] この靴、小さいです。もう少し大きいサイズありませんか。

신부¹ [ʃinbu シンブ] 名 神父

신부² [ʃinbu シンブ] 名 新婦；花嫁 例 신부가 참 예쁘네요. [シンブガ チャム イェーップネヨ] 新婦が本当にきれいですね。 関 신붓감 [シンブッカム] 名 花嫁候補

신분 [ʃinbun シンブン] 名 身分 ①

個人の社会的な地位 ②人の法律上の地位や資格 関 신분 제도[シンブン チェド]名 身分制度 / 신분증명서[シンブンジュンミョンソ]名 身分証明書

신선 [ʃinsən シンソン]名 新鮮 하形 신선하다[シンソンナダ] 新鮮だ

신선로 [ʃinsəllo シンソルロ]名 シンソルロ：神仙炉《宮中料理の一種》

신세 [ʃinse シンセ]名 ①身の上 ②(他人にかける)厄介；面倒 例 신세를 많이 졌습니다. [シンセルル マーニ チョッスムニダ] 大変お世話になりました。

신앙 [ʃiːnaŋ シーナン]名 信仰 하他 신앙하다[シーナンハダ] 信仰する

신용 [ʃiːnjoŋ シーニョン]名 信用 하他 신용하다[シーニョンハダ] 信用する 関 신용 거래[シーニョン コーレ]名 信用取引 / 신용 기관[シーニョン キグヮン]名 信用機関 / 신용 조합[シーニョン チョハプ]名 信用組合 / 신용 카드[シーニョン カードゥ]名 クレジットカード

신원 [ʃinwən シヌォン]名 身元 関 신원 보증[シヌォン ポジュン]名 身元保証

신입 [ʃinip シニプ]名 新入 関 신입 사원[シニプサウォン]名 新入社員 / 신입생[シニプセン]名 新入生

신장¹ [ʃinʔtʃaŋ シンチャン]名 下駄箱

신장² [ʃindʒaŋ シンジャン]名 身長；背丈

신장³ [ʃiːndʒaŋ シーンジャン]名 腎臓 関 신장 결석[シーンジャン キョルソク]名 腎臓結石 / 신장병[シーンジャンッピョン]名 腎臓病

신주 [ʃindʒu シンジュ]名 神主；位牌

신중 [ʃiːndʒuŋ シーンジュン]名 慎重 하形 신중하다[シーンジュンハダ] 慎重だ 関 신중히[シーンジュンイ]副 慎重に

신참 [ʃintʃʰam シンチャム]名 新参

신청 [ʃintʃʰəŋ シンチョン]名 申請 하他 신청하다[シンチョンハダ] 申請する

신체 [ʃintʃʰe シンチェ]名 身体 関 신체검사[シンチェゴームサ]名 身体検査 / 신체장애[シンチェジャンエ]名 身体障害 / 신체적성[シンチェジョクッソン]名 身体適性

신출내기 [ʃintʃʰullɛgi シンチュルレギ]名 新米；駆け出し

신통 [ʃintʰoŋ シントン]名 神通 하形 신통하다[シントンハダ] ①霊験あらたかだ；すべてのことに通じている ②(才能などが)並外れている ③新奇だ ④感心だ；称賛に値する

신학기 [ʃinɦakʔki シナクキ]名 新学期

신호 [ʃiːnɦo シーノ]名 信号 関 신호등[シーノドゥン]名 信号灯

신혼 [ʃinɦon シノン]名 新婚 関 신혼여행[シノンニョヘン]名 新婚旅行

싣다 [ʃiːtʔta シーッタ]他《ㄷ変：실어 / 싣는 シロ / シーンヌン》①(品物を運ぶために)載せる；積む ②(出版物に)掲載する；載せる

실 [ʃiːl シール] 名 糸
실격 [ʃilˀkjok シルッキョク] 名 失格 自 実格하다 [シルッキョカダ] 失格する
실고추 [ʃiːlgotʃʰu シールゴチュ] 名 唐辛子を糸状に刻んだもの
실내 [ʃillɛ シルレ] 名 室内 関 실내 경기 [シルレ キョーンギ] 名 室内競技 / 실내등 [シルレドゥン] 名 室内灯 / 실내복 [シルレボク] 名 室内着；部屋着 / 실내악 [シルレアク] 名 室内楽 / 실내 장식 [シルレ チャンシク] 室内装飾
실력 [ʃilljok シルリョク] 名 ① 実力 ② 武力；腕力 関 실력자 [シルリョクチャ] 名 実力者 / 실력 행사 [シルリョク ヘンサ] 名 実力行使
실례 [ʃillje シルリェ] 名 失礼 例 실례지만 길 좀 묻겠습니다. [シルリェジマン キル チョム ムッケッスムニダ] 失礼ですが，道をちょっとお伺いします。自 실례하다 [シルリェハダ] 失礼する
실마리 [ʃiːlmari シールマリ] 名 ① 糸の端；糸口 ② 物事や事件の端緒
실망 [ʃilmaŋ シルマン] 名 失望 自 실망하다 [シルマンハダ] 失望する
실물 [ʃilmul シルムル] 名 実物；現品
실색 [ʃilˀsek シルセク] 名 驚いて顔色を変えること；色を失うこと 他 실색하다 [シルセカダ] 色を失う
실세 [ʃilˀse シルセ] 名 実勢 ① 実際の勢力 ② 実際の相場
실속 [ʃilˀsok シルソク] 名 ① 中身 ② 実利

실수 [ʃilˀsu シルス] 名 失敗；ミス；しくじり 自 실수하다 [シルスハダ] 失敗する；しくじる
실시 [ʃilˀʃi シルシ] 名 実施 他 실시하다 [シルシハダ] 実施する
실업¹ [ʃirop シロプ] 名 実業 関 실업가 [シロプカ] 名 実業家
실업² [ʃirop シロプ] 名 失業 自 실업하다 [シロパダ] 失業する 関 실업 보험 [シロプ ポーホム] 名 失業保険 / 실업 수당 [シロプ スダン] 名 失業手当 / 실업자 [シロプチャ] 名 失業者
실용 [ʃirjoŋ シリヨン] 名 実用
실정 [ʃilˀtʃoŋ シルチョン] 名 実情
실제 [ʃilˀtʃe シルチェ] 名 実際 関 실제는 [シルチェヌン] 実際は / 실제로 [シルチェロ] 実際に
실책 [ʃilˀtʃʰek シルチェク] 名 失策
실천 [ʃilˀtʃʰon シルチョン] 名 実践 他 실천하다 [シルチョナダ] 実践する 関 실천력 [シルチョンニョク] 名 実践力 / 실천적 [シルチョンジョク] 名 実践的
실컷 [ʃilkʰot シルコッ] 副 十二分に；存分に
실패 [ʃilpʰɛ シルペ] 名 失敗 自他 실패하다 [シルペハダ] 失敗する
실하다 [ʃirɦada シラダ] 形 〘하変〙 ① 丈夫だ ② 財産が豊かだ ③ まじめでいつわりがない
실행 [ʃirɦeŋ シレン] 名 実行 他 실행하다 [シレンハダ] 実行する
실험 [ʃirɦom シロム] 名 実験 他 실험하다 [シロマダ] 実験する 関 실험실 [シロムシル] 名 実験室 / 실험장 [シロムジャン] 名 実験場
실현 [ʃirɦjon シリョン] 名 実現

실황

실황 [ʃirfiwaŋ シルワン] 图 実況

싫다 [ʃiltʰa シルタ] 形 ①嫌だ；気にくわない 例 저는 담배 연기가 정말 싫어요. [チョヌン タームベ ヨンギガ チョーンマル シロヨ] 私はタバコの煙が本当に嫌です。②《動詞の語幹＋-기 싫다の形で》…したくない

싫어하다 [ʃirɔfiada シロハダ] 他 《하変》① 嫌がる；嫌う 例 처음에는 김치를 싫어했는데 지금은 잘 먹어요. [チョウメヌン キムチルル シロヘンヌンデ チグムン チャル モゴヨ] 初めはキムチが嫌いでしたが，今はよく食べます。②《動詞の語幹＋-기 싫어하다の形で》…したがらない；…することを好まない

싫증 [ʃilʔtʃuŋ シルチュン] 图 嫌気；飽き

심각하다 [ʃi:mgakkʰada シームガカダ] 形 《하変》深刻だ

심다 [ʃi:mʔta シームタ] 他 植える 例 밭에 상추를 심었어요. [パテ サンチュルル シモッソヨ] 畑にチシャを植えました。

심리 [ʃimni シムニ] 图 心理 関 심리묘사 [ʃimni ミョーサ] 图 心理描写 / 심리 상태 [ʃimni サンテ] 图 心理状態 / 심리학 [ʃimni ハク] 图 心理学

심보 [ʃimʔpo シムポ] 图 底意地；根性；心根

심부름 [ʃi:mburum シームブルム] 图 お遣い 自 심부름하다 [シームブルマダ] お遣いをする 関 심부름꾼 [シームブルムックン] 图 遣い；遣いに行く人

심사 [ʃimsa シムサ] 图 審査 他 심사하다 [シムサハダ] 審査する 関 심사원 [シムサウォン] 图 審査員

심상찮다 [ʃimsantʃʰantʰa シムサンチャンタ] 形 尋常ではない

심술 [ʃimsul シムスル] 图 ①人をいじめたりねたんだりする根性 ②我を張り意地を通すこと 関 심술을 내다 [シムスルル ネーダ] 意地悪をする / 심술을 부리다 [シムスルル プリダ] 意地悪をする / 심술궂다 [シムスルクッタ] 形 意地悪だ / 심술꾸러기 [シムスルックロギ] 图 意地悪な人

심심풀이 [ʃimʃimpʰuri シムシムプリ] 图 ひまつぶし

심심하다¹ [ʃimʃimfiada シムシマダ] 形 《하変》味が薄い

심심하다² [ʃimʃimfiada シムシマダ] 形 《하変》退屈だ

심야 [ʃi:mja シーミャ] 图 深夜

심의 [ʃi:mi シーミ] 图 審議 他 심의하다 [シーミハダ] 審議する 関 심의회 [シーミフェ] 图 審議会

심장 [ʃimdʒaŋ シムジャン] 图 心臓 関 심장 마비 [シムジャン マビ] 图 心臓麻痺 / 심장병 [シムジャンッピョン] 图 心臓病

심정 [ʃimdʒɔŋ シムジョン] 图 心情

심지어 [ʃi:mdʒiɔ シームジオ] 副 甚だしくは；さらには

심통 [ʃimtʰoŋ シムトン] 图 よくない心根；意地悪

심판 [ʃi:mpʰan シームパン] 图 審判

싸움

|他| 심판하다[シームパナダ] 審判する 関 심판관[シームパングワン] |名| 審判員 / 심판원[シームパヌォン] |名| 審判員

심포니 [ʃimpʰoni シムポニ] |名| シンフォニー

심하다 [ʃi:mɦada シーマダ] |形|《하変》ひどい；激しい；甚だしい 例 올해 추위는 너무 심해요. [オレ チュウィヌン ノム シーメヨ] 今年の寒さはとても厳しいです。 |副| 심히[シーミ] ひどく；激しく

심호흡 [ʃi:mɦoɦɯup シーモフプ] |名| 深呼吸

십 [ʃip シプ] |数| 10 類 열[ヨル]

십이월 [ʃibiwʌl シビウォル] |名| 12月

십일월 [ʃibirwʌl シビルォル] |名| 11月

십장생 [ʃipʔtɕaŋsɛŋ シプチャンセン] |名| 十長生《長寿を象徴する10種の物(太陽・山・水・石・松・不老草・亀・鶴・鹿)》

싱겁다 [ʃiŋɡʌpʔta シンゴプタ] |形|《ㅂ変: 싱거워 / 싱거운 シンゴウォ / シンゴウン》① 水っぽい ②(酒などが)味が薄い ③(言動が)つまらない；くだらない

싱글 [ʃiŋɡɯl シングル] |名| シングル

싱싱하다 [ʃiŋʃiŋɦada シンシンハダ] |形|《하変》① 生き生きしている ② 新鮮だ；みずみずしい ③ 活発だ；ぴんぴんしている

싱크대 [ʃiŋkʰɯdɛ シンクデ] |名| 流し台；シンク

싶다 [ʃipʔta シプタ] |補形| ①《動詞の語幹+-고 싶다の形で》欲求や願望を表す：…したい 例 드시고 싶은 게 있으세요? [トゥシゴ シプン ゲ イッスセヨ] 召し上がりたいものがありますか。②《-ㄴ가 / 은가, -는가, -ㄹ까 / 을까 싶다の形で》推測を表す：…ようだ

싶어하다 [ʃipʰʌɦada シポハダ] |補形|《하変》《動詞の語幹+-고 싶어하다の形で》願望を表す：…したがる

싸다¹ [ʔsada ッサダ] |形| ①(値段が)安い 対 비싸다[ピッサダ] 例 다른 가게보다 싼 가격이에요. [タルン カーゲボダ ッサン カギョギエヨ] 他の店より安い価格です。/ 좀 더 싸게 해 주세요. [チョム ト ッサゲ ヘ ジュセヨ] もう少し安くしてください。②(罰やそのような仕打ちを受けるのは)当然だ

싸다² [ʔsada ッサダ] |他| ① 包む 例 이것은 따로 싸 주세요. [イゴスン ッタロ ッサ ジュセヨ] これは別に包んでください。② 取り囲む ③(弁当などを)支度する 例 도시락을 싸 다닙니다. [トシラグル ッサ ダニムニダ] お弁当を持って通っています。

싸다³ [ʔsada ッサダ] |形| ① 口が軽い；軽率だ ②(身のこなしが)すばやい

싸우다 [ʔsauda ッサウダ] |自| ① 争う；ケンカする 例 싸우지 말고 사이좋게 지내세요. [ッサウジ マールゴ サイジョッケ チネセヨ] ケンカしないで仲良くしてください。② 競う ③(何かを達成しようとして)努力する；闘う

싸움 [ʔsaum ッサウム] |名| ケンカ；争い 関 싸움질[ッサウムジル] |名| ケンカ；戦い；争い / 싸움터[ッサウ

775

ムト] 名 戦場
싹 [ˀsak ッサク] 名 ① 芽 ② 싹수 [ッサクス] の略
싹수 [ˀsaksu ッサクス] 名 見込み；兆し 関 싹수가 없다 [ッサクスガ オープタ] 見込みがない；将来性がない / 싹수가 있다 [ッサクスガ イッタ] 見込みがある；将来性がある
싹싹하다 [ˀsakˀsakkʰada ッサクッサカダ] 形《하変》気さくだ；愛想がよい
싼값 [ˀsangap ッサンガプ] 名 安値
쌀 [ˀsal ッサル] 名 米
쌀쌀하다 [ˀsalˀsarɦada ッサルッサラダ] 形《하変》① 肌寒い；冷え冷えとしている ②(態度や表情が)冷たい；よそよそしい 副 쌀쌀히 [ッサルッサリ] 冷たく；冷ややかに
쌈 [ˀsam ッサム] 名 サム《白菜・チシャ・えごまの葉などで飯とおかずを包んで食べる料理》
쌉쌀하다 [ˀsapˀsarɦada ッサプッサラダ] 形《하変》ほろ苦い；少し苦味がある
쌍 [ˀsaŋ ッサン] 名 対；ペア 依名 …対
쌍꺼풀 [ˀsaŋˀkəpʰul ッサンッコプル] 名 二重瞼
쌍둥이 [ˀsaŋduŋi ッサンドゥンイ] 名 双子
쌍방 [ˀsaŋbaŋ ッサンバン] 名 双方；両方
쌍벽 [ˀsaŋbjək ッサンビョク] 名 双璧
쌍수 [ˀsaŋsu ッサンス] 名 両手；諸手
쌍스럽다 [ˀsaŋˀsurəpˀta ッサンスロプタ] 形《ㅂ変:쌍스러워 / 쌍스러운 ッサンスロウォ / ッサンスロウン》下品だ；卑しい

쌍쌍 [ˀsaŋˀsaŋ ッサンッサン] 名 ① 2つ(2人)ずつの対 ②《副詞的に》2人ずつ
쌍안경 [ˀsaŋaŋgjəŋ ッサンアンギョン] 名 双眼鏡
쌓다 [ˀsattʰa ッサッタ] 他 ① 積む 例 창고에 쌓아 둔 물건 정리 좀 해 주세요. [チャンゴエ ッサア ドゥン ムルゴン チョーンニ チョム ヘ ジュセヨ] 倉庫に積んでおいた物を整理してください。②(ある物を積んで)築く ③(技術・経験・業績・知識などを)積む
쌓이다 [ˀsaida ッサイダ] 自 ① 積もる 例 간밤에 내린 눈이 많이 쌓였어요. [カーンバメ ネリン ヌーニ マーニ ッサヨッソヨ] 昨晩降った雪がたくさん積もりました。②(ある感情が)募る；(心配などが)重なる ③(仕事などが)たまる 例 일이 산더미처럼 쌓여 있어요. [イーリ サントミチョロム ッサヨ イッソヨ] 仕事が山のようにたまっています。受動 積まれる
써클 [ˀsəkʰul ッソクル] 名 サークル
썩다 [ˀsəkˀta ッソクタ] 自 ① 腐る ②(活用されるべきものが)死蔵されている ③(才能・能力などが)埋もれる ④(思想・社会制度などが)乱れる；堕落する ⑤(心配などで)心を痛める
썰다 [ˀsəːlda ッソールダ] 他《ㄹ語幹: 써는 ッソヌン》(野菜などを)切る；刻む
썰매 [ˀsəlmɛ ッソルメ] 名 そり
썰물 [ˀsəlmul ッソルムル] 名 引き

쏘다 [ˀsoda ッソダ] 他 ① 射る；撃つ ② 刺す ③ 激しくなじる ④ (辛い味などが舌を) 刺す

쏘아보다 [ˀsoaboda ッソアボダ] 他 鋭い目つきで見る；にらむ

쏜살같다 [ˀsonsalgatˀta ッソンサルガッタ] 形 矢のようだ 副 **쏜살같이** [ˀsonsalgatɕʰi ッソンサルガチ] 矢のように；矢の如く

쏟다 [ˀsotˀta ッソッタ] 他 ① こぼす；流す ② (血や涙などを) 流す；出す；こぼす ③ (心を) 注ぐ；傾ける

쏟아지다 [ˀsodadʑida ッソダジダ] 自 ① (一度に) こぼれる；降り注ぐ ② (一度に多く) 生じる；出てくる

쏠리다 [ˀsollida ッソルリダ] 自 ① (物が一方に) 偏る；傾く ② (心・視線などが) 注がれる

쐬다 [ˀswe:da ッスェーダ] 他 ① (日光や風などを) 浴びる ② (風などに) 当たる

쑤다 [ˀsuda ッスダ] 名 (粥を) 炊く

쑤시다¹ [ˀsuɕida ッスシダ] 自 ちくちく痛む；ずきずきする；うずく

쑤시다² [ˀsuɕida ッスシダ] 他 ① (棒などで) ほじる ② (蜂の巣や穴などを) つつく ③ (人を) そそのかす

쑥 [ˀsuk ッスク] 名 ヨモギ 関 **쑥떡** [ˀsukˀtok ッスクットク] 名 ヨモギ餅

쑥갓 [ˀsukˀkat ッスクッカッ] 名 シュンギク

쑥스럽다 [ˀsukˀsɯropˀta ッスクスロプタ] 形 《ㅂ変:쑥스러워 / 쑥스러운 ッスクスロウォ / ッスクスロウン》 照れくさい；きまりが悪い

쓰다¹ [ˀsɯda ッスダ] 他 《으変:써 ッソ》 (文や字を) 書く 例 글씨 참 예쁘게 쓰시네요. [クルッシ チャム イェープッゲ ッスシネヨ] 字を本当にきれいに書きますね。

쓰다² [ˀsɯda ッスダ] 他 《으変:써 ッソ》 ① (帽子などを) 被る 例 밖이 더우니까 모자를 쓰세요. [パッキ トウニッカ モジャルル ッスセヨ] 外は暑いから帽子を被ってください。② (傘などを) 差す ③ (眼鏡を) 掛ける ④ (他人の罪などを) 被る；(濡れ衣を) 着せられる

쓰다³ [ˀsɯda ッスダ] 他 《으変:써 ッソ》 ① (お金・物・道具などを) 使う；使用する；用いる 例 돈을 그렇게 물 쓰듯이 쓰지 말고 좀 아껴 써요. [トーヌル クロッケ ムル ッスドゥシ ッスジ マールゴ チョム アッキョ ッソヨ] お金をそんな湯水のように使わないでちょっと大切に使いなさい。② (人を) 使う；雇用する ③ (心・力などを) 使う；傾ける；尽す；注ぐ

쓰다⁴ [ˀsɯda ッスダ] 形 《으変:써 ッソ》 ① 苦い ② (食欲が) ない ③ 不機嫌だ；苦々しい

쓰다듬다 [ˀsɯdadɯmˀta ッスダドゥムタ] 他 ① なでる；さする ② なだめる

쓰라리다 [ˀsɯrarida ッスラリダ] 形 ① (傷口が) ひりひりする ② 痛い；心苦しい

쓰러지다 [ˀsɯrodʑida ッスロジダ] 自 ① (立っているものが) 倒れる ② (事業の失敗などで) 倒れる ③ (力が尽きて) 倒れる；死ぬ；寝

쓰레기 [ˀsuregi ッスレギ] 名 ゴミ 例 음식물 쓰레기를 줄입시다. [ウームシンムル ッスレギルル チュリプシダ] 生ゴミを減らしましょう。 関 쓰레기통 [ッスレギトン] 名 ゴミ箱

쓰레받기 [ˀsurebatˀki ッスレバッキ] 名 ちり取り

쓰리다 [ˀsurida ッスリダ] 形 ひりひり痛む；焼ける

쓰이다¹ [ˀsuida ッスイダ] 受動 書かれる 使役 書かせる

쓰이다² [ˀsuida ッスイダ] 受動 使われる；用いられる

쓴웃음 [ˀsunusum ッスヌスム] 名 苦笑い；苦笑

쓸개 [ˀsulge ッスルゲ] 名 胆嚢

쓸다 [ˀsulda ッスルダ] 他《ㄹ語幹：쓰는 ッスヌン》① 掃く ②（手で軽く）なでる ③（病気などが）蔓延する；広まる ④（金品を）かき集める；独り占めにする

쓸데 [ˀsulˀte ッスルテ] 名 使い道；使い所

쓸데없다 [ˀsulˀteǝpˀta ッスルテオプタ] 存 ① 使い所がない；役に立たない；要らない ② 何の意味もない；つまらない；くだらない

쓸모 [ˀsulmo ッスルモ] 名 使い道；用途

쓸쓸하다 [ˀsulˀsulɦada ッスルッスルラダ] 形《하変》①（天気が）うすら寒い；冷え冷えする；肌寒い ②（気持ちが）物寂しい；わびしい 副 쓸쓸히 [ッスルッスリ] 寂しく；しょんぼりと

씀씀이 [ˀsumˀsumi ッスムッスミ] 名 金銭や物などを消費すること，またはその費用 関 돈 씀씀이가 헤프다 [トーン ッスムッスミガ ヘープダ] 金遣いが荒い

씁쓸하다 [ˀsupˀsurɦada ッスプッスラダ] 形《하変》やや苦い

씌우개 [ˀʃiuge ッシウゲ] 名 覆い；カバー

씌우다 [ˀʃiuda ッシウダ] 他 ①（頭に）被せる ②（罪などを人に）被せる

씨¹ [ˀʃi ッシ] 名 ①（植物の）種子 ② 血統 ③（物事の）根本；原因

씨² [ˀʃi ッシ] 名 氏；姓 依존 …氏；…さん 例 김 씨는 한국에서 제일 흔한 성이에요. [キム ッシヌン ハーングゲソ チェーイル フナン ソンイエヨ] 金氏は韓国で一番よくある姓です。

씨름 [ˀʃirum ッシルム] 名 朝鮮相撲 自 씨름하다 [ッシルマダ] ① 相撲をする ② ある事に真剣に取り組む

씨앗 [ˀʃiat ッシアッ] 名 穀物や野菜の種

씩씩하다 [ˀʃikˀʃikkʰada ッシクッシカダ] 形《하変》凛々しい

씹다 [ˀʃipˀta ッシプタ] 他 ① 噛む ② 陰口をきく

씻기다 [ˀʃitˀkida ッシッキダ] 受動 洗われる

씻다 [ˀʃitˀta ッシッタ] 他 ①（水などで）洗う ②（水気を）拭う ③（汚名・恥辱を）そそぐ 関 씻은 듯이 [ッシスン ドゥシ] きれいさっぱり

ㅇ

아가 [aga アガ] 名 感 ① 赤子；赤ち

아담하다

やん ②坊や；お嬢ちゃん
아가리 [agari アガリ] 名 くちばし
아가미 [agami アガミ] 名 えら
아가씨 [agaʦ͈i アガッシ] 名 感 未婚の若い女性の呼称：お嬢さん；娘さん
아궁이 [aguɲi アグンイ] 名 焚口；かまど
아귀 [agwi アグィ] 名 アンコウ
아기 [agi アギ] 名 赤ちゃん 関 아기가 서다 [アギガ ソダ] 身ごもる；妊娠する
아기자기 [agidʑagi アギジャギ] 副 愛情細やかで睦まじく 하形 아기자기하다 [アギジャギハダ] ① 仲睦まじい ② よく調和がとれて美しい
아까 [aʔka アッカ] 副 ① 少し前；先程；さっき ②《名詞的に》さっき 例 아까는 정말 죄송했어요. [アッカヌン チョンマル チュェーソンヘッソヨ] 先程は、本当にすみませんでした。
아깝다 [aʔkapʔta アッカプタ] 形《ㅂ変：아까워 / 아까운 アッカウォ / アッカウン》惜しい；残念だ；もったいない；大切だ
아끼다 [aʔkida アッキダ] 他 ① 惜しむ；節約する；大切に使う 例 물을 아껴 씁시다. [ムルル アッキョ ッスプシダ] 水を大切に使いましょう。② 大切にする；大事にする 例 이건 내가 제일 아끼는 책이에요. [イゴン ネガ チェーイル アッキヌン チェギエヨ] これは私が、一番大切にしている本です。
아낌없다 [aʔkimɔpʔta アッキモプタ] 存 惜しまない 副 아낌없이 [アッ

キモプシ] 副 惜しげもなく；惜しみなく
아나운서 [anaunsɔ アナウンソ] 名 アナウンサー
아내 [anɛ アネ] 名 妻；女房；家内 例 그는 아내를 끔찍이 사랑해요. [クヌン アネルル ックムチッギ サランヘヨ] 彼は妻をとても愛しています。
아늑하다 [anukkʰada アヌカダ] 形《하変》① こぢんまりしている ② 風もなく暖かい
아니¹ [ani アニ] 副《用言の前で》否定を表す：…ない
아니² [ani アニ] 副 ① 否定の返事：いや、いいえ ② 驚きや疑念を表す：ええっ
아니꼽다 [aniʔkopʔta アニッコプタ] 形《ㅂ変：아니꼬워 / 아니꼬운 アニッコウォ / アニッコウン》① 吐き気がする；むかつく ② 目障りだ；生意気だ；憎たらしい
아니나다를까 [aninadarɯlʔka アニナダルルッカ] 感 案の定；予想通り
아니다 [anida アニダ] 指 ①《事実を否定して》…でない 例 거짓말 아니에요. [コージンマル アニエヨ] 嘘ではありません。② 相手の質問などを否定する：いや；違う 例 한국 사람이에요? 아니에요. 일본 사람이에요. [ハーングク サラミエヨ アニエヨ イルボン サーラミエヨ] 韓国人ですか。いいえ、日本人です。
아담하다 [aːdamɦada アーダマダ] 形《하変》上品でこぢんまりしている 関 아담스럽다 [アーダムスロプ

タ]形《ㅂ変:아담스러워/아담스러운 アダムスロウォ/アダムスロウン》こじんまりしてこぎれいだ

-아도 [ado アド] 語尾《用言の語幹末の母音がㅏ,ㅑ,ㅗの場合に接続》譲歩を表す:…しても,…ても,…でも 例 내일은 늦게 와도 돼요? [ネイルン ヌッケ ワド ドゥェヨ] 明日は遅く来てもいいですか。関 -어도 [オド] 語尾 用言の語幹末の母音がㅏ,ㅑ,ㅗ以外の場合に用いる。

아동 [adoŋ アドン] 名 児童 関 아동기 [アドンギ] 名 児童期 / 아동 문학 [アドン ムナク] 名 児童文学 / 아동복 [アドンボク] 名 児童服

아둔하다 [adunɦada アドゥナダ] 形《하変》愚かだ;愚鈍だ

아드님 [adunim アドゥニム] 名 他人の息子の尊敬語:ご子息;息子さん

아득하다 [adukkʰada アドゥカダ] 形《하変》遥かに遠い;果てしない 副 아득히 [アドゥキ] 遥かに

아들 [adul アドゥル] 名 息子 対 딸 [ッタル] 例 아들 하나, 딸 하나가 있어요. [アドゥル ハナ ッタル ハナガ イッソヨ] 息子1人,娘1人がいます。関 외아들 [ウェアドゥル] 名 独り息子

아랑곳없다 [araŋgodopʔta アランゴドプタ] 存 あずかり知らない;知ったことではない 副 아랑곳없이 [アランゴドプシ] 気に掛けることなく;素知らぬ顔で

아래 [are アレ] 名 対 위 [ウィ] ①下;下方 類 밑 [ミッ] ②(年齢・地位などが)下 ③(数量や質が)下

아랫사람 [areʔsaram アレッサラム] 名 目下の人

아량 [aːrjaŋ アーリャン] 名 雅量

아련하다 [arjonɦada アリョナダ] 形《하変》(記憶などが)はっきりしない;おぼろげだ

아롱거리다 [aroŋgorida アロンゴリダ] 自 目の前にちらちらする;ちらつく

아롱아롱 [aroŋaroŋ アロンアロン] 副 かすかにちらつく様子:ちらちら

아뢰다 [arweda アルェダ] 他 ①(目上の人に)申し上げる;上奏する ②(目上の人の前で)演奏する;音楽を奏でる

아르바이트 [arubaitʰɯ アルバイトゥ] 名 アルバイト

아르헨티나 [aruɸientʰina アルヘンティナ] 名 アルゼンチン

아름답다 [arumdapʔta アルムダプタ] 形《ㅂ変:아름다워/아름다운 アルムダウォ/アルムダウン》美しい;きれいだ 例 목소리가 정말 아름다워요. [モクソリガ チョンマル アルムダウォヨ] 声が本当に美しいです。

아리다 [arida アリダ] 形 ①舌がひりひりする;ぴりっと辛い ②(傷口などが)ちくちく,ひりひりと痛む

아리땁다 [ariʔtapʔta アリッタプタ] 形《ㅂ変:아리따워/아리따운 アリッタウォ/アリッタウン》美しい;きれいだ;麗しい

아리랑 [ariraŋ アリラン] 名 アリランの歌《韓国の代表的な民謡の1つ》

아마 [ama アマ] 副 恐らく；多分 例 아마 이번 주말에는 다 끝낼 수 있을 거예요. [アマ イボン チュマレヌン ター ックンネル ス イッスルコエヨ] おそらく今週末にはすべて終えられると思います。

아무 [aːmu アーム] 代 ①《肯定文で》誰(誰でも) ②《否定文で》誰(も) 例 지금 방에는 아무도 없어요. [チグム パンエヌン アームド オープソヨ] 今, 部屋には誰もいません。冠 ①《否定文で》何；何の；少しも；どんな 例 아무 일도 없었어요. [アーム イールド オープソッソヨ] 何事もありませんでした。 ② (対象の範囲を指定せず)何でも 関 아무 데 [アーム デ] (不定)どこ；いかなる所 / 아무 때 [アームッテ] (不定)いつ

아무개 [aːmugɛ アームゲ] 代 誰それ；某

아무거 [aːmugʌ アームゴ] 아무것 [アームゴッ]の口語体 例 아무거나 먹고 싶은 걸 시키세요. [アームゴナ モッコ シプン ゴル シキセヨ] 何でも食べたいものを注文してください。

아무것 [aːmugʌt アームゴッ] 代 ① 何；何(でも) ②《아무것도の形で, 否定文で》何も…ない 例 아무것도 없어요. [アームゴット オープソヨ] 何もありません。

아무래도 [aːmurɛdo アームレド] 副 ① どうやっても；どうしても ② やはり

아무런 [aːmurʌn アームロン] 冠《否定文で》どんな；何の；いかなる

아무렇다 [aːmurʌttʰa アームロッタ] 形〔ㅎ変：아무래 / 아무런 アームレ / アームロン〕どうだ；どのようだ 副 아무렇게 [アームロッケ] いいかげんに / 아무렇게나 [アームロッケナ] いいかげんに

아무리 [aːmuri アームリ] 副 ① いくら (…でも)；どんなに(…でも) ② まさか；いくらなんでも

아무쪼록 [aːmuʦ͈orok アームッチョロク] 副 なにとぞ；どうか

아무튼 [amutʰun アムトゥン] 副 とにかく；いずれにせよ

아물다 [amulda アムルダ] 自〔ㄹ語幹：아무는 アムヌン〕癒える

아버지 [abʌdʑi アボジ] 名 ① 父；お父さん；父親 例 우리 아버지는 정말 엄하세요. [ウリ アボジヌン チョンマル オマセヨ] うちの父は本当に厳しいです。②(キリスト教で)神 関 아버님 [アボニム] 名 아버지 [アボジ]の尊敬語：お父様

아부 [abu アブ] 名 阿付；へつらい 하自 아부하다 [アブハダ] へつらう；おべっかを使う

아빠 [aˀp͈a アッパ] 名 ① 아버지 [アボジ]の幼児語：お父ちゃん；父さん；パパ ② 아버지 [アボジ]を親しく言う語 例 우리 아빠는 친구 같은 아빠예요. [ウリ アッパヌン チング ガトゥン アッパエヨ] うちの父さんは友達のような父です。

-아서 [asʌ アソ] 語尾《用言の語幹末の母音がㅏ, ㅑ, ㅗの場合に接続》①《動詞に付いて》先行する動作を表す：…して 例 은행에 가서 돈을 찾아 올게요. [ウネンエ カソ トーヌル チャジャ オルケヨ] 銀行へ行ってお金を下ろしてきます。

아쉬워하다

② 理由・原因を表す：…して；…ので 例 늦잠을 자서 회사에 지각했어요. [ヌッチャムル チャソ フェーサエ チガケッソヨ] 寝坊をして会社に遅刻しました. 関 -어서 [オソ] 語尾 用言の語幹末の母音がト, ㅑ, ㅗ以外の場合に用いる.

아쉬워하다 [aʃwiwɔɦada アシュィウォハダ] 他 《하変》(名残を・別れを) 惜しむ；もの足りなく思う

아쉽다 [aʃwipʰta アシュィプタ] 形 《ㅂ変：아쉬워 / 아쉬운 アシュィウォ / アシュィウン》① (必要な時になかったり, 足りなかったりして) もの足りない；惜しい；もったいない 例 월급날 전이라 돈이 좀 아쉽네요. [ウォルグムナル チョニラ トーニ チョム アシュィムネヨ] 月給日前なのでお金を使うのがちょっともったいないです. ② 名残惜しい；心残りだ 例 그 사람이 내 곁에 없는 것이 너무 아쉬워요. [クサーラミ ネ キョテ オームヌン ゴシ ノム アシュィウォヨ] あの人が私の側にいないのがとても残念です. ③ 望ましい；期待される

아슬아슬 [asɯrasɯl アスラスル] 副 ① (風邪をひいたりして) 寒気がする様子：ぞくぞく ② 危険を感じる様子：ひやひや；はらはら 하形 아슬아슬하다 [アスラスラダ] はらはらする；どきどきする

아시다시피 [a:ʃidaʃipʰi アーシダシピ] ご存じのように

아시아 [aʃia アシア] 名 アジア

아악 [a:ak アーアク] 名 雅楽

아야[1] [aja アヤ] 感 痛い時に発する声；あいたっ；いたい

-아야[2] [aja アヤ] 語尾 《用言の語幹末の母音がト, ㅑ, ㅗの場合に接続》① …してこそ；…してはじめて ② 《用言の語幹＋-아야 되다の形で》義務を表す：…ねばならない ③ 《用言の語幹＋-아야 하다の形で》義務を表す：…ねばならない 例 반드시 6(여섯) 시까지 가야 해요. [パンドゥシ ヨソッシッカジ カヤ ヘヨ] 必ず6時までに行かなくてはいけません. 関 -어야 [オヤ] 語尾 用言の語幹末の母音がト, ㅑ, ㅗ以外の場合に用いる.

-아야겠다 [ajaget²ta アヤゲッタ] 接続 《用言の語幹末の母音がト, ㅑ, ㅗの場合に接続》…ねばならない；…しなくっちゃ 関 -어야겠다 [オヤゲッタ] 語尾 用言の語幹末の母音がト, ㅑ, ㅗ以外の場合に用いる.

-아야지 [ajadʒi アヤジ] 語尾 《用言の語幹末の母音がト, ㅑ, ㅗの場合に接続》…しなくちゃ, …すべきだ 関 -어야지 [オヤジ] 語尾 用言の語幹末の母音がト, ㅑ, ㅗ以外の場合に用いる.

아양 [ajaŋ アヤン] 名 愛嬌；媚 関 아양을 떨다 [アヤンウル ットルダ] 愛嬌をふりまく；媚びる / 아양을 부리다 [アヤンウル プリダ] 媚びる

아예 [aje アイェ] 副 ① 初めから；てんで ② 絶対に；決して

-아요 [ajo アヨ] 語尾 《用言の語幹末の母音がト, ㅑ, ㅗの場合に接続》…します；…です；…しますか；…ですか 関 -어요 [オヨ] 語尾 用言の語幹末の母音がト, ㅑ, ㅗ

以外の場合に用いる。
아우 [au アウ] 图 ①兄弟・姉妹同士で年下の者：弟；妹 ②同僚の中で年下の者
아울러 [aullə アウルロ] 副 共に；合わせて
아웃 [aut アウッ] 图 アウト
아워 [awə アウォ] 图 アワー
아이 [ai アイ] 图 ①子供 ②息子や娘 例 우리 아이가 이번에 학교에 들어가요. [ウリ アイガ イボネ ハクキョエ トゥロガヨ] うちの子が今度学校に入ります。
아이고 [aigo アイゴ] 感 ①喜びを表す：まあ；あら ②驚きを表す：ああ；わあ ③呆れた時に言う：ああ；やれやれ
아이스크림 [aisukʰurim アイスクリム] 图 アイスクリーム
아저씨 [adʒəʔɕi アジョッシ] 图 ①血縁関係のない年上の男性に対する呼称：おじさん ②父親と同年輩の男性に対する呼称：おじさん 例 아저씨, 저 앞에 횡단보도에서 세워 주세요. [アジョッシ チョ アペ フェンダンボドエソ セウォ ジュセヨ] (運転手の) おじさん, あの前方の横断歩道で止めてください。
아주 [adʒu アジュ] 副 ①非常に；とても；たいへん 例 아주 바쁜 날 [アジュ パップン ナル] とても忙しい日 ②永久に；完全に；まったく 例 이제 아주 귀국했어요. [イジェ アジュ クィグケッソヨ] もう完全に帰国しました(一時帰国ではありません)。
아주머니 [adʒuməni アジュモニ] 图 ①既婚と思われる女性に対する親しい呼称：奥さん；おかみさん；おばさん 例 아주머니, 이게 얼마예요? [アジュモニ イゲ オルマエヨ] おばさん, これいくらですか。②兄嫁に対する親しい呼称：義姉さん
아줌마 [adʒumma アジュムマ] 图 아주머니 [アジュモニ] を親しみを込めて呼ぶ語：おばさん；おばちゃん 例 옆집 아줌마는 매일같이 우리 집에 놀러 오세요. [ヨプチプ アジュムマヌン メイルガチ ウリ チベ ノルロ オセヨ] 隣の家のおばちゃんは毎日のようにうちに遊びにいらっしゃいます。
아직 [adʒik アジク] 副 ①未だ；まだ 例 아직 멀었어요? [アジン モロッソヨ] (食堂で注文したものが出てこなくて) まだですか。②なお；今なお
아찔하다 [aʔtɕirɦada アッチラダ] 形 〖하변〗目まいがする；くらっとする；ふらっとする 副 아찔아찔 [アッチラッチル] ふらふら；くらくら
아첨 [atɕʰəm アチョム] 图 おべっか；お世辞
아침 [atɕʰim アチム] 图 ①朝 例 내일 아침 9(아홉) 시에 공항으로 가요. [ネイル アチム アホプシエ コンハンウロ カヨ] 明日の朝, 9時に空港に行きます。②朝食 関 아침나절 [アチムナジョル] 图 朝食後から昼までの間；午前 / 아침노을 [アチムノウル] 图 朝焼け / 아침때 [アチムッテ] 图 朝方 / 아침밥 [アチムパプ] 图 朝ご飯 / 아침진지 [アチムチンジ] 图 아침밥 [アチムパプ]

아카시아

の尊敬語

아카시아 [akʰaɕia アカシア] 名 アカシア

아트 [atʰɯ アトゥ] 名 アート

아파트 [apʰaːtʰɯ アパートゥ] 名 マンション；アパート 例 단독주택보다는 아파트가 더 살기 편해요. [タンドクチュテクポダヌン アパートゥガ ト サルギ ピョネヨ] 一戸建てよりアパートの方が住みやすいです。

아프다 [apʰuda アプダ] 形《으変：아파 アパ》① 痛い；具合が悪い 例 안색이 안 좋아요. 어디 아파요? [アンセギ アン ジョーアヨ オディ アパヨ] 顔色が良くないです。どこか具合が悪いですか。② 心がつらい；胸が痛む；苦しい

아프리카 [apʰɯrikʰa アプリカ] 名 アフリカ

아픔 [apʰɯm アプム] 名 痛み

아홉 [aɦop アホプ] 数 9つ；9；9人 類 구 [ク]

아흐레 [aɦɯre アフレ] 名 ① 9日間 ② 9日目

아흔 [aɦɯn アフン] 数 90 類 구십 [クシプ]

악 [ak アク] 名 悪

악기 [akʔki アッキ] 名 楽器

악단 [akʔtan アクタン] 名 楽団

악담 [akʔtam アクタム] 名 悪口 自 악담하다 [アクタマダ] 悪口を言う

악마 [aŋma アンマ] 名 悪魔

악명 [aŋmjɔŋ アンミョン] 名 悪名

악물다 [aŋmulda アンムルダ] 他《ㄹ語幹：악무는 アンムヌン》(歯を)食いしばる

악바리 [akʔpari アクパリ] 名 ① 意地っ張りでがめつい人 ② ちゃっかりした人

악법 [akʔpɔp アクッポプ] 名 悪法

악성 [akʔsɔŋ アクッソン] 名 悪性

악수 [akʔsu アクス] 名 握手 自 악수하다 [アクスハダ] 握手する

악어 [agɔ アゴ] 名 ワニ

악의 [agi アギ] 名 悪意 対 선의 [ソニ] 名 善意

악질 [akʔt͡ɕil アクチル] 名 悪質

악착같다 [aktʔɕʰakʔkatʔta アクチャクカッタ] 形 がむしゃらだ；へこたれない；ねばり強い 副 악착같이 [アクチャクカチ] がむしゃらに；しゃにむに

악플 [akpʰɯl アクプル] 名《俗語》悪 + reply の略：インターネット上での悪意に満ちた返事やメッセージ；レスポンス(レス)

악화 [akkʰwa アクヮ] 名 悪化 自 악화하다 [アクヮハダ] 悪化する

안[1] [an アン] 名 ①(空間的に囲まれた部分の)中；内；内部；内側 例 안에 들어와서 기다리세요. [アネ トゥロワソ キダリセヨ] 中に入ってお待ちください。②(時間や数量のある範囲の)中；以内

안[2] [an アン] 副 アニ [アニ] の縮約形：…しない 例 오늘은 별로 안 추워요. [オヌルン ピョルロ アン チュウォヨ] 今日はあまり寒くないです。

안간힘 [anʔkanɦim アンッカニム] 名 (悲しみ・苦痛・怒りなどを)堪えようとする力み 関 안간힘을 쓰다 [アンッカニムル ッスダ] (苦しみに)堪えようと歯をくいしばる

안개 [aːnge アーンゲ] 名 霧；靄

안경 [a:ngjɔŋ アーンギョン] 名 眼鏡 例 안경을 하나 맞추고 싶어요. [アーンギョンウル ハナ マッチュゴ シポヨ] 眼鏡を1つ作り(あつらえ)たいです。関 안경을 쓰다 [アーンギョンウル ッスダ] 眼鏡を掛ける / 안경을 벗다 [アーンギョンウル ポッタ] 眼鏡をはずす / 안경다리 [アーンギョンダリ] 名 眼鏡のつる / 안경알 [アーンギョンアル] 名 眼鏡のレンズ / 안경집 [アーンギョンッチプ] 名 眼鏡ケース / 안경테 [アーンギョンテ] 名 眼鏡フレーム

안기다 [angida アンギダ] 受動 抱かれる 使役 抱かせる

안내 [a:nnɛ アーンネ] 名 案内;手引き 하他 안내하다 [アーンネハダ] 案内する 例 시내를 안내해 주세요. [シーネルル アーンネヘ ジュセヨ] 市内を案内してください。関 안내서 [アーンネソ] 名 案内書 / 안내소 [アーンネソ] 名 案内所 / 안내업 [アーンネオプ] 名 案内業 / 안내인 [アーンネイン] 名 案内人 / 안내장 [アーンネッチャン] 名 案内状

안녕하다 [annjɔŋɦada アンニョンハダ] 形 《하変》安寧だ;元気だ;安泰だ;つつがない 例 안녕하십니까? [アンニョンハシムニッカ] / 안녕하세요? [アンニョンハセヨ] (あいさつの言葉) おはようございます;こんにちは;こんばんは / 그동안 안녕하셨어요? [クドンアン アンニョンハショッソヨ] これまでお元気でしたか。副 안녕히 [アンニョンイ] 無事に;安らかに 例 (その場に残る人に) 안녕히 계세요. [アンニョンイ ケーセヨ] (立去る人に) 안녕히 가세요. [アンニョンイ カセヨ] さようなら。

안다 [am'ta アーンタ] 他 ① 抱く; 抱える 例 우는 아이를 안아 줬더니 금방 울음을 그쳤어요. [ウヌン アイルル アナ ジュオットニ クムバンウルムル クチョッソヨ] 泣いてる子を抱いてあげたらすぐ泣き止みました。② (考えや感情などを) 抱く 例 꿈을 안고 유학을 갔어요. [ックムル アンコ ユハグル カッソヨ] 夢を抱いて留学しました。③ (雨・風・光などを) 体でまともに受ける ④ (人の責任を) 受け持つ;負う

안달 [andal アンダル] 名 気を揉んでいらいらすること;やきもきすること 하自 안달하다 [アンダラダ] いらいらと気をもむ;やきもきする

안도 [ando アンド] 名 安堵 하自 안도하다 [アンドハダ] 安堵する;安心する 関 안도감 [アンドガム] 名 安堵感

안되다¹ [andweda アンドウェダ] 自 ① うまくいかない;失敗する 例 요즘 일이 잘 안됩니다. [ヨジュム イーリ チャル アンドウェムニダ] 最近仕事がうまくいきません。② 一定の水準に至らない;できない

안되다² [andweda アンドウェダ] 形 気の毒に思う;哀れだ;残念だ

안마 [a:nma アーンマ] 名 按摩;マッサージ 하他 안마하다 [アーンマハダ] マッサージする

안면 [anmjɔn アンミョン] 名 ① 顔面;顔 ② 顔見知り

안방 [anˀpaŋ アンッパン] 名 ①アンパン《母屋にあって台所の付いている部屋》;居間 ②主婦が起居する内室

안부 [anbu アンブ] 名 安否;(目上の人に)日頃の様子や消息などを問うことや, こちらの様子を知らせること 例 부모님께 안부를 전해 주세요. [プモニムッケ アンブルル チョネ ジュセヨ] ご両親によろしくお伝えください。

안색 [ansek アンセㇰ] 名 顔色

안성맞춤 [ansɔŋmattʃʰum アンソンマッチュㇺ] 名 誂え向き;好都合;うってつけ

안심¹ [anʃim アンシㇺ] 名 牛のばら肉

안심² [anʃim アンシㇺ] 名 安心 自 안심하다 [アンシマダ] 安心する 自 안심되다 [アンシㇺドゥェダ] 安心する 例 무사히 도착했으니까 안심하세요. [ムサヒ トーチャケッスニッカ アンシマセヨ] 無事に到着したから安心してください。

안약 [anjak アーニャㇰ] 名 目薬 関 안약을 넣다 [アーニャグル ノッタ] 目薬を差す

안전 [andʒɔn アンジョン] 名 安全 自形 안전하다 [アンジョナダ] 安全だ 関 안전 면도 [アンジョンミョンド] 名 安全カミソリ / 안전 보장 [アンジョン ポージャン] 名 安全保障 / 안전 보장 이사회 [アンジョン ポージャン イーサフェ] 名 安全保障理事会 / 안전장치 [アンジョンジャンチ] 名 安全装置 / 안전 제일 [アンジョンジェーイル] 名 安全第一 / 안전지대 [アンジョンジデ] 名 安全地帯 / 안전히 [アンジョニ] 副 安全に

안절부절못하다 [andʒɔlbudʒɔlmottʰada アンジョルブジョルモッタダ] 自《하変》いてもたってもいれない;そわそわして落ち着かない;いらいらする

안정 [andʒɔŋ アンジョン] 名 安定 自形 안정하다 [アンジョンハダ] 安定する 自 안정되다 [アンジョンドゥェダ] 安定する 関 안정도 [アンジョンド] 名 安定度 / 안정 성장 [アンジョン ソンジャン] 名 安定成長

안주 [andʒu アンジュ] 名 (酒の)肴;おつまみ

안쪽 [anˀtʃok アンッチョㇰ] 名 内;内側

안타깝다 [antʰaˀkapˀta アンタッカプタ] 形《ㅂ変: 안타까워 / 안타까운 アンタッカウォ / アンタッカウン》①不憫だ;気の毒だ;哀れだ ②(思うようにならないので)もどかしい;じれったい 副 안타까이 [アンタッカイ] もどかしく;切なく;じれったく

안팎 [anpʰak アンパㇰ] 名 内外 ①内と外;裏と表 ②(時間・量が)おおよそ;前後;…ぐらい

앉다 [anˀta アンタ] 自 ①座る;腰を下ろす 例 우리 여기 앉아서 좀 쉬었다가 가요. [ウリ ヨギ アンジャソ チョㇺ シュィオッタガ カヨ] ここに座ってちょっと休んでから行きましょう。②鳥・虫などが止まる ③(地位・職に)就く ④(埃などが)積もる

앉히다 [antʃʰida アンチダ] 使役 ①

앉히다 座らせる ②(地位などに)就かせる

않다 [antʰa アンタ] 補動《動詞の語幹+-지 않다の形で》否定を表す：…しない 例 아직 오지 않아요. [アジク オジ アナヨ] まだ来ません。補形《形容詞・存在詞の語幹+-지 않다の形で》否定を表す：…ではない；…くない 例 이건 옳지 않아요. [イゴン オルチ アナヨ] これは正しくありません。

알 [al アル] 名①(鳥・魚・虫などの)卵 ②(果実などの個々の)実 ③(小さく丸いものの)粒；玉；珠 依名 …個

알다 [a:lda アールダ] 他〘ㄹ語幹：아는 アーヌン〙① 知る；わかる 例 한국말은 조금 알아요. [ハーングン マルン チョグム アラヨ] 韓国語は少しわかります。/ 아는 사람이 한국에 있어요. [アーヌン サーラミ ハーングゲ イッソヨ] 知っている人(知人)が韓国にいます。② 判断する；分別する；わきまえる

알뜰하다 [alʼtturɦada アルットゥラダ] 形〘ㅎ変〙① つましくてしっかりしている ② 愛情がこまやかでとても深い 副 알뜰히 [アルットゥリ] まめに；つましく

알랑거리다 [allaŋɡorida アルランゴリダ] 自 こびへつらう；おべっかを使う 副 알랑알랑 [アルランアルラン] しきりにこびる様子：ぺこぺこ

알력 [alljok アルリョク] 名 軋轢

알리다 [allida アルリダ] 他 知らせる；告げる 例 저한테도 좀 알려 주세요. [チョハンテド チョム アルリョ ジュセヨ] 私にもちょっと知らせてください。

알맞다 [a:lmatʼta アールマッタ] 形 適当だ；ほどよい；ふさわしい 例 김치가 딱 알맞게 익었어요. [キムチガ ッタク アールマッケ イゴッソヨ] キムチがちょうどよく漬かりました。

알맹이 [almeɲi アルメンイ] 名① 中身；中味 ② 物事の要点

알몸 [almom アルモム] 名① 裸体，裸 ② 赤貧の人のたとえ：裸一貫

알선 [alʼson アルソン] 名 斡旋 [하変] 알선하다 [アルソナダ] 斡旋する

알쏭달쏭하다 [alʼsoŋdalʼsoŋɦada アルッソンダルッソンハダ] 形〘ㅎ変〙記憶や考えがこんがらがってはっきりしない

알아듣다 [aradutʼta アラドゥッタ] 他〘ㄷ変：알아들어 / 알아듣는 アラドゥロ / アラドゥンヌン〙聞き分ける；理解する

알아맞히다 [aramattʃʰida アラマチダ] 他① (ある問題に対して答えを)言い当てる ②(推測や予測を)的中させる

알아보다 [araboda アラボダ] 他① 見分ける ② 調べる；探る 例 호텔 방이 있는지 알아봐 주세요. [ホテル パンイ インヌンジ アラブヮ ジュセヨ] ホテルの部屋があるか調べてください。

알아주다 [aradʒuda アラジュダ] 他①(人の長所・能力などを)認める ②(他人の立場を)理解する

알아채다 [aratʃʰeda アラチェダ] 他 気付く；感づく；予知する

알약 [alljak アルリャク] 名 丸薬；錠

剤

알젓 [aldʒɔt アルジョッ] 名 魚卵の塩辛

알차다 [altʃʰada アルチャダ] 形 ① 中身がぎっしり詰まっている ② 内容が充実している

알칼리 [alkʰalli アルカルリ] 名 アルカリ

알코올 [alkʰool アルコオル] 名 アルコール

알파벳 [alpʰabet アルパベッ] 名 アルファベット

앓다 [altʰa アルタ] 自他 ① 病む; 患う 例 앓고 나서 살이 빠졌어요. [アルコ ナソ サリ ッパジョッソヨ] 病気をしてから痩せました。② 心配する; くよくよする

암¹ [am アム] 名 雌; 牝 対 수 [ス] 接頭 雌…; 牝…

암² [a:m アーム] 名 癌

암거래 [a:mgɔrɛ アームゴレ] 名 闇取引 하他 암거래하다 [アームゴレハダ] 闇取引する

암기 [a:mgi アームギ] 名 暗記 하他 암기하다 [アームギハダ] 暗記する

암되다 [am²tweda アムトゥェダ] 形 (性格が) 女々しい

암벽 [ambjɔk アムビョク] 名 岩壁

암소 [amso アムソ] 名 牝牛

암수 [amsu アムス] 名 雌と雄

암초 [a:mtʃʰo アームチョ] 名 暗礁

암캐 [amkʰɛ アムケ] 名 雌犬

암컷 [amukʰɔt アムコッ] 名 雌

암탉 [amtʰak アムタク] 名 雌鶏

암표 [a:mpʰjo アームピョ] 名 闇切符 関 암표상 [アームピョサン] だふ屋

암호 [a:mɦo アーモ] 名 暗号

압구정동 [ap²kudʒɔndoŋ アプクジョンドン] 名 狎鴎亭洞《ソウル市江南区にある地域》

압도 [ap²to アプト] 名 圧倒 하他 압도하다 [アプトハダ] 圧倒する 되受動 압도되다 [アプトドゥェダ] 圧倒される

압력 [amnjɔk アムニョク] 名 圧力 関 압력솥 [アムニョクソッ] 名 圧力釜; 圧力なべ

압류 [amnju アムニュ] 名 差し押え 하他 압류하다 [アムニュハダ] 差し押さえる

압박 [ap²pak アプパク] 名 圧迫 하他 압박하다 [アプパカダ] 圧迫する 되受動 압박되다 [アプパクトゥェダ] 圧迫される

압수 [ap²su アプス] 名 押収 하他 압수하다 [アプスハダ] 押収する

압정 [ap²tʃɔŋ アプチョン] 名 画鋲; 押しピン

-앗- [at アッ] 語尾《語幹末の母音がㅏ, ㅑ, ㅗの語幹に付いて》過去を表す 関 -었- [オッ] 語尾 語幹末の母音がㅏ, ㅑ, ㅗ以外の語幹に用いる。

앙갚음 [aŋgapʰum アンガプム] 名 報復; 復讐; 仕返し 하自 앙갚음하다 [アンカプマダ] 報復する; 仕返しする

앙상하다 [aŋsaŋɦada アンサンハダ] 形 [하変] ① (釣り合いが取れなくて) 不格好だ; みすぼらしい ② やつれている; やせ衰えている ③ (葉が落ちて枝ばかりの木が) 寒々としている

앙심 [aŋsim アンシム] 名 復讐心; 執念; 恨み 関 앙심을 먹다 [アン

앙큼하다 [aŋkʰumɦada アンクマダ] 形〖하変〗悪賢い;狡猾だ

앙탈 [antʰal アンタル] 名① 片意地を張ること ② 言い逃れ 下自 앙탈하다[アンタラダ]① 片意地を張る ② 言い逃れをする

앞 [ap アプ] 名① 前;前面 例 호텔 앞에서 만나기로 했어요.[ホテル アペソ マンナギロ ヘッソヨ]ホテルの前で会うことにしました. ②(順序で)先;前 ③(時間的に)先;将来;未来;前途 ④(今より)以前;先 ⑤(手紙などの)…宛;…様

앞길 [apˀkil アプキル] 名① 前途;将来;行く末 ②(家や店の)前の通り

앞날 [amnal アムナル] 名① 将来;未来 ② 余命;余日

앞당기다 [apˀtaŋgida アプタンギダ] 他(予定を)繰り上げる;早める

앞두다 [apˀtuda アプトゥダ] 他 目前にする;目前に控える

앞뒤 [apˀtwi アプトゥィ] 名 前後 関 앞뒤가 막히다[アプトゥィガ マキダ]物事の分別がつかない;道理をわきまえない / 앞뒤가 맞다[アプトゥィガ マッタ]辻褄が合う / 앞뒤를 재다[アプトゥィルル チェダ]利害などを推し量る

앞문 [ammun アムムン] 名 表門;表口

앞서 [apˀsɔ アプソ] 副①(他人・他の事よりも)先に;前に;予め ② 先だって;先般;先日

앞서다 [apˀsɔda アプソダ] 自① 先に進む;前に立つ ②(何よりも)要求される;先立つ ③ 他人より優れる

앞일 [amnil アムニル] 名 これから先の事;将来の事

앞잡이 [apˀtʃabi アプチャビ] 名① 先導者 ② スパイ;手さき

앞장서다 [apˀtʃaŋsɔda アプチャンソダ] 自① 先頭に立つ;先駆ける ② 中心となって行動する

앞지르다 [apˀtʃiruda アプチルダ] 他〖르変:앞질러 アプチルロ〗追い越す;追い抜く

앞치마 [apˀtʃʰima アプチマ] 名 前掛け;エプロン

애 [ɛː エー] 名 気苦労;心配 関 애가 끊다[エーガ ックンタ]断腸の思いがする / 애가 끓다[エーガ ックルタ]やきもきする / 애가 나다[エーガ ナダ]苦労した甲斐がなく癪に障る / 애가 달다[エーガ タルダ](気になってしかたなくて)いらいらする / 애가 타다[エーガ タダ]あせる;気が気でない / 애를 쓰다[エールル ッスダ]たいへん努力をする / 애를 태우다[エールル テウダ]心配を掛ける

애교 [ɛːgjo エーギョ] 名 愛嬌 関 애교를 떨다[エーギョルル ットルダ]愛嬌を振りまく / 애교를 부리다[エーギョルル プリダ]愛嬌を見せる

애달프다 [ɛdalpʰuda エダルプダ] 形〖으変:애달파 エダルパ〗① 心がつらく堪えがたい;不憫だ ② 非常に気の毒だ

애당초 [ɛdaŋtʃʰo エダンチョ] 名 最初;初め

애도 [ɛdo エド] 名 哀悼 下他 애도하

애독 [ɛːdok エードク] 名 愛読 他 애독하다 [エードカダ] 愛読する 関 애독자 [エードクチャ] 名 愛読者

애로 [ɛro エロ] 名 隘路；障害；難点

애매하다¹ [ɛːmɛɦada エーメハダ] 形 《하변》曖昧だ

애매하다² [ɛːmɛɦada エーメハダ] 形 《하변》無実である；罪がないのに責められ無念だ 副 애매히 [エメーヒ] 罪なく；無実に

애먹다 [ɛːmokʔta エーモクタ] 自 ひどく苦労する；手を焼く

애먹이다 [ɛːmogida エーモギダ] 他 やきもきさせる

애석하다 [ɛsokkʰada エソカダ] 形 《하변》実に惜しい；悲しみ惜しむ

애송이 [ɛsoŋi エソンイ] 名 若造；青二才

애쓰다 [ɛːʔsuda エーッスダ] 自 《으変：애써 エーッソ》⇒애를 쓰다

애인 [ɛːin エーイン] 名 恋人

애절 [ɛdʒol エジョル] 名 哀切；悲しく切ないこと 하形 애절하다 [エジョラダ] 悲しく切ない 関 애절히 [エジョリ] 副 哀切に

애절하다 [ɛdʒorɦada エジョラダ] 形 《하변》心を焦がす；切ない

애정 [ɛːdʒoŋ エージョン] 名 愛情

애지중지 [ɛːdʒidʒuŋdʒi エージジュンジ] 名 とても愛して大切にすること 하他 애지중지하다 [エージジュンジハダ] とても愛して大切にする

애처롭다 [ɛtʃʰoropʔta エチョロプタ] 形 《ㅂ変：애처로워 / 애처로운 エチョロウォ / エチョロウン》不憫だ；哀れだ 副 애처로이 [エチョロイ] 哀れに；不憫に

애초 [ɛtʃʰo エチョ] 名 初め；当初；最初 関 애초에 [エチョエ] 名 初めに；そもそも

애프터 [ɛpʰutʰo エプト] 名 アフター(サービス)

애호박 [ɛɦobak エホバク] 名 ① 熟してないかぼちゃ；初物のかぼちゃ ② ズッキーニ

액때우다 [ɛkʔtɛuda エクテウダ] 自 厄払いする 関 액때움 [エクテウム]；액땜 [エクッテム] 名 厄払い

액세서리 [ɛkʔsesori エクセソリ] 名 アクセサリー

액자 [ɛkʔtʃa エクチャ] 名 額縁

액정 [ɛkʔtʃoŋ エクチョン] 名 液晶

액체 [ɛktʃʰe エクチェ] 名 液体

앨범 [ɛlbom エルボム] 名 アルバム

앵두 [ɛŋdu エンドゥ] 名 ユスラウメの実 関 앵두나무 [エンドゥナム] 名 ユスラウメの木

앵무새 [ɛŋmusɛ エンムセ] 名 オウム

앵콜 [ɛŋkʰol エンコル] 名 アンコール

야간 [jaːgan ヤーガン] 名 夜間

야경 [jaːgjoŋ ヤーギョン] 名 夜景

야구 [jaːgu ヤーグ] 名 野球 例 저는 야구를 좋아해요. [チョヌン ヤーグルル チョアヘヨ] 私は野球が好きです。 関 야구장 [ヤーグジャン] 名 野球場

야근 [jaːgɯn ヤーグン] 名 夜勤；残業

야기하다 [jaːgiɦada ヤーギハダ] 他 《하변》惹起する；ひき起こす

야단 [ja:dan ヤーダン] 名 ① 騒ぎ立てること ② 口やかましく叱ること 自 **야단하다** [ヤーダナダ] ① 騒ぎ立てる ② 口やかましく叱る 関 **야단법석** [ヤーダンボプソク] 名 大騒ぎ；大騒動 / **야단을 맞다** [ヤーダヌル マッタ] 叱られる / **야단을 치다** [ヤーダヌル チダ] 叱りつける

야당 [ja:daŋ ヤーダン] 名 野党

야릇하다 [ja:ruttʰada ヤールタダ] 形《하変》不思議だ；奇妙だ

야말로 [jamallo ヤマルロ] 助《パッチムのない体言に付いて》強調を表す：…こそ 関 **이야말로** [イヤマルロ] 助 パッチムのある体言に用いる。

야망 [ja:maŋ ヤーマン] 名 野望；野心

야무지다 [jamudʒida ヤムジダ] 形 ①(体が)がっちりしている ② ちゃっかりしている

야박하다 [ja:bakkʰada ヤーバカダ] 形《하変》薄情だ 関 **야박스럽다** [ヤーバクスロプタ] 形《ㅂ変：야박스러워 / 야박스러운 ヤーバクスロウォ / ヤーバクスロウン》薄情だ；不人情だ

야속하다 [ja:sokkʰada ヤーソカダ] 形《하変》薄情で冷たい；無情だ 関 **야속스럽다** [ヤーソクスロプタ] 形《ㅂ変：야속스러워 / 야속스러운 ヤーソクスロウォ / ヤーソクスロウン》薄情だ

야심 [ja:ʃim ヤーシム] 名 野心 関 **야심가** [ヤーシムガ] 名 野心家

야옹 [ja:oŋ ヤーオン] 感 猫のなき声：ニャー

야외 [ja:we ヤーウェ] 名 野外 関 **야외극장** [ヤーウェグクチャン] 名 野外劇場 / **야외 촬영** [ヤーウェ チュワリョン] 名 野外撮影

야위다 [jawida ヤウィダ] 自 痩せ細る；やつれる

야유 [ja:ju ヤーユ] 名 揶揄 他 **야유하다** [ヤーユハダ] 揶揄する

야유회 [ja:jufiwe ヤーユフェ] 名 野遊会；ピクニック

야자 [ja:dʒa ヤージャ] 名 椰子 関 **야자나무** [ヤージャナム] 名 椰子の木

야채 [ja:tʃʰɛ ヤーチェ] 名 野菜 関 **야채 가게** [ヤーチェ カゲ] 名 八百屋 / **야채 나물** [ヤーチェ ナムル] 名 野菜の和え物 / **야채 시장** [ヤーチェ シージャン] 名 青物市場

야하다 [ja:ɦada ヤーハダ] 形《하変》① 下品でいやらしい ② 品位に欠けて卑しい

약¹ [jak ヤク] 名 癪に障ること 関 **약이 오르다** [ヤギ オルダ] 癪に障る；腹が立つ / **약을 올리다** [ヤグル オルリダ] 腹を立たせる；怒らせる

약² [jak ヤク] 名 ① 薬；薬品；薬剤 例 **약을 먹었더니 다 나았어요.** [ヤグル モゴットニ ター ナアッソヨ] 薬を飲んだらすっかり治りました。② 靴や家具などの艶出しクリーム

약³ [jak ヤク] 冠 約；ほぼ；およそ 例 **약 일주일 동안 한국을 여행했어요.** [ヤク イルチュイル トンアン ハーンググル ヨヘンヘッソヨ] 約1週間，韓国を旅行しました。

약간 [jakʔkan ヤクカン] 副 若干；少

し；幾らか

약과 [jak²kwa ヤックヮ] 名 ① 薬果《小麦粉を蜂蜜または砂糖水でこねて油で揚げた菓子》② たやすいことのたとえ

약국 [jak²kuk ヤックク] 名 薬局 例 이 근처에 약국 없어요? [イ クーンチョエ ヤックク オープソヨ] この近所に薬局ありませんか。類 약방 [ヤクパン]

약다 [jak²ta ヤクタ] 形 賢い；利口だ

약도 [jak²to ヤクト] 名 略図

약빠르다 [jak²paruda ヤクッパルダ] 形《ㄹ変：약빨라 ヤックッパルラ》すばしこい；抜け目がない；目ざとい

약사 [jak²sa ヤクサ] 名 薬剤師

약삭빠르다 [jak²sak²paruda ヤクサクッパルダ] 形《ㄹ変：약삭빨라 ヤクサクッパルラ》抜け目がない；如才ない；小利口だ

약속 [jak²sok ヤクソク] 名 約束 例 또 만날 약속을 했어요. [ット マンナル ヤクソグル ヘッソヨ] また会う約束をしました。他動 약속하다 [ヤクソカダ] 約束する

약자 [jak²tʃa ヤクチャ] 名 弱者

약점 [jak²tʃɔm ヤクッチョム] 名 弱点；欠点；短所

약주 [jak²tʃu ヤクチュ] 名 薬酒

약탈 [jakthal ヤクタル] 名 略奪 他動 약탈하다 [ヤクタラダ] 略奪する 되受動 약탈되다 [ヤクタルドゥェダ] 略奪される

약하다 [jakkhada ヤカダ] 形《하変》① 弱い；か弱い 例 어렸을 때 몸이 약해서 잔병치레를 많이 했어요. [オリョッスル ッテ モミ ヤケソ チャンビョンチレルル マーニ ヘッソヨ] 幼い頃に体が弱くて色々な病気をしました。②（意志などが）弱い ③（濃度が）薄い

약혼 [jakkhon ヤコン] 名 婚約 下自 약혼하다 [ヤコナダ] 婚約する 関 약혼반지 [ヤコンバンジ] 名 婚約指輪／약혼자 [ヤコンジャ] 名 婚約者

얄궂다 [jalgut²ta ヤルグッタ] 形 ①（性質・人柄が）変わっている；奇妙だ ② 妙だ；不思議だ

얄밉다 [ja:lmip²ta ヤールミプタ] 形《ㅂ変：얄미워／얄미운 ヤルミウォ／ヤルミウン》小憎らしい；憎たらしい

얄팍하다 [jalphakkhada ヤルパカダ] 形《하変》① 薄っぺらだ ② 浅はかだ

얇다 [ja:l²ta ヤールタ] 形 ①（厚みが）薄い ②（色が）薄い ③（考えが）浅はかだ

얌전하다 [jamdʒɔnɦada ヤムジョナダ] 形《하変》①（性質が）おとなしい；慎ましい；しとやかだ ② 見栄えがする 副 얌전히 [ヤムジョニ] 慎ましやかに；しとやかに；おとなしく

얌체 [jamtʃhe ヤムチェ] 名 恥知らず

양¹ [jaŋ ヤン] 名 羊

양² [jaŋ ヤン] 名 量；分量 例 양이 너무 많아요. [ヤンイ ノム マーナヨ] 量が多すぎます。／양이 너무 적어요. [ヤンイ ノム チョーゴヨ] 量が少なすぎます。

양³ [jaŋ ヤン] 依名 女性の名前の下に付いて未婚を表す語：…嬢；…さん

양국 [ja:ŋguk ヤーングク] 名 両国
양궁 [jaŋguŋ ヤングン] 名 洋弓
양귀비 [jaŋgwibi ヤンギュイビ] 名 ① ケシ；ケシの花 ② 楊貴妃
양념 [jaŋnjɔm ヤンニョム] 名 ヤンニョム：薬味調味料 関 양념장 [ヤンニョムジャン] 名 ヤンニョムジャン：薬味を加えた醬 / 양념갈비 [ヤンニョムガルビ] 名 ヤンニョムカルビ
양다리 [ja:ndari ヤーンダリ] 名 両足 関 양다리를 걸다 [ヤーンダリルル コルダ]；양다리를 걸치다 [ヤーンダリルル コルチダ] 二股をかける
양력 [jaŋnjɔk ヤンニョク] 名 太陽暦；陽暦
양로원 [ja:ŋnowɔn ヤーンノウォン] 名 養老院
양말 [jaŋmal ヤンマル] 名 靴下 例 연예인 얼굴이 그려져 있는 양말은 어디서 살 수 있어요? [ヨネイン オルグリ クリョジョ インヌン ヤンマルン オディソ サル ス イッソヨ] 芸能人の顔が描かれてる靴下はどこで買えますか。
양반 [ja:ŋban ヤーンバン] 名 両班 ① 高麗および朝鮮時代の支配階級またはその階級の人 ② 婦人が第三者に対して自分の夫を指して言う語 ③ 上品な人；教養のある人 ④ 他人(男性)を敬って言う語
양배추 [jaŋbɛtʃʰu ヤンベチュ] 名 キャベツ
양보 [ja:ŋbo ヤーンボ] 名 譲歩 他 양보하다 [ヤーンボハダ] 譲歩する
양복 [jaŋbok ヤンボク] 名 洋服；背広 例 양복이 잘 어울려서 멋져요. [ヤンボギ チャル オウルリョソ モッチョヨ] 背広がよく似合って格好良いです。
양산 [jaŋsan ヤンサン] 名 日傘
양상추 [jaŋsaŋtʃʰu ヤンサンチュ] 名 レタス
양성 [ja:ŋsɔŋ ヤーンソン] 名 養成 他 양성하다 [ヤーンソンハダ] 養成する
양손 [ja:ŋson ヤーンソン] 名 両手
양식[1] [jaŋʃik ヤンシク] 名 洋食
양식[2] [jaŋʃik ヤンシク] 名 様式
양식[3] [ja:ŋʃik ヤーンシク] 名 養殖 他 양식하다 [ヤーンシカダ] 養殖する 関 양식 진주 [ヤーンシク チンジュ] 名 養殖真珠
양식[4] [jaŋʃik ヤンシク] 名 食糧；糧食
양심 [jaŋʃim ヤンシム] 名 良心 関 양심적 [ヤンシムジョク] 名 良心的
양자 [ja:ndʒa ヤーンジャ] 名 養子 関 양자를 들다 [ヤーンジャルル トゥルダ] 養子入りする / 양자를 세우다 [ヤーンジャルル セウダ] 養子を定める
양주 [jaŋdʒu ヤンジュ] 名 洋酒
양지 [jaŋdʒi ヤンジ] 名 日なた 関 양지바르다 [ヤンジバルダ] 形〖르変：양지발라 ヤンジバルラ〗日当たりがよい
양쪽 [ja:ŋʔtʃok ヤーンッチョク] 名 両方；双方
양초 [jaŋtʃʰo ヤンチョ] 名 ろうそく
양치 [ja:ŋtʃʰi ヤーンチ] 名 양치질 [ヤーンチジル] の縮約形：歯磨き 自 양치하다 [ヤーンチハダ] 歯を磨く
양탄자 [jaŋtʰandʒa ヤンタンジャ] 名

양파

絨毯

양파 [jaŋpʰa ヤンパ] 名 タマネギ

양편 [jaːŋpʰjən ヤーンピョン] 名 両側;両方 関 양편쪽 [ヤーンピョンッチョク] 名 両側の方

양해 [jaŋɦɛ ヤンヘ] 名 諒解;了解 하他 양해하다 [ヤンヘハダ] 了解する

얕다 [jatʔta ヤッタ] 形 ①(深さや奥行きなどが)浅い 対 깊다 [キプタ] ②(考えや・知識・経験などが)浅い;浅はかだ ③(情が)薄い;浅い

얕보다 [jatʔpoda ヤッポダ] 他 見くびる;侮る;見下げる

얕잡다 [jatʔtʃapʔta ヤッチャプタ] 他 甘く見る;侮る

얘기 [jɛːgi イェーギ] 名 이야기 [イヤギ] の縮約形:話 例 잠깐 저하고 얘기 좀 해요. [チャムッカン チョハゴ イェーギ チョム ヘヨ] 少し私と話をしましょう。

어감 [ɔːgam オーガム] 名 語感

어귀 [ɔgwi オグィ] 名 入り口

어그러지다 [ɔgɯrɔdʒida オグロジダ] 自 ①(物が)外れる;ゆがむ ②(考え・予定などが)食い違う ③(仲が)悪くなる

어금니 [ɔgɯmni オグムニ] 名 奥歯;臼歯

어긋나다 [ɔgɯnnada オグンナダ] 自 ①(物が)外れる;反れる ②行き違いになる ③(事実・道理・期待などに)食い違う;狂う

어기다 [ɔgida オギダ] 他 (約束・時間・命令などを)破る;違える;背く

어김없다 [ɔgimɔpʔta オギモプタ] 存 間違いない;違えることがない 副 어김없이 [オギモプシ] 間違いなく

어깨 [ɔʔkɛ オッケ] 名 肩 例 어깨가 너무 결려요. [オッケガ ノム キョルリョヨ] 肩凝りがひどいです。関 어깨가 무겁다 [オッケガ ムゴプタ] 肩が重い;重責を担う / 어깨가 으쓱거리다 [オッケガ ウッスックコリダ] いばりたくなる;肩をそびやかす / 어깨가 처지다 [オッケガ チョジダ] 気を落す

어느 [ɔnɯ オヌ] 冠 ① 選択の疑問を表す:どの;何 例 이것하고 저것 어느 것이 좋아요? [イゴタゴ チョゴッ オヌ ゴシ チョーアヨ] これとあれと,どちらがいいですか。② 不特定のものを漠然と指す:ある;どの 例 어느 날 아침에 전화가 왔어요. [オヌ ナル アチメ チョーヌヮガ ワッソヨ] ある日の朝,電話が来ました。関 어느 것 [オヌ ゴッ] どれ;どちら / 어느 겨를에 [オヌ キョルレ] いつの間にか / 어느덧 [オヌドッ] 副 いつの間にか / 어느 분 [オヌ ブン] どなた;どちら / 어느새 [オヌセ] 副 いつの間にか;もはや;もう / 어느 때 [オヌ ッテ] いつ;ある時 / 어느 쪽 [オヌ ッチョク] どちら;どちらの方向

-어도 [ɔdo オド] 語尾 ⇒ -아도 [アド]

어둠 [ɔdum オドゥム] 名 暗闇;闇 関 어둠길 [オドゥムッキル] 名 暗い道

어둡다 [ɔdupʔta オドゥプタ] 形 〔ㅂ変:어두워 / 어두운 オドゥウォ / オドゥウン〕①(光・色などが)暗い

例 밤길이 어두우니까 조심해서 가세요. [パムッキリ オドゥウニッカ チョーシメソ カセヨ] 夜道は暗いから気を付けて行きなさい。②(視力・聴力が)弱い；(耳が)遠い；(目が)悪い ③物事に疎い；暗い ④(表情・雰囲気などが)暗い；重い

어디 [ədi オディ] 代 ①どこ；どちら 例 여기가 어디예요? [ヨギガ オディエヨ](地図などを見せながら)ここはどこですか。②不特定の場所を表す：どこか

어떠하다 [ɔ²tɔhada オットハダ] 形 〖ㅎ変〗どうのようだ；どういうふうだ 例 한국어를 마스터하려면 어떠한 방법이 좋을까요? [ハーングゴルル マストハリョミョン オットハン バンボビ チョーウルッカヨ] 韓国語をマスターするにはどんな方法が良いでしょうか。

어떡하다 [ɔ²tɔkk^hada オットカダ] 他 〖ㅎ変〗どのようにする；どういうふうにする

어떻다 [ɔ²tɔt^ha オットッタ] 形 〖ㅎ変：어때 / 어떤 オッテ / オットン〗 어떠하다 [オットハダ] の縮約形 例 어때요? 잘 어울려요? [オッテヨ チャル オウルリョヨ] どうですか。似合いますか。関 어떤 [オットン] どのような；どんな 例 어떤 음식을 좋아하세요? [オットン ウームシグル チョーアハセヨ] どんな料理が好きですか / 어떻게 [オットッケ] 副 どのように；どういうふうに；どう 例 어떻게 지내세요? [オットケ チネセヨ] どのようにお過ごしですか。

어렴풋하다 [ɔrjəmp^hutt^hada オリョムプタダ] 形 〖ㅎ変〗①(記憶や考えが)ぼんやりしている ②(見えたり聞こえたりするのが)ぼんやりしている 副 어렴풋이 [オリョムプシ] ぼんやりと

어렵다 [ɔrjəp²ta オリョプタ] 形 〖ㅂ変：어려워 / 어려운 オリョウォ / オリョウン〗 対 쉽다 [シュィープタ] ①(行うことが)難しい；困難だ ②(理解・会得が)難しい 例 한국말은 어렵지만 재미있어요. [ハーングンマルン オリョプチマン チェミイッソヨ] 韓国語は難しいですが、面白いです。③(性格が)気難しい ④(暮らしが)貧しい ⑤(目上の人などがいて)気遅れする；窮屈だ；気兼ねする

어루만지다 [ɔrumandʑida オルマンジダ] 他 ①撫でる；さする ②労わる；慰める

어르신네 [ɔruʃinne オルシンネ] 名 他人の父や老人に対する尊敬語

어른 [ɔːrun オールン] 名 ①大人；成人 例 어른 아이 할 것 없이 다 좋아하는 음식이에요. [オールン アイ ハル コ ドープシ ター チョーアハヌン ウームシギエヨ] 大人も子供もみんな好きな食べ物です。②目上の人

어리광 [ɔrigwaŋ オリグヮン] 名 (大人に)甘えること 自 어리광하다 [オリグヮンハダ] 甘える 関 어리광부리다 [オリグヮン プリダ] 甘える

어리다¹ [ɔrida オリダ] 自 ①涙がにじむ ②(気持ちが)こもる ③(目がくらむ

어리다² [ɔrida オリダ] 形 ①幼い；

幼稚だ ②(考え・経験などが)未熟だ；浅はかだ；幼稚だ

어리둥절하다 [ɔridundʒɔrɦada オリドゥンジョラダ] 形《하変》面くらう；うろたえる；まごつく

어리석다 [ɔrisɔkʔta オリソクタ] 形 愚かだ；ばかだ

어린이 [ɔrini オリニ] 名 子供 例 위험하니까 어린이는 절대 따라 하지 마세요. [ウィホマニッカ オリニヌン チョルテ ッタラ ハジ マセヨ] 危険なので子供は絶対まねしないでください。関 어린이날 [オリニナル] 名 子供の日

어림 [ɔrim オリム] 名 大体の見当；見積もり 他 어림하다 [オリマダ] 見当をつける 関 어림수 [オリムス] 名 概算 / 어림을 잡다 [オリムル チャプタ] 見積もる；見当をつける

어림없다 [ɔrimɔpʔta オリモプタ] 存 ①見当もつかない ②到底可能性がない；望めない ③定見がない

어마어마하다 [ɔmaɔmaɦada オマオマハダ] 形《하変》物々しい；もの凄い

어머 [ɔmɔ オモ] 感 女性が驚いたりして発する語：あっ；あら；あらまあ

어머나 [ɔmɔna オモナ] 感 女性が驚いたりして発する語：あっ；あら；あらまあ

어머니 [ɔmɔni オモニ] 名 母；お母さん；母親 例 어머니는 뭐하고 계세요? [オモニヌン ムォーハゴ ケーセヨ] (職業などを尋ねる際に)お母さんは何をなさっていますか。関 어머님 [オモニム] 名 母の尊敬語：お母様

어묵 [ɔmuk オムク] 名 かまぼこ

어물 [ɔmul オムル] 名 ①魚 ②乾魚；干物

어물거리다 [ɔmulgɔrida オムルゴリダ] 自 ①ぐずぐずする；もたもたする ②(目の前に)ちらちらする 副 어물어물 [オムロムル] ぐずぐず；もたもた。

어버이 [ɔbɔi オボイ] 名 父と母；両親 関 어버이날 [オボイナル] 名 父母の日

어부 [ɔbu オブ] 名 漁夫；漁師 関 어부지리 [オブジリ] 名 漁夫の利

어색하다 [ɔːsekkʰada オーセカダ] 形《하変》①不自然だ；ぎこちない ②言葉がつまる

어서¹ [ɔsɔ オソ] 副 行動を促したり勧めるときの語：さあ；早く；どうぞ 例 어서 오십시오. [オソ オシプシオ] いらっしゃいませ。

-어서² [ɔsɔ オソ] 語尾 ⇒-아서 [アソ]

어설프다 [ɔːsɔlpʰɨda オーソルプダ] 形《으変：어설퍼 オーソルポ》①粗雑だ ②生半可だ；中途半端だ 副 어설피 [オーソルピ] 生半可に；下手に；なまじっか

어수룩하다 [ɔsurukkʰada オスルカダ] 形《하変》①(言動が)うぶだ；人ずれしていない ②(物事が)たやすい

어수선하다 [ɔsusɔnɦada オスソナダ] 形《하変》①散らかっている；ごちゃごちゃしている ②慌ただしい

어슬렁거리다 [ɔsɨllɔŋgɔrida オスルロンゴリダ] 自 のそりのそりと

歩き回る 副 어슬렁어슬렁 [オスルロンオスルロン] のそりのそり；のそのそ

어시장 [ɔʃidʒaŋ オシジャン] 名 魚市場

-어야 [ɔja オヤ] 語尾 ⇒-아야 [アヤ]

-어야겠다 [ɔjagetʔta オヤゲッタ] 接尾 ⇒-아야겠다 [アヤゲッタ]

-어야지 [ɔjadʒi オヤジ] 語尾 ⇒-아야지 [アヤジ]

어엿하다 [ɔjɔtʔhada オヨタダ] 形 《하変》 正々堂々としている 副 어엿이 [オヨシ] 堂々と

-어요 [ɔjo エヨ] 語尾 ⇒-아요 [アヨ]

어울리다 [ɔullida オウルリダ] 自 ① 似合う；釣り合う 例 이 옷이 잘 어울릴까요? [イ オシ チャル オウルリルッカヨ] この服似合いますか。② 調和する ③ 交わる

어음 [ɔɯm オウム] 名 手形

어이없다 [ɔiɔpʔta オイオプタ] 存 ① 呆れる；開いた口が塞がらない ② あっけない 副 어이없이 [オイオプシ] ① 呆れて ② あっけなく

어저께 [ɔdʒɔʔke オジョッケ] 名 昨日

어제 [ɔdʒe オジェ] 名 昨日 例 어제 뭐 했어요? [オジェ ムオー ヘッソヨ] 昨日何をしましたか。

어조 [ɔːdʒo オージョ] 名 語調

어중간하다 [ɔdʒuŋganɦada オジュンガナダ] 形 《하変》 ① 中途半端だ；どっちつかずだ ② なかほどだ 副 어중간히 [オジュンガニ] 中途半端に

어지간하다 [ɔdʒiganɦada オジガナダ] 形 《하変》 ① まずまずだ ② ほどよい；まあまあだ ③ 普通だ 副 어지간히 [オジガニ] まあまあ；かなり；ほどよく

어지럽다 [ɔdʒirɔpʔta オジロプタ] 形 《ㅂ変: 어지러워/어지러운 オジロウォ/オジロウン》 ① 乱れている；散らかっている；落ち着かない ② 目まいがする；くらくらする

어질다 [ɔdʒilda オジルダ] 形 《ㄹ語幹: 어진 オジン》 善良だ；素直だ；情深く寛大だ

어째서 [ɔʔtʃesɔ オッチェソ] 副 どうして；なぜ

어쨌든 [ɔʔtʃetʔtɯn オッチェットゥン] 副 とにかく；いずれにせよ

어쩌다 [ɔʔtʃɔda オッチョダ] 自他 《어変: 어째 オチェ》 どうする 関 어쩔 수 없다 [オッチョル ス オプタ] 仕方ない；どうしようもない/어쩔 수 없이 [オッチョル ス オプシ] 仕方なく

어쩌다가 [ɔʔtʃɔdaga オッチョダガ] 副 偶然に；思いがけなく

어쩌면 [ɔʔtʃɔmjɔn オッチョミョン] 副 ① どうすれば ② ひょっとしたら

어쩐지 [ɔʔtʃɔndʒi オッチョンジ] 副 どうしたのか；どうしたことか；なんとなく；どうやら；何だか

어찌 [ɔʔtʃi オッチ] 副 どのように；どれほど

어차피 [ɔtʃʰapʰi オチャピ] 副 どうせ；どのみち；いずれにしても

어처구니없다 [ɔtʃʰɔgunɔpʔta オチョグニオプタ] 存 あきれる；とんでもない 副 어처구니없이 [オチョグニオプシ] あきれたことに

-어치 [ɔtʃʰi オチ] 接尾 金額を表す語に付いてその金額に値する分

量を表す語：…分 例 귤 5000(오천)원어치 주세요. [キュル オーチョヌォノチ チュセヨ] ミカン 5000ウォン分ください。

어투 [ɔtʰu オートゥ] 名 話しぶり；口ぶり；語気

어필 [ɔpʰiːl オピール] 名 アピール 自 어필하다 [オピーラダ] アピールする

어학 [ɔːɦak オーハク] 名 語学

어휘 [ɔːɦwi オーフィ] 名 語彙

억 [ɔk オク] 数 億

억누르다 [ɔŋnuɾuda オンヌルダ] 他 《르変：억눌러 オンヌルロ》抑えつける；抑圧する

억새 [ɔkʼsɛ オークセ] 名 ススキ

억세다 [ɔkʼseda オクセダ] 形 ①(体が)頑丈で力が強い ②(意志や性質が)固い ③(葉・茎が)固い

억수 [ɔkʼsu オクス] 名 土砂降り

억울하다 [ɔguɾɦada オグラダ] 形 《ㅎ変》(無実の罪や不公平な仕打ちを受けて)無念だ；悔しい

억제 [ɔkʼtɕe オクチェ] 名 抑制 他 억제하다 [オクチェハダ] 抑制する 受動 억제되다 [オクチェドゥェダ] 抑制される

억지 [ɔkʼtɕi オクチ] 名 無理強い；ごり押し 関 억지가 세다 [オクチガ セダ] 意地っ張りだ / 억지를 부리다 [オクチルル プリダ] 意地を張る / 억지를 세우다 [オクチルル セウダ] 意地を通す / 억지를 쓰다 [オクチルル ッスダ] 無理強いをする

언급 [ɔngɯp オングプ] 名 言及 自 언급하다 [オングパダ] 言及する

언니 [ɔnni オンニ] 名 ① 妹が姉を呼ぶ語：姉さん；お姉さん 例 저는 언니가 두 명 있어요. [チョヌン オンニガ トゥ ミョン イッソヨ] 私は姉が2人います。②(女性が)年上の女性を親しく呼ぶ語 関 누나 [ヌナ] 姉さん；お姉さん(弟が姉を呼ぶ語，男性が年上の女性を親しく呼ぶ語)

언더라인 [ɔndɔɾain オンドライン] 名 アンダーライン；下線

언덕 [ɔndɔk オンドク] 名 ① 丘；丘陵 ② 坂 関 언덕길 [オンドクキル] 名 坂道

언뜻 [ɔnʼtːut オンットゥッ] 副 ①(考えや感じなどが)ふと；ふっと ② ちらっと；ちらり 関 언뜻언뜻 [オンットゥドンットゥッ] 副 ちらちらと

언론 [ɔllon オルロン] 名 言論 関 언론계 [オルロンゲ] 名 言論界 / 언론 기관 [オルロン キグヮン] 名 言論機関 / 언론 통제 [オルロン トンジェ] 名 言論統制

언약 [ɔnjak オニャク] 名 口約束；誓い 他 언약하다 [オニャカダ] 誓う

언어 [ɔnɔ オノ] 名 言語 例 언어 센스가 정말로 뛰어나시네요. [オノ センスガ チョンマルロ ットゥィオナシネヨ] 言語センスが本当に飛び抜けていますね。関 언어도단 [オノドダン] 名 言語道断 / 언어 장애 [オノ チャンエ] 名 言語障害 / 언어학 [オノハク] 名 言語学

언쟁 [ɔndʑɛŋ オンジェン] 名 言い争い 自 언쟁하다 [オンジェンハダ] 言い争う

언제 [ɔːndʑe オーンジェ] 代 いつ 例

내가 언제 그랬어요? [ネガ オーンジェ クレッソヨ] 私がいつそう言いましたか。関 언제든지 [オーンジェドゥンジ] いつでも

언제나 [ɔːndʒena オーンジェナ] 副 ①いつも；しょっちゅう 例 약속 시간에 언제나 지각해서 미안해요. [ヤクソク シガネ オーンジェナ チガケソ ミアネヨ] 約束の時間にいつも遅れてすみません。②いつになったら

언짢다 [ɔnˀtʃantʰa オンッチャンタ] 形 よくない；気に入らない；不快だ

얹다 [ɔnˀta オンタ] 他 (上に)載せる；置く

얻다 [ɔtˀta オーッタ] 他 ①もらう；受ける；得る 例 책에서 삶의 지혜를 얻을 수 있어요. [チェゲソ サルメ チヘルル オードゥル ス イッソヨ] 本から生活の知恵を得ることができます。②(権利などを)得る ③(援助や信任などを)受ける

얻어맞다 [ɔdɔmatˀta オードマッタ] 他 なぐられる

얻어먹다 [ɔdɔmɔkˀta オードモクタ] 他 ①もらい食いする ②ののしられる

얼 [ɔːl オール] 名 精神；魂；霊

얼굴 [ɔlgul オルグル] 名 ①顔；容貌 例 피곤해서 얼굴이 부었어요. [ピゴネソ オルグリ プオッソヨ] 疲れて顔がむくみました。②表情；顔つき ③面目；体面 関 얼굴을 깎다 [オルグルル ッカクタ] 面目をつぶす / 얼굴을 내밀다 [オルグルル ネーミルダ] 顔を出す；会合などに参加する / 얼굴이 간지럽다 [オルグリ カンジロプタ] 面映ゆい / 얼굴이 두껍다 [オルグリ トゥッコプタ] 面の皮が厚い；図々しい / 얼굴이 뜨겁다 [オルグリ ットゥゴプタ] 恥ずかしい / 얼굴이 팔리다 [オルグリ パルリダ] 顔が売れる；広く知られる

얼다 [ɔːlda オールダ] 自《ㄹ語幹：어는 オヌン》① 凍る ② 凍える

얼떨결 [ɔlˀtɔlˀkjɔl オルットルキョル] 名《얼떨결에の形で》うっかり

얼떨떨하다 [ɔlˀtɔlˀtɔrʰada オルットルットルハダ] 形〖하変〗気圧されてどぎまぎする

얼룩 [ɔlluk オルルク] 名 ① 斑点 ② 染み 関 얼룩이 지다 [オルルギ チダ] 染みがつく / 얼룩 고양이 [オルルク コヤンイ] 名 三毛猫 / 얼룩무늬 [オルルンムニ] 名 まだら模様

얼른 [ɔllɯn オルルン] 副 すぐ；すばやく；さっさと；早く 例 얼른 나오세요. 다들 기다리세요. [オルルン ナオセヨ タードゥル キダリセヨ] 早く出てきてください。みんな待っています。

얼리다 [ɔllida オルリダ] 他 凍らせる

얼마 [ɔlma オルマ] 名 ①(値段・数量・程度などが)いくら；どれほど 例 이게 얼마예요? [イゲ オルマエヨ] これはいくらですか。②《副詞的に》いくらか 関 얼마나 [ɔlmana オルマナ] 副 どれぐらい；どんなに / 얼마든지 [オルマドゥンジ] いくらでも / 얼마만큼 [オルママンクム] どのくらい / 얼마쯤 [オルマッチュム] いくらくらい；どれほど

얼싸안다 [ɔlˀsaanˀta オルッサアンタ] 他 抱擁する；抱きしめる

얼어붙다 [ɔrɔbutˀta オロブッタ] 自 ①凍り付く ②(恐怖・緊張などのため)体がこわばる;すくむ

얼얼하다 [ɔrɔrɦada オロラダ] 形〖하変〗①(辛くて舌が)ひりひりする ②(日焼けした肌が)ひりひりする ③(傷口などが)ひりひりする ④(酒に酔って)もうろうとしている;頭がふらふらする

얼음 [ɔrɯm オルム] 名 氷 関 얼음과자 [オルムグヮジャ] 名 氷菓子 / 얼음덩이 [オルムドンイ] 名 氷塊 / 얼음 베개 [オルム ペゲ] 名 氷枕 / 얼음사탕 [オルムサタン] 名 氷砂糖 / 얼음주머니 [オルムジュモニ] 名 氷囊 / 얼음판 [オルムパン] 名 氷の面;凍った表面

얼추 [ɔltɕʰu オルチュ] 副 ①大方;大体 ②ほとんど近く 関 얼추잡다 [オルチュジャプタ] 他 大方見積もる

얼큰하다 [ɔlkʰɯnɦada オルクナダ] 形〖하変〗①(味が)辛くて口の中がひりひりする ②ほろ酔いきげんだ

얼토당토않다 [ɔltʰodaŋtʰoantʰa オルトダントアンタ] 形 ①全く関係がない ②とんでもない;見当違いだ

얼핏 [ɔlpʰit オルピッ] 副 ①ふと ②ちらっと

얽다 [ɔkˀta オクタ] 他 ①(紐や縄で)縛る;編む ②でっち上げる;捏造する

얽매다 [ɔŋmeda オンメダ] 他 ①(絡で)結ぶ;縛る ②束縛する

얽매이다 [ɔŋmeida オンメイダ] 自 受動 ①縛られる ②(仕事・勉強などに)縛られる ③束縛される

얽히다 [ɔlkʰida オルキダ] 自 絡み合う 受動 縛られる;絡まれる

엄격하다 [ɔmˀkjɔkkʰada オムッキョカダ] 形〖하変〗厳格だ 副 엄격히 [オムッキョキ] 厳格に

엄두 [ɔmdu オムドゥ] 名 何かをしようとする意欲;考え

엄마 [ɔmma オンマ] 名 ①어머니[オモニ]の幼児語:お母ちゃん;母さん;ママ 例 엄마는 어디 있어? [オムマヌン オディ イッソ] (小さな子供に向って)お母さんはどにいるの。 ②어머니[オモニ]を親しく言う語

엄밀하다 [ɔmmirɦada オムミラダ] 形〖하変〗厳密だ 副 엄밀히 [オムミリ] 厳密に

엄살 [ɔmsal オムサル] 名 痛みや苦しみなどを大げさに表す態度 関 엄살을 떨다 [オムサルル ットルダ] 大げさに痛がる;苦しんで見せる / 엄살을 부리다 [オムサルル プリダ] 大げさに痛がる;苦しんで見せる

엄수 [ɔmsu オムス] 名 厳守 하他 엄수하다 [オムスハダ] 厳守する

엄숙하다 [ɔmsukkʰada オムスカダ] 形〖하変〗厳粛だ;厳かだ

엄중하다 [ɔmdʑuŋɦada オムジュンハダ] 形〖하変〗厳重だ 副 엄중히 [オムジュンイ] 厳重に

엄지 [ɔmdʑi オムジ] 名 엄지가락 [オムジガラク] の縮約形:(手足の)親指 関 엄지발가락 [オムジバルッカラク] 名 足の親指 / 엄지손가락 [オムジソンッカラク] 名 手の親指

엄청나다 [ɔmtɕʰɔŋnada オムチョンナダ] 形 とてつもない;とほうも

엄포 [ɔːmpʰo オームポ] 名 わざと脅かすこと；どやしつけること 関 엄포를 놓다 [オームポルル ノッタ] わざと脅かす

엄하다 [ɔmɦada オマダ] 形《하変》① 厳しい；厳重だ ② 容赦ない 副 엄히 [オミ] 厳しく；厳重に

업다 [ɔpʔta オプタ] 他 ①(背に) 負う；背負う ②(ある勢力を) 後ろ盾にする

업무 [ɔmmu オムム] 名 業務

업신여기다 [ɔːpʔɕinnjɔgida オープシンニョギダ] 他 侮る；蔑視する；見くびる

업적 [ɔpʔtɕɔk オプチョク] 名 業績

업체 [ɔpʔtɕʰe オプチェ] 名 事業体；企業体

없다 [ɔːpʔta オープタ] 存 ① 存在しない；ない；いない 対 있다 [イッタ] 例 시간이 별로 없어요. [シガニ ピョルロ オープソヨ] 時間はそれほどありません。② 持っていない

없애다 [ɔːpʔseda オープセダ] 他 なくす；処分する

없어지다 [ɔːpʔsɔdʑida オープソジダ] 自 ① なくなる ② 消える

없이 [ɔːpʔɕi オープシ] 副 なく；ないままに

엇갈리다 [ɔtʔkallida オッカルリダ] 自 行き違う；すれ違う；食い違う

-었- [ɔt オッ] 語尾 ⇒ -았- [アッ]

엉거주춤하다 [ɔŋgɔdʑutɕʰumɦada オンゴジュチュマダ] 自《하変》① 中腰になる ②(物事に対して判断をせず) どっちつかずだ；優柔不断だ

엉기다 [ɔŋgida オンギダ] 自 ① 固まる；凝固する ②(蔓やひもなど細長いものが) 這う；からまる

엉덩방아 [ɔːndɔŋbaŋa オーンドンバンア] 名 尻もち 関 엉덩방아를 찧다 [オンドンバンアルル ッチッタ] 尻もちをつく

엉덩이 [ɔːndɔŋi オーンドンイ] 名 尻 関 엉덩이가 무겁다 [オーンドンイガ ムゴプタ] 尻が重い / 엉덩이를 붙이다 [オーンドンイルル プチダ] 腰をすえる

엉뚱하다 [ɔŋʔtuŋɦada オンットゥンハダ] 形《하変》①(言行が) 身のほど知らずだ ② とんでもない；突拍子もない

엉망 [ɔŋmaŋ オンマン] 名 (物事が) めちゃくちゃ；台無し 関 엉망진창 [オンマンジンチャン] 名 엉망の強調語

엉성하다 [ɔŋsɔŋɦada オンソンハダ] 形《하変》① いい加減だ；粗末だ；不十分だ ②(肉が落ちて) やせこけて見すぼらしい 副 엉성히 [オンソンヒ] まばらに；粗く

엉엉 [ɔŋɔŋ オンオン] 副 大きい声で泣く様子, またその声：わあわあ 하自 엉엉하다 [オンオンハダ] わあわあ泣く 関 엉엉거리다 [オンオンゴリダ] 自 大声でしきりに泣く

엉클어지다 [ɔŋkʰɯrɔdʑida オンクロジダ] 自 糸や紐, 物事がもつれる

엉큼하다 [ɔŋkʰɯmɦada オンクマダ] 形《하変》腹黒い 関 엉큼스럽다 [オンクムスロプタ] 形《ㅂ変：엉큼스러워 / 엉큼스러운 オンクムスロウォ / オンクムスロウン》とても腹

엉키다 [əŋkʰida オンキダ] 自 엉클어지다 [オンクロジダ] の縮約形

엉터리 [əŋtʰɔri オントリ] 名 ① でたらめ；いんちき ② 見かけ倒し

엊그저께 [ətʼkɯdʒɔkʼe オックジョッケ] 名 ① 2、3日前 ② 数日前《縮約形》엊그제 [オックジェ]

엎다 [əptʼa オプタ] 他 ① ひっくり返す；伏せる ② 倒す；滅ぼす；駄目にする

엎드리다 [əptʼturida オプトゥリダ] 自 腹ばいになる；うつ伏せになる；四つん這いになる

엎어놓다 [əpʰɔnotʼʰa オポノッタ] 自 伏せて置く

엎어지다 [əpʰɔdʒida オポジダ] 自 ① 前に倒れる ② ひっくり返る ③ (物事が)駄目になる

엎지르다 [əptʼʃiruda オプチルダ] 他『ㄹ変：엎질러 オプチルロ』(器などをひっくり返して液体を)こぼす

엎치다 [əptʃʰida オプチダ] 他 엎다 [オプタ] の強調 関 엎친 데 덮친다 [オプチン デ トプチンダ] 倒れたところに覆いかぶさる《泣きっ面に蜂と同じ意味の慣用句》

엎치락뒤치락 [əptʃʰirakʼtwitʃʰirak オプチラクトゥィチラク] 副 ① 寝返りをうつ様子 ② 勝負で力が似たりよったりで優劣を決めがたい様子

에 [e エ] 助 ① 場所を示す：…に 例 여기에 있어요. [ヨギエ イッソヨ] ここにあります。② 時間・期間を表す：…に 例 내일은 7(일곱)시에 출발해요. [ネイルン イルゴプシエ チュルバレヨ] 明日は7時に出発します。③ 移動先を表す：…に 例 친구하고 서울에 갔다 왔어요. [チングハゴ ソウレ カッタ ワッソヨ] 友達とソウルに行ってきました。④ 値段を表す：…で 例 이 옷은 10(십)만 원에 샀어요. [イ オスン シムマ ヌォネ サッソヨ] この服は10万ウォンで買いました。⑤ 手段・道具・材料などを表す：…に；…で 例 비에 젖은 옷 [ピエ チョジュン オッ] 雨に濡れた服 ⑥ 動作の対象を表す：…に 例 저는 한국 영화에 관심이 많아요. [チョヌン ハーングン ニョンフヮエ クヮンシミ マーナヨ] 私は韓国映画にとても関心があります。

에게 [ege エゲ] 助《人や動物を表す名詞に付いて》…に 例 저에게 연락을 주세요. [チョエゲ ヨルラグル チュセヨ] 私に連絡をください。類 한테 [ハンテ] 会話体で에게の代わりに用いられる。

에게서 [egesə エゲソ] 助《人を表す名詞に付いて》…から 例 친구에게서 전화가 왔어요. [チングエゲ ソ チョヌヮガ ワッソヨ] 友達から電話が来ました。類 한테서 [ハンテソ] 会話体で에게서の代わりに用いられる。

에너지 [enədʒi エノジ] 名 エネルギー

에서 [esə エソ] 助 ① 動作が行われる場所を表す：…で 例 호텔 앞에서 만납시다. [ホテル アペソ マンナプシダ] ホテルの前で会いましょう。② 起点を表す：…から 例 역에서 호텔까지 얼마나 걸려요?

[ヨゲソ ホテルッカジ オルマナ コルリョヨ] 駅からホテルまでどのくらいかかりますか。

에스컬레이터 [esɯkʰɔlleitʰɔ エスコルレイト] 名 エスカレーター

에어로빅스 [eɔrobikʼsɯ エオロビクス] 名 エアロビクス

에어컨 [eɔkʰɔn エオコン] 名 エアコン

에워싸다 [ewɔʼsada エウォッサダ] 他 取り囲む；包囲する

에이프런 [eipʰɯrɔn エイプロン] 名 エプロン

에인절 [eindʒɔl エインジョル] 名 エンゼル；天使

에티켓 [etʰikʰet エティケッ] 名 エチケット

엔 [en エン] 名 依名 日本通貨：円

엘리베이터 [ellibeitʰɔ エルリベイト] 名 エレベーター

엘리트 [ellitʰɯ エルリトゥ] 名 エリート

여간 [jɔgan ヨガン] 名 ① さぞかし ② 《主に否定の語とともに用いて》普通の(ことではない)；並大抵の(ことではない)；ちょっとやそっとの(ことではない) 関 여간이 아니다 [ヨガニ アニダ] 普通ではない；並大抵ではない

여객 [jɔgek ヨゲク] 名 旅客 関 여객기 [ヨゲクキ] 名 旅客機／여객선 [ヨゲクソン] 名 旅客船／여객 열차 [ヨゲン ニョルチャ] 名 旅客列車

여고 [jɔgo ヨゴ] 名 女子 高等学校 [ヨジャ コドゥンハクキョ] 女子高等学校の縮約形：女子高

여관 [jɔgwan ヨグヮン] 名 旅館

여교사 [jɔgjosa ヨギョサ] 名 女性教師

여권 [jɔʼkwɔn ヨックォン] 名 旅券 例 여권 좀 보여 주시겠어요? [ヨックォン チョム ポヨ ジュシゲッソヨ] パスポート，ちょっと見せてくださいますか。／여권을 잃어버렸어요. [ヨックォヌル イロボリョッソヨ] パスポートをなくしました。

여기 [jɔgi ヨギ] 代 ① ここ；こちら ② これ；この点 例 여기에 서명 좀 해 주세요. [ヨギエ ソミョン チョム ヘ ジュセヨ] ここに署名をしてください。関 여기저기 [ヨギジョギ] 名 あちこち

여기다 [jɔgida ヨギダ] 他 思う；みなす；感じる 例 그는 자신의 일을 무엇보다 소중하게 여기는 사람이에요. [クヌン チャシネ イルル ムオッポダ ソジュンハゲ ヨギヌン サーラミエヨ] 彼は自分の仕事を何より大切に思っている人です。

여기저기 [jɔgidʒɔgi ヨギジョギ] 代 あちこち

여념 [jɔnjɔm ヨニョム] 名 余念；雑念

여느 [jɔnɯ ヨヌ] 冠 ① 通常の；普通の ② その他の；別の

여닫다 [jɔːdatʼta ヨーダッタ] 他 (門・窓などを)開閉する；開け閉めする

여당 [jɔːdaŋ ヨーダン] 名 与党

여대 [jɔdɛ ヨデ] 名 여자 대학 [ヨジャ テハク] 女子大学の縮約形：女子大 関 여대생 [ヨデセン] 名 女子大学生

여덟 [jɔdɔl ヨドル] 数 8；8つ；8人 類 팔 [パル]

여동생 [jɔdoŋseŋ ヨドンセン] 名 妹

例 그는 친구 여동생과 결혼했어요. [クヌン チング ヨドンセングヮ キョロネッソヨ] 彼は友達の妹と結婚しました。

여드레 [jodɯre ヨドゥレ] 名 ① 8日間 ② 8日目

여드름 [jodɯrɯm ヨドゥルム] 名 にきび

여든 [jodɯn ヨドゥン] 数 80 類 팔십 [パルシプ]

여러 [jɔrʌ ヨロ] 冠 数々の; いろいろな; 様々な 例 여러 사람의 의견을 들어 보는 것도 중요해요. [ヨロサーラメ ウイーギョンヌル トゥロ ボヌン ゴット チュンヨヘヨ] いろいろな人の意見を聞いてみるのも重要です。 関 여러 가지 [ヨロガジ] 名 いろいろ; 多くの種類

여러모로 [jɔrʌmoro ヨロモロ] 副 多角的に; 多方面に

여러분 [jɔrʌbun ヨロブン] 代 皆さま; 皆さん 例 여러분의 의견을 말씀해 보세요. [ヨロブネ ウイーギョヌル マールッスメ ボセヨ] 皆さんの意見をお話しください。

여론 [jɔːron ヨーロン] 名 世論 関 여론 조사 [ヨーロン チョサ] 名 世論調査

여류 [jɔrju ヨリュ] 名 女流

여름 [jɔrɯm ヨルム] 名 夏 例 여름 휴가 때 한국에 여행 가기로 했어요. [ヨルム ヒュガッテ ハーングゲ ヨヘン カギロ ヘッソヨ] 夏の休暇に韓国へ旅行に行くことにしました。 関 여름날 [ヨルムナル] 名 夏の日 / 여름내 [ヨルムネ] 名 夏中 / 여름 방학 [ヨルム パンハク] 名 夏休み / 여름철 [ヨルムチョル] 名 夏季

여물다¹ [jomulda ヨムルダ] 自 〖ㄹ語幹: 여무는 ヨムヌン〗 (よく)実る; 熟する

여물다² [jomulda ヨムルダ] 形 〖ㄹ語幹: 여문 ヨムン〗 ① (物事の基本や過程が) しっかりしている ② (体や言動が) 頼もしい ③ (生活が) つましい

여배우 [jobɛu ヨベウ] 名 女優

여보 [jobo ヨボ] 感 夫婦間でのお互いの呼称

여보세요 [jobosejo ヨボセヨ] 感 他人を呼ぶ時や、注意をうながすときの用語: もしもし 例 여보세요. 거기 누구 없어요? [ヨボセヨ コギヌグ オープソヨ] もしもし, そこに誰かいませんか。/ 여보세요. 전화 바꿨습니다. [ヨボセヨ チョーヌヮ パックォッスムニダ] もしもし, お電話替わりました。

여보시오 [jobosio ヨボシオ] 感 他人を呼ぶ時や、注意をうながすときの用語: もしもし

여부 [jɔːbu ヨーブ] 名 可否; よしあし

여분 [jobun ヨブン] 名 余分; 余り

여사원 [josawʌn ヨサウォン] 名 女性社員

여사무원 [josamuwʌn ヨサムウォン] 名 女性事務員

여선생 [josʌnsɛŋ ヨソンセン] 名 女の先生

여섯 [josʌt ヨソッ] 数 6つ; 6; 6人 類 육 [ユク]

여성 [josʌŋ ヨソン] 名 女性 関 여성적 [ヨソンジョク] 名 女性的

여승 [josɯŋ ヨスン] 名 女僧; 尼僧

여우 [jou ヨウ] 名 キツネ 関 **여우 같다** [ヨウ ガッタ] キツネのようにずる賢い

여울 [joul ヨウル] 名 瀬;早瀬 関 **여울목** [ヨウルモク] 名 早瀬の狭くなった部分

여위다 [jowida ヨウィダ] 自 痩せる;やつれる

여유 [joju ヨユ] 名 余裕

여의다 [joida ヨイダ] 他 死に別れる

여의도 [joido ヨイド] 名 汝矣島《ソウル市永登浦区に属する漢江の中にある島》

여의찮다 [joitʃʰantʰa ヨイチャンタ] 形 思いどおりにならない

여인 [join ヨイン] 名 女人

여인숙 [joinsuk ヨインスク] 名 宿屋

여자 [jodʒa ヨジャ] 名 女子;女;女性 例 여자라고 무시하지 마세요. [ヨジャラゴ ムシハジ マーセヨ] 女性だと思って無視しないで(馬鹿にしないで)ください。

여전하다 [jodʒɔnɦada ヨジョナダ] 形 《하変》依然と変わりない;相変わらずだ 副 **여전히** [ヨジョニ] 相変わらず

여지 [jodʒi ヨジ] 名 余地

여쭈다 [jo:ʔtʃuda ヨーッチュダ] 他 ①申し上げる;申す ②お伺いする

여쭙다 [jo:ʔtʃupʰta ヨーッチュプタ] 他 《ㅂ変: 여쭤 / 여쭙는 ヨーッチュォ / ヨーッチュムヌン》《여쭈다よりもさらにへりくだった語》①申し上げる ②お伺いする

여태 [jotʰɛ ヨテ] 副 여태까지 [ヨテッカジ] の縮約形: 今まで;いまだ

여학생 [jɔɦakʔsɛŋ ヨハクセン] 名 女子学生;女生徒

여행 [jɔɦeŋ ヨヘン] 名 旅行 下自 **여행하다** [ヨヘンハダ] 旅行する 関 **여행기** [ヨヘンギ] 名 旅行記 / **여행사** [ヨヘンサ] 名 旅行社

역 [jɔk ヨク] 名 駅 例 역 기다림 방에서 8(여덟)시에 만나기로 했어요. [ヨク キダリム パンエソ ヨドルシエ マンナギロ ヘッソヨ] 駅の待合室で8時に会うことにしました。

역겹다 [jɔkʔkjɔpʔta ヨクキョプタ] 形 《ㅂ変: 역겨워 / 역겨운 ヨクキョウォ / ヨクキョウン》うとましい;とても気に障る;頭に来る

역경 [jɔkʔkjɔŋ ヨクキョン] 名 逆境

역력하다 [jɔŋnjɔkkʰada ヨンニョカダ] 形 《하変》歴々としている;ありありと見える;明らかだ 副 **역력히** [ヨンニョキ] 歴々と

역사 [jɔkʔsa ヨクサ] 名 歴史 例 한국 역사에 관심이 있어요. [ハーングン ニョクサエ クワンシミ イッソヨ] 韓国の歴史に関心があります。 関 **역사가** [ヨクサガ] 名 歴史家 / **역사관** [ヨクサグヮン] 名 歴史観 / **역사극** [ヨクサグク] 名 時代劇 / **역사상** [ヨクササン] 名 史上;歴史上 / **역사 소설** [ヨクサ ソーソル] 名 歴史小説 / **역사적** [ヨクサジョク] 名 歴史的 / **역사학** [ヨクサハク] 名 歴史学

역시 [jɔkʔʃi ヨクシ] 副 ①また ②やはり;やっぱり 例 역시 그랬었군요. [ヨクシ クレッソックンニョ] やはりそうだったんですね。

역전 [jɔkʔtʃɔn ヨクチョン] 名 逆転

他自 역전하다 [ヨクチョナダ] 逆転する 自 受動 역전되다 [ヨクチョンドゥェダ] 逆転される

역하다¹ [jəkkʰada ヨカダ] 他〖하変〗逆らう

역하다² [jəkkʰada ヨカダ] 形〖하変〗むかつく；吐き気がする

역할 [jəkkʰal ヨカル] 名 役割

엮다 [jəkt'a ヨクタ] 他 ①(紐・縄・綱などを)綴る；編む ②(書物を)編集する

엮은이 [jəʔkuni ヨックニ] 名 編者

연 [jən ヨン] 名 たこ 関 연날리기 [ヨンナルリギ] 名 たこ揚げ

연결하다 [jəngjəɾɦada ヨンギョラダ] 他〖하変〗連結する；つなぐ 自 受動 연결되다 [ヨンギョルドゥェダ] 連結される

연계 [jənge ヨンゲ] 名 連係 하他 연계하다 [ヨンゲハダ] 連係する

연고¹ [jəːngo ヨーンゴ] 名 軟膏

연고² [jəngo ヨンゴ] 名 ①縁故 ②事由 関 연고자 [ヨンゴジャ] 名 縁故者 / 연고지 [ヨンゴジ] 名 縁故地

연관 [jəngwan ヨングヮン] 名 関連；連関 하自 연관하다 [ヨングヮナダ] 関連する

연구 [jəːngu ヨーング] 名 研究 하他 연구하다 [ヨーングハダ] 研究する 되受動 연구되다 [ヨーングドゥェダ] 研究される 関 연구생 [ヨーングセン] 名 研究生 / 연구실 [ヨーングシル] 名 研究室

연극 [jəːnguk ヨーングク] 名 演劇 例 한국에서 연극을 보고 싶어요. [ハーングゲソ ヨーンググル ポゴ シポヨ] 韓国で演劇を見たいです。 関 연극계 [ヨーングクケ] 名 演劇界 / 연극단 [ヨーングクタン] 名 演劇団；劇団 / 연극인 [ヨーングギン] 名 演劇人 / 연극장 [ヨーングクチャン] 名 演劇場

연근 [jəngun ヨングン] 名 蓮根

연금 [jəngum ヨングム] 名 年金

연기¹ [jəngi ヨンギ] 名 延期 하他 연기하다 [ヨンギハダ] 延期する 되受動 연기되다 [ヨンギドゥェダ] 延期される

연기² [jəngi ヨンギ] 名 煙 例 어디서 불이 났는지 연기가 나요. [オディソ プリ ナンヌンジ ヨンギガ ナヨ] どこかで火事が起きたのか煙が出ています。 / 담배 연기는 싫어요. [タムベ ヨンギヌン シロヨ] タバコの煙は嫌いです。

연기³ [jəːngi ヨーンギ] 名 演技 하自 연기하다 [ヨーンギハダ] 演技する

연꽃 [jənʔkot ヨンッコッ] 名 蓮の花

연대¹ [jəndɛ ヨンデ] 名 年代

연대² [jəndɛ ヨンデ] 名 連帯 하自 연대하다 [ヨンデハダ] 連帯する

연도 [jəndo ヨンド] 名 年度

연락 [jəllak ヨルラク] 名 連絡 例 연락을 주세요. [ヨルラグル チュセヨ] 連絡をください。 하他 연락하다 [ヨルラカダ] 連絡する 自 되受動 연락되다 [ヨルラクトゥェダ] 連絡がつく；連絡される 関 연락선 [ヨルラクソン] 名 連絡船 / 연락처 [ヨルラクチョ] 名 連絡先 例 연락처를 가르쳐 주세요. [ヨルラクチョルル カルチョ ジュセヨ] 連絡先を教えてください。

연령 [jəlljəŋ ヨルリョン] 名 年齢 類

나이[ナイ]
연료[jɔlljo ヨルリョ]名 燃料 関 연료비[ヨルリョビ]名 燃料費
연륜[jɔlljun ヨルリュン]名 年輪
연말[jɔnmal ヨンマル]名 年末 ; 年の暮れ
연못[jɔnmot ヨンモッ]名 池
연민[jɔnmin ヨンミン]名 憐憫 하形 연민하다[ヨンミナダ]哀れだ
연방[jɔnbaŋ ヨンバン]副 続いて ; 続けざまに
연보라[jɔːnbora ヨーンボラ]名 薄紫
연봉[jɔnboŋ ヨンボン]名 年俸
연분[jɔnbun ヨンブン]名 ① 縁 ② 夫婦となれる縁 関 천생연분[チョンセンニョンブン]天の定めた縁
연분홍[jɔːnbunfioŋ ヨーンブノン]名 淡紅色 ; 桜色
연상¹[jɔnsaŋ ヨンサン]名 年上 ; 年長
연상²[jɔnsaŋ ヨン サン]名 連想 하他 연상하다[ヨンサンハダ]連想する
연설[jɔːnsɔl ヨーンソル]名 演説 하自 연설하다[ヨーンソラダ]演説する
연세[jɔnse ヨンセ]名 나이[ナイ]の尊敬語 : お年
연속[jɔnsok ヨンソク]名 連続 하他 연속하다[ヨンソカダ]連続する 自 연속되다[ヨンソクトゥェダ]連続する
연쇄[jɔːnswe ヨーンスェ]名 連鎖 하他 연쇄하다[ヨーンスェハダ]連鎖する 自 연쇄되다[ヨーンスェドゥェダ]連鎖する
연수¹[jɔnʔsu ヨンス]名 年数
연수²[jɔːnsu ヨーンス]名 研修 하他 연수하다[ヨーンスハダ]研修する
연습[jɔːnsɯp ヨーンスプ]名 練習 하他 연습하다[ヨーンスパダ]練習する 例 연습 많이 했어요. [ヨンスム マーニ ヘッソヨ]練習はたくさんしました。関 연습 문제[ヨーンスム ムーンジェ]名 練習問題 / 연습장[ヨーンスプチャン]名 練習帳
연애[jɔːnɛ ヨーネ]名 恋愛 ; 恋 하自 연애하다[ヨーネハダ]恋する 関 연애결혼[ヨーネギョロン]名 恋愛結婚 / 연애 소설[ヨーネ ソーソル]名 恋愛小説 / 연애편지[ヨーネピョンジ]名 ラブレター
연어[jɔnɔ ヨノ]名 鮭
연예[jɔːnje ヨーニェ]名 芸能 関 연예계[ヨーニェゲ]名 芸能界 / 연예란[ヨーニェラン]名 芸能欄 / 연예인[ヨーニェイン]名 芸能人 ; タレント
연인[jɔːnin ヨーニン]名 恋人
연장¹[jɔndʒaŋ ヨンジャン]名 年長
연장²[jɔndʒaŋ ヨンジャン]名 物を作る器具 ; 道具
연장³[jɔːndʒaŋ ヨンジャン]名 延長 하他 연장하다[ヨンジャンハダ]延長する 自 되受動 연장되다[ヨンジャンドゥェダ]延長される 関 연장선[ヨンジャンソン]名 延長線 / 연장전[ヨンジャンジョン]名 延長戦
연주[jɔːndʒu ヨーンジュ]名 演奏 하他 연주하다[ヨーンジュハダ]

演奏する [<u>受動</u>] 연주되다 [ヨーンジュドゥウェダ] 演奏される

연줄 [jɔndʒul ヨンジュル] [名] 縁故; コネ

연착 [jɔntʃʰak ヨンチャク] [名] 延着 [<u>自</u>] 연착하다 [ヨンチャカダ] 延着する [<u>自</u>] 연착되다 [ヨンチャクトゥウェダ] 延着する

연탄 [jɔntʰan ヨンタン] [名] 練炭

연필 [jɔnpʰil ヨンピル] [名] 鉛筆 [例] 연필 좀 깎아 주세요. [ヨンピル チョム ッカッカ ジュセヨ] 鉛筆をちょっと削ってください [<u>関</u>] 연필화 [ヨンピルヮ] [名] 鉛筆画 / 연필깎이 [ヨンピルッカッキ] [名] 鉛筆削り

연하 [jɔnɦa ヨナ] [名] 年下

연하다 [jɔːnɦada ヨーナダ] [形] 《하変》①(肉などが)軟らかい ②(色合いが)淡く鮮やかだ

연하장 [jɔnɦaʦʰaŋ ヨナッチャン] [名] 年賀状

연합 [jɔnɦap ヨナプ] [名] 連合 [<u>自他</u>] 연합하다 [ヨナパダ] 連合する

연행 [jɔnɦeŋ ヨネン] [名] 連行 [<u>他</u>] 연행하다 [ヨネンハダ] 連行する [<u>受動</u>] 연행되다 [ヨネンドゥウェダ] 連行される

연회 [jɔnɦwe ヨーヌェ] [名] 宴会; 宴

연휴 [jɔnɦju ヨニュ] [名] 連休

열¹ [jɔl ヨル] [名] 熱 ①(物を熱くする) 熱 ②(病気による) 熱 [例] 열도 나고 머리가 아파요. [ヨルド ナゴ モリガ アパヨ] 熱もあるし頭も痛いです。 [<u>関</u>] 열을 받다 [ヨルル パッタ] 頭に来る / 열이 나다 [ヨリ ナダ] 熱が出る

열² [jɔl ヨル] [数] 10, 10人 [<u>類</u>] 십 [シプ]

열거 [jɔlgɔ ヨルゴ] [名] 列挙 [<u>他</u>] 열거하다 [ヨルゴハダ] 列挙する [<u>受動</u>] 열거되다 [ヨルゴドゥウェダ] 列挙される

열다¹ [jɔːlda ヨールダ] [<u>自</u>] 《ㄹ語幹: 여는 ヨーヌン》(実が)なる

열다² [jɔːlda ヨールダ] [<u>他</u>] 《ㄹ語幹: 여는 ヨーヌン》①開く; 開ける [例] 거기 창문 좀 열어 주실래요? [コギ チャンムン チョム ヨロ ジュシルレヨ] そこの窓をちょっと開けてくださいますか。②(何事かを)始める; 開く [例] 강남에 가게를 열었어요. [カンナメ カーゲルル ヨロッソヨ] 江南に店を開きました。③(関係を)結ぶ; 開く ④(道を)開拓する; 切り開く

열대 [jɔlʔtɛ ヨルテ] [名] 熱帯 [<u>関</u>] 열대림 [ヨルテリム] [名] 熱帯林 / 열대야 [ヨルテヤ] [名] 熱帯夜 / 열대어 [ヨルテオ] [名] 熱帯魚

열등 [jɔlʔtɯŋ ヨルトゥン] [名] 劣等 [形] 열등하다 [ヨルトゥンハダ] 劣っている [<u>関</u>] 열등감 [ヨルトゥンガム] [名] 劣等感 / 열등생 [ヨルトゥンセン] [名] 劣等生

열띠다 [jɔlʔtida ヨルッティダ] [<u>自</u>] 熱を帯びる

열람 [jɔllam ヨルラム] [名] 閲覧 [<u>他</u>] 열람하다 [ヨルラマダ] 閲覧する

열렬하다 [jɔlljɔrɦada リョルリョラダ] [形] 《하変》熱烈だ [副] 열렬히 [ヨルリョリ] 熱烈に

열리다¹ [jɔllida ヨルリダ] [<u>自</u>] (実が) なる

열리다² [jɔllida ヨルリダ] [<u>自受動</u>] ① (ドアなどが)開く; 開かれる [例] 제가 와서 보니까 문이 열려 있었어

요. [チェガ ワソ ボニッカ ムニ ヨルリョ イッソッソヨ] 私が来てみたらドアが開いていました。②(行事などが) 開かれる;開催される 例 다음 달에 서울에서 정상회담이 열립니다. [タウム タレ ソウレソ チョンサンフェダミ ヨルリムニダ] 来月ソウルで首脳会談が開かれます。③(業務が) 始まる

열매 [jʌlmɛ ヨルメ] 名 ① 果実 ② 結果;成果

열무 [jʌlmu ヨルム] 名 大根の若菜

열쇠 [jʌlˀswe ヨールスェ] 名 ① 鍵;キー 例 방 열쇠를 방 안에 놓고 나와 버렸어요. [パン ヨールスェルル パン アネ ノッコ ナワ ボリョッソヨ] (ホテルで) 部屋の鍵を中に置いて出てしまいました。② 手がかり

열심히 [jʌlˀɕimɦi ヨルシミ] 副 熱心に 例 열심히 배우겠습니다. [ヨルシミ ペウゲッスムニダ] 一生懸命習います。

열의 [jʌri ヨリ] 名 熱意

열정 [jʌlˀtɕʌŋ ヨルチョン] 名 熱情;情熱

열중하다 [jʌlˀtɕuŋɦada ヨルチュンハダ] 自 《하変》熱中する;夢中になる

열차 [jʌltɕʰa ヨルチャ] 名 列車 例 서울행 열차가 지금 들어오고 있습니다. [ソウレン ニョルチャガ チグム トゥロオゴ イッスムニダ] (駅のアナウンスで) ソウル行きの列車が今、到着します (入って来ています)。

열흘 [jʌrɦɯl ヨルル] 名 ① 10日間 ② 10日目

엷다 [jʌlˀta ヨールタ] 形 ①(味・色が) 薄い 対 진하다 [チナダ] ②(厚さが) 薄い 対 두껍다 [トゥッコプタ] ③(知識や学識が) 浅はかだ

염가 [jʌmˀka ヨムッカ] 名 廉価

염두 [jʌmdu ヨームドゥ] 名 念頭

염려 [jʌmnjʌ ヨムニョ] 名 配慮;心配 하自他 염려하다 [ヨームニョハダ] 心配する;憂慮する 自 염려되다 [ヨームニョドゥェダ] 心配される

염료 [jʌmnjo ヨームニョ] 名 染料

염색하다 [jʌmsekˀada ヨームセカダ] 他《하変》染色する;染める 関 염색물 [ヨームセンムル] 染め物 / 염색체 [ヨームセクチェ] 染色体

염소 [jʌmso ヨムソ] 名 山羊

염원 [jʌmwʌn ヨームオン] 名 念願

염증 [jʌmˀtɕɯŋ ヨムッチュン] 名 炎症

염치 [jʌmtɕʰi ヨムチ] 名 廉恥

염치없다 [jʌmtɕʰiʌpˀta ヨムチオプタ] 存 破廉恥だ;恥知らずだ 副 염치없이 [ヨムチオプシ] 恥かし気もなく

엽서 [jʌpˀsʌ ヨプソ] 名 葉書 関 그림엽서 [クーリムニョプソ] 絵葉書

엿 [jʌt ヨッ] 名 飴

엿듣다 [jʌtˀtɯtˀta ヨーットゥッタ] 他 《ㄷ変:엿들어 / 엿듣는 ヨットゥロ / ヨーットゥンヌン》聞き耳を立てる;盗み聞きする

엿보다 [jʌtˀpoda ヨーッポダ] 他 ① 盗み見る ②(機を) 狙う;窺う

엿새 [jʌtˀsɛ ヨッセ] 名 ① 6日間 ② 6日目

영 [jʌŋ ヨン] 名 零;ゼロ

영감

영감 [jəŋgam ヨーンガム] 名 ① 夫人が年配の夫を呼ぶ語 ② 家柄のいい人や年寄りを敬って言う語

영검 [jəŋgəm ヨンゴム] 名 霊験 [하形] 영검하다 [ヨンゴマダ] 霊験あらたかだ 関 영검스럽다 [ヨンゴムスロプタ] 形《ㅂ変:영검스러워 / 영검스러운 ヨンゴムスロウォ / ヨンゴムスロウン》霊験あらたかに見える

영계 [jəŋge ヨンゲ] 名 ① 若鶏 ② 《俗語》比較的若い異性を比喩した語

영광 [jəŋgwaŋ ヨングヮン] 名 栄光; 光栄 関 영광스럽다 [ヨングヮンスロプタ] 形《ㅂ変:영광스러워 / 영광스러운 ヨングヮンスロウォ / ヨングヮンスロウン》名誉だ;光栄だ

영구 [jəŋgu ヨーング] 名 [하形] 영구하다 [ヨーングハダ] 永久だ 関 영구 보존 [ヨーング ポジョン] 名 永久保存 / 영구히 [ヨーングヒ] 副 永久に

영국 [jəŋguk ヨングク] 名 英国; イギリス 例 친구가 영국으로 유학 가요. [チングガ ヨンググロ ユハク カヨ] 友達が英国に留学に行きます。

영락하다 [jəŋnak ヨンナク] 名 零落 [自動] 영락하다 [ヨンナカダ] 落ちぶれる 関 영락없다 [ヨンナゴプタ] 存 的中する;間違いない;確かだ / 영락없이 [ヨンナゴプシ] 副 確かに;間違いなく

영리하다 [jəŋniɦada ヨーンニハダ] 形《하変》利発だ;利口だ

영문¹ [jəŋmun ヨンムン] 名 理由

영문² [jəŋmun ヨンムン] 名 英文 関 영문과 [ヨンムンックヮ] 名 英文科

영사 [jəŋsa ヨンサ] 名 領事 関 영사관 [ヨンサグヮン] 名 領事館

영상 [jəŋsaŋ ヨンサン] 名 映像

영수 [jəŋsu ヨンス] 名 領収 [하他] 영수하다 [ヨンスハダ] 領収する 関 영수인 [ヨンスイン] 名 領収印;受領印 / 영수증 [ヨンスジュン] 名 領収証;領収書

영양 [jəŋjaŋ ヨンヤン] 名 栄養 関 영양제 [ヨンヤンジェ] 名 栄養剤

영어 [jəŋə ヨンオ] 名 英語 例 영어는 자신이 없어요. [ヨンオヌン チャシニ オープソヨ] 英語は自信がありません。

영업 [jəŋəp ヨンオプ] 名 営業 [하自] 영업하다 [ヨンオパダ] 営業する 関 영업소 [ヨンオプソ] 名 営業所

영역 [jəŋjək ヨンヨク] 名 領域

영웅 [jəŋuŋ ヨンウン] 名 英雄;ヒーロー

영원 [jəŋwən ヨーンウォン] 名 [하形] 영원하다 [ヨーンウォナダ] 永遠だ 関 영원히 [ヨーンウォニ] 副 永遠に

영위하다 [jəŋwiɦada ヨンウィハダ] [他]《하変》営む

영이별 [jəːŋnibjəl ヨーンニビョル] 名 二度と会うことのできない離別 [自他] 영이별하다 [ヨーンニビョラダ] 永別する

영작문 [jəŋdʑaŋmun ヨンジャンムン] 名 英作文

영재 [jəŋdʑe ヨンジェ] 名 英才

영주 [jəŋdʑu ヨーンジュ] 名 永住 [하自] 영주하다 [ヨーンジュハダ] 永住する 関 영주권 [ヨーンジュッ

クォン] 名 永住権
영토 [jəntʰo ヨント] 名 領土
영하 [jəŋɦa ヨンハ] 名 零下；氷点下
영향 [jəŋɦjaŋ ヨーンヒャン] 名 影響 関 영향력 [ヨーンヒャンニョク] 名 影響力
영화¹ [jəŋɦwa ヨンフヮ] 名 映画 例 이번 주말에 영화 보러 갈래요? [イボン チュマレ ヨンフヮ ポロ カルレヨ] 今週末に映画を見に行きませんか。 関 영화 감독 [ヨンフヮ カムドク] 名 映画監督 / 영화관 [ヨンフヮグヮン] 名 映画館 / 영화배우 [ヨンフヮベウ] 名 映画俳優 / 영화사 [ヨンフヮサ] 名 映画社 / 영화 음악 [ヨンフヮ ウマク] 名 映画音楽 / 영화화 [ヨンフヮフヮ] 名 映画化
영화² [jəŋɦwa ヨンフヮ] 名 栄華
옆 [jəp ヨプ] 名 横；側；傍ら 例 옆에서 좀 도와주세요. [ヨペソ チョム トワジュセヨ] 横でちょっと手伝ってください。
옆구리 [jəpʼkuri ヨプクリ] 名 脇；脇腹；横腹
옆길 [jəpʼkil ヨプキル] 名 横道
옆자리 [jəpʼtɕari ヨプチャリ] 名 隣席；隣の席
옆집 [jəpʼtɕip ヨプチプ] 名 隣家；隣の家
예¹ [je: イェー] 感 ①肯定の意で目上の人への返事：はい；ええ 例 예, 잘 알겠습니다. [イェー チャル アールゲッスムニダ] はい、よくわかりました。②目上の人に問い返す語：えっ
예² [je: イェー] 名 例

예³ [je イェ] 名 礼；礼儀
예⁴ [je イェ] 名 昔
예감 [je:gam イェーガム] 名 予感 他 예감하다 [イェーガマダ] 予感する
예금 [je:gɯm イェーグム] 名 預金 하他 예금하다 [イェーグマダ] 預金する 関 예금 통장 [イェーグム トンジャン] 名 預金通帳
예년 [je:njən イェーニョン] 名 例年
예능 [je:nɯŋ イェーヌン] 名 芸能
예리하다 [jerifiada イェーリハダ] 形 하変 鋭利だ
예매 [je:mɛ イェーメ] 名 前売り；前もって買うこと 하他 예매하다 [イェーメハダ] 前もって買う；前もって売る 関 예매권 [イェーメックォン] 名 前売り券
예물 [jemul イェムル] 名 ①贈り物；お礼の品 ②花嫁からあいさつを受けた舅・姑が贈る返礼の品物 ③結婚式で新郎・新婦がやりとりする記念品
예민하다 [je:minfiada イェーミナダ] 形 하変 鋭敏だ
예바르다 [jebaruda イェバルダ] 形 《르変：예발라 イェバルラ》礼儀正しい
예방 [je:baŋ イェーバン] 名 予防 하他 예방하다 [イェーバンハダ] 予防する 関 예방 의학 [イェーバン ウイハク] 名 予防医学 / 예방 접종 [イェーバン チョプチョン] 名 予防接種 / 예방 주사 [イェーバン チュサ] 名 予防注射
예배 [jebɛ イェベ] 名 礼拝 하自 예배하다 [イェベハダ] 礼拝する
예보 [je:bo イェーボ] 名 予報 하他 예보하다 [イェーボハダ] 予報する

예비

예비 [je:bi イェービ] 名 予備 **예비하다** [イェービハダ] 予備する

예쁘다 [je:ˀpuda イェーップダ] 形 《으変: 예뻐 イェーッポ》きれいだ; 美しい; かわいい 例 너무 예뻐서 마음에 들어요. [ノム イェーッポソ マウメ トゥロヨ] とてもかわいくて気に入りました。

예사 [je:sa イェーサ] 名 예상사の縮約形: ありふれたこと 関 예사로이 [イェーサロイ] 副 平気で; 当たり前に / 예사롭다 [イェーサロプタ] 形 《ㅂ変: 예사로워 / 예사로운 イェーサロウォ / イェーサロウン》当たり前だ; ありふれたことだ

예산 [je:san イェーサン] 名 予算 関 예산액 [イェーサネク] 名 予算額

예상 [je:saŋ イェーサン] 名 予想 하他 예상하다 [イェーサンハダ] 予想する 되受動 예상되다 [イェーサンドゥェダ] 予想される 関 예상외 [イェーサンウェ] 名 予想外; 思いの外

예선 [je:sʌn イェーソン] 名 予選 하他 예선하다 [イェーソナダ] 予選を行う

예수 [je:su イェース] 名 イエス; キリスト

예순 [jesun イェスン] 数 60 類 육십 [ユクシプ]

예술 [je:sul イェースル] 名 芸術 例 한국의 전통문화와 예술을 한눈에 볼 수 있는 곳이 있을까요? [ハーングゲ チョントンムヌゥワ イェースルル ハンヌネ ポル ス インヌンゴシ イッスルッカヨ] 韓国の伝統文化と芸術を一度に見られる所はありませんか。 関 예술가 [イェースルガ] 名 芸術家 / 예술계 [イェースルゲ] 名 芸術界 / 예술제 [イェースルジェ] 名 芸術祭 / 예술품 [イェースルプム] 名 芸術品

예습 [je:sɯp イェースプ] 名 予習 하他 예습하다 [イェースパダ] 予習する

예식장 [jeʃikˀtʃaŋ イェシクチャン] 名 結婚式場

예약 [je:jak イェーヤク] 名 予約 하他 예약하다 [イェーヤカダ] 予約する 関 예약금 [イェーヤックム] 名 予約金 / 예약 판매 [イェーヤクパンメ] 名 予約販売

예언 [je:ʌn イェーオン] 名 予言 하他 예언하다 [イェーオナダ] 予言する 되受動 예언되다 [イェーオンドゥェダ] 予言される 関 예언자 [イェーオンジャ] 名 予言者

예외 [je:we イェーウェ] 名 例外 関 예외적 [イェーウェジョク] 名 例外的

-예요 [jejo エヨ] 語尾 《パッチムのない名詞に付いて》…です; …ですか 例 저예요. [チョエヨ] 私です。 関 -이에요 [イエヨ] 語尾 パッチムのある名詞に用いる。

예의 [jei イェイ] 名 礼儀 関 예의범절 [イェイボムジョル] 名 礼儀作法; エチケット

예전 [je:dʒʌn イェージョン] 名 ずっと以前; 昔

예절 [jedʒʌl イェジョル] 名 礼節; 礼儀

예정 [je:dʒʌŋ イェージョン] 名 予定 하他 예정하다 [イェージョンハダ] 予定する 되受動 예정되다 [イェージョンドゥェダ] 予定される 関 예

예정일 [je:dʒoŋil イェージョンイル] 名 予定日 / **예정표** [je:dʒoŋpjo イェージョンピョ] 名 予定表

예측 [je:tɕʰuk イェーチュク] 名 予測 他 예측하다 [イェーチュカダ] 予測する 受動 예측되다 [イェーチュクトゥェダ] 予測される

예컨대 [je:kʰəndɛ イェーコンデ] 副 例えば；例をあげれば

옛날 [je:nnal イェーンナル] 名 昔；昔日 例 옛날로 돌아가고 싶어요. [イェーンナルロ トラガゴ シポヨ] 昔に戻りたいです。関 옛날이야기 [イェーンナルリヤギ] 名 昔話

옛말 [je:nmal イェーンマル] 名 古語

옛일 [je:nnil イェーンニル] 名 ① 昔のこと ② 過ぎたこと

옛집 [je:tɕʰip イェーッチプ] 名 ① 古家 ② 昔住んでいた家

옛터 [je:tʰə イェーット] 名 古跡；遺跡

옛풍속 [je:tpʰuŋsok イェーップンソク] 名 昔の風俗

오 [o: オー] 数 5；5つ 類 다섯 [タソッ]

오가다 [ogada オガダ] 自 往き来する

오곡 [o:gok オーゴク] 名 五穀 ① 5種の穀物：米・ムギ・キビ・アワ・豆など ② 穀類の総称 関 오곡밥 [オーゴクパプ] 名 五穀で炊いた飯

오기 [o:gi オーギ] 名 負けず嫌い；痩せ我慢

오누이 [onui オヌイ] 名 兄と妹；姉と弟

오늘 [onul オヌル] 名 今日；本日 例 오늘 점심은 뭘 먹을까요? [オヌル チョームシムン ムォル モグルッカヨ] 今日昼食は何を食べましょうか。関 오늘날 [オヌルラル] 名 今日 / 오늘따라 [オヌルッタラ] 今日に限って；よりによって今日のような日に

오다 [oda オダ] 自 ①（こちらに）来る 例 이리 오세요. [イリ オセヨ] こちらに来てください。②（時・機会・季節・事態などが）来る ③（雨・雪・霜・露などが）降る ④（眠気などが）さす ⑤（郵便物・伝言・消息などが）来る

오다가다 [odagada オダガダ] 副 ① ときどき ② 偶然；たまたま；何かの拍子に

오더 [o:də オード] 名 オーダー；順序；注文

오동나무 [odoŋnamu オドンナム] 名 桐の木

오동통하다 [odoŋtʰoŋɦada オドントンハダ] 形《하変》ぽっちゃりしている；丸々と太っている

오라버니 [orabəni オラボニ] 名 오빠 [オッパ] の尊敬語：お兄様；お兄さん

오락 [o:rak オーラク] 名 娯楽 関 오락실 [オーラクシル] 名 ゲームセンター

오락가락 [orak̚karak オラクカラク] 副 ① 行ったり来たり ②（雨・雪）降ったり止んだり ③ 意識がもうろうとしてはっきりしない様子 ④ 考えや記憶がはっきりしない様子 自 오락가락하다 [オラクカラクハダ] ① 行ったり来たりする ②（雨・雪）降ったり止んだりする ③ 意識がはっきりしない ④ 考えや

記憶がはっきりしない
오래 [orɛ オレ] 副 (時間的に)長らく;長く;久しく 例 오래 기다리셨죠? [オレ キダリショッチョ] 長いことお待ちになったでしょう。関 오래도록 [オレドロク] 副 長く;長い間;久しく / 오래되다 [オレドゥェダ] 形 古い;時間が経っている / 오래오래 [オレオレ] 副 幾久しく;末長く;いつまでも / 오래전 [オレジョン] 名 ずっと前;以前 / 오랫동안 [オレットンアン] 名 長い間

오래간만 [orɛganman オレガンマン] 名 久し振り;久々 例 정말 오래간만이에요. 잘 지내셨어요? [チョンマル オレガンマニエヨ チャル チネショッソヨ] 本当に久しぶりです。お元気でしたか。

오래다 [orɛda オレダ] 形 久しい;長年になる

오려내다 [orjɛnɛda オリョネダ] 他 切り取る;切り抜く

오로지 [oːrodʑi オーロジ] 副 ひたすら;もっぱら;一途に

오룡차 [orjoŋtɕʰa オリョンチャ] 名 烏龍茶

오류 [oːrju オーリュ] 名 誤謬;誤り

오르내리다 [orunɛrida オルネリダ] 自 ①(階段など高い所を)上り下りする ②(物価などが)上下する ③人々の話題にのぼる

오르다 [orɯda オルダ] 自 [르変:올라 オルラ] ①登る;上がる 対 내리다 [ネリダ] 例 친구하고 설악산에 올라 봤어요. [チングハゴ ソラクサネ オルラ ブワッソヨ] 友達と雪岳山に登ってみました。②上がる;上昇する 例 드디어 막이 오르고 콘서트가 시작되었어요. [トゥディオ マギ オルゴ コンソトゥガ シージャクトゥェオッソヨ] ついに幕が上がりコンサートが始まりました。③(結果や成績が)上がる 例 성적이 많이 올라서 기분이 너무 좋아요. [ソンジョギ マーニ オルラソ キブニ ノム チョーアヨ] 成績がけっこう上がって本当に嬉しいです。④(物価・価値などが)高くなる;上がる 例 요즘 물가가 많이 올라서 힘들어요. [ヨジュム ムルッカガ マーニ オルラソ ヒムドゥロヨ] 最近物価がかなり上がって大変です。⑤(自動車など)乗物に乗る ⑥(水中や船から)陸に揚る ⑦(地位・程度などが)上がる ⑧掲載される

오르막 [orumak オルマク] 名 上り坂

오른 [orun オルン] 冠 右の;右側の 関 오른손 [オルンソン] 名 右手 / 오른손잡이 [オルンソンジャビ] 名 右利き / 오른팔 [オルンパル] 名 右腕

오른쪽 [orunʔtɕok オルンッチョク] 名 右側;右の方 対 왼쪽 [ウェンッチョク] 例 오른쪽으로 도세요. [オルンッチョグロ トセヨ] 右に曲がってください。関 오른편 [オルンピョン] 名 右側;右の方

오리 [oːri オーリ] 名 カモ;アヒル

오만 [oːman オーマン] 名 傲慢 下形 오만하다 [オーマナダ] 傲慢だ

오명 [oːmjɔn オーミョン] 名 汚名

오므리다 [omurida オムリダ] 他 つぼめる;縮める

오믈렛 [omullet オムルレッ] 名 オムレツ

오밀조밀하다 [omildʒomirɦada オミルジョミラダ] 形〖하変〗(工芸の意匠などが) 細かく凝っている

오바이트 [oːbaitʰɯ オーバイートゥ] 名 (食べ過ぎや飲み過ぎで) 吐くこと

오밤중 [oːbamˀtɕuŋ オーバムチュン] 名 真夜中; 深夜

오버 [oːbə オーボ] 名 オーバー 하自動 오버하다 [オーボハダ] オーバーする

오붓하다 [obuttʰada オブタダ] 形〖하変〗① (暮らしが) 充実している; 心が豊かだ ② こじんまりとしている 副 오붓이 [オブシ] こじんまりと; 心豊かに

오빠 [oˀpa オッパ] 名 ① 妹が兄を呼ぶ語: お兄さん; 兄 例 우리 오빠는 아빠를 쏙 빼닮았어요. [ウリ オッパヌン アッパルル ッソク ッペダルマッソヨ] うちの兄は父にそっくりです。② (女性が) 年上の男性を親しく呼ぶ語 関 형 [ヒョン] 名 兄; 兄さん (弟が兄を呼ぶ, 男性が親しい年上の男性を呼ぶ場合にも用いる)

오순도순 [osundosun オスンドスン] 副 仲よく暮らしたり語り合う様子: 仲睦まじく; 和気あいあいと

오십 [oːɕip オーシプ] 数 50 類 쉰 [シュィーン]

오싹 [oˀsak オッサク] 副 恐ろしかったり寒かったりして鳥肌が立つ様子: ぶるっと; ぞくっと; ぞっと 하自他 오싹하다 [オッサカダ] ぞくぞくする 関 오싹오싹 [オッサゴッサク] 副 ぶるぶる; ぞくぞく

오염 [oːjəm オーヨム] 名 汚染 하自 오염하다 [オーヨマダ] 汚染する 되受動 오염되다 [オーヨムドゥェダ] 汚染される

오월 [oːwəl オーウォル] 名 5月

오이 [oi オイ] 名 キュウリ

오전 [oːdʑən オージョン] 名 午前 対 오후 [オフ] 例 내일 오전에 갈게요. [ネイル オージョネ カルケヨ] 明日の午前に行きます。関 오전반 [オージョンッパン] 名 午前のクラス

오죽 [odʑuk オジュク] 副 どんなに (か); いかに; さぞかし 하形 오죽하다 [オジュカダ]《오죽하면 / 오죽해서の形で, 反語的に》どれほど (…だろうか), どれほどならば (…するだろうか)

오줌 [odʑum オジュム] 名 小便; おしっこ 関 오줌을 누다 [オジュムル ヌダ] 小便をする / 오줌을 싸다 [オジュムル ッサダ] 小便をもらす; 失禁する / 오줌이 마렵다 [オジュミ マリョプタ] 尿意を催す

오직 [odʑik オジク] 副 ただ; ひたすら

오징어 [odʑiŋə オジンオ] 名 イカ

오찬 [oːtɕʰan オーチャン] 名 午餐; 客をもてなす昼食

오팔 [opʰal オパル] 名 オパール

오해 [oːɦɛ オーヘ] 名 誤解 하他 오해하다 [オーヘハダ] 誤解する

오후 [oːɦu オーフ] 名 午後 対 오전 [オージョン] 例 오후에는 약속이 있어서 나가야 해요. [オーフエヌン ヤクソギ イッソソ ナガヤ ヘヨ] 午後には約束があって出掛けなければいけません。関 오후반 [オー

フッパン] 午後のクラス
오히려 [oɦirjɔ オヒリョ] 副 むしろ; かえって 例 도와드리려고 했는데 오히려 폐만 끼쳤네요. [トワドゥリリョゴ ヘンヌンデ オヒリョ ペマン ッキチョンネヨ] 手伝ってあげようとしたんですが, かえって迷惑を掛けましたね。
옥상 [okʼsaŋ オクサン] 名 屋上
옥수수 [okʼsusu オクスス] 名 トウモロコシ
옥신각신 [okʼsʲingakʼsʲin オクシンガクシン] 副 ①(意見などが対立して)すったもんだと ②《名詞的に》いざこざ 自 옥신각신하다 [オクシンガクシナダ] すったもんだする; ごたごたする
옥외 [ogwe オグェ] 名 屋外
옥편 [okpʰjɔn オクピョン] 名 字典; 漢字の字引
온 [oːn オーン] 冠 すべての; あらゆる; 全… 例 온 나라 [オーン ナラ] 全国
온갖 [oːngat オーンガッ] 冠 あらゆる; すべての
온건하다 [ongɔnɦada オンゴナダ] 形 《하変》穏健だ
온데간데없다 [ondegandeɔpʼta オンデガンデオプタ] 存 行方不明だ; 跡形もなく消える; 影も形もない 副 온데간데없이 [オンデガンデオプシ] 跡形もなく; 影も形もなく
온도 [ondo オンド] 名 温度 関 온도계 [オンドゲ] 名 温度計
온돌 [ondol オンドル] 名 オンドル 関 온돌방 [オンドルパン] 名 オンドル部屋

온몸 [oːnmom オーンモム] 名 全身
온순하다 [onsunɦada オンスナダ] 形 《하変》温順だ; 性質や心根が温和で素直だ
온정 [ondʒɔŋ オンジョン] 名 温情; 思いやり
온종일 [oːndʒoŋil オーンジョンイル] 名 一日中
온천 [ontʃʰɔn オンチョン] 名 温泉 関 온천장 [オンチョンジャン] 名 湯治場
온통 [oːntʰoŋ オーントン] 副 すべて; すっかり; 全部
온화하다 [onɦwaɦada オヌワハダ] 形 《하変》温和だ; のどかだ
올가미 [olgami オルガミ] 名 わな; 計略
올라가다 [ollagada オルラガダ] 自 上がる ①(下から上へ) 上がって行く; 上る; 登る 例 이 길로 쭉 올라가면 공원이 있어요. [イ キルロッチュク オルラガミョン コンウォニ イッソヨ] この道をずっと上って行くと公園があります。②(地位などが)上がる ③(物価・価値などが)上がる ④(乗り物に)乗る ⑤(水中や船から)陸へ移る ⑥(地方から都に)上京する ⑦(流れを)遡る
올리다 [ollida オルリダ] 他 ①(上へ)上げる; 挙げる; 揚げる ②(勢いなどを)増す; 出す; 上げる ③(目上の人に)差し上げる; 捧げる ④(地位・価値などを)高める; 上げる ⑤(結婚式などを)挙げる 例 하와이에서 결혼식을 올렸어요. [ハワイエソ キョロンシグル オルリョッソヨ] ハワイで結婚式を

挙げました。⑥(文書・新聞などに)載せる

올리브 [ollibɯ オルリブ] 名 オリーブ

올림픽 [ollimpʰik オルリムピク] 名 オリンピック 関 올림픽공원[オルリムピクコンウォン] 名 オリンピック公園《ソウル市松坡区にある公園》

올바르다 [olbarɯda オルバルダ] 形 《ㄹ変: 올발라 オルバルラ》正しい; 公平だ; 正直だ 例 아이를 올바르게 키우는 게 쉬운 일이 아니에요. [アイルル オルバルゲ キウヌンゲ シュィウン ニーリ アニエヨ] 子供を正しく育てるのはやさしいことではありません。

올빼미 [olpʼemi オルッペミ] 名 フクロウ

올챙이 [oltʃʰeŋi オルチェンイ] 名 おたまじゃくし

올케 [olkʰe オルケ] 名 (姉妹から見て)兄や弟の妻

올해 [orɦɛ オレ] 名 今年; 本年

옮기다 [omgida オムギダ] 他 ① 移す; 移転する; 動かす 例 자리를 옮겨서 이야기합시다. [チャリルル オムギョソ イヤギハプシダ] 場所を変えて話しましょう。② (ある事を次の段階に)推し進める; 移す; 推進する 例 말만 하지 말고 실천에 옮겨 보세요. [マルマン ハジ マールゴ シルチョネ オムギョ ボセヨ] 話だけじゃなくて実践してみてください。③ (病気を)伝染させる; 移す 例 다른 사람에게 감기를 옮기면 안 되니까 마스크를 하세요. [タルン サーラメゲ カームギルル オムギミョン アン ドゥェニッカ マスクルル ハセヨ] 他の人に風邪を移してはいけないからマスクをしてください。④ 翻訳する

옮다 [oːmtʼa オームタ] 自 ① (位置・住居などが)移る; 移動する; 移転する ② (病が)伝染する ③ (火事で)火が燃え移る

옳다 [oltʰa オルタ] 形 正しい; 道理に適っている 例 선생님의 말씀이 옳아요. [ソンセンニメ マルッスミ オラヨ] 先生のおっしゃることが正しいです。

옷 [ot オッ] 名 衣服; 着物 例 입고 나갈 만한 옷이 없어요. [イプコ ナガル マナン オシ オープソヨ] 着て出掛けられる服がありません。

옷감 [otkʼam オッカム] 名 服地; 生地; 反物

옷걸이 [otkʼəri オッコリ] 名 洋服掛け; ハンガー

옷자락 [ottɕarak オッチャラク] 名 服の裾

옷장 [ott͈ɕaŋ オッチャン] 名 衣裳だんす

옷차림 [ottɕʰarim オッチャリム] 名 装い; 服装; 身なり

옹기 [oːŋgi オーンギ] 名 陶磁器; 甕

옻 [ot オッ] 名 漆 関 옻을 타다[オチュル タダ] 漆にかぶれる / 옻이 오르다[オチ オルダ] 漆にかぶれる

옻칠 [ottɕʰil オッチル] 名 ① 漆の樹液 ② 漆を器物に塗ること 하自 옻칠하다 [オッチラダ] 漆を塗る

와 [wa ワ] 助 《パッチムのない体言に付く》…と 例 너와 나 [ノワ ナ] お前と俺 関 과 [クヮ] 助 パッチムのある体言に用いる。/ 하고 [ハ

ゴ [助] 会話体で用いられる。/ 와 같다 [ワ ガッタ] ①…のようだ ②…と同じだ / 와 같이 [ワ ガチ] ①…のように ②…と一緒に

와글거리다 [wagulgɔrida ワグルゴリダ] [自] 騒ぎをたてる；ざわつく [副] 와글와글 [ワグルワグル] ①わいわい；がやがや ②(お湯が) ぐらぐら(と)

와이셔츠 [waiʃɔtɕʰɯ ワイショーチュ] [名] ワイシャツ

왁스 [wak²sɯ ワクス] [名] ワックス

완구 [wa:ngu ワーング] [名] 玩具；おもちゃ [類] 장난감 [チャンナンッカム]

완료 [wallyo ワルリョ] [名] 完了 [하他] 완료하다 [ワルリョハダ] 完了する [自] [되受動] 완료되다 [ワルリョドゥェダ] 完了する；完了される

완벽 [wanbjɔk ワンビョク] [名] 完璧 [하形] 완벽하다 [ワンビョカダ] 完璧だ

완성 [wansɔŋ ワンソン] [名] 完成 [하自] 완성하다 [ワンソンハダ] 完成する [自] 완성되다 [ワンソンドゥェダ] 完成する

완수 [wansu ワンス] [名] 完遂 [하自他] 완수하다 [ワンスハダ] 完遂する

완승 [wansɯŋ ワンスン] [名] 完勝 [하自] 완승하다 [ワンスンハダ] 完勝する

완연하다 [wa:njɔnɦada ワーニョナダ] [形] 〖하変〗 ①はっきりしている ②そっくりだ

완전 [wandʑɔn ワンジョン] [名] 完全 [하形] 완전하다 [ワンジョナダ] 完全だ [関] 완전히 [ワンジョニ] [副] 完全に；全く；すっかり

완패 [wanpʰɛ ワンペ] [名] 完敗 [하自] 완패하다 [ワンペハダ] 完敗する

완행 [wa:nɦjɛŋ ワーネン] [名] 緩行；鈍行 [関] 완행열차 [ワーネンニョルチャ] [名] 鈍行列車；各駅停車

완화 [wa:nɦwa ワーヌヮ] [名] 緩和 [하自] 완화하다 [ワーヌヮハダ] 緩和する [되受動] 완화되다 [ワーヌヮドゥェダ] 緩和される

왈츠 [waltɕʰɯ ワルチュ] [名] ワルツ

왔다갔다 [wat²tagat²ta ワッタガッタ] [副] ①行ったり来たり ②気を失ったり気がついたりすること [하自] 왔다갔다하다 [ワッタガッタハダ] 行ったり来たりする

왕¹ [waŋ ワン] [名] 王 ①国王 ②多くのものの中で頭となる存在

왕-² [waŋ ワン] [接頭] ①非常に大きいことを表す語 ②祖父の系列にあたる人に対する尊称

-왕³ [waŋ ワン] [接尾] その分野でもっともすぐれた存在，または頭となる存在：…王

왕골 [waŋgol ワンゴル] [名] イグサ

왕래 [wa:ŋnɛ ワーンネ] [名] ①往来；行き来 ②書信・通信などの行き来 ③付き合うこと [하自] 왕래하다 [ワーンネハダ] 往来する

왕복 [wa:ŋbok ワーンボク] [名] 往復 [하自] 왕복하다 [ワーンボカダ] 往復する [関] 왕복 엽서 [ワンボン ニョプソ] [名] 往復葉書 / 왕복 차표 [ワンボク チャピョ] [名] 往復切符

왕새우 [waŋsɛu ワンセウ] [名] イセエビ

왕성 [wa:ŋsɔŋ ワーンソン] [名] 旺盛 [하形] 왕성하다 [ワーンソンハダ] 旺盛だ [関] 왕성히 [ワーンソンイ]

외롭다

旺盛に；盛んに
왕자 [waŋdʒa ワンジャ] 名 王者
왕조 [waŋdʒo ワンジョ] 名 王朝
왜 [we: ウェー] 副 ①なぜ；何で；どうして 例 갑자기 왜 그래요？ [カプチャギ ウェー グレヨ] 突然どうしたんですか。②《名詞的に》理由 関 왜냐하면 [ウェーニャハミョン] なぜならば；なぜかと言うと
왜곡 [wegok ウェゴク] 名 歪曲 왜곡하다 [ウェーゴカダ] 歪曲する 自受動 왜곡되다 [ウェーゴクトゥェダ] 歪曲される
외 [we: ウェー] 名 (…の) 外；(…の) 他
외가 [we:ga ウェーガ] 名 母の実家 関 외갓집 [ウェーガッチプ] 名 ⇒ 외가
외가닥 [wegadak ウェガダク] 名 (糸・縄などの) 一筋
외계 [we:ge ウェーゲ] 名 ① 外界 ② 地球外の世界 関 외계인 [ウェーゲイン] 名 宇宙人
외고집 [wegodʒip ウェゴジプ] 名 意地っ張り；片意地 関 외고집쟁이 [ウェゴジプチェンイ] 名 意地っ張り
외곬 [wegol ウェゴル] 名 ① 一方にだけ通じた道 ② 一本気；一筋；一途
외과 [we:ʔkwa ウェーックヮ] 名 外科
외관 [we:gwan ウェーグヮン] 名 外観
외교 [we:gjo ウェーギョ] 名 外交 関 외교관 [ウェーギョグヮン] 名 外交官 / 외교 사절 [ウェーギョ サジョル] 名 外交使節

외국 [we:guk ウェーグク] 名 外国 例 외국에서 한번 살아 보고 싶어요. [ウェーグゲソ ハンボン サラ ボゴ シポヨ] 外国で一度暮らしてみたいです。 関 외국산 [ウェーグクサン] 名 外国産 / 외국선 [ウェーグクソン] 名 外国船 / 외국 영화 [ウェーグン ニョンフヮ] 名 外国映画 / 외국 우편 [ウェーグク ウピョン] 名 外国郵便；海外郵便 / 외국제 [ウェーグクチェ] 名 外国製 / 외국환 [ウェーグクワン] 名 外国為替
외국어 [we:gugɔ ウェーグゴ] 名 外国語
외국인 [we:gugin ウェーグギン] 名 外国人 例 외국인 노동자들이 많아졌어요. [ウェーグギン ノドンジャドゥリ マーナジョッソヨ] 外国人労働者が増えました。
외길 [wegil ウェギル] 名 一筋道；一本筋の道
외나무다리 [wenamudari ウェナムダリ] 名 一本橋
외다 [weda ウェダ] 他 외우다 [ウェウダ] の縮約形：暗記する；覚える
외따로 [weʔtaro ウェッタロ] 副 ただ1人で；ぽつんと
외딸 [weʔtal ウェッタル] 名 一人娘 類 외동딸 [ウェドンッタル]
외람되다 [we:ramdweda ウェーラムドゥェダ] 形 僭越だ
외래 [were ウェーレ] 名 外来 関 외래어 [ウェーレオ] 名 外来語 / 외래품 [ウェーレプム] 名 外来品
외로움 [weroum ウェロウム] 名 孤独；さびしさ
외롭다 [weroʔta ウェロプタ] 形《ㅂ

変: 외로워 / 외로운 ウェロウォ / ウェロウン]心細い; さびしい; 孤独だ 副 **외로이**[ウェロイ]心細く; さびしく

외면 [we:mjən ウェーミョン] 名 外面; 外側 [하自他] **외면하다**[ウェーミョナダ]顔をそむける; 無視する 関 **외면적**[ウェーミョンジョク] 名 外面的

외모 [we:mo ウェーモ] 名 外貌; 外見

외박 [we:bak ウェーバク] 名 外泊 [하自] **외박하다**[ウェーバカダ]外泊する

외부 [we:bu ウェーブ] 名 外部

외삼촌 [we:samtʃʰon ウェーサムチョン] 名 母方の叔父

외상 [we:saŋ ウェーサン] 名 代金後払いで買うこと, また売ること; 付け

외손녀 [we:sonnjə ウェーソンニョ] 名 娘が産んだ女の子

외손자 [we:sondʒa ウェーソンジャ] 名 外孫

외신 [we:ʃin ウェーシン] 名 外信; 外電

외아들 [weadul ウェアドゥル] 名 一人息子

외우다 [weuda ウェウダ] 他 ① 暗誦する ② 暗記する

외인 [we:in ウェーイン] 名 他人; 部外者

외제 [we:dʒe ウェージェ] 名 外国製

외지다 [wedʒida ウェジダ] 形 ひっそりとしている; 人里離れてさびしい

외출 [we:tʃʰul ウェーチュル] 名 外出 [하自] **외출하다**[ウェーチュラダ]外出する 関 **외출복**[ウェーチュルボク] 名 外出着

외치다 [we:tʃʰida ウェーチダ] 自他 叫ぶ

외톨이 [wetʰori ウェトリ] 名 独り身; 一人ぼっち

외투 [we:tʰu ウェートゥ] 名 外套; オーバー

외할머니 [we:ɦalmɔni ウェーハルモニ] 名 外祖母

외할아버지 [we:ɦarabədʒi ウェーハラボジ] 名 外祖父

외화 [we:ɦwa ウェーフヮ] 名 外貨

외환 [we:ɦwan ウェーフヮン] 名 **외국환**[ウェーグクヮン]の縮約形: 外国為替

왼 [we:n ウェーン] 冠 左の; 左側の 関 **왼손**[ウェーンソン] 名 左手 / **왼손잡이**[ウェーンソンジャビ] 名 左利き / **왼팔**[ウェーンパル] 名 左腕

왼쪽 [we:nˀtʃok ウェーンッチョク] 名 左側; 左の方 対 **오른쪽**[オルンッチョク] 例 **왼쪽으로 도세요.** [ウェーンッチョグロ トセヨ]左に曲がってください。関 **왼편**[ウェーンピョン] 名 左側; 左の方

요 [jo ヨ] 名 敷布団

요구 [jogu ヨグ] 名 要求 [하他] **요구하다** [ヨグハダ]要求する

요구르트 [jo:guruːtʰu ヨーグルトゥ] 名 ヨーグルト

요금 [jo:gum ヨーグム] 名 料金 関 **택시 요금**[テクシ ヨーグム] 名 タクシー料金 / **버스 요금**[ポス ヨーグム] 名 バス料金

요긴하다 [joginɦada ヨギナダ] 形 《하変》緊要だ; とても大切だ

요란하다 [joranɦada ヨランナダ] 形〔ハ変〕騒々しい 関 **요란스럽다** [ヨランスロプタ] 形〔ㅂ変: 요란스러워 / 요란스러운 ヨランスロウォ / ヨランスロウン〕騒々しい / **요란스레** [ヨランスレ] 副 さわがしく; 騒々しく / **요란히** [ヨランニ] 副 騒がしく; けたたましく

요람¹ [joram ヨラム] 名 要覧

요람² [joram ヨラム] 名 揺籃; 揺りかご 関 **요람기** [ヨラムギ] 名 揺籃期 / **요람지** [ヨラムジ] 名 揺籃地

요량 [jorjaŋ ヨリャン] 名 将来のことに対してよく考えをめぐらすこと, またその考え 他 **요량하다** [ヨリャンハダ] 将来のことをよく考える

요령 [jorjɔŋ ヨリョン] 名 ① 要領; 要点 ② こつ

요리 [jori ヨリ] 名 ① 料理 ② 仕事をうまく処理すること 他 **요리하다** [ヨリハダ] 料理する 関 **요리사** [ヨリサ] 名 料理人; 調理師 / **한국 요리** [ハーングン ニョリ] 名 韓国料理 / **중국 요리** [チュングン ニョリ] 名 中国料理

요망 [jomaŋ ヨマン] 名 要望 他 **요망하다** [ヨマンハダ] 要望する

요사이 [josai ヨサイ] 名 ① この間 ②《副詞的に》この頃; 近頃

요새¹ [josɛ ヨセ] 名 요사이の縮約形

요새² [josɛ ヨセ] 名 要塞

요소 [joso ヨソ] 名 要素

요술 [josul ヨスル] 名 妖術 関 **요술쟁이** [ヨスルジェンイ] 名 妖術師

요약 [jojak ヨヤク] 名 要約 他 **요약하다** [ヨヤカダ] 要約する

요양 [jojaŋ ヨヤン] 名 療養 自他 **요양하다** [ヨヤンハダ] 療養する

요염하다 [jojɔmɦada ヨヨマダ] 形〔ハ変〕妖艶だ

요원 [jowɔn ヨウォン] 名 要員

요인¹ [join ヨイン] 名 要人

요인² [join ヨイン] 名 要因

요일 [joil ヨイル] 名 曜日 例 오늘이 무슨 요일이에요? [オヌリ ムスン ニョイリエヨ] 今日は何曜日ですか。

요전 [jodʑɔn ヨジョン] 名 この前; 先日; この間

요점 [joˀtɕɔm ヨッチョム] 名 要点

요즈음 [jodʑɯɯm ヨジュウム] 名 ① この頃; 近頃 ②《副詞的に》この頃; 近頃

요즘 [jodʑɯm ヨジュム] 名 요즈음 [ヨジュウム] の縮約形: この頃; 近頃 例 요즘 이 색깔이 유행이에요. [ヨジュム イ セックッカリ ユヘンイエヨ] 近頃はこの色が流行です。

요지 [jodʑi ヨジ] 名 要旨

요청 [jotɕʰɔŋ ヨチョン] 名 要請 他 **요청하다** [ヨチョンハダ] 要請する

요컨대 [jokʰɔndɛ ヨコンデ] 副 要するに; つまり

요행 [joɦeŋ ヨヘン] 名 思いがけない幸運 形 **요행하다** [ヨヘンハダ] 思いがけず運がよい 関 **요행수** [ヨヘンス] 名 偶然の幸運 / **요행히** [ヨヘンイ] 副 幸いに; 運よく

욕 [jok ヨク] 名 悪口; ののしること 自他 **욕하다** [ヨカダ] 悪口を言う; ののしる 関 **욕을 먹다** [ヨグル モクタ] 悪口を言われる; ののしられる / **욕을 보다** [ヨグル ポタ] 恥辱を受ける; 恥をかく

욕망

욕망 [joŋmaŋ ヨンマン] 名 欲望

욕설 [jok²sɔl ヨクソル] 名 ① 悪口 ② 人の名誉を傷つける言葉；人を侮辱する言葉 自他 욕설하다 [ヨクソラダ] 悪口を言う

욕실 [jok²ɕil ヨクシル] 名 浴室

욕심 [jok²ɕim ヨクシム] 名 欲 例 그 여자는 욕심이 너무 많아요. [クヨジャヌン ヨクシミ ノム マーナヨ] その女性は欲深いです。 욕심을 내다 [ヨクシムル ネーダ] 欲を出す / 욕심을 부리다 [ヨクシムル プリダ] 欲を出す；欲張る / 욕심이 나다 [ヨクシミ ナダ] 欲が出る / 욕심쟁이 [ヨクシムジェンイ] 名 欲張り；強欲な人

욕하다 [jokkʰada ヨカダ] 自他 《하変》 悪口を言う

용 [joŋ ヨン] 名 竜

용감하다 [joːŋgamɦada ヨーンガマダ] 形 《하変》 勇敢だ 関 용감스럽다 [ヨーンガムスロプタ] 形 《ㅂ変：용감스러워 / 용감스러운 ヨーンガムスロウォ / ヨーンガムスロウン》 勇敢だ 副 용감히 [ヨーンガミ] 勇敢に；勇ましく

용건 [joːŋ²kɔn ヨーンッコン] 名 用件；用事

용기¹ [joːŋgi ヨーンギ] 名 勇気

용기² [joŋgi ヨンギ] 名 容器

용납 [joŋnap ヨンナプ] 名 寛大に人の言行を受け入れること 自他 용납하다 [ヨンナパダ] 容認する

용돈 [joːŋ²ton ヨーンットン] 名 小遣い；ポケットマネー

용례 [joːŋnje ヨーンニェ] 名 用例

용모 [joŋmo ヨンモ] 名 容貌；顔つき

용무 [joːŋmu ヨーンム] 名 用務

용법 [joːŋ²pɔp ヨーンッポプ] 名 用法

용서 [joŋsɔ ヨンソ] 名 容赦；許すこと 自他 용서하다 [ヨンソハダ] 許す

용암 [joŋam ヨンアム] 名 溶岩

용어 [joːŋɔ ヨーンオ] 名 用語

용역 [joːŋjɔk ヨーンヨク] 名 用役

용의 [joŋi ヨンイ] 名 容疑 関 용의자 [ヨンイジャ] 名 容疑者；被疑者

용이하다 [joŋiɦada ヨンイハダ] 形 《하変》 容易だ

용지 [joːŋʥi ヨーンジ] 名 用紙

용하다 [joːŋɦada ヨーンハダ] 形 《하変》 ① 技量がすぐれている；腕がいい ② あっぱれだ；すばらしい ③ お人好しだ

우거지 [ugɔʥi ウゴジ] 名 白菜・大根などの外茎や下葉

우거지다 [ugɔʥida ウゴジダ] 自 (草木が) 生い茂る

우글거리다 [uguɭgɔrida ウグルゴリダ] 自 ①(液体が) ぐらぐらと煮え立つ ②(人や虫などが群がり集まって) うようよする

우기다 [ugida ウギダ] 他 言い張る；意地を張る；主張する

우대하다 [udɛɦada ウデハダ] 他 《하変》 優待する；優遇する 関 우대권 [ウデックォン] 名 優待券

우두머리 [udumɔri ウドゥモリ] 名 ①(高さのあるものの) 先端；てっぺん ② 親方；首領；ボス

우두커니 [udukʰɔni ウドゥコニ] 副 ① 茫然と；ぼんやりと ② ぶらぶらと

우등생 [uduŋsɛŋ ウドゥンセン] 名

優等生

우뚝 [uʔtuk ウットゥク] 副 ① 高くそびえたつ様子:ぐっと;にょきっと ② 人より秀でた様子:ぐっと;ぐんと;ずっと 形 **우뚝하다** [ウットゥカダ] ぐっとそびえ立つ 関 **우뚝우뚝** [ウットゥグットゥク] 副 にょきにょき

우람하다 [uramɦada ウラマダ] 形 《하変》堂々として威厳がある 関 **우람스럽다** [ウラムスロプタ] 形《ㅂ変:우람스러워/우람스러운 ウラムスロウォ/ウラムスロウン》堂々として威厳がある

우러나다 [urɔnada ウロナダ] 自 滲み出る;染み出る

우러러보다 [urɔrɔboda ウロロボダ] 他 ① 仰ぎ見る ② 尊敬する;敬う;仰ぐ

우러르다 [urɔrɯda ウロルダ] 自《으変:우러러 ウロロ》① 仰ぎ見る ② 尊敬心を抱く;尊ぶ

우렁차다 [urɔŋtʃʰada ウロンチャダ] 形 (声・音が)響きわたり力強い;高らかだ

우레 [ure ウレ] 名 雷

우려 [urjɔ ウリョ] 名 憂慮;おそれ 하他 **우려하다** [ウリョハダ] 憂慮する

우리¹ [uri ウリ] 代 私たち;我々;うち 例 우리는 모두 당신을 응원하고 있어요. [ウリヌン モドゥ タンシヌル ウーンウォナゴ イッソヨ] 私たちは、みんなあなたを応援しています。 関 **우리네** [ウリネ] 名 私たち;我ら / **우리들** [ウリドゥル] 名 我々;我ら / **우리말** [ウリマル] 名 我が国の言葉《韓国語》/ 우리 집 사람 [ウリ チプサーラム] 名 他人に対して自分の妻を言う語;家内;うちの女房

우리² [uri ウリ] 名 檻

우물 [umul ウムル] 名 井戸 関 **우물가** [ウムルカ] 名 井戸端

우물쭈물 [umulʔtʃumul ウムルッチュムル] 副 ぐずぐず;もじもじ;もたもた 하自他 **우물쭈물하다** [ウムルッチュムラダ] もじもじする;もたもたする

우박 [uːbak ウーバク] 名 雹

우비 [uːbi ウービ] 名 雨具

우산 [uːsan ウーサン] 名 傘;雨傘 例 우산을 갖고 있어요? [ウーサヌル カッコ イッソヨ] 傘を持っていますか。 関 **우산을 쓰다** [ウーサヌルッスダ] 傘を差す / 접는 우산 [チョムヌン ウーサン] 名 折りたたみ傘

우선 [usɔn ウソン] 副 まず;最初に 例 우선 내 말 좀 들어 보세요. [ウソン ネ マール チョム トゥロ ボセヨ] まず私の話を聞いてください。

우수 [usu ウス] 名 優秀 하形 **우수하다** [ウスハダ] 優秀だ 関 **우수성** [ウスッソン] 名 優秀性

우수수 [ususu ウスス] 副 ① 物が一度にこぼれる様子:ばらばら;ざあっと ② 落ち葉が散る様子やその音:さらさら;はらはら ③ 結び目などがひとりでにほどける様子:するすると

우스갯소리 [usɯɡɛʔsori ウスゲッソリ] 名 笑い話;おどけ話

우습다 [uːsɯpʔta ウースプタ] 形《ㅂ変:우스워/우스운 ウースウォ/ウースウン》① こっけいだ;おかし

い ②つまらない；くだらない 関 우습게 보다[ウースプケ ポダ] 軽視する；侮る；見くびる

우승 [usɯŋ ウスン] 名 優勝 하자 우승하다[ウスンハダ] 優勝する 関 우승기[ウスンギ] 名 優勝旗 / 우승배[ウスンベ] 名 優勝杯 / 우승컵[ウスンコプ] 名 優勝カップ / 우승팀[ウスンティム] 名 優勝チーム

우아하다 [uaɦada ウアハダ] 形 《하変》優雅だ

우엉 [uɔŋ ウオン] 名 ゴボウ

우연 [ujɔn ウヨン] 名 偶然 하形 우연하다[ウヨナダ] 偶然だ 関 우연히[ウヨニ] 副 偶然に；たまたま

우왕좌왕 [u:waŋdʒwawaŋ ウーワンジュワワン] 名 右往左往 하자 우왕좌왕하다[ウーワンジュワワンハダ] 右往左往する

우울 [uul ウウル] 名 憂鬱 하形 우울하다[ウウラダ] 憂鬱だ 関 우울증[ウウルチュン] 名 憂鬱症

우유 [uju ウユ] 名 牛乳 例 저는 우유를 하루에 한 잔씩 마셔요. [チョヌン ウユルル ハルエ ハン ジャンッシン マシヨヨ] 私は牛乳を1日に1杯ずつ飲みます。

우의 [u:i ウーイ] 名 友誼；友に対する情愛

우정 [u:dʒɔŋ ウージョン] 名 友情

우주 [u:dʒu ウージュ] 名 宇宙 関 우주 개발[ウージュ ケバル] 名 宇宙開発 / 우주 공간[ウジュ コンガン] 名 宇宙空間 / 우주 스테이션[ウジュ ステイション] 名 宇宙ステーション

우중충하다 [udʒuŋtʃʰuŋɦada ウジュンチュンハダ] 形 《하変》① 陰鬱だ；薄暗くじめじめしている ②くすんでいる

우쭐하다 [u²tʃurɦada ウッチュラダ] 自他 《하変》いい気になる；思い上がる；うぬぼれる

우체국 [utʃʰeguk ウチェグク] 名 郵便局 例 가장 가까운 우체국이 어디에 있어요？ [カジャン カッカウン ウチェグギ オディエ イッソヨ] 一番近い郵便局はどこにありますか？

우체통 [utʃʰetʰoŋ ウチェトン] 名 郵便ポスト

우측 [u:tʃʰuk ウーチュク] 名 右側；右

우편 [upʰjɔn ウピョン] 名 郵便 関 우편물[ウピョンムル] 名 郵便物 / 우편배달[ウピョンペダル] 名 郵便配達 / 우편 번호[ウピョン ボノ] 名 郵便番号 / 우편엽서[ウピョンニョプソ] 名 郵便葉書 / 우편 요금[ウピョン ニョーグム] 名 郵便料金 / 우편환[ウピョヌワン] 名 郵便為替

우표 [upʰjo ウピョ] 名 郵便切手；切手

우화 [u:ɦwa ウーフヮ] 名 寓話

우회전 [u:ɦwedʒɔn ウーフェジョン] 名 右折 하자 우회전하다[ウーフェジョナダ] 右折する

욱신거리다 [uk²ʃiŋɡɔrida ウクシンゴリダ] 自 ①(傷や頭などが)うずく ②(大きなものが多数群がって)ひしめき合う 副 욱신욱신[ウクシヌクシン] ずきずき

운 [u:n ウーン] 名 운수[ウーンス] の縮約形：運；運勢

운동 [u:ndoŋ ウーンドン] 名 運動

[하자] 운동하다[ウーンドンハダ] 運動する 例 의사 선생님이 저보고 운동 부족이래요. [ウイサ ソンセンニミ チョボゴ ウーンドン プジョギレヨ] 医者が私に運動不足だと言いました。関 운동가[ウーンドンガ] 名 運動家 / 운동 경기[ウーンドン キョンギ] 名 運動競技 / 운동량[ウーンドンニャン] 名 運動量 / 운동선수[ウーンドンソンス] 名 運動選手 / 운동장[ウーンドンジャン] 名 運動場 / 운동화[ウーンドンフヮ] 名 運動靴 / 운동회[ウーンドンフェ] 名 運動会

운동권 [u:ndoŋ²kwon ウーンドンックォン] 名 学内外で政治活動するサークル

운명 [u:nmjəŋ ウーンミョン] 名 運命 関 운명론[ウーンミョンノン] 名 運命論 / 운명적[ウーンミョンジョク] 名 運命的

운반 [u:nban ウーンバン] 名 運搬 [하他] 운반하다[ウーンバナダ] 運搬する [되受動] 운반되다[ウーンバンドゥェダ] 運搬される 関 운반비[ウーンバンビ] 名 運搬費

운송 [u:nsoŋ ウーンソン] 名 運送 [하他] 운송하다[ウーンソンハダ] 運送する 関 운송료[ウーンソンニョ] 名 運送料

운수 [u:nsu ウーンス] 名 運；運勢 関 운수가 사납다[ウーンスガ サナプタ] 運が悪い

운영 [u:njəŋ ウーニョン] 名 運営；経営 [하他] 운영하다[ウーニョンハダ] 運営する

운임 [u:nim ウーニム] 名 運賃 関 운임표[ウーニムピョ] 名 運賃表

운전 [u:ndʒən ウーンジョン] 名 運転 [하他] 운전하다[ウーンジョナダ] 運転する 関 운전기사[ウーンジョンギサ] 名 運転手 / 운전사[ウーンジョンサ] 名 運転士

운행 [u:nɦeŋ ウーネン] 名 運行 [하他] 운행하다[ウーネンハダ] 運行する

울 [u:l ウール] 名 ウール

울긋불긋 [ulguɾ²pulguɾ ウルグップルグッ] 副 色とりどりに [하形] 울긋불긋하다[ウルグップルグタダ] 色とりどりだ

울다 [u:lda ウールダ] 自 《ㄹ語幹：우는 ウーヌン》① 泣く 例 너무 울어서 눈이 퉁퉁 부었어요. [ノム ウロソ ヌニ トゥントゥン プオッソヨ] あまりに泣きすぎて目がパンパンに腫れ上がりました。②(鳥・獣・虫などが) 鳴く ③(物体が) 音を立てる ④ 耳鳴りがする

울렁이다 [ulləŋida ウルロンイダ] 自 ① 胸がわくわくする；どきどきする ② むかつく

울리다 [ullida ウルリダ] 他 ① 泣かす；泣かせる ② 音を出させる；鳴らす ③ (名声などを広く) 轟かす

울먹이다 [ulməgida ウルモギダ] 自 今にも泣き出しそうな顔をする

울부짖다 [ulbudʒiɾ²ta ウルブジッタ] 自 泣き叫ぶ

울분 [ulbun ウルブン] 名 鬱憤 [하形] 울분하다[ウルブナダ] 怒りや不満を発散できずに胸に抱えている

울상 [u:l²saŋ ウールサン] 名 泣き面；泣きべそ

울창 [ultɕʰaŋ ウルチャン] 名 鬱蒼

울타리

하形 울창하다 [ウルチャンハダ] 鬱蒼としている

울타리 [ulthari ウルタリ] 名 垣；垣根；生け垣

울퉁불퉁 [ulthuŋbulthuŋ ウルトゥンブルトゥン] 副 でこぼこ；ごつごつ
하形 울퉁불퉁하다 [ウルトゥンブルトゥンハダ] でこぼこしている

울화 [urfiwa ウルファ] 名 うっとうしいこと；鬱憤 関 울화병 [ウルワッピョン] 名 怒りを我慢しすぎて起こる病気

움¹ [uːm ウーム] 名 芽；若芽；新芽 関 움이 트다 [ウーミ トゥダ] 芽が出る；芽生える / 움이 나다 [ウーミ ナダ] 芽が出る

움² [uːm ウーム] 名 穴蔵

움직이다 [umdʒigida ウムジギダ] 自他 動く；動かす ①(位置などを)変える；変わる 例 잘못하면 늦겠어요. 바로 움직입시다. [チャルモッタミョン ヌッケッソヨ パロ ウムジギプシダ] ややもすると遅くなります。すぐに動きましょう。②運転する；活動する；経営する ③(心が)動く；感動する

움직임 [umdʒigim ウムジギム] 名 動き；動向；変化

움찔 [umʔtʃil ウムッチル] 副 驚いて一瞬体を縮こめる様子：ぴくっ；びくっ 하自他 움찔하다 [ウムッチラダ] びくっとする

움츠리다 [umtʃhurida ウムチュリダ] 他 ①(体を)すくめる ②(前に出した体を)引っこめる；後ずさる

움켜잡다 [umkhjodʒapʔta ウムキョジャプタ] 他 つかみ取る

움켜쥐다 [umkhjodʒwida ウムキョジュィダ] 他 ①わしづかみにする ②(自分の手に入れたものを)しっかりと保つ

움푹 [umphuk ウムプク] 副 内側にへこんだ様子：ぺこんと；ぼこんと 하形 움푹하다 [ウムプカダ] へこんでいる 関 움푹움푹 [ウムプグムプク] 副 ぼこぼこと

웃기다 [utʔkida ウッキダ] 他 笑わせる

웃다 [uːtʔta ウーッタ] 自 ① 笑う 例 웃으면 복이 와요. [ウースミョン ポギ ワヨ] 笑えば福が来ます。② 声を出してうれしがる；高笑いする ③《他動詞的に》あざ笑う

웃음 [usum ウスム] 名 笑み 関 웃음을 사다 [ウスムル サダ] 笑い種となる / 웃음거리 [ウスムッコリ] 名 物笑いの種

웅대하다 [uŋdefiada ウンデハダ] 形 《하変》雄大だ

웅덩이 [uŋdoŋi ウンドンイ] 名 水溜り；よどみ

웅변 [uŋbjon ウンビョン] 名 雄弁 関 웅변가 [ウンビョンガ] 名 雄弁家 / 웅변 대회 [ウンビョンデフェ] 名 雄弁大会

웅성거리다 [uŋsoŋgorida ウンソンゴリダ] 自 ざわめく；ざわつく；ひしめく 副 웅성웅성 [ウンソンウンソン] ざわざわ；がやがや

웅크리다 [uŋkhɯrida ウンクリダ] 他 (寒さや恐怖のため)身をすくめる

워낙 [wonak ウォナク] 副 ①もともと ②なにしろ；あんまり

원 [won ウォン] 依名 韓国の貨幣の単位：ウォン 例 천 원짜리로 좀 바

꿔 주세요. [チョ ヌオンッチャリロ チョム パックオ ジュセヨ] 1000 ウォン札に替えてください。

원가 [wɔnˀka ウォンッカ] 名 原価

원고 [wɔngo ウォンゴ] 名 原稿 関 원고료 [ウォンゴリョ] 名 原稿料 / 원고용지 [ウォンゴヨンジ] 名 原稿用紙

원금 [wɔngum ウォングム] 名 元金；本金

원두 [wɔndu ウォンドゥ] 名 コーヒー豆 関 원두 커피 [ウォンドゥ コーピー] 名 豆を挽いてからいれたコーヒー

원두막 [wɔndumak ウォンドゥマク] 名 マクワウリ，スイカ畑などの番小屋

원래 [wɔllɛ ウォルレ] 名 ① 元来；元々 ②《副詞的に》元から；始めから

원료 [wɔlljo ウォルリョ] 名 原料

원리 [wɔlli ウォルリ] 名 原理

원만하다 [wɔnmanɦada ウォンマナダ] 形《ㅎ変》① 円満だ ② 睦まじい 副 원만히 [ウォンマニ] 円満に

원망 [wɔ:nmaŋ ウォーンマン] 名 怨望；恨み 하他 원망하다 [ウォーンマンハダ] 恨む 関 원망스럽다 [ウォーンマンスロプタ] 形《ㅂ変：원망스러워 / 원망스러운 ウォーンマンスロウォ / ウォーンマンスロウン] 恨めしい

원반 [wɔnban ウォンバン] 名 円盤

원서¹ [wɔnsɔ ウォンソ] 名 原書

원서² [wɔ:nsɔ ウォーンソ] 名 願書

원석 [wɔnsɔk ウォンソク] 名 原石

원성 [wɔ:nsɔŋ ウォーンソン] 名 怨声；うらみを表す声

원소 [wɔnso ウォンソ] 名 元素

원수¹ [wɔ:nsu ウォーンス] 名 怨讐；仇；仇敵 関 원수를 갚다 [ウォーンスルル カプタ] 仇を討つ；怨みを晴らす

원수² [wɔnsu ウォンス] 名 元首

원숭이 [wɔnsuŋi ウォーンスンイ] 名 サル

원앙 [wɔnaŋ ウォナン] 名 オシドリ

원유 [wɔnju ウォニュ] 名 原油

원인 [wɔnin ウォニン] 名 原因

원자 [wɔndʒa ウォンジャ] 名 原子 関 원자 기호 [ウォンジャ キホ] 名 原子記号 / 원자량 [ウォンジャリャン] 名 原子量 / 원자력 [ウォンジャリョク] 名 原子力 / 원자력 발전소 [ウォンジャリョク パルチョンソ] 名 原子力発電所 / 원자로 [ウォンジャロ] 名 原子炉 / 원자 폭탄 [ウォンジャ ポクタン] 名 原子爆弾 / 원자핵 [ウォンジャヘク] 名 原子核

원장¹ [wɔndʒaŋ ウォンジャン] 名 院長

원장² [wɔndʒaŋ ウォンジャン] 名 園長

원조¹ [wɔ:ndʒo ウォーンジョ] 名 援助 하他 원조하다 [ウォーンジョハダ] 援助する

원조² [wɔndʒo ウォンジョ] 名 元祖

원칙 [wɔntʃʰik ウォンチク] 名 原則

원컨대 [wɔ:nkʰɔndɛ ウォーンコンデ] 副 願わくば；どうか

원통하다 [wɔntʰoŋɦada ウォントンハダ] 形《ㅎ変》① 非常に怨めしい；くやしくてたまらない ② 嘆かわしい；残念だ

원피스 [wɔnpʰiːsɯ ウォンピース] 名 ワンピース

원하다

원하다 [wɔːnɦada ウォーナダ] 他 『하変』願う；望む；欲する；求める

원한 [wɔːnɦan ウォーナン] 名 怨恨；うらみ

월 [wɔl ウォル] 名 (月日の) 月

월경 [wɔlgjəŋ ウォルギョン] 名 月経 関 월경 불순 [월경 불순 ウォルギョン プルスン] 名 月経不順

월급 [wɔlgɯp ウォルグプ] 名 月給 関 월급날 [ウォルグムナル] 名 月給日 / 월급쟁이 [ウォルグプチェンイ] 名 月給取り；サラリーマン

월동 [wɔlʔtoŋ ウォルトン] 名 越冬 自 월동하다 [ウォルトンハダ] 越冬する 関 월동비 [ウォルトンビ] 名 越冬費 / 월동 준비 [ウォルトン チュンビ] 名 越冬準備

월드 [wɔːldɯ ウォールドゥ] 名 ワールド；世界

월등 [wɔlʔtɯŋ ウォルトゥン] 名 はるかに優れていること；ずば抜けていること；卓越 形 월등하다 [ウォルトゥンハダ] 格段に優れている；ずば抜けている 関 월등히 [ウォルトゥンイ] 副 格段に；ずば抜けて

월부 [wɔlbu ウォルブ] 名 月賦 関 월부불 [ウォルブブル] 名 月賦払い

월세 [wɔlʔse ウォルッセ] 名 月払いの家賃

월요일 [wɔrjoil ウォリョイル] 名 月曜日

웨딩 [wediŋ ウェディン] 名 ウエディング

웨이터 [weitʰɔ ウェイトー] 名 ウエイター

웨이트리스 [weitʰɯrisɯ ウェイトゥリス] 名 ウエートレス

웬 [weːn ウェーン] 冠 どんな；どうした；なんという 関 웬 떡이냐 [ウェンットギニャ] どうした餅かい《思いがけない幸運にめぐり合うという意味の慣用句：棚からぼた餅》

웬만큼 [weːnmankʰɯm ウェーンマンクム] 副 ほどほどに；適度に；そこそこに

웬만하다 [weːnmanɦada ウェーンマナダ] 形 『하変』① まあまあだ ② 相当なものだ

웬일 [weːnnil ウェーンニル] 名 どうしたこと；何事 例 웬일이세요? [ウェーンニリセヨ] どういったご用件ですか(どうしましたか)。

위¹ [wi ウィ] 名 ①(高い所) 上；上部 例 저 위에 보이는 게 서울타워예요. [チョ ウィエ ポイヌン ゲ ソウルタウォエヨ] あの上に見えるのがソウルタワーです。②(物の表面) 表；表面；上 ③(頂上やその近いところ) 頂上；上 ④(地位や能力・品質などが) 良い；上

위² [wi ウィ] 名 胃

위기 [wigi ウィギ] 名 危機 関 위기의식 [ウィギイシク] 名 危機意識 / 위기일발 [ウィギイルバル] 名 危機一髪

위대 [widɛ ウィデ] 名 偉大 形 위대하다 [ウィデハダ] 偉大だ

위독하다 [widokkʰada ウィドカダ] 形 『하変』危篤だ

위로 [wiro ウィロ] 名 慰労 他 위로하다 [ウィロハダ] 慰労する

위문 [wimun ウィムン] 名 慰問 他 위문하다 [ウィムナダ] 慰問する

위반 [wiban ウィバン] 名 違反 他

위반하다[ウィバナダ] 違反する

위생[wisɛŋ ウィセン] 名 衛生 関 위생 관리[ウィセン クワルリ] 名 衛生管理 / 위생법[ウィセンッポプ] 名 衛生法 / 위생적[ウィセンジョク] 名 衛生的 / 위생학[ウィセンハク] 名 衛生学

위성[wisɔŋ ウィソン] 名 衛星 関 위성 통신[ウィソン トンシン] 名 衛星通信 / 인공위성[インゴンウィソン] 名 人工衛星

위안[wian ウィアン] 名 慰安 위안하다[ウィアナダ] 慰める 関 위안부[ウィアンブ] 名 慰安婦 / 위안회[ウィアヌェ] 名 慰安会

위원[wiwɔn ウィウォン] 名 委員 関 위원장[ウィウォンジャン] 名 委員長 / 위원회[ウィウォヌェ] 名 委員会

위인[wiin ウィイン] 名 偉人

위자[widʒa ウィジャ] 名 慰謝；慰藉 関 위자료[ウィジャリョ] 名 慰謝料

위조[widʒo ウィジョ] 名 偽造 他 위조하다[ウィジョハダ] 偽造する 関 위조문서[ウィジョムンソ] 名 偽造文書 / 위조지폐[ウィジョジペ] 名 偽造紙幣 / 위조품[ウィジョプム] 名 偽造品

위주[widʒu ウィジュ] 名《위주로の形で》主として

위중하다[widʒuŋɦada ウィジュンハダ] 形《하変》病が重い

위치[witɕʰi ウィチ] 名 ① 位置；場所 例 위치가 좋아서 장사가 잘되겠어요. [ウィチガ チョーアソ チャンサガ チャルドゥェゲッソヨ] 場所がいいので商売がうまくいきそうです。② 社会的な地位や立場 自 위치하다[ウィチハダ] 位置する

위태[witʰɛ ウィテ] 名 危険 関 위태롭다[ウィテロプタ] 形《ㅂ変：위태로워 / 위태로운 ウィテロウォ / ウィテロウン》危なっかしい；危うい

위트[witʰɯ ウィトゥ] 名 ウィット

위폐[wipʰe ウィペ] 名 偽造紙幣

위하다[wiɦada ウィハダ] 他《하変》《를 / 을 위해서の形で》(何かの目的)…のために 例 너를 위해서라면 뭐든지 할 수 있어. [ノルル ウィヘソラミョン ムォードゥンジ ハル ス イッソ] お前のためなら何でもできる。《動詞の語幹+-기 위해서の形で》…するために 例 꿈을 이루기 위해 열심히 노력하고 있어요. [ックムル イルギ ウィヘ ヨルシミ ノリョカゴ イッソヨ] 夢を叶えるために一生懸命努力しています。

위험[wiɦɔm ウィホム] 名 危険 하形 위험하다[ウィホマダ] 危険だ 関 위험성[ウィホムッソン] 名 危険性 / 위험스럽다[ウィホムスロプタ] 形《ㅂ変：위험스러워 / 위험스러운 ウィホムスロウォ / ウィホムスロウン》危うい；危なっかしい

위협[wihjɔp ウィヒョプ] 名 脅威；威嚇 他 위협하다[ウィヒョパダ] 威嚇する；脅す

윗사람[wiˀsaːram ウィッサーラム] 名 目上の人

유가족[jugadʒok ユガジョク] 名 遺家族；遺族

유감[jugam ユガム] 名 ① 遺憾；心残り ② 残念に思うこと 関 유감스럽다[ユガムスロプタ] 形《ㅂ変：유

감스러워/유감스러운 ユガムスロウォ/ユガムスロウン》遺憾だ；残念だ

유감없다 [jugamɔp³ta ユガモプタ] 存 申し分ない 副 유감없이 [ユガモプシ] 遺憾なく

유객 [jugɛk ユゲク] 名 客引き；客取り 하他 유객하다 [ユゲカダ] 客引きする

유교 [jugjo ユギョ] 名 儒教

유권자 [juːˀkwɔndʒa ユーックォンジャ] 名 有権者

유난하다 [juːnanɦada ユーナナダ] 形〖하変〗(普通と違って)格別だ；普通と違う；際立っている 副 유난히 [ユーナニ] 際立って；著しく；格別に

유달리 [juːdalli ユーダルリ] 副 ずば抜けて；取り分け

유도¹ [judo ユド] 名 柔道；柔術

유도² [judo ユド] 名 誘導 하他 유도하다 [ユドハダ] 誘導する

유독 [judok ユドク] 副 ①ただ独り；唯一 ②一際

유람선 [juramsɔn ユラムソン] 名 遊覧船

유래 [jurɛ ユレ] 名 由来 하自 유래하다 [ユレハダ] 由来する

유럽 [juːrop ユーロプ] 名 ヨーロッパ；欧州

유력하다 [juːrjɔkkʰada ユーリョカダ] 形〖하変〗有力だ

유례 [juːrje ユーリェ] 名 類例 関 유례없이 [ユーリェオプシ] 副 類例なく

유리 [juri ユリ] 名 ガラス 関 유리그릇 [ユリグルッ] 名 ガラスの器物／유리병 [ユリビョン] 名 ガラス瓶／유리잔 [ユリジャン] 名 ガラスの杯／유리창 [ユリチャン] 名 ガラス窓／유리컵 [ユリコプ] 名 ガラスコップ

유리하다 [juːriɦada ユーリハダ] 形〖하変〗有利だ

유망주 [juːmandʒu ユーマンジュ] 名 有望株

유망하다 [juːmaɲɦada ユーマンハダ] 形〖하変〗有望だ

유머 [juːmɔ ユーモ] 名 ユーモア

유명 [juːmjɔŋ ユーミョン] 名 有名 하形 유명하다 [ユーミョンハダ] 有名だ 例 경주는 유명한 유적이 많아요. [キョンジュヌン ユーミョンハン ユジョギ マーナヨ] 慶州は有名な遺跡が多いです。

유모차 [jumotɕʰa ユモチャ] 名 乳母車；ベビーカー

유물 [jumul ユムル] 名 ①遺物 ②遺品

유방 [jubaŋ ユバン] 名 乳房

유별 [juːbjɔl ユービョル] 名 区別のあること 하形 유별하다 [ユービョラダ] 区別がある

유별나다 [juːbjɔllada ユービョルラダ] 形 格別だ；並外れている

유부 [jubu ユブ] 名 油揚げ 関 유부국수 [ユブグクス] 名 細かく切った油揚げを入れたうどん／유부초밥 [ユブ チョバプ] 名 稲荷寿司

유부남 [juːbunam ユーブナム] 名 既婚男性

유부녀 [juːbuɲɔ ユーブニョ] 名 既婚女性；人妻

유비무환 [juːbimuɦwan ユービムフワン] 名 備え有れば憂い無し

유사 [juːsa ユーサ] 名 類似 하形 유

사하다 [ユーサハダ] 類似している；似通っている 関 유사품 [ユーサプム] 名 類似品

유산 [jusan ユサン] 名 遺産 関 유산상속 [ユサン サンソク] 名 遺産相続 / 문화유산 [ムヌヮユサン] 名 文化遺産

유산균 [jusangjun ユサンギュン] 名 乳酸菌

유서 [jusɔ ユソ] 名 遺書

유성 [jusɔŋ ユソン] 名 流星；流れ星

유세 [juse ユセ] 名 遊説 하自他 유세하다 [ユセハダ] 遊説する

유식 [juːʃik ユーシク] 名 有識 하形 유식하다 [ユーシカダ] 学識がある

유신 [juʃin ユシン] 名 維新

유실 [juʃil ユシル] 名 遺失 하他 유실하다 [ユシラダ] 失う；忘れる 関 유실물 [ユシルムル] 名 遺失物；忘れ物

유아¹ [jua ユア] 名 乳児 関 유아기 [ユアギ] 名 乳児期 / 유아원 [ユアウォン] 名 乳児院

유아² [jua ユア] 名 遺児

유언비어 [juɔnbiɔ ユオンビオ] 名 流言飛語

유엔 [juːen ユーエン] 名 UN；国際連合

유연 [jujɔn ユヨン] 名 柔軟 하形 유연하다 [ユヨナダ] 柔軟だ 関 유연체조 [ユヨンチェジョ] 名 柔軟体操 / 유연히 [ユヨニ] 副 柔軟に

유용 [juːjoŋ ユーヨン] 名 有用 하形 유용하다 [ユーヨンハダ] 有用だ

유원지 [juwɔndʒi ユウォンジ] 名 遊園地

유월 [juwɔl ユウォル] 名 6月 例 아직 유월인데도 무척 덥네요. [アジク ユウォリンデド ムチョク トムネヨ] まだ6月なのにとても暑いですね。

유유하다 [jujuɦada ユユハダ] 形『하変』悠々としている 副 유유히 [ユユヒ] 悠々と

유의 [jui ユイ] 名 留意 하自他 유의하다 [ユイハダ] 留意する 되受動 유의되다 [ユイドゥェダ] 留意される

유익 [juːik ユーイク] 名 有益 하形 유익하다 [ユーイカダ] 有益だ

유일 [juil ユイル] 名 唯一 하形 유일하다 [ユーイラダ] 唯一だ 関 유일무이 [ユイルムイ] 名 唯一無二

유자 [juːdʒa ユージャ] 名 ユズの実 関 유자나무 [ユージャナム] 名 ユズの木 / 유자차 [ユージャチャ] 名 ユズ茶

유적 [judʒɔk ユジョク] 名 遺跡

유전 [judʒɔn ユジョン] 名 遺伝 하他 유전하다 [ユジョナダ] 遺伝する 自 유전되다 [ユジョンドゥェダ] 遺伝する

유지¹ [judʒi ユジ] 名 維持 하他 유지하다 [ユジハダ] 維持する 関 유지비 [ユジビ] 名 維持費

유지² [judʒi ユジ] 名 遺志

유지³ [judʒi ユージ] 名 有志 関 유지자 [ユージジャ] 名 有志者

유창하다 [jutɕʰaɲɦada ユチャンハダ] 形『하変』流暢だ 副 유창히 [ユチャンイ] 流暢に

유채 [jutɕʰɛ ユチェ] 名 アブラナ

유치 [jutɕʰi ユチ] 名 幼稚 하形 유치하다 [ユチハダ] 幼稚だ 関 유치원

[ユチウォン] 名 幼稚園
유쾌하다 [juk^hwɛɦada ユクェハダ] 形〖하변〗愉快だ 副 유쾌히 [ユクェヒ] 愉快に
유태 [jutʰɛ ユテ] 名 ユダヤ 関 유태인 [ユテイン] 名 ユダヤ人
유턴 [ju:tʰon ユートン] 名 Uターン
유통 [jutʰoŋ ユトン] 名 流通 하자타 유통하다 [ユトンハダ] 流通する 自 유통되다 [ユトンドゥェダ] 流通する 関 유통 경제 [ユトン キョンジェ] 名 流通経済 / 유통 기구 [ユトン キグ] 名 流通機構 / 유통 기한 [ユトン キハン] 名 流通期限 (消費期限)
유학 [juɦak ユハク] 名 留学 하자 유학하다 [ユハカダ] 留学する 関 유학생 [ユハクセン] 名 留学生
유행 [juɦeŋ ユヘン] 名 流行 하자 유행하다 [ユヘンハダ] 流行する 関 유행가 [ユヘンガ] 名 流行歌 / 유행병 [ユヘンピョン] 名 流行病 / 유행어 [ユヘンオ] 名 流行語
유혹 [juɦok ユホク] 名 誘惑 하타 유혹하다 [ユホカダ] 誘惑する
유효 [ju:hjo ユーヒョ] 名 有効 자形 유효하다 [ユーヒョハダ] 有効だ 関 유효 기간 [ユーヒョ キガン] 名 有効期間
육 [juk ユク] 数 6；6つ 類 여섯 [ヨソッ] / 륙 [リュク] 《육は母音とㄹパッチムの後ろでは륙, 子音の後ろでは늌と発音する。륙は韓国では一部の固有名詞などで用いる》
육개장 [juk²kedʑaŋ ユクケジャン] 名 ユッケジャン 《煮込んだ牛肉を千切りにし, 辛く薬味を利かせたスープ》

육교 [juk²kjo ユクキョ] 名 陸橋；歩道橋
육군 [juk²kun ユククン] 名 陸軍
육상 [juk²saŋ ユクサン] 名 陸上 関 육상 경기 [ユクサン キョンギ] 名 陸上競技
육성하다 [juk²soŋɦada ユクソンハダ] 他〖하변〗育成する
육십 [juk²ʃip ユクシプ] 数 60 類 예순 [イェスン]
육아 [juga ユガ] 名 育児 하자 육아하다 [ユガハダ] 育児をする
육이오 [jugi:o ユギーオ] 名 朝鮮戦争 《6・25：戦争が 1950 年 6 月 25 日に起こったことに由来する》
육중하다 [juk²tʃuŋɦada ユクチュンハダ] 形〖하변〗体が大きくて重みがある；どっしりとしている
육지 [juk²tʃi ユクチ] 名 陸地
육체 [juktʃʰe ユクチェ] 名 肉体 関 육체노동 [ユクチェノドン] 名 肉体労働 / 육체미 [ユクチェミ] 名 肉体美 / 육체적 [ユクチェジョク] 名 肉体的
육포 [jukpʰo ユクポ] 名 牛肉を薄く小さく切って乾した物
육회 [jukkʰwe ユクェ] 名 ユッケ《生の牛肉の赤身を細切りにし, 薬味であえたもの》
윤 [ju:n ユーン] 名 つや
윤곽 [juŋgwak ユングワク] 名 輪郭
윤리 [julli ユルリ] 名 倫理 関 윤리적 [ユルリジョク] 名 倫理的 / 윤리학 [ユルリハク] 名 倫理学
윤택하다 [ju:ntʰekkʰada ユーンテカダ] 形〖하변〗潤沢だ
율무 [julmu ユルム] 名 ハトムギ 関 율무쌀 [ユルムッサル] 名 ハトムギ

の実 / 율무차 [ユルムチャ] 名 ハトムギ茶

융통 [juŋtʰoŋ ユントン] 名 融通 하他 융통하다 [ユントンハダ] 融通する 関 융통성 [ユントンッソン] 名 融通;融通性

윷 [juːt ユーッ] 名 ① ユンノリ《韓国・朝鮮のすごろく》② ユンノリで棒がすべて仰向けになった時の呼び名

윷놀이 [juːnnori ユーンノリ] 名 ユンノリ《韓国・朝鮮のすごろく》하自 윷놀이하다 [ユーンノリハダ] ユンノリをする

으그러지다 [ɯgɯrədʑida ウグロジダ] 自 (物の表面が) 押し潰される;歪められる

으깨다 [ɯʔkeda ウッケダ] 他 ①(固い物を) 押し潰す;潰す ② すり潰す ③(固い物を) やわらかくする

-으니까 [ɯniʔka ウニッカ] 語尾 ⇒ -니까 [ニッカ]

으뜸 [ɯʔtum ウットゥム] 名 一番;最上

으레 [ure ウレ] 副 ① 言うまでもなく;もちろん ② 間違いなく

으로 [uro ウロ] 助 ⇒ 로 [ロ]

으로서 [uroso ウロソ] 助 ⇒ 로서 [ロソ]

으로써 [uroʔso ウロッソ] 助 ⇒ 로써 [ロッソ]

으르렁거리다 [urɯrəŋgərida ウルロンゴリダ] 自 ①(獣が) 吠える ② 口げんかする

으름장 [urɯmʔtɕaŋ ウルムッチャン] 名 (言葉や行動で人を) 脅すこと;威嚇 関 으름장을 놓다 [ウルムチャンウル ノッタ] 脅す;威嚇する

으리으리하다 [uriurihada ウリウリハダ] 形〖하変〗(建物や暮らしの程度が) 驚くほどだ;豪勢だ

-으면 [ɯmjən ウミョン] 語尾 ⇒ -면 [ミョン]

-으면서 [ɯmjənsə ウミョンソ] 語尾 ⇒ -면서 [ミョンソ]

-으세요 [usejo ウセヨ] 語尾 ⇒ -세요 [セヨ]

으스대다 [ɯsɯdɛda ウスデダ] 自 威張る;威張りちらす;肩をいからす

으스름하다 [ɯsɯrɯmhada ウスルマダ] 形〖하変〗薄明るい;おぼろだ

으스스 [ɯsɯsɯ ウスス] 副 (寒気や怖気などで) ぞくぞく;ぞっと 하形 으스스하다 [ウススハダ] ぞくぞくする;ぞっとする

으슥하다 [ɯsɯkʔhada ウスカダ] 形〖하変〗① 奥まっている ② 静まりかえっている

으슬으슬 [ɯsɯrɯsɯl ウスルスル] 副 (寒気や恐怖などで) ぞくぞく;ぞっと 하形 으슬으슬하다 [ウスルスラダ] ぞくぞくする

-으시- [ɯɕi ウシ] 語尾 ⇒ -시- [シ]

으쓱¹ [ɯʔsuk ウッスク] 副 (寒気や怖気などで) 体がすくむ様子:ぞっと;ぞくぞく 하自 으쓱하다 [ウッスカダ] ぞっとする;ぞくぞくとする

으쓱² [ɯʔsuk ウッスク] 副 威張ったり気どったりして肩をそびやかす様子 하他 으쓱하다 [ウッスカダ] 肩をそびやかす 関 으쓱거리다 [ウッスクコリダ] 自 (肩を) そびやか

은

す；気どる / **으쓱으쓱** [ウッスグッスク] 副 得意がってしきりに肩をそびやかす様子

은[ɯn ウン] 助 ⇒는 [ヌン]

-은²[ɯn ウン] 語尾 ①パッチムのある形容詞の語幹に付いて現在連体形を作る。②パッチムのある動詞の語幹に付いて過去連体形を作る。

은³[ɯn ウン] 名 銀

은근하다[ɯngɯnɦada ウングナダ] 形 『하変』 慇懃だ ①態度がきわめて丁寧なこと ②互いの情が密かに深いこと ③表面に出さないこと 副 **은근히**[ウングニ] 密やかに；それとなく

은닉[ɯnnik ウンニク] 名 隠匿 하他 **은닉하다**[ウンニカダ] 隠匿する

은막[ɯnmak ウンマク] 名 ①銀幕；スクリーン ②映画界

은반[ɯnban ウンバン] 名 ①銀盤；銀製の皿 ②丸い月を美しくいう語 ③氷の面；スケート場

은사[ɯnsa ウンサ] 名 恩師

은세계[ɯnsege ウンセゲ] 名 銀世界

은신[ɯnɕin ウンシン] 名 身を隠すこと 하自 **은신하다**[ウンシナダ] 身を隠す

은어¹[ɯnɔ ウノ] 名 アユ

은어²[ɯnɔ ウノ] 名 隠語；スラング

은인[ɯnin ウニン] 名 恩人

은정[ɯndʑəŋ ウンジョン] 名 恩情

은총[ɯntɕʰoŋ ウンチョン] 名 ①恩寵；目上の人から受ける特別な恵み；いつくしみ ②(キリスト教で)神の恵み

은퇴[ɯntʰwe ウントゥェ] 名 引退 하自 **은퇴하다**[ウントゥェハダ] 引退する

은하[ɯnɦa ウナ] 名 銀河；天の川 関 **은하수**[ウナス] 名 天の川

은행¹[ɯnɦeŋ ウネン] 名 銀行 例 은행에 좀 다녀오겠습니다.[ウネネ チョム タニョオゲッスムニダ] 銀行に行ってきます。関 **은행 거래**[ウネン コレ] 名 銀行取引 / **은행권**[ウネンックォン] 名 銀行券 / **은행 수표**[ウネンスピョ] 名 銀行小切手 / **은행 어음**[ウネン オウム] 名 銀行手形 / **은행원**[ウネンウォン] 名 銀行員

은행²[ɯnɦeŋ ウネン] 名 銀杏；イチョウの実 関 **은행나무**[ウネンナム] 名 イチョウの木

은혜[ɯnɦe ウネ] 名 恩恵

을¹[ɯl ウル] 助 ⇒를 [ルル]

을²[ɯl ウル] 語尾 ㄹ語幹以外の子音語幹に付いて未来連体形を作る。

을씨년스럽다[ɯlʔɕinjənsɯrəpʔta ウルッシニョンスロプタ] 形 『ㅂ変：을씨년스러워 / 을씨년스러운 ウルッシニョンスロウォ / ウルッシニョンスロウン』①とても寂しそうだ；わびしい ②(暮らしなどが)貧しそうだ；みすぼらしい

읊다[ɯpʔta ウプタ] 他 ①(詩などを)吟ずる；誦ずる ②(詩などを)作る

음[ɯm ウム] 名 ①(耳に聞こえる)音 ②音声 ③(漢字の)音；子音

음담[ɯmdam ウムダム] 名 猥談 関 **음담패설**[ウムダムペソル] 名 猥褻で下品な話

음란[ɯmnan ウムナン] 名 淫乱

음시

[하形] 음란하다 [ウムナナダ] 淫乱だ

음력 [ɯmnjək ウムニョク] [名] 陰暦；旧暦

음료 [ɯːmnjo ウームニョ] [名] 飲料；飲み物 [関] 음료수 [ウームニョス] [名] 飲料水；ジュースなどの飲み物

음미 [ɯmmi ウムミ] [名] 吟味 [하他] 음미하다 [ウムミハダ] 吟味する

음복 [ɯːmbok ウームボク] [名] 飲福《祭祀後に供え物を下ろして食べること》[하他] 음복하다 [ウームボカダ] 供え物をいただく

음산 [ɯmsan ウムサン] [名] ①天気が曇ってうすら寒いこと ②(様子が)うら寂しそうなこと [하形] 음산하다 [ウムサナダ] うら寂しい

음색 [ɯmsɛk ウムセク] [名] 音色

음성 [ɯmsəŋ ウムソン] [名] 音声

음식 [ɯːmʃik ウームシク] [名] 飲食；食べ物；料理 [例] 음식 솜씨가 참 좋네요. [ウームシク ソムッシガ チャム チョーンネヨ] 料理の腕が本当にいいですね。

음식점 [ɯːmʃikʲtʃʰəm ウームシクチョム] [名] 飲食店

음악 [ɯmak ウマク] [名] 音楽 [例] 저는 음악을 즐겨 들어요. [チョヌン ウマグル チュルギョ ドゥロヨ] 私は音楽を楽しんで聞いています。[関] 음악가 [ウマクカ] [名] 音楽家 / 음악계 [ウマクケ] [名] 音楽界 / 음악대 [ウマクテ] [名] 音楽隊 / 음악회 [ウマクェ] [名] 音楽会

음양 [ɯmjaŋ ウミャン] [名] 陰陽

음울하다 [ɯmurɦada ウムラダ] [形] 《하変》①(天気が)陰気で晴れない ②(心や雰囲気が)ふさいで晴れない；陰鬱だ

음주 [ɯːmdʒu ウームジュ] [名] 飲酒 [하自] 음주하다 [ウームジュハダ] 飲酒する

음지 [ɯmdʒi ウムジ] [名] 陰地；日陰

음질 [ɯmdʒil ウムジル] [名] 音質

음침하다 [ɯmtɕʰimɦada ウムチマダ] [形] 《하変》陰気だ

음향 [ɯmɦjaŋ ウミャン] [名] 音響；響き [関] 음향 효과 [ウミャン ヒョーグヮ] [名] 音響効果

음흉 [ɯmɦjuŋ ウミュン] [名] 陰険で凶悪なこと [하形] 음흉하다 [ウミュンハダ] 陰険で凶悪だ

응급 [ɯːŋgɯp ウーングプ] [名] 応急 [関] 응급수단 [ウーングプスダン] [名] 応急手段 / 응급조치 [ウーングプチョチ] [名] 応急措置 / 응급 치료 [ウーングプ チリョ] [名] 応急手当

응달 [ɯŋdal ウンダル] [名] 日陰；陰地 [関] 응달이 지다 [ウンダリ チダ] 日陰になる

응답 [ɯːŋdap ウーンダプ] [名] 応答；返答 [하自] 응답하다 [ウーンダパダ] 応答する

응모 [ɯːŋmo ウーンモ] [名] 応募 [하自] 응모하다 [ウーンモハダ] 応募する

응석 [ɯːŋsək ウーンソク] [名] 甘えること；甘え；駄々 [하自] 응석하다 [ウーンソカダ] 甘える [関] 응석을 받다 [ウーンソグル パッタ] 甘やかす / 응석을 부리다 [ウーンソグル プリダ] 甘える；駄々をこねる

응시¹ [ɯːŋʃi ウーンシ] [名] 試験に応ずること；受験 [하自] 응시하다 [ウーンシハダ] 試験を受ける

응시

응시² [ɯːŋɕi ウーンシ] 名 凝視 他 응시하다 [ウーンシハダ] 凝視する

응어리 [ɯŋəri ウンオリ] ①(筋肉の) しこり ②(心の) しこり；わだかまり 関 응어리지다 [ウンオリジダ] 自 しこりができる

응용 [ɯːŋjoŋ ウーンヨン] 名 応用 他 응용하다 [ウーンヨンハダ] 応用する 関 응용문제 [ウーンヨンムーンジェ] 名 応用問題

응원 [ɯːŋwon ウーンウォン] 名 応援 他 응원하다 [ウーンウォナダ] 応援する 関 응원가 [ウーンウォンガ] 名 応援歌 / 응원단 [ウーンウォンダン] 名 応援団

응접 [ɯːŋdʑop ウーンジョプ] 名 応接 他 응접하다 [ウーンジョパダ] もてなす 関 응접실 [ウーンジョプシル] 名 応接室；客間

응하다 [ɯːŋɦada ウーンハダ] 自《하変》①(要求や質問などに) 応ずる；答える ②(情勢や変化などに) 対応する

의 [e エ] 助《体言や用言の名詞形に付いて》…の 例 친구의 집 [チングエ チプ] 友達の家 / 한국의 자랑거리를 소개해 주세요. [ハーングゲ チャラングコリルル ソゲヘ ジュセヨ] 韓国の誇れるところを紹介してください。

의거하다 [ɯigəɦada ウイゴハダ] 自《하変》基づく；依拠する

의견 [ɯiːgjən ウイーギョン] 名 意見 例 선생님의 의견에 따르겠습니다. [ソンセンニメ ウイーギョネ ッタルゲッスムニダ] 先生の意見に従います。

의기 [ɯiːgi ウイーギ] 名 意気 関 의기 투합 [ウイーギ トゥハプ] 名 意気投合

의논 [ɯinon ウイノン] 名 相談；話し合い 他 의논하다 [ウイノナダ] 相談する

의당 [ɯidaŋ ウイダン] 副 当然；当たり前 形動 의당하다 [ウイダンハダ] 当たり前だ

의도 [ɯiːdo ウイード] 名 意図 他 의도하다 [ウイードハダ] 意図する

의롭다 [ɯiːropʰta ウイーロプタ] 形《ㅂ変：의로워 / 의로운 ウイロウォ / ウイロウン》義理堅い 副 의로이 [ウイロイ] 義理堅く

의뢰 [ɯirwe ウイルェ] 名 依頼 他 의뢰하다 [ウイルェハダ] 依頼する 関 의뢰서 [ウイルェソ] 名 依頼書 / 의뢰심 [ウイルェシム] 名 依頼心 / 의뢰인 [ウイルェイン] 名 依頼人

의료 [ɯirjo ウイリョ] 名 医療 関 의료 보험 [ウイリョ ポーホム] 名 医療保険 / 의료비 [ウイリョビ] 名 医療費

의리 [ɯiːri ウイーリ] 名 義理

의무 [ɯiːmu ウイーム] 名 義務 関 의무감 [ウイームガム] 名 義務感 / 의무 교육 [ウイーム キョーユク] 名 義務教育 / 의무적 [ウイームジョク] 名 義務的

의문 [ɯimun ウイムン] 名 疑問 関 의문문 [ウイムンムン] 名 疑問文 / 의문부 [ウイムンブ] 名 疑問符 / 의문점 [ウイムンッチョム] 名 疑問点

의미 [ɯiːmi ウイーミ] 名 意味 例 이 문장의 의미를 모르겠어요. [イ ムンジャンエ ウイーミルル モルゲッソヨ] この文章の意味がわかりま

せん。[他] 의미하다 [ウイーミハダ] 意味する
의사¹ [uiːsa ウイーサ] [名] 意思 [関] 의사 능력 [ウイーサ ヌンニョク] [名] 意思能力 / 의사 표시 [ウイーサ ピョシ] [名] 意思表示
의사² [uisa ウイサ] [名] 医師; 医者 [例] 의사 선생님을 불러 주세요. [ウイサ ソンセンニムル プルロ ジュセヨ] 医師を呼んでください。
의상 [uisaŋ ウイサン] [名] 衣装
의식 [uiːʃik ウイーシク] [名] 意識 [関] 의식적 [ウイーシクチョク] [名] 意識的
의심 [uiʃim ウイシム] [名] 疑心; 疑念 [他] 의심하다 [ウイシマダ] 疑う [関] 의심이 가다 [ウイシミ カダ] 疑わしい / 의심이 나다 [ウイシミナダ] 疑いが生じる / 의심스럽다 [ウイシムスロプタ] [形]《ㅂ変: 의심스러워 / 의심스러운 ウイシムスロウォ / ウイシムスロウン》疑わしい; いぶかしい
의아하다 [uiahada ウイアハダ] [形]《하変》怪しげだ
의연금 [uiːjɔŋgum ウイーヨングム] [名] 義捐金; 義援金
의외 [uiːwe ウイーウェ] [名] 意外; 思いの外
의욕 [uiːjok ウイーヨク] [名] 意欲 [関] 의욕적 [ウイーヨクチョク] [名] 意欲的
의원¹ [uiwɔn ウイウォン] [名] 議員
의원² [uiwɔn ウイウォン] [名] 医院
의의 [uiːi ウイーイ] [名] 意義
의자 [uidʑa ウイジャ] [名] 椅子 [例] 이 의자 정말 편해요. [イ ウイジャ チョンマル ピョネヨ] この椅子, 本当に楽です。
의장 [uiːdʑaŋ ウイージャン] [名] 意匠; デザイン
의젓하다 [uidʑɔtthada ウイジョタダ] [形]《하変》堂々としている; 立派だ [副] 의젓이 [ウイジョシ] 堂々と; 立派に
의존 [uidʑon ウイジョン] [名] 依存 [他自] 의존하다 [ウイジョナダ] 依存する
의중 [uiːdʑuŋ ウイージュン] [名] 意中; 心の中
의지 [uiːdʑi ウイージ] [名] 意志 [関] 의지박약 [ウイージバギャク] [名] 意志薄弱
의지하다 [uidʑihada ウイジハダ] [他]《하変》① 寄りかかる; もたれる ② 頼る
의치 [uitt͡ʃʰi ウイーチ] [名] 義歯; 入れ歯 [類] 틀니 [トゥルニ]
의하다 [uihada ウイハダ] [自]《하変》① …に因る ② …に基づく
의학 [uihak ウイハク] [名] 医学
의향 [uiːhjaŋ ウイーヒャン] [名] 意向
의협심 [uiːhjɔpʃim ウイーヒョプシム] [名] 義侠心
의형제 [uiːhjɔŋdʑe ウイーヒョンジェ] [名] 義兄弟
의회 [uihwe ウイフェ] [名] 議会 [関] 의회 정치 [ウイフェ チョンチ] [名] 議会政治
이¹ [i イ] [名] 歯 [例] 이가 썩었어요. [イガ ッソゴッソヨ] 虫歯になりました。 [関] 이가 빠지다 [イガ ッパージダ] 歯が抜ける / 이를 갈다 [イルル カルダ] 歯ぎしりをする / 이를 악물다 [イルル アンムルダ] 歯をくいしばる

이

이² [iː イー] 數 2；2つ 類 둘[トゥール]；두[トゥー]

이³ [i イ] 冠 この 代 이것[イゴッ]の縮約形：これ

이⁴ [i イ] 助《パッチムのある体言に付いて，主語であることを表す》…が 関 가[カ] 助 パッチムのない体言に接続し, 主語であることを表す。

이간 [igan イガン] 名 離間 하他 이간하다[イガナダ] 仲違いする 関 이간질[イガンジル] 名 仲違いをさせること

이같이 [igatʃʰi イガチ] 副 このように；こんなに

이것 [igɔt イゴッ] 代 ①話者の近くにある事物を指す語：これ 例 이것 좀 드셔 보세요. [イゴッ チョム トゥショ ボセヨ] これをちょっと召し上がってみてください。② 今, 話したばかりの内容や今の状況などの総称：これ 関 이것저것[イゴッチョゴッ] 名 あれこれ

이곳 [igot イゴッ] 代 ここ 例 예전부터 이곳에 와 보고 싶었어요. [イェジョンブト イゴセ ワ ボゴ シポッソヨ] 以前からここに来てみたかったんです。

이국 [iːguk イーグク] 名 異国 関 이국적[イーグクチョク] 名 異国的/이국 정서[イーグク チョンソ] 名 異国情緒/이국취미[イーグクチュィミ] 名 異国趣味

이권 [iːʔkwɔn イーックォン] 名 利権

이글이글 [iguriguɭ イグリグル] 副 ①火が燃え盛る様子：かっかと；あかあかと ②顔が赤く火照る様子：かっかと 하形 이글이글하다[イグリグラダ] 燃え盛る

이기 [iːgi イーギ] 名 利己 関 이기적[イーギジョク] 名 利己的/이기주의[イーギジュィ] 名 利己主義；エゴイズム

이기다 [igida イギダ] 他 ①(試合や競技に)勝つ 例 꼭 이겨야 해요. [ッコク イギョヤ ヘヨ] 絶対に勝たなければなりません。②(困難や障害などに)打ち勝つ

이까짓 [iʔkadʒit イッカジッ] 冠 これしきの；これっぽっちの

이끌다 [iʔkɯlda イックルダ] 他《ㄹ語幹：이끄는 イックヌン》①引く；引っ張る ②導く

이끼 [iʔki イッキ] 名 苔

이나 [ina イナ] 助《パッチムのない体言に付いて》①例を表す：…でも ②容認を表す：…でも 関 나²[ナ] 助 パッチムのある体言に用いる。

이날 [inal イナル] 名 今日；この日

이내¹ [iːnɛ イーネ] 名 以内

이내² [inɛ イネ] 副 すぐ；間もなく；ただちに

이념 [iːnjɔm イーニョム] 名 理念

이다¹ [ida イダ] 他 (物を)頭に載せる

이다² [ida イダ] 指《パッチムのある体言の後に付いて, パッチムのない体言の場合は이が省略されることもある》…だ；…である 例 이것은 책이에요. [イゴスン チェギエヨ] これは本です。

이다지 [idadʒi イダジ] 副 こんなにまで；これほどにまで 関 이다지도[イダジド] 副 이다지[イダジ]の強調語

838

이롭다

이달 [idal イダル] 名 今月；当月

이대로 [idero イデロ] 副 このまま；この通りに；このように

이동 [idoŋ イドン] 名 移動 [하自他] 이동하다 [イドンハダ] 移動する

이득 [i:duk イードゥク] 名 利得

이들 [idul イドゥル] 代 これらの；この人々

이듬해 [idumɕiɛ イドゥメ] 名 翌年；明くる年

이따가 [iʔtaga イッタガ] 副 (時間的に)少し後に；少ししてから；後ほど

이따금 [iʔtagum イッタグム] 副 時々；時折

이따위 [iʔtawi イッタウィ] 名 こんなもの；たかだかこれくらいのもの

이때 [iʔtɛ イッテ] 名 この時；今；その時 例 이때를 놓치면 언제 또 기회가 올지 몰라요. [イッテルル ノッチミョン オンジェ ット キフェガ オルチ モールラヨ] この時を逃したら, いつまた機会が来るかわかりません。

이때껏 [iʔtɛʔkot イッテッコッ] 副 今まで；今の今まで；今に至るまで

이래 [i:rɛ イーレ] 名 以来

이래라저래라 [irɛradʒorera イレラジョレラ] 副 こうしろああしろ

이래저래 [irɛdʒorɛ イレジョレ] 副 ①どうやらこうやら；何とかして ②あれこれ；何やかやで

이랬다저랬다 [irɛʔtadʒorɛʔta イレッタジョレッタ] 副 ああしたりこうしたり；ああ言ったりこう言ったり

이러니까 [ironiʔka イロニッカ] 副 こうだから

이러다 [iroda イロダ] 自〘어変：이래 / 이레〙こうする；このようにする

이러다가 [irodaga イロダガ] 副 こうしていては

이러면 [iromjon イロミョン] 副 こうしたら；こうすれば；こうなったら

이러잖아도 [irodʒanado イロジャナド] 副 こうしなくても

이러쿵저러쿵 [irokʰuŋdʒorokʰuŋ イロクンジョロクン] 副 何だかんだと

이러하다 [iroɦada イロハダ] 形〘하変〙このようだ

이럭저럭 [irokʔtʃorok イロクチョロク] 副 どうにかこうにか

이런고로 [irongoro イロンゴロ] 副 このようなわけで；こうだから

이런대로 [irondero イロンデロ] 副 このままに；このとおりに

이렇다 [irotʰa イロッタ] 形〘ㅎ変：이래 / 이런 イレ / イロン〙①こうである；こうだ 例 사실은 이렇습니다. [サシルン イロッスムニダ] 実はこのようです。②《이런の形で》こんな ③《이렇게の形で》このように；こんなに 例 이렇게 하면 돼요? [イロッケ ハミョン ドゥェヨ] こうすればいいですか。

이레 [ire イレ] 名 7日間

이력 [i:rjok イーリョク] 名 履歴 関 이력서 [イーリョクソ] 名 履歴書

이로써 [iroʔso イロッソ] 副 ①これをもって ②これで；こういうわけで

이론¹ [i:ron イーロン] 名 理論

이론² [i:ron イーロン] 名 異論

이롭다 [irop̚ʔta イーロプタ] 形〘ㅂ変：이로워 / 이로운 イーロウォ / イーロウン〙有利だ；得だ

이루다

이루다 [iruda イルダ] 他 ① 成す；つくる ② 遂げる；果たす；達成する 例 그는 목적을 이루기 위해서라면 수단과 방법을 가리지 않아요. [クヌン モクチョグル イルギ ウィヘソラミョン スダングヮ パンボブル カリジ アナヨ] 彼は目的を達成するためなら手段と方法を選びません。

이루어지다 [iruɔdʒida イルオジダ] 自 受動 成し遂げられる；叶う；成る 例 소원이 이루어지기를 바랍니다. [ソーウォニ イルオジギルル パラムニダ] 願いが叶うよう祈ります。

이룩되다 [iruk²tweda イルクトゥェダ] 自 受動 (目的の大きな事業や現象が)成る；成し遂げられる

이룩하다 [irukkʰada イルカダ] 他 《하変》① 成す；成し遂げる；達成する ② (建物など構造物を)建てる；作り上げる

이르다¹ [iruda イルダ] 自 《르変：이르러 イルロ》① (ある場所に)行き着く；至る；到着する 例 밤 10(열) 시가 돼서야 목적지에 이르렀어요. [パム ヨルシガ トゥェソヤ モクチョクチエ イルロッソヨ] 夜, 10 時になってようやく目的地に到着しました。② (時間に)至る；なる 例 오늘에 이르러서야 비로소 그 진가를 인정받고 있어요. [オヌレ イルロソヤ ピロソ ク チンッカルル インジョンバッコ イッソヨ] 今日に至って初めてその真価が認められています。③ (ある範囲に)及ぶ；至る

이르다² [iruda イルダ] 他 《르変：일러 イルロ》① 言う；申す ② 言い聞かせる；諭す ③ 言い付ける；告げ口をする

이르다³ [iruda イルダ] 形 《르変：일러 イルロ》(時間的に) 早い 対 늦다 [ヌッタ] 形 遅い

이른바 [irunba イルンバ] 副 いわゆる

이른봄 [irunbom イルンボム] 名 早春；初春

이를테면 [irultʰemjon イルルテミョン] 副 たとえて言えば；言うなれば

이름 [irum イルム] 名 ① 名前 例 여기에 이름을 써 주세요. [ヨギエ イルムル ッソ ジュセヨ] ここに名前を書いてください。② 名称 ③ あだ名 ④ 評判；名声 例 이 분야에선 실력이 있기로 이름이 나 있는 사람이에요. [イ ブニャエソン シルリョギ イッキロ イルミ ナ インヌン サーラミエヨ] この分野では実力があることで有名な人です。関 이름을 날리다 [イルムル ナルリダ] 名を轟かす / 이름을 남기다 [イルムル ナムギダ] 名を残す / 이름이 나다 [イルミ ナダ] 名が知られる；有名になる / 성함 [ソンハム] 名 이름 [イルム] の尊敬語

이리¹ [iri イリ] 副 こちらへ；こちらに 例 이리 오세요. [イリ オセヨ] こちらにお越しください。

이리² [iri イリ] 副 このように；こんなに；こう

이마 [ima イマ] 名 額；前頭

이만¹ [iman イマン] 冠 これくらいの；これしきの；この程度の

이만² [iman イマン] 副 これで；こ

のあたりで；このくらいで 例 오늘은 이만 끝냅시다. [オヌルン イマン ックンネプシダ] 今日はこのくらいで終わりにしましょう。

이만큼 [imankʰɯm イマンクム] 副 こんなに；これほど；これくらいに

이만하다 [imanɦada イマナダ] 形 〖하変〗これくらいだ

이맘때 [imamˀtɛ イマムッテ] 名 今頃；今時分

이모 [imo イモ] 名 母の姉妹；おば

이모저모 [imodʒɔmo イモジョモ] 名 あれこれ；さまざま

이목 [i:mok イーモク] 名 ①耳目 ②人目；世間の注意 関 이목구비 [イーモックビ] 名 目鼻立ち；顔立ち

이미 [imi イミ] 副 すでに；もう；もはや 例 이미 끝났어요. [イミ ックンナッソヨ] すでに終わりました。

이미지 [imidʒi イミジ] 名 イメージ

이미테이션 [imitʰeiʃən イミテイション] 名 イミテーション

이민 [imin イミン] 名 移民 関 이민을 가다 [イミヌル カダ] 移民する

이바지 [ibadʒi イバジ] 名 貢献；寄与 하他 이바지하다 [イバジハダ] 貢献する；寄与する

이발 [i:bal イーバル] 名 理髪；散髪 하自 이발하다 [イーバラダ] 理髪する 関 이발사 [イーバルサ] 名 理髪師 / 이발소 [イーバルソ] 名 理髪店；床屋

이방 [i:baŋ イーバン] 名 異邦；異国 関 이방인 [イバンイン] 名 異邦人；外国人

이번 [ibɔn イボン] 名 今度；今回 例 이번만 봐 주세요. [イボンマン プワ ジュセヨ] 今回だけ大目にみてください。

이벤트 [ibentʰɯ イベントゥ] 名 イベント

이별 [i:bjɔl イービョル] 名 離別；別れ 하自他 이별하다 [イービョラダ] 別れる

이부자리 [ibudʒari イブジャリ] 名 掛け布団と敷布団

이불 [ibul イブル] 名 布団；掛け布団

이비인후과 [i:biinɦuˀkwa イービイヌックヮ] 名 耳鼻咽喉科

이빨 [iˀpal イッパル] 名 歯

이사¹ [i:sa イーサ] 名 理事 関 이사회 [イーサフェ] 名 理事会

이사² [isa イサ] 名 引っ越し 例 어디로 이사 가세요? [オディロ イサ カセヨ] どこに引っ越されるのですか。 하自 이사하다 [イサハダ] 引っ越す 関 이사를 가다 [イサルル カダ] 引っ越す / 이사를 오다 [イサルル オダ] 引っ越してくる

이산 [i:san イーサン] 名 離散 하自 이산하다 [イーサナダ] 離散する

이상¹ [i:saŋ イーサン] 名 以上

이상² [i:saŋ イーサン] 名 異常 例 이상이 있으면 어디로 연락하면 돼요? [イーサンイ イッスミョン オディロ ヨルラカミョン ドウェヨ] 異常があったらどこに連絡すればいいですか。 하形 이상하다 [イーサンハダ] 異常だ；変だ 例 몸이 좀 이상해요. [モミ チョム イーサンヘヨ] 体の具合がちょっと変です。

이상³ [i:saŋ イーサン] 名 理想 関 이상론 [イーサンノン] 名 理想論 / 이상성 [イーサンッソン] 名 理想

이슈 性/이상적 [이-산조ク] 名 理想的

이슈 [iʃu イシュ] 名 論点；論争点

이슬 [isul イスル] 名 ①露 ②涙をたとえて言う語 ③はかない命のたとえ

이슬람 [isullam イスルラム] 名 イスラム

이승 [isuŋ イスン] 名 この世；現世；今生

이식 [iʃik イシク] 名 移植 하타 이식하다 [イシカダ] 移植する

이십 [iːʃip イーシプ] 数 20 類 스물 [スムル]；스무 [スム]《名詞を修飾する時の形》

이쑤시개 [iˀsuʃigɛ イッスシゲ] 名 楊枝；爪楊枝

이야기 [ijagi イヤギ] 名 話；会話；話題 하자他 이야기하다 [イヤギハダ] 話す 例 이야기를 꺼내기가 쉽지 않아요. [イヤギルル ッコーネギガ シュイープチ アナヨ] 話を切り出すのが簡単ではありません。

이야말로¹ [ijamallo イヤマルロ] 副 これぞ；これこそ

이야말로² [ijamallo イヤマルロ] 助 ⇒야말로 [ヤマルロ]

이어 [iɔ イオ] 副 引き続き；続いて

이어받다 [iɔbatˀta イオバッタ] 他 受け継ぐ；継承する

이어서 [iɔsɔ イオソ] 副 続いて；引き続き

이어지다 [iɔdʒida イオジダ] 自 繋がる；続く

이어폰 [iɔpʰon イオポン] 名 イヤホン

이에 [ie イエ] 副 ここに；よって

-이에요 [iejo イエヨ] 語尾《パッチムのある名詞に付いて》…です；（疑問符を付けて）…ですか 例 저는 일본 사람이에요. [チョヌン イルボン サーラミエヨ] 私は日本人です。関 -에요 [エヨ] 語尾 パッチムのない名詞に用いる。

이왕 [iːwaŋ イーワン] 名 ①以前 ②《副詞的に》이왕에 [イーワンエ] の縮約形：どうせ；せっかく 関 이왕이면 [イーワンイミョン] 副 どうせなら

이외 [iːwe イーウェ] 名 以外

이용 [iːjoŋ イーヨン] 名 利用 하타 이용하다 [イーヨンハダ] 利用する

이웃 [iut イウッ] 名 ①隣；隣近所 例 이웃에 누가 사는지도 몰라요. [イウセ ヌガ サーヌンジド モールラヨ] お隣に誰が住んでいるのか知りません。②隣人；隣家 하자 이웃하다 [イウタダ] 隣り合う 関 이웃집 [イウッチプ] 名 隣家

이월 [iːwɔl イーウォル] 名 2月

이유 [iːju イーユ] 名 理由 例 왜 그러셨는지 이유를 말씀해 보세요. [ウェー クロションヌンジ イーユルル マールッスメ ボセヨ] どうしてそうしたのか理由をおっしゃってください。

이윤 [iːjun イーユン] 名 利潤

이율 [iːjul イーユル] 名 利率

이윽고 [iukˀko イウクコ] 副 まもなく；ほどなく；やがて

이의 [iːi イーイ] 名 異議 하자他 이의하다 [イーイハダ] 異議を唱える

이익 [iːik イーイク] 名 利益；もうけ

이자 [iːdʒa イージャ] 名 利子；利息；金利

이재 [iːdʒɛ イジェ] 名 罹災；被災

이혼

[하자] 이재하다 [イジェハダ] 罹災する 閲 이재민 [イジェミン] 图 罹災民；被災者

이전[i:dʒɔn イージョン] 图 以前

이전[idʒɔn イジョン] 图 移転 [하타] 이전하다 [イジョナダ] 移転する

이점[iʔtɕɔm イーッチョム] 图 利点

이정표[i:dʒɔŋpʰjo イージョンピョ] 图 里程標

이제[idʒe イジェ] 图 ① 現在；今 例 이제부터 시작이에요. [イジェブト シジャギエヨ] 今からが始まりです。②《副詞的に》すぐに；直ちに ③ すでに；もう 例 이제 다 됐어요. [イジェ タ トゥェッソヨ] もうみなできました。

이죽거리다[idʒukʔkɔrida イジュクコリダ] 圁 ねちねちと嫌味を言う

이중[i:dʒuŋ イージュン] 图 二重 閲 이중 국적 [イージュン ククチョク] 图 二重国籍 / 이중생활 [イージュンセンフヮル] 图 二重生活 / 이중인격 [イージュンインッキョク] 图 二重人格 / 이중주 [イージュンジュ] 图 二重奏；デュエット / 이중창 [イージュンチャン] 图 二重唱；デュエット / 이중창 [イージュンチャン] 图 二重窓

이쪽[i²tɕok イッチョク] 图 こちら；こちら側 例 이쪽으로는 처음 왔어요. [イッチョグロヌン チョウム ワッソヨ] こちらには初めて来ました。閲 이쪽저쪽 [イッチョクチョッチョク] 图 あっちこっち；あちらこちら

이쯤[i²tɕum イッチュム] 图 このくらい；この程度；このあたり

이차[i:tɕʰa イーチャ] 图 ① 2次；第 2次 ② 二次会

이채[i:tɕʰɛ イーチェ] 图 異彩 閲 이채롭다 [イーチェロプタ] 圈〘ㅂ変：이채로워 / 이채로운 イチェロウォ / イチェロウン〙一際目立っている

이처럼[itɕʰɔrɔm イチョロム] 副 これほど；こんなに；このように

이치[i:tɕʰi イーチ] 图 理致；道理

이탈하다[i:tʰarɦada イータラダ] 圁〘하変〙離脱する

이태원[itʰɛwɔn イテウォン] 图 梨泰院《ソウル市龍山区にある地域》

이토록[itʰorok イトロク] 副 こんなに；このように

이튿날[itʰunnal イトゥンナル] 图 ① 翌日；あくる日 ② 2日目

이틀[itʰɯl イトゥル] 图 2日；両日

이파리[ipʰari イパリ] 图 草木の葉

이편[ipʰjɔn イピョン] 图 こちらの方；こちら側

이하[i:ɦa イーハ] 图 以下

이해[i:ɦɛ イヘ] 图 今年；本年 例 이해가 가기 전에 마무리합시다. [イヘガ カギ ジョネ マムリハプシダ] 今年中に終わらせましょう。

이해[i:ɦɛ イーヘ] 图 利害 閲 이해관계 [イーヘグヮンゲ] 图 利害関係 / 이해득실 [イーヘドゥクシル] 图 利害得失

이해[i:ɦɛ イーヘ] 图 理解 例 설명을 듣고 보니 조금은 이해가 되는 듯해요. [ソルミョンウル トゥッコ ボニ イーヘガ トゥェヌン ドゥテヨ] 説明を聞いてみたら少しは理解ができそうです。[하자타] 이해하다 [イーヘハダ] 理解する

이혼[i:ɦon イーホン] 图 離婚 [하자]

이후

이혼하다 [イーホナダ] 離婚する

이후 [iːɦu イーフ] 名 以後 例 이후로 다시는 이런 일이 없도록 하겠습니다. [イーフロ タシヌン イロン ニーリ オーㇷ゚トロㇰ ハゲッスㇺニダ] 以後は再びこのようなことがないようにします。

익다¹ [ikʼta イㇰタ] 自 ①(果実が)熟す;実る ②煮える;火が通る 例 고기 다 익었어요? 아직 덜 익은 거 아니에요? [コギ ター イゴッソヨ アジㇰト トル イグン ゴ アニエヨ] 肉は焼けましたか。まだあまり焼けてないんじゃないですか。③(漬物などが)漬かる;発酵する

익다² [ikʼta イㇰタ] 形 慣れる;なじんでいる 例 손에 익을 때까지 계속 연습했어요. [ソネ イグル ッテッカジ ケーソㇰ ヨーンスㇷ゚ェッソヨ] 手になじむまでずっと練習しました。/ 어디선가 귀에 익은 목소리가 들려왔어요. [オディソンガ クィエ イグン モㇰソリガ トゥリョワッソヨ] どこからか耳慣れた声が聞こえてきました。

익명 [iŋmjəŋ インミョン] 名 匿名

익사하다 [ikʼsaɦada イㇰサハダ] 自 『하変』溺死する

익살 [ikʼsal イㇰサル] 名 こっけい;ふざけること;おどけ 関 익살을 떨다 [イクサルル ットゥルダ] おどける

익숙하다 [ikʼsukkʰada イㇰスカダ] 形 『하変』① 手慣れている;熟練している ② 互いによく知っていて親しい;なじみだ

익히다 [ikkʰida イキダ] 他 ① 煮る;炊く;火を通す ②(漬物などを)発酵させる;漬ける ③ 慣らす

인간 [ingan インガン] 名 ① 人間;人;人類 例 공부도 좋지만, 먼저 인간이 돼야 해요. [コンブド チョーッチマン モンジョ インガニ トゥェヤ ヘヨ] 勉強もいいけれど, まず人としてちゃんとした人にならなければいけません。②人柄;人物 関 인간 공학 [インガン コンハㇰ] 名 人間工学 / 인간관계 [インガングヮンゲ] 名 人間関係 / 인간미 [インガンミ] 名 人間味;人情味 / 인간상 [インガンサン] 名 人間像 / 인간성 [インガンッソン] 名 人間性

인건비 [inʼkənbi インッコンビ] 名 人件費

인격 [inʼkjək インッキョㇰ] 名 人格 関 인격 교육 [インッキョㇰ キョーユㇰ] 名 人格教育 / 인격권 [インッキョㇰックォン] 名 人格権 / 인격화 [インッキョㇰヮ] 名 人格化

인공 [ingoŋ インゴン] 名 人工 関 인공위성 [インゴンウィソン] 名 人工衛星

인과 [ingwa イングヮ] 名 因果 関 인과응보 [イングヮウンボ] 名 因果応報

인구 [ingu イング] 名 人口

인권 [inʼkwən インックォン] 名 人権 関 인권 선언 [インックォン ソノン] 名 人権宣言 / 인권 옹호 [インックォン オンホ] 名 人権擁護 / 인권 유린 [インックォン ユリン] 名 人権蹂躙

인기 [inʼki インッキ] 名 人気 例 그 사람은 요즘 인기 있는 가수예요.

[クサーラムン ヨジュム インッキガ インヌン カスエヨ] 彼は，最近人気がある歌手です。

인기척 [in²kitɕʰɔk インッキチョク] 名 ①(せき払い，声などで)人のいる気配を示すこと ②人のいる気配；人気；人の気配

인내 [innɛ インネ] 名 忍耐 自他 인내하다 [インネハダ] 耐え忍ぶ；耐える

인도¹ [indo インド] 名 ①人道；人として行うべき道 ②歩道 関 인도적 [インドジョク] 名 人道的 / 인도주의 [インドジュイ] 名 人道主義

인도² [indo インド] 名 インド 関 인도양 [インドヤン] 名 インド洋 / 인도 철학 [インド チョラク] 名 インド哲学

인도하다¹ [indoɦada インドハダ] 他 《하変》引き渡す 피동 인도되다 [インドドゥェダ] 引き渡される

인도하다² [indoɦada インドハダ] 他 《하変》①先に立って教え導く ②道案内する ③仏の道に導く

인력¹ [illjɔk イルリョク] 名 引力
인력² [illjɔk イルリョク] 名 人力

인류 [illju イルリュ] 人類 関 인류애 [イルリュエ] 名 人類愛 / 인류학 [イルリュハク] 名 人類学

인물 [inmul インムル] 名 ①人物；人；人柄 ②容姿 例 사진보다 실물이 훨씬 인물이 잘생겼더라고요. [サジンボダ シルムリ フォルッシン インムリ チャルセンギョットラゴヨ] 写真より実物の方がずっとかっこよかったです。関 인물화 [インムルワ] 名 人物画

인민 [inmin インミン] 名 人民

인사 [insa インサ] 名 ①あいさつ 例 허리를 숙여 정중하게 인사를 드렸어요. [ホリルル スギョ チョンジュンハゲ インサルル トゥリョッソヨ] 腰を曲げて丁寧にあいさつをしました。②中で守るべき礼儀 自 인사하다 [インサハダ] あいさつをする 例 인사하세요. 우리 아버지예요. [インサハセヨ ウリ アボジエヨ] あいさつしてください。私の父です。関 인사말 [インサマール] 名 あいさつの言葉

인사동 [insadoŋ インサドン] 名 仁寺洞《ソウル市鍾路区にある地域》

인삼 [insam インサム] 名 朝鮮人参；高麗人参 関 인삼차 [インサムチャ] 名 高麗人参茶

인상¹ [insaŋ インサン] 名 引き上げ；値上げ 他 인상하다 [インサンハダ] 引き上げる 피동 인상되다 [インサンドゥェダ] 引き上げられる

인상² [insaŋ インサン] 名 印象 関 인상을 쓰다 [インサンウル ッスダ] 険悪な表情をする；険しい顔をする / 인상이 깊다 [インサンイ キプタ] 強い印象を受ける / 인상적 [インサンジョク] 名 印象的 / 인상파 [インサンパ] 名 印象派 / 첫인상 [チョディンサン] 名 第一印象

인색하다 [insekʰada インセカダ] 形 《하変》けちだ

인생 [insɛŋ インセン] 名 人生 例 우리 둘이서 인생을 즐기면서 행복하게 살아요. [ウリ トゥリソ インセンウル チュルギミョンソ ヘンボカゲ サラヨ] 2人で人生を楽しみな

がら幸せに暮らしましょう。閨 **인생관**[インセングヮン]图 人生観 / **인생철학**[インセンチョラㇰ]图 人生哲学

인세[inˀse インッセ]图 印税

인쇄[inswe インスェ]图 印刷 他 인쇄하다[インスェハダ] 印刷する 閨 인쇄공[インスェゴン]图 印刷工 / 인쇄 기계[インスェ キゲ]图 印刷機械 / 인쇄물[インスェムㇽ]图 印刷物 / 인쇄소[インスェソ]图 印刷所

인수¹[inˀsu インッス]图 人数

인수²[insu インス]图 引き受け 他 인수하다[インスハダ] 引き受ける；引き取る 受動 인수되다[インスドゥェダ] 引き受けられる；引き継がれる 閨 인수인[インスイン]图 引受人 / 인수인계[インスインゲ]图 (業務などの)引き継ぎ

인스턴트[insuɾtʰontɯ インストントゥ]图 インスタント；即席

인식[inɕik インシㇰ]图 認識 他 인식하다[インシカダ] 認識する 受動 인식되다[インシクトゥェダ] 認識される

인심[inɕim インシㇺ]图 ①人心；人の心 ②人情 閨 인심을 사다[インシムㇽ サダ] 人から好評を受ける；人に好かれる / 인심을 쓰다[インシムㇽ ッスダ] 人情を施す；人に施す / 인심을 잃다[インシムㇽ イㇽタ] 人に好かれない / 인심이 사납다[インシミ サナㇷ゚タ] 人情味がなく冷酷だ；薄情だ

인연[injon イニョン]图 ①因縁；縁 ②由来 閨 인연을 끊다[イニョヌㇽ ックンタ] 縁を切る / 인연을 맺다[イニョヌㇽ メッタ] 縁を結ぶ

인원[inwon イヌォン]图 人員；人数 閨 인원수[イヌォンス]图 人数

인장[indʑaŋ インジャン]图 印；印章；判子

인용[i:njoŋ イーニョン]图 引用 他 인용하다[イーニョンハダ] 引用する 受動 인용되다[イーニョンドゥェダ] 引用される

인의[ini イニ]图 仁義

인재[indʑɛ インジェ]图 人材

인적[indʑɔk インジョㇰ]图 人跡

인절미[indʑolmi インジョルミ]图 インジョルミ《一口大に切り、黄な粉などをまぶした餅》

인정¹[indʑoŋ インジョン]图 人情；思いやり；情け 閨 인정미[インジョンミ]图 人情味 / 인정스럽다[インジョンスロㇷ゚タ]形《ㅂ変：인정스러워 / 인정스러운 インジョンスロウォ / インジョンスロウン》情け深い

인정²[indʑoŋ インジョン]图 認定 他 인정하다[インジョンハダ] 認定する 受動 인정되다[インジョンドゥェダ] 認定される 閨 인정을 받다[インジョンウㇽ パッタ] 認められる

인정사정없다[indʑoŋsadʑoŋɔpˀta インジョンサジョンオㇷ゚タ] 存 情け容赦ない 副 인정사정없이[インジョンサジョンオㇷ゚シ] 情け容赦なく

인제[indʑe インジェ]副 ①今に至って；今になって ②今から；今すぐ

인종[indʑoŋ インジョン]图 人種

인주 [indʒu インジュ] 名 朱肉
인지 [indʒi インジ] 名 認知 하他 인지하다 [インジハダ] 認知する 되受動 인지되다 [インジドゥェダ] 認知される
인체 [intsʰe インチェ] 名 人体
인출하다 [intsʰurɦada インチュラダ] 他 하変 引き出す
인터넷 [intʰɔnet イントネッ] 名 インターネット
인터폰 [intʰɔpʰoːn イントポーン] 名 インターホン
인파 [inpʰa インパ] 名 人波；人出
인편 [inpʰjɔn インピョン] 名 人に手紙や物を託して送ることやその方法
인품 [inpʰum インプム] 名 品位；品格
인플레이션 [inpʰulleiʃɔn インプルレイション] 名 インフレーション
인플루엔자 [inpʰulluendʒa インプルルエンジャ] 名 インフルエンザ
인하 [inɦa イナ] 名 ①引き下げ ②値下げ 하他 인하하다 [イナハダ] 引き下げる 되受動 인하되다 [イナドゥェダ] 引き下げられる
인하다 [inɦada イナダ] 自 하変 基づく；…に因る；…が原因する
인형 [inɦjɔŋ イニョン] 名 人形 関 인형극 [イニョングク] 人形劇
일¹ [iːl イール] 名 ①仕事；用事；用 例 어떤 일을 하세요? [オットン ニールル ハセヨ] どんな仕事をなさっていますか。②事情；事由；事 例 무슨 일이 있으면 바로 연락 주세요. [ムスン ニーリ イッスミョン パロ ヨルラク チュセヨ] 何かあればすぐに連絡ください。関 일을 보다 [イールル ポダ] ①仕事をする ②世話する ③大小便をする / 일을 봐 주다 [イールル プワ ジュダ] 人の世話をする / 일을 삼다 [イールル サムタ] 仕事とする；仕事として行う
일² [il イル] 数 1；1つ 類 하나 [ハナ]；한 [ハン]
일³ [il イル] 名 日曜日 [イリョイル] (日曜日) の縮約形；日 依名 日数を数える；…日 接尾 《一部の名詞に付いて》…の日
일가 [ilga イルガ] 名 一家；一族
일간¹ [ilgan イルガン] 名 ①일일간 [イリルガン] (1日間) の縮約形：日間 ②《副詞的に》近いうちに；いずれ
일간² [ilgan イルガン] 名 日刊 関 일간지 [イルガンジ] 名 日刊紙
일거리 [iːlˀkɔri イールコリ] 名 なすべき仕事
일곱 [ilgop イルゴプ] 数 7つ；7；7人 類 칠 [チル]
일과 [ilgwa イルグヮ] 名 日課
일교차 [ilgjotsʰa イルギョチャ] 名 日較差
일구다 [ilguda イルグダ] 他 耕す
일그러지다 [ilgurɔdʒida イルグロジダ] 形 歪む
일기 [ilgi イルギ] 名 日記；日記帳 例 매일 일기를 쓰기로 했어요. [メーイル イルギルル ッスギロ ヘッソヨ] 毎日日記を書くことにしました。関 일기 문학 [イルギ ムナク] 日記文学 / 일기장 [イルギッチャン] 名 日記帳
일기예보 [ilgije:bo イルギイェーボ] 名 天気予報

일껏 [iːlk͈ot イールッコッ] 副 わざわざ；折角

일꾼 [iːlk͈un イールックン] 名 ① 作業員；働き手；労働者 ② 人材

일년 [illjʌn イルリョン] 名 1年

일념 [illjʌm イルリョム] 名 一念

일다¹ [iːlda イールダ] 自 〘ㄹ語幹：이는 イーヌン〙① 起こる；生ずる ② 興る；栄える ③ ふくれる；沸き立つ；(毛羽が)立つ

일다² [iːlda イールダ] 他 〘ㄹ語幹：이는 イーヌン〙① (米を水に入れて)研ぐ ② (箕などで)ふるい分ける

일단 [ilt͈an イルタン] 副 ① 一旦 ② しばらく

일단락 [ilt͈allak イルタルラク] 名 一段落 하自 일단락하다 [イルタルラカダ] 一段落する

일당 [ilt͈aŋ イルタン] 名 日当；日割り

일대¹ [ilt͈ɛ イルテ] 名 一代

일대² [ilt͈ɛ イルテ] 名 一帯

일등 [ilt͈uŋ イルトゥン] 名 一等 関 일등상 [イルトゥンサン] 名 一等賞 / 일등석 [イルトゥンソク] 名 一等席 / 일등지 [イルトゥンジ] 名 一等地 / 일등품 [イルトゥンプム] 名 一等品

일러두다 [illʌduda イルロドゥダ] 他 言いつけて置く；申し付ける

일러바치다 [illʌbatɕʰida イルロバチダ] 他 告げ口する；言い付ける

일러스트레이터 [illosɯtʰɯreitʰʌ イルロストゥレイト] イラストレーター

일러스트레이션 [illosɯtʰɯreiʃʌn イルロストゥレイション] 名 イラストレーション；イラスト

일러주다 [illʌdʑuda イルロジュダ] 他 ① 知らせる；教えてやる ② 言い聞かす；諭す

일류 [illju イルリュ] 名 一流 関 일류호텔 [イルリュ ホテル] 名 一流ホテル

일몰 [ilmol イルモル] 名 日没；日の入り 하自 일몰하다 [イルモラダ] 日没する

일박 [ilbak イルバク] 名 一泊 하自 일박하다 [イルバカダ] 一泊する

일반 [ilban イルバン] 名 一般 関 일반 개념 [イルバン ケニョム] 名 一般概念 / 일반석 [イルバンソク] 名 一般席 / 일반인 [イルバニン] 名 一般人 / 일반적 [イルバンジョク] 名 一般的

일방 [ilbaŋ イルバン] 名 一方；片方 関 일방적 [イルバンジョク] 名 一方的

일보 [ilbo イルボ] 名 一歩

일복 [iːlp͈ok イールポク] 名 仕事が多いことを逆説的に福にたとえて言う語 関 일복이 많다 [イールポギ マンタ] 仕事がひっきりなしにある；次から次へと仕事がある

일본 [ilbon イルボン] 名 日本 例 한번 일본에 놀러 오세요. [ハンボン イルボネ ノルロ オセヨ] 一度日本に遊びに来てください。 関 일본요리 [イルボン ニョリ] 名 日本料理 / 일본말 [イルボンマール] 名 日本語 / 일본 사람 [イルボン サーラム] 名 日本人 / 일본인 [イルボニン] 名 日本人 / 일본어 [イルボノ] 名 日本語

일부 [ilbu イルブ] 名 ① 一部 ②(雑誌や本などの)一冊

일부러 [ilburʌ イルブロ] 副 ① わざと；故意に ② わざわざ 例 일부러 여기까지 올 필요는 없어요. [イルブロ ヨギッカジ オル ピリョヌン オープソヨ] わざわざここまで来る必要はありません。

일상 [ilsaŋ イルサン] 名 日常 関 일상사 [イルサンサ] 名 日常の事 / 일상생활 [イルサンセンフヮル] 名 日常生活 / 일상성 [イルサンッソン] 名 日常性 / 일상용어 [イルサンヨンオ] 名 日常用語 / 일상 회화 [イルサン フェーフヮ] 名 日常会話

일생 [ilsɛŋ イルセン] 名 一生；生涯 関 일생일대 [イルセンイルテ] 名 一世一代

일손 [ilʔson イールソン] 名 ① 仕事をする腕前 ② 人手 ③ 仕事をしている手 関 일손을 놓다 [イルソヌル ノッタ] 仕事をやめる / 일손을 떼다 [イルソヌル ッテダ] 仕事をやめる / 일손이 잡히다 [イルソニ チャピダ] 仕事に身が入る

일수[1] [ilʔsu イルッス] 名 ① 日収 ② 借金を毎日少しずつ返済すること

일수[2] [ilʔsu イルッス] 名 ① 日数 ② その日の運

일시[1] [ilʔʃi イルシ] 名 ① 一時；かつて ② 同時に ③ わずかの間；一時

일시[2] [ilʔʃi イルシ] 名 日時

일식 [ilʔʃik イルシク] 名 ① 日本式；和式 ② 日本食；和食

일쑤 [ilʔsu イルッス] 名 ①《-기가 일쑤다の形で》…するのが常だ ②《副詞的に》しばしば；よく

일어 [irʌ イロ] 名 日本語 類 일본어 [イルボノ]；일본말 [イルボンマール]

일어나다 [irʌnada イロナダ] 自 ① 立つ；立ち上がる ②（寝床から）起きる 例 아침에 일찍 일어나서 운동을 했더니 살이 많이 빠졌어요. [アチメ イルッチク イロナソ ウンドンウル ヘットニ サリ マーニ ッパジョッソヨ] 朝早起きして運動をしたらかなり痩せました。③ 発生する；起こる 例 집 근처에서 연달아 방화 사건이 일어나 겁이 나요. [チプ クーンチョエソ ヨンダラ パーンフヮ サーッコニ イロナ コビ ナヨ] 家の近くで続いて放火事件が起きて怖いです。④ 奮起する；決起する

일어서다 [irʌsʌda イロソダ] 自 ① 立つ；立ち上がる ②（悪い状態から）立ち直る ③ 奮起する；決起する

일없다 [irʌpʔta イーロプタ] 存 必要がない；要らない 副 일없이 [イーロプシ] 用なく；無用に

일요일 [irjoil イリョイル] 名 日曜日

일용품 [irjoŋpʰum イリョンプム] 名 日用品

일월[1] [irwʌl イルオル] 名 1月

일월[2] [irwʌl イルオル] 名 日月：太陽と月

일으키다 [irukʰida イルキダ] 他 ① 引き起こす ②（事を）起こす ③（国・事業などを）興す ④ 発生させる ⑤ 立て直す

일일이 [i:lliri イールリリ] 副 いちいち；事々に

일자리 [ilʔtʃari イールチャリ] 名 職；勤め口

일전 [ilˀtɕʌn イルチョン] 名 先日；過日

일절 [ilˀtɕʌl イルチョル] 副 一切；全く；全然

일정¹ [ilˀtɕʌŋ イルチョン] 名 日程 関 일정표 [イルチョンピョ] 名 日程表

일정² [ilˀtɕʌŋ イルチョン] 名 一定 하形 일정하다 [イルチョンハダ] 一定している 自 일정되다 [イルチョンドゥェダ] 一定する

일제¹ [ilˀtɕe イルチェ] 名 一斉；一時 関 일제히 [イルチェヒ] 副 一斉に

일제² [ilˀtɕe イルチェ] 名 ①日本帝国 ②日本帝国主義

일제³ [ilˀtɕe イルチェ] 名 日本製

일종 [ilˀtɕoŋ イルチョン] 名 一種

일주 [ilˀtɕu イルチュ] 名 1周；1回り 하他 일주하다 [イルチュハダ] 1周する

일주일 [ilˀtɕuil イルチュイル] 名 一週間

일찌감치 [ilˀtɕigamtɕʰi イルッチガムチ] 副 早めに；もう少し早く

일찍 [ilˀtɕik イルッチク] 副 早めに；早く 例 일찍 자고 일찍 일어나는 게 몸에 좋아요. [イルッチク チャゴ イルッチク イロナヌン ゲ モメ チョーアヨ] 早寝早起きが体にいいです。

일차 [iltɕʰa イルチャ] 名 1次

일체 [iltɕʰe イルチェ] 名 一切；全部

일치 [iltɕʰi イルチ] 名 一致 하自 일치하다 [イルチハダ] 一致する 自 일치되다 [イルチドゥェダ] 一致する

일컫다 [ilkʰʌˀta イルコッタ] 他《ㄷ変: 일컬어 / 일컫는 イルコロ / イルコンヌン》(何々と) 呼ぶ；称する

일터 [iltʰʌ イールト] 名 職場；作業場；仕事場

일품 [ilpʰum イルプム] 名 一品 関 일품요리 [イルプムニョリ] 名 一品料理

일하다 [iːrɦada イーラダ] 自《하変》働く；仕事をする 例 하루 종일 일하느라 밥도 제대로 못 먹었어요. [ハル ジョンイル イーラヌラ パプト チェデロ モーン モゴッソヨ] 一日中仕事をするのに夢中で食事もまともにとれませんでした。

일행 [irɦeŋ イレン] 名 一行；連れ；同行者

일화 [irɦwa イルワ] 名 逸話；エピソード

일흔 [irɦɯn イルン] 数 70 類 칠십 [チルシプ]

읽다 [ikˀta イクタ] 他 読む 例 매일 아침 신문을 읽어요. [メーイル アチム シンムヌル イルゴヨ] 毎朝、新聞を読みます。

잃다 [iltʰa イルタ] 他 ①(持っていたものを)失う；なくす；落とす 例 지갑을 잃었어요. [チガブル イロッソヨ] 財布をなくしました。②(死なれて)失う；亡くす；死別する ③(方向を)失う；道に迷う

잃어버리다 [irʌbʌrida イロボリダ] 他 ①なくす；失う ②道に迷う 例 길을 잃어버렸어요. [キルル イロボリョッソヨ] 道に迷いました。

임 [im イム] 名 (恋い慕う)君；あなた；彼氏

임금¹ [iːmgum イームグム] 名 王；君主 関 임금님 [イームグムニム] 名 王様

임금²[iːmgum イームグム] 名 賃金 例 물가는 오르는데 임금은 그대로예요. [ムルッカヌン オルヌンデ イームグムン クデロエヨ] 物価は上がるのに賃金はそのままです。

임대[iːmdɛ イームデ] 名 賃貸；貸し 他 임대하다 [イームデハダ] 賃貸しする 関 임대 가격 [イームデカギョク] 名 賃貸価格／임대료 [イームデリョ] 名 貸し賃；貸料／임대물 [イームデムル] 名 賃貸物

임명[iːmmjɔŋ イームミョン] 名 任命 他 임명하다 [イームミョンハダ] 任命する 被動 임명되다 [イームミョンドゥェダ] 任命される

임무[iːmmu イームム] 名 任務

임박[imbak イムバク] 名 切迫；差し迫ること 自 임박하다 [イムバカダ] 切迫する；差し迫る

임산부[iːmsanbu イームサンブ] 名 妊産婦

임상[imsaŋ イムサン] 名 臨床 関 임상의 [イムサンイ] 名 臨床医

임시[imʃi イムシ] 名 臨時 関 임시변통 [イムシビョントン] 名 一時しのぎ／임시 열차 [イムシ ヨルチャ] 名 臨時列車

임신[iːmʃin イームシン] 名 妊娠 自他 임신하다 [イームシナダ] 妊娠する

임원[iːmwɔn イームウォン] 名 (会社・団体などの) 役員

임의[iːmi イーミ] 名 任意

임자¹[iːmdʑa イームジャ] 名 主；持ち主

임자²[iːmdʑa イームジャ] 代 ① 親しい間柄での呼称：君；あんた；お主 ② 年配の夫婦がお互いを親しく呼ぶ二人称代名詞：あなた；あんた；君

임종[imdʑoŋ イムジョン] 名 臨終 自 임종하다 [イムジョンハダ] 臨終する

임진왜란[iːmdʑinwɛran イームジヌェラン] 名 壬辰倭乱《文禄・慶長の役の韓国での呼称》

임하다¹[iːmɦada イーマダ] 他〔하変〕任命する；任ずる

임하다²[imɦada イマダ] 自〔하変〕臨む；面する；赴く

입[ip イプ] 名 口 関 입만 아프다 [イムマン アプダ] 口が痛いだけだ《口がすっぱくなるほど言ってもかいがない》／입 안의 혀 [イバネ ヒョ] 口の中の舌《口の中の舌のように何事にも従順によく従うこと》／입에 맞다 [イベ マッタ] 口に合う／입에 올리다 [イベ オルリダ] 話題にする；口にする／입에 풀칠을 하다 [イベ プルチルル ハダ] 口に糊する／입이 가볍다 [イビ カビョプタ] 口が軽い／입이 무겁다 [イビ ムゴプタ] ① 口が重い；口数が少ない ② 口が堅い／입이 싸다 [イビ ッサダ] 口が軽い／입이 짧다 [イビッチャルタ] 食べ物を多く食べない；食べ物の好き嫌いが激しい

입가[ipʔka イプカ] 名 口もと

입가심[ipʔkaʃim イプカシム] 名 ① 口直し ② 口をすすぐこと

입구[ipʔku イプク] 名 入口 例 입구에서 기다리고 있을게요. [イプクエソ キダリゴ イッスルケヨ] 入口で待っています。

입국[ipʔkuk イプクク] 名 入国 自

입니까

입국하다 [イプクカダ] 入国する 関
입국 비자 [イプクク ピジャ] 名 入国ビザ
입니까 [imniʔka イムニッカ]《指定詞이(다) + -ㅂ니까》…ですか⇒-ㅂ니까 [ムニッカ]
입니다 [imnida イムニダ]《指定詞이(다) + -ㅂ니다》…です⇒-ㅂ니다 [ムニダ]
입다 [ipʔta イプタ] 他 ①(着物を)着る；身に付ける ②(ズボンやスカートを)履く 例 이 옷 좀 입어 봐도 돼요? [イ オッ チョム イボ ブァド ドゥェヨ] この服ちょっと着てみていいですか。③(傷などを)負う
입덧 [ipʔtot イプトッ] 名 つわり 関 입덧이 나다 [イプトシ ナダ] つわりがする
입동 [ipʔtoŋ イプトン] 名 立冬
입력 [imnjok イムニョク] 名 入力 하他 입력하다 [イムニョカダ] 入力する
입맛 [immat イムマッ] 名 食欲；味；口ざわり；口当たり 関 입맛을 다시다 [イムマスル タシダ] (食べたくて)舌なめずりをする / 입맛이 당기다 [イムマシ タンギダ] 食べたくなる；食が進む / 입맛이 떨어지다 [イムマシ ットロジダ] 食欲がなくなる / 입맛이 쓰다 [イムマシ ッスダ] 物事の後味が悪い；苦々しい
입문 [immun イムムン] 名 入門；初歩 自 입문하다 [イムムナダ] 入門する
입버릇 [ipʔporut イプポルッ] 名 口癖
입법 [ipʔpop イプポプ] 名 立法 하自 입법하다 [イプポパダ] 立法する
関 입법권 [イプポプックオン] 名 立法権 / 입법 기관 [イプポプ キグワン] 名 立法機関 / 입법화 [イプポプァ] 名 立法化
입사 [ipʔsa イプサ] 名 入社 하自 입사하다 [イプサハダ] 入社する
입선 [ipʔson イプソン] 名 入選 하自 입선하다 [イプソナダ] 入選する
입수 [ipʔsu イプス] 名 入手 하他 入手する
입술 [ipʔsul イプスル] 名 唇 関 입술을 깨물다 [イプスルル ッケムルダ] (怒り・苦痛などを堪えて)唇を噛む / 입술연지 [イプスルリョンジ] 名 口紅；ルージュ
입시 [ipʔʃi イプシ] 名 入試；入学試験
입원 [ibwon イブォン] 名 入院 하自 입원하다 [イブォナダ] 入院する
입장¹ [ipʔtʃaŋ イプチャン] 名 入場 하自 입장하다 [イプチャンハダ] 入場する 関 입장권 [イプチャンックオン] 名 入場券 / 입장료 [イプチャンニョ] 名 入場料
입장² [ipʔtʃaŋ イプチャン] 名 立場
입주 [ipʔtʃu イプチュ] 名 入居 하自 입주하다 [イプチュハダ] 入居する
입체 [iptʃʰe イプチェ] 名 立体
입추 [iptʃʰu イプチュ] 名 立秋
입춘 [iptʃʰun イプチュン] 名 立春
입하 [ippʰa イパ] 名 立夏
입학 [ippʰak イパク] 名 入学 하自 입학하다 [イパカダ] 入学する 関 입학금 [イパククム] 名 入学金 / 입학 시험 [イパクシホム] 名 入学試験 / 입학 원서 [イパク ウォンソ] 名 入学願書
입회¹ [ippʰwe イプェ] 名 入会 하自

입회하다 [イペハダ] 入会する
입회² [ipphwe イペ] 名 立ち合い 하자 **입회하다** [イペハダ] 立ち会う
입후보 [ipphubo イプボ] 名 立候補;出馬 하자他 **입후보하다** [イプボハダ] 立候補する
입히다 [ipphida イピダ] 他 ①(物の表面に)被せる;覆う ②(服を)着せる ③(損害を)負わせる
잇다 [iːtta イータ] 他《人変:이어/잇는 イオ/イーンヌン》①つなぐ;結ぶ ②続ける;継ぐ;継承する 例 형님이 대를 이어 가업을 물려받았어요. [ヒョンニミ テルル イオ カオブル ムルリョバダッソヨ] 兄が跡を継ぎ, 家業を継承しました。③《이어서의 形で》…に続いて
잇달다 [iːttalda イッタルダ]《ㄹ語幹:잇다는 イッタヌン》相次ぐ
잇닿다 [iːttattha イータッタ] 自 つながる;接する;連なる
잇대다 [iːtteda イーッテダ] 他 つなぎ合わせる;くっつける;綴る
잇따르다 [iːttaruda イータルダ] 自《으変:잇따라 イッタラ》引き続く
잇몸 [inmom インモム] 名 歯茎
잇속 [iːsok イーッソク] 名 実利;打算
있다 [iːtta イッタ] 存 ① 存在する;ある;いる 対 없다 [オーpタ] 例 저녁 때 시간 있어요? [チョニョクッテ シガン イッソヨ] 夕方, 時間ありますか。/ 여기 있어요. [ヨギ イッソヨ] (店頭で)お品物です(はい, ここにあります)。②ある;所有している;持っている 例 여권있으세요? [ヨックォニ イッスセヨ] パスポートはありますか。③(才能や資格などが)ある ④(進行・継続)《語幹+-고 있다》~している ⑤(状態・動作の完了の継続)《語幹+-아/어 있다》~している

잉꼬 [iŋʔko インッコ] 名 インコ
잉어 [iːŋɔ イーンオ] 名 コイ
잉크 [inkhɯ インク] 名 インク
잊다 [iːtta イッタ] 他 ① 忘れる ② 置き忘れる;持ってくるのを忘れる
잊어버리다 [idʒɔbɔrida イジョボリダ] 他 すっかり忘れてしまう;ど忘れする 例 절대로 잊어버리지 마세요. [チョルテロ イジョボリジ マーセヨ] 絶対に忘れないでください。
잊히다 [itthida イチダ] 自 忘れられる 関 잊혀지다 [イチョジダ] 受動 忘れられる
잎 [ip イプ] 名 (植物の)葉

ㅈ

자¹ [tʃa チャ] 名 定規;物差し
자² [tʃaː チャー] 感 ① 行動を促す時や自分の決意など表す時の語:さあ;ようし 例 자, 이제 그만 갈까요? [チャー イジェ クマン カルッカヨ] さあ, もうそろそろ帰りましょうか。② 判断に迷っている時に出す語:さあ;さて
자가 [tʃaga チャガ] 名 自家 ① 自宅 ② 自己 関 자가발전 [チャガバルチョン] 名 自家発電 / 자가용 [チャガヨン] 名 自家用;自家用車
자각 [tʃagak チャガク] 名 自覚 하자他

자각하다[チャガカダ] 自覚する 関 자각 증상[チャガクッチュンサン] 名 自覚症状

자갈[tʃagal チャガル] 名 小石;砂利 関 자갈길[チャガルキル] 名 砂利道

자갈밭[tʃagalbat チャガルバッ] 名 砂利の多い土地

자격[tʃagjʌk チャギョク] 名 資格

자국[tʃaguk チャグク] 名 跡;痕 関 자국을 밟다[チャググル パプタ] 足跡をたどる;追跡する;後を追う / 자국이 나다[チャグギ ナダ] 跡ができる

자그마치[tʃagumatʃʰi チャグマチ] 副 僅か;少し

자그마하다[tʃagumahada チャグマハダ] 形〘하変〙小さめだ;やや小さい

자극[tʃa:guuk チャーグク] 名 刺激 하他 자극하다[チャーグカダ] 刺激する

자금[tʃagum チャグム] 名 資金;資本金 関 자금난[チャグムナン] 名 資金難 / 자금 동결[チャグム トンギョル] 名 資金凍結 / 자금 통제[チャグム トンジェ] 名 資金統制

자기[tʃagi チャギ] 名 自己;自分 例 자기 일은 스스로 합시다. [チャギ イールン ススロ ハプシダ] 自分のことは自分でしましょう。代 自分;自身 関 자기류[チャギリュ] 名 自己流 / 자기만족[チャギマンジョク] 名 自己満足 / 자기모순[チャギモスン] 名 自己矛盾 / 자기변호[チャギビョノ] 名 自己弁護 / 자기비판[チャギビーパン] 名 自己批判 / 자기앞 수표[チャギアプ スピョ] 名 保証小切手 / 자기 자본[チャギ チャボン] 名 自己資本 / 자기중심[チャギジュンシム] 名 自己中心 / 자기표현[チャギピョヒョン] 名 自己表現 / 자기 현시[チャギ ヒョーンシ] 名 自己顕示 / 자기혐오[チャギヒョモ] 名 自己嫌悪 / 자기희생[チャギヒセン] 名 自己犠牲

자꾸[tʃaʔku チャック] 副 しきりに;どんどん 例 몸무게가 자꾸 늘어나서 걱정이에요. [モムムゲガ チャック ヌロナソ コクチョンイエヨ] 体重がどんどん増えて心配です。 関 자꾸만[チャックマン] 副 자꾸[チャック]の強調語

자나깨나[tʃanaʔkena チャナッケナ] 副 いつも;寝ても覚めても

자네[tʃane チャネ] 代 (同僚や目下の者に対して敬意を持って)君 例 자네한테 이 일을 부탁하고 싶은데 할 수 있겠나? [チャネハンテ イイルル プータカゴ シプンデ ハル ス イッケンナ] 君にこの仕事を頼みたいが、できるかね。

자녀[tʃanjʌ チャニョ] 名 子女;息子と娘

자다[tʃada チャダ] 自 ①眠る;寝る 例 (目下の者に)잘 잤어요. [チャル チャッソヨ] よく眠れましたか。 / 잠자리가 바뀌어서 그런지 잘 못 잤어요. [チャムッチャリガ パッキオソ クロンジ チャル モーッ チャッソヨ] 寝床が変わったせいかよく眠れませんでした。②異性と関係する

자동[tʃadoŋ チャドン] 名 自動 関

자동 개찰기[チャドン ケチャルギ] 名 自動改札機 / **자동문**[チャドンムン] 名 自動ドア / **자동 제어**[チャドン チェーオ] 名 自動制御 / **자동판매기**[チャドンパンメギ] 名 自動販売機

자동차[tʃadoŋtʃʰa チャドンチャ] 名 自動車 関 자동차 보험[チャドンチャ ポーホム] 名 自動車保険 / 자동차 사고[チャドンチャ サゴ] 名 自動車事故 / 자동차 운전면허[チャドンチャ ウーンジョンミョノ] 名 自動車運転免許 / 자동차 전용 도로[チャドンチャ チョニョン トーロ] 名 自動車専用道路

자두[tʃadu チャドゥ] 名 スモモの実

자라[tʃara チャラ] 名 スッポン

자라나다[tʃaranada チャラナダ] 自 成長する; 伸びる; 育つ

자라다[tʃarada チャラダ] 自 ① 育つ ② 伸びる ③ 発展する

자랑[tʃaraŋ チャラン] 名 自慢; 誇り 他 자랑하다[チャランハダ] 自慢する; 誇る 関 자랑거리[チャランッコリ] 名 自慢の種 / 자랑스럽다[チャランスロプタ] 形 〖ㅂ変: 자랑스러워 / 자랑스러운 チャランスロウォ / チャランスロウン〗誇らしい

자료[tʃarjo チャリョ] 名 資料; データ

자루¹[tʃaru チャル] 名 袋

자루²[tʃaru チャル] 名 取っ手; 柄

자르다[tʃaruda チャルダ] 他 〖르変: 잘라 チャルラ〗① 切る; 切断する 例 머리를 짧게 잘랐어요. [モリルル ッチャルケ チャルラッソヨ] 髪を短く切りました。② 首にする

자리¹[tʃari チャリ] 名 ① 席 例 여기 자리 있어요? [ヨギ チャリ イッソヨ] この席、空いてますか(ありますか)。② 場所 ③ 地位; ポスト ④ 数値の桁; 位 関 자리가 잡히다[チャリガ チャピダ] 安定する; 落ち着く / 자리를 잡다[チャリルル チャプタ] ① 席を取る; 場所を取る ② 落ち着く; 安定する / 자리다툼[チャリダトゥム] 名 座席や場所などを争うこと; 地位争い; ポスト争い

자리²[tʃari チャリ] 名 ① ござ; むしろ ② 布団 ③ 잠자리[チャムッチャリ] の縮約形: 寝床

자립[tʃarip チャリプ] 名 自立 下自 자립하다[チャリパダ] 自立する

-자마자[tʃamadʒa チャマジャ] 語尾 《動詞の語幹に付いて》…するやいなや; …するとすぐ

자막[tʃamak チャマク] 名 字幕

자매[tʃamɛ チャメ] 名 ① 姉妹 ② 同じ系統に属し、類似点を多く持ったもの 関 자매결연[チャメギョリョン] 名 姉妹縁組 / 자매교[チャメギョ] 名 姉妹校 / 자매기관[チャメギグヮン] 名 姉妹機関 / 자매지[チャメジ] 名 姉妹紙; 姉妹誌

자물쇠[tʃamulʔswe チャムルスェ] 名 錠; 錠前

자반[tʃaːban チャーバン] 名 塩物; 塩引きの魚

자백[tʃabɛk チャベク] 名 自白 下他 자백하다[チャベカダ] 自白する

자본[tʃabon チャボン] 名 資本 関 자본가[チャボンガ] 名 資本家 / 자본금[チャボングム] 名 資本金 / 자본주의[チャボンジュイ] 名 資

자부 本主義

자부 [tʃabu チャブ] 名 自負 하他 자부하다 [チャブハダ] 自負する 関 자부심 [チャブシム] 名 自負心

자비 [tʃabi チャビ] 名 自費；私費

자빠뜨리다 [tʃaʔpaʔtɯrida チャッパットゥリダ] 他 倒す；転がす

자빠지다 [tʃaʔpadʒida チャッパジダ] 自 ① 倒れる；転ぶ ②(仕事から)手を引く；手を切る ③ 寝転ぶの俗語表現

자살 [tʃasal チャサル] 名 自殺 하自 자살하다 [チャサラダ] 自殺する

자상하다 [tʃasaŋɦada チャサンハダ] 形《하変》① よく気がつく；心やさしい ② 子細だ；詳しい 関 자상스럽다 [チャサンスロプタ]《ㅂ変: 자상스러워 / 자상스러운 チャサンスロウォ / チャサンスロウン》細やかで几帳面だ；心が温かい

자서전 [tʃasədʒən チャソジョン] 名 自叙伝；自伝

자석 [tʃaːsok チャーソク] 名 磁石

자선 [tʃasən チャソン] 名 慈善 関 자선가 [チャソンガ] 名 慈善家 / 자선냄비 [チャソンネムビ] 名 社会鍋 / 자선시 [チャソンシ] 名 バザー / 자선 사업 [チャソン サーオプ] 名 慈善事業

자세 [tʃaːse チャーセ] 名 姿勢

자세하다 [tʃasefiada チャセハダ] 形《하変》詳らかだ；詳しい 副 자세히 [チャセヒ] 詳しく；詳細に

자손 [tʃason チャソン] 名 子孫

자수[1] [tʃaːsu チャース] 名 刺繡

자수[2] [tʃasu チャス] 名 自首 하自 자수하다 [チャスハダ] 自首する

자습서 [tʃasɯpʔsə チャスプソ] 名 自習書

자식 [tʃaʃik チャシク] 名 ① 子息；息子と娘 例 자식 키우기가 이렇게 힘든 줄 몰랐어요. [チャシク キウギガ イロッケ ヒムドゥン ジュル モールラッソヨ] 子供を育てるのがこんなに大変だとは知りませんでした。② 子供をかわいく思って言う語：こいつ；奴 依名 男をののしる語：…の野郎；…の奴

자신[1] [tʃaʃin チャシン] 名 自身；自分；自己

자신[2] [tʃaʃin チャシン] 名 自信 例 이제 자신이 생겼어요. [イジェ チャシニ センギョッソヨ] もう自信が付きました。関 자신만만 [チャシンマンマン] 名 自信満々

자아 [tʃaa チャア] 名 自我 関 자아의식 [チャアイシク] 名 自我意識

자아내다 [tʃaaneda チャアネダ] 他 ①(感情や興味などの気持ちを)起こさせる；そそる；催す ② 糸を紡ぎ出す ③(機械の力で液体や気体を)流れ出させる；噴き出させる

자연 [tʃajən チャヨン] 名 自然 例 자연을 보호합시다! [チャヨヌル ポホハプシダ] 自然を守りましょう。関 자연계 [チャヨンゲ] 名 自然界 / 자연 과학 [チャヨン クヮハク] 名 自然科学 / 자연 도태 [チャヨン トテ] 名 自然淘汰 / 자연림 [チャヨンニム] 名 自然林 / 자연 발화 [チャヨン パルヮ] 名 自然発火 / 자연스럽다 [チャヨンスロプタ] 形《ㅂ変: 자연스러워 / 자연스러운 チャヨンスロウォ / チャヨンスロウン》

自然だ / 자연식품[チャヨンシクプム] 名 自然食品 / 자연 현상[チャヨン ヒョーンサン] 名 自然現象

자옥하다 [tʃaokkʰada チャオカダ] 形《ㅎ変》(霧・煙などが)立ち込めている 副 자옥이[チャオギ] 濃く；深く

자원¹ [tʃawʌn チャウォン] 名 志願 하他 자원하다[チャウォナダ] 自ら志願する 関 자원 봉사대[チャウォン ポンサデ] 名 ボランティア

자원² [tʃawʌn チャウォン] 名 資源

자유 [tʃaju チャユ] 名 自由 関 자유로이[チャユロイ] 副 自由に / 자유롭다[チャユロプタ] 形《ㅂ変：자유로워 / 자유로운》自由だ / 자유화[チャユファ] 名 自由化

자율 [tʃajul チャユル] 名 自律 関 자율 신경[チャユル シンギョン] 名 自律神経 / 자율적[チャユルチョク] 名 自律的

자음 [tʃaum チャウム] 名 子音

자작 [tʃadʒak チャジャク] 名 自作 하他 자작하다[チャジャカダ] 自作する 関 자작극[チャジャククク] 名 自作劇 / 자작농[チャジャンノン] 名 自作農 / 자작지주[チャジャクチジュ] 名 自作地主

자작나무 [tʃadʒaŋnamu チャジャンナム] 名 シラカバ

자장면 [tʃadʒaŋmjʌn チャジャンミョン] 名 ジャージャーメン 例 자장면 두 그릇 갖다 주세요. [チャジャンミョン トゥ グルッ カッタ ジュセヨ] ジャージャーメン2皿持ってきてください。

자전거 [tʃadʒʌŋɡʌ チャジョンゴ] 名 自転車 例 자전거를 타고 전국 일주를 했어요. [チャジョンゴルル タゴ チョングク イル チュルル ヘッソヨ] 自転車に乗って全国一周しました。

자정 [tʃadʒʌŋ チャジョン] 名 午前零時

자제 [tʃadʒe チャジェ] 名 子弟 関 자제분[チャジェブン] ご子息

자존심 [tʃadʒonsim チャジョンシム] 名 自尊心；プライド

자주 [tʃadʒu チャジュ] 副 たびたび；しょっちゅう 例 자주 찾아뵙지 못해 죄송합니다. [チャジュ チャジャブェプチ モッテ チュエーソンハムニダ] 頻繁に訪ねられなくて、すみません。

자줏빛 [tʃaːdʒutʔpit チャージュッピッ] 名 赤紫色

자진 [tʃadʒin チャジン] 名 自ら進んですること；自発的にすること 하自 자진하다[チャジナダ] 自発的にする

자질 [tʃadʒil チャジル] 名 資質

자청 [tʃatʃʰʌŋ チャチョン] 名 自ら請うこと；申し出ること 하他 자청하다[チャチョンハダ] 自ら請う；申し出る

자체 [tʃatʃʰe チャチェ] 名 自体

자초 [tʃatʃʰo チャチョ] 名 (ある結果を)自ら招くこと 하他 자초하다[チャチョハダ] 自ら招く

자취¹ [tʃatʃʰwi チャチュイ] 名 跡；跡形 関 자취를 감추다[チャチュイルル カムチュダ] 姿をくらます

자취² [tʃatʃʰwi チャチュイ] 名 自炊 하自 자취하다[チャチュイハダ] 自炊する

자치 [tʃatʃʰi チャチ] 名 自治
자칫하면 [tʃatʃʰitʰamjʌn チャチタミョン] 副 ①ややもすれば ②まかり間違えば；もう少しで
자택 [tʃatʰek チャテク] 名 自宅
자판기 [tʃapʰangi チャパンギ] 名 自動販売機
자혜롭다 [tʃafieropʔta チャヘロプタ] 形《ㅂ変：자혜로워 / 자혜로운 チャヘロウォ / チャヘロウン》慈愛深い；情け深い
작가 [tʃakʔka チャクカ] 名 作家；ライター
작고 [tʃakʔko チャクコ] 名 人の死の尊敬語：逝去 하自 작고하다 [チャクコハダ] 逝去する
작곡 [tʃakʔkok チャクコク] 名 作曲 하自他 작곡하다 [チャクコカダ] 作曲する 関 작곡가 [チャクコクカ] 名 作曲家
작년 [tʃaŋnjʌn チャンニョン] 名 昨年；去年 例 올 겨울은 작년 겨울에 비해서 엄청 추워요. [オル キョウルン チャンニョン キョウレ ピヘソ オムチョン チュウォヨ] 今年の冬は去年の冬に比べてとても寒いです。
작다 [tʃaːkʔta チャークタ] 形 対 크다 [クダ] ①（大きさが）小さい 例 좀 더 작은 거 있어요? [チョム ド チャーグン ゴ イッソヨ] もう少し小さいものはありますか。②（背が）低い 例 나는 형보다 키가 작아요. [ナヌン ヒョンボダ キガ チャガヨ] 私は兄より背が低いです。③（程度・規模・数量などが）小さい；少ない ④（声が）小さい；低い ⑤（まだ）幼い

작문 [tʃaŋmun チャンムン] 名 作文 例 한국어 시험은 작문이 제일 어려워요. [ハーングゴ シホムン チャンムニ チェーイル オリョウォヨ] 韓国語の試験は作文が一番難しいです。하自 작문하다 [チャンムナダ] 作文する
작물 [tʃaŋmul チャンムル] 名 作物；農作物
작별 [tʃakʔpjʌl チャクピョル] 名 別れ 하自他 작별하다 [チャクピョラダ] ①別れる ②別れのあいさつを交わす 関 작별 인사 [チャクピョル インサ] 名 別れのあいさつ
작사 [tʃakʔsa チャクサ] 名 作詞 하自 작사하다 [チャクサハダ] 作詞する
작성 [tʃakʔsʌŋ チャクソン] 名 作成 하他 작성하다 [チャクソンハダ] 作成する 例 이 신청서를 내일까지 작성해 주세요. [イ シンチョンソルル ネイルッカジ チャクソンヘ ジュセヨ] この申請書を明日までに作成してください。
작심 [tʃakʔʃim チャクシム] 名 決心；決意 하自 작심하다 [チャクシマダ] 決心する 関 작심삼일 [チャクシムサミル] 名 三日坊主
작업 [tʃagʌp チャゴプ] 名 作業 하自 작업하다 [チャゴパダ] 作業する 関 작업모 [チャゴムモ] 名 作業帽 / 작업복 [チャゴプポク] 名 作業服 / 작업장 [チャゴプチャン] 名 作業場
작용 [tʃagjoŋ チャギョン] 名 作用 하自 작용하다 [チャギョンハダ] 作用する
작은누이 [tʃagɯnnui チャグンヌイ] 名（男から見て）長姉以外の姉 類

작은누나 [チャグンヌナ]
작은아버지 [tʃagunabədʒi チャグナボジ] 名 叔父(父の弟) 関 삼촌[サムチョン]《結婚していない場合は삼촌と言う》
작자 [tʃakʰtʃa チャクチャ] 名 ① 作者 ② 他人をけなして言う語;奴
작정 [tʃakʰtʃəŋ チャクチョン] 名 (事を) 心の中で決めること;決意 하[타]他] 작정하다 [チャクチョンハダ] ① 決心する;決意する ② …(する)つもり;…(する)予定
작품 [tʃakpʰum チャクプム] 名 作品 例 참 인상적인 작품이에요. [チャム インサンジョギン チャクプミエヨ] 本当に印象的な作品です。 関 작품집 [チャクプムジプ] 名 作品集
작히나 [tʃakkʰina チャキナ] 副 さぞかし;どれほど
잔 [tʃan チャン] 名 ① 술잔[スルチャン]の縮約形;杯;盃 ② コップ;小さな茶わん 依名 杯数を数える語;…杯
잔꾀 [tʃankkwe チャンックェ] 名 浅知恵
잔돈 [tʃandon チャンドン] 名 ① 小銭 ② 釣り銭
잔디 [tʃandi チャンディ] 名 芝 関 잔디밭 [チャンディバッ] 名 芝生
잔뜩 [tʃanttuk チャンットゥク] 副 ① いっぱい;たくさん;たっぷり ② ひどく;すっかり
잔병 [tʃanbjəŋ チャンビョン] 名 軽い病気 関 잔병치레 [チャンビョンチレ] 名 度々軽い病気に罹ること
잔소리 [tʃansori チャンソリ] 名 ① 小言 ② 不平;つまらない話 関 잔소리꾼 [チャンソリックン] 名 小言の多い人

잔손 [tʃanson チャンソン] 名 手間 関 잔손이 가다 [チャンソニ カダ] 手間がかかる / 잔손질 [チャンソンジル] 名 細々とした手入れ;小まめに手入れをすること
잔업 [tʃanəp チャノプ] 名 残業 類 야근 [ヤーグン] 関 잔업 수당 [チャノプ スダン] 名 残業手当
잔인하다 [tʃaninɦada チャニナダ] 形 〖하変〗残忍だ
잔일 [tʃannil チャンニル] 名 (手間のかかる)細々とした仕事
잔잔하다 [tʃandʒanɦada チャンジャナダ] 形 〖하変〗(風・波などが)静かだ;穏やかだ 副 잔잔히 [チャンジャニ] 静かに
잔치 [tʃantʃʰi チャンチ] 名 祝賀の宴;祝宴;パーティー 하[自] 잔치하다 [チャンチハダ] 祝賀の祝いを行う 関 잔칫날 [チャンチンナル] 名 宴会の日 / 잔칫집 [チャンチッチプ] 名 宴を催す家;宴会場
잘 [tʃal チャル] 副 ① よく;上手に ② 立派に;見事に ③ 無事に ④ 十分に 例 잘 먹었습니다. [チャル モゴッスムニダ] ごちそうさまでした。 ⑤ いい時に;折りよく ⑥ ようこそ;よろしく 例 잘 부탁드리겠습니다. [チャル プータクトゥリゲッスムニダ] よろしくお願いいたします。 ⑦ 正しく ⑧ 見栄えよく;きれいに
잘나다 [tʃallada チャルラダ] 形 ① 優れている;秀でている ② 見栄えよい;きれいだ
잘다 [tʃalda チャルダ] 形 〖ㄹ語幹:잔 チャン〗① (球状・粒状のもの

잘되다 [tʃaldweda チャルドウェダ] 自 ①(物事が)うまくいく ②よく出来る

잘리다 [tʃallida チャルリダ] 受動 ①切られる；切断される ②(借金を)踏み倒される ③首になる

잘먹다 [tʃalmək̚ta チャルモクタ] 自他 ①(生活に余裕があり)美食する ②何でもよく食べる

잘못 [tʃalmot チャルモッ] 名 誤り；間違い；過ち

잘못되다 [tʃalmot̚tweda チャルモットゥェダ] 自 ①間違う；誤る ②(不意の事故や病気などで)命を落とす

잘못하다 [tʃalmott^hada チャルモッタダ] 自他 〖하変〗間違える；誤る 例 잘못했어요. 이번만 용서해 주세요. [チャルモッテッソヨ イボンマン ヨンソヘ ジュセヨ]すみませんでした(私が間違っていまいした)。今度だけは許してください。

잘살다 [tʃalsalda チャルサルダ] 自〖ㄹ語幹:잘사는 チャルサヌン〗豊かに暮らす；無事に暮らす

잘생기다 [tʃalsɛŋgida チャルセンギダ] 形 (男性に対して)容貌が優れている 対 못생기다 [モッセンギダ]

잘하다 [tʃarɦada チャラダ] 他〖하変〗①うまくやる；上手だ 例 친구는 노래를 아주 잘해요. [チングヌン ノレルル アジュ チャレヨ]友達はとても歌が上手です。②よく…する；ともすると…する

잘해야 [tʃarɦeja チャレヤ] 副 せいぜい；大目にみて；たかだか；高く見積って

잠 [tʃam チャム] 名 眠り；睡眠 例 어젯밤에 잠을 설쳤더니 졸려요. [オジェッパメ チャムル ソルチョッ二 チョルリョヨ]昨夜、寝そびれたから眠いです。関 잠이 깨다 [チャミ ッケダ]眠りから覚める / 잠이 들다 [チャミ トゥルダ]眠り込む；寝入る

잠그다¹ [tʃamguda チャムグダ] 他〖으変:잠가 チャムガ〗①(戸などに錠を)掛ける ②(ボタンなどを)止める ③(水道や栓などを)締める

잠그다² [tʃamguda チャムグダ] 他〖으変:잠가 チャムガ〗①(液体に)つける；浸す ②(将来の利益を見込んで)投資する

잠기다¹ [tʃamgida チャムギダ] 受動 ①(戸などが)閉ざされる；(錠などが)掛けられる；掛かる ②(水道や栓などが)閉められる

잠기다² [tʃamgida チャムギダ] 受動 ①(水に)漬かる；浸る；沈む ②(資金や商品が活用されずに)死蔵される 自(ある心理的な状態に)耽る；暮れる；沈む

잠기다³ [tʃamgida チャムギダ] 自 (声が)かれる；かすれる

잠깐 [tʃam̚kan チャムッカン] 名 ①少しの間；しばらくの間 ②《副詞的に》ちょっと；しばらく 例 잠깐만 기다려 주세요. [チャムッカンマン キダリョ ジュセヨ]ちょっと待ってください。

잠꼬대 [tʃam̚kodɛ チャムッコデ] 名 ①寝言 ②たわ言 自由 잠꼬대하다 [チャムッコデハダ]①寝言を

잠꾸러기 [tʃamʔkurəgi チャムックロギ] 名 お寝坊さん；朝寝坊

잠들다 [tʃamdulda チャムドゥルダ] 自《ㄹ語幹：잠드는 チャムドゥヌン》① 眠る；眠り込む ② 永眠する；死ぬ

잠버릇 [tʃamʔpɔrut チャムッポルッ] 名 寝癖

잠시 [tʃamʃi チャームシ] 名 ① しばらくの間；少しの間 ②《副詞的に》しばらく；ちょっと 例 잠시 실례하겠습니다. [チャームシ シルリェハゲッスムニダ] 少しの間失礼します。

잠옷 [tʃamot チャモッ] 名 寝間着；パジャマ

잠자다 [tʃamdʒada チャムジャダ] 自 ① 眠る ②(資源などが)活用されていない

잠자리¹ [tʃamʔtʃari チャムッチャリ] 名 寝床

잠자리² [tʃamdʒari チャムジャリ] 名 トンボ；カゲロウ

잠자코 [tʃamdʒakʰo チャムジャコ] 副 無言で；黙って

잠잠하다 [tʃamdʒamɦada チャムジャマダ] 形《ㅎ変》① 静かだ ② 黙っている 副 잠잠히 [チャムジャミ] 黙って；静かにして

잠념 [tʃamnjəm チャムニョム] 名 雑念

잡다¹ [tʃapʔta チャプタ] 他 ① 握る；つかむ；手に取る 例 우리 손 잡고 가요. [ウリ ソン チャプコ カヨ] 私たち手をつないで行きましょう。②(権利・お金・証拠などを)手に入れる；握る ③(欠点や秘密などを)握る ④(職場・方向・日時などを)決める ⑤(場所や経費などを)確保する ⑥ 逮捕する；捕まえる ⑦(タクシーや車を)拾う；捕まえる ⑧(調和・均衡などを)取る ⑨(機会を)捕える

잡다² [tʃapʔta チャプタ] 他 ① 見積もる ②(計画などを)大まかに立てる

잡다³ [tʃapʔta チャプタ] 他 ①(食用にするために動物を)殺す；ほふる ②(計略を使って人を)窮地に陥れる

잡담 [tʃapʔtam チャプタム] 名 雑談

잡목 [tʃammok チャムモク] 名 雑木

잡수다 [tʃapʔsuda チャプスダ] 他 먹다 [モクタ] の尊敬語：召し上がる；お飲みになる

잡수시다 [tʃapʔsuʃida チャプスシダ] 他 잡수다 [チャプスダ] の尊敬語 例 아버지, 진지 잡수세요. [アボジ チンジ チャプスセヨ] お父さん，お食事を召し上がってください。《韓国語では身内の場合でも目上の人には敬語を用いる》

잡아가다 [tʃabagada チャバガダ] 他 ①(犯人などを)捕らえて行く；引っ張って行く ②(獣を)捕って行く

잡아내다 [tʃabaneda チャバネダ] 他 ①(欠点などを)指摘する；つまみ出す ②(隠れているものを)捜し出す；つかみ出す；引っ張り出す

잡아당기다 [tʃabadaŋgida チャバダンギダ] 他 引っ張る；引きよせる

잡아떼다 [tʃabaʔteda チャバッテダ] 他 ① もぎ取る ② 白を切る；うそ

ぶく

잡아먹다 [tʃabamokʔta チャバモクタ] 他 ①(捕って)食べる ②(人を)いじめる；いびる ③(時間・費用などを)浪費する

잡아채다 [tʃabatʃʰeda チャバチェダ] 他 ひったくる

잡음 [tʃabɯm チャブム] 名 雑音

잡일 [tʃamnil チャムニル] 名 雑事；雑用

잡지 [tʃapʔtʃi チャプチ] 名 雑誌 例 문예 잡지를 구독하고 있어요. [ムニェ チャプチルル クドカゴ イッソヨ] 文芸雑誌を購読しています。

잡채 [tʃaptʃʰe チャプチェ] 名 チャプチェ《野菜と春雨と肉類を炒めて混ぜ合わせた料理》

잡히다 [tʃappʰida チャピダ] 自 ①(犯人や動物が)捕まる ②(火事・風・勢いなどが)鎮まる ③(物事が)落ち着く；安定する 受動 ①(手などを)握られる；取られる ②(欠点や秘密などを)捕らえられる；暴かれる

잣 [tʃat チャーッ] 名 朝鮮松の実；松の実

장[1] [tʃaŋ チャン] 依名 紙や板などを数える語；…枚 例 이 다음 시간 표 두 장 주세요. [イ タウム シガンピョ トゥ ジャン チュセヨ] (映画館で)次回のチケットを2枚ください。

장[2] [tʃaŋ チャン] 名 市；市場 関 장을 보다 [チャンウル ポダ] ①市場で商売をする ②市場で買い物をする

장[3] [tʃaːŋ チャーン] 名 ①しょう油 ②しょう油やみそ類の総称

장[4] [tʃaŋ チャーン] 名 たんす

장가 [tʃaːŋga チャーンガ] 名 男が結婚すること；妻を娶ること 関 장가를 가다 [チャーンガルル カダ] (男が)結婚する / 장가를 들다 [チャーンガルル トゥルダ] 結婚して妻を娶る / 장가를 들이다 [チャーンガルル トゥリダ] 結婚させる；妻を娶らせる

장갑 [tʃaːŋgap チャーンガプ] 名 手袋

장관[1] [tʃaːŋgwan チャーングヮン] 名 長官(日本の大臣に当たる)

장관[2] [tʃaŋgwan チャングヮン] 名 壮観

장구 [tʃaŋgu チャング] 名 鼓の一種；チャング

장군 [tʃaŋgun チャングン] 名 将軍

장기[1] [tʃaŋʔki チャンッキ] 名 隠し芸；特技

장기[2] [tʃaŋgi チャンギ] 名 将棋

장난 [tʃaŋnan チャンナン] 名 ①いたずら ②悪ふざけ 自他 장난하다 [チャンナナダ] いたずらする 関 장난을 치다 [チャンナヌル チダ] いたずらをする；ふざける / 장난감 [チャンナンッカム] 名 おもちゃ / 장난꾸러기 [チャンナンックロギ] 名 いたずらっ子 / 장난 전화 [チャンナン チョーヌヮ] 名 いたずら電話

장단 [tʃaŋdan チャンダン] 名 拍子；リズム

장독 [tʃaːŋʔtok チャーンットク] 名 醤油や味噌を入れる甕 関 장독대 [チャーンットクテ] 名 醤油や味噌を入れる甕を置く台

장래 [tʃaŋne チャンネ] 名 将来 関

장래성[チャンネッソン]名 将来性；見込み

장려[tʃaːnjo チャーンニョ]名 奨励 他 장려하다[チャーンニョハダ] 奨励する

장례[tʃaːnnje チャーンニェ]名 葬礼；葬式 関 장례식[チャーンニェシク]名 葬式

장마[tʃanma チャンマ]名 梅雨 関 장마철[チャンマチョル]名 梅雨の季節；梅雨時 / 장맛비[チャンマッピ]名 梅雨時の雨

장만하다[tʃanmanhada チャンマナダ]他《하変》準備する；支度する

장면[tʃanmjon チャンミョン]名 場面；シーン

장모[tʃaːnmo チャーンモ]名 妻の母；義母

장미[tʃanmi チャンミ]名 薔薇 例 장미 한 송이만 포장해 주세요.[チャンミ ハン ソンイマン ポジャンヘ ジュセヨ]薔薇を1本だけ包んでください。関 장미꽃[チャンミッコッ]名 薔薇；薔薇の花 / 장밋빛[チャンミッピッ]名 薔薇色

장사[tʃansa チャンサ]名 商売；商い 自 장사하다[チャンサハダ] 商売する 関 장사꾼[チャンサックン]名 商いをする人を低く見て言う語

장소[tʃanso チャンソ]名 場所 例 모임 장소가 바뀌었어요.[モイム チャンソガ パックィオッソヨ]集まりの場所が変わりました。

장승[tʃansɯŋ チャンスン]名 ①チャンスン《道しるべや村の守り神として立てた男女一対の木像》② 背丈が高い人のたとえ：のっぽ

장식[tʃaŋɕik チャンシク]名 装飾；飾り 하他 장식하다[チャンシカダ] 飾る 関 장식물[チャンシンムル]名 装飾物 / 장식품[チャンシクプム]名 装飾品

장아찌[tʃaŋaʔtʃi チャンアッチ]名 漬け物の一種《大根やきゅうりを醬油と薬味に漬けたもの》

장애[tʃaŋe チャンエ]名 ① 障害；邪魔 ②（身体上の）障害；不調 関 장애물[チャンエムル]名 障害物 / 장애인[チャンエイン]名 障害者

장어[tʃaŋo チャンオ]名 ウナギ 類 뱀장어[ペームジャンオ]

장인[tʃaːŋin チャーンイン]名 妻の父；義父

장작[tʃandʒak チャンジャク]名 薪；たきぎ

장점[tʃaŋʔtʃom チャンッチョム]名 長所

장조림[tʃaːŋdʒorim チャーンジョリム]名 牛肉を醬油で煮詰めたもの

장차[tʃantʃʰa チャンチャ]副 ① 将来；これから ②《名詞的に》将来

장치[tʃantʃʰi チャンチ]名 装置

장터[tʃantʰo チャント]名 市場；市の立つ場所

장편[tʃaŋpʰjon チャンピョン]名 長編 関 장편 소설[チャンピョン ソーソル]名 長編小説

장하다[tʃaːŋɦada チャーンハダ]形《하変》① すばらしい；見事だ；立派だ ② 殊勝だ；けなげだ

장학[tʃaːŋɦak チャーンハク]名 奨学 関 장학금[チャーンハックム]

名 奨学金 / 장학생 [チャーンハクセン] 名 奨学生

장해 [tʃaŋɦɛ チャンヘ] 名 障害；邪魔 他動 장해하다 [チャンヘハダ] 邪魔する 自 장해되다 [チャンヘドゥェダ] 障害となる 関 장해물 [チャンヘムル] 名 障害物

잦다 [tʃat²ta チャッタ] 形 頻繁だ 対 드물다 [トゥムルダ]

재 [tʃɛ チェ] 名 灰

재개발 [tʃɛːgebal チェーゲバル] 名 再開発 他動 재개발하다 [チェーゲバラダ] 再開発する

재고 [tʃɛːgo チェーゴ] 名 在庫 関 재고 정리 [チェーゴ チョンニ] 名 在庫整理 / 재고 조사 [チェーゴ チョサ] 名 在庫調査；棚卸し / 재고품 [チェーゴプム] 名 在庫品

재난 [tʃɛnan チェナン] 名 災難；災い

재능 [tʃɛnɯŋ チェヌン] 名 才能 関 재능 교육 [チェヌン キョーユク] 名 才能教育

재다¹ [tʃɛːda チェーダ] 自 威張る

재다² [tʃɛːda チェーダ] 他 ① 測る；量る ② 推し量る

재단 [tʃɛdan チェダン] 名 財団 関 재단 법인 [チェダン ポビン] 名 財団法人

재떨이 [tʃɛt²tori チェットリ] 名 灰皿

재롱 [tʃɛroŋ チェロン] 名 子供の天真爛漫なしぐさ

재료 [tʃɛrjo チェリョ] 名 材料

재목 [tʃɛmok チェモク] 名 材木

재미 [tʃɛmi チェミ] 名 ① 面白み；興味；楽しみ ②（商売の）景気；儲け 関 재미를 보다 [チェミルルポダ] 成果を上げる；儲ける / 재미를 붙이다 [チェミルル プチダ] 興味を抱く；楽しみを見いだす

재미없다 [tʃɛmiəp²ta チェミオプタ] 存 面白くない；つまらない 例 사는 게 재미없어요. [サヌン ゲ チェミオプソヨ] 生活が楽しくありません。

재미있다 [tʃɛmiit²ta チェミイッタ] 存 面白い；楽しい 例 요즘 재미있는 영화 뭐가 있어요? [ヨジュム チェミインヌン ニョンフヮ ムオーガ イッソヨ] 最近面白い映画何かありますか。/ 오랜만에 재미있게 놀았더니 스트레스가 풀렸어요. [オレンマネ チェミイッケ ノラットニ ストゥレスガ プルリョッソヨ] 久しぶりに楽しく遊んだらストレスがなくなりました。

재배 [tʃɛːbɛ チェーベ] 名 栽培 他動 재배하다 [チェーベハダ] 栽培する 関 재배법 [チェーベッポプ] 名 栽培法

재벌 [tʃɛbəl チェボル] 名 財閥

재봉 [tʃɛboŋ チェボン] 名 裁縫 自他動 재봉하다 [チェボンハダ] 裁縫をする 関 재봉사 [チェボンサ] 名 仕立て屋 / 재봉틀 [チェボントゥル] 名 ミシン

재빠르다 [tʃɛp²paruda チェッパルダ] 形《르変：재빨라 チェッパルラ》素早い；敏捷だ

재산 [tʃɛsan チェサン] 名 財産 例 그 사람은 전 재산을 대학에 기부했어요. [ク サーラムン チョン チェサヌル テーハゲ キブヘッソヨ] その人は、全財産を大学に寄付しました。 関 재산가 [チェサンガ] 名 財産家 / 재산권 [チェサンックォ

저거

ン]名財産権 / 재산 상속[チェサン サンソク]名財産相続 / 재산 소득[チェサン ソードゥク]名財産所得

재생[tʃɛːseŋ チェーセン]名再生 下一他 재생하다[チェーセンハダ]再生する ①(生命や一度衰退したものが)生き返る ②(前科者などが)更生する ③(廃棄物を)再生する ④(録音・録画などを)再生する 関 재생지[チェーセンジ]名再生紙 / 재생품[チェーセンプム]名再生品

재수[tʃesu チェス]名 ①金運；財運 ②(良いことが起こる)運

재수[tʃeːsu チェース]名入試に落ちて浪人すること 下一他 재수하다[チェースハダ]浪人する 関 재수생[チェースセン]名浪人生

재스민[tʃesumin チェスミン]名ジャスミン

재앙[tʃeaŋ チェアン]名災難；わざわい

재우다[tʃeuda チェウダ]他 ①寝かす ②泊める；泊まらせる

재일[tʃeːil チェーイル]名在日 関 재일교포[チェーイルギョポ]名在日僑胞

재작년[tʃɛːdʒaŋnjon チェージャンニョン]名一昨年；おととし

재주[tʃedʒu チェジュ]名 ①(生まれつきの)才能 ②(何かの)技術；腕前；芸 関 재주를 부리다[チェジュルル プリダ]腕を振るう / 재주껏[チェジュッコッ]副腕をふるって / 재주꾼[チェジュックン]名多才な人

재즈[tʃedʒɯ チェジュ]名ジャズ

재차[tʃeːtʃʰa チェーチャ]名 ①再度；再び ②《副詞的に》再び；繰り返して；重ねて

재채기[tʃɛtʃʰegi チェチェギ]名くしゃみ 下一自 재채기하다[チェチェギハダ]くしゃみする

재촉[tʃɛtʃʰok チェチョク]名催促；せき立てること 他 재촉하다[チェチョカダ]催促する

재치[tʃɛtʃʰi チェチ]名才覚；機知

재판[tʃɛpʰan チェパン]名裁判 他 재판하다[チェパナダ]裁判する 関 재판관[チェパングヮン]名裁判官 / 재판소[チェパンソ]名裁判所 / 재판장[チェパンジャン]名裁判長

재혼[tʃɛːɦon チェーホン]名再婚 下一自 재혼하다[チェーホナダ]再婚する

잼[tʃem チェム]名ジャム

잽싸다[tʃɛpˀsada チェプッサダ]形素早い；敏捷だ

쟁반[tʃɛŋban チェンバン]名盆

쟁의[tʃɛŋi チェンイ]名争議 下一自 쟁의하다[チェンイハダ]争議する / 쟁의권[チェンイックォン]名争議権 / 쟁의 행위[チェンイ ヘンウィ]名争議行為

저¹[tʃɔ チョ]代 わたくし；나[ナ]の謙譲語《助詞가の前では제の形》 例 저도 하고 싶은 말이 있어요. [チョド ハゴ シプン マーリ イッソヨ]私も話したいことがあります。

저²[tʃɔ チョ]冠話し手からも聞き手からも遠い人や物を指す語：あの《その場に存在するもの以外はユを使う》

저거[tʃɔgɔ チョゴ]代저것[チョゴ

865

저것

ッ]の縮約形

저것 [tʃəgət チョゴッ] 代 あれ 例 저것 좀 보여 주세요. [チョゴッ チョム ポヨ ジュセヨ] あれをちょっと見せてください。

저고리 [tʃəgori チョゴリ] 名 チョゴリ《韓国・朝鮮の民族衣装の上着》

저금 [tʃəːgɯm チョーグム] 名 貯金 하합타 저금하다 [チョーグマダ] 貯金する 関 저금통 [チョーグムトン] 名 貯金箱 / 저금통장 [チョーグムトンジャン] 名 貯金通帳

저기 [tʃəgi チョギ] 代 あそこ；あちら 例 저기 역 입구가 보여요. [チョギ ヨク イプクガ ポヨヨ] あそこに駅の入り口が見えます。

저기압 [tʃəːgiap チョーギアプ] 名 ① 低気圧 対 고기압 [コギアプ] ② 不機嫌

저까짓 [tʃəʧ͈adʒit チョッカジッ] 冠 あれくらいの；あれしきの

저나마 [tʃənama チョナマ] 副 あれでも；あれでさえも

저널 [tʃənəl チョーノル] 名 ジャーナル

저널리즘 [tʃəːnəllidʒɯm チョーノルリジュム] 名 ジャーナリズム

저녁 [tʃənjək チョニョク] 名 ① 夕；夕方 例 저녁에 우리 집에 놀러 오세요. [チョニョゲ ウリ チベ ノルロ オセヨ] 夕方、家に遊びに来てください。② 夕飯 関 저녁때 [チョニョクッテ] 名 夕方 / 저녁밥 [チョニョクパプ] 名 夕飯；夕食

저대로 [tʃədɛro チョデロ] 副 あのように

저렇다 [tʃərətʰa チョロッタ] 形《ㅎ変：저래 / 저런 チョレ / チョロン》

① あのようだ ②《저런の形で》あんな；あのような ③《저렇게の形で》あのように；あんなに

저리[1] [tʃəri チョリ] 副 あのように；あんなに

저리[2] [tʃəri チョリ] 副 あちらに；そこに

저리다 [tʃərida チョリダ] 自 痺れる；麻痺する

저마다 [tʃəmada チョマダ] 副 各自；ひとりひとり；口々に

저만하다 [tʃəmanɦada チョマナダ] 形《하変》あれくらいだ；あれほどだ

저맘때 [tʃəmamˀtɛ チョマムッテ] 名 あのくらいの時；あれくらいの時

저명하다 [tʃəːmjəŋɦada チョーミョンハダ] 形 著名だ

저물다 [tʃəmulda チョムルダ] 自《ㄹ語幹：저무는 チョムヌン》日が暮れる

저버리다 [tʃəbərida チョボリダ] 他 ①(約束などを)破る ②(恩義などに)背く；忘れる ③(他人の好意などを)無にする

저번 [tʃəːbən チョーボン] 名 この前；先頃

저서 [tʃəːsə チョーソ] 名 著書

저속[1] [tʃəːsok チョーソク] 名 低俗 하합 저속하다 [チョソカダ] 低俗だ

저속[2] [tʃəːsok チョーソク] 名 低速

저수지 [tʃəːsudʒi チョースジ] 名 貯水池

저승 [tʃəsɯŋ チョスン] 名 あの世

저울 [tʃəul チョウル] 名 秤 関 저울눈 [チョウルルン] 名 秤の目盛り / 저울질 [チョウルチル] 名 秤で量るこ

と / 저울추[チョウルチュ] 名 分銅 / 저울판[チョウルパン] 名 秤の皿
저이 [tʃɔi チョイ] 代 あの人；あの方
저자 [tʃɔːdʒa チョージャ] 名 著者
저자세 [tʃɔːdʒase チョージャセ] 名 低姿勢
저작 [tʃɔːdʒak チョージャク] 名 著作 他 저작하다[チョージャカダ] 著作する 関 저작권[チョージャックォン] 名 著作権
저장 [tʃɔːdʒaŋ チョージャン] 名 貯蔵 他 저장하다[チョージャンハダ] 貯蔵する
저절로 [tʃɔdʒollo チョジョルロ] 副 自然に；ひとりでに；おのずと
저조 [tʃɔːdʒo チョージョ] 名 低調 形 저조하다[チョージョハダ] 低調だ
저주 [tʃɔːdʒu チョージュ] 名 呪咀 他 저주하다[チョジュハダ] 呪う 関 저주스럽다[チョジュスロプタ] 形《ㅂ変: 저주스러워 / 저주스러운 チョジュスロウォ / チョジュスロウン》呪わしい
저지 [tʃɔːdʒi チョジ] 名 阻止 他 저지하다[チョジハダ] 阻止する 受動 저지되다[チョジドゥェダ] 阻止される
저지르다 [tʃɔːdʒiruda チョジルダ] 他《르変: 저질러 チョジロ》過ち を犯す；(悪事・失敗などを)仕出かす
저쪽 [tʃɔːʔtʃok チョッチョク] 名 あちら；向こう側；あちら側 例 저쪽으로 가시면 관광 안내소가 있어요. [チョッチョグロ カシミョン クヮングヮン アーンネソガ イッソヨ] 向こ

うに行くと観光案内所があります。
저축 [tʃɔtʃʰuk チョーチュク] 名 貯蓄 他 저축하다[チョチュカダ] 貯蓄する 関 저축 보험[チョーチュク ポーホム] 名 貯蓄保険 / 저축 예금[チョーチュン ニェーグム] 名 貯蓄預金
저항 [tʃɔːɦaŋ チョーハン] 名 抵抗 自 저항하다[チョーハンハダ] 抵抗する 関 저항력[チョーハンニョク] 名 抵抗力 / 저항심[チョーハンシム] 名 抵抗心 / 저항 운동[チョーハン ウーンドン] 名 抵抗運動
저희 [tʃɔɦi チョヒ] 代 우리の謙譲語：私ども；手前ども
적¹ [tʃɔk チョク] 名 敵
적² [tʃɔk チョク] 依名 ①《過去連体形に付いて》経験を表す：…した(とき)；…したこと 例 제주도에 간 적이 있어요. [チェジュドエ カン ジョギ イッソヨ] 済州島に行ったことがあります。②時を表す：…の時；…の頃 例 어릴 적에[オリル チョゲ] 幼い時に
-적³ [tʃɔk チョク] 接尾 ①…的 例 개 인적[ケーインジョク] 個人的 ②《-적인の形で》…的な 例 사적인 일[サッチョギン ニール] 私的なこと
적개심 [tʃɔkˀkɛʃim チョクケシム] 名 敵愾心
적격 [tʃɔkˀkjɔk チョクキョク] 名 適格 形 적격하다[チョクキョカダ] 適格だ 関 적격자[チョクキョクチャ] 名 適格者
적극 [tʃɔkˀkɯk チョククク] 名 積極

적금

関 적극성[チョククッソン] 名 積極性 / 적극적[チョククチョク] 名 積極的 / 적극책[チョククチェク] 名 積極策

적금 [tʃəkʰkɯm チョックム] 名 積み金 自他 적금하다[チョックマダ] 積み立てする 関 적금 예금[チョックム イェーグム] 名 積み立て貯金

적다¹ [tʃək²ta チョクタ] 他 書き記す;書く 例 어머니는 매일 가계부를 적으세요. [オモニヌン メーイル カゲブル チョグセヨ] 母は毎日家計簿をつけています。

적다² [tʃəːk²ta チョークタ] 形 少ない 対 많다[マーンタ] 例 좀 더 주실래요? 양이 적어요. [チョム ド チュシルレヨ ヤンイ チョーゴヨ] もう少しもらえますか。量が少ないです。

적당 [tʃək²taŋ チョクタン] 名 適当 自形 적당하다[チョクタンハダ] 適当だ 関 적당히[チョクタンヒ] 副 適宜に;適当に

적발 [tʃək²pal チョクパル] 名 摘発 自他 적발하다[チョクパラダ] 摘発する

적시다 [tʃək²ʃida チョクシダ] 他 濡らす;湿らせる

적십자 [tʃək²ʃip²tʃa チョクシプチャ] 名 赤十字 関 적십자 병원[チョクシプチャ ピョーンウォン] 名 赤十字病院

적어도 [tʃəːgədo チョーゴド] 副 ① 少なくとも;せめて ② いやしくも;かりにも

적응 [tʃəgɯŋ チョグン] 名 適応 自 적응하다[チョグンハダ] 適応する 関 적응력[チョグンニョク] 名 適応力 / 적응성[チョグンッソン] 名 適応性

적이 [tʃəgi チョーギ] 副 多少;いくらか

적자 [tʃək²tʃa チョクチャ] 名 赤字 ① 欠損;赤字 ② (校正での) 赤字

적적하다 [tʃək²tʃəkk²ada チョクチョカダ] 形《하変》ひっそりとして寂しい

적절 [tʃək²tʃəl チョクチョル] 名形 적절하다[チョクチョラダ] 適切だ 関 적절히[チョクチョリ] 副 適切に

적중 [tʃək²tʃuŋ チョクチュン] 名 的中 自 적중하다[チョクチュンハダ] 的中する 関 적중률[チョクチュンニュル] 名 的中率

적합 [tʃəkkʰap チョカプ] 名 適合 自形 적합하다[チョカパダ] 適合する

전¹ [tʃən チョン] 名 前;以前

전² [tʃən チョーン] 名 チョン;チヂミ《小麦粉の衣を付けて肉・魚貝・野菜を焼いたものの総称》関 파전[パジョン] 名 ネギチヂミ

전가 [tʃənga チョーンガ] 名 転嫁 自他 전가하다[チョーンガハダ] 転嫁する

전개 [tʃəngɛ チョーンゲ] 名 展開 自他 전개하다[チョーンゲハダ] 展開する

전골 [tʃəngol チョーンゴル] 名 チョンゴル《牛肉・豚肉の細かく切った肉に下味を付けて野菜などと共に煮た鍋料理》

전공 [tʃəngoŋ チョーンゴン] 名 専攻 自他 전공하다[チョンゴンハダ] 専攻する 関 전공과목[チョンゴンクヮモク] 名 専攻科目

전구[tʃɔːŋgu チョーング]图 電球

전국[tʃɔnguk チョングク]图 全国 例 오늘은 전국에 걸쳐 비가 내리겠습니다. [オヌルン チョングゲ コルチョ ピガ ネリゲッスムニダ] 今日は全国的に雨が降るでしょう。関 전국구[チョングック]图 全国区 / 전국지[チョングクチ]图 全国紙

전기¹[tʃɔngi チョンギ]图 伝記

전기²[tʃɔːngi チョンギ]图 ① 電気 例 전기를 아껴 씁시다. [チョーンギルル アッキョ ッスプシダ] 電気を大切に使いましょう。② 電灯 関 전기 기구[チョーンギ キグ]图 電気器具 / 전기난로[チョーンギナルロ]图 電気ストーブ / 전기담요[チョーンギダムニョ]图 電気毛布 / 전기료[チョーンギリョ]图 電気料 / 전기면도기[チョーンギミョンドギ]图 電気かみそり / 전기밥솥[チョーンギパプソッ]图 電気釜 / 전기스탠드[チョーンギステンドゥ]图 電気スタンド / 전기자동차[チョーンギ チャドンチャ]图 電気自動車

전기³[tʃɔːngi チョンギ]图 転機

전날[tʃɔnnal チョンナル]图 ① 前日 ② 以前

전념[tʃɔnnjɔm チョンニョム]图 専念 他自 전념하다[チョンニョマダ] 専念する

전단[tʃɔndan チョンダン]图 ビラ；ちらし

전달¹[tʃɔndal チョンダル]图 伝達 他 전달하다[チョンダラダ] 伝達する

전달²[tʃɔnˀtal チョンッタル]图 前月 類 지난달[チナンダル]

전등[tʃɔnduŋ チョーンドゥン]图 電灯

전라도[tʃɔllado チョルラド]图 全羅道 関 전라남도[チョルラナムド]图 全羅南道 / 전라북도[チョルラブクト]图 全羅北道

전락[tʃɔːllak チョールラク]图 転落 自 전락하다[チョールラカダ] 転落する ① 高い所から転げ落ちる ② 落ちぶれる

전람회[tʃɔːllamfiwe チョールラムェ]图 展覧会

전략[tʃɔːlljak チョールリャク]图 戦略

전력¹[tʃɔːlljɔk チョールリョク]图 電力

전력²[tʃɔlljɔk チョルリョク]图 全力

전망[tʃɔnmaŋ チョーンマン]图 展望 他 전망하다[チョーンマンハダ] ①（遠くまで）見渡す ② 将来を展望する 被動 전망되다[チョーンマンドゥェダ] 予想される 関 전망대[チョーンマンデ]图 展望台

전면¹[tʃɔnmjɔn チョンミョン]图 全面

전면²[tʃɔnmjɔn チョンミョン]图 前面

전멸[tʃɔnmjɔl チョンミョル]图 全滅 自 전멸하다[チョンミョラダ] 全滅する

전모[tʃɔnmo チョンモ]图 全貌

전무[tʃɔnmu チョンム]图 専務 ① 専門的に担当する人 ② 전무 이사 [チョンム イーサ] の縮約形：専務理事；専務取締役 他 전무하다[チョンムハダ] ある事を専門的に受け持つ

전문

전문[tʃɔnmun チョンムン]名 専門 [하他] **전문하다**[チョンムナダ]専門とする [関] **전문가**[チョンムンガ]名 専門家 / **전문 대학**[チョムンテーハク]名 専門大学(日本の短大に当たる) / **전문 분야**[チョンムン プニャ]名 専門分野 / **전문서**[チョンムンソ]名 専門書 / **전문 용어**[チョンムン ヨンオ]名 専門用語 / **전문의**[チョンムニ]名 専門医 / **전문점**[チョンムンジョム]名 専門店 / **전문지**[チョンムンジ]名 専門誌

전반[tʃɔnban チョンバン]名 前半 [関] **전반기**[チョンバンギ]名 前半期 / **전반부**[チョンバンブ]名 前半部

전번[tʃɔnbɔn チョンボン]名 先般;先ごろ;この前

전보[tʃɔːnbo チョーンボ]名 電報

전복[tʃɔnbok チョンボク]名 アワビ [関] **전복죽**[チョンボクチュク]名 アワビ粥

전봇대[tʃɔːnbotʼtɛ チョーンボッテ]名 電信柱;電柱

전부[tʃɔnbu チョンブ]名 全部

전선[tʃɔːnsɔn チョーンソン]名 電線

전설[tʃɔnsɔl チョンソル]名 伝説

전세¹[tʃɔnse チョンセ]名 貸し切り

전세²[tʃɔnse チョンセ]名 チョンセ《一定の金額を不動産の所有主に預けて,一定期間その利子で不動産を借りること》

전소[tʃɔnso チョンソ]名 全焼 [하自] **전소하다**[チョンソハダ]全焼する

전속[tʃɔnsok チョンソク]名 全速

전수[tʃɔnsu チョンス]名 伝授 [하他] **전수하다**[チョンスハダ]伝授する [되受動] **전수되다**[チョンスドゥェダ]伝授される

전시[tʃɔnʃi チョーンシ]名 展示 [하他] **전시하다**[チョーンシハダ]展示する [関] **전시장**[チョーンシジャン]名 展示場 / **전시품**[チョーンシプム]名 展示品 / **전시회**[チョーンシフェ]名 展示会

전액[tʃɔnek チョネク]名 全額

전염[tʃɔnjɔm チョニョム]名 伝染 [하自] **전염하다**[チョニョマダ]伝染する [関] **전염병**[チョニョムッピョン]名 伝染病 / **전염성**[チョニョムッソン]名 伝染性

전용[tʃɔnjoŋ チョニョン]名 専用

전임[tʃɔnim チョニム]名 専任 [하他] **전임하다**[チョニマダ]専任する [関] **전임 강사**[チョニム カーンサ]名 専任講師

전자[tʃɔːndʒa チョーンジャ]名 電子 [関] **전자계산기**[チョーンジャゲーサンギ]名 電子計算機 / **전자 공학**[チョーンジャ コンハク]名 電子工学;エレクトロニクス / **전자 두뇌**[チョーンジャドゥヌェ]名 電子頭脳 / **전자레인지**[チョーンジャレインジ]名 電子レンジ / **전자 망원경**[チョーンジャ マーンウォンギョン]名 電子望遠鏡 / **전자오락**[チョーンジャオラク]名 コンピューターゲーム / **전자 음악**[チョーンジャ ウマク]名 電子音楽 / **전자 현미경**[チョーンジャ ヒョーンミギョン]名 電子顕微鏡

전쟁[tʃɔːndʒeŋ チョーンジェン]名 戦争 [例] 어떻게든 전쟁은 막아야 합니다. [オットッケドゥン チョー

ンジェンウン マガヤ ハムニダ] 何があろうと戦争は止めなければいけません。[하자] 전쟁하다 [チョーンジェンハダ] 戦争する [관] 전쟁 범죄 [チョーンジェン ポムジュェ] [명] 戦争犯罪 / 전쟁 영화 [チョーンジェン ヨンフヮ] [명] 戦争映画 / 전쟁터 [チョーンジェント] [명] 戦場; 戦地 / 전쟁 기념관 [チョーンジェン キニョムグヮン] [명] 戦争記念館

전적 [tʃǝnˀtʃok チョンッチョク] [명] 全的

전제 [tʃǝndʒe チョンジェ] [명] 前提 [하타] 전제하다 [チョンジェハダ] 前提とする [관] 전제 조건 [チョンジェ チョッコン] [명] 前提条件

전조 [tʃǝndʒo チョンジョ] [명] 前兆; 前触れ

전지 [tʃǝːndʒi チョーンジ] [명] 電池 [관] 건전지 [コンジョンジ] [명] 乾電池

전집 [tʃǝndʒip チョンジプ] [명] 全集

전차 [tʃǝːntʃʰa チョーンチャ] [명] 電車

전채 [tʃǝntʃʰɛ チョンチェ] [명] 前菜; オードブル

전철 [tʃǝːntʃʰol チョーンチョル] [명] 電車

전체 [tʃǝntʃʰe チョンチェ] [명] 全体 [예] 소문이 순식간에 마을 전체에 퍼졌어요. [ソムニ スンシクカネ マウル チョンチェエ ポジョッソヨ] 噂が瞬く間に町全体に広がりました。[관] 전체주의 [チョンチェジュイ] [명] 全体主義 / 전체 회의 [チョンチェ フェーイ] [명] 全体会議

전통 [tʃǝntʰoŋ チョントン] [명] 伝統 [예] 우리는 전통 혼례를 치르기로 했어요. [ウリヌン チョントン ホルレルル チルギロ ヘッソヨ] 私たちは伝統的な結婚式を挙げることにしました。[관] 전통미 [チョントンミ] [명] 伝統美 / 전통주의 [チョントンジュイ] [명] 伝統主義

전파 [tʃǝːmpʰa チョーンパ] [명] 電波 [관] 전파 망원경 [チョーンパ マーンウォンギョン] [명] 電波望遠鏡 / 전파 방해 [チョーンパ パンヘ] [명] 電波妨害

전하다 [tʃǝnɦada チョナダ] [타] ((하변)) ①(お金や物を)手渡す; 送り届ける ②(便り・消息などを)伝える; 知らせる [예] 이 기쁜 소식을 빨리 가족들에게 전하고 싶어요. [イ キップン ソシグル ッパルリ カジョクトゥレゲ チョナゴ シポヨ] このうれしい知らせを早く家族に伝えたいです。③ 伝授する; 教え授ける ④(文物を)伝播させる

전학생 [tʃǝnɦakˀsɛŋ チョーナクセン] [명] 転校生

전혀 [tʃǝnɦjǝ チョニョ] [부] 全然; まったく [예] 그 사람의 전혀 다른 모습을 보고 깜짝 놀랐어요. [ク サーラメ チョニョ タルン モスブル ポゴ ッカムチャン ノルラッソヨ] 彼のまったく違う姿を見てびっくりしました。

전형 [tʃǝnɦjǝŋ チョーニョン] [명] 選考 [하타] 전형하다 [チョーニョンハダ] 選考する [관] 전형 위원 [チョーニョン ウィウォン] [명] 選考委員

전화 [tʃǝnɦwa チョーヌヮ] [명] 電話 [예] 들어오면 전화 왔다고 말씀 전해 드리겠습니다. [トゥロオミョン

전화번호

チョーヌワ ワッソッタゴ マールッスム チョネ ドゥリゲッスムニダ] 帰ってきたら電話があったとお伝えします。[他] 電話する[チョーヌワハダ] 電話する 例 몇 시에 전화하면 돼요? [ミョッ シエ チョーヌワハミョン ドゥェヨ] 何時に電話すればよいですか。[自] 関 전화 교환[チョーヌワ キョフワン] 名 電話交換 / 전화국[チョーヌワグク] 名 電話局 / 전화기[チョーヌワギ] 名 電話機 / 전화번호[チョーヌワボノ] 名 電話番号 / 전화번호부[チョーヌワボノブ] 名 電話帳 / 전화 사용료[チョーヌワ サヨンニョ] 名 電話使用料 / 전화선[チョーヌワソン] 名 電話線 / 국제 전화[クッチェ チョーヌワ] 名 国際電話 / 장거리 전화[チャンゴリ チョーヌワ] 名 長距離電話 / 휴대 전화[ヒュデ チョーヌワ] 名 携帯電話

전화번호 [tʃɔːnɦwabɔnɦio チョーヌワボノ] 名 電話番号 例 전화번호를 가르쳐 주세요. [チョーヌワボノルル カルチョ ジュセヨ] 電話番号を教えてください。 / (留守番電話で)전화번호를 남겨 주시면 나중에 전화 드리겠습니다. [チョーヌワボノルル ナムギョ ジュシミョン ナジュンエ チョーヌワ ドゥリゲッスムニダ] 電話番号を残してくださったら後でお電話差し上げます。

전환 [tʃɔnɦwan チョーヌワン] 名 転換 [他自] 전환하다[チョーヌワナダ] 転換する

전후 [tʃɔnɦu チョヌ] 名 前後 [他自] 전후하다[チョヌハダ] 前後する 関 전후 관계[チョヌ クワンゲ] 名 前後関係 / 전후좌우[チョヌジュワウ] 名 前後左右；四方

절¹ [tʃɔl チョル] 名 寺；寺院

절² [tʃɔl チョル] 名 お辞儀；会釈 例 고맙다고 절을 했습니다. [コーマプタゴ チョルル ヘッスムニダ] ありがとうとお辞儀をしました。[自] 절하다[チョラダ] お辞儀する；会釈する

절감 [tʃɔlgam チョルガム] 名 切実に感じること；痛感すること [他] 절감하다[チョルガマダ] 痛感する

절구 [tʃɔlgu チョルグ] 名 臼

절기 [tʃɔlgi チョルギ] 名 節気

절다¹ [tʃoːlda チョールダ] 自《ㄹ語幹：저는 チョヌン》(野菜などが塩に)漬かる

절다² [tʃoːlda チョールダ] 自他《ㄹ語幹：저는 チョヌン》足をひきずる；びっこを引く

절대 [tʃɔlˀtɛ チョルテ] 名 ①絶対 ②《副詞的に》絶対に；決して 関 절대로[チョルテロ] 副 絶対に

절도 [tʃɔlˀto チョルト] 名 窃盗 [他] 절도하다[チョルトハダ] 窃盗する；盗む 関 절도범[チョルトボム] 名 窃盗犯 / 절도죄[チョルトッチュェ] 名 窃盗罪

절로¹ [tʃɔllo チョルロ] 副 저절로[チョジョルロ]の縮約形：ひとりでに

절로² [tʃɔllo チョルロ] 副 저리로[チョリロ]の縮約形：あちらへ

절망 [tʃɔlman チョルマン] 名 絶望 [自] 절망하다[チョルマンハダ] 絶望する 関 절망감[チョルマンガム] 名 絶望感 / 절망적[チョルマンジョク] 名 絶望的

절멸 [tʃɔlmjɔl チョルミョル] 名 絶滅

類 멸종[ミョルチョン] **하自他** 절멸하다[チョルミョラダ] 絶滅する

절박[tʃɔlbak チョルバク] **名** 切迫 **하形** 절박하다[チョルバカダ] 切迫する **関** 절박감[チョルバクカム] **名** 切迫感

절반[tʃɔlban チョルバン] **名** 半分；2分の1

절벽[tʃɔlbjɔk チョルビョク] **名** ①絶壁 ②聞き分けのない人のたとえ

절실하다[tʃɔlˀʃirɦada チョルシラダ] **形**《하変》切実だ **副** 절실히[チョルシリ] 切実に

절약[tʃɔrjak チョリャク] **名** 節約 **하他** 절약하다[チョリャカダ] 節約する

절이다[tʃɔrida チョリダ] **他**（塩や砂糖などに）漬ける

절정[tʃɔlˀtʃɔŋ チョルチョン] **名** 絶頂

절제[tʃɔlˀtʃe チョルチェ] **名** 節制 **하他** 절제하다[チョルチェハダ] 節制する

절차[tʃɔltʃʰa チョルチャ] **名** 手順；手続き

절충[tʃɔltʃʰuŋ チョルチュン] **名** 折衷 **하他** 절충하다[チョルチュンハダ] 折衷する **関** 절충안[チョルチュンアン] **名** 折衷案

절친하다[tʃɔltʃʰinɦada チョルチナダ] **形**《하変》大変親しい

절판[tʃɔlpʰan チョルパン] **名** 絶版 **하他** 절판하다[チョルパナダ] 絶版にする **自** 절판되다[チョルパンドゥェダ] 絶版になる

젊다[tʃɔmˀt̚a チョームタ] **形** 若い **例** 젊은 사람[チョルムン サーラム] 若い人／젊었을 때는 더 예뻐어요.[チョルモッスル ッテヌン ト イェーッポッソヨ] 若い時はもっとかわいかったです。

젊은이[tʃɔlmɯni チョルムニ] **名** 若者；若い人

점¹[tʃɔm チョム] **名** 占い

점²[tʃɔm チョム] **名** ①点；ピリオド；小さな印 ②ほくろ

점³[tʃɔm チョム] **依名** ①品物の数を表す語：…点 ②成績などを表す語：点

점검[tʃɔmgɔm チョムゴム] **名** 点検 **하他** 점검하다[チョムゴマダ] 点検する

점령[tʃɔmnjɔŋ チョムニョン] **名** 占領 **하自他** 점령하다[チョムニョンハダ] 占領する **関** 점령군[チョムニョングン] **名** 占領軍／점령지[チョムニョンジ] **名** 占領地

점멸[tʃɔmmjɔl チョムミョル] **名** 点滅 **하自他** 점멸하다[チョムミョラダ] 点滅する

점수[tʃɔmˀsu チョムス] **名** 点数 ①（成績の）得点数；点 ②（品物の）数

점심[tʃɔːmʃim チョームシム] **名** 昼食 **例** 점심은 뭘 먹을까요?[チョームシムン ムオール モグルッカヨ] 昼食は何を食べましょうか。／점심을 부실하게 먹었더니 벌써 배가 고파요.[チョームシムル プシラゲ モゴットニ ポルッソ ペガ コパヨ] 昼食をきちんと食べなかったからもうお腹が減りました。

점잖다[tʃɔːmdʒantʰa チョームジャンタ] **形** ① 行儀がよい；礼儀正しい ② 物静かだ；大人びている ③ 品格がある；上品だ **関** 점잖이[チョームジャニ] **副** 上品に；物静

かに

점쟁이 [tʃɔmdʒɛŋi チョムジェンイ] 名 占い師；易者

점점 [tʃɔːmdʒɔm チョームジョム] 副 だんだん；次第に；徐々に 例 날씨가 점점 풀리고 있어요. [ナルッシガ チョームジョム プルリゴ イッソヨ] 気候が徐々に温かくなっています。

점차 [tʃɔːmtʃʰa チョームチャ] 副 だんだん；次第に；徐々に 関 점차로 [チョームチャロ] 副 점차 [チョームチャ] の強調形

점퍼 [tʃɔmpʰɔ チョムポ] 名 ジャンパー

점포 [tʃɔːmpʰo チョームポ] 名 店舗；商店

점프 [tʃɔmpʰɯ チョムプ] 名 ジャンプ

점화 [tʃɔmɦwa チョムヮ] 名 点火 下自 점화하다 [チョムヮハダ] 点火する

접견 [tʃɔpʔkjɔn チョプキョン] 名 接見 下自他 접견하다 [チョプキョナダ] 接見する

접근 [tʃɔpʔkɯn チョプクン] 名 接近 下自 접근하다 [チョプクナダ] 接近する

접다 [tʃɔpʔta チョプタ] 他 ①折り畳む ②折る ③(自分の考えを)ひっこめる

접대 [tʃɔpʔtɛ チョプテ] 名 接待 下他 접대하다 [チョプテハダ] 接待する 関 접대비 [チョプテビ] 名 接待費

접속 [tʃɔpʔsok チョプソク] 名 接続 下自他 접속하다 [チョプソカダ] 接続する 自 접속되다 [チョプソクトゥェダ] 接続する

접수 [tʃɔpʔsu チョプス] 名 受付 下他 접수하다 [チョプスハダ] 受け付ける；受け取る 関 접수계 [チョプスゲ] 名 受付係 / 접수구 [チョプスグ] 名 受付口 / 접수 번호 [チョプス ポノ] 名 受付番号 / 접수증 [チョプスッチュン] 名 受付証 / 접수처 [チョプスチョ] 名 受付

접시 [tʃɔpʔʃi チョプシ] 名 皿

접어들다 [tʃɔbɔdɯlda チョボドゥルダ] 他 〘ㄹ語幹：접어드는 チョボドゥヌン〙 ①(ある時期や状況に)差し掛かる ②(その場所に)来る；入る

접촉 [tʃɔptʃʰok チョプチョク] 名 接触 下自 접촉하다 [チョプチョカダ] 接触する 関 접촉 사고 [チョプチョク サーゴ] 名 接触事故 / 접촉 전염 [チョプチョク チョニョム] 名 接触感染

접하다 [tʃɔpʰada チョパダ] 自 〘하変〙 ①接する；触れる ②出合う；行き当たる ③対応する

젓 [tʃɔt チョッ] 名 塩辛

젓가락 [tʃɔtʔkarak チョッカラク] 名 箸 関 젓가락질 [チョッカラクチル] 名 箸づかい / 젓가락통 [チョッカラクトン] 名 箸箱

젓갈 [tʃɔtʔkal チョッカル] 名 塩辛

젓다 [tʃɔːtʔta チョーッタ] 他 〘ㅅ変：저어 / 젓는 チョオ / チョーンヌン〙 ①かき混ぜる；かき回す ②(舟などを)漕ぐ ③(拒絶の意で首や手を)横に振る

정 [tʃɔŋ チョン] 名 情；情愛；親しみ；情け 例 어느새 정이 들어서 헤어지는 게 너무 아쉬워요. [オヌセ チョンイ トゥロソ ヘオジヌン ゲ

ノム アシュィウォヨ] いつの間にか情がわいて, 別れがとても名残り惜しいです。関 정을 쏟다[チョンウル ッソッタ] 愛情を注ぐ / 정을 통하다[チョンウル トンハダ] 情を交わす；密通する / 정이 들다[チョンイ トゥルダ] 情が移る；(次第に)愛情や親しみを覚える / 정이 떨어지다[チョンイ ットロジダ] 愛想が尽きる

정가 [tʃɔŋ²ka チョーンッカ] 名 関 정가표[チョーンッカピョ] 名 定価表；値札

정각 [tʃɔŋgak チョーンガク] 名 ちょうどその時刻 例 정각 12(열두) 시 [チョーンガク ヨルトゥーシ] ちょうど12時

정갈하다 [tʃɔŋgarɦada チョンガラダ] 形《하変》こぎれいだ；清潔だ 関 정갈스럽다[チョンガルスロプタ] 形《ㅂ変：정갈스러워 / 정갈스러운 チョンガルスロウォ / チョンガルスロウン》清潔だ；小ぎれいだ

정강이 [tʃɔŋgaɲi チョンガンイ] 名 脛；向こう脛

정거 [tʃɔŋgɔ チョンゴ] 名 停車 하他 정거하다[チョンゴハダ] 停車する 関 정거장[チョンゴジャン] 名 停車場

정권 [tʃɔŋ²kwɔn チョンックォン] 名 政権

정글 [tʃɔŋgul チョングル] 名 ジャングル

정기 [tʃɔŋgi チョンギ] 名 定期 関 정기권[チョンギックォン] 名 定期券 / 정기선[チョーンギソン] 名 定期船 / 정기편[チョーンギピョン] 名 定期便 / 정기 휴업[チョーンギ ヒュオプ] 名 定期休業

정나미 [tʃɔŋnami チョンナミ] 名 愛想 関 정나미가 떨어지다[チョンナミガ ットロジダ] 愛想が尽きる

정년 [tʃɔŋnjɔn チョンニョン] 名 停年；定年 関 정년퇴직[チョンニョントウェジク] 名 定年退職

정녕 [tʃɔŋnjɔŋ チョンニョン] 副 何が何でも；必ず；間違いなく

정답 [tʃɔːŋdap チョーンダプ] 名 正解；正答

정답다 [tʃɔŋdap²ta チョンダプタ] 形《ㅂ変：정다워 / 정다운 チョンダウォ / チョンダウン》むつまじい；情愛深い；仲がよい 副 정다이[チョンダイ] むつまじい；親しく；仲よく

정당¹ [tʃɔːndaŋ チョーンダン] 名 正当 하形 정당하다[チョーンダンハダ] 正当だ 関 정당방위[チョーンダンバンウィ] 名 正当防衛 / 정당화[チョーンダンフヮ] 名 正当化 / 정당히[チョーンダンイ] 副 正当に

정당² [tʃɔŋdaŋ チョーンダン] 名 政党 関 정당 정치[チョンダン チョンチ] 名 政党政治

정도 [tʃɔŋdo チョンド] 名 程度 例 어느 정도 예상은 하고 있었어요. [オヌ ジョンド イェーサンウン ハゴ イッソッソヨ] ある程度, 予想はしていました。

정돈 [tʃɔːndon チョーンドン] 名 整頓 하他 정돈하다[チョーンドンハダ] 整理する

정류장 [tʃɔŋnjudʒaŋ チョンニュジャン] 名 (バスなどの)停留場；停留所

정리 [tɕɔːŋni チョーンニ] 名 整理 例 책상 정리 좀 잘 하세요. [チェクサン チョーンニ チョム チャル ハセヨ] 机の整理をきちんとしてください。 他 정리하다 [チョーンニハダ] 整理する

정말 [tɕɔŋmal チョンマル] 名 ① 本当; 真実 例 정말이에요? 농담이죠? [チョーンマリエヨ ノンダムイジョ] 本当ですか。冗談でしょう。② 《副詞的に》本当に 感 ほんと

정면 [tɕɔːŋmjon チョーンミョン] 名 正面 関 정면도 [チョーンミョンド] 名 正面図 / 정면충돌 [チョーンミョンチュンドル] 名 正面衝突

정밀 [tɕɔŋmil チョンミル] 名 精密 他形 정밀하다 [チョンミラダ] 精密だ 関 정밀 검사 [チョンミル コムサ] 名 精密検査

정보 [tɕɔŋbo チョンボ] 名 情報

정복 [tɕɔŋbok チョンボク] 名 征服 他 정복하다 [チョンボカダ] 征服する 受動 정복되다 [チョンボクトゥェダ] 征服される

정부 [tɕɔŋbu チョンブ] 名 政府

정상¹ [tɕɔːŋsaŋ チョーンサン] 名 正常 関 정상 가격 [チョーンサン カギョク] 名 正常価格 / 정상 상태 [チョーンサン サンテ] 名 正常な状態 / 정상화 [チョーンサンフヮ] 名 正常化

정상² [tɕɔŋsaŋ チョンサン] 名 ① 頂上 ② 頂点 ③ 国や機関などの最高首脳 関 정상 회담 [チョンサン フェダム] 名 首脳会談

정상³ [tɕɔŋsaŋ チョンサン] 名 情状 関 정상 참작 [チョンサン チャムジャク] 名 情状酌量

정색 [tɕɔːŋsek チョーンセク] 名 真顔 自 정색하다 [チョーンセカダ] 真顔になる; 色を作す

정석 [tɕɔːŋsok チョーンソク] 名 定石

정성 [tɕɔŋsoŋ チョンソン] 名 誠意; 真心 関 정성껏 [チョンソンッコッ] 副 真心をこめて; 丹念に

정세 [tɕɔŋse チョンセ] 名 情勢; 様子

정숙하다¹ [tɕɔːŋsukkʰada チョーンスカダ] 形 《하変》静粛だ

정숙하다² [tɕɔŋsukkʰada チョンスカダ] 形 《하変》貞淑だ

정식¹ [tɕɔːŋʃik チョーンシク] 名 正式

정식² [tɕɔŋʃik チョンシク] 名 定食

정신 [tɕɔŋʃin チョンシン] 名 ① 精神 例 이번 일은 정신적으로 힘들어요. [イボン ニールン チョンシジョグロ ヒムドゥロヨ] 今回のことは精神的にきついです。② 魂 ③ 意識 関 정신을 잃다 [チョンシヌル イルタ] 気を失う / 정신을 차리다 [チョンシヌル チャリダ] 意識を取り戻す; しっかりする; 気が付く / 정신을 팔다 [チョンシヌル パルダ] よそ見をする / 정신이 나가다 [チョンシニ ナガダ] ぼうっとする; 気が抜ける / 정신이 들다 [チョンシニ トゥルダ] 我に返る; しっかりする / 정신이 없다 [チョンシニ オプタ] (忙しかったりして)気がせく; 無我夢中だ; 正気でない; 何が何だかわからない 例 오늘은 너무 바빠서 정신이 없어요. [オヌルン ノム パッパソ チョンシニ オプソヨ] 今日は忙しすぎて何が何だかわかりません。

정어리 [tɕɔŋori チョンオリ] 名 イワ

정치

シ
정열 [tʃʌŋnjʌl チョンニョル] 名 情熱；熱意 関 정열가 [チョンニョルガ] 名 情熱家 / 정열적 [チョンニョルチョク] 名 情熱的

정오 [tʃʌːŋo チョーンオ] 名 正午

정원 [tʃʌŋwʌn チョンウォン] 名 庭園

정월 [tʃʌŋwʌl チョンウォル] 名 正月；1月

정육점 [tʃʌŋjukʔtʃʌm チョンユクチョム] 名 精肉店

정의¹ [tʃʌːŋi チョーンイ] 名 正義 関 정의감 [チョーンイガム] 名 正義感 / 정의롭다 [チョーンイロプタ] 形《ㅂ変：정의로워／정의로운 チョーンイロウォ／チョーンイロウン》正義感にあふれている

정의² [tʃʌːŋi チョーンイ] 名 定義 他 정의하다 [チョーンイハダ] 定義する

정자 [tʃʌŋdʒa チョンジャ] 名 あずまや；亭

정장 [tʃʌːŋdʒaŋ チョーンジャン] 名 正装 自 정장하다 [チョーンジャンハダ] 正装する

정전¹ [tʃʌŋdʒʌn チョンジョン] 名 停電 自 정전하다 [チョンジョナダ] 停電する

정전² [tʃʌŋdʒʌn チョンジョン] 名 停戦 自 정전하다 [チョンジョナダ] 停戦する 自 정전되다 [チョンジョンドゥェダ] 停戦になる

정점 [tʃʌŋʔtʃʌm チョンッチョム] 名 頂点；ピーク

정정 [tʃʌŋdʒʌŋ チョンジョン] 名 訂正 他 정정하다 [チョンジョンハダ] 訂正する

정정당당 [tʃʌːŋdʒʌŋdaŋdaŋ チョーンジョンダンダン] 名 正々堂々 形 정정당당하다 [チョーンジョンダンダンハダ] 正々堂々としている

정중 [tʃʌːŋdʒuŋ チョーンジュン] 名 丁重 形 정중하다 [チョーンジュンハダ] 丁重だ 関 정중히 [チョーンジュンイ] 副 丁重に

정지 [tʃʌŋdʒi チョンジ] 名 停止 自他 정지하다 [チョンジハダ] 停止する

정직하다 [tʃʌːŋdʒikkʰada チョーンジカダ] 形《하変》正直だ 副 정직히 [チョーンジキ] 正直に

정차 [tʃʌŋtʃʰa チョンチャ] 名 停車 自他 정차하다 [チョンチャハダ] 停車する

정책 [tʃʌŋtʃʰɛk チョンチェク] 名 政策

정체¹ [tʃʌŋtʃʰe チョンチェ] 名 正体

정체² [tʃʌŋtʃʰe チョンチェ] 名 停滞 自 정체하다 [チョンチェハダ] 停滞する

정취 [tʃʌŋtʃʰwi チョンチュィ] 名 情趣；趣；味わい

정치 [tʃʌŋtʃʰi チョンチ] 名 政治 例 저는 정치는 잘 몰라요. [チョヌン チョンチヌン チャル モールラヨ] 私は，政治はよくわかりません。自 정치하다 [チョンチハダ] 政治を行う 関 정치가 [チョンチガ] 名 政治家 / 정치계 [チョンチゲ] 名 政界 / 정치권력 [チョンチグォルリョク] 名 政治権力 / 정치 단체 [チョンチ タンチェ] 名 政治団体 / 정치력 [チョンチリョク] 名 政治力 / 정치 운동 [チョンチ ウーンドン] 名 政治運動 / 정치인 [チョン

정통

チイン] 名 政治家 / 政치 자금 [チョンチ チャグム] 名 政治資金 / 정치 체제 [チョンチ チェジェ] 名 政治体制 / 정치학 [チョンチハク] 名 政治学 / 정치 활동 [チョンチ ファルトン] 名 政治活動

정통 [tʃəːŋtʰoŋ チョーントン] 名 正統

정통하다 [tʃəŋtʰoŋhada チョーントンハダ] 自 《하변》 精通する

정평 [tʃəːŋpʰjəŋ チョーンピョン] 名 定評

정표 [tʃəŋpʰjo チョンピョ] 名 お礼のしるしとして物を贈ること 他 정표하다 [チョンピョハダ] お礼の品を贈る

정하다 [tʃəːŋhada チョーンハダ] 他 《하변》 定める;決める 例 저는 이미 마음을 정했어요. [チョヌン イミ マウムル チョーンヘッソヨ] 私はすでに心を決めました。

정화 [tʃəŋɦwa チョンフワ] 名 浄化 他 정화하다 [チョンフワハダ] 浄化する 関 정화 설비 [チョンフワ ソルビ] 名 浄化設備 / 정화 장치 [チョンフワ チャンチ] 名 浄化装置 / 정화조 [チョンフワジョ] 名 浄化槽

정확하다 [tʃəːŋɦwakkʰada チョーンフワカダ] 形 《하변》 正確だ 副 정확히 [チョンフワキ] 正確に

젖 [tʃət チョッ] 名 ① 母乳 ② 乳房

젖다¹ [tʃətʼta チョッタ] 自 (後ろに)傾く;反る

젖다² [tʃətʼta チョッタ] 自 ① 濡れる;湿る ②(癖や習慣に)染まる ③(感情に)浸る ④ 慣れる

젖먹이 [tʃənmogi チョンモギ] 名 乳児;乳飲み子

젖빛 [tʃətʼpit チョッピッ] 名 乳色;乳白色 関 젖빛 유리 [チョッピンニュリ] 名 磨りガラス

젖소 [tʃətʼso チョッソ] 名 乳牛

젖히다 [tʃəttɕʰida チョチダ] 他 ① 反らす;反り返る ②(紙や布・蓋などを)開く;まくる

제 [tʃe チェ] 代 ① 나[ナ]の謙譲語:わたくし《助詞의가とともに用いる》例 그 일은 제가 할게요. [クイールン チェガ ハルケヨ] その仕事は私がします。② わたくしの;自分の

제각기 [tʃegak̚ki チェガクキ] 副 各自

제거 [tʃegə チェゴ] 名 除去 他 제거하다 [チェゴハダ] 除去する

제곱 [tʃegop チェゴプ] 名 自乗;二乗 他 제곱하다 [チェゴパダ] 二乗する 関 제곱근 [チェゴプクン] 名 平方根;自乗根

제공 [tʃegoŋ チェゴン] 名 提供 他 제공하다 [チェゴンハダ] 提供する 受動 제공되다 [チェゴンドゥェダ] 提供される 関 제공자 [チェゴンジャ] 名 提供者

제과점 [tʃeːgwadʑəm チェーグヮジョム] 名 製菓店;ベーカリー

제구실 [tʃeguɕil チェグシル] 名 自分のなすべき役目・義務・務め

제국 [tʃeːguk チェーグク] 名 帝国

제기 [tʃegi チェギ] 名 チェギ《子供たちが足で蹴り上げて遊ぶ羽子の一種》関 제기차기 [チェギチャギ] 名 チェギ蹴り

제날짜 [tʃenalʼtɕa チェナルッチャ] 名 定められた日;期日

제대로 [tʃedɛro チェデロ] 副 ちゃんと；きちんと；思い通りに；十分にろくに；満足に

제도 [tʃeːdo チェード] 名 制度

제때 [tʃeˀtɛ チェッテ] 名 ちょうどよい時；適期；定刻

제멋 [tʃemʌt チェモッ] 名 思い通り

제멋대로 [tʃemʌˀtero チェモッテロ] 副 勝手に；思い通りに；好き勝手に

제명 [tʃemjʌŋ チェミョン] 名 題名

제목 [tʃemok チェモク] 名 題名；タイトル 例 영화 제목 [ヨンファ チェモク] 映画の題名 / 책 제목 [チェク チェモク] 本の題名

제물 [tʃeːmul チェームル] 名 祭祀の際に霊前に供える供物

제발 [tʃeːbal チェーバル] 副 是非；どうか；なにとぞ

제방 [tʃebaŋ チェバン] 名 堤防；堤；土手

제법 [tʃebʌp チェボプ] 副 ①思いの外；案外 ②《名詞的に》なかなか；案外；思いのほか

제보 [tʃebo チェボ] 名 情報を提供すること 하他 제보하다 [チェボハダ] 情報を提供する

제복 [tʃeːbok チェーボク] 名 制服

제비 [tʃeːbi チェービ] 名 ツバメ

제사 [tʃeːsa チェーサ] 名 祭祀；祭事；法事 例 오늘 제사가 있어서 일찍 들어가 봐야 해요. [オヌル チェーサガ イッソソ イルッチク トゥロガ ブワヤ ヘヨ] 今日、祭祀があって早く帰らなければいけません。 関 제삿날 [チェーサンナル] 名 祭祀を行う日 / 제삿밥 [チェーサッパプ] 名 祭祀を終えて食べる料理

제수 [tʃeːsu チェース] 名 (兄の立場から)弟の妻；弟嫁

제스처 [tʃesɯtʃʰɔ チェスチョ] 名 ジェスチャー

제시 [tʃeʃi チェシ] 名 提示 하他 제시하다 [チェシハダ] 提示する

제안 [tʃean チェアン] 名 提案 하他 제안하다 [チェアナダ] 提案する 関 제안자 [チェアンジャ] 名 提案者

제압 [tʃeap チェーアプ] 名 制圧 하他 제압하다 [チェーアパダ] 制圧する 되受動 제압되다 [チェーアプトウェダ] 制圧される

제어 [tʃeːɔ チェーオ] 名 制御 하他 제어하다 [チェーオハダ] 制御する 되受動 제어되다 [チェーオドウェダ] 制御される

제외 [tʃewe チェウェ] 名 除外 하他 제외하다 [チェウェハダ] 除外する

제육 [tʃejuk チェユク] 名 豚肉 関 육볶음 [チェユクポックム] 名 豚肉と野菜の炒め物

제일 [tʃeːil チェーイル] 数 ①一番；最初；最も重要なこと ②《副詞的に》いちばん(に)；最も 例 제일 큰 걸로 주세요. [チェーイル クンゴルロ チュセヨ] いちばん大きな物をください。 関 제일보 [チェーイルボ] 名 第一歩 / 제일선 [チェーイルソン] 名 第一線 / 제일인자 [チェーイリンジャ] 名 第一人者

제자 [tʃeːdʒa チェージャ] 名 弟子；教え子

제자리 [tʃedʒari チェジャリ] 名 元の場所 関 제자리걸음 [チェジャリゴルム] 名 足踏み

제정신 [tʃedʒʌŋʃin チェジョンシン]

名 本性; 本心; 正気
제조 [tʃeːdʒo チェージョ] 名 製造 하他 제조하다 [チェージョハダ] 製造する 되受動 제조되다 [チェージョドゥェダ] 製造される 関 제조업 [チェージョオプ] 名 製造業 / 제조원 [チェージョウォン] 名 製造元 / 제조 원가 [チェージョ ウォンッカ] 名 製造原価 / 제조 연월일 [チェージョ ヨヌォリル] 名 製造年月日

제주도[1] [tʃeːdʒudo チェージュド] 名 済州島

제주도[2] [tʃeːdʒudo チェージュド] 名 済州道

제철 [tʃetʃʰɔl チェチョル] 名 (食物の)旬; 食べごろ 例 계절별 제철 음식 좀 가르쳐 주세요. [ケージョルビョル チェチョル ウームシク チョム カルチョ ジュセヨ] 季節ごとの旬の食べ物をちょっと教えてください。

제쳐놓다 [tʃetʃʰɔnotʰa チェチョノッタ] 他 ①(しなければならないことを)後回しにする ②(邪魔にならぬように)よけて置く

제출 [tʃetʃʰul チェチュル] 名 提出 하他 제출하다 [チェチュラダ] 提出する 되受動 제출되다 [チェチュルドゥェダ] 提出される

제품 [tʃeːpʰum チェープム] 名 製品

제하다 [tʃefiada チェハダ] 他〖하変〗差し引く

제한 [tʃeːɦan チェーハン] 名 制限 하他 제한하다 [チェーハナダ] 制限する 되受動 제한되다 [チェーハンドゥェダ] 制限される 関 제한 속도 [チェーハン ソクト] 名 制限速度 / 제한 시간 [チェーハン シガン] 名 制限時間

제휴 [tʃeɦju チェヒュ] 名 提携 하他 제휴하다 [チェヒュハダ] 提携する

제힘 [tʃeɦim チェヒム] 名 自力

조[1] [tʃo チョ] 名 アワ

조[2] [tʃo チョ] 数 兆

조각[1] [tʃogak チョガク] 名 切れ端; かけら 関 조각달 [チョガクタル] 上弦・下弦の月 / 조각배 [チョガクペ] 小舟 / 조각보 [チョガクポ] 名 端切れを縫い合わせて作ったふろしき

조각[2] [tʃogak チョガク] 名 彫刻 하他 조각하다 [チョガカタ] 彫刻する 関 조각가 [チョガクカ] 名 彫刻家 / 조각도 [チョガクト] 名 彫刻刀 / 조각품 [チョガクプム] 名 彫刻品

조개 [tʃoge チョゲ] 名 貝 関 조개관자 [チェゲグヮンジャ] 名 貝柱

조건 [tʃoʔkɔn チョッコン] 名 条件 関 조건 반사 [チョッコン パーンサ] 名 条件反射 / 조건부 [チョッコンブ] 名 条件付き

조국 [tʃoguk チョグク] 名 祖国

조금 [tʃogɯm チョグム] 副 ①(程度や分量が)少ない: ちょっと; わずか 例 조금밖에 없어요. [チョグムバッケ オープソヨ] 少ししかありません。②(時間的に短く)少し; 僅かな時間

조급하다[1] [tʃogɯpʰada チョグパダ] 形〖하変〗せっかちだ; 性急だ 副 조급히 [チョグピ] 慌ただしく

조급하다[2] [tʃoːgɯpʰada チョーグパダ] 形〖하変〗大急ぎだ; 非常に急いでいる

조기 [tʃogi チョギ] 名 イシモチ

조깅 [tʃogiŋ チョギン グ] 名 ジョギング

조끼 [tʃo²ki チョッキ] 名 チョッキ

조난 [tʃonan チョナン] 名 遭難 関 조난 구조대 [チョナン クジョデ] 名 遭難救助隊 / 조난선 [チョナン ソン] 名 遭難船 / 조난 신호 [チョ ナン シーノ] 名 遭難信号；SOS/ 조난 현장 [チョナン ヒョンジャン] 名 遭難現場

조력 [tʃoːrjɔk チョーリョク] 名 助力 하타 조력하다 [チョーリョカダ] 助力する

조롱 [tʃoroŋ チョロン] 名 嘲弄；冷 やかし 하타 조롱하다 [チョロンハ ダ] 馬鹿にする；嘲弄する

조르다¹ [tʃoruda チョルダ] 他 〘르 変：졸라 チョルラ〙締める；絞める

조르다² [tʃoruda チョルダ] 他 〘르 変：졸라 チョルラ〙せがむ；ねだ る

조리¹ [tʃori チョリ] 名 条理；道理； 辻褄

조리² [tʃori チョリ] 名 ①調理 ②養 生 하타 조리하다 [チョリハダ] ① 食品を調理する ②健康に注意し 体を養生する 関 조리사 [チョリ サ] 名 調理師 / 몸조리 [モムジョ リ] 名 養生；健康管理

조리다 [tʃorida チョリダ] 他 煮付け る；煮しめる

조림 [tʃorim チョリム] 名 煮付け

조립 [tʃorip チョリプ] 名 組立て 하타 조립하다 [チョリパダ] 組み立 てる 関 조립식 [チョリプシク] 名 組み立て式

조마조마 [tʃomadʒoma チョマジョマ] 副 はらはら；ひやひや 하形 조마 조마하다 [チョマジョマハダ] はら はらする

조만간 [tʃoːmaŋgan チョーマンガン] 副 遅かれ早かれ；そのうち；早 晩

조맘때 [tʃomamʔtɛ チョマムッテ] 名 ちょうどあれぐらいの時；あのよ うな時期；あの時分

조명 [tʃomjɔŋ チョミョン] 名 照 明 하타 조명하다 [チョーミョンハ ダ] 照らす；光を当てる

조문 [tʃoːmun チョームン] 名 弔問 하타 조문하다 [チョームナダ] 弔 問する 関 조문객 [チョームンゲク] 名 弔客

조미료 [tʃomirjo チョミリョ] 名 調 味料

조바심 [tʃobaʃim チョバシム] 名 焦 燥感 関 조바심이 나다 [チョバシ ミナダ] いらいらする

조부모 [tʃobumo チョブモ] 名 祖父 母

조사 [tʃosa チョサ] 名 調査 하타 조 사하다 [チョサハダ] 調査する

조상 [tʃosaŋ チョサン] 名 祖先；先 祖 例 우리 집안은 조상 대대로 이 마을에서 살아왔어요. [ウリ チバヌ ン チョサン テデロ イ マウレソ サラワッソヨ] うちの一族は先祖 代々この村で暮らしてきました。

조석 [tʃosɔk チョソク] 名 ①朝夕 ② 朝夕飯 関 조석간 [チョソクカン] 名 朝刊と夕刊 / 조석반 [チョソク パン] 名 朝飯と夕飯

조선 [tʃosɔn チョソン] 名 ①朝鮮； 古代からの韓国の国名 ②李成 桂が建国した朝鮮王朝 関 조선말

조성

[チョソンマール] 名 朝鮮語 / 조선어[チョソノ] 名 朝鮮語《韓国では한국말 / 한국어を用いる》

조성¹ [tʃoːsəŋ チョーソン] 名 助成 하他 조성하다[チョーソンハダ] 助成する

조성² [tʃoːsəŋ チョーソン] 名 造成 하他 조성하다[チョーソンハダ] 造成する 되受動 조성되다[チョーソンドゥェダ] 造成される

조소 [tʃoso チョソ] 名 嘲笑 하他 조소하다[チョソハダ] あざ笑う

조수 [tʃo:su チョース] 名 助手

조숙 [tʃo:suk チョースㇰ] 名 早熟 하形 조숙하다[チョースカダ] 早熟だ

조심 [tʃo:ʃim チョーシㇺ] 名 用心;注意 하自他 조심하다[チョシマダ] 注意する;気を付ける 例 건강 조심하세요. [コンガン チョーシマセヨ] 健康に気を付けてください. 関 조심성[チョーシㇺソン] 名 慎重さ;注意深さ;慎み / 조심스럽다[チョーシㇺスロㇷ゚タ] 形 〖ㅂ変: 조심스러워 / 조심스러운 チョシㇺスロウォ/チョシㇺスロウン〗注意深い;慎重だ / 조심조심[チョシㇺジョシㇺ] 副 用心に用心を重ねて / 불조심[プㇽジョシㇺ] 名 火の用心

조약 [tʃojak チョヤㇰ] 名 条約

조약돌 [tʃojakʔtol チョヤㇰトㇽ] 名 (丸い)小石

조업 [tʃo:ɔp チョーオㇷ゚] 名 操業 하自 조업하다[チョーオパダ] 操業する

조예 [tʃoːje チョーイェ] 名 造詣

조용하다 [tʃojoɲɦada チョヨンハダ] 形 〖ㅎ変〗① 静かだ ②(言動や性格などが)温和だ;もの静かだ;おだやかだ ③(物事や環境などが)平穏だ 副 조용히[チョヨンイ] 静かに;穏やかに;物静かに 例 조용히 좀 해 주세요. [チョヨンイ チョㇺ ヘジュセヨ] ちょっと静かにしてください.

조의 [tʃoːi チョーイ] 名 弔意

조이다 [tʃoida チョイダ] 他 ⇒죄다

조인 [tʃoin チョイン] 名 調印 하自 조인하다[チョイナダ] 調印する

조작¹ [tʃoːdʒak チョージャㇰ] 名 捏造 하他 조작하다[チョジャカダ] 捏造する;でっちあげる

조작² [tʃodʒak チョジャㇰ] 名 操作 하他 조작하다[チョジャカダ] 操作する

조잡 [tʃodʒap チョジャㇷ゚] 名 粗雑 하形 조잡하다[チョジャパダ] 粗雑だ

조절 [tʃodʒəl チョジョㇽ] 名 調節 하他 조절하다[チョジョラダ] 調節する 関 조절 기능[チョジョㇽ キヌン] 名 調節機能

조정 [tʃodʒəŋ チョジョン] 名 調整 하他 조정하다[チョジョンハダ] 調整する

조제 [tʃodʒe チョジェ] 名 調剤 하自他 조제하다[チョジェハダ] 調剤する

조종 [tʃodʒoŋ チョジョン] 名 操縦 하他 조종하다[チョジョンハダ] 操縦する 関 조종사[チョジョンサ] 名 操縦士 / 조종석[チョジョンソㇰ] 名 操縦席

조직 [tʃodʒik チョジㇰ] 名 組織 하他 조직하다[チョジカダ] 組織する

関 조직계[チョジクケ]名 組織系 / 조직력[チョジンニョク]名 組織力 / 조직망[チョジンマン]名 組織網 / 조직적[チョジクチョク]名 組織的 / 조직화[チョジクワ]名 組織化

조짐 [tʃodʑim チョジム] 名 兆候；前触れ；兆し

조차 [tʃotsʰa チョチャ] 助 …さえ；…まで(も)；…すら 例 이것조차 몰라요? [イゴッチョチャ モルラヨ] これすらわかりませんか。

조찬¹ [tʃotsʰan チョチャン] 名 粗餐；粗末な食事；食事を人にすすめる時にへりくだって言う語

조찬² [tʃotsʰan チョチャン] 名 朝餐；朝食

조처 [tʃotsʰɔ チョチョ] 名 措置；処置 他 조처하다 [チョチョハダ] 措置する

조치 [tʃotsʰi チョチ] 名 措置 他 조치하다 [チョチハダ] 措置する

조카 [tʃokʰa チョカ] 名 甥または姪 関 조카딸[チョカッタル]名 姪 / 조카자식[チョカジャシク]名 甥や姪のへりくだった表現

조퇴 [tʃo:tʰwe チョートゥェ] 名 早退 自 조퇴하다 [チョートゥェハダ] 早退する

조합 [tʃohap チョハプ] 名 組合 関 조합비[チョハプピ]名 組合費 / 조합원[チョハブォン]名 組合員

조화 [tʃohwa チョフヮ] 名 調和 自 조화하다 [チョフヮハダ] 調和する 関 조화롭다[チョフヮロプタ]形〔ㅂ変：조화로워 / 조화로운 チョフヮロウォ / チョフヮロウン〕調和している

족발 [tʃokʼpal チョクパル] 名〈食用の〉豚足

족보 [tʃokʼpo チョクポ] 名 族譜；一族の系図；家譜

족하다 [tʃokkʰada チョカダ] 形〔하変〕(数量や能力などが)十分だ；足りる 副 족히[チョキ] 優に；問題なく

존경 [tʃongjɔŋ チョンギョン] 名 尊敬 他 존경하다 [チョンギョンハダ] 尊敬する 関 존경어[チョンギョンオ]名 尊敬語

존대어 [tʃondeɔ チョンデオ] 名 丁寧語；尊敬語

존댓말 [tʃondenmal チョンデンマル] 名 丁寧語；尊敬語

존재 [tʃondʑɛ チョンジェ] 名 存在 自 존재하다 [チョンジェハダ] 存在する

존중 [tʃondʑuŋ チョンジュン] 名 尊重 他 존중하다 [チョンジュンハダ] 尊重する 関 존중히[チョンジュンイ]副 尊重して；大切に

존칭 [tʃontsʰiŋ チョンチン] 名 尊称

존함 [tʃonham チョナム] 名 お名前；尊名

졸깃졸깃 [tʃolgitʼtʃolgit チョルギッチョルギッ] 副 弾力があって歯ごたえのある物を噛む様子：しこしこ 関 졸깃졸깃하다[チョルギッチョルギタダ] 他形 弾力や歯ごたえがある；しこしこする

졸다 [tʃo:lda チョールダ] 自〔ㄹ語幹：조는 チョーヌン〕居眠りする 例 어젯밤에 잠을 못 자서 수업 시간에 꾸벅꾸벅 졸았어요. [オジェッパメ チャムル モッ チャソ スオプ シガネ ックボックックボク チョラ

ッソヨ]昨夜,眠れず授業時間にこっくりこっくり居眠りしました。

졸도[tʃolʔto チョルト]名 卒倒;昏倒 自他 **졸도하다**[チョルトハダ]卒倒する;倒れる

졸라매다[tʃollamɛda チョルラメダ]他 きつく締める;ぎゅっと結ぶ

졸리다¹[tʃoːllida チョールリダ]自 眠い;眠たい

졸리다²[tʃollida チョルリダ]受動 せがまれる;ねだられる

졸부[tʃolbu チョルブ]名 成金

졸업[tʃorɔp チョロプ]名 卒業 自他 **졸업하다**[チョロパダ]卒業する 関 **졸업 논문**[チョロム ノンムン]名 卒業論文 / **졸업생**[チョロプセン]名 卒業生 / **졸업 시험**[チョロプ シホム]名 卒業試験 / **졸업식**[チョロプシク]名 卒業式 / **졸업장**[チョロプチャン]名 卒業証書 / **졸업 증서**[チョロプ チュンソ]名 卒業証書

졸음[tʃoːrum チョールム]名 眠気

졸졸[tʃoːldʒol チョールジョル]副 ① 水などが流れる様子:ちょろちょろ ② 子供などが後ろからついてくる様子:ちょろちょろと

좀¹[tʃom チョム]名《衣服や紙などを食う》紙魚(しみ) 関 **좀이 쑤시다**[チョミ ッスシダ]何かをしたくてむずむずする

좀²[tʃom チョム]副 ① **조금**[チョグム]の縮約形:ちょっと;少し;少々 ② 要求したり同意を求める時に使う語:ちょっと;まあ 関 **좀 더**[チョム ド]もう少し;もっと

좀처럼[tʃoːmtʃʰərɔm チョームチョロム]副《否定の表現を伴って》めったに(…しない);なかなか(…しない)

좁다[tʃopʔta チョプタ]形 狭い ① 面積・幅が小さい 対 **넓다**[ノルタ] 例 길이 좁아서 차는 못 지나가요.[キリ チョバソ チャヌン モッ チナガヨ]道が狭くて車は通ることができません。② 規模や範囲が小さい・狭い ③ 度量が狭い

좁쌀[tʃopʔsal チョプッサル]名 ① 粟 ② 非常に小さいもののたとえ

종[tʃoŋ チョン]名 鐘;ベル

종결[tʃoŋgjol チョンギョル]名 終結 自他 **종결하다**[チョンギョラダ]終結する 自 **종결되다**[チョンギョルドゥェダ]終結する

종교[tʃoŋgjo チョンギョ]名 宗教 関 **종교가**[チョンギョガ]名 宗教家 / **종교 개혁**[チョンギョ ケーヒョク]名 宗教改革 / **종교계**[チョンギョゲ]名 宗教界 / **종교 단체**[チョンギョ タンチェ]名 宗教団体 / **종교사**[チョンギョサ]名 宗教史 / **종교 음악**[チョンギョ ウマク]名 宗教音楽

종기[tʃoːŋgi チョーンギ]名 腫れ物

종래[tʃoŋnɛ チョンネ]名 副 従来

종로[tʃoŋno チョンノ]名 鍾路《ソウル中心の繁華街の1つ,ソウル市鍾路区》

종료[tʃoŋnjo チョンニョ]名 終了 自他 **종료하다**[チョンニョハダ]終了する 自 **종료되다**[チョンニョドゥェダ]終了する

종류[tʃoːŋnju チョーンニュ]名 種類 例 학비를 벌기 위해 온갖 종류의 아르바이트를 했어요.[ハクピル ポルギ ウィヘ オーンガッ チ

종반 [tʃoŋban チョンバン] 名 終盤

종사 [tʃoŋsa チョンサ] 名 従事 自 종사하다 [チョンサハダ] 従事する

종소리 [tʃoŋʔsori チョンソリ] 名 鐘の音

종속 [tʃoŋʔsok チョンソク] 名 従属 自 종속하다 [チョンソカダ] 従属する 関 종속 관계 [チョンソク クヮンゲ] 名 従属関係 / 종속국 [チョンソククク] 名 従属国

종아리 [tʃoːŋari チョーンアリ] 名 ふくらはぎ

종업원 [tʃoŋəbwon チョンオブォン] 名 従業員

종이 [tʃoŋi チョンイ] 名 紙 関 종이냅킨 [チョンイ ネプキン] 名 紙ナプキン / 종이쪽 [チョンイッチョク] 名 紙くず / 종이컵 [チョンイコプ] 名 紙コップ

종일 [tʃoŋil チョンイル] 名 終日；一日中

종전 [tʃondʒon チョンジョン] 名 従前；従来；以前

종점 [tʃoŋʔtʃom チョンッチョム] 名 (列車・バスなどの)終点；終着駅

종종 [tʃoːndʒoŋ チョーンジョン] 副 時々；たまに

종종걸음 [tʃondʒoŋgorum チョンジョンゴルム] 名 小走り

종착역 [tʃoŋtʃʰaŋjok チョンチャンニョク] 名 終着駅

종합 [tʃoŋɦap チョンハプ] 名 綜合；総合

좇다 [tʃotʔta チョッタ] 他 追う ①(後に)ついて行く ②(人の意見や大勢などに)従う

좋다 [tʃoːtʰa チョータ] 形 良い 対 나쁘다 [ナップダ] 例 친구 선물로 어떤 것이 좋아요? [チング ソンムルロ オットン ゴシ チョーアヨ] 友達のプレゼントにどんなものがいいですか。① 優れている；立派だ ② 美しい；立派だ ③ 楽しい；愉快だ；うれしい ④(人柄が) 良い 例 그 사람은 성격이 참 좋아요. [クサーラムン ソーンッキョギ チャム チョーアヨ] あの人は性格が本当にいいです。⑤ 快い；快適だ 例 오늘은 정말 날씨가 좋아요. [オヌルン チョーンマル ナルッシガ チョーアヨ] 今日は本当に天気がいいです。⑥ 好きだ；気に入っている 例 그 사람이 좋아요. [ク サーラミ チョーアヨ] 彼が好きです。⑦《動詞の語幹＋ -아도 / 어도 좋다の形で》…してもよい；…しても構わない

좋아하다 [tʃoːaɦada チョーアハダ] 他《하変》① 好きだ；好む 例 어떤 타입을 좋아하세요? [オットン タイブル チョーアハセヨ] どんなタイプ(の人)が好きですか。② 喜ぶ；うれしい

좌담 [tʃwaːdam チュワーダム] 名 座談 関 좌담회 [チュワーダムェ] 名 座談会

좌석 [tʃwaːsok チュワーソク] 名 座席 関 좌석권 [チュワーソックォン] 名 座席指定券 / 좌석 버스 [チュワーソク ボス] 名 座席バス / 좌석 번호 [チュワーソク ボノ] 名 座席番号 / 좌석표 [チュワーソクピョ] 名 座席表

좌우 [tʃwa:u チュワーウ] 名 左右 関 **좌우간** [チュワーウガン] 副 とにかく;何はともあれ

좌절 [tʃwa:dʒɔl チュワージョル] 名 挫折 下自 **좌절하다** [チュワージョラダ] 挫折する

좌측 [tʃwa:tʃʰuk チュワーチュク] 名 左側;左

좌회전 [tʃwa:ɸiwedʒɔn チュワーフェジョン] 名 左折 下自他 **좌회전하다** [チュワーフェジョナダ] 左折する

죄 [tʃwe: チュエー] 名 罪 関 **죄를 받다** [チュエールル パッタ] 罰を受ける

죄다[1] [tʃwe:da チュエーダ] 他 ①(ゆるんでいる紐などを)きつく締める ②(隙間がないように)詰める ③(気を)揉む

죄다[2] [tʃwe:da チュエーダ] 副 すっかり;皆

죄송하다 [tʃwe:sonɦada チュエーソンハダ] 形 〖하変〗申し訳ない;すまない;恐縮だ 例 오랫동안 연락을 드리지 못해서 죄송합니다. [オレットンアン ヨルラグル トゥリジ モッテソ チュエーソンハムニダ] 長い間ご連絡を差し上げず申し訳ありませんでした。副 **죄송히** [チュエーソンイ] 恐縮に;すまなく

주[1] [tʃu チュ] 名 ①主 ②持ち主 ③キリスト ④君主

주[2] [tʃu チュ] 名 週 依名 …週

주가 [tʃu²ka チュッカ] 名 株価 関 **주가 지수** [チュッカ チス] 名 株価指数

주간[1] [tʃugan チュガン] 名 週刊 関 **주간지** [チュガンジ] 名 週刊誌

주간[2] [tʃugan チュガン] 名 昼間

주걱 [tʃugɔk チュゴク] 名 ①しゃもじ ②靴べら

주고받다 [tʃugobatʔta チュゴバッタ] 他 取り交わす;やり取りする

주관 [tʃugwan チュグワン] 名 主観 関 **주관성** [チュグワンッソン] 名 主観性 / **주관적** [チュグワンジョク] 名 主観的

주권 [tʃuʰkwɔn チュックオン] 名 主権 関 **주권국** [チュックオングク] 名 主権国 / **주권자** [チュックオンジャ] 名 主権者

주년 [tʃunjɔn チュニョン] 名 周年 依名 …周年

주눅 [tʃu:nuk チューヌク] 名 気後れ;(相手を恐れて)気が縮むこと 関 **주눅 들다** [チューヌク トゥルダ] 気後れする;臆する / **주눅 좋다** [チューヌク チョーッタ] 気後れしない;臆面もない

주니어 [tʃunio チュニオ] 名 ジュニア

주다[1] [tʃuda チュダ] 他 ①与える;やる;あげる ②くれる 例 하나 더 주세요. [ハナド チュセヨ] もう1つください。③(お金を)払う;出す ④(力を)入れる ⑤(心を)許す ⑥(視線や関心などを)向ける

주다[2] [tʃuda チュダ] 補動 《動詞の語幹＋ -아 / 어 주다の形で》…してやる;…してくれる 例 이것 좀 봐 주세요. [イゴッ チョム プワ ジュセヨ] これをちょっと見てください。/ 좀 더 천천히 말씀해 주세요. [チョム ド チョーンチョニ マールッスメ ジュセヨ] もう少しゆっくり

お話してください。
주되다 [tʃudweda チュドゥエダ] 自 主となる；中心となる
주력 [tʃuːrjɔk チューリョク] 名 力を注ぐこと 하自 주력하다 [チューリョカダ] 力を注ぐ
주례 [tʃurje チュリェ] 名 (結婚式で)儀式を司ること，またその人；司式者 하他 주례하다 [チュリェハダ] 結婚式の司式をする
주로 [tʃuro チュロ] 副 主に；主として 例 점심에는 주로 뭘 드세요? [チョームシメヌン チュロ ムォール トゥセヨ] 昼食には主に何を召し上がりますか。
주류 [tʃurju チュリュ] 名 主流 関 주류파 [チュリュパ] 主流派
주름 [tʃurum チュルム] 名 ①(顔などの)皺 ②(衣服の)ひだ；折り目 関 주름잡다 [チュルムジャプタ] 他 (主導権をとって)牛耳る
주름살 [tʃurumʔsal チュルムサル] 名 (皮膚の)皺
주리다 [tʃuːrida チューリダ] 自他 飢える
주말 [tʃumal チュマル] 名 週末 例 이번 주말에 같이 연극 보러 안 갈래요? [イボン チュマレ カチ ヨングク ポロ アン ガルレヨ] 今週末一緒に劇を見に行きませんか。
주머니 [tʃumɔni チュモニ] 名 ①巾着；財布 ②ポケット ③所持金のたとえ
주먹 [tʃumɔk チュモク] 名 こぶし；げんこつ 関 주먹밥 [チュモクパプ] 名 握り飯；おにぎり / 주먹질 [チュモクチル] 名 げんこつで殴ったり脅かしたりすること

주목 [tʃuːmok チューモク] 名 注目 하自他 주목하다 [チューモカダ] 注目する 関 주목을 받다 [チュモグル パッタ] 注目を浴びる
주무르다 [tʃumuruda チュムルダ] 名《르変：주물러 チュムルロ》① 揉む；按摩をする ②(人を)自由にあやつる；牛耳る
주무시다 [tʃumuʃida チュムシダ] 自 자다 [チャダ] の尊敬語：お休みになる 例 어젯밤에는 잘 주무셨어요? [オジェッパメヌン チャル チュムショッソヨ] 昨夜はよくお休みになれましたか。
주문 [tʃuːmun チュームン] 名 注文 하他 주문하다 [チュームナダ] 注文する 関 주문 생산 [チュームンセンサン] 名 注文生産 / 주문자 [チュームンジャ] 名 注文者 / 주문품 [チュームンプム] 名 注文品
주민 [tʃuːmin チューミン] 名 住民 関 주민등록 [チューミントゥンノク] 名 住民登録
주발 [tʃubal チュバル] 名 (真鍮製の)飯を盛る鉢
주방 [tʃubaŋ チュバン] 名 厨房；料理場；台所
주변¹ [tʃuːbjɔn チュービョン] 名 やり繰りする能力；融通性
주변² [tʃubjɔn チュビョン] 名 周辺；周り
주부 [tʃubu チュブ] 名 主婦
주빈 [tʃubin チュビン] 名 主賓
주사 [tʃuːsa チューサ] 名 注射 하他 주사하다 [チューサハダ] 注射する 関 주사를 놓다 [チューサルルノッタ] 注射する / 주사를 맞다 [チューサルル マッタ] 注射を打たれ

る(してもらう)

주선 [tʃusʌn チュソン] 名 周旋 他 주선하다 [チュソナダ] 斡旋する 関 주선료 [チュソンニョ] 名 周旋料

주소 [tʃuso チューソ] 名 住所 例 주소를 가르쳐 주세요. [チューソルル カルチョ ジュセヨ] 住所を教えてください。 関 주소록 [チューソロク] 名 住所録 / 주소 불명 [チューソプルミョン] 名 住所不明

주스 [tʃusɯ チュース] 名 ジュース 例 오렌지 주스 한 잔 주세요. [オレンジ チュース ハン ジャン チュセヨ] オレンジジュースを1杯ください。

주시 [tʃuːʃi チューシ] 名 注視 他 주시하다 [チューシハダ] 注視する

주식 [tʃuʃik チュシク] 名 株式 関 주식 거래 [チュシク コーレ] 名 株式取り引き / 주식 공개 [チュシク コンゲ] 名 株式公開 / 주식 시세 [チュシク シセ] 名 株式相場 / 주식 시장 [チュシク シージャン] 名 株式市場 / 주식회사 [チュシクェサ] 名 株式会社

주어지다 [tʃuʌdʒida チュオジダ] 受動 与えられる；提示される

주연¹ [tʃujʌn チュヨン] 名 主演 自 주연하다 [チュヨナダ] 主演する

주연² [tʃujʌn チュヨン] 名 酒宴

주요 [tʃujo チュヨ] 名 主要 形 주요하다 [チュヨハダ] 主要である 関 주요성 [チュヨッソン] 名 主要性

주위 [tʃuwi チュウィ] 名 周囲；回り 例 주위 친구들이 많이 도와주었어요. [チュウィ チングドゥリ マーニ トワジュオッソヨ] 周りの友達がたくさん手伝ってくれました。

주유 [tʃuːju チューユ] 名 注油；給油 自 주유하다 [チューユハダ] 注油する；給油する 関 주유소 [チューユソ] 名 ガソリンスタンド

주의 [tʃuːi チューイ] 名 注意 他 주의하다 [チューイハダ] 注意する ① 気を付ける ② 忠告・警告する 例 유사품에 주의하세요. [ユサプメ チューイハセヨ] 類似品に注意してください。 関 주의보 [チューイボ] 名 注意報 / 주의 사항 [チューイ サハン] 名 注意事項

주인 [tʃuin チュイン] 名 主人 関 주인공 [チュインゴン] 名 主人公 / 주인집 [チュインッチプ] 名 (借家の) 主人の家

주일¹ [tʃuil チュイル] 名 日曜日 関 주일 예배 [チュイル イェベ] 名 日曜日の礼拝 / 주일 학교 [チュイラクキョ] 名 日曜学校

주일² [tʃuil チュイル] 名 週日；ウィークデー 依名 週；1週間

주장 [tʃudʒaŋ チュジャン] 名 主張 他 주장하다 [チュジャンハダ] 主張する

주저 [tʃudʒʌ チュジョ] 名 躊躇；ためらい 自他 주저하다 [チュジョハダ] ためらう；躊躇する

주저앉다 [tʃudʒʌanˀta チュジョアンタ] 自 ① 座りこむ ② 崩れる ③ へこむ ④ (仕事を中途で) 放棄する

주전자 [tʃudʒʌndʒa チュジョンジャ] 名 やかん；湯沸かし

주정 [tʃudʒʌŋ チュジョン] 名 酒乱；酒癖の悪いこと 他 주정하다 [チュジョンハダ] 酔ってくだを巻く

죽이다

関 주정꾼[チュジョンックン]名 酒癖の悪い人；酔っ払い / 주정뱅이[チュジョンベンイ]名 酒癖の悪い人

주제¹ [tʃudʒe チュジェ]名 ①身のほど；分際 ②《주제에の形で》…のくせに 関 주제넘다[チュジェノムタ]形 生意気だ；身の程知らずだ

주제² [tʃudʒe チュジェ]名 主題 関 주제가[チュジェガ]名 主題歌 / 주제 음악[チュジェ ウマク]名 主題音楽

주차 [tʃuːtʃʰa チューチャ]名 駐車 他 주차하다[チューチャハダ]駐車する 関 주차장[チューチャジャン]名 駐車場

주책 [tʃutʃʰek チュチェク]名 ①しっかりした考え；分別；良識 ②しっかりとした考えがなくいい加減に振る舞うこと 関 주책없다[チュチェゴプタ]存 見境がない / 주책없이[チュチェゴプシ]副 いい加減に；でたらめに

주체 [tʃutʃʰe チュチェ]名 主体 関 주체성[チュチェッソン]名 主体性

주최 [tʃutʃʰwe チュチェ]名 主催 他 주최하다[チュチェハダ]主催する 関 주최자[チュチェジャ]名 主催者

주춤 [tʃutʃʰum チュチュム]副 たじろぐさま 自 주춤하다[チュチュマダ]たじろぐ 関 주춤거리다[チュチュムゴリダ]自 たじたじする；尻込みする / 주춤주춤[チュチュムジュチュム]副 ぐずぐず

주택 [tʃuːtʰek チューテク]名 住宅 関 주택가[チューテクカ]名 住宅街 / 주택 단지[チューテク タンジ]名 住宅団地 / 주택 수당[チューテク スダン]名 住宅手当て / 주택지[チューテクチ]名 住宅地 / 단독주택[タンドゥクチュテク]名 一戸建て住宅

주홍빛 [tʃuɦoŋ͈pit チュホンピッ]名 朱色；緋；紅

죽 [tʃuk チュク]名 粥；おかゆ

죽다 [tʃukʼta チュクタ]自 ①死ぬ 例 키우던 개가 죽었어요. [キウドンケガ チュゴッソヨ] 飼っていた犬が死にました。②(植物が)枯れる ③(機械など動いていた物が)止まる ④《形容詞の語幹＋-아서 / 어서 죽겠다の形で》…して死にそうだ；…してたまらない 例 배가 고파서 죽겠어요. [ペガ コパソ チュッケッソヨ] お腹が空いて死にそうです。関 죽었다가 살아나다[チュゴッタガ サラナダ] かろうじて命を取りとめる / 죽을 지경이다[チュグル チギョンイダ] やり切れない；耐えられない / 죽자 살자[チュクチャ サルジャ]副 必死で

죽순 [tʃukʼsun チュクスン]名 筍；竹の子

죽을상 [tʃuguɭsaŋ チュグルサン]名 ①死相 ②苦しそうな顔つき；真っ青な顔

죽음 [tʃugum チュグム]名 死；死ぬこと

죽이다 [tʃugida チュギダ]他 ①殺す ②(火を)消す ③(勢いや動きなどを)抑える；殺す ④(競技などで)アウトにする ⑤《俗語》かっこいい

죽치다 [tʃuktʃʰida チュクチダ] 自 蟄居する; 閉じこもる

준결승 [tʃuːngjəlʔsɯɯ チューンギョルスン] 名 準決勝

준공 [tʃuːngoŋ チューンゴン] 名 竣工 하他 준공하다 [チューンゴンハダ] 竣工する 関 준공식 [チューンゴンシク] 名 竣工式; 落成式

준말 [tʃuːnmal チューンマル] 名 略語; 縮約形

준비 [tʃuːnbi チューンビ] 名 準備 例 나갈 준비 다 했어요? [ナガル チューンビ ター ヘッソヨ] 出かける準備はぜんぶ済ませましたか。하他 준비하다 [チューンビハダ] 準備する 関 준비금 [チューンビグム] 名 準備金 / 준비 운동 [チューンビ ウンドン] 名 準備運動

준수 [tʃuːnsu チューンス] 名 遵守 하他 준수하다 [チューンスハダ] 遵守する

줄¹ [tʃul チュル] 名 ① 綱; 縄; 紐の総称 例 목걸이 줄이 끊어져서 목걸이를 잃어버렸어요. [モクコリ チュリ ックノジョソ モクコリルル イロボリョッソヨ] (ネックレスの)鎖が切れてネックレスを失くしてしまいました。② (楽器の)弦などの総称 ③ 線; ライン ④ 行列 例 한 줄로 서 주세요. [ハン ジュルロ ソ ジュセヨ] 一列に並んでください。⑤ (人間関係の)縁故; つて

줄² [tʃul チュル] 依名 ① 列を数える語: …列 ② 本の行数を数える語: …行

줄거리 [tʃulgəri チュルゴリ] 名 (小説などの)あらすじ; あらまし

줄곧 [tʃulgot チュルゴッ] 副 ずっと; 続けて; 絶えず

줄기 [tʃulgi チュルギ] 名 ① (木の)幹; (草の)つる ② (ものの)流れ; 筋 関 줄기줄기 [チュルギジュルギ] 副 筋ごとに; 幾筋にも分かれて

줄넘기 [tʃulləmʔki チュルロムッキ] 名 縄跳び 하自 줄넘기하다 [チュルロムッキハダ] 縄跳びする

줄다 [tʃulda チュールダ] 自《ㄹ語幹: 주는 チューヌン》① (数量が)減る; 少なくなる 対 늘다 [ヌルダ] ② (大きさが)小さくなる; 縮む ③ (程度が)下がる

줄다리기 [tʃuldarigi チュルダリギ] 名 綱引き 하自 줄다리기하다 [チュルダリギハダ] 綱引きする

줄무늬 [tʃulmuni チュルムニ] 名 縞模様, 縞; 筋

줄어들다 [tʃurədɯlda チュロドゥルダ] 自《ㄹ語幹: 줄어드는 チュロドゥヌン》(大きさや量が)少なくなる; 小さくなる; 縮む

줄이다 [tʃurida チュリダ] 他 減らす; 少なくする; 小さくする; 縮める 例 음악 소리 좀 줄여 주세요. [ウマク ソリ チョム チュリョ ジュセヨ] 音楽のボリュームをちょっと下げてください。

줄자 [tʃuldʒa チュルジャ] 名 巻き尺

줄짓다 [tʃuldʒitʔta チュルジッタ] 自《ㅅ変: 줄지어 / 줄짓는 チュルチオ / チュルチンヌン》並ぶ; 列をなす; 連なる

줍다 [tʃuːpʔta チューㇷ゚タ] 他《ㅂ変: 주워 / 줍는 チュウォ / チュームヌン》拾う; 拾得する

중 [tʃuːŋ チューン] 名 僧; 僧侶

중[tʃuŋ チュン]**名**中

중간[tʃuŋgan チュンガン]**名**中間；中程；途中 **関**중간고사[チュンガンゴーサ]**名**中間考査；中間試験 / 중간보고[チュンガンボーゴ]**名**中間報告 / 중간색[チュンガンセク]**名**中間色 / 중간 선거[チュンガン ソーンゴ]**名**中間選挙

중개[tʃu:ŋgɛ チューンゲ]**名**仲介 **他**중개하다[チューンゲハダ]仲介する **関**중개료[チューンゲリョ]**名**仲介料 / 중개업[チューンゲオプ]**名**仲介業 / 중개인[チューンゲイン]**名**仲介人

중계[tʃuŋge チュンゲ]**名**中継 **他**중계하다[チュンゲハダ]中継する **関**중계국[チュンゲグク]**名**中継局 / 중계 녹화[チュンゲ ノクヮ]**名**中継録画 / 중계방송[チュンゲバーンソン]**名**中継放送；中継 / 중계소[チュンゲソ]**名**中継所

중고[tʃuŋgo チュンゴ]**名**中古 **関**중고품[チュンゴプム]**名**中古品

중국[tʃuŋguk チュングク]**名**中国 **関**중국 사람[チュングク サーラム]**名**中国人 / 중국인[チュングギン]**名**中国人

중급[tʃuŋgɯp チュングプ]**名**中級 **関**중급 코스[チュングプ コース]**名**中級コース

중년[tʃuŋnjɔn チュンニョン]**名**中年

중단[tʃuŋdan チュンダン]**名**中断 **自他**중단하다[チュンダナダ]中断する

중대[tʃu:ŋdɛ チューンデ]**名**重大 **他形**중대하다[チューンデハダ]重大だ **関**중대 사건[チューンデサーッコン]**名**重大事件 / 중대시[チューンデシ]**名**重大視；重視

중독[tʃuŋdok チュンドク]**名**中毒 **自**중독되다[チュンドクトゥェダ]中毒になる **関**중독사[チュンドクサ]**名**中毒死 / 중독자[チュンドクチャ]**名**中毒者 / 중독 증상[チュンドク チュンサン]**名**中毒症状 / 알코올 중독[アルコオル ジュンドク]**名**アルコール中毒

중량[tʃu:ŋnjaŋ チューンニャン]**名**重量 **関**중량감[チューンニャンガム]**名**重量感

중류[tʃuŋnju チュンニュ]**名**中流 **関**중류 가정[チュンニュ カジョン]**名**中流家庭 / 중류 계급[チュンニュ ケグプ]**名**中流階級 / 중류 사회[チュンニュ サーフェ]**名**中流社会 / 중류 의식[チュンニュ ウイシク]**名**中流意識 / 중류층[チュンニュチュン]**名**中流層

중립[tʃuŋnip チュンニプ]**名**中立 **他自**중립하다[チュンニパダ]中立する **関**중립국[チュンニプクク]**名**中立国 / 중립주의[チュンニプチュイ]**名**中立主義 / 중립 지대[チュンニプ チデ]**名**中立地帯

중매[tʃuŋmɛ チュンメ]**名**媒酌人；仲立ち **他**중매하다[チュンメハダ]仲立ちする **関**중매결혼[チュンメギョロン]**名**見合い結婚

중부[tʃuŋbu チュンブ]**名**中部

중복[tʃu:ŋbok チューンボク]**名**重複 **他**중복하다[チューンボカダ]重複する **自**중복되다[チューンボクトゥェダ]重複する

중상¹[tʃuŋsaŋ チュンサン]**名**中傷 **他**중상하다[チュンサンハダ]

중상

中傷する

중상² [tʃuːŋsaŋ チューンサン] 名 重傷

중성 [tʃuŋsʌŋ チュンソン] 名 中性

중세 [tʃuŋse チュンセ] 名 中世

중소기업 [tʃuŋsogiʌp チュンソギオプ] 名 中小企業

중순 [tʃuŋsun チュンスン] 名 中旬

중시 [tʃuŋʃi チューンシ] 名 重視 하他 중시하다 [チューンシハダ] 重視する 되受動 중시되다 [チューンシドゥェダ] 重視される

중식 [tʃuŋʃik チュンシㇰ] 名 昼食 類 점심 [チョㇺシㇺ]

중심 [tʃuŋʃim チュンシㇺ] 名 ①中心 ②内心 関 중심부 [チュンシㇺブ] 名 中心部 / 중심선 [チュンシㇺソン] 名 中心線 / 중심인물 [チュンシミンムル] 名 中心人物 / 중심점 [チュンシムッチョㇺ] 名 中心点 / 중심지 [チュンシㇺジ] 名 中心地

중앙 [tʃuŋaŋ チュンアン] 名 ①中央 ②(地方に対する)首都 関 중앙관서 [チュンアン クヮンソ] 名 中央官署；中央官庁 / 중앙 기관 [チュンアン キグヮン] 名 中央機関 / 중앙난방 [チュンアンナンバン] 名 セントラルヒーティング / 중앙 도매 시장 [チュンアン トメ シージャン] 名 中央卸売市場 / 중앙선 [チュンアンソン] 名 センターライン / 중앙 은행 [チュンアン ウネン] 名 中央銀行 / 중앙 집권 [チュンアン チプックォン] 名 中央集権

중얼거리다 [tʃuŋʌlgʌrida チュンオルゴリダ] 自 独り言をぶつぶつとつぶやく

중역 [tʃuːŋjʌk チューンヨㇰ] 名 重役 関 중역실 [チューンヨㇰシル] 名 重役室 / 중역 회의 [チューンヨㇰ フェーイ] 名 重役会議

중요 [tʃuːnjo チューンヨ] 名 重要 하形 중요하다 [チューンヨハダ] 重要だ 例 중요한 일부터 해 나갑시다. [チューンヨハン ニールブトヘ ナガプシダ] 重要な仕事からしていきましょう。関 중요 문화재 [チューンヨ ムヌヮジェ] 名 重要文化財 / 중요시 [チューンヨシ] 名 重要視

중재 [tʃuːndʒɛ チュンジェ] 名 仲裁 하他 중재하다 [チュンジェハダ] 仲裁する

중점 [tʃuːŋʔtʃʌm チューンッチョㇺ] 名 重点

중지 [tʃuːndʒi チュンジ] 名 中止 하他 중지하다 [チュンジハダ] 中止する 自 중지되다 [チュンジドゥェダ] 中止になる

중추 [tʃuŋtʃʰu チュンチュ] 名 中秋；陰暦の8月15日 類 한가위 [ハンガウィ]；추석 [チュソㇰ] 名 秋夕

중태 [tʃuːŋtʰɛ チューンテ] 名 重体；重態

중턱 [tʃuŋtʰʌk チュントㇰ] 名 (山や坂などの)中腹

중퇴 [tʃuŋtʰwe チュントゥェ] 名 中退 하自 중퇴하다 [チュントゥェハダ] 中退する

중하다 [tʃuːŋɦada チューンハダ] 形 《하変》①(病気や罪などが)重い ②大切だ；大事だ ③(責任・任務などが)重大だ 副 중히 [チューニ] 重く；重大に

중학 [tʃuŋɦak チュンハㇰ] 名 중학교 [チュンハㇰキョ] の縮約形

중학교 [tʃuɲɦak̚kjo チュンハクキョ] 名 中学校 例 그녀는 중학교 영어 선생님이에요. [クニョヌン チュンハクキョ ヨンオ ソンセンニミエヨ] 彼女は中学校の英語の先生です。

중학생 [tʃuɲɦak̚sɛŋ チュンハクセン] 名 中学生

중화 [tʃuɲɦwa チュンフワ] 名 中華

중화민국 [tʃuɲɦwamiŋuk チュンフワミングク] 名 中華民国

중화인민공화국 [tʃuɲɦwainmingoːɲɦwaguk チュンフワインミンゴーンフワグク] 名 中華人民共和国;中国

쥐¹ [tʃwi チュイ] 名 痙攣 関 쥐가 나다 [チュイガ ナダ] 痙攣する;こむら返りになる

쥐² [tʃwi チュイ] 名 ネズミ 関 쥐도 새도 모르게 [チュイド セド モルゲ] (ネズミも鳥もわからないようにの意の慣用句) こっそりと誰も知らないうちに

쥐다 [tʃwiːda チュイーダ] 他 ① 握る;持つ;つかむ ② 手に入れる ③ 支配する

쥐약 [tʃwijak チュイヤク] 名 殺鼠剤

쥐어뜯다 [tʃwiɔ˺tɯt̚ta チュイオットゥッタ] 他 ① むしる ② ちぎる

쥐포 [tʃwipʰo チュイポ] 名 カワハギの干物

즈음 [tʃɯɯm チュウム] 依名 頃

즉 [tʃɯk チュク] 副 すなわち;つまり

즉석 [tʃɯk̚sɔk チュクソク] 名 即席 関 즉석식품 [チュクソクシクプム] 名 インスタント食品 / 즉석요리 [チュクソンニョリ] 名 即席料理;インスタント料理

즉시 [tʃɯk̚ʃi チュクシ] 副 ① 即時に;直ちに ② 《名詞的に》即時

즉일 [tʃɯgil チュギル] 名 即日;当日

즐거움 [tʃɯlgɔum チュルゴウム] 名 楽しみ;楽しさ;慰み;快楽

즐겁다 [tʃɯlgɔp̚ta チュルゴプタ] 形 〔ㅂ変:즐거워 / 즐거운 チュルゴヲォ / チュルゴウン〕① 楽しい;愉快だ ② うれしい 例 오랜만에 친구들과 만나서 즐거운 시간을 보냈어요. [オレンマネ チングドゥルグヮ マンナソ チュルゴウン シガヌル ポネッソヨ] 久しぶりに友達と会って楽しい時間を過ごしました。
副 즐거이 [チュルゴイ] 楽しく;愉快に

즐기다 [tʃɯlgida チュルギダ] 他 楽しむ;(…に) 親しむ;興じる 例 가족 모두가 즐길 수 있는 데 어디 없을까요? [カジョク モドゥガ チュルギル ス インヌン デ オディ オープスルッカヨ] 家族みんなが楽しめる所はどこかありませんか。

즙 [tʃɯp チュプ] 名 (主に果実の) 汁

증가 [tʃɯŋga チュンガ] 名 増加 하自他 증가하다 [チュンガハダ] 増加する 自 증가되다 [チュンガドゥェダ] 増加する:増える

증거 [tʃɯŋgɔ チュンゴ] 名 証拠 関 증거력 [チュンゴリョク] 名 証拠力 / 증거인 [チュンゴイン] 名 証拠人 / 증거 인멸 [チュンゴ インミョル] 名 証拠隠滅 / 증거품 [チュンゴプム] 名 証拠品

증권 [tʃɯŋ˺kwɔn チュンックォン] 名 証券 関 증권 거래소 [チュンックォ

증기

ン コーレソ]명 証券取引所 / 증권 시장[チュンックオン シージャン]명 証券市場 / 증권 투자[チュンックオン トゥジャ]명 証券投資 / 증권 회사[チュンックオン フェーサ]명 証券会社

증기[tʃuŋgi チュンギ]명 蒸気；水蒸気；湯気 관 증기 기관[チュンギ キグヮン]명 蒸気機関 / 증기 기관차[チュンギ キグヮンチャ]명 蒸気機関車

증대[tʃuŋdɛ チュンデ]명 増大 하자타 증대하다[チュンデハダ] 増大する

증명[tʃuŋmjɔŋ チュンミョン]명 証明 하타 증명하다[チュンミョンハダ] 証明する 관 증명서[チュンミョンソ]명 証明書

증상[tʃuːŋsaŋ チューンサン]명 症状

증손[tʃuŋson チュンソン]명 ひ孫

증언[tʃuŋɔn チュンオン]명 証言 하타 증언하다[チュンオナダ] 証言する

증인[tʃuŋin チュンイン]명 証人

지¹[tʃi チ]의명《動詞の過去連体形+지の形で》…して以来；…してから 예 한국에 온 지 1(일)년이 됐어요. [ハーングゲ オン ジ イルリョニ トゥェッソヨ]韓国に来て1年になりました。

-지²[tʃi チ]어미 ① 話し手の意志を表す：…するよ 예 내가 하지요. [ネガ ハジヨ]私がやりますよ。② 婉曲な命令・勧誘を表す：…したらどうだい 예 같이 가시지요. [カチ カシジヨ]一緒に行きましょう。③ 懐疑・不審の意を表す：…か

な 예 무슨 일이지요? [ムスン ニーリジヨ]何のご用でしょうか。《丁寧さを表す場合は지요の形に，縮約形은죠の形になる》

지각¹[tʃigak チガク]명 知覚 관 지각 신경[チガク シンギョン]명 知覚神経

지각²[tʃigak チガク]명 遅刻 하자 지각하다[チガカダ] 遅刻する

지갑[tʃigap チガプ]명 財布；札入れ 예 지갑을 잃어버렸어요. [チガブル イロボリョッソヨ]財布をなくしました。

지게[tʃige チゲ]명 しょいこ 관 지게꾼[チゲックン]명 しょいこ人夫

지겹다[tʃigjɔpʰta チギョプタ]형《ㅂ変：지겨워 / 지겨운 チギョウォ / チギョウン》あきあきしている；うんざりしている

지경[tʃigjɔŋ チギョン]명 ① 地境 ②《動詞の語幹+ -ㄹ / 을 지경の形で》…するほどだ 예 너무 힘들어서 죽을 지경이에요. [ノム ヒムドゥロソ チュグル チギョンイエヨ]とてもつらくて死にそうです。

지구[tʃigu チグ]명 地球 관 지구 과학[チグ クヮハク]명 地球科学 / 지구본[チグボン]명 地球儀 / 지구의[チグイ]명 地球儀 / 지구촌[チグチョン]명 地球村《地球を1つの村にたとえた語》

지극[tʃiguk チグク]명 至極；最上 하형 지극하다[チグカダ]この上ない 관 지극히[チグキ]부 至極；この上もなく

지금[tʃigum チグム]명 ① 今；現在 예 지금 몇 시예요? [チグム ミョッ シエヨ]今何時ですか。②《副詞

지급 [tʃigup チグプ] 名 支給 하他 지급하다 [チグパダ] 支給する

지긋지긋하다 [tʃigutʔtʃiguttʰada チグッチグタダ] 形〘하変〙① うんざりだ；飽き飽きだ ②(状況が) ぞっとするほどだ 副 지긋지긋이 [チグチグシ] うんざりするほど

지나가다 [tʃinagada チナガダ] 自 ① 通り過ぎる ②(期限などが) 過ぎる ③(時間が) 経つ ④(考えなどが) よぎる；浮かぶ 他 (ある所を) 通過する；経由する

지나다 [tʃinada チナダ] 自 ①(一定の時間などが) 経過する ②(期限などが) 過ぎる ③(注意しないで) 見落とす 他 通過する 例 지나는 길에 들렀어요. [チナヌン ギレ トゥルロッソヨ] 通りがかりに立ち寄りました。

지나치다 [tʃinatʃʰida チナチダ] 自他 ①(言動などが) 度が過ぎる；度を超す ② 通り過ぎる

지난날 [tʃinannal チナンナル] 名 過日；先日

지난달 [tʃinandal チナンダル] 名 先月

지난밤 [tʃinanbam チナンバム] 名 昨晩

지난번 [tʃinanbɔn チナンボン] 名 この前；先頃；この間

지난주 [tʃinandʒu チナンジュ] 名 先週

지난해 [tʃinanɦɛ チナネ] 名 昨年；去年 類 작년 [チャンニョン]

지내다 [tʃiːneda チーネダ] 自 ① 過ごす；暮らす 例 그동안 잘 지내셨어요. [クドンアン チャル チーネショッソヨ] これまで，お元気でしたか(よくお暮らしでしたか)。② 付き合う；交際する

지네 [tʃine チネ] 名 ムカデ

지느러미 [tʃinurɔmi チヌロミ] 名 (魚などの)ひれ

지능 [tʃinɯŋ チヌン] 名 知能 圜 지능 검사 [チヌン コームサ] 名 知能検査 / 지능범 [チヌンボム] 名 知能犯 / 지능 연령 [チヌン ヨルリョン] 名 知能年齢；精神年齢 / 지능 지수 [チヌン チス] 名 知能指数

지니다 [tʃinida チニダ] 他 ①(物を) 携帯する；身につける；所持する ② 所有する ③(人格・才能などを) 備える

지다[1] [tʃida チダ] 自 負ける；敗れる 例 우리 팀이 졌어요. [ウリ ティミ チョッソヨ] 私たちのチームが負けました。

지다[2] [tʃida チダ] 自 ①(花などが) 散る 例 폈던 꽃이 졌어요. [ピョットン ッコチ チョッソヨ] 咲いていた花が散りました。②(日・月などが) 沈む；暮れる 例 해가 지고 달이 떴어요. [ヘガ チゴ タリ ットッソヨ] 日が沈んで月が昇りました。

지다[3] [tʃida チダ] 他 ① 등지다 [ドゥンジダ] の縮約形：背にする ②(荷物などを) 背負う ③(世話・恩恵などを) 受ける ④(責任などを) 負う

지도[1] [tʃido チド] 名 地図 例 서울 시내 지도가 있나요? [ソウル シーネ チドガ インナヨ] ソウル市内の地図は，ありますか。

지도[2] [tʃido チド] 名 指導 하他 지도

지독하다

하다 [チドハダ] 指導する 関 지도교수 [チド キョス] 名 指導教授 / 지도력 [チドリョク] 名 指導力 / 지도서 [チドソ] 名 指導書 / 지도자 [チドジャ] 名 指導者

지독하다 [tʃidokkʰada チドカダ] 形〖하変〗とてもひどい；猛烈だ

지렁이 [tʃiːrəŋi チーロンイ] 名 ミミズ

지뢰 [tʃirwe チルェ] 名 地雷 関 지뢰밭 [チルェバッ] 名 地雷原

지루하다 [tʃiruɦada チルハダ] 形〖하変〗退屈だ；うんざりしている 例 영화가 너무 재미없어서 지루해 죽는 줄 알았어요. [ヨンフヮガ ノム チェミオプソソ チルヘ チュンヌン ジュル アラッソヨ] 映画がとてもつまらなくて退屈でたまりませんでした。

지르다¹ [tʃiruda チルダ] 他〖르変：질러 チルロ〗① 突く；刺す ② 挿す；差す ③（火を）付ける ④（悪臭が鼻を）突く；刺す

지르다² [tʃiruda チルダ] 他〖르変：질러 チルロ〗叫ぶ；怒鳴る 例 갑자기 고함을 질러서 깜짝 놀랐어요. [カプチャギ コハムル チルロソ ッカムッチャン ノルラッソヨ] 突然大声で叫んだので驚きました。

지름 [tʃirum チルム] 名 直径

지리 [tʃiri チリ] 名 地理 関 지리학 [チリハク] 名 地理学

-지만 [tʃiman チマン] 語尾 …だが；…けれど 例 이 상품도 좋지만 그 상품도 좋아요. [イ サンプムド チョーッチマン ク サンプムド チョーアヨ] この商品も良いですが、その商品も良いです。

지망 [tʃimaŋ チマン] 名 志望 하他 지망하다 [チマンハダ] 志望する 関 지망자 [チマンジャ] 名 志望者

지명¹ [tʃimjəŋ チミョン] 名 知名 関 지명도 [チミョンド] 名 知名度

지명² [tʃimjəŋ チミョン] 名 指名 하他 지명하다 [チミョンハダ] 指名する 関 지명 수배 [チミョン スベ] 名 指名手配 / 지명 수배자 [チミョン スベジャ] 名 指名手配者

지반 [tʃiban チバン] 名 地盤 関 지반 공사 [チバン コンサ] 名 地盤工事 / 지반 침하 [チバン チマ] 地盤沈下

지방 [tʃibaŋ チバン] 名 地方 例 중부 지방에 폭설이 내렸어요. [チュンブ チバンエ ポクソリ ネリョッソヨ] 中部地方に大雪が降りました。 関 지방 공공 단체 [チバン コンゴン ダンチェ] 名 地方公共団体 / 지방 공무원 [チバン コンムウォン] 名 地方公務員 / 지방 공연 [チバン コンヨン] 名 地方公演 / 지방색 [チバンセク] 名 地方色 / 지방세 [チバンッセ] 名 地方税 / 지방 자치 단체 [チバン チャチ ダンチェ] 名 地方自治体 / 지방판 [チバンパン] 名 地方版

지배 [tʃibe チベ] 名 支配 하他 지배하다 [チベハダ] ① 支配する ② 統治・統制する 関 지배 계급 [チベ ケグプ] 名 支配階級 / 지배권 [チベックォン] 名 支配権 / 지배인 [チベイン] 名 支配人；マネージャー / 지배자 [チベジャ] 名 支配者

지부 [tʃibu チブ] 名 支部

지불 [tʃibul チブル] 名 支払い 하他

지불하다 [tʃiburada チブラダ] 支払う 関 지불 기일 [チブル キイル] 名 支払い期日 / 지불 기한 [チブル キハン] 名 支払い期限 / 지불 유예 [チブル ユイェ] 名 支払い猶予

지붕 [tʃibuŋ チブン] 名 屋根

지사 [tʃisa チサ] 名 支社

지사제 [tʃisadʒe チサジェ] 名 下痢止め 類 설사약 [ソルサヤク]

지새다 [tʃiseda チセダ] 自 (夜が)明ける

지새우다 [tʃiseuda チセウダ] 他 (夜を)明かす

지성¹ [tʃisoŋ チソン] 名 至誠 関 지성껏 [チソンッコッ] 副 真心を込めて；精いっぱい

지성² [tʃisoŋ チソン] 名 知性 関 지성적 [チソンジョク] 名 知性的

지시 [tʃiʃi チシ] 名 指示 하他 지시하다 [チシハダ] 指示する

지식 [tʃiʃik チシク] 名 知識 例 배경 지식이 없이는 이해하기 힘들어요. [ペギョン チシギ オープシヌン イヘハギ ヒムドゥロヨ] 背景の知識(予備知識)なしでは理解するのは大変です。 関 지식수준 [チシクスジュン] 名 知識水準 / 지식욕 [チシンニョク] 名 知識欲 / 지식인 [チシギン] 名 知識人 / 지식층 [チシクチュン] 名 知識層；インテリ層

지역 [tʃijok チヨク] 名 地域 関 지역개발 [チヨク ケバル] 名 地域開発 / 지역 사회 [チヨク サーフェ] 名 地域社会

지옥 [tʃiok チオク] 名 地獄

지우개 [tʃiuge チウゲ] 名 消しゴム 例 지우개 좀 빌려 주세요. [チウゲ チョム ピルリョ ジュセヨ] 消しゴムをちょっと貸してください。

지우다 [tʃiuda チウダ] 他 ①(あったものを)消す；落とす 例 화장을 간단하게 지울 수 있는 티슈 있어요? [フヮジャンウル カンダナゲ チウル ス インヌン ティシュ イッソヨ] 化粧を簡単に落とせるティッシュ，ありますか。② (考え・感じ・表情などを)消す

지원 [tʃiwon チウォン] 名 支援 하他 지원하다 [チウォナダ] 支援する

지위 [tʃiwi チウィ] 名 地位

지장 [tʃidʒaŋ チジャン] 名 支障；差し障り

지저귀다 [tʃidʒogwida チジョグィダ] 自 ①(鳥が)さえずる；鳴く ②ぺちゃぺちゃとしゃべる

지저분하다 [tʃidʒobunɦada チジョブナダ] 形《하変》①雑然としている；むさくるしい ②(話の内容や考え・行為などが)下品だ

지적 [tʃidʒok チジョク] 名 指摘 하他 지적하다 [チジョカダ] 指摘する

지점¹ [tʃidʒom チジョム] 名 支店

지점² [tʃidʒom チジョム] 名 地点

지정 [tʃidʒoŋ チジョン] 名 指定 하他 지정하다 [チジョンハダ] 指定する 関 지정권 [チジョンックォン] 名 指定券 / 지정 문화재 [チジョン ムヌヮジェ] 名 指定文化財

지주 [tʃidʒu チジュ] 名 地主

지중해 [tʃidʒuŋɦe チジュンヘ] 名 地中海

지지 [tʃidʒi チジ] 名 支持 하他 지지하다 [チジハダ] 支持する

지지난달 [tʃidʒinandal チジナンダル] 名 先々月

지지난주 [tɕidʑinandʑu チジナンジュ] 名 先々週

지지난해 [tɕidʑinanɦɛ チジナネ] 名 一昨年；おととし 類 재작년 [チェジャンニョン]

지지다 [tɕidʑida チジダ] 他 ①(水を少し入れて)煮る ②(卵や豆腐などを)焼く ③焼く

지진 [tɕidʑin チジン] 名 地震

지짐이¹ [tɕidʑimi チジミ] 名 チヂミ；油で焼いた物

지짐이² [tɕidʑimi チジミ] 名 煮込み料理

지체 [tɕitɕʰe チチェ] 名 遅滞 自他 지체하다 [チチェハダ] 遅滞する 自 지체되다 [チチェドゥェダ] 遅滞する 関 지체금 [チチェグム] 名 遅滞金

지출 [tɕitɕʰul チチュル] 名 支出 他 지출하다 [チチュラダ] 支出する

지치다 [tɕitɕʰida チーチダ] 自 くたびれる；疲れる

지키다 [tɕikʰida チキダ] 他 ① 守る；保護する ②(ある状態をそのまま)維持する ③(規則・約束・法律・秘密などを)守る 例 약속을 지켜 주세요. [ヤクソグル チキョ ジュセヨ] 約束を守ってください。

지탄 [tɕitʰan チタン] 名 指弾 他 지탄하다 [チタナダ] 指弾する

지탱 [tɕitʰɛŋ チテン] 名 持ちこたえること；支えること 自他 지탱하다 [チテンハダ] 持ちこたえる

지팡이 [tɕipʰaŋi チパンイ] 名 杖

지퍼 [tɕipʰʌ チポ] 名 ジッパー

지평선 [tɕipʰjʌŋsʌn チピョンソン] 名 地平線

지폐 [tɕipʰe チペ] 名 紙幣；札

지하 [tɕiɦa チハ] 名 地下 関 지하도 [チハド] 名 地下道 / 지하상가 [チハサンガ] 名 地下商店街 / 지하실 [チハシル] 名 地下室 / 지하철 [チハチョル] 名 地下鉄

지향 [tɕiɦjaŋ チヒャン] 名 指向 他 지향하다 [チヒャンハダ] 指向する

지형 [tɕiɦjʌŋ チヒョン] 名 地形

지혜 [tɕiɦe チヘ] 名 知恵 関 지혜롭다 [チヘロプタ] 形《ㅂ変：지혜로워 / 지혜로운 チヘロウォ / チヘロウン》賢い

직각 [tɕikʰkak チクカク] 名 直角

직무 [tɕiŋmu チンム] 名 職務

직물 [tɕiŋmul チンムル] 名 織物 関 직물 공업 [チンムル コンオプ] 名 織物工業 / 직물상 [チンムルサン] 名 織物商

직선 [tɕikʰsʌn チクソン] 名 直線 関 직선거리 [チクソンゴリ] 名 直線距離 / 직선 코스 [チクソン コース] 名 直線コース

직업 [tɕigʌp チゴプ] 名 職業 例 그는 자신의 직업에 자부심을 가지고 있어요. [クヌン チャンシネ チゴベ チャブシムル カジゴ イッソヨ] 彼は自分の職業に誇りを持っています。

직원 [tɕigwʌn チグォン] 名 職員

직장 [tɕikʰtɕaŋ チクチャン] 名 職場；勤め先 例 직장을 옮길 생각이에요. [チクチャンウル オムギル センガギエヨ] 勤め先を変えるつもりです。

직전 [tɕikʰtɕʌn チクチョン] 名 直前；寸前

직접 [tɕikʰtɕʌp チクチョプ] 名 ① 直接 ②《副詞的に》直接(に)；まっすぐに

직책 [tʃiktsʰɛk チクチェク] 名 職責

직통 [tʃiktʰoŋ チクトン] 名 直通 自 직통하다 [チクトンハダ] 直通する 関 직통열차 [チクトンニョルチャ] 名 直通列車 / 직통 전화 [チクトン チョーヌヮ] 名 直通電話

직함 [tʃikʰam チカム] 名 肩書き

직행 [tʃikkʰeŋ チケン] 名 直行

직후 [tʃikkʰu チク] 名 直後

진눈깨비 [tʃinnunˀkebi チンヌンッケビ] 名 みぞれ

진단 [tʃi:ndan チーンダン] 名 診断 他 진단하다 [チーンダナダ] 診断する 関 진단서 [チーンダンソ] 名 診断書

진달래 [tʃindallɛ チンダルレ] 名 チンダルレ《カラムラサキツツジ》関 진달래꽃 [チンダルレッコッ] チンダルレの花

진담 [tʃindam チンダム] 名 本心から出た話; 本音

진도 [tʃi:ndo チーンド] 名 震度

진드기 [tʃindɯgi チンドゥギ] 名 ダニ

진땀 [tʃinˀtam チンッタム] 名 脂汗; 冷や汗

진력 [tʃi:lljok チールリョク] 名 尽力 自 진력하다 [チールリョカダ] 尽力する

진료 [tʃi:lljo チールリョ] 名 診療 他 진료하다 [チールリョハダ] 診療する 関 진료소 [チールリョソ] 名 診療所

진리 [tʃilli チルリ] 名 真理

진미 [tʃinmi チンミ] 名 珍味

진밥 [tʃinbap チンバプ] 名 やわらかいご飯

진보 [tʃi:nbo チーンボ] 名 進歩 自 진보하다 [チーンボハダ] 進歩する 関 진보적 [チーンボジョク] 名 進歩的 / 진보주의 [チーンボジュイ] 名 進歩主義

진부 [tʃi:nbu チーンブ] 名 陳腐 形 진부하다 [チーンブハダ] 陳腐だ

진상 [tʃinsaŋ チンサン] 名 真相

진솔하다 [tʃinsorhada チンソラダ] 形 《하変》率直だ

진수 [tʃinsu チンス] 名 真髄; 神髄; エッセンス

진실 [tʃinʃil チンシル] 名 真実 形 진실하다 [チンシラダ] 真実だ 関 진실로 [チンシルロ] 副 真に; 本当に

진심 [tʃinʃim チンシム] 名 真心; いつわりのない心

진열 [tʃi:njol チーニョル] 名 陳列 他 진열하다 [チーニョラダ] 陳列する 関 진열대 [チーニョルデ] 名 陳列台 / 진열장 [チーニョルチャン] 名 陳列棚 / 진열품 [チーニョルプム] 名 陳列品

진작 [tʃi:ndʒak チーンジャク] 副 前もって; ずっと前に; とっくに

진저리 [tʃindʒori チンジョリ] 名 (寒さ・恐怖・嫌悪・放尿後などの)震え; 身震い 関 진저리가 나다 [チンジョリガ ナダ] うんざりする; ぞっとする

진정[1] [tʃindʒoŋ チンジョン] 名 真正 形 진정하다 [チンジョンハダ] ① 真正だ ②《副詞的に》本当に

진정[2] [tʃindʒoŋ チンジョン] 名 真情; 真心

진주 [tʃindʒu チンジュ] 名 真珠 関 진주조개 [チンジュジョゲ] 名 真

珠貝

진지¹ [tʃiːndʒi チーンジ] 名 食事の尊敬語：ご飯；お食事 関 진짓상 [チーンジッサン] 名 お膳

진지² [tʃindʒi チンジ] 名 真摯 하形 진지하다 [チンジハダ] 真摯だ

진짜 [tʃinʔtʃa チンッチャ] 名 ① 本物 ② 本当 ③《副詞的に》本当に

진찰 [tʃiːntʃʰal チーンチャル] 名 診察 하他 진찰하다 [チーンチャラダ] 診察する 関 진찰권 [チーンチャルクォン] 名 診察券 / 진찰실 [チーンチャルシル] 名 診察室

진출 [tʃiːntʃʰul チーンチュル] 名 進出 하自 진출하다 [チーンチュラダ] 進出する

진통 [tʃintʰoŋ チーントン] 名 鎮痛 関 진통제 [チーントンジェ] 名 鎮痛剤

진품 [tʃinpʰum チンプム] 名 本物

진하다 [tʃinɦada チナダ] 形《하変》 ① (液体が) 濃い ② (色・化粧などが) 濃い

진학 [tʃiːnɦak チーナク] 名 進学 하自 진학하다 [チーナカダ] 進学する

진행 [tʃiːnɦeŋ チーネン] 名 進行 하自他 진행하다 [チーネンハダ] 進行する

진흙 [tʃinɦuk チヌク] 名 ① 粘土 ② 泥 関 진흙길 [チヌクキル] 名 泥道 / 진흙탕 [チヌクタン] 名 ぬかるみ

질¹ [tʃil チル] 名 質

-질² [tʃil チル] 接尾 ①《道具を表す名詞に付いて》仕事や行為を表す 例 낚시질 [ナクシジル] 名 釣り ② 良くない行為や動作を表す 例 도둑질 [トドゥクチル] 名 盗み

질기다 [tʃilgida チルギダ] 形 ① (布・紙などが) 丈夫だ ② (肉などが) 堅い ③ (性格・意志などが) 粘り強い；強靭だ

질다 [tʃilda チルダ] 形《ㄹ語幹：진친》① (飯などが) 水気が多い ② (地面が) ぬかっている

질리다 [tʃillida チルリダ] 自 飽き飽きする

질문 [tʃilmun チルムン] 名 質問 하他 질문하다 [チルムナダ] 質問する

질색 [tʃilʔsek チルセク] 名 うんざりすること 하自 질색하다 [チルセカダ] うんざりする

질서 [tʃilʔsɔ チルソ] 名 秩序；正しい順序や規則

질식 [tʃilʔʃik チルシク] 名 窒息 하自 질식하다 [チルシカダ] 窒息する 関 질식사 [チルシクサ] 名 窒息死

질책 [tʃiltʃʰɛk チルチェク] 名 叱責 하他 질책하다 [チルチェカダ] 叱責する

질투 [tʃiltʰu チルトゥ] 名 嫉妬 하他 질투하다 [チルトゥハダ] 嫉妬する 関 질투심 [チルトゥシム] 名 嫉妬心

짊어지다 [tʃilmɔdʒida チルモジダ] 他 ① 背負う ② (責任などを) 負う；担う

짐 [tʃim チム] 名 荷物；荷

짐승 [tʃimsɯŋ チムスン] 名 ① 獣 ② 人間らしさのない人

짐작 [tʃimdʒak チムジャク] 名 推測；推量 하他 짐작하다 [チムジャカダ] 推し量る；推測する

짐짓 [tʃimdʒit チムジッ] 副 わざと；故意に；殊更

짓다

집 [tʃip チプ] 名 ① 家 例 친구네 집에서 놀다 갈게요. [チングネ チベソ ノールダ カルケヨ] 友達の家で遊んでから帰ります。② 巣

집게 [tʃipʔke チプケ] 名 やっとこ；ニッパー

집권 [tʃipʔkwʌn チプックォン] 名 執権 하자 집권하다 [チプックォナダ] 執権する 関 집권자 [チプクォンジャ] 名 執権者

집다 [tʃipʔta チプタ] 他 ① つまむ；握る；挟む ② 拾う ③ 指摘する

집단 [tʃipʔtan チプタン] 名 集団 関 집단 검진 [チプタン コームジン] 名 集団検診 / 집단생활 [チプタン センフワル] 名 集団生活 / 집단의식 [チプタニシク] 名 集団意識 / 집단행동 [チプタネンドン] 名 集団行動

집들이 [tʃipʔturi チプトゥリ] 名 ① 引っ越しして新しい家に移り住むこと ② 引っ越し祝いの宴 하자 집들이하다 [チプトゥリハダ] 引っ越し祝いをする

집사람 [tʃipʔsaram チプサラム] 名 (自分の妻を謙遜して) 家内

집세 [tʃipʔse チプッセ] 名 家賃；店賃

집안 [tʃiban チバン] 名 ① 家族；身内 ② 家柄；家門 ③ 家庭 関 집안 사람 [チバンサラム] 名 身内の人 / 집안일 [チバンニル] 名 家事

집어넣다 [tʃibɔnɔtʰa チボノッタ] 他 ① (容器などの中に) 入れる；つっ込む ② (強制的に) 収容する

집어먹다 [tʃibɔmɔkʔta チボモクタ] 他 ① (指や箸で) つまみ食いする ② (人の物を) 横取りする；着服

집어삼키다 [tʃibɔsamkʰida チボサムキダ] 他 ① 飲み込む；吸い込む ② (人の物を) 横取りする；着服する

집요하다 [tʃibjoɦada チビョハダ] 形 〖하変〗 執拗だ；しつこい

집주인 [tʃipʔtʃuin チプチュイン] 名 ① 家主；家の長 ② 大家

집중 [tʃipʔtʃuŋ チプチュン] 名 集中 하자 집중하다 [チプチュンハダ] 集中する 関 집중력 [チプチュンニョク] 名 集中力 / 집중 호우 [チプチュン ホウ] 名 集中豪雨

집행 [tʃipphɛŋ チペン] 名 執行 하자 집행하다 [チペンハダ] 執行する 関 집행 기관 [チペン キグヮン] 名 執行機関 / 집행 명령 [チペン ミョーンニョン] 名 執行命令 / 집행 유예 [チペン ユイェ] 名 執行猶予 / 집행 처분 [チペン チョブン] 名 執行処分

집회 [tʃipphwe チプェ] 名 集会 하자 집회하다 [チプェハダ] 集まる；集会する

짓 [tʃiːt チーッ] 名 しわざ；ふるまい

짓궂다 [tʃiːtʔkutʔta チーックッタ] 形 意地悪だ 関 짓궂이 [チークジ] 副 意地悪く

짓다 [tʃitʔta チータ] 他 〖ㅅ変：지어 / 짓는 チオ / チーンヌン〗 ① (建物などを) 建てる 例 이 백화점은 이번에 새로 지은 건물이에요. [イペクフヮジョムン イボネ セロ チウン ゴーンムリエヨ] このデパートは今回新しく建てたものです。② (ご飯などを) 炊く ③ (表情などを) 現す ④ 名付ける ⑤ (薬など

901

짓밟다 を)調剤する

짓밟다 [ˀtʃiˀpapˀta チッパプタ] 他 ① 踏みつける；踏みにじる ② 抑圧する；蹂躙する

징 [tʃiŋ チン] 名 どら；鉦

징검다리 [tʃiŋɡəmdari チンゴムダリ] 名 飛び石

징그럽다 [tʃiŋɡurəpˀta チングロプタ] 形 《ㅂ変: 징그러워 / 징그러운 チングロウォ / チングロウン》(鳥肌が立つぐらい) 気味が悪い

징병 [tʃiŋbjəŋ チンビョン] 名 徴兵 関 징병제 [チンビョンジェ] 名 徴兵制

징수 [tʃiŋsu チンス] 名 徴収 하他 징수하다 [チンスハダ] 徴収する 되受動 징수되다 [チンスドウェダ] 徴収される

징역 [tʃiŋjək チンヨク] 名 懲役

징조 [tʃiŋdʒo チンジョ] 名 前ぶれ；兆候

짖다 [tʃiˀta チッタ] 自 ①(犬が)吠える ②(鳥などが)やかましく鳴く

짙다 [tʃiˀta チッタ] 形 ①(色や臭いなどが)濃い ②(霧や煙などが)深い；濃い ③(液体の濃度が)濃い ④(草木・まゆげなどが)濃い

짚 [tʃip チプ] 名 わら 関 짚신 [チプシン] 名 草鞋；草履

짚다 [tʃipˀta チプタ] 他 ①(地面に手・杖を)つく ②(脈を)取る ③指摘する ④推し量る

짚이다 [tʃipʰida チピダ] 自 思い当たる；心あたりがある

짜다¹ [ˀtʃada ッチャダ] 他 ① 組み立てる ②(織物などを)織る；(糸などで)編む ③(団体などを)組む ④計画する ⑤絞る ⑥(いろいろ考えて)ひねり出す ⑦搾取する；搾る ⑧ぐるになる

짜다² [ˀtʃada ッチャダ] 形 ① 塩辛い 例 이거 왜 이렇게 짜요? [イゴウェー イロッケ ッチャヨ] これはなんでこんなにしょっぱいんですか。 ②けちだ ③(評価などが)辛い

-짜리 [ˀtʃari ッチャリ] 接尾 《金額に付いて》…に値するもの 例 500(오백) 원짜리 우표 [オーベグォンッチャリ ウピョ] 500ウォンの切手

짜임 [ˀtʃaim ッチャイム] 名 組織や構成

짜임새 [ˀtʃaimsɛ ッチャイムセ] 名 仕組み；体裁

짜장면 [ˀtʃadʒaŋmjən ッチャジャンミョン] 名 ジャージャーメン ⇒ 자장면 [チャジャンミョン]

짜증 [ˀtʃadʒɯŋ ッチャジュン] 名 癇癪；いらだち 関 짜증이 나다 [ッチャジュンイ ナダ] 癇癪が起こる；腹が立つ / 짜증을 내다 [ッチャジュンウル ネダ] 癇癪を起こす；腹を立てる

짝 [ˀtʃak ッチャク] 名 対の一方；組みの一方

짝사랑 [ˀtʃakˀsaraŋ ッチャクサラン] 名 片思い 하他 짝사랑하다 [ッチャクサランハダ] 片思いする

짝수 [ˀtʃakˀsu ッチャクス] 名 偶数 対 홀수 [ホルス]

짝짓다 [ˀtʃakˀtʃiˀta ッチャクチッタ] 他 《ㅅ変: 짝지어 / 짝짓는 ッチャクチオ / ッチャクチンヌン》 組み合わせる；連れ添う

짝짝이 [ˀtʃakˀtʃagi ッチャクッチャ

ギ] 名 一対の物が揃っていないこと；ちぐはぐ

짧다 [²tʃalʰta ッチャルタ] 形 ①(時間・長さ・高さなどが) 短い 例 짧은 시간 [ッチャルブン シガン] 短い時間 対 길다 [キルダ] ②(学識・考えなどが) 足りない；浅い 例 제 생각이 짧았어요. [チェ センガギ ッチャルパッソヨ] 私の考えが浅はかでした。

짬 [²tʃa:m ッチャーム] 名 ①(物と物との) すき間；間隙 ②(時間的な) 合間；暇

짬짬이 [²tʃam²tʃami ッチャムッチャミ] 副 合間合間に；暇あるごとに

짭짤하다 [²tʃapʰ²tʃarɦada ッチャプッチャラダ] 形〔하変〕① やや塩辛い ②(物が) 上質だ ③(物事がうまくいって) まずまずだ

-째 [²tʃɛ ッチェ] 接尾 《一部の冠形詞や数詞に付いて》…番目；…目 例 첫째 [チョッチェ] 名 1番目；第1

째다 [²tʃɛ:da ッチェーダ] 他 裂く；切開する

쩔쩔매다 [²tʃəl²tʃəlmɛda ッチョルッチョルメダ] 自 ①てんてこ舞する ②(相手に圧倒されて) たじろぐ

쩨쩨하다 [²tʃe²tʃeɦada ッチェッチェハダ] 形〔하変〕①つまらない；くだらない ②みみっちい

쪼개다 [²tʃogeda ッチョゲダ] 他 割る；裂く；分ける

쪽¹ [²tʃok ッチョク] 名 (本の) ページ 依名 …ページ

쪽² [²tʃok ッチョク] 名 (壊れた物の) かけら 依名 …片

쪽³ [²tʃok ッチョク] 依名 ①(方向を指して) 側；方 ②(グループに分けた) 一方；組 ③方面

쪽지 [²tʃok²tʃi ッチョクチ] 名 ① 紙切れ ②紙切れに書いた手紙やメモ

쫄딱 [²tʃolʰtak ッチョルッタク] 副 すっかり；完全に

쫓기다 [²tʃotʰkida ッチョッキダ] 受動 ①追われる；追いかけられる ②(仕事などに) 追い回される

쫓다 [²tʃotʰta ッチョッタ] 他 ① 追う；追い払う ②(後を) 追いかける

쫓아가다 [²tʃotʰagada ッチョチャガダ] 他 ①追いかける；追う ②ついて行く

쫓아내다 [²tʃotʰanɛ:da ッチョチャネーダ] 他 追い出す；追っ払う

쫓아다니다 [²tʃotʰadanida ッチョチャダニダ] 他 (後に) ついて歩く

쫓아오다 [²tʃotʰaoda ッチョチャオダ] 他 ①(後に) ついて来る ②急ぎ足でやって来る

쬐다 [²tʃwe:da ッチュエーダ] 自他 ①照る；照りつける ②(日・火に) 当たる；さらす

쭈그리다 [²tʃugurida ッチュグリダ] 自 しゃがむ

쭉 [²tʃuk ッチュク] 副 ①一列に並んだり続いていく様子：ずらりと；ずっと ②動作が一気に行われる様子：さっと ③(飲み物を) 一気に飲む様子：ぐいっと

-쯤 [²tʃum ッチュム] 接尾 程度を表す：…ほど；…くらい；…頃；…ばかり

찌개 [²tʃigɛ ッチゲ] 名 チゲ《肉・魚・野菜・豆腐などの材料をみそ

や唐辛子調味料で味付けした鍋料理》**例** 주문하신 김치찌개 나왔습니다. [チュムナシン キムチッチゲ ナワッスムニダ] ご注文のキムチチゲができあがりました。

찌그리다 [ˀtʃigurida ッチグリダ] 他 ① 押し潰す；へこませる；(形を)歪める ②(顔を)しかめる；眉をひそめる

찌꺼기 [ˀtʃiˀkogi ッチッコギ] 名 ① 沈澱物；かす ② 残り物；屑

찌다¹ [ˀtʃida ッチダ] 自 太る **例** 갑자기 살이 쪘어요. [カプチャギ サリ ッチョッソヨ] 突然太りました。

찌다² [ˀtʃida ッチダ] 自 ひどく蒸し暑い

찌다³ [ˀtʃida ッチダ] 他 蒸す

찌르다 [ˀtʃiruda ッチルダ] 他〖르変：찔러 ッチルロ〗① (針・刀などで)突き刺す ②(人の秘密などを)密告する ③(悪臭などが鼻を)つく

찌푸리다 [ˀtʃipʰurida ッチプリダ] 他 (顔を)しかめる 自 どんより曇る

찍다 [ˀtʃikˀta ッチクタ] 他 ①(粉やソースなどを)つける **例** 간장에 찍어서 드세요. [カンジャンエ ッチゴソ トゥセヨ] 醤油につけて召し上がってください。②(頬紅などを)差す ③(はんこなどを)押す ④ 印刷する；(写真を)撮る **例** 사진 한 장 찍어 주시겠어요? [サジンハン ジャン ッチゴ ジュシゲッソヨ] 写真を1枚、撮っていただけますか。⑤(点などを)つける

찍소리 [ˀtʃikˀsori ッチクソリ] 名 ぐうの音；文句 関 찍소리도 못하다 [ッチクソリド モーッタダ] ぐうの音もでない

찍찍 [ˀtʃikˀtʃik ッチクッチク] 副 (雀やねずみなどの)鳴き声；ちゅうちゅう 関 찍찍거리다 [ッチクッチクコリダ] 自 (雀やねずみなどが)チュウチュウ鳴き続ける

찐만두 [ˀtʃinmandu ッチンマンドゥ] 名 蒸しギョーザ；肉まん；あんまん

찐빵 [ˀtʃinˀpaŋ ッチンッパン] 名 蒸しパン

찔끔 [ˀtʃilˀkum ッチルックム] 副 (液体が)少しずつこぼれたりする様子：ちょろちょろ

찔리다 [ˀtʃillida ッチルリダ] 自 受動 ① 刺さる；刺される ②(良心が)とがめる

찜 [ˀtʃim ッチム] 名 チム《鶏・魚・肉と野菜などを薬味と一緒にじっくり煮込んだ料理》

찜질 [ˀtʃimdʒil ッチムジル] 名 湿布 하形他 찜질하다 [ッチムジラダ] 湿布する 関 찜질방 [ッチムジルバン] 名 チムジルバン《健康サウナ》

찜찜하다 [ˀtʃimˀtʃimɦada ッチムッチマダ] 形〖ㅎ変〗何となく気まずい；気恥ずかしい；気に掛かる

찢다 [ˀtʃitˀta ッチッタ] 他 引き裂く；裂く；破る

찧다 [ˀtʃitˀtʰa ッチッタ] 他 ①(穀物などを)搗く ②(地面などを固めるために)胴突きをする 関 엉덩방아를 찧다 [オーンドンバンアルル ッチッタ] しりもちをつく

ㅊ

차¹ [ˀtʃʰa チャ] 名 車：自動車・汽車・電車などの乗り物 **例** 이번에

차를 새로 한 대 구입했어요. [イボネ チャルル セロ ハン デ クイペッソヨ] 今回, 車を新たに1台購入しました。

차² [tʃʰa チャ] 名 お茶; 緑茶; 紅茶; 麦茶 例 차 한 잔 드릴까요? [チャ ハン ジャン トゥリルッカヨ] お茶を1杯差し上げましょうか。/ 차라도 한잔할까요? [チャラド ハンジャナルッカヨ] お茶でもしましょうか。

차³ [tʃʰa チャ] 名 差; 差異

차감 [tʃʰagam チャガム] 名 差し引き; 差し引くこと 하타 차감하다 [チャガマダ] 差し引く 되受動 차감되다 [チャガムドゥェダ] 差し引かれる

차갑다 [tʃʰagap̚ta チャガプタ] 形《ㅂ変: 차가워/차가운 チャガウォ/チャガウン》①(温度)冷たい 例 물이 너무 차가워요. [ムリ ノム チャガウォヨ] 水がとても冷たいです。②薄情だ; 冷たい; よそよそしい

차고 [tʃʰago チャゴ] 名 車庫; ガレージ

차곡차곡 [tʃʰagok̚tʃʰagok̚ チャゴクチャゴク] 副 物を整然と積み上げたりする様子: きちんきちんと; きちんと

차근차근 [tʃʰaguntʃʰagun チャグンチャグン] 副 物事を丁寧に行う様子: きちんきちんと; 丹念に 하形 차근차근하다 [チャグンチャグナダ] きちんとしている

차다¹ [tʃʰada チャダ] 自 ①満ちる; いっぱいになる 例 예약이 다 차서 빈방이 없어요. [イェーヤギ ター チャソ ピーンバンイ オープソヨ] 予約でいっぱいで, 空室はありませんが…。②(定員など)定数に達する ③一定の限度に達する ④約束の期限や定められた時期になる 関 나이가 차다 [ナイガ チャダ] 年ごろになる; 婚期になる

차다² [tʃʰada チャダ] 他 ①蹴る ②(異性間で)振る; 捨てる ③《혀를 차다の形で》舌打ちする

차다³ [tʃʰada チャダ] 他 ①身に着ける; 下げる; (刀などを)差す ②(手錠などを)掛けられる; (腕時計などを)はめる

차다⁴ [tʃʰada チャダ] 形 ①冷たい 対 뜨겁다 [ットゥゴプタ] ②気温が低い; 肌寒い 例 오늘은 날씨가 차요. [オヌルン ナルッシガ チャヨ] 今日は肌寒いです。③薄情だ; よそよそしい

차도¹ [tʃʰado チャド] 名 車道

차도² [tʃʰado チャド] 名 病気が少しずつ良くなること 例 병이 차도가 보여요? [ピョンイ チャドガ ポヨヨ] 病気は良くなっていますか。

차라리 [tʃʰarari チャラリ] 副 むしろ; いっそ; かえって

차례¹ [tʃʰarje チャリェ] 名 ①順序; 順番 例 차례를 지킵시다. [チャリェルル チキプシダ] 順序を守りましょう。②目次 依名 …回; …度 関 차례로 [チャリェロ] 順番に

차례² [tʃʰarje チャリェ] 名 茶礼《陰暦の毎月1日, 15日や旧正月の元旦や秋夕(旧暦8月15日)などに行う簡略な祭祀》

차리다 [tʃʰarida チャリダ] 他 ①(飲食物などを)用意する; 調える;

準備する 例 차린 건 없지만 많이 드세요. [チャリン ゴン オープチマン マーニ トゥセヨ]たいしたものはありませんが、たくさん召し上がってください。②(世帯や店などを)構える;開く ③(身なりを格式に則って)整える ④(格式や態度を)重んずる;わきまえる ⑤(精神や気力を)しっかりさせる;集中する

차림 [tʃʰarim チャリム] 名 服装;身なり;格好 関 차림새[チャリムセ] 名 装い;身なり / 옷차림[オッチャリム] 名 身なり;服装

차마 [tʃʰama チャマ] 副 《否定文や疑問文で》やるせない気持ち、かわいそうだという気持ちを表す:とても;どうしても;どうして

차멀미 [tʃʰamʌlmi チャモルミ] 名 車酔い 関 차멀미가 나다[チャモルミガ ナダ] 車酔いする

차별 [tʃʰabjʌl チャビョル] 名 差別 하他 차별하다[チャビョラダ] 差別する 되受動 차별되다[チャビョルドゥェダ] 差別される

차분하다 [tʃʰabunɦada チャブナダ] 形 〔하変〕落ち着いている;もの静かで 副 차분히[チャブニ] 落ち着いて;じっくりと

차비 [tʃʰabi チャビ] 名 交通費;運賃

차선 [tʃʰasʌn チャソン] 名 車線

차액 [tʃʰaɛk チャエク] 名 差額

차원 [tʃʰawʌn チャウォン] 名 次元

차이 [tʃʰai チャイ] 名 差異;違い 例 성격 차이로 헤어졌어요. [ソンッキョク チャイロ ヘオジョッソヨ]性格の不一致(違い)で別れました。

차일피일 [tʃʰailpʰi:il チャイルピーイル] 副 (約束・期日などを)今日、明日へと延ばすこと

차지 [tʃʰadʒi チャジ] 名 ① 分け前 ② 占有すること 하他 차지하다[チャジハダ] 占有する;占める

차지다[1] [tʃʰadʒida チャジダ] 形 ① 粘り気が多い;腰が強い ② 利口でしっかりしていて粘り強い

차지다[2] [tʃʰadʒida チャジダ] 自 冷える;冷たくなる

차지하다 [tʃʰadʒiɦada チャジハダ] 他〔하変〕占める

차질 [tʃʰadʒil チャジル] 名 蹉跌;手違い

차차 [tʃʰatʃʰa チャチャ] 副 次第に;だんだん

차창 [tʃʰatʃʰaŋ チャチャン] 名 車窓

차츰 [tʃʰatʃʰɯm チャチュム] 副 次第に

차표 [tʃʰapʰjo チャピョ] 名 乗り物の切符;乗車券

착각 [tʃʰakʔkak チャクカク] 名 錯覚 하自他 착각하다[チャクカカダ] 錯覚する

착륙 [tʃʰaŋnjuk チャンニュク] 名 着陸 하自 착륙하다[チャンニュカダ] 着陸する 되 착륙되다[チャンニュクトゥェダ] 着陸する

착상 [tʃʰakʔsaŋ チャクサン] 名 着想;アイデア;思いつき 하自他 착상하다[チャクサンハダ] 着想する

착수 [tʃʰakʔsu チャクス] 名 着手 하自 착수하다[チャクスハダ] 着手する 関 착수금[チャクスグム] 名 着手金;手付け金

착실하다 [tʃʰakʔʃirɦada チャクシラダ] 形《하변》着実だ；確実で手堅い

착안 [tʃʰagan チャガン] 名 하자 착안하다 [チャガナダ] 着眼する 관 착안점 [チャガンッチョム] 名 着眼点

착오 [tʃʰago チャゴ] 名 錯誤 하타 착오하다 [チャゴハダ] 間違う；誤る

착용 [tʃʰagjoŋ チャギョン] 名 着用 하타 착용하다 [チャギョンハダ] 着用する

착하다 [tʃʰakkʰada チャカダ] 形《하변》善良だ；おとなしい；よい 例 그녀는 얼굴도 예쁘고 성격도 착해요. [クニョヌン オルグルド イェーップゴ ソンッキョクト チャケヨ] 彼女は顔もきれいで性格もいいです。

찬란하다 [tʃʰa:llanɦada チャーッラナダ] 形《하변》きらびやかだ；まばゆい 副 찬란히 [チャーッラニ] さんらんと；きらきらと

찬물 [tʃʰanmul チャンムル] 名 冷水 관 찬물을 끼얹다 [チャンムルル ッキオンタ] 冷水を浴びせる

찬부 [tʃʰa:nbu チャーンブ] 名 賛否

찬성 [tʃʰa:nsəŋ チャーンソン] 名 賛成 하타 찬성하다 [チャーンソンハダ] 賛成する

찬송가 [tʃʰa:nsəŋga チャーンソンガ] 名 賛美歌

찬찬하다 [tʃʰantʃʰanɦada チャンチャナダ] 形《하변》(言動や性格が)落ち着いている；注意深い

찬합 [tʃʰa:nɦap チャーナプ] 名 重箱

찰나 [tʃʰalla チャルラ] 名 刹那；瞬間

찰떡 [tʃʰalʔtək チャルットク] 名 もち米で作った餅

찰랑하다 [tʃʰallaŋɦada チャルランハダ] 形《하변》(小さい容器の水が)満ちあふれそうだ；いっぱいだ

찰밥 [tʃʰalbap チャルバプ] 名 ① もち米で炊いた飯 ② おこわ

찰흙 [tʃʰarɦiuk チャルク] 名 粘土

참 [tʃʰam チャム] 名 誠；真実 副 実に；本当に 例 참 예뻐요. [チャム イェーッポヨ] 本当にきれいです。/ 뭐라고 말씀드리기 참 곤란하네요. [ムォーラゴ マルッスムドゥリギ チャム コルラナネヨ] 何と申し上げていいのか，本当に困ります。

참가 [tʃʰamga チャムガ] 名 参加 하자 참가하다 [チャムガハダ] 参加する

참견 [tʃʰamgjən チャムギョン] 名 干渉すること；おせっかい；口出し 하자타 참견하다 [チャムギョナダ] おせっかいをする；干渉する

참고 [tʃʰamgo チャムゴ] 名 参考 하타 참고하다 [チャムゴハダ] 参考にする 관 참고 문헌 [チャムゴ ムノン] 名 参考文献 / 참고서 [チャムゴソ] 名 参考書 / 참고인 [チャムゴイン] 名 参考人

참기름 [tʃʰamgirum チャムギルム] 名 胡麻油

참깨 [tʃʰamʔkɛ チャムッケ] 名 胡麻

참다 [tʃʰa:mʔta チャームタ] 他 我慢する；耐える；忍ぶ 例 참을 만큼 참았어요. [チャムル マンクム チャマッソヨ] できるだけ我慢しました。/ 더 이상은 못 참겠어요. [トイーサンウン モッ チャムケッソ

참답다

ヨ] これ以上は我慢できません。 関 참을성[チャムルソン] 名 辛抱強さ;忍耐力

참답다[tʃʰamdapˀta チャムダプタ] 形《ㅂ変:참다워 / 참다운 チャムダウォ / チャムダウン》(嘘や偽りがなく)真実だ;誠実だ

참되다[tʃʰamˀtweda チャムトゥェダ] 形 誠実だ;真実だ

참뜻[tʃʰamˀtut チャムットゥッ] 名 本意;本心;真意

참말[tʃʰammal チャムマル] 名 真実の話;本当の話 関 참말로[チャムマルロ] 副 実に;本当に

참새[tʃʰamse チャムセ] 名 雀

참석[tʃʰamsɔk チャムソク] 名 参席;出席 하自 참석하다[チャムソカダ] 出席する;参席する

참신[tʃʰa:mʃin チャームシン] 名 斬新 하形 참신하다[チャムシナダ] 斬新だ

참여[tʃʰamjɔ チャミョ] 名 参与 하自 참여하다[チャミョハダ] 参与する;参加する

참외[tʃʰamwe チャムェ] 名 マクワウリ

참치[tʃʰamtʃʰi チャムチ] 名 マグロ

참하다[tʃʰa:mɦada チャーマダ] 形《하変》①(顔立ちなどが)小ぎれいだ;整っている ②(性格などが)しとやかだ;つつましい

찹쌀[tʃʰapˀsal チャプッサル] 名 もち米 関 찹쌀떡[チャプッサルットク] 名 もち米の餅 / 찹쌀밥[チャプッサルバプ] 名 もち米のご飯

찻길[tʃʰatˀkil チャッキル] 名 ① 線路;レール ② 車道

창[tʃʰaŋ チャン] 名 窓門[チャンム ン]の縮約形

창가[tʃʰaŋka チャンッカ] 名 窓際

창간[tʃʰa:ŋan チャーンガン] 名 創刊 하他 창간하다[チャーンガナダ] 創刊する 関 창간호[チャーンガノ] 名 創刊号

창고[tʃʰaŋo チャンゴ] 名 倉庫

창공[tʃʰaŋoŋ チャンゴン] 名 青空;蒼天

창구[tʃʰaŋu チャング] 名 窓口

창난젓[tʃʰaŋnanˀdʒɔt チャンナンジョッ] 名 スケトウダラの内臓の塩辛

창덕궁[tʃʰaŋdɔkˀkuŋ チャンドックン] 名 昌徳宮《朝鮮王朝の宮殿の1つ、世界文化遺産に登録されている》

창립[tʃʰa:ŋnip チャーンニプ] 名 創立 하他 창립하다[チャーンニパダ] 創立する 되受動 창립되다[チャーンニプトゥェダ] 創立される

창문[tʃʰaŋmun チャンムン] 名 窓 例 창문을 열어 주세요. [チャンムヌル ヨロ ジュセヨ] 窓を開けてください。

창백[tʃʰaŋbɛk チャンベク] 名 蒼白 하形 창백하다[チャンベカダ] 蒼白だ

창설[tʃʰa:ŋsɔl チャーンソル] 名 創設 하他 창설하다[チャーンソラダ] 創設する 되受動 창설되다[チャーンソルドゥェダ] 創設される

창업[tʃʰa:ŋɔp チャーンオプ] 名 創業 하自 창업하다[チャーンオパダ] 創業する

창자[tʃʰaŋdʒa チャンジャ] 名 はらわた;内蔵

창작[tʃʰa:ŋdʒak チャーンジャク] 名

창작 [하他] 창작하다 [チャーンジャカダ] 創作する 関 창작력 [チャーンジャンニョク] 名 創作力 / 창작물 [チャーンジャンムル] 名 創作物 / 창작집 [チャーンジャクチプ] 名 創作集 / 창작품 [チャーンジャクプム] 名 創作品

창조 [tʃʰaːŋdʒo チャーンジョ] 名 創造 [하他] 창조하다 [チャーンジョハダ] 創造する 関 창조물 [チャーンジョムル] 名 創造物 / 창조성 [チャーンジョッソン] 名 創造性 / 창조주 [チャーンジョジュ] 名 創造主 ; 造物主

창피 [tʃʰaŋpʰi チャンピ] 名 恥 ; 恥ずかしさ [하形] 창피하다 [チャンピハダ] ① 恥ずかしい ② みっともない ; 見苦しい

창포 [tʃʰaŋpʰo チャンポ] 名 ショウブ

찾다 [tʃʰatʼta チャッタ] 他 ① さがす 例 뭐 찾으시는 거라도 있으세요? [ムオー チャジュシヌン ゴラド イッスセヨ] 何かお探しの物でもございますか。② 訪問する ; 訪ねる ③ (取られた物を) 取り戻す ; 取り返す ④ (預金を) 引き出す 例 은행에 돈을 찾으러 가요. [ウネンエ トヌル チャジュロ カヨ] 銀行にお金を下ろしに行きます。⑤ (原因などを) 探す ⑥ (辞書を) 引く 例 모르면 사전을 찾아 봐요. [モルミョン サジョヌル チャジャ ブワヨ] わからなかったら辞書を引いてみてください。⑦ 要求する ; 求める

찾아가다 [tʃʰadʒagada チャジャガダ] 他 ① (人を) 訪問する ; 会いに行く ② 受け取っていく

찾아내다 [tʃʰadʒaneda チャジャネダ] 他 見付ける ; 探し出す

찾아보다 [tʃʰadʒaboda チャジャボダ] 他 ① 行って会う ; 訪問する ② 探してみる

찾아뵙다 [tʃʰadʒabwepʼta チャジャブェプタ] 他 お伺いする

찾아오다 [tʃʰadʒaoda チャジャオダ] 他 ① 訪ねて来る ② 取り戻して来る

채¹ [tʃʰɛ チェ] 依名 《現在・過去連体形の後で》そのまま ; まま 例 그녀는 고개를 숙인 채 가만히 듣기만 했어요. [クニョヌン コゲルル スギン チェ カマニ トゥッキマン ヘッソヨ] 彼女はうつむいたままじっと聞いているだけでした。

채² [tʃʰɛ チェ] 副 一定の程度に達していない状態を表す : いまだ ; まだ

채³ [tʃʰɛ チェ] 依名 家屋を数える語 : …軒 ; …棟

채권 [tʃʰɛːʼkwon チェーックォン] 名 債権

채널 [tʃʰɛnol チェノル] 名 チャンネル

채다 [tʃʰɛːda チェーダ] 他 気付く ; 感づく 関 눈치를 채다 [ヌンチルル チェーダ] 気付く

채산 [tʃʰɛːsan チェーサン] 名 採算

채소 [tʃʰɛːso チェーソ] 名 蔬菜 ; 野菜 関 채소밭 [チェーソバッ] 名 野菜畑

채용 [tʃʰɛːjoŋ チェーヨン] 名 採用 [하他] 채용하다 [チェーヨンハダ] 採用する [되受動] 채용되다 [チェーヨンドゥェダ] 採用される

채우다 [tʃʰeuda チェウダ] 他 ①(容器などを物で)満たす ②(欲望などを)満たす；充足させる ③補う ④(期間を)満たす

채점 [tʃʰɛːʔtʃɔm チェーッチョム] 名 採点 하他 채점하다 [チェーッチョマダ] 採点する

채집 [tʃʰɛːdʒip チェージプ] 名 採集 하他 채집하다 [チェージパダ] 採集する

채택 [tʃʰɛːtʰɛk チェーテク] 名 採択 하他 채택하다 [チェーテカダ] 採択する 되受動 채택되다 [チェーテクトウェダ] 採択される

채플 [tʃʰɛpʰɯl チェプル] 名 チャペル

책 [tʃʰek チェク] 名 本；書籍 例 이 책 좀 빌려 주세요. [イ チェク チョム ピルリョ ジュセヨ] この本をちょっと貸してください。

책가방 [tʃʰekʔkabaŋ チェクカバン] 名 (本を入れて持ち歩く)カバン

책꽂이 [tʃʰekʔkodʒi チェッコジ] 名 本立て；本棚

책방 [tʃʰɛkʔpaŋ チェクパン] 名 本屋；書店

책상 [tʃʰɛkʔsaŋ チェクサン] 名 机 関 책상다리 [チェクサンダリ] 名 あぐらをかくこと

책임 [tʃʰɛgim チェギム] 名 責任 例 이번 일은 제 책임입니다. [イボン ニールン チェ チェギミムニダ] 今回のことは私の責任です。 関 책임을 지다 [チェギムル チダ] 責任を負う / 책임감 [チェギムガム] 名 責任感 / 책임 능력 [チェギム ヌンニョク] 名 責任能力 / 책임자 [チェギムジャ] 名 責任者

챔피언 [tʃʰempʰiɔn チェムピオン] 名 チャンピオン

처 [tʃʰɔ チョ] 名 妻；女房

처가 [tʃʰɔga チョガ] 名 妻の実家 関 처가댁 [チョガッテク] 名 「他人の妻の実家」の尊称 / 처가살이 [チョガサリ] 名 妻の実家で暮らすこと / 처가쪽 [チョガソク] 名 妻の里の親戚 / 처갓집 [チョガッチプ] 名 ⇒처가 [チョガ]

처남 [tʃʰɔnam チョナム] 名 妻の男兄弟

처녀 [tʃʰɔnjɔ チョーニョ] 名 未婚の女性；処女 関 처녀비행 [チョーニョピヘン] 名 処女飛行 / 처녀작 [チョーニョジャク] 名 処女作

처량하다 [tʃʰɔrjaŋɦada チョリャンハダ] 形 하変 ①ぞっとするほどものさびしい ②哀れだ

처럼 [tʃʰɔrom チョロム] 助 …のように；…と同じく 例 나도 한국 사람처럼 한국말을 말하고 싶어요. [ナド ハーングク サーラムチョロム ハーングンマル マーラゴ シポヨ] 私も韓国人のように韓国語をしゃべりたいです。

처리 [tʃʰɔːri チョーリ] 名 処理 하他 처리하다 [チョーリハダ] 処理する

처방 [tʃʰɔːbaŋ チョーバン] 名 処方 関 처방전 [チョーバンジョン] 名 処方箋

처벌 [tʃʰɔːbɔl チョーボル] 名 処罰 하他 처벌하다 [チョーボラダ] 処罰する 되受動 처벌되다 [チョーボルドウェダ] 処罰される

처분 [tʃʰɔːbun チョーブン] 名 処分 하他 처분하다 [チョーブナダ] 処分する 되受動 처분되다 [チョーブ

ンドウェダ] 処分される
처세 [tɕʰɔːse チョーセ] 名 処世；世渡り 関 처세술 [チョーセスル] 名 処世術 / 처세훈 [チョーセフン] 名 処世訓
처우 [tɕʰɔːu チョーウ] 名 処遇 하他 처우하다 [チョーウハダ] 名 処遇する
처음 [tɕʰɔum チョウム] 名 ①(時間的に)最初，始め ②《副詞的に》初めて 例 처음 뵙겠습니다. [チョウム プェプケッスムニダ] 初めてお目にかかります。
처자 [tɕʰɔdʑa チョジャ] 名 妻子
처제 [tɕʰɔdʑe チョジェ] 名 妻の妹；義妹
처지 [tɕʰɔːdʑi チョージ] 名 ① 置かれている境遇や立場 ② 地位または身分
처지다 [tɕʰɔːdʑida チョージダ] 自 ① 沈む ②(張っていたものが)垂れる ③ 取り残される；立ち遅れる
처치 [tɕʰɔːtɕʰi チョーチ] 名 処置；処理；処分 하他 처치하다 [チョーチハダ] 処置する；処理する；処分する
처하다 [tɕʰɔːɦada チョーハダ] 自他《하変》①(ある状態に)直面する；身を置く ② 処罰する
처형¹ [tɕʰɔɦjɔŋ チョヒョン] 名 妻の姉
처형² [tɕʰɔːɦjɔŋ チョーヒョン] 名 処刑 하他 처형하다 [チョーヒョンハダ] 処刑する 되受動 처형되다 [チョーヒョンドゥェダ] 処刑される
척도 [tɕʰɔkʔto チョクト] 名 尺度
척척 [tɕʰɔktɕʰɔk チョクチョク] 副 てきぱき；すらすら
척하다 [tɕʰɔkkʰada チョカダ] 補動

《하変》⇒ 체하다 2
천¹ [tɕʰɔːn チョーン] 名 布
천² [tɕʰɔn チョン] 数 千 関 천 원 [チョ ヌォン] 千ウォン / 천 번 [チョン ボン] 千回
천국 [tɕʰɔnguk チョングク] 名 天国
천녀 [tɕʰɔnnjɔ チョンニョ] 名 天女
천년 [tɕʰɔnnjɔn チョンニョン] 名 千年
천대 [tɕʰɔːndɛ チョーンデ] 名 賤待 하他 천대하다 [チョーンデハダ] ① ばかにしてないがしろにする ② ぞんざいに扱う
천도교 [tɕʰɔndogjo チョンドギョ] 名 天道教
천둥 [tɕʰɔnduŋ チョンドゥン] 名 雷
천만¹ [tɕʰɔnman チョンマン] 名 千万（おびただしく数が多いこと）関 천만금 [チョンマングム] 莫大なお金や財宝 / 천만년 [チョンマンニョン] 名 千年万年
천만² [tɕʰɔnman チョンマン] 副 全然；非常に；とんでもない 例 천만의 말씀입니다. [チョンマネ マルッスムニダ] 名 もったいないお言葉です。
천만에 [tɕʰɔnmane チョンマネ] 感 相手の発した言葉に対して謙遜したり，否定の意を表す：とんでもない；めっそうもない 例 천만에요. [チョンマネヨ] どういたしまして。《同世代の人に対して用い，目上の人には천만의 말씀입니다の方が丁寧》
천문 [tɕʰɔnmun チョンムン] 名 天文 関 천문대 [チョンムンデ] 名 天文台 / 천문 지리 [チョンムン チリ] 名 天文地理 / 천문학 [チョンムナ

ク]名 天文学

천사 [tʃʰɔnsa チョンサ]名 天使 ① 神の使者 ② 仁愛に満ちた人をたとえていう語

천생 [tʃʰɔnsɛŋ チョンセン]名 ① 生まれつきの本質 ② 先天的に決められていること 副 ① 生まれながら;もとから ② まるで;ちょうど;あたかも 関 천생배필[チョンセンベピル]名 天が定めた夫婦 / 천생연분[チョンセンニョンブン]名 天が定めた縁

천식 [tʃʰɔːnʃik チョーンシク]名 喘息

천연 [tʃʰɔnjɔn チョニョン]名 天然 関 천연가스[チョニョンガス]名 天然ガス / 천연고무[チョニョンゴム]名 天然ゴム / 천연기념물[チョニョンキニョムムル]名 天然記念物 / 천연림[チョニョンニム]名 天然林 / 천연색[チョニョンセク]名 天然色 / 천연 섬유[チョニョンソミュ]名 天然繊維 / 천연자원[チョニョンジャウォン]名 天然資源 / 천연 향료[チョニョン ヒャンニョ]名 天然香料

천자문 [tʃʰɔndʒamun チョンジャムン]名 千字文

천장 [tʃʰɔndʒaŋ チョンジャン]名 天井

천재¹ [tʃʰɔndʒɛ チョンジェ]名 天才

천재² [tʃʰɔndʒɛ チョンジェ]名 天災

천주교 [tʃʰɔndʒugjo チョンジュギョ]名 天主教;カトリック

천지 [tʃʰɔndʒi チョンジ]名 ① 天地 ② 世の中;宇宙 ③ きわめて多いこと 関 천지간[チョンジガン]名 天と地との間 / 천지개벽[チョンジゲビョク]名 天地開闢 / 천지신명[チョンジシンミョン]名 天地神明 / 천지 창조[チョンジ チャンジョ]名 天地創造

천천히 [tʃʰɔːntʃʰɔnfii チョーンチョニ]副 ゆるやかに;ゆっくり 例 조금만 천천히 갑시다. [チョグムマン チョーンチョニ カプシダ]少しだけゆっくり行きましょう。

천체 [tʃʰɔntʃʰe チョンチェ]名 天体 関 천체 관측[チョンチェ クヮンチュク]名 天体観測 / 천체력[チョンチェリョク]名 天体暦 / 천체 물리학[チョンチェ ムルリハク]名 天体物理学 / 천체 사진[チョンチェ サジン]名 天体写真 / 천체 역학[チョンチェ ヨカク]名 天体力学

천하 [tʃʰɔnfia チョナ]名 天下 関 천하만국[チョナマングク]名 あらゆる国々 / 천하만사[チョナマンサ]名 あらゆる事 / 천하무적[チョナムジョク]名 天下無敵 / 천하없어도[チョナオプソド]副 なんとしてでも;ぜひとも / 천하없이[チョナオプシ]副 またとなく;いくら;どんなに / 천하태평[チョナテピョン]名 天下太平

천하다 [tʃʰɔːnfiada チョーナダ]形 《하変》(身分や地位などが)きわめて低い;いやしい

철¹ [tʃʰɔl チョル]名 ① 季節 ② 旬;(物の)盛り 例 철 지난 옷을 정리해서 넣었어요. [チョル チナン オスル チョンニヘソ ノーオッソヨ]季節が過ぎた服を整理してしまいました。

철² [tʃʰɔl チョル]名 物心

철³ [tʃʰɔl チョル]名 鉄

철거 [tʃʰɔlgɔ チョルゴ]名 撤去 하他

철거하다[チョルゴハダ] 撤去する 関 철거 작업[チョルゴ チャゴプ] 名 撤去作業

철교[tʃʰɔlgjo チョルギョ] 名 鉄橋

철근[tʃʰɔlgɯn チョルグン] 名 鉄筋 関 철근 콘크리트[チョルグン コンクリトゥ] 名 鉄筋コンクリート

철길[tʃʰɔlˀkil チョルキル] 名 レール；線路

철도[tʃʰɔlˀto チョルト] 名 鉄道 関 철도 경찰[チョルト キョーンチャル] 名 鉄道警察 / 철도교[チョルトギョ] 名 鉄道橋 / 철도망[チョルトマン] 名 鉄道網 / 철도 선로[チョルト ソルロ] 名 鉄道の線路 / 철도 운임[チョルト ウーニム] 名 鉄道運賃 / 철도청[チョルトチョン] 名 鉄道庁

철망[tʃʰɔlmaŋ チョルマン] 名 鉄網 ①金網 ②鉄条網

철물[tʃʰɔlmul チョルムル] 名 金物；金具 関 철물전[チョルムルジョン] 名 金物屋

철봉[tʃʰɔlboŋ チョルボン] 名 鉄棒 ①鉄製の棒 ②体操用具の鉄棒

철부지[tʃʰɔlbudʒi チョルブジ] 名 ①幼い子供 ②分別のない愚かな人

철사[tʃʰɔlˀsa チョルサ] 名 針金

철새[tʃʰɔlˀsɛ チョルセ] 名 渡り鳥

철야[tʃʰɔrja チョリャ] 名 徹夜

철없다[tʃʰɔrɔpˀta チョロプタ] 形 分別がない

철자[tʃʰɔlˀtʃa チョルチャ] 名 綴字 関 철자법[チョルチャッポプ] 名 綴り方

철저[tʃʰɔlˀtʃɔ チョルチョ] 名 徹底 形 철저하다[チョルチョハダ] 徹底する 関 철저히[チョルチョヒ] 副 徹底的に

철쭉[tʃʰɔlˀtʃuk チョルッチュク] 名 クロフネツツジ 関 철쭉꽃[チョルッチュクッコッ] 名 クロフネツツジの花

철학[tʃʰɔrɦak チョラク] 名 哲学 関 철학사[チョラクサ] 名 哲学史 / 철학자[チョラクチャ] 名 哲学者

철회[tʃʰɔrɦwe チョルェ] 名 撤回 他 철회하다[チョルェハダ] 撤回する

첨가[tʃʰɔmga チョムガ] 名 添加 他 첨가하다[チョムガハダ] 添加する

첨단[tʃʰɔmdan チョムダン] 名 ①物の一番先；尖端 ②流行などの先頭；先端

첨부[tʃʰɔmbu チョムブ] 名 添付 他 첨부하다[チョムブハダ] 添付する

첨삭[tʃʰɔmsak チョムサク] 名 添削 他 첨삭하다[チョムサカダ] 添削する

첨예[tʃʰɔmje チョミェ] 名 先鋭 形 첨예하다[チョミェハダ] 鋭い 関 첨예화[チョミェファ] 先鋭化

첩[tʃʰɔp チョプ] 名 妾

첫-[tʃʰɔt チョッ] 接頭 一部の名詞の前に付いて、最初であることを表す：初の；最初の 関 첫걸음[チョッコルム] 名 第一歩；初歩 / 첫번[チョッポン] 名 一番 / 첫사랑[チョッサラン] 名 初恋 / 첫인사[チョディンサ] 名 初対面のあいさつ / 첫인상[チョディンサン] 名 第一印象

첫째[tʃʰɔtˀtʃɛ チョッチェ] 数 (順序

청결하다

の)一番目;最初 例 매월 첫째 주 월요일은 쉽니다. [メーウォル チョッチェ チュ ウォリョイルン シュイムニダ] 毎月第1週の月曜日は休みます。名 一番上の子

청결하다 [tʃʰoŋgjɔrɦada チョンギョラダ] 形《하変》清潔だ 副 청결히 [チョンギョリ] 清潔に

청과 [tʃʰoŋgwa チョングヮ] 名 青果

청구 [tʃʰoŋgu チョング] 名 請求 하他 청구하다 [チョングハダ] 請求する 되受動 청구되다 [チョングドゥェダ] 請求される 関 청구서 [チョングソ] 名 請求書

청년 [tʃʰoŋnjon チョンニョン] 名 青年 関 청년기 [チョンニョンギ] 名 青年期

청담동 [tʃʰoŋdamdoŋ チョンダムドン] 名 清潭洞《ソウル市江南区にある商業地区》

청문회 [tʃʰoŋmunɦwe チョンムヌェ] 名 聴聞会

청바지 [tʃʰoŋbadʒi チョンバジ] 名 ジーパン;ジーンズ

청소 [tʃʰoŋso チョンソ] 名 清掃;掃除 하他 청소하다 [チョンソハダ] 清掃する;掃除する 例 오늘은 방 청소를 했어요. [オヌルン パン チョンソルル ヘッソヨ] 今日は部屋の掃除をしました。

청승 [tʃʰoŋsɯŋ チョンスン] 名 みじめで哀れな様子や態度 関 청승을 떨다 [チョンスヌル ットルダ] わざと哀れっぽく見せかける

청어 [tʃʰoŋo チョンオ] 名 ニシン

청와대 [tʃʰoŋwadɛ チョンワデ] 名 青瓦台《韓国の大統領府》

청자 [tʃʰoŋdʒa チョンジャ] 名 青磁

청첩장 [tʃʰoŋtʃʰopˀtʃʰaŋ チョンチョプチャン] 名 結婚式の招待状

청춘 [tʃʰoŋtʃʰun チョンチュン] 名 青春 関 청춘기 [チョンチュンギ] 名 青春期

청하다 [tʃʰoŋɦada チョンハダ] 他《하変》① 請う;要請する;求める ② 招待する

청혼 [tʃʰoŋɦon チョンホン] 名 求婚 하自 청혼하다 [チョンホナダ] 求婚する;プロポーズする

체¹ [tʃʰe チェ] 名 ふるい

체² [tʃʰe チェ] 依名《動詞の語幹 + -는 / ㄴ / 은 체の形で》…するふり;…したふり 例 보고도 못 본 체 [ポゴド モーッ ポン チェ] 見ても見ないふり

체결 [tʃʰegjol チェギョル] 名 締結 하他 체결하다 [チェギョラダ] 締結する 되受動 체결되다 [チェギョルドゥェダ] 締結される

체계 [tʃʰege チェゲ] 名 体系 関 체계적 [チェゲジョク] 名 体系的

체념 [tʃʰenjom チェニョム] 名 諦念 하他 체념하다 [チェニョマダ] 諦める;断念する

체력 [tʃʰerjok チェリョク] 名 体力

체면 [tʃʰemjon チェミョン] 名 体面;面目 関 체면이 사납다 [チェミョニ サナプタ] 面目ない;面目まるつぶれだ / 체면이 서다 [チェミョニ ソダ] 面目が立つ

체온 [tʃʰeon チェオン] 名 体温 関 체온계 [チェオンゲ] 名 体温計 / 체온 조절 [チェオン チョジョル] 名 体温調節

체육 [tʃʰejuk チェユク] 名 体育 関 체육관 [チェユックヮン] 名 体育館

체인 [tɕʰein チェイン] 名 チェーン 関 체인 스토어[チェイン ストオ] 名 チェーンストア / 체인점[チェインジョム] 名 チェーン店

체재 [tɕʰedʑɛ チェジェ] 名 滞在 自 체재하다[チェジェハダ] 滞在する

체제 [tɕʰedʑɛ チェジェ] 名 体制

체조 [tɕʰedʑo チェジョ] 名 体操 自 체조하다[チェジョハダ] 体操する

체중 [tɕʰedʑuŋ チェジュン] 名 体重 類 몸무게[モムムゲ]

체질 [tɕʰedʑil チェジル] 名 体質 関 체질 개선[チェジル ゲーソン] 名 体質改善

체크아웃 [tɕʰekʰuaut チェクアウッ] 名 チェックアウト

체크인 [tɕʰekʰuin チェクイン] 名 チェックイン

체포 [tɕʰepʰo チェポ] 名 逮捕 自 체포하다[チェポハダ] 逮捕する 受動 체포되다[チェポドゥェダ] 逮捕される

체하다¹ [tɕʰefiada チェハダ] 自 《하変》胃もたれする；消化不良になる

체하다² [tɕʰefiada チェハダ] 補動 《하変》《動詞の語幹+-는/ㄴ/은 체하다の形で》…するふりをする；…したふりをする

체험 [tɕʰefiɔm チェホム] 名 体験 他 체험하다[チェホマダ] 体験する

쳐다보다 [tɕʰɔːdaboda チョーダボダ] 他 ① 見あげる ② 眺める ③ 見つめる

쳐들다 [tɕʰɔːdɯlda チョードゥルダ] 他 《ㄹ語幹：쳐드는 チョードゥヌン》① 持ち上げる ② (欠点などを)指摘する；あげつらう

쳐들어가다 [tɕʰɔdɯrɔgada チョドゥロガダ] 他 攻め込む

쳐들어오다 [tɕʰɔdɯrɔoda チョドゥロオダ] 他 攻め込んで来る

초¹ [tɕʰo チョ] 名 ろうそく

초² [tɕʰo チョ] 名 酢

초³ [tɕʰo チョ] 名依名 秒

초⁴ [tɕʰo チョ] 名接頭 初

초가집 [tɕʰogadʑip チョガジプ] 名 藁ぶきの家；草屋

초간장 [tɕʰoganʑaŋ チョガンジャン] 名 酢醬油

초고추장 [tɕʰogotɕʰudʑaŋ チョゴチュジャン] 名 酢を入れた唐辛子みそ

초급 [tɕʰogɯp チョグプ] 名 初級 関 초급 코스[チョグプ コース] 名 初級コース

초기 [tɕʰogi チョギ] 名 初期

초대 [tɕʰodɛ チョデ] 名 招待 他 초대하다[チョデハダ] 招待する 例 생일에 친구들을 집으로 초대하고 싶어요. [センイレ チングドゥル チブロ チョデハゴ シポヨ] 誕生日に友達を家に招待したいです。 関 초대권[チョデックォン] 名 招待券 / 초대장[チョデッチャン] 名 招待状

초등 [tɕʰodɯŋ チョドゥン] 名 初等 関 초등학교[チョドゥンハクキョ] 名 小学校 / 초등학생[チョドゥンハクセン] 名 小学生

초라하다 [tɕʰorafiada チョラハダ] 形 《하変》① みすぼらしい ② 生き生きしていない

초래하다 [tʃʰoreɦada チョレハダ] 他《하변》招来する；招く

초록 [tʃʰorok チョロク] 名 緑色；草色 関 **초록빛**[チョロクピッ] 名 緑色 / **초록색**[チョロクセク] 名 緑色；草色

초면 [tʃʰomjon チョミョン] 名 初対面

초밥 [tʃʰobap チョバプ] 名 寿司

초보 [tʃʰobo チョボ] 名 初歩；入門

초봄 [tʃʰobom チョボム] 名 早春；春先

초빙 [tʃʰobiŋ チョビン] 名 招聘 他 **초빙하다**[チョビンハダ] 招聘する 되受動 **초빙되다**[チョビンドゥェダ] 招聘される 関 **초빙 교수**[チョビン キョース] 名 招聘教授

초상¹ [tʃʰosaŋ チョサン] 名 ① 喪中；死亡から葬儀が終わるまでの日 ② 近親者が亡くなること 関 **초상 상제**[チョサン サンジェ] 名 喪主 / **초상이 나다**[チョサンイ ナダ] 近親者が亡くなる / **초상집**[チョサンッチプ] 名 喪家

초상² [tʃʰosaŋ チョサン] 名 肖像 関 **초상화**[チョサンフワ] 名 肖像画

초생달 [tʃʰosɛŋ²tal チョセンッタル] 名 ⇒초승달[チョスンッタル]

초순 [tʃʰosun チョスン] 名 初旬；上旬

초승 [tʃʰosɯŋ チョスン] 名 月初め

초승달 [tʃʰosɯŋ²tal チョスンッタル] 名 新月；三日月

초심 [tʃʰoɕim チョシム] 名 初心 関 **초심자**[チョシムジャ] 名 初心者

초안 [tʃʰoan チョアン] 名 草案；草稿

초여름 [tʃʰojorum チョヨルム] 名 初夏

초원 [tʃʰowon チョウォン] 名 草原

초월 [tʃʰowol チョウォル] 名 超越 하他 **초월하다**[チョウォラダ] 超越する

초음파 [tʃʰoumpʰa チョウムパ] 名 超音波

초인종 [tʃʰoindʒoŋ チョインジョン] 名 呼び鈴；ベル

초저녁 [tʃʰodʒonjok チョジョニョク] 名 宵の口；夕暮れ

초점 [tʃʰoˀtʃom チョッチョム] 名 焦点 関 **초점 거리**[チョッチョム コーリ] 名 焦点距離

초조하다 [tʃʰodʒoɦada チョジョハダ] 形《하변》いらいらしている；焦っている

초조해하다 [tʃʰodʒoɦeɦada チョジョヘハダ] 自《하변》いらいらする；焦る

초청 [tʃʰotʃʰoŋ チョチョン] 名 招請；招待 하他 **초청하다**[チョチョンハダ] 招請する 関 **초청객**[チョチョンゲク] 名 招待客 / **초청장**[チョチョンッチャン] 名 招待状

초콜릿 [tʃʰokʰollit チョコルリッ] 名 チョコレート

초파일 [tʃʰopʰail チョパイル] 名 釈迦誕生日《旧暦4月8日》

촉감 [tʃʰokˀkam チョクカム] 名 触感；肌触り

촉진 [tʃʰokˀtʃin チョクチン] 名 促進 하他 **촉진하다**[チョクチナダ] 促進する

촉촉하다 [tʃʰoktʃʰokkʰada チョクチョカダ] 形《하변》やや湿っぽい；しっとりとしている 副 **촉촉이**[チ

최저

ョクチョギ] しっとり

촉탁 [tɕʰoktʰak チョクタク] 名 嘱託 [하他] 촉탁하다 [チョクタカダ] (仕事を)頼んで任せる

촌 [tɕʰoːn チョーン] 名 村

촌극 [tɕʰoːnguk チョーングゥ] 名 寸劇

촌스럽다 [tɕʰoːnˀsurəpˀta チョーンスロプタ] 形〔ㅂ変: 촌스러워 / 촌스러운 チョンスロウォ / チョンスロウン〕田舎臭い；野暮ったい

촌티 [tɕʰoːntʰi チョーンティ] 名 田舎臭い雰囲気や態度

출출하다 [tɕʰultɕʰorɦada チョルチョラダ] 形〔하変〕小腹が空いている；ちょっと口さみしい

촘촘하다 [tɕʰomtɕʰomɦada チョムチョマダ] 形〔하変〕(布の織り目などが)詰まっている；細かい

촛불 [tɕʰotˀpul チョップル] 名 ろうそくの火

총 [tɕʰoŋ チョン] 名 銃；鉄砲

총각 [tɕʰoːŋgak チョーンガク] 名 未婚の男；チョンガー

총괄 [tɕʰoːŋgwal チョーングヮル] 名 総括 [하他] 총괄하다 [チョーングヮラダ] 総括する 関 총괄적 [チョーングヮルジョク] 名 総括的

총리 [tɕʰoːŋni チョーンニ] 名 ① 全体をあまねく管理すること ② 国務総理 [하他] 총리하다 [チョーンニハダ] 全体をあまねく管理する

총명하다 [tɕʰoŋmjəŋɦada チョンミョンハダ] 形〔하変〕聡明だ

총선거 [tɕʰoːnsəngə チョーンソンゴ] 名 総選挙

총영사 [tɕʰoːŋnjəŋsa チョーンニョンサ] 名 総領事 **총영사관** [チョーンニョンサグヮン] 名 総領事館

총장 [tɕʰoːndʑaŋ チョーンジャン] 名 総長

총재 [tɕʰoːndʑɛ チョーンジェ] 名 総裁

총칭 [tɕʰoːntɕʰiŋ チョーンチン] 名 総称 [하他] 총칭하다 [チョーンチンハダ] 総称する

총회 [tɕʰoːnɕwe チョーンフェ] 名 総会

촬영 [tɕʰwarjəŋ チュワリョン] 名 撮影 [하他] 촬영하다 [チュワリョンハダ] 撮影する 関 촬영소 [チュワリョンソ] 名 撮影所 / 촬영지 [チュワリョンジ] 名 撮影地

최강 [tɕʰweːgaŋ チュェーガン] 名 最強

최고 [tɕʰweːgo チュェーゴ] 名 最高 対 최저 [チュェージョ] 関 최고 속도 [チュェーゴ ソクト] 名 最高速度 / 최고 수준 [チュェーゴ スジュン] 名 最高水準 / 최고액 [チュェーゴエク] 名 最高額 / 최고점 [チュェーゴッチョム] 名 最高点 / 최고품 [チュェーゴプム] 名 最高品

최근 [tɕʰweːgun チュェーグン] 名 最近；近頃

최대 [tɕʰweːdɛ チュェーデ] 名 最大

최선 [tɕʰweːsən チュェーソン] 名 最善

최소¹ [tɕʰweːso チュェーソ] 名 最小

최소² [tɕʰweːso チュェーソ] 名 最少

최신 [tɕʰweːɕin チュェーシン] 名 最新 関 최신식 [チュェーシンシク] 名 最新式 / 최신형 [チュェーシニョン] 名 最新型

최저 [tɕʰweːdʑə チュェージョ] 名 最低 対 최고 [チュェーゴ] 関 최저

최종

임금[チュエージョ イムグム]图最低賃金 / 최저 한도[チュエージョ ハーンド]图最低限度

최종[tʃʰwe:dʒoŋ チュエージョン]图最終 対 최초[チェーチョ]

최첨단[tʃʰwe:tʃʰəmdan チュエーチョムダン]图最先端

최초[tʃʰwe:tʃʰo チュエーチョ]图最初 対 최종[チュエージョン]

최후[tʃʰwe:fiu チュエーフ]图最後

추가[tʃʰuga チュガ]图追加 他추가하다[チュガハダ]追加する 受動 추가되다[チュガドゥェダ]追加される 関 추가 시험[チュガシホム]图追試験 / 추가 요금[チュガ ヨーグム]图追加料金 / 추가 주문[チュガ チュームン]图追加注文

추구¹[tʃʰugu チュグ]图追求 他추구하다[チュグハダ]追求する

추구²[tʃʰugu チュグ]图追究 他추구하다[チュグハダ]追究する

추궁[tʃʰuguŋ チュグン]图追及 他추궁하다[チュグンハダ]追及する 受動추궁되다[チュグンドゥェダ]追及される

추근추근[tʃʰuguntʃʰugun チュグンチュグン]副(性質や言動が)とてもしつこい様子：ねちねちと；しつこく 関 추근추근히[チュグンチュグニ]副 ねちねちと；しつこく

추다[tʃʰuda チュダ]他(踊りを)踊る；舞う 例 나도 춤을 잘 추고 싶어요. [ナド チュムル チャル チュゴ シポヨ] 私もうまく踊りたいです。

추락[tʃʰurak チュラㇰ]图墜落 自추락하다[チュラカダ]墜落する 受動 추락되다[チュラクトゥェダ]墜落する

추량[tʃʰurjaŋ チュリャン]图推量 他추량하다[チュリャンハダ]推量する；推測する

추리[tʃʰuri チュリ]图推理 他추리하다[チュリハダ]推理する 関 추리력[チュリリョㇰ]图推理力 / 추리 소설[チュリ ソーソル]图推理小説

추리다[tʃʰurida チュリダ]他 ①(多くのものの中からいくつか)選ぶ ②(必要な物だけを)抜き出す；選び出す

추문[tʃʰumun チュムン]图醜聞；スキャンダル

추방[tʃʰubaŋ チュバン]图追放 他추방하다[チュバンハダ]追放する 受動추방되다[チュバンドゥェダ]追放される

추석[tʃʰusək チュソㇰ]图秋夕《旧暦8月15日。旧正月と並ぶ朝鮮半島で祝う祝日の1つ》例이번 추석에는 못 내려갈 것 같아요. [イボン チュソゲヌン モーン ネリョガル コッ カタヨ] 今年の秋夕には帰省できそうもありません。

추세[tʃʰuse チュセ]图 ①趨勢 ②権力のある者におもねること 自추세하다[チュセハダ]力のある者に従う；権勢に追従する

추어[tʃʰuɔ チュオ]图ドジョウ 類미꾸라지[ミックラジ]関 추어탕[チュオタン]图どじょう汁

추억[tʃʰuɔk チュオㇰ]图追憶；思い出 他추억하다[チュオカダ]過ぎ去ったことを思い浮かべる

추월[tʃʰuwɔl チュウォル]图追い越

し [하他] 추월하다 [チュウォラダ] 追い越す

추위 [tʃʰuwi チュウィ] [名] 寒さ；寒気 例 다음 주부터 본격적인 추위가 시작된다고 해요. [タウム チュブト ポンキョクチョギン チュウィガ シージャクトウェンダゴ ヘヨ] 来週から本格的な寒さが始まるそうです。[関] 추위를 타다 [チュウィルル タダ] 寒さに弱い；寒がる

추잡하다 [tʃʰudʒapʰada チュジャパダ] [形]〖하変〗猥雑だ；卑猥だ

추적 [tʃʰudʒɔk チュジョク] [名] 追跡 [하他] 추적하다 [チュジョカダ] 追跡する

추종 [tʃʰudʒoŋ チュジョン] [名] 追従 [하自] 추종하다 [チュジョンハダ] 追従する

추진 [tʃʰudʒin チュジン] [名] 推進 [하他] 추진하다 [チュジナダ] 推進する [되自動] 추진되다 [チュジンドウェダ] 推進される [関] 추진력 [チュジンニョク] [名] 推進力

추천 [tʃʰutʃʰɔn チュチョン] [名] 推薦 [하他] 추천하다 [チュチョナダ] 推薦する [関] 추천서 [チュチョンソ] [名] 推薦書 / 추천 메뉴 [チュチョン メニュ] [名] お勧めの料理

추첨 [tʃʰutʃʰɔm チュチョム] [名] 抽選；くじ引き [하自他] 추첨하다 [チュチョマダ] 抽選する

추측 [tʃʰutʃʰuk チュチュク] [名] 推測 [하他] 추측하다 [チュチュカダ] 推測する

추파 [tʃʰupʰa チュパ] [名] 秋波 ①秋の澄みわたった波 ②色目；流し目 [関] 추파를 던지다 [チュパルル トンジダ] 色目を使う

추하다 [tʃʰuɦada チュハダ] [形]〖하変〗醜い；見苦しい

추행 [tʃʰuɦɛŋ チュヘン] [名] 醜行

추후 [tʃʰuɦu チュフ] [名] この次；追って

축구 [tʃʰukʔku チュクク] [名] サッカー 例 친구들과 축구를 했어요. [チングドゥルグヮ チュククルル ヘッソヨ] 友達とサッカーをしました。

축배 [tʃʰukʔpɛ チュクペ] [名] 祝杯；祝盃

축복 [tʃʰukʔpok チュクポク] [名] 祝福 [하自] 축복하다 [チュクポカダ] 祝福する

축사 [tʃʰukʔsa チュクサ] [名] 祝辞 [하自] 축사하다 [チュクサハダ] 祝辞を述べたり、お祝いの文を書く

축소 [tʃʰukʔso チュクソ] [名] 縮小 [하他] 축소하다 [チュクソハダ] 縮小する

축의 [tʃʰugi チュギ] [名] 祝いの儀式

축의금 [tʃʰugigum チュギグム] [名] 祝儀

축이다 [tʃʰugida チュギダ] [他] 濡らせる；潤す

축전 [tʃʰukʔtʃɔn チュクチョン] [名] 祝典

축제 [tʃʰukʔtʃe チュクチェ] [名] 祝祭；祭り；フェスティバル [関] 축제일 [チュクチェイル] [名] 祝祭日

축축하다 [tʃʰuktʃʰukʰada チュクチュカダ] [形]〖하変〗しめっぽい [副] 축축이 [チュクチュギ] じっとりと

축하 [tʃʰukʰa チュカ] [名] 祝賀；祝い 例 진심으로 축하 드립니다. [チンシムロ チュカ トゥリムニダ] 心からお祝い申し上げます。 [하他]

춘향전

축하하다 [チュカハダ] 祝う 例 생일 축하합니다. [センイル チュカハムニダ] 誕生日おめでとうございます。

춘향전 [tɕʰunɦjaŋdʑɔn チュニャンジョン] 名 春香伝《朝鮮時代の小説》

출가 [tɕʰulga チュルガ] 嫁入りすること；嫁ぐこと 自 출가하다 [チュルガハダ] 嫁ぐ

출구 [tɕʰulgu チュルグ] 名 出口

출국 [tɕʰulguk チュルグク] 名 出国 自 출국하다 [チュルグカダ] 出国する

출근 [tɕʰulgɯn チュルグン] 名 出勤 自 출근하다 [チュルグナダ] 出勤する

출납 [tɕʰullap チュルラプ] 名 出納 他 출납하다 [チュルラパダ] 出納する

출발 [tɕʰulbal チュルバル] 名 出発 自他 출발하다 [チュルバラダ] 出発する 例 지금 바로 출발하겠습니다. [チグム パロ チュルバラゲッスムニダ] 今すぐに出発します。 関 출발선 [チュルバルソン] 名 スタートライン / 출발점 [チュルバルッチョム] 名 出発点

출생 [tɕʰulˀseŋ チュルセン] 名 ①出生 ②生まれ 自 출생하다 [チュルセンハダ] 出生する；誕生する 関 출생률 [チュルセンニュル] 名 出生率 / 출생 신고 [チュルセン シンゴ] 名 出生届け / 출생지 [チュルセンジ] 名 出生地

출석 [tɕʰulˀsɔk チュルソク] 名 出席 自 출석하다 [チュルソカダ] 出席する 関 출석부 [チュルソクプ] 名 出席簿

출세 [tɕʰulˀse チュルセ] 名 出世 自 출세하다 [チュルセハダ] 出世する

출신 [tɕʰulˀɕin チュルシン] 名 出身；生まれ

출연 [tɕʰurjɔn チュリョン] 名 出演 自 출연하다 [チュリョナダ] 出演する

출입 [tɕʰurip チュリプ] 名 出入り；出入りすること 自他 출입하다 [チュリパダ] 出入りする 関 출입구 [チュリプク] 名 出入り口 / 출입국 관리국 [チュリプクク クワルリグク] 名 出入国管理局 / 출입국 관리사무소 [チュリプクク クワルリサムソ] 名 出入国管理事務所 / 출입 금지 [チュリプ クームジ] 名 立入禁止

출장 [tɕʰulˀtɕaŋ チュルチャン] 名 出張 関 출장을 가다 [チュルチャンウル カダ] 出張に行く；出張する / 출장소 [チュルチャンソ] 名 出張所

출전 [tɕʰulˀtɕɔn チュルチョン] 名 ①戦いに出ること ②競技に出場すること 自 출전하다 [チュルチョナダ] ①戦いに出る ②競技に出る

출제 [tɕʰulˀtɕe チュルチェ] 名 出題 自他 출제하다 [チュルチェハダ] 出題する

출판 [tɕʰulpʰan チュルパン] 名 出版 他 출판하다 [チュルパナダ] 出版する 関 출판물 [チュルパンムル] 名 出版物 / 출판사 [チュルパンサ] 名 出版社

출품 [tɕʰulpʰum チュルプム] 名 出品 自他 출품하다 [チュルプマダ] 出

품하다

출출하다 [tɕʰultɕʰurɦada チュルチュラダ] 形《하変》(少し) 腹が減っている

출하 [tɕʰurɦa チュラ] 名 出荷 하他 출하하다 [チュラハダ] 出荷する

춤 [tɕʰum チュム] 名 踊り；舞踊 例 그는 파티에서 기분이 좋아서 춤을 추었어요. [クヌン パティエソ キブニ チョーアソ チュムル チュオッソヨ] 彼はパーティーで気分が良くなって踊りました。

춥다 [tɕʰupʼta チュプタ] 形《ㅂ変：추워 / 추운 チュウォ / チュウン] 寒い 対 덥다 [トプタ] 例 추워서 몸이 덜덜 떨려요. [チュウォソ モミ トルドル ットルリョヨ] 寒くて体がぶるぶる震えます。

충격 [tɕʰuŋgjʌk チュンギョク] 名 衝撃 関 충격적 [チュンギョクチョク] 名 衝撃的

충고 [tɕʰuŋgo チュンゴ] 名 忠告 하自他 충고하다 [チュンゴハダ] 忠告する

충당하다 [tɕʰuŋdaŋɦada チュンダンハダ] 他《하変》充当する；当てる

충돌 [tɕʰuŋdol チュンドル] 名 衝突 하自 충돌하다 [チュンドラダ] 衝突する 自 충돌되다 [チュンドルドゥエダ] 衝突する

충동 [tɕʰuŋdoŋ チュンドン] 名 衝動 하他 충동하다 [チュンドンハダ] そそのかす 関 충동 구매 [チュンドン クメ] 衝動買い / 충동질 [チュンドンジル] そそのかすこと；誘惑すること

충무로 [tɕʰuŋmuro チュンムロ] 名 忠武路《ソウル市中区にある街路および地区》

충분하다 [tɕʰuŋbunɦada チュンブナダ] 形《하変》十分だ；充分だ 副 충분히 [チュンブニ] 十分に；充分に

충성 [tɕʰuŋsʌŋ チュンソン] 名 忠誠

충실하다 [tɕʰuŋsirɦada チュンシラダ] 形《하変》忠実だ 副 충실히 [チュンシリ] 忠実に

충청도 [tɕʰuŋtɕʰʌŋdo チュンチョンド] 名 忠清道 関 충남도 [チュンチョンナムド] 名 忠清南道 / 충청북도 [チュンチョンブクト] 名 忠清北道

충치 [tɕʰuŋtɕʰi チュンチ] 名 虫歯

췌장 [tɕʰweːdʑaŋ チュェージャン] 名 膵臓

취급 [tɕʰwiːgɯp チュイーグプ] 名 取扱 하他 취급하다 [チュイーグパダ] 取り扱う 되動 취급되다 [チュイーグプトゥエダ] 取り扱われる

취기 [tɕʰwiːgi チュイーギ] 名 酔気；酔い

취미 [tɕʰwiːmi チュイーミ] 名 趣味 例 취미가 뭐예요? [チュイーミガ ムォーエヨ] 趣味は何ですか。

취소 [tɕʰwiːso チュイーソ] 名 取り消し 하他 취소하다 [チュイーソハダ] 取り消す；キャンセルする

취업 [tɕʰwiːʌp チュイーオプ] 名 就業；就職 하自 취업하다 [チュイーオパダ] 就職する

취임 [tɕʰwiːim チュイーイム] 名 就任 하自 취임하다 [チュイーイマダ] 就任する 関 취임사 [チュイーイムサ] 名 就任の辞 / 취임식 [チュイーイムシク] 名 就任式

취재 [tɕʰwiːdʑɛ チュイージェ] 名 取

취지

材 [自] 취재하다 [チュィージェハダ] 取材する

취지 [tɕʰwi:dʑi チュィージ] [名] 趣旨；趣意

취직 [tɕʰwi:dʑik チュィージク] [名] 就職 [自] 취직하다 [チュィージカダ] 就職する

취하다¹ [tɕʰwi:ɦada チュィーハダ] [自] 《하変》 ① (酒に)酔う 例 술에 취해서 길에서 쓰러졌어요. [スレ チュィーヘソ キレソ ッスロジョッソヨ] 酒に酔って道で転びました。② 陶酔する

취하다² [tɕʰwi:ɦada チュィーハダ] [他] 《하変》 取る；摂取する

측 [tɕʰuk チュク] [依名] …の側 [接尾] …側

측근 [tɕʰukk͈ɯn チュククン] [名] 側近

측량 [tɕʰuŋnjaŋ チュンニャン] [名] 測量 [他] 측량하다 [チュンニャンハダ] 測量する

측면 [tɕʰuŋmjɔn チュンミョン] [名] 側面

측정 [tɕʰukt͈ɕɔŋ チュクチョン] [名] 測定 [他] 측정하다 [チュクチョンハダ] 測定する

층¹ [tɕʰɯŋ チュン] [名] ① 層 ② 階層 ③ 事物の重なり

층² [tɕʰɯŋ チュン] [依名] 階層を数える語；…階

층계 [tɕʰɯŋge チュンゲ] [名] 階段 [関] 층계참 [チュンゲチャム] [名] (階段の) 踊り場

치과 [tɕʰiʔkwa チックヮ] [名] 歯科

치다¹ [tɕʰida チダ] [自] ① (風・吹雪などが) 強く吹く ② (厚い霜が) 降りる

치다² [tɕʰida チダ] [他] ① 殴る (打ったり, 叩いて) 音を出す；打つ；叩く 例 뜻밖의 선물에 손뼉을 치며 좋아했어요. [ットゥッパッケ ソンムレ ソンッピョグル チミョ チョーアヘッソヨ] 思いがけないプレゼントに手を叩いて喜びました。③ (ピアノやギターを) 弾く ④ 叩いて打ち込む；打つ ⑤ (電報を) 打つ ⑥ (敵を) 攻撃する ⑦ (試験を) 受ける ⑧ 叫ぶ

치다³ [tɕʰida チダ] [他] ① 印をつける ② 線や絵を描く

치다⁴ [tɕʰida チダ] [他] ① (粉や液体を) 掛ける；撒く ② ふるいにかける

치다⁵ [tɕʰida チダ] [他] ① 値段をつける ② 見積もる ③ 占う

치다⁶ [tɕʰida チダ] [他] ① (簾などを) 下ろす ② (網・幕・テントなどを) 張る

치료 [tɕʰirjo チリョ] [名] 治療 [他] 치료하다 [チリョハダ] 治療する

치르다 [tɕʰirɯda チルダ] [他] 《으変：치러 チロ》 ① (賃金などを) 払う 例 내일까지 잔금을 치르기로 했어요. [ネイルッカジ チャングムル チルギロ ヘッソヨ] 明日までに残金を払うことになりました。② (重大な事などを) 行う；執り行う

치마 [tɕʰima チマ] [名] チマ《朝鮮・韓国の民族衣裳のスカート》；スカート [関] 긴치마 [キーンチマ] [名] 長いチマ；ロングスカート / 짧은 치마 [ッチャルブン チマ] [名] ミニスカート

치매 [tɕʰime チメ] [名] 痴呆 [関] 치매증 [チメッチュン] [名] 痴呆症

치명 [tʃʰiːmjoŋ チーミョン] 名 致命 関 치명상[チーミョンサン] 名 致命傷

치밀다 [tʃʰimilda チミルダ] 自《ㄹ語幹:치미는 チミヌン》込み上げる;突き上げる

치밀하다 [tʃʰimirɦada チミラダ] 形《하変》緻密だ

치부 [tʃʰibu チブ] 名 恥部

치수 [tʃʰiˀsu チス] 名 寸法;サイズ 関 치수를 내다[チスルル ネーダ] 長さの寸法を決める / 치수를 대다[チスルル テーダ] 寸法を測って決める

치안 [tʃʰian チアン] 名 治安

치약 [tʃʰijak チヤク] 名 歯磨き

치욕 [tʃʰijok チヨク] 名 恥辱;恥;はずかしめ

치우다 [tʃʰiuda チウダ] 他 ①どける;移す ②片付ける ③(やりかけた仕事を)途中でやめる

치우치다 [tʃʰiutʃʰida チウチダ] 自 (一方に)偏る

치자 [tʃʰiːdʒa チージャ] 名 クチナシの実

치장¹ [tʃʰidʒaŋ チジャン] 名 旅支度 하自 치장하다[チジャンハダ] 旅支度をする

치장² [tʃʰidʒaŋ チジャン] 名 装うこと;着飾ること 하自 치장하다[チジャンハダ] 化粧する;おしゃれする;装う

치질 [tʃʰidʒil チジル] 名 痔疾;痔

치켜세우다 [tʃʰikʰjoseuda チキョセウダ] 他 おだてる

치통 [tʃʰitʰoŋ チトン] 名 歯痛

칙칙하다 [tʃʰiktʃʰikkʰada チクチカダ] 形《하変》①(色が)くすんでいる ②(髪の毛や林などが)密生している

친- [tʃʰin チン] 接頭 (血縁関係において)実の… 例 친형제[チニョンジェ] 名 実の兄弟

친구 [tʃʰingu チング] 名 ①友人;友達;親友 ②同輩などに対するぞんざいな呼び方 関 소꿉친구[ソックプチング] 名 幼友達 / 남자 친구[ナムジャ チング] 名 彼氏 / 여자 친구[ヨジャ チング] 名 彼女 / 오랜 친구[オレン チング] 名 旧友

친근 [tʃʰingun チングン] 名 親しいこと 하形 친근하다[チングナダ] 親しい 関 친근감[チングンガム] 名 親近感

친밀하다 [tʃʰinmirɦada チンミラダ] 形《하変》親密だ 副 친밀히[チンミリ] 親密に

친분 [tʃʰinbun チンブン] 名 親密な間柄

친애 [tʃʰinɛ チネ] 名 親愛 하他 친애하다[チネハダ] 親愛する

친절 [tʃʰindʒol チンジョル] 名 親切 하形 친절하다[チンジョラダ] 親切だ 例 그 사람이 친절하게 설명해 주셨어요. [ク サーラミ チンジョラゲ ソルミョンヘ ジュショッソヨ] その人が親切に説明してくださいました。関 친절히[チンジョリ] 副 親切に

친정 [tʃʰindʒoŋ チンジョン] 名 (嫁に行った女性の)実家

친족 [tʃʰindʒok チンジョク] 名 親族

친척 [tʃʰintʃʰok チンチョク] 名 親戚;親類

친하다 [tʃʰinɦada チナダ] 形《하変》親しい 例 우리 앞으로도 친하게 지

친해지다

내자. [ウリ アプロド チナゲ チネジャ] 私たち, 今後も親しくしましょう。

친해지다 [tʃʰinɦiɛdʒida チネジダ] 自 親しくなる

칠[1] [tʃʰil チル] 数 7；7つ 類 일곱[イルゴプ] 関 칠월[チルォル] 名 7月

칠[2] [tʃʰil チル] 名 ①漆 ②塗料；塗装；塗り

칠기 [tʃʰilgi チルギ] 名 漆器

칠면조 [tʃʰilmjondʒo チルミョンジョ] 名 シチメンチョウ

칠석 [tʃʰilˀsok チルソク] 名 七夕《陰暦の7月7日の夜》

칠십 [tʃʰilˀʃip チルシプ] 数 70 類 일흔[イルン]

칠월 [tʃʰirwol チルォル] 名 7月

칠판 [tʃʰilpʰan チルパン] 名 黒板 例 칠판 글씨가 잘 안 보여요. [チルパン クルッシガ チャル アン ボヨヨ] 黒板の字がよく見えません。

칠하다 [tʃʰirɦada チラダ] 他 『하変』(ペンキなどを)塗る

칡 [tʃʰik チク] 名 葛

침[1] [tʃʰim チム] 名 唾

침[2] [tʃʰim チム] 名 鍼(鍼治療に用いる針)

침구 [tʃʰimgu チムグ] 名 鍼灸 関 침구술[チムグスル] 名 鍼灸術

침낭 [tʃʰimːnaŋ チームナン] 名 寝袋

침대 [tʃʰiːmdɛ チームデ] 名 寝台；ベッド 関 침대 방[チームデ パン] 名 ①寝室 ②(ホテルなどでオンドル部屋に対して)洋室 / 침대차[チームデチャ] 名 寝台車

침략 [tʃʰimnjak チムニャク] 名 侵略 하他 침략하다 [チムニャカダ] 侵略する 関 침략자 [チムニャクチャ] 名 侵略者

침묵 [tʃʰimmuk チムムク] 名 沈黙 하自 침묵하다 [チムムカダ] 沈黙する

침실 [tʃʰiːmʃil チームシル] 名 寝室

침엽수 [tʃʰiːmjopˀsu チーミョプス] 名 針葉樹

침입 [tʃʰiːmip チーミプ] 名 侵入 하自他 침입하다 [チーミパダ] 侵入する

침착하다 [tʃʰimtʃʰakkʰada チムチャカダ] 形 『하変』落ち着いている；沈着冷静だ

침침하다 [tʃʰimtʃʰimɦada チムチマダ] 形 『하変』①うす暗い；どんより曇っている ②(目が)かすんでいる；はっきり見えない

침통 [tʃʰimtʰoŋ チムトン] 名 沈痛 하形 침통하다 [チムトンハダ] 沈痛だ；深い悲しみなどで胸を痛めている

침투 [tʃʰimtʰu チムトゥ] 名 浸透 하自他 침투하다 [チムトゥハダ] 浸透する

침해 [tʃʰiːmɦɛ チーメ] 名 侵害 하他 침해하다 [チーメハダ] 侵害する

칩 [tʃʰip チプ] 名 チップ

칫솔 [tʃʰiˀsol チッソル] 名 歯ブラシ

칭찬 [tʃʰintʃʰan チンチャン] 名 称賛 하他 칭찬하다 [チンチャナダ] 褒める；称賛する

ㅋ

카 [kʰaː カー] 名 自動車 関 카페리[カーペリ] 名 カーフェリー

카네이션 [kʰaneiʃon カネイション] 名 カーネーション

카드 [kʰaːdɯ カードゥ] 名 ①カード

②トランプ 関 카드 놀이[カドゥノリ]名 トランプ遊び / 교통 카드[キョトン カードゥ]名 交通カード《プリペイド式の乗車券》/ 신용카드[シニョン カードゥ]名 クレジットカード

카디건 [kʰa:digɔn カーディゴン]名 カーディガン

카레라이스 [kʰareraisɯ カレライス]名 カレーライス

카메라 [kʰamera カメラ]名 カメラ 関 카메라맨[カメラメン]名 カメラマン

카운슬러 [kʰaunsɯllɔ カウンスルロ]名 カウンセラー

카운슬링 [kʰaunsɯlliŋ カウンスルリン]名 カウンセリング

카운터 [kʰauntʰɔ カウント]名 (ホテルや商店などの)カウンター

카운트 [kʰauntʰɯ カウントゥ]名 カウント 自他 카운트하다[カウントゥハダ]カウントする; 数える

카지노 [kʰadʒino カジノ]名 カジノ

카탈로그 [kʰatʰallogɯ カタログ]名 カタログ

카톨릭 [kʰatʰollik カトリク]名 カトリック; カトリック教 類 천주교[チョンジュギョ]

카페 [kʰapʰe カペ]名 カフェー

카펫 [kʰapʰet カーペッ]名 カーペット; 絨毯

칵테일 [kʰaktʰeil カクテイル]名 カクテル 関 칵테일 글라스[カクテイル グルラス]名 カクテルグラス / 칵테일 드레스[カクテイル ドゥレス]名 カクテルドレス / 칵테일 파티[カクテイル パーティ]名 カクテルパーティー

칸막이 [kʰanmagi カンマギ]名 仕切り; 間仕切り 有自他 칸막이하다[カンマギハダ]仕切る

칼 [kʰal カル]名 刃物 例 칼에 손을 벴어요. [カレ ソヌル ペッソヨ]ナイフで手を切りました。

칼국수 [kʰalguk̚su カルグクス]名 手打ちうどん

칼날 [kʰallal カルラル]名 (刃物の)刃

칼럼 [kʰallɔm カルロム]名 コラム

칼로리 [kʰallori カルロリ]依名 カロリー

캄캄하다 [kʰamkʰamɦada カムカマダ]形〖ㅎ変〗① 真っ暗だ ② 前途に希望が全くない; お先真っ暗だ ③(知識などに)疎い ④(消息などが)途絶える

캐다 [kʰɛ:da ケーダ]他 ① 掘る ②(隠れている事実などを)突きとめる

캐디 [kʰɛdi ケディ]名 キャディー

캐릭터 [kʰɛriktʰɔ ケリクト]名 キャラクター

캐묻다 [kʰɛ:muʔta ケームッタ]他〖ㄷ変: 캐물어 / 캐묻는 ケームロ / ケームンヌン〗根掘り葉掘り聞き出す

캐비닛 [kʰɛbinit ケビニッ]名 キャビネット

캐비아 [kʰɛbia ケビア]名 キャビア

캐스터 [kʰɛsɯtʰɔ ケスト]名 キャスター

캐스트 [kʰɛsɯtʰɯ ケストゥ]名 キャスト; 配役

캐시 [kʰɛʃi ケシ]名 キャッシュ; 現金

캐주얼 [kʰɛdʒuɔl ケジュオル]名 カ

ジュアル

캔디 [kʰɛndi ケンディ] 名 キャンディー 類 사탕 [サタン] 名 飴

캔버스 [kʰɛnbʌsɯ ケンボス] 名 キャンバス

캔슬 [kʰɛnsɯl ケンスル] 名 キャンセル；取り消し 他 캔슬하다 [ケンスラダ] キャンセルする

캠퍼스 [kʰɛmpʰʌsɯ ケムポス] 名 キャンパス

캠페인 [kʰɛmpʰein ケムペイン] 名 キャンペーン

캠핑 [kʰɛmpʰiŋ ケムピン] 名 キャンプ 自 캠핑하다 [ケムピンハダ] キャンプする

캡 [kʰɛp ケプ] 名 キャップ

캡슐 [kʰɛpʔʃuːl ケプシュール] 名 カプセル

캡틴 [kʰɛptʰin ケプティン] 名 キャプテン

캥거루 [kʰɛŋgʌru ケンゴル] 名 カンガルー

커닝 [kʰʌniŋ コニン] 名 カンニング 自他 커닝하다 [コニンハダ] カンニングする

커다랗다 [kʰʌːdaratʰa コーダラッタ] 形〘ㅎ変：커다래 / 커다란 コダレ / コダラン〙とても大きい；非常に大きい 例 커다란 꿈 [コダラン ックム] とても大きな夢

커버 [kʰʌbʌ コボ] 名 カバー

커브 [kʰʌːbɯ コーブ] 名 カーブ

커지다 [kʰʌdʒida コジダ] 自 大きくなる；広がる

커튼 [kʰʌːtʰɯn コートゥン] 名 カーテン

커플 [kʰʌpʰɯl コプル] 名 カップル

커피 [kʰʌːpʰi コーピ] 名 コーヒー 例 다 같이 커피 한 잔 할까요? [ターガチ コーピ ハン ジャン ハルッカヨ] みんなで一緒にコーヒーを飲みましょうか。関 커피 숍 [コーピショプ] 名 コーヒーショップ；喫茶店；コーヒー店

컬러 [kʰʌllʌ コルロ] 名 カラー；色彩；色

컬컬하다 [kʰʌlkʰʌrɦada コルコラダ] 形〘하変〙① 喉がからからだ ② (声が)にごって太い

컴백 [kʰʌmbɛk コムベク] 名 カムバック 自 컴백하다 [コムベカダ] カムバックする

컴컴하다 [kʰʌmkʰʌmɦada コムコマダ] 形〘하変〙① 真っ暗だ ② 腹黒い

컴퓨터 [kʰʌmpʰjuːtʰʌ コムピュート] 名 コンピューター 例 컴퓨터를 새로 샀어요. [コムピュートルル セロサッソヨ] パソコンを新しく買いました。

컵 [kʰʌp コプ] 名 コップ

컷 [kʰʌt コッ] 名 カット ① 切ること ② 挿し絵 ③ 映画などの一場面 他 컷하다 [コタダ] カットする；切る

케이블 [kʰeibɯl ケイブル] 名 ケーブル 関 케이블 카 [ケイブル カ] 名 ケーブルカー

케이스 [kʰeisɯ ケイス] 名 ケース ① 場合；事例 ② 容器；箱

케이크 [kʰeikʰɯ ケイク] 名 ケーキ；洋菓子

케첩 [kʰetʃʰʌp ケチョプ] 名 ケチャップ

켕기다 [kʰeŋgida ケンギダ] 自 ① 張りつめる ② 気に掛かる；気がひ

켜다¹ [kʰjəda キョダ] 他 ①(火を)つける；点火する ②(電灯・家電製品などを)点ける 例 불 켜 주세요. [プル キョ ジュセヨ] 明かりを点けてください。/ 집에 들어가면 텔레비전부터 켜요. [チベ トゥロガミョン テルレビジョンブト キョヨ] 家に帰ったらまずテレビを点けます。

켜다² [kʰjəda キョダ] 他 ①(鋸で)挽く ②(絃楽器などを)弾く

켜다³ [kʰjəda キョダ] 他 (水や酒などを)がぶ飲みする

켜다⁴ [kʰjəda キョダ] 他 伸びをする；背伸びする 関 기지개를 켜다 [キジゲルル キョダ] 伸びをする

켤레 [kʰjəlle キョルレ] 依名 靴や靴下などを数える語：…足

코 [kʰo コ] 名 ①鼻 ②鼻水 関 코가 납작해지다 [コガ ナプチャケジダ] 面目がつぶれる / 코가 높다 [コガ ノプタ] 鼻高々だ；鼻にかける / 코가 세다 [コガ セダ] 鼻っ柱が強い / 코를 골다 [コルル コルダ] いびきをかく / 코를 풀다 [コルル プルダ] 鼻をかむ / 코감기 [コガームギ] 名 鼻かぜ

코끼리 [kʰoʔkiri コッキリ] 名 象

코냑 [kʰonjak コニャク] 名 コニャック

코너 [kʰoːnɔ コーノ] 名 コーナー

코리아 [kʰoria コリア] 名 コリア；韓国

코멘트 [kʰomentʰɯ コメントゥ] 名 コメント

코미디 [kʰomidi コミディ] 名 コメディー

코믹 [kʰomik コミク] 名 コミック

코뿔소 [kʰoʔpulʔso コップルソ] 名 サイ

코스 [kʰoːsɯ コース] 名 コース

코스모스 [kʰosɯmosɯ コスモス] 名 コスモス

코알라 [kʰoalla コアルラ] 名 コアラ

코앞 [kʰoap コアプ] 名 ①鼻先；目前 ②目前に迫ること

코웃음 [kʰousɯm コウスム] 名 あざ笑い；冷笑 関 코웃음을 치다 [コウスムル チダ] せせら笑う；あざ笑う

코코넛 [kʰokʰonət ココノッ] 名 ココナッツ

코트 [kʰotʰɯ コトゥ] 名 コート

코피 [kʰopʰi コピ] 名 鼻血

콘서트 [kʰonsətʰɯ コンソトゥ] 名 コンサート；音楽会；演奏会

콜라 [kʰolla コルラ] 名 コーラ

콜콜 [kʰoːlkʰoːl コールコール] 副 よく眠る様子：ぐうぐう；すやすや

콤팩트 [kʰompʰɛktʰɯ コムペクトゥ] 名 コンパクト

콤플렉스 [kʰompʰɯllekʔsɯ コムプルレクス] 名 コンプレックス；劣等感

콧노래 [kʰonnorɛ コンノレ] 名 鼻歌

콧대 [kʰotʔtɛ コッテ] 名 鼻柱 関 콧대가 높다 [コッテガ ノプタ] 鼻高々だ；鼻にかける / 콧대가 세다 [コッテガ セダ] 強情で意地っぱりだ / 콧대를 꺾다 [コッテルル ッコクタ] 鼻っ柱を折る

콧물 [kʰonmul コンムル] 名 鼻水

콧소리 [kʰoʔsori コッソリ] 名 鼻声

콧수염 [kʰoʔsujəm コッスヨム] 名 口ひげ

콩 [kʰoŋ コン] 名 豆；大豆

콩가루 [kʰoŋ?karu コンッカル] 名 きな粉

콩국 [kʰoŋ?kuk コンックク] 名 豆乳 関 콩국수 [コンッククス] 名 豆乳に麺類を入れた料理

콩나물 [kʰoŋnamul コンナムル] 名 大豆モヤシ 関 콩나물밥 [コンナムルバプ] 名 大豆モヤシ入りのご飯

콩자반 [kʰoŋdʒaban コンジャバン] 名 煮豆

콩알 [kʰoŋal コンアル] 名 豆粒

쾌감 [kʰwɛgam クェガム] 名 快感

쾌락¹ [kʰwerak クェラク] 名 快楽 形 쾌락하다 [ケェラカダ] 気持ちがよく楽しい

쾌락² [kʰwerak クェラク] 名 快諾 他 쾌락하다 [クェラカダ] 快諾する

쾌속 [kʰwesok クェソク] 名 快速 関 쾌속선 [クェソクソン] 名 快速船

쾌적하다 [kʰwedʒokkʰada クェジョカダ] 形 〖하変〗快適だ

쾌활하다 [kʰwɛfiwarɦada クェフワラダ] 形 〖하変〗快活だ 副 쾌활히 [クェフワリ] 快活に

괴괴하다 [kʰwekʰwefiada クェクェハダ] 形 〖하変〗①(腐って)臭いがする ②やり方が汚い

쿠데타 [kʰudetʰa クデタ] 名 クーデター

쿠션 [kʰuʃɔn クション] 名 クッション

쿠킹 [kʰukʰiŋ クキン] 名 クッキング；料理

쿨쿨 [kʰu:lkʰu:l クールクール] 副 熟睡している人の寝息；ぐうぐう 関 쿨쿨거리다 [クールクールゴリダ] 自 ぐうぐうといびきをかく

퀴즈 [kʰwidʒɯ クィジュ] 名 クイズ 関 퀴즈 프로 [クィジュ プロ] 名 クイズ番組

퀸 [kʰwi:n クィーン] 名 クイーン；女王

크기 [kʰɯgi クギ] 名 大きさ；サイズ

크다 [kʰɯda クダ] 形 〖으変:커 코〗大きい 対 작다 [チャクタ] ①(大きさ・容積などが)大きい 例 그는 몸이 커서 무서워 보여요. [クヌン モミ コソ ムソウォ ポヨヨ] 彼は体が大きくて怖そうに見えます。 ②背が高い 例 그 사람은 나보다 키가 커요. [ク サーラムン ナボダ キガ コヨ] あの人は私より背が高いです。 ③(衣服・帽子などのサイズが)大きい 例 이 옷은 좀 사이즈가 커요. [イ オスン チョム サイジュガ コヨ] この服は少しサイズが大きいです。 ④(範囲・規模などが)大きい；広い ⑤(心・度量が)大きい ⑥(金額が)大きい ⑦(程度が)甚だしい ⑧(責任・任務などが)重い；大きい 自 大きくなる；育つ；成長する 例 네가 어느새 이렇게 컸니? [ネガ オヌセ イロッケ コンニ] お前がいつの間にこんなに大きくなったのか。

크레디트 [kʰɯreditʰɯ クレディトゥ] 名 クレジット 関 크레디트 카드 [クレディトゥ カードゥ] 名 クレジットカード

크레인 [kʰɯrein クレイン] 名 クレーン；起重機

크리스마스 [kʰɯrisɯmasɯ クリス

マス] 名 クリスマス 例 크리스마스 선물로 뭐 받고 싶어요? [クリスマス ソーンムルロ ムォー パッコ シポヨ] クリスマスプレゼントに何をもらいたいですか。関 크리스마스 이브 [クリスマス イブ] 名 クリスマスイブ / 크리스마스 카드 [クリスマス カードゥ] 名 クリスマスカード / 크리스마스 트리 [クリスマストゥリ] 名 クリスマスツリー / 크리스마스 파티 [クリスマス パティ] 名 クリスマスパーティー 類 성탄절 [ソーンタンジョル] 名 聖誕節

크림 [kʰuri:m クリーム] 名 クリーム

큰길 [kʰungil クンギル] 名 大通り；表通り

큰돈 [kʰundon クンドン] 名 大金 類 거금 [コーグム]

큰마음 [kʰunmaɯm クンマウム] 名 ① 大きな心；寛大な心 ② 一大決心 関 큰마음을 먹다 [クンマウムル モクタ] 一大決心をする

큰물 [kʰunmul クンムル] 名 大水；洪水 関 큰물이 지다 [クンムリ チダ] 洪水になる

큰소리 [kʰunsori クンソリ] 名 ① 大声；大きい音；怒鳴り声 ② 大口をたたくこと；大言 自 큰소리하다 [クンソリハダ] ① 怒鳴る ② 大口をたたく 関 큰소리를 치다 [クンソリルル チダ] ① 怒鳴る ② 大言を吐く

큰아버지 [kʰunabədʑi クナボジ] 名 父方の伯父 関 작은아버지 [チャグナボジ] 父方の叔父 / 삼촌 [サムチョン] 名 父方の叔父《結婚をしてない場合の呼称》

큰어머니 [kʰunəməni クノモニ] 名 伯母（父の長兄の妻）

큰일¹ [kʰunil クニル] 名 大事；大変なこと；一大事 関 큰일이 나다 [クニリ ナダ] 大変なことなる

큰일² [kʰunnil クンニル] 名 （人生の節目などの）大事；大きな儀式 関 큰일을 치르다 [クンニルル チルダ] 大事なことを行う

큰절 [kʰundʑəl クンジョル] 名 ① (結婚や祭礼の際に) 行う最も丁寧なお辞儀 自 큰절하다 [クンジョラダ] 最も丁寧なお辞儀をする ② 立った状態から腰をかがめて座り深々とするお辞儀

큰집 [kʰundʑip クンジプ] 名 本家；宗家 類 종가 [チョンガ] 名 宗家

클래스 [kʰullɛsu クルレス] 名 クラス ① 学級 ② 等級

클래식 [kʰullɛɕik クルレシク] 名 クラシック 関 클래식 음악 [クルレシク ウマク] 名 クラシック音楽

클럽 [kʰulləp クルロプ] 名 クラブ 関 나이트 클럽 [ナイトゥ クルロプ] 名 ナイトクラブ

클로버 [kʰullo:bə クルローボ] 名 クローバー

키¹ [kʰi キ] 名 ① 背丈；身長 例 키 큰 사람이 정말 부러워요. [キ クン サーラミ チョーンマル プロウォヨ] 背の高い人が本当にうらやましいです ②（立っている物の）高さ

키² [kʰi キ] 名 舵

키³ [kʰi: キー] 名 キー；鍵

키다리 [kʰidari キダリ] 名 のっぽ

키스 [kʰisɯ キス] 名 キス；接吻；口づけ 自 키스하다 [キスハダ] キスする

키우다 [kʰiuda キウダ] 他 ① 育て

キ

る；飼う 例 예전에는 애완견을 키우는 사람이 별로 없었어요. [イェジョネヌン エワンギョヌル キウヌン サーラミ ピョルロ オープソッソヨ] 以前は犬を飼っている人があまりいませんでした。②(財産などを)殖やす ③(才能・体力などを)養う

킥 [kʰik キㇰ] 名 キック 하他 킥하다 [キカダ] キックする

킬로 [kʰillo キㇽロ] 依名 キロ：キログラム；キロメーター；キロワットの略 関 킬로그램 [キルログレム] 依名 キログラム / 킬로미터 [キルロミート] 依名 キロメートル / 킬로와트 [クルロワトゥ] 依名 キロワット

킹 [kʰiŋ キン] 名 キング；王 関 킹사이즈 [キンサイジュ] 名 キングサイズ；特大型

ㅌ

타격 [tʰa:gjʌk ターギョㇰ] 名 ①打撃 ②損害 ③意気がくじけること ④野球のバッティング 하他 타격하다 [タギョカダ] たたく；攻撃する

타고나다 [tʰagonada タゴナダ] 他 (才能などを)生まれながら持っている；生まれつく

타다¹ [tʰada タダ] 自 ①燃える；焼ける ②焦げる 例 생선이 다 타 버렸어요. [センソニ ター タ ボリョッソヨ] 魚が全部焦げてしまいました。③(不安や心配などで心が)焦る；いらいらする 例 딸하고 연락이 안 돼서 속이 타 죽겠어요. [ッタラゴ ヨルラギ アン ドゥェソ ソギ タ チュッケッソヨ] 娘と連絡が取れなくて心配でなりません。④日焼けする 例 선크림을 안 바르고 나갔더니 얼굴이 탔어요. [ソンクリムル アン バルゴ ナガットニ オルグリ タッソヨ] 日焼け止めを塗らないで出掛けたら日焼けしました。⑤渇く；とても乾燥する

타다² [tʰada タダ] 他 ①(乗り物に)乗る 例 저는 여기서 버스 타고 갈게요. [チョヌン ヨギソ ポス タゴ カルケヨ] 私はここからバスに乗って帰ります。②(スキーやスケートなどで)滑る ③(ある条件やチャンスなどに)乗じる 例 방심한 틈을 타고 적이 공격해 왔습니다. [パンシマン トゥムル タゴ チョギ コンギョケ ワッスムニダ] 油断した隙に乗じて敵が攻撃してきました。

타다³ [tʰada タダ] 他 (液体に少量の液体や粉末を)混ぜる；入れる 例 커피 한 잔 타 드릴까요? [コーピ ハン ジャンタ ドゥリルッカヨ] コーヒー1杯入れましょうか。

타다⁴ [tʰada タダ] 他 (賞・給与・小遣いなどを)もらう 例 지난번엔 너무 신세가 많았어요. 월급 타면 한턱낼게요. [チナンボネン ノム シンセガ マーナッソヨ ウォルグプ タミョン ハントンネルケヨ] この前は本当にお世話になりました。給料もらったらおごりますね。

타다⁵ [tʰada タダ] 他 (弦楽器を)弾く

타다⁶ [tʰada タダ] 他 (刺激などに)まける；敏感に反応する 例 더위를 많이 타서 여름은 정말 못 참겠어요. [トウィルル マーニ タソ ヨル

ムン チョーンマル モーッ チャムケッソヨ] 暑さに弱いので夏は本当に我慢できないです。

타당 [tʰa:daŋ ターダン] 名 妥当 하形 타당하다 [ターダンハダ] 妥当だ 関 타당성 [ターダンッソン] 名 妥当性

타박 [tʰa:bak ターバク] 名 責めつけること；ひどくけなすこと 하他 타박하다 [ターバカダ] 責めつける

타산 [tʰa:san ターサン] 名 打算 하他 타산하다 [ターサナダ] 自分の利益になるかどうかを推し量る 関 타산적 [ターサンジョク] 名 打算的

타오르다 [tʰaoruda タオルダ] 自《ㄹ変: 타올라 タオルラ》① (火が) 燃えあがる ② (感情・情熱が) 燃える

타워 [tʰawɔ タウォ] 名 タワー；塔

타월 [tʰawɔl タウォル] 名 タオル

타이르다 [tʰairuda タイルダ] 他《ㄹ変: 타일러 タイルロ》教え論す；いい聞かせる；たしなめる

타이밍 [tʰaimiŋ タイミン] 名 タイミング

타이어 [tʰaiɔ タイオ] 名 タイヤ

타이틀 [tʰaitʰul タイトゥル] 名 タイトル

타인 [tʰain タイン] 名 他人

타임 [tʰaim タイム] 名 タイム 関 타임아웃 [タイマウッ] 名 タイムアウト / 타임업 [タイモプ] 名 タイムアップ

타입 [tʰaip タイプ] 名 タイプ；型；様式

타자 [tʰa:dʑa ターヂャ] 名 打者

타조 [tʰa:dʑo ターヂョ] 名 ダチョウ

타진 [tʰa:dʑin ターヂン] 名 打診 ① 医者が体を指先でたたき, 診察すること ② (相手の意向を) 事前にさぐること 하他 타진하다 [ターヂナダ] 打診する

타파 [tʰa:pʰa ターパ] 名 打破 하他 타파하다 [ターパハダ] 打破する

타향 [tʰa:hjaŋ タヒャン] 名 他郷；異国 関 타향살이 [タヒャンサリ] 名 他郷暮らし

타협 [tʰa:hjɔp ターヒョプ] 名 妥協 하自他 타협하다 [ターヒョパダ] 妥協する 関 타협안 [ターヒョバン] 名 妥協案 / 타협적 [ターヒョプチョク] 名 妥協的

탁구 [tʰakʔku タック] 名 卓球；ピンポン 関 탁구공 [タックゴン] 名 ピンポン球 / 탁구대 [タックデ] 名 卓球台

탁류 [tʰaŋnju タンニュ] 名 濁流

탁월하다 [tʰagwɔrhada タグォラダ] 形《하変》卓越している

탁자 [tʰakʔtɕa タクチャ] 名 卓子；テーブル

탁주 [tʰakʔtɕu タクチュ] 名 濁酒；どぶろく

탁하다 [tʰakkʰada タカダ] 形《하変》① 濁っている ② 顔色が優れない ③ (声が) がらがらしている

탄력 [tʰa:lljɔk タールリョク] 名 弾力 関 탄력 섬유 [タールリョク ソミュ] 名 弾力繊維；弾性繊維 / 탄력성 [タールリョッソン] 名 弾力性

탄로 [tʰa:llo タールロ] 名 (秘密や悪事が) 露見すること；ばれること 하他 탄로하다 [タールロハダ] 暴露する；ばらす 自 탄로되다 [タールロドウェダ] 露見する 関 탄로 나

다[タールロ ナダ]露見する；ばれる

탄복 [tʰaːnbok ターンボク]名 感服 하자타 탄복하다[ターンボカダ]感服する

탄산 [tʰaːnsan ターンサン]名 炭酸 関 탄산음료[ターンサヌムニョ]名 炭酸飲料

탄생 [tʰaːnsɛŋ ターンセン]名 誕生 하자 탄생하다[ターンセンハダ]誕生する

탄식 [tʰaːnʃik ターンシク]名 嘆息；ため息をついて嘆くこと 하자타 탄식하다[ターンシカダ]嘆息をもらす

탄압 [tʰaːnap ターナプ]名 弾圧 하타 탄압하다[ターナパダ]弾圧する 되受動 탄압되다[ターナプトゥェダ]弾圧される

탄탄하다 [tʰantʰanɦada タンタナダ]形《ㅂ変》① (造りや構造などが)丈夫だ；堅固だ；堅牢だ ② 体ががっちりしている 副 탄탄히[タンタニ]堅固に；がっちりと

탄핵 [tʰaːnɦjek ターネク]名 弾劾 하타 탄핵하다[ターネカダ]弾劾する

탈¹ [tʰaːl タール]名 仮面；マスク 関 탈을 벗다[タールル ポッタ]① 仮面を脱ぐ ② 本心・本性を現す / 탈을 쓰다[タールル ッスダ]① 仮面をつける ② 本心・本性を隠す

탈² [tʰaːl タール]名 ① 事故；故障 ② 病気 ③ 言いがかり；難癖；けち 関 탈이 없이[タールリ オープシ]副 つつがなく；順調に

탈락 [tʰallak タルラク]名 脱落 하자 탈락하다[タルラカダ]脱落する

탈출 [tʰaltɕʰul タルチュル]名 脱出 자타 탈출하다[タルチュラダ]脱出する

탈춤 [tʰaːltɕʰum タールチュム]名 仮面劇

탐 [tʰam タム]名 貪欲；貪ること 関 탐을 내다[タムル ネダ]欲しがる

탐구 [tʰamgu タムグ]名 探求；物事を探り求めること 하타 탐구하다[タムグハダ]探求する

탐스럽다 [tʰamsurəp̚ta タムスロプタ]形《ㅂ変：탐스러워 / 탐스러운 タムスロウォ / タムスロウン》うっとりするほどだ；喉から手が出るほどだ

탐욕 [tʰamjok タミョク]名 貪欲 関 탐욕스럽다[タミョクスロプタ]形《ㅂ変：탐욕스러워 / 탐욕스러운 タミョクスロウォ / タミョクスロウン》貪欲だ

탐탁하다 [tʰamtʰakkʰada タムタカダ]形《하変》満足だ；好ましい；申し分ない 関 탐탁스럽다[タムタクスロプタ]形《ㅂ変：탐탁스러워 / 탐탁스러운 タムタクスロウォ / タムタクスロウン》満足だ；好ましい；申し分ない

탐험 [tʰamɦjom タモム]名 探険 하타 탐험하다[タモマダ]探検する 関 탐험가[タモムガ]名 探検家 / 탐험대[タモムデ]名 探検隊

탑 [tʰap タプ]名 塔

탑승 [tʰapʰsɯŋ タプスン]名 搭乗 하자 탑승하다[タプスンハダ]搭乗する 関 탑승권[タプスンックォン]名 搭乗券 / 탑승원[タプスンウォン]名 搭乗員

탓 [tʰat タッ] 名 ① 理由；せい；ため ②(ある結果を)責めること 他 탓하다 [タタダ] (…の)せいにする

탕탕¹ [tʰaŋtʰaŋ タンタン] 副 器や部屋など中に何もない様子：からから；がらがら

탕탕² [tʰaŋtʰaŋ タンタン] 副 ①(銃砲や火薬などが爆発する音)ぱんぱんと ②床板などを打つ音やその様子：どんどん

태권도 [tʰɛˀkwondo テックォンド] 名 跆拳道《韓国固有の武術の1つ》

태극 [tʰɛguk テグク] 名 太極《東洋哲学で宇宙万物の生ずる根元》 関 태극기 [テグクキ] 名 太極旗《大韓民国の国旗》

태도 [tʰɛdo テード] 名 態度

태만 [tʰɛman テマン] 名 怠慢 形 태만하다 [テマナダ] 怠慢だ

태반 [tʰɛban テバン] 名 大半；大部分

태산 [tʰɛsan テサン] 名 泰山 関 태산 같다 [テサン ガッタ] 山のようだ；膨大だ；偉大だ

태생 [tʰɛseŋ テセン] 名 ① 胎生 ② 出生；(ある土地の)生まれ

태양 [tʰɛjaŋ テヤン] 名 太陽 関 태양계 [テヤンゲ] 名 太陽系 / 태양력 [テヤンニョク] 名 太陽暦；陽暦 / 태양신 [テヤンシン] 名 太陽神 / 태양열 [テヤンニョル] 名 太陽熱 / 태양 전지 [テヤン チョンジ] 名 太陽電池

태어나다 [tʰɛɔnada テオナダ] 自 生まれる；生じる 例 태어나서 처음으로 비행기를 탔어요. [テオナソ チョウムロ ピヘンギルル タッソヨ] 生まれて初めて飛行機に乗りました。

태연하다 [tʰɛjɔnɦada テヨナダ] 形 〖하変〗泰然としている 関 태연스럽다 [テヨンスロプタ] 形〖ㅂ変：태연스러워 / 태연스러운 テヨンスロウォ / テヨンスロウン〗泰然としている / 태연스러이 [テヨンスロイ] 副 平然と；事も無げに / 태연자약 [テヨンジャヤク] 名 泰然自若 / 태연히 [テヨニ] 副 泰然と；事も無げに

태우다¹ [tʰeuda テウダ] 他 ① 燃やす；焼く ② 焦がす ③ 肌を焼く ④ 心を悩ます；気を揉む

태우다² [tʰeuda テウダ] 他 (乗物などに)乗せる 例 공항까지 차에 태워 달라고 친구한테 부탁했어요. [コンハンッカジ チャエ テウォ ダルラゴ チングハンテ プータケッソヨ] 空港まで車に乗せてくれと友達に頼みました。

태평 [tʰɛpʰjɔŋ テピョン] 名 太平；泰平 形 태평하다 [テピョンハダ] 太平だ ① 世の中が平和に治まっていること ② のんきだ；大らかだ ③ 心や家庭が安らかだ 関 태평스럽다 [テピョンスロプタ] 形〖ㅂ変：태평스러워 / 태평스러운 テピョンスロウォ / テピョンスロウン〗太平だ；のんきだ / 태평스러이 [テピョンスロイ] 副 泰平に；のんきに

태평양 [tʰɛpʰjɔŋɲaŋ テピョンニャン] 名 太平洋 関 태평양 전쟁 [テピョンニャン チョーンジェン] 名 太平洋戦争

태풍[tʰɛpʰuŋ テプン] 名 台風

택시[tʰɛkʲʃi テクシ] 名 タクシー 例 택시 타는 곳이 어디예요? [テクシ タヌン ゴシ オディエヨ] タクシー乗り場はどこですか。

택하다[tʰɛkkʰada テカダ] 他〔하変〕選ぶ；取る

탤런트[tʰɛllʌntʰɯ テルロントゥ] 名 タレント ①才能 ②俳優や歌手などの芸能人

탭댄스[tʰɛpdɛnsɯ テプデンス] 名 タップダンス

탱고[tʰɛŋgo テンゴ] 名 タンゴ

탱크[tʰɛŋkʰɯ テンク] 名 ①(液体や気体を蓄えておく)タンク ②戦車

터¹[tʰʌ ト] 名 ①敷地 ②(物事の成り立つ本体)基礎；土台

터²[tʰʌ ト] 依名 ①《未来連体形に付いて》予定の意を表す：…のつもり；…のはず 例 곧 올 테니까 좀 더 기다려 봅시다. [コッ オル テニッカ チョム ド キダリョ ボプシダ] すぐ来るはずだからもう少し待ってみましょう。②《現在連体形に付いて》…しているのに；…するのに；…なのに《타は指定詞이다の語幹이が付いて縮約した테の形でも用いられる》

터널[tʰʌnʌl トノル] 名 トンネル

터놓다[tʰʌnotʰa トノッタ] 他 ①(遮る物を)取り除く；開放する ②(禁止の命令を)解除する ③(内心を)打ち明ける

터득[tʰʌːduk トードゥク] 名 会得；体得 [하他] 터득하다 [トードゥカダ] 会得する

터뜨리다[tʰʌˀtɯrida トットゥリダ] 他 破裂させる；爆発させる

터무니[tʰʌmuni トムニ] 名 根拠 関 터무니없다 [トムニオプタ] 存 根拠がない；途方もない；とんでもない

터미널[tʰʌːminʌl トーミノル] 名 ターミナル

터전[tʰʌdʑʌn トジョン] 名 ①敷地となる土地 ②(生活の)拠り所；基盤

터지다[tʰʌːdʑida トージダ] 自 ①(戦争・事件などが)勃発する；起こる ②裂ける；ひび割れる ③(感情が)爆発する ④(声・歌などが)わき起こる ⑤(秘密などが)ばれる ⑥(火薬などが)爆発する ⑦(幸福・運などが)一度に訪れる

터치[tʰʌtʃʰi トチ] 名 タッチ ①触れること；接触 ②筆づかい [하自他] 터치하다 [トチハダ] タッチする；触れる

턱¹[tʰʌk トク] 名 顎

턱²[tʰʌk トク] 名 おごり；もてなし 関 한턱내다 [ハントンネダ] 自 おごる；ごちそうする

턱없다[tʰʌgʌpˀta トゴプタ] 存 ①理不尽だ；途方もない；無茶だ ②身分不相応だ 副 턱없이 [トゴプシ] べらぼうに；法外に

턴[tʰʌːn トーン] 名 ターン [하自他] 턴하다 [トーナダ] ターンする

털[tʰʌl トル] 名 ①人や鳥・動植物の毛 ②毛糸；羊毛

털다[tʰʌːlda トールダ] 他〔ㄹ語幹：터는 トーヌン〕①(ほこりやごみを)払う；払い落とす ②(有り金を)使いはたす ③(強盗などが)金品を奪い取る

털보 [tʰolbo トルボ] 名 毛深い人

털실 [tʰolʃil トルシル] 名 毛糸；ウール

털어놓다 [tʰorənotʰa トロノッタ] 他 (秘密などを)打ち明ける

털털하다 [tʰoltʰorɦada トルトラダ] 形『ㅎ変』① ざっくばらんだ；気さくだ；大らかだ ②(品質が)並だ；普通だ 副 털털히 [トルトリ] 大ざっぱに

텁수룩하다 [tʰopʔsurukkʰada トプスルカダ] 形『ㅎ変』(髪の毛・ひげなどが)もじゃもじゃだ；ぼうぼうだ 副 텁수룩이 [トプスルギ] ぼうぼうと；もじゃもじゃと

텁석 [tʰopʔsok トプソク] 副 物をいきなり掴む様子：ぎゅっと；むんずと

텁텁하다 [tʰopʰtʰopʰada トプトパダ] 形『ㅎ変』①(口当たりや味が)さっぱりしない ②(目がかすんで)はっきりしない ③(性格が)ざっくばらんだ

텃새 [tʰoʔsɛ トッセ] 名 留鳥；季節的な移動をしない鳥

텅 [tʰəŋ トン] 副 大きな物の中や部屋には何もない様子：がらんと

테 [tʰe テ] 名 ① たが ② 縁；へり；枠

테너 [tʰeno テノ] 名 テナー；テノール

테니까 [tʰeniʔka テニッカ] 《動詞の未来連体形+터+이(다)+니까》…するつもりだから；…するはずだから

테니스 [tʰenisɯ テニス] 名 テニス 関 테니스를 치다 [テニスルル チダ] テニスをする

테두리 [tʰeduri テドゥリ] 名 ① 縁；へり；枠；輪郭 ② 範囲；限界；枠

테마 [tʰe:ma テーマ] 名 テーマ

테이블 [tʰeibul テイブル] 名 テーブル；食卓 例 열쇠는 테이블 위에 놔뒀어요. [ヨルスェヌン テイブル ウィエ ノワドゥオッソヨ] 鍵はテーブルの上に置いておきました。 関 테이블 매너 [テイブル メノ] 名 テーブルマナー / 테이블 스피치 [テイブル スピチ] 名 テーブルスピーチ / 테이블클로스 [テイブルクルロース] 名 テーブルクロス

테이프 [tʰeipʰɯ テイプ] 名 テープ

텍스트 [tʰekʔsɯtʰɯ テクストゥ] 名 テキスト

텐트 [tʰentʰɯ テントゥ] 名 テント

텔레비전 [tʰellebidʒən テルレビジョン] 名 テレビ

토끼 [tʰoʔki トッキ] 名 ウサギ 関 토끼뜀 [トッキットゥィム] 名 兎跳び

토대 [tʰodɛ トデ] 名 土台；基礎

토라지다¹ [tʰoradʒida トラジダ] 自 食もたれする

토라지다² [tʰoradʒida トラジダ] 自 すねる；ふてくされる

토란 [tʰoran トラン] 名 サトイモ 関 토란국 [トランックク] 名 サトイモのスープ

토로 [tʰo:ro トーロ] 名 吐露 하他 토로하다 [トーロハダ] 吐露する

토론 [tʰo:ron トーロン] 名 討論；議論 하他 토론하다 [トーロナダ] 討論する

토마토 [tʰomatʰo トマト] 名 トマト 関 토마토 케첩 [トマト ケチョプ] 名 トマトケチャップ

토막 [tʰomak トマク] 名 ① 切れ端 ② (言葉・文・歌などの)区切り 依名 切れ端を数える語：…切れ；…片 関 토막토막 [トマクトマク] 副 ずたずたに；切れ切れに

토목 [tʰomok トモク] 名 土木 関 토목 건축 [トモク コンチュク] 名 土木建築 / 토목 공사 [トモク コンサ] 名 土木工事 / 토목 공학 [トモク コンハク] 名 土木工学 / 토목 기사 [トモク キサ] 名 土木技師 / 토목 사업 [トモク サオプ] 名 土木事業

토박이 [tʰobagi トバギ] 名 土地っ子；生え抜き

토산물 [tʰosanmul トサンムル] 名 土地の産物；特産物

토스트 [tʰoːsɯtʰɯ トーストゥ] 名 トースト

토실토실 [tʰoɕiltʰoɕil トシルトシル] 副 ふっくらした様子：まるまる；ぽっちゃり 하形 토실토실하다 [トシルトシラダ] ぽっちゃりしている；ふっくらしている

토요일 [tʰojoil トヨイル] 名 土曜日 例 이번 토요일은 쉽니다. [イボン トヨイルン シュィムニダ] 今週の土曜日は休みます。

토의 [tʰoːi トーイ] 名 討議 하他 토의하다 [トーイハダ] 討議する

토지 [tʰodʑi トジ] 名 土地

토픽 [tʰopʰik トピク] 名 トピック；話題

토하다 [tʰoːɦada トーハダ] 他《하変》① (食べたものを)吐く；吐き出す 例 토할 것 같아요. [トーハル コッ カタヨ] 吐きそうです。 ② 告白する；吐露する

톤¹ [tʰon トン] 依名 重さの単位：…トン

톤² [tʰon トン] 名 ① トーン ② 音調

톱¹ [tʰop トプ] 名 鋸

톱² [tʰop トプ] 名 トップ

통¹ [tʰoŋ トン] 名 ①(ズボン・袖などの)幅 ② 腰回り；(脚の)太さ

통² [tʰoŋ トン] 依名 白菜・スイカ・カボチャなどを数える語：…株；…個

통³ [tʰoŋ トン] 副 全然；全く；一向に；さっぱり

통⁴ [tʰoŋ トン] 副 木の筒や小さい太鼓などを打つ音：ごん；どん

통⁵ [tʰoŋ トン] 名 桶；樽 依名 桶や樽を数える語：…桶；…樽

통⁶ [tʰoŋ トン] 名 筒

통⁷ [tʰoŋ トン] 依名 手紙・文書などを数える語：…通

통감 [tʰoːŋgam トーンガム] 名 痛感 하他 통감하다 [トーンガマダ] 痛感する

통계 [tʰoːŋge トーンゲ] 名 統計 関 통계 도표 [トーンゲ トピョ] 名 統計図表 / 통계 연감 [トーンゲ ヨンガム] 名 統計年鑑 / 통계표 [トーンゲピョ] 名 統計表 / 통계학 [トーンゲハク] 名 統計学

통고 [tʰoŋgo トンゴ] 名 通告 하他 통고하다 [トンゴハダ] 通告する 되受動 통고되다 [トンゴドゥェダ] 通告される

통과 [tʰoŋgwa トングヮ] 名 通過 하他 통과하다 [トングヮハダ] 通過する 自 통과되다 [トングヮドゥェダ] 通過する

통근 [tʰoŋgun トングン] 名 通勤 하自 통근하다 [トングナダ] 通勤

통조림

する 関 통근 전차[トングン チョーンチャ]名 通勤電車

통기타[tʰoŋgitʰa: トンギター]名 アコースティックギター

통나무[tʰoŋnamu トンナム]名 丸太 関 통나무배[トンナムベ]名 丸木舟

통닭[tʰoŋdak トンダク]名 ①丸のままの鶏肉 ②鶏の丸焼き

통대구[tʰoŋdɛgu トンデグ]名 干鱈;棒鱈

통로[tʰoŋno トンノ]名 通路

통마늘[tʰoŋmanɯl トンマヌル]名 (小分けしていない)丸ごとのニンニク

통상[tʰoŋsaŋ トンサン]名 通商;貿易 自他 통상하다[トンサンハダ] 通商する 関 통상 조약[トンサン チョヤク]名 通商条約 / 통상 협정[トンサン ヒョプチョン]名 通商協定

통설[tʰoŋsʌl トンソル]名 通説

통성명[tʰoŋsʌŋmjʌŋ トンソンミョン]名 互いに名のりあうこと;初対面のあいさつを交わすこと 自他 통성명하다[トンソンミョンハダ] 互いに名のりあう

통속[tʰoŋsok トンソク]名 関 통속 문학[トンソク ムナク]名 通俗文学 / 통속 소설[トンソク ソーソル]名 通俗小説 / 통속적[トンソクチョク]名 通俗的 / 통속화[トンソクァ]名 通俗化

통솔[tʰo:ŋsol トーンソル]名 統率 他 통솔하다[トーンソラダ] 統率する 関 통솔권[トーンソルックォン]名 統率権 / 통솔력[トーンソルリョク]名 統率力 / 통솔자[トーンソルチャ]名 統率者

통신[tʰoŋʃin トン シン]名 通信 自他 통신하다[トンシナダ] 通信する 関 통신 교육[トンシン キョーユク]名 通信教育 / 통신기[トンシンギ]名 通信機 / 통신란[トンシンナン]名 通信欄 / 통신망[トンシンマン]名 通信網 / 통신비[トンシンビ]名 通信費 / 통신사[トンシンサ]名 通信社

통역[tʰoŋjok トンヨク]名 通訳 自他 통역하다[トンヨカダ] 通訳する 関 통역관[トンヨククァン]名 通訳官

통일[tʰo:ŋil トーンイル]名 統一 自他 통일하다[トーンイラダ] 統一する 例 의견을 통일해야 합니다.[ウイーギョヌル トーンイレヤ ハムニダ] 意見を統一しなければいけません。受動 통일되다[トンイルドゥェダ] 統一される 関 통일 국가[トーンイル ククカ]名 統一国家 / 통일안[トーンイラン]名 統一案

통장[tʰoŋdʒaŋ トンジャン]名 通帳

통절하다[tʰo:ŋdʒʌrhada トーンジョラダ]形《하変》痛切だ 副 통절히[トーンジョリ] 痛切に

통제[tʰo:ŋdʒe トーンジェ]名 統制 自他 통제하다[トーンジェハダ] 統制する 受動 통제되다[トーンジェドゥェダ] 統制される 関 통제 경제[トーンジェ キョンジェ]名 統制経済 / 통제력[トーンジェリョク]名 統制力 / 통제품[トーンジェプム]名 統制品

통조림[tʰoŋdʒorim トンジョリム]名 缶詰

통증 [tʰoːŋˀtɕuŋ トーンッチュン] 名 疼痛

통지 [tʰoŋdʑi トンジ] 名 通知 他 통지하다 [トンジハダ] 通知する 関 통지서 [トンジソ] 名 通知書 / 통지표 [トンジピョ] 名 通知表

통째 [tʰoŋˀtɕe トンッチェ] 副 丸ごと；丸のまま 関 통째로 [トンッチェロ] 副 丸ごと；丸のまま

통치 [tʰoːŋtɕʰi トーンチ] 名 統治 他 통치하다 [トーンチハダ] 統治する 受動 통치되다 [トーンチドゥェダ] 統治される 関 통치권 [トーンチックォン] 名 統治権 / 통치 기관 [トーンチ キグァン] 名 統治機関

통치마 [tʰoŋtɕʰima トンチマ] 名 筒状に縫い合わせたチマ(スカート)

통칭 [tʰoŋtɕʰiŋ トンチン] 名 通称

통쾌 [tʰoːŋkʰwe トーンクェ] 名 痛快 形 통쾌하다 [トーンクェハダ] 痛快だ 関 통쾌히 [トーンクェヒ] 副 痛快に

통틀어 [tʰoŋtʰɯrɔ トントゥロ] 副 ひっくるめて；全部で

통하다 [tʰoŋɦada トンハダ] 自他 《하変》①(道路・交通機関などが)通じる 例 모든 길은 로마로 통한다. [モドゥン ギルン ロマロ トンハンダ] すべての道はローマに通じる。②(意思・感情・言葉などが)伝わる 例 말이 안 통해서 많이 고생했어요. [マリ アン トンヘソ マーニ コセンヘッソヨ] 言葉が通じなくて大変苦労しました。③(ある分野に)精通する

통학 [tʰoŋɦak トンハㇰ] 名 通学 自 통학하다 [トンハカダ] 通学する 関 통학 구역 [トンハㇰ クヨㇰ] 名 通学区域 / 통학로 [トンハンノ] 名 通学路

통행 [tʰoŋɦeŋ トンヘン] 名 通行 自他 통행하다 [トンヘンハダ] 通行する 関 통행금지 [トンヘングームジ] 名 通行禁止 / 통행료 [トンヘンニョ] 名 通行料 / 통행세 [トンヘンッセ] 名 通行税 / 통행인 [トンヘンイン] 名 通行人 / 통행증 [トンヘンッチュン] 名 通行証

통화¹ [tʰoŋɦwa トンファ] 名 通貨

통화² [tʰoŋɦwa トンファ] 名 通話 통화하다 [トンファハダ] 通話する

퇴거 [tʰweːgɔ トゥェーゴ] 名 退去 自 퇴거하다 [トゥェーゴハダ] 退去する

퇴근 [tʰweːgun トゥェーグン] 名 退勤 自 퇴근하다 [トゥェーグナダ] 退勤する；退社する

퇴사 [tʰweːsa トゥェーサ] 名 ①退職 ②退勤 自 퇴사하다 [トゥェーサハダ] ①退職する ②退勤する；退社する

퇴색 [tʰweːsek トゥェーセㇰ] 名 退色 自 퇴색하다 [トゥェーセカダ] 退色する

퇴원 [tʰweːwɔn トゥェーウォン] 名 退院 自 퇴원하다 [トゥェーウォナダ] 退院する

퇴장 [tʰweːdʑaŋ トゥェージャン] 名 退場 自 퇴장하다 [トゥェージャンハダ] 退場する

퇴직 [tʰweːdʑik トゥェージㇰ] 名 退職 自 퇴직하다 [トゥェージカダ] 退職する 関 퇴직금 [トゥェージㇰ

クム]名退職金 / 퇴직 수당[トゥェージク スダン]名退職手当

퇴짜 [tʰweːʔtʃa トゥェーッチャ]名 ① 上納した麻布や木綿の質が悪くて「退」の字が押されて返された物 ②(献上品などを)つき返すこと；拒絶すること 関 퇴짜를 놓다[トゥェーッチャルル ノッタ]拒絶する；つき返す / 퇴짜를 맞다[トゥェーッチャルル マッタ]拒絶される；つき返される

퇴학 [tʰweːɦak トゥェーハク]名退学 하自他 퇴학하다[トゥェーハカダ]退学する

투기 [tʰugi トゥギ]名投機 하自 투기하다[トゥギハダ]投機する

투덜거리다 [tʰudəlɡərida トゥドルゴリダ]自 1人で不平を言うこと；愚痴をこぼす 副 투덜투덜[トゥドゥルトゥドゥル]ぶつぶつ；ぶつくさ

투명 [tʰumjəŋ トゥミョン]名透明 하形 투명하다[トゥミョンハダ]透明だ 関 투명도[トゥミョンド]名透明度

투박하다 [tʰubakkʰada トゥバカダ]形《ㅎ変》① 不格好だ；不完全だ ②(言動が)ぶっきらぼうだ；無愛想だ 関 투박스럽다[トゥバクスロプタ]形《ㅂ変：투박스러워 / 투박스러운 トゥバクスロウォ / トゥバクスロウン》ぶっきらぼうだ

투병 [tʰubjəŋ トゥビョン]名闘病 하自 투병하다[トゥビョンハダ]闘病する

-투성이 [tʰusəŋi トゥソンイ]接尾《一部の名詞の後に付いて》…まみれ；…みどろ；…だらけ 例 땀투성이[ッタムトゥソンイ]汗まみれ / 피투성이[ピトゥソンイ]血まみれ / 빚투성이[ピットゥソンイ]借金まみれ

투수 [tʰusu トゥス]名投手；ピッチャー

투신 [tʰuʃin トゥシン]名投身 하自 투신하다[トゥシナダ]身投げする

투약 [tʰujak トゥヤク]名投薬 하自他 투약하다[トゥヤカダ]投薬する

투어 [tʰuɔ トゥオ]名ツアー

투자 [tʰudʒa トゥジャ]名投資 하自 투자하다[トゥジャハダ]投資する

투쟁 [tʰudʒɛŋ トゥジェン]名闘争 하自 투쟁하다[トゥジェンハダ]闘争する

투정 [tʰudʒəŋ トゥジョン]名だだをこねること；ねだること 하他 투정하다[トゥジョンハダ]だだをこねる 関 투정을 부리다[トゥジョンウル プリダ]だだをこねる / 투정질[トゥジョンジル]名だだをこねること

투지 [tʰudʒi トゥジ]名闘志；闘争精神

투표 [tʰupʰjo トゥピョ]名投票 하自他 투표하다[トゥピョハダ]投票する

툭 [tʰuk トゥク]副 ① 物が折れる様子：ぽきっ；ぷつんと ② 軽くたたく様子：ぽんと

툭하면 [tʰukkʰamjən トゥカミョン]副 ちょっとしたことで；ともすると

퉁명스럽다 [tʰuŋmjəŋsurəpˀta トゥンミョンスロプタ]形《ㅂ変：퉁명스러워 / 퉁명스러운 トゥンミョンスロウォ / トゥンミョンスロウン》(言動が)ぶっきら棒だ；素っ気な

い；無愛想だ 例 퉁명스러운 사람 [トゥンミョンスロウン サーラム] 無愛想な人

퇴각 [tʰwigak トゥィガク] 名 昆布や竹の子などの素揚げ

튀기다¹ [tʰwigida トゥィギダ] 他 ① 弾く；はねのける ② 追い立てる

튀기다² [tʰwigida トゥィギダ] 他 ①(油で)揚げる ② はじけさせる

튀김 [tʰwigim トゥィギム] 名 天ぷら；フライ；揚げ物

튀다 [tʰwida トゥィダ] 自 ① 弾ける；跳ねる；弾む ②(物体の一部が)裂けて弾ける；破裂する ③ (急に)逃げる；高飛びする

튜브 [tʰju:bɯ ティューブ] 名 チューブ

튤립 [tʰju:llip ティュールリプ] 名 チューリップ

트다¹ [tʰɯda トゥダ] 自〖으変: ト ト〗① (草木の芽が)吹き出る ② (夜が明けようとして空が)白む ③ ひび割れる；裂ける；割れる；(肌が)あかぎれになる

트다² [tʰɯda トゥダ] 他〖으変: ト ト〗①(塞がったものを)通じるようにする；開く ② 親しくする ③(取り引きなどを)開始する

트랩 [tʰɯrep トゥレプ] 名 タラップ

트러블 [tʰɯrɔbɯl トゥロブル] 名 トラブル ① もめごと ②(機械などの)故障

트럭 [tʰɯrɔk トゥロク] 名 トラック

트럼펫 [tʰɯrɔmpʰet トゥロムペッ] 名 トランペット

트럼프 [tʰɯrɔmpʰɯ トゥロムプ] 名 トランプ

트렁크 [tʰɯrɔŋkʰɯ トゥロンク] 名 トランク

트레이닝 [tʰɯreiniŋ トゥレイニン] 名 トレーニング；練習；訓練

트릭 [tʰɯrik トゥリク] 名 トリック

트림 [tʰɯrim トゥリム] 名 げっぷ 自自 트림하다 [トゥリマダ] げっぷする

트릿하다 [tʰɯrittʰada トゥリタダ] 形〖하変〗①(消化不良で)胃もたれする ②(態度や行いが)はっきりしない；煮え切らない

트위터 [tʰɯwitʰɔ トゥウィトゥ] 名 twitter；ツイッター

트윈룸 [tʰɯwinrum トゥウィンルム] 名 ツインルーム

트이다 [tʰɯida トゥイダ] 自 ①(閉ざされていたものなどが)開かれる；通じる ②(暗闇や視界が)明るくなる；開ける ③(疑問・考えなどが)解ける；悟る

트집 [tʰɯdʑip トゥジプ] 名 ① 割れ目；さけ目 ② 言い掛かり；難癖 関 트집 잡다 [トゥジプ チャプタ] けちをつける；言い掛かりをつける

특강 [tʰɯk²kaŋ トゥクカン] 名 (大学などで)特別講義

특권 [tʰɯk²kwɔn トゥククォン] 名 特権

특급 [tʰɯk²kɯp トゥククプ] 名 特急 関 특급 열차 [トゥックム ニョルチャ] 名 特急列車

특기 [tʰɯk²ki トゥクキ] 名 特技

특별 [tʰɯk²pjɔl トゥクピョル] 名 特別 自形 특별하다 [トゥクピョラダ] 特別だ 関 특별히 [トゥクピョリ] 副 特別に；格別に；わざわざ

특색 [tʰɯk²sek トゥクセク] 名 特色

특선 [tʰukʼsʰʌn トゥクソン] 名 特選

특성 [tʰukʼsʰʌŋ トゥクッソン] 名 特性

특수 [tʰukʼsu トゥクス] 名 特殊 하形 특수하다 [トゥクスハダ] 特殊だ

특실 [tʰukʼʃil トゥクシル] 名 特別室

특약 [tʰukjak トゥギャク] 名 特約 関 특약점 [トゥギャクチョム] 名 特約店

특유 [tʰukju トゥギュ] 名 特有 하形 특유하다 [トゥギュハダ] 特有だ 関 특유성 [トゥギュッソン] 名 特有性

특이 [tʰugi トゥギ] 名 特異 하形 특이하다 [トゥギハダ] 特異だ

특점 [tʰukʼtʃʌm トゥクッチョム] 名 特点;特徴

특정 [tʰukʼtʃʌŋ トゥクッチョン] 名 特定 하他 특정하다 [トゥクッチョンハダ] 特定する 되受動 특정되다 [トゥクッチョンドゥェダ] 特定される

특종 [tʰukʼtʃoŋ トゥクッチョン] 名 特種

특징 [tʰukʼtʃiŋ トゥクッチン] 名 特徴 例 이 상품의 특징이 뭐예요? [イ サンプメ トゥクッチンイ ムォーエヨ] この商品の特徴は何ですか。 関 특징적 [トゥクッチンジョク] 名 特徴的

특채 [tʰukʼtʃʰɛ トゥクチェ] 名 特別採用 하他 특채하다 [トゥクチェハダ] 特別採用する

특파 [tʰukpʰa トゥクパ] 名 特派 하他 특파하다 [トゥクパハダ] 特派する 関 특파 사절 [トゥクパ サジョル] 名 特派使節 / 특파원 [トゥクパウォン] 名 特派員

특필 [tʰukpʰil トゥクピル] 名 特筆 하他 특필하다 [トゥクピラダ] 特筆する

특허 [tʰukkʰʌ トゥコ] 名 特許

특효 [tʰukkʰjo トゥキョ] 名 特効

특히 [tʰukkʰi トゥキ] 副 特に;特別に;とりわけ 例 오늘은 특히 더 맛있는 것 같아요. [オヌルン トゥキト マシンヌン ゴッ カタヨ] 今日は特別に美味しいと思います。

튼튼하다 [tʰuntʰunɦada トゥントゥナダ] 形《하変》①(体が)丈夫だ;健やかだ;がっちりしている 例 아이가 튼튼하게 자라고 있어요. [アイガ トゥントゥナゲ チャラゴ イッソヨ] 子供が健やかに育っています。②(物が)堅固だ;しっかりしている 例 짐을 많이 넣어야 하니까 튼튼한 가방이 좋겠어요. [チムル マーニ ノオヤ ハニッカ トゥントゥナン カバンイ チョーッケッソヨ] 荷物をたくさん入れないといけないので頑丈なカバンがいいです。 副 튼튼히 [トゥントゥニ] 丈夫に;堅固に

틀 [tʰul トゥル] 名 型;枠 関 틀에 맞추다 [トゥレ マッチュダ] 型にはめる / 틀을 잡다 [トゥルル チャプタ] 構成などを整える / 틀이 잡히다 [トゥリ チャピダ] 様になっている;堂に入っている

틀니 [tʰulli トゥルリ] 名 入れ歯;義歯

틀다 [tʰulda トゥルダ] 他《ㄹ語幹:트는 トゥヌン》①ねじる;ひねる ②(髪を)結う ③(機械・装置などを)動かす ④(方向・進路などを)変える

틀리다

틀리다 [tʰullida トゥルリダ] 自 ① 違う；狂う ② (心や行動が) 正しくない；ひねくれる；駄目だ 例 애당초 마음가짐부터가 틀렸어요. [エダンチョ マウムガジムブトガ トゥルリョッソヨ] そもそも心構えがなってないです。他 間違える 例 틀린 문제를 다시 보고 있어요. [トゥルリン ムーンジェルル タシ ポゴ イッソヨ] 間違った問題をもう一度見ています。

틀림 [tʰullim トゥルリム] 名 ① 違い；間違い ② 仲違い；食い違い 関 틀림없다 [トゥルリモプタ] 存 間違いない；確かだ / 틀림없이 [トゥルリモプシ] 副 間違いなく；確かに

틀어넣다 [tʰurɔnɔtʰa トゥロノッタ] 他 ねじこむ；(狭い所に) 押し込む；詰め込む

틀어막다 [tʰurɔmakʔta トゥロマクタ] 他 ① 塞ぐ；封じる ② (言論・言動の自由を) 抑える；封じる

틀어박히다 [tʰurɔbakkʰida トゥロバキダ] 自 閉じこもる；引きこもる

틈 [tʰum トゥム] 名 ① 隙き間；間隔；亀裂 ② 暇；余暇；手間 例 너무 바빠서 잠 잘 틈도 없어요. [ノム パッパソ チャム ジャル トゥムド オープソヨ] とても忙しくて寝る暇もありません。③ 機会；隙 例 틈을 보이면 안 돼요. [トゥムル ポイミョン アン ドゥェヨ] 隙を見せたらいけません。④ (人間関係の) ひび；間隙 例 사이가 좋았던 두 사람 사이에 틈이 생겼어요. [サイガ チョーアットン トゥー サーラム サイエ トゥミ センギョッソヨ] 仲のよかった2人の間にひびが入りました。関 틈이 나다 [トゥミ ナダ] ① 暇ができる ② 隙き間ができる ③ 不和になる；仲違いする

틈나다 [tʰumnada トゥムナダ] 自 手が空く；暇ができる

틈내다 [tʰumnɛda トゥムネダ] 自 暇をつくる

틈타다 [tʰumtʰada トゥムタダ] 自 機会を利用する；隙に乗じる

틈틈이 [tʰumtʰumi トゥムトゥミ] 副 ① 暇あるごとに；片手間に ② 隙間ごとに

티 [tʰi ティ] 名 ① 埃；ちり；くず ② 小さなきず；欠点

티끌 [tʰikul ティックル] 名 ごみ；ちり；埃 티끌 모아 태산 [ティックル モア テサン] 塵も積もれば山となる

티눈 [tʰinun ティヌン] 名 (手・足の) 魚の目

티브이 [tʰibui ティブイ] 名 TV；テレビ

티셔츠 [tʰiːʃɔtʃʰu ティーショーチュ] 名 ティーシャツ

티없다 [tʰiɔpʔta ティオプタ] 存 傷がなくきれいだ 副 티없이 [ティオプシ] けがれなく；きれいに

티켓 [tʰikʰet ティケッ] 名 チケット

팀 [tʰim ティム] 名 チーム 例 우리 팀이 이겼어요. [ウリ ティミ イギョッソヨ] うちのチームが勝ちました。関 팀워크 [ティムオク] チームワーク

팁 [tʰip ティプ] 名 チップ

ㅍ

파 [pʰa パ] 名 ネギ

파견 [pʰagjɔn パギョン] 名 派遣 他 파견하다 [パギョナダ] 派遣する 受動 파견되다 [パギョンドゥェダ] 派遣される

파고들다 [pʰagodulda パゴドゥルダ] 〘ㄹ語幹:파고드는 パゴドゥヌン〙① 深く入り込む ② 深く染み込む ③ 食い込む

파괴 [pʰa:gwe パーグェ] 名 破壊 他 파괴하다 [パーグェハダ] 破壊する 受動 파괴되다 [パーグェドゥェダ] 破壊される 関 파괴적 [パーグェジョク] 名 破壊的

파국 [pʰa:guk パーグク] 名 破局 自 파국하다 [パーグカダ] 破局する

파급 [pʰagup パグプ] 名 波及 自 파급되다 [パグプトゥェダ] 波及する

파기 [pʰa:gi パーギ] 名 破棄 他 파기하다 [パーギハダ] 破棄する 受動 파기되다 [パーギドゥェダ] 破棄される

파다 [pʰada パダ] 他 ①(土・穴などを)掘る ② 彫る;刻む ③(知られていないものを)探究する

파다하다¹ [pʰadaɦada パダハダ] 形 〘하変〙非常に多い 副 파다히 [パダヒ] いくらでも

파다하다² [pʰadaɦada パダハダ] 形 〘하変〙うわさが広まっている 副 파다히 [パダヒ] 広く

파도 [pʰada パド] 名 波濤;波

파란 [pʰaran パラン] 名 波乱 関 파란만장 [パランマンジャン] 名 波乱万丈

파랗다 [pʰa:rattʰa パーラッタ] 形 〘ㅎ変:파래 / 파란 パーレ / パーラン〙(鮮明に)青い 例 파란 옷이 정말 시원해 보여요. [パーラン オシ チョーンマル シウォネ ボヨヨ] 青い服が本当に涼しそうに見えます。② はつらつとしている

파렴치 [pʰa:rjɔmtʃʰi パーリョムチ] 名 破廉恥 形 파렴치하다 [パーリョムチハダ] 破廉恥だ

파리 [pʰa:ri パーリ] 名 ハエ 関 파리를 날리다 [パーリルル ナルリダ] (ハエを追い払う暇があるくらい)商売が上がったりだ / 파리채 [パーリチェ] 名 ハエ叩き

파마 [pʰa:ma パーマ] 名 パーマ 他 파마하다 [パーマハダ] パーマをする;パーマをかける

파먹다 [pʰamɔkˀta パモクタ] 他 ① (中身を)ほじくって食べる ② 食い尽くす ③ 食い込む

파면 [pʰa:mjɔn パーミョン] 名 罷免 他 파면하다 [パーミョナダ] 罷免する 受動 파면되다 [パーミョンドゥェダ] 罷免される

파문 [pʰamun パムン] 名 波紋

파묻다 [pʰamutˀta パムッタ] 他 ① 埋める ② 隠す;隠蔽する

파묻히다 [pʰamuttɕʰida パムチダ] 自 受動 埋もれる;埋められる

파벌 [pʰabɔl パボル] 名 派閥

파병 [pʰabjɔn パビョン] 名 派兵 自 파병하다 [パビョンハダ] 派兵する 受動 파병되다 [パビョンドゥェダ] 派兵される

파삭파삭 [pʰasakpʰasak パサクパサク] 副 ぱさぱさ;かさかさ

파삭하다 [pʰasakkʰada パサカダ]

파손

形〖하変〗(乾燥して)ぱさぱさだ

파손 [pʰa:son パーソン] 名 破損 하자타 파손하다 [パーソナダ] 破損する 自 파손되다 [パーソンドゥェダ] 破損する

파수 [pʰasu パス] 名 見張ること 하타 파수하다 [パスハダ] 見張る 関 파수를 보다 [パスルル ポダ] 見張る / 파수꾼 [パスックン] 名 番人；見張り / 파수병 [パスビョン] 名 警備兵

파슬리 [pʰa:sulli パースルリ] 名 パセリ

파악 [pʰaak パアク] 名 把握 하타 파악하다 [パアカダ] 把握する 되受動 파악되다 [パアクトゥェダ] 把握される

파업 [pʰa:ɔp パーオプ] 名 ストライキ 하자 파업하다 [パーオパダ] ストライキする

파열 [pʰa:jɔl パーヨル] 名 破裂 하자 파열하다 [パーヨラダ] 破裂する

파우더 [pʰaudɔ パウド] 名 パウダー；粉末

파운데이션 [pʰaundeiʃɔn パウンデイション] 名 ファンデーション

파워 [pʰawɔ パウォ] 名 パワー

파이트 [pʰaitʰɯ パイトゥ] 名 ファイト；試合

파이팅 [pʰaitʰiŋ パイティン] 感 頑張れ；ファイト(掛け声)

파인애플 [pʰainepʰul パイネプル] 名 パイナップル

파일 [pʰail パイル] 名 ファイル

파전 [pʰadʒɔn パジョン] 名 パジョン；ネギチヂミ《ネギに小麦粉の衣を被せて焼いたお好み焼き風の料理》

파출소 [pʰatʃʰulʔso パチュルソ] 名 派出所；交番

파킹 [pʰa:kʰiŋ パーキン] 名 パーキング；駐車

파탄 [pʰa:tʰan パータン] 名 破綻 하자 파탄하다 [パータナダ] 破綻する

파트너 [pʰa:tʰɯnɔ パートゥノ] 名 パートナー

파티 [pʰa:tʰi パーティ] 名 パーティー

파하다 [pʰa:fiada パーハダ] 自〖하変〗仕事などが終わる 他 仕事などを終える

파헤치다 [pʰafietʃʰida パヘチダ] 他 ①(不正などを)暴く；明らかにする ②中の物を取り出す；掘り返す

판 [pʰan パン] 名 ①(何かが行われる)場所；場面 ②《連体形＋판에の形で》…する時に；…した時に

판결 [pʰangjɔl パンギョル] 名 判決 하자 판결하다 [パンギョラダ] 判決する

판국 [pʰanguk パングク] 名 (あることが起こっている)局面；時局；場

판권 [pʰanʔkwɔn パンックォン] 名 版権

판단 [pʰandan パンダン] 名 判断 하자 판단하다 [パンダナダ] 判断する 되受動 판단되다 [パンダンドゥェダ] 判断される 関 판단력 [パンダンニョク] 名 判断力

판로 [pʰallo パルロ] 名 販路

판매 [pʰanme パンメ] 名 販売 하자 판매하다 [パンメハダ] 販売する 되受動 판매되다 [パンメドゥェダ]

販売される 関 판매 가격[パンメカギョク] 名 販売価格 / 판매고[パンメゴ] 名 販売高 / 판매 금지[パンメ クームジ] 名 販売禁止 / 판매망[パンメマン] 名 販売網 / 판매소[パンメソ] 名 販売所 / 판매액[パンメエク] 名 販売額 / 판매원[パンメウォン] 名 販売員 / 판매점[パンメジョム] 名 販売店 / 판매 촉진[パンメ チョクチン] 名 販売促進 / 판매 회사[パンメ フェーサ] 名 販売会社

판사 [pʰansa パンサ] 名 判事

판소리 [pʰanʔsori パンソリ] 名 パンソリ《物語に節を付けて歌う伝統芸能の1つ》

판자 [pʰandʒa パンジャ] 名 板 関 판자벽[パンジャビョク] 名 板壁

판정 [pʰandʒɔŋ パンジョン] 名 判定 하他 판정하다[パンジョンハダ] 判定する 되受動 판정되다[パンジョンドゥェダ] 判定される

판판하다 [pʰanpʰanɦada パンパナダ] 形《ㅏ変》平坦だ；平たい 副 판판히[パンパニ] 平たく

팔¹ [pʰal パル] 名 腕；手 関 팔을 걷고 나서다[パルル コッコ ナソダ] (あることに)積極的に乗り出す / 팔을 걷어붙이다[パルル コドブチダ] 腕まくりをする；何かに取りかかる

팔² [pʰal パル] 数 8 類 여덟[ヨドル]

팔꿈치 [pʰalʔkumtɕʰi パルックムチ] 名 ひじ

팔다 [pʰalda パルダ] 他《ㄹ語幹：파는 パヌン》① 売る 例 이거 어디서 팔아요?[イゴ オディソ パラヨ] これは，どこで売っていますか。/ 이거 낱개로도 팔아요?[イゴ ナッケロド パラヨ] これ，バラでも売っていますか。② (代金をもらって)労働力を提供する ③ 裏切る 関 한눈을 팔다[ハーンヌヌル パルダ] よそ見をする

팔리다 [pʰallida パルリダ] 自 ① 売れる 例 벌써 다 팔리고 없어요.[ポルッソ ター パルリゴ オープソヨ] もうすべて売れてしまってありません。② (気を)奪われる；取られる 例 텔레비전을 보는데 정신이 팔려서 불러도 대답도 안 해요.[テルレビジョヌル ポヌンデ チョンシニ パルリョソ プルロド テーダプト アネヨ] テレビに気を取られていて呼んでも返事もしません。

팔목 [pʰalmok パルモク] 名 手首

팔베개 [pʰalbegɛ パルベゲ] 名 手枕

팔심 [pʰalʔɕim パルシム] 名 腕力

팔십 [pʰalʔɕip パルシプ] 数 80 類 여든[ヨドゥン]

팔씨름 [pʰalʔɕirum パルッシルム] 名 腕相撲 하自 팔씨름하다[パルッシルマダ] 腕相撲する

팔월 [pʰarwɔl パルオル] 名 8月

팔자 [pʰalʔtɕa パルチャ] 名 (持って生まれた)運；運勢；運命 関 팔자가 늘어지다[パルチャガ ヌロジダ] 運が良くなる / 팔자가 세다[パルチャガ セダ] 星回りが悪い / 팔자를 고치다[パルチャルル コチダ] (女性が)再婚する；成り上がる / 팔자에 없다[パルチャエ オープタ] 身にあまる幸運だ / 팔자타령[パルチャタリョン] 名 自分の運命を嘆くこと

팔짱 [pʰalʔtɕaŋ パルッチャン] 名 腕

팔찌

組み 関 팔짱을 끼다 [パルッチャンウル ッキダ] 腕組みをする / 팔짱을 지르다 [パルッチャンウル チルダ] 手をこまねく

팔찌 [pʰalʦ͈i パルッチ] 名 腕輪

팝뮤직 [pʰam mjuːdʒik パムミュージク] 名 ポピュラー音楽；ポップス

팝송 [pʰapʔsoŋ パプソン] 名 ポップソング；流行歌；ポップス

팝콘 [pʰapkʰoːn パプコーン] 名 ポップコーン

팥 [pʰat パッ] 名 小豆 関 팥빙수 [パッピンス] 名 氷小豆 / 팥죽 [パッチュク] 名 小豆粥

패 [pʰɛ ペ] 名 牌；札

패기 [pʰɛːgi ペーギ] 名 覇気

패배 [pʰɛːbɛ ペーベ] 名 敗北 対 승리 [スンニ] 名 勝利 下自 패배하다 [ペーベハダ] 敗北する 類 지다 [チダ] 自 負ける

패션 [pʰɛʃɔn ペション] 名 ファッション

패스 [pʰɛsɯ ペス] 名 パス ① 通行証；定期券 ② 合格；通過 ③ ボールを渡すこと 自他 패스하다 [ペスハダ] パスする

패스포트 [pʰɛsɯpʰoːtʰɯ ペスポートゥ] 名 パスポート；旅券

패키지 [pʰɛkʰidʒi ペキジ] 名 パッケージ

패킹 [pʰɛkʰiŋ ペキン] 名 パッキン；荷造り

패턴 [pʰɛtʰɔn ペトン] 名 パターン

패트롤 [pʰɛtʰɯrol ペトゥロル] 名 パトロール 下自 패트롤하다 [ペトゥロラダ] パトロールする

패하다 [pʰɛːɦada ペーハダ] 自〘하変〙 ① 敗れる；負ける ② 破産する；亡びる

팩스 [pʰɛkʔsɯ ペクス] 名 ファックス

팬 [pʰɛn ペン] 名 ファン 関 팬 미팅 [ペン ミティン] 名 ファンミーティング / 팬클럽 [ペンクルロプ] 名 ファンクラブ

팬티 [pʰɛntʰi ペンティ] 名 パンティー；パンツ

팸플릿 [pʰɛmpʰullit ペムプルリッ] 名 パンフレット

팽개치다 [pʰɛŋgɛʧʰida ペンゲチダ] 他 ① 放り出す；投げ捨てる ② (仕事などを中途で)投げ出す

팽이 [pʰɛŋi ペンイ] 名 こま 関 팽이치기 [ペンイ チギ] 名 こま回し

팽글팽글 [pʰɛŋgulpʰɛŋgul ペングルペングル] 副 滑らかに回る様子；くるくる；ぐるぐる

팽창 [pʰɛŋʧʰaŋ ペンチャン] 名 膨脹 下自 팽창하다 [ペンチャンハダ] 膨脹する 自 팽창되다 [ペンチャンドゥェダ] 膨張する

팽팽하다¹ [pʰɛnpʰɛnɦada ペンペンハダ] 形〘하変〙① (糸などが)ぴんと張っている ②(力が)均衡している 副 팽팽히 [ペンペンイ] ぴんと

팽팽하다² [pʰɛŋpʰɛŋɦada ペンペンハダ] 形〘하変〙腫れ上がっている

퍼렇다 [pʰɔːrɔːtʰa ポーロッタ] 形〘ㅎ変：퍼래 / 퍼런 ポーレ / ポーロン〙青々しい

퍼레이드 [pʰɔreidɯ ポレイドゥ] 名 パレード

퍼먹다 [pʰɔmɔkʔta ポモクタ] 他 ① すくって食べる ② がつがつ食べる

퍼붓다 [pʰɔbutʔta ポブッタ] 自他《ㅅ変: 퍼부어 / 퍼붓는 ポボオ / ポブンヌン》① (雨や雪などが)降り注ぐ;激しく降る ② (暴言などを)浴びせる

퍼센트 [pʰɔsentʰɯ ポセントゥ] 名 パーセント

퍼즐 [pʰɔdʒɯl ポジュル] 名 パズル

퍼지다 [pʰɔːdʒida ポージダ] 自 ① 広がる;行き渡る ② (酒や毒などが)利く;回る ③ (子孫などが)増える;栄える

퍽 [pʰɔk ポク] 副 とても;すごく;非常に

펄떡 [pʰɔlʔtɔk ポルットク] 副 軽く跳ぶ様子:ぽんと、ぴょんと 関 펄떡거리다 [ポルットクコリダ] 自 ぽんと跳ぶ / 펄떡펄떡 [ポルットクポルットク] 副 ぴょんぴょん

펄럭 [pʰɔllɔk ポルロク] 副 風になびく様子:ぱたぱた;ひらひら 関 펄럭거리다 [ポルロクコリダ] 自 (風で)ぱたぱたとはためく

펄쩍 [pʰɔlʔtɕʰɔk ポルッチョク] 副 ① 急に飛んだり跳ねあがる様子:ぱっと;ぴょんと ② (戸や蓋などを)急に開け放す様子:ぱっと;さっと 関 펄쩍 뛰다 [ポルチョコクッ トゥィダ] ① (うれしくて)跳び上がる ② (思いがけないことに)びっくりして強く否定する

펄펄 [pʰɔlpʰɔl ポルポル] 副 ① お湯が煮え立つ様子:ぐらぐら ② オンドルや体が熱い様子:かっかと

페미니즘 [pʰeminidʒɯm ペミニジュム] 名 フェミニズム

페어플레이 [pʰeɔpʰɯllei ペオプルレイ] 名 フェアプレー

페이지 [pʰeidʒi ペイジ] 名 ページ 依名 …ページ

페인트 [pʰeintʰɯ ペイントゥ] 名 フェイント

펜 [pʰen ペン] 名 ペン 関 볼펜 [ポールペン] 名 ボールペン / 사인펜 [サインペン] 名 サインペン

펜싱 [pʰenʃiŋ ペンシン] 名 フェンシング

펭귄 [pʰeŋgwin ペングィン] 名 ペンギン

펴다 [pʰjɔda ピョダ] 他 ① (畳んだものなどを)広げる 例 교과서 오십(50) 페이지를 펴세요. [キョグヮソ オーシプペイジルル ピョセヨ] 教科書の 50 ページを開いてください。② (曲がったものなどを)伸ばす 例 허리를 쭉 펴세요. [ホリルル ッチュク ピョセヨ] 腰をぐっと伸ばしてください。③ (畳んだり折ったりしたものを)伸ばす;張る ④ (しわなどを)伸ばす ⑤ (心や感情などを)開放する;のびのびする

펴지다 [pʰjɔdʒida ピョジダ] 自 広がる;開く;伸びる

편¹ [pʰjɔn ピョン] 名 仲間;味方;チーム

편² [pʰjɔn ピョン] 名 ① (事柄を幾つかに分ける場合の)一方;側 ② (交通などの)便

편견 [pʰjɔngjɔn ピョンギョン] 名 偏見

편곡 [pʰjɔngok ピョンゴク] 名 編曲 하他 편곡하다 [ピョンゴカダ] 編曲する

편도 [pʰjɔndo ピョンド] 名 片道

편들다 [pʰjɔndɯlda ピョンドゥルダ]

他〘ㄹ語幹:편드는 ピョンドゥヌン〙ある一方の肩を持つ;味方する

편리 [pʰjɔlli ピョルリ] 名 하形 편리하다 [ピョルリハダ] 便利だ 例 그 호텔은 교통이 편리합니다. [クホテルン キョトンイ ピョルリハムニダ] そのホテルは交通が便利です。

편안하다 [pʰjɔnanɦada ピョナナダ] 形〘하変〙安らかだ;無事だ;気楽だ 副 편안히 [ピョアニ] 気楽に;無事に

편애 [pʰjɔnɛ ピョネ] 名 하他 편애하다 [ピョネハダ] 偏愛する

편의 [pʰjɔni ピョニ] 名 하形 편의하다 [ピョニハダ] 都合が良く便利だ 関 편의점 [ピョニジョム] 名 コンビニエンスストア

편입 [pʰjɔnip ピョニプ] 名 하自他 편입하다 [ピョニパダ] 編入する

편저 [pʰjɔndʑɔ ピョンジョ] 名 編著 하他 편저하다 [ピョンジョハダ] 編集し著す

편지 [pʰjɔːndʑi ピョーンジ] 名 手紙 例 서울에서 일본에 편지를 보냈어요. [ソウレソ イルボネ ピョーンジルル ポネッソヨ] ソウルから日本に手紙を送りました。関 편지지 [ピョーンジジ] 名 便箋 / 편지틀 [ピョーンジジトゥル] 名 手紙の書き方の手本 / 연애 편지 [ヨネ ピョーンジ] 名 ラブレター

편집 [pʰjɔndʑip ピョンジプ] 名 編集 하他 편집하다 [ピョンジパダ] 編集する

편찬 [pʰjɔntɕʰan ピョンチャン] 名 編纂 하他 편찬하다 [ピョンチャナダ] 編纂する

편찮다 [pʰjɔntɕʰantʰa ピョンチャンタ] 形 お加減が悪い;具合が悪い;安らかでない 例 어디가 편찮으세요? [オディガ ピョンチャヌセヨ] どこかお加減が悪いですか。

편하다 [pʰjɔnɦada ピョナダ] 形〘하変〙① 安らかだ;気楽だ 例 편하게 앉으세요. [ピョナゲ アンジュセヨ] 楽にお座りになってください。② …しやすい;便利だ 例 여기는 교통이 편해요. [ヨギヌン キョトンイ ピョネヨ] ここは交通が便利です。副 편히 [ピョニ] 安らかに;楽に;ゆっくり;便利に

편협 [pʰjɔnɦjɔp ピョニョプ] 名 하形 편협하다 [ピョニョパダ] 偏狭だ

펼치다 [pʰjɔltɕʰida ピョルチダ] 他 広げる;敷く;開く

평¹ [pʰjɔːŋ ピョーン] 名 評;評価 하他 평하다 [ピョーンハダ] 評する

평² [pʰjɔŋ ピョン] 依名 …坪

평가 [pʰjɔːŋka ピョーンッカ] 名 評価 하他 평가하다 [ピョーンッカハダ] 評価する

평균 [pʰjɔŋdʑun ピョンギュン] 名 平均 하他 평균하다 [ピョンギュナダ] 平均する 関 평균속도 [ピョンギュンソクト] 名 平均速度 / 평균 수명 [ピョンギュン スミョン] 名 平均寿命 / 평균 연령 [ピョンギュン ニョルリョン] 名 平均年齢 / 평균점 [ピョンギュンッチョム] 名 平均点

평등 [pʰjɔŋdɯŋ ピョンドゥン] 名 平等 하形 평등하다 [ピョンドゥンハ

ダ] 平等だ

평론 [pʰjɔːŋnon ピョーンノン] 名 評論 하他 평론하다 [ピョーンノナダ] 評論する 関 평론가 [ピョーンノンガ] 名 評論家 / 평론계 [ピョーンノンゲ] 名 評論界 / 평론집 [ピョーンノンジプ] 名 評論集

평면 [pʰjɔŋmjɔn ピョンミョン] 名 平面

평범하다 [pʰjɔŋbɔmhada ピョンボマダ] 形 《하変》 平凡だ 副 평범히 [ピョンボミ] 平凡に

평복 [pʰjɔŋbok ピョンボク] 名 平服；普段着

평사원 [pʰjɔŋsawɔn ピョンサウォン] 名 平社員

평상 [pʰjɔŋsaŋ ピョンサン] 名 平常 関 평상복 [ピョンサンボク] 名 普段着 / 평상시 [ピョンサンシ] 名 平常時；普段；日頃

평생 [pʰjɔŋsɛŋ ピョンセン] 名 一生；生涯 関 평생 교육 [ピョンセン キョーユク] 名 生涯教育 / 평생 소원 [ピョンセンソーウォン] 名 一生の願い

평소 [pʰjɔŋso ピョンソ] 名 平素；普段

평야 [pʰjɔŋja ピョンヤ] 名 平野

평양 [pʰjɔŋjaŋ ピョンヤン] 名 平壌 《朝鮮民主主義人民共和国の首都》

평영 [pʰjɔŋjɔŋ ピョンヨン] 名 平泳ぎ

평일 [pʰjɔŋil ピョンイル] 名 平日

평준 [pʰjɔŋdʒun ピョンジュン] 名 平準 하他 평준하다 [ピョンジュナダ] 均一に調整する

평탄하다 [pʰjɔŋtʰanhada ピョンタナダ] 形 《하変》 平坦だ

평판 [pʰjɔːŋpʰan ピョーンパン] 名 評判 하他 평판하다 [ピョーンパナダ] 批評して是非を論じる

평평하다 [pʰjɔŋpʰjɔŋhada ピョンピョンハダ] 形 《하変》 ① 平たい；平らだ ② 平凡だ 副 평평히 [ピョンピョンヒ] 平たく；平らに

평행 [pʰjɔŋhɛŋ ピョンヘン] 名 平行 関 평행면 [ピョンヘンミョン] 名 平行面 / 평행봉 [ピョンヘンボン] 名 平行棒 / 평행 사변형 [ピョンヘン サービョニョン] 名 平行四辺形 / 평행선 [ピョンヘンソン] 名 平行線 / 평행 운동 [ピョンヘンウーンドン] 名 平行運動

평화 [pʰjɔŋhwa ピョンフワ] 名 平和 하形 평화하다 [ピョンフワハダ] 平和だ 関 평화 공존 [ピョンフワ コーンジョン] 名 平和共存 / 평화로이 [ピョンフワロイ] 副 平和に / 평화롭다 [ピョンフワロプタ] 形 《ㅂ変：평화로워 : 평화로운 ピョンフワロウォ / ピョンフワロウン》 平和だ

폐¹ [pʰe: ペー] 名 肺

폐² [pʰe: ペー] 名 弊害；迷惑 例 폐를 끼쳐서 죄송합니다. [ペールルッキチョソ チュェーソンハムニダ] ご迷惑をお掛けして申し訳ありません。

폐간 [pʰe:gan ペーガン] 名 廃刊 하他 폐간하다 [ペーガナダ] 廃刊にする 自 폐간되다 [ペーガンドゥェダ] 廃刊になる

폐경기 [pʰe:gjɔŋgi ペーギョンギ] 名 閉経期

폐렴 [pʰe:rjɔm ペーリョム] 名 肺炎

폐막 [pʰeːmak ペーマク] 名 閉幕 하他 폐막하다 [ペーマカダ] 閉幕する 自 폐막되다 [ペーマクトウェダ] 閉幕する 関 폐막식 [ペーマクシク] 名 閉幕式

폐사 [pʰeːsa ペーサ] 名 弊社

폐쇄 [pʰeːswɛ ペースェ] 名 閉鎖 하他 폐쇄하다 [ペースェハダ] 閉鎖する 되受動 폐쇄되다 [ペースェドウェダ] 閉鎖される

폐습 [pʰeːsɯp ペースプ] 名 弊習; 悪習

폐암 [pʰeːam ペーアム] 名 肺癌

폐업[1] [pʰeːɔp ペーオプ] 名 閉業; 閉店 하他 폐업하다 [ペーオパダ] 閉業する; 閉店する

폐업[2] [pʰeːɔp ペーオプ] 名 廃業 하自 폐업하다 [ペーオパダ] 廃業する

폐점 [pʰeːdʑom ページョム] 名 閉店 하他 폐점하다 [ページョマダ] 閉店する

폐지 [pʰeːdʑi ページ] 名 廃止 하他 폐지하다 [ページハダ] 廃止する 되受動 폐지되다 [ページドウェダ] 廃止される

폐품 [pʰeːpʰum ペープム] 名 廃品

폐하다 [pʰeːɦada ペーハダ] 他〖하変〗① 廃する ② やめる; やめさせる

폐해 [pʰeːɦɛ ペーヘ] 名 弊害

폐회 [pʰeːɦwe ペーフェ] 名 閉会 하他 폐회하다 [ペーフェハダ] 閉会する 関 폐회사 [ペーフェサ] 名 閉会の辞 / 폐회식 [ペーフェシク] 名 閉会式

포개다 [pʰogeda ポゲダ] 他 重ねる; 積み重ねる

포구 [pʰogu ポグ] 名 入り江; 湾の入り口

포근하다 [pʰogunɦada ポグナダ] 形〖하変〗①(温度が) 暖かい 例 포근한 날씨 [ポグナン ナルッシ] 名 ぽかぽかと暖かい天気 ②(服・布団などが) ふわふわしている ③(雰囲気などが) なごやかだ 副 포근히 [ポグニ] ぽかぽかと暖かく

포기[1] [pʰogi ポギ] 名 草・樹木・野菜などの株 依名 草・樹木・野菜などの株を数える語: …株 関 포기 나누기 [ポギ ナヌギ] 名 株分け

포기[2] [pʰoːgi ポーギ] 名 放棄 하他 放棄する; 諦める 되受動 포기되다 [ポーギドウェダ] 放棄される

포도 [pʰodo ポド] 名 ブドウ 例 포도가 참 다네요. [ポドガ チャム タネヨ] ブドウが本当に甘いですね。 関 포도나무 [ポドナム] 名 ブドウの木 / 포도당 [ポドダン] 名 ブドウ糖 / 포도원 [ポドウォン] 名 ブドウ園 / 포도주 [ポドジュ] 名 ブドウ酒

포동포동 [pʰodoŋpʰodoŋ ポドンポドン] 副 ぽってり; まるまる

포로 [pʰoːro ポーロ] 名 ① 捕虜 ② 虜

포말 [pʰomal ポマル] 名 泡沫; 泡

포물선 [pʰomulsʰon ポームルソン] 名 放物線 関 포물선 운동 [ポームルソン ウーンドン] 名 放物線運動

포부 [pʰoːbu ポーブ] 名 抱負

포스터 [pʰosɯtʰɔ ポスト] 名 ポスター

포옹 [pʰoːoŋ ポーオン] 名 抱擁 포옹하다 [ポーオンハダ] 抱擁する

포위 [pʰoːwi ポーウィ] 名 包囲 포위하다 [ポーウィハダ] 包囲する 関 포위망 [ポーウィマン] 名 包囲網 / 포위선 [ポーウィソン] 名 包囲線

포인트 [pʰointʰɯ ポイントゥ] 名 ポイント

포장¹ [pʰodʒaŋ ポジャン] 名 幌；幕 関 포장마차 [ポジャンマチャ] 名 ① 幌馬車 ② 屋台

포장² [pʰodʒaŋ ポジャン] 名 包装 他 포장하다 [ポジャンハダ] 包装する 関 포장지 [ポジャンジ] 名 包装紙

포즈 [pʰoːdʒɯ ポージュ] 名 ポーズ

포착 [pʰoːtʃak ポーチャク] 名 捕捉 他 포착하다 [ポーチャカダ] 捕捉する；捕らえる 受動 포착되다 [ポーチャクトウェダ] 捕捉される

포커 [pʰoːkʰə ポーコ] 名 ポーカー

포켓 [pʰokʰet ポケッ] 名 ポケット 関 포켓 머니 [ポケン モニ] 名 ポケットマネー / 포켓판 [ポケッパン] 名 ポケット判

포크 [pʰoːkʰɯ ポーク] 名 ポーク；豚肉

포트 [pʰotʰɯ ポトゥ] 名 ポット

포플러 [pʰopʰɯllə ポプルロ] 名 ポプラ

포함 [pʰoɦam ポハム] 名 包含 他 포함하다 [ポハマダ] 含む 受動 포함되다 [ポハムドゥェダ] 含まれる；含まれる

폭¹ [pʰok ポク] 名 ① 幅 ② (度量・包容性・知識・研究などの) 範囲

폭² [pʰok ポク] 依名 掛け軸・紙・反物などを数える語：…幅

-폭³ [pʰok ポク] 接尾 一部の名詞に付いて程度・広さなどの意を表す語：…幅，範囲

폭동 [pʰokʔtoŋ ポクトン] 名 暴動

폭등 [pʰokʔtɯŋ ポクトゥン] 名 暴騰 自 폭등하다 [ポクトゥンハダ] 暴騰する

폭락 [pʰoŋnak ポンナク] 名 暴落 自 폭락하다 [ポンナカダ] 暴落する

폭력 [pʰoŋnjək ポンニョク] 名 暴力

폭로 [pʰoŋno ポンノ] 名 暴露 自他 폭로하다 [ポンノハダ] 暴露する 受動 폭로되다 [ポンノドゥェダ] 暴露される

폭발 [pʰokʔpal ポクパル] 名 爆発 自 폭발하다 [ポクパラダ] 爆発する 関 폭발물 [ポクパルムル] 名 爆発物 / 폭발약 [ポクパルリャク] 名 爆薬 / 폭발적 [ポクパルチョク] 名 爆発的 / 폭발탄 [ポクパルタン] 名 爆発弾

폭설 [pʰokʔsəl ポクソル] 名 豪雪

폭신하다 [pʰokʔʃinɦada ポクシナダ] 形 [하変] ふわふわしている；ふかふかしている 例 폭신한 이불 [ポクシナン イブル] ふかふかした布団 副 폭신폭신 [ポクシンポクシン] ふわふわ；ふかふか

폭염 [pʰogjəm ポギョム] 名 酷暑

폭우 [pʰogu ポグ] 名 暴雨

폭탄 [pʰokʰtʰan ポクタン] 名 爆弾

폭포 [pʰokpʰo ポクポ] 名 滝；瀑布

폭풍 [pʰokpʰuŋ ポクプン] 名 暴風；嵐 関 폭풍 경보 [ポクプン キョンボ] 名 暴風警報 / 폭풍설 경보

[ポクプンソル キョーンボ] 名 暴風雪警報 / 폭풍우[ポクプンウ] 名 暴風雨 / 폭풍우 경보[ポクプンウ キョーンボ] 名 暴風雨警報 / 폭풍우 주의보[ポクプンウ チュイボ] 名 暴風雨注意報

폭행[pʰokkʰeŋ ポケン] 名 暴行 하他 폭행하다[ポケンハダ] 暴行する 関 폭행죄[ポケンジュェ] 名 暴行罪 / 성폭행[ソンポケン] 名 性的暴行

폼[pʰoːm ポーム] 名 フォーム；形式 関 폼을 잡다[ポームル チャプタ] 格好をつける

표¹[pʰjo ピョ] 名 票 ① 切符；券 例 기차표 끊었어요? [キチャピョック ノッソヨ] 電車の切符を買いましたか。②（選挙などの）票

표²[pʰjo ピョ] 名 印；目印

표결[pʰjogjʌl ピョギョル] 名 表決 하他 표결하다[ピョギョラダ] 表決する 関 표결권[ピョギョルックォン] 名 表決権

표고버섯[pʰjogobʌsʌt ピョゴボソッ] 名 シイタケ

표기[pʰjogi ピョギ] 名 表記 하他 표기하다[ピョギハダ] 表記する 関 표기법[ピョギッポプ] 名 表記法

표면[pʰjomjʌn ピョミョン] 名 表面；外見；表 関 표면적[ピョミョンジョク] 名 表面的 / 표면화[ピョミョヌァ] 名 表面化

표방[pʰjobaŋ ピョバン] 名 標榜 하他 표방하다[ピョバンハダ] 標榜する

표백[pʰjomjʌk ピョベク] 名 漂白 하他 표백하다[ピョベカダ] 漂白する 関 표백분[ピョベクップン] 名 さらし粉 / 표백제[ピョベクチェ] 名 漂白剤

표범[pʰjobʌm ピョボム] 名 ヒョウ

표본[pʰjobon ピョボン] 名 標本；見本；サンプル

표시[pʰjoʃi ピョシ] 名 表示 하他 표시하다[ピョシハダ] 表示する 되受動 표시되다[ピョシドゥェダ] 表示される

표어[pʰjoʌ ピョオ] 名 標語

표적[pʰjodʒʌk ピョジョク] 名 標的

표절[pʰjodʒʌl ピョジョル] 名 剽窃；盗作 하他 표절하다[ピョジョラダ] 盗作する

표정[pʰjodʒʌŋ ピョジョン] 名 表情 例 무슨 일 있어요? 표정이 왜 그래요? [ムスン ニール イッソヨ ピョジョニ ウェー グレヨ] 何かあるんですか？ なぜそんな表情なんですか。

표제[pʰjodʒe ピョジェ] 名 表題；標題；タイトル 関 표제어[ピョジェオ] 名 見出し語；見出し；タイトル / 표제 음악[ピョジェ ウマク] 名 テーマ音楽

표주박[pʰjodʒubak ピョジュバク] 名 ひょうたん；ひさご《乾燥させ容器とする》

표준[pʰjodʒun ピョジュン] 名 標準 関 표준 규격[ピョジュン キュギョク] 名 標準規格 / 표준량[ピョジュンニャン] 名 標準量 / 표준시[ピョジュンシ] 名 標準時 / 표준 시계[ピョジュン シゲ] 名 標準時計 / 표준어[ピョジュノ] 名 標準語 / 표준 임금[ピョジュン イムグム] 名 標準賃金

표지¹[pʰjodʒi ピョジ] 名 表紙

표지²[pʰjodʑi ピョジ]图 標識;目じるし

표창[pʰjotʃʰaŋ ピョチャン]图 表彰 関 표창식[ピョチャンシク]图 表彰式

표하다¹[pʰjoɦada ピョハダ]他〖하変〗表する;表す

표하다²[pʰjoɦada ピョハダ]他〖하変〗印をつける;記す

표현[pʰjoɦjʌn ピョヒョン]图 表現 하他 표현하다[ピョヒョナダ]表現する 関 표현력[ピョヒョンニョク]图 表現力 / 표현 형식[ピョヒョン ヒョンシク]图 表現形式

푸념[pʰunjʌm プニョム]图 愚痴;泣き言 하自 푸념하다[プニョマダ]愚痴をこぼす;泣き言を言う

푸다[pʰuda プダ]他〖우変:퍼 ポ〗① (水など液体を)汲む;すくう ②(ご飯などを)すくいとる;よそう

푸대접[pʰudɛdʑʌp プデジョプ]图 冷遇 하他 푸대접하다[プデジョパダ]冷遇する

푸르다[pʰuɾɯda プルダ]形〖러変:푸르러 プルロ〗① 青い 例 푸른 하늘과 푸른 바다[プルン ハヌルグヮ プルン パダ]青い空と青い海 ② 剣幕が激しい

푸석하다[pʰusʌkʰada プソカダ]形〖하変〗ぼそぼそして脆い;砕けやすい 副 푸석푸석[プソクプソク]ぼそぼそ;ぼろぼろ

푸짐하다[pʰudʑimɦada プジマダ]形〖하変〗(食べ物や品物などが)たっぷりある 副 푸짐히[プジミ]たっぷりと

푹[pʰuk プク]副 ① 刃物などで突く様子:ぶすりと;ぶすっと ② 熟睡する様子:ぐっすり 例 푹 자면 내일 아침에는 다 나을 거예요.[プク チャミョン ネイル アチメヌンター ナウル コエヨ]ぐっすり眠れば翌朝にはすっかり治るでしょう。 ③ 十分に茹でたり煮込んだりする様子:じっくりと

푼[pʰun プン]依名 ① 昔のお金の単位:文 ② 尺度の単位:分

푼돈[pʰunᵈton プーントン]图 小銭;はした金

푼수[pʰuːnsu プーンス]图 ① 程度;ほど ② 分;身のほど

풀¹[pʰul プル]图 草

풀²[pʰul プル]图 糊 例 풀을 쑤어서 벽지를 발랐어요.[プルル ッスオソ ピョクチルル パルラッソヨ]糊を作って壁紙を張りました。 関 풀을 먹다[プルル モクタ]糊付けする / 풀이 서다[プリ ソダ]糊が利いている / 풀이 죽다[プリ チュクタ]① 糊が利いていない ② 元気がない

풀기[pʰulʔki プルキ]图 ① 糊気 ② 元気;活気

풀다[pʰulda プルダ]他〖ㄹ語幹 푸는 プヌン〗①(紐・荷物などを)解く;ほどく 例 호텔 방에 짐을 풀자마자 바로 나갔어요.[ホテル パンエ チムル プルジャマジャ パロ ナガッソヨ]ホテルの部屋に荷物を置いて(解いて)すぐに出掛けました。②(禁令などを)解除する ③(問題などを)解く 例 문제는 다 풀었어요?[ムーンジェヌン ター プロッソヨ]問題は全部解きましたか。④(感情・願い・恨みなどを)晴らす;遂げる;叶える 例 오해를 푸세요.[オーヘルル プセヨ]

誤解を解いてください。⑤(鼻を)かむ 例 밥 먹을 때 코를 풀지 마세요. [パム モグル ッテ コルル プルジ マーセヨ] 食事中に鼻をかまないでください。

풀리다 [pʰullida プルリダ] 自 ①(紐などが)ほどける 例 구두 끈이 풀렸어요. [クドゥ ックニ プルリョッソヨ] 靴ひもがほどけました。②(寒さなどが)和らぐ；暖かくなる 例 날씨가 많이 풀렸군요. [ナルシガ マーニ プルリョックンニョ] 陽気がよくなって暖かくなりましたね。③(禁令などが)解除される ④(恨みや疑いなどが)解ける；晴れる ⑤(問題などが)解かれる；明らかになる

풀밭 [pʰulbat プルバッ] 名 草地；草原

풀어놓다 [pʰurɔnotʰa プロノッタ] 他 解き放す；釈放する

풀어지다 [pʰurɔdʒida プロジダ] 自 ①解ける；ほどける ②(恨み・誤解・疑いなどの感情が)晴れる；解ける ③(寒さなどが)和らぐ

풀이 [pʰuri プリ] 名 解釈；解くこと 하他 풀이하다 [プリハダ] 解釈する

풀잎 [pʰullip プルリプ] 名 葉

풀장 [pʰu:ldʒaŋ プールジャン] 名 プール

풀칠 [pʰultʃʰil プルチル] 名 ① 糊を塗ること ② 糊口 하自 풀칠하다 [プルチラダ] ① 糊を塗る ② 糊口をしのぐ

품¹ [pʰum プム] 名 胸；懐
품² [pʰum プム] 名 手間；労力

품격 [pʰu:mʔkjɔk プームッキョク] 名 品格

품다 [pʰumʔta プムタ] 他 ①抱く；抱える ②含有する ③(ある考えや感情を)抱く

품삯 [pʰumʔsak プムサク] 名 賃金；手間賃

품앗이 [pʰumaɕi プマシ] 名 互いに労力を提供し合って助け合うこと 하自 품앗이하다 [プマシハダ] 互いに労力を提供し合って助け合う

품위 [pʰu:mwi プームィ] 名 品位

품절 [pʰu:mdʒɔl プームジョル] 名 品切れ 하自 품절하다 [プームジョラダ] 品切れになる

품질 [pʰu:mdʒil プームジル] 名 品質 関 품질 관리 [プームジル クワルリ] 名 品質管理 / 품질 표시 [プームジル ピョシ] 名 品質表示

품행 [pʰu:mɦeŋ プーメン] 名 品行

풋내 [pʰunnɛ プンネ] 名 (新芽・若葉などの)青くさい臭い

풋내기 [pʰunnɛgi プンネギ] 名 新米；初心者；青二才

풋사랑 [pʰuʔsaraŋ プッサラン] 名 はかない恋；淡い恋

풍격 [pʰuŋʔkjɔk プンッキョク] 名 風格

풍경¹ [pʰuŋgjɔŋ プンギョン] 名 風景 関 풍경화 [プンギョンファ] 名 風景画

풍경² [pʰuŋgjɔŋ プンギョン] 名 (寺院などで吊るされている)風鐸

풍기다 [pʰuŋgida プンギダ] 自他 (雰囲気や臭いなどが)漂う；漂わす

풍년 [pʰuŋnjɔn プンニョン] 名 豊年

対 흉년 [ヒュンニョン]
풍뎅이 [pʰuŋdeŋi プンデンイ] 名 コガネムシ
풍문 [pʰuŋmun プンムン] 名 噂；風聞；風説
풍부하다 [pʰuŋbuɦada プンブハダ] 形〘하자〙豊富だ；豊かだ 副 풍부히 [プンブヒ] 豊富に；豊かに
풍선 [pʰuŋsɔn プンソン] 名 風船
풍속 [pʰuŋsok プンソク] 名 風俗；風習 関 풍속도 [プンソクト] 名 風俗図 / 풍속 소설 [プンソク ソーソル] 名 風俗小説 / 풍속화 [プンソクヮ] 名 風俗画
풍수 [pʰuŋsu プンス] 名 風水 関 풍수설 [プンスソル] 名 風水説 / 풍수학 [プンスハク] 名 風水学
풍습 [pʰuŋsɯp プンスプ] 名 風習
풍어 [pʰuŋɔ プンオ] 名 豊漁；大漁 関 풍어제 [プンオジェ] 名 豊漁祭
풍요하다 [pʰuŋjoɦada プンヨハダ] 形〘여변〙豊かだ；裕福だ
풍자 [pʰuŋdʒa プンジャ] 名 諷刺 하他 풍자하다 [プンジャハダ] 諷刺する 되受動 풍자되다 [プンジャドゥェダ] 諷刺される
풍작 [pʰuŋdʒak プンジャク] 名 豊作
풍차 [pʰuŋtʃʰa プンチャ] 名 風車
풍채 [pʰuŋtʃʰɛ プンチェ] 名 風采；身なり
풍토 [pʰuŋtʰo プント] 名 風土 関 풍토기 [プントギ] 名 風土記 / 풍토병 [プントッピョン] 名 風土病 / 풍토색 [プントセク] 名 風土色
풍파 [pʰuŋpʰa プンパ] 名 ①風波 ②いざこざ ③(人生や世の中の)荒波
퓨즈 [pʰju:dʒɯ ピュージュ] 名 ヒューズ
프라이 [pʰɯrai プライ] 名 フライ
프라이팬 [pʰɯraipʰɛn プライペン] 名 フライパン
프랑스 [pʰɯraŋsɯ プランス] 名 フランス
프런트 [pʰɯrɔntʰɯ プロントゥ] 名 フロント
프로 [pʰɯro プロ] 名 ①プログラムの略；番組 ②プロフェッショナルの略 ③プロダクションの略 ④パーセントの略
프로그램 [pʰɯrogɯrɛm プログレム] 名 プログラム；番組
프로필 [pʰɯropʰil プロピル] 名 プロフィール
프루트 [pʰɯru:tʰɯ プルートゥ] 名 フルーツ
프리 [pʰɯri: プリー] 名 フリー 関 프리랜서 [プリーレンソ] 名 フリーランサー
프리미엄 [pʰɯrimiɔm プリミオム] 名 プレミアム
프린트 [pʰɯrintʰɯ プリントゥ] 名 プリント
플라스틱 [pʰɯllasɯtʰik プルラスティク] 名 プラスチック
플라워 [pʰɯllawɔ プルラウォ] 名 フラワー
플래시 [pʰɯlleʃi プルレシ] 名 フラッシュ
플래카드 [pʰɯllekʰa:dɯ プルレカードゥ] 名 プラカード
플레이 [pʰɯllei プルレイ] 名 プレー
피 [pʰi ピ] 名 ①血；血液 ②血筋；血統 関 피가 끓다 [ピガ ックルタ] 血が沸く；血がたぎる / 피가 마르다 [ピガ マルダ] 非常に苦しい；

やきもきする / 피가 맺히다 [ピガ メチダ] 大変な苦労をする / 피가 통하다 [ピガ トンハダ] 血が通う / 피도 눈물도 없다 [ピド ヌンムルド オープタ] 血も涙もない / 피로 피를 씻다 [ピロ ピルル ッシッタ] 血で血を洗う / 피를 보다 [ピルル ポダ] (争いで)血を見る / 피에 주리다 [ピエ チュリダ] 血に飢える / 피투성이 [ピトゥソンイ] 名 血みどろ

피겨 [pʰigjə ピギョ] 名 フィギュア

피곤하다 [pʰigonɦada ピゴナダ] 形 『하変』疲れている 例 많이 피곤하시죠? [マーニ ピゴナシジョ] とてもお疲れでしょう。

피곤해지다 [pʰigonɦeʥida ピゴネジダ] 自 疲れる

피난 [pʰiːnan ピーナン] 名 避難 하自 피난하다 [ピーナナダ] 避難する 関 피난민 [ピーナンミン] 名 避難民 / 피난살이 [ピーナンサリ] 名 避難生活 / 피난처 [ピーナンチョ] 名 避難所

피넛 [pʰiːnət ピーノッ] 名 ピーナッツ

피다 [pʰida ピダ] 自 ①(花が)咲く 例 개나리가 활짝 피었어요. [ケナリガ フヮルッチャク ピオッソヨ] レンギョウが満開に咲きました。②(かびなどが)生える 例 장마철에는 곰팡이가 피기 쉬워요. [チャンマチョレヌン コムパンイガ ピギ シュウォヨ] 梅雨の時期はカビが生えやすいです。③火が起こる

피땀 [pʰiˀtam ピッタム] 名 ① 脂汗 ② 血と汗; たいへんな努力

피라미드 [pʰiramidɯ ピラミドゥ] 名 ピラミット

피로¹ [pʰiro ピロ] 名 披露 하他 피로하다 [ピロハダ] 披露する 関 피로연 [ピロヨン] 名 披露宴

피로² [pʰiro ピロ] 名 疲労; 疲れ 하形 피로하다 [ピロハダ] 疲れている 関 피로 곤비 [ピロ コーンビ] 名 疲労困憊

피리 [pʰiri ピリ] 名 笛

피부 [pʰibu ピブ] 名 皮膚; 肌 関 피부과 [ピブックヮ] 名 皮膚科 / 피부병 [ピブッピョン] 名 皮膚病 / 피부염 [ピブヨム] 名 皮膚炎

피살 [pʰiːsal ピーサル] 名 被殺 되受動 피살되다 [ピーサルドゥェダ] 殺される; 殺害される

피서 [pʰiːsə ピーソ] 名 避暑 하自 피서하다 [ピーソハダ] 暑さを避けて涼しい所に移る 関 피서지 [ピーソジ] 名 避暑地

피신 [pʰiːɕin ピーシン] 名 身を避けること; 身を隠すこと 하自 피신하다 [ピーシナダ] 身を避ける

피아노 [pʰiano ピアノ] 名 ピアノ

피어나다 [pʰiənada ピオナダ] 自 ①(花などが)咲き始める ②(消えかけた火が)再び熾りかける ③(苦しい生活などが)良くなりかける

피우다¹ [pʰiuda ピウダ] 他 ①(花などを)咲かせる 例 친구들을 오랜만에 만나서 이야기 꽃을 피웠어요. [チングドゥル オレンマネ マンナソ イヤギ ッコチュル ピウォッソヨ] 友達に久しぶりに会って話に花を咲かせました。②(火を)起こす

피우다² [pʰiuda ピウダ] 他 ①(たば

こを) 吸う 例 담배를 피우세요? [タームベルル ピウセヨ] たばこをお吸いになりますか。②(騒ぎなどを)起こす 例 소란 피우지 마세요. [ソラン ピウジ マーセヨ] 騒ぎを起こさないでください。③(におい・煙などを) 立てる;臭わす;漂わす

피임 [pʰiːim ピーイム] 名 避妊 自 피임하다 [ピーイマダ] 避妊する 関 피임법 [ピーイムッポプ] 名 避妊法 / 피임약 [ピーイムニャク] 名 避妊薬

피자 [pʰidʒa ピジャ] 名 ピザ;ピザパイ

피차 [pʰiːtʃa ピーチャ] 名 ①あれとこれ ②お互いに;どちらも 関 피차간 [ピーチャガン] 名 双方 / 피차일반 [ピーチャイルバン] 名 お互いさま

피하다 [pʰiːɦada ピーハダ] 他 〖하変〗① 避ける;逃れる 例 유명 배우라 사람들의 눈을 피해 데이트를 할 수밖에 없어요. [ユミョン ペウラ サーラムドゥレ ヌヌル ピーヘ テイトゥルル ハル スバッケ オープソヨ] 有名俳優なので人々の目を避けてデートをするしかありません。②(雨や雪などを)避ける;よける 例 여기서 잠시 비를 피하기로 해요. [ヨギソ チャムシ ピルル ピーハギロ ヘヨ] ここで少し雨宿りをすることにしましょう。

피해 [pʰiːɦe ピーへ] 名 被害;災害 関 피해 망상 [ピーへ マーンサン] 名 被害妄想 / 피해자 [ピーへジャ] 名 被害者

픽션 [pʰikʃɔn ピクション] 名 フィクション

핀 [pʰin ピン] 名 ピン 関 머리핀 [モリピン] 名 ヘアピン

핀잔 [pʰindʒan ピンジャン] 名 面と向かって叱責すること;けんつく 他 핀잔하다 [ピンジャナダ] 面と向かって叱責する 関 핀잔을 먹다 [ピンジャヌル モクタ] けんつくを食わされる / 핀잔을 주다 [ピンジャヌル チュダ] けんつくを食わせる

필경 [pʰilgjɔŋ ピルギョン] 副 畢竟;結局;つまり

필기 [pʰilgi ピルギ] 名 筆記 他 필기하다 [ピルギハダ] 筆記する

필드 [pʰiːldɯ ピールドゥ] 名 フィールド

필름 [pʰillum ピルルム] 名 フィルム

필리핀 [pʰillipʰin ピルリピン] 名 フィリピン

필사 [pʰilʼsa ピルサ] 名 必死 自 필사하다 [ピルサハダ] 必死だ

필수¹ [pʰilʼsu ピルス] 名 必須 関 필수 과목 [ピルス グヮモク] 名 必須科目 / 필수 아미노산 [ピルス アミノサン] 名 必須アミノ酸

필수² [pʰilʼsu ピルス] 名 必需 関 필수품 [ピルスプム] 名 必需品

필시 [pʰilʼʃi ピルシ] 副 必ず;きっと

필연 [pʰirjɔn ピリョン] 名 必然 関 필연성 [ピリョンッソン] 名 必然性 / 필연적 [ピリョンジョク] 名 必然的 / 필연코 [ピリョンコ] 副 必ず;きっと

필요 [pʰirjo ピリョ] 名 必要 形 필요하다 [ピリョハダ] 必要だ 例 더 필요한 거 없으세요? [ト ピリョハン ゴ オープスセヨ] 他に必要なも

필적

のはございませんか。関 필요 경비[ピリョ キョンビ] 名 必要経費 / 필요악[ピリョアク] 名 必要悪 / 필요조건[ピリョジョッコン] 名 必要条件

필적[pʰilʔtɕʌk ピルチョク] 名 匹敵 하自 필적하다[ピルチョカダ] 匹敵する

필통[pʰiltʰoŋ ピルトン] 名 筆立て；筆入れ

필하다[pʰirfiada ピラダ] 他〘하変〙済ます；終える

필휴[pʰirfiju ピリュ] 名 必携

필히[pʰirfii ピリ] 副 必ず；是非とも；是非

핍박[pʰipʔpak ピプパク] 名 逼迫 하自 핍박하다[ピプパカダ] 逼迫する 自 핍박되다[ピプパクトゥェダ] 逼迫する

핏기[pʰitʔki ピッキ] 名 血の気 関 핏기가 가시다[ピッキガ カシダ] 血の気が引く

핏대[pʰitʔte ピッテ] 名（太い）血管；青筋 関 핏대를 올리다[ピッテルル オルリダ] 青筋を立てて怒る

핏발[pʰitʔpal ピッパル] 名 血走ること；充血 関 핏발이 서다[ピッパリ ソダ] 血走る；充血する

핏자국[pʰitʔtɕaguk ピッチャグク] 名 血痕

핏줄[pʰitʔtɕul ピッチュル] 名 ① 血管 ② 血統；血筋

핑계[pʰiŋge ピンゲ] 名 口実；言い訳；弁明 하他 핑계하다[ピンゲハダ] 言い訳する 関 핑계를 삼다[ピンゲルル サムタ] 口実にする；言い訳にする

ㅎ

하객[ha:gek ハーゲク] 名 賀客

하고[hago ハゴ] 助 …と ① 並列を表す 例 냉면하고 비빔밥을 주세요. [ネンミョナゴ ピビムッパブル チュセヨ] 冷麺とビビンバをください。② 行動などを共にする相手を表す 例 주말에 나하고 같이 놀러 가요. [チュマレ ナハゴ カチ ノルロカヨ] 週末に私と一緒に遊びに行きましょう。③ 比較の対象を表す 例 이 상품하고 저 상품 어느 쪽이 좋아요? [イ サンプマゴ チョ サンプム オヌ ッチョギ チョーアヨ] この商品とあの商品ではどちらが良いですか。類 과[クヮ] / 와[ワ]

하교[ha:gjo ハーギョ] 名 下校 하自 하교하다[ハーギョハダ] 下校する

하구[hagu ハグ] 名 河口

하급[ha:gɯp ハーグプ] 名 下級

하기[ha:gi ハーギ] 名 夏期 関 하기학교[ハーギ ハクキョ] 名 サマースクール / 하기 휴가[ハーギ ヒュガ] 名 夏期休暇

하기는[haginɯn ハギヌン] 副 そう言えば；実のところ；もっとも

하나[hana ハナ] 数 1つ；1；1人 類 일[イル] 例 이것 하나 주세요. [イゴッ ハナ チュセヨ] これ、1つください。《名詞を修飾する時は한の形》名 ① 一体であることを表す：1つ 例 마음을 하나로 하다[マウムル ハナロ ハダ] 心を1つにする ② 唯一；ただそれのみ 例 남편 하나만 믿고 같이 갔어요. [ナムピョン ハナマン ミッコ カチ カッ

ソヨ] 主人だけを信じて一緒に行きました。③《하나도の形で否定文で用いられて》1つも…ない；まったく…ない 例 하나도 몰라요. [ハナド モールラヨ] まったくわかりません。
- **하나²** [hana ハナ] 副 だが；けれども
- **하나님** [hananim ハナニム] 名 (キリスト教プロテスタントでの) 神
- **하느님** [hanunim ハヌニム] 名 ① 神 ②(キリスト教カトリックでの) 神
- **하늘** [hanul ハヌル] 名 ① 空；天 例 하늘이 참 맑아요. [ハヌリ チャム マルガヨ] 空がすっきりと晴れています。② 神 ③ 天国 ④ 天気 関 하늘과 땅 [ハヌルグヮ ッタン] 天と地《大変な差があることのたとえ》/ 하늘에 맡기다 [ハヌレ マッキダ] 天に(運命を)任せる / 하늘을 찌르다 [ハヌルル ッチルダ] ① 天を衝くほど高い ② 大変勢いがある / 하늘나라 [ハヌルララ] 名 天国 / 하늘빛 [ハヌルピッ] 名 空色；薄い青色
- **하다¹** [hada ハダ] 他 〖하変〗①(ある行為を) する；行う ②(仕事として従事) する 例 뭐부터 할까요? [ムォブト ハルッカヨ] 何から始めましょうか。③《一部の名詞と共に用いられて、他の動詞を代用する》例 노래를 하다 [ノレルル ハダ] 歌を歌う / 밥을 하다 [パブル ハダ] ご飯を炊く ④(形・色・性質・表情・顔付きなどを) する 例 밝은 표정을 하다 [パルグン ピョジョンウル ハダ] 明るい表情をする 自 〖하変〗① する；できる 例 하는 일마다 잘 안돼요. [ハヌン ニールマダ チャル アンドゥェヨ] やることなすことうまくいきません。②《動詞の語幹+-기로 하다の形で》…することにする；決定する 例 내일 2(두)시에 호텔 로비에서 만나기로 했어요. [ネイル トゥーシエ ホテル ロビエソ マンナギロ ヘッソヨ] 明日2時にホテルのロビーで会うことにしました。③ 思う；考える 例 좀 더 싼 게 없나 해서 물어봤어요. [チョム ド ッサン ゲ オムナ ヘソ ムロブヮッソヨ] もう少し安いものがないかと思って尋ねてみました。④(値段がいくらか) する 例 3(세) 개에 만 원 하는 사과 [セー ゲエ マ ヌォン ハヌン サグヮ] 3個で1万ウォンするリンゴ ⑤(…と) 言う；(…と) 称する 例 이것을 한국말로 뭐라고 해요? [イゴスル ハーングンマルロ ムォーラゴ ヘヨ] これを韓国語で何と言いますか。/ 일본에서 온 다나카라고 합니다. [イルボネソ オン タナカラゴ ハムニダ] 日本から来た田中と申します。
- **하다²** [hada ハダ] 補動 〖하変〗①《動詞・存在詞の語幹+-(으)려고 하다の形で》意志・意図を表す：…しようとする；…しようと思う 例 내일은 경주에 가려고 해요. [ネイルン キョンジュエ カリョゴ ヘヨ] 明日は慶州に行こうと思います。②《用言の語幹+-(으)면 하다の形で》願望・希望を表す：…ならばいいと思う；…すればいいと思う 例 일요일에 만날 수 있으

면 해요. [イリョイレ マンナル スイッスミョン ヘヨ] 日曜日に会えればいいと思います。③《動詞の語幹＋ -게 하다の形で》使役の意を表す：…させる 例 담당자에게 연락을 하게 했어요. [タムダンジャエゲ ヨルラグル ハゲ ヘッソヨ] 担当者に連絡させるようにしました。④《用言の語幹＋-아야 하다 / 어야 하다の形で》義務を表す：…しなければならない；…すべきだ 例 공항에 4(네) 시까지 가야 해요. [コンハンエ ネーシッカジ カヤ ヘヨ] 空港に4時までに行かなければいけません。

하다못해 [hadamotthɛ ハダモッテ] 副 せめて

하도 [hado ハド] 副 あまりにも

하등 [haduɯŋ ハドゥン] 名 下等

하락 [ha:rak ハーラク] 名 下落 하自 하락하다 [ハーラカダ] 下落する 関 하락세 [ハーラクセ] 名 下落傾向

하루 [haru ハル] 名 ①一日 例 하루만 쉬게 해 주세요. [ハルマン シィーゲ ヘ ジュセヨ] 一日だけ休ませてください。②《하루는の形で》ある日 関 하루같이 [ハルガチ] 副 長い歳月を変わることなく / 하루 걸러 [ハル コルロ] 副 一日おきに / 하루바삐 [ハルバッピ] 副 一日も早く / 하루아침 [ハルアチム] 名 突然；一朝一夕 / 하루 종일 [ハル ジョンイル] 副 一日中；終日 / 하루하루 [ハルハル] 名 日ごとに；日ごとと / 하룻강아지 [ハルッカンアジ] 名 ①生まれて間もない子犬 ②青二才 / 하룻밤 [ハルッパム] 名 一晩；ある晩

하루살이 [harusari ハルサリ] 名 ①カゲロウ ②その日暮らし ③(比喩的に) はかないこと；短命なこと

하류 [ha:rju ハーリュ] 名 ①(河川の) 下流 ②(階級の) 下流 対 상류 [サンニュ]

하마 [hama ハマ] 名 カバ

하마터면 [hamatʰəmjən ハマトミョン] 副 危うく；まかり間違えば；もう少しで

하물 [hamul ハムル] 名 荷物；貨物

하물며 [hamulmjə ハムルミョ] 副 まして；いわんや

하반신 [ha:banʃin ハーバンシン] 名 下半身

하복 [ha:bok ハーボク] 名 夏服；夏物

하부 [ha:bu ハーブ] 名 下部

하소연 [hasojən ハソヨン] 名 (苦しい事情などを) 切実に訴えること 하他 하소연하다 [ハソヨナダ] 切々と訴える

하수 [ha:su ハース] 名 下水 関 하수관 [ハースグヮン] 名 下水管 / 하수구 [ハースグ] 名 下水道；下水溝 / 하수도 [ハースド] 名 下水道

하숙 [ha:suk ハースク] 名 下宿 하自 하숙하다 [ハースカダ] 下宿する 関 하숙방 [ハースクパン] 名 下宿部屋 / 하숙비 [ハースクピ] 名 下宿代 / 하숙생 [ハースクセン] 名 下宿生 / 하숙인 [ハースギン] 名 下宿人 / 하숙집 [ハースクチプ] 名 下宿している家

하순 [ha:sun ハースン] 名 下旬

하얀색 [hajansek ハヤンセク] 名

白；白色 類 흰색 [ヒンセク]

하얗다 [haːjattʰa ハーヤッタ] 形〘ㅎ変：하얘 / 하얀 ハーイェ / ハーヤン〙真っ白だ 例 눈이 온 세상을 하얗게 덮였어요. [ヌーニ オーン セーサンウル ハーヤッケ トポッソヨ] 雪が辺り一面を真っ白に覆いました。/ 하얀 스웨터 [ハヤン スウェト] 名 白いセーター

하여간 [hajʌgan ハヨガン] 副 とにかく；ともかく

하여튼 [hajʌtʰɯn ハヨトゥン] 副 とにかく；ともかく

하우스 [hausɯ ハウス] 名 ハウス

하위 [haːwi ハーウィ] 名 下位

하의 [haːi ハーイ] 名 ズボンなど下半身に身に着ける衣服

하이킹 [haikʰiŋ ハイキン] 名 ハイキング 自 하이킹하다 [ハイキンハダ] ハイキングする

하자 [hadʑa ハジャ] 名 瑕疵 ①傷；欠点 ②過失

하잘것없다 [hadʑalɡʌdʌpˀta ハジャルコドプタ] 存 つまらない；くだらない 副 하잘것없이 [ハジャルコドプシ] つまらなく；味気なく

하지만 [hadʑiman ハジマン] 副 しかし；だが；けれども 例 방이 좁아요. 하지만 깨끗해요. [パンイ チョバヨ ハジマン ッケックッテヨ] 部屋は狭いです。ですが、きれいです。

하직 [haːdʑik ハージク] 名 いとまごい；別れのあいさつ 自 하직하다 [ハージカダ] 別れのあいさつをする

하차 [hatɕʰa ハチャ] 名 下車 自 하차하다 [ハチャハダ] 下車する

하찮다 [hatɕʰantʰa ハチャンタ] 形 つまらない；大したことでない；取るに足らない

하천 [hatɕʰʌn ハチョン] 名 河川；川

하키 [hakʰi ハキ] 名 ホッケー

하트 [haːtʰɯ ハートゥ] 名 ハート；心

하품 [hapʰum ハプム] 名 あくび 自 하품하다 [ハプマダ] あくびする

하필 [hapʰil ハピル] 副 よりによって；どうして；こともあろうに

학 [hak ハク] 名 ツル

학교 [hakˀkjo ハクキョ] 名 学校 例 어느 학교에 다녀요? [オヌ ハクキョエ タニョヨ] どこの学校へ通っていますか。/ 학교가 가까워서 걸어서 가요. [ハクキョガ カッカウォソ コロソ カヨ] 学校が近いので歩いて行きます。関 학교 교육 [ハクキョ キョーユク] 名 学校教育 / 학교 급식 [ハクキョ クプシク] 名 学校給食 / 학교 법인 [ハクキョ ポビン] 名 学校法人 / 학교 생활 [ハクキョ センフワル] 名 学校生活 / 학교장 [ハクキョジャン] 名 学校長；校長 / 고등학교 [コドゥンハクキョ] 名 高等学校 / 중학교 [チュンハクキョ] 名 中学校 / 초등학교 [チョドゥンハクキョ] 小学校

학급 [hakˀkɯp ハククプ] 名 学級；クラス 関 학급 담임 [ハククプ タミム] 名 学級担任

학기 [hakˀki ハクキ] 名 学期

학년 [haŋnjʌn ハンニョン] 名 学年 例 몇 학년이에요? [ミョ タンニョニエヨ] 何年生ですか。

학대 [hakˀtɛ ハクテ] 名 虐待 他 학대하다 [ハクテハダ] 虐待する

학력

関 **학대받다** [ハクテ パッタ] 虐待される

학력¹ [haŋnjək ハンニョク] 名 学歴 関 **학력 사회** [ハンニョク サフェ] 名 学歴社会

학력² [haŋnjək ハンニョク] 名 学力 関 **학력 고사** [ハンニョク コサ] 名 学力試験

학문 [haŋmun ハンムン] 名 学問

학번 [hak²pon ハクポン] 名 ①学籍番号 ②大学の入学年度

학벌 [hak²pəl ハクポル] 名 学閥

학부 [hak²pu ハクプ] 名 学部

학부모 [hak²pumo ハクプモ] 名 児童や学生の父母

학부형 [hak²puhjəŋ ハクプヒョン] 名 父兄；保護者

학비 [hak²pi ハクピ] 名 学費

학사 [hak²sa ハクサ] 名 学士(大学の学部を卒業した人)

학살 [hak²sal ハクサル] 名 虐殺 하他 **학살하다** [ハクサラダ] 虐殺する 되受動 **학살되다** [ハクサルドゥェダ] 虐殺される

학생 [hak²seŋ ハクセン] 名 学生(小学生から大学生まで含む)；生徒 例 요즘은 학원에 안 다니는 학생이 없어요. [ヨジュムン ハグォネ アン ダニヌン ハクセンイ オープソヨ] この頃、塾に通っていない学生はいません。 関 **학생과** [ハクセンックヮ] 名 学生課 / **학생 신문** [ハクセン シンムン] 名 学生新聞 / **학생 운동** [ハクセン ウーンドン] 名 学生運動 / **학생증** [ハクセンッチュン] 名 学生証 / **학생 할인** [ハクセン ハリン] 名 学生割引 / **남학생** [ナマクセン] 名 男子学生 / **여학생** [ヨハクセン] 名 女子学生

학술 [hak²sul ハクスル] 名 学術 関 **학술 논문** [ハクスル ノンムン] 名 学術論文 / **학술 용어** [ハクスル ヨンオ] 名 学術用語 / **학술지** [ハクスルチ] 名 学術雑誌 / **학술회의** [ハクスルフェーイ] 名 学術会議

학습 [hak²sup ハクスプ] 名 学習 하他 **학습하다** [ハクスパダ] 学習する 関 **학습서** [ハクスプソ] 名 学習書；学習参考書 / **학습 지도** [ハクスプ チド] 名 学習指導 / **학습 활동** [ハクスプ フヮルトン] 名 学習活動

학예 [hagje ハギェ] 名 学芸 関 **학예란** [ハギェラン] 名 学芸欄 / **학예회** [ハギェフェ] 名 学芸会

학용품 [hagjoŋpʰum ハギョンプム] 名 学用品

학원 [hagwon ハグォン] 名 学院《学習塾や習い事の教室などの学習機関》；塾

학위 [hagwi ハグィ] 名 学位 関 **학위 논문** [ハグィノンムン] 名 学位論文

학자 [hak²tʃa ハクチャ] 名 学者

학장 [hak²tʃaŋ ハクチャン] 名 学長《単科大学の長。日本の学部長に相当する》

학점 [hak²tʃəm ハクチョム] 名 学点《大学や大学院での履修単位》

학창 [hak²tʃʰaŋ ハクチャン] 名 学窓；学校 関 **학창 시절** [ハクチャン シジョル] 名 学生時代

학회 [hakkʰwe ハクェ] 名 学会

한¹ [han ハン] 数 1つの 例 한 가지만 더 물어볼게요. [ハン ガジマント ムロボルケヨ] もう1つだけお尋

ねします。⇒하나[ハナ] 冠 ① おおよそ;約 例 한 30(삼십)분[ハン サムシプブン] 約30分 ② 同じ;同一の 例 한 학교 학생들[ハン ハクキョ ハクセンドゥル] 同じ学校の学生たち

한² [ha:n ハーン] 名 限り 接尾 …まで;…限り

한³ [ha:n ハーン] 名 恨み;恨む気持ち

한가운데 [hangaunde ハンガウンデ] 名 真ん中

한가위 [hangawi ハンガウィ] 名 中秋《旧暦8月15日》;秋夕 類 추석 [チュソク]

한가지 [hangadʒi ハンガジ] 名 同じ

한가하다 [hangafiada ハンガハダ] 形 〖ㅎ変〗暇だ 副 한가로이[ハンガロイ] のんびりと 関 한가롭다[ハンガロプタ] 形 〖ㅂ変: 한가로워 한가로운 ハンガロウォ/ハンガロウン〗のんびりしている

한강 [ha:ngaŋ ハーンガン] 名 漢江《韓国中部, ソウルを通り黄海に流れこむ河川》

한걸음 [hangɔrum ハンゴルム] 名 一歩

한겨울 [hangjɔul ハンギョウル] 名 真冬

한결 [hangjɔl ハンギョル] 副 いっそう;ひときわ;ひとしお

한결같다 [hangjɔlgatʰta ハンギョルガッタ] 形 一途だ;終始一貫している 関 한결같이[ハンギョルガチ] 副 一途に;一様に;もっぱら

한계 [ha:nge ハーンゲ] 名 限界

한고비 [hangobi ハンゴビ] 名 最も重要な時や局面;最高潮;盛り

한국 [ha:nguk ハーングク] 名 韓国 例 저는 한국 무용에 관심이 많아요. [チョヌン ハーングン ムヨンエ クヮンシミ マーナヨ] 私は韓国舞踊にとても関心があります。 関 한국말[ハーングンマル] 名 韓国語 / 한국 사람[ハーングク サーラム] 名 韓国人 / 한국어[ハーングゴ] 名 韓国語 / 한국 요리[ハーングン ニョリ] 名 韓国料理 / 한국인[ハーングギン] 名 韓国人

한군데 [hangunde ハングンデ] 名 一定の場所;一ヵ所;同じ場所

한글 [ha:ngul ハーングル] 名 ハングル(韓国・朝鮮固有の文字) 関 한글날[ハーングルラル] 名 ハングルの日(10月9日)《1446年のこの日にハングルが発布されたのに由来する》/ 한글 문학[ハーングル ムナク] 名 ハングルで書かれた文学

한기 [hangi ハンギ] 名 ① 寒さ ② 悪寒

한꺼번에 [hanˀkɔbone ハンッコボネ] 副 一度に;いっぺんに

한껏 [ha:nˀkɔt ハーンッコッ] 副 力の限り;思い切り;できる限り

한끼 [hanˀki ハンッキ] 名 (1日3度の食事のうち) 1度の食事

한나절 [hannadʒɔl ハンナジョル] 名 約半日

한낮 [hannat ハンナッ] 名 真昼;白昼

한낱 [hannat ハンナッ] 副 ① 単に;ただ1つの ② 取るに足らない

한눈¹ [hannun ハンヌン] 名《한눈에の形で》一目で;一瞥

한눈² [ha:nnun ハーンヌン] 名 よそ

見;わき見 関 한눈을 팔다[ハーンヌヌル パルダ] よそ見をする

한데¹ [ha:nde ハーンデ] 名 屋外;戸外

한데² [hande ハンデ] 名 一カ所;同じ所

한도 [ha:ndo ハーンド] 名 限度

한돌 [handol ハンドル] 名 ① 1 周年；1年目 ② 丸1日

한동안 [handoŋan ハンドンアン] 名 一時；しばらく

한두 [handu ハンドゥ] 数 1つか2つの

한때 [han²tɛ ハンッテ] 名 ① 一時；ある時 ②《副詞的に》しばらく

한류¹ [halljiu ハルリュ] 名 寒流

한류² [halljiu ハルリュ] 名 韓流

한마디 [hanmadi ハンマディ] 名 一言

한마음 [hanmauɯm ハンマウム] 名 一心；心を1つに合わせること 関 한마음 한뜻[ハンマウム ハンットゥッ] 人々の心を1つに合わせること

한목 [hanmok ハンモㇰ] 副 一緒に；まとめて

한몫 [hanmok ハンモㇰ] 名 1人当たりの分け前

한문 [ha:nmun ハーンムン] 漢文 関 한문체[ハーンムンチェ] 漢文体 / 한문학[ハーンムナㇰ] 漢文学

한물 [hanmul ハンムル] 名 ①(野菜・果物・魚類などの)旬 ② 最も盛んな時;盛り 関 한물이 가다[ハンムリ カダ] 旬が過ぎる / 한물이 지다[ハンムリ チダ] 盛りになる

한민족¹ [ha:nmindʒok ハーンミンジョㇰ] 名 韓民族

한민족² [ha:nmindʒok ハーンミンジョㇰ] 名 漢民族

한밑천 [hanmitt͡ɕʰon ハンミッチョン] 名 まとまった相当な資金

한반도 [ha:nbando ハーンバンド] 名 朝鮮半島

한바탕 [hanbatʰaŋ ハンバタン] 副 ひとしきり

한밤 [hanbam ハンバム] 名 ① 一夜 ② 真夜中；深夜

한밤중 [hanbam²tɕuŋ ハンバムッチュン] 名 深夜；真夜中

한방 [hanbaŋ ハンバン] 名 ① 同じ部屋 ② 部屋いっぱい；部屋中

한번 [hanbɔn ハンボン] 副 (試しに)一回；一度 例 제가 한번 해 보겠습니다. [チェガ ハンボン ヘ ボゲッスムニダ] 私が一度試してみます。《固有数詞を用いて回数を表す場合は, 한 번(1回)と分かち書きにする。漢数詞を用いて番号を表す場合は일 번(1番)と分かち書きする》

한복 [ha:nbok ハーンボㇰ] 名 韓服《韓国・朝鮮の民族衣装》例 한복을 곱게 차려 입고 세배를 드려요. [ハーンボグル コープケ チャリョ イプコ セーベルル トゥリョヨ] 韓服を美しく着飾って新年のあいさつをします。

한복판 [hanbokpʰan ハンボクパン] 名 真ん中；まっただ中

한사코 [ha:nsakʰo ハーンサコ] 副 あくまでも；断固として；かたくなに

한세상 [hansesaŋ ハンセサン] 名 ① 生涯；一生 ②(一生のうちの)良

い時

한속 [hansok ハンソク] 名 同じ心；同じ気持ち

한솥밥 [hansot̚p͈ap ハンソッパプ] 名 同じ釜の飯 関 한솥밥 먹다 [ハンソッパム モクタ] (同じ釜の飯を食べるの意で)生活を共にする

한술 [hansul ハンスル] 名 一匙 関 한술 더 뜨다 [ハンスル トットゥダ] (ある時点や段階で満足せずに) さらに欲を出す；輪をかけてひどい

한숨 [hansum ハンスム] 名 ① 一息；一呼吸 ② 一休み ③ ため息 関 한숨에 [ハンスメ] 副 一息に；一気に / 한숨을 쉬다 [ハンスムル シュイダ] ため息をつく

한시 [hanɕi ハンシ] 名 ① しばらく ② 同じ時刻

한시름 [hanɕirum ハンシルム] 名 大きな心配事

한식¹ [haːnɕik ハーンシク] 名 韓式：韓国固有の様式

한식² [haːnɕik ハーンシク] 名 韓国料理；韓国式の食事

한심하다 [hanɕimɦada ハンシマダ] 形《하変》情けない；嘆かわしい；みじめだ 関 한심스럽다 [ハンシムスロプタ] 形《ㅂ変：한심스러워 / 한심스러운 ハンシムスロウォ / ハンシムスロウン》情けない；嘆かわしい

한약 [haːnjak ハーニャク] 名 漢方薬 関 한약방 [ハーニャクパン] 名 漢方薬局

한없다 [haːnɔp̚t͈a ハーノプタ] 存 きりがない；限りない；果てしなく 副 한없이 [ハーノプシ] 限りなく；果てしなく

한여름 [hannjɔrum ハンニョルム] 名 真夏；盛夏

한옥 [haːnok ハーノク] 名 韓屋《韓国・朝鮮古来の建築様式で建てた家屋》

한의 [haːni ハーニ] 名 漢医 ① 漢方の医術 ② 漢方医

한의사 [haːnisa ハーニサ] 名 漢方医

한의원 [haːniwɔn ハーニウォン] 名 漢方医院

한일 [haːnil ハーニル] 名 韓日 ① 韓国と日本 ② 韓国語と日本語

한입 [hannip ハンニプ] 名 一口

한자 [haːnt͈ɕa ハーンッチャ] 名 漢字 例 이 한자 무슨 자예요? [イ ハーンッチャ ムスン チャエヨ] この漢字は何という字ですか。関 한자어 [ハーンッチャオ] 名 漢字語

한잔 [handʑan ハンジャン] 名 少しのお茶や酒 하自 한잔하다 [ハンジャナダ] (酒を)一杯やる；お茶をする

한잠 [handʑam ハンジャム] 名 ① 熟睡 ② 一睡；一寝入り

한정 [haːndʑɔŋ ハーンジョン] 名 限定 하他 한정하다 [ハーンジョンハダ] 限定する 되受動 한정되다 [ハーンジョンドゥェダ] 限定される

한줄기 [handʑulgi ハンジュルギ] 名 ① 一条；一筋 ② 1つの系統

한줌 [handʑum ハンジュム] 名 ① 一握り ② 極めて少数

한증막 [handʑɯŋmak ハンジュンマク] 名 汗蒸幕《サウナの一種》

한집안 [handʑiban ハンジバン] 名 一家；一族 関 한집안간 [ハンジ

バンガン] 名 親族の間柄《親類の者を親しんで言う語》

한차례 [hantʃʰarje ハンチャリェ] 名 一回；一度；ひとしきり

한참 [hantʃʰam ハンチャム] 名《副詞的に》① はるかに；ずっと ② しばらく

한창 [hantʃʰaŋ ハンチャン] 名 ① 盛り；絶頂 ②《副詞的に》盛んに；最も / 한창나이 [ハンチャンナイ] 名 若い盛り / 한창때 [ハンチャンッテ] 名 働き盛りの時；血気盛んな時

한철 [hantʃʰol ハンチョル] 名 ①(春夏秋冬の)1つの季節 ② 最盛期；盛り

한층 [hantʃʰɯŋ ハンチュン] 副 一層；一段と；一際

한탄 [ha:nthan ハーンタン] 名 嘆き 他 한탄하다 [ハーンタナダ] 恨み嘆く

한턱 [hantʰok ハントク] 名 (人に)ご馳走すること；おごること 関 한턱내다 [ハントン ネダ] 自 ご馳走する；おごる / 한턱먹다 [ハントンモクタ] 自 ご馳走になる；おごってもらう

한테 [hantʰe ハンテ] 助《主に人を表す体言について》…へ；…に；…から 関 한테로 [ハンテロ] …のところに；…に；…へ / 한테서 [ハンテソ] 助 …から

한판 [hanpʰan ハンパン] 名 一勝負；1回の賭け；一番

한패 [hanpʰɛ ハンペ] 名 一味；仲間；連中

한편 [hanpʰjon ハンピョン] 名 ① 一方；片方 ② 味方；同類 ③《副詞的に》一方では；反面

한평생 [hanpʰjoŋsɛŋ ハンピョンセン] 名 一生涯；一生

한하다 [ha:nɦada ハーナダ] 自〔하変〕限る

할 [hal ハル] 依名 …割；…率

할당 [halʔtaŋ ハルタン] 名 割り当て；分配；割り前 他 할당하다 [ハルタンハダ] 割り当てる

할딱거리다 [halʔtakʔkorida ハルッタクコリダ] 自 息を切らす；息を弾ませる 副 할딱할딱 [ハルッタカルッタク] ぜいぜい 関 할딱이다 [ハルッタギダ] 自他 息を切らす；あえぐ

할머니 [halmoni ハルモニ] 名 ① 祖母 ② おばあさん

할아버지 [harabodʑi ハラボジ] 名 ① 祖父 ② おじいさん

할인 [harin ハリン] 名 割引 他 할인하다 [ハリナダ] 割引する 受動 할인되다 [ハリンドウェダ] 割引される 関 할인권 [ハリンックォン] 名 割引券 / 할인료 [ハリンニョ] 名 割引料

할퀴다 [halkʰwida ハルクィダ] 他 (爪などで)引っかく

핥다 [halʔta ハルタ] 他 なめる ① 舌先で味わう ②(火・水・煙などが)物の表面や底を)過ぎる

함 [ha:m ハーム] 名 ① 物を入れる箱 ② 婚礼前夜に結納品を入れて新婦宅に送る箱

함구 [hamgu ハムグ] 名 口止め 自 함구하다 [ハムグハダ] 口を閉ざして話さない 関 함구령 [ハムグリョン] 名 緘口令

함께 [hamʔke ハムッケ] 副 一緒に；

共に 例 함께 가실래요?[ハムッケ カシルレヨ]一緒に行かれますか。 関 함께 되다[ハムッケ トゥェダ]一緒になる/함께하다[ハムッケハダ]他《하変》共にする

함락[ha:mnak ハームナク]名 陷落 하자타 함락하다[ハームナカダ]陥落する

함몰[ha:mmol ハームモル]名 陷没 하자 함몰하다[ハームモラダ]陥没する

함박눈[hambaŋnun ハムバンヌン]名 牡丹雪;綿雪

함부로[hamburo ハムブロ]副 むやみに;やたらに

함성[ha:msəŋ ハームソン]名 喊声

함수[ham:su ハームス]名 関数

함유[hamju ハミュ]名 含有 하타 함유하다[ハミュハダ]含む;含有する 되受動 함유되다[ハミュドゥェダ]含まれる 関 함유량[ハミュリャン]名 含有量

함자[ham:tʃa ハムッチャ]名 他人の名前の字の尊敬語:お名前の字

함정[ha:mdʒəŋ ハームジョン]名 落とし穴;わな;謀略

합격[hap²kjək ハプキョク]名 合格 하자 합격하다[ハプキョカダ]合格する 関 합격률[ハプキョンニュル]名 合格率

합계[hap²ke ハプケ]名 合計 하타 합계하다[ハプケハダ]合計する

합기도[hap²kido ハプキド]名 合気道

합동[hap²toŋ ハプトン]名 合同 하자 합동하다[ハプトンハダ]合同する 자 합동되다[ハプトンドゥェダ]合同する

합류[hamnju ハムニュ]名 合流 하자 합류하다[ハムニュハダ]合流する 자 합류되다[ハムニュドゥェダ]合流する

합리[hamni ハムニ]名 合理 関 합리주의[ハムニジュイ]名 合理主義/합리화[ハムニファ]名 合理化

합리적[hamnidʒək ハムニジョク]名 合理的

합병[hap²pjəŋ ハプピョン]名 合併 하자타 합병하다[ハプピョンハダ]合併する 関 합병증[ハプピョンッチュン]名 合併症

합석[hap²sək ハプソク]名 相席;同席 하자 합석하다[ハプソカダ]相席する

합성[hap²səŋ ハプソン]名 合成 하타 합성하다[ハプソンハダ]合成する 되受動 합성되다[ハプソンドゥェダ]合成される 関 합성 고무[ハプソン ゴム]名 合成ゴム/합성 사진[ハプソン サジン]名 合成写真/합성 섬유[ハプソン ソミュ]名 合成繊維/합성 세제[ハプソン セジェ]名 合成洗剤/합성 수지[ハプソン スジ]名 合成樹脂;プラスチック/합성어[ハプソンオ]名 合成語/합성 염료[ハプソン ヨムニョ]名 合成染料/합성 향료[ハプソン ヒャンニョ]名 合成香料

합세[hap²se ハプセ]名 力を合わせること 하자 합세하다[ハプセハダ]力を合わせる

합숙[hap²suk ハプスク]名 合宿 하자 합숙하다[ハプスカダ]合宿する

합승 [hap͈sɯŋ ハプスン] 名 相乗り；乗り合い 自 합승하다 [ハプスンハダ] 相乗りする

합심 [hap͈ɕim ハプシム] 名 心を合わせること 自 합심하다 [ハプシマダ] 心を合わせる

합의 [habi ハビ] 名 合意 自 합의하다 [ハビハダ] 合意する 関 합의서 [ハビソ] 名 合意書 / 합의 이혼 [ハビ イホン] 名 協議離婚

합작 [hap͈tɕak ハプチャク] 名 合作 他 합작하다 [ハプチャカダ] 合作する 関 합작 영화 [ハプチャンニョンフヮ] 名 合作映画

합장 [hap͈tɕaŋ ハプチャン] 名 合掌 自 합장하다 [ハプチャンハダ] 合掌する

합창 [haptɕʰaŋ ハプチャン] 名 合唱 他 합창하다 [ハプチャンハダ] 合唱する 関 합창곡 [ハプチャンゴク] 名 合唱曲 / 합창단 [ハプチャンダン] 名 合唱団 / 합창대 [ハプチャンデ] 名 合唱隊

합치다 [haptɕʰida ハプチダ] 他 合わせる；取り混ぜる

합판 [hap͈ʰan ハプパン] 名 合板；ベニヤ板

합하다 [hap͈ʰada ハパダ] 自 《하変》 1つになる 他 1つにする；併せる

핫도그 [hat͈togɯ ハットグ] 名 ホットドッグ

핫케이크 [hatkʰeikʰɯ ハッケイク] 名 ホットケーキ

항 [haːŋ ハーン] 名 項 ①事項 ②条項

항간 [haːŋgan ハーンガン] 名 世間；ちまた

항공 [haːŋgoŋ ハーンゴン] 名 航空 関 항공권 [ハンゴンックォン] 名 航空券 / 항공기 [ハーンゴンギ] 名 航空機 / 항공도 [ハーンゴンド] 名 航空図 / 항공로 [ハーンゴンノ] 名 航空路 / 항공 사진 [ハーンゴン サジン] 名 航空写真 / 항공 수송 [ハーンゴン スソン] 名 航空輸送 / 항공 우편 [ハーンゴン ウピョン] 名 航空郵便 / 항공편 [ハーンゴンピョン] 名 航空便

항구¹ [haŋgu ハング] 名 恒久；永久 形 항구하다 [ハングハダ] 恒久だ；永久だ 関 항구적 [ハングジョク] 名 恒久的 / 항구화 [ハングフヮ] 名 恒久化 / 항구히 [ハングヒ] 副 恒久に

항구² [haːŋgu ハーング] 名 港 関 항구 도시 [ハーング トシ] 名 港町

항로 [haːŋno ハーンノ] 名 航路

항목 [haŋmok ハンモク] 名 項目

항복 [haŋbok ハンボク] 名 降伏 自 항복하다 [ハンボカダ] 降伏する

항상 [haŋsaŋ ハンサン] 副 常に；いつも

항아리 [haŋari ハンアリ] 名 甕；壺

항의 [haːŋi ハーンイ] 名 抗議 自他 항의하다 [ハーンイハダ] 抗議する

해¹ [hɛ ヘ] 名 太陽；日 例 산 너머로 해가 지고 있어요. [サン ノモロ ヘガ チゴ イッソヨ] 山の向こうに日が沈もうとしています。関 해가 서쪽에서 뜨다 [ヘガ ソッチョゲソ ットゥダ] 太陽が西から昇る《絶対にあり得ないことのたとえ》

해² [hɛ ヘ] 名 年 例 벌써 한 해가 다 갔어요. [ポルッソ ハン ヘガ ター

カッソヨ] 既に1年が過ぎ去りました。

해³ [hɛː ヘー] 名 害；弊害 하他 해하다 [ヘーハダ] 害する

해결 [hɛgjəl ヘーギョル] 名 解決 하他 해결하다 [ヘーギョラダ] 解決する 되受動 해결되다 [ヘーギョルドゥェダ] 解決される

해고 [hɛgo ヘーゴ] 名 解雇 하他 해고하다 [ヘーゴハダ] 解雇する 되受動 해고되다 [ヘーゴドゥェダ] 解雇される

해구 [hɛgu ヘーグ] 名 オットセイ

해군 [hɛgun ヘーグン] 名 海軍

해금¹ [hɛgɯm ヘグム] 名 奚琴《弦楽器の一種》

해금² [hɛgɯm ヘグム] 名 解禁 하自他 해금하다 [ヘグマダ] 解禁する 되受動 해금되다 [ヘグムドゥェダ] 解禁される

해내다 [hɛnɛda ヘーネダ] 他 ①成し遂げる；やり抜く ②(相手を)やり込める

해녀 [hɛnjʌ ヘーニョ] 名 海女

해님 [hɛnim ヘニム] 名 お日さま；お天道さま

해답 [hɛdap ヘーダプ] 名 解答；答え 하自 해답하다 [ヘーダパダ] 解答する 関 해답집 [ヘーダプチプ] 名 解答集

해당 [hɛdaŋ ヘダン] 名 該当；相当 하自 해당하다 [ヘダンハダ] 該当する 되自 해당되다 [ヘダンドゥェダ] 該当する

해돋이 [hɛdodʒi ヘドジ] 名 日の出；夜明け 類 일출 [イルチュル]

해동 [hɛːdoŋ ヘードン] 名 解凍 하自 해동하다 [ヘードンハダ] 解凍する

해롭다 [hɛːropˀta ヘーロプタ] 形《ㅂ変：해로워 / 해로운 ヘロウォ / ヘロウン》有害だ；害になる 副 해로이 [ヘーロイ] 有害に

해류 [hɛːrju ヘーリュ] 名 海流

해마다 [hɛmada ヘマダ] 副 毎年；年ごとに

해머 [hɛmʌ ヘモ] 名 ハンマー 関 해머던지기 [ヘモドンジギ] 名 (陸上競技の)ハンマー投げ

해몽 [hɛːmoŋ ヘーモン] 名 夢占い；夢解き 하自他 해몽하다 [ヘーモンハダ] 夢解きする

해묵다 [hɛmukˀta ヘムクタ] 自 (品物や仕事が)年を越す

해바라기 [hɛbaragi ヘバラギ] 名 ヒマワリ

해방 [hɛːbaŋ ヘーバン] 名 解放 하他 해방하다 [ヘーバンハダ] 解放する 되受動 해방되다 [ヘーバンドゥェダ] 解放される 関 해방 문학 [ヘーバン ムナク] 名 解放文学 / 해방 운동 [ヘーバン ウーンドン] 名 解放運動

해변 [hɛːbjʌn ヘービョン] 名 海辺；海浜

해병대 [hɛːbjʌŋdɛ ヘービョンデ] 名 海兵隊

해산¹ [hɛːsan ヘーサン] 名 分娩；出産 하他 해산하다 [ヘーサナダ] 出産する

해산² [hɛːsan ヘーサン] 名 解散 하自 해산하다 [ヘーサナダ] 解散する

해산물 [hɛːsanmul ヘーサンムル] 名 海産物

해삼 [hɛːsam ヘーサム] 名 ナマコ

해석 [hɛːsʌk ヘーソク] 名 解釈 하他

해석하다 [ヘーソカダ] 解釈する

해설 [heːsəl ヘーソル] 名 解説 하他 해설하다 [ヘーソラダ] 解説する

해쓱하다 [heʔsɯkkʰada ヘッスカダ] 形《하변》蒼白だ；青ざめている；青白い

해안 [heːan ヘーアン] 名 海岸 関 해안 기후 [ヘーアン キフ] 名 海岸気候 / 해안 사구 [ヘーアン サグ] 名 海岸砂丘 / 해안선 [ヘーアンソン] 名 海岸線 / 해안 지대 [ヘーアンチデ] 名 海岸地帯

해양 [heːjaŋ ヘーヤン] 名 海洋

해열 [heːjəl ヘーヨル] 名 解熱 関 해열제 [ヘーヨルチェ] 名 解熱剤

해외 [heːwe ヘーウェ] 名 海外 関 해외 무역 [ヘーウェ ムーヨク] 名 海外貿易 / 해외 방송 [ヘーウェ パーンソン] 名 海外放送 / 해외 시장 [ヘーウェ シージャン] 名 海外市場 / 해외 유학 [ヘーウェ ユハク] 名 海外留学 / 해외 이민 [ヘーウェ イミン] 名 海外移民 / 해외 투자 [ヘーウェ トゥジャ] 名 海外投資

해일 [heːil ヘーイル] 名 津波；高潮

해임 [heːim ヘーイム] 名 解任 하他 해임하다 [ヘーイマダ] 解任する 関 해임장 [ヘーイムッチャン] 名 解任状

해장 [heːdʑaŋ ヘージャン] 名 迎え酒を飲むこと 関 해장국 [ヘージャンックク] 名 酔いざましのスープ / 해장술 [ヘージャンスル] 名 迎え酒

해제 [heːdʑe ヘージェ] 名 解除 하他 해제하다 [ヘージェハダ] 解除する 되受動 해제되다 [ヘージェドゥェダ] 解除される

해체 [heːtɕʰe ヘーチェ] 名 解体 하自他 해체하다 [ヘーチェハダ] 解体する 되受動 해체되다 [ヘーチェドゥェダ] 解体される

해충 [heːtɕʰuŋ ヘーチュン] 名 害虫

해치다 [heːtɕʰida ヘーチダ] 他 ①害する；損なう ②(人を)傷つける

해치우다 [heːtɕʰiuda ヘーチウダ] 名 ①(仕事を)やり終える ②(邪魔になる対象を)片付ける；始末する；終える

해태 [heːtʰɛ ヘーテ] 名 ヘテ《善悪を見分けるとされる獅子に似た想像上の動物》

해파리 [heːpʰari ヘーパリ] 名 クラゲ

해프닝 [hepʰɯniŋ ヘプニン] 名 ハプニング

해피엔드 [hepʰiendɯ ヘピエンドゥ] 名 ハッピーエンド

해협 [heːhjəp ヘーヒョプ] 名 海峡

핵 [hek ヘク] 名 ①核；核心 ②原子核 関 핵가족 [ヘクカジョク] 名 核家族 / 핵무기 [ヘンムギ] 名 核兵器

핵심 [hekʔɕim ヘクシム] 名 核心

핸드백 [hendɯbek ヘンドゥベク] 名 ハンドバッグ

핸드폰 [hendɯpʰon ヘンドゥポン] 名 携帯電話

핸들 [hendɯl ヘンドゥル] 名 ハンドル

핸디캡 [hendikʰɛp ヘンディケプ] 名 ハンディキャップ

핼쑥하다 [helʔsukkʰada ヘルッスカダ] 形《하변》やつれている；青ざめている

햄 [hem ヘム] 名 ハム

햄버거 [hembʌgʌ ヘムボゴ] 名 ハンバーガー

햄버그 [hembʌgɯ ヘムボグ] 名 ハンバーグ

햅쌀 [hep²sal ヘプッサル] 名 新米 関 **햅쌀밥** [헵쌀밥 ヘプッサルバプ] 名 新米で炊いたご飯

햇곡식 [het²kok²ʃik ヘッコクシク] 名 新穀

햇볕 [het²pjʌt ヘッピョッ] 名 日光; 陽光; 日差し

햇빛 [het²pit ヘッピッ] 名 日光; 日の光; 日差し; 陽光 例 햇빛 때문에 눈이 부셔요. [ヘッピッ ッテムネ ヌニ ブショヨ] 日差しのせいで眩しいです。

햇살 [he²sal ヘッサル] 名 (降り注ぐ)日差し; 陽光

햇수 [he²su ヘッス] 名 年数

행동 [hendoŋ ヘンドン] 名 行動 自 행동하다 [ヘンドンハダ] 行動する 関 **행동거지** [헨동거지 ヘンドンゴジ] 名 立ち居振る舞い / **행동 과학** [ヘンドン クヮハク] 名 行動科学 / **행동파** [ヘンドンパ] 名 行動派 / **행동형** [ヘンドンヒョン] 名 行動型

행락 [hennak ヘンナク] 名 行楽 自 행락하다 [ヘンナカダ] 郊外に出て遊ぶ

행렬 [hennjʌl ヘンニョル] 名 行列 自 행렬하다 [ヘンニョラダ] 行列する

행방 [henbaŋ ヘンバン] 名 行方; 行き先 関 **행방불명** [헨방불명 ヘンバンブルミョン] 名 行方不明

행복 [heŋbok ヘーンボク] 名 幸福; 幸せ 形 행복하다 [ヘーンボカダ] 幸福だ; 幸せだ 例 **행복한 생활** [ヘーンボカン センフヮル] 幸福な生活 / 행복하게 살아요. [ヘーンボカゲ サラヨ] 幸せに暮らしています。

행사 [heŋsa ヘンサ] 名 行事; 催し

행상 [heŋsaŋ ヘンサン] 名 行商 自 행상하다 [ヘンサンハダ] 行商する

행선 [heŋsʌn ヘンソン] 名 行き先 関 **행선지** [ヘンソンジ] 名 行き先; 目的地

행성 [heŋsʌŋ ヘンソン] 名 惑星

행세¹ [heŋse ヘンセ] 名 処世; 世渡り 自 행세하다 [ヘンセハダ] 世渡りする

행세² [heŋse ヘンセ] 名 権勢を振るうこと 自 행세하다 [ヘンセハダ] 権勢を振るう

행실 [heŋʃil ヘーンシル] 名 品行; 行い

행여 [heŋjʌ ヘーンヨ] 副 ひょっとすると; あるいは; ちょうど

행여나 [heŋjʌna ヘーンヨナ] 副 행여の強調語

행운 [heŋun ヘーンウン] 名 幸運

행위 [heŋwi ヘンウィ] 名 行為 関 **불법행위** [プルボペンウィ] 名 不法行為; 不正行為

행정 [heŋdʒʌŋ ヘンジョン] 名 行政 関 **행정 관청** [ヘンジョン クヮンチョン] 名 行政官庁 / **행정 기관** [ヘンジョン キグヮン] 名 行政機関 / **행정 명령** [ヘンジョン ミョンニョン] 名 行政命令 / **행정부** [ヘンジョンブ] 名 行政府 / **행정 처분** [ヘンジョン チョブン] 名 行政処分

행주 [heŋdʒu ヘンジュ] 名 ふきん

행진

関 행주질[ヘンジュジル] 名 ふきん掛け / 행주치마[ヘンジュチマ] 名 前掛け；エプロン

행진[hendʑin ヘンジン] 名 行進 하자 행진하다[ヘンジナダ] 行進する 関 행진곡[ヘンジンゴク] 名 行進曲；マーチ

행패[henpʰe ヘンペ] 名 狼藉；悪行 하자 행패하다[ヘンペハダ] 悪行をはたらく

행포[henpʰo ヘンポ] 名 乱暴をはたらくこと 하자 행포하다[ヘンポハダ] 乱暴をはたらく

행하다[henɦiada ヘンハダ] 他《하変》行う；施行する；実行する

향긋하다[hjaŋgutᵗʰada ヒャングタダ] 形《하変》芳しい；香ばしい 例 꽃향기가 향긋해요. [ッコティャンギガ ヒャングテヨ] 花の香りが芳しいです。/ 향긋한 커피 냄새 [ヒャングタン コーピ ネームセ] 香ばしいコーヒーの匂い

향기[hjaŋgi ヒャンギ] 名 香気；香り；匂い 関 향기로이[ヒャンギロイ] 副 芳しく；香ばしく / 향기롭다[ヒャンギロプタ] 形《ㅂ変：향기로워 / 향기로운 ヒャンギロウォ / ヒャンギロウン》芳しい；かぐわしい；香ばしい

향내[hjaŋnɛ ヒャンネ] 名 香り；香気

향년[hja:ŋnjon ヒャーンニョン] 名 享年

향상[hja:ŋsaŋ ヒャーンサン] 名 向上 하자 향상하다[ヒャーンサンハダ] 向上する

향수¹[hjaŋsu ヒャンス] 名 香水
향수²[hjaŋsu ヒャンス] 名 郷愁

향수³[hja:ŋsu ヒャーンス] 名 享受 하他 향수하다[ヒャーンスハダ] 享受する 되動 향수되다[ヒャーンスドウェダ] 享受される

향신료[hjaŋʃinnjo ヒャンシンニョ] 名 香辛料

향연[hja:ŋjon ヒャーンヨン] 名 饗宴

향토[hjaŋtʰo ヒャント] 名 郷土 ①ふるさと ②ある地方 関 향토색[ヒャントセク] 名 郷土色 / 향토애[ヒャントエ] 名 郷土愛

향하다[hja:ŋɦiada ヒャーンハダ] 自他《하変》向かう；向く 例 모두 국기를 향해 주시기 바랍니다. [モドゥ ククキルル ヒャーンヘ ジュシギ パラムニダ] 皆様、国旗に向かっていていただけるようお願いいたします。/ 서울로 향해 출발했어요. [ソウルロ ヒャーンヘ チュルバレッソヨ] ソウルに向かって出発しました。

향학[hja:ŋɦiak ヒャーンハク] 名 向学 関 향학심[ヒャーンハクシム] 名 向学心 / 향학열[ヒャーンハンニョル] 名 向学熱

향후[hja:ŋɦiu ヒャーンフ] 名 今後；以後

허가[hoga ホガ] 名 許可 하他 허가하다[ホガハダ] 許可する 되動 허가되다[ホガドウェダ] 許可される 関 허가장[ホガッチャン] 名 許可状 / 허가제[ホガジェ] 名 許可制 / 허가증[ホガッチュン] 名 許可証 / 허가품[ホガプム] 名 許可品

허겁지겁[hogopʲtɕigop ホゴプチゴプ] 副 あたふたと 하자 허겁지겁하다[ホゴプチゴパダ] あたふたする

허기 [hɔgi ホギ] 名 ひどくひもじいこと；飢え

허깨비 [hɔ˾kɛbi ホッケビ] 名 幻；幻影

허다하다 [hodahada ホダハダ] 形 〖하変〗数多い；多数ある 副 허다히 [ホダヒ] たくさん

허덕이다 [hodɔgida ホドギダ] 自 ①（力に余って）もがく；苦しむ ② あえぐ

허둥지둥 [hoduŋʤiduŋ ホドゥンジドゥン] 副 そそくさと；あたふたと 自サ 허둥지둥하다 [ホドゥンジドゥンハダ] あたふたする

허락 [hɔrak ホラク] 名 承諾；許可すること 하他 허락하다 [ホラカダ] 許可する

허름하다 [hɔrumhada ホルマダ] 形 〖하変〗①（値段が）安めだ ② 少し古びている；みすぼらしい

허리 [hori ホリ] 名 ① 腰；腰部；ウエスト 例 무거운 물건을 들다가 허리를 삐끗했어요. [ムゴウン ムルゴヌル トゥルダガ ホリルル ッピックテッソヨ] 重い物を持とうとしてぎっくり腰になりました。② ズボンやスカートの腰の部分 関 허리가 부러지다 [ホリガ プロジダ] 気勢がくじかれる / 허리를 못 펴다 [ホリルル モーッ ピョダ] 頭が上がらない；気がくじかれて小さくなる / 허리를 잡다 [ホリルル チャプタ]（腰をつかむの意で）ひどく笑うさま；こっけいだ / 허리끈 [ホリックン] 名 腰紐 / 허리띠 [ホリッティ] 名 帯；腰帯；ベルト / 허리통 [ホリトン] 名 腰まわり；ウエスト

허망 [hɔmaŋ ホマン] 名 虚妄 하形 허망하다 [ホマンハダ] 虚妄だ；あっけなくむなしい

허무 [hɔmu ホム] 名 虚無 하形 허무하다 [ホムハダ] 虚しい 関 허무감 [ホムガム] 名 虚無感

허물¹ [hɔmul ホムル] 名 ① 欠点；きず ② 過ち；過失 関 허물하다 [ホムラダ] 〖하変〗他 とがめる；過ちを責める

허물² [hɔmul ホムル] 名 抜け殻

허물다 [hɔmulda ホムルダ] 他 〖ㄹ語幹：허무는 ホムヌン〗崩す；壊す

허벅다리 [hɔbɔk˾tari ホボクタリ] 名 太股

허비 [hɔbi ホビ] 名 浪費 하形 허비하다 [ホビハダ] 浪費する

허사 [hɔsa ホサ] 名 無駄な努力；徒労

허세 [hose ホセ] 名 虚勢 関 허세를 부리다 [ホセルル プリダ] 虚勢を張る；強がる

허수아비 [hɔsuabi ホスアビ] 名 ① 案山子 ② 実権のない人；傀儡

허술하다 [hɔsurhada ホスラダ] 形 〖하変〗① さびれている；すたれている ② 粗末だ

허식 [hɔʃik ホシク] 名 虚飾；見栄；飾り 例 허식을 부리다 [ホシグル プリダ] 見栄を張る 自サ 허식하다 [ホシカダ] 外見ばかりを飾る

허약 [hɔjak ホヤク] 名 虚弱 하形 허약하다 [ホヤカダ] 虚弱だ 関 허약성 [ホヤクッソン] 名 虚弱性

허영 [hɔjɔŋ ホヨン] 名 虚栄；見栄 関 허영심 [ホヨンシム] 名 虚栄心 / 허영주머니 [ホヨンッチュモニ] 名 見栄っ張り

허용 [hɔjoŋ ホヨン] 名 許容 하他 허

용하다[ホヨンハダ]許容する [되受動]허용되다[ホヨンドゥエダ]許容される

허울[houl ホウル]名 外観；うわべ；見掛け

허전하다[hodʒɔnɦada ホジョナダ]形〖ㅎ変〗(あったものや，あるべきものがなくなって)何となく寂しい；物足りない 例 친구가 한국에 돌아가고 나니 허전해요. [チングガ ハーングゲ トラガゴ ナニ ホジョネヨ]友達が韓国に帰ってしまい何となく寂しいです。

허점[hɔʔtɕɔm ホッチョム]名 弱点；弱み

허탕[hɔtʰaŋ ホタン]名 徒労；無駄骨 関 허탕을 짚다[ホタンウル チプタ]無駄骨を折る / 허탕을 치다[ホタンウル チダ]徒労に終わる；何の成果もない

허파[hɔpʰa ホパ]名 肺臓；肺 類 폐[ペ]

허풍[hɔpʰuŋ ホプン]名 法螺；らっぱ 関 허풍을 떨다[ホプンウル ットルダ]法螺を吹く

허황[hɔɦwaŋ ホフワン]名 荒唐無稽 하形 허황하다[ホフワンハダ]荒唐無稽だ

헌것[hɔːnɡɔt ホーンゴッ]名 古物

헌금[hɔːnɡɯm ホーングム]名 献金 하自他 헌금하다[ホーングマダ]献金する

헌법[hɔːnʔpɔp ホーンッポプ]名 憲法 関 헌법 재판[ホーンッポプチェパン]名 憲法裁判

헌신[hɔːnɕin ホーンシン]名 献身 하自 헌신하다[ホーンシナダ]献身する

헌팅[hɔntʰiŋ ホンティン]名 ハンティング；狩り

헌혈[hɔːnɦjɔl ホーニョル]名 献血 하自 헌혈하다[ホーニョラダ]献血する

헐값[hɔlʔkap ホルカプ]名 安値；廉価

헐겁다[hɔlɡɔpʔta ホルゴプタ]形〖ㅂ変：헐거워 / 헐거운 ホルゴウォ / ホルゴウン〗(衣服や靴，蓋やネジなどが)ぶかぶかだ；緩い 例 옷이 헐거워요. 작은 사이즈를 보여 주세요. [オシ ホルゴウォヨ チャグン サイジュルル ポヨ ジュセヨ]服が大き過ぎます。小さいサイズの物を見せてください。

헐다¹[hɔːlda ホールダ]自〖ㄹ語幹：허는 ホヌン〗①ただれる ②ぼろぼろになる；朽ちる

헐다²[hɔːlda ホールダ]他〖ㄹ語幹：허는 ホヌン〗壊す；崩す ①破壊する ②(まとまっている金を)崩す

헐떡헐떡[hɔlʔtɔkhɔlʔtɔk ホルットコルットク]副 あえぎあえぎ

헐뜯다[hɔːlʔtɯtʔta ホールットゥッタ]他 中傷する；謗る；こき下ろす

헐렁하다[hɔllɔŋɦada ホルロンハダ]形〖ㅎ変〗緩い；だぶつく

헐레벌떡[hɔllebɔlʔtɔk ホルレボルットク]副 息がはずむ様子：はあはあ；ふうふう；息を切らして 하自他 헐레벌떡하다[ホルレボルットカダ]息を切らす

험담[hɔːmdam ホームダム]名 中傷；悪口 하他 험담하다[ホームダマダ]中傷する；陰口をたたく

험악하다 [hɔːmakkʰada ホーマカダ] 形〖ㅂ変〗険悪だ；険しい

험준하다 [hɔːmdʒunɦada ホームジュナダ] 形〖하変〗険峻だ

험하다 [hɔːmɦada ホーマダ] 形〖하変〗険しい ①(地勢や天気が)険しい ②(表情や性質などが)とげとげしい；険悪だ ③(雰囲気などが)険悪だ

헛걸음 [hɔtʼkɔrum ホッコルム] 名 無駄足 하自 헛걸음하다 [ホッコルマダ] 無駄足を踏む

헛고생 [hɔtʼkosɛŋ ホッコセン] 名 無駄骨；骨折り損 하自 헛고생하다 [ホッコセンハダ] 無駄な苦労をする

헛돌다 [hɔtʼtolda ホットルダ] 自〖ㄹ語幹：헛도는 ホットヌン〗空回りする

헛되다 [hɔtʼtwɛda ホットウェダ] 形 虚しい；甲斐がない 副 헛되이 [ホットウェイ] 虚しく；無駄に；甲斐なく

헛디디다 [hɔtʼtidida ホッティディダ] 他 踏み外す；踏み損なう

헛보다 [hɔtʼpoda ホッポダ] 他 見間違える；見損なう

헛소리 [hɔtʼsori ホッソリ] 名 ①(病人の)うわ言 ②戯言 하自 헛소리하다 [ホッソリハダ] うわ言を言う；戯言を言う

헛소문 [hɔtʼsomun ホッソムン] 名 根も葉もない噂；デマ

헛수고 [hɔtʼsugo ホッスゴ] 名 無駄骨；徒労 하自 헛수고하다 [ホッスゴハダ] 無駄骨を折る

헛일 [hɔnnil ホンニル] 名 無駄な努力；徒労 하自 헛일하다 [ホンニラダ] 無駄な努力をする

헝겊 [hɔːŋgɔp ホーンゴプ] 名 端切れ；布

헝클어지다 [hɔŋkʰurɔdʒida ホンクロジダ] 自 ①(物事や糸が)もつれる；絡み合う ②(秩序などが)乱れる

헤드 [hedɯ ヘドゥ] 名 ヘッド 関 헤드라이트 [ヘドゥライトゥ] 名 ヘッドライト / 헤드라인 [ヘドゥライン] 名 ヘッドライン / 헤드코치 [ヘドゥコチ] 名 ヘッドコーチ / 헤드폰 [ヘドゥポン] 名 ヘッドホン

헤매다 [hemɛda ヘメダ] 自他 ①彷徨う ②(心が)落ち着かない；迷う

헤아리다 [heːarida ヘーアリダ] 他 ①数える ②推し量る；察する

헤어지다 [heɔdʒida ヘオジダ] 自 別れる；離別する 例 이대로 헤어지기는 너무 아쉬워요. [イデロ ヘオジギヌン ノム アシュィウォヨ] このまま別れるのはあまりにも名残り惜しいです。

헤엄 [heɔm ヘオム] 名 泳ぎ；水泳 関 헤엄치다 [ヘオムチダ] 自 泳ぐ

헤치다 [hetʃʰida ヘチダ] 他 ①散らす；解散させる ②掘り返す；広げる；かき分ける ③(困難や障害を)切り抜ける

헤프다 [heːpʰuda ヘープダ] 形〖으変：헤퍼 ヘポ〗①(物が)長持ちしない ②(身持ちなどが)悪い；だらしがない ③(口が)軽い ④(金遣いなどが)荒い

헬멧 [helmet ヘルメッ] 名 ヘルメット

헷갈리다 [hetʼkallida ヘッカルリダ] 自 ①(入り混じって)見分けがつ

헹가래

かない; こんがらかる ②(気持ちが)乱れる

헹가래 [heŋgare ヘンガレ] 名 胴揚げ 関 헹가래를 치다 [ヘンガレルル チダ] 胴揚げをする

헹구다 [heŋguda ヘングダ] 他 ゆすぐ; すすぐ

혀 [hjɔ ヒョ] 名 舌 関 혀 꼬부라진 소리 [ヒョ ッコブラジン ソリ] (酔ったりして)ろれつが回らない言葉 / 혀가 짧다 [ヒョガ ッチャルタ] 舌が短い; 舌足らずだ / 혀를 내두르다 [ヒョルル ネドゥルダ] とても感心する様子: 舌を巻く / 혀를 내밀다 [ヒョルル ネミルダ] 舌を出す / 혀를 놀리다 [ヒョルル ノルリダ] しゃべる / 혀를 차다 [ヒョルル チャダ] 舌打ちする

혁명 [hjɔŋmjɔŋ ヒョンミョン] 名 革命 下他 혁명하다 [ヒョンミョンハダ] 革命を起こす 関 혁명적 [ヒョンミョンジョク] 名 革命的

혁신 [hjɔkʃin ヒョクシン] 名 革新 下他 혁신하다 [ヒョクシナダ] (習慣や組織などを)改めて新しくする 関 혁신 세력 [ヒョクシン セリョク] 名 革新勢力 / 혁신적 [ヒョクシンジョク] 名 革新的

현관 [hjɔŋgwan ヒョングヮン] 名 玄関

현금 [hjɔːngum ヒョーングム] 名 現金 関 현금 거래 [ヒョーングム コレ] 名 現金取引 / 현금 계산 [ヒョーングム ケーサン] 名 現金勘定 / 현금 매매 [ヒョーングム メメ] 名 現金売買 / 현금 판매 [ヒョーングム パンメ] 名 現金販売

현기증 [hjɔːngiʔtʃɯŋ ヒョーンギッチュン] 名 めまい

현대 [hjɔːnde ヒョーンデ] 名 現代 関 현대문 [ヒョーンデムン] 名 現代文 / 현대 문학 [ヒョーンデ ムナク] 名 現代文学 / 현대어 [ヒョーンデオ] 名 現代語 / 현대인 [ヒョーンデイン] 名 現代人 / 현대적 [ヒョーンデジョク] 名 現代的 / 현대화 [ヒョーンデファ] 名 現代化

현명하다 [hjɔnmjɔŋɦada ヒョンミョンハダ] 形 〘하변〙 賢明だ 副 현명히 [ヒョンミョンイ] 賢明に

현모 [hjɔnmo ヒョンモ] 名 賢母 関 현모양처 [ヒョンモヤンチョ] 名 良妻賢母

현미 [hjɔnmi ヒョンミ] 名 玄米

현미경 [hjɔːnmigjɔŋ ヒョーンミギョン] 名 顕微鏡

현상¹ [hjɔːnsaŋ ヒョーンサン] 名 現状

현상² [hjɔːnsaŋ ヒョーンサン] 名 現象

현상³ [hjɔːnsaŋ ヒョーンサン] 名 現像 下他 현상하다 [ヒョーンサンハダ] 現像する

현상⁴ [hjɔːnsaŋ ヒョーンサン] 名 懸賞 関 현상 광고 [ヒョーンサン クヮンゴ] 名 懸賞広告 / 현상금 [ヒョーンサングム] 名 懸賞金 / 현상 모집 [ヒョーンサン モジプ] 名 懸賞募集

현수막 [hjɔːnsumak ヒョーンスマク] 名 横断幕

현실 [hjɔːnʃil ヒョーンシル] 名 現実 関 현실 도피 [ヒョーンシル トピ] 名 現実逃避 / 현실성 [ヒョーンシルッソン] 名 現実性 / 현실적 [ヒョーンシルチョク] 名 現実的

현악 [hjɔnak ヒョナㇰ] 名 弦楽

현안 [hjɔːnan ヒョーナン] 名 懸案

현역 [hjɔːnjɔk ヒョーニョㇰ] 名 現役

현장 [hjɔːndʒaŋ ヒョーンジャン] 名 現場 関 현장 감독 [ヒョーンジャン カムドㇰ] 名 現場監督 / 현장 중계 [ヒョーンジャン チュンゲ] 名 現場中継

현재 [hjɔːndʒe ヒョーンジェ] 名 現在

현저하다 [hjɔːndʒɔɦiada ヒョーンジョハダ] 形〔하変〕顕著だ 関 현저히 [ヒョーンジョヒ] 副 顕著に；著しく

현주소 [hjɔːndʒuso ヒョーンジュソ] 名 現住所

현지 [hjɔːndʒi ヒョーンジ] 名 現地 関 현지답사 [ヒョーンジダㇷ゚サ] 名 現地踏査 / 현지 로케이션 [ヒョンジ ロケイション] 名 現地ロケーション

현찰 [hjɔːntʃʰal ヒョーンチャル] 名 現金

현품 [hjɔːnpʰum ヒョーンプム] 名 現品

현황 [hjɔnɦwaŋ ヒョヌワン] 名 現況

혈관 [hjɔlgwan ヒョルグワン] 名 血管

혈기 [hjɔlgi ヒョルギ] 名 血気 ①生命力 ②盛んな意気

혈색 [hjɔlˀsek ヒョルセㇰ] 名 血色；顔色

혈안 [hjɔran ヒョラン] 名 血眼

혈압 [hjɔrap ヒョラㇷ゚] 名 血圧 関 혈압계 [ヒョラㇷ゚ケ] 名 血圧計 / 고혈압 [コヒョラㇷ゚] 名 高血圧 / 저혈압 [チョヒョラㇷ゚] 名 低血圧

혈액 [hjɔrɛk ヒョレㇰ] 名 血液 関 혈액 검사 [ヒョレㇰ コームサ] 名 血液検査 / 혈액 순환 [ヒョレㇰ スヌワン] 名 血液循環 / 혈액형 [ヒョレキョン] 名 血液型

혈육 [hjɔrjuk ヒョリュㇰ] 名 血肉 ①血と肉 ②自分が生んだ子 ③血縁

혈통 [hjɔltʰoŋ ヒョルトン] 名 血統

혈흔 [hjɔrɦun ヒョルン] 名 血痕

혐오 [hjɔmo ヒョモ] 名 嫌悪 하他 혐오하다 [ヒョモハダ] 嫌悪する 関 혐오감 [ヒョモガム] 名 嫌悪感

혐의 [hjɔmi ヒョミ] 名 嫌疑；容疑；疑い 하他 혐의하다 [ヒョミハダ] (犯罪の事実があるのではないかと)疑う

협곡 [hjɔpˀkok ヒョㇷ゚コㇰ] 名 峡谷

협동 [hjɔpˀton ヒョㇷ゚トン] 名 協同 하自 협동하다 [ヒョㇷ゚トンハダ] 協同する 関 협동 생활 [ヒョㇷ゚トン センフヮル] 名 協同生活 / 협동 조합 [ヒョㇷ゚トン チョハㇷ゚] 名 協同組合 / 협동체 [ヒョㇷ゚トンチェ] 名 協同体

협력 [hjɔmnjɔk ヒョムニョㇰ] 名 協力 하自 협력하다 [ヒョムニョカダ] 協力する

협박 [hjɔpˀpak ヒョㇷ゚パㇰ] 名 脅迫 하他 협박하다 [ヒョㇷ゚パカダ] 脅迫する 関 협박장 [ヒョㇷ゚パㇰッチャン] 名 脅迫状 / 협박죄 [ヒョㇷ゚パㇰチュェ] 名 脅迫罪

협상 [hjɔpˀsan ヒョㇷ゚サン] 名 協商 하他 협상하다 [ヒョㇷ゚サンハダ] 協議する

협심증 [hjɔpˀʃimˀtʃuŋ ヒョㇷ゚シムッチュン] 名 狭心症

협약 [hjɔbjak ヒョビャㇰ] 名 協約 하他 협약하다 [ヒョビャカダ] 協約

협의 [hjəbi ヒョビ] 名 協議 하他 협의하다 [ヒョビハダ] 協議する 関 협의안 [ヒョビアン] 名 協議案 / 협의 이혼 [ヒョビ イホン] 名 協議離婚 / 협의회 [ヒョビフェ] 名 協議会

협정 [hjəp²tɕəŋ ヒョプチョン] 名 協定 하他 협정하다 [ヒョプチョンハダ] 協定する

협조 [hjəp²tɕo ヒョプチョ] 名 協調 하自他 협조하다 [ヒョプチョハダ] 協調する

협주곡 [hjəp²tɕugok ヒョプチュゴク] 名 協奏曲；コンチェルト

협회 [hjəpʰwe ヒョプェ] 名 協会

형 [hjəŋ ヒョン] 名 兄；兄さん(弟が兄を呼ぶ，男性が親しい年上の男性を呼ぶ場合にも用いる) 関 오빠 [オッパ] 兄；お兄さん(妹が兄を呼ぶ，女性が親しい年上の男性を呼ぶ場合にも用いる)

형광 [hjəŋgwaŋ ヒョングヮン] 名 蛍光 関 형광 도료 [ヒョングヮン トリョ] 名 蛍光塗料 / 형광등 [ヒョングヮンドゥン] 名 蛍光灯 / 형광 염료 [ヒョングヮン ヨムニョ] 名 蛍光染料

형벌 [hjəŋbəl ヒョンボル] 名 刑罰 하他 형벌하다 [ヒョンボラダ] 刑罰を科す

형부 [hjəŋbu ヒョンブ] 名 (妹から見て) 姉の夫；義兄

형사 [hjəŋsa ヒョンサ] 名 刑事

형설 [hjəŋsəl ヒョンソル] 名 蛍雪；苦学 関 형설지공 [ヒョンソルジゴン] 名 蛍雪の功

형성 [hjəŋsəŋ ヒョンソン] 名 形成 하自他 형성하다 [ヒョンソンハダ] 形成する 関 형성기 [ヒョンソンギ] 名 形成期

형세 [hjəŋse ヒョンセ] 名 ① 暮らし向き ② 形勢

형수 [hjəŋsu ヒョンス] 名 (男性から見て) 兄嫁；義姉；兄の妻

형식 [hjəŋɕik ヒョンシク] 名 形式 関 형식적 [ヒョンシクチョク] 名 形式的 / 형식화 [ヒョンシクヮ] 名 形式化

형제 [hjəŋdʑe ヒョンジェ] 名 兄弟 例 그 집 형제는 아주 사이가 좋아요. [ク チプ ヒョンジェヌン アジュ サイガ チョーアヨ] その家の兄弟は本当に仲がいいです。

형체 [hjəŋtɕʰe ヒョンチェ] 名 形体

형태 [hjəŋtʰɛ ヒョンテ] 名 形態

형편 [hjəŋpʰjən ヒョンピョン] 名 ① 事の成り行き ② 暮らし向き 例 집안 형편이 별로 안 좋아서 대학을 못 갔어요. [チバン ヒョンピョニ ピョルロ アン ジョーアソ テーハグル モーッ カッソヨ] 家の暮らし向きがあまり良くなくて大学に行けませんでした。③ 事情；都合 関 형편없다 [ヒョンピョノプタ] 存 ①(事の成りゆきや結果が) 思わしくない；悪い ② みすぼらしい；取るに足らない / 형편없이 [ヒョンピョノプシ] 副 大変；非常に；ひどく

혜성 [he:səŋ ヘーソン] 名 彗星

혜택 [he:tʰek ヘーテク] 名 恩恵；恵み

호 [ho ホ] 名 号；雅号 依名 …号；…番 接尾 …号

호감 [ho:gam ホーガム] 名 好感；好

印象；好意
- **호강**[hogaŋ ホガン]图 贅沢に暮らすこと 하他 호강하다[ホガンハダ] 贅沢に暮らす 関 호강스럽다[ホガンスロプタ]形《ㅂ変:호강스러워/호강스러운 ホガンスロウォ/ホガンスロウン》暮らしが贅沢だ
- **호경기**[ho:gjəŋgi ホーギョンギ]图 好景気；好況
- **호기**[ho:gi ホーギ]图 好機；チャンス
- **호기심**[ho:giʃim ホーギシム]图 好奇心
- **호되다**[hodweda ホドウェダ]形 むごい；はなはだしい
- **호두**[hodu ホドゥ]图 クルミ 関 호두나무[ホドゥナム]图 クルミの木
- **호들갑**[hodulgap ホドゥルガプ]图 軽はずみな振る舞い；大げさな振る舞い 関 호들갑을 떨다[ホドゥルガブル ットルダ] 大げさに振る舞う
- **호떡**[hoʔtək ホットク]图 ホットク《小麦粉をこねて平たく円形にし,砂糖のあんを入れて焼いた菓子》
- **호락호락**[horakkʰorak ホラコラク]副 たやすく；やすやすと 하形 호락호락하다[ホラコラカダ](性格が)軟弱でつかみ所がない
- **호랑나비**[ho:raŋnabi ホーランナビ]图 アゲハチョウ 例 호랑나비 한 마리가 날아다녀요.[ホーランナビ ハン マリガ ナラダニョヨ] アゲハチョウ1羽が飛びまわっています。
- **호랑이**[ho:raŋi ホーランイ]图 ①トラ 類 범[ポム] 例 호랑이도 제 말 하면 온다. [ホーランイド チェ マル ハミョン オンダ] 虎も自分の話をすればやって来る.《噂をすれば影と同じ意味の諺》②(比喩的に)性質が猛々しく恐ろしい人
- **호루라기**[horuragi ホルラギ]图 呼び笛；ホイッスル
- **호리다**[horida ホリダ]他 ①誘惑する ②たぶらかす；惑わす；だます
- **호리병**[horibjəŋ ホリビョン]图 (酒や煎じた薬などを入れる)ひょうたんの入れ物 関 호리병박[ホリビョンバク]图 ヒョウタン
- **호리호리하다**[horiɦoriɦada ホリホリハダ]形《하変》ほっそりしている；すんなりしている
- **호박**[ho:bak ホーバク]图 ①カボチャ ②(比喩的に)醜い女性
- **호반**[hoban ホバン]图 湖畔
- **호사**[hosa ホサ]图 豪奢；贅沢 하自 호사하다[ホサハダ] 贅沢をする 関 호사스럽다[ホサスロプタ]形《ㅂ変:호사스러워/호사스러운 ホサスロウォ/ホサスロウン》豪奢だ
- **호색**[ho:sɛk ホーセク]图 好色 하自 호색하다[ホーセカダ] 色を好む
- **호소**[hoso ホソ]图 訴え 하他 호소하다[ホソハダ] 訴える 되受動 호소되다[ホソドウェダ] 訴えられる
- **호송**[ho:soŋ ホーソン]图 護送 하他 호송하다[ホーソンハダ] 護送する
- **호수**[hosu ホス]图 湖水；湖
- **호신**[ho:ʃin ホーシン]图 護身 関 호신술[ホーシンスル]图 護身術
- **호우**[hou ホウ]图 豪雨 関 호우 주의보[ホウ チュイボ]图 大雨注意

報
호위[ho:wi ホーウィ]名 護衛 하他 호위하다[ホーウィハダ]護衛する
호의[ho:i ホーイ]名 好意;善意 関 호의적[ホーイジョク]名 好意的
호인[ho:in ホーイン]名 お人好し;好人物
호적[ho:dʒɔk ホージョク]名 戸籍 関 호적 등본[ホージョク トゥンボン]名 戸籍謄本
호젓하다[hodʒɔtʰada ホジョタダ]形《하変》(怖いくらい)ひっそりしている;大変寂しい 副 호젓이[ホジョシ]ひっそりと;寂しく
호주[hodʒu ホジュ]名 オーストラリア;豪州
호주머니[hodʒumɔni ホジュモニ]名 ①ポケット ②ふところ
호출[hotʃʰul ホチュル]名 呼び出し 하他 호출하다[ホチュラダ]呼び出す
호칭[hotʃʰiŋ ホチン]名 呼称 하自 호칭하다[ホチンハダ]名付けて呼ぶ
호텔[hotʰel ホテル]名 ホテル 例 호텔 예약을 하고 싶은데요.[ホテル イェーヤグル ハゴ シプンデヨ]ホテルの予約したいのですが。
호통[hotʰoŋ ホトン]名 大声で怒鳴ること 하自 호통하다[ホトンハダ]怒鳴る 関 호통을 치다[ホトヌル チダ]怒鳴る
호화[hofiwa ホフヮ]名 豪華 하形 호화하다[ホフヮハダ]豪華だ 関 호화로이[ホフヮロイ]副 豪華に;贅沢に;派手に / 호화판[ホフヮパン]名 豪華版
호화롭다[hofiwaropʰta ホフヮロプタ]形《ㅂ変: 호화로워 / 호화로운 ホフヮロウォ / ホフヮロウン》贅沢だ
호환[ho:fiwan ホーフヮン]名 互換 関 호환성[ホーフヮンッソン]名 互換性
호황[ho:fiwaŋ ホーフヮン]名 好況;好景気
호흡[hofiɯp ホフプ]名 呼吸;息 하自他 호흡하다[ホフパダ]呼吸する 関 호흡 운동[ホフプ ウーンドン]名 呼吸運動 / 심호흡[シモフプ]/ 복식호흡[ポクシコフプ]名 腹式呼吸
혹[hok ホク]名 ①瘤 ②やっかいな物
혹독하다[hokʔtokkʰada ホクトカダ]形《하変》むごい;残酷だ 副 혹독히[ホクトキ]残酷に;むごく
혹사[hokʔsa ホクサ]名 酷使 하他 혹사하다[ホクサハダ]酷使する
혹시[hokʔʃi ホクシ]副 ①もしも;万一;仮に ②あるいは;もしかしたら 例 혹시 어디 편찮으신 건 아닐까요? [ホクシ オディ ピョンチャヌシン ゴン アニルッカヨ]もしかしてどこか具合がお悪いのではないでしょうか。関 혹시나[ホクシナ]副 もしや
혹시²[hokʔʃi ホクシ]副 ある時に;たまに
혹은[hogɯn ホグン]副 または;または;もしや
혹한[hokkʰan ホカン]名 酷寒;厳しい寒さ
혼[hon ホン]名 魂;精神;霊魂
혼나다[honnada ホンナダ]自 ①びっくり仰天する;驚く ②ひどく叱

혼내다 [honnɛda ホンネダ] 他 ひどい目に遭わせる

혼담 [hondam ホンダム] 名 縁談

혼동 [ho:ndoŋ ホーンドン] 名 混同 하他 혼동하다 [ホーンドンハダ] 混同する 되受動 혼동되다 [ホーンドンドゥェダ] 混同される

혼란 [ho:llan ホールラン] 名 混乱 하形 혼란하다 [ホールラナダ] 混乱している

혼례 [hollje ホルリェ] 名 婚礼 関 혼례식 [ホルリェシク] 名 結婚式

혼미 [honmi ホンミ] 名 昏迷 하形 혼미하다 [ホンミハダ] 昏迷している

혼백 [honbɛk ホンベク] 名 魂魄；霊魂

혼선 [ho:nsʌn ホーンソン] 名 混線 自 혼선되다 [ホーンソンドゥェダ] 混線する

혼수¹ [honsu ホンス] 名 昏睡 関 혼수상태 [ホンスサンテ] 名 昏睡状態 / 혼수상태에 빠지다 [ホンスサンテエ ッパージダ] 昏睡状態に陥る

혼수² [honsu ホンス] 名 結婚に際して必要な費用や結納の品

혼신 [ho:nʃin ホーンシン] 名 渾身

혼인 [honin ホニン] 名 婚姻 하自 혼인하다 [ホニナダ] 婚姻する 関 혼인 신고 [ホニン シンゴ] 名 婚姻届

혼자 [hondʒa ホンジャ] 名 ①独り；1人 ②《副詞的に》独りで；単独で 関 혼잣말 [ホンジャンマル] 名 独り言；独語 / 혼잣손 [ホンジャッソン] 名 独力

혼잡 [ho:ndʒap ホーンジャプ] 名 混雑 하形 혼잡하다 [ホーンジャパダ] 混雑している

혼탁 [ho:ntʰak ホーンタク] 名 混濁 하形 혼탁하다 [ホーンタカダ] 混濁している

혼합 [ho:nɦap ホーナプ] 名 混合 하自他 혼합하다 [ホーナパダ] 混合する；混ぜる

홀가분하다 [holgabunɦada ホルガブナダ] 形 『하変』①(気分などが)軽い；快い 例 일이 다 끝나서 기분이 홀가분하다. [イリ ター ックンナソ キブニ ホルガブネヨ] 仕事がみんな終わって気分がすっきりしました。②(1人なので)身軽だ；気楽だ ③(身なりが)軽快だ

홀로 [hollo ホルロ] 副 独りで；単独で

홀리다 [hollida ホルリダ] 自 惑わされる；誘惑される

홀몸 [holmom ホルモム] 名 独身

홀수 [holˀsu ホルス] 名 奇数 対 짝수 [ッチャクス]

홀아비 [horabi ホラビ] 名 男やもめ

홀어미 [horʌmi ホロミ] 名 後家；未亡人 類 과부 [クァブ] 名 寡婦；未亡人

홀쭉하다 [holˀtʃukkʰada ホルッチュカダ] 形 『하変』①(体が)ほっそりしている ②(病気や疲労などで)げっそりしている

홈¹ [hom ホム] 名 溝；切り込み

홈² [hom ホム] 名 ホーム 関 홈드라마 [ホムドゥラマ] 名 ホームドラマ / 홈런 [ホムロン] 名 ホームラン / 홈식 [ホムシク] 名 ホームシック

홍삼 [hoŋsam ホンサム] 名 紅蔘《高

麗人参の根を蒸して乾燥させたもの》

홍수 [hoŋsu ホンス] 名 洪水 関 홍수 경보 [ホンス キョーンボ] 名 洪水警報 / 홍수 예보 [ホンス イェーボ] 名 洪水予報

홍시 [hoŋʃi ホンシ] 名 熟して軟らかくなった柿

홍어 [hoŋo ホンオ] 名 ガンギエイ

홍일점 [hoŋilʔtʃʌm ホンイルッチョム] 名 紅一点

홍차 [hoŋtʃʰa ホンチャ] 名 紅茶

홑겹 [hotʔkjʌp ホッキョプ] 名 一重

홑이불 [honnibul ホンニブル] 名 一重の掛け布団

화¹ [hwa: フヮー] 名 怒り;憤り 例 화가 나서 도저히 참을 수가 없어요. [フヮーガ ナソ トジョヒ チャムル スガ オープソヨ] 頭に来てどうにも我慢できません。関 화가 나다 [フヮーガ ナダ] 怒る;腹が立つ / 화를 내다 [フヮールル ネダ] 腹を立てる

화² [hwa: フヮー] 名 災い

화가 [hwa:ga フヮーガ] 名 画家

화급하다 [hwa:guppʰada フヮーグパダ] 形〔하変〕火急だ 副 화급히 [フヮーグピ] 大急ぎで

화기 [hwa:gi フヮーギ] 名 ① 火気 ② 胸苦しいこと ③ 怒気

화나다 [hwa:nada フヮーナダ] 自 腹が立つ

화내다 [hwa:nɛda フヮーネダ] 自 腹を立てる

화단¹ [hwadan フヮダン] 名 花壇

화단² [hwa:dan フヮーダン] 名 画壇

화랑 [hwa:raŋ フヮーラン] 名 画廊

화려하다 [hwarjʌɦada フヮリョハダ] 形〔하変〕華麗だ;華やかだ;派手だ 例 옷이 너무 화려하지 않아요? [オシ ノム フヮリョハジ アナヨ] 服が派手すぎませんか。

화력 [hwa:rjʌk フヮーリョク] 名 火力 関 화력 발전 [フヮーリョク パルチョン] 名 火力発電

화로 [hwa:ro フヮーロ] 名 火鉢

화면 [hwa:mjʌn フヮーミョン] 名 画面

화목하다 [hwamokkʰada フヮモカダ] 形〔하変〕睦まじい;仲睦まじい;和やかだ

화문석 [hwamunsʌk フヮムンソク] 名 花ござ 類 꽃돗자리 [ッコットッチャリ]

화물 [hwa:mul フヮームル] 名 貨物 関 화물선 [フヮームルソン] 名 貨物船 / 화물 열차 [フヮームル ヨルチャ] 名 貨物列車 / 화물 자동차 [フヮームル チャドンチャ] 名 貨物自動車;トラック

화분 [hwabun フヮブン] 名 植木鉢

화사 [hwasa フヮサ] 名 華奢 하形 화사하다 [フヮサハダ] 華奢だ;派手で豪華だ

화산 [hwa:san フヮーサン] 名 火山 関 화산대 [フヮーサンデ] 名 火山帯 / 화산도 [フヮーサンド] 名 火山島

화살 [hwasal フヮサル] 名 矢 関 화살촉 [フヮサルチョク] 名 やじり / 화살표 [フヮサルピョ] 名 矢印

화상 [hwa:saŋ フヮーサン] 名 火傷 関 화상을 입다 [フヮーサンウル イプタ] 火傷を負う

화실 [hwa:ʃil フヮーシル] 名 画室;アトリエ

화염 [hwa:jɔm フワーヨム] 名 火炎；炎

화요일 [hwa:joil フワーヨイル] 名 火曜日

화원 [hwawɔn フワウォン] 名 花園

화음 [hwaum フワウム] 名 和音；ハーモニー

화이트 [hwaitʰɯ フワイトゥ] 名 ホワイト

화장¹ [hwadʒaŋ フワジャン] 名 化粧 例 요즘은 자연스러운 화장이 대세예요. [ヨジュムン チャヨンスロウン フワジャンイ テーセエヨ] この頃はナチュラルな化粧が流行りです。自他 화장하다 [フワジャンハダ] 化粧する 関 화장대 [フワジャンデ] 名 化粧台 / 화장 도구 [フワジャン トーグ] 名 化粧道具 / 화장비누 [フワジャンビヌ] 名 化粧せっけん / 화장수 [フワジャンス] 名 化粧水 / 화장지 [フワジャンジ] 名 トイレットペーパー / 화장품 [フワジャンプム] 名 化粧品

화장² [hwa:dʒaŋ フワージャン] 名 火葬 他 화장하다 [フワージャンハダ] 火葬する

화장실 [hwadʒaŋʃil フワジャンシル] 名 化粧室；トイレ 例 여기 화장실이 어디예요? [ヨギ フワジャンシリ オディエヨ] ここのトイレはどこですか。

화재 [hwa:dʒɛ フワージェ] 名 火災；火事 関 화재 경보기 [フワージェ キョーンボギ] 名 火災報知器 / 화재 보험 [フワージェ ポーホム] 名 火災保険

화제 [hwadʒe フワジェ] 名 話題

화창하다 [hwatʃʰaŋɦada フワチャンハダ] 形 《하変》 (気候や天気が) うららかだ；のどかだ

화초 [hwatʃʰo フワチョ] 名 草花

화촉 [hwatʃʰok フワチョク] 名 華燭 ① 美しく彩色したろうそく ② 結婚の美称 関 화촉지전 [フワチョクチジョン] 名 華燭の典

화투 [hwatʰu フワトゥ] 名 花札 自 화투하다 [フワトゥハダ] 花札をする 関 화투를 치다 [フワトゥルル チダ] 花札で遊ぶ

화폐 [hwa:pʰe フワーペ] 名 貨幣

화풀이 [hwa:pʰuri フワープリ] 名 腹いせ 自 화풀이하다 [フワープリハダ] 腹いせする；怒りや恨みを晴らす

화학 [hwa:ɦak フワーハク] 名 化学 関 화학 공업 [フワーハク コンオプ] 名 化学工業 / 화학 공학 [フワーハク コンハク] 名 化学工学 / 화학 섬유 [フワーハク ソミュ] 名 化学繊維；化繊 / 화학 조미료 [フワーハク チョミリョ] 名 化学調味料

화해 [hwaɦe フワヘ] 名 和解 自 화해하다 [フワヘハダ] 和解する；仲直りする

화환 [hwaɦwan フワフワン] 名 花輪

확고하다 [hwakˀkoɦada フワクコハダ] 形 《하変》 確固としている 副 확고히 [フワクコヒ] 確かに；しっかりと

확대 [hwakˀtɛ フワクテ] 名 拡大 他 확대하다 [フワクテハダ] 拡大する 関 확대경 [フワクテギョン] 名 拡大鏡；虫眼鏡 / 확대율 [フワクテユル] 名 拡大率

확률 [hwaŋnjul フワンニュル] 名 確率

확립

확립 [hwaŋnip フワンニプ] 名 確立 하타 확립하다 [フワンニパダ] 確立する 되수동 확립되다 [フワンニプトウェダ] 確立される

확보 [hwak͈po フワクポ] 名 確保 하타 확보하다 [フワクポハダ] 確保する

확산 [hwak͈san フワクサン] 名 拡散 하타 확산하다 [フワクサナダ] 拡散する 自 확산되다 [フワクサンドウェダ] 拡散する

확신 [hwak͈ɕin フワクシン] 名 確信 하타 확신하다 [フワクシナダ] 確信する

확실하다 [hwak͈ɕirhada フワクシラダ] 形 (하변) 確実だ 副 확실히 [フワクシリ] 確実に；確かに

확인 [hwagin フワギン] 名 確認 하타 확인하다 [フワギナダ] 確認する 되수동 확인되다 [フワギンドウェダ] 確認される

확장 [hwak͈tɕaŋ フワクチャン] 名 拡張 하타 확장하다 [フワクチャンハダ] 拡張する

확정 [hwak͈tɕʌŋ フワクチョン] 名 確定 하타 확정하다 [フワクチョンハダ] 確定する

환 [hwaːn フワーン] 名 為替

환각 [hwaːŋgak フワーンガク] 名 幻覚

환갑 [hwaːŋgap フワーンガプ] 名 還暦 類 회갑 [フェガプ] 関 환갑날 [フワーンガムナル] 還暦を迎える誕生日 / 환갑잔치 [フワーンガプチャンチ] 名 還暦祝い

환경 [hwaŋgjʌŋ フワンギョン] 名 環境 例 환경을 보호합시다. [フワンギョンウル ポホハプシダ] 環境を保護しましょう。 関 환경 위생 [フワンギョン ウィセン] 名 環境衛生 / 환경 정화 [フワンギョン チョンファ] 名 環境浄化

환기¹ [hwaːŋgi フワーンギ] 名 喚起 하타 환기하다 [フワーンギハダ] 喚起する

환기² [hwaːŋgi フワーンギ] 名 換気 하타 환기하다 [フワーンギハダ] 換気する

환불 [hwanbul フワンブル] 名 払い戻し 하타 환불하다 [フワンブラダ] 払い戻す

환산 [hwaːnsan フワーンサン] 名 換算 하타 환산하다 [フワーンサナダ] 換算する

환상 [hwaːnsaŋ フワーンサン] 名 幻想

환성 [hwaːnsʌŋ フワーンソン] 名 喚声

환송 [hwansoŋ フワンソン] 名 歓送 하타 환송하다 [フワンソンハダ] 歓送する 関 환송회 [フワンソンフェ] 名 歓送会；壮行会

환승 [hwaːnsɯŋ フワーンスン] 名 乗り換え 하자 환승하다 [フワーンスンハダ] 乗り換える

환심 [hwanɕim フワンシム] 名 歓心 関 환심을 사다 [フワンシムル サダ] 歓心を買う；機嫌を取る

환약 [hwanjak フワニャク] 名 丸薬

환영 [hwanjʌŋ フワニョン] 名 歓迎 하타 환영하다 [フワニョンハダ] 歓迎する 関 환영회 [フワニョンフェ] 名 歓迎会

환율 [hwaːnnjul フワーンニュル] 名 為替レート

환자 [hwaːndʑa フワーンジャ] 名 患

者 例 겨울철이 되면 감기 환자가 많아져서 병원이 붐벼요. [キョウル チョリ トゥエミョン カームギ フワーンジャガ マーナジョソ ピョーンウォニ プムビョヨ] 冬には風邪の患者が増えて病院が混みます。

환전 [hwa:ndʒɔn フワーンジョン] 名 換銭 하他 환전하다 [フワーンジョナダ] 両替する

환절기 [hwa:ndʒɔlgi フワーンジョルギ] 名 季節の変わり目

환하다 [hwa:nɦada フワーナダ] 形 『하変』① 明るい ② 見通しがいい ③ (中身が) 透けて見える 副 환히 [フワーニ] 明らかに；はっきりと；よく

환희 [hwanɦi フワニ] 名 歓喜

활 [hwal フワル] 名 ① 弓 ② (弦楽器の) 弓

활개 [hwalgɛ フワルゲ] 名 ① 広げた翼 ② 広げた両腕 関 활개를 젓다 [フワルゲルル チョッタ] (歩く時) 両手を大きく振る / 활개를 치다 [フワルゲルル チダ] ① 羽ばたく ② 大手を振って歩く；のさばる

활기 [hwalgi フワルギ] 名 活気

활동 [hwalʔtoŋ フワルトン] 名 活動 例 주말마다 봉사 활동을 가요. [チュマルマダ ポンサ フワルトンウル カヨ] 週末ごとにボランティア活動に行きます。하自 활동하다 [フワルトンハダ] 活動する 関 활동가 [フワルトンガ] 活動家 / 활동력 [フワルトンニョク] 活動力 / 활동성 [フワルトンッソン] 名 活動性 / 활동적 [フワルトンジョク] 名 活動的

활발 [hwalbal フワルバル] 名 活発 하形 활발하다 [フワルバラダ] 活発だ 例 성격이 활발해서 친구들이 많아요. [ソーンッキョギ フワルバレソ チングドゥリ マーナヨ] 性格が活発で友達が多いです。

활약 [hwarjak フワリャク] 名 活躍 하自 활약하다 [フワリャカダ] 活躍する

활용 [hwarjoŋ フワリョン] 名 活用 하他 활용하다 [フワリョンハダ] 活用する

활자 [hwalʔtʃa フワルチャ] 名 活字

활주로 [hwalʔtʃuro フワルチュロ] 名 滑走路

홧김 [hwa:tʔkim フワーッキム] 名 腹立ちまぎれ；腹いせ

황금 [hwaŋgum フワングム] 名 黄金 ① 金 ② 貨幣 ③ (ある事柄の) 全盛；絶頂 関 황금색 [フワングムセク] 名 黄金色 / 황금 시대 [フワングム シデ] 名 黄金時代；全盛期

황급하다 [hwaŋguppʰada フワングパダ] 形 『하変』慌てている 関 황급히 [フワングピ] 副 慌てて

황량 [hwaŋnjaŋ フワンニャン] 名 荒涼 하形 황량하다 [フワンニャンハダ] 荒涼としている

황막 [hwaŋmak フワンマク] 名 荒漠 하形 황막하다 [フワンマカダ] 荒漠としている

황새 [hwa:ŋsɛ フワーンセ] 名 コウノトリ

황색 [hwaŋsek フワンセク] 名 黄色

황소 [hwaŋso フワンソ] 名 黄牛 関 황소걸음 [フワンソゴルム] 名 牛歩

황송하다 [hwaŋsoŋɦada フワンソンハダ] 形 『하変』恐縮している；恐れ入っている

황야 [hwanja フワンヤ] 名 荒野
황제 [hwandʒe フワンジェ] 名 皇帝
황태자 [hwantʰedʒa フワンテジャ] 名 皇太子
황폐 [hwanpʰe フワンペ] 名 荒廃 下自 황폐하다 [フワンペハダ] 荒廃する 関 황폐화 [フワンペフワ] 名 荒廃化
황혼 [hwaɲɦon フワンホン] 名 黄昏 関 황혼 이혼 [フワンホン イホン] 名 熟年離婚
황홀하다 [hwaɲɦorɦada フワンホラダ] 形《하変》恍惚としている；うっとりする
횃불 [hwɛtʔpul フェップル] 名 松明
회¹ [hwe フェ] 名 回 依名 …回
회² [hwe: フェー] 名 刺し身；なます
회갑 [hwegap フェガプ] 名 還暦 類 환갑 [フワーンガプ]
회견 [hwe:gjɔn フェーギョン] 名 会見 下自 회견하다 [フェーギョナダ] 会見する
회계 [hwe:ge フェーゲ] 名 会計 下他 회계하다 [フェーゲハダ] 会計する 関 회계 감사 [フェーゲ カムサ] 名 会計監査 / 회계사 [フェーゲサ] 名 会計士 / 회계 연도 [フェーゲ ヨンド] 名 会計年度
회고¹ [hwego フェゴ] 名 回顧 下他 회고하다 [フェゴハダ] 回顧する 関 회고록 [フェゴロク] 名 回顧録
회고² [hwego フェゴ] 名 懐古 下自 회고하다 [フェゴハダ] 懐古する 関 회고담 [フェゴダム] 名 懐古談
회관 [hwe:gwan フェーグワン] 名 会館
회담 [hwe:dam フェーダム] 名 会談 下自 회담하다 [フェーダマダ] 会談する
회답 [hwedap フェダプ] 名 回答 下自 회답하다 [フェダパダ] 回答する
회복 [hwebok フェボク] 名 回復 下他 회복하다 [フェボカダ] 回復する
회비 [hwe:bi フェービ] 名 会費
회사 [hwe:sa フェーサ] 名 会社 例 다니던 회사를 그만두고 자기가 회사를 차린대요. [タニドン フェーサルル クマンドゥゴ チャギガ フェーサルル チャリンデヨ] 勤めていた会社を辞めて自分で会社を興すそうです。関 회사원 [フェーサウォン] 名 会社員
회상 [hwesaŋ フェサン] 名 回想 下他 회상하다 [フェサンハダ] 回想する
회색 [hwesɛk フェセク] 名 灰色
회수¹ [hwesu フェス] 名 回収 下他 회수하다 [フェスハダ] 回収する 被受動 회수되다 [フェスドゥェダ] 回収される
회수² [hwe:ʔsu フェス] 名 回数
회식 [hwe:ʃik フェーシク] 名 会食《職場での飲み会なども含む》下自 회식하다 [フェーシカダ] 会食する
회원 [hwe:wɔn フェーウォン] 名 会員 関 회원증 [フェーウォンッチュン] 名 会員証
회의 [hwe:i フェーイ] 名 会議 例 오후 2(두)시부터 회의를 시작하겠습니다. [オフ トゥーシブト フェーイルル シージャカゲッスムニダ] 午後2時から会議を始めます。下自 회의하다 [フェーイハダ] 会

議する 関 会議録[フェーイロク] 名 会議録 / 회의소[フェーイソ] 名 会議所

회장¹[hwe:dʒaŋ フェージャン] 名 会長

회장²[hwe:dʒaŋ フェージャン] 名 会場

회전[hwedʒon フェジョン] 名 回転 他自 회전하다[フェジョナダ] 回転する 関 회전 목마[フェジョンモンマ] 名 回転木馬；メリーゴーラウンド / 회전 무대[フェジョンムーデ] 名 回り舞台 / 회전문[フェジョンムン] 名 回転ドア

회초리[hwetʃʰori フェチョリ] 名 鞭

회피[hwepʰi フェピ] 名 回避 他 회피하다[フェピハダ] 回避する 関 회피부득[フェピプドゥク] 名 避けることができないこと

회화¹[hwe:ɦwa フェーフヮ] 名 会話 自 회화하다[フェーフヮハダ] 会話する 関 회화체[フェーフヮチェ] 名 会話体 / 일상 회화[イルサン フェーフヮ] 名 日常会話

회화²[hwe:ɦwa フェーフヮ] 名 絵画；絵

획¹[hwek フェク] 名 画；一筆で書いた線や点 関 획을 긋다[フェグル クッタ] 画する

획²[hwek フェク] 副 急に向きを直したり回したりする様子：くるっと；さっと；ぷいっと

획기적[hwekʼkidʒok フェクキジョク] 名 画期的

획득[hwekʼtuk フェクトゥク] 名 獲得 他 획득하다[フェクトゥカダ] 獲得する

횡단[hweŋdan フェンダン] 名 横断 他 횡단하다[フェンダナダ] 横断する 関 횡단보도[フェンダンボド] 名 横断歩道 / 횡단 비행[フェンダン ピヘン] 名 横断飛行

횡재[hweŋdʒe フェンジェ] 名 思いがけない財物を得ること；掘り出し物 自 횡재하다[フェンジェハダ] 思いがけない幸運に与る

효과[hjo:gwa ヒョーグヮ] 名 効果 例 이 약은 별 효과가 없는 것 같아요. [イ ヤグン ピョル ヒョーグヮガ オームヌン ゴッ カタヨ] この薬はあまり効果がないようです。 関 효과적[ヒョーグヮジョク] 名 効果的

효녀[hjo:njo ヒョーニョ] 名 孝行娘

효능[hjo:nuŋ ヒョーヌン] 名 効能

효도[hjo:do ヒョード] 名 孝行 自 효도하다[ヒョードハダ] 孝行する

효력[hjo:rjok ヒョーリョク] 名 効力

효성[hjo:soŋ ヒョーソン] 名 真心尽くして孝行すること，またその真心

효소[hjo:so ヒョーソ] 名 酵素

효시[hjo:ʃi ヒョシ] 名 嚆矢 ①かぶら矢 ②物事の最初

효용[hjo:joŋ ヒョーヨン] 名 効用

효자[hjo:dʒa ヒョージャ] 名 親孝行な子

후[hu: フー] 名 ①後；あと 例 식사 후에 시내로 나갑시다. [シクサ フーエ シーネロ ナガプシダ] 食事の後に市内に出掛けましょう。 ②《動詞の過去連体形に付いて》…した後 例 음식을 먹은 후부터 배가 아파요. [ウームシグル モグン フーブト ペガ アパヨ] 料理を食べた後からおなかが痛いです。

후견인 [huːgjɔnin フーギョニン] 名 後見人

후계자 [huːgedʒa フーゲジャ] 名 後継者

후기 [huːgi フーギ] 名 後記

후년 [huːnjɔn フーニョン] 名 後年 ① 再来年；明後年 ② 後世

후덥지근하다 [hudɔpˀtʃigɯnɦada フドプチグナダ] 形 〖하変〗蒸し暑い；むしむしする 類 후텁지근하다 [フトプチグナダ]

후대 [huːde フーデ] 名 厚遇 하他 후대하다 [フデハダ] 厚遇する

후련하다 [hurjɔnɦada フリョナダ] 形 〖하変〗(不安などがなくなって) すっきりしている；さっぱりしている；せいせいしている

후렴 [huːrjɔm フーリョム] 名 リフレイン

후리다 [hurida フリダ] 他 ①(拳などを)振り回して殴る ②ひったくる ③だまし取る

후문[1] [huːmun フームン] 名 裏門

후문[2] [huːmun フームン] 名 後日の噂や評判

후미지다 [humidʒida フミジダ] 形 (山道や入り江などが)深くはいりこんでいる；奥まっている

후반 [huːban フーバン] 名 後半 関 후반기 [フーバンギ] 名 後半期 / 후반부 [フーバンブ] 名 後半部

후배 [huːbɛ フーベ] 名 後輩

후보 [hubo フボ] 名 候補 関 후보생 [フボセン] 名 候補生 / 후보자 [フボジャ] 名 候補者 / 후보작 [フボジャク] 名 候補作 / 후보지 [フボジ] 名 候補地

후불 [huːbul フーブル] 名 後払い 하他 후불하다 [フーブルダ] 後払いする

후비다 [hubida フビダ] 他 ほじくる；ほじる

후생 [huːsɛŋ フーセン] 名 厚生

후원 [huːwɔn フーウォン] 名 後援 하他 후원하다 [フーウォナダ] 後援する 関 후원자 [フーウォンジャ] 名 後援者 / 후원회 [フーウォヌェ] 名 後援会

후진[1] [huːdʒin フージン] 名 後陣

후진[2] [huːdʒin フージン] 名 後進 하自 후진하다 [フージナダ] 後進する

후추 [hutʃʰu フチュ] 名 胡椒

후퇴 [hutʰwe フートゥェ] 名 後退 하自 후퇴하다 [フートゥェハダ] 後退する

후하다 [huːɦada フーハダ] 形 〖하変〗①(厚さが)厚い ②情け深い ③(待遇などが)手厚い ④寛大だ；甘い 副 후히 [フーヒ] 手厚く

후회 [huːɦwe フーフェ] 名 後悔 하他 후회하다 [フーフェハダ] 後悔する

훈계 [huːnge フーンゲ] 名 訓戒 하他 훈계하다 [フーンゲハダ] 訓戒する

훈련 [huːlljɔn フールリョン] 名 訓練；トレーニング 하他 훈련하다 [フールリョナダ] 訓練する 関 훈련소 [フールリョンソ] 名 訓練所

훈민정음 [huːnmindʒɔːŋɯm フーンミンジョーヌム] 名 訓民正音《朝鮮王朝第4代王世宗が創製した文字の名称：ハングル》

훈장 [hundʒaŋ フンジャン] 名 勲章

훈제 [hundʒe フンジェ] 名 燻製 하他 훈제하다 [フンジェハダ] 燻

製にする 関 훈제품[フンジェプム] 名 燻製品

훈훈하다 [hunɸunɸiada フヌナダ] 形 《하変》(気温が)ほどよく暖かい; ぽかぽかしている 副 훈훈히[フヌニ] 暖かく;ぽかぽかと

훌륭하다 [hulljunɸiada フルリュンハダ] 形 《하変》 立派だ;優れている、素晴らしい 例 훌륭한 사람은 뭐가 달라도 달라요. [フルリュンハン サーラムン ムォーガ タルラド タルラヨ] 優れた人は、やはり何か違うものです。

훑다 [hul²ta フルタ] 他 ① しごく ② (皮などを)削ぐ

훑어보다 [hulthɔboda フルトボダ] 他 ① じろじろ見る;くまなく見る ② ざっと目を通す

훔치다¹ [humtɕhida フムチダ] 他 拭く;ぬぐう

훔치다² [humtɕhida フムチダ] 他 盗む

훗날 [huːnnal フーンナル] 名 次の日;後日

훤하다 [hwɔnɸiada フォーナダ] 形 《하変》① ほんのりと明るい ② 開けている ③ (物事に)精通している;明るい

훨씬 [hwɔlɕʑin フォルッシン] 副 遥かに;ずっと 例 시장이 백화점보다 훨씬 싸요. [シジャンイ ペクァジョムボダ フォルッシン ッサヨ] 市場の方がデパートよりずっと安いです。

훨훨 [hwɔːrɸwɔl フォールォル] 副 大きな鳥がゆっくりと飛ぶ様子やチョウが飛ぶ様子:ふわりふわり;ゆうゆうと;ひらひら

훼방 [hwe:baŋ フェーバン] 名 そしり 하他 훼방하다 [フェーバンハダ] そしる

훼손 [hwe:son フェーソン] 名 毀損 하自他 훼손하다 [フェーソナダ] 毀損する

휘감다 [hwigam²ta フィガムタ] 他 巻く;巻き付ける

휘날리다 [hwinallida フィナルリダ] 自 翻る;(風に)なびく

휘다 [hwida フィダ] 他 曲げる;たわませる

휘두르다 [hwiduruda フィドゥルダ] 他 《르変:휘둘러 フィドゥルロ》① (棒や刀などを)振り回す ② (熱弁・健筆などを)振るう

휘발유 [hwiballju フィバルリュ] 名 揮発油;ガソリン

휘청거리다 [hwitɕhɔŋgɔrida フィチョンゴリダ] 自 ふらつく;よろめく

휘파람 [hwipharam フィパラム] 名 口笛

휩싸다 [hwip²sada フィプッサダ] 他 包む;覆う;取り囲む

휩싸이다 [hwip²saida フィプッサイダ] 受動 包まれる;覆われる

휩쓸다 [hwip²sulda フィプッスルダ] 他 《ㄹ語幹:휩쓰는 フィプッスヌン》① 荒らす ② (台風などが)襲う

휩쓸리다 [hwip²sullida フィプッスルリダ] 受動 荒らされる;(嵐などに)襲われる;巻き込まれる

휴가 [hjuga ヒュガ] 名 休暇;休み 例 이번 여름휴가 때 서울에 여행을 가려고 해요. [イボン ヨルムヒュガッテ ソウレ ヨヘンウル カリョゴ ヘヨ] 今度の夏休みにソウルに旅行に行こうと思います。

휴게 [hjuge ヒュゲ] 名 休憩 하자 휴게하다 [ヒュゲハダ] 休憩する 関 휴게소 [ヒュゲソ] 名 休憩所 / 휴게실 [ヒュゲシル] 名 休憩室

휴대 [hjude ヒュデ] 名 携帯 하타 휴대하다 [ヒュデハダ] 携帯する 関 휴대품 [ヒューデプム] 名 携帯品 / 휴대폰 [ヒューデポン] 名 携帯電話

휴식 [hjuɕik ヒュシク] 名 休息 하자 휴식하다 [ヒュシカダ] 休息する

휴업 [hjuɔp ヒュオプ] 名 休業 하자 휴업하다 [ヒュオパダ] 休業する

휴일 [hjuil ヒュイル] 名 休日 例 이번 휴일에는 대청소를 할까 해요. [イボン ヒュイレヌン テーチョンソルル ハルッカ ヘヨ] 今度の休日は大掃除をしようかと思います。

휴전 [hjudʑɔn ヒュジョン] 名 休戦 하자 휴전하다 [ヒュジョナダ] 休戦する 関 휴전선 [ヒュジョンソン] 名 休戦ライン

휴지 [hjudʑi ヒュジ] 名 ①ちり紙; ティッシュ 例 휴지를 함부로 버리지 마세요. [ヒュジルル ハムブロ ポリジ マセヨ] ちり紙をやたらに捨てないでください。②紙くず

휴지통 [hjudʑitʰoŋ ヒュジトン] 名 ごみ箱 例 휴지통이 꽉 찼어요. 치워 주세요. [ヒュジトンイ ックヮク チャッソヨ チウォ ジュセヨ] ごみ箱が一杯です。片付けてください。

휴학 [hjuɦak ヒュハク] 名 休学 하자 휴학하다 [ヒュハカダ] 休学する

흉 [hjuŋ ヒュン] 名 ①傷跡 ②欠点 関 흉을 보다 [ヒュンウル ポダ] 悪口を言う; 欠点をあげつらう / 흉을 잡다 [ヒュンウル チャプタ] けちをつける

흉내 [hjuŋne ヒュンネ] 名 真似; 模倣 関 흉내를 내다 [ヒュンネルル ネダ] 真似る

흉년 [hjuŋnjɔn ヒュンニョン] 名 凶年

흉터 [hjuŋtʰɔ ヒュント] 名 傷跡

흉하다 [hjuŋɦada ヒュンハダ] 形 『ㅎ変』①不吉だ ②(顔付きや態度が)見苦しい

흐느끼다 [hunɯk͈ida フヌッキダ] 自 むせび泣く; すすり泣く

흐려지다 [hurjɔdʑida フリョジダ] 自 曇る; 濁る; ぼける

흐르다 [hurɯda フルダ] 自 『르変: 흘러 フルロ』①(物体・液体・音が)流れる 例 깨끗한 강물이 흐르고 있어요. [ッケックッタン カンムリ フルゴ イッソヨ] きれいな河の水が流れています。②(時間が)経つ 例 시간이 흐르면 상처도 아물 거예요. [シガニ フルミョン サンチョド アムル コエヨ] 時間が経てば傷も癒えるでしょう。③(ある方向に)傾く

흐리다 [hurida フリダ] 他 濁らす; ぼかす 形 濁っている; 曇っている; ぼんやりしている

흐릿하다 [huritʰada フリタダ] 形 『ㅎ変』ぼやけている; かすんでいる

흐뭇하다 [humutʰada フムタダ] 形 『ㅎ変』満足だ; ほほえましい 副 흐뭇이 [フムシ] 満足げに; ほほえましく

흐지부지 [hudʑibudʑi フジブジ] 副 うやむやに; 曖昧に 하타 흐지부지하다 [フジブジハダ] うやむや

にする 自 흐지부지되다 [フジブジドゥエダ] うやむやになる

흐트러뜨리다 [hɯtʰɯrɔʔtɯrida フトゥロットゥリダ] 他 散らかす；撒き散らす

흐트러지다 [hɯtʰɯrɔdʒida フトゥロジダ] 自 ① 乱れる ② 散らばる ③ ほつれる

흑막 [hɯŋmak フンマク] 名 ① 黒幕 ② 内幕；内情

흑맥주 [hɯŋmekʔtʃu フンメクチュ] 名 黒ビール

흑백 [hɯkʔpek フクペク] 名 ① 黒幕 ② 黒白 関 흑백 사진 [フクペク サジン] 名 白黒写真 / 흑백 영화 [フクペン ニョンフワ] 名 白黒映画

흑심 [hɯkʔʃim フクシム] 名 腹黒い心；邪悪な心

흑자 [hɯkʔtʃa フクチャ] 名 黒字 対 적자 [チョクチャ]

흔들다 [hɯndɯlda フンドゥルダ] 他 《ㄹ語幹：흔드는 フンドゥヌン》 ① 揺する；揺さぶる ② (心や状態を)揺り動かす 例 그 사람의 한마디가 제 마음을 흔들어 놨어요. [ク サラメ ハンマディガ チェ マウムル フンドゥロ ノワッソヨ] その人の一言が私の心を揺り動かしました。③ 振る

흔들리다 [hɯndɯllida フンドゥルリダ] 自 ① 揺れる；揺れ動く 例 기류가 불안정해서 비행기가 많이 흔들렸어요. [キリュガ プランジョンヘソ ピヘンギガ マーニ フンドゥルリョッソヨ] 気流が不安定で飛行機がとても揺れました。② (風に)震える；ちらつく；そよぐ ③ ぐらつく；揺らぐ

흔적 [hɯndʒɔk フンジョク] 名 痕跡；跡；名残

흔하다 [hɯnɦada フナダ] 形 《ㅎ変》 ありふれている；多い 副 흔히 [フニ] よく；多く

흘기다 [hɯlgida フルギダ] 他 横目でにらむ

흘리다 [hɯllida フルリダ] 他 ① (液体などを)流す；こぼす；たらす 例 그저 눈물만 뚝뚝 흘렸어요. [クジョ ヌンムルマン ットゥクットゥク フルリョッソヨ] ただ涙ばかりぽろぽろこぼしました。② 失う；落とす 例 자주 물건을 흘리고 다녀서 걱정이에요. [チャジュ ムルゴヌル フルリゴ タニョソ コクチョンイエヨ] しょっちゅう物を失くして心配です。③ 聞き流す 例 그 사람 말은 한 귀로 듣고 한 귀로 흘려 버리세요. [ク サーラム マールン ハン グィロ トゥッコ ハン グィロ フルリョ ボリセヨ] その人の話は右から左へ聞き流してください。

흙 [hɯk フク] 名 土

흙탕물 [hɯktʰaŋmul フクタンムル] 名 ① 泥水 ② 濁流；濁浪

흙투성이 [hɯktʰusɔŋi フクトゥソンイ] 名 泥だらけ；泥まみれ

흠 [hɯːm フーム] 名 ① (体の)傷；傷跡 ② (品物の)疵 ③ 欠点；短所

흠칫 [hɯmtʃʰit フムチッ] 副 驚いたりして、肩をすくめるさま：ぴくっと；びくっと 下自 흠칫하다 [フームチタダ] びくっとする

흡사 [hɯpʔsa フプサ] 副 あたかも；まるで 下形 흡사하다 [フプサハダ] 似ている

흡수[hɯpʔsu フプス] 名 吸収 하他 흡수하다[フプスハダ] 吸収する

흡족[hɯpʔtʃok フプチョク] 名 満足 하形 흡족하다[フプチョカダ] 満足する 関 흡족히[フプチョキ] 副 満足に

흥[hɯːŋ フーン] 名 興；面白く思うこと

흥겹다[hɯːŋgjəpʔta フーンギョプタ] 形《ㅂ変：흥겨워/흥겨운 フーンギョウォ/フーンギョウン》楽しい；浮き浮きしている

흥나다[hɯːŋnada フーンナダ] 自 興に乗る；愉快になる

흥미[hɯːŋmi フーンミ] 名 興味 関 흥미진진[フンミジンジン] 名 興味津々 / 흥미 본위[フーンミ ポニィ] 名 興味本位

흥부전[hɯŋbudʒən フンブジョン] 名『興夫伝』《朝鮮時代中期の小説の1つ》

흥분[hɯŋbun フンブン] 名 興奮 하自 흥분하다[フンブナダ] 興奮する

흥얼거리다[hɯŋəlgərida フンオルゴリダ] 自他 ①鼻歌を歌う ②小声で独り言を言う

흥정[hɯŋdʒəŋ フンジョン] 名 掛け引き 하他 흥정하다[フンジョンハダ] 掛け引きする

흥하다[hɯŋɦada フンハダ] 自《하変》①(国が) 興る ②繁盛する；栄える

흩날리다[hɯnnallida フンナルリダ] 自(落ち葉などが) 舞い散る 他 飛ばす

흩어지다[hɯtʰədʒida フトジダ] 自 ①散らばる；ばらばらになる；散る ②(整ったものが) 乱れる

희극[higɯk ヒグク] 名 喜劇

희다[hida ヒダ] 形 白い 例 흰 옷이 참 잘 어울리세요. [ヒン オシ チャム チャル オウルリセヨ] 白い服が本当によくお似合いです。

희롱[hiroŋ ヒロン] 名 からかうこと；冷やかすこと；もてあそぶこと 하自他 희롱하다[ヒロンハダ] ①からかう；冷やかす；もてあそぶ ②(男女が) いちゃつく；戯れる

희망[himaŋ ヒマン] 名 希望；可能性；望み 例 끝까지 희망을 버리지 마세요. [ックッカジ ヒマンウル ポリジ マーセヨ] 最後まで希望を捨てないでください。 하他 희망하다[ヒマンハダ] 希望する

희미하다[himiɦada ヒミハダ] 形《하変》かすかだ；ぼんやりしている

희박하다[hibakkʰada ヒバカダ] 形《하変》希薄だ；薄い

희보[hibo ヒボ] 名 朗報

희비[hibi ヒビ] 名 喜悲；悲喜 関 희비극[ヒビグク] 名 悲喜劇 / 희비애락[ヒビエラク] 名 悲喜哀楽

희색[hisɛk ヒセク] 名 喜色 関 희색만면[ヒセンマンミョン] 名 喜色満面

희생[hiseŋ ヒセン] 名 犠牲 하他 희생하다[ヒセンハダ] 犠牲にする 自 희생되다[ヒセンドゥェダ] 犠牲になる 関 희생물[ヒセンムル] いけにえ / 희생자[ヒセンジャ] 名 犠牲者

희소[hiso ヒソ] 名 希少；稀少 하形 희소하다[ヒソハダ] 希少だ 関 희

힘차다

소가치 [ヒソガチ] 名 希少価値

희소식 [hisoʃik ヒソシク] 名 吉報；朗報

희수 [hisu ヒス] 名 喜寿

희한하다 [hiɸianɦada ヒアナダ] 形 《하変》非常にまれだ；珍しい；変わっている

흰곰 [hingom ヒンゴム] 名 シロクマ

흰색 [hinsek ヒンセク] 名 白；白色 類 하얀색 [ハヤンセク]

흰자위 [hindʒawi ヒンジャウィ] 名 ①白身；卵白 ②白目

히죽 [hidʒuk ヒジュク] 副 満足げに笑うさま：にたりと；にやりと 関 히죽거리다 [ヒジュクコリダ] 自 にやにや笑う／히죽이 [ヒジュギ] 副 にっと；にたりと／히죽히죽 [ヒジュキジュク] 副 にたにた；にやにや

히터 [hi:tʰʰo ヒート] 名 ヒーター

히트 [hitʰɯ ヒトゥ] 名 ヒット 하自 히트하다 [ヒトゥハダ] ヒットする 関 히트송 [ヒトゥソン] 名 ヒットソング

힌트 [hintʰɯ ヒントゥ] 名 ヒント

힐끔 [hilʔkɯm ヒルックム] 副 ちらっと

힘 [him ヒム] 名 ①(人・動物の)力；体力 例 정말 힘이 세네요. [チョーンマル ヒミ セネヨ] 本当に力が強いですね。②能力；力量 ③権力 ④助力；尽力 例 힘이 닿는 데까지 도와 드리겠습니다. [ヒミ タンヌン デッカジ トワ ドゥリゲッスムニダ] 力の及ぶ限りお手伝いします。⑤(圧力・動力など物理的な働き)力 ⑥暴力；腕力 関 힘에 겹다 [ヒメ ギョプタ] 力に余る／힘을 내다 [ヒムル ネダ] 力を出す；元気を出す／힘을 쓰다 [ヒムル ッスダ] ①力を出す ②努力する；精を出す；尽力する／힘을 입다 [ヒムル イプタ] 助けを受ける／힘을 주다 [ヒムル チュダ] ①力を入れる；力を込める ②強調する／힘이 나다 [ヒミ ナダ] 力が出る；元気が出る／힘이 닿다 [ヒミ タッタ] 力が及ぶ／힘이 들다 [ヒミ トゥルダ] ①力が要る ②大変だ；難しい；つらい ③苦労する／힘이 세다 [ヒミ セダ] 力が強い／힘이 없다 [ヒミ オープタ] ①力がない ②能力がない／힘이 있다 [ヒミ イッタ] ①力がある ②能力がある

힘겹다 [himgjəpʔta ヒムギョプタ] 形 《ㅂ変：힘겨워／힘겨운 ヒムギョウォ／ヒムギョウン》力に余る

힘껏 [himʔkət ヒムッコッ] 副 力いっぱい；力の限り；精いっぱい

힘들다 [himdɯlda ヒムドゥルダ] 自 《ㄹ語幹：힘드는 ヒムドゥヌン》①(肉体的に)力が要る ②難しい；手に負えない；大変だ；つらい 例 너무 힘들어서 더 이상 못 하겠어요. [ノム ヒムドゥロソ イーサン モーッ タゲッソヨ] あまりにつらくてこれ以上できそうもありません。③苦労する

힘들이다 [himdɯrida ヒムドゥリダ] 自 力を傾ける；苦心する

힘없다 [himəpʔta ヒモプタ] 存 ⇒ 힘이 없다 [ヒミ オプタ] 関 힘없이 [ヒモプシ] 副 力なく；元気なく

힘줄 [himʔtʃul ヒムチュル] 名 腱；筋

힘차다 [himtʃʰada ヒムチャダ] 形 とても力強い

付録

付録

文字と発音、発音の変化および数詞

I 文字と発音

1. 母音

(1) 基本母音

- ト [a]　日本語の「ア」とほぼ同じ音
- ト [ja]　口を少し大きく開けて「ヤ」と発音
- ㅓ [ɔ]　口を大きく開けて「オ」と発音
- ㅕ [jɔ]　口を少し大きく開けて「ヨ」と発音
- ㅗ [o]　口を丸くすぼめ、突き出すようにして「オ」と発音
- ㅛ [jo]　口を丸くすぼめ、突き出すようにして「ヨ」と発音
- ㅜ [u]　口を丸くすぼめ、突き出すようにして「ウ」と発音
- ㅠ [ju]　口を丸くすぼめ、突き出すようにして「ユ」と発音
- ー [ɯ]　口角を左右に引き、「ウ」と発音
- ㅣ [i]　日本語の「イ」とほぼ同じ音

(2) 合成母音

- ㅐ [ɛ]　日本語の「エ」より少し口を大きく開けて「エ」と発音*1
- ㅒ [jɛ]　口を少し大きく開けて「イェ」と発音
- ㅔ [e]　日本語の「エ」と同じように発音*1
- ㅖ [je]　日本語の「イェ」と同じように発音*2
- ㅘ [wa]　日本語の「ワ」と同じように発音
- ㅝ [wɔ]　日本語の「ウォ」と同じように発音
- ㅙ [wɛ]　口をやや大きく開けて「ウェ」と発音*3
- ㅚ [we]　口を丸くすぼめ、突き出すようにして「ウェ」と発音*3
- ㅞ [we]　口を丸くすぼめ、突き出すようにして「ウェ」と発音*3
- ㅟ [wi]　口を丸くすぼめ、突き出すようにして「ウィ」と発音
- ㅢ [ɯi]　口角を左右に引くようにして「ウイ」と発音*4

*1：ㅐ [ɛ] とㅔ [e] は現代韓国語においてはほとんど区別せず [e] で発音される。*2：예 [je] は、母音の場合や子音のㄹと組み合わさった場合は [je] と発音し、子音と組み合わさった場合には [e] と発音してもよい。なお例については [rje] ではなく [re] としている辞書もあるが、本書では正書法に基づき [rje] とした。*3：ㅙ [wɛ]、ㅚ [we]、ㅞ [we] は、現代韓国語ではほとんど区別せず [we] で発音される。*4：의 [ɯi] は、単語の語頭に来た時は [ɯi] と発音し、語中の場合は [i] で発音する。また助詞「~の」として使われる時は、[e] で発音する。

996

2. 子音
(1) 子音の名称

ㄱ 기역 [キヨク]	ㅅ 쌍시옷 [ッサンシオッ]
ㄲ 쌍기역 [ッサンギヨク]	ㅇ 이응 [イウン]
ㄴ 니은 [ニウン]	ㅈ 지읒 [チウッ]
ㄷ 디귿 [ティグッ]	ㅉ 쌍지읒 [ッサンジウッ]
ㄸ 쌍디귿 [ッサンディグッ]	ㅊ 치읓 [チウッ]
ㄹ 리을 [リウル]	ㅋ 키읔 [キウク]
ㅁ 미음 [ミウム]	ㅌ 티읕 [ティウッ]
ㅂ 비읍 [ピウプ]	ㅍ 피읖 [ピウプ]
ㅃ 쌍비읍 [ッサンビウプ]	ㅎ 히읗 [ヒウッ]
ㅅ 시옷 [シオッ]	

(2) 子音の発音

平音

　ㄱ 가 [ka カ] 　日本語のカとほぼ同じ, 語中ではガ
　ㄴ 나 [na ナ] 　日本語のナとほぼ同じ
　ㄷ 다 [ta タ] 　日本語のタとほぼ同じ, 語中ではダ
　ㄹ 라 [ra ラ] 　日本語のラとほぼ同じ
　ㅁ 마 [ma マ] 　日本語のマとほぼ同じ
　ㅂ 바 [pa パ] 　日本語のパとほぼ同じ, 語中ではバ
　ㅅ 사 [sa サ] 　日本語のサと同じ, 語中でも濁らない
　ㅇ 아 [a ア] 　　日本語のアとほぼ同じ, 母音を表し子音の「ㅇ」に音はない
　ㅈ 자 [tʃa チャ] 日本語のチャと同じ, 語中ではジャ

激音(語中でも濁らない)

　ㅊ 차 [tʃʰa チャ] 息を強く出してチャと発音
　ㅋ 카 [kʰa カ] 　息を強く出してカと発音
　ㅌ 타 [tʰa タ] 　息を強く出してタと発音
　ㅍ 파 [pʰa パ] 　息を強く出してパと発音
　ㅎ 하 [ha ハ] 　日本語のハとほぼ同じ

濃音(語中でも濁らない)

　ㄲ 까 [ʔka ッカ] 「はっか」の「か」のように詰まった感じでカと発音

ㄸ	따 [²ta ッタ]	「やった」の「た」のように詰まった感じでタと発音
ㅃ	빠 [²pa ッパ]	「ラッパ」の「パ」のように詰まった感じでパと発音
ㅆ	싸 [²sa ッサ]	「あっさり」の「さ」のように詰まっ感じでサと発音
ㅉ	짜 [²tʃa ッチャ]	「抹茶」の「ちゃ」のように詰まった感じでチャと発音

3. パッチム(終声)

(1) パッチムの種類

パッチムとは「子音+母音+子音」という組み合わせの文字の最後の子音字のことである。

パッチムになる子音字は 27 種類あるが, 発音は下の表の 7 種類に分かれる。パッチムの中で 2 つの子音字からなる二重パッチムは, どちらの子音字を発音するかは基本的に決まっているが, 後ろに来る文字によって両方読む場合*¹ や例外*² もある。

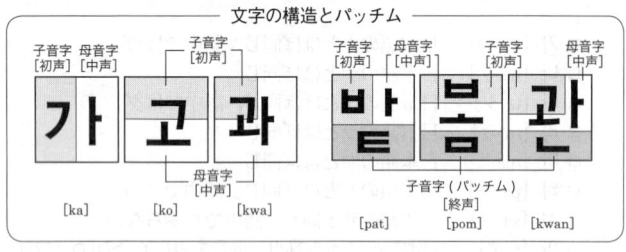

―――――――― 文字の構造とパッチム ――――――――

子音字[初声] 母音字[中声] 子音字[初声] 子音字[初声] 母音字[中声] 子音字[初声] 母音字[中声] 子音字[初声] 母音字[中声]

가 고 과 밭 봄 관

母音字[中声] 子音字(パッチム)[終声]

[ka] [ko] [kwa] [pat] [pom] [kwan]

パッチムの種類と発音

発音	パッチムの種類
ㄱ [k ク]	ㄱ ㅋ ㄲ ㄳ ㄺ
ㄷ [t ッ]	ㄷ ㅌ ㅅ ㅆ ㅈ ㅊ ㅎ
ㅂ [p プ]	ㅂ ㅍ ㅄ ㄼ ㄿ
ㄹ [l ル]	ㄹ ㄼ ㄽ ㄾ ㅀ
ㅁ [m ム]	ㅁ ㄻ
ㄴ [n ン]	ㄴ ㄵ ㄶ
ㅇ [ŋ ン]	ㅇ

(2) パッチムの発音

[k]「ハッカ [hakka]」と言おうとして「ハッ [hak]」と途中で止めた時の音。

[t]「勝った [katta]」と言おうとして「カッ [kat]」と途中で舌先を歯と歯ぐきに付けて止めた時の音。

[p]「葉っぱ [happa]」と言おうとして「ハッ [hap]」と途中で口を閉じた時の音。

[l] 日本語にない音。英語の [ℓ] よりは舌先をより後ろに引いて発音。
[m]「3枚 [sammai]」と言う時の「ん [m]」の音。口を閉じた時の音。

[n] 「3代 [sandai]」と言う時の「ん [n]」の音。舌先を歯と歯ぐきに付ける。

[ŋ] 「3階 [saŋgai]」と言う時の「ん [ŋ]」の音。口を開け、鼻で音を響かせる。

* 1：젊은이 [チョルムニ] (若者) などがこれに当たる。
* 2：ㄼは通常、[ㄹ] の音を読むが、밟다 (踏む) だけは例外的に [ㅂ] の音を読む。

II 発音の変化

1. 有声音化（濁音化）

平音の「ㄱ, ㄷ, ㅂ, ㅈ」は語頭に来た場合は、そのまま [k] [t] [p] [tʃ] で発音し、母音に挟まれたり、前にパッチムの「ㄴ, ㄹ, ㅁ, ㅇ」がある場合には、それぞれ [g] [d] [b] [dʒ] の音で濁って発音する。

*以下カギカッコは実際の発音を示す。

考古 고고 [kogo]　　　夫婦 부부 [pubu]　　　訂正 정정 [tʃɔndʒɔŋ]

2. 連音化

パッチムの後に母音が続いた場合、パッチムを母音と結び付け、平音の「ㄱ, ㄷ, ㅂ, ㅈ」だった場合には濁音化させて発音する。また二重パッチムの場合は、左側はパッチムとして、右側は母音と結び付けて発音する。

国語 국어 [クゴ 구거]　　人は 사람은 [サラムン 사라믄]　　若者 젊은이 [チョルムニ 절므니]

3. 激音化

「ㅎ」と平音の「ㄱ, ㄷ, ㅂ, ㅈ」が隣り合った場合は、その平音は激音化してそれぞれ「ㄱ → ㅋ」「ㄷ → ㅌ」「ㅂ → ㅍ」「ㅈ → ㅊ」の音で発音。また「ㄷ」音で発音されるパッチムの「ㅅ」も「ㅌ」で発音する。

役割 역할 [ヨカル 여칼]　　　　　　できない 못하다 [モタダ 모타다] *1
入学 입학 [イパ 이팍]　　　　　　そのように 그렇게 [クロケ 그러케] *1
忘れられる 잊히다 [イチダ 이치다]　　よい 좋다 [チョタ 조타] *1
多い 많다 [マンタ 만타] *2

* 1：発音の変化を簡易に示したため、本文の読みガナとは多少表記が異なる。
* 2：二重パッチムなので最初は左側の「ㄴ」を発音し、なおかつ右側の「ㅎ」は後続の子音「ㄷ」と結び付いて激音化して発音している。

4. ㅎの弱音化

パッチム「ㄴ, ㄹ, ㅁ, ㅇ」の直後に「ㅎ」が続いた場合や, 母音が後続した場合パッチムの「ㅎ」の音は弱くなりほとんど発音しなくてもよい。

電話 전화 [저놔]　　　　　言う 말하다 [마라다]
暗号 암호 [아모]　　　　　お元気に 안녕히 [안녕이]
いいです 좋아요 [조아요]

5. 濃音化

[k] [t] [p] で発音するパッチムの後に平音の「ㄱ, ㄷ, ㅂ, ㅅ, ㅈ」が続いた場合, その音は濃音として発音する。なお, この場合の [t] で発音するパッチムとは, パッチムの「ㅎ」以外のものである。

学校 학교 [학꾜]　　　　入団 입단 [입딴]
ある 있다 [읻따]　　　　楽譜 악보 [악뽀]
入社 입사 [입싸]　　　　雑誌 잡지 [잡찌]

6. その他の濃音化

上記のほかに漢字語で,「ㄹ」パッチムの後に「ㄱ, ㄷ, ㅅ, ㅈ」が続いた場合, 濃音化させて発音する場合がある。このほかにも「科(과)」「点(점)」のように漢字語の中には濃音化させて, 発音することが多いものがいくつかある。

鉄道 철도 [철또]　　　　発展 발전 [발쩐]
産科 산과 [산꽈]　　　　減点 감점 [감쩜]

7. 流音化

パッチムとそれに続く子音の並び方が,「ㄹ」「ㄴ」もしくは,「ㄴ」「ㄹ」の場合, それらは「ㄹ」「ㄹ」で発音する。

新羅 신라 [실라]　　　　1年 일년 [일련]

8. 鼻音化

[k] [t] [p] で発音するパッチムの後に子音の「ㄴ, ㅁ」が続いた場合,

そのパッチムを鼻音化させて「ㄱ [k]」→「ㅇ [ŋ]」,「ㄷ [t]」→「ㄴ [n]」,「ㅂ [p]」→「ㅁ [m]」の音で発音する。

学内 학내 [항내]　　　　　　韓国語 한국말 [한궁말]
いいですね 좋네요 [존네요]　　花模様 꽃무늬 [꼰무니]
…します 합니다 [함니다]　　　業務 업무 [엄무]

また [k] [t] [p] [m] [ŋ] で発音するパッチムの後に子音の「ㄹ」が続いた場合, [k] [t] [p] で発音されるパッチムは「ㄱ [k]」→「ㅇ [ŋ]」,「ㄷ [t]」→「ㄴ [n]」,「ㅂ [p]」→「ㅁ [m]」の音で発音し, 「ㄹ」は「ㄴ」で発音する。

独立 독립 [동닙]　　　　　　ホットライン 핫라인 [한나인]
合流 합류 [함뉴]　　　　　　心理 심리 [심니]
航路 항로 [항노]

9. 口蓋音化
パッチム「ㄷ, ㅌ」に「이」または「히」が続いた場合, 「ㄷ」は「ㅈ」, 「ㅌ」は「ㅊ」で発音する。

一緒に 같이 [가치]　　　　　日の出 해돋이 [해도지]
閉じ込められる 갇히다 [가치다]

10. ㄴ [n] 音を挿入して発音
合成単語において, パッチムに母音の「야, 여, 요, 유, 이」が続いた場合, 「ㄴ」音を挿入して発音する場合がある。

釜山駅 부산역 : 부산(釜山) + 역(駅) → [부산녁]

付録

III ㄹ語幹と変則用言

1. ㄹ語幹 (語幹がㄹパッチムで終わる用言)

パッチムがあるため子音語幹用言だが，母音語幹用言と同じように扱われ，後ろに「ㄴ, ㅂ, ㅅ」と「ㄹ」が来るとパッチムのㄹが脱落して接続される。

알다 ^{アルダ} 知る・わかる
알(다) ^{アル タ} +-는 사람 ^{ヌン サラム} →아는 사람 ^{アヌン サラム} (알다の現在連体形)
알(다) ^{アル タ} +-ㅂ니다 ^{ムニダ} →압니다 ^{アムニダ}　　알(다) ^{アル タ} +-세요 ^{セヨ} →아세요 ^{アセヨ}

2. 하変則 (하다および-하다の形を持つすべての用言)

語幹の直後に「-아」が来ると「-아」が「-여」になる。通常は「여」が縮約して「해」の形で用いられる。

하다 ^{ハダ} する
하(다) ^{ハ タ} +-아요 ^{アヨ} →하여요 ^{ハヨヨ} →해요 ^{ヘヨ}　　하(다) ^{ハ タ} +-아서 ^{アソ} →하여서 ^{ハヨソ} →해서 ^{ヘソ}

3. 으変則 (語幹がㄹ以外の母音のㅡで終わるほとんどの用言)

語幹の直後に「-아/어」が来ると，母音の「ㅡ」が落ち，残った子音と「-아/어」が組み合わさる。どちらの母音と組み合わさるかは，「ㅡ」の直前の母音で決まり，「ㅏ, ㅑ, ㅗ」なら「-아」*，それ以外ならば「-어」。語幹が1文字だけのものは「-어」が接続する。

아프다 ^{アプダ} 痛い
아프(다) ^{アプ タ} +-아요 ^{アヨ} →아파요 ^{アパヨ}

쓰다 ^{ッスダ} 使う
쓰(다) ^{ッス タ} +-어요 ^{オヨ} →써요 ^{ッソヨ}

*: 못쓰다 [モーッスダ] などの場合は, 못써 [モーッソ] となる。

4. ㄷ変則 (語幹がㄷパッチムで終わる動詞の一部)

語幹の直後に母音が来ると，パッチム「ㄷ」が「ㄹ」になって接続する。

깨닫다 ^{ッケダッタ} 悟る
깨닫(다) ^{ッケダッ タ} +-아요 ^{アヨ} →깨달아요 ^{ッケダラヨ}

듣다 ^{トゥッタ} 聞く
듣(다) ^{トゥッ タ} +-어요 ^{オヨ} →들어요 ^{トゥロヨ}

5. ㅅ変則 (語幹がㅅパッチムで終わる用言の一部)

語幹の直後に母音が来るとパッチムの「ㅅ」が脱落する。パッチムの「ㅅ」が落ちて母音だけとなっても母音の同化や縮約は起きない。

낫다 ました
낫(다) +-아요→나아요

짓다 建てる
짓(다) +-어요→지어요

6. ㅂ変則 (語幹がㅂパッチムで終わる用言の一部)

語幹の直後に「-으」が来ると、パッチムの「ㅂ+-으」が「-우」に、直後に「-아/어」が来るとパッチムの「ㅂ+-아/어」が「-와/워」になる。なお、돕다、곱다以外の陽母音用言では「-와」とならずに、ほとんど「-워」になる。

맵다 辛い
맵(다) +-으세요?→매우세요?   맵(다) +-어요→매워요

돕다 助ける
돕(다) +-아요→도와요

고맙다 ありがたい
고맙(다) +-아요→고마워요

7. ㅎ変則 (語幹がㅎパッチムで終わる좋다以外の形容詞)

語幹の直後に「-으」が来るとパッチムの「ㅎ」と「-으」が脱落。語幹の直後に「-아/어」が来るとパッチムの「ㅎ」が脱落、語幹末の母音が「ㅏ」の場合には「-ㅐ」に、「ㅓ」の場合には「-ㅐ」か「-ㅔ」になる。ただし、語幹末の母音が「ㅑ」の場合は「-ㅒ」に、「ㅕ」の場合には「-ㅖ」になる。

그렇다 そうだ
그렇(다) +-으세요→그러세요

그렇다 そうだ
그렇(다) +-어요→그래요

노랗다 黄色い
노랗(다) +-아요→노래요

누렇다 黄色い
누렇(다) +-어요→누레요

8. 르変則 (語幹が르で終わる用言の一部)

語幹の直後に「-아」が来た場合は「르」が「-ㄹ라」、「-어」が来た場合

は「-ㄹ러」になる。どちらの母音が接続するかは「르」の直前の母音で決まり、直前の母音が「ㅏ, ㅑ, ㅗ」なら「-아」, それ以外ならば「-어」が接続する。

모르다 知らない
모르(다) +-아요→몰라요

누르다 押す
누르(다) +-어요→눌러요

9. 러変則 (語幹が르で終わる用言の一部)

語幹の直後に母音の「-아/어」が来ると「-아/어」が「-러」になる。

노르다 黄色い
노르(다) +아요→노르러요

푸르다 青い
푸르(다) +어요→푸르러요

10. 우変則 (動詞의 푸다 [汲む] のみ)

語幹の直後に母音の「-어」が来ると「ㅜ」と「ㅇ」が脱落する。

푸다 汲む
푸(다) +-어요→퍼요

11. 어変則 (語幹がㅓで終わる用言のごく一部)

語幹の直後に母音の「-어」が来ると「ㅓ+-어」が「-애」になる。

그러다 そうする
그러(다) +-어요→그래요

어쩌다 どうする
어쩌(다) +-어서→어째서

Ⅳ 数詞

韓国語の数字には「一、二、三」などの漢数詞と、「ひとつ、ふたつ」に当たる固有数詞とがあり、韓国語では2つを使い分けて月日や時間、金額などを表します。

1. 漢数詞

0 영 [ヨン] *1	15 십오 [シボ]	500 오백 [オーベク]
1 일 [イル]	20 이십 [イーシプ]	1000 천 [チョン]
2 이 [イー]	30 삼십 [サムシプ]	5000 오천 [オーチョン]
3 삼 [サム]	40 사십 [サーシプ]	10000 만 [マン] *3
4 사 [サー]	45 사십오 [サシボ]	
5 오 [オー]	50 오십 [オーシプ]	*1:0は番号などを言う場合、공 [コン] と言う。
6 육 [ユク] *2	60 육십 [ユクシプ]	*2:2ケタ以上で、語中で子音の後に来る6は [ユク] ではなく、[ニュク] と発音。
7 칠 [チル]	70 칠십 [チルシプ]	例:16 십육 [シムニュク]
8 팔 [パル]	80 팔십 [パルシプ]	*3:1万は、일만 [イルマン] ではなく、만 [マン] と言う。
9 구 [ク]	90 구십 [クシプ]	
10 십 [シプ]	100 백 [ペク]	

2. 固有数詞

1つ 하나 [ハナ] *	8つ 여덟 [ヨドル]	40 마흔 [マフン]
2つ 둘 [トゥール] *	9つ 아홉 [アホプ]	50 쉰 [シュィーン]
3つ 셋 [セーッ] *	10 열 [ヨル]	60 예순 [イェスン]
4つ 넷 [ネーッ] *	11 열하나 [ヨラナ] *	70 일흔 [イルン]
5つ 다섯 [タソッ]	12 열둘 [ヨルトゥル] *	80 여든 [ヨドゥン]
6つ 여섯 [ヨソッ]	20 스물 [スムル] *	90 아흔 [アフン]
7つ 일곱 [イルゴプ]	30 서른 [ソルン]	

*1~4、20は、助数詞が付く場合、1:하나→한 [ハン]、2:둘→두 [トゥー]、3:셋→세 [セー]、4:넷→네 [ネー]、20:스물→스무 [スム] の形に変わる。

漢数詞がよく使われるのは、金額を表す場合や日にち、時間の「分」を表す場合である。ただし、月を表す場合、6月は육월ではなく유월 [ユウォル]、10月は십월ではなく시월 [シウォル] になる。
固有数詞は時間の「時」を表したり、個数や年齢を表す場合に使われる。

例 6時30分:여섯 시 삼십 분
     [ヨソッ シ サムシプ プン]
10月9日:시월 구 일
     [シウォル ク イル]

覚えておきたい一言フレーズ

初対面の挨拶や別れの時に覚えておきたい一言フレーズを紹介する。

おはようございます(こんにちは/こんばんは)。

アンニョンハセヨ
안녕하세요?

アンニョンハシムニッカ
안녕하십니까?

初めてお目にかかります。

チョウム ブェブケッスムニダ
처음 뵙겠습니다.

お会いできてうれしいです。

マンナ ブェブケ ドゥェソ パンガプスムニダ
만나 뵙게 돼서 반갑습니다.

よろしくお願いします。

チャル ブタクトゥリムニダ
잘 부탁드립니다.

こちらこそ、よろしくお願いします。

チョヤ マルロ チャル ブタクトゥリムニダ
저야말로 잘 부탁드립니다.

さようなら。(去っていく人に)

アンニョンイ カセヨ
안녕히 가세요.

さようなら。(その場に残る人に)

アンニョンイ ケセヨ
안녕히 계세요.

ありがとうございます。

カームサハムニダ
감사합니다.

ありがとうございます。

コーマプスムニダ
고맙습니다.

ごめんなさい。

ミアナムニダ
미안합니다.

申し訳ありません。

チュェーソンハムニダ
죄송합니다.

ゆるしてください。

ヨンソヘ ジュセヨ
용서해 주세요.

お構いなく(大丈夫です)。

クェンチャナヨ
괜찮아요.

はい。	いいえ。	そうです。
ネ　イェ	アニョ	クレヨ
네. / 예.	아뇨.	그래요.

私は○○と申します。(○○には名前を入れます)
チョヌン ○○○○ラゴ ハムニダ
저는 ○○○○라고 합니다.

お名前は何とおっしゃいますか。	名前は何と言いますか。
ソンハミ オットッケ ドゥェセヨ	イルムン ムォラゴ ヘヨ
성함이 어떻게 되세요?	이름은 뭐라고 해요?

お年はおいくつですか。	何歳ですか。
ヨンセガ オットッケ ドゥェセヨ	ミョッ サリエヨ
연세가 어떻게 되세요?	몇 살이에요?

どんな仕事をしていますか。
オットン ニールル ハセヨ
어떤 일을 하세요?

私は会社員です。/学生です。/主婦です。
チョヌン フェーサウォニエヨ/ハクセンイエヨ/チュブエヨ
저는 회사원이에요. / 학생이에요. / 주부예요.

お世話になりました。	ご迷惑をお掛けしました。
シンセルル マーニ チョッスムニダ	ペルル ッキチョッスムニダ
신세를 많이 졌습니다.	폐를 끼쳤습니다.

すみません。(呼び掛け)	失礼します。
チャムッカンマンニョ	シルリェハゲッスムニダ
잠깐만요.	실례하겠습니다.

入れ替えフレーズ会話集

1 場所を尋ねる

基本フレーズ

^{フゥジャンシル オディエヨ}
화장실 어디예요 ?

トイレは, どこですか。

解説

場所を尋ねるフレーズである。「どこですか」に当たる「어디예요 ?」の前に場所を表す名詞を付ける。名詞の後ろに助詞の「이 [イ] (〜が)」を付けて「화장실이 어디예요 ? [フゥジャンシリ オディエヨ]」と言うこともある。

入れ替え単語

観光案内所 ^{クヮングヮン アンネソ} 관광 안내소

忘れ物センター ^{ユシルムル ポグヮンソ} 유실물 보관소

タクシー乗り場 ^{テクシ タヌン ゴッ} 택시 타는 곳

国内線ターミナル ^{クンネソン トーミノル} 국내선 터미널

コンビニ ^{ピョニジョム} 편의점

バス停 ^{ポス チョンニュジャン} 버스 정류장

地下鉄の駅 ^{チハチョルリョク} 지하철역

入れ替え例文

^{クヮングヮン アンネソ オディエヨ}
관광 안내소 어디예요 ?
観光案内所は, どこですか。

^{テクシ タヌン ゴッ オディエヨ}
택시 타는 곳 어디예요 ?
タクシー乗り場は, どこですか。

^{ユシルムル ポグヮンソ オディエヨ}
유실물 보관소 어디예요 ?
忘れ物センターは, どこですか。

付録

入れ替えフレーズ会話集

2 物をもらう

基本フレーズ

イゴッ チュセヨ
이것 주세요.

これ，1つください。

解説

「~ください」というように物や商品をもらうためのフレーズである。つくり方は，名詞の後ろに「주세요 [チュセヨ]」を続ければよい。「주세요 [チュセヨ]」は「주다(与える・くれる)」にていねいな語尾の「-세요 [セヨ]」が付いたものである。

入れ替え単語

あれ 저것 (チョゴッ)	それ 그것 (クゴッ)
違う物 다른 것 (タルン ゴッ)	同じ物 같은 것 (カトゥン ゴッ)
小さい物 작은 것 (チャグン ゴッ)	大きい物 큰 것 (クン ゴッ)
水 물 (ムル)	ビール1本 맥주 1병 (メクチュ ハンビョン)

入れ替え例文

タルン ゴッ チュセヨ
다른 것 주세요.
違う物をください。

カトゥン ゴッ チュセヨ
같은 것 주세요.
同じ物をください。

メクチュ ハンビョン チュセヨ
맥주 1병 주세요.
ビールを1本ください。

付録

入れ替えフレーズ会話集

3 要望を伝える 1

基本フレーズ

ク サラムル ポゴ シポヨ

그 사람을 보고 싶어요.

彼に会いたいです。

解説

「~したい」というように自分の要望を伝えるフレーズである。つくり方は、動詞の語幹に「-고 싶어요 [コ シポヨ]」を付ける。例文では、「보다 [ポダ] 見る」を使って「見たい(会いたい)」という形になっている。動詞を色々と変えることで、「行きたい」「食べたい」「着てみたい」などの形にすることができる。

入れ替え単語

行く 가다 (カダ)	食べる 먹다 (モクタ)
買う 사다 (サダ)	飲む 마시다 (マシダ)
聞く 듣다 (トゥッタ)	知る 알다 (アルダ)
着てみる 입어 보다 (イボ ポダ)	履いてみる 신어 보다 (シノ ポダ)

入れ替え例文

クンジュン ウムシグル モッコ シポヨ
궁중 음식을 먹고 싶어요.
宮中料理を食べたいです。

オヌルン スルル マシゴ シポヨ
오늘은 술을 마시고 싶어요.
今日はお酒を飲みたいです。

イ オスル イボ ポゴ シポヨ
이 옷을 입어 보고 싶어요.
この服を着てみたいです。

入れ替えフレーズ会話集

4 要望を伝える2

付録

基本フレーズ

<ruby>チェジュドエ カゴ シポヨ</ruby>

제주도에 가고 싶어요.

済州島に行きたいです。

解説

「가다 [カダ] 行く」と「〜したい」という要望を伝えるフレーズを組み合わせたものである。場所を表す名詞に助詞の「에 [エ] 〜に」を接続し、さらに「가다 [カダ]」の語幹に「-고 싶어요 [コ シポヨ]」を接続して「○○に行きたい」という形になっている。場所を表す名詞を色々と変えることで応用できる。

入れ替え単語

この店 <ruby>イ カゲ</ruby> 이 가게　　カラオケ店 <ruby>ノレバン</ruby> 노래방

コンサート <ruby>コンソトゥ</ruby> 콘서트　　カジノ <ruby>カジノ</ruby> 카지노

クラブ <ruby>クルロブ</ruby> 클럽　　汗蒸幕 <ruby>ハンジュンマク</ruby> 한증막

免税店 <ruby>ミョンセジョム</ruby> 면세점　　東大門市場 <ruby>トンデムン シジャン</ruby> 동대문 시장

入れ替え例文

<ruby>イ コンソトゥエ カゴ シポヨ</ruby>
이 콘서트에 가고 싶어요.
このコンサートに行きたいです。

<ruby>ネイルン ハンジュンマゲ カゴ シポヨ</ruby>
내일은 한증막에 가고 싶어요.
明日は汗蒸幕に行きたいです。

<ruby>オヌル パムン トンデムン シジャンエ カゴ シポヨ</ruby>
오늘 밤은 동대문 시장에 가고 싶어요.
今夜は、東大門市場に行きたいです。

入れ替えフレーズ会話集

5 依頼する

基本フレーズ

アンネヘ ジュセヨ
안내해 주세요.
案内してください。

解説

「~してください」と,聞き手に依頼するフレーズである。つくり方は動詞の語幹に「-아/어 주세요 [ア/オ ジュセヨ]」を接続する。語幹末の母音が「ㅏ, ㅑ, ㅗ」の場合には「-아 주세요」を,語幹末の母音が「ㅏ, ㅑ, ㅗ」以外の場合には「-어 주세요」を接続。

入れ替え単語

来る オダ 오다	行く カダ 가다
教える カルチダ 가르치다	直す コチダ 고치다
作る マンドゥルダ 만들다	書く ッスダ 쓰다 [*1]
貸す ピルリダ 빌리다	する ハダ 하다 [*2]

*1:으変則,*2:하変則の活用の形は p.1002 参照

入れ替え例文

イッチョグロ ワ ジュセヨ
이쪽으로 와 주세요.
こちらに来てください。〔来る:오다〕

チハチョルリョクッカジ カ ジュセヨ
지하철역까지 가 주세요.
地下鉄の駅まで行ってください。〔行く:가다〕

キルル カルチョ ジュセヨ
길을 가르쳐 주세요.
道を教えてください。〔教える:가르치다〕

入れ替えフレーズ会話集

6 許可を求める

付録

基本フレーズ

サジン ッチゴド ドゥエヨ
사진 찍어도 돼요?

写真撮ってもいいですか。

解説

「~してもいいですか」と、聞き手に許可を求めるフレーズである。つくり方は、語幹に「-아도 / 어도 돼요?［アド / オド ドゥエヨ］」を接続する。語幹末の母音が「ㅏ, ㅑ, ㅗ」の場合には「-아도 돼요?」を、語巻末の母音が「ㅏ, ㅑ, ㅗ」以外の場合には「-어도 돼요?」を接続。

入れ替え単語

行く 가다 (カダ)	見る 보다 (ポダ)
食べる 먹다 (モクタ)	いる 있다 (イッタ)
使う 쓰다 (ッスダ)*1	聞く 듣다 (トゥッタ)*2
着てみる 입어 보다 (イボ ポダ)	履いてみる 신어 보다 (シノ ポダ)

*1：으変則, *2：ㄷ変則, 活用の形は p.1002 参照

入れ替え例文

イ チェク プァド ドゥエヨ
이 책 봐도 돼요?
この本, 見てもいいですか。〔見る：보다〕

イゴ モゴド ドゥエヨ
이거 먹어도 돼요?
これ, 食べてもいいですか。〔食べる：먹다〕

イ オッ イボ プァド ドゥエヨ
이 옷 입어 봐도 돼요?
この服, 着てみてもいいですか。〔着てみる：입어 보다〕

付録

入れ替えフレーズ会話集

7 義務を表す

基本フレーズ

トゥーシッカジ カヤ ヘヨ(ドゥェヨ)

2 시까지 가야 해요(돼요).

2時までに行かなければいけません。

解説

「~しなければいけない」というように義務を表すフレーズである。つくり方は,語幹に「-아야 / 어야 해요? [アヤ / オヤ ヘヨ]」を接続する。語幹末の母音が「ㅏ,ㅑ,ㅗ」の場合には「-아야 해요?」を,語巻末の母音が「ㅏ,ㅑ,ㅗ」以外の場合には「-어야 해요?」を接続する。また,「해요」の部分を「돼요」に変えた形でもよく用いられる。

入れ替え単語

する 하다*¹	送る 보내다
到着する 도착하다*¹	申請する 신청하다*¹
受ける 받다	食べる 먹다
書く 쓰다*²	いる 있다

*1:하変則,*2:으変則,活用の形は p.1002 参照

入れ替え例文

イルゴプシッカジ コンソトゥジャンエ トーチャケヤ ヘヨ
7 시까지 콘서트장에 도착해야 해요.
7時までにコンサート会場に到着しなければいけません。〔到着する:도착하다〕

イ チムル イルボネ ポネヤ ヘヨ
이 짐을 일본에 보내야 해요.
この荷物を日本に送らなければいけません。〔送る:보내다〕

イゴッター モゴヤ ドゥェヨ
이것 다 먹어야 돼요?
これ,全部食べなければいけませんか。〔食べる:먹다〕

韓国語の基礎知識

I 用言と文体について

1. 語幹と語尾

韓国語の用言は，原形(辞書に載っている形)においてはすべて「語幹＋다」の形をしている。文をつくる際には，原形から「다」を取った形(語幹)にし，その後ろに語尾や接尾辞(語の末尾に添えて意味を付加するもの)を付けて活用し，「時制」や「ていねいさ」「意志」など様々なことを表現する。

가다 行く

가|다

語幹 語尾

文をつくる際は，用言の語幹に語尾を付けて活用するが，その際には語幹末の母音の種類(ㅏ, ㅑ, ㅗであるか, それ以外か)やパッチムの有無によって，その付け方が異なるので，注意が必要である。学習書によっては「ㅏ, ㅑ, ㅗ」を陽母音，それ以外を陰母音として説明しているものもある。

母音語幹用言：語幹末にパッチムのない語
子音語幹用言：語幹末にパッチムのある語
ㄹ語幹用言：子音語幹用言の中で語幹末のパッチムがㄹの語

2. ハムニダ体とヘヨ体

韓国語の文体には大まかには次の3つである。かしこまったていねいな言い方の「ハムニダ(합니다)」体，うちとけた感じのていねいな言い方の「ヘヨ(해요)」体，さらに目下に使うぞんざいな言い方の「ヘ(해)」体である。本書の例文ではハムニダ体とヘヨ体の文を中心に扱い，例文をそのまま覚えて使えるように考慮した。文を書くときは，原則として単語ごとに切って書く。ただし助詞など前の単語と一緒に発音するものは区切らずに書く。これを「分かち書き」と言う。

原形	ハムニダ体	ハムニダ体の尊敬表現	ヘヨ体	ヘヨ体の尊敬表現
行く 가다 (カダ)	갑니다 (カムニダ)	가십니다 (カシムニダ)	가요 (カヨ)	가세요 (カセヨ)
読む 읽다 (イクタ)	읽습니다 (イクスムニダ)	읽으십니다 (イルグシムニダ)	읽어요 (イルゴヨ)	읽으세요 (イルグセヨ)
知る・わかる 알다 (アルダ)	압니다 (アムニダ)	아십니다 (アシムニダ)	알아요 (アラヨ)	아세요 (アセヨ)

付録 II ヘヨ体のつくり方

1. ヘヨ体のつくり方

うちとけた感じのていねいな文「～です・～ます」調の文に当たるヘヨ体をつくるには、用言の原形(辞書に載っている形)から語尾の「다」を取った語幹に「-아요 / 어요」を付けてつくる。語幹末の母音が、「ㅏ,ㅑ,ㅗ」の場合には「-아요」を、それ以外の場合には「-어요」を付ける。また「하다」が用いられた用言の場合には、語尾の「다」を取り、語幹末を「해」にして「해요」の形にする。動詞を用いた文でヘヨ体のつくり方を見てみよう。また、ヘヨ体では文末のイントネーションを上げて発音すると疑問文になる。

例

行く	가다 가(다) → 가+ -아요 → 가요
会社に行きます。	회사에 가요.
会社に行きますか。	회사에 가요? ↗
勉強する	공부하다 공부하(다) → 공부해요
韓国語を勉強します。	한국말을 공부해요.
韓国語を勉強しますか。	한국말을 공부해요? ↗

2. 母音の同化

ヘヨ体をつくる時は、用言の語幹に「-아요 / 어요」を付ければよいと説明した。例えば「行く 가다」の場合は、語幹の「가」に「-아요」を付ければよい。だが、このように母音が続く場合には、語幹末の母音と語尾の母音が1つになる。これを母音の同化という。

가(다) → 가+-아요 → 가요　아が同化している。

母音の同化は語幹末の母音「ㅏ」に「-아요」を付ける場合に起こるが、もう一つ語幹末の母音が「ㅓ」の場合にも起こる。

例

止る 서다 서(다) → 서+-어요 → 서요　어が同化している。

バスが止まります。버스가 서요.

3. 母音の縮約

ヘヨ体をつくる場合，語幹末の母音が語尾の母音と合わさって縮約した形の母音になることがある。これを母音の縮約という。例えば「見る 보다」をヘヨ体にするために，うちとけた感じのていねいな語尾である「-아요」を付けると，「봐요」となる。これは語幹末の母音「ㅗ」に母音に「ㅏ」が続いて母音の縮約が起こり，母音が「ㅘ」となったためである。母音の縮約が起こるのは，母音の「ㅗ」に「-아요」が，付いた場合以外にも次のような場合に起こる。

例
보(다) → 보+-아요 → 봐요 ドラマを見ます。드라마를 봐요.

原形	語幹	母音	語尾	変化の仕方
学ぶ 배우다	배우(다)	ㅜ	-어요	배우+-어요 → 배워요
飲む 마시다	마시(다)	ㅣ	-어요	마시+-어요 → 마셔요
灯す 켜다	켜(다)	ㅕ	-어요	켜+-어요 → 켜요
出す 내다	내(다)	ㅐ	-어요	내+-어요 → 내요
強い 세다	세(다)	ㅔ	-어요	세+-어요 → 세요
なる 되다	되(다)	ㅚ	-어요	되+-어요 → 돼요

ただし，母音によっては縮約が起こらない場合もある。

休む 쉬다 → 쉬어요   目に付く 띄다 → 띄어요

語幹が母音で終わっている場合には，上記のように母音の同化や縮約が起こるが，語幹末にパッチムがある場合には，パッチムと次の母音とを結び付けて発音する。

受ける 받다   받(다) 받+ -아요 → 받아요

4.「名詞+です」の文

これまでは用言(動詞や形容詞など)のヘヨ体のつくり方を見てきた。こ

付録

こでは、「名詞＋です」のつくり方を見ていく。例えば、「私は日本人です」という文である。これは「名詞 A 는(은) 名詞 B 이에요(예요)」という文型からなっている。

「는」は助詞の「〜は」に当たり、名詞 A の末尾にパッチムがある場合には「은」を用いる。「-이에요」は「〜です」という意味で、名詞 B の末尾にパッチムがある場合に用い、ない場合には「-예요」を用いる。

例

私は日本人です。 저는 일본 사람이에요.
　　　　　　　　　チョヌン　イルボン　サラミエヨ

私は主婦です。 저는 주부예요.
　　　　　　　チョヌン　チュブエヨ

彼は学生ですか。 그 사람은 학생이에요? ↗
　　　　　　　　ク　サラムン　ハクセンイエヨ

なお、이에요は「〜である・〜だ」という意味を表す指定詞の「이다」の語幹「이」に、うちとけた感じのていねいさを表す語尾の「-에요」が付いたものだ。「-예요」はパッチムのない名詞に付くもので、「-이에요」が縮約した形である。

文を「〜ですか。」のように疑問文とする場合には、「-이에요」の後ろに疑問符の「？」を付けて、「-이에요?」とし、文末のイントネーションを上げて発音する。

5.「名詞＋ではありません」の文

名詞の文で「名詞 A ではありません」という否定文の場合、例えば「韓国人ではありません」という場合には「名詞 A 가(이) 아니에요」という文型を用いる。「가」は助詞の「〜が」で、名詞 A の末尾にパッチムがない場合には「가」を、パッチムがある場合には「이」を用いる。「아니에요」は「〜ではない、違う」という意味の「아니다」の語幹「아니」にうちとけた感じのていねいな語尾である「-에요」が付いたものだ。「〜ではないですか。」と尋ねる場合には「아니에요」の後ろに疑問符の「？」を付けて、「아니에요?」とし、文末のイントネーションを上げて発音する。

例

韓国人ではありません。 한국 사람이 아니에요.
　　　　　　　　　　　ハングク　サラミ　アニエヨ

韓国人ではありませんか。 한국 사람이 아니에요? ↗
　　　　　　　　　　　　ハングク　サラミ　アニエヨ

Ⅲ ハムニダ体のつくり方

1. ハムニダ体の肯定文

うちとけた感じのていねいな言い方の「ヘヨ(해요)」体のつくり方は前述したとおりである。ここでは、かしこまったていねいな言い方である「ハムニダ(합니다)」体のつくり方について解説する。これは、公式の席でのあいさつや目上の人との会話などで用いられる。ハムニダ体は、語幹末のパッチムの有無で付ける語尾が異なる。語幹末にパッチムがない場合は、語幹に「-ㅂ니다」を付け、語幹末にパッチムがある場合には、語幹に「-습니다」を付ける。ただし、パッチムがある場合でもパッチムが「ㄹパッチム」の場合は、「ㄹパッチム」を取り除いて「-ㅂ니다」を付ける。

例

行く 가다^{カダ}　パッチムなし
　　가(다)^{カ タ} + -ㅂ니다^{ムニダ} → 갑니다^{カムニダ} 行きます

読む 읽다^{イクタ}　パッチムあり
　　읽(다)^{イク タ} + -습니다^{スムニダ} → 읽습니다^{イクスムニダ} 読みます

知る・わかる 알다^{アルダ}　ㄹパッチムあり
　　알(다)^{アル タ} →아^ア + -ㅂ니다^{ムニダ} → 압니다^{アムニダ} 知っています
　　　　　　↑
　　ㄹパッチムを取り除いて付ける

2. ハムニダ体の疑問文

ヘヨ体では、文末に疑問符を付けることで、疑問文になった。しかし、ハムニダ体では語尾を変え、さらに疑問符を付けることで疑問文になる。語幹末にパッチムがない場合は、語幹に「-ㅂ니까?」を付け、語幹末にパッチムがある場合には、語幹に「-습니까?」を付ける。ただし、パッチムがある場合でもパッチムが「ㄹパッチム」の場合は、「ㄹパッチム」を取り除いて「-ㅂ니까?」を付ける。発音する場合には、疑問文であることを表すために文末のイントネーションを上げて発音する。

例

行く 가다^{カダ}　パッチムなし
　　가(다)^{カ タ} + -ㅂ니까?^{ムニッカ} → 갑니까?^{カムニッカ} ♪ 行きますか

読む 읽다 パッチムあり

읽(다) + -습니까? → 읽습니까? ♪ 読みますか

知る・わかる 알다 ㄹパッチムあり

알(다) →아 + -ㅂ니까? → 압니까? ♪ 知っていますか
↑
ㄹパッチムを取り除いて付ける

Ⅳ 否定文のつくり方

否定文をつくる場合は，2つの方法がある。1つは語幹の前に「안」を付けるもの，もう一つは語幹の後ろに「-지 않다」を付けるものである。「-지 않다」を付けて表現する場合，「-지 않아요」の形にすると，うちとけた感じのていねいな言い方になる。会話では，「-지 않다」よりも「안」を用いる場合が多い。「-지 않다」は，語幹末のパッチムの有無に関係なくそのまま付ける。また，「공부하다(勉強する)」のように漢字語+하다のような漢字語に由来する用言の場合は，語幹の前に「안」を置くのではなく，漢字語と하다の間に「안」を置く形で表す。

例

行く 가다

「안」を付ける　　가(다) →안+가(다) → 안 가요 行きません

「지 않다」を付ける　가(다) →가+지 않다 → 가지 않아요 行きません

例

勉強する 공부하다

「안」を付ける　공부하(다)→ 공부+안+하→공부 안 해요 勉強しません

「지 않다」を付ける

공부하(다) → 공부하+-지 않다 → 공부하지 않아요

勉強しません

Ⅴ 過去形のつくり方

文を過去形にする場合にはヘヨ体では，語幹に「-았어요」または「-었어요」を付ける。語幹末の母音が「ㅏ, ㅑ, ㅗ」の場合には「-았어요」を，語幹末の母音が「ㅏ, ㅑ, ㅗ」以外の場合には「-었어요」を付ける。「하다用言」の場合は，「-했어요」となる。語幹末にパッチムがない母音語幹用言の場合は，母音の同化や縮約も起こってくるので注意が必要である。文末に「?」を付けてイントネーションを上げて発音すると疑問文になる。

ハムニダ体の場合は，語幹に「-았습니다」または「-었습니다」を付ける。「하다用言」の場合は「-했습니다」の形になる。疑問文にする場合は「-습니다」を「-습니까?」の形にする。なお「-았어요 / -었어요 / -했어요」は過去を表す「-았- / -었-」に，うちとけた感じのていねいな語尾である「-어요」が付いたものであり，「-았습니다 / -었습니다 / -했습니다」は過去を表す「-았- / -었-」に，かしこまったていねいな語尾である「-습니다」が付いたものである。

例

가다 行く

 가(다) → 가+-았어요 → 갔어요 行きました
     母音の同化

 가(다) → 가+-았습니다 → 갔습니다 行きました
     母音の同化

보다 見る

 보(다) → 보+-았어요 → 봤어요 見ました
     母音の縮約

 보(다) → 보+-았습니다 → 봤습니다 見ました
     母音の縮約

알다 知る・わかる

 알(다) → 알+-았어요 → 알았어요 わかりました

 알(다) → 알+-았습니다 → 알았습니다 わかりました

먹다^{モクタ} 食べる

먹(다)^{モクタ} → 먹+-었어요^{モク オッソヨ} → 먹었어요^{モゴッソヨ} 食べました

먹(다)^{モクタ} → 먹+-었습니다^{モク オッスムニダ} → 먹었습니다^{モゴッスムニダ} 食べました

Ⅵ 尊敬表現

文を尊敬表現にする場合には，ヘヨ体では語幹に「-세요」を付けてつくる。これは尊敬を表す「-시-」にうちとけた感じのていねいな語尾である「-어요」が結合したものだ。「-세요」は，用言の語幹末にパッチムがあるかどうかで付ける形が異なる。語幹末にパッチムがない場合は「-세요」を付け，パッチムがある場合は「-으세요」を付ける。ただし，パッチムがある場合でも，「ㄹパッチム」で終わるㄹ語幹用言の場合は，「ㄹパッチム」を取り除いて「-세요」を付ける。文末に「？」を付けて「-세요?」にし，イントネーションを上げて発音すると疑問文になる。

ハムニダ体では，「-ㅂ니다」に「-시-」が付いた「-십니다」，疑問文の場合は「-십니까?」を用いる。

例

가다^{カダ} 行く

가(다)^{カ タ} → 가+-세요^{カ セヨ} → 가세요^{カセヨ} いらっしゃる（お行きになります）

가(다)^{カ タ} → 가+십니다^{カ シムニダ} → 가십니다^{カシムニダ} いらっしゃる（お行きになります）

괜찮다^{クェンチャンタ} 結構だ・大丈夫だ

괜찮(다)^{クェンチャン タ} → 괜찮+-으세요^{クェンチャン ウセヨ} → 괜찮으세요^{クェンチャヌセヨ} 結構です

괜찮(다)^{クェンチャン タ} → 괜찮+-으십니다^{クェンチャン ウシムニダ} → 괜찮으십니다^{クェンチャヌシムニダ} 結構です

알다 _{アルダ} 知る・わかる ㄹ語幹用言

알(다) _{アル タ} → 아+-세요 _{ア セヨ} → 아세요 _{アセヨ} ご存知です・おわかりです

알(다) _{アル タ} → 아+-십니다 _{ア シムニダ} → 아십니다 _{アシムニダ} ご存知です・おわかりです
　　　↑
　ㄹパッチムを取り除いて付ける

　尊敬の表現にする場合，ほとんどが，尊敬を表す「-시-」を用言の語幹に付ければよいが，そうではなく，ほかの単語を用いて表現する場合もある。代表的な例が，存在を表す「있다(いる)」で，これは「いらっしゃる」に当たる「계시다」を用いる。そのほかにも，「먹다(食べる)」，「죽다(死ぬ)」，「자다(寝る)」も異なる単語を用いて尊敬を表す。また「이름(名前)」→「성함(お名前)」のように，一部の名詞も異なる単語を用いて尊敬を表す。

있다(いる) → 계시다(いらっしゃる)
없다(いない) → 안 계시다(いらっしゃらない)

먹다(食べる) → 잡수시다(召し上がる) / 드시다(召し上がる)
죽다(死ぬ) → 돌아가시다(お亡くなりになる)
자다(寝る) → 주무시다(おやすみになる)
이름(名前) → 성함(お名前)
나이(年齢) → 연세(お年)
밥(飯・食事) → 진지(お食事)

　なお，「있다/없다」で人の存在ではなく，物の有無を表す場合は，「있다/없다」に尊敬を表す「-시-」を付けて表す。

시간이 있으세요? お時間はございますか。

◆ 監修者 ◆

木内明（きうち・あきら）

静岡県出身。早稲田大学卒業。ソウル大学大学院修了。東洋大学ライフデザイン学部准教授。著書に『基礎から学ぶ韓国語講座』（国書刊行会）、『1か月速習ハングルステップ30』『ドラマで覚える中級ハングル』（NHK出版）などがある。2013年度、NHK Eテレ（教育テレビ）「テレビでハングル講座」にて講師を務める。

金孝珍（キム・ヒョジン）

韓国全羅南道出身。1996年来日。明治大学大学院文学研究科博士課程修了。明治大学、中央学院大学非常勤講師。大学で教えるかたわら、韓国語教室で10年近く教鞭を振るう。監修書に『今すぐ使える韓国語フレーズ～うきうき韓国ライフ編』（技術評論社）、翻訳書に『韓国高校生の歴史レポート』（明石書店／共訳）がある。

ポケット版 実用日韓・韓日辞典

2016年1月20日発行

監　修	木内　明　金　孝珍 きうち　あきら　　キム　ヒョジン
発行者	深見公子
発行所	成美堂出版

〒162-8445　東京都新宿区新小川町1-7
電話(03)5206-8151　FAX(03)5206-8159

印　刷　共同印刷株式会社

©SEIBIDO SHUPPAN 2013　PRINTED IN JAPAN
ISBN978-4-415-31190-6
落丁・乱丁などの不良本はお取り替えします
定価はカバーに表示してあります

- 本書および本書の付属物を無断で複写、複製（コピー）、引用することは著作権法上での例外を除き禁じられています。また代行業者等の第三者に依頼してスキャンやデジタル化することは、たとえ個人や家庭内の利用であっても一切認められておりません。

朝鮮半島地図